GI Geoinformatik GmbH (Hrsg.)

ArcGIS 10.1 und 10.0

GI Geoinformatik GmbH (Hrsg.)

ArcGIS
10.1 und 10.0

Das deutschsprachige Handbuch für
ArcGIS for Desktop Basic & Standard
(ehemals *ArcView* und *ArcEditor*)

mit Gutschein für die Esri-Evaluation-DVD

 Wichmann

Alle in diesem Buch enthaltenen Angaben, Daten, Ergebnisse usw. wurden von den Autoren nach bestem Wissen erstellt und von ihnen und dem Verlag mit größtmöglicher Sorgfalt überprüft. Dennoch sind inhaltliche Fehler nicht völlig auszuschließen. Daher erfolgen die Angaben usw. ohne jegliche Verpflichtung oder Garantie des Verlags oder der Autoren. Sie übernehmen deshalb keinerlei Verantwortung und Haftung für etwa vorhandene inhaltliche Unrichtigkeiten.

Esri, ArcGIS, ArcGIS for Desktop, ArcGIS for Desktop Basic, ArcGIS for Desktop Standard, ArcGIS for Advanced, SDE, ArcPad, ArcGIS for Windows Mobile, ArcGIS online, ArcCatalog, ArcGIS ModelBuilder, ArcEdit, ArcGIS Explorer, ArcExplorer, ArcGIS for Server, ArcGIS 3D Analyst, ArcGIS Geostatistical Analyst, ArcGIS Network Analyst, ArcGIS Spatial Analyst, ArcGlobe, ArcMap, ArcObjects, ArcGIS Publisher, ArcReader, ArcScan, ArcScene, ArcToolbox, Data and Maps for ArcGIS, StreetMap Premium for ArcGIS, esri.com und @esri.com sind Warenzeichen, eingetragene Warenzeichen oder Dienstleistungsmarken von Esri in den Vereinigten Staaten, der Europäischen Gemeinschaft und bestimmten anderen Ländern. Das deutsche Esri Logo ist eingetragenes Warenzeichen der Esri Deutschland GmbH. Copyright © 2012 Esri Deutschland GmbH.

Trimble (Trimble Navigation Limited), Trimble Positions Software Suite, das Globus- & Dreieck Logo, GeoExplorer und Pathfinder sind beim United States Patent und Trademark Office und in anderen Ländern eingetragene Warenzeichen von Trimble Navigation Limited. GeoXM, GeoXT, GPS Analyst, GPScorrect, GeoBeacon, Recon, Nomad, Juno und TerraSync sind Warenzeichen von Trimble Navigation Limited.

Alle anderen genannten Namen sind Warenzeichen oder eingetragene Warenzeichen der jeweiligen Firmen. Die deutschen Screenshots wurden mit freundlicher Unterstützung und Genehmigung von Esri Deutschland GmbH, Kranzberg, in das Buch eingefügt.

Bibliografische Information der Deutsche Nationalbibliothek
Die Deutsche Nationalbibliothek verzeichnet diese Publikation in der Deutschen Nationalbibliografie; detaillierte bibliografische Daten sind im Internet über *http://dnb.d-nb.de* abrufbar.

ISBN 978-3-87907-522-5

Dieses Werk einschließlich aller seiner Teile ist urheberrechtlich geschützt. Jede Verwertung außerhalb der engen Grenzen des Urheberrechtsgesetzes ist ohne Zustimmung des Verlags unzulässig und strafbar. Das gilt insbesondere für Vervielfältigungen, Übersetzungen, Mikroverfilmungen und die Einspeicherung und Verarbeitung in elektronischen Systemen.

© 2012 Wichmann, eine Marke der VDE VERLAG GMBH, Berlin und Offenbach
Bismarckstr. 33, 10625 Berlin
www.vde-verlag.de
www.wichmann-verlag.de

Druck: H. Heenemann GmbH & Co. KG, Berlin
Printed in Germany

2012-10

Inhaltsverzeichnis

1 Einleitung 1
  1.1 Zu diesem Buch 1
  1.2 Was ist ArcGIS? 3
  1.3 Kurzüberblick zur ArcGIS Produktfamilie 4
    1.3.1 ArcGIS for Desktop 4
    1.3.2 ArcGIS for Server 5
    1.3.3 ArcGIS Online 5
    1.3.4 Data and Maps for ArcGIS 6
    1.3.5 Mobile GIS 6

2 GIS allgemein 7
  2.1 GIS-Anwendungsbereiche 7
    2.1.1 Umweltschutz 8
    2.1.2 Altlasten und Bodenschutz 10
    2.1.3 Ver- und Entsorgung 10
    2.1.4 Land- und Forstwirtschaft 10
    2.1.5 Versicherungswirtschaft 11
    2.1.6 Geologie 12
    2.1.7 Hydrologie und Wasserwirtschaft 13
    2.1.8 „ArcGIS basierte Fachanwendungen" – kommunaler GIS-Markt 14
      2.1.8.1 Übernahme der Geobasisdaten 14
      2.1.8.2 Der Weg von der Planerstellung bis zur Bürgerauskunft 15
      2.1.8.3 Wertvolles Gut verwalten 16
      2.1.8.4 Die technischen Kataster 16
      2.1.8.5 3D-Stadtmodelle 17
      2.1.8.6 Tools – die wichtigen Kleinen 18
      2.1.8.7 Zusammenfassung 19

2.1.9	Telekommunikation	19
2.1.10	Routing, Verkehrslogistik und Straßeninstandhaltung	20
2.1.11	Katastrophenschutz	20
2.1.12	Touristik, regionale GIS-Portale, Stadtmarketing	21
2.1.13	Geomarketing und Vertriebssteuerung	21
2.1.14	3D-GIS und Geländemodelle	22
2.1.15	Liegenschaftsverwaltung und Facility Management	22
2.1.16	Kartographie	25
2.1.17	Gesundheit/Epidemiologie	27
2.1.18	Militär	28
2.1.19	Industrie	28
2.1.20	Fernerkundung	28
2.1.21	Statistische Datenaufbereitung	29
2.1.22	Archäologie	29
2.1.23	Energiewende	29
2.2	Worin liegt der besondere Nutzen von GIS?	30
2.3	Wohin geht die GIS-Entwicklung?	34

3 Download, Installation und Konfiguration von ArcGIS 10.1 for Desktop 37

3.1	Bezug der Software ArcGIS 10.1	37
3.1.1	Download	37
3.1.2	Erstellen eines Esri Global Accounts	37
3.1.3	Freischaltung des Esri Accounts für das Esri Customer Care Portal	38
3.1.4	Einloggen im Esri Customer Care Portal	39
3.1.5	Download der Software	40
3.1.6	Backup-Medien	41
3.2	Die Lizenzierungsarten Single Use und Concurrent Use	42
3.3	Systemvoraussetzungen	43
3.4	Installation	43
3.4.1	Deinstallation früherer ArcGIS-Versionen	43
3.4.2	Installation des Lizenz Managers	47

3.4.3	Installation ArcGIS 10.1 for Desktop	49
3.4.4	Silent-Installation	55
3.4.5	Deinstallation, Anpassen und Reparatur von ArcGIS 10.1 for Desktop	57
3.4.6	Autorisierung von ArcGIS	58
3.4.7	Deautorisierung von ArcGIS	65
3.5	License Server Administrator	67
3.6	ArcGIS Administrator	69

4 ArcGIS Grundlagen 73

4.1	Datentypen in ArcGIS	73
4.1.1	Vektordaten	73
4.1.1.1	Coverage	74
4.1.1.2	Shapefile	74
4.1.1.3	Geodatabase	74
4.1.1.4	TIN	75
4.1.1.5	Weitere unterstützte Vektordaten-Formate	75
4.1.2	Rasterdaten	76
4.1.2.1	Unterstützte Rasterdaten-Formate	77
4.1.2.2	Das Raster-Typen-Format	79
4.1.2.3	Raster-Produkt	79
4.1.2.4	ESRI GRID-Format	79
4.1.2.5	Pyramiden	80
4.1.2.6	Auxiliary-Dateien (AUX)	81
4.1.2.7	Raster-Daten-Statistik	82
4.1.2.8	Raster-Komprimierung	82
4.1.2.9	Colormaps für Raster-Datasets	83
4.1.2.10	NoData-Werte in Raster-Datasets	83
4.2	Umgebungseinstellungen	85
4.2.1	Allgemeine Umgebungseinstellungen	87
4.2.2	Umgebungseinstellungen für Rasterdaten	88
4.2.3	Umgebungseinstellungen für Vektordaten	89

4.3	Aufbau eines GIS-Projekts	91
4.3.1	Ordner Originaldaten	91
4.3.2	Ordner GIS-Daten	92
4.3.3	Ordner Tabellen	92
4.3.4	Ordner Rasterdaten	92
4.3.5	Ordner Plotausgaben	93
4.3.6	Ordner Abgabedaten	93
4.3.7	Ordner Styles	93
4.3.8	Ordner Globale Daten	93
4.4	Datensicherung	94
4.5	Arbeiten mit einem Koordinatensystem?	94
4.6	Weitergabe von Projekten	94
4.7	Die Systemvariablen TMP und TEMP	95

5 ArcCatalog 97

5.1	Die ArcCatalog Benutzeroberfläche	98
5.1.1	Aufbau der Benutzeroberfläche	98
5.1.2	Hauptmenüleiste	99
5.1.2.1	Menü „Datei"	99
5.1.2.2	Menü „Bearbeiten"	101
5.1.2.3	Menü „Ansicht"	101
5.1.2.4	Menü „Wechseln zu"	102
5.1.2.5	Menü „Geoverarbeitung"	102
5.1.2.6	Menü „Anpassen"	106
5.1.2.7	Menü „Fenster"	109
5.1.2.8	Menü „Hilfe"	109
5.1.3	Werkzeugleisten	109
5.1.3.1	Allgemein	109
5.1.3.2	Werkzeugleiste „Standard"	110
5.1.3.3	Werkzeugleiste „Geographie"	112
5.1.3.4	Werkzeugleiste „Verzeichnis"	113

	5.1.3.5	Werkzeugleiste „Metadaten"	113
5.1.4		Kataloginhaltsverzeichnis	114
5.1.5		Datenfenster	115
5.1.6		Statusleiste	117
5.2	Datenverwaltung mit ArcCatalog		117
5.2.1		Löschen, Kopieren und Umbenennen von Daten	117
5.2.2		Erstellung von Daten	118
5.2.3		Änderung der Dateneigenschaften	118
5.2.4		Export von Daten	121
5.2.5		Anbindung einer externen Tabelle per OLE (Beispiel Excel-Tabelle)	121

6 ArcMap ... 123

6.1	Die ArcMap Benutzeroberfläche		123
6.1.1		Aufbau der Benutzeroberfläche	124
6.1.2		Andock-Manager	125
6.1.3		Hauptmenüleiste	127
	6.1.3.1	Menü „Datei"	128
	6.1.3.2	Menü „Bearbeiten"	144
	6.1.3.3	Menü „Ansicht"	145
	6.1.3.4	Menü „Lesezeichen"	148
	6.1.3.5	Menü „Einfügen"	149
	6.1.3.6	Menü „Auswahl"	154
	6.1.3.7	Menü „Geoverarbeitung"	155
	6.1.3.8	Menü „Anpassen"	163
	6.1.3.9	Menü „Fenster"	170
	6.1.3.10	Menü „Hilfe"	177
6.1.4		Werkzeugleisten	178
	6.1.4.1	Allgemeines zu Werkzeugleisten	178
	6.1.4.2	Werkzeugleiste „Standard"	181
	6.1.4.3	Werkzeugleiste „Werkzeuge"	185
	6.1.4.4	Werkzeugleiste „Editor"	196

6.1.4.5	Werkzeugleiste „Erweiterte Bearbeitung"	216
6.1.4.6	Werkzeugleiste „Fangen"	218
6.1.4.7	Werkzeugleiste „Feature-Konstruktion"	220
6.1.4.8	Werkzeugleiste „Stützpunkte bearbeiten"	221
6.1.4.9	Werkzeugleiste „Layout"	222
6.1.4.10	Werkzeugleiste „Kartenserie"	225
6.1.4.11	Werkzeugleiste „Zeichnen"	227
6.1.4.12	Werkzeugleiste „Grafiken"	230
6.1.4.13	Werkzeugleiste „Georeferenzierung"	231
6.1.4.14	Werkzeugleiste „Räumliche Anpassung"	232
6.1.4.15	Werkzeugleiste „Effekte"	234
6.1.4.16	Werkzeugleiste „Feature-Cache"	235
6.1.4.17	Werkzeugleiste „Datenrahmen-Werkzeuge"	236
6.1.4.18	Werkzeugleiste „Topologie"	237
6.1.4.19	Werkzeugleiste „Beschriftung"	240
6.1.4.20	Werkzeugleiste „Bearbeitung eines geometrischen Netzwerks" (ab ArcGIS for Desktop Standard)	242
6.1.4.21	Werkzeugleiste „Routenbearbeitung"	243
6.1.4.22	Werkzeugleiste „Repräsentation" (ab ArcGIS for Desktop Standard)	244
6.1.4.23	Werkzeugleiste „COGO" (ab ArcGIS for Desktop Standard)	249
6.1.4.24	Werkzeugleiste „Geokodierung"	251
6.1.4.25	Werkzeugleiste „Animation"	252
6.1.4.26	Werkzeugleiste „GPS"	253
6.1.4.27	Werkzeugleiste „Tablet"	255
6.1.4.28	Werkzeugleiste „Utility Network Analyst" (ab ArcGIS for Desktop Standard)	257
6.1.4.29	Werkzeugleiste „Versionierung" (ab ArcGIS for Desktop Standard)	259
6.1.4.30	Werkzeugleiste „Geodatabase-Historie"	260
6.1.4.31	Werkzeugleiste „TIN-Bearbeitung"	261
6.1.4.32	Erstellung einer neuen Werkzeugleiste	262
6.1.5	Inhaltsverzeichnis	266

	6.1.5.1	Allgemein	266
	6.1.5.2	Kontextmenü des Datenrahmens	270
	6.1.5.3	Kontextmenüs der Layer	273
6.1.6		Der Katalog	282
6.1.7		Kartenfenster	287
6.1.8		Statusleiste	288
6.2		Datenrahmen-Eigenschaften	289
6.2.1		Register „Allgemein"	290
6.2.2		Register „Datenrahmen"	292
6.2.3		Register „Koordinatensystem"	295
6.2.4		Register „Beleuchtung"	298
6.2.5		Register „Gitternetz"	298
6.2.6		Register „Feature-Cache"	299
6.2.7		Register „Größe und Position"	300
6.2.8		Register „Rahmen"	302
6.2.9		Register „Ausdehnungsindikatoren"	303
6.2.10		Register „Annotation-Gruppen"	304
6.3		Layer-Eigenschaften	307
6.3.1		Register „Allgemein"	307
6.3.2		Register „Quelle"	308
6.3.3		Register „Auswahl"	309
6.3.4		Register „Anzeige"	309
6.3.5		Register „Symbologie"	312
	6.3.5.1	Darstellungsart „Einzelsymbol"	313
	6.3.5.2	Darstellungsart „Einzelwerte"	314
	6.3.5.3	Darstellungsart „Einzelwerte, viele Felder"	317
	6.3.5.4	Darstellungsart „Zu Symbolen in einem Style anpassen"	317
	6.3.5.5	Darstellungsart „Abgestufte Farben"	318
	6.3.5.6	Darstellungsart „Abgestufte Symbole"	320
	6.3.5.7	Darstellungsart „Proportionale Symbole"	320
	6.3.5.8	Darstellungsart „Punktdichte"	321

Inhaltsverzeichnis

	6.3.5.9	Darstellungsart „Diagramme"	321
	6.3.5.10	Darstellungsart „Mehrfachattribute"	321
6.3.6		Register „Felder"	321
6.3.7		Register „Definitionsabfrage"	323
6.3.8		Register „Beschriftungen"	324
6.3.9		Register „Verbindungen & Beziehungen"	328
6.3.10		Register „Zeit"	329
6.3.11		Register „HTML-Pop-up"	330
6.4		Layer-Eigenschaften von Gruppen-Layern	332
6.5		Layer-Eigenschaften von Rasterdaten	332
6.5.1		Register „Quelle"	333
6.5.2		Register „Ausdehnung"	334
6.5.3		Register „Anzeige"	335
6.5.4		Register „Symbologie"	337
6.5.5		Register „Funktionen"	338
6.5.6		Register „Schlüsselmetadaten"	339
6.6		Layer-Eigenschaften eines Raster-Katalogs	340
6.6.1		Register „Anzeige"	340
6.6.2		Register „Farbkorrektur"	343
6.7		Layer-Eigenschaften von Topologien	345
6.7.1		Register „Auswahl"	345
6.7.2		Register „Anzeige"	345
6.7.3		Register „Symbologie"	345
6.7.4		Register „Feature-Classes" und Register „Regeln"	347
6.7.5		Register „Fehler"	347
6.8		Layer-Eigenschaften von externen Tabellen	347
6.9		Layer-Eigenschaften von CAD-Layern	348
6.9.1		Register „Zeichnungs-Layer"	348
6.9.2		Register „Transformationen"	349
6.10		Layer-Eigenschaften von Routen-Layern	351
6.10.1		Register „Routen"	351

6.10.2 Register „Skalenstriche (Hatches)" ... 352
6.10.2.1 Erstellen und Verwalten von Skalenstrichklassen ... 353
6.10.2.2 Erstellung und Verwaltung von Skalenstrichdefinitionen ... 354
6.10.2.3 Erstellen und Verwalten von Endskalenstrichdefinitionen ... 355
6.11 Die verfügbaren Label-Engines ... 356
6.11.1 Standard Label-Engine ... 357
6.11.2 Maplex Label-Engine ... 360
6.11.2.1 Beschriftungsposition ... 361
6.11.2.2 Beschriftungsdichte ... 368
6.11.2.3 Einpassungsmethode ... 370
6.11.2.4 Konfliktlösung ... 372
6.12 Annotations ... 376
6.13 Attributtabellen ... 379
6.13.1 Aufbau und Elemente einer Attributtabelle ... 379
6.13.2 Schaltfläche „Tabellenoptionen" ... 385

7 Geodatabase ... 389

7.1 Typen der Geodatabase ... 389
7.1.1 Personal-Geodatabase ... 390
7.1.2 File-Geodatabase ... 390
7.1.3 ArcSDE Geodatabase ... 390
7.2 Elemente der Geodatabase ... 391
7.2.1 Feature-Datasets ... 391
7.2.1.1 Terrain (ArcGIS 3D Analyst) ... 391
7.2.1.2 Netzwerk-Dataset (ArcGIS Network Analyst) ... 392
7.2.1.3 Topologie ... 392
7.2.1.4 Parcel Fabric (ab ArcGIS for Desktop Standard) ... 393
7.2.1.5 Geometrische Netzwerke (ab ArcGIS for Desktop Standard) ... 393
7.2.2 Feature-Klassen ... 393
7.2.2.1 Simple-Feature-Klassen ... 393
7.2.2.2 Multipoint-Feature-Klassen ... 394

7.2.2.3	Multipatch-Feature-Klassen	394
7.2.2.4	Bemaßungs-Feature-Klassen (ab ArcGIS for Desktop Standard)	395
7.2.2.5	Annotation-Feature-Klassen	395
7.2.2.6	3D-Daten (Z-Werte) und Routen (M-Werte)	396
7.2.3	Tabellen	396
7.2.4	Beziehungsklassen (ab ArcGIS for Desktop Standard)	397
7.2.5	Raster-Daten in der Geodatabase	397
7.2.5.1	Raster-Daten in der Personal-Geodatabase	399
7.2.5.2	Raster-Daten in der File-Geodatabase	399
7.2.5.3	Raster-Daten in der ArcSDE-Geodatabase	399
7.2.5.4	Raster-Kataloge	400
7.2.5.5	Raster-Dataset	400
7.2.5.6	Mosaik-Datasets (schreibend ab ArcGIS for Desktop Standard)	401
7.2.6	Toolboxes	403
7.2.7	Adressen-Locator	404
7.2.8	Kombinierter Adressen-Locator	404
7.3	Eigenschaften der Geodatabase-Elemente	404
7.3.1	Domänenausdehnung (Koordinatenbereich)	404
7.3.2	Genauigkeit (Auflösung)	404
7.3.2.1	Upgrade einer vorhandenen Geodatabase	405
7.3.2.2	Migrieren von Daten in eine Geodatabase mit hoher Genauigkeit	405
7.3.3	Toleranz	405
7.3.4	XY-Koordinatensystem	406
7.3.5	Indizes	406
7.3.5.1	Attributindizes	406
7.3.5.2	Räumlicher Index	406
7.3.6	Aliasnamen für Felder, Tabellen und Feature-Klassen	407
7.3.7	Subtypes	407
7.3.8	Domänen	408
7.3.9	Reorganisieren	408
7.3.10	Komprimieren	409

7.3.11　Aktualisieren 409

7.3.12　Repräsentationen (ab ArcGIS for Desktop Standard) 410

7.3.13　Versionierung und Archivierung (ab ArcGIS for Desktop Standard) 410

8　Koordinatensysteme 413

8.1　Ellipsoid und Geodätisches Datum 415

8.2　Das Koordinatensystem „WGS84" 416

8.3　Die Projektion „Gauß-Krüger" (GK) 417

8.4　Transformationen 420

9　ArcToolbox 423

9.1　Allgemein 423

9.1.1　Kontextmenü der ArcToolbox 425

9.1.2　Kontextmenü der Toolboxes 426

9.1.3　Häufig verwendete Tools 427

9.1.3.1　Ausschneiden 427

9.1.3.2　Selektieren 428

9.1.3.3　Puffer 428

9.1.3.4　Vereinigen (Union) 431

9.1.3.5　Verschneiden (Identity) 431

9.1.3.6　Überschneiden (Intersect) 431

9.1.3.7　Linie glätten und Polygon glätten (erst ab ArcGIS for Desktop Standard) 432

9.1.3.8　Linie vereinfachen und Polygon vereinfachen (erst ab ArcGIS for Desktop Standard) 433

9.1.3.9　Indexgitter-Features 433

9.1.3.10　Index-Features der Streifenkarte 434

9.1.3.11　KML in Layer 434

9.1.3.12　Layer in KML und Karte in KML 435

9.1.3.13　In CAD exportieren 435

9.1.3.14　CAD in Geodatabase 435

9.1.3.15	CAD-Annotation importieren	435
9.1.3.16	Feature-Class in Geodatabase (mehrfach)	436
9.1.3.17	Feature-Class in Shapefile (mehrfach)	436
9.1.3.18	Anhängen	436
9.1.3.19	Zusammenführen (Merge)	437
9.1.3.20	Geodatabase aktualisieren	437
9.1.3.21	Domäne in Tabelle	437
9.1.3.22	Tabelle in Domäne	438
9.1.3.23	Geometrie reparieren	438
9.1.3.24	Multipart in Singlepart	438
9.1.3.25	Zusammenführen (Dissolve)	439
9.1.3.26	Batch-Projizierung	439
9.1.3.27	Projektion definieren	439
9.1.3.28	Pyramiden berechnen (Batch-Modus)	439
9.2	Neue ArcToolbox Werkzeuge in ArcGIS 10.1	440
9.3	ModelBuilder	444
9.3.1	Erstellen eines Modells	445
9.3.2	Eigenschaften eines Modells	449
9.3.2.1	Direkte Variablenersetzung	451
9.3.2.2	Listen	453
9.3.2.3	Schleifen	454
9.3.2.4	Modellwerkzeuge	457
9.3.2.5	Vorbedingung	458
9.3.2.6	Integration von Skripten und Modellen	459
9.3.2.7	In-memory Workspace	459
9.4	Python	459
9.4.1	Einführung	460
9.4.2	Entwicklungsumgebung	465
9.4.3	Datentypen	468
9.4.4	Schleifen und bedingte Anweisungen	471
9.4.4.1	If	472

9.4.4.2 For 473

 9.4.4.3 While 474

9.5 ArcPy 475

 9.5.1 Umgebungsvariablen 475

 9.5.2 Werkzeuge der ArcToolbox 476

 9.5.3 SQL-Abfragen im Python-Skript 477

 9.5.4 ArcPy Grundfunktionen 479

 9.5.4.1 Describe 480

 9.5.4.2 Cursor 480

 9.5.4.3 Auflisten von Daten 482

 9.5.5 Weitere Module 483

9.6 ArcPy und Python in ArcGIS 484

 9.6.1 Feldberechnungen 484

 9.6.2 Einstellungen in ArcMap 485

 9.6.3 Skripte in der ArcToolbox 486

 9.6.4 Python-Toolbox 491

 9.6.5 Python Add-In 492

 9.6.6 Fehlerbehandlung 495

10 Schnelleinstieg in ArcGIS 499

10.1 Übungsblock 1: Ein Projekt starten – ArcCatalog, WMS-Server, Geodatabase und Shapefiles 499

10.2 Übungsblock 2: Arbeiten mit ArcMap – die Benutzeroberfläche 501

10.3 Übungsblock 3: Anpassen der Symbologie 503

10.4 Übungsblock 4: Maplex (Komplexe Beschriftungen) 504

10.5 Übungsblock 5: Georeferenzierung, Transformation 506

10.6 Übungsblock 6: Werkzeugleisten Teil I – Editor 507

10.7 Übungsblock 7: Attribute und Selektionen 509

10.8 Übungsblock 8: Das Layout 510

10.9 Übungsblock 9: Werkzeugleisten Teil II – Topologie 513

10.10 Übungsblock 10: Diagramme und Berichte 514

10.11	Übungsblock 11: Repräsentationen	516

11 ArcGIS und mobile Datenerfassung ... 519

11.1	Tablet-PC und ArcGIS	519
11.2	GPS und ArcGIS for Desktop	519
11.2.1	GPS-Werkzeugleiste von ArcGIS	520
11.3	ArcGIS Desktop und mobile Ergänzungen	521
11.3.1	ArcPad	521
11.3.2	Neues in ArcPad 10.1	523
11.3.3	GI Mobil	523
11.3.4	Vorteile von GI Mobil	525
11.3.5	ArcGIS for Windows Mobile and Windows Tablet	525
11.3.6	ArcGIS for Smartphones und Tablets	526

12 ArcGIS Erweiterungen ... 527

12.1	ArcGIS 3D Analyst	527
12.2	ArcGIS Spatial Analyst	529
12.2.1	Modellierung räumlicher Prozesse	530
12.2.2	Arten von Prozessmodellen	531
12.2.3	Funktionen von ArcGIS Spatial Analyst	531
12.3	ArcGIS Publisher und ArcReader	532
12.4	ArcScan	534
12.4.1	Vorbereitung zur Vektorisierung	535
12.4.2	Automatische Vektorisierung	536
12.4.3	Interaktive Vektorisierung	539
12.5	ArcGIS Geostatistical Analyst	540

13 Amtliche Geodaten ... 543

13.1	Amtliches Topographisch-Kartographisches Informationssystem (ATKIS®)	543
13.1.1	Digitales Landschaftsmodell (DLM)	544

13.1.2	Digitales Geländemodell (DGM)	545
13.1.3	Digitale Topographische Karten (DTK)	546
13.1.4	Digitales Orthophoto (DOP)	547
13.2	Amtliches Liegenschaftskatasterinformationssystem (ALKIS®)	548
13.2.1	Liegenschaftskarte	548
13.2.2	Hauskoordinaten und Hausumringe	548
13.2.3	3D-Gebäudemodelle	549
13.3	Amtlichen Festpunktinformationssystem (AFIS®)	551
13.4	Geobasisdaten als Internetdienste (Geo Web Services)	551
13.4.1	Web Map Service	551
13.4.2	Web Feature Service	552
13.5	Nutzungsbedingungen	552
13.6	Weitere Produkte der Bayerischen Vermessungsverwaltung	552
13.7	Link-Sammlung zu amtlichen Geodaten	553

14 Lösungen 555

14.1	Lösung zum Übungsblock 1: Ein Projekt starten – ArcCatalog, WMS-Server, Geodatabase und Shapefiles	555
14.1.1	Starten Sie ArcCatalog	555
14.1.2	Binden Sie ein Laufwerk bzw. einen Ordner an	556
14.1.3	Legen Sie eine Geodatabase an	558
14.1.4	Feature-Dataset und Feature-Klassen	559
14.1.5	Shapefile	562
14.1.6	Anlegen von Feature-Datasets und Feature-Klassen	563
14.1.7	Binden Sie einen WMS-Server an	563
14.1.8	Starten Sie ArcMap	564
14.2	Lösung zum Übungsblock 2: Arbeiten mit ArcMap – die Benutzeroberfläche	564
14.2.1	Starten von ArcMap und Laden der Übungsdaten	565
14.2.2	Werkzeugleisten „Layout", „Standard" und „Werkzeuge"	568
14.2.3	Der Andock-Manager und weitere Anzeigeoptionen	571
14.2.4	Navigieren innerhalb von ArcMap	572

14.2.5	Grundlegendes zur Arbeit mit Layern	574
14.3	Lösung zum Übungsblock 3: Anpassen der Symbologie	578
14.3.1	Laden der Übungsdaten und erstes Anpassen der Layer	578
14.3.2	Beschriftungen und Texteditor	579
14.3.3	Feature-Symbole nach Kategorien darstellen: Bundesländer	584
14.3.4	Punkt-Features nach Klassen darstellen: Städte	585
14.3.5	Beschriftungen nach Klassen	587
14.3.6	Bezugsmaßstab festlegen	590
14.3.7	Speichern Ihres Projekts: MXD oder Layer-Datei?	591
14.3.8	Anlegen und Verwenden von Styles	594
14.4	Lösung zum Übungsblock 4: Maplex (Komplexe Beschriftungen)	597
14.4.1	Laden der Daten und Anpassen der Darstellung	598
14.4.2	Abkürzen und Übersetzen mit dem Abkürzungswörterbuch	599
14.4.3	Anpassen an den Straßenverlauf	601
14.4.4	Prioritäten bei Konfliktfällen	603
14.4.5	Weitere Platzierungseinstellungen anwenden	603
14.4.6	Beschriftung der Biotope mit internen Zonen	604
14.4.7	Vergabe von Schlüsselnummern	606
14.5	Lösung zum Übungsblock 5: Georeferenzierung, Transformation	609
14.5.1	Koordinatensystem des Datenrahmens	609
14.5.2	Georeferenzierung einer Rasterdatei	610
14.5.3	Definition einer Transformation im Datenrahmen	615
14.6	Lösung zum Übungsblock 6: Werkzeugleisten Teil I – Editor	619
14.6.1	Laden der Übungsdaten	620
14.6.2	Anlegen der Feature-Klassen und Subtypes	621
14.6.2.1	Anlegen einer Linien-Feature-Klasse	622
14.6.2.2	Anlegen von Subtypes	626
14.6.2.3	Anlegen weiterer Feature-Klassen im Feature-Dataset	627
14.6.3	Bearbeitung starten	628
14.6.4	Erfassung von Polygon-Features	634
14.6.5	Das „Fangen"	638

14.6.6	Erfassung von Linien-Features	639
14.6.7	Erfassung von Punktsignaturen	641
14.6.8	Features teilen und zusammenführen	644
14.6.9	Speichern Sie Ihre Änderungen	646

14.7 Lösung zum Übungsblock 7: Attribute und Selektionen 646

14.7.1	Sichtung und Sortierung von Attributtabellen	646
14.7.2	Attributbezogene Auswahl von Features	649
14.7.3	Export von Datensätzen in Tabellen und Feature-Klassen	652
14.7.4	Anbinden von externen Tabellen	652
14.7.5	Hinzufügen und Löschen von Feldern	657
14.7.6	(Neu-)Berechnung von Attributen	659
14.7.7	Nicht attributsbezogene Auswahlmethoden	662

14.8 Lösung zum Übungsblock 8: Das Layout 663

14.8.1	Laden der Übungsdaten und Wechsel in die Layout-Ansicht	664
14.8.2	Seiten- und Druckeinrichtung	665
14.8.3	Fügen Sie Titel, Untertitel, Quelle, Nordpfeil und Maßstabsleiste ein	668
14.8.4	Gitternetz und Kartenrahmen	673
14.8.5	Legende	682
14.8.6	Grafiken einbinden (z. B. Firmenlogo)	690
14.8.7	Anlegen einer Übersichtskarte	692
14.8.8	Layout-Vorlagen	694
14.8.9	Export	696
14.8.10	Kartenserien und dynamische Texte	697

14.9 Lösung zum Übungsblock 9: Werkzeugleisten Teil II – Topologie 700

14.9.1	Karten-Topologie	700
14.9.2	Geodatabase-Topologie (ab ArcGIS for Desktop Standard)	704
14.9.3	Überprüfen der gefundenen Fehler (ab ArcGIS for Desktop Standard)	707

14.10 Lösung zum Übungsblock 10: Diagramme und Berichte 711

14.10.1	Laden der Übungsdaten	711
14.10.2	Erstellen eines Blasendiagramms	711
14.10.3	Exportieren des Diagramms	718

	14.10.4	Erstellen eines Berichts	718
	14.10.5	Anpassen des Berichts	723
	14.10.6	Exportieren des Berichts	730
14.11		Lösung zum Übungsblock 11: Repräsentationen (ab ArcGIS for Desktop Standard)	730
	14.11.1	Symbologie in Repräsentation konvertieren	731
	14.11.2	Visualisierung des Straßennetzes für den Maßstab 1:20.000 und 1:70.000	733
	14.11.3	Zuweisen der Repräsentationsregeln	736
	14.11.4	Symbolebenen anlegen	738
	14.11.5	Grafische Änderung als Override speichern	740
	14.11.6	Geometrische Änderung als Override speichern	742

Anhang **745**

A	Übersicht nützlicher Tastaturkürzel (Shortcuts)	745
B	Arbeiten mit dynamischem Text	762
C	Vergleich der ArcGIS Werkzeuge in ArcGIS for Desktop Basic, ArcGIS for Desktop Standard und ArcGIS for Desktop Advanced	771
D	Vergleich der Datenbanksysteme in ArcGIS	793
E	Datentypen von Feature-Klassen und Tabellen in ArcGIS	795
F	Auflistung aller ArcCatalog Datei-Icons	796
G	Reservierte Begriffe in Python	796
H	Operatoren	800
I	Escapesequenzen	801
J	Zusammenstellung einiger Links (Stand: August 2012)	802

Stichwortverzeichnis **804**

Autoren **832**

Gutschein für die Esri-Evaluation-DVD in der aktuellen Programmversion **833**

1 Einleitung

1.1 Zu diesem Buch

Die ArcGIS Produktfamilie von Esri ist seit dem Jahr 2001 verfügbar und hat sich seitdem rasant weiterentwickelt. Im September 2012 wurde die neueste Version 10.1 an die Kunden ausgeliefert. Durch unsere Schulungen und unseren Support erleben wir täglich, in welchen Bereichen die Anwender häufig Fragen haben oder Bedarf an bestimmten GIS-Funktionalitäten besteht. Diese Erfahrungen wollen wir in diesem Buch weitergeben. Es soll helfen, einen schnellen Einstieg in die Software zu finden. Neben dem allgemeinen Überblick wurde vor allem auf praktische Beispiele Wert gelegt, anhand derer der Anwender die wichtigsten Funktionalitäten selbst mithilfe von Beispieldaten ausprobieren kann.

Im Vergleich zu ArcGIS 10 haben sich manche Begrifflichkeiten verändert. In diesem Buch werden die Bezeichnungen von ArcGIS 10.1 for Desktop verwendet, aber es ist auch als Nutzer einer Vorgängerversion möglich, die Beschreibungen nachzuvollziehen.

In der Neuauflage dieses Buchs wurden die Aktualisierung auf die Version 10.1 aufgenommen. Vor allem wurde die Maplex Label-Engine ausführlich erläutert (u. a. in Kapitel 6.11.2), da diese jetzt immer Bestandteil von ArcMap ist. Außerdem wurde die Verbindung zwischen ArcGIS und www.arcgis.com weiter ausgebaut und ausführlicher behandelt. Aufgrund der erweiterten Python-Unterstützung (mit eigener Teilbibliothek ArcPy) ist auch in den Kapiteln 9.4 – 9.6 noch einiges ergänzt worden. Auch mit Python können seit ArcGIS 10.1 for Desktop eigene Werkzeugleisten, Erweiterungen etc. erstellt werden. Auch der Teil über ArcScan wurde rundum erneuert (Kapitel 12.4), da auch dieser mit dem neuesten Release in das Kernsoftwareprodukt übergegangen ist. Die auf den ersten Blick wohl auffälligste Änderung ist die veränderte Namensgebung. In Tabelle 1 ist eine Übersicht der neuen und alten Produktbezeichnungen enthalten.

Tabelle 1: Vergleich der neuen und alten Produktbezeichnungen

Ursprünglicher Name	Neuer Name
ArcView	ArcGIS for Desktop Basic
ArcEditor	ArcGIS for Desktop Standard
ArcInfo	ArcGIS for Desktop Advanced

Aufgrund der neuen Produktbezeichnungen finden Sie bei Anmerkungen für ArcGIS for Desktop Standard auch nicht mehr das gewohnte „Editor"-Icon am Spaltenrand, sondern ein „Standard"-Symbol.

Um den Lernerfolg der Übungen zu erhöhen, ist das Übungskapitel in diesem Buch zweigeteilt. Der erste Teil (Kapitel 10) beinhaltet lediglich die Aufgaben und einige Hilfestellungen. Dann soll durch eigenständige Überlegungen versucht werden, die richtige

1 Einleitung

Lösung zu finden. Da die Übungen aber nicht immer ganz einfach sind, und vermutlich auch die Zeit begrenzt ist, die dafür aufgewendet werden kann, finden Sie am Ende des Buchs noch eine ausführliche Schritt-für-Schritt-Anleitung für jede Übung (Kapitel 14). Die Demodaten für die Anwendungs- und Übungsbeispiele können nach dem Login auf unserer Homepage unter der Adresse „http://www.gi-geoinformatik.de/downloads/secure_-geodaten-arcgis-10_1-buch.html" abgerufen werden. Beachten Sie, dass lizenzbedingt die Maplex-Übung nur für ArcGIS 10.1 for Desktop Nutzer umsetzbar ist. Es sei denn, Sie verfügen über eine Lizenz für die Erweiterung „Maplex". Ähnliches gilt für ArcScan. Die Übung über die Verwendung von Repräsentationen setzt eine ArcGIS for Desktop Standard Lizenz voraus.

Das Autorenteam möchte sich in diesem Rahmen noch einmal herzlich für die Hinweise aus der Leserschaft bedanken, die uns durch ihre Anmerkungen geholfen haben, das Buch weiter zu verbessern. Viele der Anregungen wurden in das neue Buch übernommen.

Das Symbol „Neu" zeigt Ihnen auf den ersten Blick an, dass es sich bei den Textpassagen um die Beschreibung einer Neuerung von ArcGIS 10.1 handelt. Im Text finden Sie auch Hinweise auf Neuerungen der Vorgängerversionen.

Das Buch richtet sich an alle, die einen schnellen praxisbezogenen Einstieg in ArcGIS 10 oder ArcGIS 10.1 suchen. Es eignet sich als begleitendes Buch für Schulungen und Praxisseminare sowie für Studierende, die im Rahmen ihres Studiums mit ArcGIS arbeiten wollen.

Sollten Sie in der Auswahlphase für ein Desktop-GIS sein und einen Vergleich verschiedener am Markt verfügbarer Programme durchführen wollen, steht Ihnen neben dem Überblick, den Ihnen das Buch bietet, auch die Möglichkeit zur Verfügung, mit dem im Buch enthaltenen Gutschein eine voll lauffähige Demoversion der aktuellen ArcGIS 10.1 for Desktop Basic bzw. ArcGIS 10.1 for Desktop Standard Version kostenlos zum Download anzufordern.

Der Schwerpunkt des Buchs liegt auf den ArcGIS Desktop Produkten ArcGIS 10.1 for Desktop Basic bzw. ArcGIS 10.1 for Desktop Standard von Esri. Da die Produktphilosophie und die Stärke vor allem in der Modularität und Skalierbarkeit von ArcGIS liegen, finden Sie in diesem Kapitel etwas weiter unten auch eine kurze Beschreibung der ArcGIS Produktfamilie, die die Bedeutung und den Schwerpunkt der verschiedenen Produkte innerhalb der Produktfamilie verständlich machen. Davon sind neben unterschiedlichen Funktionalitäten vor allem auch die Topologie und das Datenmodell betroffen.

Vor dem Hintergrund, den Nutzen von ArcGIS auch aus dem Zusammenspiel verschiedener Softwarekomponenten zu sehen, wurden die wichtigsten Standarderweiterungen, die zu ArcGIS angeboten werden, in einer Kurzbeschreibung in das Buch aufgenommen. Neben diesen Erweiterungen gibt es eine große Anzahl von Softwareerweiterungen für spezialisierte Anwendergruppen und Aufgaben. Die Dynamik der angebotenen Programme und Erweiterungen ist so groß, dass die Beschreibung den Rahmen dieses Buchs sprengen würde. Hier sind die Anwenderforen im Internet das geeignete Auskunftsmedium.

Da die Qualität von GIS-Analysen nicht nur von der GIS-Software abhängt, sondern natürlich vor allem von den Daten, mit denen man ein GIS „füttert", soll auch auf den Bereich der Geodaten eingegangen werden. Hierbei wird neben dem Angebot der Landesvermessungsverwaltung auch das Geodatenangebot des Bundesamts für Kartographie und Geodäsie vorgestellt. Ein kurzer Ausblick auf den mobilen Einsatz rundet den Inhalt des Buchs ab.

Das Buch bietet somit einen Überblick über ArcGIS Desktop und einen schnellen, praxisgerechten Einstieg in das Produkt ArcGIS for Desktop Basic bzw. ArcGIS for Desktop Standard 10.1. Die Funktionalität von ArcGIS for Desktop Advanced ist nicht Bestandteil, da dies den Umfang des Buchs überschreiten würde.

Weiterführende Unterstützung bietet die gute und ausführliche Online-Hilfe von ArcGIS und Anwenderforen im Internet. Natürlich sollte der Anwender auch einen kompetenten „Lieferanten" für seine Software haben, der ihm mit einer ausführlichen Beratung und Support zur Seite steht.

1.2 Was ist ArcGIS?

ArcGIS ist der Überbegriff für eine Produktfamilie aus sich ergänzenden GIS-Softwareprodukten. Aus diesen einzelnen Bausteinen können Sie Ihre optimale GIS-Lösung zusammenstellen. Durch ArcGIS können Sie GIS-Funktionalität und -Daten dort anbieten und einbinden, wo sie benötigt werden – am Desktop, via Server, im Web oder als mobile Anwendung im Außendienst. Die Ausrichtung von ArcGIS sieht eine Datenhaltung in objektrelationalen Datenbanken vor, ermöglicht aber auch die Verwendung dateibasierter Datenquellen.

Die Klienten sind funktional abgestufte Desktop-Programme von ArcGIS for Desktop Basic über ArcGIS for Desktop Standard bis hin zu ArcGIS for Desktop Advanced.

Interessant ist die Bereitstellung des kostenlosen Geodatenviewers ArcReader von Esri als Auskunftslösung für Geodaten. Als weiterer Client für browserbasierte Anwendungen auf HTML- oder Java-Basis steht zudem der ArcExplorer als Produkt zur Verfügung. Auch der ArcGIS Onlineservice ist in seiner Funktionalität erweitert worden. Auf diese Weise können Sie Geodaten auch direkt online über den ArcGIS Explorer Online visualisieren. Das modulare Angebot mag für den Interessenten nicht sofort überschaubar sein, bietet aber den entscheidenden Vorteil, dass eine Lösung mit steigenden Anforderungen mitwachsen kann (Skalierbarkeit) und auf die individuellen Anforderungen zugeschnitten werden kann. Die Gefahr, mit seinem GIS bezüglich Funktionalität und Anwendungsbereich durch steigende Anforderungen in einer „Sackgasse" zu landen, besteht daher nicht.

Abb. 1: Übersichtsschema ArcGIS

1 Einleitung

Gerade das Zusammenspiel zwischen den einzelnen ArcGIS Bausteinen macht die Stärke der Esri GIS-Software aus. Im Folgenden soll ein kurzer Überblick über die Möglichkeiten und Einsatzbereiche der ArcGIS Produktfamilie rund um ArcGIS for Desktop Basic bzw. ArcGIS for Desktop Standard 10.1 gegeben werden, um Klarheit bezüglich der einzelnen ArcGIS Produkte zu schaffen.

1.3 Kurzüberblick zur ArcGIS Produktfamilie

1.3.1 ArcGIS for Desktop

ArcReader

Der ArcReader passt ideal, wenn Geodatenprojekte in Form einer reinen Auskunftslösung („read only") weitergegeben werden sollen. Der ArcReader basiert auf ArcMap und hat damit eine intuitive Benutzerführung und eine hohe grafische Wiedergabequalität. Die Software ArcReader ist kostenfrei. Für die Erstellung von fertigen ArcReader Projekten (PMF-Dateien) wird aber die Esri Erweiterung ArcGIS Publisher für ArcGIS benötigt (Näheres zu den Funktionen von ArcGIS Publisher/ArcReader finden Sie in Kapitel 12.3).

Der ArcReader stellt dem Nutzer u. a. folgende Funktionen zur Verfügung:

- Die aus ArcGIS bekannten Zoom-/Schwenkfunktionen.
- Attribut-Anzeige einzelner Objekte („Identify-Button").
- Einfache Suche/Selektion innerhalb der Attribute eines Layers (z. B. alle Polygone mit einer Fläche größer 500 m²) sowie nach geokodierten Adressen.
- Stufenlos einstellbarer Transparenzeffekt für Einzel- und Gruppen-Layer.
- Die aus ArcGIS bekannten Messwerkzeuge mit Feature-Fang und freier Auswahl der Maßeinheit.
- Maßstabsgetreue Darstellung der Karte auf dem Bildschirm.
- Erstellung eigener Markups in verschiedenen Farben und Strichbreiten, die abgespeichert werden und in ArcMap mit dem ArcGIS Publisher wieder eingelesen werden können.
- Unterstützung der Hyperlink-Funktion zur Verlinkung der Geometrien mit externen Daten (z. B. PDFs, Excel-Dateien etc.).
- Maßstabsgetreuer Ausdruck von Karten bzw. Kartenausschnitten bis DIN A0, soweit bei der Veröffentlichung des Projekts zusätzlich zur Datenansicht eine Layoutansicht erzeugt wurde.
- 3D-Darstellung für Daten aus ArcGlobe.

ArcGIS for Desktop Basic

Das Desktop-GIS ArcGIS for Desktop Basic 10.1 bietet neben der visuellen Seite unzählige analytische GIS-Funktionen. Zudem hat es im Vergleich zur Version ArcView 3.x stark erweiterte Möglichkeiten bei der grafischen Darstellung, besonders bei Texten und Symbolen sowie bei der Layouterstellung. Auch die Neuerfassung von Geodaten ist mit vielen Funktionen, die bisher nur aus der CAD-Welt bekannt waren, sehr umfangreich.

ArcGIS for Desktop Standard

ArcGIS for Desktop Standard verfügt als nächst höhere Ausbaustufe über zahlreiche zusätzliche Funktionalitäten. Die erweiterten Editiermöglichkeiten und die Erzeugung und Prüfung von topologischen Beziehungen stellen einen wesentlichen Unterschied zu ArcGIS for Desktop Basic dar. ArcGIS for Desktop Standard bietet die mehrbenutzerfähige Datenbearbeitung inkl. Versionsverwaltung und Konfliktbehebung und dient als „Managementkonsole" für ArcSDE basierte Geodatenbanken. Hervorgehoben wird auch das sog. „Disconnected Editing", die Möglichkeit des „Auscheckens" selektierter Datenbestände für die Bearbeitung im Rahmen mobiler Anwendungen.

ArcGIS for Desktop Advanced (nicht Bestandteil dieses Buchs)

ArcGIS for Desktop Advanced stellt die volle Funktionalität innerhalb von ArcGIS zur Verfügung. Besonders die umfangreichen Geoprocessing-Funktionalitäten und Verarbeitungsroutinen für Polygontopologie bieten dem GIS-Spezialisten Vorteile. ArcEdit – als Kommandozeilen-Applikation innerhalb der ArcGIS for Desktop Advanced Workstation – ermöglicht eine qualitativ hochwertige Geodatenerfassung und -pflege in größeren Projekten.

1.3.2 ArcGIS for Server

Serverbasierte GIS-Technologie stellt eine interessante Ergänzung von ArcGIS Desktop dar und richtet sich an Entwickler und Institutionen, die GIS-Funktionalität von zentralen Servern anbieten wollen. ArcGIS for Server bietet GIS-Funktionalitäten, die weit über eine Visualisierung hinausgehen. ArcGIS for Server ermöglicht es auch, Fachanwendungen serverseitig bereitzustellen und ist damit besser in bestehende Lösungen (auch außerhalb der GIS-Welt) integrierbar. Für IT-Verantwortliche dürften der geringere Pflegeaufwand und die innerhalb großer Organisationen auch geringeren Lizenzkosten interessant sein.

Bei allen Bausteinen der ArcGIS Produktfamilie ist es möglich, mit gängigen Programmiersprachen individuelle Anpassungen vorzunehmen. ArcGIS Server unterstützt IT-Standards und kann mit Kundenmanagementsystemen (CRM) oder ERP Systemen (Enterprise Resource Planning) bis hin zu komplexen Enterprise-Systemen kombiniert werden.

1.3.3 ArcGIS Online

Esris ArcGIS Online stellt eine Zusammenstellung von verschiedenen webbasierten Diensten und einen Zugang zu Daten dar. Die ArcGIS Online Services können in ArcGIS Desktop eingebunden werden und erlauben den unmittelbaren Zugriff auf Geodaten wie Luftbilder oder Straßendaten sowie vorgefertigte Dienste. Mit einem eigenen Zugang können Sie ArcGIS Online auch als Austausch-Plattform für Geodaten verwenden und über ArcGIS Explorer Online sogar in eingeschränktem Maß bearbeiten. Neben Geodaten, die Ihnen bereits von Esri über ArcGIS Online zur Verfügung gestellt werden, haben auch alle anderen Nutzer die Möglichkeit, Geodaten für die Allgemeinheit oder eine eingeschränkte Nutzergruppe freizugeben.

Die Angebote von ArcGIS Online stehen Ihnen unter http://www.arcgis.com zur Verfügung. Dort werden Sie auch über Neuerungen informiert. Eine kleine Einführung in die Verwendung von ArcGIS Online finden Sie auch im Kapitel 6.1.3.1.

1.3.4 Data and Maps for ArcGIS

Den Esri Softwarepaketen liegen die „Data and Maps for ArcGIS" bei, die jährlich aktualisiert werden. Die hier enthaltenen Geodaten sind bereits für die Nutzung unter ArcGIS Desktop aufbereitet (als *.mxd). In der Version ArcGIS 10.1 werden diese Daten zum Download bereitgestellt und enthalten Geodaten im FGDC Standard (Federal Geographic Data Committee, ein Standard für Metadaten). Die umfangreichen Daten stammen aus 250 verschiedenen Datenquellen und enthalten sowohl Metadaten als auch Layerfiles. Durch die *.pmf-Dateien können die Daten auch an Arbeitsplätzen, an denen nur ArcReader verfügbar ist, genutzt werden. Viele der bereits vorhandenen Daten sind auf den neuesten Stand gebracht worden, soweit aktuellere Daten verfügbar waren. Diejenigen, die ArcGIS 10.1 aus dem Internet herunterladen, können die Data & Maps for ArcGIS als separaten Download ebenfalls herunterladen. Die Data and Maps for ArcGIS sind auch weiterhin auf DVD verfügbar und werden mit der ArcGIS 10.1 Desktop Software ausgeliefert, allerdings nur auf Anfrage. Eine weitere Möglichkeit bietet hier die Verwendung des ArcGIS Online Services (s. o. und Kapitel 6.1.3.1). Innerhalb der Gruppe Esri Maps and Data finden Sie viele der Geodaten wieder. Dort erhalten Sie auch immer die aktuellsten Versionen der Esri Data & Maps Geodaten.

1.3.5 Mobile GIS

Unter dem Begriff Mobile GIS werden die Softwareprodukte ArcPad, ArcGIS for Smartphones and Tablets und ArcGIS for Windows Mobile zusammengefasst. Diese werden z. T. in einem späteren Kapitel noch genauer erläutert. ArcGIS for Smartphones and Tablets und ArcGIS for Windows Mobile bezeichnen die mobilen Klienten, die auf der Basis des ArcGIS Runtime Software Development Kits (SDK) für mobile Endgeräte entwickelt werden. Die mobilen Klienten können direkt mit ArcGIS Servern kommunizieren. Dies lässt sowohl eine zentrale Verwaltung und Verteilung von Softwareupdates als auch Regelungen zu Datensynchronisation und die Verwaltung von Rechten zu.

Entwicklungen mit ArcGIS for Smartphones and Tablets und ArcGIS for Windows Mobile eignen sich erst ab einer größeren Anzahl von Nutzern und setzen in vielen Fällen die Verfügbarkeit von ArcGIS Server voraus. Neben der zentralen Administration von mobilen Endgeräten und Daten liegt der besondere Vorteil in einer genau auf den Tätigkeitsbereich zugeschnittenen Lösung mit kurzen Einarbeitungszeiten.

2 GIS allgemein

2.1 GIS-Anwendungsbereiche

Auf einen Überblick zu den theoretischen Grundlagen von GIS soll in diesem Buch verzichtet werden, da dieser in zahlreichen anderen Veröffentlichungen zu finden ist. Wir wollen anstelle der Theorie beispielhaft die wichtigsten Einsatzgebiete von GIS kurz vorstellen und so die vielfältigen Möglichkeiten zeigen, die durch Raumbezug und die Verbindung räumlicher Daten aus verschiedenen Quellen geschaffen werden.

Der Hintergrund aller GIS-Anwendungen ist das Arbeiten in Koordinatensystemen, die im Gegensatz zu Grafikprogrammen eine räumliche Zusammenschau verschiedenster räumlicher Datenbestände ermöglichen. Ein weiterer Schlüssel für die nahezu grenzenlosen Einsatzmöglichkeiten ist die Verknüpfung von räumlichen Objekten mit einer oder mehreren Datenbanken. Eine Vielzahl vorhandener räumlicher Informationen bis hin zu Fernerkundungsdaten lassen sich durch GIS in einer neuen Qualität verbinden und auswerten.

GIS soll nicht als Software zur reinen Erzeugung von Karten verstanden werden, sondern als Werkzeug, um Objekte und Daten flexibel in einen räumlichen Zusammenhang zu bringen, und dadurch neue Erkenntnisse bzw. Planungssicherheit zu erreichen. Durch die Zusammenführung von verschiedensten raumbezogenen Datenquellen und deren Verbindung zu Datenbankinhalten stellt GIS ein Werkzeug dar, das durch seinen integrativen Ansatz und die Verwendung räumlicher Analysewerkzeuge eine neue Qualität an Informationen erzeugt. Im Ergebnis entstehen blattschnittfreie und maßstabsunabhängige räumliche Auskunftssysteme, die im Allgemeinen in thematische Ebenen gegliedert sind. Die grafischen Gestaltungsmöglichkeiten bis hin zu automatisierten Beschriftungskonzepten sollten auf den jeweiligen Anwendungsbereich zugeschnitten sein und die Benutzerfreundlichkeit als wichtiges Kriterium im Auge behalten werden.

Der Begriff Enterprise GIS steht für einen umfassenden GIS-Ansatz in Unternehmen. Es geht dabei nicht mehr nur um einzelne Auswertungen von Daten oder reine Dokumentation, sondern um die unternehmensweite Nutzung von GIS-Daten in nahezu allen Abteilungen. So können Geschäftsprozesse unterstützt und abteilungsübergreifend mehr Transparenz geschaffen werden. Dieser Ansatz erfordert die Integration von GIS-Systemen und -Daten in andere vorhandene Softwaresysteme aus dem Bereich Service, CRM, Betriebswirtschaft, Technik und Lagerhaltung bis hin zu Routenoptimierung. Die Akzeptanz von GIS-Systemen in Unternehmen wird nur steigen, wenn die GIS-Systeme die entsprechenden Schnittstellenstandards bedienen, die von den IT-Verantwortlichen gefordert werden. Wichtig ist auch die Skalierung der GIS-Arbeitsplätze in den Organisationen; vom Arbeitsplatz für GIS-Experten bis hin zu Auskunftslösungen, die ohne große Einarbeitungszeit intuitiv bedienbar sind. ArcGIS 10.1 for Desktop ist hier durch seine Offenheit und die Möglichkeiten innerhalb der Produktfamilie auf dem richtigen Weg.

Im Folgenden nennen wir einige Anwendungsbereiche und Fragestellungen, die durch den Einsatz eines GIS unterstützt werden.

2.1.1 Umweltschutz

Anwendungen im klassischen Naturschutz stellen einen der ältesten GIS-Anwendungsbereiche dar. Neben Biotopkartierungen, Baumkatastern und verschiedensten Fachkartierungen spielen hier derzeit vor allem die Anforderungen, die aus der Umsetzung des Europäischen Naturschutzprogramms NATURA2000 entstehen, eine Rolle. Durch die GIS-basierte Verarbeitung können neben der kartographischen Dokumentation Themen wie Biotopvernetzung oder Abhängigkeiten von Einflussfaktoren erforscht und verarbeitet werden. Zusätzlich zu dem räumlichen Überblick können durch die GIS-gestützte Verarbeitung auch zahlreiche Aufgaben wie Flächenbilanzierungen, die Dokumentation von Veränderungsprozessen oder die automatisierte Ermittlung von betroffenen Flurstücken über räumliche Verschneidung schnell und fehlerfrei durchgeführt werden.

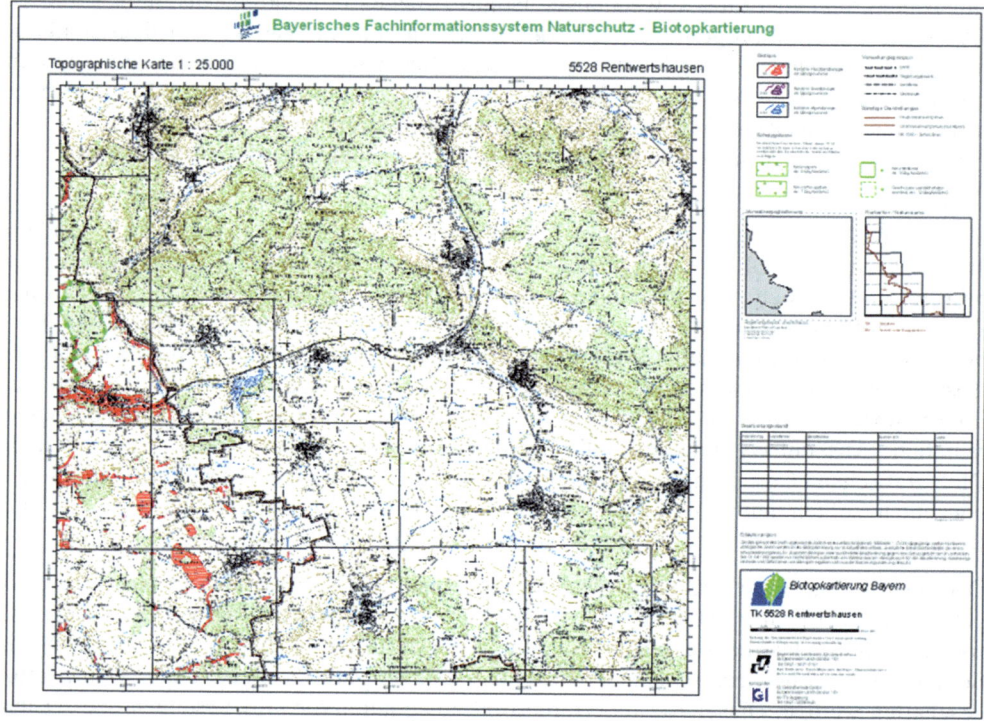

Abb. 2: Layout der Karte Biotopkartierung im Maßstab 1:25.000

Im Rahmen des Artenschutzes können beispielsweise Fundorte von Rote-Liste-Arten verwaltet und Veränderungsprozesse nachvollzogen werden. Durch Modellierung der Verhaltensweisen bestimmter Tierarten können Verbreitungsgebiete und Wanderungen simuliert werden.

In der Abbildung 3 wird das Ergebnis einer Simulation gezeigt, in der unter Verwendung von Widerstandswerten (in Abhängigkeit der vorhandenen Vegetation) die Wege von Luchs und Hirsch mit GIS ermittelt werden. Im Ergebnis werden mögliche Gefahrenpotenziale verdeutlicht, wie z. B. mögliche Konflikte durch Bundesstraßen oder Autobahnen auf den Routen der Tierwanderung. Auf dieser Grundlage können gezielt entsprechende Vorkehrungen getroffen werden, um das Risiko zu vermindern. Besonders bei Straßenneubauten durch bestehende Lebensräume können so Maßnahmen wie Schutzzäune oder Tierbrücken gezielt geplant werden.

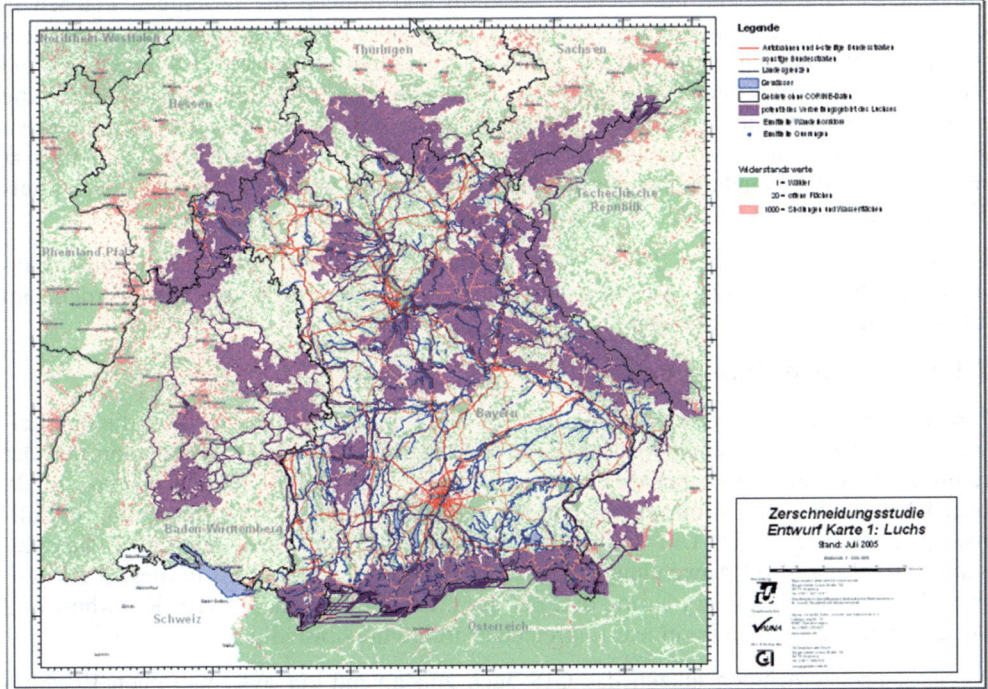

Abb. 3: Layout der Karte Zerschneidungsstudie potenzieller Lebensräume

Neben dem Naturschutz wird GIS auch in allen anderen umweltrelevanten Bereichen eingesetzt. In den letzten Jahren zeigt sich dies u. a. in der Erstellung von Lärmkarten entsprechend der EU-Umgebungslärmrichtlinie. Das GIS findet neben dem Import der Geobasisdaten für die Lärmmodellierung auch für den Aspekt der Veröffentlichung der Ergebnisse im Internet in Form von Lärmkarten Verwendung. Besonders bei der Maßnahmenplanung können verschiedene Szenarien verglichen und bewertet werden. Hier spielt die Ermittlung der betroffenen Wohnbevölkerung eine wichtige Rolle. Wird beispielsweise der Lkw-Verkehr umgeleitet, ist bei einer Gesamtanalyse für die Varianten zu ermitteln, wie viele Haushalte dadurch Vor- und wie viele Nachteile erleiden. Ein GIS-System kann diese Informationen liefern und veranschaulichen.

Zukünftig werden Themen wie Luftschadstoffbelastung und die damit verbundenen Umweltzonen und Fahrverbote sicherlich auch in Form von Karten verstärkt über ein GIS als Web-Auskunftslösung für den Bürger zur Verfügung stehen.

2.1.2 Altlasten und Bodenschutz

Da in der Vergangenheit das Risiko von Kontaminationen des Bodens häufig unterschätzt wurde, ist die Ermittlung und Verwaltung dieser sensiblen Informationen in Altlastenkatastern aufbereitet worden, die eine Übersicht und Gefahrenabschätzung zeigen. Diese ermöglichen eine schnelle und sichere Auskunft und bringen die jeweiligen Flächen in einen räumlichen Zusammenhang mit den Schutzgütern (Wasserschutzgebiet, Spielplatz u. Ä.). Die Verwaltung von Analyseergebnissen, die Auswertung von Luftbildern und die Verortung von relevanten Informationen bezüglich der Altlasten liefern durch die räumliche und zeitliche Zuordnungsmöglichkeit die erforderlichen Bewertungsgrundlagen. Bei der Untersuchung und Dokumentation von Verdachtsflächen wird der GIS-Einsatz immer mehr zum Standard. Dies ermöglicht die Planung von Probenahmen, die mittels Koordinaten dann im Gelände GPS-gestützt umgesetzt werden können.

Gerade bei diesem sensiblen Thema sollten Informationen wie Probenahmen, Flurstücksnummern, Eigentümer und Adressen automatisiert in einem GIS verwaltet werden, um Übertragungsfehler zu vermeiden.

2.1.3 Ver- und Entsorgung

Ein großer und komplexer Anwendungsbereich sind Entsorgungsunternehmen, die ihre Leitungsnetze mit GIS-Systemen verwalten. Neben der Betriebsmitteldokumentation und der räumlichen Abfrage spielt bei diesen Anwendungen auch die Abbildung der Netzlogik, beispielsweise bei der Stromversorgung, das Zusammenspiel mit SAP und das Störfallmanagement eine Rolle. Die Anbindung komplexer Datenbanken oder auch das Zusammenspiel mit CAD-Anwendungen stellen bei Einführung eines GIS in diesem Anwendungsbereich eine Herausforderung dar, bei der die Koordination von GIS-Knowhow und detailliertem Fachwissen für eine erfolgreiche Einführung notwendig ist.

Versorgungsunternehmen nutzen das GIS auch zunehmend zur systematischen Erschließung neuer Marktpotenziale und neuer Kundengruppen. Auch bei der effektiven Steuerung des Außendienstpersonals für Wartung und Service wird durch den zunehmenden Kostendruck vermehrt GIS als Werkzeug für mehr Effizienz erkannt (Workforce Management). Die schnelle und gezielte Reaktion bei Störfällen im Rahmen des Störfallmanagements ist ein wesentlicher Aspekt eines GIS bei Leitungsbetreibern.

2.1.4 Land- und Forstwirtschaft

Bei der Verwaltung der EU-Fördermittelprogramme für die Landwirtschaft (InVeKoS) wird GIS in der Zwischenzeit nicht mehr nur bei den Landwirtschaftsbehörden eingesetzt, sondern in vielen Bundesländern als webbasierte Anwendung den Landwirten direkt für Online-GIS-Anträge zur Verfügung gestellt. Die so digital vorliegenden Flächenabgrenzungen stellen die Basis für eine effiziente Verwaltung bis hin zur GPS-gestützten Kontrolle der Anträge (z. B. mit der ArcPad basierten Software FKS-Pad), direkt im Gelände dar. Aufgrund der großen Anzahl von Anträgen und den immer strenger werdenden Vorgaben der EU bezüglich Dokumentation und Genauigkeit bei der Flächenbilanzierung, sind diese Aufgaben ohne durchgängige, GIS-basierte Prozesse nicht mehr denkbar.

Ein weiterer wichtiger Einsatzbereich von GIS ist die Forstwirtschaft. Neben den verschiedenen forstthematischen Karten können die Geodaten für Flächenbilanzierungen und

Vorratsermittlung und für die Durchführung von Stichprobeninventuren verwendet werden. Durch den GIS-Einsatz kann eine laufende, gebietsbezogene Kontrolle der Nachhaltigkeit und Wirtschaftlichkeit erfolgen. Auf den Standort bezogene Wuchsmodelle und der Wechsel von Baumartenzusammensetzung gerade auch unter dem Aspekt des Klimawandels können räumlich geplant und wirtschaftlich bilanziert werden.

Zunehmend werden GIS-Systeme im Sinne der Abbildung von durchgehenden Workflows auch im Bereich Transportlogistik und Poltermanagement eingesetzt. Das GIS wird damit zur Datenplattform für effektives Poltermanagement, teilweise schon mit Datenaustausch zwischen mobilen Geräten und zentralen Servern. Die Verwendung von GPS-Empfängern zur automatischen Koordinatenerfassung rundet den Nutzen von GIS im Forst noch ab und wird zunehmend zum Standard.

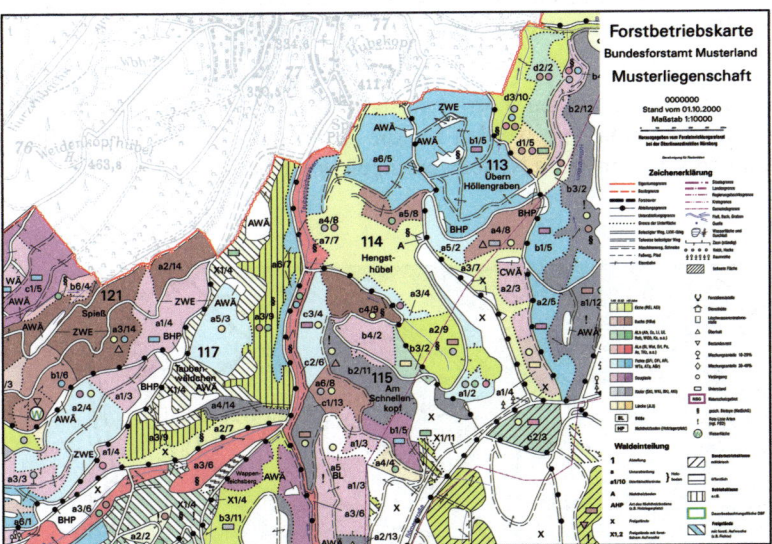

Abb. 4: Forstbetriebskarte der Bundesforstverwaltung

In größeren Forstbetrieben sowie den Landesforstverwaltungen ist der Einsatz von GIS in der Zwischenzeit selbstverständlich und wird auch für strategische Planungen bis hin zu gezieltem Flächenan- und -verkauf eingesetzt. Der gesamte Holzverarbeitungsprozess vom Einschlag bis hin zum Transport wird durch den GIS-Einsatz unterstützt und ermöglicht einen effektiveren Einsatz von Gerät und Transportfahrzeugen. Das Wegenetz von Lkw-befahrbaren Forstwegen für ganz Deutschland mit einheitlichen Routingstandards und Verknüpfung mit dem öffentlichen Wegenetz, welches sich gerade im Aufbau befindet, wird hier ein enormes Einsparpotenzial mit sich bringen.

2.1.5 Versicherungswirtschaft

Viele Erstversicherer und Rückversicherungen haben die Vorteile von GIS erkannt und unterhalten eigene GIS-Abteilungen. Besonders bei dem regional sehr unterschiedlichen Gefährdungspotenzial durch Naturgefahren wird GIS zur Risikoermittlung eingesetzt.

Für die Versicherungsunternehmen, d. h. sowohl Rückversicherer als auch Erstversicherer, ist das Management versicherter Risiken von der Sachversicherung über die Haftpflicht bis zur Krankenversicherung untrennbar mit einem geographischen, also örtlichen bzw. regionalen Bezug verknüpft.

Sowohl Rating-Agenturen (Kapitalanlageseite) als auch versicherungsspezifische Dienstleistungen benötigen detaillierte Einblicke in Risikomodelle und Methoden der Datenanalyse. Das Management der Versicherungsinfrastruktur (z. B. Standorte der Geschäftsstellen, Verkaufsgebiete etc.) wird ebenfalls stark von raumbezogenen Faktoren beeinflusst und mit Methoden des Geomarketings bearbeitet. Das GIS-Einsatzfeld betrifft das Versicherungskerngeschäft in Form von geographischer Analyse und Auswertung von Schadensereignissen (räumliche Zuordnung von Risiken zu Objekten) bzw. von Risikoanalysen vor Vertragsabschluss, Frühwarnsystemen bei Unwettern (Schadensvorbeugung) sowie Schadenskontrolle und Optimierung von Kumulrisiken (Auswirkungen auf das Portfolio).

Die räumliche Umsetzung der neuesten Forschungsergebnisse, die sich mit den Auswirkungen des Klimawandels befassen, werden für die Versicherer und Rückversicherer von besonderer Bedeutung sein, um so zu Neubewertungen von Risiken zu kommen.

2.1.6 Geologie

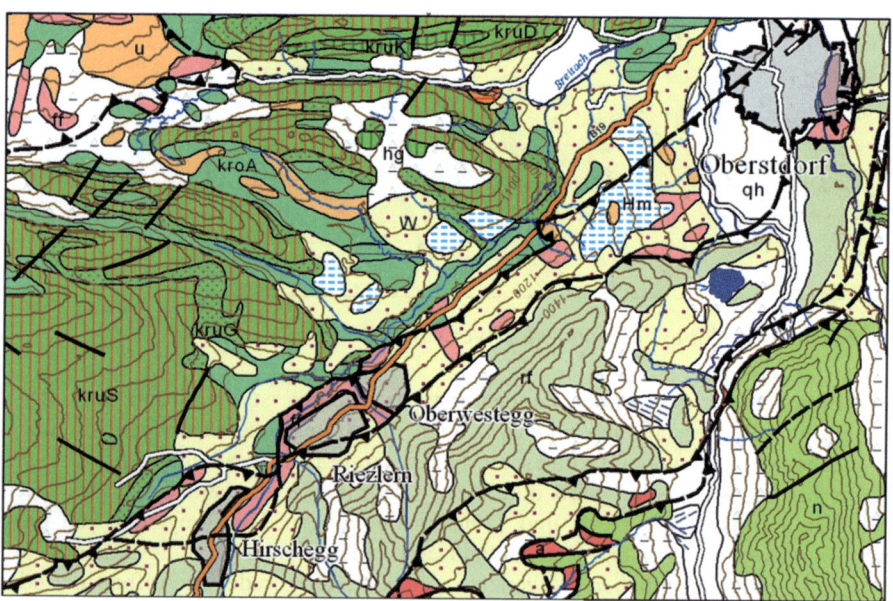

Abb. 5: Ausschnitt einer geologischen Karte

Die Umsetzung von vorhandenen analogen geologischen Kartenblättern und Bohrplänen in GIS-Datenformate verbessert die Verfügbarkeit dieser Informationen für zahlreiche Planungsprozesse. Durch den Raumbezug können Zusammenhänge schnell ausgewertet und weiterverarbeitet werden.

Die Kombination von Geobasisdaten, vorhandenen geologischen Informationen in verschiedenen Maßstäben, Luftbildern und Geländemodellen in einem GIS ermöglichen die Erstellung von präzisen geologischen Arbeitskarten und damit eine effizientere Geländearbeit.

2.1.7 Hydrologie und Wasserwirtschaft

In der Wasserwirtschaft wird GIS bei der Verwaltung der Wasserschutzgebiete sowie der Messpegel und Überprüfung der Gewässerqualität eingesetzt.

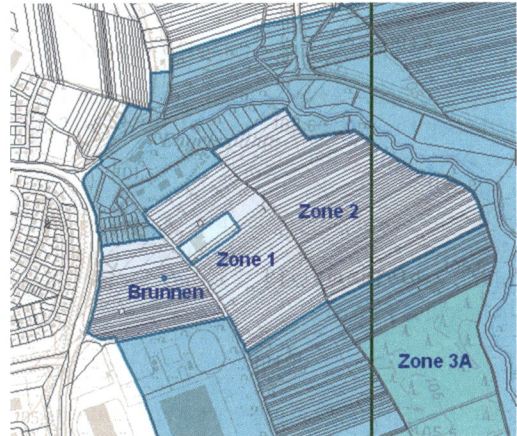

Abb. 6: Flurstücksscharfe Abgrenzung von Wasserschutzgebieten

Die neuen Anforderungen, die durch die Europäische Wasserrahmenrichtlinie (WRRL) entstehen, erfordern eine systematische Aufbereitung von Informationen zur Ermittlung von Einzugsgebieten, Flussverbauungen und Gewässersystemen. Durch die EU-Vorgaben zur Datenstruktur soll ein durchgängiges, grenzüberschreitendes System zur Verbesserung der Wasserqualität umgesetzt werden. Zudem sollen Daten in einheitlicher Struktur für die gesamte EU verfügbar und auswertbar sein.

Von besonderer Bedeutung ist der GIS-Einsatz zusammen mit Geländemodellen und hydrologischen Berechnungen bei der Ermittlung von Hochwasserrisiken. Die EU versucht mit den Hochwasserrisikokarten und den daraus abzuleitenden Maßnahmen einen EU-einheitlichen Standard zu schaffen. Dieser soll eine Betrachtung von Hochwasserereignissen und Maßnahmen über Ländergrenzen hinweg ermöglichen. Angesichts des volkswirtschaftlichen Schadens und den Folgen für die Umwelt, wenn beispielsweise Produktionsstätten betroffen sind, wird dieses Thema eine dauerhafte Herausforderung bleiben. Ohne leistungsfähige GIS-Systeme sind diese Themen nicht mehr zu bearbeiten.

Da 71% der Erdoberfläche mit Wasser bedeckt sind, stellt die Erforschung und laufende Beobachtung der Ozeane eine wichtige Aufgabe dar. Sie beeinflussen das Klima, stellen O_2 zur Verfügung und dienen als CO_2-Senke. Doch neben diesen positiven Effekten gibt es auch negative Auswirkungen, die uns zum Teil indirekt, aber auch direkt betreffen. Durch den Klimawandel werden küstennahe Regionen durch den ansteigenden Meeresspiegel bedroht. Naturgefahren wie Hurrikans und Tsunamis müssen für die Weiterentwicklung von Frühwarnsystemen weiter erforscht werden. Probleme ergeben sich auch durch toxische Abfälle, treibende Kunststoffe und moderne Piraterie.

Die Ozeane unserer Erde sind im Gegensatz zum Land nur wenig erforscht. Mit einem GIS können heute die Dynamik der Meere, Strömungen und Fischbestände sowie rezente Veränderungen analysiert werden. Der Meeresgrund wird kartiert, geomorphologische Studien angesetzt und tektonische Bewegungen verfolgt. Lebensräume von Fischen werden lokalisiert und können dadurch besser geschützt werden. Ein GIS ermöglicht die Abschätzungen von potenziellen Gefahren und Risiken, wie durch Naturgefahren und Klimawandel.

2.1.8 „ArcGIS basierte Fachanwendungen" – kommunaler GIS-Markt

Trotz der Funktionsfülle der ArcGIS Desktop-Produkte kann ein Einsatz zusätzlicher Fachanwendungen sehr sinnvoll sein. Oft stellt der Einsatz dieser zusätzlichen Lösungen sogar das primäre Aufgabenfeld am jeweiligen Arbeitsplatz dar, und das ArcMap dient nur als Träger dieser Funktionen. Insbesondere für die Anwender in den kommunalen Verwaltungen sind diese sogenannten „Fachschalen" elementar, da mit diesen ArcGIS basierten Fachanwendungen gesetzliche Vorschriften, festgelegte Datenaustauschstandards oder typische Verwaltungsaufgaben abgebildet werden können. Daher sollen diese kommunalen Lösungen im Folgenden näher beleuchtet werden.

2.1.8.1 Übernahme der Geobasisdaten

Die wichtigste Datengrundlage einer Gemeinde-, Stadt- oder Kreisverwaltung bilden die Geobasisdaten und hier insbesondere das digitale Liegenschaftskataster. Liegenschaftskarte und Liegenschaftsbuch werden von den Katasterverwaltungen in digitaler Form als Austauschdatei abgegeben. Dieses geschieht zurzeit nicht nach bundeseinheitlich definierten Standards. Aufgrund der föderalen Struktur der Vermessungs- und Katasterverwaltung sind in jedem Bundesland unterschiedliche Daten zu erwarten. Bei der Liegenschaftskarte bekommt man zum Beispiel in Bayern eine Digitale Flurkarte (DFK), in Baden-Württemberg erhält man die Liegenschaftskarte im B-Grund-Format, in vielen anderen Bundesländern gibt es die ALK (Automatisierte Liegenschaftskarte) im EDBS-Format. EDBS bedeutet „Einheitliche Datenbankschnittstelle", allerdings sind hier von Bundesland zu Bundesland große inhaltliche Unterschiede festzustellen.

Zusammen mit den Liegenschaftsbuchdaten (diese werden sehr oft als WLDG (E) (Workdatei Liegenschaftsdatei Gewinnung (Entschlüsselt)) abgegeben), bilden diese Liegenschaftskarten im Vektorformat das Herzstück eines kommunalen Datenpools. Die Nutzungsmöglichkeiten sind immens: Ermittlung der Eigentumsverhältnisse, ALK als Konstruktionsgrundlage, Abgreifen von Größen und Längen, Auswertung der Inhalte wie Flächen- und Gebäudenutzung, Adresscodierung und vieles mehr.

Der Weg in das GIS stellt allerdings besondere Anforderungen an die Fachlösungen dar. Zunächst ist die korrekte inhaltliche Übernahme der Informationen zu gewährleisten. Aufseiten der Liegenschaftskarte liegt sehr oft ein Objektartenkatalog vor (meist „OBAK"), der im GIS bei der Datenübernahme wiedergegeben werden muss. Aber auch die zeichnerische Rekonstruktion stellt Anforderungen an das System. Die Zeichenvorschrift (meist „ZVAut") gilt es im ArcGIS abzubilden. Und natürlich sind auch die Datenaktualisierungen, die oft in Form von Fortführungsdateien geliefert werden, korrekt umzusetzen.

Aktuell findet in einigen Bundesländern bereits die Umstellung auf das ALKIS und damit das NAS-Austauschformat statt. Diese soll für die jetzigen ALK- und ALB-Daten bis 2013 abgeschlossen sein.

2.1.8.2 Der Weg von der Planerstellung bis zur Bürgerauskunft

Bebauungs-, Flächennutzungs-, Landschaftspläne und viele andere sind amtliche Dokumente, an deren Erstellung und Nutzung zahlreiche Personen beteiligt sind. Bezogen auf die Arbeit im ArcGIS ist zunächst einmal das Zusammentragen der wichtigsten Ausgangsdaten, seien es Geobasisdaten, alte Verfahrensstände oder inhaltliche Informationen für die planerischen Möglichkeiten, als Anforderung zu nennen. Wie zu der Übernahme der Geobasisdaten geschildert oder allgemein bekannt, bietet ArcGIS hier gute Möglichkeiten. Diffiziler wird es allerdings beim Zeichnen und Darstellen der Pläne. Zumindest im Bereich der Bebauungs- und Flächennutzungsplanung ist die Darstellung nach einer Planzeichenverordnung im Baugesetzbuch geregelt. Linienbegleitende Signaturen, Nutzungsschablonen oder die Verwendung eigener Planzeichen stellen hier noch einmal eine besondere Herausforderung an das System dar. Auch eine Unterstützung der Bearbeitung von B-Plänen durch Vorlagen für Wendeanlagen und Schleppkurven ist als sehr sinnvoll zu betrachten.

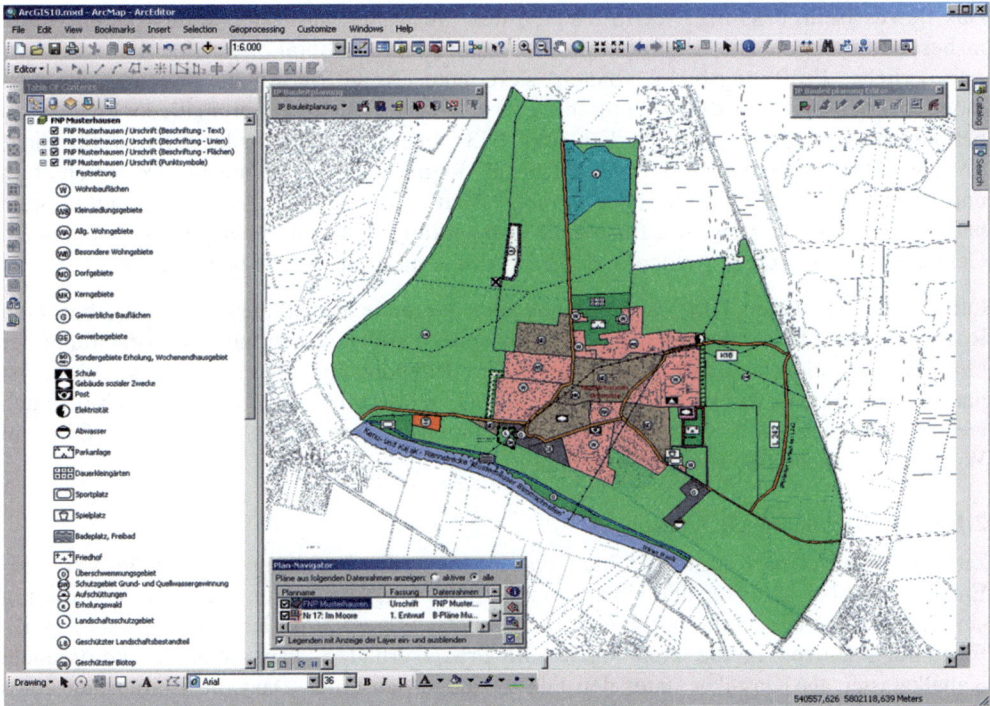

Abb. 7: Integrierte Bearbeitung und übersichtliche Anzeige von Plänen mit IP Bauleitplanung ArcMap

Zu beachten ist auch, dass in der Praxis sehr oft die Pläne extern (z. B. bei Bauträgern oder Ingenieurbüros) erstellt werden. Wenn diese nicht mit der identischen Softwarelösung arbeiten, muss ein Weg gefunden werden, diese Pläne verlustfrei zu übernehmen. Ein Im- und Export dieser Daten nach möglichst offenem Standard ist hier gefragt. Nachdem bisher wenige Anbieter solche Lösungen anbieten, scheint zukünftig durch das E-Government-Modellprojekt „XPlanung" der Weg für einen gemeinsamen Standard geebnet.

Elementar ist natürlich das Pflegen der Metadaten, insbesondere zur Verwaltung unterschiedlicher Verfahrensstände desselben Plans (Urschrift, Änderungen, Entwürfe). Und zu guter Letzt ist zu beachten, dass nach aktuellem Stand der Dinge auch die schnelle Veröffentlichung der Pläne im Internet vom Bürger erwartet wird. ArcGIS sei Dank ist die exakte Übergabe der Plandarstellung ins Web-GIS sehr gut möglich.

2.1.8.3 Wertvolles Gut verwalten

Im Datenpool Kommune befinden sich mit Liegenschaften, Gebäuden, Straßen, Außenbereichen und Inventaren Objekte, welche wiederum auch Bestandteil monetärer Betrachtungen sind. Ob Pacht, Mieten, Kauferlöse, Ankaufsummen, Pflege- und Nebenkosten, Sanierungs- und Instandsetzungsgelder: Finanzmittel müssen gebucht, bereitgestellt und geplant werden. Eine Kopplung zur Finanzsoftware ist in vielen Fällen sinnvoll.

Das Bewusstsein, dass im ArcGIS „Wertvolles" verwaltet wird oder werden kann, wurde insbesondere durch die Einführung der kommunalen Doppik gestärkt. Für die hier erforderliche Eröffnungsbilanz bieten sich gute ArcGIS-gestützte Inventarisierungsmöglichkeiten an. Allerdings empfiehlt es sich, dieses nicht als einmaligen Prozess zu betrachten. Sinnvoll ist es sicherlich, das GIS generell als führendes System für diese „Anlagegüter" zu sehen. Im GIS findet in der Regel auch die technische Dokumentation und Planung von Gebäuden oder Straßen statt. Ein Straßenzustand ist hierbei eine bautechnische Bewertung, die finanzielle Auswirkungen hat, da etwaige Baumaßnahmen Gelder erfordern, welche wiederum den Wert des Anlageguts Straße beeinflussen.

Oft spielen bei vielen GIS-Fachkatastern auch laufende Einnahmen und Ausgaben eine Rolle. Ein Grünflächenmanagement beispielsweise beinhaltet nicht nur die Darstellung der Grünflächen, sondern dokumentiert auch die Pflegemaßnahmen. Hieran geknüpft ist natürlich die Frage, wie viel Geld für die Pflege zu kalkulieren ist, und natürlich oft auch welche Varianten der Kostensenkung sich ergeben. Immer mehr wird das GIS ein Werkzeug zur zentralen Betriebssteuerung.

2.1.8.4 Die technischen Kataster

Zu den technischen Katastern zählen insbesondere die Fachlösungen für die Ver- und Entsorgung, aber auch für den Hoch- und Tiefbau. Die Anforderungen deren Verbreitung sind unterschiedlich. Während digitale Straßenkataster gerade im Kontext mit der Doppik-Einführung Einzug in die kommunale GIS-Praxis erhalten, kann man das kommunale Kanalkataster als Klassiker unter den GIS-Lösungen ansehen. Dass die Einführung eines digitalen Kanalkatasters eine absolute Notwendigkeit war, wird allein schon aufgrund der Tatsche deutlich, dass man dieses unterirdische Netz mit all seinen Eigenschaften wie Material, Schadhaftigkeit und den abzweigenden Hausanschlüssen nur mit einem digitalen System ausreichend und zuverlässig dokumentieren kann. Zusätzlichen Schub bekam die

Einführung der Kanalkataster aber auch durch die aus der Umweltgesetzgebung stammenden Selbst-/Eigenüberwachungsverordnungen.

Im Bereich Kanalkataster spielt das Thema Datenübernahme ebenfalls eine große Rolle: Ingenieurbüros nehmen das Kanalnetz auf, bauen, kontrollieren, sanieren und liefern dann digitale Daten an den kommunalen Anwender. Hier hat sich als „Quasistandard" das ISYBAU-Format durchgesetzt, welches zukünftig als ISYBAU-XML genutzt werden kann. Zu den häufig eingesetzten Werkzeugen gehören neben der Konstruktion auch eine flexible Beschriftungsfunktion mit Textfreistellung, eine Berechnung der Schadens- und Haltungsklassen, die Anbindung von Schadensbildern und Videos an die Netzgeometrien oder das Erstellen von Längsschnitten durch Haltungsverläufe.

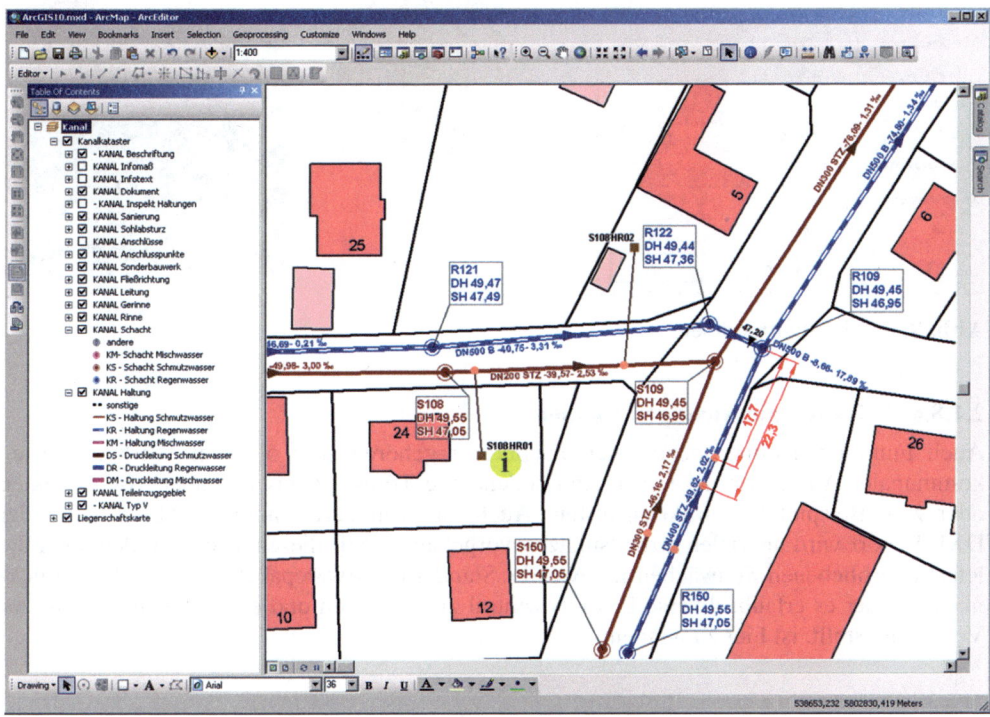

Abb. 8: Flexible Anzeigefunktion im ArcMap mit IP Kanal

2.1.8.5 3D-Stadtmodelle

Im Bereich der 3D-Stadtmodelle kann an einem Esri ArcGIS Desktop-Arbeitsplatz, der mit der Erweiterung Esri 3D Analyst für ArcGIS ausgestattet sein muss, mit sehr geringem Arbeits- und Kostenaufwand eine umfangreiche 3D-Animation entstehen. Mit einer Fachschale gelingt es, aus 2D-Gebäudeumrissen mit wenigen Handgriffen 3D-Stadtmodelle für Visualisierungen zu erstellen.

Alle Arbeitsschritte werden dabei in der gewohnten Umgebung von ArcGIS durchgeführt. Den ALK/ALKIS-Gebäuden werden Höheninformationen aus dem Geländemodell, Gebäudeinformationen z. B. über Laserscanndaten zugewiesen. Danach kann eine automatische Generalisierung der Dachgeometrie gerechnet werden. Dabei werden Besonderheiten des Grundrisses, wie z. B. Vorsprünge, berücksichtigt. Anschließend wird das Gebäude automatisch generiert. Die Animationsfunktion führt eine virtuelle Befliegung durch das Planungsgebiet durch, die Szene kann als Videodatei abgespeichert werden.

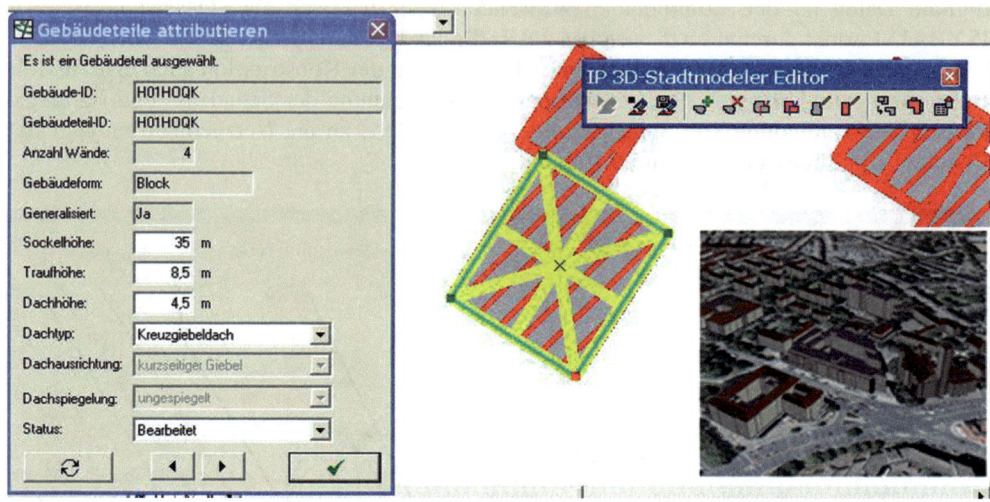

Abb. 9: 3D-Stadtmodeler

2.1.8.6 Tools – die wichtigen Kleinen

Auch Funktionen ohne spezifischen Fachbezug gehören sehr oft zum Werkzeugkasten kommunaler Anwender. Klassisch sind sogenannte Tools für das Bemaßen von Objekten oder zum Beispiel Konstruktionshilfen. Auch ein benutzerfreundlicher MS Excel- oder DXF-Export wird an vielen Arbeitsplätzen vorgehalten. Mit diesen Tools werden auch die letzten verbliebenen Schwächen im ArcGIS Standard-Softwarepaket behoben. Ein Druckmanager, der es erlaubt diverse Layouts zentral zu verwalten und ein Plotmanagement zur Verfügung stellt, ist hier zu nennen.

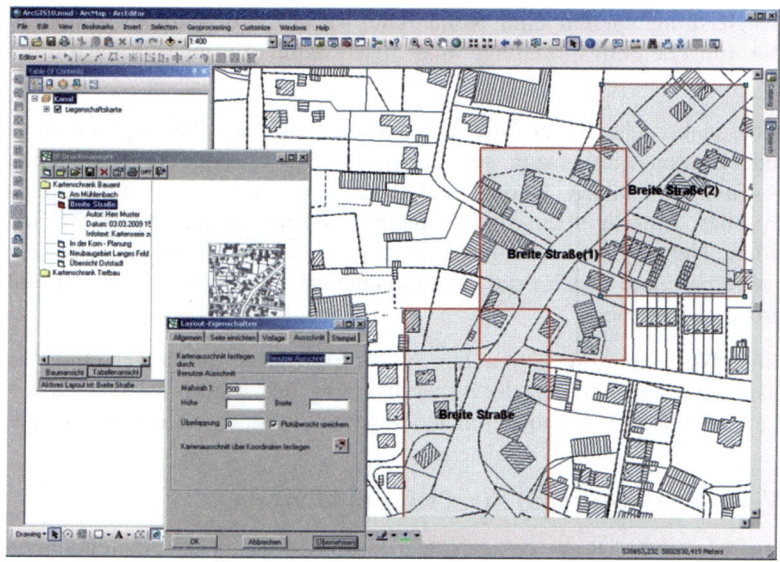

Abb. 10: Blattschnittdruck mit dem IP Druckmanager

2.1.8.7 Zusammenfassung

Die Anzahl der benötigten und sinnvollen Fachkataster ist lang. Aufzählen könnte man u. a. noch den Bereich des Katastrophenschutzes oder den Bereich der Tierseuchenbekämpfung. Hier finden sich beispielsweise Applikationen, mit denen Halterbetrieben Sperrzonen zugeordnet werden können. Beim Abwassergebührensplitting ermitteln Werkzeuge das versickernde Regenwasser, damit der kanalisationsrelevante Teil als Gebühr berechnet werden kann. Ein Kompensations-Flächenkataster kann sinnvollerweise ein integriertes Ökokonto zur Führung eines Flächenpools aufweisen. Eine Visualisierung von Einwohnermeldedaten ist sinnvoll, um zum Beispiel anhand der Altersstruktur Planungen durchzuführen.

Allen genannten und ungenannten „ArcGIS basierenden Fachanwendungen" ist gemeinsam, dass sie die bewährten Basisfunktionen des ArcGIS Desktop nutzen, um spezifische Fragestellungen zu lösen und somit praxisnah, aufgabenbezogen und benutzerfreundlich einen Mehrwert für den Anwender schaffen.

2.1.9 Telekommunikation

Für die Telekommunikation werden Daten aus weltweit verteilten Datenbanken bereitgestellt, die in einem GIS für Geschäftsprozesse integriert werden können. Daraus können Analysen für Netzplanung und -betrieb, Marketing und Vertrieb, wie auch den Kundenservice erstellt werden.

Der Markt der Telekommunikation hat sich in den letzten Jahren stark verändert. Durch hohen Kostendruck einerseits und neue Marktpotenziale andererseits dient ein GIS als strategische Plattform. Darunter fallen Themen wie Vertrieb, Marketing, Qualitätsmanagement, Störfallmanagement, Kostenoptimierung und Time-to-Market. Aber auch Kapazitätsauslastung und Serviceleistung spielen eine Rolle. Die Visualisierung dieser Daten in Karten verbessert die Entscheidungsgrundlage und führt damit zu mehr Investitionssicherheit.

In der Telekommunikationsbranche findet GIS seinen Einsatz bei der Planung von optimierten und flächendeckenden Funknetzen sowie bei der Verwaltung der räumlichen Zuordnung von Mobilfunkteilnehmern. Durch die GIS-gestützte Verwaltung und Dokumentation von technischen Einrichtungen und Kabelnetzen kann gerade bei Störfällen schnell reagiert werden. Neben der Leitungsdokumentation wird GIS-Technologie bei Telekommunikationsunternehmen zunehmend unternehmensweit eingesetzt und in die täglichen Geschäftsprozesse integriert.

Durch die gemeinsame Nutzung von Teilen der Netzinfrastruktur durch verschiedene Telekommunikationsanbieter (im Rahmen der Liberalisierung des Markts), hat auch die Kostenumlage auf Leitungsabschnitte und deren Dokumentation stark an Bedeutung gewonnen.

2.1.10 Routing, Verkehrslogistik und Straßeninstandhaltung

Eine Anwendung, bei der im Alltag viele Nutzer auf GIS-gestützte Anwendungen zurückgreifen, ist der Bereich des Routings mit der Frage: Wo bin ich und wie finde ich zu meinem Ziel? Die Grundlage sind in der Regel die Basisdaten der großen Straßendatenanbieter. Diese können in GIS-Systemen mit regionalen, individuellen Informationen kombiniert und ausgewertet werden.

Hier kann mit webbasierten Auskunftssystemen, Autonavigationssystemen oder zunehmend durch PDAs eine schnelle Antwort gefunden werden. Fahrzeugverfolgung von Speditionen und Logistikunternehmen stellen mit der Möglichkeit einer aktuellen Visualisierung von Einsatzfahrzeugen eine spezialisierte Anwendung dar (Flottenmanagement). Diese gewinnt zunehmend auch im Bereich technischer Außendienste und im Einsatz bei Störfällen an Bedeutung. Besonders bei Mautsystemen, Verkehrsflussmodellen und integrierten Nahverkehrsplanungen wird GIS zunehmend eingesetzt.

Straßen und deren Unterhalt sind die Basis für einen effizienten Warenaustausch und für schnelle Fortbewegung. Die Leistungsfähigkeit dieser Infrastruktur ist daher ein entscheidender wirtschaftlicher Standortfaktor. Die finanzielle Bewertung der Straßen, deren Zustandserfassung und die laufenden Instandhaltungskosten sind beispielsweise ein wesentlicher Bestandteil der kommunalen Doppik. In der Baustellenverwaltung, Winterdienst und der koordinatengestützten Organisation der Straßenunterhaltung liegt großes Potenzial für den GIS-Einsatz. Neueste Ansätze zeigen die Möglichkeiten des GIS-Einsatzes und GNSS-basierter Lösungen während der Bauphase von Streckenabschnitten. Hier kann mit durchgängigen Systemen eine höhere Effizienz auf den Baustellen erreicht werden. Dies kann durch die Planung der Zufahrtswege oder dem Einsatz von GNSS-Systemen auf den Fahrzeugen erreicht werden. Die Verwendung von hochgenauen Sensoren in den Baufahrzeugen werden hier immer mehr zum Standard.

2.1.11 Katastrophenschutz

Im Katastrophenschutz liegt eine der wichtigsten Anforderungen vor allem im schnellen und flexiblen Reagieren in Notfallsituationen. Eine gute räumliche Aufbereitung aller relevanten Basisinformationen und Einrichtungen im Vorfeld ermöglicht dann umgehendes

Handeln einer Leitstelle im Katastrophenfall. Die unmittelbare Notfallunterstützung für Betroffene steht dabei an erster Stelle, gefolgt von der Eindämmung von Sekundärgefahren. Die zügige Bereitstellung und Koordination von Such- und Rettungstrupps, Notunterkünften, Fluchtwegen, medizinischer Hilfeleistung sowie Verpflegung wird von Geoinformationssystemen ebenso unterstützt wie die Planung von Wiederaufbaumaßnahmen. Die Herausforderung besteht hier vor allem darin, die entscheidungsrelevanten Daten (Wege, Barrieren, Wasseranschlüsse für Feuerwehr u. Ä.) schon im Vorfeld in einer einheitlichen Geodatenstruktur aufzubereiten.

Die besondere Bedeutung liegt bei Katastrophenfällen in der zentralen Koordination mit der Möglichkeit zur schnellen Entscheidung und Informationsweitergabe. Der Einsatz von mobilen Endgeräten mit GPS-Unterstützung ermöglicht hierbei die aktuelle Verfolgung der verschiedenen Einsatzkräfte wie auch die Weitergabe der Informationen aus der Zentrale. Bei der Risikoabschätzung erlaubt das GIS die Erarbeitung von „was wäre wenn"-Szenarien z. B. im Vorfeld von Großveranstaltungen. Ein Beispiel soll die Vorteile, die der GIS-Einsatz bringt, verdeutlichen. Bei einem Unfall mit grundwassergefährdenden Stoffen auf einer Autobahn bietet eine gut vorbereitete GIS-Datengrundlage zunächst eine schnelle Entscheidungsmöglichkeit bezüglich der besten Wege zur Erreichbarkeit der Unfallstelle (z. B. über land- oder forstwirtschaftliche Wege und Behelfsauffahrten). Danach kann mit der GPS-Koordinate die räumliche Abfrage von Verwaltungsgrenzen erfolgen und die Information an alle zuständigen Behörden weitergeleitet werden. Über die Unfallkoordinaten können sofort auch alle Schutzgebietsaspekte ermittelt und die entsprechenden Maßnahmen ausgelöst werden. Im vorliegenden Fall wäre dies die Information, ob sich der Unfall innerhalb eines Wasserschutzgebiets ereignet hat und an welcher Stelle sich Rückhaltebecken befinden.

2.1.12 Touristik, regionale GIS-Portale, Stadtmarketing

Zahlreiche Urlaubsregionen verfügen über Geoportale mit „intelligenten Karten". Dadurch können sich Interessenten über ihren Urlaubsort und die Abdeckung der individuellen Wünsche schnell informieren. Ansprechende dynamische GIS-Auskunftssysteme stellen einen Wettbewerbsvorteil dar. Zunehmend werden auch die „klassischen" Stadtpläne und Reiseführer durch digitale webbasierte Auskunftsmedien ergänzt oder ersetzt. ArcGIS for Mobile hat mit der Version 10.1 einen großen Schritt heraus aus den Expertensystemen geschafft. Die neuen Möglichkeiten, die ArcGIS für iOS (iPhone, iPad usw.) und Android bieten, wird gerade im Bereich Touristik mit Wander- und Stadtführern einsetzbar sein. Die zunehmende Verfügbarkeit von Daten in ArcGIS Online bieten viele Möglichkeiten für die Entwicklung von Produkten und Diensten in diesem Bereich.

Auf der planerischen Seite werden die räumlichen Daten verwendet, um kostengünstigste Anbindungsmöglichkeiten per Autobahn und ÖPNV zu erreichen. Auch Auswirkungen von touristischer Erschließung auf die Umwelt und die Umlandgemeinden müssen zunächst in Planungsszenarien abgewogen werden. ArcGIS Online liefert hier durch die Visualisierung unterschiedlicher Planungsszenarien und deren Auswirkungen auch einen wesentlichen Beitrag im Abstimmungsprozess und zur Bürgerbeteiligung.

2.1.13 Geomarketing und Vertriebssteuerung

Für die Darstellung und Auswertung von Datenbankinformationen stehen im GIS nahezu unbegrenzte Möglichkeiten zur Verfügung. Dies reicht von der Visualisierung von Adressbeständen und Potenzialanalysen bis hin zur Filialnetzplanung. Sozioökonomische Daten bringen hierbei neben den unternehmensinternen Daten Erkenntnisse bezüglich Potenzialen und dem Ausschöpfungsgrad.

Besonders im Bereich der Vertriebsgebietsplanung leisten diese Instrumente durch eine genaue raumbezogene Potenzialanalyse einen Beitrag zur Versachlichung bei der Aufteilung der Vertriebsgebiete. Unter Kostenaspekten ist besonders die Routenoptimierung zu nennen. Auch der Bereich CRM oder die Filialnetzplanung können durch GIS wesentlich unterstützt werden.

2.1.14 3D-GIS und Geländemodelle

Die dreidimensionale Verarbeitung von Daten in Form von Geländemodellen bietet neben der beeindruckenden Visualisierung auch zahlreiche zusätzliche Alternativen. Dies ist beispielsweise die Ableitung von Querprofilen, Sichtbarkeitsanalysen oder die Möglichkeit von Volumenberechnungen.

Abb. 11: Überflutungsszenarien auf der Basis von hochauflösenden Geländemodellen

Abbildung 11 zeigt die Möglichkeit, die Ergebnisse aus hydraulischen Berechnungen zur Hochwassergefährdung mit einem DGM zu kombinieren. Verschiedene Planungsszenarien bezüglich Hochwasserdämmen können damit besser beurteilt und dargestellt werden.
Neben städtebaulichen Fragestellungen ist die Verarbeitung besonders bei aktuellen Entwicklungen der neuen alternativen Energien hilfreich. Bei der Nutzung von Windkraft können im Rahmen der Planungsphase die klimatischen Parameter ausgewertet werden und somit die Standortplanung unterstützen. Die Sichtbarkeitsanalysen können mit dem ArcGIS 3D-Analyst berechnet und visualisiert werden. Bei der Eignung von Dächern für Solarenergiegewinnung gibt es zahlreiche ausgereifte Web-Anwendungen, die den Hauseigentümern die Eignung ihres Gebäudes zeigen. Auch im Bereich oberflächennaher Geothermie werden die Vorteile einer GIS-basierten Auswertung von immer mehr Unternehmen genutzt.

2.1.15 Liegenschaftsverwaltung und Facility Management

Besonders Unternehmen, die im Bereich der Immobilienverwaltung eine Vielzahl an Objekten verwalten, haben den Nutzen, der aus der Kombination von Facility Management und Geoinformationssystemen entsteht, erkannt.

2.1 GIS-Anwendungsbereiche

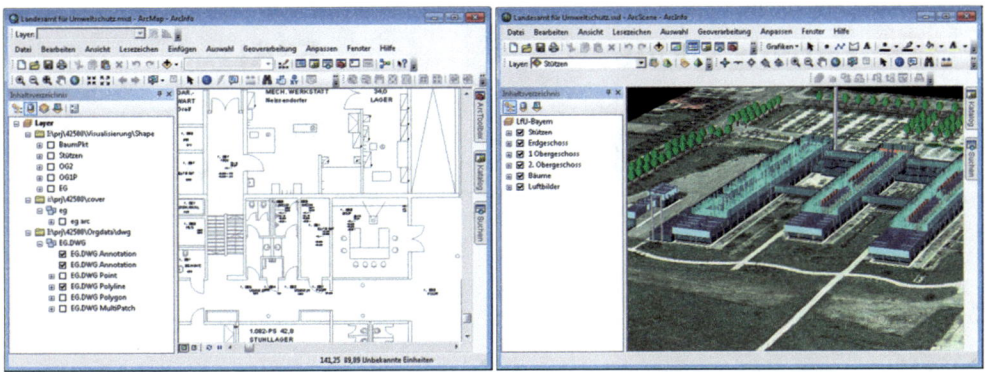

Abb. 12: Gebäudegrundriss (links) und 3D-Gebäudemodell (rechts)

Die Verarbeitung von Gebäudeinformationen in Echtkoordinaten ermöglicht die Betrachtung und Bewertung von Immobilien auch im Bezug auf ihre Umgebung. Informationen wie Mietspiegel, Nutzung im Umfeld und Erreichbarkeit können so ausgewertet werden und beispielsweise für eine Portfolioanalyse verwendet werden.

Je nach Fragestellung kann ein unterschiedlicher Detaillierungsgrad von der Gesamtsicht der vorhandenen Objekte bis hin zur technischen Ausstattung von Einzelräumen abgefragt werden (siehe Abb. 12).

Umzugsplanung, Pflege von Außenanlagen und systematische Dokumentation ermöglichen einen schnellen Zugriff auf alle nötigen Informationen. Einsatzmöglichkeiten bieten sich hier besonders für die Verwaltung von Gewerbeparks oder Großeinrichtungen wie Flughäfen und Messen an.

Durch die Einbindung von Hotlinks auf Fotos können die Daten für unterschiedlichste Zwecke aufbereitet werden, von der Präsentation bis hin zu einem internetbasierten Immobilienangebot auf Kartenbasis.

Mit einem GIS können alle Prozesse über den gesamten Lebenszyklus einer Immobilie unterstützt werden. Abbildung 13 zeigt die verschiedenen Einsatzbereiche in Abhängigkeit des jeweiligen Status einer Immobilie.

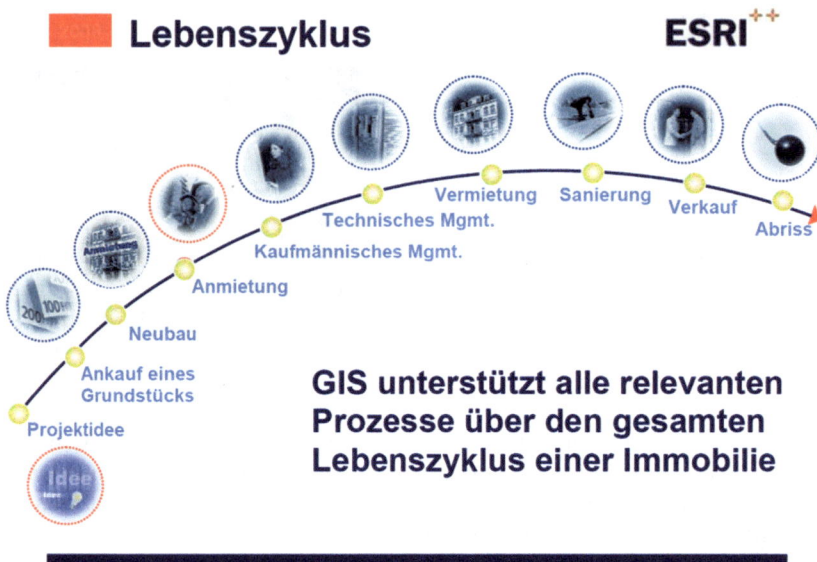

Abb. 13: Lebenszyklus einer Immobilie (Abbildung mit freundlicher Genehmigung der ESRI Geoinformatik GmbH)

In Abbildung 14 ist ein schematischer Überblick über die Aufgaben und Fachabteilungen dargestellt, die ihre Aufgaben mit einem GIS raumbezogen durchführen können. SOA steht dabei für serviceorientierte Architektur und bietet die Möglichkeit der Anbindung verschiedenster Datenbanksysteme und die Verknüpfungsmöglichkeit mit anderen Systemen, um den Nutzen eines GIS ausschöpfen zu können.

Auch die Unterstützung des Außendiensts mit GIS-gestützten Lösungen bietet hier noch ein breites Einsatzspektrum zur Prozessoptimierung und Kostenreduktion. Für diese Zwecke wird GIS jedoch bisher erst in wenigen Unternehmen genutzt.

Neben den angeführten Einsatzmöglichkeiten eines GIS entstehen Synergien vor allem auch durch die themenübergreifenden Nutzungen von Geodaten verschiedenster anderer Fachabteilungen im Unternehmen und im Austausch mit kommunalen Planungsbehörden.

Die Software besteht aus einem Autorensystem und einem Clientsystem. Das in ArcMap integrierte Autorensystem, das über eine Schaltfläche in der entsprechenden Werkzeugleiste aufgerufen werden kann, stellt umfangreiche Einstellungsmöglichkeiten für den Export zur Verfügung. Das Clientsystem ermöglicht die Darstellung der Karten im Webbrowser. Im Browser müssen keine zusätzlichen PlugIns installiert werden, die Karten können in jedem Browser angezeigt werden.

2.1 GIS-Anwendungsbereiche

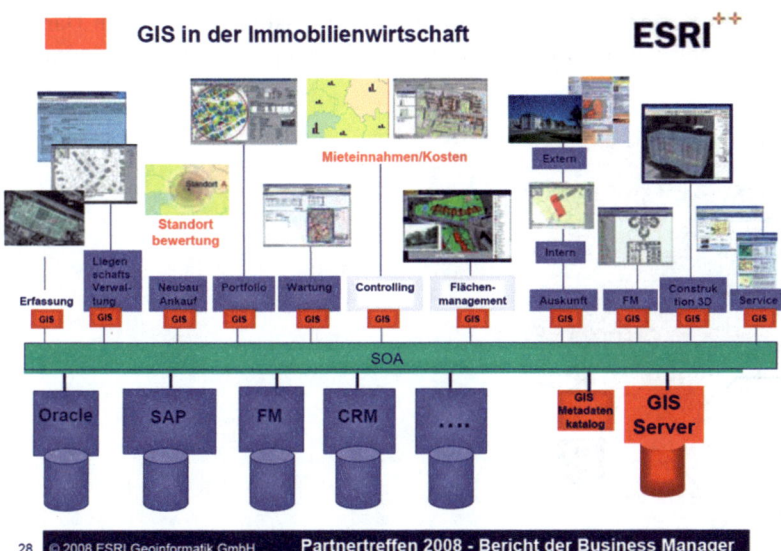

Abb. 14: GIS in der Immobilienwirtschaft (Abbildung mit freundlicher Genehmigung der ESRI Geoinformatik GmbH)

2.1.16 Kartographie

Die kartographische Darstellung spielt in den meisten GIS-Anwendungsbereichen eine große Rolle. In diesem Kapitel steht jedoch nicht das Thema Layout oder die grafische Darstellung im Vordergrund, sondern die Zusammenführung aller Workflows und Prozesse für die Produktion von Kartenprodukten unter ArcGIS aus Geodatenbanken.

Dies bedeutet:

- Eine Softwareumgebung von der Erfassung bis zur kartographischen Feinanpassung.
- Eine zentrale Geodatenbank, welche neben den Sach- und Geometriedaten die Darstellung der Daten als Regeln speichert.
- Einsatz von Repräsentation von Geodaten für unterschiedliche kartographische Endprodukte, Maßstäbe und Kartenserien.
- Ein System für die Produktion qualitativ hochwertiger Karten als Printprodukt ebenso wie als Web-Anwendung und die anschließende Verwendung auf mobilen Endgeräten.

Die Erstellung hochwertiger Karten auf der Grundlage genauer Geobasisdaten in automatisierten kartographischen Prozessen ist für ArcGIS eine Herausforderung. Wird dies gelöst, findet ArcGIS die entsprechende Akzeptanz bei Kartographen und kann damit den Mehrwert gegenüber grafikorientierten Kartographie-Programmen aufzeigen.

Das Konzept der kartographischen Repräsentation wurde speziell entwickelt, um die kartographische Darstellung in den Karten zu verbessern. Wo ein kartographisches Element platziert und visualisiert wird, kann innerhalb einer Repräsentation für jedes Kartenprodukt individuell definiert werden. Die Regeln einer Feature-Klassen-Repräsentation legen die Darstellung der Daten im Kartenfenster fest. Mithilfe von Ausnahmen und freien Darstellungen können kartographische Konflikte gelöst und Feinanpassungen vorgenommen werden.

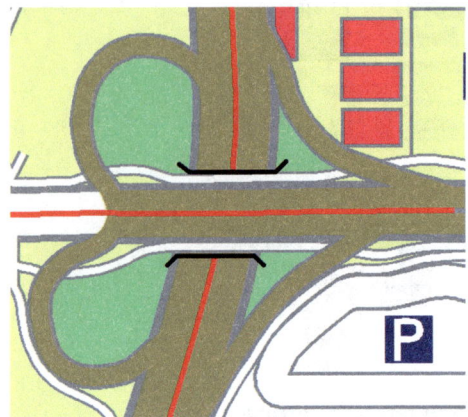

Abb. 15: Verbesserte kartographische Darstellung in Karten mithilfe der Repräsentationen

Ein weiterer, wesentlicher Aspekt für die Verwendung von ArcGIS aus kartographischer Sicht, sind die Möglichkeiten der regelbasierten Generalisierungen unter ArcGIS 10 und ArcGIS 10.1 for Desktop. Sie dienen beispielsweise der Ableitung verschiedener Maßstäbe aus einer zentralen Geodatenbank oder zur Reduktion von Datenmengen für eine verbesserte Performance beim Web-Mapping.

Zur Durchführung von Generalisierungsprozessen werden Regeln definiert, die in Rechenmodellen von ArcGIS umgesetzt werden. Diese setzen auf der Topologie auf und ermöglichen die maßstabsabhängige Visualisierung.

Einige Beispiele zu den wichtigsten Generalisierungsaufgaben:

- Vereinfachen von Flächen unter Erhalt der typischen Form. Dies spielt beispielsweise bei Gebäudegeneralisierung eine Rolle. Trotz einer Reduktion von Stützpunkten bleibt die grundsätzliche Form und Größe des Gebäudes erhalten.
- Aus Einzelgebäuden verschiedener Layer und definierten Flächenbegrenzungen, wie bspw. Flüsse und Straßen, kann die bebaute Fläche einer Stadt oder eines Ortes als Flächen-Layer generiert werden.
- Die Option, doppelte Begrenzungslinien automatisch zu Mittellinien zusammenzufassen, kann zur Darstellung von Gewässern oder bei der Generierung von Liniennetzen für den ÖPNV eingesetzt werden.

Durch die zusätzliche Verwendung des ModelBuilders können Prozesse automatisiert werden. Dies spart Bearbeitungszeit und sichert eine einheitliche Darstellung, was beispielsweise für die Corporate Identity von Kartenwerken in der Verlagskartographie eine große Rolle spielt.

2.1 GIS-Anwendungsbereiche

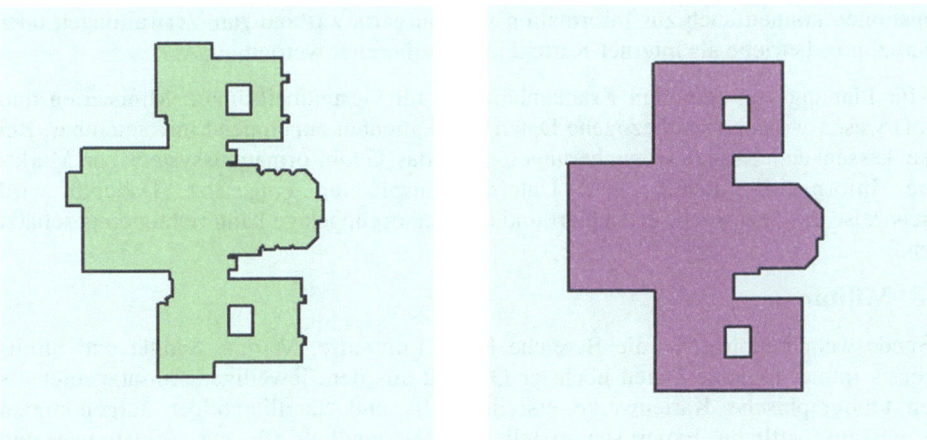

Abb. 16: Automatische regelbasierte Generalisierung eines Gebäudeumrisses unter Erhalt der signifikanten Form

Die Voraussetzung für die Nutzung dieser Möglichkeiten unter ArcGIS 10 und ArcGIS 10.1 for Desktop ist eine zentrale Geodatenbank mit einem genau dokumentierten Datenmodell. Erst dann können verschiedenste Karten aus einer zentralen und aktuellen Datenbasis abgeleitet werden.

Vor allem durch die Verwendung der datenbank-zentrischen Routinen sind seit ArcGIS 10 die Gestaltungsmöglichkeiten für Kartenproduktionen verbessert worden.

Die wichtigsten Funktionen für Kartenserien und individualisierte Auflagen:

- Legendeninhalte als dynamischer Auszug aus dem Kartenbild
- Spezieller Manager für Koordinatensysteme und Kartengitter
- Vererbung von Eigenschaften bei Kartenserien
- Automatisches Erstellen von Kartenindizes

Neben den Verbesserungen am Geodatabase-Modell können mit dem ArcGIS Publisher jetzt fertige Karten in File-Geodatabases ohne Größenbegrenzung gepackt werden. Außerdem können Sie Raster- und Vektordaten in der File-Geodatabase verschlüsseln – und so genau den Zugriff erlauben, den Sie selbst vorsehen. Mit ArcGIS Server und ArcGIS Mobile stehen zudem die entsprechenden Lösungen zur Verfügung, um die Karten direkt in Inter-/Intranetdienste und mobilen Lösungen zur Verfügung zu stellen.

2.1.17 Gesundheit/Epidemiologie

Ein neuer Einsatzbereich von Geoinformationssystemen ist die Epidemiologie. Durch die räumliche Darstellung von epidemiologischen Fragestellungen lassen sich neue und verbesserte Analysen zur Überwachung und Untersuchung machen. Nur in kartographischen Darstellungen lässt sich der Zusammenhang von Raum und Krankheitsverbreitung übersichtlich darstellen. So können die Ausbreitungen von Neuerkrankungen visualisiert werden, wodurch eine schnelle und aktuelle Risikoeinschätzung möglich wird. In den vergangenen Jahren wurde durch BSE, Schweinegrippe und EHEC deutlich, wie wichtig schnelle Reaktionen und die laufende Überwachung gefährdeter Gebiete sind. Diese

Informationen können auch zur Information von Bürgern, zuständigen Verwaltungen oder für Tierhaltungsbetriebe als Internet-Kartendienst aufbereitet werden.

Auch für Planung von zentralen Krankenhäusern, für Gesundheitsämter, Ministerien und Veterinärwesen werden raumbezogene Daten von Patienten zunehmend unverzichtbar. Bei Krankenkassen und Krankenversicherungen wird das Geoinformationssystem zur Marktanalyse, Informationserhebung und Unternehmensplanung eingesetzt. Dadurch wird beispielsweise die Ärztesuche erleichtert und die Versorgungslage kann richtig eingeschätzt werden.

2.1.18 Militär

Die Bundeswehr benötigt für die Bereiche Heer, Luftwaffe, Marine, Sanität und Streitkräftebasis immer aktuelle Daten höchster Qualität aus dem jeweiligen Einsatzgebiet. Es werden topographische Kartenwerke erstellt, Luft- und Satellitenbilder aufgenommen sowie wissenschaftliche Expertisen erstellt, die letztendlich für die Soldatinnen und Soldaten im Einsatz relevant sind und eine Risikoabschätzung ermöglichen.

Besondere Bedeutung bei Auslandseinsätzen kommt der Beurteilung des Reliefs und der Infrastruktur zu, um einschätzen zu können, welches Fahrzeug wo fahren kann. Außerdem kann es Brücken geben, deren Benutzbarkeit durch eine Belastungsgrenze eingeschränkt sind oder Tunnel, deren Durchfahrtshöhen beschränkt sind. Auch Sichtbarkeitsanalysen mit Geländemodellen und ein Flottenmanagement mit Echtzeit-Verfolgung jedes Fahrzeugs sind in Krisengebieten heute Standard.

2.1.19 Industrie

In der Industrie sind die treibenden Rahmenbedingungen für einen GIS-Einsatz höher werdende Qualitätsstandards und strengeren Sicherheits- und Umweltauflagen. Vor allem Industrieunternehmen mit großen Arealen oder komplexen Leitungsnetzen wie in Bereichen von Autoindustrie, Chemie, Pharma, Maschinenbau, Öl und Stahl bietet sich ein Geoinformationssystem an. Letztendlich lassen sich hier mit einem GIS vor allem Kosten optimieren.

Inzwischen gibt es verschiedene Informationssysteme, welche Unternehmen nutzen können. Beispiele wären die Werks- und Netzinformationssysteme, betriebliche Umweltinformationssysteme, GIS in IT-Management, Risk- und Supply-Chain-Management, Transport und Logistik. Häufig wird ein GIS-System dabei mit Schnittstellen zu ERP-Systemen oder dem Facilitymanagement eingeführt.

Auch umweltrelevante Daten müssen in Unternehmen verwaltet werden. Grund und Boden, Wasser, Emissionen, Abfälle und Altlastenverdachtsflächen sind nur eine Auswahl. Um eine effiziente Datenauswertung zu gewährleisten, werden die Daten und Messwerte in standardisierter Form verwaltet. So ist die Datenpflege weniger aufwendig und kann direkt in digitaler Form an die zuständige Behörde übergeben werden. Nutzer von ArcGIS profitieren von der großen Verbreitung von ESRI-Datenformaten, die häufig sogar von den Aufsichtsbehörden vorgegeben werden.

2.1.20 Fernerkundung

Fernerkundungsdaten gehören zu den wichtigsten Datenquellen für GI-Systeme. Die globale Abdeckung und thematische Vielfalt wird dabei laufend verbessert. Durch Sensorensysteme wie SAR, IR, oder LiDAR werden Datengrundlagen mit hoher Auflösung und Aktualität geschaffen. In einem gesonderten Kapitel dieses Buchs wird auf die Möglichkeiten der Rasterdatenverarbeitung ausführlich eingegangen (u. a. Kapitel 4.1.2). Mit der Erweiterung ArcScan lassen sich Rasterdaten regelbasiert automatisch vektorisieren.

Ein großer Einsatzbereich der Fernerkundung zeigt sich im Katastrophenschutz, der Entwicklungszusammenarbeit und generell immer dann, wenn Informationen zur Flächennutzung in aktueller Form benötigt werden. Aktuelle Beispiele wie das Erdbeben in Haiti, der Ausbruch des Vulkans Eyjafjallajökull, der Hurrikan Katrina oder auch große Waldbrände, haben dies bewiesen. Bei der Feuerbekämpfung sind zur Darstellung von Temperaturintensitäten Infrarotaufnahmen von besonderer Relevanz. Dabei dient die Fernerkundung vor allem als Quelle für alle anderen GIS-Bereiche, wie Umweltschutz, Fortwirtschaft oder auch Stadt- und Raumplanung, bei denen Monitoring-Daten benötigt werden.

2.1.21 Statistische Datenaufbereitung

Statistikämter des Bunds, der Länder oder von Städten sammeln laufend eine große Anzahl soziodemographischer Daten. Erst eine GIS-basierte Auswertemöglichkeit lässt räumliche Strukturen und Beziehungen erkennen. Auf dieser Basis können demographische Entwicklungen früh erkannt und prognostiziert werden. Diese bieten die Basis für eine vorausschauende Planung von Wohnungen, Infrastruktur, Bildungseinrichtungen, Krankenhäusern oder Altenbetreuung auf den verschiedensten Verwaltungsebenen. Der Wert von Geoinformationssystemen ist in diesem Bereich erkannt, eine systematische GIS-Datenaufbereitung als Entscheidungsgrundlage für Planungsträger ist jedoch bisher noch die Ausnahme.

Bisher haben in Deutschland alle Bundesländer ihre eigenen Portale mit Inhalten der Statistischen Landesämter. Die Homogenisierung und optisch ansprechende Aufbereitung mit einem GIS sowie die bessere Verfügbarkeit werden zukünftig stärker gefordert werden.

2.1.22 Archäologie

In der Archäologie können Cluster-, Sichtbarkeits- und Nachbarschaftsanalysen sowie die exakte Verortung und viele weitere räumliche Analysen durchgeführt werden. Außerdem lassen sich verschiedene Quellen in einer einzigen Visualisierung zusammen anzeigen. Dies ermöglicht einen direkten Vergleich zwischen den Layern und Datensätzen, ebenso wie Zeitreihenanalysen und Vergleiche. Die 3D-Modellierung stellt hierfür anschauliche Darstellungsmöglichkeiten zur Verfügung.

Für die Kartierung stellen die GPS-basierte Vermessung oder mobile GIS-Lösungen ideale Werkzeuge für die Arbeit im Gelände dar. Die Bereitstellung historischer Karten werden von Städten zunehmend für Internetkartendienste aufbereitet und erfreuen sich großer Beliebtheit.

2.1.23 Energiewende

Der Ausstieg aus der Atomenergie hat sich über Nacht zu einer neuen Herausforderung für den Energiesektor entwickelt. Die Einspeisung von Energie wird durch die neuen regenerativen Energiegewinnungsformen sehr viel dezentraler sein. Zudem entsteht durch die Verteilungsthematik mit großen Offshore-Windparks im Norden Deutschlands und dem

Bedarf der Industrie in Süddeutschland ein Bedarf an neuen Leitungen. Eine weitere Herausforderung ist die Speicherung des produzierten Stroms. Hier könnten Pumpspeicherkraftwerke eine Antwort sein. All diese Fragen können nur durch die einheitliche Aufbereitung von räumlichen Daten und GIS-basierter Planung und Bedarfsanalyse erfolgen.

Für den Bereich Nutzung von Solarenergie gibt es bereits zahlreiche Beispiele bei denen mit GIS-gestützten Solarpotenzialkatastern verstärkt Investitionsbereitschaft geschaffen wurde. Bevorzugte Standorte für Windkraftanlagen (z.B. Gebietskulisse Windkraft für beschleunigte Genehmigungsverfahren) können mit GIS ermittelt werden und zusammen mit Sichtbarkeitsanalyen einen wesentlichen Beitrag im Diskussionsprozess und Genehmigungsverfahren schaffen.

Auf der Infrastrukturseite können Ansätze wie einheitliche Grabungskataster den Bau der Netze für die neuen Herausforderungen (Smart Grids) beschleunigen und zu Kostenersparnis führen. Energieatlanten auf kommunaler Basis können den Bedarf an Energie und Einsparpotenziale ermitteln. Hier wären dringend politische Vorgaben zur Vereinheitlichung von Vorgehensweisen und Daten notwendig. GIS kann durch die Zusammenführung von Daten, Diensten, Geoprocessing und Ergebnisvisualisierung die zentrale Technologie für eine Begleitung der Energiewende sein.

2.2 Worin liegt der besondere Nutzen von GIS?

Als Kernaussagen zum Nutzen von GIS werden gerne Sätze wie „der Mensch denkt räumlich" oder „80 % der Datenbankinformationen haben einen räumlichen Bezug" verwendet. Um die Vorteile eines GIS kurz und griffig zu beschreiben, wird häufig der Satz „eine Karte sagt mehr als 1.000 Tabellen" zitiert.

Der Nutzen von GIS geht durch die analytischen Möglichkeiten weit über Auswertungsmöglichkeiten einer Datenbank oder Tabelle hinaus. Durch räumliche Überlagerung und Verschneidung und Nachbarschaftsbeziehungen können z. B. Objekte aus verschiedenen Themenebenen in einen räumlichen Zusammenhang gebracht werden, der aus Datenbanken nicht abgeleitet werden kann. Die Bildung von Routen und Funktionen wie automatische Kilometrierung können im GIS erfolgen und bei Veränderung der Daten sofort neu gerechnet werden. Durch diese Verarbeitung von Informationen entstehen neue Auswertungsmöglichkeiten, die bisher nicht in ihrer Komplexität bewertet werden konnten. Als Beispiel sei hier die Verbindung von Grundwasserflurabständen mit Biotoptypen oder die GIS-basierte Erfassung und Auswertung von SAP-Stammdaten zu Betriebsmitteln genannt.

Besonders bei räumlichen Planungen können mit GIS verschiedene Szenarien schnell zusammengeführt, erstellt und in einer neuen Qualität bewertet werden. Bei Planungen mit Bürgerbeteiligung können Planungsvarianten anschaulich visualisiert werden und Interessenten beispielsweise über Internetkartendienste zur Verfügung gestellt werden. Bei Überschwemmungsmodellierungen oder bei EU-weiten Projekten wie NATURA2000, Ausgleichszahlungen in der Landwirtschaft und der Europäischen Wasserrahmenrichtlinie ist die Menge an Geodaten und deren Aktualisierung ohne GIS nicht mehr denkbar. Die EU trägt dem mit speziellen Vorgaben zur Abgabe von GIS-Daten Rechnung.

Der Begriff Enterprise GIS taucht zunehmend auf, wenn heute von GIS-Einsatz gesprochen wird. Der Begriff steht für die Platzierung des GIS als IT-strategische Plattform im Unternehmen. Das ist die logische Konsequenz, wenn es darum geht, Potenziale mit Raumbezug im Bereich Netzplanung, Netzbau und Netzbetrieb unter dem Aspekt der Kostenoptimierung voll auszuschöpfen. Über die Integration des GIS mit anderen im Unternehmen eingesetzten Softwaresystemen wie beispielsweise ERP (Enterprise Resource Planning), Netzleitsystem oder WFM (Workforce Management System) lassen sich geschlossene Prozessketten als einheitliche Workflows sowohl im Desktop- als auch im Portalbereich ohne Medienbruch realisieren.

Mit dem als Enterprise GIS bezeichneten Ansatz wird dem Umstand Rechnung getragen, den gesamten Lebenszyklus eines Betriebsmittels beginnend mit der Projektierung bis hin zur Wartung und Instandhaltung lückenlos zu begleiten. Viele der damit verbundenen Geschäftsprozesse werden durch die Nutzung der raumbezogenen Lageinformation eines jeden Betriebsmittels sowie den daraus resultierenden Analysefunktionen deutlich transparenter, wodurch sich auch Einsparungspotenziale ableiten lassen.

Möglich sind derartige Szenarien durch den Einsatz modernster Technologien, wie sie von Esri mit ArcGIS auf dem Markt angeboten werden.

Datenqualität

Die Qualität von GIS-basierenden Auswertungen hängt vor allem auch von der Qualität der verwendeten Daten ab. Bei der Einführung eines GIS stellen die Daten häufig den größten Zeit- und Kostenaufwand dar. Damit werden die Daten zu einem wertvollen Kapital, deren Qualität und Dokumentation unbedingt berücksichtigt werden müssen. Neben der räumlichen Genauigkeit spielen weitere Aspekte eine Rolle, die die Qualität beeinflussen, wie z. B.:

- Standardisierte und dokumentierte Datenstruktur und Datenformat
- Aktualität
- Vollständige Gebietsabdeckung
- Inhaltliche Richtigkeit und Quellenhinweise

Die Qualität von Geodaten ist immer im Zusammenhang mit der Anwendung zu sehen. Je nach Anwendung können unterschiedliche Aspekte hierbei von besonderer Bedeutung sein. Ist beispielsweise eine automatisierte Eigentümerermittlung von bestimmten räumlichen Informationen notwendig, wie beispielsweise bei Abgrenzungen von Wasserschutz- oder NATURA2000-Gebieten, ist die räumliche Genauigkeit bei der Abgrenzung dieser Gebiete von entscheidender Bedeutung. Wird beispielsweise bei der Digitalisierung der Fläche nicht exakt auf eine Flurstücksgrenze abgesetzt, sondern nur wenige Zentimeter im Nachbarflurstück, wird bei einer Verschneidung auch dieses Flurstück und damit dieser Eigentümer mit ermittelt.

Bei der Bildung von Routen für die Navigation mit dem Pkw hingegen spielt weniger die Genauigkeit, sondern vor allem die Aktualität des Straßennetzes die entscheidende Rolle.

Allgemein wird bei kleinen Betrachtungsmaßstäben bzw. globalen Auswertungen der räumliche Genauigkeitsanspruch an Bedeutung verlieren. Da die Genauigkeit bei der Erstellung von Geodaten eine wichtige Rolle bezüglich der entstehenden Kosten darstellt, sollte man bei der Erzeugung und Aufbereitung von Daten immer die gewünschte Anwendung vor Augen haben.

Ist ein neuer Geodatenbestand erst einmal erzeugt, ist damit der Qualitätsaspekt aber nicht abgeschlossen. Da die Daten einer laufenden Veränderung unterliegen, ist die Sicherung der Qualität ein laufender Prozess. Eine standardisierte Metadatenhaltung ist bei größeren Datenbeständen unverzichtbar und auch zur Absicherung der durchgeführten Auswertungen notwendig. ArcGIS bietet innerhalb von ArcCatalog die Möglichkeit, Metadaten zu erzeugen und zu verwalten.

Zusammengefasst sind folgende Aspekte bei der laufenden Sicherung von Geodaten zu berücksichtigen:

- Genaue Vorgaben bei Ausschreibungen
- Zeitnahe Prüfung erzeugter Daten
- Entwicklung von Prüftools für Geodaten (besonders bei größeren Datenmengen)
- Komplette QS-Software speziell für besondere Aspekte räumlicher Daten
- Metadatenhaltung

Eine gute Übersicht zum Thema „Datenqualität von Geodaten" ist unter www.rundertischgis.de „Leitfaden zur Datenqualität für Planungsbüros und Behörden" zu finden.

Die Sensibilität für die Qualität von Geodaten ist in der Zwischenzeit bei den meisten Anwendern und Auftraggebern vorhanden. Die Entstehung von „Datenfriedhöfen" dürfte damit der Vergangenheit angehören.

In dem bereits angesprochenen Leitfaden des Runden Tisch GIS e. V. wird ausführlich erläutert, worauf bei der Erhebung und Verarbeitung von Geodaten geachtet werden sollte. Um den komplexen Begriff der Datenqualität besser beschreiben zu können, wurden fünf Kategorien verwendet.

- Aktualität
- Genauigkeit
- Richtigkeit
- Vollständigkeit
- Konsistenz

Was aber genau als „gut" oder „schlecht" bezeichnet wird, ist immer abhängig von dem jeweiligen Verwendungszweck, da je nach Nutzung unterschiedliche Ansprüche an einen Datensatz gestellt werden.

Um die Qualität der Daten sicherzustellen, wird empfohlen, die benötigten Kriterien zuvor in einem Datenmodell festzuhalten. In diesem sollen dann allgemeine Informationen zum Geodatensatz, Angaben zu Datenstruktur und Datenformat und Vorgaben für Geometrie-, Sach- und Metadaten enthalten sein. Die Geodaten müssen dann auf die im Datenmodell aufgestellten Qualitätskriterien hin überprüft werden.

Um einen leichteren Umgang mit Geodaten zu gewährleisten, entwickelt auch die EU Regelungen zu Geodaten. Zum einen aufgrund der föderalen Strukturen vieler Mitgliedsländer und der damit völlig unterschiedlichen Datenbestände innerhalb eines Lands, zum anderen aber auch, um einen europaweiten Austausch der Geodaten zu vereinfachen, ist ein länderübergreifendes Konzept ratsam.

Mehr Transparenz und Standardisierung sind auch hilfreich, um Mehrfacherhebungen von Daten in verschiedenen Verwaltungen und Organisationen zu vermeiden. Diese Situation ist schon im Hinblick auf die hohen Kosten für die Beschaffung der Geodaten nicht wünschenswert.

Ziel der EU-Richtlinie 2007/2/EG mit dem Kürzel INSPIRE (**In**frastructure for **Sp**atial **I**nformation in **E**urope) ist die Schaffung einer einheitlichen Geodateninfrastruktur innerhalb der EU. Diese Direktive bildet die rechtliche Grundlage für die Umsetzung einer gemeinschaftsweiten und grenzüberschreitenden Geodateninfrastruktur.

Um der INSPIRE-Richtlinie gerecht zu werden, müssen bestimmte Voraussetzungen erfüllt sein. Es muss eine geeignete Ebene gewählt werden, von der aus die Geodaten zugänglich gemacht und auch verwaltet werden können. Dabei muss aber sichergestellt sein, dass die Daten von unterschiedlichen Anwendungen genutzt werden können. Das gilt auch für die Verwendung und den Austausch der Geodaten zwischen verschiedenen Verwaltungsebenen. Die Geodaten des Bunds, der Länder und der Kommunen müssen demnach interoperabel verfügbar sein. Außerdem dürfen die Datennutzungsbedingungen nicht in unangemessener Weise hinderlich für die Nutzung sein und müssen leicht in Erfahrung zu bringen sein. Die Nutzung und problemlose Kombination der Geodaten soll demnach so einfach und barrierefrei wie möglich gestaltet werden.

Das Konzept von INSPIRE sieht vor, dass die dezentral verfügbaren Daten über zentrale Strukturen organisiert werden. Für Deutschland bedeutet das, dass die fachlichen Stellen die Datensätze bereitstellen müssen und die GDI-DE (Geodateninfrastruktur Deutschland) als zentrale Einheit das fachliche und technische Netzwerk bereitstellt. Europaweit werden diese Daten dann über das Europäische Geoportal INSPIRE verfügbar gemacht, damit auch eine grenzüberschreitende Nutzung möglich wird. Die Anwendung umfasst Such-, Darstellungs-, Transformations- und Downloaddienste sowie Dienste zum Abrufen und soll neben den Behörden auch der Privatwirtschaft und der Öffentlichkeit zugänglich gemacht werden.

Die Umsetzung der Direktive ist zeitlich und thematisch gestaffelt. Die insgesamt 34 Themenfelder, die nach der INSPIRE-Richtlinie behandelt werden sollen, sind in den Anhängen I, II und III der EU-Direktive aufgeführt. In den Durchführungsbestimmungen sind die der klaren Administration dienlichen, genauen Vorgaben enthalten. Für die Anhänge II und III wurden die Durchführungsbestimmungen erst fünf Jahre nach Inkrafttreten der Richtlinie, im Juli 2012, fertiggestellt und veröffentlicht.

Nach der Fertigstellung der Durchführungsbestimmungen werden diese zunächst für die neu gesammelten oder restrukturierten Geodaten umgesetzt. Innerhalb von sieben Jahren muss dann auch die Umstellung für die bereits vorhandenen, anderen Geodaten erfolgen.

In den nächsten Jahren entsteht demnach eine europaweit einheitliche Geodateninfrastruktur, die überregional nutzbar ist. Für die Öffentlichkeit werden in diesem Rahmen auch noch umfangreiche WFS (Web Feature Services) entstehen, in denen die unterschiedlichsten thematischen Zusammenhänge visualisiert werden können.

Die Vereinheitlichung der Geobasisdaten in den verschiedenen Bundesländern in Deutschland ist derzeit im Rahmen des AAA-Projekts in vollem Gang, wobei AAA (bzw. „3A" oder „Triple A") für **A**FIS, **A**LKIS und **A**TKIS steht. Ziel ist es, die Grunddatenbestände dieser drei Informationssysteme zu einem Grunddatenbestand der Geodaten des amtlichen Vermessungswesens zusammenzuführen. Die Teildatenbestände sollen harmonisiert werden und einem gemeinsamen Datenmodell zugrunde liegen. Das ist aus vieler Hinsicht sinnvoll, denn bisher werden die Daten redundant gehalten und die Sicherstellung der Konsistenz ist dadurch sehr aufwendig. Außerdem wurden unterschiedliche Daten und Datenmodelle verwendet. Durch das AAA-Datenmodell hat man den Vorteil, dass diese Aspekte nicht mehr hinderlich sind, sondern dass man einheitliche Dateninhalte und ein einheitliches Datenaustauschformat erhält. Berücksichtigt wird auch eine standardisierte Projektsteuerung, wodurch die Onlinefähigkeit sichergestellt wird. Die Ausarbeitung des AAA-Projekts erfolgte unter der Berücksichtigung internationaler Standards und Normen (ISO/ OGC), um die Interoperabilität zu gewährleisten. Ziel der Bemühungen sind Geobasisdateninformationen, die bundesweit einheitlich bereitgestellt werden.

Technisch wird das AAA-Modell mit der Einführung einer neuen Schnittstelle umgesetzt, die dem Austausch der Geoinformationen dient (Normbasierte Austauschschnittstelle NAS). ArcGIS bietet die Möglichkeit, AAA-Daten einzulesen und zu visualisieren. Dafür steht den Nutzern ein kostenloses Add-On „NAS-Reader" zur Verfügung. Nutzbar ist der NAS-Reader bereits für alle Schemata der GeoInfoDok bis zur Version 5.1.1_K2 (Ausnahme: Version 5.1.1_K), die GeoInfoDok-Version 6.0 wird gegenwärtig noch nicht unterstützt. Sobald verfügbar wird die genaue Dokumentation des NAS-Readers im Downloadbereich des Buchs zur Verfügung gestellt.

Initiiert wurde das AAA-Modell durch die AdV (Arbeitsgemeinschaft der Vermessungsverwaltungen der Länder der Bundesrepublik Deutschland), um eine nutzergerechte, bundeseinheitliche Verfügbarkeit der Geobasisinformationen zu erreichen.

Durch die Einrichtung des AAA-Anwendungsschemas ist Deutschland bzw. die AdV schon ausreichend für die INSPIRE-Richtlinie gerüstet und kann somit schon eine INSPIRE-konforme Datenabgabe gewährleisten. Mit Hessen hat das erste Bundesland bereits umgestellt und die Übrigen werden in den nächsten beiden Jahren folgen.

2.3 Wohin geht die GIS-Entwicklung?

Während in der Frühphase von GIS die Software häufig in eigenen Abteilungen von wenigen Experten bedient wurde, haben sich die Anforderungen in der Zwischenzeit gewandelt. GIS-Software wird zunehmend in vorhandene IT-Infrastrukturen integriert und muss sich nach den gängigen Standards und Betriebssystemen richten. Neben den Einzelplatzsystemen mit lokaler Installation spielen die serverseitigen Installationen eine zunehmende Rolle. Dies kann zum einen aus Kostengründen eine günstigere Lösung sein, zum anderen ist damit eine effizientere Softwareverwaltung bezüglich der Installation von Updates und Servicepacks möglich. Die Integrierbarkeit eines GIS-Systems in einen vorhandenen Workflow und die Verhinderung von redundanter Datenhaltung mit bestehenden Systemen sind die Voraussetzung für den erfolgreichen GIS-Einsatz in Unternehmen und Behörden. Erst dadurch können die Synergien aufgezeigt und neue Potenziale erschlossen werden, die für eine Akzeptanz bei den Anwendern notwendig sind.

Die Verfügbarkeit von internetbasierten Kartendiensten (WMS-Dienste) und von verteilten Datenbanken machte es möglich, eine große Anzahl von Nutzern mit aktuellen Geodaten und individuellen Kartenanfragen zu versorgen, ohne dass beim Nutzer der Auskunftsdienste kostenpflichtige Software notwendig wird. Neben dem Kostenaspekt sind hierbei noch weitere Vorteile entscheidend. Dies sind die einfache und auf wenige Grundfunktionalitäten reduzierte Benutzerführung und die datenbankbasierte Datenhaltung und

Aktualisierung. Durch die ständig steigenden Datentransferraten wird die Bedeutung dieser Anwendungen weiter schnell wachsen. Besonders bei Intranetlösungen spielt diese Möglichkeit als Ergänzung zu den spezialisierten GIS-Arbeitsplätzen eine wichtige Rolle, um allen Beteiligten, je nach Zugangsrechten, einen Zugang zu den Geodaten zu ermöglichen.

Da mit Geoinformationssystemen räumliche Daten verwaltet werden, entsteht bei den Anwendern der verständliche Wunsch, diese Daten auch in der jeweiligen Region auf mobilen Endgeräten zur Verfügung zu haben. Ein breiter Hardwaremarkt von kleinen Handgeräten bis hin zum geländetauglichen Notebook bietet hier eine Vielzahl von Möglichkeiten. Häufig werden die Möglichkeiten, die eine automatische, satellitenbasierte Positionierung (GPS oder allgemein GNSS) bietet, mit in die Anwendung integriert. Neben hochgenauen Vermessungslösungen entstehen hier in verschiedenen Genauigkeitsbereichen wie „Mapping und GIS" (0,1 – 5 m) vor allem bei Freizeitanwendungen und Navigation (> 5 m) neue Anwendungen. Auch die Telekommunikationsanbieter haben den Markt der sog. Location Based Services entdeckt und bieten zunehmend entsprechende Endgeräte an.

Während die softwaretechnischen Voraussetzungen heute vorhanden sind, wird für die weitere Entwicklung von GIS die Geodateninfrastruktur von Bedeutung sein. Da die Bedeutung des Geodatenmarkts auch als Wirtschaftsfaktor in der Zwischenzeit erkannt wurde, gibt es derzeit verschiedene Aktivitäten von politischer Seite und verschiedenen Verbänden, die zu einem Ausbau und einem einfacheren Zugang zu Geodaten führen sollen.

Neben den Kostenaspekten spielt hier die Transparenz bezüglich der Verfügbarkeit von Daten eine Rolle. Das amtliche Geodatenangebot ist aufgrund des föderalen Systems nur dezentral verfügbar und erfordert bei großräumiger Planung einen erheblichen Zeit- und Kostenaufwand. Für private Anbieter von Geodaten besteht im Angebot von spezialisierten Geodaten noch ein erhebliches Marktpotenzial. Einfache Such- und Bestellmöglichkeiten sind hierbei die Voraussetzung für eine Akzeptanz beim Anwender.

Die Desktop GIS-Programme ArcGIS for Desktop Basic und ArcGIS for Desktop Standard sind für GIS-Spezialisten und für alle, die eine hochwertige und individuelle Erstellung von Karten (besonders Großformaten) benötigen, die beste Lösung. GIS-Analysen von Fachanwendern und komplexe Abfragen können mit diesen Softwareprodukten innerhalb der ArcGIS Produktlinie am besten durchgeführt werden. Dies gilt besonders bei rechenintensiven Verschneidungsprozessen, GIS-Modellierungen und Auswertungen auf der Basis großer Geodatenmengen mit entsprechend hoher Prozessorlast.

Jack Dangermond beschrieb in seiner Eröffnungsrede zur 30. Esri User Conference in Palm Springs im Juli 2010 den Einzug von GIS im täglichen Leben. Durch neue Technologien, hohe IT-Standards und die Benutzerfreundlichkeit von ArcGIS 10 wird damit GIS für jeden anwendbar.

Auch wenn GIS-Systeme über das Internet bereits Massenanwendungen unterstützen, werden diese von den Nutzern als Technik häufig nicht wahrgenommen. Die Entwicklungen, besonders im Zusammenspiel von ArcGIS Server und mobilen Anwendungen, bieten jedoch alle Möglichkeiten, mit Anwendungen und Geodaten eine breite Nutzerschicht anzusprechen. Im Kern der Lösung und Datenaufbereitung bleiben jedoch immer noch GIS-Spezialisten im Einsatz, die ihre Arbeit noch lange auf den ArcGIS-Desktop-Produkten leisten werden.

3 Download, Installation und Konfiguration von ArcGIS 10.1 for Desktop

Die Installationsdatei für ArcGIS 10.1 wird im Esri Customer Care Portal zum Download bereitgestellt. Dieses Portal stellt für alle ArcGIS Produkte ISO-Dateien zur Verfügung. Neben der deutschen Version von ArcGIS 10 können die Produkte auch in Französisch, Spanisch, Japanisch und Chinesisch heruntergeladen werden. Voraussetzung ist die Registrierung eines Esri Global Accounts.

Auf Wunsch stellt Esri aber auch Installationsmedien (Backup Medien, siehe Kapitel 3.1.6) zur Verfügung.

Auch die Freischaltung der Software, die sich bei Esri Autorisierung nennt, hat sich grundlegend geändert und wird im Kapitel 3.4.6 näher erläutert.

Im folgenden Kapitel soll näher auf die einzelnen Schritte eingegangen werden, die für Download, Installation und Autorisierung von ArcGIS notwendig sind.

In der vorliegenden Anleitung werden die Standardpfade und -Verzeichnisse stets so angegeben, wie sie bei der Installation unter Windows 7 vorliegen. Für ältere Windows-Versionen (Windows Vista, Windows XP etc.) können sich daher bei den Bezeichnungen leichte Abweichungen ergeben.

3.1 Bezug der Software ArcGIS 10.1

Die Standard-Bezugsquelle für die ArcGIS-Software stellt das Esri Customer Care Portal dar.

3.1.1 Download

Um die Downloadmöglichkeit nutzen zu können, sind im Einzelnen folgende Schritte notwendig:

- Erstellen eines Esri Global Accounts
- Freischaltung des Esri Global Account für das Esri Customer Care Portal
- Einloggen im Esri Customer Care Portal
- Download der Software

3.1.2 Erstellen eines Esri Global Accounts

Unter folgender Adresse können Sie einen Esri Global Account anlegen:

http://webaccounts.esri.com/

3 Download, Installation und Konfiguration von ArcGIS 10.1 for Desktop

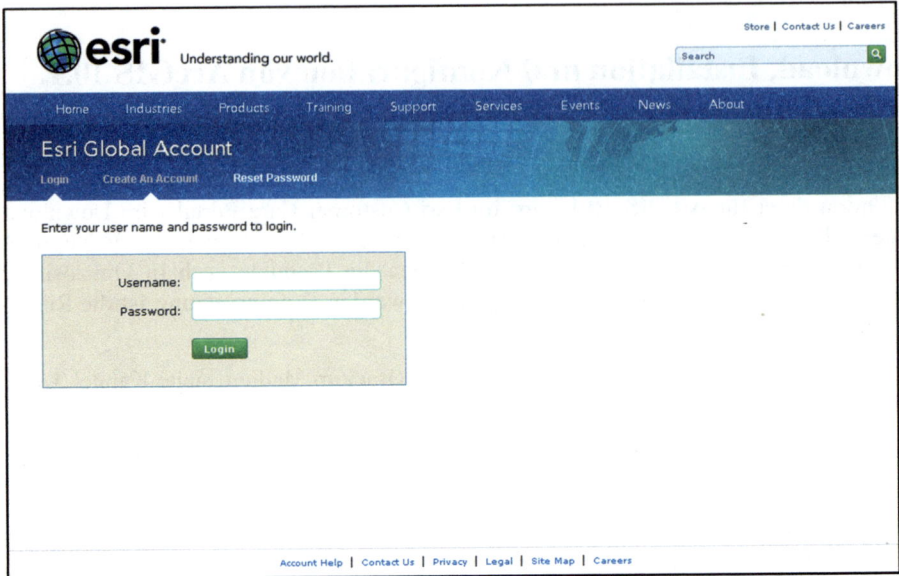

Abb. 17: Webseite zur Erstellung eines ESRI Global Accounts

Mit „Create An Account" können Sie sich einen neuen Account anlegen. Sobald Sie die erforderlichen Angaben ausgefüllt haben, klicken Sie auf den Button „Create Account". Esri USA wird Ihnen eine Bestätigung per E-Mail zusenden. Den in dieser Mail enthaltenen Link rufen Sie bitte auf und geben auf der Seite „Completing Confirmation" nochmals Ihr Passwort ein und betätigen den Schaltknopf „Finish". Hierdurch wird Ihr Esri Global Account freigeschaltet.

3.1.3 Freischaltung des Esri Accounts für das Esri Customer Care Portal

Nach erfolgter Registrierung muss die Freischaltung des Esri Global Account für das Esri Customer Care Portal durchgeführt werden. Um die Freischaltung zu starten, loggen Sie sich bitte an folgender Adresse mit Ihrem Esri Global Account ein:

http://service.esri.com/validategi

Hier geben die zwölfstellige Token-Zeichenfolge, die Sie als Esri-Kunde mit laufendem Wartungsvertrag in einer E-Mail von Esri USA erhalten ein, und klicken den Button „Link My Account" (siehe Abb. 18). Daraufhin erhalten Sie eine Bestätigungsnachricht, in der Ihnen mitgeteilt wird, dass Ihre Berechtigung aktiviert wurde. Bitte beachten Sie, dass dieser Token nur mit einem einzigen Esri Global Account verbunden werden kann.

3.1 Bezug der Software ArcGIS 10.1

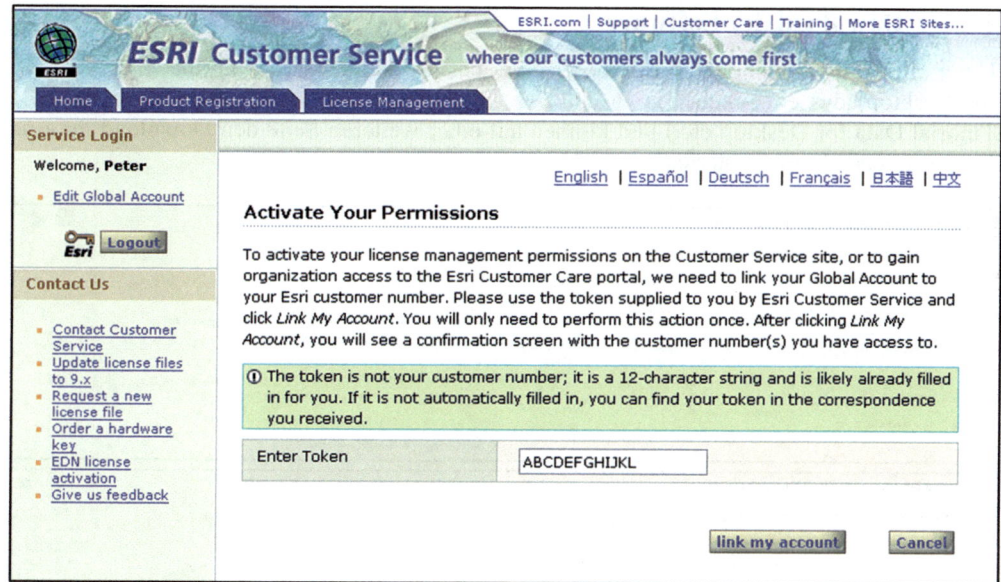

Abb. 18:   Eingabe des Tokens

3.1.4   Einloggen im Esri Customer Care Portal

Mit dem freigeschalteten Esri Global Account sind Sie nun in der Lage, sich im Esri Customer Care Portal mit den Zugangsdaten des ERSI Global Accounts anzumelden:

https://customers.esri.com

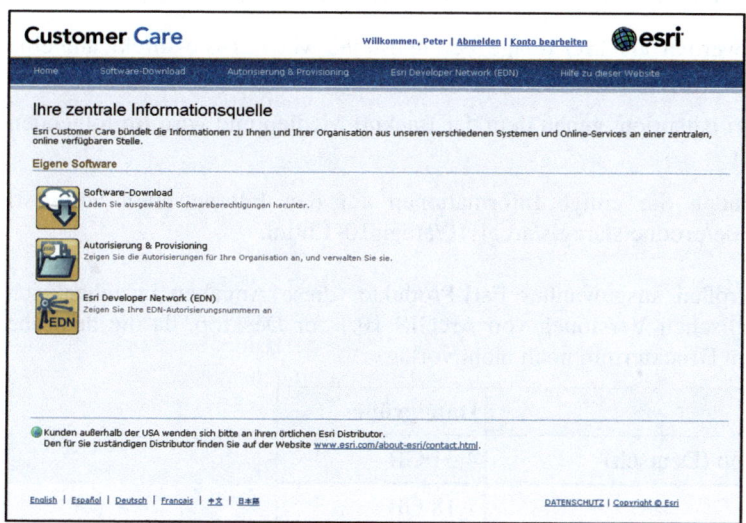

Abb. 19:   Customer Care Portal

3.1.5 Download der Software

Unter „Software Download" wählen Sie in der entsprechenden Produktreihe (z. B. ArcGIS for Desktop) das entsprechende Produkt (z. B. ArcGIS 10.1 for Desktop, ArcGIS 10.1 Tutorial Data for Desktop etc.) und können auf einer weiteren Seite den Download für eine auszuwählende Sprache starten.

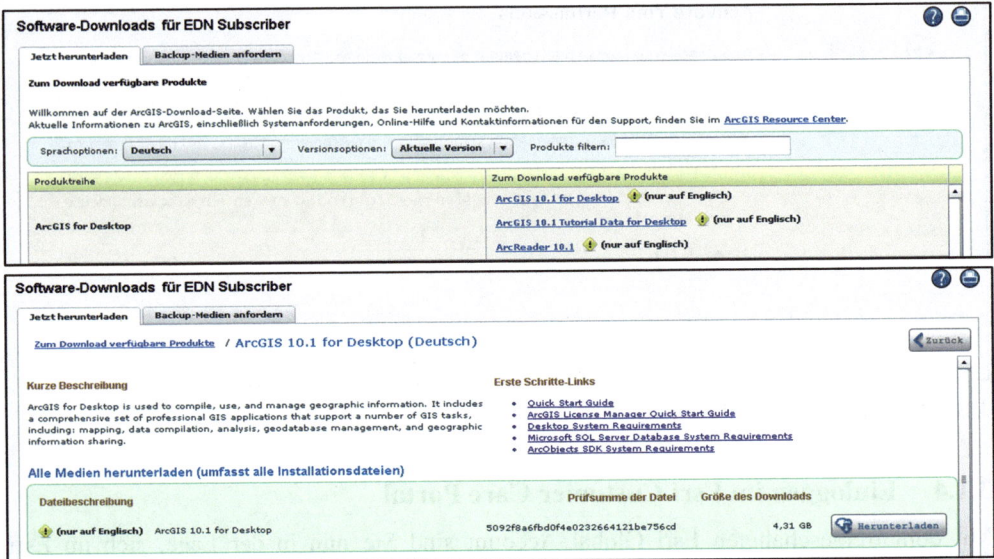

Abb. 20: Download der Software über das Customer Care Portal. Die Darstellung kann sich mit Veröffentlichung der deutschsprachigen Version noch leicht ändern.

Die Softwareprodukte werden als ISO-Image bereitgestellt, welches Sie direkt auf eine DVD brennen oder einfach entpacken können (z. B. WinRAR, 7-Zip, IsoBuster).

Der Inhalt der ISO-Datei entspricht genau dem der Backup-Medien und wird im folgenden Kapitel näher vorgestellt.

Für weitere Fragen finden Sie einige Informationen auf den Internetseiten von Esri Deutschland: http://esri.de/products/arcgis/arcgis10/arcgis10-1.html.

Tabelle 2: Downloadgrößen ausgewählter Esri-Produkte (diese Angaben beziehen sich auf die englischen Versionen von ArcGIS 10.1 for Desktop, da die deutsche Version zum Drucktermin noch nicht vorlag)

Produkt	Dateigröße
ArcGIS 10.1 for Desktop (Deutsch)	4,31 GB
ArcReader 10.1	1,18 GB
ArcGIS 10.1 Tutorial Data for Desktop	1,72 GB
Data and Maps for ArcGIS (2012)	7,96 GB

3.1.6 Backup-Medien

Zusätzlich zur Möglichkeit des Downloads ist die Software ArcGIS in Form von sog. Backup-Medien erhältlich. Die Backup-Medien gibt es in zwei Varianten: In einer englischen Originalversion und in einer Version mit Sprachergänzung. Zum Lieferumfang gehören drei DVDs: ArcGIS 10.1 for Desktop, ArcGIS 10.1 Tutorial Data for Desktop, ArcReader 10.1.

Die DVD ArcGIS Desktop enthält:

- **„ArcGIS Uninstall Utility"** (siehe Abb. 23). Um ArcGIS 10.1 for Desktop installieren zu können, müssen eventuell vorhandene ältere ArcGIS Versionen zunächst deinstalliert werden. Die beiliegende Software durchsucht Ihr System nach bereits installierten Esri-Produkten, die möglicherweise in Konflikt zu ArcGIS 10.1 for Desktop stehen und deshalb deinstalliert werden müssen. Die erkannte Software wird angezeigt und kann dann durch Mausklick vom System entfernt werden. Extensions von Drittanbietern werden nicht erkannt und müssen gegebenenfalls über die Windows-Systemsteuerung separat deinstalliert werden (vgl. Kapitel 3.4.1).
- Das Setup für **„ArcGIS 10.1 for Desktop"**: Es enthält sämtliche in diesem Buch vorgestellten GIS-Anwendungen (ArcMap, ArcCatalog etc.), Erweiterungen und Funktionalitäten. Letztere hängen von der zur Verfügung stehenden Lizenzstufe (ArcGIS for Desktop Basic, ArcGIS for Desktop Standard, ArcGIS for Desktop Advanced) sowie den lizenzierten Erweiterungen (Extensions) ab. Wie Sie ArcGIS 10.1 for Desktop installieren, erfahren Sie im Kapitel 3.4. Unter anderem enthält das Setup für ArcGIS 10.1 for Desktop folgende zusätzliche Produkte:
- *„ArcSDE for Microsoft SQL Server 2008 R2 Express (Personal)"*: Enthält die ArcSDE Personal Edition für Microsoft SQL Express (nicht enthalten in ArcGIS for Desktop Basic Single Use). Weitere Informationen zu „ArcSDE for Microsoft Server Express" lesen Sie in Kapitel 7.1.3.
- *„ArcGIS Data Interoperability Extension for Desktop"*: Bietet Ihnen die Möglichkeit, weitere Dateiformate in ArcGIS zu verwenden, die systemseitig eigentlich nicht unterstützt werden. Die Erweiterung wird bei der Standardinstallation nicht installiert, sondern muss über den separaten Eintrag im Installationshauptmenü installiert werden.
- *„ArcGIS Data Reviewer for Desktop"*: Diese Erweiterung ist eine Lösung zur automatisierten Qualitätskontrolle der verwendeten Daten. Dadurch ist die Benutzung von konsistenten Daten gewährleistet.
- *"ArcGIS Workflow Manager for Desktop"*: Die Entwicklung von standardisierten Arbeitsabläufen mit Geoinformationssystemen wird durch den Einsatz des ArcGIS Workflow Manager for Desktop möglich.
- Der **„ArcGIS License Manager"** verwaltet ArcGIS Lizenzen (wichtig bei Floating-Lizenzen). Der License Server Administrator wurde mit ArcGIS 10.1 for Desktop einem Update unterzogen. Deshalb können frühere Versionen des Lizenzmanagers nicht mehr in ArcGIS 10 verwendet werden und müssen vor der Installation ebenfalls deinstalliert werden (siehe Kapitel 3.4.1).

- **„ArcObjects SDKs"**
  Darin enthalten sind die SDKs (Software Development Kit) für das .NET Framework und die Java Plattform.

Die DVD **„ArcGIS 10.1 Tutorial Data for Desktop"** enthält neben fertigen ArcMap Projekten, Geodatabase-Daten und Styles auch Daten zu den Bereichen Editieren, Lineare Referenzierung etc.

Die DVD **ArcReader 10.1** (siehe Kapitel 1.3.1 und Kapitel 12.3) basiert auf ArcMap und ist ein kostenfreier Viewer, der die mit der Erweiterung ArcGIS Publisher erstellte PMF-Dateien darstellt. ArcReader gibt es in zwei Versionen: In ArcGIS implementiert oder als Standalone-Version für Rechner, auf denen kein ArcGIS installiert ist. Letztere Version finden Sie als CD im Media Kit.

3.2 Die Lizenzierungsarten Single Use und Concurrent Use

Sie haben zwei Möglichkeiten der Lizenzierung von ArcGIS 10.1 for Desktop. Beide Lizenzierungsmöglichkeiten sind jeweils für ArcGIS for Desktop Basic, ArcGIS for Desktop Standard und ArcGIS for Desktop Advanced verfügbar.

Mit einer sog. „Single Use"-Lizenz können Sie ArcGIS Desktop (nur) auf einem Rechner installieren (Einzelplatzlizenz). Wenn Sie eine „Single Use"-Lizenz verwenden, brauchen Sie nicht zusätzlich den mitgelieferten License Server Administrator installieren, da die Verwaltung der „Single Use"-Lizenzen über den ArcGIS Administrator (früher: Desktop Administrator) erfolgt (siehe Kapitel 3.6).

Dagegen erlaubt eine „Concurrent Use"-Lizenz (auch Floating-Lizenz genannt) die gleichzeitige Nutzung mehrerer Lizenzen bzw. die Nutzung einer Lizenz an mehreren Arbeitsplätzen (allerdings nicht gleichzeitig). Für den Betrieb der Software muss der Arbeitsplatzrechner permanent an einem Netzwerk angeschlossen sein. Nur in zwei Ausnahmefällen muss das nicht der Fall sein. Eine Möglichkeit ist die, dass der Lizenzserver auf dem gleichen Rechner läuft wie ArcGIS. Der andere Fall ist der, wenn Sie eine Lizenz ausgeliehen haben. Das Lizenzen ausgeliehen und auch wieder zurückgegeben werden können ist seit ArcGIS 10 möglich. Dadurch können Sie auch mit Ihrer ArcGIS Lizenz arbeiten, ohne im Netzwerk auf den Lizenzserver zugreifen zu müssen, was bspw. für mobile Anwendungen praktisch sein kann. ArcGIS Desktop kann dabei prinzipiell auf jedem Rechner im Netzwerk installiert werden, wenn die Systemvoraussetzungen erfüllt sind (vgl. Kapitel 3.3). Auf einem Rechner des Netzwerks muss dazu der sog. License Server Administrator (vgl. Kapitel 3.4.2) installiert sein (Lizenz-Server). Wird ArcGIS von einem Arbeitsplatzrechner aus gestartet, greift die Software auf den Lizenz-Server zu, eine Ausnahme bildet hier nur ein Rechner mit ausgeliehener Lizenz. Der License Server Administrator überprüft, welche Lizenzen im Netzwerk zur Verfügung stehen. Ist die angeforderte Lizenz vorhanden und wird diese nicht gleichzeitig von einem anderen Anwender genutzt, kann auf dem jeweiligen Arbeitsplatzrechner mit der angeforderten Lizenz gearbeitet werden. Andernfalls wird der Programmstart von ArcGIS unterbrochen. Der License Server Administrator verwaltet also die vorhandenen Lizenzen und bestimmt damit die zur Verfügung stehende Zahl der Lizenzen, Lizenzstufen (ArcGIS for Desktop Basic, ArcGIS for Desktop Standard und ArcGIS for Desktop Advanced) und Erweiterungen.

Wurde ArcGIS for Desktop auf einem Arbeitsplatzrechner installiert, richten sich die zur Verfügung stehenden Funktionalitäten und Erweiterungen nach den jeweiligen im License Server Administrator zur Verfügung stehenden Lizenzen oder der vorhandenen „Single Use"-Lizenz, die im ArcGIS Administrator verwaltet wird. Erwerben Sie eine höhere Lizenzstufe, muss dadurch nicht die gesamte ArcGIS Software auf den Arbeitsplatzrechnern neu installiert sondern nur die Lizenzdatei ausgetauscht werden.

3.3 Systemvoraussetzungen

Generell sollten Sie vor der Installation die Systemanforderungen von ArcGIS überprüfen. Diese finden Sie auf der Support-Homepage der Firma Esri (http://resources.arcgis.com/en/help/system-requirements/10.1/), sowie im „Installationshandbuch", das Sie über das Installationshauptmenü aufrufen können. (siehe Abb. 21).

3.4 Installation

Falls Sie eine DVD von Esri erhalten haben oder die ISO-Datei nach dem Download als Image gebrannt haben, dann legen Sie diese im PC ein. Sofern in Ihrem Betriebssystem die Autostart-Funktion aktiviert ist, wird das in Abbildung 21 gezeigte Menü automatisch geladen. Andernfalls können Sie das Menü auch über die Anwendung „Esri.exe" im Root-Verzeichnis Ihrer DVD aufrufen. Sollten Sie die ISO-Datei direkt auf Ihrem Rechner entpackt haben, dann wechseln Sie in das neu erstellte Verzeichnis und starten von dort aus die Datei „Esri.exe". Die Installation von ArcGIS 10.1 for Desktop erfolgt in drei (bzw. vier) Schritten:

- Ggf. Deinstallation der Vorgängerversion samt Service Packs und Sprachoberfläche
- Installation des ArcGIS License-Managers (nicht nötig bei Nutzung einer Single-Lizenz)
- Installation von ArcGIS 10.1 for Desktop
- Autorisierung der Software (bei Nutzung einer „Single Use"-Lizenz) bzw. Erteilen einer Lizenz über den Lizenz Manager (bei Nutzung einer „Concurrent Use"-Lizenz)

3.4.1 Deinstallation früherer ArcGIS-Versionen

Falls Sie eine ältere Version von ArcGIS auf Ihrem Rechner installiert haben, muss diese samt eventuell installierter Service Packs und deutscher Oberfläche vorher deinstalliert werden. Die Reihenfolge der Deinstallation entspricht dabei der umgekehrten Installationsabfolge. Entfernen Sie also zunächst „ArcGIS Desktop German Supplement" und danach erst „ArcGIS Desktop". Ebenfalls entfernt werden können die aufgeführten „Python"-Einträge, da bei der Installation von ArcGIS 10.1 automatisch eine neuere Version der Programmiersprache installiert wird.

3 Download, Installation und Konfiguration von ArcGIS 10.1 for Desktop

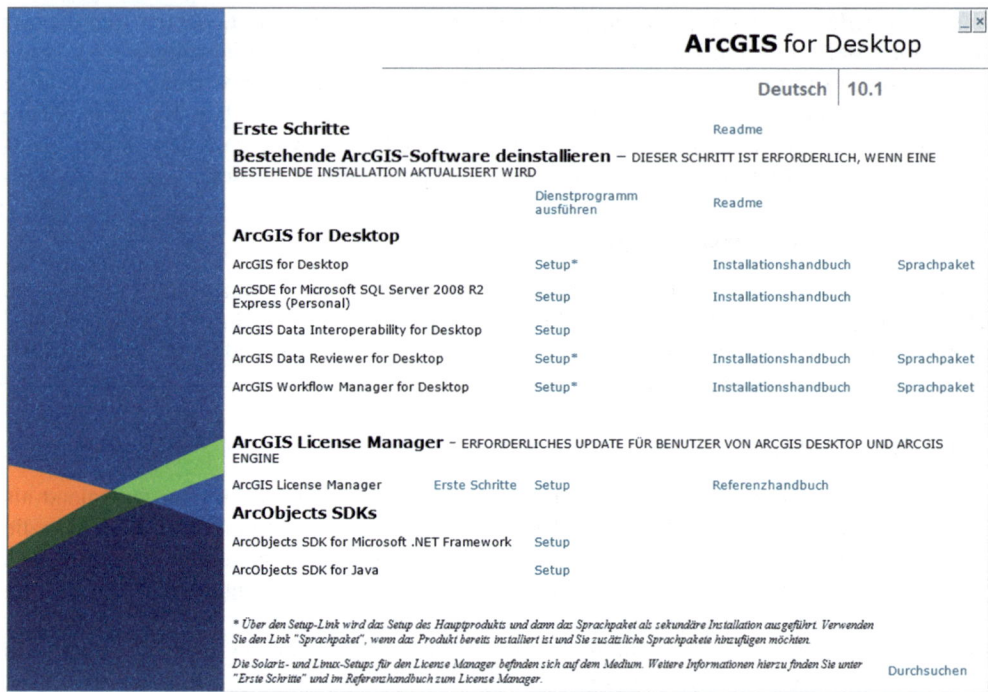

Abb. 21: Installationshauptmenü für ArcGIS Desktop 10.1

Um zunächst Anwendungen und Erweiterungen (ggf. auch von Drittanbietern) zu löschen, müssen Sie die Deinstallation über die Windows-Systemsteuerung vornehmen (Windows 2000/XP: „*Start*" ⇨ „*Einstellungen*" ⇨ „*Systemsteuerung*" ⇨ „*Software*" bzw. in Windows Vista und Windows 7: „*Start*" ⇨ „*Systemsteuerung*" ⇨ „*Programme deinstallieren*"). Für ArcGIS können Sie auch die mitgelieferte Deinstallationsanwendung (s. u.) verwenden. Deinstallieren Sie die hier gegebenenfalls aufgeführte (ältere) ArcGIS Software (z. B. ArcView, ArcEditor, ArcInfo, ArcReader, ArcGIS Engine Runtime, ArcGIS Engine Developer Kit, ArcGIS Server, ArcGIS Server .NET ADF, ArcGIS Server Java ADF, ArcIMS) inklusive der eventuell vorhandenen deutschen Oberfläche (siehe Abb. 22). Wenn Sie ältere Versionen als ArcGIS 9.x auf Ihrem Rechner installiert haben, muss die Deinstallation über die Systemsteuerung von Windows erfolgen, da die nachfolgend beschriebene Deinstallationsanwendung diese nicht erkennt.

Deinstallation

Beachten Sie, dass bei der Deinstallation einige Reste älterer Versionen nicht automatisch deinstalliert werden. Dies gilt insbesondere für Plug-ins, 3rd-party Produkte, eigene nachträglich registrierte DLL-Dateien und für nutzerspezifische Dateien in Ihrem jeweiligen Benutzerprofil.

Für Windows 7 z. B. lautet der Pfad: C:\Benutzer\LogIn\AppData\Roaming\Esri.

Falls nach der Deinstallation noch Reste vorhanden sein sollten, gehen Sie bitte wie folgt vor, um diese zu entfernen.

3.4 Installation

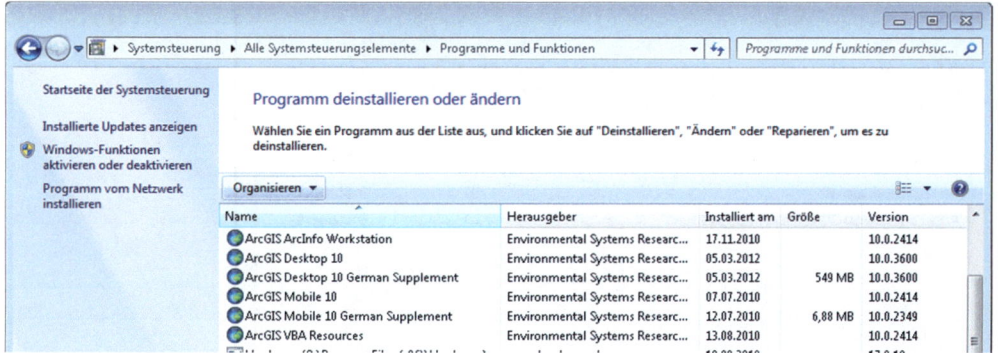

Abb. 22: Beispiel: Entfernen der Esri-Software über die Systemsteuerung (hier unter Windows 7)

1. Falls Sie Definitionen der Datenbankverbindungen in die neue Installation übernehmen, und später die entsprechenden Dateien herüber kopieren möchten, dann benennen Sie den Ordner Esri unter C:\Benutzer\<Benutzer>\AppData\Roaming in Esri_old um. Der Ordner Esri wird nach der Installation von ArcGIS 10.1 for Desktop wieder neu angelegt.
Andernfalls können Sie das Verzeichnis C:\Benutzer\ <Benutzer>\AppData\Roaming auch komplett löschen. Hierbei gehen allerdings Anpassungen der Benutzeroberfläche, Datenbankverbindungen u. a. verloren.

2. Öffnen Sie über START > Ausführen und Eintippen von „regedit" die Windows Registrierungsdatei und nennen Sie den Schlüssel HKEY_CURRENT_USER\Software\Esri in „backupEsri" um.

   ACHTUNG: Änderungen an der Windows Registrierungsdatei erfolgen auf eigenes Risiko! Evtl. nachfolgende Probleme unterliegen vollständig Ihrer eigenen Verantwortung. Änderungen der Registrierungsdatei unterliegen nicht dem Esri Support. Falls erforderlich klären Sie die Änderungen mit Ihrem Systemadministrator. Erstellen Sie vor der Editierung eine Sicherungskopie.

Löschen Sie im Verzeichnis C:\Benutzer\<Benutzer>\AppData\Local\Temp bzw. im Verzeichnis, auf das die Umgebungsvariable TEMP bzw. TMP verweist, die Datei arc64.tmp.

Nun können die ArcGIS Produkte deinstalliert werden. Wählen Sie im Installationshauptmenü von ArcGIS 10.1 for Desktop (siehe Abb. 21) unter der Kategorie „Bestehende ArcGIS Software deinstallieren" den Punkt „Dienstprogramm ausführen" an. Ihr Rechner wird nun automatisch auf ältere ArcGIS-Software untersucht, und konfliktträchtige Programme werden angezeigt (siehe Abb. 23).

Sie können diese Anwendungen im Menü manuell entfernen. Markieren Sie dazu die zu löschende Software und bestätigen mit einem Klick auf „Deinstallieren". Das Programm einschließlich aller zugehörigen Komponenten wird daraufhin vom Rechner gelöscht (siehe Abb. 24).

3 Download, Installation und Konfiguration von ArcGIS 10.1 for Desktop

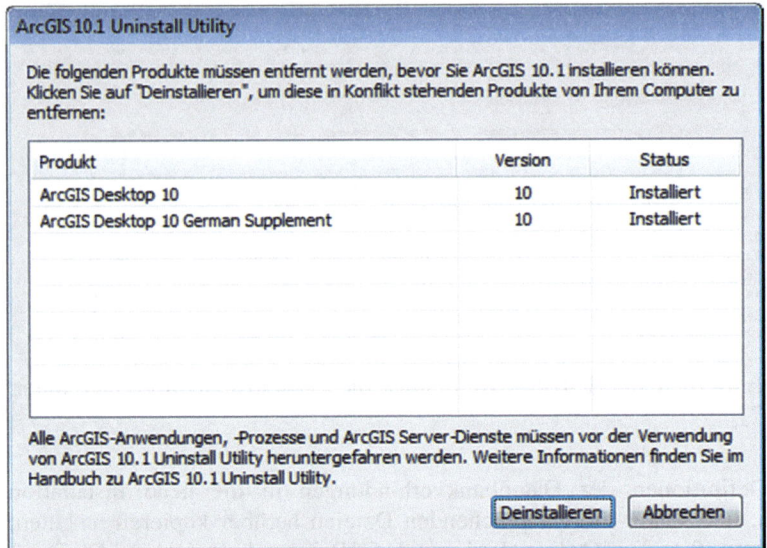

Abb. 23: Anzeige bereits existierender ArcGIS Software

Nach erfolgreichem Abschluss der Deinstallation werden die Komponenten mit dem Status „Deinstalliert" angezeigt. Schließen Sie nun die Anwendung mit „Exit". ArcGIS 10.1 for Desktop kann nun installiert werden.

 Tipp: Die mitgelieferte Deinstallationssoftware erkennt und entfernt jedoch nur Software der Firma Esri. Erweiterungen und Anwendungen von Drittanbietern werden nicht auf mögliche Konflikte überprüft und müssen daher in der Systemsteuerung manuell gelöscht werden!

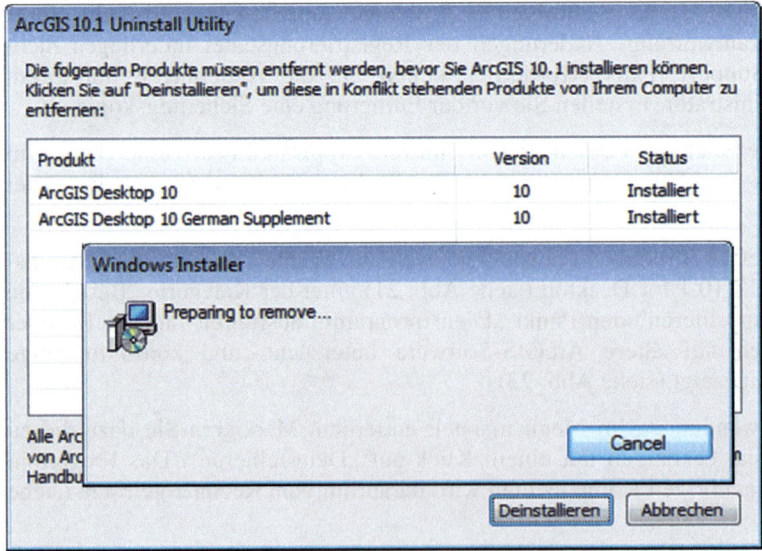

Abb. 24: Deinstallation älterer ArcGIS Komponenten mit der Deinstallationsanwendung

3.4.2 Installation des Lizenz Managers

Die Installation des Lizenz Managers ist für die Verwendung einer „Single Use"-Lizenz nicht notwendig. Vor der Installation schließen Sie alle aktiven Anwendungen.

 Tipp: Wenn Sie eine „Single Use"-Lizenz benutzen, können Sie diesen Schritt überspringen und direkt zur Installation von ArcGIS 10.1 for Desktop in Kapitel 3.4.3 übergehen. Sollten Sie sich dennoch für die Installation des Lizenz Managers entscheiden, befolgen Sie die Anweisungen in diesem Kapitel.

Falls Sie bereits eine frühere Version des Lizenz Managers nutzen, müssen Sie diese (falls nicht schon geschehen) deinstallieren (siehe Kapitel 3.4.1).

Um den Lizenz Manager zu installieren, wählen Sie im Installationshauptmenü (siehe Abb. 21) das Setup des ArcGIS 10.1 Lizenz Manager aus. Der dadurch aufgerufene Setup-Assistent (siehe Abb. 25) leitet Sie durch den Installationsprozess. Bestätigen Sie die jeweiligen Schritte stets mit „Weiter >".

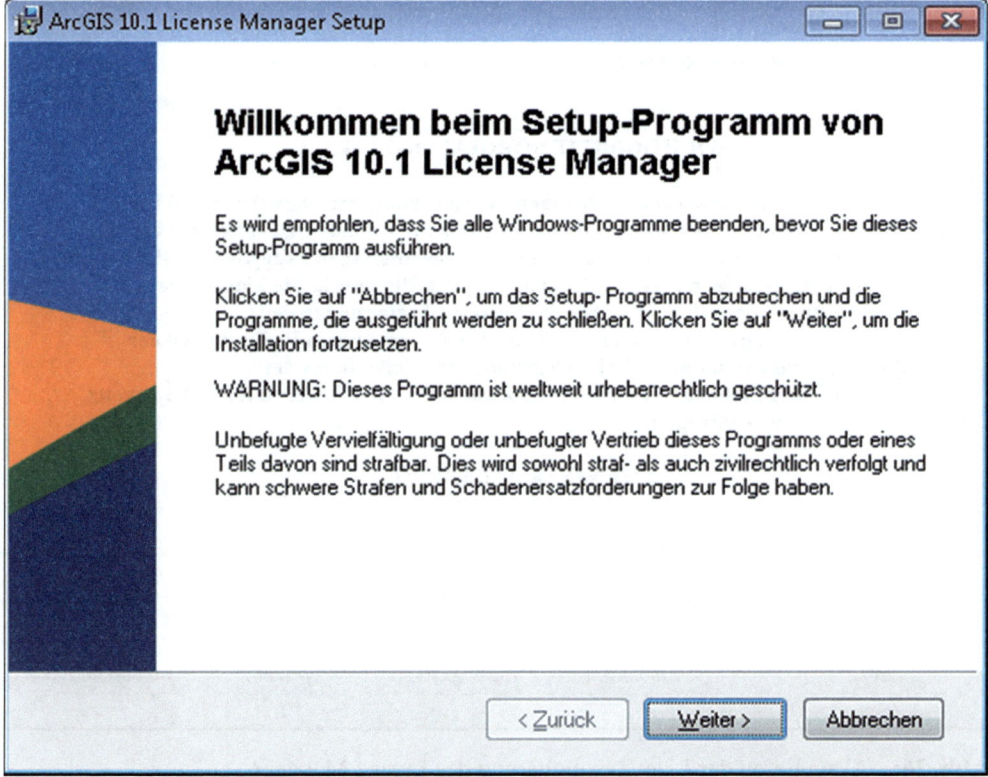

Abb. 25: Willkommensbildschirm des Setup-Assistenten zur Installation des Lizenz Managers

3 Download, Installation und Konfiguration von ArcGIS 10.1 for Desktop

Um die eigentliche Installation vorzunehmen, müssen Sie zunächst die Lizenzvereinbarung akzeptieren. Markieren Sie die erste Option „Ich akzeptiere die Lizenzvereinbarung" (siehe Abb. 26). Über die Schaltfläche „Lizenz" werden Sie auf die Homepage von Esri geleitet, wo Sie weitere Einzelheiten zur Lizenzvereinbarung nachlesen können.

Im nächsten Schritt können Sie ein Zielverzeichnis auswählen, in welches der Lizenz Manager installiert werden soll.

Als bereits ausgewähltes Standardverzeichnis wird hier der Pfad C:\Programm Files\ ArcGIS\License10.1\" angezeigt, dadurch wird ein neuer Ordner „ArcGIS" im Ordner Programme (bei 64-bit-Betriebssystemen im Ordner „Programme (x86)") erstellt. Alternativ können Sie durch Klicken auf „Durchsuchen" ein Installationsverzeichnis angeben (siehe Abb. 27). Haben Sie ein Installationsverzeichnis gewählt, bekommen Sie im nächsten Dialogfenster letztmalig die Gelegenheit, durch die Schaltfläche „Abbrechen" die Installation abzubrechen. Bestätigen Sie mit „Weiter>", und die Installationsroutine beginnt.

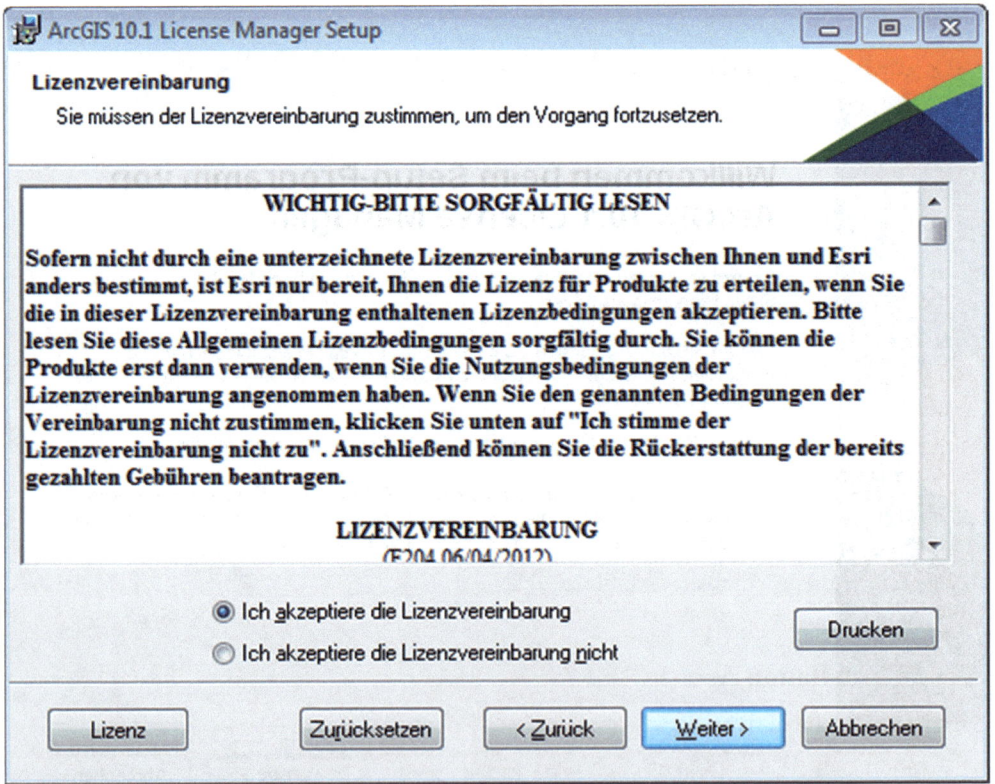

Abb. 26: Akzeptieren der Lizenzvereinbarung des Lizenz Manager

Die erfolgreiche Installation wird mit dem Hinweis „ArcGIS License Manager wurde erfolgreich installiert" bestätigt. Schließen Sie die Installation mit einem Klick auf die Schaltfläche „Fertigstellen" ab.

Nach dem Installationsvorgang öffnet sich der „ArcGIS License Server Administrator" (Linux- bzw. UNIX-Anwender können den ArcGIS License Server Administrator mit folgendem Befehl aufrufen: *[installationspfad]/arcgis/license10.1/LSAdmin*).

Um das Produkt nutzen zu können, müssen Sie die Software zunächst autorisieren. Wählen Sie dazu im Inhaltsverzeichnis den Reiter „Authorization" aus und klicken die Schaltfläche „Authorize Now ..." an. Für den Autorisierungsprozess folgen Sie den Anweisungen auf dem Bildschirm. Weitere Informationen zur Autorisierung erhalten Sie im Kapitel 3.4.6.

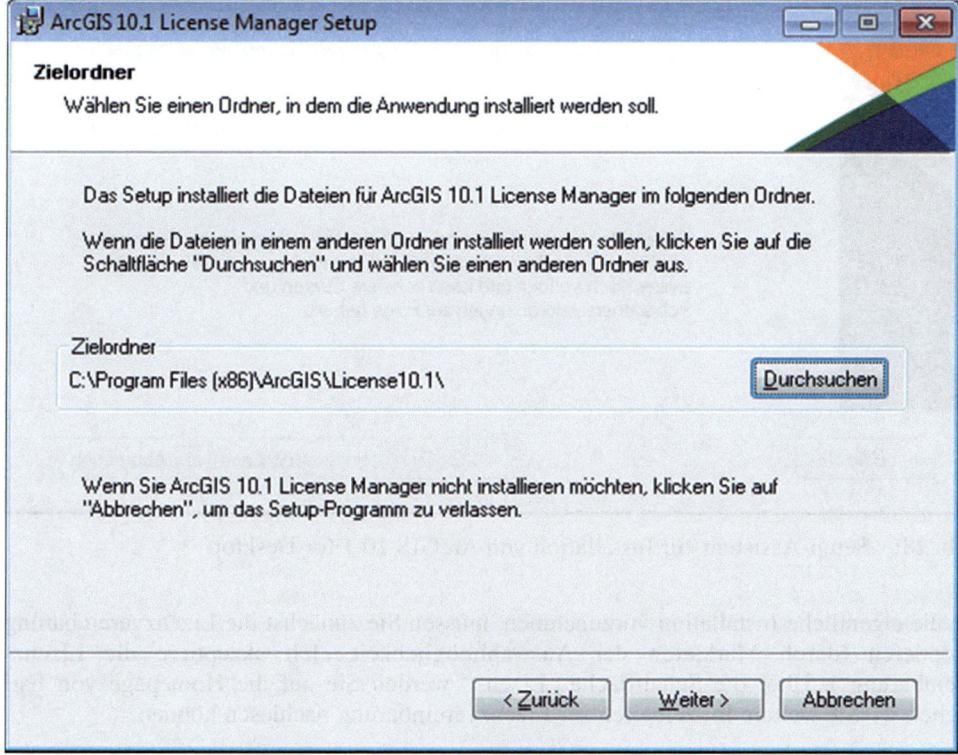

Abb. 27: Wahl des Zielverzeichnisses

3.4.3 Installation ArcGIS 10.1 for Desktop

Schließen Sie alle aktiven Anwendungen.

Um ArcGIS 10.1 for Desktop zu installieren, wählen Sie im Installationsmenü unter ArcGIS Desktop „Setup" aus. Dies öffnet den Setup-Assistenten für ArcGIS 10.1 for Desktop (siehe Abb. 28), der Sie durch den Installationsvorgang führen wird. Bestätigen Sie die jeweiligen Schritte stets mit „Weiter >".

3 Download, Installation und Konfiguration von ArcGIS 10.1 for Desktop

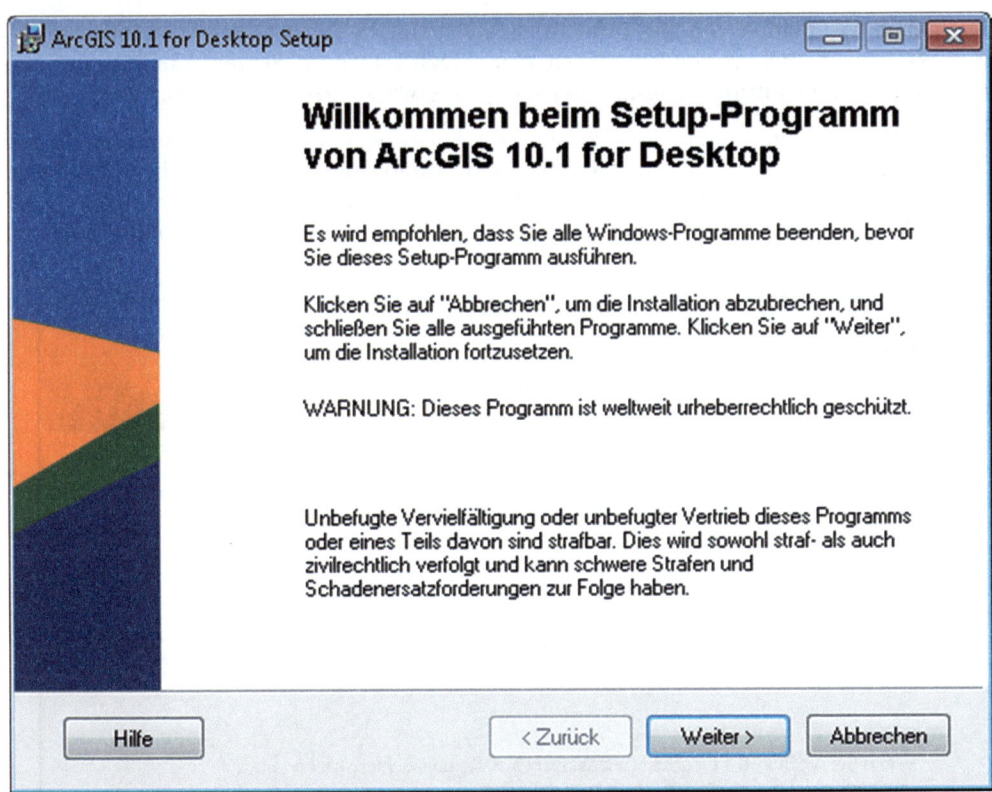

Abb. 28: Setup-Assistent zur Installation von ArcGIS 10.1 for Desktop

Um die eigentliche Installation vorzunehmen, müssen Sie zunächst die Lizenzvereinbarung akzeptieren (durch Markieren der Auswahlmöglichkeit „Ich akzeptiere die Lizenzvereinbarung"). Über die Schaltfläche „Lizenz" werden Sie auf die Homepage von Esri geleitet, wo Sie weitere Einzelheiten zur Lizenzvereinbarung nachlesen können.

Der Installationsvorgang wird nun gestartet. Zunächst müssen Sie im nächsten Fenster den gewünschten Installationstyp auswählen (siehe Abb. 29).

In diesem Menü haben Sie zwei Möglichkeiten:

1. Bei der Einstellung „Vollständig" werden alle mitgelieferten Komponenten von ArcGIS Desktop installiert, einschließlich aller Erweiterungen. Dabei werden alle Erweiterungen installiert, unabhängig davon, ob Sie im Besitz der dafür notwendigen Lizenzen sind (Sie können Erweiterungen ohne entsprechende Lizenzen natürlich nicht benutzen, haben aber nachträglich jederzeit die Möglichkeit, diese Lizenzen zu erwerben).

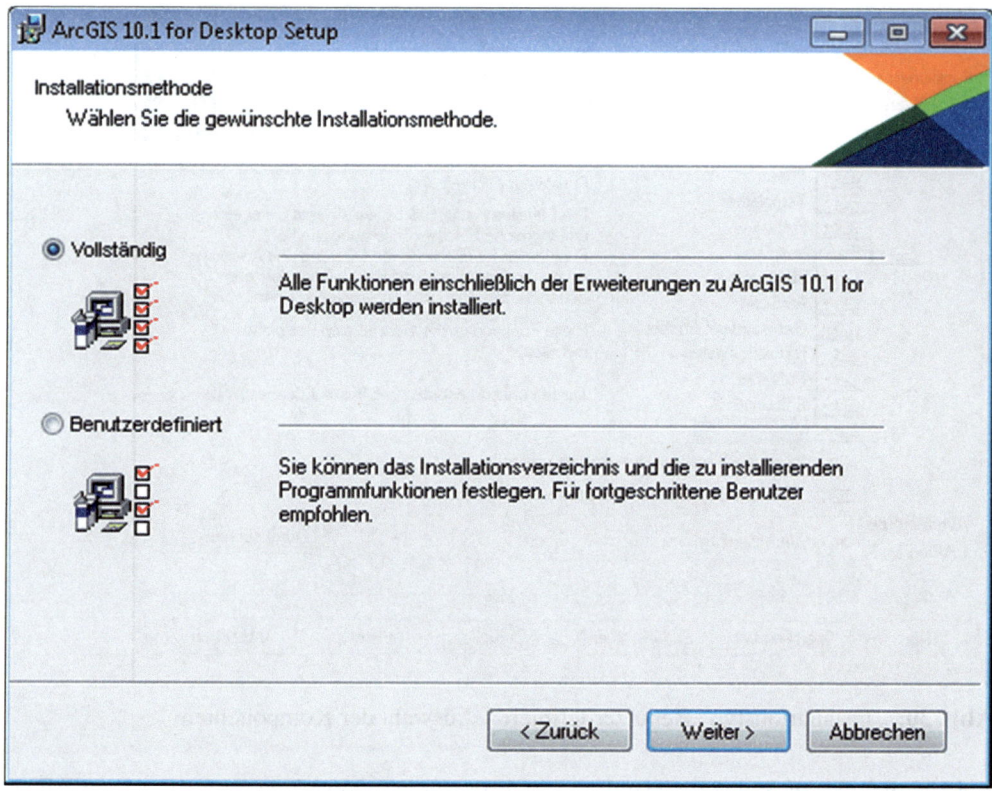

Abb. 29: Installationstyp auswählen

2. Die Einstellung „Benutzerdefiniert" schließlich erlaubt es, die Installation benutzerdefiniert vorzunehmen. Das heißt, Sie können während des Installationsprozesses bestimmen, welche optionalen Komponenten installiert werden sollen (einzelne Erweiterungen können gezielt ausgewählt werden).

Unabhängig vom gewählten Installationstyp können Sie zu einem späteren Zeitpunkt jederzeit Erweiterungen nachinstallieren (siehe Kapitel 3.4.5). Wir empfehlen die Installation mit der Einstellung „Benutzerdefiniert".

Wenn Sie den Installationstyp „Benutzerdefiniert" wählen, gelangen Sie nach Klick auf die Schaltfläche „Weiter >" in ein weiteres Dialogfenster, in dem Sie die entsprechenden Einstellungen vornehmen können (Auswahl der zu installierenden Komponenten, Angabe des Installationsverzeichnisses etc.). Auch der Speicherplatzbedarf der einzelnen Komponenten (hier als Beispiel ausgewählt: „Spatial Analyst") wird angezeigt (siehe Abb. 30). Durch Auswählen des roten X: „Nicht verfügbar" der jeweiligen Komponente kann auf eine Installation verzichtet werden.

3 Download, Installation und Konfiguration von ArcGIS 10.1 for Desktop

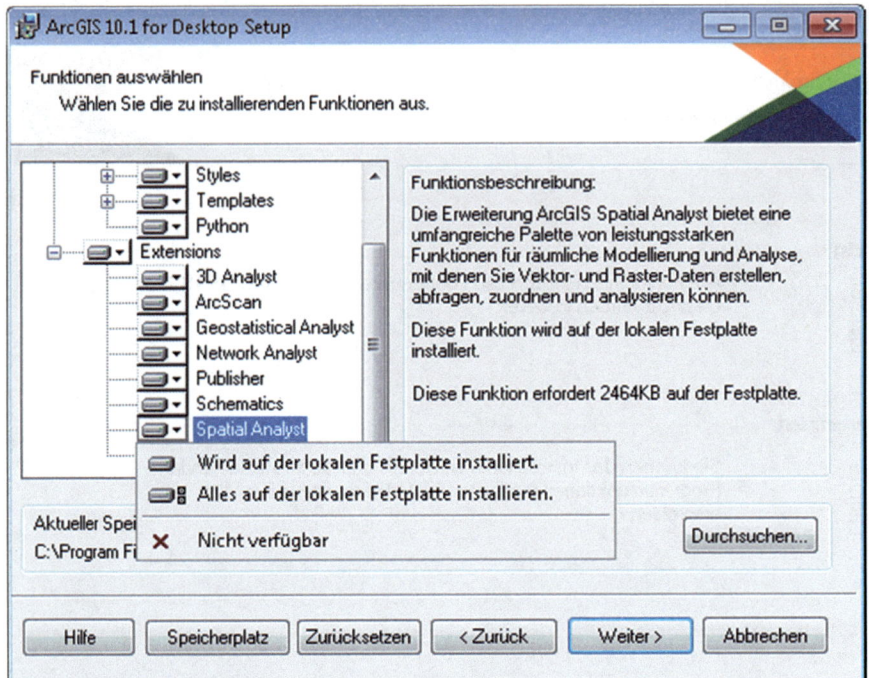

Abb. 30: Installationstyp „Benutzerdefiniert": Auswahl der Komponenten

Bei Übernahme der Standardeinstellungen wird unter Windows 7 das Verzeichnis „*C:\Programme\ArcGIS\Desktop10.1*" erstellt (siehe Abb. 31).

Alternativ können Sie durch Klicken auf „Durchsuchen" ein Installationsverzeichnis Ihrer Wahl angeben. Installieren Sie später weitere ArcGIS Software (z. B. ArcGIS for Server oder ArcGIS Engine Runtime), wird diese in das gleiche Verzeichnis gespeichert. Das erste Programm, das Sie aus der ArcGIS Produktfamilie installieren, gibt also den Installationspfad für alle weiteren ArcGIS Anwendungen vor. Nachdem Sie Ihre Einstellungen getroffen haben, wechseln Sie mit „Weiter >" zum nächsten Fenster.

Fehlt auf Ihrem Rechner die Programmiersprache Python, die von einigen Geodatenverarbeitungswerkzeugen benötigt wird, können Sie im Folgenden ein Verzeichnis angeben, in welches Python installiert wird. Auch hier können Sie das Installationsverzeichnis mithilfe der Schaltfläche „Durchsuchen..." ändern. Klicken Sie auf „Weiter >".

Im Dialogfenster „Anwendung kann installiert werden" haben Sie letztmalig die Gelegenheit, mit der Schaltfläche „< Zurück" in die vorigen Dialogfenster zurückzukehren oder die Installation mit „Abbrechen" abzubrechen. Mit „Weiter >" starten Sie den Installationsvorgang. Dort können Sie wählen, ob Sie am Programm zur Verbesserung der Benutzerfreundlichkeit teilnehmen möchten. In dem Fall erfasst Esri Informationen über den Computer und die verwendete Software.

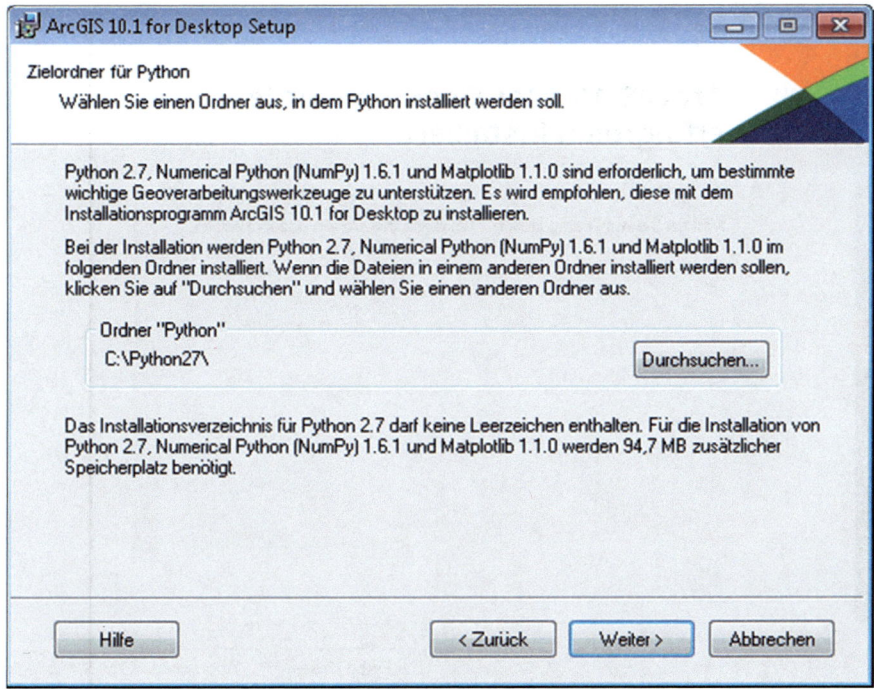

Abb. 31: Auswahl des Installationspfads für Python

Die erfolgreiche Installation wird mit dem Hinweis „ArcGIS Desktop wurde erfolgreich installiert" (siehe Abb. 32) bestätigt. Schließen Sie die Installation mit einem Klick auf die Schaltfläche „Fertigstellen" ab.

Nach einer kleinen Pause beginnt ArcGIS selbstständig mit der Installation des Deutschen Supplements und öffnet gleichzeitig den ArcGIS Administrator-Assistenten. Die Fertigstellung der Installation wird mit einem Dialogfenster angezeigt.

Nach dem Schließen des Fensters mit „OK" können Sie die Autorisierung beginnen. Sollten Sie die Autorisierung zu diesem Zeitpunkt noch nicht vornehmen wollen, dann können Sie diese auch zu einem späteren Zeitpunkt angehen. Allerdings ist Ihr ArcGIS ohne Autorisierung nicht nutzbar. Die Autorisierung zu einem späteren Zeitpunkt erfolgt über den ArcGIS Administrator, den Sie über „Start" ⇨ „Alle Programme" ⇨ „ArcGIS" ⇨ „ArcGIS Administrator" erreichen (siehe Kapitel 3.4.6). Sollten Sie eine „Concurrent Use"-Lizenz haben, dann muss bereits vorab einmalig auf den Computer, der die Lizenzen bereitstellt, der License Server Administrator installiert, und die Lizenzen autorisiert worden sein (für die Installation siehe Kapitel 3.4.2, für die Autorisierung siehe Kapitel 3.4.6). Der License Server Administrator muss nicht lokal auf dem aktuellen Computer installiert werden, sondern kann auch im Netzwerk installiert werden, sodass mehrere Rechner auf den License Server Administrator zugreifen können. Bei einer nachträglichen Autorisierung ist sowohl der License Server Administrator als auch der ArcGIS Administrator auf Deutsch, somit ist auch der Softwareautorisierungs-Assistent in deutscher Sprache.

Abb. 32: Bestätigung über die erfolgte Installation von ArcGIS 10.1 for Desktop

Im ArcGIS Administrator-Assistent legen Sie unter anderem fest, welches Produkt der ArcGIS-Familie Sie mit welcher Lizenzart nutzen wollen, und hier erfolgt auch die Autorisierung bzw. Lizenzierung der Software.

Wählen Sie zunächst das Produkt aus, das Sie nutzen wollen (siehe Abb. 33). Wenn Sie ein Produkt mit einer „Concurrent Use"-Lizenz nutzen wollen, müssen Sie zusätzlich den Server auswählen, auf dem der License Server Administrator installiert ist.

Diese Auswahl können Sie entweder über „Durchsuchen" treffen, in dem Sie einen der dann angezeigten Arbeitsplätze auswählen, oder durch die direkte Eingabe des Rechnernamens.

Wenn Sie eine „Single Use"-Lizenz nutzen wollen, klicken Sie nach Auswahl des entsprechenden Produkts auf die Schaltfläche „Jetzt autorisieren".

Folgen Sie nun den Instruktionen, um Ihre Version von ArcGIS zu autorisieren. Wir empfehlen, falls möglich, die direkte Online-Autorisierung (Möglichkeit 1). Weitere Informationen zum Autorisierungsprozess finden Sie im Kapitel 3.4.6.

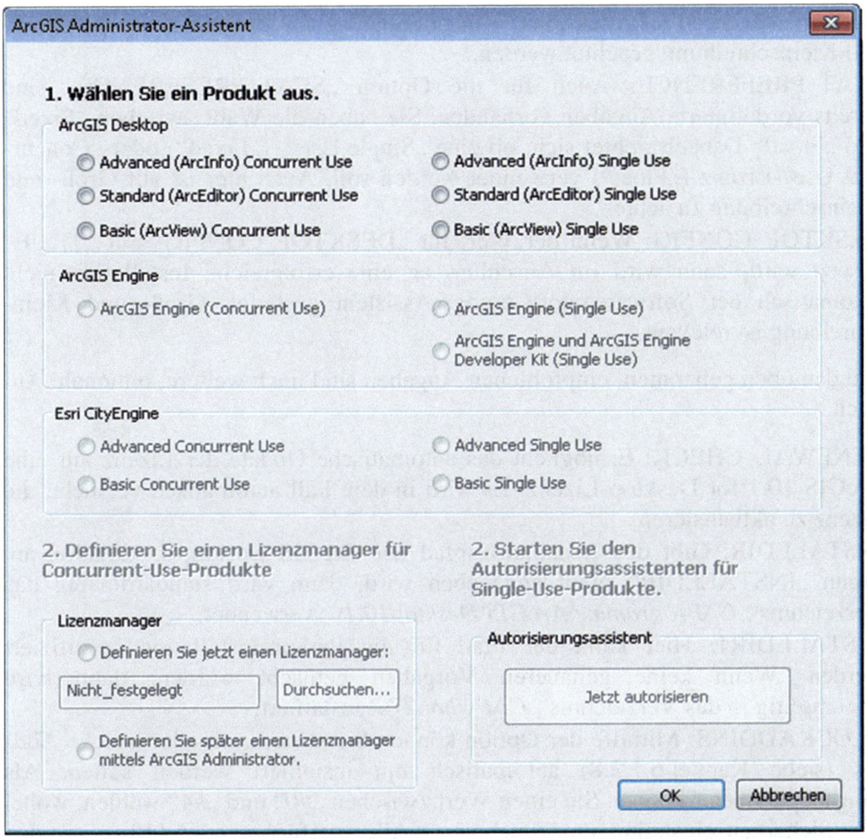

Abb. 33: ArcGIS Administrator-Assistent

3.4.4 Silent-Installation

Die Installation von ArcGIS 10.1 for Desktop kann automatisiert und ohne Benutzeroberfläche ausgeführt werden. Dies ist vor allem dann sinnvoll, wenn Sie ArcGIS auf mehreren Rechnern installieren möchten, da Sie nicht jeden Schritt bestätigen müssen, sondern alle Parameter der Installation bereits bekannt sind. Dafür müssen Sie eine Batch-Datei schreiben, in der sowohl die Installation von Produkten, Service Packs als auch der deutschen Oberfläche als eine Routine ausgeführt werden sollen. Die Batch-Datei sollte bestimmte Befehle enthalten, um eine reibungslose Installation zu gewährleisten. Dazu gehören neben der Pfadangabe zu den Installationsdateien auch folgende Befehle:

- ESRI_LICENSE_HOST: Benötigt die Angabe des Computernamens, auf dem der Lizenz Manager installiert ist.
- SOFTWARE_CLASS: Für den Befehl „SOFTWARE_CLASS" sind drei Optionen vordefiniert, zwischen denen Sie wählen können, nämlich „Viewer", „Editor" und „Professional". Abhängig von der Option wird ArcGIS for Desktop Basic („Viewer"), ArcGIS for Desktop Standard („Editor") oder ArcGIS for

Desktop Advanced („Professional") installiert. Bei der Eingabe muss auf Groß- und Kleinschreibung geachtet werden.
- SEAT_PREFERENCE: Auch für die Option „SEAT_PREFERENCE" sind bereits vordefinierte Angaben vorhanden. Sie haben die Wahl zwischen „Fixed" und „Float". Danach richtet sich, ob eine „Single Use"- („Fixed") oder „Concurrent Use"-Lizenz („Float") verwendet werden soll. Auch hier ist auf Groß- und Kleinschreibung zu achten.
- DESKTOP_CONFIG: Wenn der Wert für „DESKTOP_CONFIG" auf „TRUE" gesetzt wird, dann wird im Anschluss an eine erfolgreiche Installation nicht automatisch der Softwareautorisierungs-Assistent gestartet. Groß- und Kleinschreibung ist relevant.

Zusätzlich zu den oben genannten, empfohlenen Angaben sind noch weitere, optionale Angaben möglich.

- RENEWAL_CHECK: Ermöglicht das automatische Update der Lizenz auf eine ArcGIS 10.1 for Desktop-Lizenz. Es wird in dem Fall automatisch versucht, die Lizenz zu aktualisieren.
- INSTALLDIR: Gibt den Installationspfad der ArcGIS Desktop-Installation an. Wenn „INSTALLDIR" nicht angegeben wird, dann wird standardmäßig das Verzeichnis *„C:\Programme\ArcGIS\Desktop10.1\"* verwendet.
- INSTALLDIR1: Hier kann der Pfad für die Python-Installation spezifiziert werden. Wenn keine genaueren Vorgaben gemacht werden, dann wird systemseitig in das Verzeichnis *„C:\Python27\"* installiert.
- BLOCKADDINS: Mithilfe der Option können Sie steuern, ob oder welche Add-Ins (siehe Kapitel 6.1.3.8) automatisch mit installiert werden sollen. Als Eingabeparameter können Sie einen Wert zwischen „#0" und „#4" wählen, wobei die Sicherheitseinstellungen zunehmen. Alle verfügbaren Add-Ins werden installiert, wenn Sie „#0" als Parameter angeben. Wird der Wert „#2" eingetragen, dann werden ausschließlich von Esri publizierte Add-Ins installiert und durch „#4" gar keine.
- ENABLEEUEI: Der Eintrag legt fest, ob am Programm zur Verbesserung der Benutzerfreundlichkeit teilgenommen werden soll. Der Eintrag ist standardmäßig auf „0", was das Programm („Esri User Experience") deaktiviert. Soll eine Aktivierung erfolgen, dann muss eine „1" angegeben werden.

Zusätzlich kann noch angegeben werden, ob der Installationsstatus über eine Konsole mit ausgegeben werden soll oder nicht. Dafür geben Sie am Ende der Batch-Datei entweder den Befehl „/qb" (Ausgabe über die Konsole) oder „/qn" (keine Ausgabe des Installationsfortschritts) an.

Um die Silent Installation ausführen zu können, muss der Windows Installer Version 3.1 installiert sein. Sollte dieser bisher nicht vorhanden sein, dann können Sie die mitgelieferte Datei „instmsi3.exe" ausführen, um die Installation des Windows Installers zu starten.

Um beispielsweise ArcGIS for Desktop Advanced mit Concurrent Use Lizenz zu installieren, geben Sie folgenden Befehl ein:

```
Msiexec /i <setup location>\setup.msi
Esri_LICENSE_HOST=GIS SOFTWARE_CLASS=Professional
SEAT_PREFERENCE=Float INSTALLDIR1=D:\python /qb
```

Bei <setup location> handelt es sich um einen Platzhalter, den Sie einfach durch den genauen Pfad zu der Installationsdatei ersetzen können. Die Datei kann auch direkt über einen Netzwerkpfad aufgerufen werden. Dafür geben Sie anstelle eines Ordnernamens die Adresse im Netzwerk an, also z. B. \\netzwerkrechner\ArcGIS_Installation\setup.msi. Der Computer, auf dem der Lizenz Manager läuft, heißt „GIS", was durch die Zeile Esri_ LICENSE_HOST=GIS festgelegt wird. Python wird in diesem Fall nicht im Standardverzeichnis installiert, sondern auf dem Laufwerk D: (INSTALLDIR1=D:\python), und ein Fortschrittsbalken und eventuelle Fehlermeldungen werden angezeigt (/qb).

Mit dem Zusatz ADDLOCAL und der Angabe der einzelnen Programmpakete kann eine benutzerdefinierte Installation durchgeführt werden.

###Weitere Informationen und eine Auflistung der Programmpaketnamen für eine benutzerdefinierte Installation finden Sie im „Installationshandbuch", das Sie über das Installationshauptmenü aufrufen können, unter *„Installieren von ArcGIS for Desktop"* ⇨ *„Unbeaufsichtigte Installation von ArcGIS for Desktop"*. Alternativ finden Sie auch weitere Unterstützung in der Webhilfe unter http://resources.arcgis.com/en/help/install-guides/arcgis-desktop/10.1/.

3.4.5 Deinstallation, Anpassen und Reparatur von ArcGIS 10.1 for Desktop

Um ArcGIS 10.1 for Desktop von ihrem Rechner zu deinstallieren, wählen Sie im Installationsmenü die Setupdatei „Esri.exe" des ArcGIS 10.1 for Desktop aus. Das Programm prüft, ob bereits eine Version von ArcGIS 10.1 for Desktop auf ihrem Rechner vorliegt.

Im dem Fenster „ArcGIS 10.1 for Desktop Setup" (siehe Abb. 34) können Sie auswählen, ob Sie ArcGIS 10.1 for Desktop Reparieren, Anpassen oder Deinstallieren wollen. Mit Anpassen („Ändern") gelangen Sie in das Installationsmenü Typ „Benutzerdefiniert" (siehe Kapitel 3.4.3). Sie können hier weitere Komponenten von ArcGIS 10 installieren oder deinstallieren. Wählen Sie „Reparieren", um defekte Dateien neu zu installieren. Um das Programm ArcGIS 10.1 for Desktop von Ihrem Rechner zu löschen, wählen Sie „Entfernen". Bestätigen Sie Ihre Wahl mit „Weiter >".

Sie können ArcGIS 10.1 for Desktop auch manuell von Ihrem Rechner deinstallieren. Dazu rufen Sie in der Systemsteuerung den Dialog „Programm deinstallieren" auf (Windows 2000/XP: *„Start"* ⇨ *„Einstellungen"* ⇨ *„Systemsteuerung"* ⇨ *„Software"* bzw. in Windows Vista und Windows 7: *„Start"* ⇨ *„Systemsteuerung"* ⇨ *„Programme deinstallieren"*). Markieren Sie die zu löschende Software in der nun angezeigten Liste Ihrer Programme und klicken Sie in der Titelleiste auf „Deinstallieren/ändern".

Die erfolgreiche Deinstallation wird mit dem Hinweis „ArcGIS Desktop wurde erfolgreich deinstalliert" bestätigt. Schließen Sie die Deinstallation mit einem Klick auf die Schaltfläche „Fertigstellen" ab.

3 Download, Installation und Konfiguration von ArcGIS 10.1 for Desktop

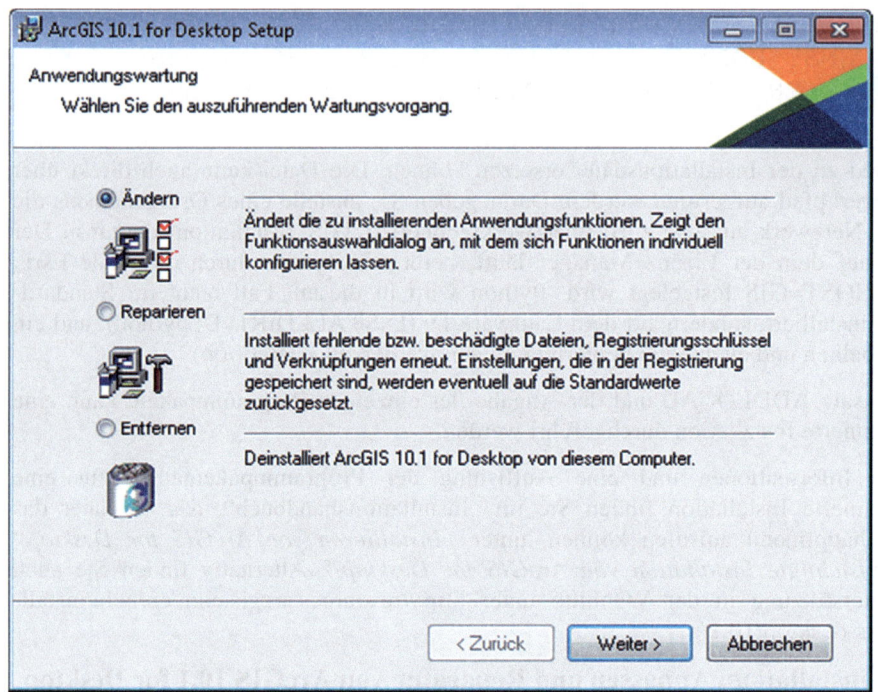

Abb. 34: Deinstallationsmenü für ArcGIS Desktop 10

3.4.6 Autorisierung von ArcGIS

Die Autorisierung von ArcGIS ist ab der Version 10 rechnergebunden und verwendet mehrere Hardware-Identifikationen. Das bedeutet, dass bei Veränderungen an der Hardware (maximal sind zwei Änderungen an Komponenten erlaubt) oder beim Aufspielen eines neuen Betriebssystems die Lizenz ungültig wird und deshalb zuvor zurückgegeben (deautorisiert) werden muss. Wird dies nicht getan, kann ArcGIS nicht erneut autorisiert werden (Deautorisierung siehe Kapitel 3.4.7). Werden mehr Rechnerkomponenten getauscht, erscheint eine Repair-Aufforderung, die die Lizenz auf die bestehende Hardware aktualisiert.

Neu Wenn Sie bereits eine Lizenz für ArcGIS 10 haben und jetzt auf ArcGIS 10.1 for Desktop wechseln möchten, besteht die Möglichkeit, die bestehende Lizenz einfach zu aktualisieren. Die Aktualisierung erfolgt über den Eintrag „Wartungsoperationen" im ArcGIS Administrator, über den auch die Deautorisierung erfolgt (siehe Kapitel 3.4.7). Klicken Sie dort die Schaltfläche „Jetzt aktualisieren..." und folgen den Anweisungen, um die bestehende Lizenz zu aktualisieren. Das Vorgehen beim ArcGIS License Server Administrator ist ähnlich, die Schaltfläche finden Sie unter: „Start" ⇨ „Alle Programme" ⇨ „ArcGIS" ⇨ „License Manager" ⇨ „License Server Administrator" ⇨ Reiter „Autorisierung" ⇨ Schaltfläche „Jetzt aktualisieren...".

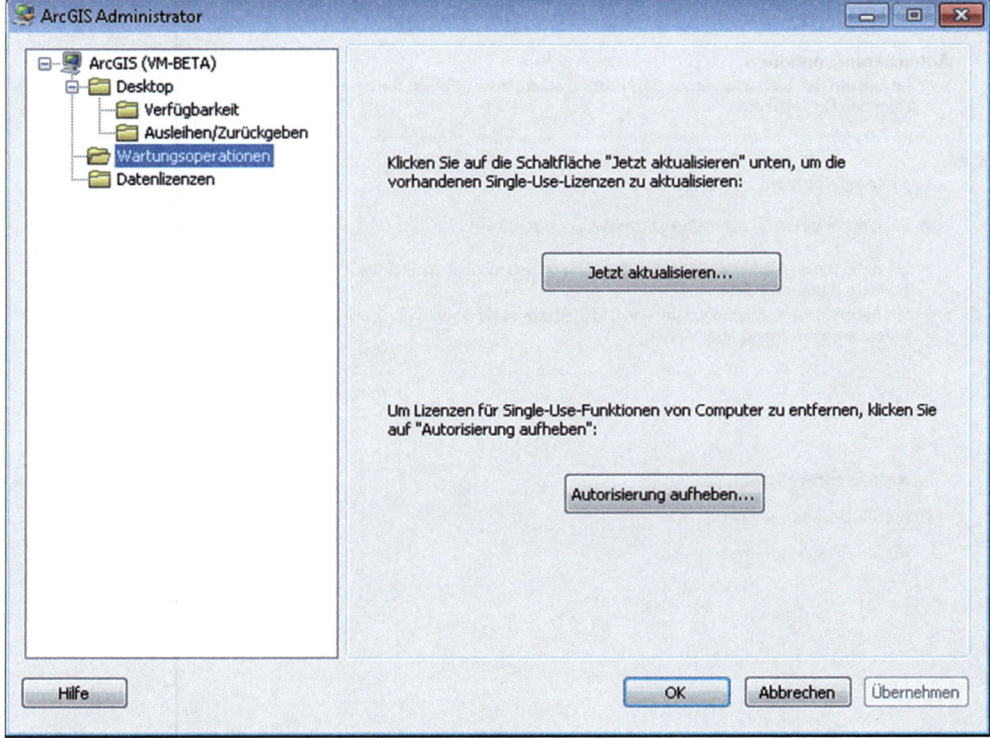

Abb. 35: Aktualisieren einer bestehenden Lizenz

Die bisherigen Registrierungsnummern wurden in ArcGIS 10 durch neue Autorisierungsnummern ersetzt. Die ersten drei Buchstaben der Autorisierungsnummer bedeuten:

ESU = Single-Use (Einzelplatz)

EFL = Concurrent-Use (Floating)

ECP = Server-Produkte (ArcGIS Server, ArcIMS)

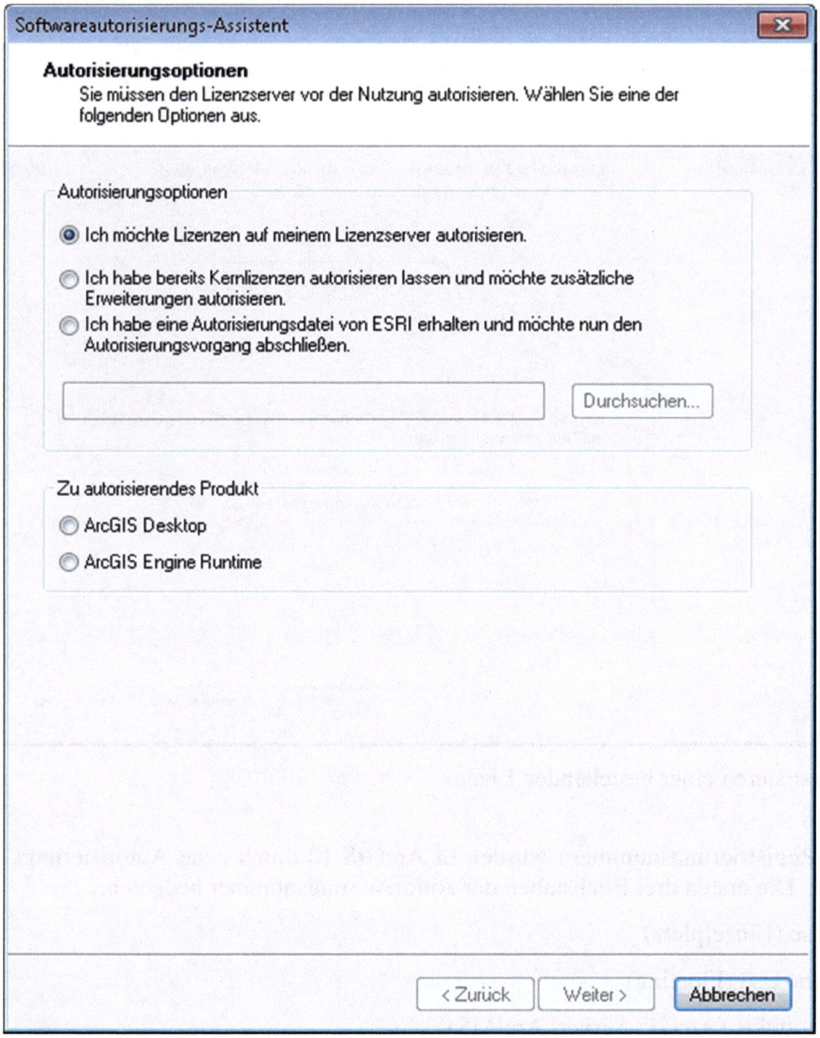

3 Download, Installation und Konfiguration von ArcGIS 10.1 for Desktop

Abb. 36: Die drei verschiedenen Optionen der Autorisierung im License Server Administrator

Um Produkte der ArcGIS-Familie nutzen zu können, müssen Sie die Software zunächst autorisieren. Sie werden nach der Installation der jeweiligen Komponenten automatisch durch den Autorisierungsprozess geführt. Alternativ kann der Dialog auch zu einem späteren Zeitpunkt erfolgen. Bei einer „Concurrent Use"-Lizenz muss einmalig eine Autorisierung aller Lizenzen über den License Server Administrator durchgeführt werden („Start" ⇨ „Alle Programme" ⇨ „ArcGIS" ⇨ „License Manager" ⇨ „License Server Administrator" ⇨ Reiter „Autorisierung" ⇨ Schaltfläche „Jetzt autorisieren...") (siehe Abb. 36). Sobald die Autorisierung erfolgt ist, können Sie ArcGIS auf den jeweiligen Computern installieren. Über den ArcGIS Administrator können Sie dann den Rechner angeben, auf dem der License Server mit den „Concurrent Use"-Lizenzen installiert ist. Die Autorisierung im ArcGIS Administrator (betrifft „Single Use"-Lizenzen) erreichen Sie über das Register „Desktop". Wenn Sie dort eine „Single Use"-Lizenz auswählen, ist die Schaltfläche „Jetzt autorisieren..." auswählbar. Dadurch öffnet sich das Dialogfenster „Softwareautorisierungs-Assistent" (siehe Abb. 37). Die Dialogfenster unterscheiden sich leicht, abhängig davon, ob Sie es über den License Server Administrator oder den ArcGIS Administrator starten. Die Vorgehensweise ist aber grundsätzlich gleich.

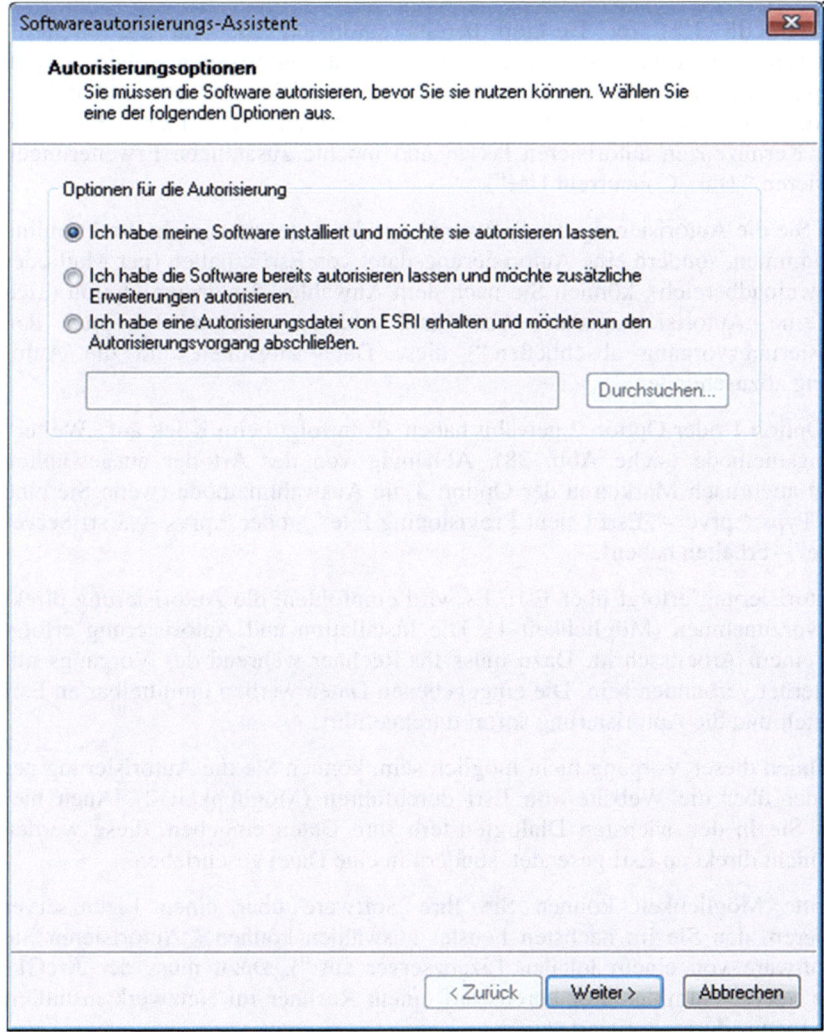

Abb. 37: Die drei verschiedenen Optionen der Autorisierung im ArcGIS Administrator

Im ersten Schritt des Softwareautorisierungs-Assistenten können Sie Ihre Auswahl treffen, je nachdem, wie weit Sie mit dem Autorisierungsprozess schon fortgeschritten sind.

1. Haben Sie die Software gerade installiert und starten nun den Autorisierungsvorgang zum ersten Mal, wählen Sie Option 1. Für eine „Single Use"-Lizenz lautet der Text „Ich habe meine Software installiert und möchte sie autorisieren lassen.", für eine „Concurrent Use"-Lizenz „Ich möchte Lizenzen auf meinem Lizenzserver autorisieren.". Bei der Autorisierung über den License Server Administrator muss zusätzlich noch angegeben werden, ob ArcGIS Desktop oder ArcGIS Engine Runtime autorisiert werden soll.

2. Wenn ArcGIS 10.1 for Desktop bereits autorisiert ist, und Sie (weitere) Erweiterungen erworben haben, die Sie nun ebenfalls autorisieren wollen, wählen Sie Option 2: „Ich habe die Software bereits autorisieren lassen und möchte zusätzliche Erweiterungen autorisieren." (für „Single Use") bzw. „Ich habe bereits Kernlizenzen autorisieren lassen und möchte zusätzliche Erweiterungen autorisieren." (für „Concurrent Use").

3. Haben Sie die Autorisierung der Software oder der Extensions nicht direkt online vorgenommen, sondern eine Autorisierungsdatei von Esri erhalten (per Mail oder im Downloadbereich), können Sie nach dem Anwählen der dritten Option („Ich habe eine Autorisierungsdatei von Esri erhalten und möchte nun den Autorisierungsvorgang abschließen.") diese Datei anwählen, um die Autorisierung abzuschließen.

Sollten Sie die Option 1 oder Option 2 gewählt haben, dann folgt beim Klick auf „Weiter" die Autorisierungsmethode (siehe Abb. 38). Abhängig von der Art der ausgewählten Lizenzdatei folgt auch nach Markieren der Option 3 die Auswahlmethode (wenn Sie eine Lizenzdatei des Typs *.prvc – „Esri Client Provisioning File" – oder *.prvs – „Esri Server Provisioning File" – erhalten haben).

1. Die Autorisierung erfolgt über Esri. Es wird empfohlen, die Autorisierung direkt online vorzunehmen (Möglichkeit 1). Die Installation und Autorisierung erfolgt hier in einem Arbeitsschritt. Dazu muss Ihr Rechner während des Vorgangs mit dem Internet verbunden sein. Die eingegebenen Daten werden unmittelbar an Esri übermittelt und die Autorisierung sofort durchgeführt.

2. Sollte Ihnen dieser Vorgang nicht möglich sein, können Sie die Autorisierung per Mail oder über die Website von Esri durchführen (Möglichkeit 2). Auch hier müssen Sie in den nächsten Dialogfenstern Ihre Daten eingeben, diese werden jedoch nicht direkt an Esri gesendet, sondern in eine Datei geschrieben.

3. Als dritte Möglichkeit können Sie Ihre Software über einen Lizenzserver autorisieren, den Sie im nächsten Fenster auswählen können („Autorisieren Sie Ihre Software von einem lokalen Lizenzserver aus."). Dazu muss der ArcGIS License Server Administrator bereits auf einem Rechner im Netzwerk installiert und die Lizenz dort autorisiert sein.

3.4 Installation

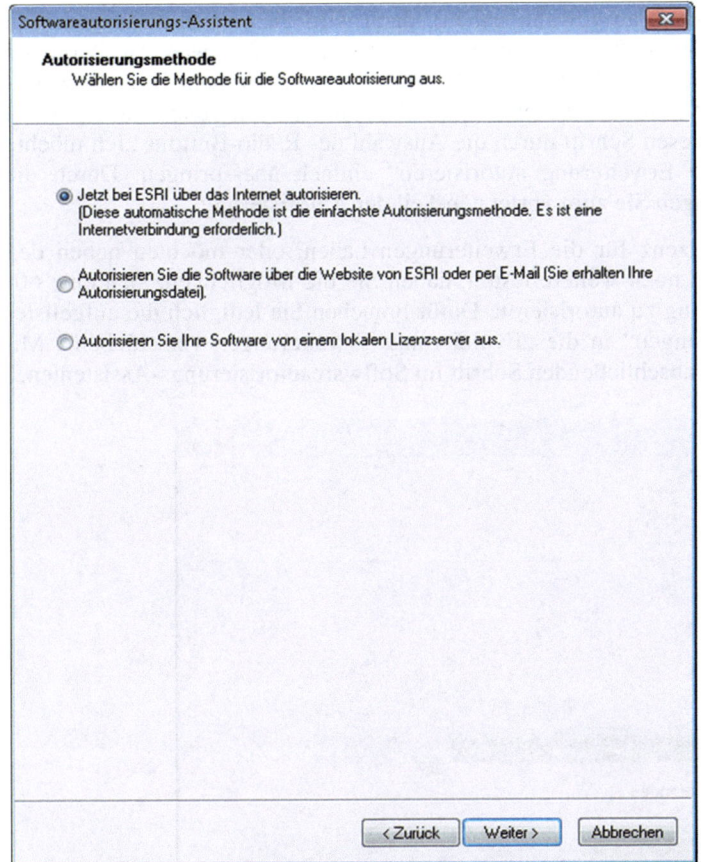

Abb. 38: „Softwareautorisierungs-Assistent" – Auswahl der Methode

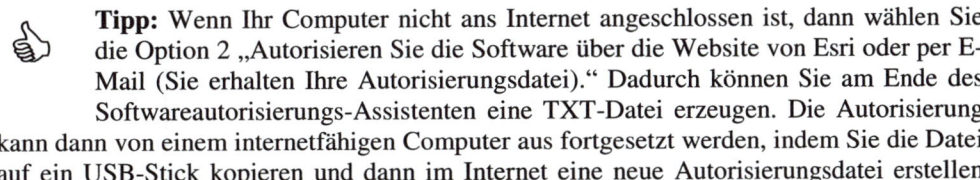 **Tipp:** Wenn Ihr Computer nicht ans Internet angeschlossen ist, dann wählen Sie die Option 2 „Autorisieren Sie die Software über die Website von Esri oder per E-Mail (Sie erhalten Ihre Autorisierungsdatei)." Dadurch können Sie am Ende des Softwareautorisierungs-Assistenten eine TXT-Datei erzeugen. Die Autorisierung kann dann von einem internetfähigen Computer aus fortgesetzt werden, indem Sie die Datei auf ein USB-Stick kopieren und dann im Internet eine neue Autorisierungsdatei erstellen (s. u.).

Die nachfolgenden Schritte im Softwareautorisierungs-Assistenten gleichen sich, wenn Sie die Option 1 oder die Option 2 ausgewählt haben. Es folgen zwei Eingabemasken, in denen Angaben zur Autorisierungsinformation gemacht werden müssen. Dort muss beispielsweise die Firma bzw. Organisation angegeben werden.

Wenn Sie im ersten Schritt des Softwareautorisierungs-Assistenten angegeben haben, dass Sie die Software gerade installiert haben und jetzt autorisieren möchten, dann folgt im nächsten Schritt die Angabe der ESU- bzw. EFL-Nummer(n). Sollten Sie lediglich noch weitere Erweiterungen autorisieren wollen (also im ersten Schritt des Softwareautorisierungs-Assistenten die Option 2 ausgewählt haben), dann wird dieser Schritt ausgelassen. Durch die Schaltfläche „Weiter" gelangen Sie zum Bereich „Softwareerweiterungen autorisieren". Dort haben Sie die Möglichkeit, die Autorisierungsnummer Ihrer Erweiterung(en) einzutragen. Sollten Sie zu diesem Zeitpunkt keine Erweiterungen autorisieren wollen, können Sie durch diesen Schritt durch die Auswahl des Radio-Buttons „Ich möchte zu diesem Zeitpunkt keine Erweiterung autorisieren" einfach überspringen. Durch die Schaltfläche „Weiter" gelangen Sie zum vorletzten Teil der Autorisierung.

Sollten Sie bisher keine Lizenz für die Erweiterungen haben, oder möchten neben den vorhandenen Erweiterungen noch weitere testen, haben Sie die Möglichkeit, sich eine 60-Tage-Evaluierungserweiterung zu autorisieren. Dafür brauchen Sie lediglich die aufgelisteten „Verfügbaren Erweiterungen" in die „Evaluierungs-Erweiterungen verschieben". Mit „Weiter" gelangen Sie zum abschließenden Schritt im Softwareautorisierungs-Assistenten.

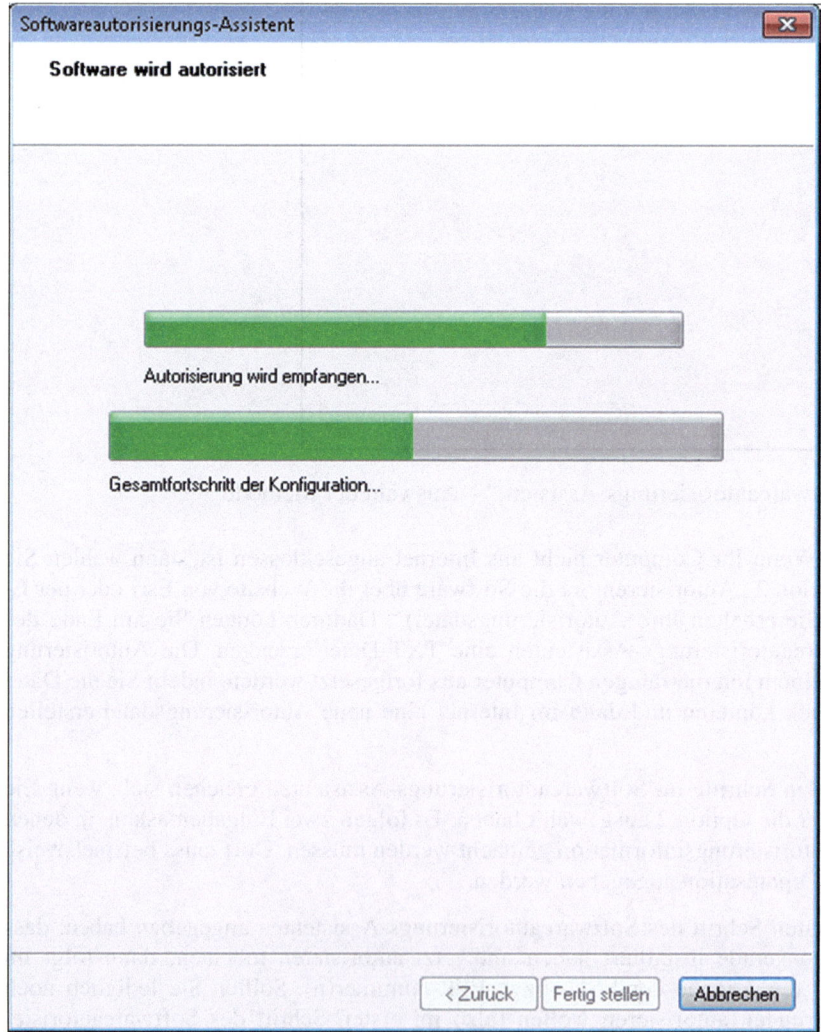

Abb. 39: Autorisierung direkt über das Internet

Falls Sie bei der Autorisierungsmethode die Möglichkeit 1 gewählt haben, dann versucht sich der Softwareautorisierungs-Assistent direkt mit dem Internet zu verbinden und die Autorisierung durchzuführen (siehe Abb. 39).

Haben Sie Möglichkeit 2 (Authorisierung per Mail) gewählt, werden Sie im nächsten Fenster aufgefordert, Ihre Daten als Textdatei zu sichern. Um das Lizenzfile zu beantragen, haben Sie wiederum zwei Möglichkeiten: Entweder verschicken Sie die erstellte Textdatei per Mail an Esri (authorize@esri.com) und erhalten dann innerhalb eines Werktags Ihre Lizenzdatei an die angegebene E-Mail-Adresse. Oder Sie laden die Textdatei direkt auf die Website von Esri (https://service.esri.com/drm). Nach dem Upload erhalten Sie eine Lizenzdatei. Nach Erhalt der Lizenzdatei (egal, ob per Mail oder über die Internetseite) gelangen Sie im Hauptmenü des Softwareautorisierungs-Assistenten (vgl. Abb. 36 und Abb. 37) über die Option 3 „Ich habe eine Autorisierungsdatei von Esri erhalten und möchten nun den Autorisierungsvorgang abschließen" zur Eingabemaske, wo Sie den Dateipfad nun angeben können. Nach dem Bestätigen sehen Sie in einer Aufstellung, dass Ihre ArcGIS Single Use Software und gegebenenfalls die entsprechenden Erweiterungen freigeschaltet sind. Sie sollten die Lizenzdatei gut aufbewahren, da Sie diese zum Beispiel bei einer Neuinstallation Ihres Rechners wieder benötigen.

3.4.7 Deautorisierung von ArcGIS

Die Deautorisierung dient dazu, eine Lizenz von einem Rechner auf einen anderen zu übertragen und erfolgt im ArcGIS Administrator („*Start*" ⇨ „*Alle Programme*" ⇨ „*ArcGIS*" ⇨ „*ArcGIS Administrator*" ⇨ *Schaltfläche „Autorisierung aufheben*") (siehe Abb. 40) oder im ArcGIS License Server Administrator („*Start*" ⇨ „*Alle Programme*" ⇨ „*ArcGIS*" ⇨ „*License Manager*" ⇨ „*License Server Administrator*" ⇨ *Reiter „Autorisierung*" ⇨ *Schaltfläche „Autorisierung aufheben...*"). Die Möglichkeit, ArcGIS zu deautorisieren, ist auf maximal vier Mal pro Jahr beschränkt. Zu beachten ist, dass Erweiterungen nur zusammen mit der Basislizenz deautorisiert werden können. Die Deautorisierung der Basislizenz erfolgt immer mit allen Erweiterungen.

3 Download, Installation und Konfiguration von ArcGIS 10.1 for Desktop

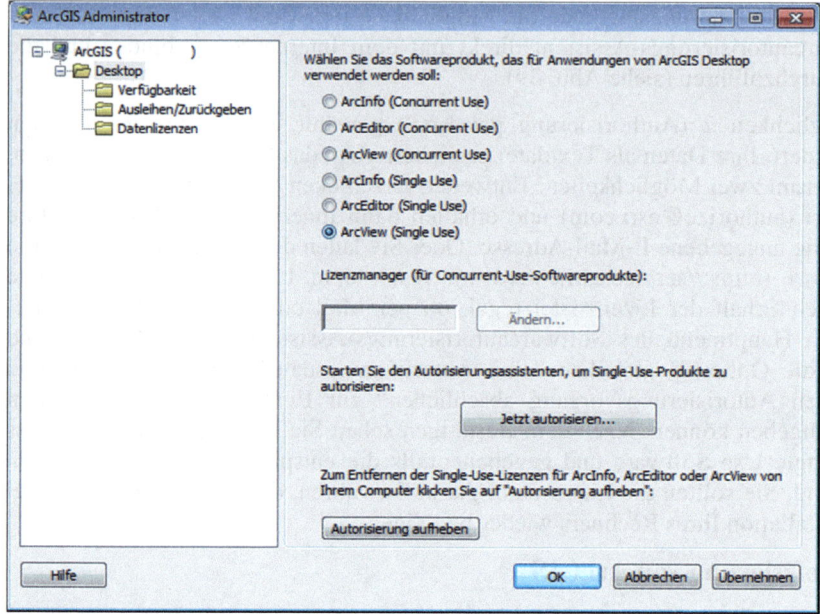

Abb. 40: „ArcGIS Administrator" – Autorisierung aufheben

Nach dem Klick auf die Schaltfläche „Autorisierung aufheben" erscheint ein weiteres Dialogfenster. Wenn Sie diesen Dialog mit „Ja" schließen, wird bei bestehender Internetverbindung die Deautorisierung ohne weitere Nachfrage sofort durchgeführt (siehe Abb. 41).

Abb. 41: Autorisierung der Software aufheben

Anschließend kann die Autorisierung für einen anderen Rechner durchgeführt werden.

3.5 License Server Administrator

Der License Server Administrator (siehe Abb. 42) dient dazu, die vorhandenen Lizenzen zu verwalten und ggf. auch über ein Netzwerk mehreren Computern zur Verfügung zu stellen. Im License Server Administrator können Sie darüber hinaus auch noch weitere Einstellungen vornehmen, und in begrenztem Rahmen auch auf Fehlersuche gehen, falls Probleme bei der Lizenzierung auftreten sollten. Das Programmfenster ist in zwei Bereiche aufgeteilt. Auf der linken Seite befindet sich die Navigationsleiste, auf der rechten Seite sehen Sie, abhängig von der Auswahl in der Navigationsleiste, die unterschiedlichen Optionen.

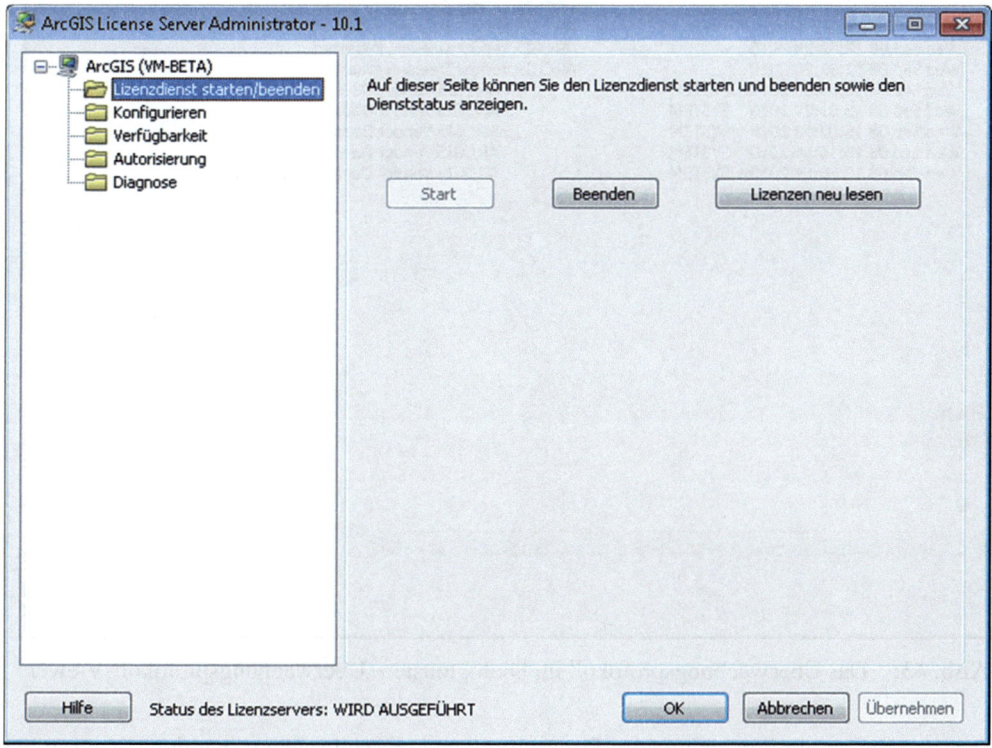

Abb. 42: Der License Server Administrator

Der Menüpunkt „Lizenzdienst starten/anhalten" dient dazu, den Lizenzdienst zu starten bzw. anzuhalten. Außerdem können hier die Lizenzen neu eingelesen werden.

Seit ArcGIS 10 können „Concurrent Use"-Lizenzen ausgeliehen werden. Das hat den Vorteil, dass Sie mit der Lizenz arbeiten können, ohne dass Ihr Computer dafür auf den License Server Administrator zugreifen muss. Über das Untermenü „Konfigurieren" können Sie angeben, ob Sie die Lizenzausleihe zulassen wollen. Auch die maximale Ausleihzeit kann hier definiert werden, standardmäßig sind 30 Tage eingestellt. Die Lizenzen können auch schon vor Ablauf der maximalen Ausleihzeit wieder zurückgegeben werden (siehe Kapitel 3.6). Dabei wird automatisch protokolliert, welcher Benutzer sich zu welchem Zeitpunkt Lizenzen ausgeliehen oder zurückgegen hat. Standardmäßig wird das Überwachungsprotokoll unter C:\Programme\ArcGIS\License10.1\bin\EsriAudit.log gespeichert. Den Pfad können Sie über die Schaltfläche „Durchsuchen" verändern. Um sich das Überwachungsprotokoll anzeigen zu lassen, brauchen Sie nicht extra in den Ordner wechseln, denn die Schaltfläche „Ansicht" öffnet die Datei „EsriAudit.log" in einem extra Dialogfenster (siehe Abb. 43).

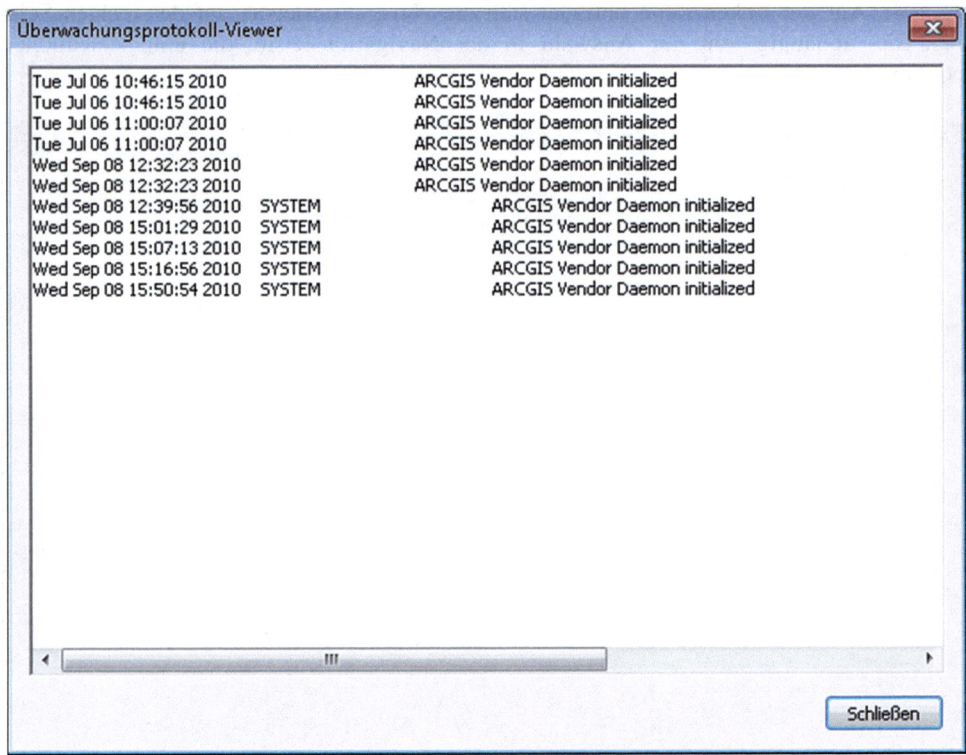

Abb. 43: Das Überwachungsprotokoll im Dialogfenster „Überwachungsprotokoll-Viewer"

Alle verfügbaren Anwendungen, Programme und Erweiterungen werden Ihnen unter „Verfügbarkeit" angezeigt. Neben dem Namen und der Versionsnummer wird dort auch die Gesamtanzahl und die Anzahl noch verfügbarer Lizenzen mitgeteilt. Durch einen Doppelklick auf den jeweiligen Eintrag erhalten Sie weitere Informationen, wie beispielsweise die verwendete ESU- oder EFL-Nummer oder die Gültigkeit.

Die Autorisierung wird über den Menüpunkt „Autorisierung" vorgenommen. Der Autorisierungsprozess wurde Ihnen in Kapitel 3.4.6 bereits näher erläutert.

Sollten Clientcomputer keine Lizenz vom License Server Administrator beziehen können, obwohl noch Lizenzen verfügbar sind, können Sie über den Menüpunkt „Diagnose" auf Fehlersuche gehen. Durch einen Klick auf die Schaltfläche „Diagnose" wird getestet, ob die autorisierten Lizenzen auch bezogen werden können. Zusätzlich wird ein sog. Debugprotokoll erstellt, das Sie als Diagnosehilfe verwenden können, falls mit der Lizenzierung etwas nicht klappt. Der Standardpfad für die Datei ist C:\Programme\ArcGIS\License10.1\bin\lmgrd9.log, auch der kann aber verändert werden. Über die Schaltfläche „Ansicht" kann das Protokoll in einem separaten Dialogfenster angeschaut werden (Abb. 44).

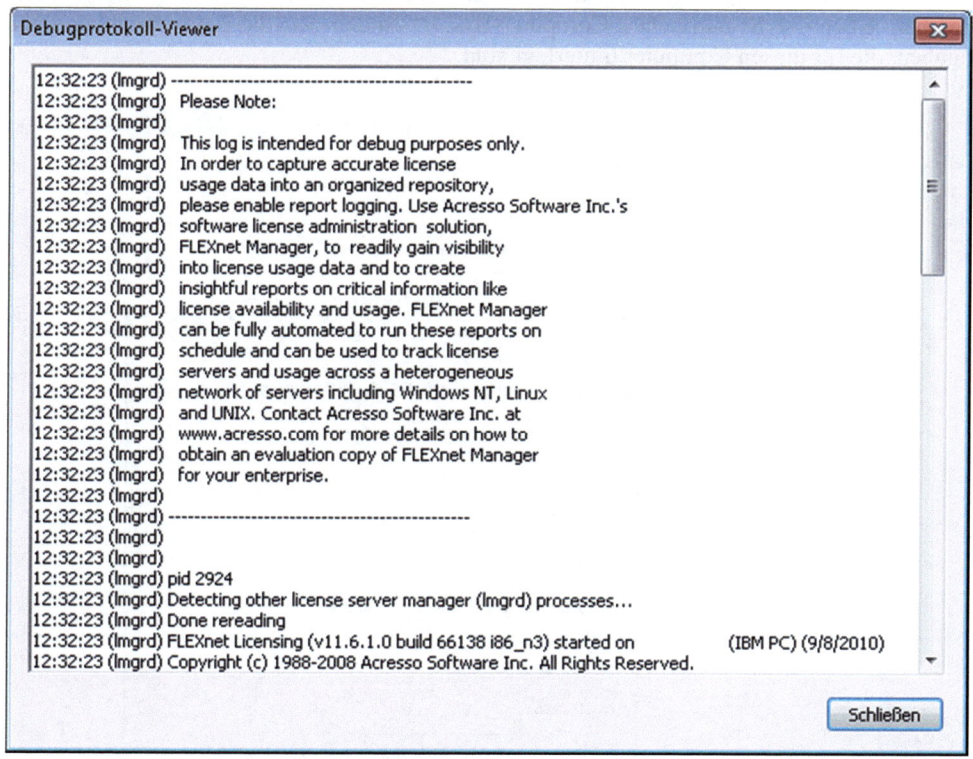

Abb. 44: Das Debugprotokoll im Dialogfenster „Debugprotokoll-Viewer"

3.6 ArcGIS Administrator

Der ArcGIS Administrator ist das Nachfolgeprogramm des Desktop Administrator und ist in seinem Funktionsumfang noch erweitert worden. Auch das Programmfenster ist – ähnlich, wie das Programmfenster des License Server Administrators – in zwei Teile unterteilt. Den Navigationsbereich im linken Fensterbereich und der variierende rechte Teil, der von der Auswahl im Navigationsbereich abhängt.

Der oberste Eintrag „ArcGIS (<Rechnername>)" zeigt Ihnen auf einen Blick die Konfigurationsinformationen an. Neben dem Installationspfad, der aktuell installierten Version von ArcGIS und weiteren Informationen zur Installation werden dort auch Angaben zu eventuell installierten Service-Packs und Lizenzmanager gemacht. Über die Schaltfläche „Erweitert" gelangen Sie zu den Spracheinstellungen für ArcGIS. Falls Sie mehrere Sprachoberflächen installiert haben, können Sie hier die Sprache umstellen (siehe Abb. 45). Standardmäßig wird dort nach der Installation Deutsch als Anzeigesprache eingestellt, auch wenn Sie noch keine deutsche Sprachoberfläche für Ihr ArcGIS installiert haben. Sowohl der License Server Administrator als auch der ArcGIS Administrator werden – unabhängig von der deutschen Sprachoberfläche – in der eingestellten Sprache dargestellt, nicht aber ArcMap oder ArcCatalog. Zusätzlich sind noch andere Optionen, wie bspw. die Teilnahme am Programm für mehr Benutzerfreundlichkeit über das Dialogfenster steuerbar. Über die Schaltfläche „Computer-IDs..." finden Sie die hardwareabhängigen Angaben, die für diesen Computer hinterlegt sind.

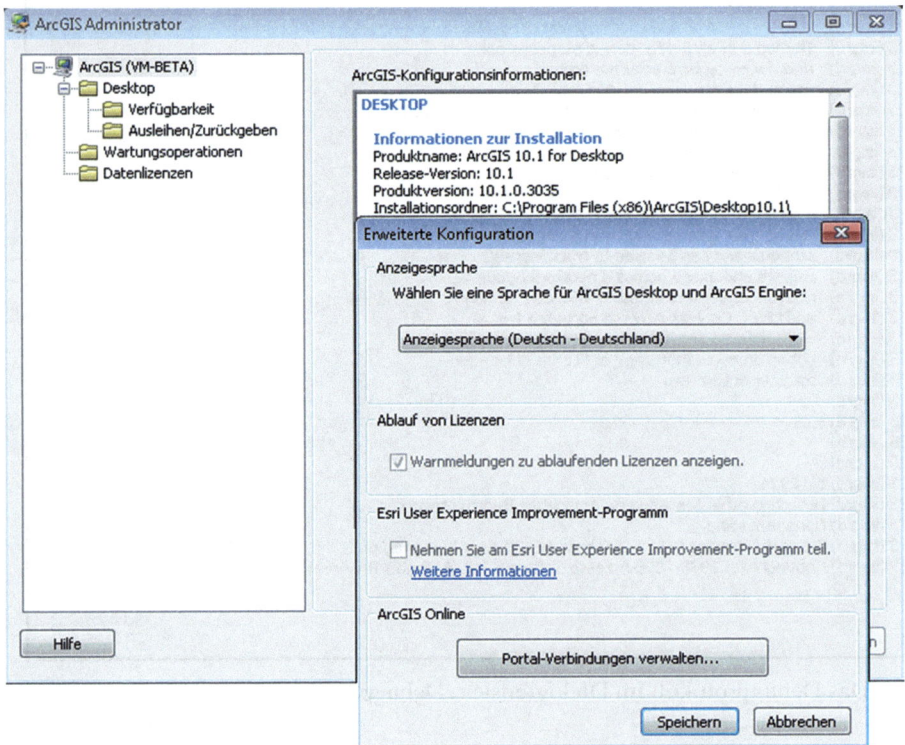

Abb. 45: Erweiterte Konfiguration im „ArcGIS Administrator"

Im Menüpunkt „Desktop" (siehe Abb. 46) sind gleich mehrere Menüs des alten Desktop Administrators zusammengefasst worden. Zum einen wird hier angegeben, welche Lizenzstufe von ArcMap Sie mit welchen Lizenzmodell („Single Use" oder „Concurrent Use") verwendet werden soll. Abhängig von der Auswahl ändern sich die zur Verfügung stehenden Schaltflächen. Ist eine „Concurrent Use"-Lizenz ausgewählt, dann können Sie im darunterliegenden Bereich den Lizenzmanager angeben. Haben Sie eine „Single Use"-Lizenz ausgewählt, dann haben Sie die Möglichkeit, die Lizenz zu autorisieren – sofern das nicht schon geschehen ist.

Die Anzeige für den Menüpunkt „Verfügbarkeit" ist ebenfalls abhängig von der gewählten Lizenzart. Bei einer „Single Use"-Lizenz werden Ihnen die Produkte und deren Erweiterungen angezeigt. Zusätzlich dazu finden Sie dort die Information darüber, ob das Produkt installiert und/oder autorisiert wurde, und wie lange die Lizenz gültig ist. Auch bei eingestellter „Concurrent Use"-Lizenz wird Ihnen die Dauer der Gültigkeit der Lizenz(en) angezeigt. Zusätzlich dazu finden Sie noch die Information darüber, wie viele Lizenzen über den License Manager autorisiert sind, und wie viele davon verfügbar sind.

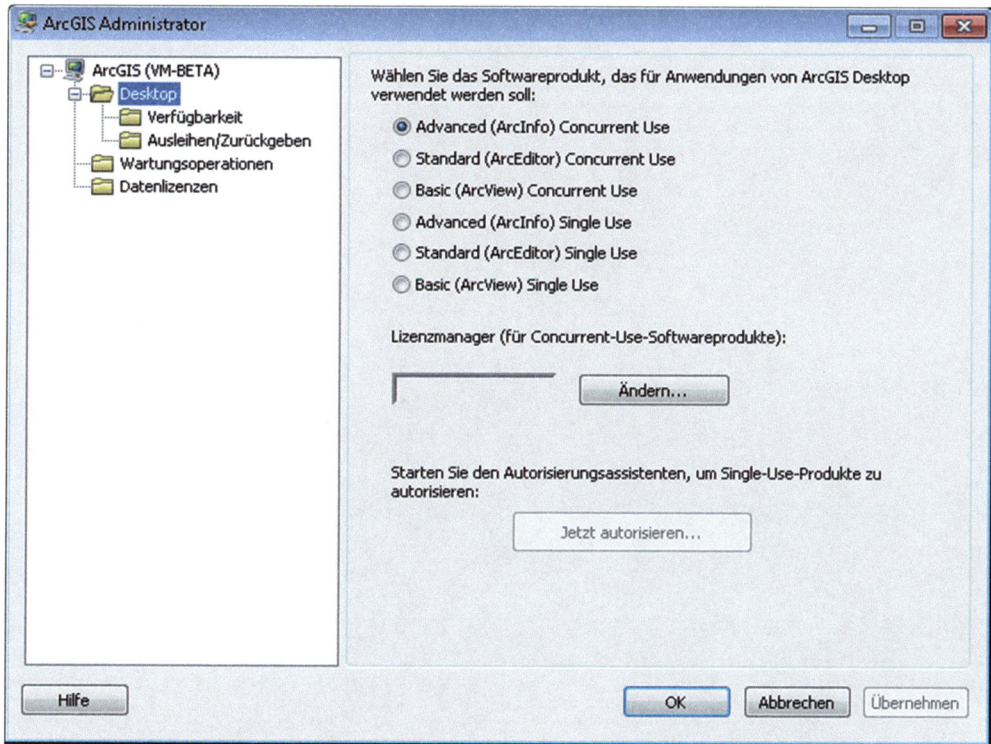

Abb. 46: Auswahl des Softwareprodukts über den „ArcGIS Administrator"

Die Option „Ausleihen/Zurückgeben" ist nur möglich, wenn Sie eine „Concurrent Use"-Lizenz verwenden. Bei einer „Single Use"-Lizenz erscheint die Meldung „Es ist nicht möglich, Lizenzen von Single-Use-Softwareprodukten auszuleihen". Wenn Sie über eine „Concurrent Use"-Lizenz verfügen, dann erscheinen im rechten Fensterbereich die lizenzierten Softwareprodukte. Dafür muss im License Server Administrator die Verwendung der Lizenzausleihe freigegeben sein (siehe Kapitel 3.4.7). Wenn Sie Lizenzen ausleihen möchten, dann wählen Sie die benötigten Softwarekomponenten aus und bestätigen das mit „Übernehmen" oder „OK". Sobald Sie eine Lizenz ausgeliehen haben, können Sie die Lizenz verwenden, ohne dass sich der Computer dafür mit dem License Manager verbinden muss. Auf diese Weise können Sie ein beispielsweise ein mobiles Gerät auch ohne Anbindung an ein Netzwerk (wo der License Server Administrator installiert ist) verwenden.

4 ArcGIS Grundlagen

Beginnt man mit dem Aufbau eines GIS-Projekts, so sollte man sich bereits vorab Gedanken über die Organisation der zu verwendenden Daten machen. Die Daten, die häufig in unterschiedlichen Formaten (Shape, Coverage, Geodatabase, Access, Excel, CAD usw.), von unterschiedlichen Quellen (Privatpersonen, Ingenieurbüros, öffentlichen Verwaltungen und Behörden, Vermessungsämtern oder Datendienstleistern) mit zum Teil unterschiedlichen Projektionen in unterschiedlichen Maßstäben und Erstellungszeiträumen vorliegen, müssen so organisiert werden, dass der Überblick – auch zu einem späteren Zeitpunkt – gewahrt bleibt. Einige Leserinnen und Leser werden sicher schon die Erfahrung gemacht haben, dass GIS-Projekte innerhalb kurzer Zeit mehr Daten verwalten, als man ursprünglich geplant hatte. Bei Zwischenergebnissen wurde nicht auf den Speicherort der erzeugten Daten geachtet, jetzt sind diese verschwunden, man hat sich nur schnell einmal Daten hinzugeladen, die jetzt im Netz nicht mehr auffindbar sind, von bestimmten Daten gibt es drei Versionen, was ist der letzte Stand usw. Je früher man versucht, diese zu strukturieren, desto besser. Um Ihnen den Einstieg zu erleichtern, werden in diesem Kapitel die Grundlagen dazu geschaffen.

4.1 Datentypen in ArcGIS

Grundsätzlich gibt es zwei Arten von lagebezogenen Daten, die in einem GIS zum Einsatz kommen: Vektor- und Rasterdaten. Bevor auf die Datenformate eingegangen wird, sollen vorher einige wichtige Begriffe, die häufig in ArcGIS (v. a. im Zusammenhang mit einer Geodatabase) verwendet werden, erklärt werden. Als „Feature" wird ganz allgemein ein geometrisches Objekt bezeichnet. Eine „Feature-Klasse" fasst Features mit gleichartiger Geometrie zusammen. Eine „Simple-Feature-Klasse" bezeichnet Geometrien mit einfachen Geometrieobjekten: Punkt, Linie (Polyline) und Flächen (Polygon). „Annotation-Feature-Klassen" beinhalten Texte, „Bemaßung-Feature-Klassen" sind bemaßte Geometrien (lineares Feature, die eine eindeutige Kennung und ein Maßsystem tragen). Ein Feature-Dataset ist ein Container (Ordner), in dem sich ein oder mehrere (auch unterschiedliche) Feature-Klassen befinden und für manche Anwendungen (bspw. Netzwerk-Dataset) vorausgesetzt wird. Eine ausführliche Erklärung der Geodatabase und deren Bestandteile findet sich in Kapitel 7.

4.1.1 Vektordaten

Vektordaten werden, wie der Name schon sagt, als Vektoren gespeichert und bestehen üblicherweise aus Punkten, Linien oder geschlossenen Linienzügen (Polygonen). Punkte werden dabei mit XY-Koordinaten gespeichert. Bei Linien wird der Startpunkt mit XY-Koordinaten, einem Winkel, der die Richtung angibt, und einer Länge gespeichert. Damit sind, um eine beliebig lange Strecke zu definieren, nur vier Zahlenwerte notwendig. Mit Polylinien bezeichnet man im GIS Linien, die mehrere Linienzüge (Segmente) beinhalten. Polygone (Flächen) sind geschlossene Linienzüge, deren Anfangs- und Endpunkte identisch sind. Diese geometrischen Daten können zusätzlich auch Z-Werte enthalten, die die dritte Dimension beschreiben. Es gibt noch weitere Datentypen, wie z. B. Routen (bemaßte

Linienzüge) oder Annotations (Beschriftungen), die aber Sonderformen darstellen und nicht in allen Datenformaten verwendet werden können.

4.1.1.1 Coverage

Von Esri wurden im Lauf der Jahre drei Vektor-Datenformate entwickelt. Das Coverage-Format wurde ursprünglich für ArcGIS for Desktop Advanced Workstation auf Unix-Rechnern entwickelt (1981). Später wurde ArcGIS for Desktop Advanced Workstation auch für die PC-Welt umgesetzt. Das Modell enthält innerhalb einer Ordnerstruktur (Feature-Dataset) verschiedene Geometrietypen (Feature-Klassen), die topologisch einander bedingen. So gibt es eine Node-Feature-Klasse (Punkte), die jeweils den Anfangs- und Endpunkt einer Linie repräsentieren. Ändert sich die räumliche Lage dieser Linie, so ändert sich automatisch auch die Node-Feature-Klasse. Polygone sind aus Linien und Labelpunkten aufgebaut, wobei die Labelpunkte die Sachdaten der Flächen beinhalten. Alle Geometrien bedingen einander, sind voneinander abhängig und wissen um nachbarschaftliche Beziehungen (Coverage-Topologie). Über eine Fläche können z. B. die diese Fläche umgebenden Flächen abgefragt werden. Auf Dateiebene werden Coverages in Verzeichnissen organisiert, wobei sich mehrere Coverages innerhalb eines Verzeichnisses den Ordner „info" teilen und somit auf Dateiebene nicht mehr zu trennen sind. Um Coverages umzubenennen oder zu kopieren, muss also ArcGIS for Desktop Advanced Workstation oder ArcGIS verwendet werden.

4.1.1.2 Shapefile

Mit der Version 2.0 der Desktop-Software „ArcView" wurde das neue Datenformat Shape eingeführt (1996). ArcView 1.0 wurde 1995 von Esri eingeführt. Die Bezeichnung „ArcView GIS" wurde seit der Version ArcView GIS 3.0 verwendet. Das Shape-Format kennt keine Topologie und enthält nur sog. Simple-Feature-Klassen: Punkte, Linien und Flächen. Durch die Offenlegung des Formats entwickelte sich das Shapefile schnell zum Standardformat, das als klassisches GIS-Austauschformat dient. Das Shapefile besteht aus mindestens drei Dateien, die zusammen als Shapefile von ArcGIS erkannt werden. Die Dateierweiterung *.shp enthält die Geometriedaten, die Dateierweiterung *.dbf enthält die Sachdaten in Form einer dBase-Tabelle und die Dateierweiterung *.shx verknüpft Geometrie- und Sachdaten. Weitere Dateierweiterungen können hinzukommen, wenn die Daten einen räumlichen Index erhalten (*.sbx, *.sbn), ein Attributindex erstellt wird (*.atx) oder die Daten eine Projektion aufweisen (*.prj).

4.1.1.3 Geodatabase

Für die Einführung von ArcGIS 8 1999 wurde ein weiteres Datenformat entwickelt: die Geodatabase. Dabei handelt es sich um ein objektorientiertes, relationales Datenbankformat, das in mehreren Varianten zur Verfügung steht. Die ArcSDE Geodatabase benutzt die Software ArcSDE, um die Daten in einem relationalen Datenbank-Managementsystem (z. B. Oracle, SQL Server) abzulegen, wohingegen die Personal-Geodatabase die Daten im Microsoft-Access-Format (*.mdb) speichert. Hierbei werden nicht nur die Sachdaten, sondern auch die Geometriedaten als Tabellen verwaltet, was vor allem bei sehr großen Datenmengen zu Geschwindigkeitsvorteilen führt. Mit ArcGIS 9.2 wurde ein neues Datenbankformat, die sog. File-Geodatabase, eingeführt. Hier werden – im Unterschied zur Personal-Geodatabase – die Daten in Form einer einfachen Ordner- und Dateistruktur gespeichert. Dadurch können einige Einschränkungen der Personal-Geodatabase umgangen werden. Esri empfiehlt, anstelle der Personal-Geodatabase in Zukunft mit der File-Geodatabase zu arbeiten. Wie eine Geodatabase erstellt wird, und welche Möglichkeiten und Beschränkungen eine Geodatabase bzw. einzelne Datenbankformate bieten, finden Sie in Kapitel 7 und Kapitel 14.1.

In ArcGIS for Desktop Basic können in vollem Funktionsumfang das Shape-Format sowie die Personal- und die File-Geodatabase verwendet werden. Das Coverage-Format und die ArcSDE Geodatabase können zwar visualisiert, aber nicht erstellt oder bearbeitet werden. Je nach Feature-Klasse können diese aber in mit ArcGIS for Desktop Basic bearbeitbare Formate exportiert werden.

 Benutzer mit einer ArcGIS for Desktop Standard Lizenz haben zusätzlich schreibende Zugriffsrechte in ArcSDE Datenbanken. Die ArcSDE Geodatabase gibt es in ArcGIS 9.2 in drei verschiedenen Versionen (Personal, Workgroup und Enterprise), von denen nur die Personal ArcSDE Geodatabase Bestandteil von ArcGIS for Desktop Standard ist. In ArcGIS 9.3 wurde die Terminologie der ArcSDE Datenbanktypen geändert: Man spricht hier nun von „ArcSDE für SQL Server Express". Microsoft SQL Server Express Edition liegt jeder ArcGIS 9.3 Version ab der Lizenzstufe ArcGIS for Desktop Standard bei. Näheres finden Sie in Kapitel 7.1.3.

4.1.1.4 TIN

Ein spezieller Datentyp, der auch aus Vektoren aufgebaut ist, ist das TIN (trianguläres irreguläres Netzwerk). Das TIN besteht vollständig aus Dreiecken, deren räumliche Orientierung und Verbindung Teile oder eine vollständige dreidimensionale Oberfläche repräsentieren. Ein TIN-Objekt hat strenge topologische Beschränkungen. Keine Fläche innerhalb eines Dreiecks kann Bestandteil einer anderen Dreiecksfläche sein.

4.1.1.5 Weitere unterstützte Vektordaten-Formate

Mit ArcGIS können Sie direkt auf Computer-Aided-Design (CAD)-Daten zugreifen. CAD-Daten verfügen typischerweise über viele Layer, die jeweils einen anderen geographischen Feature-Typ darstellen (vgl. auch Kapitel 6.9). Der Export in CAD-Daten (sowohl DXF, DWG als auch DGN) erfolgt seit ArcGIS 10 direkt über das Kontextmenü des Layers (*Daten⇨Nach CAD exportieren*). Auch der umgekehrte Weg ist möglich – die Konvertierung von CAD-Daten in Feature-Klassen und Feature-Datasets. Folgende CAD-Daten werden von ArcGIS unterstützt (siehe Tabelle 3):

Tabelle 3: Von ArcGIS unterstützte CAD-Daten

Format	Beschreibung	Schreiben	Datei-erweiterung
DWG	AutoCAD-Zeichnungs-Dateien bis AutoCAD 2008	nein	*.dwg
DXF	Binär- und Partial-DXF-Dateien (Drawing Interchange Files) die den DXF-Standards entsprechen, bis AutoCAD 2008	nein	*.dxf
DGN	MicroStation-Design-Dateien bis Version 8	nein	*.dgn

In diesem Zusammenhang sei auf die beiden Erweiterungen „Data Interoperability Extension" und „FME Extension" für ArcGIS hingewiesen. Diese ermöglichen formatunabhängiges Arbeiten mit ArcGIS. Die beiden Erweiterungen basieren technologisch auf der leistungsfähigen Datendrehscheibe FME (Feature Manipulation Engine). Sie ermöglichen den direkten Zugriff auf eine Vielzahl von Geodatenformaten unmittelbar aus ArcCatalog, ArcMap und ArcToolbox heraus.

4.1.2 Rasterdaten

Ein weiterer Datentyp sind Rasterdaten. Dieser Datentyp verwendet keine Vektoren, sondern wird durch eine Matrix von Zellen aufgebaut (Gitterstruktur oder Pixel). Bei Rasterdaten wird in der Regel als Aufhängepunkt, der die richtige geographische Lage im Raum definiert, die Mitte des linken oberen Pixels angegeben (X,Y). Zusammen mit der Zellengröße (X- und Y-Ausdehnung) und der Anzahl der Pixel in X- und Y-Richtung wird die Größe und die Auflösung des Rasters definiert. Entscheidend für die Auflösung (Genauigkeit) eines Rasterbilds ist die Anzahl der Zellen pro Flächeneinheit. Diese wird in dpi (dots per inch, Punkten pro Zoll, 1 Zoll = 25,4 mm) angegeben. Ortholuftbilder besitzen meist eine Bodenauflösung von 5 Pixeln pro 2 m (1 Pixel = 0,4 m). Bei einem Ausgabemaßstab von 1:5.000 (1 mm in der Karte = 5 m in der Natur) entspricht dies 317,5 dpi (25,4 mm × 5 m / 0,4 m). Bei einem Ausgabemaßstab von 1:10.000 würde sich die Auflösung auf 635 dpi erhöhen, was einer Vervierfachung der Datenmenge entspricht, da sich die Auflösung in X- und in Y-Richtung verdoppelt. Jede Zelle besitzt einen Wert, der die darzustellende Information enthält (bei Luftbildern einen Farbwert, bei digitalen Geländemodellen einen Höhenwert). Diese Zahlenwerte können positive oder negative Werte, Ganzzahlen oder Dezimalwerte enthalten. Es können auch sog. NODATA-Zellen vorkommen, die das Fehlen von Werten anzeigen.

Das Speichern von Daten als Raster bietet im Vergleich zur vektorbasierten Speicherung folgende Vorteile:

- Einfache Datenstruktur – Eine Matrix aus Zellen mit Werten, die Koordinaten darstellen und manchmal mit einer Attributtabelle verknüpft sind.
- Leistungsfähiges Format für erweiterte räumliche und statistische Analysen.
- Möglichkeit, kontinuierliche Oberflächen darzustellen und Oberflächenanalysen durchzuführen.
- Möglichkeit, Punkte, Linien, Polygone und Flächen einheitlich zu speichern.
- Möglichkeit, Überlagerungen mit komplexen Daten schnell durchzuführen.

Diesen Vorteilen stehen folgende Nachteile gegenüber:

- Aufgrund der Beschränkungen durch die Zellbemaßungen des Raster-Datasets können räumliche Ungenauigkeiten vorliegen.
- Rasterdaten können je nach Beschaffenheit sehr große Datenmengen produzieren.

Raster-Datasets können sehr groß sein. Die Flächenschärfe wird größer, wenn die Zellengröße verringert wird; natürlich werden aber auch die Ansprüche an Festplattenplatz und Bearbeitungsgeschwindigkeit größer. Je nach Art der Daten und verwendeten Speichermethoden bedeutet eine Halbierung der Zellengröße einer gegebenen Fläche, dass viermal so viel Speicherplatz benötigt wird.

In den ArcGIS Versionen 8.x und 9.x wurden für alle rasterbasierten Geoverarbeitungsprozesse RDO-Bibliotheken (Raster Data Objects) verwendet. Diese COM APIs (Component Object Model Application Programming Interface) unterstützen die Darstellung und Analyse von dateibasierten Rasterdaten. Der große Nachteil dieser Bibliotheken bestand darin, dass ArcGIS für Geoverarbeitungsprozesse intern alle Rasterformate zunächst in das ESRI GRID Format umrechnen musste, was sich negativ auf die Performance auswirkte.

In ArcGIS 10 wurden die RDO-Bibliotheken durch GDAL-Bibliotheken (Geospatial Data Abstraction Library) abgelöst. GDAL ist eine freie Programmbibliothek für die Übersetzung räumlicher Daten. Dadurch können zahlreiche Rasterformate nativ gelesen und geschrieben werden. Neben gängigen Formaten für Rasterdaten, wie GIF, PNG und GeoTIFF, kann GDAL noch über 60 weitere Datenformate lesen. Jedoch können nicht alle diese Formate auch geschrieben werden. Eine Liste aller von der GDAL-Bibliotheken unterstützen Formate finden sie unter www.gdal.org. Eine ArcGIS interne Umrechnung in GRIDS ist nicht mehr erforderlich. Das hat die Verarbeitung von Rastern z. T. extrem beschleunigt.

Nichtsdestotrotz empfiehlt ESRI das GRID-Format als Standardformat: „Das GRID-Format ist für die Verarbeitung im Allgemeinen schneller als andere Raster-Typen, aber Sie können in Ihren Modellen und Skripten jeden unterstützten Raster-Typ verwenden."

Im wissenschaftlichen Bereich bzw. für Programmierer wird das „NumPy Raster Array"-Format empfohlen. NumPy und SciPy sind Open-Source-Erweiterungs-Module für Python, die schnelle vorkompilierte Funktionen für mathematische und numerische Routinen bereitstellen.

4.1.2.1 Unterstützte Rasterdaten-Formate

ArcGIS unterstützt über 60 verschiedene Raster-Datenformate (siehe Tabelle 4). In folgender Tabelle sind die häufigsten Rasterdaten-Formate aufgeführt. Meist liegt im gleichen Verzeichnis die Georeferenzierung als eigene Datei bei (Ausnahmen: z. B. GeoTIFF, dort steht die Georeferenzierung im Header). Die Dateierweiterung besteht häufig aus dem ersten und letzten Buchstaben der Dateierweiterung des Rasters, gefolgt von einem „w" (TIF ⇨ TFW). Einige dieser Rasterformate können auch über die Exportfunktionalität erzeugt werden. ArcGIS 10.1 for Desktop unterstützt einige weitere Rasterdatenformate und es werden einige Satellitenformate (z. B. ENVISAT Image Product, TerraSAR-X oder SPOT 5) unterstützt. In der Hilfe unter „*Geodaten*" ⇨ „*Datentypen*" ⇨ „*Raster und Bilder*" ⇨ „*Unterstützte Rasterdaten*" ⇨ „*Liste der unterstützten Raster- und Bilddatenformate*" ist eine Auflistung darüber, in welchem Format das Raster in ArcGIS unterstützt wird (Raster-Dataset, Raster-Typ oder Raster-Produkt).

Tabelle 4: Die wichtigsten unterstützten Rasterdaten-Formate von ArcGIS

Format	Beschreibung	Schreiben	Datei-erweiterung
TIFF	Tagged Image File Format, das wohl gängigste Rasterdaten-Format. GeoTIFF-Tags werden unterstützt.	ja	*.tif, *.tfw
MrSID	Multi resolution Seamless Image Database, eine Komprimierungsmethode speziell zur Erhaltung der Qualität großer Bilder. Ermöglicht ein hohes Komprimierungsverhältnis und schnellen Zugriff auf große Datenmengen in beliebigem Maßstab.	nein	*.sid, *.sdw
ERDAS IMAGINE	IMAGINE-Dateien können kontinuierliche und diskontinuierliche, Einzelband- und Multiband-Daten speichern.	ja	*.img
JPEG	Joint Photographic Experts Group; Beschreibung siehe MrSID.	ja	*.jpg, *.jgw
JPEG2000	Joint Photographic Experts Group	ja	*.jp2
GIF	Graphics Interchange Format, hochkomprimiertes Bildformat, ermöglicht die Anzeige qualitativ hochwertiger, hochauflösender Grafiken.	ja	*.gif, *.gfw
PNG	Portable Network Graphic, komprimiert verlustfrei und dabei meist kompakter als vergleichbare Formate, unterstützt wie das JPEG-Format Echtfarben, und „echte" Transparenz (Alpha-Transparenz).	ja	*.png, *.pgw
BMP	BMP-Dateien sind Windows-Bitmap-Bilder. Sie werden zum Speichern von Bildern oder ClipArt verwendet, die zwischen verschiedenen Anwendungen auf Windows-Systemplattformen verschoben werden können.	ja	*.bmp, *.bpw
ECW	Format der Firmen Earth Resource Mapping und Leica Geosystems. Beschreibung siehe MrSID.	nein	*.ecw
GRID	Siehe Kapitel 4.1.2.4	ja	keine

4.1.2.2 Das Raster-Typen-Format

Um Rasterdaten aus Satellitenaufnahmen inkl. ihrer Metadaten (z. B. Infrarot- oder thermische Spektralbereiche) in ArcGIS verwenden zu können werden Raster-Typen eingesetzt.

Raster-Typen können in zwei Gruppen unterteilt werden: Typen, mit denen Dateien, Tabellen oder Web-Services beschrieben werden und Typen, mit denen in der Regel Produkte von Satellitensensoren beschrieben werden (etwa Metadaten, z. B. Georeferenzierung, Erwerbsdatum und Sensortyp). ArcGIS unterstützt die Verwendung von Rastertypen mithilfe des Mosaik-Datasets. Die in ArcGIS unterstützten Raster-Typen sind im Werkzeug „Raster zu Mosaik-Dataset hinzufügen" in der Drop-down-Liste für den Raster-Typ aufgeführt. Der Raster-Typ verweist entweder auf ein spezielles Raster eines bestimmten Herstellers oder auf ein Standard-Raster-Format.

Beispiele für Raster-Typen:

1. Wird eine QuickBird-Standardszene hinzufügt, kann eine Szene möglicherweise von einer IMD-Datei definiert werden. Die IMD-Datei enthält Metadateninformationen zum Raster-Dataset und verweist möglicherweise auf eine oder mehrere TIF-Dateien (QuickBird 2 ist ein kommerzieller Satellit zur Erdbeobachtung. Er wird von DigitalGlobe betrieben)
2. Beispielsweise kann mit dem Raster-Typ „GeoEye-1" die vom GeoEye-1-Satellitensensor erfasste Raster-Daten einem Mosaik-Dataset hinzugefügt werden. Weitere Informationen zu diesem Sensor erhalten Sie unter www.geoeye.com.
3. Mit dem Raster-Typ „Raster-Dataset" kann jedes von ArcGIS unterstützte Raster-Format (siehe Tabelle 4) einem Mosaik-Dataset hinzugefügt werden.

4.1.2.3 Raster-Produkt

Für eine einfacherere Verwendung von sensorbasierten Rasterdaten wurde das Raster-Produkt entwickelt. Die Zurordnung der unterschiedlichen Bänder wird innerhalb des Raster-Produkts geregelt. Diese werden anstelle der Metadaten angezeigt, basieren aber auf den Informationen der Metadateien.

4.1.2.4 ESRI GRID-Format

Eine besondere Form von Rasterdaten stellt das Esri GRID Format dar. GRIDs werden zur Darstellung geographischer Phänomene verwendet, die sich über einen Raum hinweg kontinuierlich verändern sowie zur räumlichen Modellierung und Analyse von Fließrichtungen, Trends und Oberflächen, z. B. in der Hydrologie.

Ein wesentlicher Vorteil des Rastermodells ist die einfache Datenstruktur, die bei räumlichen und statistischen Analysen ein leistungsfähiges Format darstellt. Überlagerungen und Berechnungen können so schnell realisiert werden. Durch die Fähigkeit, Daten kontinuierlich darzustellen (z. B. Höhenverläufe), werden Oberflächenanalysen ermöglicht. Die Nachteile sind der zum Teil sehr hohe Speicherplatzbedarf und die relativ schlechte Skalierbarkeit durch die statische Auflösung.

Vektor- und Rasterdaten gemein ist das Vorhandensein von Attributdaten, die als Sachdatentabellen in ArcGIS angezeigt und bearbeitet werden können.

Die Obergrenze für die Größe eines GRIDs ist durch die Anwendung festgelegt und sehr hoch (derzeit 4.000.000 x 4.000.000 Zellen = $16*10^{12}$ Zellen).

Hinweis: Der Name eines GRIDs ist wie folgt beschränkt:

- Er kann nicht mit Leerzeichen gespeichert werden.
- Er kann nicht mit einer Zahl beginnen.
- Er kann nicht länger als 13 Zeichen sein (ein Multiband-GRID darf maximal 9 Zeichen enthalten).

Datenspeicherung von GRIDs

GRIDs werden in einem ArcInfo-Workspace gespeichert. Ein GRID wird wie ein Coverage als eigenes Verzeichnis (Verzeichnis mit dem GRID-Namen) mit zugeordneten Tabellen (Verzeichnis „info") und Dateien gespeichert, die spezifische Informationen zum GRID enthalten. Zu beachten ist, dass alle GRIDS in einem Verzeichnis Daten in dasselbe info-Verzeichnis schreiben.

Attributtabellen von GRIDS

Die Sachdaten zu einem GRID werden in einer VAT-Datei im „info"-Verzeichnis gespeichert. Die VAT-Datei ist eine INFO-Tabelle, in der die Attribute gespeichert sind, die mit den Zonen des GRIDS verknüpft sind. VAT-Tabellen sind nur mit Ganzzahlen-GRID verknüpft. VAT-Tabellen enthalten mindestens zwei Felder: VALUE und COUNT. Im Feld VALUE sind Ganzzahlwerte enthalten, mit denen die Merkmale einer Position im GRID von den anderen Positionen im GRID unterschieden werden. Allen Zellen, denen der gleiche Wert zugewiesen ist, weisen die gleichen Merkmale auf und gehören daher zur gleichen Zone. Im Feld COUNT wird die Anzahl der Zellen in einer Zone angegeben.

Hinweis: Die Felder VALUE und COUNT dürfen nicht geändert werden, und die VAT-Tabelle muss stets nach dem Feld VALUE sortiert sein. Vor den Feldern VALUE und COUNT dürfen keine neuen Felder eingefügt werden.

4.1.2.5 Pyramiden

Eine weitere Verbesserung der Darstellungsgeschwindigkeit von Rasterdaten stellt die Möglichkeit der Erzeugung von Pyramiden dar. Eine Pyramide ist eine Darstellung des Datasets mit reduzierter Auflösung. Pyramiden werden in mehreren Auflösungen (Verhältnis jeweils 2:1) erstellt, um in unterschiedlichen Maßstäben auf entsprechend reduzierte Raster-Datasets zugreifen zu können (siehe Abb. 47). Die reduzierten Auflösungen werden jetzt in OVR-Files parallel zu den Raster-Datasets gespeichert (eine Ausnahme bildet das ERDAS IMAGINE Format). Das neue Dateiformat ist flexibler, da es mit allen Grafikformaten arbeiten kann (zumindest mit denen, bei denen eine Pyramidenbildung möglich ist) und die Komprimierung und Qualität gesteuert werden kann, wodurch sich der benötigte Festplattenspeicher reduziert. Ist das Original Raster-Datasets Verzeichnis schreibgeschützt, werden die Pyramiden im Ordner, auf den die Systemvariable TEMP verweist, im Unterverzeichnis „RasterProxies" abgelegt. Pyramiden werden durch Resampling der Ursprungsdaten erstellt. Folgende Resampling-Methoden stehen zur Auswahl:

- „Nächster Nachbar". Die Methode „Nächster Nachbar (für diskontinuierliche Daten)" ist vor allem für die Darstellung diskreter Daten wie Landnutzung,

Bodentypen etc. geeignet und ist die schnellste der angebotenen Interpolationsmethoden.
- „Bilineare Interpolation" wird für 1-Bit-TIFFs oder IMGs empfohlen. Sie kann zwar schneller ausgeführt werden als die „Kubische Faltung", doch ist die Darstellung leicht verschwommen.
- „Kubische Faltung" sollten für kontinuierliche Daten, z. B. Luftbilder, verwendet werden. Langsamer als die „Bilineare Interpolation", aber schärfere Darstellung.

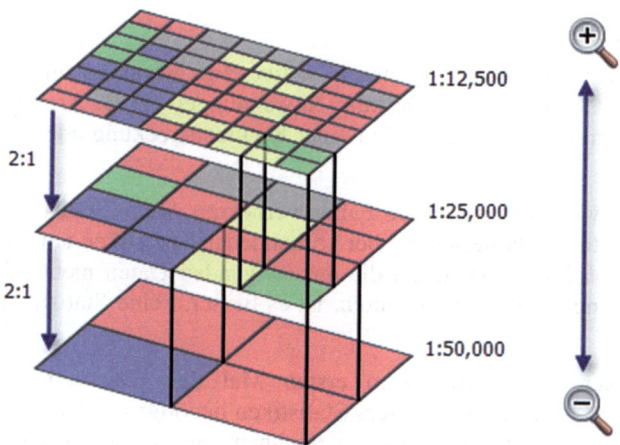

Abb. 47: Verhältnis der Pyramidenebenen

 Tipp: In der ArcToolbox gibt es ein Tool, das für ein gesamtes Raster-Verzeichnis Pyramiden erstellt: Das Werkzeug findet man unter *„Data Management Tools"* ⇨ *„Raster"* ⇨ *„Raster-Eigenschaften"* ⇨ *„Pyramiden berechnen (Batch)"*. Mit diesem Werkzeug können auch bestehende Pyramiden wieder entfernt werden indem bei *„Pyramidenebenen (optional)"* der Wert 0 eingetragen wird (gilt nur für ArcGIS 10.1. Bei den Vorgängerversionen muss der Wert für die Pyramidenebenen in den Umgebungseinstellungen vergeben werden, siehe Kapitel 4.2).

4.1.2.6 Auxiliary-Dateien (AUX)

Durch die Umstellung aller Rasterformate auf die GDAL-Bibliothek (siehe Kapitel 4.1.2) seit ArcGIS 10.0 gibt es auch bei der Speicherung der Rasterdaten Veränderungen. In den Vorgängerversionen wurde unabhängig von den Veränderungen an der Datei ein Auxiliary-Datei erzeugt. Diese Zusatzdatei enthält zusätzliche Informationen zum Raster-Dataset wie bspw. Koordinatensystem, Statistik, Histogramm, Colormap etc. Zu den Proxy-Dateien gehören außer den Auxiliary-Dateien und den RRD-Dateien auch die UAI-Dateien (Proxy Unrestricted Access Image), die ein gegenseitiges Überschreiben der Auxiliary-Dateien beim Zusammenkopieren von Rasterdaten in ein gemeinsames Verzeichnis verhindern.

 Tipp: Sollte es Probleme bei der Darstellung von Rasterdaten (z. B. in Raster-Katalogen) geben, kann es helfen, die zu den Rasterdaten gehörenden AUX-Dateien zu löschen. Zu beachten ist allerdings, dass dabei in den AUX-Dateien gespeicherte Informationen – wie die Definition des Koordinatensystems – verloren gehen. Die räumliche Lage („Georeferenzierung") der Rasterdaten bleibt erhalten.

Seit ArcGIS 10 wird eine aux.xml-Datei lediglich dann erzeugt, wenn die Rastereigenschaften neu erzeugt oder verändert wurden (z. B. durch die Berechnung der Statistik (siehe Kapitel 4.1.2.7). Im Gegensatz zu den mit der RDO-Bibliothek erzeugten AUX-Dateien können die GDAL-Bibliothek basierten aux.xml-Dateien auch angezeigt und editiert werden.

4.1.2.7 Raster-Daten-Statistik

Statistiken sind für Raster-Datasets oder Mosaik-Datasets notwendig, wenn bestimmte Geoverarbeitungsvorgänge oder Tasks in ArcGIS Desktop-Anwendungen (z. B. ArcMap oder ArcCatalog) ausgeführt werden, z. B. das Anwenden einer Kontraststreckung oder die Klassifizierung von Daten.

Die Standardanzeige eines Rasters wird in den meisten Fällen verbessert, wenn Statistiken bereits berechnet wurden, da eine Standardabweichung bei vorhandenen Statistiken auf das Raster angewendet wird. In anderen Fällen, in denen die anzuzeigenden Daten nicht mit einer standardmäßigen Streckung angezeigt werden sollten, ist es besser, keine Statistiken für das Dataset zu berechnen.

Wenn ein Raster ohne Statistiken in ArcMap zum ersten Mal dem Datenrahmen hinzugefügt wird und zum korrekten Rendern des Rasters Statistiken benötigt werden, sind ArcMap-Funktionen verfügbar, die Standardstatistiken berechnen und diese in einer Zusatzdatei ablegen (siehe Kapitel 4.1.2.6). Wenn keine Statistik berechnet wird und Sie ArcMap das Raster-Dataset oder Mosaik-Dataset hinzufügen, wird es möglicherweise als großes schwarzes Bild angezeigt.

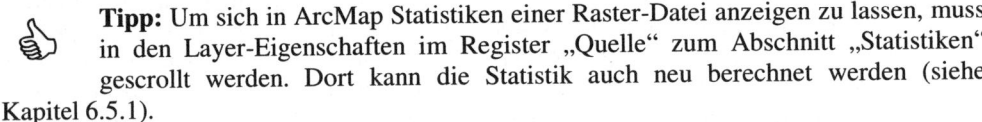
Tipp: Um sich in ArcMap Statistiken einer Raster-Datei anzeigen zu lassen, muss in den Layer-Eigenschaften im Register „Quelle" zum Abschnitt „Statistiken" gescrollt werden. Dort kann die Statistik auch neu berechnet werden (siehe Kapitel 6.5.1).

4.1.2.8 Raster-Komprimierung

Der Hauptvorteil der Datenkomprimierung besteht in der Reduzierung der Dateigröße, um Speicherplatz zu sparen. Ein weiterer Vorteil ist die stark verbesserte Performance über ein Netzwerk, da Sie eine reduzierte Menge an Daten übertragen, die vom Datenträger gelesen werden und an den Server oder eine direkte Leseanwendung übertragen werden. Da komprimierte Daten zur Anzeige auf dem Bildschirm jedoch zunächst dekomprimiert werden müssen, kann die Anzeige unter Umständen länger dauern als bei unkomprimierten Daten und kann die CPU-Anforderungen auf dem Server oder in der Anwendung erhöhen. Wavelet-basierte Dekomprimierung ist meist CPU-lastiger als JPEG, LZW oder LZ77. Bei der JPEG2000-Komprimierung ist die Zeit zur Dekomprimierung oft vom Komprimierungsverhältnis abhängig. Je höher der Komprimierungsgrad des Rasters, desto länger dauert die Dekomprimierung.

In ArcGIS können komprimierte Daten in den folgenden Formaten gespeichert werden: IMG, JPEG, JPEG2000, TIFF, GRID, File-Geodatabase, Personal-Geodatabase und

ArcSDE-Geodatabase. Beim Speichern von Daten in der Geodatabase werden die Datenblöcke komprimiert, bevor sie gespeichert werden.

Die Datenkomprimierung kann mit Qualitätsverlust (JPEG und JPEG 2000) erfolgen oder verlustfrei (LZ77, PackBits, CCITT) sein. Eine verlustfreie Komprimierungsmethode bedeutet, dass die Zellenwerte des Raster-Datasets nicht verändert werden oder verloren gehen. Wenn die Pixelwerte des Raster-Datasets für die Durchführung einer Analyse oder das Ableiten anderer Daten verwendet werden sollen, wählen Sie die verlustfreie oder keine Komprimierung.

LZ77 (die Standardeinstellung) ermöglicht eine verlustfreie Komprimierung, bei der alle Zellenwerte des Rasters erhalten bleiben. Für dieses Format wird derselbe Komprimierungsalgorithmus wie für das Bildformat PNG und ein ähnlicher Algorithmus wie für die ZIP-Komprimierung verwendet. Da bei der verlustfreien Komprimierung alle Pixelwerte beibehalten werden, kann sie nur mit einem niedrigen Dateigrößenverhältnis durchgeführt werden (je nach Daten etwa 2:1 oder 3:1). Bei der verlustbehafteten Komprimierung hingegen können Raster-Datasets mit einem erheblich höheren Verhältnis (z. B. 20:1) komprimiert werden. Hierbei werden jedoch wiederum die Pixelwerte nicht genau beibehalten. Die verlustbehaftete Komprimierung eignet sich für GIS-Projekte, bei denen das Raster-Dataset lediglich als Hintergrundbild fungiert. Für die Raster-Analyse ist diese Komprimierungsmethode jedoch nicht zu empfehlen.

4.1.2.9 Colormaps für Raster-Datasets

Colormaps werden verwendet, um eine einheitliche Anzeige eines Einzelband-Rasters mit definierten Farben zu erzielen. Jeder Pixelwert ist einer Farbe zugeordnet, die als Gruppe von RGB-Werten (Rot, Grün, Blau) definiert ist. Da jedem Wert eine eindeutige Farbe zugeordnet ist, wird dieser bei jedem Öffnen in einem Programm, das Raster mit einer Colormap lesen kann, auf die gleiche Weise angezeigt. Sie können nur Einzelband-Raster-Datasets (Typ „Ganzzahl") mit Pixeltiefen von 16 Bit ohne Vorzeichen oder weniger verwenden, um eine Colormap-Datei (CLR) zu erstellen

Sie können im Dialogfeld „Layer-Eigenschaften" eine benutzerdefinierte Colormap-Datei erstellen, indem Sie auf der Registerkarte „Symbologie" die Darstellungsart „Einzelwerte" verwenden. Mithilfe dieses Symbologie-Editors können Sie die Pixelwerte und die Farbe für die einzelnen Pixelwerte definieren.

Tipp: In der ArcToolbox gibt es ein Tool, das für ein Raster-Dataset eine Colormap erzeugt bzw. ersetzt, wenn bereits eine Colormap vorhanden ist: Das Werkzeug findet man unter *„Data Management Tools"* ⇨ *„Raster"* ⇨ *„Raster-Eigenschaften"* ⇨ *„Colormap hinzufügen"*.

4.1.2.10 NoData-Werte in Raster-Datasets

Jeder Zellenposition eines Rasters ist ein Wert zugewiesen. Wenn einer Zelle der NoData-Wert zugewiesen ist, sind keine oder nur unzureichende Informationen zu den bestimmten Merkmalen der Position, die die Zelle darstellt, vorhanden. Beachten Sie, dass „NoData" und „0" nicht identisch sind, da „0" ein zulässiger Wert ist.

NoData-Werte werden im Esri GRID-Format gespeichert. Die Verwendung von Pixeln mit wertebasierten NoData-Werten ist bei den meisten anderen Raster-Formaten allerdings

4 ArcGIS Grundlagen

nicht möglich. Da Nicht-Grid-Raster-Formate in ArcGIS jedoch wie Grids behandelt werden, ist „NoData" in sämtlichen unterstützten Raster-Formaten zulässig. Im Allgemeinen tauchen NoData-Werte in Nicht-Grid-Formaten auf, wenn die Georeferenzierungsinformationen eines dieser Raster mit dem Menübefehl „Georeferenzierung aktualisieren" in der Werkzeugleiste „Georeferenzierung" aktualisiert wird. Die Änderung der geographischen Lage eines Rasters beinhaltet oft die Rotation eines Rasters, wobei keilförmige Flächen entstehen. Diese Keile sind nicht mit Daten belegt und somit unbekannt. Daher wird ihnen der NoData-Wert zugewiesen. Bei Nicht-Grid-Formaten werden die NoData-Bereiche in der Zusatzdatei (.aux) neben dem eigentlichen Raster gespeichert. Raster-Daten in der Geodatabase.

 Tipp: Zur Arbeit mit Rasterdaten sind neben den Standardwerkzeugen auch die Befehle „Pixel-Inspektor" und „Farb-Pipette" hilfreich.

Pixel-Inspektor

Im Menü „Anpassen" unter „Anpassungsmodus…" öffnet sich der Dialog „Anpassen". In diesem kann im Register „Befehle" unter der Kategorie „Raster" auf den Pixel-Inspektor zugegriffen werden.

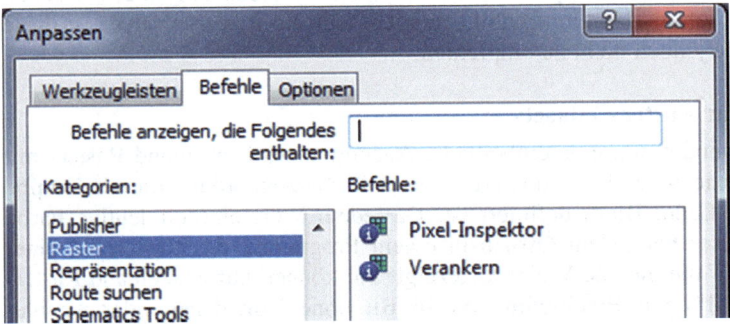

Abb. 48: Kategorie „Raster" im Dialog „Anpassen"

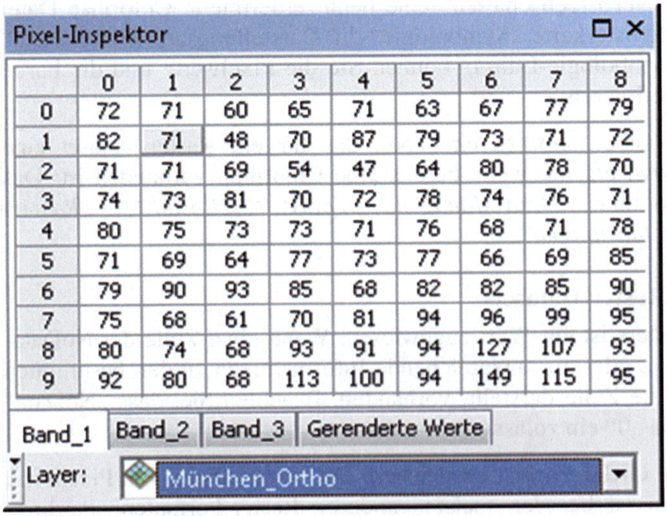

Abb. 49: Dialogfenster „Pixel-Inspektor"

Nach dem ersten Klicken auf das Werkzeug „Pixel-Inspektor" wird das Fenster „Pixel-Inspektor" mit der Anzeige der Pixelwerte der oberen linken Ecke geöffnet. Zum Anzeigen der Werte in einem anderen Pixel-Bereich klicken Sie im angezeigten Fenster auf den entsprechenden Bereich. Der im Fenster „Pixel-Inspektor" hervorgehobene Pixelwert ist der Wert des Pixels, auf das Sie geklickt haben. Wenn Sie die Pixelabfrage um ein anderes Pixel zentrieren möchten, klicken Sie im Fenster „Pixel-Inspektor" auf eine andere Zelle.

Farb-Pipette

Im Register „Befehle" unter der Kategorie „Seitenlayout" findet sich die Farb-Pipette, die für eine einzelne Zelle einen RGB-Wert zurückgibt. Ziehen Sie das Werkzeug „Farb-Pipette" auf eine beliebige Werkzeugleiste.

Abb. 50: Dialog „Raster" im Dialog „Anpassen"

4.2 Umgebungseinstellungen

Umgebungseinstellungen für die Geoverarbeitung sind zusätzliche Parameter, mit denen die Ergebnisse eines Werkzeugs beeinflusst werden können. Sie unterscheiden sich von den regulären Werkzeugparametern darin, dass sie in den Dialogfeldern der Werkzeuge (mit bestimmten Ausnahmen) nicht angezeigt werden. Vielmehr handelt es sich um Werte, die einmalig in einem eigenen Dialogfeld festgelegt und dann von Werkzeugen während der Ausführung verwendet werden.

Für alle Geoverarbeitungswerkzeuge stehen Umgebungseinstellungen zur Verfügung. In der Hilfe des jeweiligen Werkzeugs ist unter der Überschrift „Umgebungen" angegeben, welche Systemeinstellungen das jeweilige Werkzeug beeinflussen.

Grundsätzlich gibt es vier verschiedene Möglichkeiten Umgebungseinstellungen vorzunehmen. Je nachdem an welcher Stelle diese definiert werden, gelten die Umgebungseinstellungen nur einmalig innerhalb eines Werkzeugs, Modells oder Modelprozesses, nur innerhalb einer Anwendung (z. B. innerhalb eines ArcMap-Projekts), oder standardmäßig in allen neuen ArcMap- oder ArcScene-Dokumenten.

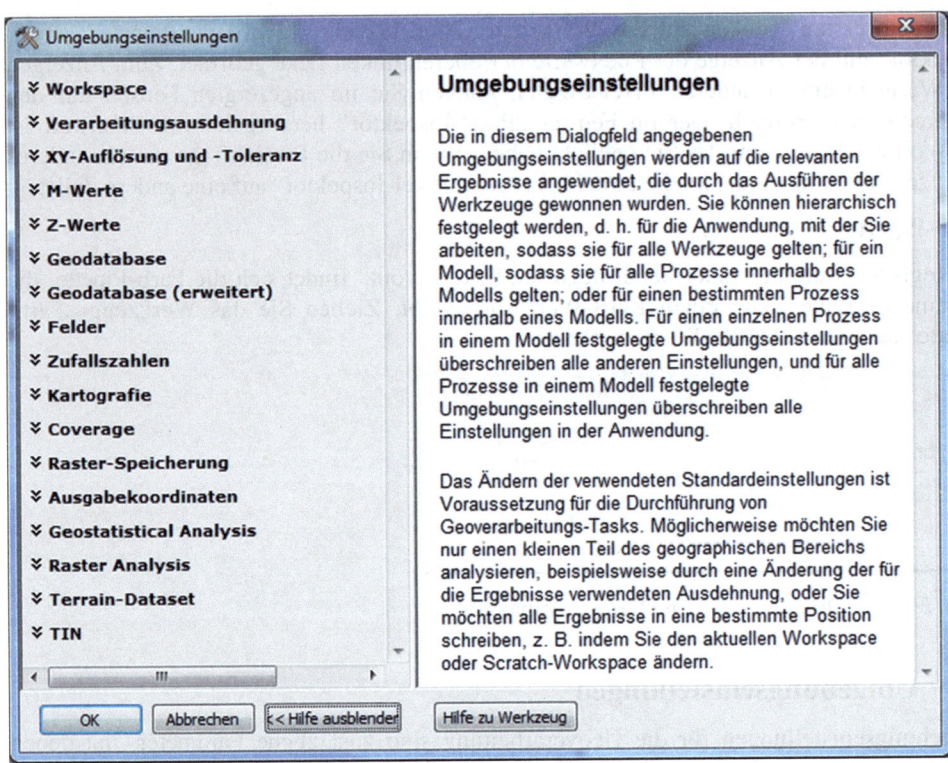

Abb. 51: Der Dialog „Umgebungseinstellungen"

1. Standardmäßige Umgebungseinstellungen:
   Wenn Umgebungseinstellungen definiert und gespeichert werden sollen, die in allen neuen Dokumenten verwendet werden sollen, gibt es zwei Möglichkeiten:
   a) In ArcCatalog finden Sie die Einstellungen unter *Hauptmenüleiste* ⇨ *Menü „Geoverarbeitung"* ⇨ *„Geoverarbeitungsoptionen…"*
   b) In der ArcToolbox finden Sie die Einstellungen im Kontextmenü des Knoten *„ArcToolbox"* den Eintrag *„Umgebung…"*. Um diese Umgebungseinstellungen dauerhaft zu speichern, muss im gleichen Kontextmenü unter *„Einstellungen speichern"* ⇨ *„Als Standard"* gewählt werden.
2. Umgebungseinstellungen innerhalb einer Anwendung (ArcMap, ArcScene):
   Die Einstellungen, die unter der *Hauptmenüleiste* ⇨ *Menü „Geoverarbeitung"* ⇨ *„Geoverarbeitungsoptionen…"* getroffen werden, gelten für alle Werkzeuge, die innerhalb der Anwendung verwendet werden.
3. Umgebungseinstellungen für die einmalige Verwendung innerhalb eines Werkzeugs:
   Werkzeuge verwenden standardmäßig die Umgebungseinstellungen aus der Anwendung. Werden über die Schaltfläche „Umgebung…" Umgebungseinstellungen getroffen, gelten diese nur für die aktuell ausgeführte Instanz des Werkzeugs. Bei einer erneuten Ausführung müssen diese Umgebungseinstellungen wieder neu definiert werden.

4. Umgebungseinstellungen für die Verwendung innerhalb eines Modells:
Geoverarbeitungsumgebungen können so eingestellt werden, dass alle Prozesse in einem Modell sie verwenden. Es gibt zwei Möglichkeiten zum Festlegen von Umgebungen für ein komplettes Modell:
   a) In den Modelleigenschaften im Reiter „Umgebung" können über die Schaltfläche „Werte…" die entsprechenden Werte festgelegt werden.
   b) Festlegen einer Umgebungseinstellung über eine Variable.

Die vier Umgebungsebenen bilden eine Hierarchie, in der die Anwendungsebene die höchste Ebene darstellt. In dieser Hierarchie werden Umgebungseinstellungen hinunter an die nächste Ebene übergeben, wie unten dargestellt. Auf jeder Ebene können Sie die nach unten übergebenen Umgebungseinstellungen mit einer anderen Einstellung überschreiben.

Dabei gilt folgende Hierarchie:
   a) Für Werkzeuge:
   Standardmäßige Umgebungseinstellungen ⇨ Anwendungs-Umgebungseinstellungen ⇨ Umgebungseinstellungen für Werkzeuge.
   b) Für Modelle:
   Standardmäßige Umgebungseinstellungen ⇨ Anwendungs-Umgebungseinstellungen ⇨ Umgebungseinstellungen für Modelle.
   Wobei es hier eine Ausnahme in der Hierarchie gibt. Wenn Sie ein Modell im Fenster ModelBuilder ausführen, werden die Umgebungseinstellungen der Anwendungsebene übernommen. Wenn Sie das Modell über dessen Werkzeugdialogfeld ausführen, werden die Umgebungseinstellungen der Werkzeugebene übernommen.

4.2.1 Allgemeine Umgebungseinstellungen

1. Workspace

Der Vorteil des aktuellen und des Scratch-Workspaces besteht darin, dass ein Workspace nur einmal festgelegt werden muss und anschließend bei der Angabe von Eingabe- und Ausgabepfaden nur noch der Basisname (Name der Feature-Klasse oder Raster-Datasets) erforderlich ist. Ein Dataset-Name besteht aus zwei Komponenten: dem Workspace-Namen (z. B. ein Shape-Verzeichnis oder eine Geodatabase) und dem Basisnamen.

In ArcMap werden die Umgebungseinstellungen „Aktueller Workspace" und „Scratch-Workspace" standardmäßig mit dem Workspace der Standard-Geodatabase des Kartendokuments synchronisiert.
   a) „Aktueller Workspace" legt den Standardspeicherort für die Ein- und Ausgabe bei Geoverarbeitungswerkzeugen fest.
   b) „Scratch-Workspace":
   Die Scratch-Workspace-Umgebung ist vor allem für die Verwendung durch ModelBuilder vorgesehen. Der ModelBuilder benötigt einen Workspace, um Temporäre Datasets zu schreiben.

Wenn die Scratch-Workspace-Umgebung festgelegt ist, wird der automatisch generierte Ausgabepfad der Scratch-Workspace sein. Wenn die Scratch-Workspace-Umgebung nicht festgelegt ist, wird die aktuelle Workspace-Umgebung überprüft. Wenn die aktuelle Workspace-Umgebung festgelegt ist, wird die automatisch generierte Ausgabe der aktuelle Workspace sein.

2. **Ausgabe-Koordinaten**
   Diese Umgebungseinstellung sollte besser Ausgabekoordinatensystem lauten, denn das wird hier – auf Wunsch auch mit Transformation – für die Ergebnisausgabe angegeben. Grundsätzlich empfiehlt es sich, immer mit einem Koordinatensystem zu arbeiten.
3. **Felder**
   Ist der Haken gesetzt, werden beim Export von Daten, die mit einer Tabelle verlinkt sind, die Feldnamen inkl. des Tabellennamens exportiert (Format: Tabellenname.Feldname). Standardmäßig ist diese Option nicht gesetzt.
4. **Zufallszahlen**
   Hier werden der Typ und der Ursprung des Zufallsgenerators für alle Werkzeuge, in denen Zufallszahlen verwendet werden, festgelegt.
5. **Kartographie**
   Beim Ausführen von Werkzeugen, die die Umgebungseinstellung „Kartografisches Koordinatensystem" berücksichtigen, wird das Koordinatensystem durch den aktiven Datenrahmen definiert, falls die Umgebungseinstellung nicht ausdrücklich festgelegt ist. Wenn kein Datenrahmen zur Anzeige verfügbar ist (weil die Werkzeuge in einem Skript oder außerhalb von ArcMap ausgeführt werden), wird das Koordinatensystem durch die Eingabedaten definiert, falls die Umgebungseinstellung nicht anderswo ausdrücklich festgelegt ist.
6. **Coverage**
   Diese Einstellungen gelten nur für das ArcInfo Coverage-Format, das aus der ArcInfo Workstation bekannt ist. Es können die Genauigkeiten für abgeleitete und zu erzeugende Coverages festgelegt werden (Empfohlene Einstellung: Double – höchste Genauigkeit). Diese gibt an, mit welcher Genauigkeit Koordinaten gespeichert und verarbeitet werden. Bei „Ebene zum Vergleich von Projektionsdateien" sollten Sie die Standardeinstellung „NONE" beibehalten.
7. **Geostatistical Analysis**
   Dies Einstellung „Lagegleiche Punkte" legt fest, wie lagegleich Daten verarbeitet werden. Dies beziehst sind nur auf Werkzeuge der Erweiterung „Geostatistical Analyst".

4.2.2 Umgebungseinstellungen für Rasterdaten

In diesem Kapitel soll auf wichtige Umgebungseinstellungen eingegangen werden, die bei der Geoverarbeitung von Rasterdaten berücksichtigt werden sollen.

1. **Verarbeitungsausdehnung**
   a) „Ausdehnung":
   Unter „Ausdehnung" wird festgelegt, welche räumliche Ausdehnung das Ergebnis des Geoverarbeitungsprozesses besitzt. Nach der Auswahl einer Option oder eines Layers wird das Ausdehnungsrechteck der gewählten Feature-Klasse oder Rasters für die Grenzen angezeigt.
   b) „Fang-Raster":
   Die Umgebungseinstellungen „Fang-Raster" wird dazu verwendet, den Ursprungspunkt einer Zelle eines Eingabe-Rasters auf den Zellenursprung eines Fang-Rasters zu fangen. Die untere linke Ecke der oben definierten Ausdehnung wird an der unteren linken Zellenecke des Fang-Rasters gefangen und die rechte obere Ecke des Zelle anhand der Ausgabe-Zellengröße

angepasst. Passt die Ausgabe-Zellengröße mit der Größe der Fang-Raster-Zelle überein, werden die Zellen des Ausgabe-Rasters exakt an die Zellen des Fang-Rasters eingepasst.

2. **Raster-Speicherung**

    Mit den Umgebungseinstellungen für die Raster-Speicherung können Sie die Standardeinstellungen für die Pyramidenerstellung (siehe Kapitel 4.1.2.5) den Standard-Komprimierungstyp (siehe Kapitel 4.1.2.8), und Statistikberechnung (siehe Kapitel 4.1.2.7) sowie die Standardkachelgröße (siehe Kapitel 7.2.5.3) anpassen, die von Geoverarbeitungs-Raster-Werkzeugen verwendet werden.

3. **Raster-Analyse**

    „Zellengröße":

    Werkzeuge, die die Umgebungseinstellung „Zellengröße" berücksichtigen, legen die Zellengröße des Ausgabe-Rasters oder die Auflösung für den Vorgang fest. Die Standard-Ausgabeauflösung wird anhand des gröbsten Eingabe-Raster-Datasets bestimmt, wobei entweder die Breite oder die Höhe (die kürzere von beiden) der Ausdehnung des Feature-Datasets durch 250 dividiert wird. Wird eine kleinere Auflösung als die Originalauflösung verwendet, wird mit der Resampling-Methode „Nächster Nachbar" interpoliert. Letztendlich wird das Ergebnis aber nicht genauer als die Eingabedaten.

    „Maske":

    Die Einrichtung einer Analysemaskierung bedeutet, dass die Bearbeitung nur an Positionen stattfindet, die innerhalb der Maskierung liegen, und dass allen Positionen außerhalb des maskierten Bereichs in den Ausgabedaten der Wert „NoData" zugewiesen wird. Leider wird mit dem SP 3 für ArcGIS 10 diese Einstellung nicht noch allen Werkzeugen unterstützt (bekannter Fehler). Als Workaround führen Sie das Werkzeug (z. B. Interpolation) ohne Maske aus und wenden auf das Ergebnis das Tool „Extract by Mask" an. Das Werkzeug findet man unter *„Spatial Analyst Tools"* ⇨ *„Extraktion"* ⇨ *„Nach Maske extrahieren"*.

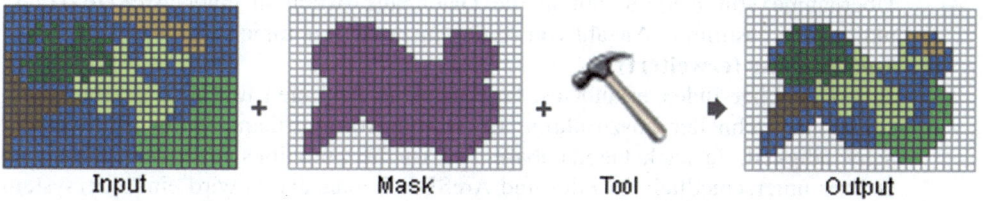

Abb. 52: Workflow des Werkzeugs „Nach Maske extrahieren"

4.2.3 Umgebungseinstellungen für Vektordaten

In diesem Kapitel soll auf wichtige Umgebungseinstellungen eingegangen werden, die bei der Geoverarbeitung von Vektordaten berücksichtigt werden sollen.

1. **XY-Auflösung und -Toleranz**

    Diese Umgebungseinstellung wird ignoriert, wenn sich die Ausgabe in einem Feature-Dataset der Geodatabase befindet. Wenn die XY-Auflösung auf „Unbekannt" festgelegt ist, wird angenommen, dass die Einheiten denen des

Ausgabe-Koordinatensystems entsprechen. Grundsätzlich empfiehlt es sich, die Standard-Auflösung und -Toleranz zu verwenden.

2. **M- und Z-Werte**
Für diese Einstellungen gelten die gleichen Bedingungen, wie für die XY-Auflösung und -Toleranz. Diese sollten aber nur verwendet werden, wenn es unbedingt erforderlich ist.

3. **Geodatabase**
Das verwendete CONFIG-Schlüsselwort teilt der Geodatabase mit, wie die Daten zu speichern sind (für eine ausführliche Beschreibung der Geodatebase siehe Kapitel 7).

Schlüsselwörter in der File-Geodatabase:
In den meisten Fällen werden mit dem Schlüsselwort „DEFAULT" neue Datasets erstellt. Mit dem DEFAULT-Wert werden Daten bis 1 TB im UTF8-Format gespeichert. UTF8 ist das effizienteste Speicherformat für Textdaten in Englisch und anderen Sprachen mit lateinischem Alphabet. Sollte diese Speichermenge nicht ausreichen, kann mit der Schlüsselwert „MAX_FILE_ SIZE_256TB" die maximale Speichermenge auf 256 TB mit UTF8-Format erhöht werden.

Wenn Sie Terrain-Datasets (Erweiterung des TIN-Formats, das mit einer Dreiecksvermaschung arbeitet, zusätzlich aber verschiedene Ebenen enthalten kann) in der File-Geodatabase speichern, geben Sie das Schlüsselwort „GEOMETRY_-OUTOFLINE" an.

Schlüsselwörter in der ArcSDE-Geodatabase:
In einer ArcSDE-Geodatabase mit Lizenzierung über ArcGIS Server Enterprise stehen Ihnen viele Optionen für Konfigurationsschlüsselwörter zur Verfügung. Für jedes Datenbankmanagementsystem (DBMS) wird standardmäßig in der Tabelle DBTUNE der Geodatabase ein eigener Satz von Konfigurationsschlüsselwörtern erstellt. Darüber hinaus kann der ArcSDE-Administrator benutzerdefinierte Schlüsselwörter hinzufügen.

Die Umgebungseinstellung „Automatisch übernehmen" erzwingt eine automatisch Übernahme von Änderungen in die Datenbank, wenn in einer ArcSDE-Transaktion eine bestimmte Anzahl von Änderungen vorgenommen wurden.

4. **Geodatabase (erweitert)**
Ein räumlicher Index erlaubt es, lagebezogene Abfragen und Geoverarbeitungsfunktionen schneller auszuführen. Er verbessert signifikant die Darstellungsgeschwindigkeit. Je nach Geodatabase-Typ ist die Funktionsweise der räumlichen Indizes unterschiedlich. In File- und ArcSDE Geodatabases wird ein Gittersystem aus bis zu drei Gittern als räumlicher Index verwendet. In Personal-Geodatabases wird nur ein Gitter verwendet. Bei diesem Gittersystem handelt es sich um ein zweidimensionales, schachbrettartiges Gitternetz zum schnellen Lokalisieren von Features in Feature-Klassen. Beim Erstellen einer Feature-Klasse sowie beim Importieren von Daten anderer Datenformate wird auf der Grundlage des Raumbezugs, der durchschnittlichen Feature-Größe und der Anzahl an Features in der Eingabe-Feature-Klasse automatisch eine Gittergröße erzeugt.

Für File- und ArcSDE-Geodatabases erstellt ArcGIS den räumlichen Index nach dem Abschluss bestimmter Operationen automatisch neu, um den Index stets auf dem optimalen Stand zu halten. In bestimmten – meist seltenen – Fällen kann es nötig werden, eine Neuberechnung des räumlichen Indexes anzustoßen, beispielsweise nach Hinzufügen einer großen Anzahl von Features innerhalb einer

Editiersitzung, die sich in der Größe von denen unterscheiden, die bereits in der Feature-Klasse enthalten sind. Hierfür kann in ArcCatalog der räumliche Index in den Eigenschaften der Feature-Klasse im Register „Indizes" neu berechnet werden. Die Gittergröße in der Personal-Geodatabase wird beim Erstellen der Personal-Geodatabase festgelegt und dauerhaft zugewiesen. Dies führt dazu, dass ArcGIS nach dem Abschluss bestimmter Operationen – anders als bei File- und ArcSDE Geodatabases – keine automatische Neuberechnung der Gittergröße durchführt.

Die XY-, M- und Z-Domäne definiert den zulässigen Koordinatenbereich.

5. **Terrain-Dataset**
Die Umgebungseinstellung steuert die Speicherauslastung während der Analyse von Terrains. Dies hat Auswirkungen auf die Blockgröße, die vom Terrain während der Analyse verwendet wird. In der Standardeinstellung wird von der Software festgelegt, wie viele Kacheln in einem Block gruppiert werden können. Wenn Sie diese Option auswählen, muss die Terrainblockgröße mit der Terrainkachelgröße übereinstimmen.

6. **TIN**
Seit ArcGIS 10 hat sich auch das TIN-Format geändert. Während bis ArcGIS 9 nur
die konforme Delaunay-Triangulationen unterstützt wurde (PRE_10.0), werden jetzt auch eine Constrained Delaunay-Triangulation und zusätzliche Raumbezüge unterstützt (CURRENT).

4.3 Aufbau eines GIS-Projekts

Es gibt keine allgemeingültige Regel dafür, wie Daten eines GIS-Projekts in Verzeichnissen organisiert werden sollen. Die in diesem Kapitel verwendeten Ordnerbezeichnungen sind natürlich nur Vorschläge. Wie Sie letztendlich die Bezeichnungen wählen, ist Ihnen völlig freigestellt. Grundsätzlich gilt: Lieber ein Verzeichnis zu viel, als eines zu wenig. Jedes Projekt, das Sie beginnen, sollte in einem eigenen Verzeichnis erstellt werden. Bitte achten Sie darauf, keine Sonder- oder Leerzeichen in Verzeichnisnamen zu verwenden. Zwar wird es meistens keine Probleme bereiten, doch falls eine Funktion nicht korrekt arbeitet, kann dies auch an einem nicht akzeptierten Verzeichnisnamen liegen. Verwenden Sie bitte statt Leerzeichen einen Unterstrich. Als Verzeichnisname könnte der Projektname oder die Auftragsnummer gewählt werden. In diesem Verzeichnis sollte die ArcMap Projektdatei (*.mxd) gespeichert werden. Die darunterliegende Verzeichnisstruktur könnte folgendermaßen aussehen.

4.3.1 Ordner Originaldaten

Diese sollten Sie sorgfältig aufbewahren und nicht verändern, da diese die Grundlage Ihrer Arbeit sind. Häufig erhalten Sie Grundlagendaten im Laufe eines Projekts nochmals in einer aktuelleren Fassung, dann ist es ratsam, im Originaldatenverzeichnis weitere Unterverzeichnisse (evtl. mit Datum) anzulegen. Je nachdem, welche Formate die Daten besitzen, sollten Sie hier weitere Unterverzeichnisse anlegen: Beispielsweise „CAD" für Daten aus Ingenieurbüros oder Vermessungsämtern, Coverage – kurz „Cover" bzw. „Shape" – je nach Datenformat für GIS-Daten anderer GIS-Dienstleister. Alternativ könnten Sie die Verzeichnisse nicht nach Datenformaten gliedern, sondern nach Herkunft (z. B.

/ 4 ArcGIS Grundlagen

Landesamt für Umweltschutz, Landratsamt etc.). Originaldaten sollten zur Bearbeitung in den Ordner „GIS-Daten" kopiert werden. Dort können Sie dann Änderungen vornehmen.

4.3.2 Ordner GIS-Daten

Je nachdem, mit welchem Datenformat Sie arbeiten, werden die Unterordner „Shape" oder „Geodatabase" heißen. Dabei spielt es noch keine Rolle, in welchem Format die Daten im Endergebnis Ihrer Arbeit vorliegen müssen. Dieses können Sie durch Datenkonvertierung jederzeit erzeugen.

Alle Daten, die Sie verändern werden, sowie Daten, die neu erzeugt werden (Digitalisierung, Ergebnisse von Verarbeitungsroutinen), werden hier gespeichert.

Bei komplexeren Aufgabenstellungen oder bei Arbeiten, bei denen für das gleiche Bearbeitungsgebiet mehrere thematische Karten oder Ergebnisse erzeugt werden sollen, bietet sich an, diesen Ordner in mehrere Unterordner mit den jeweiligen Themen zu gliedern. Empfehlenswert ist es auch, einen Unterordner „Sicherung" anzulegen, in dem Bearbeitungs-Zwischenstände von Zeit zu Zeit gespeichert werden. Wenn Sie eine Mischung der Datentypen aus Shape und Geodatabase bevorzugen, können Sie natürlich zwei Ordner anlegen.

```
Projektordner
  Projekt A
    Abgabedaten
      Endergebnis
      Zwischenergebnis
    GIS-Daten
      Geodatabase
      Shape
        Thema A
        Thema B
      Sicherung
    Originaldaten
      CAD-Daten
      GIS-Daten
    Plotausgabe
      Endergebnis
        PDF
        RTL
      Zwischenergebnis
        PDF
        RTL
    Rasterdaten
      Flurkarten
      Ortholuftbilder
      TopoKarten
    Styles
    Tabellen
    MXD-Projektdatei
  Projekt B
```

4.3.3 Ordner Tabellen

In diesen Ordner sollten Tabellen (Excel, dBase, ASCII) und Datenbanken (Access), die keinen Raumbezug haben, also keine Geometrien enthalten, abgelegt werden. Diese Tabellen werden in der Regel später in ArcMap mit bestehenden Geometriedaten verbunden.

4.3.4 Ordner Rasterdaten

Bei Rasterdaten stellt sich meistens aufgrund des hohen Speicherplatzbedarfs (z. B. Luftbildern) die Frage, wo diese zu speichern sind. Wenn Sie Projekte erzeugen und diese inkl. Rasterdaten weitergeben müssen, sollten die Rasterdaten unterhalb des Projektordners gespeichert werden. Ansonsten bieten sich zwei Alternativen an: Grundsätzlich bringt es einen deutlichen Geschwindigkeitsvorteil, die Daten auf eine lokale Festplatte zu legen, wenn große Datenmengen geladen werden müssen. Dies gilt speziell für Rasterdaten. Soll von mehreren Arbeitsplätzen auf diese Daten zugegriffen werden können, müssen die Rasterdaten im Netz liegen. Dazu bietet sich im Netz eine Ordnerstruktur für globale Daten an (siehe dazu Kapitel 4.3.8). Kommen verschiedene Rasterdatengrundlagen zum Einsatz, sollten diese in getrennten Ordnern verwaltet werden, da es vorkommen kann, dass z. B. Flurkarten und Ortholuftbilder die gleichen Dateinamen besitzen. Auch wenn innerhalb einer Geodatabase Raster-Kataloge (Kapitel 7.2.5.4) generiert werden, ist es hilfreich, wenn gleichartige Rasterdaten im gleichen Verzeichnis liegen.

4.3.5 Ordner Plotausgaben

Das wichtigste Ergebnis eines GIS-Projekts stellt nach wie vor die gedruckte Karte dar. Deshalb sollten Plotausgaben, die mit ArcGIS erstellt werden, nicht direkt an den Drucker oder Plotter geschickt, sondern vorher in diesem Ordner gespeichert werden. Häufig wird nämlich zu einem späteren Zeitpunkt ein weiterer Druck eines Bearbeitungsstands gewünscht und wohl dem, der die entsprechende Datei noch im „Plotausgabe"-Ordner besitzt. Empfehlenswert ist die Speicherung der Plotdateien im PDF-Format (PostScript-fähiger Plotter vorausgesetzt), da dieses Format ein Hybridformat ist (Vektoren und Raster), stark komprimiert ist und praktisch auf jedem Rechner (u. a. mit Adobe Reader) angezeigt werden kann. Ist kein PostScript-fähiger Plotter vorhanden, können zusätzlich weitere Unterverzeichnisse angelegt werden, in denen die entsprechenden Druckdateien abgelegt werden (RTL, HPGL2). Die PDF-Ausgabe sollte trotzdem gespeichert werden, denn reine Druckdateien lassen sich meist nicht mehr am Bildschirm anzeigen. Das hat zur Folge, dass zur Prüfung, ob es sich um die richtige Datei handelt, diese gedruckt werden muss.

4.3.6 Ordner Abgabedaten

So wie die Plotausgaben gespeichert werden sollten, müssen auch die generierten Abgabedaten oder Ergebnisdaten gespeichert werden. Auch sollten hier gelieferte Zwischenergebnisse aufbewahrt werden, um Arbeitsfortschritte dokumentieren zu können.

4.3.7 Ordner Styles

Leider wird man feststellen, dass man mit den in ArcGIS zwar sehr zahlreich zur Verfügung stehenden Symbolen, Farbpaletten und Schraffuren nicht exakt die Ergebnisse erzielt, die durch Auftraggeber etc. vorgeschrieben werden. Man wird dementsprechend nicht umhinkommen, eigene Symbolbibliotheken anzulegen. Es empfiehlt sich, diese in Styles (Kapitel 6.1.3.8 und Kapitel 14.3.8) zu organisieren, und diese Datei im „Style"-Ordner abzulegen. Vor allem bei der Weitergabe des Projekts muss darauf geachtet werden, dass auch die verwendeten Symbolbibliotheken mitgegeben werden. Bei Styles empfiehlt sich auch die Überlegung, ob nicht innerhalb der „Globalen Daten" eine Symbolbibliothek für diejenigen Farben, Symbole und Füllungen angelegt werden sollte, die projektübergreifend immer wieder Verwendung finden.

4.3.8 Ordner Globale Daten

Unter „Globalen Daten" verstehen wir nicht Daten, die im weltweiten Maßstab vorliegen, sondern Daten, die in der Regel statisch sind, d. h. nur in längeren Zeitabständen eine Änderung erfahren. Dies sind bei Rasterdaten üblicherweise topographische Karten in unterschiedlichen Maßstäben (TK10, TK25, TK50, TK100 usw.), Luftbilder (werden nur alle paar Jahre neu beflogen) oder Flurkarten (1:2.500, 1:5.000). Bei Vektordaten sind dies Blattschnitte (Flurkarten), Verwaltungsgrenzen (Landes-, Regierungsbezirks-, Landkreis- und Gemeindegrenzen), Schutzgebietsgrenzen (Landschaftsschutz-, Naturschutz-, Wasserschutzgebiete), naturräumliche Grenzen usw. Diese Daten können in vielen GIS-Projekten Verwendung finden und es ist sinnvoll, diese gemeinsam innerhalb einer zentralen Verzeichnisstruktur zu verwalten. Muss ein Projekt zusammen mit solch globalen Daten weitergegeben werden, sollten diese in die Verzeichnisstruktur des Projekts kopiert werden. Der Vorteil von in globalen Verzeichnissen abgelegten Daten ist, dass diese, solange keine Veränderungen vorgenommen werden, nur einmalig gesichert werden müssen.

4.4 Datensicherung

Eine Selbstverständlichkeit beim Arbeiten mit GIS sollte die regelmäßige Sicherung der Datenbestände sein. Dabei sollten täglich alle veränderten Daten auf Speichermedien gesichert werden. Einmal in der Woche sollte eine Komplettsicherung aller Daten vorgenommen werden. Üblicherweise erfolgt eine solche Sicherung auf Bänder (DAT, LTO, DLT, AIT und andere mit komprimierten Speicherkapazitäten bis über 1.000 GB), auf DVD (CD) oder auf RAID-Systemen (Verbund von mindestens zwei Festplatten).

4.5 Arbeiten mit einem Koordinatensystem?

Die Frage, ob mit einem Koordinatensystem gearbeitet werden soll, hängt von den zu verwendenden Daten ab. Liegen alle Daten, die Sie verwenden, im gleichen Koordinatensystem vor, oder ist für die Daten nicht explizit ein Koordinatensystem definiert, müssen Sie nicht zwangsläufig ein Koordinatensystem im Datenrahmen definieren. Wir empfehlen, immer mit einem Koordinatensystem zu arbeiten, da viele Funktionen wie Flächenberechnung oder Pufferfunktionen nur mit einem bekannten Koordinatensystem funktionieren. ArcMap übernimmt für den Datenrahmen immer das Koordinatensystem des ersten Layers, den Sie Ihrem Kartendokument hinzufügen, soweit diesem ein Koordinatensystem zugewiesen ist. Die Einheiten für die Karte und die Anzeige sollten auf jeden Fall gesetzt werden. Eine einfache Möglichkeit zu überprüfen, ob ein Koordinatensystem definiert werden muss, ist folgende: Laden Sie sich alle benötigten Grundlagendaten (auch Rasterdaten) in ArcMap. Falls alle Daten räumlich zueinander passen, werden Sie kein Koordinatensystem verwenden müssen. Falls die Daten räumlich nicht richtig zueinander liegen, kann dies daran liegen, dass die entsprechenden Daten in unterschiedlichen Koordinatensystemen vorliegen. Es gibt zwei Möglichkeiten, um dies zu beheben:

1. Die Daten haben kein Koordinatensystem. In diesem Fall muss den Daten das richtige Koordinatensystem zugewiesen werden (siehe Kapitel 14.1.4 und Kapitel 6.2.3). Dazu muss allerdings bekannt sein, in welchem Koordinatensystem die Daten erfasst wurden.
2. Die Daten liegen in unterschiedlichen Koordinatensystemen vor (wie Sie das Koordinatensystem von Daten abfragen, erfahren Sie in Kapitel 6.3.2). Dann müssen Sie Ihrem Projekt ein Koordinatensystem zuweisen und gegebenenfalls entsprechende Transformationen durchführen (siehe Kapitel 8.4 und Kapitel 14.5.2).

4.6 Weitergabe von Projekten

Um gesamte GIS-Projekte weitergeben zu können, sollten diese, um komplikationsfrei zu funktionieren, mit relativen Pfadangaben gespeichert werden (Kapitel 6.1.3.1 und Kapitel 14.3.7). Dadurch werden alle in der MXD verwendeten Daten relativ vom Speicherort der MXD aus gespeichert. Dabei muss die MXD auch nicht zwingend im gleichen Ordner mit den anderen Geodaten liegen, es bietet sich aber an, diese Struktur zu verwenden. Dadurch brauchen Sie für die Weitergabe der MXD nur noch den kompletten Ordner kopieren. Wird dann der gesamte Projektordner auf CD/DVD gebrannt, kann das Projekt auch von CD/DVD gestartet werden, bzw. wenn das Projekt auf einen anderen Rechner mit anderer Verzeichnisstruktur gespielt wird, spielt die Verzeichnisstruktur keine Rolle. Eine neue Möglichkeit zur Datenübergabe ergibt sich aus der neuen Funktion „Kartenpaket" erstellen. Ein Kartenpaket ist eine Datei, die neben der MXD auch die darin enthaltenen Geodaten und Styles speichert. Bei der Erstellung eines Kartenpakets kann wahlweise ein lokaler Speicherort oder die ArcGIS Online-Plattform gewählt werden Für eine detaillierte Beschreibung der Kartenpakete siehe Kapitel 6.1.3.1, der Dienst ArcGIS Online wird in Kapitel 6.1.3.1 näher erläutert. Zusätzlich können Sie eigene Projekte auch über ArcGIS Online als Karte zur Verfügung stellen, die dann bspw. Mit ArcGIS Explorer Online angesehen werden kann.

4.7 Die Systemvariablen TMP und TEMP

Viele Zwischenergebnisse, die in ArcGIS produziert werden, werden im Ordner der Systemvariablen „TMP" oder „TEMP" gespeichert. Bei den Betriebssystemen „Windows XP" und „Windows 2000" finden Sie die Umgebungsvariablen unter *„Start"* ⇨ *„Einstellungen"* ⇨ *„Systemsteuerung"* ⇨ *„System"* ⇨ *Registerreitet „Erweitert"* ⇨ *„Umgebungsvariablen"*. Unter „Windows Vista" und „Windows 7" befinden sich die Umgebungsvariablen unter *„Start"* ⇨ *„Systemsteuerung"* ⇨ *„System"* ⇨ *„Erweiterte Systemeinstellungen"* ⇨ *Registerreiter „Erweitert"* ⇨ *„Umgebungsvariablen"*. Dort finden Sie unter Systemvariablen die beiden Variablen „TMP" und „TEMP". Setzen Sie den Wert dieser Variablen auf einen leichter zu findenden Pfad (z. B. C:\Temp, D:\Temp).

Sie können innerhalb der ArcToolbox im Kontextmenü unter „Umgebung..." ⇨ „Workspace" ⇨ „Scratch-Workspace" ein Verzeichnis zur Ablage temporärer Dateien angeben, die die Einstellungen der Umgebungsvariablen außer Kraft setzen. Dort ist seit ArcGIS 10 systemseitig die Standard-Geodatabase hinterlegt. Bei einer Standard-Geodatabase handelt es sich um eine Geodatabase, die Sie als Standardausgabeverzeichnis definieren können (siehe Kapitel 6.1.6). In den Geoverarbeitungsoptionen können Sie noch angeben, ob die Ergebnisse von Geoverarbeitungsprozessen standardmäßig temporär sein sollen. Die Geoverarbeitungsoptionen finden Sie sowohl in ArcCatalog als auch in ArcMap unter *Hauptmenüleiste* ⇨ *Menü „Geoverarbeitung"* ⇨ *„Geoverarbeitungsoptionen..."*.

5 ArcCatalog

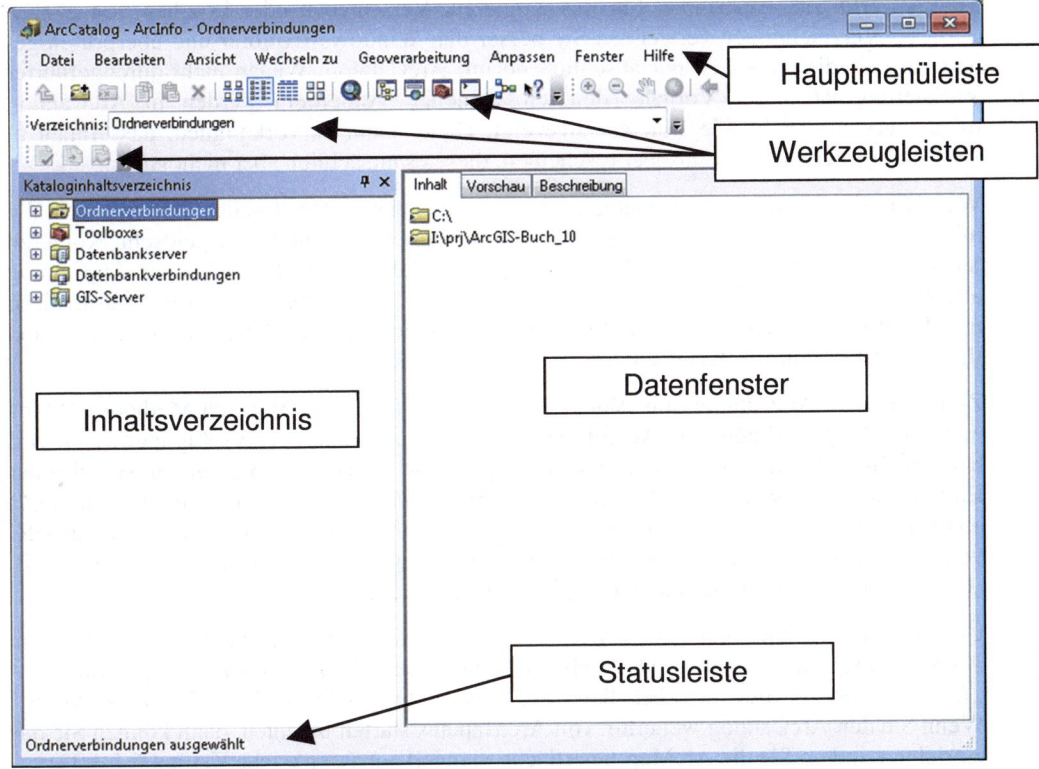

Abb. 53: Überblick ArcCatalog Benutzeroberfläche

ArcCatalog ist die ArcGIS Anwendung zum Verwalten und Sichten von Geodaten. Geodaten können hier neu angelegt, kopiert und gelöscht werden. Die Eigenschaften der Geometrie- bzw. Sachdaten können verändert oder neu definiert werden (z. B. Felder einer Attributtabelle hinzufügen oder das Koordinatensystem einer Feature-Klasse ändern). In einem Vorschaufenster können Geodaten und (Attribut-)Tabellen betrachtet werden. Mithilfe von Zoom-Werkzeugen kann innerhalb der Geodaten und Karten navigiert werden. Falls zu ArcMap Projekten (*.mxd) eine Vorschau mit abgespeichert wurde (siehe Kapitel 6.1.3.1), kann diese gegebenenfalls auch mit Layout angezeigt werden. Außerdem steht im ArcCatalog auch die ArcToolbox (siehe Kapitel 9) mit ihren Verwaltungs- und Geoverarbeitungsfunktionalitäten zur Verfügung. ArcCatalog bietet außerdem die Möglichkeit, Metadaten zu erzeugen und zu bearbeiten. Viele der Funktionen vom ArcCatalog sind seit ArcGIS 10 auch über den Katalog in ArcMap verfügbar. Dadurch brauchen Sie nicht mehr zwischen den zwei Programmen ArcMap und ArcCatalog wechseln, um beispielsweise die Eigenschaften einer Feature-Klasse zu verändern. Allerdings bietet der in

ArcMap integrierte Katalog nicht den vollen Funktionsumfang von ArcCatalog, weswegen ArcCatalog auch weiterhin als eigenständiges Programm mit ausgeliefert wird.

Tipp: Die sichere und effiziente Verwaltung Ihrer Geodaten (Rasterdaten, Geodatabases etc.) sollte grundsätzlich immer über den ArcCatalog oder den Katalog erfolgen. Ausnahme: Für das Kopieren, Verschieben oder Löschen von ganzen Verzeichnissen verwenden Sie besser den Windows-Explorer und überprüfen gegebenenfalls die Geodaten nur abschließend mit ArcCatalog. Wegen nicht durchgeführter Validierung ist dieser Vorgang deutlich schneller. Außerdem werden in ArcCatalog möglicherweise nicht alle Dateien angezeigt. Daher kann es vorkommen, dass Ihnen in ArcCatalog Verzeichnisse als leer erscheinen, diese es tatsächlich aber nicht sind.

Wenn Sie Elemente mit ArcCatalog kopieren, umbenennen oder löschen, werden auch alle mit den Elementen verknüpften Zusatzdateien kopiert, umbenannt oder gelöscht. Kopieren Sie z. B. ein Shapefile, das ja aus mehreren Einzeldateien besteht, so kopiert ArcCatalog alle zu diesem Shapefile gehörenden Dateien (*.shx, *.dbf, *.sbn, *.sbx usw.) automatisch mit. Im Windows-Explorer laufen Sie dagegen Gefahr, einzelne Dateien zu vergessen und Ihr Shapefile damit für ArcGIS unbrauchbar zu machen!

Zum Start von ArcCatalog von Windows aus stehen Ihnen die üblichen Methoden (Startmenü, Desktop-Verknüpfung, Ausführen der Anwendungsdatei) zur Verfügung: Dazu wird bei der Installation von ArcGIS (siehe Kapitel 3.4) standardmäßig ein entsprechender Eintrag im Windows-Startmenü („*Start*" ⇨ „*Programme*" ⇨ „*ArcGIS*" ⇨ „*ArcCatalog*") angelegt sowie eine gleichnamige Desktop-Verknüpfung erstellt. Die Anwendungsdatei von ArcCatalog finden Sie im Unterordner „Bin" Ihres Installationsverzeichnisses (z. B. „C:\Programme\ArcGIS\Desktop10.0\Bin\ArcCatalog.exe").

Über ArcMap ist ArcCatalog standardmäßig nicht mehr aufrufbar, sondern nur noch der in ArcMap integrierte Katalog. Das geht entweder über *Hauptmenüleiste* ⇨ „*Fenster*" ⇨ „*Katalog*" oder bequemer über *Werkzeugleiste „Standard"* ⇨ *Schaltfläche „Katalog"*. Wenn Sie den ArcCatalog weiterhin von ArcMap aus starten möchten, dann können Sie das einrichten, indem Sie die ArcMap-Oberfläche manuell anpassen (siehe Kapitel 6.1.4.32)

5.1 Die ArcCatalog Benutzeroberfläche

5.1.1 Aufbau der Benutzeroberfläche

Die ArcCatalog Benutzeroberfläche (vgl. Abb. 53), die auf den ersten Blick starke Ähnlichkeit mit dem Windows-Explorer aufweist, unterteilt sich in folgende Hauptbereiche:

- Hauptmenüleiste (= Werkzeugleiste „Hauptmenü")
- Werkzeugleisten
- Inhaltsverzeichnis
- Kartenfenster
- Statusleiste

Inhalt und Aufteilung der sehr flexiblen Oberfläche können vom Nutzer ohne Weiteres an die individuellen Bedürfnisse angepasst werden. Hauptmenüleiste, Inhaltsverzeichnis und Werkzeugleisten sind wahlweise ab- und zuschaltbar und lassen sich per Drag & Drop im oder um das Kartenfenster herum anordnen. Solche Änderungen werden benutzerspezifisch im System gespeichert und bleiben somit auch nach dem Beenden der Anwendung erhalten.

Das Kartenfenster ist das einzige Element in ArcCatalog, das nicht abschaltbar oder verschiebbar ist. Sowohl für ArcCatalog als auch für ArcMap ist der Andock-Manager verfügbar. Dieser ist neu seit ArcGIS 10 und erleichtert die benutzerspezifischen Anpassungen der Programmoberfläche. Eine Übersicht über die Möglichkeiten und eine Beschreibung der Funktionsweise finden Sie in Kapitel 6.1.2.

 Tipp: Wenn Sie ein Element (z. B. eine Werkzeugleiste) per Drag & Drop auf dem Desktop verschieben, wird es ab einer bestimmten Distanz automatisch an benachbarten Elementen verankert. Um dies zu verhindern, halten Sie während des Verschiebens die „Strg"-Taste gedrückt.

Beachten Sie, dass viele Elemente der ArcCatalog Oberfläche dieselben Bezeichnungen haben wie die entsprechenden Elemente in ArcMap (Kapitel 6). Beispielsweise gibt es in beiden Anwendungen Inhaltsverzeichnis, Hauptmenüleiste und Statusleiste. In Kapitel 5 beziehen sich alle Bezeichnungen – wenn nicht ausdrücklich anders angegeben – auf die Elemente der ArcCatalog Oberfläche.

5.1.2 Hauptmenüleiste

Die Hauptmenüleiste (= Werkzeugleiste „Hauptmenü") wird in ArcCatalog standardmäßig links oben angezeigt, ist aber wie die meisten anderen Desktop-Elemente per Drag & Drop frei auf der Oberfläche platzierbar. Sie kann übrigens nicht (wie die anderen Werkzeugleisten) ausgeblendet werden. Über die sieben Menüs der Hauptmenüleiste erreichen Sie wichtige Befehle und Einstellungen des Programms.

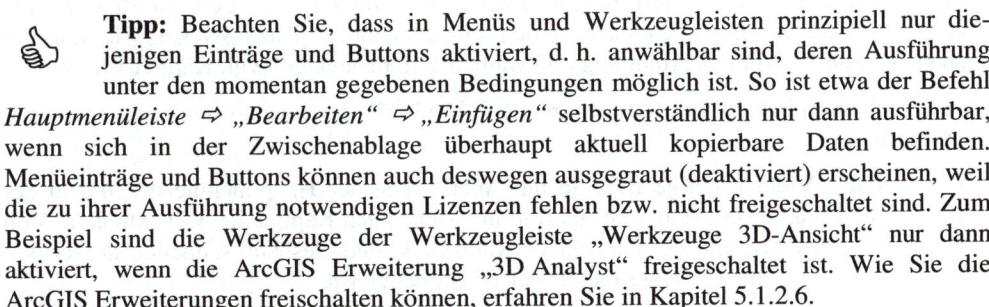

Abb. 54: Die Hauptmenüleiste von ArcCatalog

Tipp: Beachten Sie, dass in Menüs und Werkzeugleisten prinzipiell nur diejenigen Einträge und Buttons aktiviert, d. h. anwählbar sind, deren Ausführung unter den momentan gegebenen Bedingungen möglich ist. So ist etwa der Befehl *Hauptmenüleiste* ⇒ *„Bearbeiten"* ⇒ *„Einfügen"* selbstverständlich nur dann ausführbar, wenn sich in der Zwischenablage überhaupt aktuell kopierbare Daten befinden. Menüeinträge und Buttons können auch deswegen ausgegraut (deaktiviert) erscheinen, weil die zu ihrer Ausführung notwendigen Lizenzen fehlen bzw. nicht freigeschaltet sind. Zum Beispiel sind die Werkzeuge der Werkzeugleiste „Werkzeuge 3D-Ansicht" nur dann aktiviert, wenn die ArcGIS Erweiterung „3D Analyst" freigeschaltet ist. Wie Sie die ArcGIS Erweiterungen freischalten können, erfahren Sie in Kapitel 5.1.2.6.

5.1.2.1 Menü „Datei"

Das Untermenü „Neu" erlaubt die Erstellung von neuen Verzeichnissen, Geodatabases, Feature-Klassen, Shapefiles etc. Welche Einträge das Untermenü beinhaltet, hängt von der Art des aktuell im Inhaltsverzeichnis per Mausklick markierten Elements ab. Ist ein Verzeichnis markiert, können Sie in diesem weitere Verzeichnisse (Ordner), File-Geodatabases, Personal-Geodatabases, Spatial-Database-Verbindungen, ArcGIS Server-Verbindungen Layer, Gruppen-Layer, Shapefiles, Toolboxes, dBase-Tabellen, Adressen-Locatoren, kombinierte Adressen-Locatoren oder XML-Dokumente erstellen. Befinden Sie sich dagegen in einer Geodatabase, erlaubt das Untermenü „Neu" die Erstellung neuer Feature-

Datasets, Feature-Klassen, Tabellen, Raster-Kataloge, Raster-Datasets, Mosaik-Datasets, Schematic Datasets, Toolboxes, Adressen-Locatoren oder kombinierte Adressen-Locatoren. Mehr zu diesen einzelnen Klassen und Funktionen finden Sie u. a. in Kapitel 7.

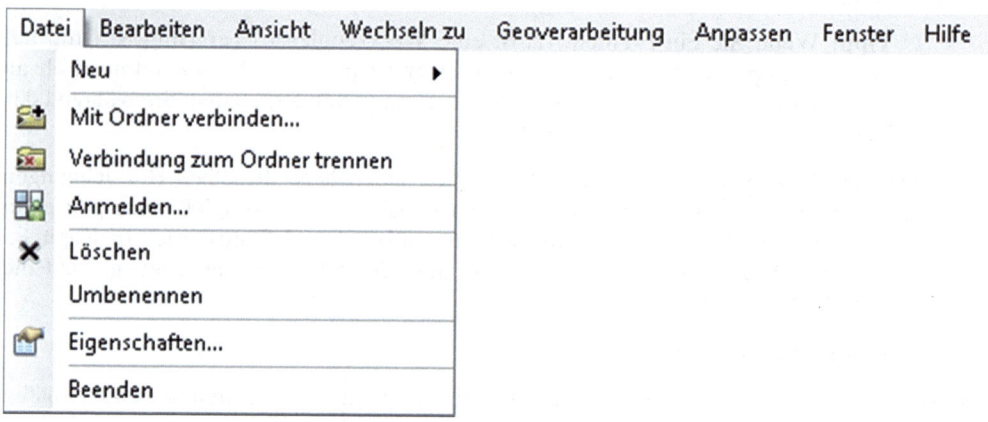

Abb. 55: Das Menü „Datei" in ArcCatalog

Der Befehl „Mit Ordner verbinden…" öffnet ein Dialogfenster, das die Verzeichnis-Struktur Ihres Systems beinhaltet. Navigieren Sie zum gewünschten Ordner und klicken Sie auf „OK". In Ihrem Inhaltsverzeichnis befindet sich nun ein direkter Link zu diesem Verzeichnis. Esri empfiehlt aus Gründen der Performance keine Root-Verzeichnisse (Laufwerke C:\, D:\ etc.) einzubinden, sondern immer auf tatsächliche Datenverzeichnisse zu verweisen (z. B. C:\Projekte\). Seit der ArcGIS Version 9.2 besteht die Möglichkeit, die erzeugten Ordnerverbindungen nachträglich umzubenennen. Dazu klicken Sie mit der rechten Maustaste auf die Verbindung und wählen „Umbenennen" (vgl. Kapitel 14.1.2).

Der Befehl „Verbindung zum Ordner trennen" löscht die im Inhaltsverzeichnis markierte Verknüpfung.

 Tipp: Viele wichtige Befehle und Werkzeuge der Hauptmenüleiste sind in der Werkzeugleiste „Standard" als Buttons (siehe auch Kapitel 5.1.3.2) enthalten. Von dort aus können sie mit einem Mausklick und deshalb schneller aufgerufen werden als aus den Untermenüs der Hauptmenüleiste.

Eine Anmeldung bei ArcGIS Online erfolgt über die Schaltfläche „Anmelden". Dafür wird ein ArcGIS Online Account benötigt. Für eine genauere Beschreibung von ArcGIS Online siehe (Kapitel 6.1.3.1).

Klicken Sie auf „Löschen", wenn Sie die aktuell im Inhaltsverzeichnis oder Kartenfenster-Register „Inhalt" ausgewählten Dateien oder Verzeichnisse aus Ihrem System entfernen wollen. Beachten Sie, dass ArcCatalog, im Gegensatz zum Windows-Explorer, nur bestimmte (in ArcGIS verwendbare) Dateitypen auflistet. Dementsprechend ist v. a. beim Löschen von ganzen Ordnern unter ArcCatalog Vorsicht geboten, um nicht ungewollt einzelne „unsichtbare" Dateien zu verlieren, zumal der Löschvorgang nicht rückgängig gemacht werden kann.

Der Befehl „Umbenennen" ermöglicht es, der aktuell im Inhaltsverzeichnis ausgewählten Ordnerverbindung oder Datei einen anderen Namen zu geben (s. o.).

Mit „Eigenschaften..." öffnen Sie ein Dialogfenster, in dem, aufgeteilt auf Register, die Eigenschaften der ausgewählten Datei bzw. des ausgewählten Verzeichnisses angezeigt werden. Die „Eigenschaften" können Sie alternativ auch über das Kontextmenü des ausgewählten Verzeichnisses oder ausgewählten Datei aufrufen.

Der Befehl „Beenden" schließt die Anwendung ArcCatalog.

5.1.2.2 Menü „Bearbeiten"

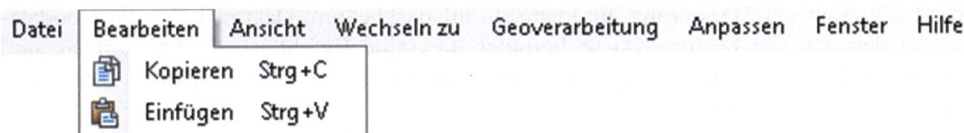

Abb. 56: Das Menü „Bearbeiten" in ArcCatalog

„Kopieren" kopiert die aktuell im Inhaltsverzeichnis ausgewählten Elemente (Verzeichnisse, Datenbanken, Dateien etc.) in die Windows-Zwischenablage. Schneller geht das mit der bekannten Tastenkombination „Strg+C".

 Tipp: Viele Befehle und Funktionen lassen sich mithilfe von Tastenkombinationen schneller ausführen. Eine Übersicht ausgewählter Tastaturkürzel finden Sie im Anhang dieses Buchs. Sie können auch weitere Shortcuts festlegen bzw. bestehende Tastenbelegungen anpassen (vgl. Kapitel 6.1.3 und Anhang dieses Buchs).

Mit „Einfügen" legen Sie die Elemente (Verzeichnisse, Datenbanken, Dateien etc.), die sich in der Zwischenablage befinden, in das im Inhaltsverzeichnis markierte Verzeichnis. Eine häufig verwendete schnellere Alternative hierzu ist die Tastenkombination „Strg+V".

5.1.2.3 Menü „Ansicht"

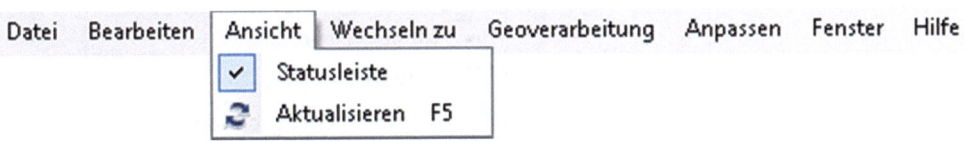

Abb. 57: Das Menü „Ansicht" in ArcCatalog

Mit dem Menüeintrag „Statusleiste" können Sie die Statusleiste in ArcCatalog ein- bzw. ausblenden (siehe auch Kapitel 5.1.6).

Mit „Aktualisieren" (oder Taste „F5") können Sie den Inhalt des aktuell markierten Verzeichnisses aktualisieren. Damit können Sie beispielsweise eine Verzeichnisstruktur, die Sie während Ihrer ArcCatalog-Sitzung in einer anderen Anwendung oder im Windows-Explorer geändert haben, auf den aktuellen Stand bringen.

5.1.2.4 Menü „Wechseln zu"

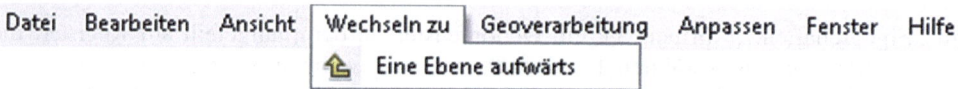

Abb. 58: Das Menü „Wechseln zu" in ArcCatalog

In diesem Menü finden Sie nur den Eintrag „Eine Ebene aufwärts". Wenn Sie diesen Befehl anklicken, springt die Markierung im Inhaltsverzeichnis eine Ebene in der Daten-Verzeichnisstruktur nach oben. Wenn beispielsweise aktuell eine Feature-Klasse ausgewählt ist, springt die Auswahl-Markierung automatisch auf das Feature-Dataset bzw. die Geodatabase, in der sich die Feature-Klasse befindet. Derselbe Befehl ist – ohne Umweg und deswegen schneller – über den gleichnamigen Button in der Werkzeugleiste „Standard" (Kapitel 5.1.3.2) ausführbar.

5.1.2.5 Menü „Geoverarbeitung"

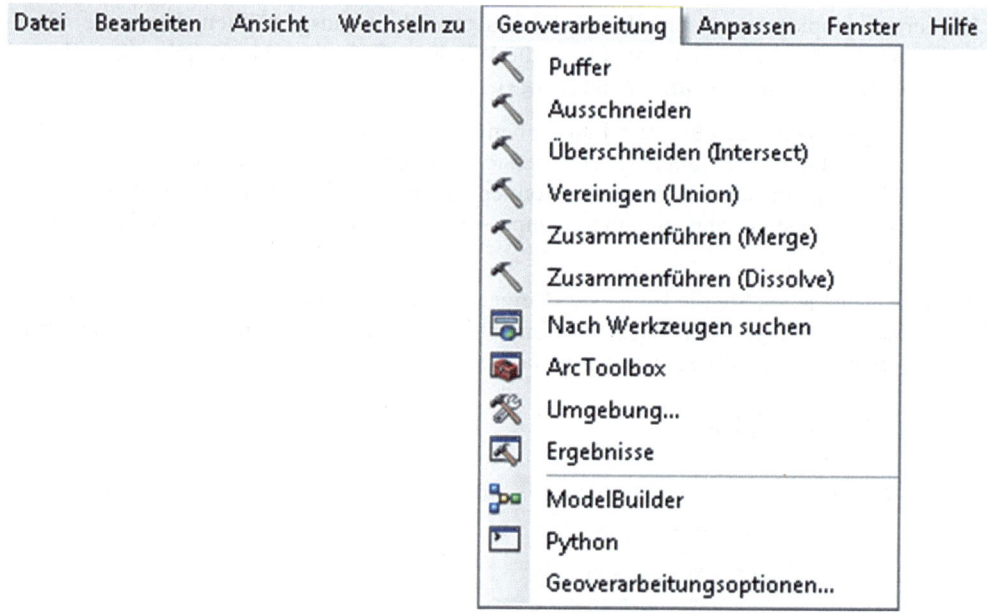

Abb. 59: Das Menü „Geoverarbeitung" in ArcCatalog

Das Menü: „Geoverarbeitung" ist sowohl in ArcMap (siehe Kapitel 6.1.3.7) als auch in ArcCatalog vorhanden. Dadurch sind einige der häufig verwendeten Geoverarbeitungswerkzeuge leichter zugänglich, da Sie nicht erst über die ArcToolbox (siehe Kapitel 9) aufgerufen werden müssen.

Der Befehl „Puffer" erstellt eine Pufferung um den gewünschten Layer. Dabei haben Sie die Möglichkeit, die Ausdehnung des Puffers als statischen Wert anzugeben oder aus einem

Feld der Attributtabelle auslesen zu lassen. Auf diese Weise können für jedes Feature unterschiedlich große Puffer erstellt werden. Seit ArcGIS 10 kann das Werkzeug „Puffer" auch mit vertikalen Liniensegmenten umgehen (Kapitel 9.1.3.3).

Wenn Sie die Ausdehnung eines Features aus Basis eines anderen Features verändern möchten, dann verwenden Sie dazu die Funktion „Ausschneiden". Als Eingabe-Feature-Klasse wird dabei der Datensatz angegeben, der angepasst werden soll. Als „Clip-Feature" geben Sie die Feature-Klasse an, auf dessen Ausdehnung Sie das Eingabe-Feature zuschneiden möchten (Kapitel 9.1.3.1).

Durch das Werkzeug „Überschneiden (Intersect)" können Sie aus zwei Feature-Klassen diejenigen Features oder Feature-Teile in eine neue Feature-Klasse schreiben, die sich in allen Layern überlappen. Nur mit einer ArcGIS for Desktop Advanced Lizenz ist es möglich, mehr als zwei Feature-Klassen gleichzeitig mit dem Werkzeug zu überprüfen. Bei den anderen Lizenzstufen müssen Sie den Vorgang mehrmals wiederholen, um das gleiche Ergebnis zu erlangen (Kapitel 9.1.3.6).

Der Menüpunkt „Vereinigen (Union)" ermöglicht es Ihnen, Polygon-Feature-Klassen zu einer neuen Feature-Klasse zusammenzufassen. Dabei werden die geometrischen Schnittpunkte der angegebenen Feature-Klassen ermittelt, sodass für jede Schnittfläche ein eigenes Polygon-Feature entsteht. Dabei werden die Eigenschaften der Eingabe-Feature-Klassen übernommen. Genau wie bei der Funktion „Überschneiden" ist es auch hier nur ab einer ArcGIS for Desktop Advanced Lizenz möglich, mehr als zwei Feature-Klassen gleichzeitig zu bearbeiten (Kapitel 9.1.3.4).

Mit dem Tool „Zusammenführen (Merge)" werden Datensätze des gleichen Typs (z. B. Punkte, Linien oder Polygone) zu einem neuen Datensatz zusammengefasst. Im Gegensatz zur „Vereinigung" werden aber die geometrischen Schnittstellen nicht in einzelne Polygone unterteilt (Kapitel 9.1.3.19).

Wenn mehrere Features einer Feature-Klasse attributabhängig zusammengeführt werden sollen, dann erfolgt dies über „Zusammenführen (Dissolve)". Anders als bei „Zusammenführen (merge)" werden dabei die Felder der Feature-Klasse nicht vollständig übernommen. Dafür können aber bei „Zusammenführen (dissolve)" kleinere statistische Auswertungen vorgenommen werden. Beispielsweise kann so beim Zusammenführen immer der niedrigste Wert eines bestimmten Felds ausgewählt werden (9.1.3.25).

Für alle vorgestellten Werkzeuge gilt, dass die Originaldaten nicht verändert werden. Bei jeder Aktion werden zwar die Ausgangsdaten als Datenquelle herangezogen, es wird aber immer ein neues Feature erstellt, um ungewünschte Veränderungen an zu vermeiden.

Die Funktion „Nach Werkzeugen suchen" war in den Vorgängerversionen als Reiter im ArcToolbox-Fenster zu finden. Allerdings ist die Funktion für ArcGIS 10 komplett überarbeitet, in seinem Funktionsumfang erweitert worden, und nicht mehr ausschließlich eine Suche nach Werkzeugen. Jetzt können über dieses Dialogfenster neben Werkzeugen der ArcToolbox auch bereits erstellte Karten und vorhandene Geodaten gesucht werden. Die neue Suchfunktion ist auch über die Werkzeugleiste „Standard" aufrufbar (Schaltfläche „Fenster „Suchen" "). Im Unterschied zu dem Suchaufruf über die Werkzeugleiste „Standard" wird bei „Nach Werkzeugen suchen" die Suche im Modus „Werkzeuge" gestartet. Dadurch wird bei der Suche nur nach Werkzeugen und nicht anderen Elementen gesucht. Den Modus können Sie mittels der Links unterhalb der Werkzeugleiste im

Dialogfenster „Suchen" wechseln („Alles", „Karten", „Daten", „Werkzeuge"). Auch das Dialogfenster „Suchen" (bezieht sich nicht auf die Funktion „Suchen", die über die Werkzeugleiste „Werkzeuge" aufgerufen wird) kann – genauso wie beispielsweise das Inhaltsverzeichnis oder der Katalog – mithilfe des neuen Andock-Managers variabel platziert werden (genaueres zum Andock-Manager finden Sie in Kapitel 6.1.2). Innerhalb des Suchfensters gibt es eine eigene Werkzeugleiste, die neben Navigationshilfen auch personalisierte Einstellungen der Suche ermöglicht. Über die Buttons „Vor" und „Zurück" können Sie zwischen neueren und älteren Suchanfragen wechseln. Je nachdem, ob Sie gerade nach Daten, Karten oder Werkzeugen suchen, ist die Startseite jeweils unterschiedlich. Über die Funktion „Zur Startseite der Desktop-Suche wechseln" werden die aktuellen Suchergebnisse aus- und die Startseite wieder eingeblendet. Zum erneuern der Suchanfrage ist der Befehl „Aktualisieren" da. In den „Indizierungs-/Suchoptionen" können die Einstellungen für die Suche vorgenommen werden. Beispielsweise kann hier der Ort angegeben werden, in dem gesucht werden soll – es können auch mehrere Ordner für die Suche freigegeben werden. Für eine ausführlichere Beschreibung der neuen Suchfunktion lesen Sie bitte Kapitel 6.1.3.7.

Nachdem ein Werkzeug der Werkzeugleiste gestartet wurde, bekommen Sie über ein kleines Popup-Fenster am unteren Bildrand die Information über den Erfolg oder Misserfolg der Funktion. Über die „Ergebnisse" können Sie sich detailliertere Angaben bezüglich der durchgeführten Aktion anschauen. Sollte ein Fehler aufgetreten sein, so können Sie über die eingeblendete Fehlernummer versuchen, die Fehlerursache näher einzukreisen.

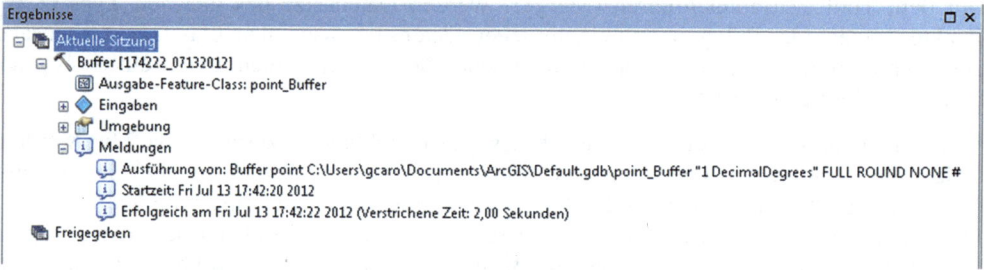

Abb. 60: Übersicht über den Verlauf des angewendeten Toolbox-Tools

Die Verbindung von ArcGIS 10.1 for Desktop und ArcGIS 10.1 for Server wurde in der neuen Version an vielen Stellen deutlich vereinfacht. Ist ein Geoverarbeitungsprozess erfolgreich durchgelaufen und ist im Dialogfenster „Ergebnisse" sichtbar, dann kann dieser Prozess als Geoverarbeitungspaket oder Geoverarbeitungs-Service freigegeben werden. Das geschieht über das Kontextmenü des Geoverarbeitungsprozesses (siehe Abb. 61). Wenn die Freigabe als Paket erfolgt, dann können zusätzliche Daten hinzugefügt werden (also bspw. auch bereits die „richtigen" Geodaten); der Service liefert nur das Geoverarbeitungswerkzeug.

5.1 Die ArcCatalog Benutzeroberfläche

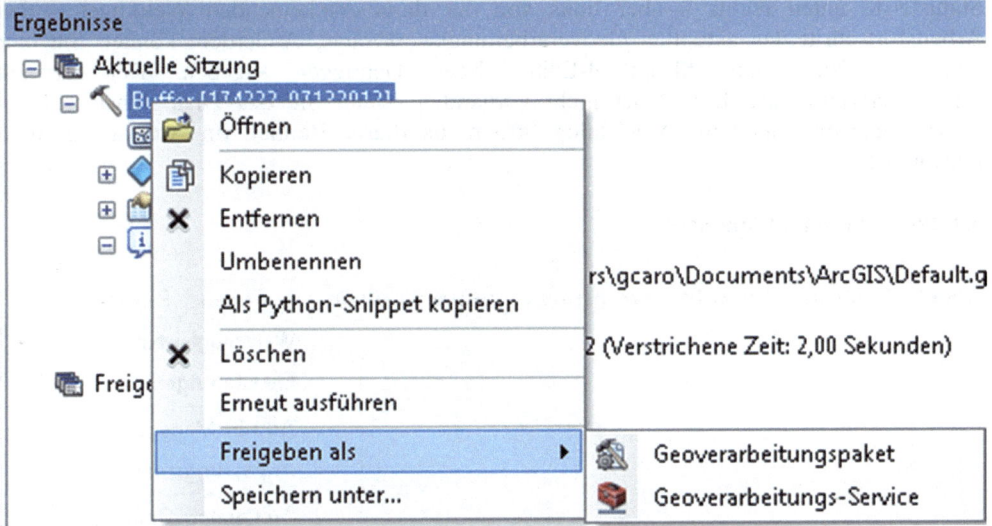

Abb. 61: Geoverarbeitungsprozess freigeben

Teilweise ist es für die Geodatenverarbeitung notwendig, mehrere Geoverarbeitungsprozesse nacheinander auszuführen. Das ist zwar auch durch Handarbeit möglich, aber gerade bei vielen aufeinanderfolgenden Werkzeugen oder vielen Datensätzen kann das sehr mühselig werden. Mithilfe des „ModelBuilders" können Sie genau solche Vorgänge teilweise automatisieren, was Ihnen die Arbeit erheblich erleichtert (mehr zum ModelBuilder siehe Kapitel 9.3).

Wenn Sie manuell schnell Geoverarbeitungsbefehle eingeben und ausführen lassen wollen, können Sie das über das Desktop-Element „Python" machen (Das „Python-Fenster" hat das frühere „Befehlszeilenfenster" ersetzt). Das setzt aber die Kenntnis der Befehle voraus und ist somit eher für fortgeschrittene Benutzer interessant. Auch für diese Schaltfläche finden Sie in Kapitel 6.1.3.7 noch zusätzliche Hinweise.

Innerhalb der „Geoverarbeitungsoptionen" können Sie weitere werkzeugbetreffende Einstellungen vornehmen. Beispielsweise lässt sich dort einstellen, ob die Werkzeuge bereits bestehende Dateien bei der Ausgabe überschreiben dürfen oder ob die Ausgabe automatisch in das aktuelle ArcMap Projekt geladen wird. In den Vorgängerversionen waren die Geoverarbeitungsoptionen über *Hauptmenüleiste* ⇨ *Werkzeuge* ⇨ *„Optionen..."* ⇨ *Reiter „Geoverarbeitung"* zu erreichen. Allerdings hat sich der Inhalt des Dialogfensters „Geoverarbeitungsoptionen" im Vergleich zu ArcGIS 9.* leicht verändert. Die Geoverarbeitung kann seit ArcGIS 10 auch im Hintergrund erfolgen, um die weitere Arbeit an dem Kartendokument nicht zu verzögern. Das heißt auch, dass Geoverarbeitungsprozesse auf andere Kerne (oder Prozessoren) ausgelagert werden können, wenn der Computer das unterstützt. Nach Abschluss der Berechnung werden Sie über ein kleines Fenster am rechten unteren Bildrand über den Erfolg oder Misserfolg des ausgeführten Prozesses informiert. Diese Hintergrundverarbeitung kann innerhalb der Geoverarbeitungsoptionen aktiviert oder deaktiviert werden. Wenn Sie die Hintergrundverarbeitung aktiviert haben und ein Geoverarbeitungswerkzeug gestartet haben, sehen Sie in der

Statusleiste unten rechts – aber links von der dann erscheinenden Weltkugel – den Arbeitsfortschritt des aktuellen Geoverarbeitungswerkzeugs. Außerdem können Sie hier den Pfad zu einem Skripttool-Editor bzw. Debugger angeben. Der Bereich „Anzeigen/Temporäre Daten" ist nicht vorhanden, wenn Sie das Dialogfenster „Geoverarbeitungsoptionen" im ArcCatalog öffnen, da dieser Bereich im ArcCatalog nicht relevant ist.

5.1.2.6 Menü „Anpassen"

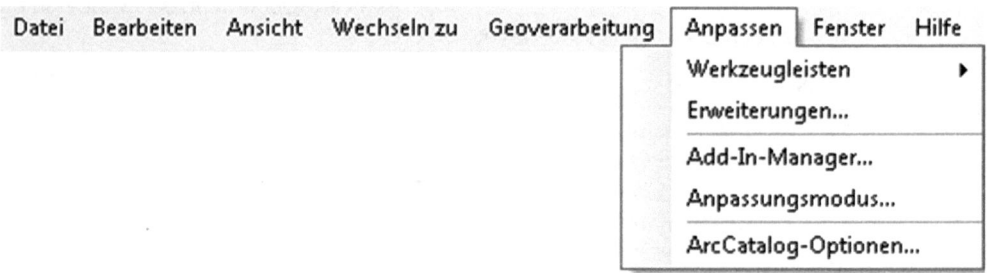

Abb. 62: Das Menü „Anpassen" in ArcCatalog

Das Menü „Werkzeuge" ist seit ArcGIS 10 nicht mehr vorhanden. Viele der Werkzeuge, die früher in dem Menü enthalten waren, sind jetzt in das neue Menü „Anpassen" verschoben worden.

Das Untermenü „Werkzeugleisten" listet alle in ArcCatalog zur Verfügung stehenden Werkzeugleisten auf. Klicken Sie auf diejenige Werkzeugleiste, die Sie dem ArcCatalog-Fenster hinzufügen wollen. Werkzeugleisten, die bereits geöffnet sind, sind links mit einem Haken gekennzeichnet und können per Mausklick ausgeblendet werden. Der Menüeintrag „Anpassen…" öffnet ein Dialogfenster, das es dem Nutzer ermöglicht, selbst neue Werkzeugleisten zu erzeugen bzw. bereits bestehende Werkzeugleisten nach eigenen Bedürfnissen zu verändern. Genaueres dazu finden Sie in Kapitel 5.1.2.5.

„Erweiterungen…" öffnet ein Dialogfenster, das sämtliche Erweiterungen auflistet, die auf Ihrem System installiert und unter ArcCatalog anwendbar sind. In der Liste des Dialogfensters tauchen übrigens auch jene Erweiterungen auf, die gesondert registriert oder lizenziert werden müssen – unabhängig davon, ob die entsprechende Lizenz im Lizenz-Manager auch verfügbar ist. Nicht lizenzierte Erweiterungen können natürlich nicht aktiviert werden. Einen kurzen Überblick ausgewählter Erweiterungen bietet Kapitel 12.

Der „Add-In-Manager…." verwaltet alle installierten Add-Ins. Dabei handelt es sich um Dateien (*.esriaddin), mit deren Hilfe Sie leicht neue Geoverarbeitungswerkzeuge, Werkzeugleisten oder andere Anpassungen vornehmen können. Eine ausführliche Erklärung der „Add-Ins" bzw. des „Add-In-Managers" finden Sie in Kapitel 6.1.3.8.

„Anpassungsmodus…." öffnet das Dialogfenster „Anpassen", mit dem Sie u. a. Werkzeugleisten erstellen und verändern können. Dasselbe Dialogfenster können Sie auch über *Hauptmenüleiste* ⇨ *„Anpassen"* ⇨ *„Werkzeugleisten"* ⇨ *„Anpassen…"* erreichen. Wie Sie einer bestehenden Werkzeugleiste neue Befehle hinzufügen können, erfahren Sie in

Kapitel 14.2.2. Die Erstellung einer neuen Werkzeugleiste wird in Kapitel 6.1.4.32 genau erläutert.

Mit dem letzten Befehl des Menüs „Anpassen", „ArcCatalog-Optionen...", öffnen Sie ein Dialogfenster mit mehreren Registern, in denen Sie verschiedene Einstellungen für Ihre Arbeit mit ArcCatalog treffen können. Optionen, die hier geändert werden, wirken sich auf alle ArcCatalog-Sitzungen aus. Der überwiegende Anteil dieser Einstellungen ist standardmäßig so getroffen, dass sie vom Nutzer nicht geändert werden müssen. Die wichtigsten Einstellungen der Register seien nachfolgend kurz erwähnt.

Im Register „Allgemein" können Sie festlegen, welche Einträge die oberste Ebene im Inhaltsverzeichnis enthalten soll. Ferner stehen hier Kontrollkästchen zur Verfügung, um Datei-Erweiterungen auszublenden oder festzulegen, ob ArcCatalog sich den zuletzt verwendeten Ordner für eine spätere Sitzung merken soll. Die angezeigten Datentypen können nicht mehr manuell über diese Registerkarte festgelegt werden und auch eine grafische Hervorhebung der Ordner mit Geodaten kann seit ArcGIS 10 nicht mehr eingestellt werden.

Im Register „Dateitypen" können die im Inhaltsverzeichnis angezeigten Standard-Dateitypen um zusätzliche Typen erweitert werden. Wenn Sie beispielsweise möchten, dass im ArcCatalog PDF-Dokumente angezeigt werden, klicken Sie zunächst auf „Neuer Typ...". Geben Sie dann unter „Datei-Erweiterung" „PDF" ein und bestätigen Sie mit „OK".

Tipp: Erst seit der ArcGIS Version 9.2 können Sie Microsoft Excel-Tabellen (im Format *.xls, mit ArcGIS 9.3 auch *.xlsx) direkt in ArcGIS öffnen und mit den enthaltenen Tabellenblättern wie mit anderen tabellarischen Datenquellen arbeiten. Bei älteren ArcGIS Versionen war dies nicht der Fall, weswegen häufig gerade XLS-Files als neue Datei-Erweiterung im Register „Dateitypen" definiert wurden, um diese zumindest im Inhaltsverzeichnis angezeigt zu bekommen. Beachten Sie, dass diese Vorgehensweise bei ArcGIS Versionen ab 9.2 dazu führt, dass der Inhalt von Excel-Tabellenblättern nicht mehr im Vorschaufenster angezeigt werden kann. Mehr zum Thema Arbeiten mit Excel-Dateien erfahren Sie in Kapitel 5.2.5.

Im Register „Inhalt" legen Sie fest, welche „Standardspalten" und „Metadatenspalten" im Kartenfenster-Register „Inhalt" eingeblendet werden sollen.

Wenn Ihr Unternehmen für die Verbindung zum Internet einen Proxyserver verwendet, müssen Sie das Register „Verbindungen" so konfigurieren, dass die Verbindung zu GIS-Servern (so sie vonnöten ist) über diesen Proxyserver hergestellt werden kann. Wenden Sie sich bezüglich der entsprechenden Daten an Ihren Systemadministrator.

Im Register „Metadaten" können Sie Einstellungen bezüglich der Erstellung und Verwaltung sog. Metadaten treffen. Als Metadaten bezeichnet man allgemein Daten, die Informationen über andere Daten enthalten, wodurch Letztere beschrieben und dadurch u. a. besser auffindbar gemacht werden. Die Speicherung dieser Daten, die teils automatisch, teils aber auch durch zeitaufwendige, manuelle Dokumentation erfasst werden können, erfolgt in Dateien mit der Endung „*.xml". In diesem Register können Sie u. a. entscheiden, mit welchem Standard diese erfasst werden sollen. Seit ArcGIS 10 ist hier systemseitig immer „Item Description" eingestellt. Da INSPIRE in Europa zukünftig eine immer größere Rolle einnehmen wird, empfiehlt es sich, auf den Metadatenstandard „INSPIRE Metadata Directive" umzustellen. Sind bereits gepflegte Metadaten vorhanden, dann können diese auf Wunsch auch in einen der anderen Metadatenstandards überführt werden. Das kann unter Umständen von Vorteil sein, da andere Metadaten bei der Suche nicht berücksichtigt werden. Lediglich die INSPIRE-Metadatendirektive, die ISO-19139-Spezifikation und das nordamerikanische ISO-19115-Profil werden unterstützt. Metadaten werden in ArcCatalog im Kartenfenster-Register „Beschreibung" (Kapitel 5.1.5) angezeigt und können mit der Werkzeugleiste „Metadaten" (Kapitel 5.1.3.5) bearbeitet werden.

Das Register „Geoverarbeitung" wurde aus den „ArcCatalog-Optionen" ausgegliedert und wird jetzt über die *Hauptmenüleiste* ⇨ *„Geoverarbeitung"* ⇨ *„Geoverarbeitungsoptionen"* aufgerufen (siehe Kapitel 5.1.2.5).

Im Register „Tabellen" können Sie u. a. das Aussehen (Schriftart, Schriftgröße etc.) von Tabellen bei der Darstellung im Kartenfenster-Register „Vorschau" beeinflussen.

Im Register „Raster" können Sie Einstellungen im Bezug auf die Darstellung von Raster-Datasets im Karten-Fenster-Register „Vorschau" treffen. Die hier getroffenen Einstellungen gelten auch für die ArcGIS Anwendung ArcMap (Kapitel 6).

Um die Anzeige großer Rasterdaten zu beschleunigen, kann ArcCatalog sog. Pyramiden erstellen, die eine maßstabsabhängige Darstellungsgenauigkeit ermöglichen. Einmal erstellt, stehen die Pyramiden des entsprechenden Rasterfiles für alle kommenden ArcMap- und ArcCatalog-Sitzungen zur Verfügung. Im Windows-Explorer stecken die Pyramiden übrigens in der Datei mit der Endung „*.ovr", die den gleichen Namen wie die ihr zugrunde liegende Rasterdatei hat. Im Unterregister „Allgemein" können Sie wählen, ob beim Anzeigen von Raster-Datasets generell immer oder nie Pyramiden erzeugt werden sollen, oder ob eine Eingabeaufforderung Sie jedes Mal danach fragen soll. Diese Einstellungen können Sie im Unterregister „Raster-Dataset" vornehmen, das standardmäßig angezeigt wird

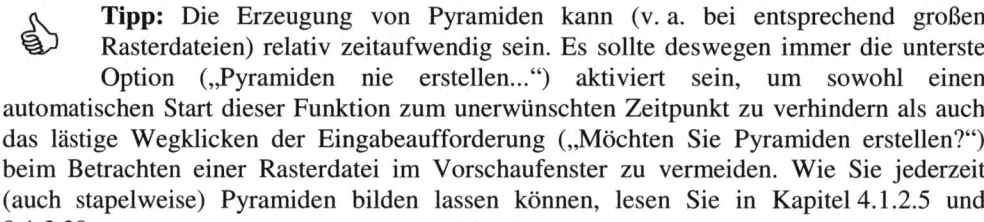

Tipp: Die Erzeugung von Pyramiden kann (v. a. bei entsprechend großen Rasterdateien) relativ zeitaufwendig sein. Es sollte deswegen immer die unterste Option („Pyramiden nie erstellen...") aktiviert sein, um sowohl einen automatischen Start dieser Funktion zum unerwünschten Zeitpunkt zu verhindern als auch das lästige Wegklicken der Eingabeaufforderung („Möchten Sie Pyramiden erstellen?") beim Betrachten einer Rasterdatei im Vorschaufenster zu vermeiden. Wie Sie jederzeit (auch stapelweise) Pyramiden bilden lassen können, lesen Sie in Kapitel 4.1.2.5 und 9.1.3.28.

Im Unterregister „Raster-Katalog" bestimmen Sie, ob bzw. ab welcher Anzahl von Einzelrastern eines Raster-Katalogs in der Anzeigeausdehnung anstatt der Rasterdaten selbst nur deren Ausdehnungs-Rahmen angezeigt werden sollen.

Das Unterregister „Raster-Layer" erlaubt eine detailliertere Einstellung zum Anzeige-Resampling, zur Hintergrundfarbe oder dem NoData-Bereich.

Vorgaben für den Umgang mit Mosaik-Datasets können in dem neu geschaffenen Unterregister „Mosaik-Dataset" getroffen werden. Unter anderen kann dort die Anzeige eines neu hinzugefügten Mosaik-Layers im Inhaltsverzeichnis beeinflusst bzw. die Sichtbarkeit von Sub-Layern aktiviert oder deaktiviert werden

Das Register „CAD" enthält ein einziges Kontrollkästchen, mit dem Sie die Überprüfung aller Dateien auf DGN-Kompatibilität aktivieren können. Die Aktivierung lohnt sich, wenn der Verdacht besteht, bei bestimmten Dateien könnte es sich um Design-Dateien des CAD-Programms MicroStation handeln, die jedoch mit abweichenden Endungen (nicht „*.dgn") gespeichert wurden.

5.1.2.7 Menü „Fenster"

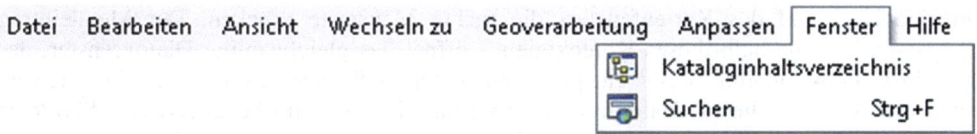

Abb. 63: Das Menü „Fenster" in ArcCatalog

Im Menü „Fenster" können Sie die Desktop-Elemente „Kataloginhaltsverzeichnis" (siehe Kapitel 5.1.4) und „Suchen" (siehe Kapitel 6.1.3.7) öffnen, falls diese nicht sichtbar sind. Falls Sie die Desktop-Elemente komplett schließen möchten, dann geht das nicht über die Schaltflächen des Menüs „Fenster", sondern über das „X" am oberen rechten Bildrand. In den meisten Fällen reicht es allerdings, die Fenster im Seitenrand zu „verstecken". Abhängig von der Position der kleinen Stecknadel links neben dem „X" passiert das automatisch (Stecknadel ist horizontal) oder die Fenster bleiben sichtbar (Stecknadel ist vertikal). Eine ausführliche Erklärung der neuen Möglichkeiten zur benutzerdefinierten Anpassung der Programmoberfläche siehe Kapitel 6.1.4 und Kapitel 6.1.4.32.

Die beiden Schaltflächen „ArcToolbox" (siehe Kapitel 9) und „Befehlszeile" (die seit ArcGIS 10 „Python" heißt) sind nicht mehr über das Menü „Fenster" zuschaltbar, sondern sind im Menü „Geoverarbeitung" untergebracht (siehe Kapitel 5.1.2.5).

5.1.2.8 Menü „Hilfe"

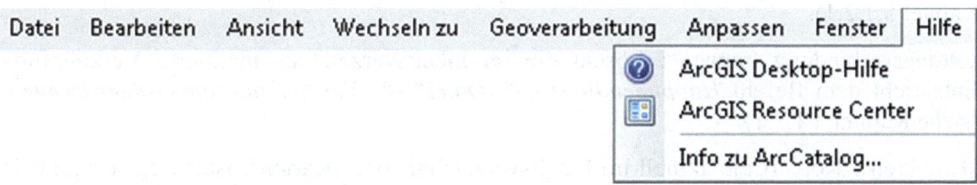

Abb. 64: Das Menü „Hilfe" in ArcCatalog

Das Menü „Hilfe" beinhaltet die für Einsteiger wie erfahrene Nutzer unentbehrliche Hilfsfunktion „ArcGIS Desktop Hilfe" (auch über Taste „F1"). Das Menü entspricht inhaltlich und funktionell dem gleichnamigen Menü in der ArcMap Hauptmenüleiste und ist in Kapitel 6.1.3.10 ausführlich beschrieben.

5.1.3 Werkzeugleisten

5.1.3.1 Allgemein

Wie die meisten Windows-kompatiblen Anwendungen verfügen auch die ArcGIS Desktop Anwendungen über zu thematischen Einheiten zusammengefasste Befehlsgruppen, die sog. Werkzeugleisten.

ArcCatalog stellt dem Nutzer einige bereits vorgefertigte anwendungseigene Werkzeugleisten zur Verfügung. Unter *Hauptmenüleiste* ➪ *„Anpassen"* ➪ *„Werkzeugleisten"* können Sie in einer Liste dieser verfügbaren Werkzeugleisten die von Ihnen benötigten ein- bzw. ausblenden. Die eingeblendeten Leisten sind auf Ihrer Arbeitsoberfläche per Drag & Drop frei positionierbar. Dieselbe Liste öffnet sich als Kontextmenü, wenn Sie an beliebiger Stelle auf Ihrer ArcCatalog Desktop-Oberfläche außerhalb des Inhaltsverzeichnisses und des Kartenfensters die rechte Maustaste drücken. Der Menüeintrag „Anpassen..." innerhalb dieses Kontextmenüs öffnet das gleichnamige Dialogfenster, das in seiner Funktionalität dem entsprechenden Dialogfenster „Anpassen" in ArcMap entspricht. Wie Sie dieses Dialogfenster verwenden können, um beispielsweise Shortcuts zu definieren oder selbst neue Werkzeugleisten zu erstellen und zu bestücken, erfahren Sie in den Kapiteln 6.1.4.1 und 6.1.4.32.

5.1.3.2 Werkzeugleiste „Standard"

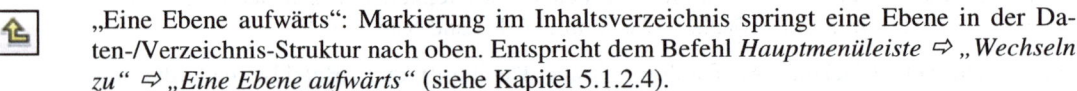

Abb. 65: Die Werkzeugleiste „Standard" in ArcCatalog

„Eine Ebene aufwärts": Markierung im Inhaltsverzeichnis springt eine Ebene in der Daten-/Verzeichnis-Struktur nach oben. Entspricht dem Befehl *Hauptmenüleiste* ➪ *„Wechseln zu"* ➪ *„Eine Ebene aufwärts"* (siehe Kapitel 5.1.2.4).

„Mit Ordner verbinden": Öffnet ein Dialogfenster, das die Verzeichnisstruktur Ihres Systems auflistet. Navigieren Sie zum gewünschten Ordner und klicken Sie auf „OK". In Ihrem Inhaltsverzeichnis befindet sich nun ein direkter Link zu diesem Verzeichnis. Entspricht dem Befehl *Hauptmenüleiste* ➪ *„Datei"* ➪ *„Mit Ordner verbinden..."* (siehe Kapitel 5.1.2.1).

„Ordnerverbindung trennen": Löscht die im Inhaltsverzeichnis markierte Verknüpfung. Entspricht dem Befehl *Hauptmenüleiste* ➪ *„Datei"* ➪ *„Verbindung zum Ordner trennen"* (siehe Kapitel 5.1.2.1).

„Kopieren": Kopiert die aktuell im Inhaltsverzeichnis oder Kartenfenster-Register „Inhalt" ausgewählten Dateien oder Verzeichnisse in die Windows-Zwischenablage. Entspricht dem Befehl *Hauptmenüleiste* ➪ *„Bearbeiten"* ➪ *„Kopieren"* (Kapitel 5.1.2.2).

„Einfügen": Fügt den aktuellen Inhalt der Windows-Zwischenablage in das im Inhaltsverzeichnis oder Kartenfenster-Register ausgewählte Verzeichnis ein. Entspricht dem Befehl *Hauptmenüleiste* ➪ *„Bearbeiten"* ➪ *„Einfügen"* (Kapitel 5.1.2.2).

„Löschen": Entfernt die aktuell im Inhaltsverzeichnis oder Kartenfenster-Register „Inhalt" ausgewählten Dateien oder Verzeichnisse aus Ihrem System. Entspricht dem Befehl *Hauptmenüleiste* ➪ *„Datei"* ➪ *„Löschen"* (siehe Kapitel 5.1.2.1).

„Große Symbole": Zeigt den Inhalt des aktuell ausgewählten Verzeichnisses im Kartenfenster-Register „Inhalt" als große Symbole.

5.1 Die ArcCatalog Benutzeroberfläche

„Liste": Zeigt die Inhalte des aktuell ausgewählten Verzeichnisses im Kartenfenster-Register „Inhalt" als Liste.

„Details": Zeigt die Inhalte des aktuell ausgewählten Verzeichnisses im Kartenfenster-Register „Inhalt" als detaillierte Liste einschließlich Name und Typ. Welche weiteren Informationen (z. B. Größe oder Datum) in der Detailansicht angezeigt werden sollen, können Sie unter *Hauptmenüleiste* ⇨ *„Anpassen"* ⇨ *„ArcCatalogOptionen..."* ⇨ *Register „Inhalt"* festlegen.

„Miniaturansicht": Zeigt die Inhalte des aktuell ausgewählten Verzeichnisses im Kartenfenster-Register „Inhalt" – sofern möglich – als Vorschaubilder. Vorschaubilder für Kartendokumente (*.mxd) werden automatisch von ArcMap erstellt und aktualisiert, wenn Sie in ArcMap unter *Hauptmenüleiste* ⇨ *„Datei"* ⇨ *„Eigenschaften des Kartendokuments"* (*früher: „Dokumenteigenschaften..." bzw. „Karteneigenschaften...")* die Schaltfläche „Miniaturansicht erstellen" ausgeführt haben. Um für ein anderes räumlich relevantes Element, z. B. für ein Shapefile oder einen Layer, ein aktuelles Vorschaubild zu generieren, wählen Sie dieses Element im Inhaltsverzeichnis aus und stellen das Kartenfenster auf „Vorschau". Klicken Sie dann in der Werkzeugleiste „Geographie" (Kapitel 5.1.3.3) auf den Befehl „Miniaturansicht erstellen". Ohne Miniaturansicht ist die Darstellung aber schneller.

„ArcMap starten": Die Anwendung „ArcMap" (siehe Kapitel 6), mit der Sie u. a. Kartendokumente erstellen und räumlich relevante Daten analysieren können, wird gestartet.

Fenster „Kataloginhaltsverzeichnis": Blendet das Fenster mit der Ordnerstruktur ein, wenn es noch nicht sichtbar ist. Das Fenster kann über diese Schaltfläche nicht ausgeblendet werden. Sie können das Fenster schließen, indem Sie im oberen rechten Fensterrand (vom Kataloginhaltsverzeichnis, nicht vom ArcCatalog) auf das „X" klicken.

„Suchen": Öffnet ein Dialogfenster, mit dessen Hilfe Sie indizierte Ordner durchsuchen lassen können. Entspricht dem Befehl *Hauptmenüleiste* ⇨ *„Fenster"* ⇨ *„Suchen"* (siehe Kapitel 5.1.2.7, Kapitel 5.1.2.5 und v. a. Kapitel 6.1.3.7).

„ArcToolbox-Fenster": Das ArcToolbox-Fenster wird eingeblendet. Lesen Sie zu Inhalt und Bedienung der ArcToolbox bitte das Kapitel 9.

„Python-Fenster": Das Befehlszeilenfenster, in dem Sie mittels manueller Eingabe Geoverarbeitungsbefehle ausführen können, wird einblendet. Genau wie bei den anderen Fenstern, kann auch dieses Fenster nicht mehr durch erneutes Betätigen der Schaltfläche ausgeblendet werden.

„ModelBuilder-Fenster": Mit der neuen ArcGIS Version 9.3 wurde die Werkzeugleiste „Standard" um den Button „ModelBuilder-Fenster" erweitert, der es erlaubt, den ModelBuilder direkt zu öffnen (ohne zunächst ein neues Modell zu erzeugen). Einzelheiten zum ModelBuilder finden Sie in Kapitel 9.3.

„Direkthilfe": Entspricht dem Befehl *Hauptmenüleiste* ⇨ *„Hilfe"* ⇨ *„Direkthilfe"* (Kapitel 5.1.2.8, genaue Beschreibung siehe Kapitel 6.1.3.10).

5.1.3.3 Werkzeugleiste „Geographie"

Abb. 66: Die Werkzeugleiste „Geographie" in ArcCatalog

Die Werkzeuge der Werkzeugleiste „Geographie" sind generell nur dann aktiviert, wenn im Inhaltsverzeichnis eine räumlich relevante Datei (z. B. ein Shapefile oder eine Feature-Klasse) markiert ist, das Kartenfenster sich im Register „Vorschau" befindet, und in der Drop-down-Liste am unteren Rand dieses Registers unter „Vorschau" der Eintrag „Geographie" ausgewählt ist.

„Vergrößern": Vergrößert die Daten in der geographischen Vorschau. Klicken Sie auf den Ort, den Sie vergrößern wollen, oder ziehen Sie bei gedrückter Maustaste eine Box auf, um ein bestimmtes Gebiet zu vergrößern.

„Verkleinern": Verkleinert die Daten in der geographischen Vorschau, zentriert um die Position, auf die Sie geklickt haben, oder das Gebiet, das Sie bei gedrückter Maustaste mit einem Rechteck definiert haben.

„Schwenken": Hiermit können Sie die Daten in der geographischen Vorschau schwenken, indem Sie die Anzeige bei gedrückter Maustaste in eine beliebige Richtung ziehen.

„Volle Ausdehnung": Zoomt die geographische Vorschau auf die gesamte Ausdehnung des im Inhaltsverzeichnis ausgewählten räumlichen Datensatzes.

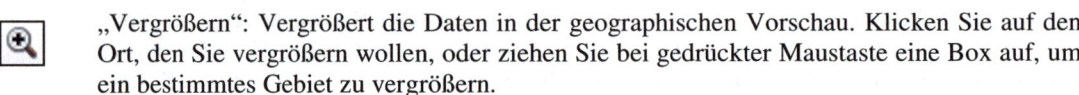
„Zurück zur vorherigen Ausdehnung": Zoomt auf die zuletzt angezeigte Ausdehnung des Kartenfensters (neue Schaltfläche dieser Werkzeugleiste in ArcGIS 9.3).

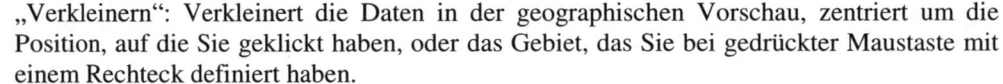
„Vor zur nächsten Ausdehnung": Zoomt auf die Ausdehnung des Kartenfensters, die vor Ausführung des Befehls „Zurück zur vorherigen Ausdehnung" (s. o.) angezeigt wurde (neue Schaltfläche dieser Werkzeugleiste in ArcGIS 9.3).

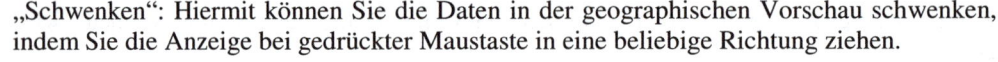
„Identifizieren": Wenn Sie mit diesem Werkzeug in der geographischen Vorschau auf einen Bereich klicken, in dem sich Features befinden, öffnet sich das Dialogfenster „Abfrageergebnisse", das auf der linken Seite die getroffenen Features in einer Art Verzeichnisstruktur anzeigt. Wählen Sie nun ein bestimmtes Feature aus, so zeigt das Fenster rechts daneben dessen Feldwerte in der Attributtabelle an.

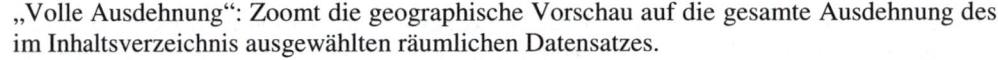
Tipp: Halten Sie während der Ausführung des Werkzeugs „Identifizieren" die Umschalt- oder Steuerungstaste gedrückt, um die Ergebnisse mehrerer aufeinanderfolgender Klicks im Fenster „Abfrageergebnisse" beizubehalten. Dies erleichtert das Vergleichen der Attributwerte verschiedener Features.

„Miniaturansicht erstellen": Erzeugt aus dem aktuell in der geographischen Vorschau sichtbaren Datenausschnitt eine Miniaturansicht oder aktualisiert diese, falls sie bereits vorhanden ist. Haben Sie im Inhaltsverzeichnis einen Ordner oder eine Datenbank ausgewählt, die räumlich relevante Daten wie Shapefiles oder Feature-Klassen enthält, werden die Miniaturansichten dieser Daten im Kartenfenster-Register „Inhalt" angezeigt.

Dazu muss in der Werkzeugleiste „Standard" allerdings die Schaltfläche „Miniaturansicht" aktiviert sein.

5.1.3.4 Werkzeugleiste „Verzeichnis"

Abb. 67: Die Werkzeugleiste „Verzeichnis" in ArcCatalog

Das Kombinationsfeld „Verzeichnis" (früher: „Ordner") zeigt den vollständigen Pfad (oder Aliasnamen, vgl. Kapitel 5.1.2.1) zum aktuell im Inhaltsverzeichnis markierten Element.

Wenn Sie diesen Pfad der Drop-down-Liste hinzufügen möchten, um ihn zu einem späteren Zeitpunkt schnell wieder anwählen zu können, klicken Sie ihn an und drücken anschließend die Eingabetaste. Sie können in das Feld auch manuell einen Pfad eingeben und anschließend die Eingabetaste drücken, um direkt in ein bestimmtes Verzeichnis zu springen.

5.1.3.5 Werkzeugleiste „Metadaten"

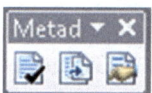

Abb. 68: Die Werkzeugleiste „Metadaten" in ArcCatalog

Die Werkzeuge dieser Werkzeugleiste sind nur aktiviert, wenn im Inhaltsverzeichnis eine einzelne Datei markiert ist und sich das Kartenfenster im Register „Beschreibung" befindet. Weitere Einstellungen zu den Metadaten können Sie unter *Hauptmenüleiste* ⇨ *„Anpassen"* ⇨ *„ArcCatalog-Optionen..."* ⇨ *Register „Metadaten"* treffen (Kapitel 5.1.2.6). Einige der bisherigen Funktionalitäten der Werkzeugleiste „Metadaten" sind seit ArcGIS 10 nicht mehr vorhanden oder wurden an andere Orte verschoben. Der Metadaten-Style kann beispielsweise nur noch in den ArcCatalog-Optionen verändert werden. Der Import von Metadaten erfolgt über die Schaltfläche „Importieren" im Register „Beschreibung" des Kartenfensters und ist nicht mehr als eigene Schaltfläche in der Werkzeugleiste „Metadaten" zu finden.

„Metadaten validieren": Diese Funktion werden Sie in der Regel nur brauchen, falls Sie Metadaten erzeugen müssen, die einem bestimmten Metadatenstandard entsprechen müssen. Mithilfe dieses Werkzeugs können Sie dann die Metadaten auf bestimmte Fehler hin überprüfen, bevor Sie die Daten weitergeben (beispielsweise, wenn Sie die Daten in einem Metadatenkatalog veröffentlichen möchten).

„Metadaten exportieren": Ermöglicht den Export von Metadaten in eine XML-Datei mit einem Standardmetadatenformat.

„Eigenschaften: Metadaten": Öffnet das Dialogfenster „Eigenschaften: Metadaten". Das Register „Anlagen" ermöglicht es, den Metadaten beliebige Dateien als Anlagen hinzuzufügen. Das Register „Optionen" ist nicht mehr in das Dialogfenster „Eigenschaften: Metadaten" implementiert worden.

Die Werkzeugleiste „ArcView 8x Werkzeuge" wurde mit dem Release ArcGIS 10 entfernt.

5.1.4 Kataloginhaltsverzeichnis

Das Inhaltsverzeichnis befindet sich standardmäßig links vom Datenfenster, ist per Drag & Drop jedoch frei auf der Oberfläche verschiebbar, und lässt sich unter *Hauptmenüleiste* ⇨ *„Fenster"* ⇨ *„Kataloginhaltsverzeichnis"* oder über die Schaltfläche „Kataloginhaltsverzeichnis" der Werkzeugleiste „Standard" einschalten.

Im Inhaltsverzeichnis listet ArcCatalog standardmäßig alle verbundenen Laufwerke mit ihren Unterverzeichnissen auf. Zudem sind im Inhaltsverzeichnisfenster in der obersten Ebene neben Ihren (lokalen) Laufwerken noch einige weitere Einträge zu finden. Unter *Hauptmenüleiste* ⇨ *„Anpassen"* ⇨ *„ArcCatalog-Optionen…"* ⇨ *Register „Allgemein"* können Sie entscheiden, welche dieser Einträge in dieser obersten Ebene des Inhaltsverzeichnisses angezeigt werden sollen.

Im Einzelnen handelt es sich dabei um folgende Einträge:

- „Ordnerverbindungen": Verbindungen zu Verzeichnissen in Ihrem System (z. B. „C:\Projekte\"). Die Ordnerverbindungen werden immer angezeigt.
- „Toolboxes": Dieses Verzeichnis bietet Zugriff auf alle verfügbaren Geoverarbeitungswerkzeuge (Systemwerkzeuge, Modelle und Skripte). Genaueres zur Verwendung der Toolboxes lesen Sie bitte in Kapitel 9.
- „Datenbankserver": Hier können Sie einen ArcSDE Datenbankserver hinzufügen, indem Sie die SQL Server Express-Instanz angeben, zu der Sie eine Verbindung aufbauen wollen.
- „Datenbankverbindungen": Startet und steuert die Verbindung zu externe Datenbanken (auch zu ArcSDE Geodatabases, siehe Kapitel 7.1.3) und Tabellen, beispielsweise per OLE-DB-Verbindung. Lesen Sie dazu Kapitel 5.2.5.
- „GIS-Server": Ermöglicht Verbindungen zu externen ArcIMS bzw. OGC WMS-Servern im Internet sowie ArcGIS Servern im Internet oder LAN. Viele Landesvermessungsverwaltungen bieten kostenfreie WMS-Dienste an.
- „My Hosted Services": Listet die selber gehosteten Dienste auf.

Die Liste kann noch weitere Einträge enthalten, je nachdem, welche ArcGIS Erweiterungen (Kapitel 12) auf Ihrem System installiert sind.

Mit *Werkzeugleiste „Standard"* ⇨ *„Mit Ordner verbinden"* können Sie dem Inhaltsverzeichnis in der obersten Ebene außerdem selbst beliebig viele Verzeichnispfade hinzufügen (siehe Kapitel 5.1.3.2).

Im Kataloginhaltsverzeichnis können Sie – genauso wie Sie es vom Windows-Explorer kennen – durch Doppelklicken der Ordner oder Anklicken der kleinen Pluszeichen neben den Ordner-Symbolen Schritt für Schritt die Verzeichnisstruktur öffnen und auf diese Weise in Ihr Zielverzeichnis gelangen. Im Unterschied zum Windows-Explorer werden im Kataloginhaltsverzeichnis allerdings nicht alle Daten(typen) angezeigt, sondern nur jene, die in ArcGIS verwendbar sind. Um der Anzeige im Kataloginhaltsverzeichnis weitere Dateitypen hinzuzufügen, tragen Sie diese über *Hauptmenüleiste* ⇨ *„Anpassen"* ⇨ *„Arc-*

Catalog-Optionen..." ⇨ *Register „Dateitypen"* ein (siehe Kapitel 5.1.2.6). Bestimmen Sie, welche Typen angezeigt werden, indem Sie nicht benötigte Dateitypen einfach wieder aus der Liste entfernen.

ArcCatalog vergibt je nach Datei- bzw. Geometrietyp automatisch entsprechende Symbole (siehe Tabelle 5).

Wie bereits erwähnt, werden die Dateitypen im ArcCatalog Inhaltsverzeichnis mit vom Windows-Explorer abweichenden Icons angezeigt.

Grundsätzlich lässt sich bei der Darstellung von Geometriedaten eine farbliche Gliederung erkennen. Shape-Dateien werden grün, Geodatabase-Dateien grau und Layer-Dateien gelb dargestellt, wobei die verwendeten Symbole auch Aufschluss über den jeweiligen Geometrietyp (Punkt, Linie, Polygon) geben. Eine Liste vieler Icons finden Sie im Anhang dieses Buchs.

Tabelle 5: Übersicht wichtiger Datei-Icons in ArcCatalog

Symbol	Dateiendung	Beschreibung
	*.mdb	Geodatabase-Datei
	---	Geodatabase-Feature-Klasse (Polygon)
	---	Geodatabase-Feature-Klasse (Linie)
	---	Geodatabase-Feature-Klasse (Punkt)
	---	Geodatabase Annotation
	*.shp	Shape-Datei (Polygon)
	*.shp	Shape-Datei (Linie)
	*.shp	Shape-Datei (Punkt)
	*.lyr	Layer-Datei (unabhängig von der Geometrie)
	*.tif, *.jpg, …	Rasterdaten
	*.txt	Textdatei
	*.mxd	ArcMap Projektdatei (Kartendokument)

5.1.5 Datenfenster

Zweites Hauptfenster in ArcCatalog ist das Datenfenster auf der rechten Seite. Hier stehen die drei Registerkarten „Inhalt", „Vorschau" und „Beschreibung" zur Verfügung, die jeweils einen anderen Blick auf Ihre Daten bzw. ArcMap-Projekte ermöglichen.

Das Register „Inhalt" listet, wie Sie es auch vom Windows-Explorer gewöhnt sind, den Inhalt des im Inhaltsverzeichnis markierten Verzeichnisses oder Elements auf. Im Unterschied zum Windows-Explorer werden viele Daten aber benutzerfreundlicher angezeigt. Ein Shapefile wird bspw. nur als eine Datei angezeigt, ähnliches gilt für Raster. Der

Inhalt einer Geodatabase ist ohne ArcCatalog oder den Katalog nicht zu erkennen. Ist beispielsweise eine Geodatabase markiert, werden alle Feature-Datasets und Feature-Klassen, die sich darin befinden, aufgeführt. Wenn Sie ein Element ausgewählt haben, das keine weiteren Elemente enthält (z. B. ein Shapefile), wird im Kartenfenster-Register „Inhalt" nur das Icon dieses Elements oder – falls vorhanden – eine Miniaturansicht angezeigt.

Die Ansicht der aktuellen Inhaltsliste lässt sich, wie in Kapitel 5.1.3.2 beschrieben, über die entsprechenden Schaltflächen in der Werkzeugleiste „Standard" verändern. Die verwendete Ansicht wird gespeichert und bleibt beim Wechseln zu einer anderen Registerkarte oder nach einem Neustart von ArcCatalog erhalten.

Das zweite Kartenfenster-Register „Vorschau" zeigt wahlweise die geographischen Daten (volle Ausdehnung) oder die Sachdaten-Tabelle (Attributtabelle) des im Inhaltsverzeichnis ausgewählten Elements an. Falls Sie z. B. die Erweiterung „3D Analyst" besitzen, können Sie hier auch auf „3D-Ansicht" oder „Globus-Ansicht" wechseln. Wählen Sie die gewünschte Einstellung aus der Drop-down-Liste am unteren Rand des Kartenfensters. Beide Ansichten stehen allerdings nur dann zur Verfügung, wenn es sich um geographische Daten, beispielsweise ein Shapefile, eine Geodatabase-Feature-Klasse oder ein ArcGIS for Desktop Advanced Coverage, handelt. Ist im Inhaltsverzeichnis weder eine räumlich relevante Datei noch eine Tabelle markiert, gibt das Register „Vorschau" den Hinweis: „Für diese Auswahl ist keine Vorschau vorhanden." Sobald die räumlichen Daten eingeblendet werden, können Sie auf die Funktionen der Werkzeugleiste „Geographie" zugreifen. Lesen Sie dazu bitte Kapitel 5.1.3.3. Ist eine Tabelle ausgewählt, steht nur die Tabellenansicht zur Verfügung. Dabei ist zu beachten, dass bei Excel-Tabellen (*.xls oder *.xlsx) das einzelne Tabellenblatt ausgewählt werden muss. Wenn Sie die ganze Tabelle ausgewählt haben, dann ist das Drop-down-Menü „Vorschau" ausgegraut. Über das Kontextmenü der Feldnamen kann die Tabelle in sehr beschränktem Umfang abgefragt und umgelistet werden. Die Schaltfläche „Optionen" am linken, unteren Rand der Tabellenansicht öffnet ein Drop-down-Menü mit tabellenbezogenen Einträgen. Sie haben u. a. die Möglichkeit, Felder hinzuzufügen, einen Ausdruck zu starten oder die Tabelle in verschiedenen Formaten (z. B. als dBase- oder Textdatei) zu exportieren (vgl. Abb. 69).

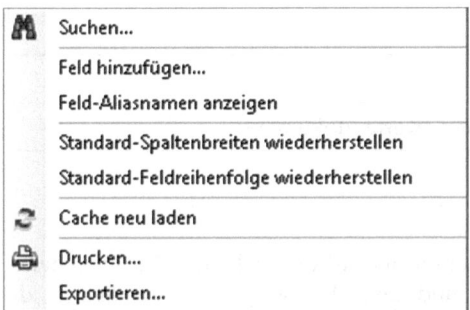

Abb. 69: Schaltfläche „Optionen" in der Tabellenansicht

Das Kartenfenster-Register „Beschreibung" schließlich zeigt die Metadaten des im Inhaltsverzeichnis markierten Elements an. Worum es sich bei Metadaten handelt, wird in

Kapitel 5.1.2.6 kurz erläutert. Zur Erstellung und Verwaltung von Metadaten benötigen Sie die Werkzeugleiste „Metadaten" (siehe Kapitel 5.1.3.5). Weitere Einstellungen treffen Sie unter *Hauptmenüleiste* ⇨ *„Anpassen"* ⇨ *„ArcCatalog-Optionen..."* ⇨ *Register „Metadaten"* (siehe Kapitel 5.1.2.6).

5.1.6 Statusleiste

Die Statusleiste befindet sich am unteren Rand des Kartenfensters und ist über *Hauptmenüleiste* ⇨ *„Ansicht"* ⇨ *„Statusleiste"* ab- bzw. zuschaltbar. Während der Arbeit mit ArcCatalog können Sie der Statusleiste nützliche Informationen entnehmen. Wenn sich der Mauszeiger im Kartenfenster-Register „Vorschau" befindet, zeigt die Statusleiste auf der rechten Seite die X- und Y-Koordinaten an. Halten Sie den Mauszeiger über eine Schaltfläche oder einen Menübefehl, so erhalten Sie auf der linken Seite eine kurze Beschreibung dieses Befehls. Auch, wenn Sie in der ArcToolbox ein Werkzeug markieren, erscheint eine kurze Beschreibung des Werkzeugs in der Statusleiste. Ebenfalls auf der linken Seite sehen Sie den exakten Typus des aktuell im Inhaltsverzeichnis markierten Elements.

5.2 Datenverwaltung mit ArcCatalog

Wie bereits eingangs des Kapitels erwähnt, dient ArcCatalog nicht nur der Sichtung, sondern auch der Verwaltung von Geodaten. Sämtliche Verwaltungsfunktionen, wie beispielsweise das Erstellen, Verändern, Kopieren oder Löschen von Daten, können in den Kontextmenüs der Verzeichnisse und Dateien im Inhaltsverzeichnis bzw. im Kartenfenster-Register „Inhalt" aufgerufen werden.

5.2.1 Löschen, Kopieren und Umbenennen von Daten

Zur Durchführung dieser Grundfunktionen gibt es verschiedene Möglichkeiten.

Löschen:

Kontextmenü der Daten ⇨ *„Löschen"* oder

Werkzeugleiste „Standard" ⇨ *Schaltfläche „Löschen"* oder

Hauptmenüleiste ⇨ *„Datei"* ⇨ *„Löschen"*.

Kopieren:

Zum Kopieren von Daten an eine andere Stelle im System sind zwei Schritte notwendig. Zunächst werden die Daten in den Windows-Zwischenspeicher gelegt.

Kontextmenü der Daten ⇨ *„Kopieren"* oder

Werkzeugleiste „Standard" ⇨ *Schaltfläche „Kopieren"* oder

Hauptmenüleiste ⇨ *„Bearbeiten"* ⇨ *„Kopieren"* oder

„Strg + C".

Navigieren Sie nun zum Verzeichnis, in das die Daten kopiert werden sollen, und fügen Sie die Daten dort ein.

Kontextmenü der Daten ⇨ *„Einfügen"* oder

Werkzeugleiste „Standard" ⇨ *Schaltfläche „Einfügen"* oder

Hauptmenüleiste ⇨ *„Bearbeiten"* ⇨ *„Einfügen"* oder

„Strg + V".

Umbenennen:

Kontextmenü der Daten ⇨ *„Umbenennen"* oder

Hauptmenüleiste ⇨ *„Datei"* ⇨ *„Umbenennen"* oder

„F2" oder

klicken Sie einfach einmal auf den Namen der markierten Datei.

Geben Sie nun den neuen Namen ein. Sie brauchen dabei nicht mehr auf die Dateiendung zu achten. Es wird automatisch die vorherige Dateiendung übernommen, falls Sie die zuvor überschrieben haben. Es ist auch nicht möglich, durch die Eingabe einer anderen Dateiendung den Dateitypen zu verändern.

5.2.2 Erstellung von Daten

Eine der wichtigsten Funktionen von ArcCatalog ist die Generierung neuer Geodaten in den ArcGIS Formaten.

Zur Erstellung von Geodatabases, Feature-Datasets und Feature-Klassen lesen Sie bitte Kapitel 14.1.3. Das Vorgehen ist dabei identisch, unabhängig davon, ob Sie die neuen Dateien in ArcCatalog oder im Katalog anlegen.

In Kapitel 14.1.5 erfahren Sie, wie Sie Schritt für Schritt ein neues Shapefile anlegen.

5.2.3 Änderung der Dateneigenschaften

Neben der Neuerstellung von Geodaten besteht in ArcCatalog auch die Möglichkeit, die Eigenschaften bereits bestehender Geodaten (insbesondere Shapefiles und Geodatabase-Feature-Klassen) oder Tabellen abzurufen und teilweise zu ändern. Rufen Sie dazu über *Kontextmenü der zu ändernden Datei"* ⇨ *„Eigenschaften..."* das Dialogfenster „Eigenschaften: Shapefile" bzw. „Eigenschaften: Feature-Class" auf. Wenn dort direkt das Shape oder die Feature-Klasse markiert wurde, kann das Kontextmenü nur im Kataloginhaltsverzeichnis und nicht im Kartenfenster geöffnet werden.

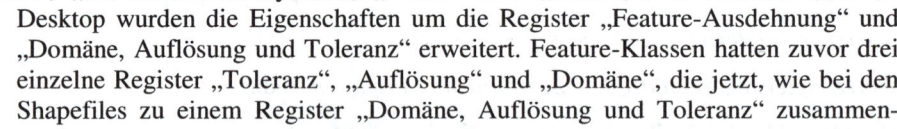

Ursprünglich bestanden die Eigenschaften der Shapefiles aus den vier Registern „Allgemein", „XY-Koordinatensystem", „Felder" und „Indizes". In ArcGIS 10.1 for Desktop wurden die Eigenschaften um die Register „Feature-Ausdehnung" und „Domäne, Auflösung und Toleranz" erweitert. Feature-Klassen hatten zuvor drei einzelne Register „Toleranz", „Auflösung" und „Domäne", die jetzt, wie bei den Shapefiles zu einem Register „Domäne, Auflösung und Toleranz" zusammengefasst wurden. Zusätzlich zu den Registern der Shapefile-Eigenschaften sind in den Eigenschaften der Feature-Klasse noch die Register „Beziehungen", „Subtypes", „Repräsentationen" und – neu in ArcGIS 10.1 for Desktop – „Editor-Tracking".

Im Register „Allgemein" kann ein Aliasname für die Datei vergeben werden. Bei einem Aliasnamen handelt es sich um eine Namensalternative, die verwendet wird, um einem Element eine benutzerfreundlichere Bezeichnung zu geben. Im Fall von ArcGIS taucht der

Aliasname u. a. im ArcMap Inhaltsverzeichnis (siehe Kapitel 6.1.5) anstelle des eigentlichen Dateinamens auf. Der Bereich Anlagen gibt Auskunft darüber, ob diese Feature-Klasse Anlagen enthalten oder nicht (siehe Kapitel 6.1.4.3).

Im Register „XY-Koordinatensysteme" können Sie Ihrem Shapefile bzw. Ihrer Geodatabase-Feature-Klasse ein neues räumliches Bezugssystem zuweisen. Beachten Sie, dass Feature-Klassen, die sich in einem Feature-Dataset befinden, automatisch das Koordinatensystem ihres Feature-Datasets übernehmen (vgl. Kapitel 7.2.2). Sie können bei solchen Feature-Klassen das Koordinatensystem nur ändern, indem Sie es in den Eigenschaften des Feature-Datasets neu festlegen.

Im Register „Felder" können Sie den Sachdaten Ihres Shapefiles oder Ihrer Geodatabase-Feature-Klasse ein neues Attributfeld hinzufügen. Klicken Sie dazu auf die oberste freie Zelle der Spalte „Feldname" und geben Sie einen Namen ein. Bitte verwenden Sie hierbei keine Leer- oder Sonderzeichen. Definieren Sie rechts daneben abschließend den Datentyp. Zum Thema Datentypen lesen Sie bitte Kapitel 14.7.5.

Durch das Erstellen von sog. „Indizes" im gleichnamigen Register können Sie Datenabfragen und damit Ihre Arbeit in ArcMap im Allgemeinen deutlich beschleunigen. Grundsätzlich lassen sich zwei Index-Typen unterscheiden: Räumlicher Index und Attribut-Index. In Geodatabase-Feature-Klassen wird automatisch ein räumlicher Index erzeugt und aktuell gehalten. Wenn Sie für Shapefiles einen räumlichen Index erstellen wollen, können Sie dies im Register „Indizes" mit der Schaltfläche „Hinzufügen" erledigen.

Im Fall einer Geodatabase-Feature-Klasse ist das Erstellen eines Attribut-Index über die Schaltfläche „Hinzufügen..." möglich. Diese öffnet ein Dialogfenster, in dem Sie aus einer Liste von zur Verfügung stehenden Attributen diejenigen auswählen können, für die Sie einen Index erzeugen wollen. Ein räumlicher Index wird bei Geodatabase-Feature-Klassen immer automatisch erstellt und aktualisiert.

„Feature-Ausdehnung": Darüber werden die minimalen und maximalen zulässigen Koordinatenwerte für die Features einer Feature-Klasse definiert. Neben den X- und Y-Werten kann auch die Ausdehnung für die Z- und M-Werte festgelegt werden. Die Eingabe kann per Hand eingetippt werden, wenn die Angaben bekannt sind. Alternativ kann die Ausdehnung über die Schaltfläche „Importieren" auch von einer anderen Feature-Klasse importiert werden. Die Schaltfläche „Neu berechnen" rechnet die Ausdehnung basierend auf der Feature-Klasse aus.

„Domäne, Auflösung und Toleranz": Die Zusammenfassung der drei Register „Domäne", „Auflösung" und „Toleranz".

Im Bereich „Domäne" wird die maximal gültige räumliche Ausdehnung angezeigt.

Der Wert der XY-Auflösung im Bereich „Auflösung" wird beim Anlegen der Feature-Klasse bzw. des Feature-Datasets definiert und kann nachträglich nicht mehr angepasst werden. Alle Koordinaten einer Feature-Klasse werden in einem zugrunde liegenden Koordinaten-Raster gefangen. Die Auflösung ist die Zellengröße dieses Rasters. Der Standardwert beträgt bei metrischen Koordinatensystemen 0,001 m (1 mm). Eine Verringerung der Auflösung verkleinert zwar den Speicherbedarf, hat aber Einbußen bei der Genauigkeit zur Folge.

Im Bereich „Toleranz" finden Sie die XY-Toleranz. Bei bestimmten geometrischen Vorgängen wie Validierung der Topologie, Puffer oder Ausschneiden werden Koordinaten, deren Entfernung innerhalb der XY-Toleranz liegen, als lagegleich eingestuft. Dieser Wert wird bereits bei der Erstellung der Feature-Klasse bzw. ihres übergeordneten Feature-Datasets gesetzt (wobei im Normalfall der Standardwert belassen wird) und kann nachträglich nicht verändert werden.

Wie bereits erwähnt, beinhalten Geodatabase-Feature-Klassen zusätzlich zu den eben beschriebenen einige weitere Eigenschaften-Register.

„Editor-Tracking": ArcGIS 10.1 for Desktop ermöglicht es, automatisiert die Daten der Bearbeiter einer Feature-Klasse zu dokumentieren. Ist Editor-Tracking aktiviert, dann werden in der Attributtabelle vier weitere Spalten hinzugefügt (wenn nicht bereits welche erstellt wurden), in denen der Benutzername des Feature-Erstellers, die dazugehörige Uhrzeit und der Benutzername des Feature-Bearbeiters (falls ein Feature nachträglich verändert wird) – ebenfalls mit der passenden Uhrzeit – hinterlegt werden. Sind bereits die nötigen vier Spalten vorab der Feature-Klasse hinzugefügt worden, dann kann über das Dialogfenster „Eigenschaften: Feature-Class" die Funktion aktiviert werden. Alternativ kann über das Kontextmenü der Feature-Klasse („*Verwalten*" ➪ *Editor-Tracking aktivieren...*") gestartet werden, wodurch automatisch die vier Spalten generiert werden (siehe Abb. 70).

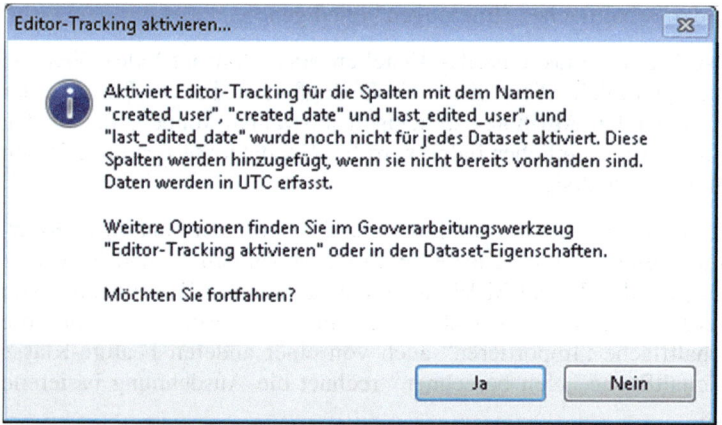

Abb. 70: Aktivieren der Editor-Tracking-Funktion

Worum es sich bei den sog. „Subtypes" handelt und wie Sie im gleichnamigen Register definiert werden können, erfahren Sie in Kapitel 7.3.7 und Kapitel 14.6.2.2.

Im Register „Beziehungen" sehen Sie in einer Liste die eventuell vorhandenen Beziehungsklassen, denen die Feature-Klasse angehört. Zum Thema Beziehungen und Beziehungsklassen lesen Sie bitte Kapitel 7.2.4.

„Repräsentationen" können im gleichnamigen Register für die Feature-Klasse neu erzeugt, verändert und gelöscht werden, sofern Sie über eine ArcGIS for Desktop Standard oder ArcGIS for Desktop Advanced Lizenz verfügen. (Kartographische) Repräsentationen sind Symbolregeln, mit denen die kartographische Darstellung von Features beeinflusst werden kann. Woraus sie bestehen und wie sie angelegt werden, erfahren Sie in Kapitel 7.3.12 sowie in Kapitel 14.11.

5.2.4 Export von Daten

Der Export von Daten von einem in ein anderes Format ist insbesondere bei Projekten mit Ausgangsdaten unterschiedlicher Herkunft eine Aufgabe, mit der der Bearbeiter häufig konfrontiert wird. Um dieser Tatsache Rechnung zu tragen, finden Sie in den Kontextmenüs der Geodaten im Inhaltsverzeichnis das Untermenü „Exportieren", das, abhängig vom Datentypus, Einträge zur Konvertierung der Daten in verschiedene gängige Formate enthält. Shapefiles beispielsweise können in Geodatabase-Feature-Klassen, CAD-Formate oder ein Coverage exportiert werden. Weitere Möglichkeiten zur Datenkonvertierung finden Sie in der ArcToolbox (Kapitel 9).

5.2.5 Anbindung einer externen Tabelle per OLE (Beispiel Excel-Tabelle)

Sie können mithilfe von OLE DB-Providern Daten aus Datenbanken abrufen. Der Begriff „OLE" ist die Abkürzung für „**O**bject **L**inking and **E**mbedding" (Objekt-Verknüpfung und -Einbettung). ArcCatalog kommuniziert mit allen OLE DB-Providern, wobei jeder Provider mit einer anderen Datenbank kommuniziert. Dieser Standard ermöglicht Ihnen die Arbeit mit Daten aus jeder beliebigen Datenbank im Katalog auf die gleiche Art und Weise. Beispielhaft soll hier der Zugriff auf eine Excel-Tabelle gezeigt werden.

Die Funktion „Hinzufügen: OLE-DB-Verbindung" ist seit ArcGIS 10.1 for Desktop nicht mehr standardmäßig über die Benutzeroberfläche zu erreichen, sondern muss dieser erst hinzugefügt werden. Wie die Werkzeugleisten benutzerdefiniert angepasst werden, wird in Kapitel 6.1.4.32 erklärt. Die Funktion befindet sich in der Kategorie „ArcCatalog" (nur im ArcCatalog verfügbar) und heißt „OLE-DB-Verbindung hinzufügen". Mit einem Doppelklick gelangen Sie in das Dialogfenster „Datenverknüpfungseigenschaften". Dort wählen Sie aus der Liste „OLE DB-Provider" den Eintrag „Microsoft OLE DB Provider for ODBC Drivers" aus. Über die Schaltfläche „Weiter >>" gelangen Sie in das Register „Verbindung". Aktivieren Sie die Option „Verbindungszeichenfolge verwenden" und klicken auf die Schaltfläche „Erstellen…". Im nun erscheinenden Dialogfenster „Datenquelle auswählen" wählen Sie das Register „Computerdatenquelle". Dort markieren Sie als Datenquelle den Eintrag „Excel Files" (muss ggf. erst neu hinzugefügt werden). Mit der Schaltfläche „OK" können Sie nun eine Excel-Tabelle (Arbeitsmappe) auswählen. Anschließend klicken Sie zweimal auf die Schaltfläche „OK". Damit haben Sie eine OLE-DB-Verbindung erstellt, der Sie noch einen Namen geben können. Diese OLE-DB-Verbindung stellt quasi einen Ordner dar, der die entsprechende Tabelle enthält. Diese können Sie dem Inhaltsverzeichnis von ArcMap per Drag & Drop hinzufügen. Um zuverlässig eine Verbindung herstellen zu können, sollten die Spaltennamen in der Excel-Tabelle keine Leerzeichen und Sonderzeichen enthalten (die Umlaute Ü, ü, Ä, ä und Ö, ö können verwendet werden). Außerdem sollten die Spaltennamen nicht mit einer Zahl beginnen.

6 ArcMap

ArcMap ist die zentrale Anwendung von ArcGIS, die unter anderem der Erstellung und Visualisierung von Karten, dem Druck und Export von Layouts, dem Durchführen von lagebezogenen Analysen und Abfragen, Tabellenoperationen und dem Editieren von Geometrie- und Sachdaten dient. Durch die Implementierung der ArcToolbox mit einer visuellen Modellierungsumgebung und der Möglichkeit der Skripterstellung per Befehlszeile, wie es aus ArcGIS for Desktop Advanced Workstation bekannt ist, steht mit ArcMap eine sehr mächtige Geoverarbeitungsumgebung zur Verfügung.

Zum Start von ArcMap stehen Ihnen – analog zum Öffnen von ArcCatalog (Kapitel 5) – mehrere Wege offen. ArcMap kann über den Eintrag ArcGIS im Startmenü („*Start"* ⇨ *„Programme"* ⇨ *„ArcGIS"* ⇨ *„ArcMap"* – bei Windows Vista & Windows 7 heißt der Eintrag im Startmenü „Alle Programme" – die restliche Pfadangabe bleibt gleich) gestartet werden. Auch von ArcCatalog aus kann ArcMap gestartet werden, und zwar über *Werkzeugleiste „Standard"* ⇨ *Schaltfläche „ArcMap starten"*.

6.1 Die ArcMap Benutzeroberfläche

Wenn Sie ArcMap starten, erscheint direkt zu Beginn das Dialogfenster „ArcMap – Erste Schritte" (siehe Abb. 71). Sollte ArcMap nicht mit einer MXD geöffnet worden sein, können Sie entweder eine der Standardvorlagen verwenden oder ein leeres Kartenprojekt erstellen. Sollten mit ArcMap bereits MXDs bearbeitet worden sein, dann können Sie auch aus den letzten, geöffneten Kartendokumenten auswählen. Im rechten Übersichtsfenster des Startdialogs sehen Sie (wenn vorhanden) immer ein kleines Vorschaubildchen. Das ist v. a. bei der Auswahl der bereits vorhandenen Vorlagen praktisch. Auch die Vorlagen werden seit ArcGIS 10 als MXD-Datei gespeichert, das Format MXT wird nicht mehr unterstützt (vorhandene MXT-Dateien können zwar noch geöffnet werden, es können aber keine neuen mehr erstellt werden). Wenn Sie ein neues Kartenprojekt erstellen (egal, ob aus einer Vorlage oder als leere Karte), dann haben Sie direkt im Startdialog die Möglichkeit, den Ort der Standard-Geodatabase zu bestimmen. Mehr zum Sinn und Zweck der Standard-Geodatabase finden Sie in Kapitel 6.1.6. Wenn Sie den Start-Assistenten nicht mehr bei jedem Start eingeblendet bekommen möchten, dann aktivieren Sie einfach die Option „Diese Meldung in Zukunft nicht mehr zeigen". Dadurch wird direkt ArcMap gestartet, ohne dass zuvor das Dialogfenster „ArcMap – Erste Schritte" geöffnet wird. Das können Sie in den ArcMap-Optionen auch wieder rückgängig machen (*Hauptmenüleiste* ⇨ *„Anpassen"* ⇨ *„ArcMap-Optionen…"* ⇨ *Registerkarte „Allgemein"*).

 Tipp: Neue Vorlagen können erstellt werden, indem Sie Ihr Kartenprojekt im jeweiligen Ordner des Windows-Benutzers speichern (<u>ältere Windows-Versionen:</u> C:\Dokumente und Einstellungen\<Benutzer>\Anwendungsdaten\Esri\ArcMap\Templates; <u>Windows Vista & 7:</u> C:\Benutzer\<Benutzer>\Anwendungsdaten\Roaming\Esri\Desktop10.1\ArcMap\Templates). Dort können Sie außerdem neue Kategorien bilden, indem Sie ein neues Verzeichnis anlegen. Die MXDs, die dann innerhalb des neuen Ordners generiert werden, werden Ihnen dann im Startdialog auch unter der neuen Kategorie angezeigt. Da dieser Ordner nur für Ihren Benutzer freigegeben ist, können andere Benutzer nicht auf diese Vorlagen zugreifen. Möchten Sie eine Vorlage für alle Benutzer des Computers erstellen, dann speichern Sie die MXD unter C:\Programme\-ArcGIS\Desktop10.1\MapTemplates. Den Pfad für die Vorlagen können Sie in den „Advanced ArcMap Settings" verändern (C:\Programme\ArcGIS\Desktop10.1\Utilities\ AdvancedArcMapSettingse.exe). Bei 64-bit-Betriebssystemen ist nicht der Ordner „Programme", sondern der Ordner „Programme (x86)" zu verwenden.

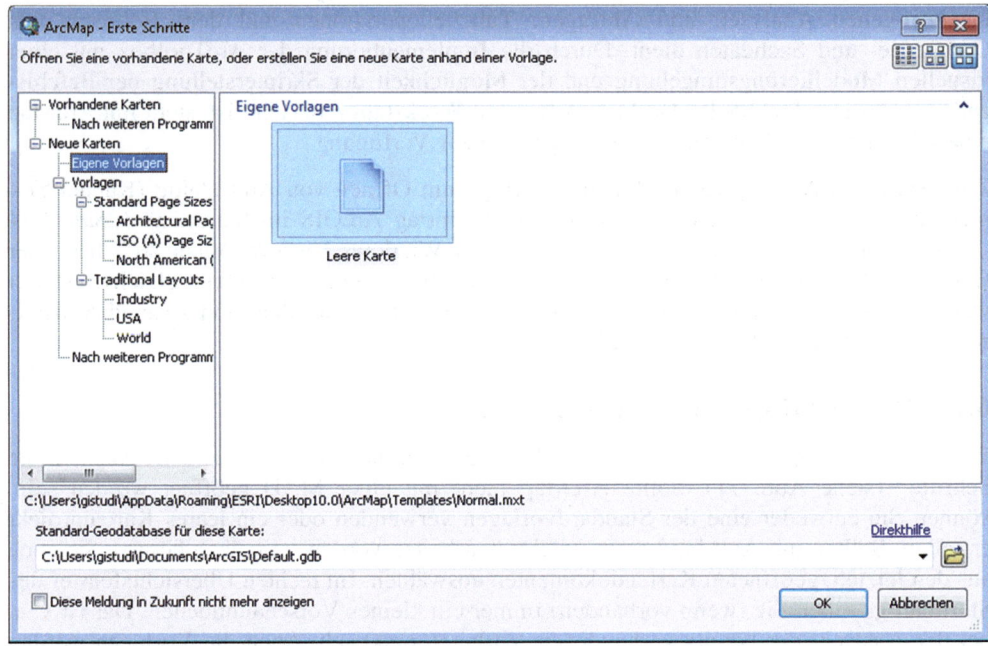

Abb. 71: Startdialog „ArcMap – Erste Schritte"

6.1.1 Aufbau der Benutzeroberfläche

Die ArcMap Desktop Oberfläche (Abb. 72) unterteilt sich in folgende Hauptbereiche:

- Hauptmenüleiste (= Werkzeugleiste „Hauptmenü")
- Werkzeugleisten
- Inhaltsverzeichnis
- Kartenfenster
- Statusleiste

Inhalt und Aufteilung der sehr flexiblen Oberfläche können vom Nutzer ohne Weiteres an die individuellen Bedürfnisse angepasst werden. Über den neuen Andock-Manager sind die Fenster (z. B. das Inhaltsverzeichnis oder der Katalog) wahlweise ab- und zuschaltbar und lassen sich per Drag & Drop im oder um das Kartenfenster herum anordnen (siehe dazu Kapitel 6.1.2). Das Kartenfenster ist das einzige Element in ArcMap, das nicht abschaltbar oder verschiebbar ist.

6.1 Die ArcMap Benutzeroberfläche

 Tipp: Wenn Sie ein Element (z. B. eine Werkzeugleiste) per Drag & Drop auf dem Desktop verschieben, wird es an bestimmten Positionen beim Ablegen automatisch verankert. Um diesen Andock-Manager auszublenden, halten Sie während des Verschiebens die „Strg"-Taste gedrückt.

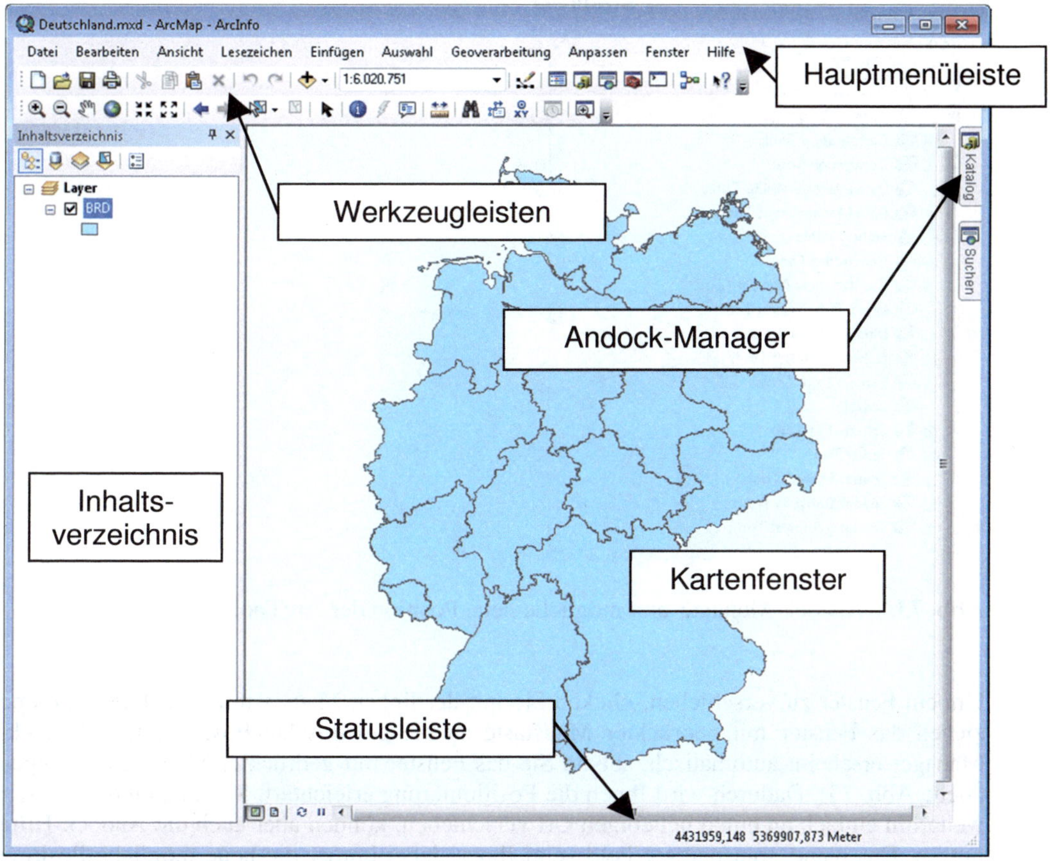

Abb. 72: Überblick ArcMap Desktop Oberfläche

Beachten Sie, dass viele Elemente der ArcMap Oberfläche dieselben Bezeichnungen haben wie die entsprechenden Elemente in ArcCatalog (vgl. Kapitel 5). Beispielsweise gibt es in beiden Anwendungen Inhaltsverzeichnis, Hauptmenüleiste und Statusleiste. In diesem Kapitel beziehen sich alle Bezeichnungen – wenn nicht ausdrücklich anders angegeben – auf die Elemente der ArcMap Oberfläche.

6.1.2 Andock-Manager

Mithilfe des neuen Andock-Managers können Sie die Position und Anzeige einzelner Fenster beeinflussen. Auf diese Weise können Sie Ihre Arbeitsfläche übersichtlicher gestalten und Ihren individuellen Wünschen anpassen.

6 ArcMap

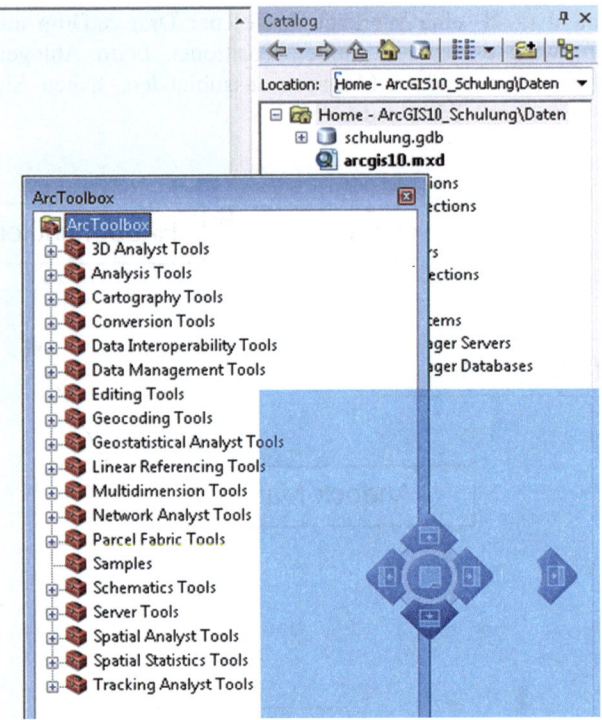

Abb. 73: Andock-Manager und mögliche neue Position der ArcToolbox

Um ein Fenster zu verschieben, klicken Sie mit der linken Maustaste in die Titelleiste und ziehen das Fenster mit gedrückter Maustaste an die gewünschte Position. Der Andock-Manager erscheint automatisch, sobald Sie das Fenster mit gedrückter Maustaste bewegen (siehe Abb. 73). Dadurch wird Ihnen die Positionierung erleichtert. Sie können das Fenster weiterhin einfach an einen beliebigen Ort verschieben, können aber auch die Andock-Hilfe nutzen. Das blaue, transparente Feld zeigt Ihnen dabei immer die neue mögliche Position an. Sobald Sie mit der Maus auf eine der Andock-Manager-Symbole gehen, sehen Sie, dass sich die Position des blauen Fensters anpasst. Welches Symbol Sie gerade ausgewählt haben, erkennen Sie nicht nur an der veränderten Position des blauen Rahmens, sondern auch an einer dunkelblauen Verfärbung des Symbols. Wenn bereits mehrere Fenster geöffnet sind (beispielsweise das Katalog-Fenster und/oder das Inhaltsverzeichnis), dann verändert sich die Position des Andock-Manager-Symbols je nach Ort des Mauszeigers. Dadurch können Sie beeinflussen, ob das zu verschiebende Fenster rechts oder links (bzw. oben oder unten) an das anderen Fenster angedockt werden soll. Wenn Sie das Fenster, welches Sie verschieben möchten, in ein bereits geöffnetes Fenster (beispielsweise Attributtabellen, Katalog-Fenster, Suche oder Inhaltsverzeichnis) ziehen, erscheint zusätzlich zu den vier Richtungs-Symbolen mittig eine zusätzliche Positionierungsoption. Über das neue, mittlere Symbol können Sie das Fenster als zusätzlichen Reiter dem bisherigen Fenster hinzufügen. Am unteren Fensterrand werden ihnen dann die verfügbaren Registerreiter innerhalb des Fensters angezeigt. Das erleichtert Ihnen die Arbeit ein wenig, wenn Sie viele Fenster benötigen. V.a. aber verhindern Sie, dass durch die Dialogfenster Ihre Karte verdeckt wird. Möchten Sie das Fenster ohne Hilfe des Andock-Managers verschieben, dann geht das auch. Dafür brauchen Sie lediglich die Taste „Strg" gedrückt halten.

Als zusätzliche Anzeigeoption können Sie wählen, ob das Fenster – sofern es sich am Rand des Kartenfensters befindet – die ganze Zeit angezeigt werden soll, oder bei Inaktivität „versteckt" wird. Dafür sehen Sie oben rechts in der Titelleiste – neben dem X zum Schließen des Fensters – eine Reißwecke. Diese ist entweder waagerecht, was bedeutet, dass das Fenster am Seitenrand „versteckt" wird oder senkrecht, wodurch das Fenster fest angepinnt und somit immer sichtbar ist. Wenn Sie ein „verstecktes" Fenster wieder öffnen möchten, reicht ein Klick auf das seitlich angebrachte Symbol. Während das Fenster angezeigt wird, können Sie auch die Pin-Einstellung wieder verändern und somit zwischen „versteckt" und angezeigt wechseln.

Alle zweigeteilten Dialogfenster (z. B. das Fenster „Attribute" oder das Fenster „Identifizieren") können Sie jetzt auch in ihrer Darstellung verändern. Sie haben die Wahl, ob die beiden Fensterteile neben- oder übereinander angezeigt werden sollen. Eine weitere Anpassungsmöglichkeit besteht noch darin, den einen Fensterteil auszublenden. Beide Veränderungen der Darstellung erfolgen über das Doppelpfeil-Symbol und das Balken-Symbol zwischen den beiden Fensterteilen.

6.1.3 Hauptmenüleiste

Die Hauptmenüleiste (= Werkzeugleiste „Hauptmenü") wird in ArcMap standardmäßig links oben angezeigt und kann auch nicht mehr per Drag & Drop verschoben oder – wie die anderen Werkzeugleisten – ausgeblendet werden. Es ist jetzt aber möglich, andere Werkzeugleisten neben der Hauptmenüleiste zu platzieren, indem Sie die gewünschte Werkzeugleiste per Drag & Drop dorthin verschieben.

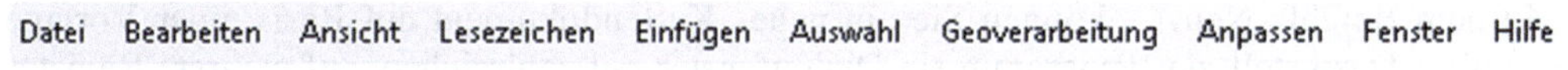

Datei   Bearbeiten   Ansicht   Lesezeichen   Einfügen   Auswahl   Geoverarbeitung   Anpassen   Fenster   Hilfe

Abb. 74:   Die Hauptmenüleiste von ArcMap

Über die Hauptmenüleiste erreichen Sie viele wichtige Befehle und Einstellungen des Programms. Beachten Sie, dass prinzipiell nur diejenigen Menüeinträge aktiviert, d. h. anwählbar sind, deren Ausführung unter den momentan gegebenen Bedingungen möglich ist. So ist etwa der Befehl *Hauptmenüleiste* ⇨ *„Auswahl"* ⇨ *„Feature-Auswahl aufheben"* selbstverständlich nur dann ausführbar, wenn aktuell Features selektiert sind.

6.1.3.1 Menü „Datei"

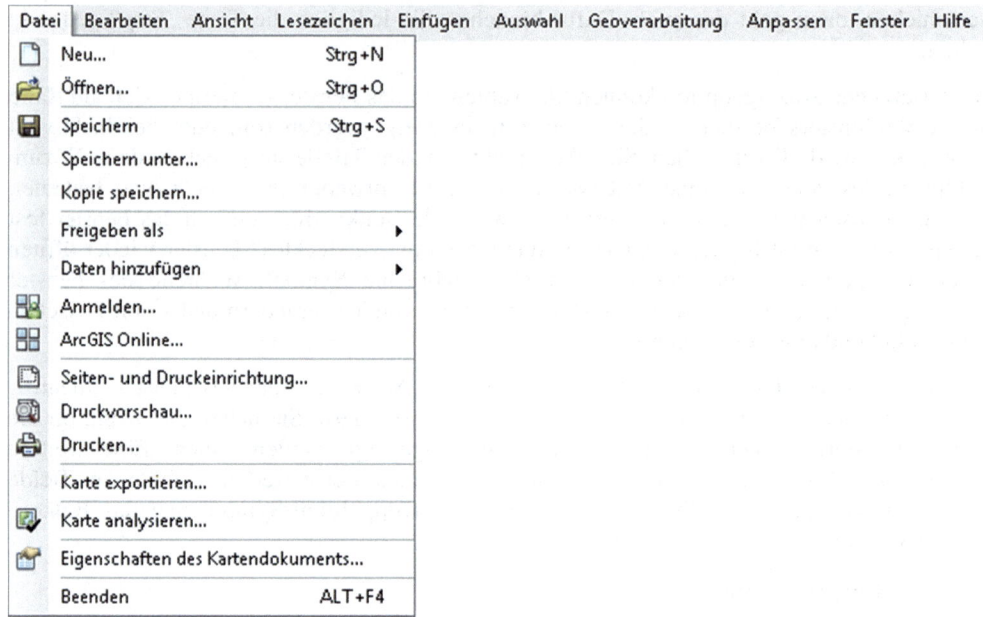

Abb. 75: Das Menü „Datei" in ArcMap

Das Menü „Datei" (Abb. 75) enthält die für Windows-Programme typischen Dateiverwaltungs- und Druckfunktionen sowie eine Liste der zuletzt geöffneten Projekte. Näheres zum Thema Seiten- und Druckeinrichtung lesen Sie in Kapitel 14.8.2.

Mit dem Befehl „Neu..." können Sie ein neues Kartendokument auf Basis einer Vorlage erstellen. Dazu stellt das Programm ein Dialogfenster mit zahlreichen, auf mehrere Register aufgeteilten Vorlagen zur Verfügung. Ein alternative Möglichkeit zum Öffnen eines neuen Dokuments besteht über den Befehl „Neu (STRG + N)" in der Werkzeugleiste „Standard".

Der Befehl „Öffnen..." erlaubt es dem Nutzer, bereits angelegte und gespeicherte ArcMap Kartendokumente (MXD), ArcMap Dokumentvorlagen (MXT) oder mit der Erweiterung „ArcGIS Publisher" (Kapitel 12.3) erzeugte sog. „Published Maps" (PMF) zu öffnen.

Mit „Speichern" wird das Kartendokument inklusive der seit der letzten Speicherung getätigten Veränderungen gespeichert. Beachten Sie, dass mit ArcGIS 10.1 for Desktop gespeicherte Projekte nicht mit älteren ArcGIS Versionen geöffnet werden können. Um Ihre Karten auch mit älteren ArcGIS Versionen bearbeiten zu können, verwenden Sie den Menüeintrag „Kopie speichern..." (s. u.). Hier können Sie eine ältere ArcGIS Version auswählen und das Projekt dazu kompatibel abspeichern. Allerdings gehen dadurch gegebenenfalls im Projekt enthaltene Funktionen von ArcGIS 10.1 for Desktop verloren.

 TIPP: Zu beachten ist aber, dass beim Speichern der ArcMap Projektdatei unter einer früheren Version nur die Einstellungen der MXD abwärtskompatibel sind und nicht die Daten selbst. Eine Geodatabase, die mit der Version 10 oder 10.1 erstellt worden ist, kann nicht mit früheren ArcGIS Versionen geöffnet werden (vgl. Kapitel 7.3.2.1).

Die Funktion „Speichern unter..." erlaubt es, Ihr Dokument an beliebiger Stelle Ihres Systems unter einem frei wählbaren Namen als Kartendokument (MXD) zu sichern. In den Vorgängerversionen von ArcGIS 10 konnten Sie als alternativen Dateityp auch eine Vorlage (MXT) erstellen. Das ist nicht mehr möglich, allerdings kann sowohl der Startdialog als auch das Dialogfenster „Vorlagen auswählen" (welches Sie über die Werkzeugleiste „Layout" erreichen) gespeicherte MXDs als Vorlagen verwenden. Dadurch ist ein zusätzlicher Dateityp nicht mehr nötig.

Über den Befehl *Hauptmenüleiste* ⇨ *„Datei"* ⇨ *„Kopie speichern..."* kann ein ArcMap Projekt für ältere ArcGIS Versionen (zurückgehend bis Version 8.3) abgespeichert werden. Dazu wählen Sie im sich öffnenden Dialogfenster im Feld „Dateityp" die entsprechende ArcGIS Version. Beachten Sie, dass bei der Speicherung Funktionen, die im Projekt enthalten sind, aber nicht von der ausgewählten Softwareversion unterstützt werden, gelöscht werden. Mit ArcGIS 9.x erstellte Projekte, Geodatabases und Layerfiles können dagegen mit neueren ArcGIS Versionen in der Regel ohne Konvertierung gelesen werden. Neu hinzugekommene Funktionen stehen dann unter Umständen aber nicht zur Verfügung.

Gleiches gilt entsprechend für die Speicherung von Layern (*.lyr), Toolbox-Dateien (*.tbx) und Published Maps (*.pmf).

Tipp: Mit den oben beschriebenen Speicherfunktionen des Menüs „Datei" werden nur die Einstellungen der Projektdatei (MXD) gespeichert, nicht aber die vom Nutzer in den Geodaten selbst vorgenommenen Änderungen. Diese müssen unbedingt separat gespeichert werden (siehe Kap. 6.1.4.4).

Unter dem Menüpunkt „Freigeben als..." sind zwei Funktionen zusammengefasst worden, die die Freigabe der Geodaten und Projekte vereinfacht.

Für den vereinfachten Austausch von Daten wurde die Option „Kartenpaket ..." (in ArcGIS 10 „Kartenpaket erstellen...") eingeführt. Darüber können Sie eine MPK-Datei erstellen, die es Ihnen ermöglicht, ganze Kartendokumente in einer Datei zu speichern und – wenn gewünscht – auch mit anderen Nutzern über das Internet zu teilen. Die Kartenpakete  können Sie entweder durch die Angabe eines Speicherorts auf Ihrem Rechner speichern oder aber direkt – vorausgesetzt Sie sind eingeloggt und haben einen ArcGIS Online Account – im ArcGIS Online Portal. Die Paket-Datei beinhaltet sowohl eine MXD-Datei als auch die Daten, auf die innerhalb des ArcMap-Projekts verlinkt wird. Neben der Möglichkeit, Karten auf diese Weise leicht austauschen zu können, bietet die Funktion auch die Möglichkeit der Datenarchivierung. Unabhängig von der Nutzung (ob als Austauschformat oder als Archivierung) ist es sinnvoll, über die Dokumenteneigenschaften (*Hauptmenüleiste* ⇨ *„Datei"* ⇨ *„Eigenschaften des Kartendokuments"*) einige beschreibende Informationen zu hinterlegen, da diese mit in dem Kartenpaket gespeichert werden. Manche Angaben sind sogar verpflichtend. Der Dialog ist für ArcGIS 10.1 for Desktop komplett überarbeitet worden, wodurch die Eingabe noch fehlender Dokumenteigenschaften und die Freigabe noch deutlich vereinfacht wird (siehe Abb. 76).

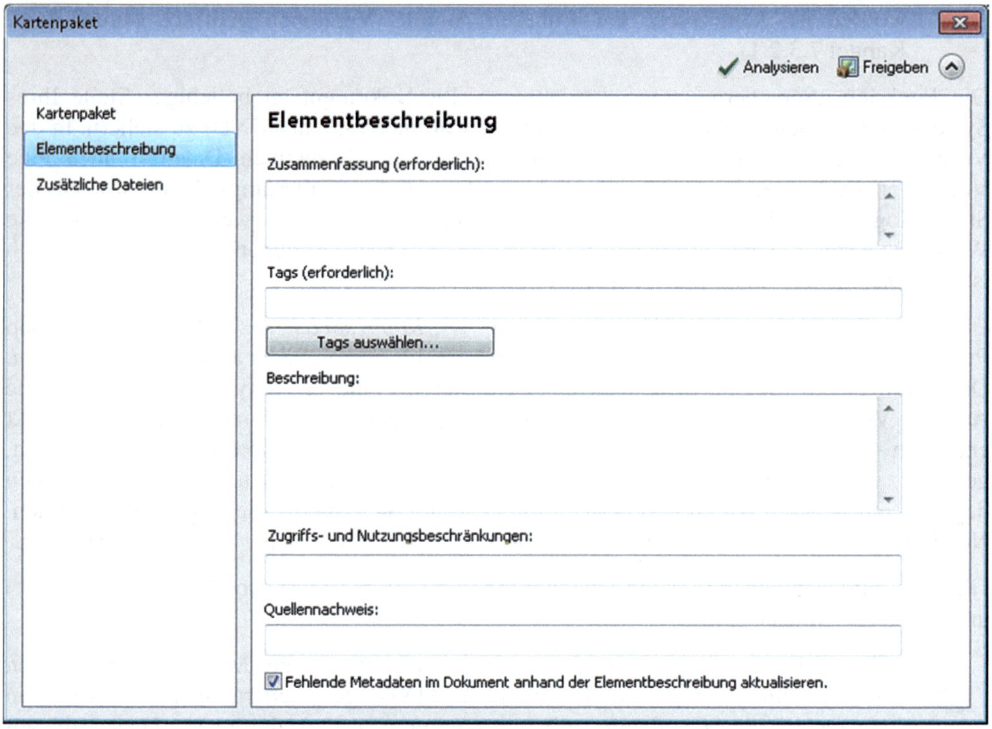

6 ArcMap

Abb. 76: Neues, überarbeitetes Dialogfenster „Kartenpaket"

Im linken Teil des Dialogfensters „Kartenpaket" kann zwischen den drei Einträgen „Kartenpaket", „Elementbeschreibung" und „Zusätzliche Dateien" gewählt werden. Über den ersten Eintrag werden die Angaben zum Speicherort festgelegt. Die Dokumentation des Kartenpakets, also die Zusammenfassung, beschreibende Tags etc. erfolgt im Bereich „Elementbeschreibung". Neu ist auch die Möglichkeit, dem Kartenpaket noch zusätzliche Dateien hinzuzufügen (bspw. ein PDF), was über den Punkt „Zusätzliche Dateien" geschieht.

„Freigeben als -> Service…": Ein aktuelles Kartenprojekt kann seit ArcGIS 10.1 for Desktop direkt in ArcMap über ArcGIS Server for Desktop veröffentlicht werden. Bei Auswahl der Funktion „Service…" öffnet sich ein Assistent, der durch den Veröffentlichungsprozess führt (siehe Abb. 77). Der Assistent bietet drei Auswahlmöglichkeiten:

- „Service veröffentlichen",
- „Service-Definitionsdatei speichern" und
- „Vorhandenen Service überschreiben".

6.1 Die ArcMap Benutzeroberfläche

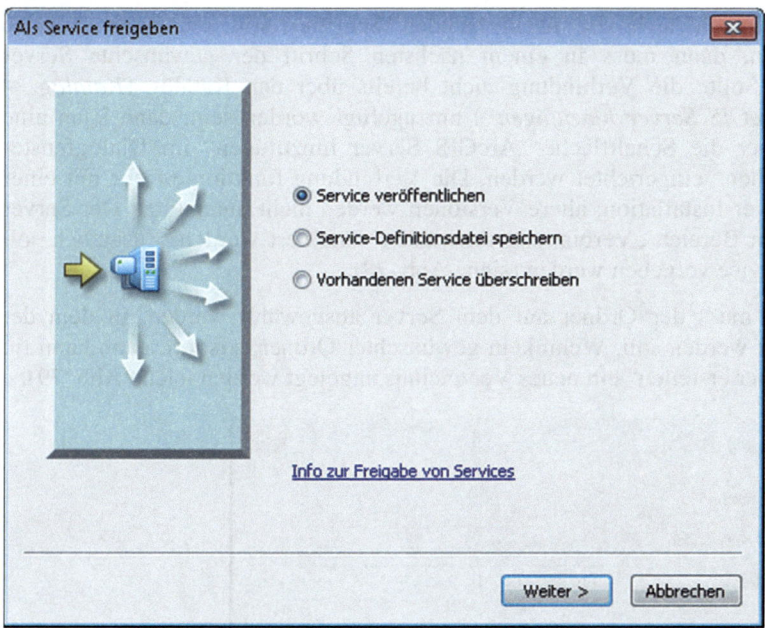

Abb. 77: Assistent zur Veröffentlichung von Services auf ArcGIS for Server

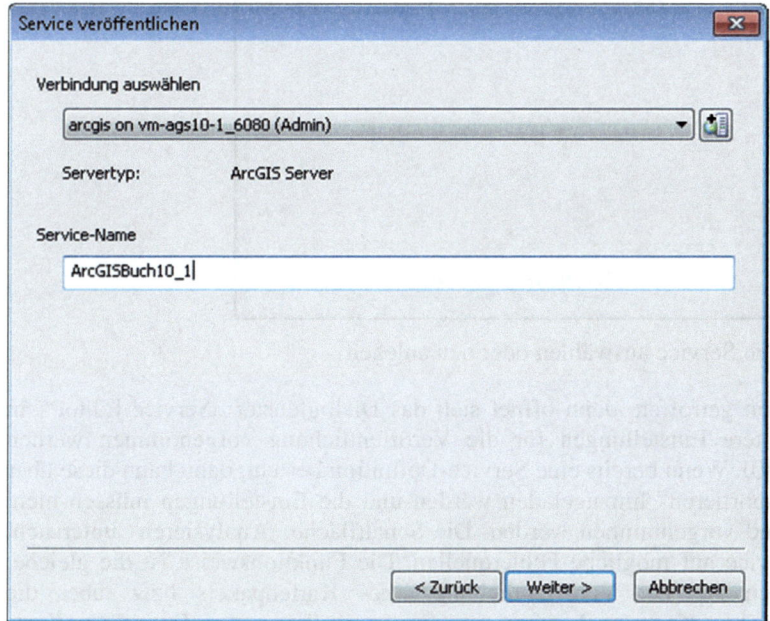

Abb. 78: Auswahl der Verbindung zum Server

6 ArcMap

 Je nach Auswahl ändern sich die nachfolgenden Schritte. Soll ein neuer Service veröffentlicht werden, dann muss in einem nächsten Schritt der gewünschte Server ausgewählt werden. Sollte die Verbindung nicht bereits über den Katalog (*Katalog* ⇨ *„GIS-Server"* ⇨ *„ArcGIS Server hinzufügen"*) hinzugefügt worden sein, dann kann eine neue Verbindung über die Schaltfläche „ArcGIS Server hinzufügen" im Dialogfenster „Service veröffentlichen" eingerichtet werden. Die Verbindung funktioniert nur mit einer ArcGIS 10.1 for Server Installation, ältere Versionen werden nicht unterstützt. Der Server kann anschließend im Bereich „Verbindung auswählen" markiert werden. Zusätzlich soll ein Name für den Service vergeben werden (siehe Abb. 78).

Im Anschluss daran muss der Ordner auf dem Server ausgewählt werden, in dem der Service veröffentlicht werden soll. Wenn kein gewünschter Ordner existiert, dann kann im Bereich „Neuen Ordner erstellen" ein neues Verzeichnis angelegt werden (siehe Abb. 79).

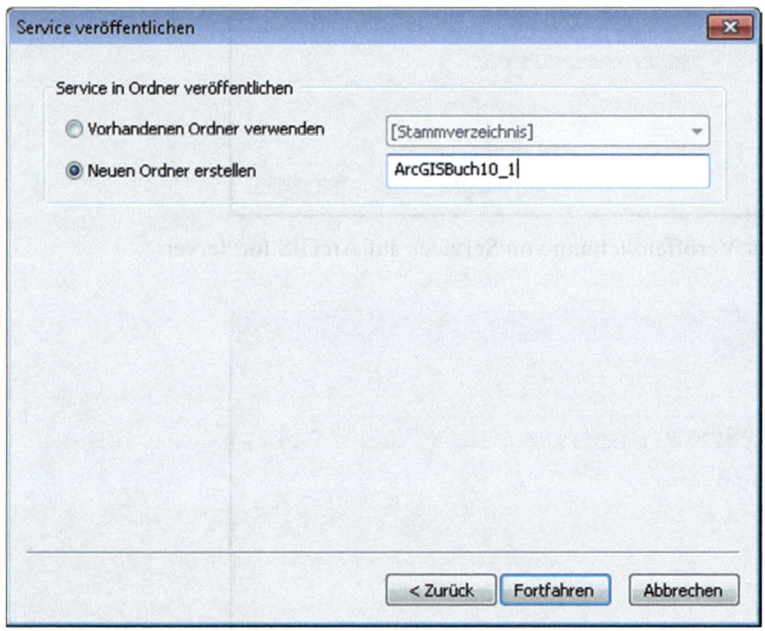

Abb. 79: Order für den Service auswählen oder neu anlegen

Sind die Einstellungen getroffen, dann öffnet sich das Dialogfenster „Service-Editor", in dem noch viele weitere Einstellungen für die Veröffentlichung vorgenommen werden können (siehe Abb. 80). Wenn bereits eine Service-Definition besteht, dann kann diese über die Schaltfläche „Importieren" hinzugeladen werden und die Einstellungen müssen nicht von Hand vorgenommen werden. Die Schaltfläche „Analysieren" untersucht den Service auf mögliche Fehlerquellen. Die Funktionsweise ist die gleiche, wie auch bei der Veröffentlichung eines Kartenpakets bzw. über die Schaltfläche „Karte analysieren..." (*Hauptmenüleiste* ⇨ *„Datei"* ⇨ *„Karte analysieren..."*). Mithilfe der Schaltfläche „Vorschau" kann vorab kontrolliert werden, ob der Service den Vorgaben entspricht. Sind alle Einstellungen getroffen und die Darstellung entspricht den Vorstellungen, dann kann der Service über die Schaltfläche „Veröffentlichen" freigegeben werden.

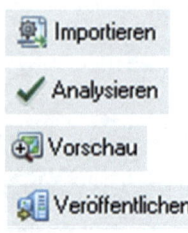

6.1 Die ArcMap Benutzeroberfläche

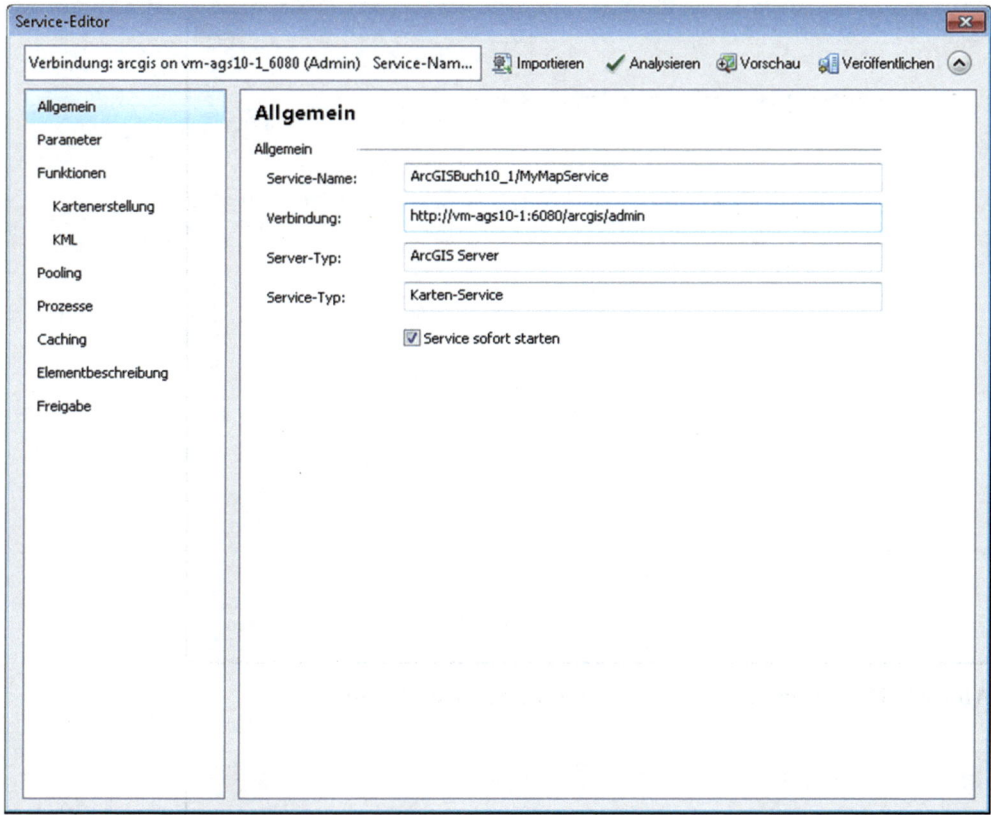

Abb. 80: Dialogfenster „Service-Editor"

Wenn nur die Service-Definitionsdatei erstellt werden soll, ohne, dass ein Service veröffentlicht werden soll, dann muss der Eintrag „Service-Definitionsdatei speichern" im Assistenten angegeben werden. Das Vorgehen entspricht dem der Serviceveröffentlichung, mit dem Unterschied, dass ein Pfad für die *.sd-Datei (Service Definition) angegeben werden muss.

Wird die Auswahl „Vorhandenen Service überschreiben" ausgewählt, dann muss im Dialogfenster „Vorhandenen Service überschreiben" der Service ausgewählt werden, der ersetzt werden soll. Ist die Verbindung zu dem Server noch nicht hergestellt, dann kann diese über die Schaltfläche „ArcGIS Server hinzufügen" angelegt werden. Im unteren Bereich des Dialogfensters werden nach Auswahl des Servers die bereits publizierten Services angezeigt (siehe Abb. 82).

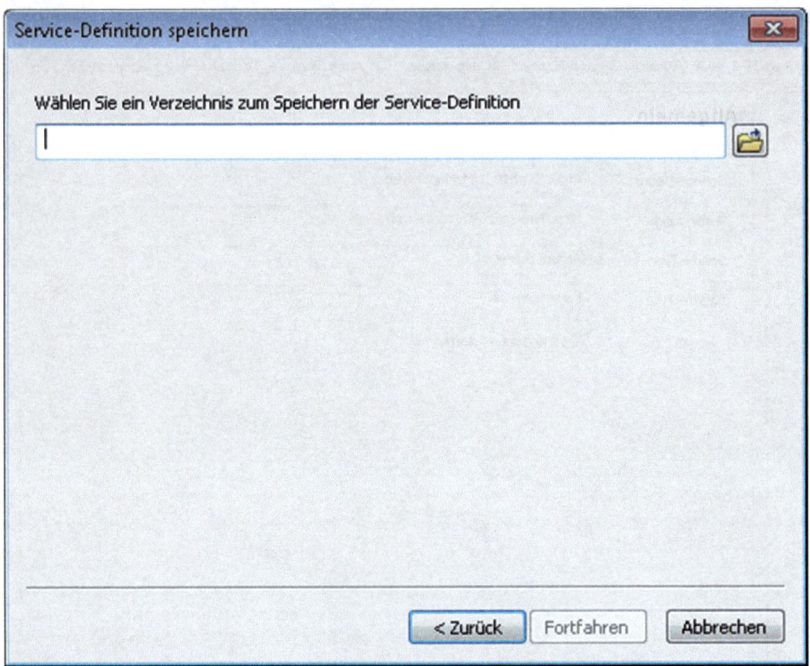

Abb. 81: Definition des Speicherorts für die Service-Definition

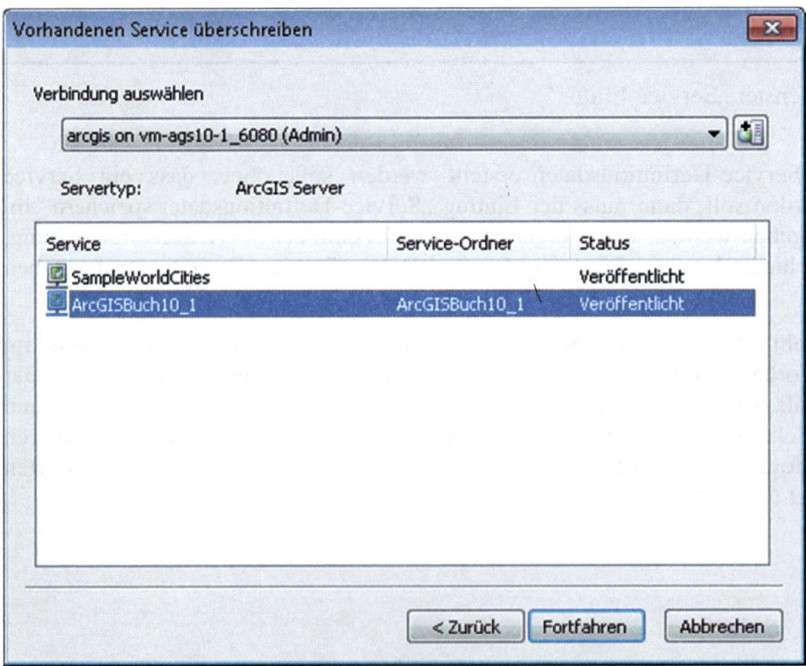

Abb. 82: Dialogfenster „Vorhandenen Service überschreiben"

Mit dem Befehl „Daten hinzufügen…" können Sie dem aktiven Datenrahmen Ihres Kartendokuments geographische Daten wie Feature-Klassen, Raster-Datasets oder auch WMS und ArcGIS Online Dienste hinzufügen. Während Sie über die Schaltfläche auf der Werkzeugleiste „Standard" (siehe Kapitel 6.1.4.2) lediglich zwischen drei unterschiedlichen Datenformaten bzw. -quellen wählen können, wurde die Auswahl im Menü noch erweitert. Unter anderem sind auch drei Einträge aus dem nicht mehr vorhandenen Menü „Werkzeuge" hierhin verschoben worden. Nachfolgend werden die einzelnen Untermenüpunkte genauer erläutert.

Über den Untermenüpunkt „Daten hinzufügen…" öffnet sich ein Fenster, über das Sie die benötigten Geodaten auswählen und in das ArcMap Projekt laden können. Über diese Funktion können Sie beispielsweise Shapes, CAD-Daten, Geodatabase-Feature-Klassen oder auch Rasterdateien hinzufügen.

Die neue Funktion „Grundkarte hinzufügen…" ermöglicht es Ihnen, direkt auf Grundkarten von ArcGIS Online und dem Bing-Kartenservice über das Internet zuzugreifen. Für die Nutzung dieser Möglichkeit benötigen Sie eine Internetverbindung. Die zur Verfügung gestellten Daten werden von Esri stetig erweitert und auf dem neuesten Stand gehalten.

Über den Menüeintrag „Daten aus ArcGIS Online hinzufügen…" können Online-Daten direkt und ohne vorherige lokale Speicherung in ArcMap geladen werden. Mit dem Release von ArcGIS 9.3 wurde der bisher als Betaversion laufende Service überarbeitet und als Vollversion freigegeben. Dieser war aber nicht direkt über das Untermenü „Daten hinzufügen" auswählbar, sondern über *Hauptmenüleiste* ⇨ *„Datei"* ⇨ *„Daten von Resource Center hinzufügen…"* (ArcGIS 9.3) bzw. *Hauptmenüleiste* ⇨ *„Datei"* ⇨ *„Daten von ArcGIS Online hinzufügen…"* (ArcGIS 9.3.1). Die angebotenen Karten und Inhalte können als kostenlose Ergänzung der „Data and Maps for ArcGIS" gesehen werden. Zusätzlich zu den von Esri bereitgestellten Daten können Sie auch auf eigene, im Internet verfügbare Daten zugreifen. Wenn Sie einen Account für ArcGIS Online haben, können Sie eigene Dateien ins Internet hochladen oder für andere freigeben. Um über den Menüeintrag auf die eigenen, bzw. freigegebenen Daten zugreifen zu können, müssen Sie sich zuvor eingeloggt haben. Wenn Sie auf „Daten von ArcGIS Online hinzufügen…" klicken, öffnet sich ein zusätzliches Fenster, in dem standardmäßig die Seite „Featured" ausgewählt ist. Sobald Sie eingeloggt sind, stehen Ihnen aber neben dieser Seite auch die Punkte „Eigene Karten und Daten" und „Eigene Gruppen" zur Verfügung (für eine genauere Erklärung von ArcGIS Online siehe Exkurs am Ende des Kapitels).

„XY-Daten hinzufügen…" erstellt einen Punkte-Layer aus Tabellen oder Textdateien, die separate Felder mit X- und Y-Koordinaten enthalten. Der neue Layer beinhaltet für jeden Datensatz der Tabelle einen Punkt, dessen Koordinaten den vorher definierten Einträgen der XY-Datenfelder entsprechen. Ändern Sie die Koordinaten in der Tabelle, so wirkt sich dies auch auf die Lage der Punkte im Kartenfenster aus. Alternativ zu Tabellen kann auch eine Textdatei als Datenquelle dienen, sofern diese klar getrennte Koordinaten-Einträge aufweist.

Mithilfe der „Geokodierung" erstellen Sie mittels Referenzdaten z. B. eine bestehende Tabelle mit Adresse, Postleitzahl und Ort, XY-Koordinaten, die anschließend lagerichtig visualisiert werden können. Die Referenzdaten sind GIS-Feature-Klassen, die die entsprechenden Adressattribute enthalten. Die Referenzdaten müssen in der Regel von Datendienstleistern (z. B. NAVTEQ, Tele Atlas) bezogen werden. Um die Geokodierung durchzuführen, muss vorher in ArcCatalog ein neuer Adressen-Locator erstellt werden, in dem unter anderem die Empfindlichkeit der Schreibweise, „Ortsname-Alias-Tabelle" und bestimmte Ausgabefelder definiert werden können (vgl. auch Kapitel 6.13.2). Mithilfe des neuen Werkzeugs „Locator packen" kann der Adressen-Locator auch zu einem Paket zusammengefasst werden, welches dann (auf ArcGIS Online oder als Dienst eines Servers) freigegeben werden kann.

„Routenereignisse hinzufügen…" erstellt ein Punktereignis auf einer Route oder beschreibt im Fall eines Linienereignisses einen Routenabschnitt. Eine Route ist ein Linien-Layer, der über zusammenhängende Linienteile hinweg diese zu einer Route zusammenfasst (z. B. Buslinien). Diese tragen intern ein Maßsystem, das die Bemaßung einer Route erlaubt. (Die Spalte „Shape" der Attributtabelle enthält als Eintrag „Polyline M"). Seit der ArcGIS Version 9.1 können Routen mit ArcGIS for Desktop Basic nicht nur erstellt, sondern auch analysiert werden. Um Routenereignisse hinzuzufügen, benötigt man eine Routenereignistabelle, die mindestens zwei Felder enthält (Routenkennung und Messwertposition). Mehr zum Thema Routen erfahren Sie in Kapitel 6.10.

Über den Menüeintrag „Abfrage Layer hinzufügen" können Sie eine Datenbankabfrage direkt als Layer in Ihr ArcMap-Projekt hinzuladen. Das betrifft sowohl Daten mit als auch ohne Raumbezug. Da die Daten direkt aus der Datenbank bezogen werden, müssen diese auch nicht in einer Geodatabase hinterlegt sein. Als Ausgabe erhalten Sie eine Tabelle, die als Layer-Datei oder als Layer-Paket (für eine Beschreibung dieses neuen Formats siehe Kapitel 6.1.5.3) gespeichert werden kann. Die Abfrage wird jedes Mal durchgeführt, wenn der Layer verwendet wird. Dadurch wirken sich Änderungen in der Datenbank auch direkt auf den Abfrage-Layer aus. Sollten Sie noch keine Datenbankverbindung eingerichtet haben, dann können Sie das nachholen, indem Sie auf die Schaltfläche „Verbindungen…" klicken. Einerseits sehen Sie in dem Fenster alle bereits hinzugefügten Verbindungen, andererseits können Sie über die Schaltfläche „Neu…" auch eine neue Verbindung einrichten.

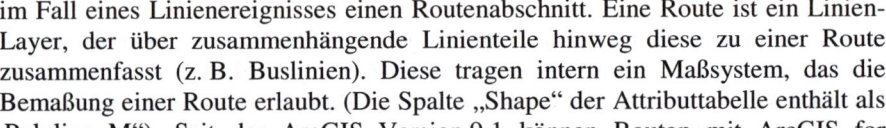

Abb. 83: Hinzufügen einer neuen Datenbankverbindung

Dabei wählen Sie über das Drop-down-Menü „Datenbankplattform" die verwendete Datenbank aus. Je nach Auswahl verändert sich das Dialogfenster „Datenbankverbindung" leicht. Wird „PostgreSQL" als Datenbankplattform ausgewählt, dann muss eine „Instanz" angegeben werden, bei einigen anderen Auswahlmöglichkeiten wird die „Datenquelle" als Eingabe benötigt. Im unteren Teil des Dialogfensters müssen ggf. noch die Zugangsdaten und die „Datenbank" eingetragen werden. Die Einrichtung einer neuen Datenbankverbindung ist für ArcGIS 10.1 for Desktop vereinfacht worden und Administratoren haben jetzt die Möglichkeit, vorab eine Datenbankverbindungsdatei zu erstellen, die dann an den Benutzer weitergegeben werden kann.

Bei erfolgreicher Einrichtung der Datenbankverbindung sehen Sie im Dialogfenster „Neuer Abfrage-Layer" alle verfügbaren Tabellen der Datenbank und – falls bereits eine Tabelle ausgewählt wurde – auch eine Auflistung der Spalten der Tabelle. Wenn Sie bei der PostgreSQL Datenbank PostGIS als zusätzliche Erweiterung installiert haben, dann werden Geometriespalten automatisch von ArcGIS erkannt und können als Geodaten hinzugefügt werden. Um jetzt einen Abfrage-Layer zu erstellen, muss im unteren Teil des Dialogfensters zum einen der Name für den Layer vergeben werden, und zum anderen eine SQL-Abfrage geschrieben werden (siehe Abb. 84).

In dem Beispiel aus Abbildung 84 wird der Abfrage Layer aus der Tabelle „ArcGIS.dbo.ALK_Flurstück" erstellt. Die Tabelle enthält eine Spalte namens „OBJART", aus der alle Einträge (dafür steht das *-Symbol in dem Ausdruck) mit dem Wert „233" in den Abfrage-Layer übernommen werden sollen. Das erreichen Sie über den folgenden SQL-Ausdruck:

```
SELECT * FROM ArcGIS.dbo.ALK_Flurstück WHERE OBJART = 233
```

Über die Schaltfläche „Überprüfen" können Sie noch testen, ob die Abfrage fehlerfrei ist, und ein Name für den neuen Layer angegeben wurde. Mit einem Klick auf „Fertig stellen" wird die neue Tabelle erstellt.

Im Dialogfenster „Seiten- und Druckereinrichtung", welches Sie über den gleichnamigen Menüeintrag erreichen, können Sie sowohl die gewünschten Druckereinstellungen vornehmen als auch das Format des Layouts definieren. Angaben zum verwendeten Drucker und dem Papier (bzw. Papierformat) können Sie in dem Bereich „Druckereinstellung" machen. Im Bereich „Größe der Kartenseite" können Sie festlegen, welche Ausdehnung das Layout haben soll. Ist der Haken bei „Papiereinstellungen des Druckers verwenden" gesetzt, dann können Sie die Größe des Layouts nicht mehr verändern. Falls die Größe des Kartenlayouts von den Papiereinstellungen abweicht, können Sie die Größe auch manuell eintragen. Dafür darf der Punkt „Papiereinstellungen des Druckers verwenden" allerdings nicht mehr angehakt sein. Über dieses Dialogfenster ist es seit der Version ArcGIS 10 über die Schaltfläche „Kartenserien" auch möglich, direkt Kartenserien zu erstellen (mehr Informationen zu Kartenserien finden Sie in den Kapiteln 6.1.4.10 und 14.8.10).

6 ArcMap

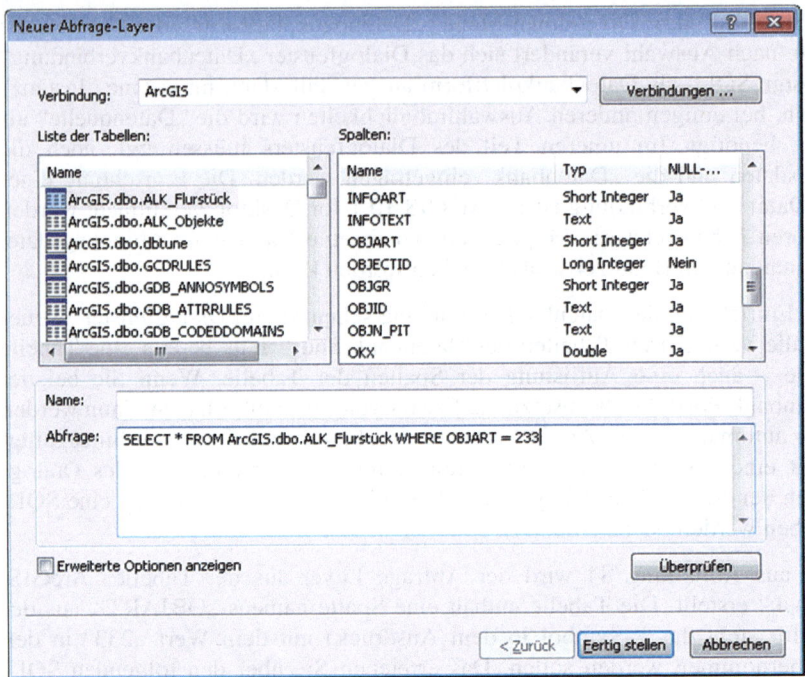

Abb. 84: Dialogfenster „Neuer Abfrage-Layer"

Innerhalb der Druckvorschau können Sie die Druckausgabe mit den von Ihnen getroffenen Layout- und Druckeinstellung vorab ansehen. Auf diese Weise können Sie mögliche Fehler schon vorab erkennen und sparen sich dadurch unnötige Druckvorgänge. Sollte Ihr Layout größere Ausmaße als Ihr gewähltes Papier haben, dann entsteht ein mehrseitiges Dokument. Alle Seiten können über die Schaltflächen „Erste(r)", „Vorherige(r)", „Weiter" und „Letzte(r)" einzeln angesehen und überprüft werden. In eingeschränktem Maß können Sie über „Vergrößern" und „Verkleinern" (alternativ auch durch einen Klick mit der linken Maustaste auf die Vorschau) die Ansicht variieren.

Wenn die Druckausgabe den Anforderungen entspricht, können Sie das Kartenprojekt drucken. Das Dialogfenster „Drucken" bietet noch zusätzliche Einstellungsmöglichkeiten. Über die Schaltfläche „Einrichten…" gelangen Sie wieder zum Dialogfenster „Seiten- und Druckereinrichtung".

Über die Funktion „Karte exportieren…" können Sie Ihr Kartendokument in verschiedene standardisierte Dateiformate überführen, beispielsweise in EPS (Encapsulated PostScript), PDF (Portable Document Format), SVG (Scalable Vector Graphics) oder diverse Rasterdatenformate.

Vor allem der Export ins PDF-Format hat in der Praxis hohe Bedeutung. Entsprechend wurde die Exportfunktion für PDF in ArcGIS 9.* bzw. in ArcGIS 10 weiter verbessert (Hinweis: Die nachfolgenden Ausführungen gelten bei Verwendung einer aktuellen Adobe Reader Version, bei anderer bzw. älterer Software werden die genannten Funktionen möglicherweise nicht unterstützt. Das bezieht sich nicht auf die Erstellung des PDFs, sondern auf mögliche Einschränkungen im Funktionsumfang bei der Betrachtung). So ist es nun möglich, Layer-Listen aus dem Inhaltsverzeichnis beim Export zu berücksichtigen, um im PDF-Dokument ebenfalls die Möglichkeit zu haben, einzelne Layer ein- bzw. auszublenden. Gruppen-Layer und Datenrahmen werden im PDF-Dokument nun ebenfalls gruppiert dargestellt. Einstellungen zum Format des PDFs können im Reiter „Format" vorgenommen werden. Neu ist, dass im Drop-down-Menü Bildkomprimierung zwei neue Komprimierungsverfahren auswählbar sind. Abhängig von der Komprimierung ist zusätzlich der Schieberegler JPEG-Qualität aktiv, über den Sie die Auflösung der Bilder genauer bestimmen können. Zusätzlich ist der Reiter „Seiten" aufgenommen worden, über den Sie den Export von Kartenserien steuern können. Soll das PDF mit einem Kennwort geschützt werden, dann können die dafür nötigen Einstellungen seit ArcGIS 10.1 for Desktop im Register „Sicherheit" vorgenommen werden. Wird das Kontrollhäkchen bei „Funktionen zur PDF-Dokumentsicherheit aktivieren" gesetzt, öffnet sich automatisch das Dialogfenster „PDF-Sicherheit", in dem bspw. ein Kennwort vergeben werden kann (siehe Abb. 85). Im Register „Erweitert" des Export-Dialogfensters kann ebenso ausgewählt werden, die Layer-Liste nicht zu exportieren. Über das gleiche Menü können nun auch Feature-Attribute exportiert werden. Attribute, die nicht exportiert werden sollen, müssen in diesem Fall über die Layer-Eigenschaften, Register „Felder" ausgeblendet werden. Außerdem ist es nun auch möglich, in PDF-Dokumenten einfache Operationen mit Koordinatensystemen durchzuführen (z. B. Anzeige von bzw. Suche nach Koordinaten).

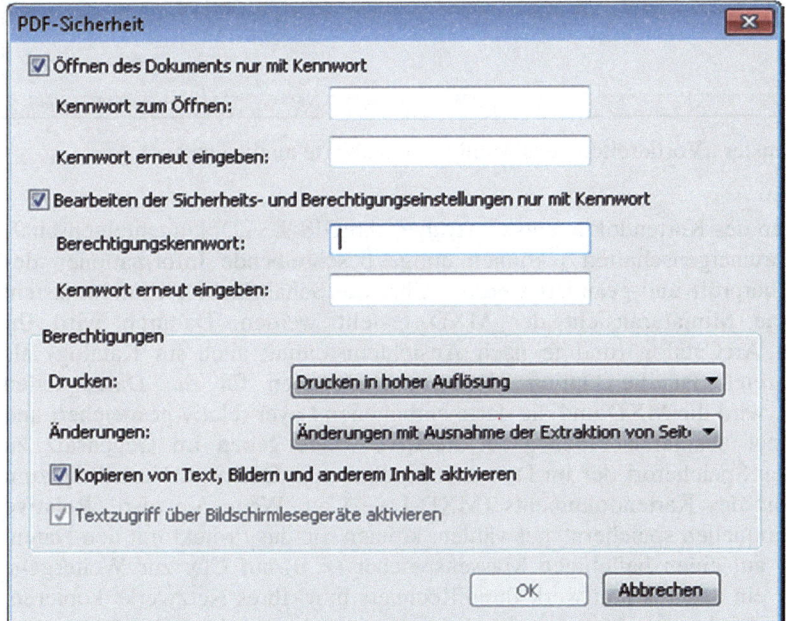

Abb. 85: Dialogfenster „PDF-Sicherheit"

TIPP: Ist für einen Layer in der MXD in den Layer-Eigenschaften eine Transparenz definiert, werden bei der Erzeugung des PDFs alle im Inhaltsverzeichnis darunterliegenden Vektordaten-Layer automatisch aufgerastert. Dies kann sich negativ auf die Qualität des Ziel-PDFs auswirken und vervielfacht u. U. dessen Dateigröße. Verzichten Sie, wenn möglich, in diesem Fall auf die Vergabe von Transparenzen.

Seit ArcGIS 9.3 können Sie Ihre Karten und Layer nun auch in das KML-Format (Keyhole Markup Language) exportieren. Allerdings finden Sie diese Funktionen nicht unter *Hauptmenüleiste* ➪ *„Datei"* ➪ *„Karte exportieren"*, sondern nur über die ArcToolbox. Navigieren Sie darin zu *„Conversion Tools"* ➪ *„Zu KML"* und wählen Sie dort „Layer in KML", um Layer, bzw. „Karte in KML", um Karten in das KML-Format zu exportieren.

„Karte analysieren": Mit „Karte analysieren..." können mögliche Ursachen für Performance-Probleme gefunden werden. Als Ergebnis liefert die Funktion eine tabellarische Auflistung aller potenziellen Fehlerquellen. Innerhalb dieses Fensters („Vorbereiten") können Sie jedes Resultat einzeln bearbeiten und ggf. beheben. Es wird zwischen Fehlern, Warnungen und Meldungen unterschieden. Eine mögliche Problemlösung für die einzelnen Meldungen wird im Kontextmenü vorgeschlagen.

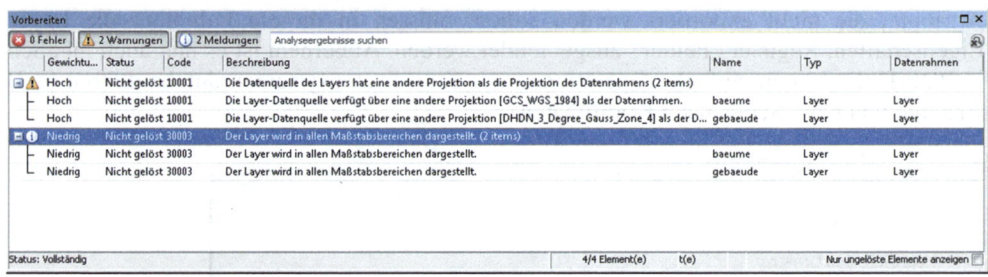

Abb. 86: Dialogfenster „Vorbereiten" des Menüpunkts „Karte analysieren..."

Unter „Eigenschaften des Kartendokuments..." (früher: ArcGIS 9.3 „Dokumenteigenschaften...", vorher „Karteneigenschaften") können einige beschreibende Informationen des Kartendokuments überprüft und geändert werden. Über die Schaltfläche „Miniaturansicht erstellen" kann eine Miniaturansicht der MXD erstellt werden. Dadurch wird Ihr Kartendokument in ArcCatalog (und je nach Ansichteinstellung auch im Katalog) als Vorschaubild angezeigt. Ist die Option „Relative Pfadnamen für die Datenquellen speichern" aktiviert, wird die MXD und die darin enthaltenen Layer relativ gespeichert und nicht mehr mit einer absoluten Pfadangabe. Relative Pfade geben im Gegensatz zu absoluten Pfaden den Speicherort der im Dokument enthaltenen Daten im Verhältnis zum aktuellen Speicherort des Kartendokuments (MXD-Datei) an. Wenn Sie also „Relative Pfadnamen für Datenquellen speichern" auswählen, können Sie das Projekt mit den Daten, auf die es zugreift, auf einen beliebigen Massenspeicher (z. B. auf CD, zur Weitergabe eines Projekts) oder ein anderes Laufwerk Ihres Rechners bzw. Ihres Netzwerks kopieren, ohne dass Sie die Pfade der Layer unter *Kontextmenü des Layers* ➪ *„Daten"* ➪ *„Datenquelle reparieren..."* anschließend neu definieren müssen (siehe dazu auch Kapitel 6.1.5.3). Voraussetzung dafür ist allerdings, dass sich die im Projekt aufgerufenen Daten entweder im gleichen Ordner wie die MXD oder in einem Verzeichnis unterhalb des Ordners mit der MXD befinden.

Tipp: Auf älteren, weniger leistungsfähigen Systemen können Sie den Zeitraum, den ArcMap zum Speichern Ihres Projekts benötigt, auf ein Minimum reduzieren, indem Sie die Funktion „Miniaturansicht mit Karte speichern" deaktivieren (gilt nur bis Version 9.3.1).

Der Befehl „Beenden" schließt die Anwendung ArcMap.

Exkurs: ArcGIS Online

Die Einbindung einer Onlineplattform wurde schon unter ArcGIS 9.3.1 begonnen, wird aber stetig weiter ausgebaut. Über die Schaltfläche „Daten hinzufügen" öffnete sich bisher direkt ein Dialogfenster, über welches Sie die gewünschten Geodaten hinzufügen konnten. Jetzt haben Sie zusätzlich die Möglichkeit, direkt Daten von dem Onlinedienst ArcGIS Online (www.arcgis.com) dazu zu laden. Außerdem ist ArcGIS Online gut geeignet, um Geodaten auszutauschen. Die Paket-Formate (Kartenpakete, Locator-Paket, Geoverarbeitungspaket oder Layer-Pakete) erleichtern den Datenaustausch zusätzlich, da alle Geodaten, Styles etc. in einer Datei zusammengefasst sind. Auf ArcGIS Online werden neben den eigenen Geodaten (die Sie auch für andere Nutzer freigeben können) auch viele andere Geodaten zur Verfügung gestellt. Das erfolgt einerseits über Esri selbst, die beispielsweise einen großen Teil der Data and Maps for ArcGIS auch online zugänglich machen, andererseits aber auch durch die anderen Nutzer des ArcGIS Online Services.

Die Internetseite kann erst dann in vollem Funktionsumfang genutzt werden, wenn Sie auch einen Account für den Onlinedienst angelegt haben. Mit einem für ArcGIS Online registrierten Esri Global Account (kostenlos) ist eine eingeschränkte Nutzung möglich, der volle Leistungsumfang ist in den meisten Fällen mittlerweile kostenpflichtig. ArcGIS Online bietet Ihnen die Möglichkeit (auch ohne Login), die über ArcGIS Online erstellten und die von Esri und anderen Nutzern veröffentlichten Karten anzusehen. Sollten Sie bereits einen eigenen ArcGIS Online Zugang haben, dann können Sie den bereitgestellten Daten auch weitere Layer hinzufügen oder – ausgehend von einer Grundkarte – eine ganz eigene Karte erstellen (und speichern) und auf Wunsch auch einer breiteren Öffentlichkeit zugänglich machen. Sie können für jede Karte entscheiden, ob Sie diese für jeden Nutzer online sichtbar machen möchten oder nur für einen kleineren Kreis. Zu diesem Zweck können Sie eigene Gruppen anlegen bzw. bereits existierenden beitreten (was teilweise nur auf Einladung möglich ist) und somit nur der Gruppe oder einzelnen Mitgliedern Daten freigeben. Das bietet sich beispielsweise für einzelne Projekt- oder Arbeitsgruppen an, um auf diesem Weg leicht Daten zwischen den Beteiligten austauschen zu können. Neben Karten- oder Layern können über das Portal auch bspw. ganze Geoverarbeitungspakete. Sie können bestimmte Daten auch nur für einzelne Teilnehmer der Gruppe freigeben. Der große Vorteil bei der Arbeit mit ArcGIS Online besteht aber darin, dass man sich auch direkt innerhalb von ArcMap einloggen kann und dadurch innerhalb von ArcMap Zugriff auf die Daten von ArcGIS Online hat (siehe Abb. 87). Das bezieht sich nicht nur auf die selbst hochgeladenen oder erstellten Geodaten, sondern auch auf die Geodaten der Gruppen, in denen Sie Mitglied sind. Sie sehen, dass nicht nur Informationen über die ausgewählten Geodaten angezeigt werden, sondern über das Symbol „Daten hinzufügen" – das wie gewohnt durch ein schwarzes Kreuz auf gelbem Hintergrund dargestellt wird – auch direkt die ausgewählte Datei in Ihr ArcMap-Projekt geladen werden kann.

6 ArcMap

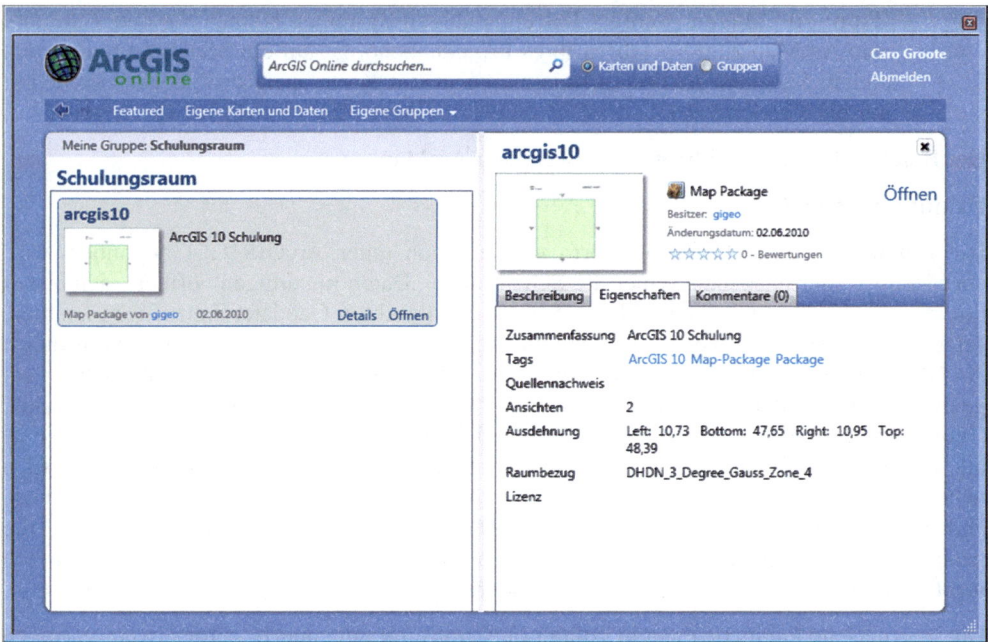

Abb. 87: ArcGIS Online innerhalb von ArcMap. Zugriff auf das Paket „arcgis10", welches für die Gruppe „Schulungsraum" freigegeben ist.

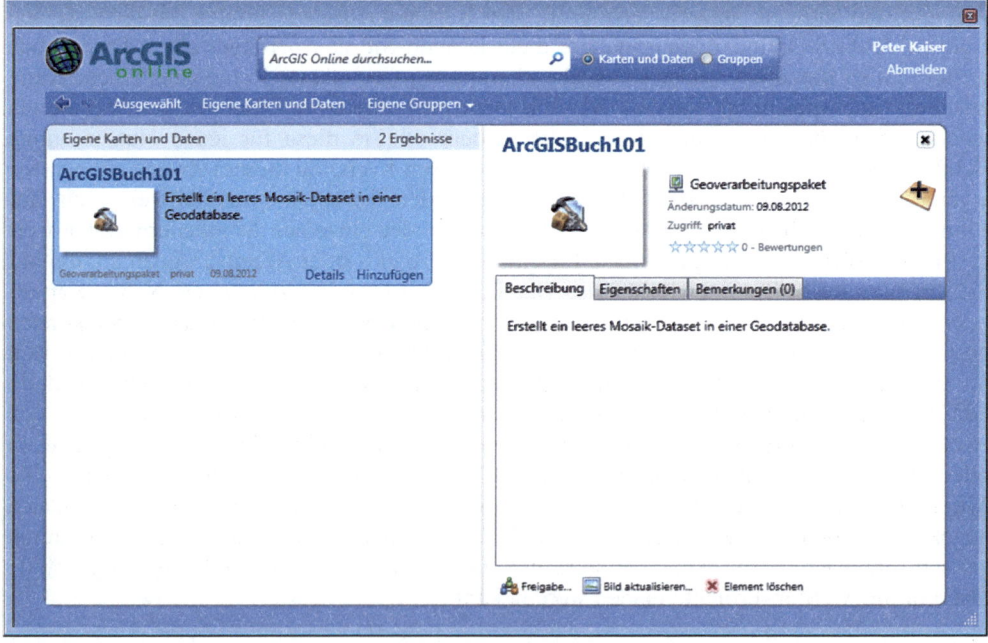

Abb. 88: Freigegebenes Geoverarbeitungspaket über ArcGIS Online

Zwar können Sie ohne eigenen Login keine eigenen Daten erstellen oder anderen zugänglich machen, Sie haben auf der Homepage aber trotzdem Zugriff auf die Daten in der Gallery. Darin sind Karten enthalten, die von anderen Nutzern für alle verfügbar gemacht wurden. Mit einem Mausklick auf eine der öffentlichen Karten öffnet sich diese im Browserfenster. Innerhalb dieser Ansicht können schon kleinere Veränderungen vorgenommen werden. Sie können beispielsweise Geodaten des ArcGIS Online Services hinzufügen oder die Basiskarte anpassen. Oft haben Sie aber auch die Möglichkeit, über einen Link im rechten Menü die Karte im ArcGIS Explorer Online zu öffnen (siehe Abb. 89). Innerhalb des ArcGIS Explorer Online haben Sie dann noch weitere Optionen. Die vorhandene Karte kann innerhalb des Internetbrowsers – zumindest teilweise – bearbeitet werden, Sie können aber auch eine ganz neue Karte erstellen. Dafür stehen Ihnen innerhalb von ArcGIS Explorer Online im oberen Bildrand mehrere Werkzeugleisten zur Verfügung. Diese neuen oder veränderten Karten können Sie wiederum mit den anderen Nutzern (oder einem Teil davon) teilen, indem Sie auf „save" klicken und die Karte innerhalb Ihres ArcGIS Online Accounts freigeben. Über die integrierte Suchfunktion können Sie neben Geodaten auch nach Orten suchen. Je nach Datenverfügbarkeit können Sie nach einer Adresse oder zumindest nach Städten und Ortsnamen suchen.

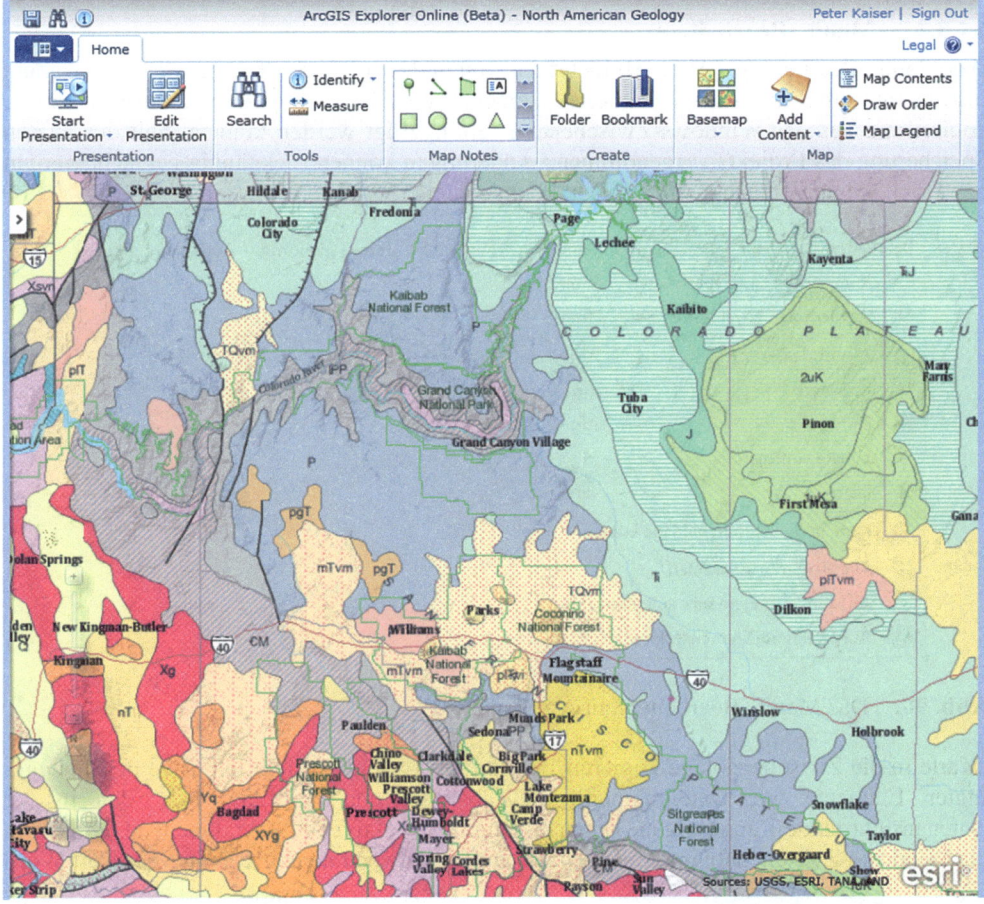

Abb. 89: Beispiel einer öffentlichen Karte aus der ArGIS Online Gallery im ArcGIS Explorer Online

☞ **Tipp:** Die Daten der Gallery können auch in ArcMap genutzt werden. Das erfolgt über die Drop-down-Liste „Daten hinzufügen" und die Option „Daten aus ArcGIS Online hinzufügen…" (alternativ auch über *Hauptmenüleiste „Datei"* ➪ *„Daten hinzufügen"* ➪ *„Daten aus ArcGIS Online hinzufügen"* erreichbar). Über das Suchfenster im oberen Teil des sich öffnenden Fensters können Sie nach Karten bzw. Geodaten suchen und diese dann – wenn die Karte dafür freigegeben wurde – über die Schaltfläche „Hinzufügen" ihrem Kartenprojekt hinzufügen. Die Suche können Sie alternativ auch über das neue Fenster „Suchen" durchführen (erreichbar über die Werkzeugleiste „Standard" (siehe Kapitel 6.1.4.2) oder das Menü „Geoverarbeitung" (siehe Kapitel 6.1.3.7)).

Neben der Möglichkeit, über diese Plattform die Karten für andere Nutzer zugänglich zu machen, können Sie ArcGIS Explorer Online auch für eine direkte Präsentation nutzen. Dafür ist ein Präsentationsmodus integriert worden, wodurch die Karte im Vollbildmodus auf dem Bildschirm angezeigt wird. Mithilfe von Navigationselementen im linken unteren Bildrand (oder der Maus) können Sie sich auch im Präsentationsmodus innerhalb der Karte bewegen.

6.1.3.2 Menü „Bearbeiten"

Das Menü „Bearbeiten" (Abb. 90) bietet das von anderen Windows-Programmen bekannte Instrumentarium, mit dem selektierte Elemente und Objekte gelöscht, ausgeschnitten, kopiert und aus der Windows-Zwischenablage eingefügt werden können. Seit der letzten Speicherung des Projekts vorgenommene Änderungen können rückgängig gemacht werden bzw. rückgängig gemachte Änderungen können wiederhergestellt werden.

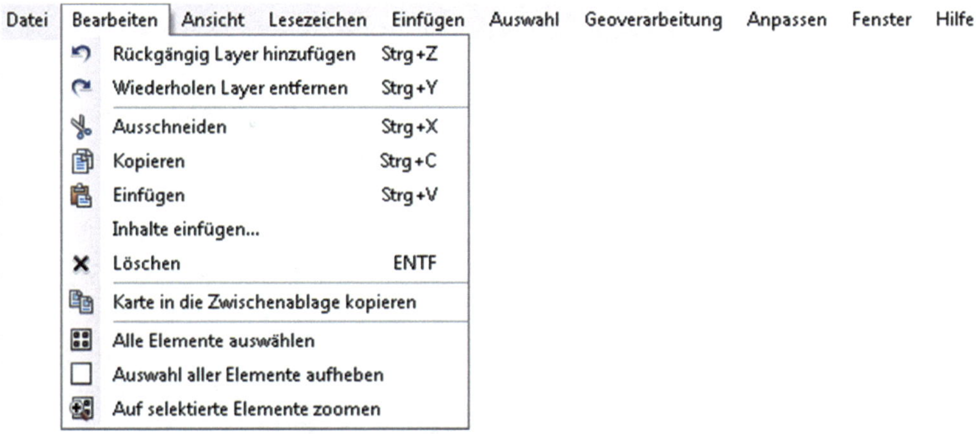

Abb. 90: Das Menü „Bearbeiten" in ArcMap

„Karte in die Zwischenablage kopieren" kopiert die Layout-Ansicht inklusive der hinzugefügten Elemente wie Datenrahmen, Maßstabsleiste und Nordpfeil bzw. den in der Datenansicht aktuell angezeigten Datenausschnitt des aktiven Datenrahmens als Grafik in die Windows-Zwischenablage, sodass sie in andere Anwendungen (z. B. in Microsoft Word

6.1 Die ArcMap Benutzeroberfläche

über *Hauptmenüleiste* ⇨ *„Bearbeiten"* ⇨ *„Inhalte einfügen"* ⇨ *„Enhanced Metafile"* bzw. über das Tastenkürzel: „Strg + Alt + V") eingefügt werden kann.

Die Funktion „Alle Elemente auswählen" selektiert in der Datenansicht alle auf dem aktiven Datenrahmen dargestellten Texte und Grafiken (= aktive Kartendokument-Annotation-Gruppen). In der Layout-Ansicht werden über diesen Befehl alle Texte, Grafiken und Elemente selektiert, die auf dem Kartenlayout platziert wurden. Zu diesen Elementen gehören z. B. Kartentitel, Maßstabsleiste und sämtliche Datenrahmen der MXD. Zu erkennen sind die ausgewählten Elemente an ihrer gestrichelten Umrahmung.

„Auswahl aller Elemente aufheben" hebt die aktuelle Selektion auf. Dasselbe erreichen Sie, wenn Sie auf einen nicht von einem Element besetzten Teil des Kartenfensters.

„Auf selektierte Elemente zoomen" verkleinert bzw. vergrößert Ihr Kartenfenster auf den kleinsten möglichen Ausschnitt, der alle ausgewählten Elemente beinhaltet.

Die Funktionen „Suchen" und „Zu XY wechseln" sind in dem Drop-down-Menü nicht mehr enthalten, sind aber weiterhin über die Werkzeugleiste „Werkzeuge" erreichbar (siehe Kapitel 6.1.4.3).

6.1.3.3 Menü „Ansicht"

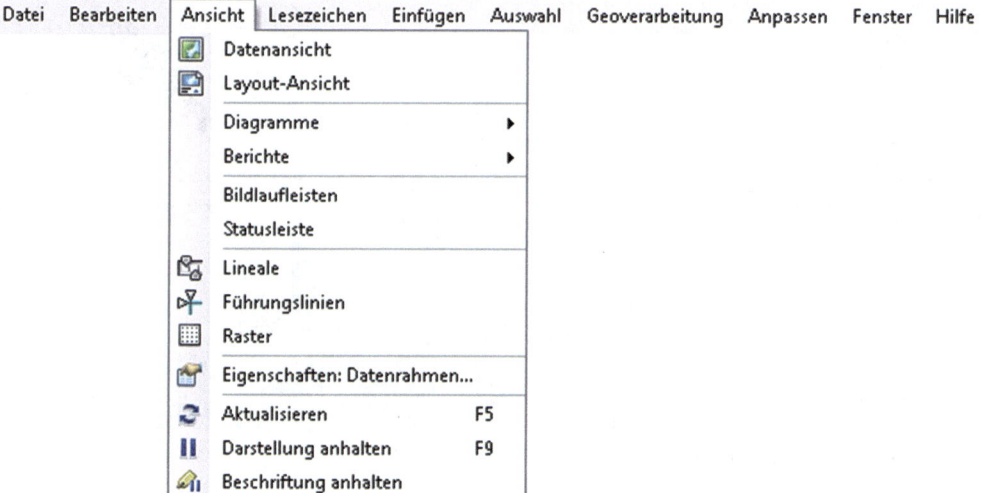

Abb. 91: Das Menü „Ansicht" in ArcMap

Das Menü „Ansicht" (Abb. 91) bietet, neben den wichtigsten Zoomfunktionen auch die Möglichkeit, zwischen der Daten- bzw. der Layout-Ansicht zu wechseln. Diese Funktionen erreichen Sie jedoch schneller über die Werkzeugleisten „Werkzeuge" und „Layout" bzw. über die Icons am linken unteren Rand des Kartenfensters.

Die Zoom- und Ansichtseinstellungen der Menüpunkte „Daten vergrößern/verkleinern" und „Layout zoomen" sind nicht mehr im Menü enthalten, können aber weiterhin über die Symbolleisten ausgeführt werden.

6 ArcMap

Unter *„Diagramme"* ➪ *„Diagramm erstellen..."* (vor ArcGIS 10 unter *Hauptmenüleiste* ➪ *Werkzeuge* zu finden) können Sie mithilfe eines Assistenten aus den Attributen eines beliebigen Layers oder einer Tabelle ein Diagramm in einem Diagramm-Fenster erzeugen (vgl. Kapitel 6.13.2 und Kapitel 14.10).

Schon in ArcGIS 9.3 wurde der Eintrag *„Diagramme"* ➪ *„Scatterplotmatrix-Diagramm erstellen..."* hinzugefügt. Scatterplotmatrix-Diagramme können wertvolle Informationen für weitergehende statistische Analysen liefern (siehe Abb. 92). Hilfreich sind Scatterplotmatrizen (auch Streudiagramm genannt), um Abhängigkeitsstrukturen von Merkmalen zu erkennen, um beispielsweise Cluster leichter erkennen zu können.

„Diagramme" ➪ *„Diagramme verwalten..."* öffnet den Diagramm-Manager. Hier können Sie aus einer Liste jedes im Moment in Ihrem Kartendokument vorhandene Diagramm öffnen, dem Layout hinzufügen oder löschen.

Um Diagramme zu öffnen, wählen Sie den Befehl *„Diagramme"* ➪ *„Diagramm laden..."*.

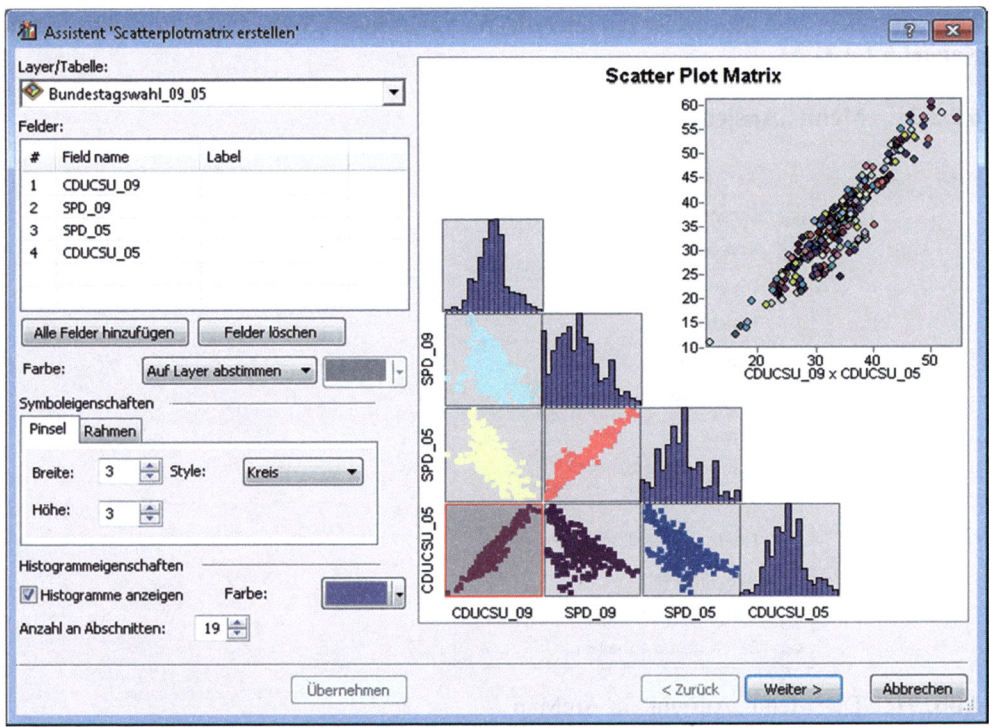

Abb. 92: Dialogfenster „Assistent ‚Scatterplotmatrix erstellen' "

Nach dem Erstellen eines Diagramms stehen Ihnen im Kontextmenü (siehe Abb. 93) noch einige wichtige Optionen zur weiteren Bearbeitung und Verwendung des Diagramms zur Verfügung:

„Zum Layout hinzufügen" übernimmt das Diagramm in die Layout-Ansicht. Mit „Aktualisieren" passt sich das Diagramm an veränderte Daten an. Unter „Speichern..." können Sie das Diagramm zur Verwendung in einer anderen Karte als GRF-Datei an einer beliebigen

Stelle abspeichern. „Drucken..." sendet Ihr Diagramm direkt als Druckauftrag an den Windows-Standarddrucker. Der Menüeintrag „Exportieren..." ermöglicht einen Export des Diagramms als Rasterdatei. Mit dem Eintrag „Als Grafik kopieren" wird das Diagramm als Grafikdatei in die Zwischenablage kopiert. Der Befehl „Duplizieren" fügt Ihrem Kartendokument eine Kopie des Diagramms hinzu. Mit den Befehlen „Erweiterte Eigenschaften..." und „Eigenschaften..." finden Sie Einstellmöglichkeiten verschiedener Diagrammoptionen.

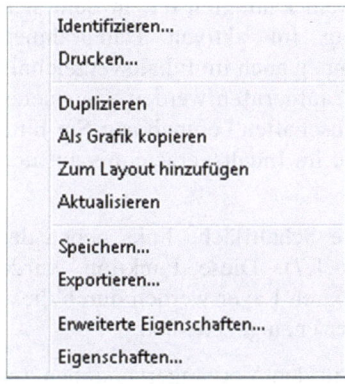

Abb. 93: Das Kontextmenü des Diagramm-Fensters

Der Befehl „*Berichte*" ⇨ „*Bericht erstellen...*" (vor ArcGIS 10 unter *Hauptmenüleiste* ⇨ *Werkzeuge* zu finden) öffnet einen Assistenten, der es dem Nutzer ermöglicht, basierend auf den Feldeinträgen der Attributtabelle einen sog. Bericht in Tabellenform zu erstellen, und diesen dem Layout als zusätzliche Information hinzuzufügen. Der Assistent leitet schrittweise durch den Prozess der Berichtserstellung. Die Haupteinstellungen können bereits hier getätigt werden. Um den Bericht individuell anzupassen, ist seit ArcGIS 10 neben dem „Berichts-Viewer" auch der " „Berichts-Designer" neu hinzugefügt worden, den Sie über die Schaltfläche „Bearbeiten" im „Berichts-Viewer" erreichen. Mit ArcGIS 10.1 for Desktop wurde die Berichterstellung um die Möglichkeit erweitert, auch Daten aus in Beziehung stehenden Tabellen in den Bericht einzubeziehen. Außerdem kann die Integration von Bilddateien jetzt über drei unterschiedliche Wege erfolgen: Ausgehend von einem Textfeld, welches den Pfad enthält, basierend auf einer Pfadangabe im Netz, Web oder lokal oder als statisches Bild, welches direkt in den Bericht eingefügt wird. Eine ausführliche Beschreibung der Berichtserstellung inklusive des überarbeiteten „Bericht-Viewers" und des neuen „Bericht-Designers" finden Sie in Kapitel 14.10. Eine weitere Neuerung ist die Möglichkeit der Datenfilterung. Bei Erstellung des Berichts kann über die Schaltfläche „Dataset-Optionen" die gewünschte Selektion vorgenommen werden. Um den Inhalt dynamisch generieren zu können, ist es jetzt auch möglich, die Feldberechnung ausgehend von Spalten auszuführen, die nicht im dem Bericht existieren.

Wenn Sie Änderungen an einem bereits erstellten Bericht durchführen möchten, dann können Sie das mit der Funktion „Bericht laden..." machen. So wurde eine einfache

Möglichkeit geschaffen, einem bestehenden Bericht weitere Felder, Fußnoten oder Bilder hinzuzufügen.

Im Gegensatz dazu können Sie mit der Funktion „Bericht ausführen…" die Werte des Berichts neu bewerten lassen ohne einen komplett neuen Bericht zu erstellen.

Des Weiteren können Sie im Menü „Ansicht" Status- und Bildlaufleiste sowie Lineale, Führungslinien und Raster der Layout-Ansicht ein- bzw. ausschalten.

Der Menüeintrag „Eigenschaften: Datenrahmen…" öffnet ein Dialogfenster, in dem sich einige grundlegende Einstellungen zur Kartenerstellung im aktiven Datenrahmen vornehmen lassen. Die Eigenschaften des Datenrahmens können auch im Inhaltsverzeichnis über *Kontextmenü des Datenrahmens* ⇨ *„Eigenschaften…"* aufgerufen werden. Genaueres zu den Funktionen des Dialogfensters „Datenrahmen Eigenschaften" entnehmen Sie bitte Kapitel 6.2. Dasselbe Dialogfenster erreichen Sie, wenn Sie im Inhaltsverzeichnis auf den gewünschten Datenrahmen doppelklicken.

Das Symbol „Aktualisieren" funktioniert genauso, wie die Schaltfläche links neben der unteren Bildlaufleiste des Kartenfensters (vgl. Kapitel 6.1.7). Diese Funktion wurde zusätzlich in das Menü „Ansicht" aufgenommen. Die sichtbaren Layer werden durch diese Schaltfläche (alternativ können Sie auch die Taste F5 drücken) neu gezeichnet.

Auch die Schaltfläche „Darstellung anhalten" stand schon in den Vorgängerversionen zur Verfügung und ist jetzt zusätzlich in das Menü „Ansicht" aufgenommen worden. Diese Funktion befindet sich auch weiterhin (wie die Funktion „Ansicht aktualisieren") links neben der Bildlaufleiste – sofern die Bildlaufleiste aktiviert ist. Der automatische Bildaufbau bzw. Aktualisierungsprozess wird deaktiviert, wodurch verhindert wird, dass nach jeder Änderung das Kartenfenster neu aufgebaut wird.

Der Befehl „Beschriftung anhalten" ist auch in der Werkzeugleiste „Beschriftung" zu finden ist (vgl. Kapitel 6.1.4.19). Um eine schnellere Bearbeitung zu ermöglichen, können Sie die Beschriftung vorübergehend deaktivieren. Das ist dann sinnvoll, wenn Sie Änderungen vornehmen möchten, die normalerweise immer eine Aktualisierung des Kartenfensters nach sich ziehen würden.

Bis einschließlich ArcGIS Version 9.2 beinhaltet das Menü „Ansicht" auch die Möglichkeit, Lesezeichen anzulegen und zu verwalten. Mit Version 9.3 wurde für die Lesezeichenverwaltung ein eigener Eintrag in der Hauptmenüleiste geschaffen (vgl. Kapitel 6.1.3.4), wobei sich in der Funktionsweise keine grundlegenden Änderungen ergaben. Die Lesezeichenverwaltung wurde dabei um einige Funktionen erweitert.

6.1.3.4 Menü „Lesezeichen"

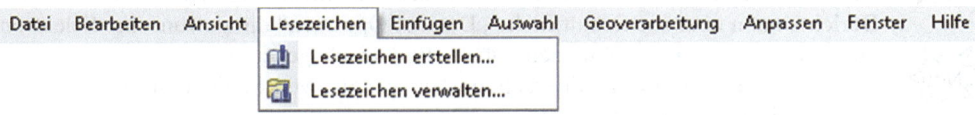

Abb. 94: Das Menü „Lesezeichen" in ArcMap

Das in ArcMap 9.3 neu geschaffene Menü „Lesezeichen" (Abb. 94) enthält die Optionen, „Lesezeichen erstellen" und „Lesezeichen verwalten". Haben Sie einmal für eine bestimmte

Ausdehnung eines Datenrahmens ein Lesezeichen angelegt, können Sie diesen Ausschnitt zu jedem Zeitpunkt wieder anzeigen lassen. Lesezeichen sind vor allem dann unverzichtbar, wenn im Layout angelegte Elemente (z. B. eine Betextung) genau für einen bestimmten Ausschnitt eines Datenrahmens angepasst wurden und Sie deshalb nach der Bearbeitung auf die Wiederherstellung exakt dieses Ausschnitts angewiesen sind. Um ein Lesezeichen zu erstellen genügt es, den Menüpunkt „Lesezeichen erstellen..." auszuwählen und einen passenden Namen zu vergeben. Eine genauere Erklärung zur Vorgehensweise erhalten Sie in Kapitel 14.9.3.

Mit ArcGIS 9.3 wurde die Lesezeichenverwaltung um einige Funktionalitäten erweitert, sodass nun die folgenden Operationen durchgeführt werden können: Lesezeichen erstellen, umbenennen, sortieren, entfernen, alle entfernen, laden und speichern sowie auf Lesezeichen zoomen und schwenken. Lesezeichen können nun auch in unterschiedliche Datenrahmen eines ArcMap Projekts oder in verschiedene Projekte in ArcMap, ArcGlobe und ArcScene kopiert werden. Da die Speicherung von Lesezeichen und „Eigenen Orten" (Erstere werden mit dem Kartendokument gespeichert und besitzen nur für dieses Gültigkeit, Letztere dagegen werden zentral und damit unabhängig vom jeweiligen Kartendokument gespeichert, vgl. Kapitel 6.1.4.17) nun im selben Dateiformat erfolgt, können Lesezeichen nun auch im Dialogfenster „Eigene Orte" hinzugeladen und als solche abgespeichert werden.

Umgekehrt können natürlich auch als „Eigene Orte" abgespeicherte Features als Lesezeichen geladen und abgespeichert werden. Mit dem Befehl „Ausdehnung aktualisieren" (im Kontextmenü des jeweiligen Lesezeichens) kann der räumliche Bezug eines Lesezeichens nun an den aktuellen Kartenausschnitt angepasst werden (bisher musste dazu ein neues Lesezeichen angelegt werden). Das Dialogfenster des Lesezeichen-Managers selbst, das Sie über *Hauptmenüleiste* ⇨ *„Lesezeichen"* ⇨ *„Lesezeichen verwalten..."* erreichen, wird nicht mehr im Vordergrund ausgeführt, sodass Sie das Fenster nun während Ihrer ArcMap-Sitzung geöffnet lassen können und damit bequem auf Ihre Lesezeichen zugreifen können.

Sobald Lesezeichen erstellt wurden, werden diese am Ende des Drop-down-Menüs angezeigt.

6.1.3.5 Menü „Einfügen"

Mit den im Menü „Einfügen" (Abb. 95) enthaltenen Funktionen können Sie Ihrem ArcMap Dokument verschiedene Elemente hinzufügen. Einige Funktionen dieses Menüs sind nur aktiv, wenn Sie sich in der Layout-Ansicht befinden.

Der Befehl „Datenrahmen" erweitert Ihr Inhaltsverzeichnis und Ihr Layout um einen neuen, leeren Datenrahmen. Das Hinzufügen eines weiteren Datenrahmens ist beispielsweise dann sinnvoll, wenn Sie im Layout eine Übersichtskarte verwenden wollen. Zur Erstellung eines Layouts lesen Sie bitte Kapitel 14.8.

Texte (hier: Textfelder), Bilder (Rasterbilder, z. B. BMP) und Objekte (hier: Objekte anderer Windows-Anwendungen, z. B. Word-Dokumente oder Excel-Diagramme) können sowohl in die Layout- als auch in die Datenansicht eingefügt werden, während Titel, Kartenrahmen, Legende, Nordpfeil, Maßstabsleiste und Maßstabstext nur der Layout-Ansicht hinzugefügt werden können. Im Kapitel 14.8 wird die Erstellung eines Layouts noch genauer erläutert.

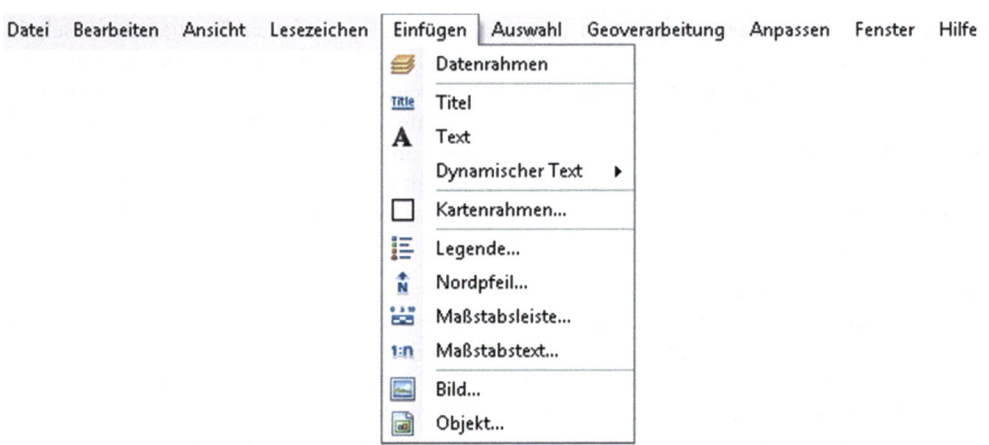

Abb. 95: Das Menü „Einfügen" in ArcMap

Bei den Vorgängerversionen von ArcGIS 10.1 muss vorab definiert werden, welche Elemente in der Legende aufgelistet werden, unabhängig davon, ob die einzelnen Elemente auch in der aktuellen Ausdehnung sichtbar sind. Das ist v. a. bei der Arbeit mit Kartenserien nicht immer gewünscht. Jetzt kann die Legende so angepasst werden, dass lediglich die Elemente in der Legende angezeigt werden, die auch in der aktuellen Ausdehnung sichtbar sind. Um das zu erreichen, muss in den Eigenschaften der Legende ein Häkchen bei „Nur Klassen anzeigen, die in der aktuellen Kartenausdehnung sichtbar sind" gesetzt werden (siehe Abb. 96).

Bei den Eigenschaften des Nordpfeils sind mit ArcGIS 10.1 weitere Einstellungsmöglichkeiten hinzugefügt worden. Über die das Drop-down-Menü „Ausrichten an:" kann zwischen „Geographisch Nord" und „Drehung des Datenrahmens" gewählt werden. Zusätzlich kann durch die Angabe eines Kalibrierungswinkels die Ausrichtung des Nordpfeils noch angepasst werden (siehe Abb. 97), um z. B. die Abweichung zwischen Geographisch-Nord und Magnetisch-Nord darzustellen.

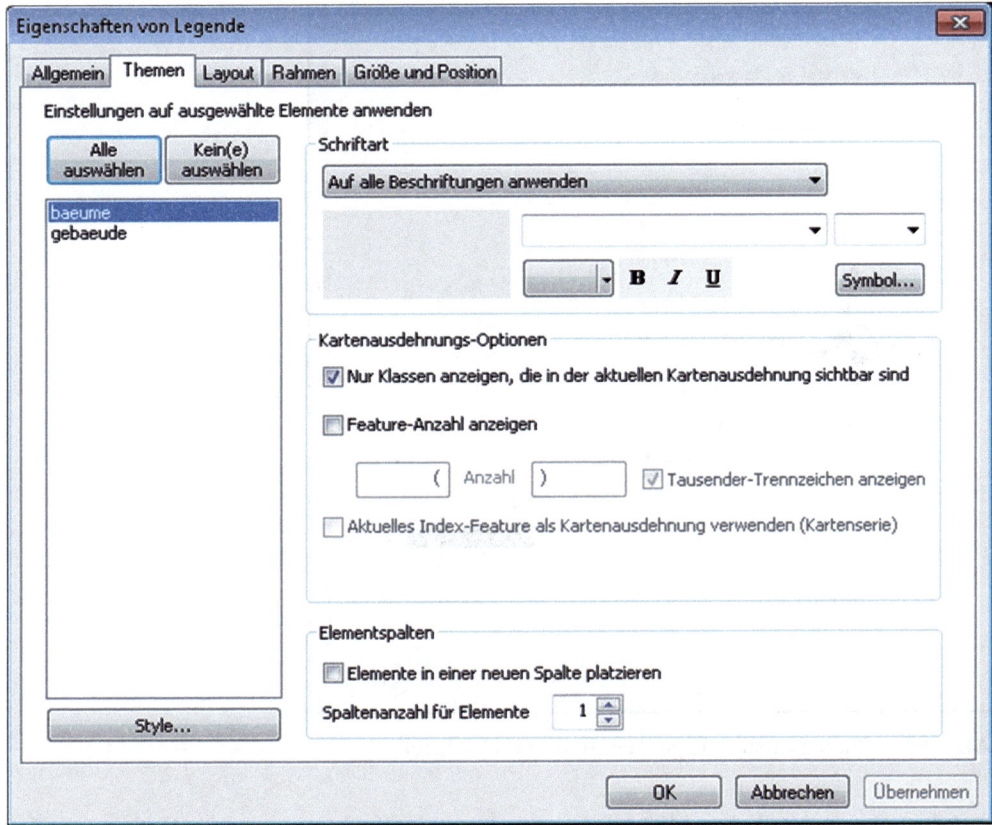

Abb. 96: Dialogfenster „Eigenschaften von Legende"

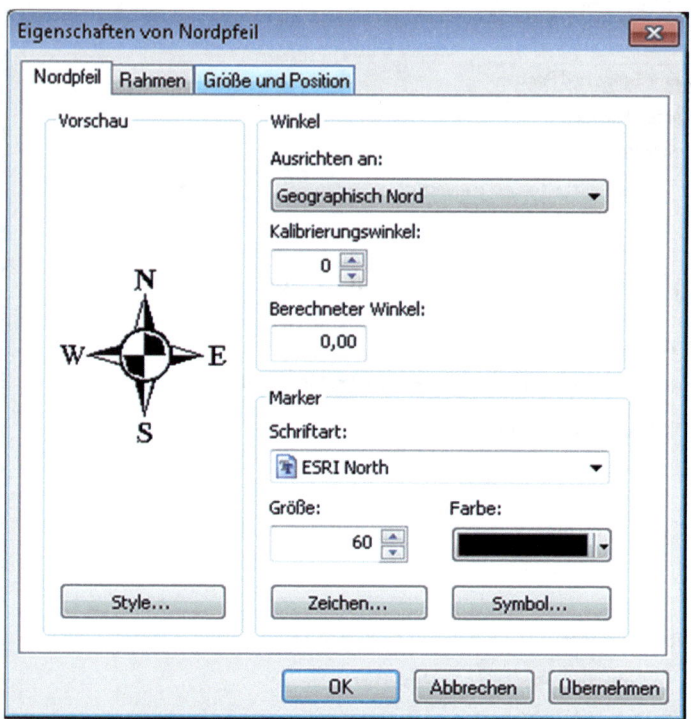

Abb. 97: Dialogfenster „Eigenschaften von Nordpfeil"

Unterschiedliche Maßstabsleisten können durch eine neue Option in den Eigenschaften der Maßstabsleiste jetzt aneinander ausgerichtet werden, so, dass die Nullen übereinander stehen. Das ist v. a. dann praktisch, wenn unterschiedliche Einheiten über die einzelnen Maßstabsleisten dargestellt werden sollen. Um die Einstellung vorzunehmen, muss die Option „Maßstabsleiste an Nullabschnitt ausrichten" aktiviert werden (siehe Abb. 98). Ist das geschehen, kann über die unterschiedlichen Ausrichtungsmöglichkeiten (bspw. in der Werkzeugleiste Grafiken, siehe Kapitel 6.1.4.12) die Null als Bezugspunkt verwendet werden (siehe Abb. 99).

In ArcGIS 10 wurde Verwendung von dynamischen Texten eingeführt. Dabei werden die Inhalte der Textfelder automatisch angepasst. Das ist v. a. in der Kombination mit der neuen Funktion der Kartenserien sinnvoll, denn dadurch können Sie für jeden automatisch erstellten Kartenausschnitt auch dynamisch die Beschriftung anpassen. Auf diese Weise können Sie beispielsweise die jeweils benachbarten Kartenausschnitte ausgeben lassen oder die Rotation des aktuellen Kartenausschnitts (vgl. Kapitel 6.1.4.10 und Kapitel 14.8.10). Über die Menüpunkt „Dynamischer Text" können Sie Textfelder einfügen, die sich automatisch aktualisieren bzw. den Inhalt direkt aus bestimmten Feldern entnehmen. Über den Menüpunkt lassen sich nur bereits vordefinierte dynamische Texte wie beispielsweise das Datum, der Autor oder der Maßstab beziehen. Sie können aber auch selbst definierte dynamische Texte erstellen, da diese – ähnlich wie HTML – in Tags geschrieben werden, und dadurch personalisiert werden können.

6.1 Die ArcMap Benutzeroberfläche

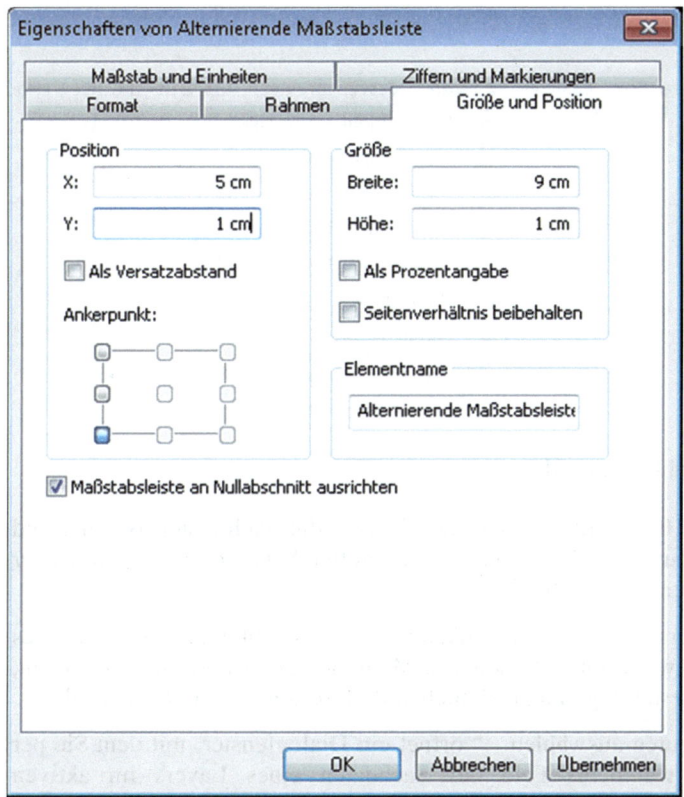

Abb. 98: Dialogfenster „Eigenschaften von Alternierende Maßstabsleiste"

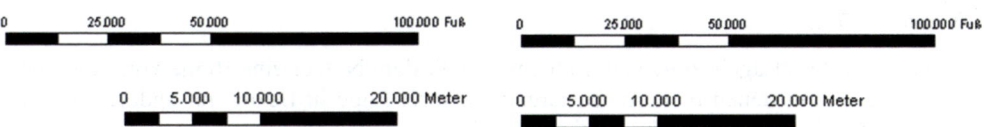

Abb. 99: Zwei Maßstabsleisten links) vor der Ausrichtung rechts) nachdem sie an der Null ausgerichtet wurden

Eine Übersicht über viele der vorhandenen dynamischen Texte finden Sie im Anhang. Die Form ist dabei immer die gleiche:

```
<dyn type="..." ...\>
```

Auch dynamische Texte können ausschließlich in der Layout-Ansicht in das vorhandene Kartenprojekt eingefügt werden.

6.1.3.6 Menü „Auswahl"

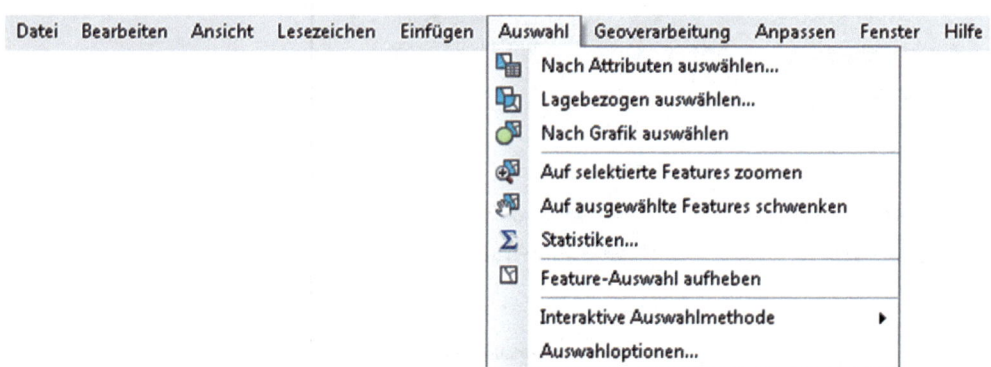

Abb. 100: Das Menü „Auswahl" in ArcMap

Im Menü „Auswahl" (Abb. 100) stellt ArcMap dem Nutzer die wichtigsten Befehle und Funktionen rund um die attributs-, lagebezogene und interaktive Selektion von Features der Layer des aktiven Datenrahmens zur Verfügung.

ArcMap eröffnet mehrere verschiedene Möglichkeiten zur Auswahl von Objekten eines Layers. Welche Methoden bzw. Kombinationen von Methoden zur Anwendung kommen, hängt von der konkreten Fragestellung und persönlichen Präferenzen des Anwenders ab.

Der Menüpunkt „Nach Attributen auswählen..." öffnet ein Dialogfenster, mit dem Sie per SQL-Abfrage auf ein frei wählbares Feld der Sachdaten eines Layers im aktiven Datenrahmen eine Abfrage nach bestimmten Kriterien durchführen können. Alternativ können Sie diese Funktion auch in jeder Attributtabelle über die Schaltfläche „Optionen" erreichen, dort allerdings nur für den aktuellen Layer. Über das Menü „Auswahl" der Hauptmenüleiste können Sie den Layer frei wählen. Mehr zum Thema Abfragen lesen Sie in Kapitel 14.7.2.

Das Dialogfenster „Lagebezogen auswählen..." stellt dem Nutzer eine Reihe von Methoden zur Verfügung, mit denen Features basierend auf ihrer Lage in Bezug auf andere Features ausgewählt werden können (siehe Kapitel 14.7.7).

Mit dem Befehl „Nach Grafik auswählen" werden Features des aktiven Datenrahmens danach ausgewählt, ob sie innerhalb einer markierten Grafik liegen. Bei der zugrunde liegenden Grafik kann es sich beispielsweise um ein mit den Hilfsmitteln der Werkzeugleiste „Zeichnen" erstelltes grafisches Objekt oder ein über *Hauptmenüleiste* ⇨ *„Einfügen"* ⇨ *„Bild..."* hinzugefügtes Rasterbild handeln. Genauere Vorgaben für die Auswahl – ob beispielsweise nur Features selektiert werden sollen, die vollständig in der Grafik enthalten sind oder auch diejenigen, die nur von der Grafik berührt werden – können in den Auswahloptionen gemacht werden (s. u.).

„Auf selektierte Features zoomen" zoomt auf eine kleinstmögliche Ausdehnung, die alle Features einschließt, die aktuell in allen Layern ausgewählt sind. Da diese Funktion oft verwendet wird, empfiehlt es sich, diese Funktion in eine neue oder bereits bestehende Werkzeugleiste zu integrieren. Wie Sie die ArcMap Benutzeroberfläche anpassen, erfahren Sie im Kapitel 6.1.4.32.

Auf die Selektion nur eines bestimmten Layers können Sie folgendermaßen zoomen: *Kontextmenü des Layers* ⇨ *„Auswahl"* ⇨ *„Auf selektierte Features zoomen"*.

Eine ähnliche Funktion ermöglicht der Menüeintrag „Auf ausgewählte Features schwenken". Der in der Kartenansicht angezeigte Ausschnitt wird dabei so verschoben, dass die ausgewählten Features mittig angezeigt werden. Da mit dem „Schwenken" der Maßstab beibehalten wird, kann es auch vorkommen, dass nach Auswahl dieses Befehls keines der ausgewählten Features im Kartenfenster deutlich sichtbar ist (nämlich dann, wenn die selektierten Features sehr weit voneinander entfernt liegen).

Der Befehl „Statistiken..." zeigt Statistiken und eine Häufigkeitsverteilung für numerische Attribute der Features in denjenigen Layern an, in denen momentan Features ausgewählt sind.

Bisher war innerhalb dieses Menüs auch der Eintrag „Auswählbare Layer festlegen", der allerdings bei der Umstellung auf die neue Version weggefallen ist. Die Selektion der auswählbaren Layer erfolgt jetzt ausschließlich im Inhaltsverzeichnis (siehe Kapitel 6.1.5).

„Feature-Auswahl aufheben" hebt die Selektion der Features aller Layer des aktiven Datenrahmens auf.

Die Selektion innerhalb eines bestimmten Layers können Sie folgendermaßen aufheben: *Kontextmenü des Layers im Inhaltsverzeichnis* ⇨ *„Auswahl"* ⇨ *„Feature-Auswahl aufheben"*.

Unter „Interaktive Auswahlmethode" legen Sie außerdem fest, wie Ihre interaktive Selektion per Mausklick im Bezug auf evtl. bereits ausgewählte Features behandelt wird.

Der Menüpunkt „Auswahloptionen..." schließlich bietet dem Nutzer weitere Möglichkeiten zur Steuerung der Auswahlfunktionen. Sie können hier beispielsweise einstellen, ob beim Aufziehen einer Box mit dem Werkzeug „Features selektieren" (Werkzeugleiste „Werkzeuge") nur diejenigen Features ausgewählt werden, die sich ganz in der Box befinden oder zusätzlich diejenigen, die von der Box nur angeschnitten werden (diese Einstellung gilt auch für das Werkzeug „Editieren" der Werkzeugleiste „Editor" und die grafikbezogene Auswahl über *Hauptmenüleiste* ⇨ *„Nach Grafik auswählen"*). Auch den Suchradius („Auswahltoleranz"), der beim interaktiven Auswählen mit verschiedenen Werkzeugen verwendet wird, und die Farbe, mit der die aktuell selektierten Features kenntlich gemacht werden, können Sie hier ändern. Welche Einstellungen Sie im Dialogfenster „Optionen" ändern, hängt stark von Ihren persönlichen Präferenzen beim Arbeiten mit ArcMap ab. Da für einige Funktionen in ArcMap lediglich die selektierten Features berücksichtigt werden, empfiehlt es sich, den Haken „Layer mit ihrer aktuellen Auswahl speichern" zu entfernen. Oft erinnert man sich beim erneuten Öffnen der MXD nicht mehr an die getroffene Auswahl und würde dann u. U. unwissentlich nur mit einem Teil des Datensatzes arbeiten.

6.1.3.7 Menü „Geoverarbeitung"

Das Menü „Geoverarbeitung (Abb. 101) erleichtert Ihnen den Zugriff auf die gängigsten Geoverarbeitungs-Werkzeuge der ArcToolbox. Neben einigen Werkzeugen aus der ArcToolbox haben Sie auch Schnellzugriff auf weitere nützliche Dialogfenster, siehe dazu auch Kapitel 9.1.3.

6 ArcMap

Abb. 101: Das Menü „Geoverarbeitung" in ArcMap

Der Befehl „Puffer" erstellt eine Pufferung um den gewünschten Layer. Dabei haben Sie die Möglichkeit, die Ausdehnung des Puffers als statischen Wert anzugeben oder aus einem Feld der Attributtabelle auslesen zu lassen. Auf diese Weise können für jedes Feature unterschiedlich große Puffer erstellt werden. Zusätzlich können Sie – ab der Lizenzstufe ArcGIS for Desktop Standard – über die Drop-down-Menüs „Seitentyp: (optional)" und „Endtyp: (optional)" auch noch die Erscheinungsform des Puffers beeinflussen. Seit ArcGIS 10 kann das Werkzeug „Puffer" auch mit dreidimensionalen Liniensegmenten umgehen. Für eine ausführlichere Erklärung des Werkzeugs siehe Kapitel 9.1.3.3.

Wenn Sie die Ausdehnung eines Features auf Basis eines anderen Features verändern möchten, dann verwenden Sie dazu die Funktion „Ausschneiden". Als Eingabe-Feature-Klasse wird dabei der Datensatz angegeben, der angepasst werden soll. Als „Clip-Feature" geben Sie die Feature-Klasse an, auf dessen Ausdehnung Sie das Eingabe-Feature zuschneiden möchten (siehe Kapitel 9.1.3.1).

Durch das Werkzeug „Überschneiden (Intersect)" können Sie aus zwei Feature-Klassen diejenigen Features oder Feature-Teile in eine neue Feature-Klasse schreiben, die sich in allen Layern überlappen (siehe Kapitel 9.1.3.6). Nur mit einer ArcGIS for Desktop Advanced Lizenz ist es möglich, mehr als zwei Feature-Klassen gleichzeitig mit dem Werkzeug zu überprüfen. Bei den anderen Lizenzstufen müssen Sie den Vorgang mehrmals wiederholen, um das gleiche Ergebnis zu erlangen.

Der Menüpunkt „Vereinigen (Union)" ermöglicht es Ihnen, Polygon-Feature-Klassen zu einer neuen Feature-Klasse zusammenzufassen. Dabei werden die geometrischen Schnittpunkte der angegebenen Feature-Klassen ermittelt, sodass für jede Schnittfläche ein eigenes Polygon-Feature entsteht. Dabei werden die Eigenschaften der Eingabe-Feature-Klassen übernommen. Genau wie bei der Funktion „Überschneiden" ist es auch hier nur ab einer ArcGIS for Desktop Advanced Lizenz möglich, mehr als zwei Feature-Klassen gleichzeitig zu bearbeiten (siehe Kapitel 9.1.3.4).

6.1 Die ArcMap Benutzeroberfläche

Mit dem Tool „Zusammenführen (Merge)" werden Datensätze des gleichen Typs (z. B. Punkte, Linien oder Polygone) zu einem neuen Datensatz zusammengefasst (siehe Kapitel 9.1.3.19). Im Gegensatz zur „Vereinigung" werden aber die geometrischen Schnittstellen nicht in einzelne Polygone unterteilt.

Wenn mehrere Features einer Feature-Klasse attributabhängig zusammengeführt werden sollen, dann erfolgt dies über „Zusammenführen (Dissolve)" (siehe Kapitel 9.1.3.25). Anders als bei „Zusammenführen (Merge)" werden dabei die Felder der Feature-Klasse nicht vollständig übernommen. Dafür können aber bei „Zusammenführen (Dissolve)" kleinere statistische Auswertungen vorgenommen werden. Beispielsweise kann so beim Zusammenführen immer der niedrigste Wert eines bestimmten Felds ausgegeben werden.

Für alle vorgestellten Werkzeuge gilt, dass die Originaldaten nicht verändert werden. Bei jeder Aktion werden zwar die Ausgangsdaten als Datenquelle herangezogen, es wird aber immer eine neue Ausgabe (bspw. Feature-Klasse oder Shapefile) erstellt, um ungewünschte Veränderungen an den Quelldaten zu vermeiden.

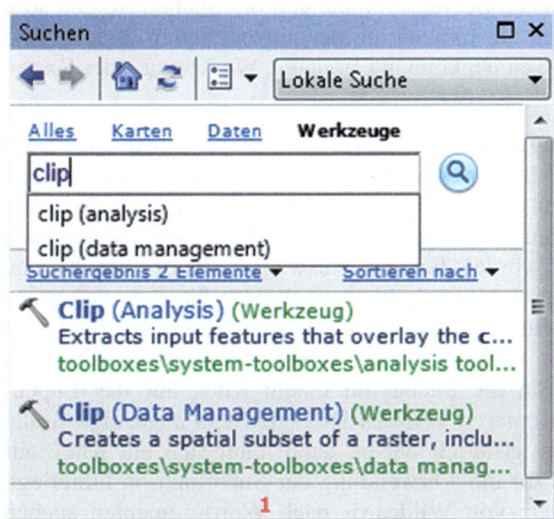

Abb. 102: Das Dialogfenster „Suchen"

Die Funktion „Nach Werkzeugen suchen" war vor der Version ArcGIS 10 als Reiter im ArcToolbox-Fenster zu finden. Die Funktion ist für ArcGIS 10 komplett überarbeitet und in seinem Funktionsumfang erweitert worden und nicht mehr ausschließlich eine Suche nach Werkzeugen. Über dieses Dialogfenster können neben Werkzeugen der ArcToolbox auch bereits erstellte Karten und vorhandene Geodaten gesucht werden (siehe Abb. 102). Die neue Suchfunktion ist auch über die Werkzeugleiste „Standard" aufrufbar (Schaltfläche „Fenster „Suchen" "). Im Unterschied zu dem Suchaufruf über die Werkzeugleiste „Standard" wird bei „Nach Werkzeugen suchen" die Suche im Modus „Werkzeuge" gestartet. Dadurch wird nur nach Werkzeugen und nicht anderen Elementen gesucht. Den Modus können Sie mittels der Links unterhalb der Werkzeugleiste befindlichen Links wechseln („Alles", „Karten", „Daten", „Werkzeuge"). Auch das Dialogfenster „Suchen" (bezieht sich nicht auf die Funktion „Suchen", die über die Werkzeugleiste „Werkzeuge" aufgerufen wird) kann – genauso wie beispielsweise das Inhaltsverzeichnis oder der Katalog – mithilfe des neuen Andock-Managers variabel platziert werden (Genaueres zum Andock-Manager finden Sie in Kapitel 6.1.2). Innerhalb des Suchfensters gibt es eine eigene Werkzeugleiste, die neben Navigationshilfen auch personalisierte Einstellungen der Suche ermöglicht. Über die Buttons „Vor" und „Zurück" können Sie zwischen neueren und älteren Suchanfragen wechseln. Je nachdem,

ob Sie gerade nach Daten, Karten oder Werkzeugen suchen, ist die Startseite jeweils unterschiedlich. Über die Funktion „Zur Startseite der Desktop-Suche wechseln" werden die aktuellen Suchergebnisse aus- und die Startseite wieder eingeblendet. Zum Erneuern der Suchanfrage ist der Befehl „Aktualisieren" da. In den „Suchoptionen" können die Einstellungen für die Suche vorgenommen werden. Beispielsweise können hier weitere Pfade angegeben werden, die von der Suche berücksichtigt werden.

 Tipp: Nach einer Neuinstallation kann die Suche ggf. nicht direkt gestartet werden. Zuvor muss über die Schaltfläche „Suchoptionen" angegeben werden, in welchen Ordnern bzw. auf welchen Serververbindungen die Suche erfolgen soll. Anschließend startet automatisch die Indizierung der hinzugefügten Ordner. Erst wenn die Indizierung erstmals abgeschlossen ist, können Geodaten, Werkzeuge oder Karten aus den Quellen gefunden werden.

In dem Drop-down-Menü der Werkzeugleiste wird festgelegt, ob Sie lokal auf ihrem Computer, über Suchdienste von ArcGIS-Server oder innerhalb von ArcGIS Online suchen möchten. Um die Suche weiter eingrenzen zu können, haben Sie die Möglichkeit zwischen „Alles", „Karten", „Daten" und „Werkzeuge" zu wählen. Sollten Sie beispielsweise nach dem Werkzeug „Puffer" suchen, dann würden bei der Auswahl „Alles" auch Karten, Shapefiles o. Ä. gefunden werden, die diesen Namen enthalten. Wählen Sie aber die Option „Werkzeuge" aus, werden nur Werkzeuge gefunden, die mit dem Begriff Puffer in Verbindung stehen, nicht aber Karten oder Geodaten. Wenn Sie den gewünschten Suchbegriff eingegeben haben starten Sie die Suche mit einem Klick auf das Lupen-Symbol. Die Suchergebnisse werden im unteren Teil des Dialogfensters angezeigt. Sollte die Suche nicht die gewünschten Treffer ermittelt haben, dann lohnt sich ein Klick auf „Hilfe". Dort sind viele nützliche Tipps für die Verwendung der Suchfunktion hinterlegt. Zum Beispiel, wie Sie durch den Einsatz von Wildcards nach Wortfragmenten suchen können oder eine Pfadbezogene Suche durchführen. Wenn Sie zwar wissen, wo Sie Ihre Daten haben, aber nicht mehr den genauen Dateinamen kennen, können Sie auch eine Kombination aus Wildcards und pfadbezogener Suche verwenden. Beispielsweise würde der Sucheintrag

```
„C:\arcgis_10\schulung" uebung*
```

alle Daten ermitteln, die sich in dem Verzeichnis oder einem Unterverzeichnis befinden und das Wort „uebung" in ihrem Namen haben.

Sind Sie sich nicht sicher, ob das Ergebnis auch das ist, was Sie gesucht haben, bietet das Symbol vor dem Eintrag schon eine erste Hilfestellung. Unterhalb des Namens ist – soweit vorhanden – eine Zusammenfassung zu dem Suchergebnis. Bei der Suche nach Karten oder Daten wird zusätzlich seit ArcGIS 10.1 for Desktop auf der rechten Seite eine Vorschau (ein sog. Thumbnail) angezeigt (siehe Abb. 103). Es ist auch möglich, sich die Treffer nach bestimmten Kriterien, wie z. B. der Relevanz, sortieren zu lassen. Im Drop-down-Menü der Schaltfläche „Sortieren nach" sind dafür mehrere vordefinierte Sortierreihenfolgen auswählbar.

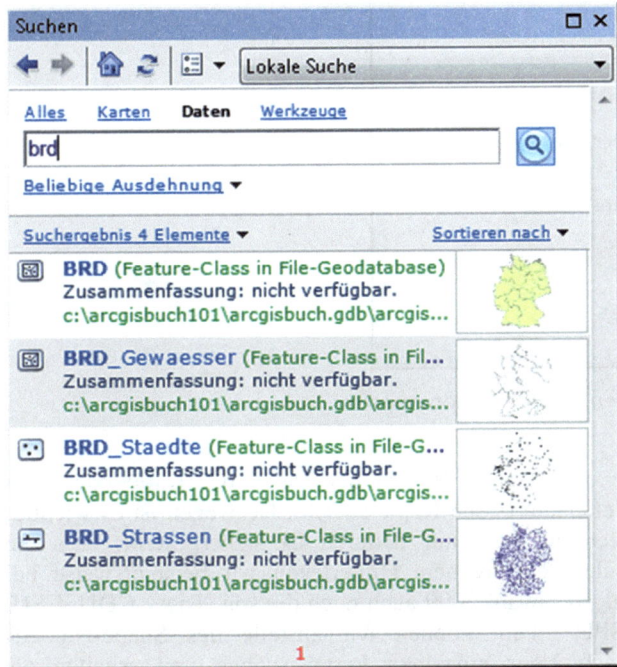

Abb. 103: Neue Darstellung bei der Suche nach Karten oder Daten

Die Suche kann noch weiter eingegrenzt werden, indem Sie bestimmte Schlüsselwörter verwenden. Wenn Sie einem Suchbegriff noch das Wort „shapefile" hinzufügen, dann werden ausschließlich Shapefiles gesucht, die den Suchbegriff enthalten, nicht aber Feature-Klassen. Der Begriff „feature class" sucht nur nach Feature-Klassen. Seit ArcGIS 10.1 for Desktop ist ein leicht bedienbarer Filter eingebunden. Im Drop-down-Menü der Schaltfläche „Suchergebnis x Elemente" kann genauer spezifiziert werden, welche Datentypen zulässig sind. Die Auswahl richtet sich nach den Treffern in der Trefferliste. Neu ist auch die Möglichkeit, die Suche nach räumlichen Gesichtspunkten zu starten. Neben einer beliebigen Ausdehnung kann die Suche auch auf die aktuelle oder eine, die aktuelle Ausdehnung überlappende Ausdehnung begrenzt werden. Das Suchergebnis aktualisiert sich dann durch einen veränderten Kartenausschnitt. Auch eine Suchanfrage „Data in Berlin, Germany" wird seit ArcGIS 10.1 for Desktop unterstützt. Die Suche unterstützt die Verwendung von Synonymen. Soll neben dem exakten Wortlaut auch nach

6 ArcMap

Synonymen für den Begriff gesucht werden, dann muss lediglich ein Dollarzeichen vor den Suchbegriff gesetzt werden ($roads). Um die Liste der Synonyme anzupassen, muss eine XML-Datei editiert werden. Die befindet sich bei Windows 7 unter „C:\Users\<benutzer>\AppData\Local\ESRI\Desktop10.1\ArcCatalog\SearchIndex\Synonyms\UserDefined".

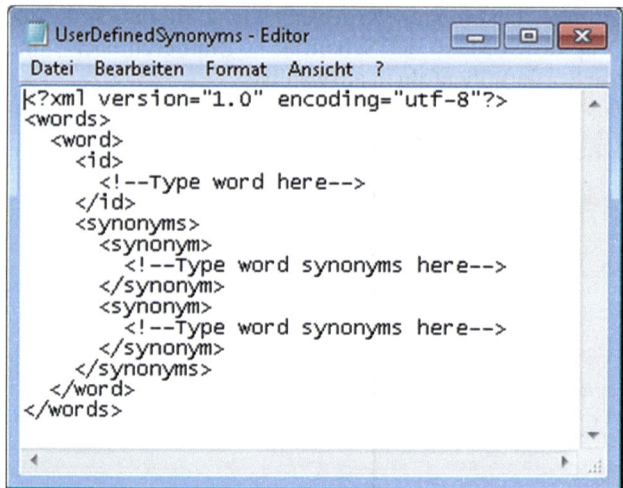

Abb. 104: XML-Datei zum Erstellen eigener Synonyme

Die Suche verwendet neben dem eigentlichen Namen der Datei, der Karte oder dem Werkzeug auch die hinterlegten Metadaten (siehe Kapitel 6.1.6). Deswegen ist es wichtig, dass diese Daten gut gepflegt werden, denn nur dadurch ist sichergestellt, dass die Suchergebnisse auch Ihren Wünschen entsprechen. Hinterlegen wir beispielsweise bei unserem Übungsdatensatz zur Bundestagswahl 2009 auch noch die sog. Tags „CDU, CSU, FDP, die Grünen, die Linke, SPD" dann können wir anstelle des Shape-Namens „Bundestagswahl_09_05" auch nach einer einzelnen Partei suchen und erhalten als Ergebnis trotzdem das Shapefile.

Die „ArcToolbox" beinhaltet zahlreiche Werkzeuge und Skripte zur Verarbeitung von Geodaten. Für eine ausführlichere Beschreibung der ArcToolbox siehe Kapitel 9.

Die in der „Umgebung…" getroffenen Einstellungen haben Einfluss auf die meisten Werkzeuge innerhalb der ArcToolbox. Dort können beispielsweise weitere Geodatabase Einstellungen vorgenommen oder Vorgaben für Speichereinstellungen der Raster getroffen werden (siehe Kapitel 4.2).

Nachdem ein Werkzeug der Werkzeugleiste gestartet wurde, bekommen Sie über ein kleines Popup-Fenster am unteren Bildrand die Information über den Erfolg oder Misserfolg der Funktion. Über die „Ergebnisse" können Sie sich detailliertere Angaben bezüglich der durchgeführten Aktion anschauen. Sollte ein Fehler aufgetreten sein, so können Sie über die eingeblendete Fehlernummer versuchen, die Fehlerursache näher einzukreisen. Neben einer vereinfachten Fehlersuche kann über das Dialogfenster „Ergebnisse" auch für die Erstellung von Python-Snippets (siehe Kapitel 9.5.2) und zur Veröffentlichung von Geoverarbeitungs-Services und -Paketen dienen. Die beiden letztgenannten Funktionen sind neu in ArcGIS 10.1 for Desktop hinzugekommen. Soll das Werkzeug als Paket freigegeben werden, dann öffnet sich das Dialogfenster „Geoverarbeitungspaket", in dem alle Einstellungen vorgenommen werden können. Ähnlich dem Layer- oder Kartenpaket sind bestimmte Angaben dabei Pflichtangaben (die Zusammenfassung bspw.), andere optional. Außerdem kann zwischen der Freigabe online auf ArcGIS Online und einem lokalen Speicherort gewählt werden. Um die Eingaben zu überprüfen, ist die Schaltfläche „Analysieren" eingefügt worden, die auf mögliche Fehlerquellen hinweist (siehe dazu auch Kapitel 6.1.3.1).

Bei der Auswahl „Geoverarbeitungs-Service" öffnet sich ein Assistent, der Sie bei der Freigabe unterstützt. Das Vorgehen ist das gleiche, wie bei der Veröffentlichung des Kartenprojekts, siehe Kapitel 6.1.3.1.

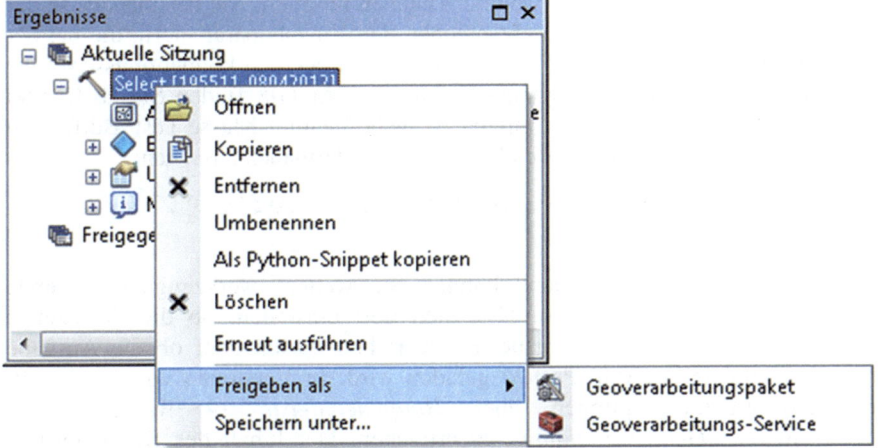

Abb. 105: Bereits ausgeführtes Werkzeug Freigeben

Teilweise ist es für die Geodatenverarbeitung notwendig, mehrere Geoverarbeitungsprozesse nacheinander auszuführen. Das ist zwar auch durch Handarbeit möglich, aber gerade bei vielen aufeinanderfolgenden Werkzeugen oder vielen Datensätzen kann das sehr mühselig werden. Mithilfe des „ModelBuilders" können Sie genau solche Vorgänge teilweise automatisieren, was Ihnen die Arbeit erheblich erleichtert (mehr zum ModelBuilder siehe Kapitel 9.3).

Wenn Sie manuell schnell Geoverarbeitungsbefehle eingeben und ausführen lassen wollen, können Sie das über das Desktop-Element „Python" machen (Der Begriff „Python-Fenster" hat die frühere Bezeichnung „Befehlszeilenfenster" ersetzt). Das setzt aber die Kenntnis der Befehle voraus und ist somit eher für fortgeschrittene Benutzer interessant. In dem linken Teil des Fensters können Sie die Geoverarbeitungsbefehle eintragen, der rechte Teil enthält zu Beginn einige Hinweise, kann aber auch einen Hilfetext oder Fehlermeldungen anzeigen. Sobald Sie etwas in die Kommandozeile eintragen, erscheinen in einer Auswahlbox mögliche Befehle. Diese automatische Komplettierung ermöglicht Ihnen eine vereinfachte und schnellere Bedienung des Python-Fensters. Sobald der zu verwendende Befehl eingetragen ist, erscheint auf der rechten Seite die Hilfe zu dem aktuellen Befehl. So können Sie auf einen Blick sehen, welche Pflichtangaben Sie eintragen müssen, und was

Sie optional noch angeben können. Anhand eines Beispiels soll die Funktionsweise kurz erläutert werden.

```
>>> arcpy.Buffer_analysis(„<Eingabe-Features>",
„<Ausgaben-Feature-Klasse",„<Bufferdistanz oder Feld>")
```

Der erste Block „arcpy" gibt die verwendete Bibliothek an. Darin enthalten sind neben zahlreichen Geoverarbeitungswerkzeugen auch zusätzliche Funktionen, Klassen und Module. Durch den Punkt getrennt ist in diesem Fall das Werkzeug angegeben, welches verwendet werden soll. Das Werkzeug „Buffer_analysis" erzeugt für eine bestehende Feature-Klasse einen Puffer, der in einer neuen Feature-Klasse gespeichert wird. Als Pflichtangabe folgen in der Klammer die Eingabe-Features, der Name der Ausgabe-Feature-Klasse und die Distanz (entweder mit Angabe der Einheit oder als Feld der Attributtabelle). Optional sind auch noch weitere Angaben möglich, wie beispielsweise der Seiten- oder Endtyp (s. o.). Die Angaben entsprechen den Eingabeparametern, die bei der Ausführung des Werkzeugs über die ArcToolbox angegeben werden können/müssen. Eine etwas ausführlichere Ausführung zum Thema Python und ArcGIS finden Sie ab Kapitel 9.4. Für eine Feature-Klasse namens Test, mit der Ausgabe-Feature-Klasse Test_Buffer und einer Puffergröße von 500 m, würde der Befehl dann folgendermaßen aussehen:

```
>>> arcpy.Buffer_analysis(„Test",„Test_Buffer",
„500 METERS")
```

Innerhalb der „Geoverarbeitungsoptionen" können Sie weitere werkzeugübergreifende Einstellungen vornehmen. Beispielsweise lässt sich dort einstellen, ob die Werkzeuge bereits bestehende Dateien bei der Ausgabe überschreiben dürfen oder ob die Ausgabe automatisch in das aktuelle ArcMap Projekt geladen wird. In Versionen vor ArcGIS 10 waren die Geoverarbeitungsoptionen über *Hauptmenüleiste* ⇨ *Werkzeuge* ⇨ *„Optionen..."* ⇨ *Reiter „Geoverarbeitung"* zu erreichen. Der Inhalt des Dialogfensters „Geoverarbeitungsoptionen" hat sich im Vergleich zu ArcGIS 9.* leicht verändert. Die Geoverarbeitung kann seit ArcGIS 10 auch im Hintergrund erfolgen, um die weitere Arbeit an dem Kartendokument nicht zu verzögern. Das heißt auch, dass Geoverarbeitungsprozesse auf andere Kerne (oder Prozessoren) ausgelagert werden können, wenn der Computer das unterstützt. Nach Abschluss der Berechnung werden Sie über ein kleines Fenster am rechten unteren Bildrand über den Erfolg oder Misserfolg des ausgeführten Prozesses informiert. Diese Hintergrundverarbeitung kann innerhalb der Geoverarbeitungsoptionen aktiviert oder deaktiviert werden. Wenn Sie die Hintergrundverarbeitung aktiviert und ein Geoverarbeitungswerkzeug gestartet haben, sehen Sie in der Statusleiste unten rechts – aber links von der dann erscheinenden Weltkugel – den Arbeitsfortschritt des aktuellen Geoverarbeitungswerkzeugs. Außerdem können Sie hier den Pfad zu einem Skripttool-Editor bzw. Debugger angeben.

6.1.3.8 Menü „Anpassen"

Abb. 106: Das Menü „Anpassen" in ArcMap

Innerhalb des Menüs „Anpassen" finden Sie die Funktionen wieder, die Sie benötigen, um die Oberfläche von ArcMap ihren Anforderungen anzupassen. Viele der Funktion sind bereits in älteren Versionen vorhanden gewesen und jetzt in diesem Menü zusammengefasst worden.

Unter „Werkzeugleisten" können Sie in einer Liste mit allen in ArcMap verfügbaren Menüs die von Ihnen benötigten Werkzeugleisten ein- bzw. ausblenden. Dieselbe Liste öffnet sich als Kontextmenü, wenn Sie an beliebiger Stelle auf Ihrer ArcMap Desktop-Oberfläche außerhalb des Inhaltsverzeichnisses und des Kartenfensters die rechte Maustaste drücken.

 Tipp: Beachten Sie, dass es zur Nutzung von optionalen Erweiterungen (siehe Kapitel 12), die registriert oder lizenziert werden müssen (z. B. ArcGIS Spatial Analyst oder ArcGIS Geostatistical Analyst), nicht genügt, die Werkzeugleisten einzublenden. Es ist zusätzlich eine Aktivierung der Erweiterung(en) unter *Hauptmenüleiste* ⇨ *„Anpassen"* ⇨ *„Erweiterungen..."* notwendig.

Der Menüeintrag „Anpassen…" am Ende der Liste mit den Werkzeugleisten öffnet ein Dialogfenster, das Sie auch über *Hauptmenüleiste* ⇨ *„Anpassen"* ⇨ *„Anpassungsmodus..."* erreichen können. Es bietet nicht nur eine weitere Alternative, Werkzeugleisten ein- bzw. auszublenden, sondern ermöglicht es dem Nutzer, selbst neue Werkzeugleisten zu erzeugen bzw. bereits bestehende ArcMap Werkzeugleisten nach seinen Bedürfnissen anzupassen. Genaueres dazu finden Sie in Kapitel 6.1.4.1 und 6.1.4.32.

„Erweiterungen…" öffnet ein Dialogfenster, das sämtliche Erweiterungen auflistet, die auf Ihrem System installiert und unter ArcMap anwendbar sind. In der Liste des Dialogfensters tauchen übrigens auch jene Erweiterungen auf, die gesondert registriert oder lizenziert werden müssen – unabhängig davon, ob die entsprechende Lizenz im Lizenz-Manager auch verfügbar ist. Nicht lizenzierte Erweiterungen können nicht aktiviert werden. Weitere Informationen zu ArcGIS Erweiterungen finden Sie in Kapitel 12.

Um ArcGIS Ihren ganz persönlichen Ansprüchen anzupassen, wurde mit ArcGIS 10 der Add-In-Manager implementiert. Mit den Add-Ins können Sie eine ganze Reihe von Anpassungen mit einer einzigen komprimierten Datei vornehmen. Außerdem können die Add-Ins leicht ausgetauscht werden, ohne dass ein zusätzliches Programm installiert werden muss. Es reicht aus, das Add-In in einen – von Ihnen festgelegten – Ordner zu kopieren, und ArcMap erkennt das Add-In automatisch. Durch das Löschen des Add-Ins aus dem Ordner können die Änderungen innerhalb von ArcMap auch wieder entfernt werden. Es lassen sich mehrere Add-In-Typen hinzufügen:

- **Buttons und Werkzeuge:** Einfache Kontrollelemente, die zu Werkzeugleisten hinzugefügt werden können oder – im Fall von Buttons – auch in Menüs.
- **Kombinationsfeld:** Ein Drop-down-Menü mit einer Liste von Einträgen.
- **Menüs und Kontextmenüs:** Eine Liste von Funktionen und Untermenüs. Können entweder in eine Werkzeugleiste eingebettet sein oder als Kontextmenü erscheinen.
- **Multi-items:** Eine dynamische Selektion von Menüpunkten die während der Laufzeit erstellt werden.
- **Werkzeugleisten:** Beinhaltet Buttons, Menüs, Werkzeuge oder Kombinationsfelder. Es kann angegeben werden, ob die Werkzeugleiste automatisch erscheinen soll, wenn Sie neu zu einer Anwendung hinzugefügt wird.
- **Werkzeugpalette:** Gruppiert zueinander gehörende Werkzeuge. Das am häufigsten verwendete Werkzeug erscheint auf der Werkzeugleiste neben einem kleinen Drop-down-Pfeil. Über diesen sind die restlichen Werkzeuge zu erreichen.
- **Andockbare Fenster:** Innerhalb der Fenster können sich unterschiedliche Inhalte befinden, beispielsweise Videos, Diagramme oder benutzerdefinierte Dialogfenster.
- **Anwendungs-Extensions:** Werden verwendet, um die Koordinierung zwischen den anderen Komponenten – z. B. Buttons oder Werkzeugen – innerhalb eines Add-Ins zu koordinieren. Die Anwendungs-Extensions sind oft für die Speicherung des Status verantwortlich und werden dazu verwendet, um auf Events zu reagieren. Die Extensions können so konfiguriert werden, wenn sie benötigt werden. Alternativ können Sie auch in dem Dialogfenster „Erweiterungen" angezeigt werden (*Hauptmenüleist* ⇨ *„Anpassen"* ⇨ *„Erweiterungen..."*).
- **Editor-Extensions:** Erlaubt es, die Abläufe der Editiersitzung anzupassen. Im Gegensatz zu den Anwendungs-Extensions werden Editor-Extension-Add-Ins geladen, wenn eine Editiersitzung gestartet wird.

Wenn Sie eine Add-In-Datei haben, können Sie diese mit einem Doppelklick „installieren". Dafür öffnet sich das Dialogfenster „Esri ArcGIS Add-In Installation Utility", indem die Add-In validiert und anschließend in das vorgegebene Add-In-Verzeichnis kopiert wird. Dieses Vorgehen hat den Vorteil, dass automatisch das richtige Verzeichnis als Zielverzeichnis angegeben wird, dass Namenskonflikte erkannt bzw. vermieden werden können, und dass existierende Add-Ins nicht überschrieben werden.

Neben der Verwaltung der Add-Ins können Sie innerhalb des Dialogfensters „Add-In-Manager" auch noch weitere Einstellungen vornehmen. Innerhalb der Registerkarte „Add-Ins" sehen Sie alle vorhandenen Add-Ins. Diese sind unterteilt in „Freigegebene Add-Ins", die Sie auch nicht selbst entfernen können, und „Eigene Add-Ins". Auf der rechten Seite des Dialogfensters werden weitere Informationen zu dem ausgewählten Add-In angezeigt (siehe Abb. 107). Dort sind in dem Bereich „Typen" auch alle Add-In-Typen aufgelistet, die in diesem Add-In enthalten sind. In der Registerkarte „Optionen" können Sie weitere Ordner angeben, in denen nach Add-Ins gesucht werden soll. Außerdem können dort weitere Einschränkungen vorgenommen werden, damit nur ausgewählte Add-Ins geladen werden können.

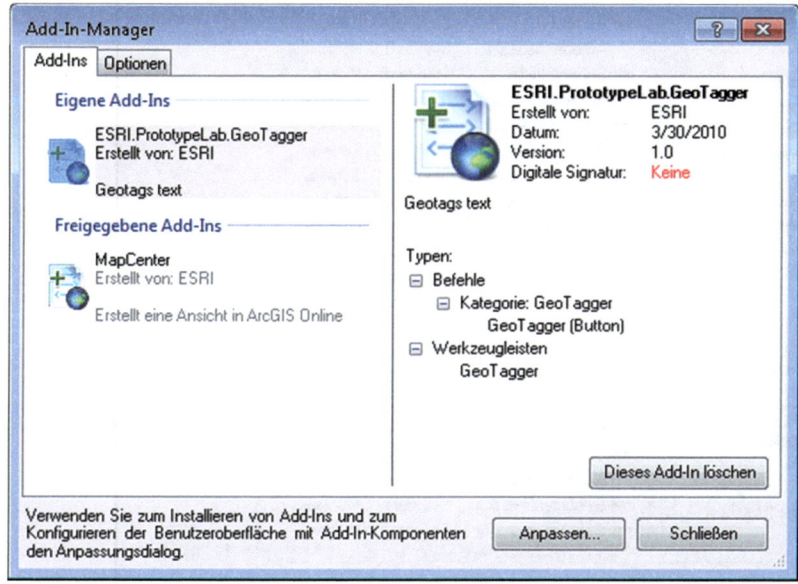

Abb. 107: Registerkarte „Add-Ins" im Dialogfenster „Add-In-Manager"

„Anpassungsmodus…" öffnet das Dialogfenster „Anpassen", mit dem Sie u. a. Werkzeugleisten erstellen und verändern können. Dieses Dialogfenster können Sie im Kontextmenü an beliebiger Stelle auf Ihrer ArcMap Desktop-Oberfläche im Bereich der Werkzeugleisten unter „Anpassen…" erreichen (s. o und außerdem in den Kapitel 6.1.4.1).

Bei der Standardisierung Ihrer Kartensymbole und -layouts helfen Ihnen die sog. Styles. Das sind Dateien, die vorab definierte Symbole, Symboleigenschaften, Farben und Kartenelemente enthalten. Der „Style-Manager…" (Abb. 108) dient der Verwaltung und Bearbeitung der Styles. Styles sind Symbologie-Bibliotheken verschiedenster Elemente, die als Datei (mit der Endung *.style) gespeichert werden. Sie können hier neue Styles anlegen und diese bearbeiten bzw. die bereits von Esri mitgelieferten Styles nach für Sie passenden Symbolen durchsuchen. Der Menüpunkt „Karten-Styles exportieren…" ist nicht mehr über die Menüs der Hauptmenüleiste oder eine Werkzeugleiste verfügbar. Sie können die Schaltfläche aber über den „Anpassungsmodus" einer beliebigen (oder neuen) Werkzeugleiste oder einem Menü hinzufügen (wie das geht wird in den Kapiteln 6.1.4.1 und 6.1.4.32 näher erläutert).

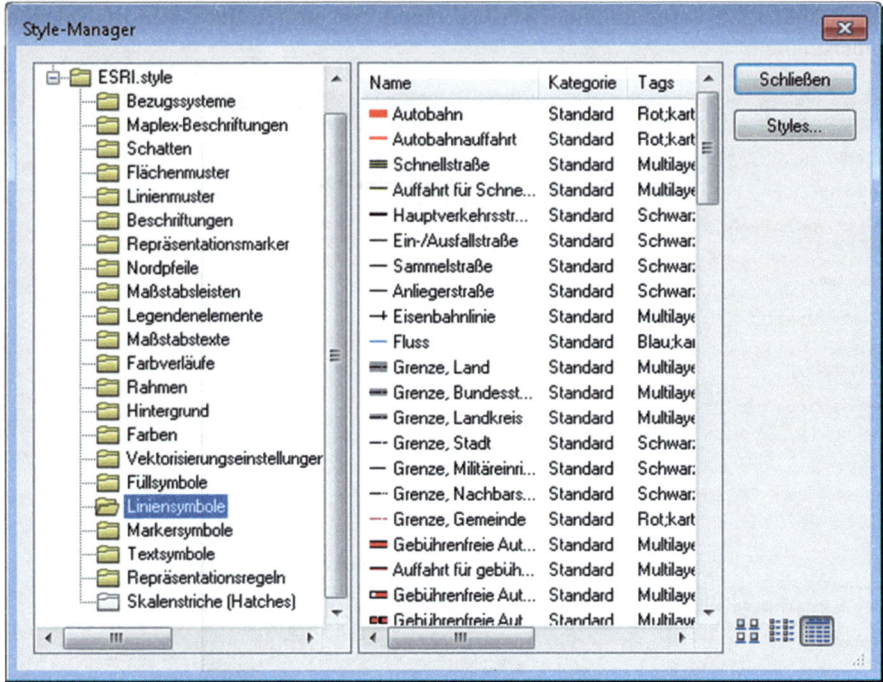

Abb. 108: Style-Manager

Im linken Fenster des Style-Managers sehen Sie in einer Ordnerstruktur die momentan für die Karte verfügbaren Styles. Standardmäßig befinden sich hier der Style des jeweils angemeldeten Nutzers sowie der „Esri.style". Wenn Sie weitere Styles hinzufügen möchten, können Sie dies jederzeit über den Schalter „Styles" auf der rechten Seite des Fensters erledigen. Seit ArcGIS 10 erscheint daraufhin das Dialogfenster „Style-Referenzen" (früher: „Hauptmenüleiste" ⇨ „Werkzeuge" ⇨ „Styles" ⇨ „Style-Referenzen..."). Darüber legen Sie fest, welche Styles in dieser Karte bereitstehen sollen. ArcGIS stellt Ihnen dafür eine ganze Reihe vorgefertigter Styles zur Verfügung. Sollte der von Ihnen gewünschte Style nicht in der Liste auftauchen, können Sie ihn über „Style zu Liste hinzufügen" manuell hinzuladen. Alternativ kann hier auch über „Neuen Style erstellen" ein leerer, neuer Style erzeugt werden. Hier können Sie außerdem festlegen, welche Styles Ihnen standardmäßig im Dialogfenster „Symbolauswahl" angezeigt werden.

Klicken Sie links im Dialogfenster „Style-Manager" einen Style-Ordner an, so sehen Sie in einer Liste als Unterordner alle bearbeitbaren Symbol- und Elementgruppen (Marker, Linien, Farben, Nordpfeile etc.). Befinden sich bereits Symbole in einem Unterordner, ist das Ordnersymbol gelb gefärbt, ansonsten ist es weiß. Graue Ordner sind schreibgeschützt. Das Bearbeiten der originalen Esri Styles ist in der Version ArcGIS 10 nicht möglich. Sie können aber einfach die originalen Styles kopieren und in einen beschreibbaren Ordner einfügen (s. u.). Markieren Sie einen Unterordner, sehen Sie im rechten Fenster die darin enthaltenen Symbole bzw. Elemente.

Doppelklicken Sie auf ein Symbol oder Element, wenn Sie es bearbeiten wollen (geht nicht bei schreibgeschützten Styles, wie den Esri Styles).

Um für Karten eines bestimmten Typs (z. B. geologische Karten) Standards für Zeichenvorschriften einhalten zu können, lohnt es sich, aus Gründen der Rekonstruierbarkeit einen neuen Style anzulegen. Wie Sie einen neuen Style anlegen bzw. wie Sie Symbole erstellen und bearbeiten, lesen Sie in Kapitel 14.3.8.

Tipp: Wenn Sie die einzelnen Esri Styles nur leicht abändern möchten, dann können Sie das folgendermaßen angehen: Die einzelne Symbole, Kartenelemente etc., die Sie als Vorlage benötigen, mit *Kontextmenü des Symbols* ⇨ *„Kopieren"* in den Zwischenspeicher legen und anschließend im selbst angelegten Style über *Kontextmenü des rechten Fensters* ⇨ *„Einfügen"* ablegen. Mit demselben Kontextmenü können Sie bestehende Symbole ändern und neue Symbole anlegen und bearbeiten.

Mit dem letzten Befehl des Menüs „Anpassen", „ArcMap-Optionen…", öffnen Sie ein Dialogfenster mit mehreren Registern, in denen Sie verschiedene Einstellungen für Ihre Arbeit mit ArcMap treffen können. Optionen, die hier geändert werden, wirken sich nicht nur auf die aktuelle Karte, sondern auf alle ArcMap-Sitzungen aus. Der überwiegende Anteil dieser Einstellungen ist standardmäßig so getroffen, dass sie vom Nutzer nicht geändert werden müssen. Die wichtigsten Einstellungen der Register seien hier kurz erwähnt.

Im Register „Allgemein" (siehe Abb. 109) können Sie bspw. den sog. Startdialog ein- oder ausschalten. Ist er eingeschaltet, fragt ArcMap zu Beginn einer jeden Sitzung, ob Sie mit einer neuen, leeren Karte, einer Vorlage oder einem vorhanden Dokument starten wollen. Einige Befehle in ArcMap, so beispielsweise *Hauptmenüleiste* ⇨ *„Einfügen"* ⇨ *„Legende…"*, starten einen Assistenten, der den Nutzer durch einen komplexeren Bearbeitungsprozess o. Ä. führt. Verhindern Sie dies, indem Sie durch Deaktivierung der Checkbox „Assistenten anzeigen (falls vorhanden)" den standardmäßig eingeschalteten Assistenten-Modus ausschalten. Daneben können Sie hier noch einige weitere Einstellungen zur Benutzung des Mausrads, zur Verwendung einiger Werkzeuge (Standardlayer für das Werkzeug „Identifizieren", Farbe für Hyperlinks und HTML-Pop-up, Aktivhaltung des Zeichenwerkzeugs) und zum Hinzufügen von Daten (zuletzt benutzten Ordner in neuer Sitzung merken, Layer sichtbar hinzufügen) treffen. Neben anderen kleineren Änderungen innerhalb der Registerkarte „Allgemein" ist noch die Option „Relative Pfade für neu erstellte Kartendokumente als Standard verwenden" hinzugekommen. In den Versionen vor ArcGIS 10 ging das nur über Hauptmenüleiste ⇨ *„Datei"* ⇨ *„Dokumenteigenschaften…"* ⇨ *Schaltfläche „Datenquellen-Optionen"*.

6 ArcMap

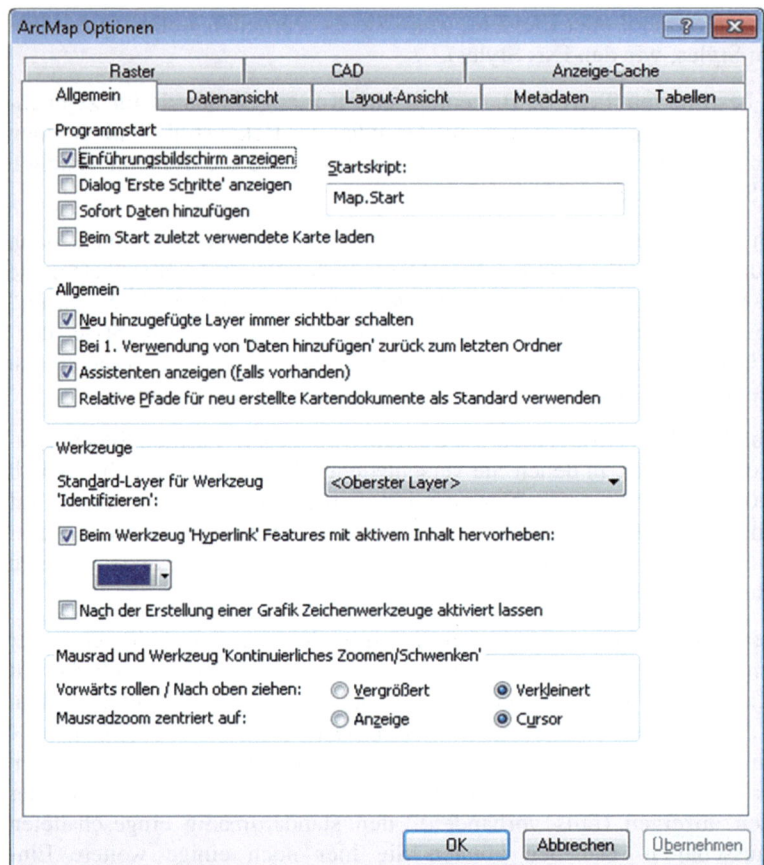

Abb. 109: Dialogfenster „ArcMap Optionen"

Im Register „Datenansicht" kann angegeben werden, ob eine kontinuierliche Anzeigeaktualisierung währen einer Remote-Desktop-Sitzung erfolgen soll. Standardmäßig ist diese Option deaktiviert, da es ansonsten bei geringer Bandbreite zu Geschwindigkeitseinbußen kommt. Zusätzlich ist es möglich, die Hardwarebeschleunigung für unterstützte Layer zu aktivieren. Diese Option ist ausgegraut, wenn die verwendete Hardware die Beschleunigung nicht unterstützt oder veraltete Treiber verwendet werden. Auch, wenn Sie ArcMap über eine Remote-Desktop-Verbindung verwenden, oder auf den Rechner zu einem früheren Zeitpunkt über eine Remote-Desktop-Verbindung zugegriffen haben, während das Kartendokument schon geöffnet war, lässt sich die Hardwarebeschleunigung nicht aktivieren. Die Hardwarebeschleunigung ist allerdings nur für Grundkarten-Layer oder Rasterdaten von Relevanz. Schließlich können Sie hier – und das ist gleich geblieben – die Anzeige der Koordinaten in der Statusleiste formatieren.

  Tipp: Mit ArcGIS 10 wurde ein Schnell-Schwenk-Modus eingeführt, der Ihnen ein kontinuierliches Zoomen und Schwenken der Karte ermöglicht. Um in den Schnell-Schwenk-Modus zu gelangen, platzieren Sie den Mauszeiger an einer beliebigen

Stelle im Datenrahmen und halten die mittlere Maustaste gedrückt. Dann verwandelt sich der Mauszeiger von dem bereits bekannten Schwenksymbol in den „kontinuierlichen Schwenk-Cursor". Während Sie weiterhin die mittlere Maustaste gedrückt halten, können Sie die Maus in die gewünschte Richtung ziehen. Dabei wird die Karte kontinuierlich in die Richtung geschwenkt. Die Schwenkrichtung wird auch durch einen veränderten Mauszeiger angezeigt. Mit der Strg-Taste können Sie den Schwenkvorgang beschleunigen, mit der Umschalttaste verlangsamen.

Im Bereich „Standardbeschriftungseigenschaften" kann seit ArcGIS 10.1 die Standard Label-Engine und die Schriftart/-größe vorab festgelegt werden. Das ist praktisch, da mit ArcGIS 10.1 die Maplex Label-Engine in die Kernsoftware aufgenommen wurde und somit zwei Beschriftungs-Engines zur Verfügung stehen (zum Thema Beschriftung siehe Kapitel 6.11).

Das Register „Layout-Ansicht" beinhaltet einige Einstellungen, die dem Nutzer die Erstellung eines Layouts erleichtern. So können beispielsweise Führungslinien, Lineale und Raster ein- und ausgeblendet werden. Legen Sie des Weiteren fest, ob Elemente Ihres Layouts, wie Datenrahmen, Legende etc. mit einer frei wählbaren Snap-Distanz an Raster, Linealen usw. gefangen werden sollen.

Im Register „Metadaten" können Angaben über die Art der Metadatenerstellung gemacht werden. Der gewählte „Style" hat Einfluss auf die Darstellung, Export- und Validierungsweise der Metadaten. Auch die Darstellung der Elementbeschreibung über das Kontextmenü eines Layers im Katalog wird von der Wahl des Metadaten-Styles beeinflusst. Näheres zum Thema Metadaten lesen Sie in Kapitel 6.1.6.

Im Register „Tabellen" können Sie u. a. das Aussehen von Tabellen bei der Darstellung in ArcMap beeinflussen. Einige Warnungen und Hinweise können Sie über diese Registerkarte aus- bzw. einblenden. Beispielsweise wird standardmäßig davor gewarnt, Feldberechnungen außerhalb einer Editiersitzung vorzunehmen. Diese Meldung können Sie durch das Deaktivieren der Option „Warnung anzeigen, wenn die Feldberechnung außerhalb einer Editiersitzung durchgeführt wird" ausblenden.

Im Register „Raster" können Sie Standardeinstellungen im Bezug auf die Darstellung von Raster-Datasets, Raster-Katalogen und Mosaik-Datasets in ArcMap treffen (für die Erläuterung des neuen Formats Mosaik-Dataset siehe Kapitel 7.2.5.6). Das ehemalige Unterregister „Allgemein" ist jetzt in „Raster-Dataset" umbenannt worden. Um die Anzeige großer Rasterdaten zu beschleunigen, kann ArcMap sog. Pyramiden erstellen, die eine maßstabsabhängige und damit schnellere Darstellung von Rasterdaten ermöglichen. Einmal erstellt, stehen die Pyramiden des entsprechenden Rasterfiles für alle kommenden ArcMap und ArcCatalog-Sitzungen zur Verfügung. Neu hinzugekommen ist die Möglichkeit, ein gekacheltes TIFF zu erstellen. Im Unterregister „Raster-Dataset" können Sie wählen, ob beim Hinzuladen von Raster-Datasets generell immer oder nie Pyramiden erzeugt werden sollen oder ob ArcMap Sie jedes Mal danach fragen soll. Im Unterregister „Raster-Katalog" bestimmen Sie, ob bzw. ab der Anzeige von wie vielen Einzelrastern nur die Rahmen anstatt der Rasterdaten angezeigt werden sollen. Auch die maximale Anzahl der dargestellten Raster kann hier angegeben werden. Das Unterregister „Raster-Layer" erlaubt Einstellungen zum Anzeige-Resampling, zur Hintergrundfarbe oder dem NoData-Bereich. Der Bereich „Standard RGB-Bandkombinationen" ist aus dem Hauptregister in dieses Unterregister verschoben worden. Vorgaben für den Umgang mit Mosaik-Datasets können in dem neu geschaffenen Unterregister „Mosaik-Dataset" getroffen werden. Unter anderen kann dort die Anzeige eines neu hinzugefügten Mosaik-Layers im Inhaltsverzeichnis beeinflusst bzw. die Sichtbarkeit von Sub-Layern aktiviert oder deaktiviert werden. Neu ist das Unterregister „Image Server-Layer", in dem die Option „Service-Cache standardmäßig verwenden (falls verfügbar)" aktiviert bzw. deaktiviert werden kann.

Das Register „CAD" enthält ein einziges Kontrollkästchen, mit dem Sie die Überprüfung aller Dateien auf DGN-Kompatibilität aktivieren können. Die Aktivierung lohnt sich, wenn der Verdacht besteht, bei bestimmten Dateien könnte es sich um Design-Dateien des CAD-Programms MicroStation handeln, die jedoch mit abweichenden Endungen (nicht „*.dgn") gespeichert wurden.

Das Register „Freigabe" wurde in ArcGIS 10.1 for Desktop hinzugefügt und bietet einige Einstellungsmöglichkeiten, die für die Veröffentlichung von Services auf einem ArcGIS Server oder bei der Erstellung von Paketen relevant sind.

Mithilfe des Caching kann die Darstellung beschleunigt werden. Das funktioniert, indem ArcMap den sog. Cache speichert. Somit ist es ArcMap bei gleichbleibender Ausdehnung möglich, den gewünschten Ausschnitt wesentlich schneller darzustellen, als bei der erstmaligen Ansicht. Im Register „Anzeige-Cache" können Sie Größe und Speicherpfad des Caches festlegen, diesen leeren sowie angeben, ob ArcGIS Logfiles erstellen soll.

6.1.3.9 Menü „Fenster"

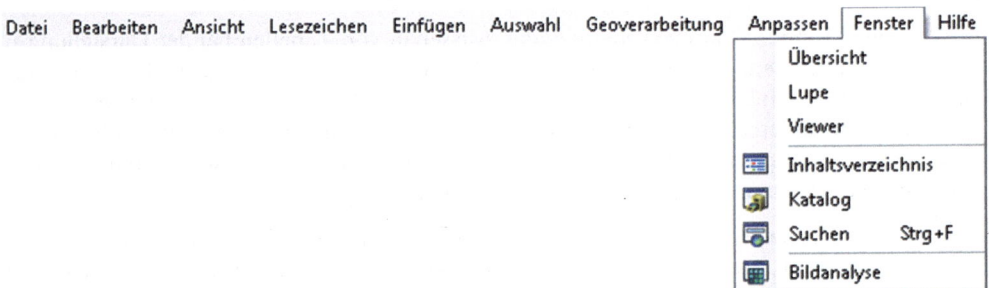

Abb. 110: Das Menü „Fenster" in ArcMap

Der Menüeintrag „Übersicht" öffnet ein verschiebbares, in der Größe veränderliches Übersichtsfenster, das die komplette Ausdehnung eines beliebigen Layers sowie, als darüber- liegendes Rechteck, die Position und Ausdehnung Ihres momentanen Kartenfensters zeigt. Das Übersichtsfenster gibt dem Nutzer während der detaillierten Bearbeitung der Daten stets einen Anhaltspunkt darüber, wo sich innerhalb des Datenrahmens das Kartenfenster gerade befindet. Im Kontextmenü der Titelleiste des Übersichtsfensters können Sie unter „Eigenschaften" weitere Einstellungen treffen. Aus einer Liste der im aktiven Datenrahmen vorhandenen Layer kann der „Referenz-Layer", d. h. derjenige Layer, der als Hintergrund des Übersichtsfensters dient, ausgewählt werden. Außerdem können Sie hier die Hintergrundfarbe des Fensters und die Darstellung des Ausschnitts-Kästchens anpassen.

Verschieben Sie das Ausschnitts-Rechteck auf dem Fenster oder ändern seine Größe, passt sich auch Ihr Kartenfenster unverzüglich an die neue Ausdehnung an.

Der Menüeintrag „Lupe" öffnet das ebenfalls frei verschiebbare, in seiner Größe änderbare Lupenfenster. Die Lupe ermöglicht es dem Nutzer, einen kleinen Kartenausschnitt vergrößert zu betrachten, ohne dafür die Kartenausdehnung zu ändern. Zu den Einstellungen gelangen Sie über das Pfeilsymbol am rechten Rand der Titelleiste des Lupenfensters. Hier können Sie den Vergrößerungsfaktor bzw. einen festen Maßstab für das Lupenfenster festlegen. Im sog. Live-Modus zeigt die Lupe immer den genau unter ihr liegenden Datenausschnitt des Kartenfensters an. Aktivieren Sie im Drop-down-Menü „Viewer" bzw. schalten in den Eigenschaften auf den Modus „Viewer" (früher: „Snapshot"), wird der gerade angezeigte Vergrößerungsausschnitt unabhängig davon, wohin Sie die Lupe verschieben, beibehalten. Sie können innerhalb des Lupenfensters selektieren und auch editieren.

Die Lupenfunktion wurde mit ArcGIS Version 9.2 um einige Funktionen erweitert. So merkt sich ArcMap beim erneuten Öffnen der Lupe den zuletzt verwendeten Vergrößerungswert. Der verwendete Maßstab wird nun in der Titelzeile des Fensters angezeigt.

Der Viewer hat die gleichen Funktionalitäten wie die Lupe, zeigt jedoch nicht immer den genau unter dem Viewer liegenden Datenausschnitt an, sondern es wird der gerade angezeigte Ausschnitt unabhängig von der Position des Viewer-Fensters dargestellt (s. o.).

Übersicht, Lupe und Viewer sind nur in der Datenansicht verfügbar. Beide Fenster beachten die maßstabsabhängigen Darstellungseinstellungen der Layer.

Des Weiteren können Sie über das Menü „Fenster" das Inhaltverzeichnis wieder einblenden, den Katalog öffnen oder das Suchfenster öffnen. Das Suchfenster ist in Kapitel 6.1.3.7 bereits näher erläutert worden, das Katalog-Fenster wird in Kapitel 6.1.6 noch genauer beschrieben.

Neu in der Version ArcGIS 10 ist das Dialogfenster „Bildanalyse" (siehe Abb. 112), das den Zugriff auf viele Funktionen zur Ansicht und Bearbeitung von Rasterdaten vereinfacht. Einige Optionen standen bereits in den Vorgängerversionen zur Verfügung, waren aber in unterschiedlichen Werkzeugleisten und Toolboxes verstreut. Neu ist aber, dass Sie Funktionen ausführen können, die in temporären Raster-Datasets (in dem Format AFR) gespeichert werden. Für die temporäre Datei werden die Funktionen dann on-the-fly dargestellt, d. h. es wird kein neues Raster-Dataset berechnet und erstellt. In den Layer-Eigenschaften finden Sie dann auch eine zusätzliche Registerkarte „Funktionen" (siehe Kapitel 6.5.5). Das Dialogfenster kann mit dem „Andock-Manager" nach Belieben auf der Benutzerfläche positioniert werden oder kann im Seitenrand des Kartenfensters „versteckt" werden (vgl. Kapitel 6.1.2). Das Fenster ist in vier Bereiche unterteilt, die Layerliste, die Optionen, die Anzeige und die Verarbeitung.

Über die Schaltfläche „Optionen" am oberen Rand des Dialogfensters „Bildanalyse" lassen sich Standardeinstellungen für einige der Funktionen vornehmen. Beispielsweise kann das rote und infrarote Band für die Bestimmung des NDVI („Normalized Difference Vegetation Index") definiert oder Azimut, Höhe und Z-Faktor für die Schummerung festgelegt werden. Auch für die Streckung, Orthokorrektur und das Pan-Sharpening lassen sich hier Einstellungen treffen. Bevor Sie eine der genannten Funktionen verwenden, ist es oft notwendig, im Dialogfenster „Optionen für Bildanalyse" noch Einstellungen vorzunehmen.

Sollten Sie mehrere Raster in Ihrem Projekt geladen haben, dann können Sie in der Auswahlbox der Layerliste das oder die gewünschte(n) Raster markieren, um es (sie) zu bearbeiten. Abhängig davon, ob die Raster-Layer momentan sichtbar sind oder nicht, ist das jeweilige Raster angehakt oder nicht. Wenn Sie innerhalb des Dialogfensters „Bildanalyse" Änderungen an der Sichtbarkeit vornehmen, ändern sich auch die Sichtbarkeitseinstellungen im Inhaltsverzeichnis. Über das Kontextmenü der Raster können Sie das Raster auch aus der Liste (und gleichzeitig aus dem Inhaltsverzeichnis) entfernen. Um die Darstellungsgeschwindigkeit zu optimieren, können Sie über das Kontextmenü die Option „Beschleunigen" aktivieren. Das ermöglicht Ihnen eine nahtlose Darstellung beim Zoomen und Schwenken. Ob für ein Raster die Option „Beschleunigen" aktiviert ist, erkennen Sie auch an der veränderten Symbolik (das obere Symbol ist ein Raster ohne Beschleunigung, das untere mit). Auch die Layer-Eigenschaften des Rasters erreichen Sie über das Kontextmenü (mehr über die Layer-Eigenschaften von Rasterdaten finden Sie in Kapitel 6.5).

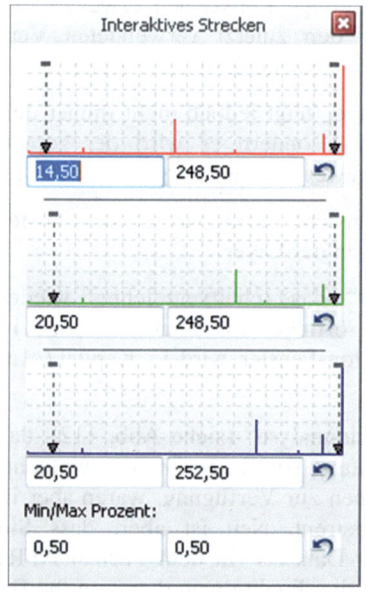

Abb. 111: Neue Funktion „Interaktives Streckungswerkzeug"

Die im Fenster „Anzeige" zur Verfügung gestellten Werkzeuge sind zum großen Teil der Werkzeugleiste „Effekte" entnommen. Über das Fenster „Anzeige" im Dialogfenster „Bildanalyse" können Sie somit auf einfachem und schnellem Weg nicht nur Kontrast, Helligkeit, Transparenz oder den Gammawert verändern, sondern auch den Strecktyp oder die Resampling-Methode einstellen. Für ArcGIS 10.1 for Desktop wurde die Funktion „Interaktives Streckungswerkzeug" entwickelt, welches Anpassungen interaktiv umsetzt (siehe Abb. 111). Die Option „DRA" (Dynamic Range Adjustment) verändert die Ausdehnung des Histogramms, basierend auf den sichtbaren Pixeln (und nicht aller). Mit der Aktivierung von „Hintergrund" werden alle Hintergrundwerte auf den Wert 0 (Standardwert) gesetzt und dieser wird dann transparent dargestellt. Der Hintergrundwert kann über *Hauptmenüleiste* ⇨ *„Anpassen"* ⇨ *„ArcMap-*

Options..." ⇨ Registerkarte „Raster" ⇨ Unterregister „Raster-Layer" verändert werden (siehe auch Kapitel 6.1.3.8). Durch die Option „TopUp" wird der Anzeige so gedreht, dass der Bildschirm immer in Blickrichtung des ausgewählten Rasters dargestellt wird (ähnlich dem Prinzip von Navigationsgeräten).

Das Werkzeug „Vergrößern/Verkleinern auf Rasterauflösung" ermöglicht Ihnen eine Darstellung in der für das Raster optimalen Auflösung. Außerdem können Sie sich mit den beiden Werkzeugen „Layer ausblenden" und „Layer flackern" die Arbeit bei sich überlagernden Layern vereinfachen.

In dem Feld „Verarbeitung" stehen Ihnen Werkzeuge zur Verfügung, mit denen Sie schnell – auch komplexe – Änderungen und Analysen an den markierten Rastern vornehmen können. Alle Funktionen, die im Bereich „Verarbeitung" ausführen, erzeugen einen neuen temporären Raster-Layer auf den die Funktionen angewendet werden. Die Funktionen werden dabei on-the-fly angewandt, somit wird keine neue Rasterdatei erzeugt. Der beschriebene Bereich „Verarbeitung" enthält folgende Funktionen:

- Ausschneiden: Benutzt den Ausschnitt der Datenansicht oder ein selektiertes Polygon und erstellt daraus ein temporäres Raster.
- Maske: Benutzt den Ausschnitt der Datenansicht oder ein selektiertes Polygon, um ein NoData Gebiet zu definieren und ein temporäres Raster zu erstellen.
- Bänder zusammensetzen: Ermöglicht Ihnen die Kombination mehrerer Raster-Layer zur Erstellung eines Multiband Bilds.
- NDVI: Berechnet den normalisierten differenzierten Vegetationsindex eines multispektralen Bilds oder von zwei ausgewählten Rastern. Als Ausgabe wird ein temporäres Raster erstellt.
- Colormap zu RGB: Konvertiert einen Colormap-Layer in einen temporären RGB-Raster-Layer.
- Differenz: Berechnet die Unterschiede zweier markierter Raster basierend auf einer Pixelüberlagerung und erstellt ein temporäres Raster-Layer.
- Pan-Sharpening: Erstellt einen temporären Raster-Layer aufgrund von Pan-Sharpend Daten.
- Orthokorrektor: Erstellt einen temporären Raster-Layer auf Basis von orthorektifizierten Rasterdaten.
- Exportieren: Öffnet das Dialogfenster „Rasterdaten exportieren", um die erstellten Layer als Raster-Dataset zu speichern.
- Geschummertes Relief: Erstellt einen Schatten bei den selektierten Rastern, die Höhendaten enthalten.
- Mosaik: Generiert ein temporäres Raster, indem es zwei oder mehr Rasterdatensätze zu einem Mosaik zusammenfasst. Die Methode zur Erstellung des Mosaiks kann dabei aus einem Drop-down-Menü gewählt werden.
- Filter: Wendet eine Filterfunktion auf das gewünschte Raster an. Die Filterfunktion kann über die nebenstehende Drop-down-Liste spezifiziert werden.
- Funktion hinzufügen: Auf diese Weise öffnet sich das Dialogfenster „Editor für Raster-Funktionen", über welches Funktionen hinzugefügt, bearbeitet oder entfernt werden können (siehe Abb. 113).

6 ArcMap

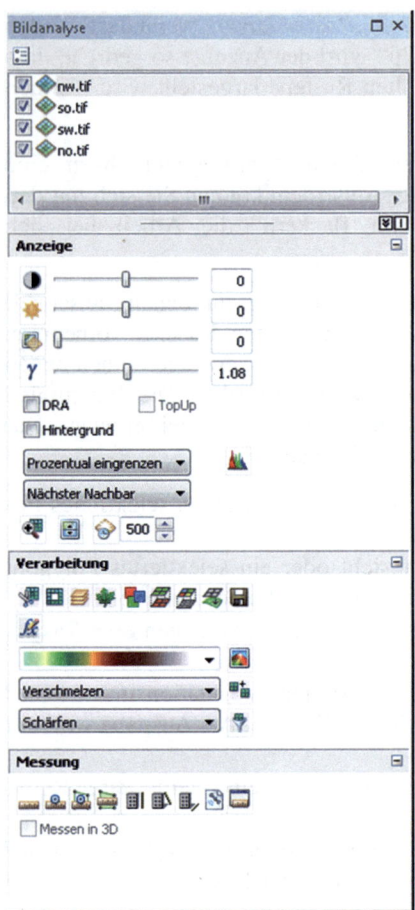

Abb. 112: Dialogfenster „Bildanalyse"

Für ArcGIS 10.1 for Desktop wurde die Möglichkeit geschaffen, dass auch Vorlagen für Raster-Funktionen erstellt werden. Diese werden im Format rft.xml gespeichert und können auf Raster, Image Services und Mosaik-Datasets angewendet werden. Dadurch ist es möglich, eine ganze Reihe von Funktionen bereits vorab zu definieren und auf die gewünschten Datensätze anzuwenden.

Im Bereich „Messung" befinden sich einige Werkzeuge für die Messung.

- „Entfernung": Dieses Werkzeug misst die Entfernung zwischen zwei oder mehr Punkten.
- „Punkt": Ermittelt die Position von einem Punkt.
- „Schwerpunkt": Die Schwerpunktposition wird durch das Werkzeug „Schwerpunkt" berechnet. Bei der Verwendung eines Digitalen Geländemodells können die Ergebnisse noch optimiert werden. Dafür muss die Option „Messen in 3D" aktiviert sein.

6.1 Die ArcMap Benutzeroberfläche

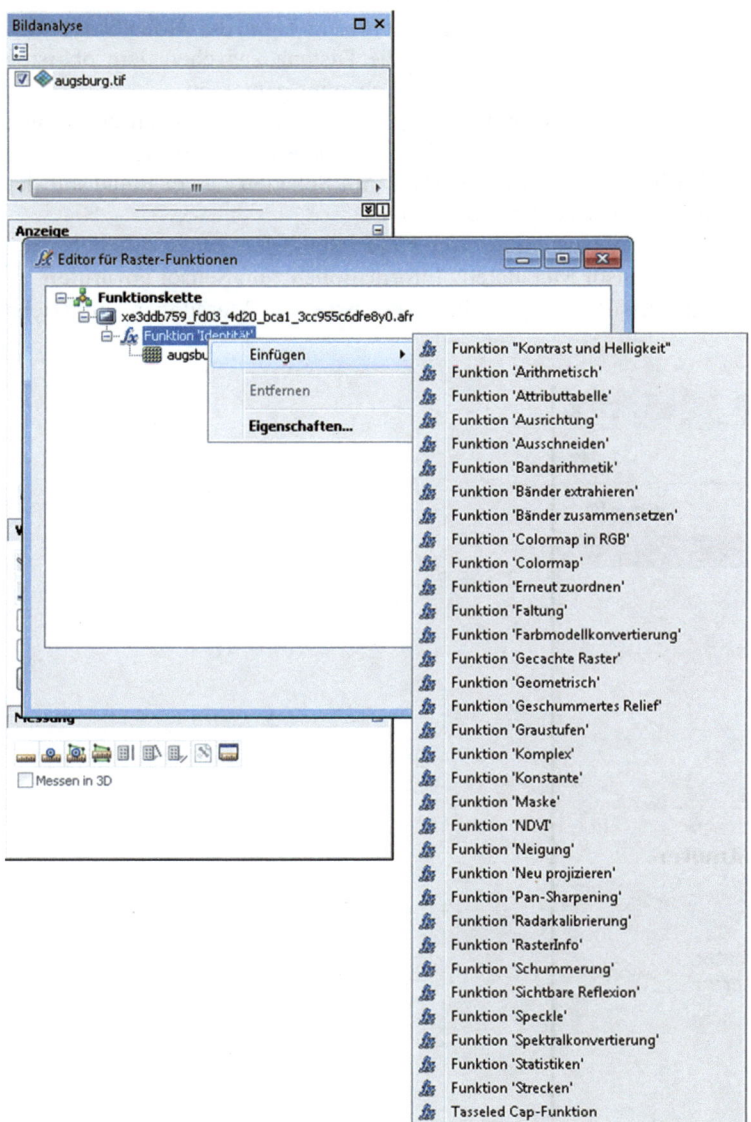

Abb. 113: Dialogfenster „Editor für Raster-Funktionen"

- „Fläche": Zur Berechnung von Umfang und Fläche kann die Funktion „Fläche" verwendet werden. Auch hier können durch ein Digitales Geländemodell Verbesserungen erzielt werden.
- „Höhe nach oben": Die Höhe eines Objekts kann mithilfe des Icons „Höhe nach oben" erfasst werden. Es wird davon ausgegangen, dass die Struktur senkrecht zur Basis steht.

6 ArcMap

- „Höhe oben bis Schatten": Durch dieses Werkzeug kann die Höhe durch den Schattenwurf ermittelt werden. Dabei wird die Distanz zwischen dem obersten Punkt mit dem (gleichen) obersten Punkt des Schattens gemessen.
- „Höhe unten bis Schatten": Die Höhe der Struktur kann auch ermittelt werden, indem vom untersten Punkt des Objekts zum höchsten Punkt des Schattens gemessen wird. Bedingung ist, dass der Punkt im Schatten einem Punkt auf der Struktur entspricht, der senkrecht zur Basis steht.
- Sensor Metadaten: Bei Verwendung von NITF-Metadaten ist es möglich, sich über die Schaltfläche Sensor Metadaten" Informationen zum Sensor abzurufen.
- „Fenster ‚Messergebnisse' ": Listet die Ergebnisse der Messungen auf (siehe Abb. 114).

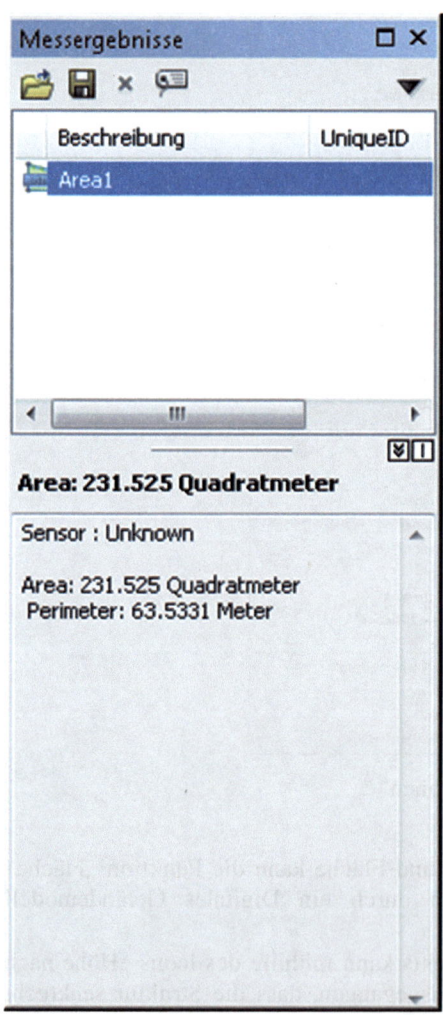

Abb. 114: Ergebnis einer Flächenmessung

6.1.3.10 Menü „Hilfe"

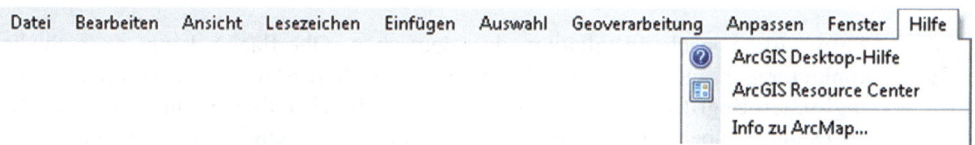

Abb. 115: Das Menü „Hilfe" in ArcMap

Das Menü „Hilfe" (Abb. 115) beinhaltet die für Einsteiger wie erfahrene Nutzer unentbehrlichen Hilfsfunktionen „ArcGIS Desktop Hilfe" (auch über die Taste „F1") und „Direkthilfe".

Die ArcGIS Desktop Hilfe (Abb. 116) stellt dem Nutzer umfangreiche Erklärungen und Beschreibungen zu allen ArcGIS Funktionen inkl. aller Erweiterungen zur Verfügung.

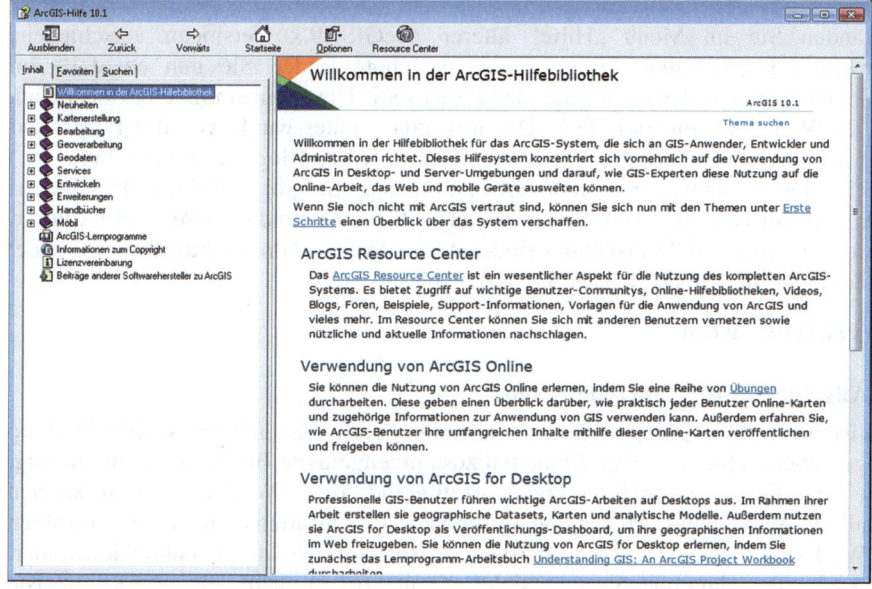

Abb. 116: Die „ArcGIS Desktop Hilfe"

Nachfolgend wird auf die ArcGIS Desktop Hilfe näher eingegangen, da Sie dort nicht nur umfassende Beschreibungen der Funktionen von ArcGIS finden können, sondern darin auch Tutorien und Anleitungen enthalten sind. Bei der Suche nach Problemlösungen sollte deshalb die ArcGIS Desktop Hilfe immer Ihre erste Anlaufstation sein.

Im Register „Inhalt" haben Sie über ein systematisches Inhaltsverzeichnis Zugriff auf die Desktop-Hilfe. Das Register „Suchen" erlaubt über das Eingabefeld „Suchbegriff(e) eingeben" die Suche nach Hilfethemen.

Um jederzeit zu einem bestimmten Hilfethema zurückkehren zu können, fügen Sie das aktuell geöffnete Thema im Register „Favoriten" der Favoritenliste hinzu. Im Textfenster unter „Aktuelles Thema" können Sie dem Thema zuvor eine individuelle Beschreibung geben.

 Tipp: Auch nach Installation der deutschen Oberfläche kann es sich bei konkreteren Fragestellungen lohnen, die ArcGIS Desktop Hilfe zusätzlich nach englischen Begriffen suchen zu lassen. Nicht alle Hilfethemen und Tipps wurden ins Deutsche übersetzt und liegen deswegen nur in der englischen Version vor.

Die ArcGIS Desktop Hilfe wird durch die „ArcGIS Desktop Help" (http://resources.arcgis.com/content/web-based-help) auf der Homepage der Firma Esri erweitert. Dort finden Sie in englischer Sprache eine regelmäßig aktualisierte Version der Desktop-Hilfe, auf die Sie bequem mit Ihrem Internetbrowser zugreifen können. Sie können die Online-Hilfe aus der ArcGIS Desktop Hilfe heraus starten. Dazu klicken Sie dort auf die Schaltfläche „Resource Center" und dann auf „Help". Möchten Sie im Menü „Hilfe" weiterhin einen direkten Link zur Online-Hilfe haben, so können Sie das Menü selbst entsprechend anpassen (vgl. Kapitel 6.1.4.32 und Kapitel 14.2.2; den Befehl zur Online-Hilfe finden Sie im Fenster „Anpassen" in der Kategorie „Hilfe").

Daneben fanden Sie im Menü „Hilfe" älterer ArcGIS 9.x Versionen verschiedene englischsprachige Internetlinks. Einige dieser Angebote finden Sie nun ebenfalls im Resource Center bzw. auf der Homepage der Firma Esri. Die Menüeinträge beziehen sich immer auf die Websites von Esri USA. Das Resource Center wurde von der Firma Esri geschaffen, um vorhandene Online-Angebote (Online-Hilfe, Blogs, Datenangebote etc.) gezielt für einzelne Komponenten von ArcGIS zu bündeln. So gibt es Beiträge für die Esri Produkte ArcGIS for Desktop, ArcGIS Server, ArcGIS for Android oder ArcGIS Explorer. Das Internetportal von Esri Deutschland finden Sie unter der Adresse http://www.esri.de/ (vgl. Linksammlung im Anhang dieses Buchs).

6.1.4 Werkzeugleisten

6.1.4.1 Allgemeines zu Werkzeugleisten

Wie die meisten Windows-kompatiblen Anwendungen verfügen auch die ArcGIS Desktop Anwendungen über zu thematischen Einheiten zusammengefasste Befehlsgruppen, die sog. Werkzeugleisten. Dieser Begriff ist etwas irreführend, denn Werkzeugleisten können prinzipiell alle in ArcMap und ArcCatalog verfügbaren Befehlsarten enthalten. Dazu zählen neben den Werkzeugen auch Menüs, Schaltflächen, Bearbeitungs- und Kombinationsfelder. Beispiel: Auch die Hauptmenüleiste (siehe Kapitel 6.1.3) wird als Werkzeugleiste bezeichnet, obwohl sie hauptsächlich Menüs enthält.

ArcMap stellt dem Nutzer eine große Anzahl von bereits vorgefertigten anwendungseigenen Werkzeugleisten zur Verfügung. Unter *Hauptmenüleiste* ⇨ *„Anpassen"* ⇨ *„Werkzeugleisten"* können Sie in einer Liste aller verfügbaren Werkzeugleisten die von Ihnen benötigten ein- bzw. ausblenden. Die eingeblendeten Leisten sind auf Ihrer Arbeitsoberfläche per Drag & Drop frei positionierbar. Dieselbe Liste öffnet sich als Kontextmenü, wenn Sie an beliebiger Stelle im grauen Bereich der Werkzeug- oder Hauptmenüleiste(n) die rechte Maustaste drücken. Der Menüeintrag „Anpassen…" ganz am unteren Ende dieses Kontextmenüs öffnet ein gleichnamiges Dialogfenster, das im Register „Werkzeugleisten" nochmals alle zur Verfügung stehenden ArcMap Werkzeugleisten auflistet. Das gleiche Dialogfenster öffnet sich auch, wenn Sie das Pfeilsymbol rechts von jeder Werkzeugleiste klicken und dort den Eintrag „Anpassen…" auswählen. Wenn die

6.1 Die ArcMap Benutzeroberfläche

Werkzeugleiste irgendwo auf dem Bildschirm positioniert ist, dann befindet sich der Pfeil nicht rechts neben den einzelnen Werkzeugen, sondern links von dem „X"-Symbol zum Schließen der Werkzeugleiste. Unter „Neu..." können Sie beliebig viele, neue, leere Werkzeugleisten anlegen. Wie Sie von Ihnen selbst neu angelegte Werkzeugleisten bestücken können, erfahren Sie in Kapitel 6.1.4.32. Sie können jetzt auch das Format der Werkzeugleisten anpassen. In den Vorgängerversionen konnten Sie Werkzeugleisten zwar neue Werkzeuge hinzufügen (siehe Kapitel 6.1.3.8 und Kapitel 6.1.4.32), diese wurden aber grundsätzlich nebeneinander angeordnet. Wenn eine Werkzeugleiste freistehend ist – und somit nicht direkt unterhalb der Hauptmenüleiste positioniert ist, – dann kann die Größe verändert werden. Das geht, indem Sie den Mauszeiger auf den Rand der Werkzeugleiste ziehen (der Cursor verändert sich, sobald Sie mit der Maus genau auf dem Rand sind) und das Fenster bei gedrückter Maustaste größer oder kleiner machen.

Die Schaltfläche „Tastatur..." leitet zu einem Menü, in dem Sie jedem beliebigen Befehl eine Tastenkombination („Shortcut") zuordnen können. Wählen Sie dazu im rechten Feld den gewünschten Befehl der auf der linken Seite unter „Kategorien" markierten Werkzeugleiste aus und legen Sie im Feld links unten die Tastenkombination (z. B. Strg+Z) fest. Klicken Sie dann auf „Zuweisen". Ist Ihre Tastenkombination für ArcMap interpretierbar, taucht sie rechts unter „Aktuelle Taste(n)" auf. Beachten Sie, dass bereits zugewiesene Tastenkombinationen bei nochmaliger Zuweisung ihre ehemalige Funktion verlieren (für weitere Informationen zu Tastaturkürzeln sei auf den Anhang dieses Buchs verwiesen).

Das Register „Befehle" gibt einen Überblick über sämtliche Befehle, die Ihnen ArcMap zur Verfügung stellt. Die Befehle werden der Übersichtlichkeit halber zu sog. Kategorien zusammengefasst. Markieren Sie links eine Kategorie, so listet das rechte Fenster die dieser Kategorie zugeordneten Befehle auf. Das Eingabefeld „Befehle anzeigen, die Folgendes enthalten:" hilft Ihnen, wenn Sie nicht wissen, zu welcher Kategorie der gesuchte Befehl gehört. Per Drag & Drop können Sie jeden beliebigen Befehl aus der Liste herausziehen und in einer bereits auf dem Desktop vorhandenen Werkzeugleiste (sei es in eine von Ihnen vorher im Register „Werkzeugleisten", wie in Kapitel 6.1.4.32 beschrieben, neu angelegte oder in eine von ArcMap zur Verfügung gestellte Leiste) an der gewünschten Stelle ablegen. Über das Register „Befehle" können auch alle Werkzeuge der ArcToolbox zu den Werkzeugleisten bzw. Menüs hinzufügen. Es bietet sich an, häufig verwendete Werkzeuge im Menü „Geoverarbeitung" zu platzieren, damit Sie schneller darauf zugreifen können. Wenn Sie einem ArcMap Kontextmenü Befehle hinzufügen wollen, gehen Sie folgendermaßen vor: Aktivieren Sie im Register „Werkzeugleisten" den Eintrag „Kontextmenüs". Auf Ihrem Desktop erscheint die Werkzeugleiste „Kontextmenüs", in deren Dropdown-Menü „Kontextmenüs" sämtliche in ArcMap zur Verfügung stehenden Kontextmenüs in Form von Untermenüs zu finden sind. Ziehen Sie aus der Befehlsliste im Register „Befehle", wie oben bereits beschrieben, den gewünschten Befehl in das geöffnete Kontextmenü und legen Sie es dort an der gewünschten Stelle ab.

Der Button „Beschreibung" im Register „Befehle" liefert eine Kurzbeschreibung des von Ihnen markierten Befehls. Im Register „Optionen" können Sie angeben, ob neue Werkzeuge standardmäßig im Dokument gespeichert werden sollen. Ist diese Option („Alle Anpassungen im Dokument speichern") nicht aktiviert, wirken sich sämtliche Änderungen, die Sie vornehmen, auf alle Kartendokumente aus. Auch eventuell neu erstellte Werkzeugleisten stehen dann in allen anderen ArcMap-Sitzungen zur Verfügung. Mit dem Befehl „Aus Datei hinzufügen..." können Sie weitere benutzerdefinierte Befehle hinzuladen, die aus einer Komponentenbibliothek (DLL, esriAddIn, siehe Kapitel 6.1.3.8, oder TLB) erzeugt wurden. Diese Erweiterungen der Grundfunktionalität können aus einfachen Schaltflächen, Werkzeugleisten oder neuen Registerreitern bestehen. Derartige Bibliotheken können Sie beispielsweise auf der Esri Website finden und herunterladen.

Das Entfernen der Erweiterungen gestaltet sich – je nach gewähltem Format – etwas komplizierter als das Hinzuladen. Ausnahme bilden die Esri Add-Ins (siehe Kapitel 6.1.3.8), die durch einfaches Entfernen der Datei aus dem Ordner wieder „deinstalliert" werden können. Starten Sie zu diesem Zweck im Windows-Explorer die Anwendung „categories.exe" im Verzeichnis ArcGIS Installationsverzeichnis\Bin und öffnen Sie im nun erscheinenden Dialogfenster „Komponenten-Kategorie-Manager" (Abb. 117) das Verzeichnis „Esri Mx CommandBars". Der Haken „ESRI Komponenten ausblenden" muss entfernt sein, wenn Sie den gesamten Inhalt des Ordners sehen möchten. Markieren Sie nacheinander die entsprechenden Einträge der Komponenten und betätigen Sie die Schaltfläche „Objekt entfernen".

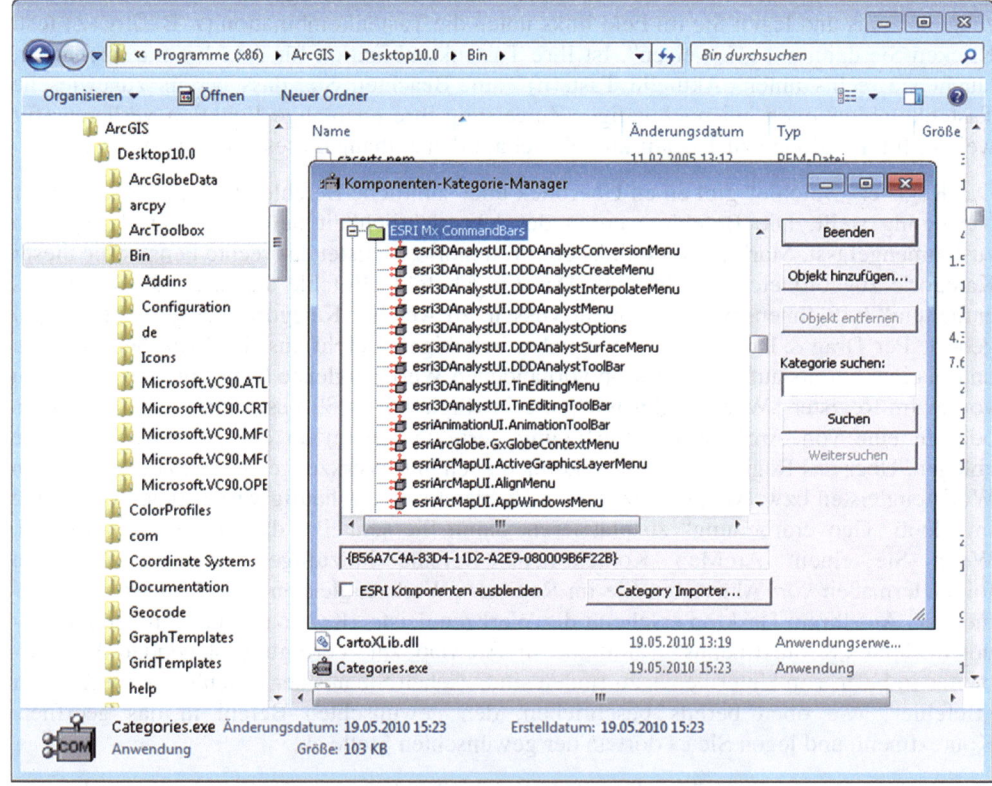

Abb. 117: Dialogfenster „Komponenten-Kategorie-Manager"

Das Öffnen des Dialogfensters „Anpassen" versetzt ArcMap in einen Zustand, in dem die Eigenschaften der momentan auf der Arbeitsoberfläche eingeblendeten Werkzeugleisten geändert werden können. In diesem Modus können Sie beispielsweise auch einzelne Werkzeuge aus einer Werkzeugleiste herauslöschen. Klicken Sie dafür mit der rechten

6.1 Die ArcMap Benutzeroberfläche

Maustaste auf das Werkzeug, welches Sie entfernen möchten, und wählen dann den Eintrag „Löschen" aus dem Kontextmenü aus. Mithilfe desselben Kontextmenüs können Sie für jeden Befehls-Button noch verschiedene andere Einstellungen treffen, wie beispielsweise das Icon ändern („Schaltflächensymbol ändern"). Beachten Sie, dass das Entfernen eines Befehls aus einer Werkzeugleiste nicht bedeutet, dass Sie diesen Befehl endgültig gelöscht haben. Er steht auch weiterhin in den im Register „Befehle" aufgeführten Listen zur Verfügung.

Mit dem Befehl „Zurücksetzen..." im Register „Werkzeugleisten" sind Sie in der Lage, jede durch Sie oder andere Nutzer veränderte anwendungseigene ArcMap Menüleiste wieder in den Originalzustand zu versetzen. Markieren Sie dazu bitte vorher unter „Werkzeugleisten" die entsprechende Leiste, sodass sie blau hinterlegt ist, und setzen Sie einen Haken in die Checkbox.

Tipp: Noch drei weitere Tipps: Tools, die im Anpassen-Modus außerhalb einer Werkzeugleiste „fallen" gelassen werden, werden gelöscht. Durch Löschen der Normal.mxt (ältere Windows-Versionen: C:\Dokumente und Einstellungen\<Benutzer\Anwendungsdaten\Esri\ArcMap\Templates; Windows Vista & 7: C:\Benutzer\ <Benutzer>\Anwendungsdaten\Roaming\Esri\Desktop10.0\ArcMap\Templates) wird der „Normalzustand" wiederhergestellt. Gegebenfalls müssen die Ordneroptionen verändert werden, sodass auch versteckte Dateien und Ordner angezeigt werden. Anschließend noch einige nützliche Funktionen, die nicht standardmäßig auf der Werkzeugleiste zu finden sind, aber bei der Arbeit mit ArcMap oft nützlich sind:

- Das Tool „Kontinuierliches Zoomen und Schwenken" in der Kategorie Schwenken/Zoomen.
- Der „Pixel-Inspektor" unter der Kategorie Raster.
- Die „Farb-Pipette" unter der Kategorie Seitenlayout.
- Der „Assistent zur Puffer-Erzeugung" aus der Kategorie Werkzeuge.
- Die Funktion „Aus einem ArcGIS for Desktop Basic-Projekt importieren…" unter der Kategorie Datei (war in den Vorgängerversionen direkt über die Hauptmenüleiste im Menü „Datei" zu finden).
- Der Befehl „Auf selektierte Features zoomen" in der Kategorie Auswahl.

Im Anschluss soll nun auf die wichtigsten anwendungseigenen Werkzeugleisten eingegangen werden. Viele der hier nur kurz aufgeführten bzw. nicht erwähnten Befehle werden an geeigneter Stelle im Buch noch näher erläutert.

6.1.4.2 Werkzeugleiste „Standard"

Abb. 118: Die Werkzeugleiste „Standard" in ArcMap

„Neues Kartendokument": Eine neue, leere Karte wird erstellt.

„Öffnen": Eine vorhandene Projekt-Datei wird geöffnet. Falls bereits eine Karte in Bearbeitung ist, werden Sie evtl. gefragt, ob die nicht gespeicherten Änderungen gesichert werden sollen.

„Speichern": Die aktuelle Karte wird einschließlich der Änderungen seit der letzten Sicherung auf Ihrem System gespeichert. Falls Sie erstmals eine neue Karte abspeichern wollen, werden Sie aufgefordert, einen Namen und einen Speicherort für die Karte anzugeben.

„Drucken": Die aktuelle Karte wird gedruckt. In einem Dialogfenster müssen Sie vorher u. a. den zu verwendenden Drucker, die Druckqualität und die Anzahl der Druckexemplare wählen. Zum Thema Seiten- und Druckereinrichtungen lesen Sie bitte Kapitel 14.8.2.

„Ausschneiden": Die selektierten Elemente oder Features werden ausgeschnitten und in der Zwischenablage gespeichert. Als Elemente bezeichnet man Texte, Grafiken und Objekte, die in das Kartenlayout eingefügt werden können, wie beispielsweise Nordpfeile, Datenrahmen oder Maßstabsbalken. Features können nur dann ausgeschnitten werden, wenn sich die entsprechenden Daten im Bearbeitungsmodus befinden.

„Kopieren": Die selektierten Elemente des Layouts oder Features werden in die Zwischenablage kopiert.

„Einfügen": Der Inhalt der Zwischenablage wird in die Karte eingefügt. Analog zum Befehl „Ausschneiden" (s. o.) können Features nur dann eingefügt werden, wenn sich die Daten im Bearbeitungsmodus befinden. Beim Einfügen von Features ist darauf zu achten, dass Quell- und Ziel-Layer den gleichen Geometrietyp aufweisen.

„Löschen": Die selektierten Elemente oder Features werden gelöscht. Selektierte Features lassen sich nur löschen, wenn sich die Daten im Bearbeitungsmodus (Kapitel 6.1.4.4) befinden.

Tipp: Datenrahmen oder Layer lassen sich bequem über das Kontextmenü des jeweiligen Datenrahmens bzw. Layers im Inhaltsverzeichnis ausschneiden, kopieren, einfügen und löschen (siehe Kapitel 6.1.5.2 und Kapitel 6.1.5.3). Außerdem ist das Verschieben bzw. Kopieren von Datenrahmen und Layern innerhalb einer ArcMap-Sitzung, aber auch von einer ArcMap-Sitzung in eine andere, per Drag & Drop möglich. Zum Kopieren halten Sie während des Verschiebens die Strg-Taste gedrückt.

„Rückgängig": Der Befehl oder die Aktion, die zuletzt ausgeführt wurde, wird rückgängig gemacht. Es können alle Aktionen bis zur letzten Speicherung der Karte rückgängig gemacht werden. Bei einem gerade gespeicherten Dokument ist der Befehl deswegen so lange deaktiviert, bis ein Befehl oder eine Aktion durchgeführt wurde. Während einer Editiersitzung können die Änderungen wieder rückgängig gemacht werden, die noch nicht über das Drop-down-Menü „Editor" gespeichert wurden.

„Wiederholen": Der Befehl oder die Aktion, die zuletzt rückgängig gemacht wurde, wird wiederholt (wiederhergestellt).

„Daten hinzufügen": Dem aktiven Datenrahmen werden geographische Daten hinzugefügt. Diese werden dann als Layer im Inhaltsverzeichnis aufgeführt. Layer beinhalten keine Daten, sondern nur die Verweise auf die Quelldaten. Sie können Daten aus Ordnern (z. B. Shapefiles, ArcGIS for Desktop Advanced Coverages und Bilder) und aus Datenbanken (z. B. Geodatabase-Feature-Klassen) hinzufügen. Wenn Sie nicht direkt auf das Symbol klicken, sondern rechts daneben auf den Drop-down-Pfeil, dann können Sie zwischen drei unterschiedlichen Optionen wählen. Der oberste Eintrag „Daten hinzufügen…" entspricht der Aktion, die ausgeführt wird, wenn Sie auf das Symbol klicken. Ein Explorerfenster öffnet sich, über das Sie die gewünschten Daten hinzuladen können. Über „Grundkarte hinzufügen..." können Sie die Grundkarten von ArcGIS Online und dem Bing Kartenservice in Ihr Kartenprojekt einfügen. Die Grundkarten dienen im Prinzip als Hintergrundkarte und werden auch regelmäßig auf den neuesten Stand gebracht. Unabhängig von den Grundkarten können Sie über ArcGIS Online auch auf eigene Geodaten oder freigegebene Geodaten anderer zugreifen. Das geschieht über die unterste Schaltfläche „Daten aus ArcGIS Online hinzufügen..." (vgl. Kapitel 6.1.3.1). Die beiden Menüpunkte „Grundkarte hinzufügen..." und „Daten aus ArcGIS Online hinzufügen..." können nur verwendet werden, wenn Sie eine Internetverbindung existiert. Die Grundkarten können Sie auch mit ArcGIS 9.3 bzw. ArcGIS 9.3.1 verwenden (ArcGIS 9.3: Hauptmenüleiste „Datei" ⇨ „Daten von Resource Center hinzufügen"; ArcGIS 9.3.1: Hauptmenüleiste „Datei" ⇨ „Daten hinzufügen" ⇨ „Daten aus ArcGIS Online hinzufügen".

Rufen Sie den Befehl „Daten hinzufügen" auf, wechselt ArcMap automatisch in das Verzeichnis, aus dem zuletzt Daten hinzugeladen worden sind. In ArcGIS 10 können Sie diese Funktion deaktivieren und ArcMap stattdessen dazu veranlassen, bei jeder neuen Sitzung in die Standard-Geodatabase zu wechseln (dabei handelt es sich um eine – pro Kartenprojekt definierte – Geodatabase, siehe Kapitel 6.1.6). Sie finden die Einstellungen dazu unter Hauptmenüleiste ⇨ „Anpassen" ⇨ „ArcMap Optionen..." ⇨ Register „Allgemein".

Im Dialog „Daten hinzufügen" ist die Möglichkeit, neben neuen Ordnern auch neue Toolboxes und File-Geodatabases anlegen zu können. Außerdem können Sie direkt zu dem voreingestellten oder von Ihnen spezifizierten Home-Verzeichnis oder der Standard-Geodatabase navigieren (vgl. Kapitel 6.1.3.9).

Kartenmaßstab: In diesem Steuerelement wird der momentane Maßstab der Karte angezeigt. Wenn Sie auf einen bestimmten Maßstab zoomen wollen, können Sie diesen manuell eingeben oder aus der Pulldown-Liste auswählen. Die manuelle Eingabe eines Maßstabs zeigt sich sehr flexibel: Anstelle des Maßstabs kann auch nur die Maßstabszahl oder das Maßstabsverhältnis (z. B. 1 km = 10 cm) eingegeben werden und auch die gängigsten Abkürzungen werden erkannt (u. a. mm, cm, dm, m, km, aber auch ' für Inch und " für Fuß). Eine Übersicht der unterstützten Eingabeformate und -abkürzungen lässt sich über den Link im unteren Bereich des Dialogfensters „Maßstabseinstellungen" aufrufen. In den Vorgängerversionen kann die Direkthilfe verwendet werden, um sich die weiteren Informationen anzeigen zu lassen. Häufig benötigte Maßstabseinstellungen können in die Liste der Standardmaßstäbe aufgenommen werden. Über den Listeneintrag „<Diese Liste anpassen...>" öffnen Sie ein Dialogfenster „Maßstabseinstellung", in dem Sie die dazu notwendigen Einstellungen (Register „Standardmaßstäbe") treffen können. Wenn beim Zoomen nur die voreingestellten Maßstäbe verwendet werden sollen, dann geht das, indem Sie die Option „Beim Zoomen nur diese Maßstäbe verwenden" aktivieren. Das wirkt sich auf das Zoomen mit dem Mausrad sowie die „Voreingestellte Vergrößerung" bzw. „Voreingestellte Verkleinerung" aus, nicht aber auf die Werkzeuge „Vergrößern" und „Verkleinern". Über die Schaltfläche „Laden" können Sie auch die Standardmaßstäbe einiger Webkartenschemas (ArcGIS.com, Bing Maps und Google Maps) hinzufügen. Im Register „Maßstabformat" der „Maßstabeinstellungen" können Sie das Anzeigeformat des Maßstabs ändern. Angezeigtes Format und eingegebenes Format können sich ohne Weiteres voneinander unterscheiden; ArcMap führt on-the-fly eine entsprechende Konvertierung durch.

Wenn das Eingabe-Feld „Kartenmaßstab" deaktiviert und nicht per Mausklick anwählbar ist, kann dies verschiedene Ursachen haben: Die in den Kartendaten verwendeten Einheiten wurden von ArcMap nicht automatisch erkannt und müssen im Kontextmenü des Datenrahmens unter *„Eigenschaften..."* ➪ *„Allgemein"* manuell angegeben werden. Eine weitere Möglichkeit: Sie haben bereits im Kontextmenü des Datenrahmens unter *„Eigenschaften..."* ➪ *„Datenrahmen"* im Bereich „Ausdehnung" einen festen Maßstab definiert. Aktivieren Sie hier die Checkbox „Automatisch".

Tipp: Die den Maßstab betreffenden Einstellungen werden für Ihren Arbeitsplatz gespeichert und nicht etwa zusammen mit jedem ArcMap Projekt, sodass diese an einem anderen PC nicht angezeigt werden. Das bezieht sich nicht nur auf die Einstellungen des Maßstabs, sondern auf alle Einstellungen.

„Editor-Werkzeugleiste": Die Werkzeugleiste „Editor" (Kapitel 6.1.4.4), mit der Sie Shapefiles und Geodatabase-Feature-Klassen bearbeiten können, wird ein- bzw. ausgeblendet. Lesen Sie zum Thema Bearbeitung von Geodaten bitte das Kapitel 10.6 bzw. Kapitel 14.6.

Mit den nachfolgend beschriebenen Schaltflächen können Fenster zwar eingeblendet, nicht aber ausgeblendet werden. Wenn Sie die Fenster wieder schließen möchten, dann geht das über das „x" im rechten, oberen Bereich der Titelleiste der eingeblendeten Fenster.

Fenster „Inhaltsverzeichnis": Im Inhaltsverzeichnis sehen Sie alle Daten, die Sie in Ihr aktuelles Kartenprojekt geladen haben. Innerhalb des Inhaltsverzeichnisses können Sie zwischen vier verschiedenen Ansichten wechseln. Neben der Auflistung nach der Darstellungsreihenfolge können Sie die einzelnen Layer auch nach Quelle, Sichtbarkeit und Auswahl sortieren lassen (eine ausführliche Beschreibung finden Sie im Kapitel 6.1.5).

Fenster „Katalog": Die Anwendung Katalog öffnet das Katalog-Fenster, in dem viele der Aufgaben erledigt werden können, die Sie aus dem ArcCatalog kennen. Der Katalog hat aber den Vorteil, dass er innerhalb von ArcMap ausgeführt wird und somit nicht mehr zwischen ArcMap und ArcCatalog gewechselt werden muss (für eine ausführliche Erklärung des Katalogs siehe Kapitel 6.1.6).

Fenster „Suchen": Über das Suchfenster können Sie nach Geodaten, MXDs und Werkzeugen suchen. Eine ausführliche Beschreibung der Suche finden Sie in Kapitel 6.1.3.7.

„ArcToolbox-Fenster": Das ArcToolbox-Fenster wird eingeblendet. Lesen Sie zum Thema ArcToolbox bitte das Kapitel 9.

„Python ": Das Befehlszeilenfenster, in dem Sie mittels manueller Eingabe Geoverarbeitungsbefehle ausführen können, wird eingeblendet. Das gleiche Fenster können Sie auch über das Menü „Geoverarbeitung" in der Hauptmenüleiste erreichen (siehe Kapitel 6.1.3.7). Dort finden Sie auch eine kurze Beschreibung der Funktionsweise.

„ModelBuilder-Fenster": Öffnet den ModelBuilder. Näheres zum ModelBuilder lesen Sie in Kapitel 9.3.

6.1.4.3 Werkzeugleiste „Werkzeuge"

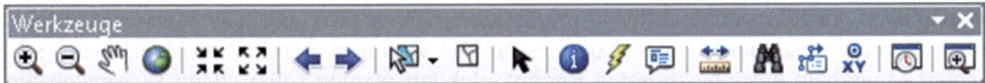

Abb. 119: Die Werkzeugleiste „Werkzeuge" in ArcMap

Die Werkzeugleiste „Werkzeuge" (Abb. 119) beinhaltet u. a. Befehle, die der Navigation im Kartenfenster (nur Datenansicht) sowie der Selektion und Abfrage von Features bzw. Kartenelementen dienen.

„Vergrößern": Dieser Befehl vergrößert die Datenansicht mit Fokus auf den angeklickten Punkt bzw. zoomt durch Aufziehen eines Rahmens auf den gewünschten Ausschnitt.

„Verkleinern": Verkleinert die Datenansicht mit Fokus auf den angeklickten Punkt bzw. die Fläche, die Sie durch Aufziehen eines Rahmens definieren.

„Schwenken" (früher: „Bildausschnitt verschieben"): Hiermit können Sie den im Kartenfenster angezeigten Kartenausschnitt verschieben, indem Sie die Anzeige bei gedrückter Maustaste in eine beliebige Richtung ziehen (alternativ können Sie auch die C-Taste gedrückt halten).

„Volle Ausdehnung": Zoomt auf die volle Ausdehnung aller räumlich relevanten Daten des aktiven Datenrahmens. Seit der ArcGIS Version 9.2 kann die Größe der „Vollen Ausdehnung" vom Benutzer selbst definiert werden. Die Einstellungen dazu finden Sie in den Datenrahmen-Eigenschaften im Register „Datenrahmen" (im Bereich „Ausdehnung für Befehl ‚Volle Ausdehnung' ").

„Voreingestellte Vergrößerung": Vergrößert die Datenansicht auf 75 % des aktuellen Maßstabs. Das gilt allerdings nur, wenn nicht die Option „Zoomen nur für diese Maßstäbe verwenden" aktiviert ist, da ansonsten ausschließlich die Standardmaßstäbe verwendet werden. Der Mittelpunkt wird bei diesem Zoomvorgang beibehalten.

„Voreingestellte Verkleinerung": Verkleinert die Datenansicht auf 125 % des aktuellen Maßstabs. Das gilt allerdings nur, wenn nicht die Option „Zoomen nur für diese Maßstäbe verwenden" aktiviert ist, da ansonsten ausschließlich die Standardmaßstäbe verwendet werden. Der Mittelpunkt wird bei diesem Zoomvorgang beibehalten.

„Zurück zur vorherigen Ausdehnung": Zoomt auf die zuletzt angezeigte Ausdehnung des Kartenfensters.

„Vor zur nächsten Ausdehnung": Zoomt auf die Ausdehnung des Kartenfensters, die vor Ausführung des Befehls „Zurück zur vorherigen Ausdehnung" (s. o.) angezeigt wurde.

„Features selektieren": Hiermit werden geographische Features ausgewählt, die zu den auswählbaren Layern des aktiven Datenrahmens gehören. Über das Drop-down-Menü stehen Ihnen dafür auch noch weitere Auswahlwerkzeuge zur Verfügung. Standardmäßig ist das Werkzeug „Nach Rechteck auswählen" selektiert. Dadurch werden alle Features ausgewählt, die sich innerhalb eines Rechtecks befinden oder von diesem berührt werden. Ganz ähnlich funktioniert „Nach Polygon auswählen", allerdings können Sie da beliebig viele Stützpunkte setzen und die Kanten des Polygons müssen nicht im rechten Winkel zueinander stehen, um Ihr Auswahl-Polygon zu erstellen. Durch einen Doppelklick oder die Enter-Taste können Sie das Polygon übernehmen und als Auswahl-Vorlage verwenden. Der Menüpunkt „Nach Lasso auswählen" ermöglicht es Ihnen, bei gedrückter linker Maustaste einen Bereich aufzuziehen, innerhalb dessen alle Features markiert werden. Wenn alle Features innerhalb eines bestimmten Radius selektiert werden sollen, dann verwenden Sie „Nach Kreis auswählen". Der Mittelpunkt des Kreises wird mit der linken Maustaste festgelegt und mit gedrückter Maustaste durch Aufziehen die Größe des Kreises bestimmt. Sie können aber nach Absetzen des Mittelpunkts auch die R-Taste drücken, um den Radius im Dialogfenster „Radius" selbst einzutragen. Als letztes Werkzeug steht Ihnen „Nach Linie auswählen" zur Verfügung. Alle auf der von Ihnen erstellten Linie befindlichen Features werden in die Selektion mit aufgenommen. Genau wie bei der „Auswahl nach Polygon" wird auch bei der „Auswahl nach Linie" durch Doppelklick oder Enter-Taste die Linie angeschlossen. Neu ist auch, dass die Auswahl-Werkzeuge die Einstellungen der Fangumgebung berücksichtigen. Welche Layer auswählbar sind, können Sie im Inhaltsverzeichnis über die Ansicht „Nach Auswahl auflisten" einstellen (Sie können die Auswahl-Einstellungen auch über die Ansicht „Nach Sichtbarkeit auflisten" vornehmen). Unter *Hauptmenüleiste* ⇨ *„Auswahl"* ⇨ *„Interaktive Auswahlmethode"* können Sie bestimmen, wie sich das Anklicken von Features mit diesem Werkzeug auf eine evtl. bereits bestehende Auswahl auswirkt, so beispielsweise, ob die Auswahl bereits selektierter Features aufgehoben wird, oder ob die neue Auswahl der bisherigen Selektion hinzugefügt wird. Weitere Einstellungen zu dieser interaktiven Auswahlmethode können unter *Hauptmenüleiste* ⇨ *„Auswahl"* ⇨ *„Auswahloptionen..."* vorgenommen werden, z. B. mit welcher Farbe die ausgewählten Features markiert werden sollen. In den älteren Versionen konnten Sie die neuen Auswahl-Werkzeuge nur über Umwege anwenden. Dafür mussten Sie über die Werkzeugleiste „Zeichnen" (siehe Kapitel 6.1.4.11) eine neue Grafik erstellen und dann im Menü „Auswahl" Hauptmenüleiste die Option „Nach Grafik auswählen" anklicken.

„Feature-Auswahl aufheben": Hebt die Auswahl selektierter Features auf.

„Elemente auswählen": Mit diesem Werkzeug können Sie keine Features, sondern Elemente auswählen. Genaueres hierzu finden Sie in der Beschreibung der Werkzeugleiste „Zeichnen" (Kapitel 6.1.4.11), die dieses Werkzeug ebenfalls enthält.

„Identifizieren": Ein Mausklick auf dieses Werkzeug öffnet das gleichnamige Dialogfenster (Abb. 120). Wenn Sie nun auf einen Bereich in Ihrem Kartenfenster klicken, in dem sich räumliche Daten befinden, zeigt das obere Fenster in einer Art Verzeichnisstruktur die „Treffer" an. Die Bezeichnung der Treffer entspricht dabei dem Eintrag den unter *Kontextmenü des Layers* ⇨ *„Eigenschaften..."* ⇨ *„Anzeige"* definierten Vorgaben. Während in ArcGIS 9.* die Anzeige des Eintrags auf eine Spalte in der Attributtabelle limitiert war, können Sie jetzt über die Schaltfläche „Ausdruck" auch eine individuelle Beschriftung definieren (siehe Kapitel 6.3.4). Wählen Sie im oberen Fenster nun ein bestimmtes Feature aus, so zeigt das Fenster unten darunter oder daneben (je nach getroffener Anzeige-einstellung) dessen Position und die Feldwerte aus der Attributtabelle an. Über das kleine Pfeilsymbol rechts neben der Positionsanzeige können Sie die Einheit für die Positionsangabe variieren.

In der Drop-down-Liste „Identifizieren aus" können Sie steuern, aus welchen Layern Features identifiziert werden. Wie Sie im Fenster „Identifizieren" einzelnen Features dynamische Hyperlinks zuweisen können, lesen Sie in Kapitel 6.3.4.

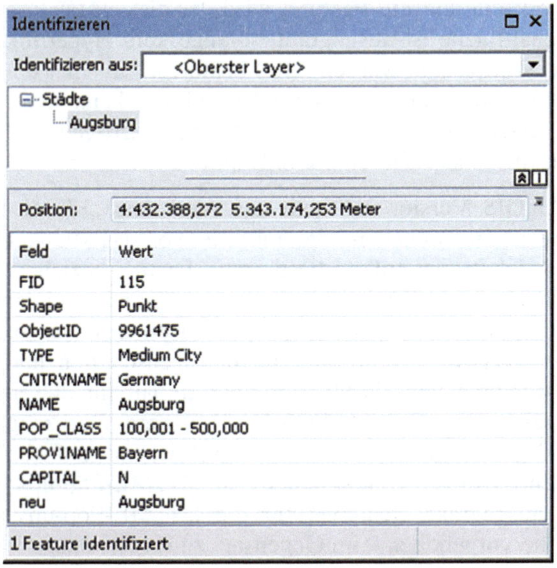

Abb. 120: Dialogfenster „Identifizieren"

Das Werkzeug „Identifizieren" verzeichnete mit ArcGIS 9.2 einen beträchtlichen Funktionszuwachs: So werden durch Aufziehen einer Box (mit gedrückter linker Maustaste) mehrere Elemente gleichzeitig identifiziert, d. h. in die Trefferliste (oberer Bereich) aufgenommen. Das dazugehörende Kontextmenü (rechter Mausklick auf die „Treffer") wurde um einige Einträge erweitert. Es ist nun möglich, einzelne Einträge aus dem Verzeichnis zu entfernen, zu kopieren, die Verzeichnisliste zu sortieren, auf einzelne Einträge zu zoomen und zu schwenken sowie Treffer aufblinken zu lassen. Die Feldliste (standardmäßig unterer Bereich) kann ebenfalls sortiert und kopiert werden; einzelne Felder können ausgeblendet werden. Mit ArcGIS 9.3 wurde das Kontextmenü um die Einträge „Attributtabelle öffnen..." und „Layer-Eigenschaften..." erweitert, sodass nun die Attributtabelle bzw. die Eigenschaften des zugehörigen Layers direkt aus dem Dialogfenster „Identifizieren" heraus aufgerufen werden können. Seit ArcGIS 10 haben Sie die Möglichkeit, auch direkt auf den Anlagen-Manager zuzugreifen. Wenn ein Anhang für ein Feature vorhanden ist, dann erscheint zwischen der Positionsangabe und den Attributen eine Büroklammer mit einem Drop-down-Pfeil und der Information über die Anzahl der Anhänge für dieses Feature. Mithilfe des Anlagen-Managers können jedem Feature mehrere Anhänge zugeordnet werden (mehr zu den Anhängen in ArcGIS 10 siehe Exkurs am Ende des Kapitels). Wie viele andere Fenster, ist das Dialogfenster „Identifizieren" an andere Fenster andockbar oder kann als zusätzlicher Reiter in einem anderen Dialogfenster platziert werden (für eine genauere Erklärung der Andock-Hilfe siehe Kapitel 6.1.2).

6 ArcMap

 Tipp: Halten Sie die Umschalttaste beim „Identifizieren" gedrückt, um mehrere Ergebnisse aufeinanderfolgender Klicks im „Identifizieren Dialog" anzuzeigen. Dies erleichtert das Vergleichen der Attributwerte verschiedener Features.

 „Hyperlink": Klicken Sie mit diesem Werkzeug auf ein Feature, wird der diesem Feature hinterlegte Hyperlink ausgeführt. Die Schaltfläche ist ausgegraut, solange kein Hyperlink hinterlegt ist. Beim Aktivieren dieses Werkzeugs werden alle Features, für die ein Hyperlink angelegt ist, mit blauer Farbe gekennzeichnet (diese Einstellung kann unter *Hauptmenüleiste* ➪ *„Anpassen"* ➪ *„ArcMap-Optionen..."* ➪ *Register „Allgemein"* geändert werden). Genaues zum Thema Hyperlinks erfahren Sie in Kapitel 6.3.4.

 „HTML-Pop-up": Eine Neuerung der ArcGIS Version 9.3 stellt das Werkzeug „HTML-Pop-up" dar. Darunter sind kleine Fenster zu verstehen, die mithilfe von HTML-Anweisungen formatiert werden können und sich immer auf ein bestimmtes Feature beziehen. Damit ist es möglich, Feature-Attribute mit HTML zu formatieren und weitere Informationen (über Hyperlinks) hinzuzufügen. Um „HTML-Pop-ups" für einen Layer zu aktivieren, wechseln Sie in das Register „HTML-Pop-up" der Layer-Eigenschaften und markieren Sie dort den Dialog zur Verwendung von HTML-Pop-ups: „Inhalt für diesen Layer mit HTML-Pop-up-Werkzeug anzeigen" (vgl. Kapitel 6.3.11). Mit dem Werkzeug „HTML-Pop-up" der Werkzeugleiste „Werkzeuge" können Sie anschließend auf die Popup-Fenster zugreifen. Wenn für keinen Layer des Datenrahmens die „HTML-Pop-ups" aktiviert sind, dann ist das Werkzeug ausgegraut. Features, für die „HTML-Pop-ups" hinterlegt sind, werden nicht mehr farbig hervorgehoben – im Gegensatz zu Hyperlinks.

 „Messen": Hiermit können Sie Entfernungen auf Ihrer Karte messen, indem Sie eine Messlinie mit beliebig vielen Stützpunkten zeichnen. Seit ArcGIS 9.2 steht hierfür ein eigenes Funktionsfenster (vgl. Abb. 121) zur Verfügung. Die Messergebnisse (Länge des letzten Segments und insgesamt zurückgelegte Distanz) werden nunmehr dort und nicht mehr in der Statuszeile angezeigt. Die Einheit der Messergebnisse ist nicht weiter abhängig von den Anzeige-Einheiten im Kontextmenü des Datenrahmens, sondern kann direkt im Fenster „Messen" eingestellt werden (Schaltfläche „Einheiten wählen"). Außerdem finden Sie Schaltflächen mit weiteren Messwerkzeugen („Linie messen", „Fläche messen", „Feature messen" und „Summe anzeigen"). Über die Werkzeugleiste „Fangen" (siehe Kapitel 6.1.4.6) können Sie die Fangeinstellungen vornehmen. Mithilfe der Leertaste können Sie die Fangoption auch kurzfristig deaktivieren.

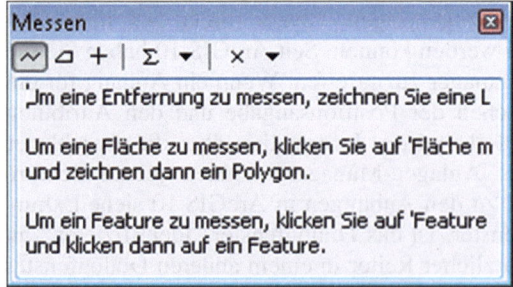

Abb. 121: Das Funktionsfenster „Messen"

6.1 Die ArcMap Benutzeroberfläche

Abb. 122: Das Dialogfenster „Suchen"

„Suchen": Öffnet das gleichnamige Fenster, das die Suche nach einem Begriff in den Datenattributen des Kartendokuments ermöglicht. Sie können wahlweise einen bestimmten Layer des aktiven Datenrahmens oder alle Layer Ihres Dokuments durchsuchen lassen, wobei Sie die Suche auf ein bestimmtes Feld beschränken oder auf alle Felder anwenden lassen können. Wenn Sie möchten, dass nur exakt übereinstimmende Attribute ausgewählt werden, deaktivieren Sie das Kontrollkästchen „Features suchen, die dem Ausdruck entsprechen oder ihn enthalten". Außerdem können Sie (durch Auswahl des jeweiligen Registers) auch nach Orten und Routenpositionen suchen, wobei hier verschiedene Online-Angebote genutzt werden, für die zum Teil der ArcGIS Online Service verwendet wird (siehe Abb. 122). Alle Suchergebnisse können außerdem zur Liste „Eigene Orte" hinzugefügt werden.

Register „Features": Ermöglicht die Suche nach einzelnen Features. Im Feld „Suchen:" geben Sie an, nach welchem Feature gesucht werden soll. Die Wahl, welche Layer durchsucht werden sollen, treffen Sie in der darunterliegenden Drop-down-Liste „In:". Es kann in allen Layern, in allen Layern des Datenrahmens, aber auch in einem bestimmten, dem obersten oder allen selektierbaren Layern nach den Features gesucht werden. Zusätzlich können Sie die Suche noch einschränken, indem Sie ein bestimmtes Feld wählen, in dem nach dem Feature gesucht werden soll. Das geht allerdings nur, wenn Sie einen bestimmten Layer für die Suche ausgewählt haben.

Register „Orte": Um eine Suche nach eine bestimmten Adresse oder einem Ort zu starten, muss zunächst der geeignete Adressen-Locator eingestellt werden. Für Ziele in Europa ist der „9.3.1 Europe Geocode Service (ArcGIS Online)"-Locator, wohingegen nordamerikanische Adressen mit dem Locator „9.3.1 North America Geocode Service (ArcGIS Online)" gesucht werden müssen. Abhängig von dem gewählten Locator (bspw. „9.3.1 Europe Geocode Service (ArcGIS Online)") variieren die Felder zur Adresseingabe. Auch der Inhalt der Drop-down-Liste „Locator" im Dialogfenster „Geokodierungs-Optionen", das Sie über die Schaltfläche „Optionen" erreichen ist abhängig vom gewählten Locator. Für jeden einzelnen Locator können Sie jetzt weitere Einstellungen vornehmen, wobei manche der folgenden Bereiche für einige Locator ausgegraut und somit nicht veränderbar sind. Über die „Abgleichoptionen" können Sie definieren, wie empfindlich die Schreibweise behandelt werden soll und Minimumwerte angeben. Sie haben auch die Möglichkeit, eine Ortsnamen-Aliastabelle dazuzuladen, um abweichende Schreibweisen zu berücksichtigen. Im Bereich Kreuzungen können Sie angeben, welche Zeichen als Konnektoren für Kreuzungen zulässig sind. Über die „Ausgabeoptionen" können Sie den Versatz der Ausgabe verändern und über die „Ausgabefelder" die Felder der Suchausgabe beeinflussen.

Register „Lineare Referenzierung": Bei bereits vorhandenen Routen-Feature-Klassen oder Shapes mit M-Werten kann nach Punkten oder Linien im Netzwerk gesucht werden. Als „Routenreferenz" muss dazu der Routen-Layer angegeben werden und als „Routenkennung" das Feld, über das die Route benannt ist. Über die Schaltfläche „Routen laden" können Sie dann alle Routen in die Drop-down-Liste „Routen" hinzuladen. Die Radio-Buttons „Punkt" bzw. „Linie" geben an, ob nach einem Punkt entlang der Route oder nach einem Streckenabschnitt gesucht werden soll. Wenn Sie als „Typ" „Punkt" gewählt haben, können Sie anschließend die „Position" angeben, die gesucht werden soll. Haben Sie „Linie" gewählt, dann muss ein Abschnitt „Von" „Nach" eingetragen werden.

Sind alle Einstellungen vorgenommen, die Art der Suche ausgewählt und die Suchanfragen eingetragen, dann können Sie mit der Schaltfläche „Suchen" die Suche starten. Während eine Suche läuft, kann diese auch angehalten werden, die eingetragenen Werte gehen dabei allerdings nicht verloren. Wenn alle Eintragungen gelöscht werden sollen, weil nach einem anderen Ort, einem anderen Feature oder einem anderen Routensegment gesucht werden soll, dann muss dafür die Schaltfläche „Neue Suche" angeklickt werden. War die Suche erfolgreich, dann erscheinen im unteren Teil des Fensters – was erst sichtbar wird, wenn Sie die Schaltfläche „Suchen" betätigt haben – die Ergebnisse der Suchanfrage. Das Fenster bleibt leer, wenn keine Resultate ermittelt werden konnten.

„Route suchen": Ermöglicht Ihnen eine Routensuche zwischen zwei oder mehr Punkten (siehe Abb. 123). Das zugrunde liegende Netzwerk, auf dem die Routensuche durchgeführt werden soll, kann von Ihnen selbst bestimmt werden. Sie können sowohl einen Routing-Service angeben, der Ihnen über ArcGIS Online zur Verfügung gestellt wird, oder auch ein eigenes Netzwerk-Dataset verwenden.

Als Haltepunkte können Sie beispielsweise Adressen oder Orte angeben, die Sie über die Suche (s. o.) gefunden haben. Dafür ist extra im Kontextmenü der Suchergebnisse der Unterpunkt „Als Stopp zur ‚Route suchen' hinzufügen" vorhanden. Sie können aber alternativ auch eine Punkt-Feature-Klasse auswählen und alle oder nur die selektierten Punkte als Stopp in die Routensuche integrieren oder ausgewählte Punktgrafiken abrufen und als Stopp verwenden (beides über die Schaltfläche „Punkte abrufen>" erreichbar). Alternativ kann ein Haltepunkt auch durch einen Mausklick auf die gewünschte Stelle eingefügt werden. Auf die gleiche Weise lassen sich im Register „Barrieren" auch Barrieren für die Routenfindung hinterlegen, um den Routenverlauf zu beeinflussen. Auch Barrieren können schon über die Schaltfläche „Suche" in das Dialogfenster „Route suchen" integriert werden. Das geht über den Menüpunkt „Als Barriere zu ‚Route suchen' hinzufügen" im Kontextmenü der Suchergebnisse.

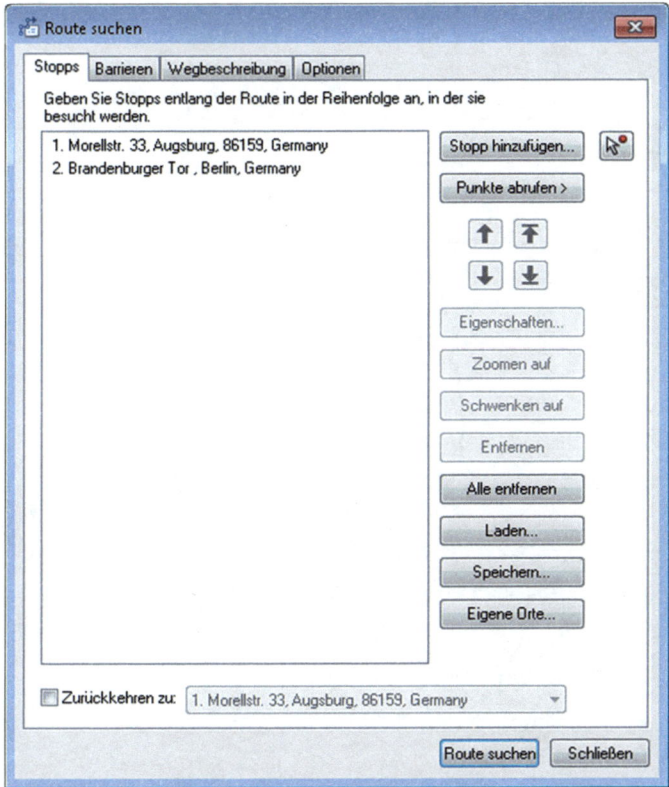

Abb. 123: Dialogfenster „Route suchen"

Die meisten Schaltflächen der Registerkarten „Stopps" und „Barrieren" sind gleich. Die Schaltflächen, die Sie benötigen, um neue Stopps oder Barrieren hinzuzufügen, sind bereits im obigen Absatz erklärt worden. Die Pfeilsymbole ermöglichen es Ihnen, die Reihenfolge der einzelnen Punkte zu verändern. Zusätzlich dazu finden Sie noch die beiden Schaltflächen „Zoomen auf" und „Schwenken auf", mit denen Sie die Ansichtseinstellung der markierten Stopps bzw. Barrieren verändern können. Mithilfe der zwei Schaltflächen „Entfernen" bzw. „Alle entfernen" können Sie die Liste der enthaltenen Stopps bzw. Barrieren durch das Löschen einzelner oder aller Punkte verändern. Die Schaltflächen „Eigenschaften", „Laden" und „Speichern" sind nur in der Registerkarte „Stopps" enthalten. Über die „Eigenschaften" können Sie die Beschreibung des markierten Stopps verändern, die Dauer des Aufenthalts angeben oder ein Zeitfenster vorgeben, innerhalb dessen das Ziel erreicht werden muss. Sie können die Liste der Stopps speichern, indem Sie auf die Schaltfläche „Speichern" klicken. Sie können auch eine bereits existierende Liste von Stopps über „Laden" Ihrer Stopp-Liste hinzufügen.

6 ArcMap

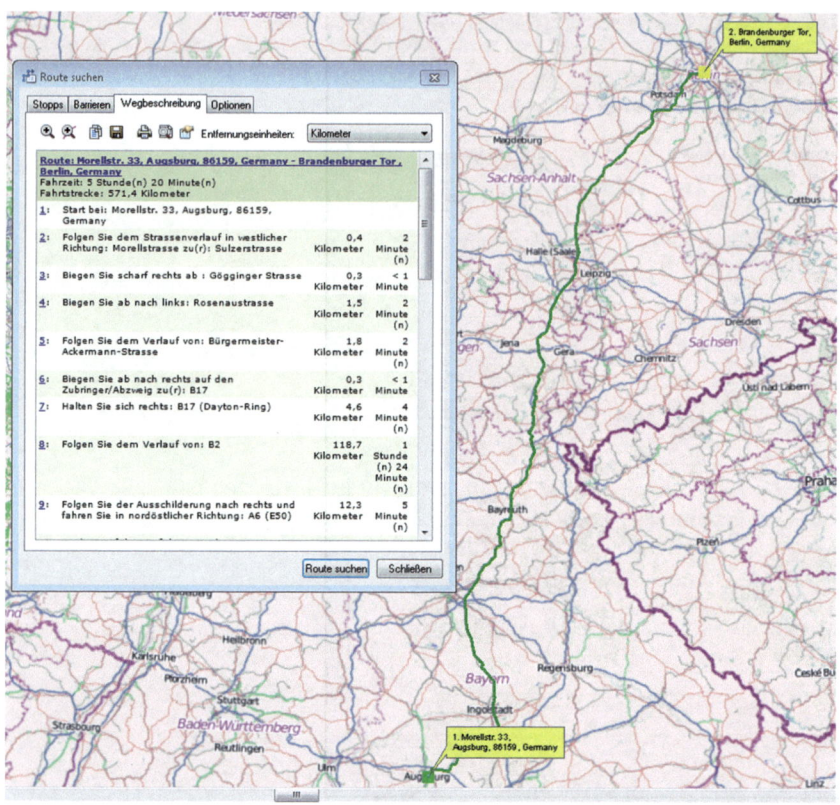

Abb. 124: Wegbeschreibung und grafische Ausgabe (in Grün) in ArcMap nach der Routensuche

Sind alle Stopps und Barrieren eingetragen, können Sie die Routensuche über „Route suchen" starten. Als Ergebnis erhalten Sie zum einen eine detaillierte Wegbeschreibung über die Registerkarte „Wegbeschreibung", zum anderen wird Ihnen die Route auch im Kartenfenster angezeigt (siehe Abb. 124). Außerdem können Sie über die integrierte Werkzeugleiste in der Registerkarte auch noch auf ein einzelnes Wegsegment (eine Zeile der Wegbeschreibung) oder die gesamte Route zoomen, das Routenergebnis in die Zwischenablage kopieren, in eine Textdatei speichern oder ausdrucken (für das Drucken stehen Ihnen noch die Schaltflächen „Druckvorschau" und „Druckoptionen" zur Verfügung) und Sie können die Einheiten der Entfernungsangaben verändern.

Das Register „Optionen" bietet noch weitere Möglichkeiten, um die Routensuche zu beeinflussen bzw. die Darstellung zu verändern. Hier können Sie den verwendeten Routing-Service und Adressen-Locator verändern. Auch die Darstellung und Beschriftung von neuen Stopps bzw. Barrieren kann in dieser Registerkarte verändert werden. Sie können zeitliche Einschränkungen vornehmen und die Reihenfolge der Stopps beim Finden der optimalen Route neu anordnen lassen. Zusätzlich können Sie festlegen, wie die Route in der Karte dargestellt werden soll. Standardmäßig wird Ihnen die Route als Grafik angezeigt, das Ergebnis sowie die Stopps und Barrieren können alternativ auch in einer Feature-Klasse gespeichert werden. Es ist nicht zwangsläufig eine grafische Ausgabe der Route erforderlich. Durch das Aktivieren des Radio-Buttons „Routen nicht zu Karte hinzufügen" wird weder eine Grafik noch werden Feature-Klassen erstellt.

„Zu XY wechseln": Öffnet das gleichnamige Funktionsfenster „Zu XY wechseln", mit dessen Hilfe Sie Punkte durch Koordinateneingabe anzeigen, aufblinken, beschriften oder hinzufügen lassen können.

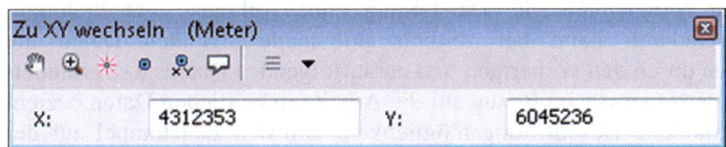

Abb. 125: Das Menü „Zu XY wechseln" in ArcCatalog

Beim ersten Aufruf werden die Werkzeug-Buttons ausgegraut sein. Sie müssen zunächst in den entsprechenden Eingabefeldern (Längen- und Breitengrad bzw. X und Y) Ihre Koordinaten einfügen (beachten Sie, dass für eine korrekte Funktionsweise die eingegebenen Koordinaten auch tatsächlich in einem bereits geladenen Layer vorhanden sein müssen). Die passende Einheit können Sie in der Symbolleiste wählen (rechtes Symbol: „Einheiten"). Anschließend stehen Ihnen folgende Funktionen zur Verfügung: „Schwenken auf" die eingegebenen Koordinaten, „Zoomen auf" den eingegebenen Standort sowie das „Aufblinken lassen" des entsprechenden Punkts. Außerdem können Sie im aktiven Layer für die ausgewählten Koordinaten einen „Punkt hinzufügen" – optional ist hier eine Beschriftung mit den Koordinaten (die auch in Form eines Banners erfolgen kann). Ihre zuletzt eingegeben Koordinaten können Sie schließlich in dem entsprechenden Drop-down-Menü („Zuletzt verwendet") einsehen und auswählen.

Abb. 126: Das Fenster „Zeitschieberegler"

„Zeitschieberegler": Die Arbeit mit raum-zeitlichen Daten ist seit ArcGIS 10 deutlich verbessert worden. In den Layer-Eigenschaften ist ein neuer Reiter „Zeit" zu finden (siehe Kapitel 6.3.10), über den Sie einen Layer für die Arbeit mit dem Zeitschieberegler freigeben und vorbereiten können. Über den Schieberegler (siehe Abb. 126) können Sie jetzt jeden einzelnen Zeitsprung anschauen und somit raum-zeitliche Veränderungen besser visualisieren und analysieren. Auf diese Weise lassen sich leichter Muster oder Trends im zeitlichen Kontext erkennen. Diese Schaltfläche ist ausgegraut, wenn die Zeit für diesen Layer nicht aktiviert wurde. Der „Zeitschieberegler" steht Ihnen nicht nur in ArcMap, sondern auch in ArcScene und ArcGlobe zur Verfügung. Wenn Sie neben der dynamischen, zeitlichen Veränderung auch unterschiedliche Kameraperspektiven in der

Animation verwenden möchten, können Sie das mithilfe der Werkzeugleiste „Animation" (vgl. Kapitel 6.1.4.25). Neu in ArcGIS 10.1 for Desktop ist der Live-Modus hinzugekommen, der die Visualisierung häufig aktualisierter Daten unterstützt. Im Live-Modus werden verfügbare Daten für die aktuelle Systemzeit dargestellt. Die Aktualisierung der Ansicht erfolgt nach einem vorab festgelegten Intervall. Wenn Sie bspw. ein Messergebnis pro Minute erhalten, dann kann das Zeitintervall zur Aktualisierung auf 1 Minute eingestellt werden. Eine weitere Neuigkeit bei der Verwendung des Zeitschiebereglers ist die Möglichkeit, die Darstellung ohne Anfangs- und Endpunkt vorzunehmen. Dadurch kann bei zeitlich aufeinanderfolgenden Daten die doppelte Anzeige durch den vorherigen und darauffolgenden Datensatz verhindert werden. Die dritte Neuerung im Bezug auf die Arbeit mit zeitlichen Daten bezieht sich auf die veränderte Beschriftungsmöglichkeit. Um den Zeitstempel auf der Karte anzeigen zu lassen, muss in den Optionen des Dialogfensters „Zeitschieberegler" lediglich der Eintrag „Zeit auf Kartenansicht anzeigen" aktiviert werden. Die Darstellung kann über die Schaltfläche „Aussehen…" auch noch weiter angepasst werden.

„Viewer-Fenster erstellen": Dieses Werkzeug ermöglicht es, Viewer-Fenster über einen frei wählbaren Kartenausschnitt aufzuziehen. Ein Viewer-Fenster ist eine quasi unabhängige Kartendarstellung, innerhalb derer Sie mit ArcMap-Werkzeugen arbeiten können (vgl. Kapitel 6.1.3.9). Viewer-Fenster können dadurch das gleichzeitige Arbeiten mit unterschiedlichen Maßstäben erleichtern, Vergleiche von Kartenausschnitten ermöglichen sowie die gleichzeitige Verwendung mehrerer Datenrahmen (neu in ArcGIS 9.2, SP2) in einem Kartendokument gewährleisten. In der Layout-Ansicht sind keine Viewer-Fenster verfügbar; das Werkzeug, das Sie ebenfalls das Menü „Fenster" der Hauptmenüleiste erreichen, ist deshalb in der Layout-Ansicht ausgegraut.

Exkurs: Anlagen-Manager (ab ArcGIS for Desktop Standard)

Der Anlagen-Manager ermöglicht es Ihnen, die Anhänge eines bestimmten Features zu verwalten. Als Anhänge können Bilder, PDFs oder Textdokumente angehängt werden, aber auch jegliche andere Dateiformate an einzelne Features angehängt werden. Im Unterschied zu Hyperlinks können Sie pro Feature mehr als eine Datei als Anlage hinzufügen (beispielsweise mehrere Fotos eines Standorts und ein Textdokument mit einer genauen Beschreibung), die Anhänge können in der Geodatabase gespeichert werden, und auf die Anlagen können auf mehreren Wegen zugegriffen werden.

Grundvoraussetzung für die Arbeit mit dem Anlagen-Manager ist eine Geodatabase, die entweder in ArcGIS 10 oder neuer erstellt wurde oder aber (wahlweise über den Katalog oder ArcCatalog) auf den neuesten Stand gebracht wurde. Wenn das gegeben ist, dann können Sie die gewünschte Feature-Klasse für die Arbeit mit den Anlagen freigeben. Das erfolgt am einfachsten im Katalog über das Kontextmenü der Feature-Klasse *Verwalten* ⇨ *„Anlagen erstellen"*. Dadurch wird eine neue Tabelle erstellt, in der die Inhalte hinterlegt sind. Zusätzlich dazu wird eine neue Beziehungsklasse erzeugt, die die Verbindung zwischen den Anlagen und den Features herstellt. Da für Beziehungsklassen mindesten ArcGIS for Desktop Standard benötigt wird, können in ArcGIS for Desktop Basic die Anlagen nur gesehen und geöffnet, nicht aber erstellt werden.

Um Anlagen hinzuzufügen, muss eine Editiersitzung gestartet sein. Sie können den Anlagen-Manager auf zwei Wegen erreichen – vorausgesetzt, die Feature-Klasse ist für die

Arbeit mit Anlagen freigegeben. Entweder öffnen Sie über *Werkzeugleiste Editor* ⇨ „Attribute" das Dialogfenster „Attribute", dann erscheint oberhalb der Attribute ein Büroklammersymbol, oder Sie wählen aus der Attributtabelle das Feature aus und öffnen den Anlagen-Manager über das Kontextmenü. Innerhalb des Dialogfensters „Anlagen" können Sie dann dem Feature die gewünschten Anlagen hinzufügen oder – sofern Sie schon Anlagen hinzugefügt haben – diese auch wieder löschen. Alle Anlagen eines Features werden dann im linken Bereich des Dialogfensters aufgelistet (siehe Abb. 127). Die Anlagen werden innerhalb der Geodatabase gespeichert. Das hat den Vorteil, dass die Originaldatei auch verschoben oder kopiert werden kann, ohne dass dann die Verbindung zwischen Feature und Anlagen verloren geht. Über die Schaltfläche „Öffnen" können Sie den gerade selektierten Anhang anzeigen lassen. Die Schaltflächen „Speichern unter…" bzw. „Alle speichern…" bieten Ihnen die Möglichkeit, eine Anlage an einem beliebigen Ort zu speichern und somit auch wieder außerhalb der Geodatabase verfügbar zu machen.

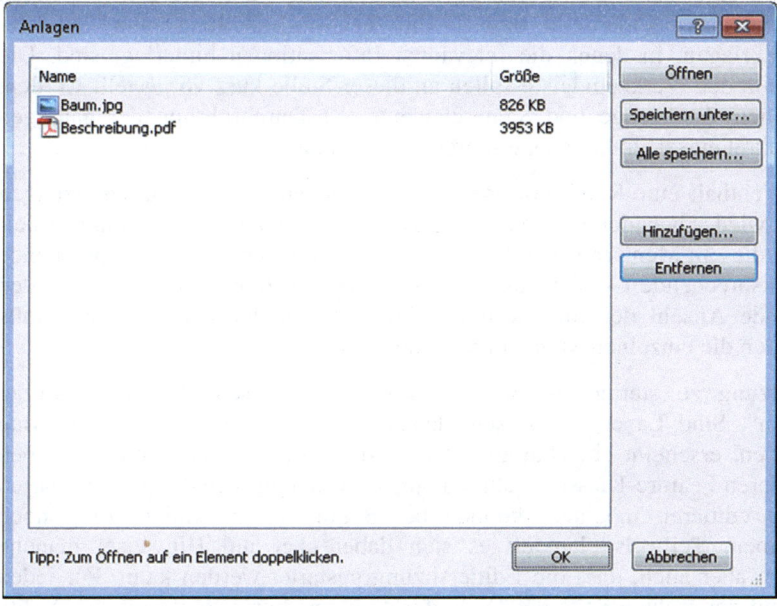

Abb. 127: Dialogfenster „Anlagen"

Den Anlagen-Manager können Sie auch über die Funktion „Identifizieren" erreichen. Allerdings können die Anlagen dann nur geöffnet und gespeichert werden, nicht aber hinzugefügt oder entfernt.

6.1.4.4 Werkzeugleiste „Editor"

Abb. 128: Die Werkzeugleiste „Editor" in ArcMap

Sämtliche Bearbeitungen von geographischen Feature-Daten in ArcMap finden innerhalb sog. Editiersitzungen statt. Die vorgenommenen Änderungen sind auf der Karte unmittelbar sichtbar, werden aber erst auf ausdrücklichen Befehl gespeichert. Editiersitzungen werden mithilfe der Werkzeugleiste „Editor" gesteuert. Diese ist für die Version ArcGIS 10 komplett überarbeitet worden. Die Elemente des ehemaligen Drop-down-Menüs „Editier-Aufgabe" wurden zu eigenständigen Werkzeugen umgewandelt und auf den passenden Werkzeugleisten platziert. Außerdem basiert die Feature-Erstellung nun auf der Verwendung von Vorlagen, in denen die relevanten Informationen hinterlegt sind. Die einzelnen Bestandteile der Werkzeugleiste sollen an dieser Stelle kurz vorgestellt werden. Wie Sie die einzelnen Werkzeuge und Steuerelemente zur Durchführung der gängigen Editieraufgaben konkret einsetzen können, erfahren Sie in Kapitel 14.6.

 Das Menü „Editor" enthält eine Reihe von Befehlen, mit denen Sie Ihre Editiersitzungen starten, steuern und wieder beenden können. Features können prinzipiell nur dann bearbeitet werden, wenn in diesem Menü mit dem Befehl „Bearbeitung starten" der entsprechende Ordner bzw. die entsprechende Geodatabase vorher zur Bearbeitung freigegeben worden ist. Die überwiegende Anzahl der Befehle der Editor-Werkzeugleiste bleibt andernfalls deaktiviert. Hier sollen die einzelnen Menüeinträge kurz erläutert werden:

Um eine Editiersitzung zu starten, wählen Sie wie bereits beschrieben den Eintrag „Bearbeitung starten". Sind Layer aus verschiedenen Verzeichnissen in Ihrem ArcMap Projekt geladen haben, erscheint ein Dialogfenster, in dem Sie zwischen den möglichen Geodatabases und deren Feature-Klassen wählen können. Abhängig von den Eigenschaften der Layer, die Sie editieren möchten, können bei Beginn einer Editiersitzung noch Warnungen erscheinen. Teilweise handelt es sich dabei eher um Hinweise; manche Konflikte verhindern aber auch, dass die Editiersitzung gestartet werden kann. Für jeden Konflikt erscheint auf der rechten Seite des Dialogfensters eine kurze Beschreibung. Sollte diese nicht ausreichen, dann können Sie sich mit einem Doppelklick auf den Fehler auch eine konfliktspezifische Hilfe anzeigen lassen.

Tipp: Seit der neuen Version ArcGIS 10 können Sie eine Editiersitzung auch starten, indem Sie im Inhaltsverzeichnis mit der rechten Maustaste auf den zu editierenden Layer klicken und den Eintrag „Features bearbeiten" ⇨ „Bearbeitung starten" auswählen.

 Möchten Sie die vorgenommenen Editierungen speichern, können Sie dies nur über den Befehl „Änderungen speichern" im Drop-down-Menü „Editor" erledigen – und nicht etwa über das „Disketten"-Symbol der Hauptmenüleiste, womit nur Änderungen der MXD-Datei gespeichert werden.

Mit „Bearbeitung beenden" schließen Sie die Editiersitzung.

Sie finden im Menü „Editor" auch Befehle zur Bearbeitung von Features:

- Der Befehl „Verschieben..." ermöglicht das Verschieben von selektierten Features um einen bestimmten Betrag in X- und Y-Richtung.
- Der Menüeintrag „Teilen..." steht nur bei selektierten Linien-Features zur Verfügung und öffnet dann ein gleichnamiges Funktionsfenster, in dem Sie Angaben zur Aufteilung der ausgewählten Linie eintragen können. Sie können damit Linien nach einer bestimmten Entfernung (absolut oder relativ zur gesamten Linienlänge) vom Start- bzw. Endpunkt in zwei Features aufteilen. Neu in der Version ArcGIS 10 ist die Möglichkeit, die Linie in mehrere gleichgroße Teile zu gliedern. Mithilfe des Werkzeugs „Teilen" der Werkzeugleiste „Editor" kann eine Linie auch durch Mausklick an einer bestimmten Stelle in mehrere Features aufgetrennt werden (s. u.). Außerdem kann zur Teilung von Linien-Features auch das Werkzeug „Linienüberschneidung" der Werkzeugleiste „Erweiterte Bearbeitung" (zur Aufteilung an Schnittpunkten) verwendet werden. Die bei der Aufteilung entstehenden Features erhalten automatisch die Attribute des ursprünglichen Features.

Auf der Werkzeugleiste „COGO" steht Ihnen ab einer ArcGIS for Desktop Standard Lizenz mit „Proportion" ein weiteres Werkzeug zur Aufteilung von Linien-Features zur Verfügung. Näheres dazu lesen Sie in Kapitel 6.1.4.23.

- Um, basierend auf einer vorher selektierten Linie, neue Punkt-Features in einer bestehenden Punkt-Feature-Klasse zu erstellen, wählen Sie den Befehl „Punkte konstruieren…". Dabei haben Sie die Wahl, ob sie eine bestimmte Anzahl von Punkten auf der Linie platzieren, die Distanz zwischen den Punkten definieren oder basierend auf „M-Werten" die Punkte verteilen wollen. Die Anordnung kann dabei ausgehend vom Anfang oder vom Ende der Linie erfolgen.
- Mit dem Befehl „Parallel kopieren..." können selektierte Linien-Features in den Ziel-Layer kopiert und gleichzeitig um einen bestimmten Betrag parallel verschoben werden. Dabei stehen Ihnen noch weitere Einstellungen zur Gestaltung von Ecken und der Verschiebung von multiplen Linien-Features zur Verfügung.
- Mit dem Werkzeug „Zusammenführen..." können mehrere Features gleichen Typs (Linien, Polygone) eines Layers zu einem Feature bzw. Multipart-Feature zusammengefasst werden (vgl. Kapitel 14.6.8). Ein Feature ist dann ein Multipart-Feature, wenn es aus mehreren, nicht verbundenen Geometrie-Objekten besteht, aber trotzdem nur einer Zeile in der Attributtabelle entspricht (siehe Kapitel 7.2.2.1 und Kapitel 7.2.2.2). Dabei kann ausgewählt werden, welches Feature – und damit auch dessen Attribute – erhalten bleiben soll.

 Tipp: Sie können aus einem Multipart-Feature auch wieder einzelne Features erstellen. Das Werkzeug „Multipart-Feature trennen (Explode)" der Werkzeugleiste „Erweiterte Bearbeitung" macht aus den selektierten Multipart-Features einzelne Features. Alternativ können Sie auch das Werkzeug „Multipart zu Singlepart" verwenden, welches Sie in der ArcToolbox unter den „Data Management Tools" im Toolset „Features" finden. Im Unterschied zum Werkzeug „Multipart-Feature trennen (Explode)" wird in diesem Fall aber nicht die Original-Feature-Klasse verändert, sondern eine neue

Feature-Klasse erstellt.

- Der Menüeintrag „Puffer..." ermöglicht es, eine Pufferung in Linien- bzw. Polygon-Layern durchzuführen. Sie müssen dazu nur die entsprechende Entfernung eingeben und Vorlage auswählen, in der das neue Feature gespeichert wird. ArcGIS bietet daneben noch weitere Pufferungswerkzeuge – eine Pufferung mithilfe der ArcToolbox wird in Kapitel 9 beschrieben. Hilfreich für das Erstellen von Puffern kann auch der „Assistent zur Puffer-Erzeugung" sein, der nicht standardmäßig auf der Werkzeugleiste hinterlegt ist (siehe Kapitel 6.1.3.8 und Kapitel 6.1.4.32 für eine ausführliche Beschreibung zur Anpassung von Werkzeugleisten).
- Auf Grundlage mehrerer ausgewählter Features gleichen Typs (Linien, Polygone) aus verschiedenen Layern lassen sich mithilfe des Befehls „Vereinigen..." neue Features bzw. Multipart-Features erstellen. Anders als beim Befehl „Zusammenführen" bleiben die bestehenden Features erhalten, für das neue Feature werden hier jedoch keine Attributdaten übernommen.
- Mit dem Menüeintrag „Ausschneiden..." können an ein Feature angrenzende oder sich überlappende Polygon-Features beschnitten werden. Dazu muss im sich öffnenden Dialogfenster eine Pufferungsdistanz eingegeben werden und bestimmt werden, ob die angrenzenden Features außerhalb oder innerhalb dieser Entfernung abgeschnitten werden sollen. Vorsicht: dieses Werkzeug wirkt sich auf alle darunterliegenden Features aus.

Der Befehl „Überschneiden (Intersect)" ist standardmäßig nicht mehr in dem Drop-down-Menü enthalten, kann aber über das Dialogfenster „Anpassen" (siehe Kapitel 6.1.4.1) wieder in das Menü integriert werden. Der Befehl bildet aus dem Verschneidungsbereich mehrerer selektierter Features gleichen Typs (Linien oder Polygone) ein neues Feature. Es werden keine Attributdaten übernommen.

Durch den Eintrag „Features überprüfen" können Sie testen, ob alle Attribute und Beziehungen gültig sind. Fehler können beispielsweise dann auftreten, wenn Sie für eine Feature-Klasse eine Bereichsdomäne (einen gültigen Bereich von Werten) definiert haben. Sollten bei der Kontrolle Fehler auftreten, dann können Sie diese über das Dialogfenster „Attribute" wieder beheben.

Eine wichtige Hilfe bei der Digitalisierung bzw. Editierung von Daten ist die sog. Fangfunktion („Snapping"). In der Version ArcGIS 10 ist für die Fangumgebung eine eigene Werkzeugleiste implementiert worden, die Sie über „Anpassen" ⇨ „Werkzeugleisten" ⇨ „Fangen" oder über das *Drop-down-Menü „Editor"* ⇨ „Fangen" ⇨ „Werkzeugleiste Fangen" der Werkzeugleiste „Editor" erreichen. Über „Fangen" ⇨ „Optionen..." öffnen Sie das Dialogfenster „Fangoptionen", in dem weitere Einstellungen vorgenommen werden können. Häufig ist es im Laufe einer Editiersitzung notwendig, exakt einen Punkt anzuklicken, um etwa Features nahtlos aneinander platzieren zu können. Wie schwierig diese banal klingende Aufgabe in Wirklichkeit ist, werden Sie erkennen, wenn Sie versuchen, eine bestehende Polylinie nachzudigitalisieren und anschließend etwas weiter in den Kartenausschnitt hineinzoomen. Sie werden mehr oder weniger große ungewollt entstandene Abweichungen (Splitterpolygone, Lücken) erkennen. Um solche Ungenauigkeiten zu vermeiden, bietet ArcMap die Funktion „Fangen". Setzen Sie einen Stützpunkt nicht exakt an einem bestehenden Punkt ab, kann dieser „gefangen" werden, d. h. der nächste Stützpunkt wird automatisch auf eine bestehende Geometrie gezogen. Sie können festlegen, ob z. B. auf Stützpunkte, Kanten oder Endpunkte gefangen werden sollen. Außerdem kann die Fangfunktion auch an der aktuellen Skizze sowie an Topologie-Elementen angewendet werden. Zusätzlich können Sie auch einstellen, bis zu welcher Entfernung gesnappt werden soll. Näheres zu der Werkzeugleiste und den Optionen finden Sie in Kapitel 6.1.4.6.

 Tipp: Sollten Sie beim Editieren einmal kurzzeitig die Fangfunktion deaktivieren, so können Sie das erreichen, indem Sie die Leertaste drücken. Solange die Leertaste gedrückt bleibt, wird nicht auf die Features gefangen. Sobald Sie die Taste wieder loslassen, wird abhängig von den Fangeinstellungen wieder gefangen. Wenn Sie die V-Taste drücken, werden alle Stützpunkte der umliegenden Features angezeigt.

Über den Eintrag „Weitere Editierwerkzeuge" können Sie einige weitere Werkzeugleisten, die Sie für Ihre Editierarbeiten benötigen, ein- bzw. wieder ausblenden (vgl. auch *Hauptmenüleiste* ⇨ *„Ansicht"* ⇨ *„Werkzeugleisten"*), und haben damit Zugriff auf weitere Editierwerkzeuge. Diese werden bei der Beschreibung der jeweiligen Werkzeugleiste in den folgenden Kapiteln erläutert. Außerdem werden die zur Verfügung stehenden Editierwerkzeuge während des Digitalisierens durch ein weiteres Kontextmenü ergänzt bzw. bequemer erreichbar (vgl. Exkurs am Ende dieses Kapitels).

„Editier-Fenster": Über den Menüeintrag „Editier-Fenster" können Sie – je nach Art der editierten Feature-Klasse – Zusatzfenster öffnen. Neben den drei Dialogfenstern „Features erstellen", „Attribute" und „Eigenschaften: Skizze", die Sie auch über die Werkzeugleiste „Editieren" direkt erreichen können, finden Sie dort auch die Einträge „Gemeinsame Features" und „Fehler-Inspektor" für die Bearbeitung von Topologiefehlern (vgl. Kapitel 6.1.4.18 und Kapitel 14.9), den Menüpunkt „Nicht platzierte Annotations", „Anpassungsvorschau", „Passpunkte", „Flurstückdetails", „Flurstücks-Explorer" und „Repräsentationseinschaften". Abhängig davon, welche Feature-Klasse Sie gerade editieren, ändern sich die verfügbaren Einträge innerhalb des Menüs.

Mit Klick auf den Menüeintrag „Optionen…" öffnen Sie das Dialogfenster „Editieroptionen", in dem Sie weitergehende Einstellmöglichkeiten finden. So können Sie in der Registerkarte „Allgemein" beispielsweise die Anzahl der angezeigten Dezimalstellen bei Editieraufgaben (z. B. Länge von Segmenten) und die „Verschiebetoleranz", d. h. eine Entfernung, die mit dem Mauscursor mindestens zurückgelegt werden muss, um Features zu bewegen, eingestellt werden. In den „Editieroptionen" können auch die Symbole der Editierskizze verändert werden. Die Editierskizze wird zwar direkt mit der Vorlage dargestellt, allerdings sind die Stützpunkte und das aktuelle Segment als Symbole der Editierskizze erkennbar. Diese Möglichkeit, die Symbolik anzupassen, war in den Versionen vor ArcGIS 10 nicht vorhanden. Wenn Sie die automatische Vorschau des Features während der Erfassung als störend empfinden, dann können Sie die Option „Symbolisiertes Feature bei der Bearbeitung anzeigen" deaktivieren. Dann wird die Editierskizze wie gewohnt, ohne die Symbologie der Vorlage, dargestellt. Außerdem kann hier auf die klassische Fangfunktion umgestellt werden. Auf diese Weise können Sie für die Layer unterschiedliche Fangoptionen festlegen. Die Registerkarte „Topologie" erlaubt Einstellungen zur Symbologie von aktiven Fehlern (nicht in ArcGIS for Desktop Basic) und Topologie-Elementen (siehe dazu auch Kapitel 14.9). Die Topologie ist mit der Lizenz

ArcGIS for Desktop Basic nur sehr eingeschränkt verfügbar. Weitere Informationen dazu finden Sie in Kapitel 6.1.4.18 und Kapitel 14.9. In der Registerkarte „Einheiten" können Sie die Einheiten von Winkelangaben sowie eine mögliche „Gelände-zu-Grid-Korrektur" (vgl. auch Kapitel 6.1.4.23) einstellen. Die Registerkarte „Annotation" umfasst einige Einstellmöglichkeiten zu Annotations. In der Registerkarte „Attribute" können Sie Layer-spezifisch festlegen, ob das Dialogfenster „Attribute" automatisch angezeigt werden soll, bevor die aktuelle Skizze in ein Feature umgewandelt wird. Die Fangtoleranz wird nicht mehr bei den „Editieroptionen" eingetragen, sondern in den „Fangoptionen", die Sie über die neue Werkzeugleiste „Fangen" erreichen (siehe Kapitel 6.1.4.6).

 Tipp: Um zu verhindern, dass Sie aus Versehen einzelne Features – teilweise kaum sichtbar – verschieben, empfiehlt es sich, die Verschiebetoleranz relativ hoch zu stellen. Ähnliches gilt für die Fangtoleranz. Um sicher zu sein, dass wirklich auf das Feature (mit den gewählten Fangoptionen) gefangen wird, sollte auch die Fangtoleranz relativ hoch sein. Ansonsten kann es passieren, dass Sie knapp neben das Feature fangen, weil die „Magnetwirkung" durch die Fangtoleranz nicht groß genug ist. Mithilfe der Leertaste können Sie trotzdem jederzeit die Fangoption deaktivieren.

 Arbeiten Sie mit einer ArcSDE Geodatabase, ist in ArcGIS for Desktop Standard zusätzlich die Registerkarte „Versionierung" aktiv, in der Sie Einstellungen zum Konfliktmanagement zur automatischen Speicherung vornehmen können.

 Das Werkzeug „Editieren" der Werkzeugleiste „Editor": Mit diesem Werkzeug können Sie Features auswählen und bearbeiten. Die Auswahl erfolgt, indem Sie auf das gewünschte Feature klicken oder bei gedrückter Maustaste eine Box um die zu selektierenden Features ziehen. Um einer bestehenden Auswahl weitere Features hinzuzufügen oder Features aus einer Auswahl zu entfernen, halten Sie die Umschalttaste gedrückt, während Sie klicken oder eine Box aufziehen. Beachten Sie, dass mit diesem Werkzeug nur Features von solchen Layern ausgewählt und bearbeitet werden können, die im Inhaltsverzeichnis als auswählbar markiert sind.

Selektierte Features können mit dem Werkzeug „Editieren" per Drag & Drop verschoben werden. Um die Stützpunkte eines Polygon- oder Linien-Features zu bearbeiten, doppelklicken Sie zunächst das gewünschte Feature (oder markieren das Feature und klicken auf das Werkzeug „Stützpunkte bearbeiten"). In diesem Modus bewegen Sie den Cursor nun auf einen Stützpunkt, bis der Cursor seine Form verändert. Der Stützpunkt kann jetzt per Drag & Drop verschoben werden. Es können auch mehrere Stützpunkte zusammen markiert und anschließend gemeinsam verschoben werden. Wenn Sie die Maus nicht auf den Stützpunkt, sondern auf die Kante ziehen, dann werden nur die beiden benachbarten Stützpunkte verschoben (und nicht das ganze Linienfeature). Mit der rechten Maustaste auf dem Stützpunkt rufen Sie ein Kontextmenü auf, mit dem Sie u. a. den Stützpunkt löschen oder um einen bestimmten X- und Y-Wert verschieben können. Wenn Sie auf dem Linienstück zwischen zwei Punkten auf die rechte Maustaste klicken, haben Sie über das Kontextmenü die Möglichkeit, einen neuen Stützpunkt hinzuzufügen. Um die Bearbeitung der Stützpunkte zu erleichtern, öffnet sich seit der Version ArcGIS 10 automatisch die neue Werkzeugleiste „Stützpunkte bearbeiten", die in Kapitel 6.1.4.8 näher beschrieben wird.

Liegen an einer Stelle mehrere Features übereinander, und Sie markieren diese Stelle, dann erscheint ein Icon, welches Ihnen den Wechsel zwischen den übereinanderliegenden Features

erleichtert. Über das Drop-down-Menü werden Ihnen alle Features angezeigt, und wenn Sie mit der Maus auf eine der Auswahlmöglichkeiten gehen, dann blinkt das dazugehörige Feature kurz auf. Mit einem Klick auf das gewünschte Feature können Sie die getroffene Markierung auch verändern. Wenn Sie nicht über den Pfeil neben dem Icon das Drop-down-Menü aufrufen, können Sie direkt über einen Mausklick auf das Symbol das nächste Feature auswählen. Auch die Möglichkeit, über die Taste N die möglichen Features zu durchlaufen, bleibt bestehen.

Werkzeug „Annotation editieren": Mit diesem Werkzeug können Sie Geodatabase-Annotationsauswählen, verschieben und bearbeiten. Zur Auswahl klicken Sie die gewünschte Annotation an oder ziehen Sie eine Box um mehrere Annotations. Wenn Sie eine bereits bestehende Auswahl erweitern wollen, halten Sie währenddessen die Umschalttaste gedrückt. Ist nur ein Feature ausgewählt, so befindet sich am oberen Rand der Umrandung ein kleines Dreieck, an dem Sie durch Ziehen mit der Maus die Größe der Annotation interaktiv verändern können. An den beiden unteren Ecken, die mit kleinen Kreissegmenten markiert sind, können Sie das Feature um den jeweils gegenüberliegenden Eckpunkt rotieren (das geht aber nur, wenn die Texte keinen Halo-Effekt aufweisen). Für eine ausführliche Erklärung für die Arbeit mit Annotations siehe Kapitel 6.1.4.4.

Werkzeug: „„Gerades Segment": Mit diesem Werkzeug können Sie Stützpunkte für Linien- und Polygon-Features digitalisieren. Wird eine Editiersitzung gestartet, öffnet sich gleichzeitig ein neues Dialogfenster „Feature erstellen" zur Erstellung neuer Features. Dort enthalten sind die vorhandenen Vorlagen für das Verzeichnis (die Bedeutung und Verwendung von Vorlagen werden im Exkurs „Features mithilfe von Vorlagen erstellen" weiter unten in diesem Kapitel näher erläutert). Wird ein Linien- oder Polygon-Feature ausgewählt, dann ist standardmäßig das Werkzeug „Gerades Segment" ausgewählt. Somit können Sie unmittelbar nach der Selektion der Vorlage mit der Digitalisierarbeit beginnen. Bei der Erstellung von Features wird jetzt schon während des Erfassens die gewünschte Darstellungsform angezeigt. Das heißt, dass Sie bereits während der Erfassung eines Features die richtige Symbologie des Features sehen können. Das gilt nicht ausschließlich für dieses Werkzeug, sondern für jegliche Konstruktionswerkzeuge in ArcMap.

Werkzeug „Endpunkt-Kreisbogensegment": Durch die Definition des Start- und Endpunkts, sowie des Radius können Sie einen Kreisbogen erstellen. Nach dem Absetzen des zweiten Punkts kann über die R-Taste ein Radius angegeben werden. Sie können sich dann mit der Tab-Taste die möglichen Kurvenlösungen anzeigen lassen.

Weitere Skizzenkonstruktionswerkzeuge: Dieses Menü bietet dem Nutzer eine Palette verschiedener Werkzeuge zur Erstellung einer Skizze an. Nach Beenden der Skizze wird diese automatisch zum Feature und kann mit Sachdaten (Attributen) versehen werden. Ist die aktuell definierte Aufgabe im angegebenen Layer nicht ausführbar, sind die Skizzenkonstruktionswerkzeuge deaktiviert. Es muss, um Skizzen zeichnen zu können, immer eine Editiersitzung (s. o.) gestartet werden. Beachten Sie, dass neu erstellte bzw. bearbeitete Features erst dann gespeichert werden, wenn Sie im Menü „Editor" die Option „Änderungen speichern" auswählen (s. o.). Features werden direkt im jeweiligen Layer abgespeichert. Eine Speicherung über das „Disketten"-Symbol in der Hauptmenüleiste berücksichtigt nur Änderungen an der Projektdatei (MXD), nicht aber die erfassten Features selbst. Bei der Erstellung einer Skizze werden Längen- und Richtungsangaben in der Statusleiste eingeblendet. Mit dem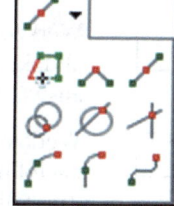

Tastaturkürzel „A" kann bei der Erfassung von Flächen zusätzlich der momentane Flächeninhalt angezeigt werden.

Daneben stehen einige weitere Konstruktionswerkzeuge zur Verfügung, mit denen Sie spezielle Aufgaben zum Erstellen bzw. Editieren von Features bequem durchführen können:

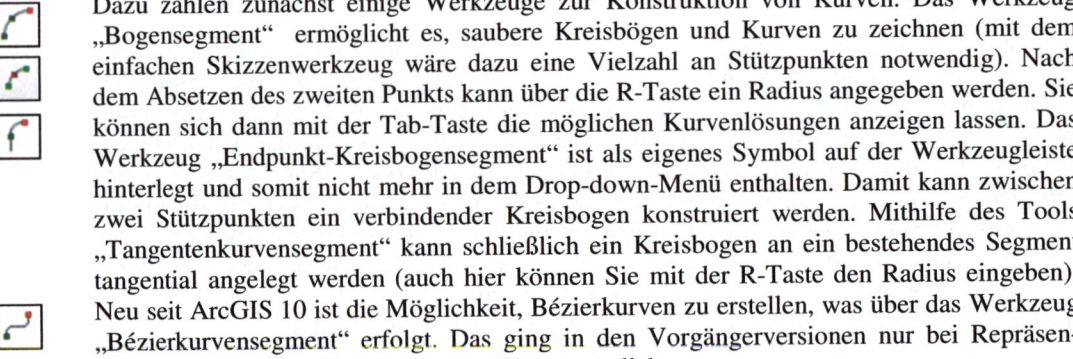

Dazu zählen zunächst einige Werkzeuge zur Konstruktion von Kurven. Das Werkzeug „Bogensegment" ermöglicht es, saubere Kreisbögen und Kurven zu zeichnen (mit dem einfachen Skizzenwerkzeug wäre dazu eine Vielzahl an Stützpunkten notwendig). Nach dem Absetzen des zweiten Punkts kann über die R-Taste ein Radius angegeben werden. Sie können sich dann mit der Tab-Taste die möglichen Kurvenlösungen anzeigen lassen. Das Werkzeug „Endpunkt-Kreisbogensegment" ist als eigenes Symbol auf der Werkzeugleiste hinterlegt und somit nicht mehr in dem Drop-down-Menü enthalten. Damit kann zwischen zwei Stützpunkten ein verbindender Kreisbogen konstruiert werden. Mithilfe des Tools „Tangentenkurvensegment" kann schließlich ein Kreisbogen an ein bestehendes Segment tangential angelegt werden (auch hier können Sie mit der R-Taste den Radius eingeben). Neu seit ArcGIS 10 ist die Möglichkeit, Bézierkurven zu erstellen, was über das Werkzeug „Bézierkurvensegment" erfolgt. Das ging in den Vorgängerversionen nur bei Repräsentationen und ist jetzt für jede Feature-Klasse möglich.

Die Konstruktionswerkzeuge „Richtung-Strecke" und „Strecke-Strecke" erlauben es, durch die Angabe von Winkeln bzw. Entfernungen neue Stützpunkte zu konstruieren. Der Radius kann – wie bei den vorherigen Werkzeugen – wieder über die Taste R definiert werden. Die Richtung kann über die Taste „A" manuell eingegeben werden. Dafür muss aber bereits ein Punkt abgesetzt worden sein. Zwischen den beiden möglichen Punkten können Sie mit der Tab-Taste wechseln.

Außerdem können auf Grundlage bestehender Features Stützpunkte berechnet werden: Mit dem „Schnittpunkt"-Werkzeug lassen sich auf einfache Weise Schnittpunkte erzeugen, das „Mittelpunkt"-Tool setzt auf halber Distanz zweier Punkte einen neuen Stützpunkt ab und mit dem Werkzeug „Verfolgung" lässt sich anhand einer bestehenden Geometrie einer anderen Feature-Klasse ein neues Feature in der Ziel-Feature-Klasse erzeugen. Zusätzlich dazu kann über die Taste O auch noch ein Offset für das neu erstellte Feature einstellen. Eine weitere Neuerung in ArcGIS 10 war das Werkzeug „Rechter Winkel". Nach Absetzen des zweiten Punkts geht die vorgeschlagene Linie automatisch im 90° Winkel weg, um Ihnen so die Erstellung neuer, rechtwinkliger Features zu erleichtern. Auch bei diesen Werkzeugen können Sie über die Tasten „A", „R" bzw. TAB arbeiten.

Werkzeug „Punkt": Um Punkt-Features erstellen zu können, benötigen Sie das Werkzeug „Punkt". Wenn Sie in der Dialogbox „Feature erstellen" ein Template für ein Punkt-Feature auswählen, wird automatisch dieses Werkzeug aktiviert.

Werkzeug „Stützpunkte bearbeiten": Ermöglicht die Bearbeitung selektierter Features. Je nach Position des Mauszeigers ändern sich die verfügbaren Funktionen des Kontextmenüs. Zusätzlich öffnet sich die Werkzeugleiste „Knotenpunkte bearbeiten" durch die eine vereinfachte Bearbeitung der Features ermöglicht wird (vgl. Kapitel 6.1.4.8).

Werkzeug „Feature umformen": Wird verwendet, um ein bereits erstelltes Feature nachträglich zu verändern. Die Änderung können Sie an einem beliebigen Punkt starten, erfassen dann die neue Grenzlinie und beenden die Linie dann mit einem Doppelklick. Die

Geometrie des Features wird dann angepasst und das ursprüngliche Linienstück wird gelöscht. Sie können dieses Werkzeug auch in Kombination mit dem Werkzeug „Verfolgung" verwenden, wenn Sie die veränderte Linienführung an ein bestehendes Feature anpassen wollen (bspw. den Waldrand an eine Flussgrenze). Die Stützpunkte zwischen den beiden neu gesetzten Stützpunkten werden dabei gelöscht, sodass sich die Form des Features dementsprechend verändert. Dieses Werkzeug kann außerdem dazu verwendet werden, eine Insel in einem bestehenden Polygon zu erzeugen, indem das Ende der Teilungslinie auf den Anfangspunkt fängt (die Option „An Skizze fangen" im Dropdown-Menü „Fangen" der Werkzeugleiste „Fangen" muss dafür aktiviert sein).

Werkzeug „Polygone teilen": Mithilfe dieses Werkzeugs kann ein markiertes Polygon-Feature geteilt werden. Dafür brauchen Sie nur die zwei Punkte definieren (es können aber auch mehr sein), an denen das Polygon getrennt werden soll.

Werkzeug „Teilen": Wird verwendet, um ausgewählte Linien-Features durch einen Mausklick zu teilen. Seit ArcGIS 9.3 muss sich der Cursor dazu innerhalb der Fangtoleranz (s. o.; vgl. auch Kapitel 14.6.5) des zu teilenden Features befinden, um fälschlicherweise durchgeführte Teilungen zu reduzieren. Die Stelle, an der die Aufteilung erfolgt, wird nun mit einer Markierung gekennzeichnet.

Werkzeug „Drehen": Ermöglicht das Drehen ausgewählter Features mithilfe der Maus oder durch manuelle Eingabe eines Winkelwertes. Die Taste „A" ermöglicht Ihnen die manuelle Eingabe des Winkels.

Tipp: Wenn Sie während einer gestarteten Editiersitzung ein Feature markieren, dann wird dieses nicht nur grafisch hervorgehoben, sondern es erscheint zusätzlich ein kleines Kreuz auf dem Bildschirm, das den Mittelpunkt anzeigt. Das geht allerdings nur bei den Layern, die zur Bearbeitung freigegeben wurden. Dieses „X" dient als Anker bzw. Angelpunkt, wenn Sie das markierte Feature drehen wollen. Mithilfe des Werkzeugs „Drehen" können Sie den Anker auch an eine andere Stelle verschieben, wodurch die markierten Features nicht mehr um den eigenen Mittelpunkt, sondern den neuen Ankerpunkt gedreht werden. Dafür reicht es, wenn Sie den Cursor mit dem Werkzeug „Drehen" auf das x ziehen, wodurch sich die Anzeige des Mauszeigers verändert. Dann kann das Kreuz per Drag & Drop an einen anderen Ort geschoben werden. Auch beim Verschieben des Ankers werden die Einstellungen der Fangumgebung berücksichtigt. Da auf den Ankerpunkt ebenfalls gefangen wird, eignet sich dieser auch – unabhängig davon, ob ein Feature gedreht werden soll –, um beispielsweise eine Linie so zu verschieben, dass ein Linienende genau auf dem Endpunkt einer anderen Linie zu liegen kommt. Ähnlich ist auch die Vorgehensweise bei dem Werkzeug „Drehen" aus der Werkzeugleiste „Zeichnen" (siehe Kapitel 6.1.4.11).

„Attribute": Dieser Befehl öffnet ein Dialogfenster, in dem Sie die Attributwerte der ausgewählten Features bearbeiten können. Neben den einzelnen Attributen für das ausgewählte Feature können Sie – sofern Ihre Geodatabase in ArcGIS 10 oder neuer angelegt oder auf den neuesten Stand gebracht wurde – auch die hinterlegten Anhänge eingesehen werden (mehr zum Thema Anlagen-Manager finden Sie in Kapitel 6.1.4.3). Im oberen Teil des Dialogfensters werden pro Layer alle markierten Features angezeigt. Sollten weitere Informationen über eine Beziehungsklasse (ab ArcGIS for Desktop Standard) angebunden sein, so sind auch diese Daten sicht- und veränderbar (s. u.). Der hellblaue bzw. gräuliche Kreis vor jedem Feature zeigt an, ob das jeweilige Feature markiert ist oder nicht. Die Anzeige der einzelnen Features innerhalb des Dialogfensters „Attribute" kann jetzt über die Layer-Eigenschaften durch einen individuellen Ausdruck angepasst werden. Jegliche layerbasierten Darstellungseinstellungen werden Ihnen in dem Dialogfenster auch angezeigt. Neben dem gerade erwähnten Anzeigeausdruck werden einzelne Spalten ebenfalls farblich hervorgehoben, wenn Sie diese in Attributtabelle über die Spalteneigenschaften als hervorgehoben kennzeichnen (siehe Kapitel 6.13.2). Auch andere Feldeigenschaften werden in dem Attribute-Dialogfenster durch unterschiedliche farbige Markierungen des Spaltennamens oder -hintergrunds dargestellt. Anstelle der normalerweise schwarzen Schriftfarbe wird im Fall von schreibgeschützten Spalten die Schrift in Grau dargestellt. Die Verwendung von Subtypes wird durch eine hellgraue Hintergrundfarbe mit blauer Schrift angezeigt (im Gegensatz zu Domänen, die weiterhin einen weißen Hintergrund und eine schwarze Schrift haben). Sollte die Symbologie auf Basis eines Feldwerts erfolgen, dann wird das Feld im Dialogfenster „Attribute" mit einem grünen Hintergrund und blauer Schrift verdeutlicht (siehe Abb. 129, links). Auch das Kontextmenü ist für die Version ArcGIS 10 erweitert worden. Sowohl die Attributtabelle – wahlweise auch nur mit den ausgewählten Features – als auch die Layer-Eigenschaften können jetzt direkt über das Dialogfenster „Attribute" geöffnet werden. Über das Kontextmenü können Sie auch die Attribute eines Features kopieren und bei einem anderen Feature wieder einfügen, wodurch die ursprünglichen Einträge überschrieben werden. Eine letzte Neuerung von ArcGIS 10 betrifft noch die Darstellung der Felder. Wenn Sie im oberen Fensterteil (oder dem linken, wenn Sie die Anzeige verändert haben) auf den Layernamen (und nicht eines der selektierten Features) klicken, dann waren in den Vorgängerversionen keine Feldwerte mehr zu sehen. Sollten alle selektierten Features den gleichen Wert in einem Feld enthalten, dann wird dieser jetzt auch weiterhin angezeigt (siehe rechts in Abb. 129). Für ArcGIS 10.1 for Desktop wurde die Navigation innerhalb des Fensters noch vereinfacht, da es komplett über Tastenkombinationen bedienbar ist. Zwischen dem oberen und dem unteren Bereich des Fensters kann mit der Tab-Taste bzw. Shift + Tab gewechselt werden. Um aus dem unteren Bereich in den oberen zu wechseln, muss die erste Spalte ausgewählt sein (in vielen Fällen OBJECTID) und dann Shift + Tab gedrückt werden. Außerdem werden Cursortasten unterstützt, sodass zwischen den einzelnen Features mit den Tasten „Pfeil nach oben" und „Pfeil nach unten" gewechselt werden kann. Mit den Tasten „Pfeil nach links" und „Pfeil nach rechts" werden die zusätzlichen Angaben (angezeigt durch das kleine Pluszeichen vor dem Feature) ein- bzw. ausgeblendet. Im unteren Bereich kann ebenfalls mit den Pfeiltasten navigiert werden. Mit Enter kann ein Eintrag (sofern er nicht schreibgeschützt ist) editiert werden. Auch Domänen oder Subtypes können auf dieses Weise verwendet werden. Durch die Auswahl des Layers können Sie die Werte für alle selektierten Features ändern (was aber auch schon in den Vorgängerversionen möglich war). Am unteren Fensterrand sind zusätzlich noch die Spalteneigenschaften zu sehen. Auf diese Weise können Sie Informationen wie den verwendeten Typ (Integer, Double, Text etc.) auf einen Blick erkennbar machen.

6.1 Die ArcMap Benutzeroberfläche

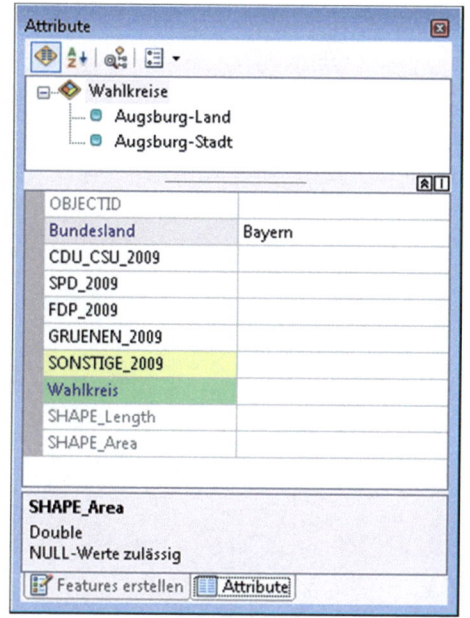 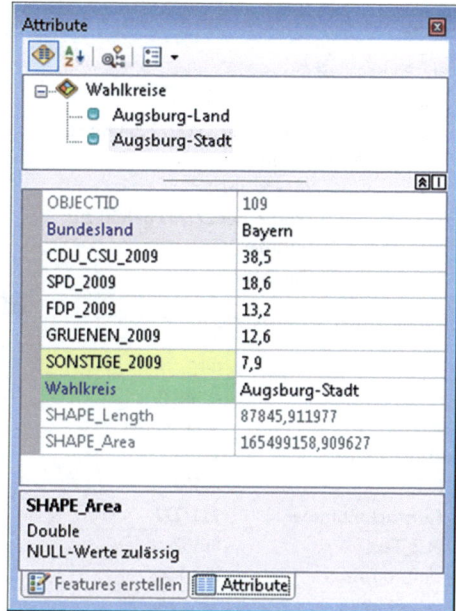

Abb. 129: Unterschiede in der Anzeige des Dialogfensters „Attribute", abhängig davon, ob ein Feature oder der Layer ausgewählt wird.

Für die Arbeit mit dem Dialogfenster ist zusätzlich eine kleine Werkzeugleiste am oberen Rand des Fensters hinzugefügt worden. Mithilfe dieser Werkzeuge können Sie unterschiedliche Anzeigeeinstellungen vornehmen. Die ersten beiden Werkzeuge „Felder in Layer-Reihenfolge anzeigen" und „Felder alphabetisch sortieren" sind für die Darstellungsreihenfolge nützlich.

 Auch die Arbeit mit Beziehungen ist vereinfacht worden. Jetzt ist es innerhalb des Dialogfensters „Attribute" auch möglich, direkt die in Beziehung stehenden Tabellen zu bearbeiten. Um alle vorhandenen Beziehungen eines Features anzuzeigen, können Sie entweder das Plus vor dem Featurenamen anklicken oder das Werkzeug „Alle Beziehungen in der Verzweigung einblenden" verwenden (siehe Abb. 130). Mithilfe des Werkzeugs werden direkt alle Beziehungen angezeigt, das erspart Ihnen also einige Mausklicks.

Die Schaltfläche „Optionen" ermöglicht Ihnen im eingeschränkten Rahmen eine Einflussnahme auf die Anzeige der Felder. Es kann beispielsweise zwischen dem Feldnamen oder dem Aliasnamen gewählt werden. Der Feldaliasname ist über die Spalteneigenschaften veränderbar (siehe Kapitel 6.13.1). Hier können Sie auch angeben, ob alle Felder angezeigt werden sollen, oder die deaktivierten Felder ausgeblendet werden.

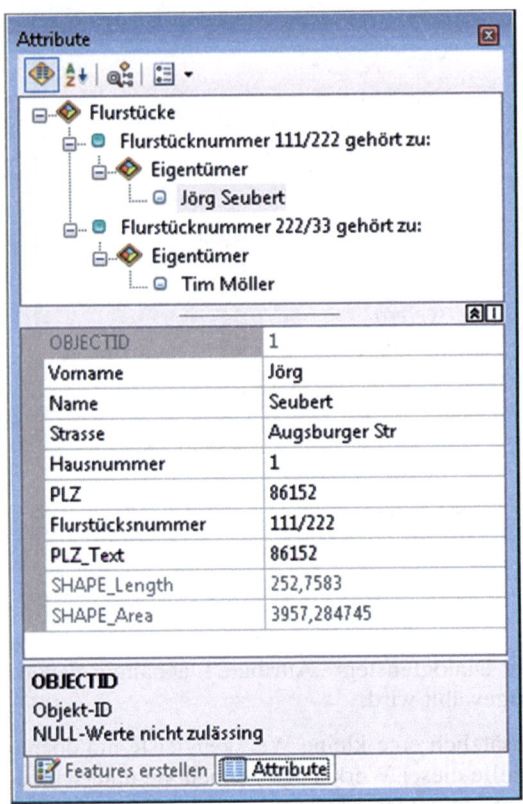

Abb. 130: Anzeige der bestehenden Beziehungen im Dialogfenster „Attribute"

„Eigenschaften: Skizze": Dieser Befehl öffnet ein Dialogfenster, in dem Sie während der Anfertigung der Skizze die X- und Y-Koordinaten – aber auch Z- und M-Werte – der abgesetzten Stützpunkte überprüfen und „on-the-fly" verändern können. Innerhalb dieses Dialogfensters können Sie seit der Version ArcGIS 10 die Darstellungsreihenfolge leichter anpassen, da Sie nach markierten Elementen sortiert angezeigt werden können. Auch das gleichzeitige Ändern von mehreren M- oder Z-Werten ist erleichtert worden, da über das jeweilige Symbol alle markierten Einträge auf einmal bearbeitet werden können.

Werkzeug „Features erstellen": Dadurch wird das Dialogfenster „Features erstellen" geöffnet. Sie können dort Ihre Feature-Templates verwalten und Einstellungen zur Digitalisierung neuer Features vornehmen.

Das Dialogfenster „Features erstellen" öffnet sich lediglich bei der ersten Editiersitzung automatisch. Im Anschluss muss das Dialogfenster über die Werkzeugleiste „Editor" manuell geöffnet werden. Das ist unabhängig von dem verwendeten Kartendokument, das Dialogfenster muss also auch in einer anderen MXD extra eingeblendet werden. Gleiches gilt auch für die anderen Dialogfenster der Editor-Werkzeugleiste „Attribute" und „Eigenschaften: Skizze". Wenn die Dialogfenster außerhalb einer Editiersitzung geöffnet sind, dann werden diese ausgegraut dargestellt.

Die Suche im Dialogfenster „Features erstellen" ist für ArcGIS 10.1 for Desktop verändert worden. Wenn mehr als ein Suchbegriff eingegeben wird, dann werden diese mit einem logischen UND verknüpft (nicht mehr mit einem logischen ODER), dadurch werden bei der Suche nur die Ergebnisse zurückgeliefert, welche alle Suchbegriffe enthalten und nicht die Treffer, die nur einen der eingegeben Begriffe enthält.

Exkurs: Features mithilfe von Vorlagen erstellen

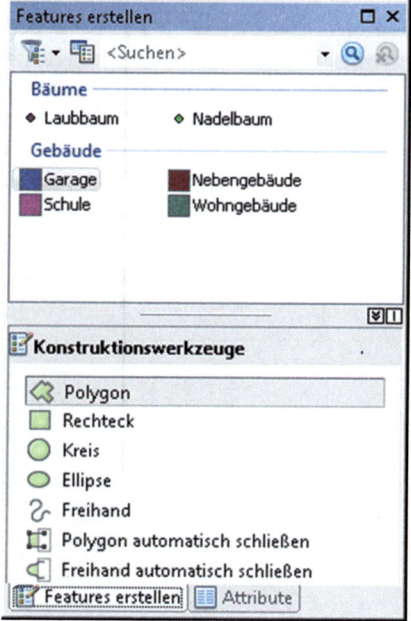

Abb. 131: Dialogfenster „Feature erstellen"

Das Dialogfenster „Features erstellen" besteht aus drei Hauptkomponenten – einer Werkzeugleiste, um die Feature-Vorlage und ihre Einstellungen zu bearbeiten, einer Auflistung aller Vorlagen des Editier-Verzeichnisses und einem Fenster, in dem die verfügbaren Konstruktionswerkzeuge für die selektierte Feature-Vorlage enthalten sind (siehe Abb. 131). Das Konstruktionswerkzeug „Freihand automatisch schließen" ist neu in ArcGIS 10.1 for Desktop. Die Stützpunkte und Bézierkurven werden in dem Fall automatisch von ArcGIS erstellt.

Über das Dialogfenster „Feature-Vorlagen organisieren" können alle Parameter für die Erstellung neuer Features definiert werden. Dazu gehören Informationen über den Layer, in dem die Features enthalten sein sollen, die für das Feature vorhandenen Attribute und das Standardwerkzeug für die Erstellung neuer Features. Zusätzlich zum Namen der Vorlage können dieser auch Tags zugewiesen werden, um die Vorlagenorganisation und -suche zu vereinfachen. Sollten die benötigten Vorlagen für das gewünschte Verzeichnis noch nicht vorhanden sein, werden beim Starten der Editiersitzung automatisch neue Vorlagen für jeden Layer im Verzeichnis angelegt. Sollten Sie während der Editiersitzung einen weiteren Layer zum Dialogfenster „Features erstellen" hinzufügen wollen, so können Sie das entweder über die Schaltfläche „Vorlagen organisieren" oder über das Kontextmenü des Layers (im Inhaltsverzeichnis) unter „Feature bearbeiten" erledigen. Pro editierbarem Layer können auch mehrere Vorlagen vorhanden sein, um z. B. unterschiedliche Subtypes grafisch darstellen zu können. Auf diese Weise können Sie direkt beim Digitalisieren die grafische Darstellung beeinflussen.

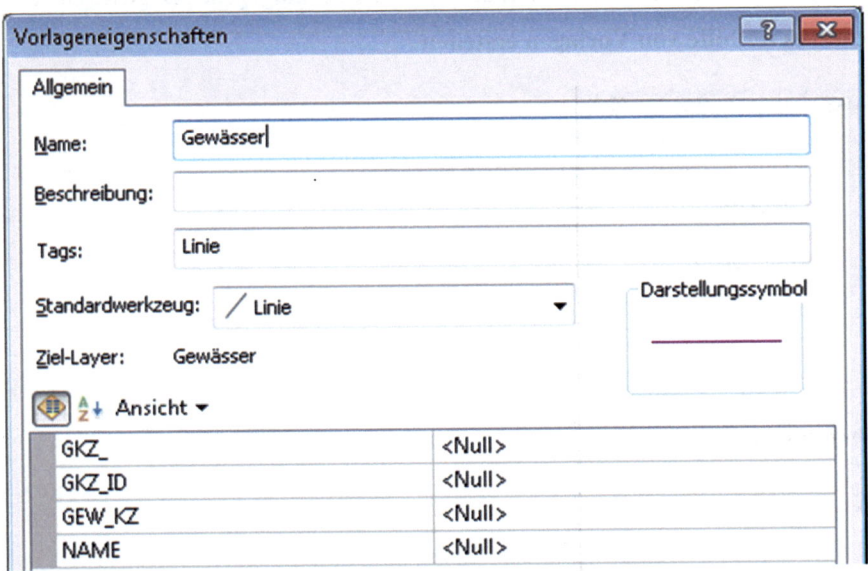

Abb. 132: Eigenschaften einer Feature-Vorlage

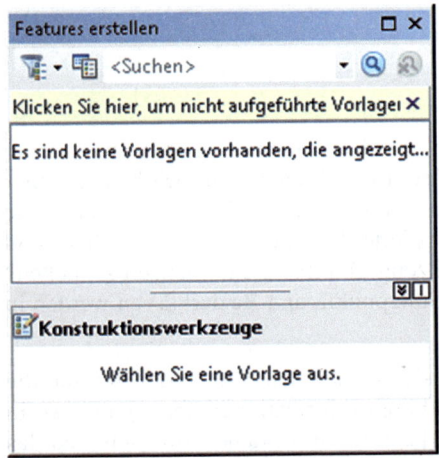

Abb. 133: Pop-up-Fenster im Dialogfenster „Features erstellen"

Um ein neues Feature zu erstellen, starten Sie grundsätzlich mit dem Dialogfenster „Features erstellen" und wählen dort die passende Vorlage aus. Aus Gründen der Übersichtlichkeit werden dort aber nur die Layer als Feature-Vorlage angezeigt, die auch im Inhaltsverzeichnis als sichtbar markiert sind. Wenn nicht alle Layer im Dialogfenster angezeigt werden, dann wird das seit ArcGIS 10.1 for Desktop mit einem kleinen Pop-up-Fenster dargestellt (siehe Abb. 133). Mit einem Mausklick auf das Pop-up öffnet sich ein weiteres Dialogfenster, in dem zum einen die nicht angezeigten Templates aufgelistet werden und zum anderen auch der Grund für das Fehlen genannt wird.

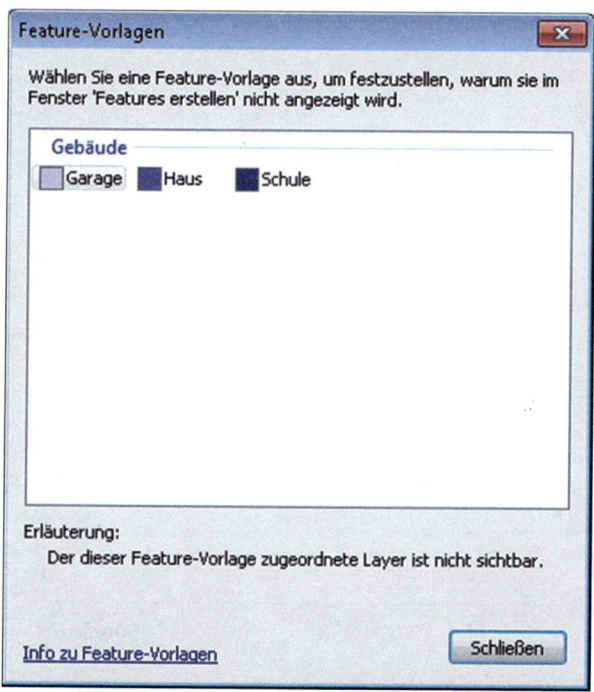

Abb. 134: Dialogfenster „Feature-Vorlagen" mit den fehlenden Templates

Abhängig von den Eigenschaften der markierten Feature-Vorlage wird automatisch die Editierumgebung angepasst. D. h. der Speicherort für die neu digitalisierten Features wird festgelegt und die möglichen Konstruktionswerkzeuge werden eingeblendet. Diese variieren, je nach Art des Layers, der editiert werden soll. Es kann auch jeder Vorlage in dem Einstellungsfenster ein Standardwerkzeug zugewiesen werden, um unnötige Extraklicks zu vermeiden (siehe Abb. 132). Selbstverständlich kann jederzeit auch ein anderes Werkzeug als das Standardkonstruktionswerkzeug zum Digitalisieren verwendet werden. Während der Erfassung wird auch direkt die Vorlage für das Feature verwendet (in den Vorgängerversionen wurde die aktuelle Skizze immer durch eine grüne Linie symbolisiert).

Um eine neue Vorlage erstellen zu können, öffnen Sie zuerst das Dialogfenster „Feature-Vorlagen organisieren" (siehe Abb. 135), welches Sie über das Symbol „Vorlagen organisieren" im Dialogfenster „Feature erstellen" erreichen. Alternativ können Sie zum Dialogfenster auch über das Kontextmenü des Layers über „Features bearbeiten" gelangen. Wenn Sie auf das Symbol „Neue Vorlage" klicken, öffnet sich der Assistent zum Erstellen neuer Vorlagen, der Sie durch die Einstellungen führt. Zuerst wird der Layer ausgewählt, für den eine Vorlage erstellt werden soll, und anschließend können die Klassen innerhalb des Layers ausgewählt werden, für die neue Feature-Vorlagen erstellt werden sollen. Nach der Fertigstellung der neuen Vorlagen haben Sie die Möglichkeit, die Standardeinstellungen zu verändern.

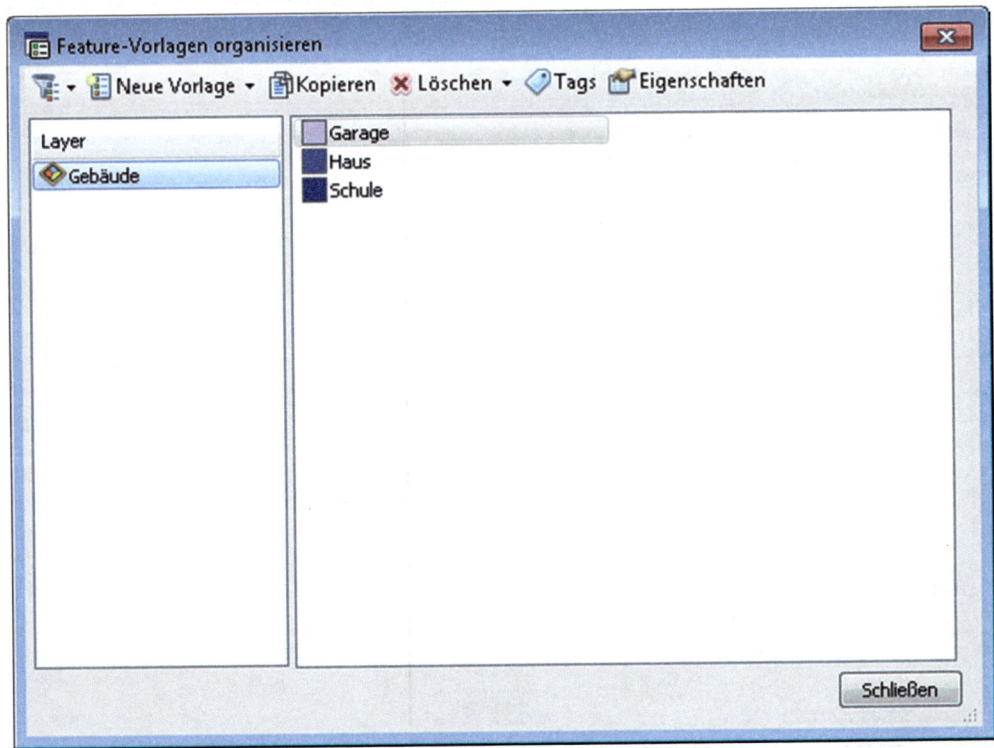

Abb. 135: Dialogfenster „Feature Templates organisieren"

Das Erstellen einer neuen Vorlage ist für ArcGIS 10.1 for Desktop noch vereinfacht worden. Die neue Funktion „Neue Vorlage aus Feature" (*Drop-down-Menü „Neue Vorlage"* ⇨ *„Neue Vorlage aus Feature"*) kopiert alle Einstellungen (bspw. das Standardkonstruktionswerkzeug, die Darstellung oder die Tags) basierend auf einem bereits vorhandenen Template. Dafür muss das Feature, welches als Vorlage dienen soll, vorab selektiert sein. Ansonsten ist die Funktion „Neue Vorlage aus Feature" nicht auswählbar.

Dieses Vorgehen scheint vielleicht auf den ersten Blick ein wenig umständlich, aber die Arbeit mit den Vorlagen bietet einige Vorteile. So ist es aufgrund der Verwendung von Vorlagen auch möglich, Standardkonstruktionswerkzeuge für jede einzelne Vorlage festzulegen. Außerdem sehen Sie bereits während der Erfassung von neuen Features eine Vorschau des neuen Features mit dem gewünschten Style. Zusätzlich lassen sich auch während einer Editiersitzung vordefinierte Standardwerte für die dazugehörigen Felder über die Vorlageneigenschaften definieren.

6.1 Die ArcMap Benutzeroberfläche

 Die Eigenschaften der Vorlagen können gleichzeitig für mehrere Templates angepasst werden. Markieren Sie dafür im Dialogfenster „Feature-Vorlagen organisieren" mehrere Vorlagen und klicken die Schaltfläche „Eigenschaften" aus. Auf diese Weise kann bspw. das Standardkonstruktionswerkzeug der selektierten Vorlagen gleichzeitig geändert werden.

Auch die Bearbeitung und Erstellung von Geodatabase-Annotations wird über das Dialogfenster „Features erstellen" organisiert, da die Werkzeugleiste „Annotations" in der Version ArcGIS 10 nicht mehr vorhanden ist. Wenn Sie einen Annotation-Layer als Feature-Vorlage auswählen, und ein Konstruktionswerkzeug markiert ist, erscheint gleichzeitig das Funktionsfenster „Annotation-Konstruktion" (siehe Abb. 136), über das Sie weitere Einstellungen vornehmen können. Außerdem haben Sie dort auch die Möglichkeit, die Standardeinstellungen für dieses Feature-Template zu überschreiben.

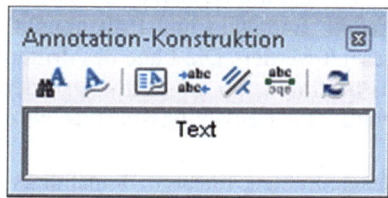

Abb. 136: Das Funktionsfenster „Annotation Konstruktion"

 Werkzeug „Text suchen": Entnimmt die Beschriftung der Annotation durch das ausgewählte Feature. Wenn sich die Features überlappen, dann kann seit ArcGIS 10.1 for Desktop mit „N" zwischen den einzelnen Features gewechselt werden.

Werkzeug „Entlang von Feature": Bei der Methode „Entlang von Feature" wählen Sie mit dem ersten Mausklick das Feature, an das sich die neue Annotation anlehnt, und anschließend ihre genaue Position. Bei dieser Methode werden auch noch weitere Optionen der Werkzeugleiste aktiv. Sobald mit dem ersten Mausklick das Feature für die Annotation ausgewählt wurde, kann über die Schaltfläche „Optionen für ‚Entlang von Feature' " vorab einige Einstellungen zum Umgang mit den Annotations bzw. der Darstellung dieser getroffen werden. Seit ArcGIS 10.1 for Desktop ist es auch möglich, die Beschriftung für zusammenhängende Features oder Multipart-Features auf diese Weise umzusetzen. Mithilfe der Funktion „Entlang von Feature-Annotation umkehren" wird die Anzeige der Schrift invertiert. Das Werkzeug „‚Feature-Winkel folgen' ein-/ausschalten" bewirkt, dass der Schriftzug um 90° gedreht wird, und durch das Werkzeug „"Feature-Seite folgen" ein-/ausschalten" wird die Annotation auf die andere Seite des selektierten Features verschoben.

Werkzeug: „Formatierungsoptionen aktivieren/deaktivieren": Erweitert das Funktionsfenster „Annotation Konstruktion" um zusätzliche Formatierungswerkzeuge. Somit können für jede Annotation Schriftart und -größe oder die Textausrichtung festgelegt werden. Über das Symbol „Eigenschaften" erreichen Sie das Dialogfenster „Editor", das weitere Optionen zur Darstellung von Annotations enthält.

Neben der Werkzeugleiste „Annotations" ist auch die Werkzeugleiste „Bemaßung" in der neuen Version ArcGIS 10 weggefallen und in die Editierumgebung integriert worden (für eine genauere Erläuterung der Bemaßungs-Feature-Klasse siehe Kapitel 7.2.2.4). Die

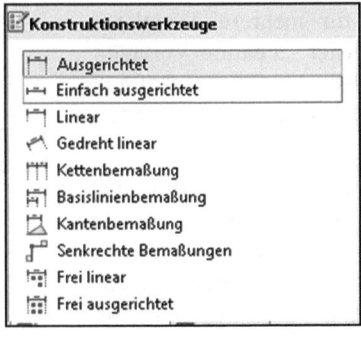

Palette der verfügbaren Werkzeuge ist aber aus der Vorgängerversion von ArcGIS übernommen worden:

- „Ausgerichtet": Zur Erstellung eines ausgerichteten Bemaßungs-Features benötigen Sie drei Punkte (Startpunkt, Endpunkt, Höhenpunkt). Nachdem Sie diese Punkte durch Mausklicks gesetzt haben, wird das Bemaßungs-Feature automatisch fertiggestellt.
- „Einfach ausgerichtet": Ein einfach ausgerichtetes Bemaßungs-Feature wird durch zwei Punkte gebildet, dem Start- und dem Endpunkt der Bemaßung. Das Bemaßungs-Feature wird nach Absetzen des zweiten Punkts automatisch fertiggestellt.
- „Linear": Hiermit lassen sich vertikale und horizontale Bemaßungs-Features konstruieren. Dazu werden drei Punkte (Startpunkt, Endpunkt und Höhenpunkt) benötigt, die nacheinander durch Mausklicks gesetzt werden. Die Lage des dritten Punkts (gegenüber den ersten beiden Punkten) bestimmt, ob ein vertikales oder ein horizontales Bemaßungs-Feature gebildet wird. Das Bemaßungs-Feature wird automatisch fertiggestellt.
- „Gedreht linear": Ermöglicht das Erstellen eines gedrehten, linearen Bemaßungs-Features. Neben Start-, End- und Höhenpunkt wird ein vierter Punkt benötigt, um den Drehwinkel zu berechnen. Das Bemaßungs-Feature wird automatisch nach Eingabe des vierten Punkts fertiggestellt.
- „Kettenbemaßung": Erlaubt es ebenfalls, eine neues Bemaßungs-Feature an einem bestehenden Bemaßungs-Feature zu erstellen. Im Unterschied zur „Basislinienbemaßung" wird die Bemaßung nicht am Start-, sondern am Endpunkt des vorhandenen Bemaßungs-Features fortgesetzt.
- „Basislinienbemaßung": Ermöglicht es, an einem bestehenden Bemaßungs-Feature ein weiteres Bemaßungs-Feature zu erstellen, wobei die vorhandene Bemaßung fortgeführt wird (d. h. die Messung erfolgt ausgehend vom Anfangspunkt des bestehenden Bemaßungs-Features).
- „Kantenbemaßung": Erstellt ein Bemaßungs-Feature an einem bestehenden Liniensegment eines Linien- oder Polygon-Features.
- „Senkrechte Bemaßung": Mit diesem Werkzeug erstellen Sie zwei zueinander senkrecht stehende Bemaßungs-Features.
- „Frei linear": Je nachdem, ob Sie drei oder vier Punkte absetzen, werden vertikale bzw. horizontale oder gedrehte Bemaßungs-Features konstruiert, nachdem Sie im Kontextmenü des Skizzenwerkzeugs den Befehl „Skizze fertig stellen" aufgerufen haben.
- „Frei ausgerichtet": Mithilfe dieses Befehls lassen sich ebenfalls ausgerichtete bzw. einfach ausgerichtete Bemaßungs-Features erstellen. Im Unterschied zu den o. g. Funktionen wird hier das Bemaßungs-Feature nicht automatisch fertiggestellt. Nachdem Sie zwei bzw. drei Punkte platziert haben, je nachdem, ob Sie ein ausgerichtetes oder ein einfach ausgerichtetes Bemaßungs-Feature erstellen möchten, rufen Sie über einen Rechtsklick das Kontextmenü des Skizzenwerkzeugs auf und wählen den Befehl „Skizze fertig stellen".

6.1 Die ArcMap Benutzeroberfläche

Weitere Einstellungen zum Erscheinungsbild der Bemaßungs-Features können Sie über das Symbol „Attribute" in der Werkzeugleiste „Editor" treffen. Im Drop-down-Menü des Dimension-Styles können Sie die Darstellungsform aus der Liste der verfügbaren Styles wählen. Diese werden in ArcCatalog erstellt und verwaltet (im Register „Dimensionen" in den Eigenschaften der Bemaßungs-Feature-Klasse).

Während einer Editiersitzung haben Sie über das Kontextmenü andere Optionen (siehe Abb. 137), wobei Sie direkt während der Skizzenerstellen noch einmal ein völlig verändertes Kontextmenü vorfinden (siehe nachfolgenden Exkurs: Das Kontextmenü des Skizzenwerkzeugs). U. a. können Features in die Zwischenablage kopiert oder aus dieser wieder eingefügt werden. Außerdem können Sie – falls Features markiert sind – auf die selektierten Features zoomen oder schwenken bzw. die Auswahl auch wieder aufheben. Ist nur ein einzelnes, editierbares Feature ausgewählt, können Sie über den Eintrag „Stützpunkte bearbeiten" nachträglich auch die Stützpunkt und Liniensegmente bearbeiten und beispielsweise den Typ eines Feature-Segments verändern. Auf diese Weise können Sie z. B. ein Gerade-Segment zu einem Kreisbogen- oder Bézier-Segment umwandeln.

📋	Kopieren	Strg+C
📋	Einfügen	Strg+V
✗	Löschen	ENTF
ℹ	Identifizieren...	
	Auf selektierte Features zoomen	
	Auf ausgewählte Features schwenken	
	Feature-Auswahl aufheben	
	Stützpunkte bearbeiten	
	Attribute	

Abb. 137: Kontextmenü des Kartenfensters während einer Editiersitzung

👍 **Tipp:** Die Verwendung der Vorlagen bei der Erfassung von Features bietet eine Reihe von Vorteilen. Sollten Sie dennoch lieber mit der alten Editierumgebung arbeiten wollen (vielleicht auch müssen, weil die Organisation eines alten Kartenprojekts die Arbeit mit den Vorlagen nicht ermöglicht), dann können Sie auch wieder auf die ursprüngliche Editierumgebung wechseln. Die Umstellung wird in dem Dialogfenster „ArcMap Advanced Settings Utility" vorgenommen, dass Sie nicht über ArcMap, sondern den Windows-Explorer erreichen. Dafür wechseln Sie einfach in das Verzeichnis Ihrer ArcGIS-Installation (unter Windows 7 (32-bit) standardmäßig C:\Programme\ArcGIS\Desktop10.0) und wechseln dort in den Ordner „Utilities". Darin befindet sich eine ausführbare Datei namens „AdvancedArcMapSettings.exe", die bei Doppelklick die Anwendung startet. Wenn Sie dort in die Registerkarte „Editor" wechseln, dann können Sie die Option „Create features using templates" deaktivieren, um die ursprüngliche Editierumgebung zu nutzen. Alle vorlagenbasierten Werkzeugleisten werden dann durch die Werkzeugleisten der Vorgängerversionen ersetzt. D. h. auch, dass beispielsweise die Werkzeugleisten „Annotation" und „Bemaßung" wieder vorhanden sind, da diese nicht mehr direkt in die Werkzeugleiste „Editor" integriert sind.

Exkurs: Das Kontextmenü des Skizzenwerkzeugs

Digitalisieren Sie Objekte mit dem Skizzenwerkzeug, können Sie mit einem Rechtsklick ein zusätzliches Kontextmenü öffnen (Abb. 138). Darin sind einige Werkzeuge zusammengefasst, die Sie womöglich aus CAD-Anwendungen („Computer Aided Design", Sammelbegriff für Konstruktionssoftware) kennen. Die einzelnen Befehle sind weitestgehend selbsterklärend, sodass sie hier nur kurz angesprochen werden:

Der Menüpunkt „An Feature fangen" aktiviert kurzzeitig die Fangfunktion (s. o.), wobei Sie hier angeben müssen, ob Sie an einen Endpunkt, Stützpunkt, Mittelpunkt oder eine Kante snappen möchten.

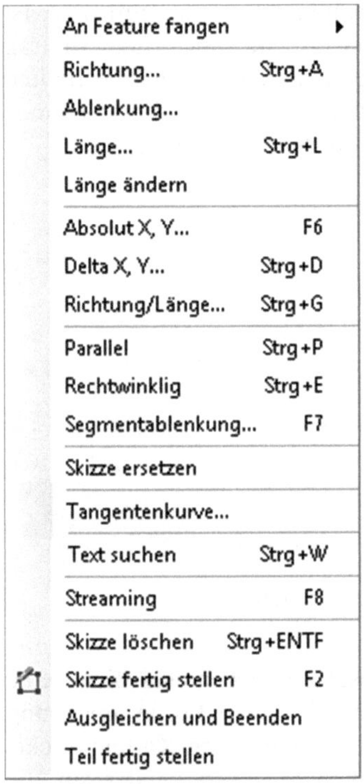

Befehl	Tastenkürzel
An Feature fangen	▶
Richtung...	Strg+A
Ablenkung...	
Länge...	Strg+L
Länge ändern	
Absolut X, Y...	F6
Delta X, Y...	Strg+D
Richtung/Länge...	Strg+G
Parallel	Strg+P
Rechtwinklig	Strg+E
Segmentablenkung...	F7
Skizze ersetzen	
Tangentenkurve...	
Text suchen	Strg+W
Streaming	F8
Skizze löschen	Strg+ENTF
Skizze fertig stellen	F2
Ausgleichen und Beenden	
Teil fertig stellen	

Abb. 138: Kontextmenü beim Digitalisieren

Mit dem Befehl „Richtung..." können Sie unter Eingabe eines Winkels die Richtung festlegen, in der der nächste Stützpunkt liegt. Ein Winkel von 0° (360°, 180°) entspricht einer horizontalen, ein Wert von 90° (bzw. 270°) einer senkrechten Linie. Eine ähnliche Funktion ruft der Eintrag „Ablenkung..." auf, mit dem Sie ebenfalls durch Eingabe eines Winkels eine Richtung für den nächsten Stützpunkt festlegen können. Allerdings errechnet sich die Richtung hier aus der Abweichung vom zuletzt digitalisierten Segment. Der Befehl „Länge..." ermöglicht entsprechend die Eingabe eines Abstands (in Karteneinheiten), den der nächste Stützpunkt vom letzten Stützpunkt besitzen soll. D. h. der nächste Stützpunkt kann nur auf einer Kreislinie liegen, deren Radius Sie im Dialogfenster „Länge" festlegen. Möchten Sie die Streckenlänge des zuletzt digitalisierten Segments ändern, wählen Sie den Befehl „Länge ändern" (die Richtung bleibt gespeichert).

Die Menüeinträge „Absolut X, Y..." und „Delta X, Y..." erlauben die Eingabe von Koordinatenwerten des nächsten Stützpunkts. Die erstgenannte Funktion ist in der Version ArcGIS 10 überarbeitet worden. In den älteren Versionen (Vorgängerversionen von ArcGIS 9.3) mussten immer die Absolutkoordinaten des Datenrahmens eingegeben oder die entsprechende Einheit mit angegeben werden. Jetzt habe Sie über ein Auswahlmenü die Möglichkeit, aus verschiedenen Einheiten auszuwählen. Die zuletzt genannte Funktion berechnet den neuen Stützpunkt ausgehend vom letzten Stützpunkt. Sie geben hier also Relativkoordinaten, gemessen am zuletzt digitalisierten Stützpunkt, an. Der Befehl „Richtung/Länge..." kombiniert die beiden Menüeinträge „Richtung..." und „Länge...". Sie können damit die Lage des nächsten Stützpunkts eindeutig festlegen.

Mit dem Befehl „Parallel" ist es möglich, eine zu einem bestehenden Objekt parallele Linie zu digitalisieren. Sie müssen diesen Menüeintrag in der Nähe des entsprechenden, bereits bestehenden Segments ausführen (das Segment, zu dem die Parallelität erzeugt wird, blinkt daraufhin kurz auf). Analog dazu wird mit „Rechtwinklig" das folgende Segment im Lot eines bestehenden Segments gezeichnet und mit „Segmentablenkung..." kann unter Eingabe eines Winkels ein Segment erzeugt werden, das von einem bestehenden Segment in diesem Winkel abweicht.

Der Befehl „Skizze ersetzen" erlaubt es, eine bestehende Skizze (eines beliebigen Layers) zu übernehmen und anschließend zu bearbeiten. Damit ist es möglich, die Geometrie eines bestehenden Features (Referenzfeature) exakt zu übernehmen. Aktivieren Sie dazu zunächst das Skizzenwerkzeug, navigieren Sie in der Kartenansicht auf das Referenzfeature, dessen Geometrien übernommen werden sollen, und führen Sie dort den Befehl „Skizze ersetzen" aus (während der Cursor auf dem Referenzfeature positioniert ist). Das Feature wird als Skizze in den aktuellen (Ziel-)Layer übernommen und befindet sich im Bearbeitungsmodus.

Der Befehl „Tangentenkurve..." ermöglicht es unter Eingabe entsprechender Parameter, zielgenau Tangentenkurven an dem letzten Stützpunkt zu konstruieren.

Der Eintrag „Text suchen" ist nur in Annotation-Feature-Klassen aktiv und ermöglicht das Suchen nach vorhandenen Texten.

Mit dem Befehl „Streaming" aktivieren Sie den sog. „Stream-Modus". Ist dieser aktiviert, setzt ArcMap automatisch einen Stützpunkt, sobald Sie den Cursor vom zuletzt digitalisierten Stützpunkt weiter fort bewegen, als in der „Stream-Toleranz" festgelegt wurde (Sie erreichen die Einstellungen zum Stream-Modus über *Werkzeugleiste „Editor" ⇨ Menü „Editor" ⇨ „Optionen..." ⇨ Register „Allgemein"*).

Um eine angefangene Skizze zu entfernen, wählen Sie den Befehl „Skizze löschen" (auch die Tastenkombination Strg + Entf löscht die angefangene Editierskizze). Haben Sie alle benötigten Stützpunkte gesetzt, und möchten Sie die erstellte Skizze nun als Feature speichern, erledigen Sie dies normalerweise über einen Doppelklick beim Setzen des letzten Stützpunkts. Alternativ können Sie auch den Befehl „Skizze fertig stellen" in diesem Menü verwenden. Der Befehl „Ausgleichen und Beenden" kann bei der Digitalisierung rechtwinkliger Geometrien genutzt werden, um von ArcMap automatisch den letzten Eckpunkt setzen zu lassen (eine Anwendung dazu finden Sie in Kapitel 10.8). Der Menüeintrag „Teil fertig stellen" ist nur bei der Digitalisierung von Multipart-Features von Bedeutung und erstellt einzelne Teilfeatures.

Die meisten der aufgeführten Werkzeuge können Sie auch durch Tastenkombinationen aufrufen. Eine Übersicht der entsprechenden Shortcuts finden Sie im Anhang dieses Buchs. Haben Sie eine Funktion unbeabsichtigt aufgerufen oder möchten Sie ein aktiviertes Werkzeug ausschalten, verwenden Sie die „Esc"-Taste.

6.1.4.5 Werkzeugleiste „Erweiterte Bearbeitung"

Abb. 139: Die Werkzeugleiste „Erweiterte Bearbeitung" in ArcMap

Die Werkzeugleiste „Erweiterte Bearbeitung" (Abb. 139) stellt weitere, über die Funktionen der Werkzeugleiste „Editor" hinausgehenden Werkzeuge zur Bearbeitung von Features zur Verfügung. Während die meisten Funktionen dieser Werkzeugleiste bis einschließlich ArcGIS 9.1 nur mit ArcGIS for Desktop Standard verfügbar waren, kann die gesamte Werkzeugleiste seit ArcGIS 9.2 auch mit der ArcGIS for Desktop Basic Lizenz benutzt werden. Damit einher ging jedoch auch eine Neuaufteilung der betroffenen Werkzeuge, die zum Teil auch auf die neu geschaffene, erst ab ArcGIS for Desktop Standard verfügbare, COGO-Werkzeugleiste (vgl. Kapitel 6.1.4.23) gelegt wurden. Die beiden Werkzeuge „Rechteck" und „Kreis" sind mit ArcGIS 10 als Konstruktionswerkzeuge im Dialogfenster „Feature erstellen" zu finden.

„Features kopieren": Dieses Werkzeug ermöglicht es, ausgewählte Features in einen Ziel-Layer zu kopieren. Selektieren Sie dazu zunächst Features, die kopiert werden sollen, aktivieren Sie das Tool mit Klick auf den Button „Features kopieren" und spannen Sie anschließend im Ziel-Layer (der in der Editor-Werkzeugleiste gewählt werden muss) eine Box auf, in der das kopierte Feature eingefügt werden soll (die selektierten Features müssen vom gleichen Typ sein wie die Features im Ziel-Layer).

„Fillet": Mit dem Tool „Fillet" können Kreisbögen an bestehende Liniensegmente konstruiert werden, um so z. B. Ecken abzurunden. Nach Auswahl der Funktion müssen dazu zunächst zwei Berührpunkte auf den bestehenden Liniensegmenten gewählt werden. Anschließend kann mit Verschieben der Maus der Radius des Bogensegments festgelegt werden. Ein Mausklick zeichnet den Bogen. Über das Tastenkürzel „o" können die Fillet-Optionen aufgerufen werden. Eingestellt werden kann hier erstens, ob die überstehenden Liniensegmente gekürzt werden sollen, und zweitens, ob anstelle des cursorabhängigen Radius ein fester Radius verwendet werden soll.

„Verlängern": Verlängert eine Linie, bis sie eine bestimmte andere Linie berührt. Selektieren Sie zunächst das Linien-Feature, bis zu dem Sie Linien verlängern wollen. Klicken Sie anschließend auf die Linien, die verlängert werden sollen.

„Kürzen": Kürzt einander schneidende Linien am Schnittpunkt. Wählen Sie das Linien-Feature aus, das als Schnittlinie dienen soll, und klicken Sie anschließend auf die Liniensegmente, die Sie abschneiden wollen.

„Linienüberschneidung": Damit ist es möglich, sich überlagernde Linien am Schnittpunkt zu splitten. Nach Aktivieren des Tools wählen Sie die sich schneidenden Linien aus und bestätigen den Schnittpunkt mit einem Mausklick. Über das Tastenkürzel „o" stehen weitere Funktionen zur Verfügung: Es ist möglich, eine Linie „zu dehnen", oder eine Linie als neues Feature hinzuzufügen, um so einen Schnittpunkt mit einer anderen Linie zu erreichen.

„Multipart-Feature trennen (Explode)": Mithilfe dieses Befehls können Sie ein mehrteiliges Feature (= Multipart-Feature) in die einteiligen Features aufteilen, aus denen es zusammengesetzt ist.

„Geodätisch konstruieren": Ermöglicht Ihnen das Erstellen von geodätischen Features, die unabhängig von der Projektion immer räumlich korrekt abgebildet werden. Durch die Auswahl dieses Tools öffnet sich ein Funktionsfenster, indem Sie zwischen den unterschiedlichen Feature-Typen wählen können. Je nachdem, ob Sie geodätische Linien, Kreise, Ellipsen, große Ellipsen oder eine Loxodrome erstellen möchten, ändern sich die Parameter, die Sie unter dem Feld „Konstruktion" vorgeben können. Der Einsatz von geodätischen Features ist dann sinnvoll, wenn Features über eine große Distanz reichen sollen, wie z. B. bei Flugrouten.

„An Shape ausrichten": Dieses Werkzeug eignet sich für die Korrektur von benachbarten Geometrien, die bspw. leichte Überlappungen oder Lücken haben. Durch die Vorgaben eines exakten Linienverlaufs können die anderen Daten an den Linienverlauf angepasst werden. Das ist u. a. dann sinnvoll, wenn zwei Feature-Klassen mit unterschiedlichem Genauigkeitsgrad aneinander angepasst werden sollen.

„Werkzeug ‚Geometrie ersetzen' ": Ersetzt eine Geometrie durch eine neue, ohne dass die Werte in der Attributtabelle verloren gehen. Das Feature wird entfernt, der dazugehörige Eintrag in der Attributtabelle bleibt aber vorhanden und es kann sofort ein neues Feature erfasst werden (siehe Abb. 140). Der Umriss des alten Features bleibt sichtbar, bis die Erfassung des neuen Features abgeschlossen wird.

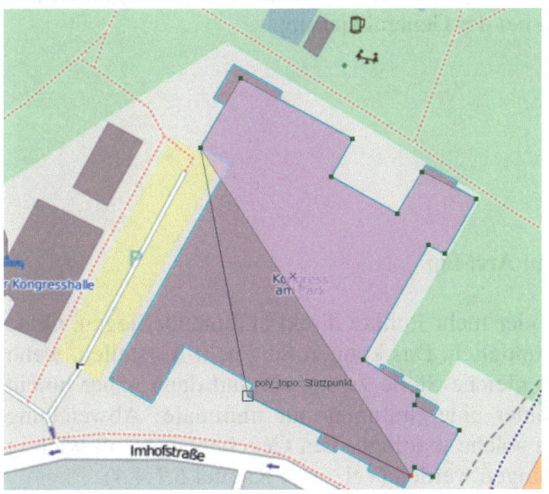

Abb. 140: Anwendung des „Werkzeugs ‚Geometrie ersetzen' "

„Polygone konstruieren": Das Werkzeug „Features konstruieren", welches in den Vorgängerversionen auf der Werkzeugleiste „Topologie" zu finden war, wurde in ArcGIS 10 entfernt, die Funktionalitäten auf zwei unterschiedliche Werkzeuge verteilt. Mithilfe des Werkzeugs „Polygone konstruieren" können in ArcMap aus den Geometrien ausgewählter Polygon-Features (auch aus verschiedenen Feature-Klassen) neue Polygon-Features im Ziel-Layer erstellt werden. Dafür wählen Sie im Dialogfenster „Polygone konstruieren" einfach die Vorlage aus, mit der das neue Polygon erstellt werden soll. Das zweite Werkzeug ist das Werkzeug „Polygone teilen". Für beide Werkzeuge muss keine Topologie-Feature-Klasse geladen sein, aber mindestens eine ArcGIS for Desktop Standard Lizenz vorhanden sein. Sollen anhand von vorhandenen Geometrien Linien erstellt werden, dann geht das über das Geoverarbeitungswerkzeug in der ArcToolbox (in der Kategorie „Data Management Tools" ➪ „Features" ➪ „Feature zu Linie").

„Polygone teilen": Bei sich überlappenden Features können Sie mithilfe des Werkzeugs „Polygone teilen" auch mehrere Polygon-Features gleichzeitig, basierend auf der Überlappung, teilen. Das markierte Feature, anhand dessen die Teilung vorgenommen werden soll, darf dabei nicht in der gleichen Feature-Klasse liegen, wie die zu teilenden Polygon-Features.

„Linien an Schnittpunkten teilen": Ermöglicht das Auftrennen von Linien-Features an ihren Schnittpunkten.

„Generalisieren": Mit diesem Tool können ausgewählte Linien oder Polygone in ihrer Form vereinfacht werden. Dazu ist nur die Eingabe des maximal zulässigen Versatzes (gemessen in dem jeweiligen Karteneinheiten) notwendig. Die dabei durchgeführte Berechnung beruht auf dem sog. Douglas-Peucker-Algorithmus. Beachten Sie, dass eine Generalisierung stark von den geometrischen Eigenschaften der Linien oder Polygone abhängt, und sich deshalb die Form u. U. gravierend ändern kann.

„Glätten": Durch den Einsatz von sog. Bézierkurven werden scharfe Kanten geglättet. Die Vorgehensweise entspricht dem Vorgehen bei der Generalisierung.

6.1.4.6 Werkzeugleiste „Fangen"

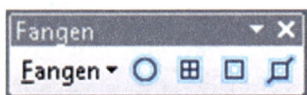

Abb. 141: Die Werkzeugleiste „Fangen" in ArcMap

Je nach Projekt ist es wichtig, dass zwei oder mehr Punkte direkt aufeinanderliegen. Ohne die Fangfunktion ist das allerdings fast unmöglich. Das können Sie leicht feststellen, wenn Sie versuchen, zwei Punkte auf die exakt gleiche Stelle zu setzen, und dann näher hinein zoomen. Sie werden feststellen, dass immer eine (mitunter nur minimale) Abweichung zwischen den Punkten bestehen bleibt. Da solche topologischen Gegebenheiten oft wichtig sind, können Punkte auch aufeinander gefangen werden (vgl. auch Kapitel 6.1.4.4).

Für ArcGIS 10 ist die Fangumgebung überarbeitet worden und in einer eigenen Werkzeugleiste zusammengefasst. Jetzt können Sie mit einem Klick genau definieren, auf was genau gefangen werden soll. Neben Stützpunkten, Kanten und Enden haben Sie jetzt noch weitere

Einstellungsmöglichkeiten. Standardmäßig wird auf Punkte, Enden, Stützpunkte und die Kante gefangen. Neu ist auch, dass die Form des Cursors sich verändert, abhängig davon, ob auf einen Punkt, eine Kante etc. gefangen wird.

 Aus Performancegründen ist die Fangoption standardmäßig für Grundkarten-Layer und Feature-Services deaktiviert. Soll auf die Layer gefangen werden, so kann die Option „An Grundkarten-Layern fangen" bzw. „An Feature-Server-Layern fangen" in den Fangoptionen (*Drop-down-Menü „Editor"* ➪ *„Fangen"* ➪ *„Optionen..."*) aktiviert werden.

 Tipp: Sollten Sie lieber mit der alten Fangumgebung arbeiten wollen, brauchen Sie lediglich die Option „Klassische Fangfunktion verwenden" in den Editieroptionen (Drop-down-Liste *„Editor"* ➪ *„Optionen..."* in der Werkzeugleiste „Editor") aktivieren.

Drop-down-Menü „Fangen": Im Drop-down-Menü „Fangen" haben Sie die Möglichkeit, weitere Fangoptionen zu aktivieren und allgemeine Einstellungen vorzunehmen. Über den Eintrag „Fangen verwenden" können Sie angeben, ob überhaupt gefangen werden soll. Dieser Haken sollte bei den meisten Digitalisieraufgaben gesetzt sein. Sollten Sie nur für kurze Zeit die Fangfunktion deaktivieren wollen, können Sie auch die Leertaste gedrückt halten und brauchen nicht über die Werkzeugleiste gehen.

Über „Fangen an Schnittpunkt" können Sie auf Knotenpunkte fangen. Zu beachten ist dabei, dass nur auf diejenigen Knotenpunkte gefangen wird, die nicht gleichzeitig das Ende mindestens eines Features darstellen (wie das bei T-Kreuzungen der Fall ist). Der Mauszeiger wird zu einem Kreuz umgewandelt, wenn auf einen Knotenpunkt gefangen wurde.

Wenn Sie „Fangen an Mittelpunkt" aktivieren, wird immer auf den Mittelpunkt zwischen zwei Stützpunkten gefangen. Der Cursor verwandelt sich in ein Dreieck, wenn auf den Mittelpunkt gefangen wird.

Um die Funktion „Fangen an Tangente" verwenden zu können, muss bereits mindestens ein Stützpunkt gesetzt worden sein. Dann ist es möglich, auf die Tangente von runden Features zu fangen. Auch das wird durch ein verändertes Cursorsymbol angezeigt.

Wenn Sie die Funktion „An Skizze fangen" aktiviert ist, wird auch auf die aktuelle Editierskizze gefangen. Ist der Punkt deaktiviert, wird je nach gewünschten Fangoptionen auf die einzelnen Features gefangen, nicht aber auf die aktuelle Editierskizze.

Sie haben auch die Möglichkeit, auf Topologie-Knoten zu fangen, indem Sie einen Haken vor die Option „An Topologieknoten fangen" setzen. Auf diese Weise wird nicht mehr ausschließlich auf die einzelnen Features der Layer gefangen, sondern auch auf die Topologiefehler.

An letzter Stelle im Drop-down-Menü „Fangen" befindet sich die Schaltfläche „Optionen". Darüber können Sie die Fangtoleranz in Pixeln angeben. Die Fangtoleranz gibt an, wie groß der Abstand zwischen dem zu fangenden Punkt und dem Mauszeiger sein soll, ohne dass der Mauszeiger gefangen wird. Sie können hier auch die Darstellung des Mauszeigers verändern. Standardmäßig wird der Mauszeiger der Fangmethode angepasst (s. o.), aber Sie können neben der Farbe auch die Darstellungs- und Schriftart verändern.

6 ArcMap

Die vier folgenden Fangoptionen sind automatisch in der Werkzeugleiste „Fangen" hinterlegt. Sollten Sie die anderen, über das Drop-down-Menü verfügbaren Fangoptionen auch in der Werkzeugleiste hinterlegen wollen, dann können Sie dies über *Hauptmenüleiste „Anpassen"* ⇨ *„Anpassungsmodus"* einrichten (für das genaue Vorgehen siehe Kapitel 6.1.3.8 oder Kapitel 6.1.4.32).

„Fangen an Punkt": Ist „Fangen an Punkt" aktiviert, dann wird auf alle sichtbaren Punkte gefangen. Diese Fangoption bezieht sich ausschließlich auf Punkte-Layer.

„Fangen an Ende": Fängt ausschließlich auf die Enden von Linien-Features. So ist sichergestellt, dass nicht auf einen beliebigen Stützpunkt oder auf die Kante gefangen wird.

„Fangen an Stützpunkt": Im Gegensatz zu der vorherigen Option können Sie mit „auf Knoten fangen" nicht nur die auf die Endpunkte, sondern auf alle Stützpunkte fangen.

„Fangen an Kante": Wenn Sie diese Funktion aktiviert haben, dann wird auf die gesamte Linie des Features gefangen.

6.1.4.7 Werkzeugleiste „Feature-Konstruktion"

Abb. 142: Die Werkzeugleiste „Feature-Konstruktion" in ArcMap

Die Werkzeugleiste Feature Konstruktion hilft bei der Erstellung neuer Features. Die ersten drei Werkzeuge stehen Ihnen auch über die Werkzeugleiste „Editor" zur Verfügung. Deswegen werden die Werkzeuge „Gerades Segment" und „Endpunkt-Kreisbogensegment", sowie die weiteren Skizzenkonstruktionswerkzeuge hier nicht weiter erklärt. Für eine genauere Funktionsbeschreibung siehe Kapitel 6.1.4.4.

Die Werkzeugleiste wird seit ArcGIS 10.1 for Desktop nicht mehr standardmäßig eingeblendet, da sie bei der Erfassung neuer Stützpunkte teilweise störend war. Soll die Werkzeugleiste nur kurz eingeblendet werden, dann kann das mithilfe der Tab-Taste erfolgen. Soll die Werkzeugleiste dauerhaft angezeigt werden, dann muss die Option „Werkzeugleiste ‚Feature-Konstruktion' anzeigen" in den Editieroptionen (*Drop-down-Menü „Editor"* ⇨ *„Optionen"*) selektiert werden.

Tipp für ArcGIS 10: Sollte Ihnen die Werkzeugleiste im Weg sein, so können Sie diese mit der Tab-Taste an eine andere Stelle verschieben. Alternativ können Sie die Werkzeugleiste auch mit der Maus per Drag & Drop an einer anderen Stelle positionieren (das geht auch während Sie ein Feature erfassen).

„Parallele erzwingen": Ermöglicht es, Liniensegmente oder ganze Linien parallel zu bereits bestehenden Features zu erstellen. Wählen Sie dafür einfach das Liniensegment aus, zu dem das parallele Liniensegment erstellt werden soll. Sie sehen dann in der Editierskizze, dass ArcMap Ihnen nur mögliche Stützpunkte parallel zu dem Feature vorschlägt. Wenn Sie in der Fangumgebung (siehe Kapitel 6.1.4.6) eingestellt haben, dass auf die Editierskizze gefangen werden soll, dann können Sie auch die Editierskizze als Referenz auswählen. Beachten Sie, dass dieses Tool erst anwählbar ist, wenn der erste Stützpunkt der Skizze erstellt wurde.

„Senkrechte erzwingen": Ähnlich wie bei der Schaltfläche „Parallele erzwingen" können Sie auch die Lotrechte zu einem bereits bestehenden Feature (bzw. eines Liniensegments) oder der Editierskizze erstellen.

„Skizze fertig stellen": Zum Abschließen der aktuellen Editierskizze können Sie auf die Schaltfläche „Skizze fertig stellen" klicken. Alternativ können Sie auch F2 klicken, über das Kontextmenü den Unterpunkt „Skizze fertig stellen" auswählen oder einfach doppelklicken.

„Rückgängig Stützpunkt hinzufügen": Um bereits digitalisierte Punkte wieder zu entfernen, können Sie – in umgekehrter Digitalisier-Reihenfolge – die Stützpunkte wieder löschen. Über die Schaltfläche „Rückgängig Stützpunkt hinzufügen" können Sie demnach wesentliche schneller die zuletzt erfassten Stützpunkte wieder löschen.

6.1.4.8 Werkzeugleiste „Stützpunkte bearbeiten"

Abb. 143: Die Werkzeugleiste „Stützpunkte bearbeiten" in ArcMap

Die Bearbeitung der einzelnen Stützpunkte war in den Vorgängerversionen ausschließlich über das Kontextmenü oder Shortcuts möglich. Diese Möglichkeiten bestehen auch in der neuen Version von ArcGIS, allerdings wird durch die Werkzeugleiste „Stützpunkte bearbeiten" das Vorgehen erheblich vereinfacht. Sobald die Editiersitzung gestartet und ein Feature bearbeitet wird, wechselt automatisch das verwendete Werkzeug. Dadurch verändert sich der Mauszeiger von einem schwarzen zu einem weißen Pfeil mit schwarzer Umrandung.

„Skizzen-Stützpunkte ändern": Durch dieses Werkzeug können Sie Features selektieren und bearbeiten. Kommen Sie mit dem Mauszeiger genau auf einen Stützpunkt, verändert sich der Mauszeiger, und Sie können über das Kontextmenü Änderungen vornehmen oder direkt mit gedrückter linker Maustaste den markierten Stützpunkt verschieben.

Neu in ArcGIS 10 ist, dass Sie mehrere Stützpunkte gleichzeitig markieren und verschieben können. Zum einen selektiert ArcMap automatisch die benachbarten Stützpunkte, wenn Sie sich mit dem Mauszeiger auf dem Verbindungsstück befinden.

„Stützpunkt hinzufügen": Möchten Sie einem Feature einen neuen Stützpunkt hinzufügen, so ging das bisher nur über das Kontextmenü oder eine Tastenkombination. Jetzt ist es möglich, über das Werkzeug „Stützpunkt hinzufügen" innerhalb einer Editierskizze schneller einen weiteren Stützpunkt zu setzen.

„Stützpunkt löschen": Ähnlich wie beim Werkzeug „Stützpunkt hinzufügen" ist es mit dem neuen Werkzeug „Stützpunkt löschen" möglich, einen bereits vorhandenen Stützpunkt wieder zu entfernen und auf diese Weise die Form des Features zu beeinflussen.

„Werkzeug ‚Feature erweitern' ": Bei der Auswahl der Funktion „Werkzeug ‚Feature erweitern' " können bereits fertiggestellte Skizzen fortgesetzt werden. Bei Polygonen werden dann ggf. Multipart-Feature erzeugt. Linien können vom letzten Stützpunkt ausgehend erweitert werden. Dieses Werkzeug wurde in ArcGIS 10 entfernt, aufgrund der hohen Nachfrage aber mit dem Service Pack 2 wieder integriert. Seit ArcGIS 10.1 for Desktop ist das Tools wieder standardmäßig über die Werkzeugleiste „Stützpunkte bearbeiten" verfügbar.

 „Proportional strecken": Ist die Funktion „Proportional strecken" aktiviert, dann werden beim Verschieben eines einzelnen Stützpunkts die anderen Stützpunkte proportional mit verschoben. Dadurch bleibt die Form des Features erhalten.

„Skizze fertig stellen": Neben dem Eintrag „Skizze fertig stellen" im Kontextmenü bzw. dem Doppelklick mit der linken Maustaste (oder der Taste F2) gibt es über das Werkzeug „Skizze fertig stellen" eine neue Möglichkeit, um die Erstellung oder Bearbeitung eines Features abzuschließen.

„Eigenschaften: Skizze": Dieser Befehl öffnet ein Dialogfenster, in dem Sie während der Anfertigung der Skizze die X- und Y-Koordinaten – aber auch Z- und M-Werte – der abgesetzten Stützpunkte überprüfen und „on-the-fly" verändern können. Innerhalb dieses Dialogfensters können Sie seit der Version ArcGIS 10 die Darstellungsreihenfolge leichter anpassen, da Sie nach markierten Elementen sortiert angezeigt werden können. Auch das gleichzeitige Ändern von mehreren M- oder Z-Werten ist erleichtert worden, da über das jeweilige Symbol alle markierten Einträge auf einmal bearbeitet werden können.

6.1.4.9 Werkzeugleiste „Layout"

Abb. 144: Die Werkzeugleiste „Layout" in ArcMap

Die Werkzeugleiste „Layout" (Abb. 144) stellt Tools zur Verfügung, die die Betrachtung und Bearbeitung des Layouts erleichtern. Sämtliche Steuerelemente dieser Werkzeugleiste sind deaktiviert, solange Sie sich in der Datenansicht befinden.

Werkzeug „Vergrößern": Dieser Befehl vergrößert das Layout mit Fokus auf den angeklickten Punkt bzw. zoomt durch Aufziehen eines Rahmens auf den gewünschten Ausschnitt.

Werkzeug „Verkleinern": Verkleinert das Kartenlayout mit Fokus auf den angeklickten Punkt bzw. die Fläche, die Sie durch Aufziehen eines Rahmens definieren.

Werkzeug „Schwenken": Mithilfe dieser Funktion können Sie das Layout im Kartenfenster frei verschieben.

„Auf die gesamte Seite zoomen": Zoomt auf die gesamte Ausdehnung des Kartenlayouts.

„Originalgröße (100 %)": Die Layout-Ansicht wird auf den Maßstab 1:1 (100 %) gesetzt, sodass die Darstellung des Layouts auf dem Bildschirm maßstäblich annähernd der Druckausgabe entspricht.

„Voreingestellte Vergrößerung": Zoomt schrittweise auf den momentanen Mittelpunkt der Layout-Ansicht.

„Voreingestellte Verkleinerung": Zoomt schrittweise aus der Layout-Ansicht heraus, wobei der Mittelpunkt beibehalten wird.

„Zurück zur Ausdehnung": Zoomt auf die zuletzt angezeigte Ausdehnung des Kartenfensters.

„Vor zur Ausdehnung": Zoomt auf die Ausdehnung des Kartenfensters, die vor Ausführung des Befehls „Zurück zur Ausdehnung" (s. o.) angezeigt wurde.

„Zoomsteuerelement": Die Layout-Ansicht wird auf eine Ausdehnung vergrößert bzw. verkleinert, die dem manuell eingegebenen oder aus der Drop-down-Liste ausgewählten Prozentsatz entspricht. Bei 100 % stimmt die Darstellung des Layouts auf dem Bildschirm maßstäblich mit der aus diesem Layout erzeugten Druckausgabe der Karte überein.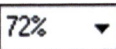

„Entwurfmodus ein/aus": Wechselt vom normalen Zeichnen-Modus in den Entwurfsmodus und umgekehrt. Im Entwurfsmodus werden die Elemente des Layouts als inhaltslose, blaue Rechtecke dargestellt, die lediglich mit dem Namen des jeweiligen Elements beschriftet sind. Der Entwurfsmodus ermöglicht (beispielsweise bei Nutzung schwächerer Hardware) eine wesentlich schnellere Bearbeitung des Layouts.

 Tipp: Für zeitliche Verzögerungen beim Aktualisieren der Layout-Ansicht ist insbesondere der Neuaufbau der Datenrahmen-Fenster verantwortlich. Alle anderen Elemente, wie Maßstäbe oder Nordpfeile, spielen dabei eine eher untergeordnete Rolle. Es genügt also in den meisten Fällen, nur die auf dem Layout befindlichen Datenrahmen auf Entwurfsmodus zu schalten. Aktivieren Sie dazu im Kontextmenü der Datenrahmen im Register „Rahmen" die Checkbox „Entwurfsmodus – nur Namen anzeigen". Die übrigen Elemente werden so weiterhin normal dargestellt.

„Datenrahmen fokussieren": Versetzt den aktiven Datenrahmen in der Layout-Ansicht in einen Zustand, in dem Sie diesen Datenrahmen und die darin enthaltenen Layer bearbeiten können, als würden Sie sich in der Datenansicht befinden. Derselbe Befehl wird ausgeführt, wenn Sie den Datenrahmen doppelklicken. Ein fokussierter Datenrahmen ist von anderen aktiven oder inaktiven Datenrahmen im Layout dadurch zu unterscheiden, dass er von einer dicken Linie eingerahmt wird.

„Layout ändern": Dieses Werkzeug öffnet ein Dialogfenster „Vorlage auswählen", das es dem Nutzer ermöglicht, sein Layout durch Auswahl einer vorhanden Vorlage zu ändern. ArcMap stellt dazu eine Reihe von bereits im Lieferumfang enthaltenen Vorlagen (in Form von MXDs) zur Verfügung. Es können aber auch selbst erstellte Vorlagen verwendet werden. Nach Auswahl der gewünschten Vorlage lässt sich die Änderung des Layouts ausführen, indem Sie auf „Fertig stellen" klicken. Enthält das Layout der von Ihnen gewählten Vorlage und/oder Ihr Kartendokument mehr als einen Datenrahmen, so gelangen Sie in einem Zwischenschritt in das Dialogfenster „Datenrahmen-Reihenfolge" (siehe Abb. 145), in dem Sie festlegen, wie die in Ihrem Kartendokument enthaltenen Datenrahmen auf die in der Vorlage vorgesehenen Datenrahmen verteilt werden.

6 ArcMap

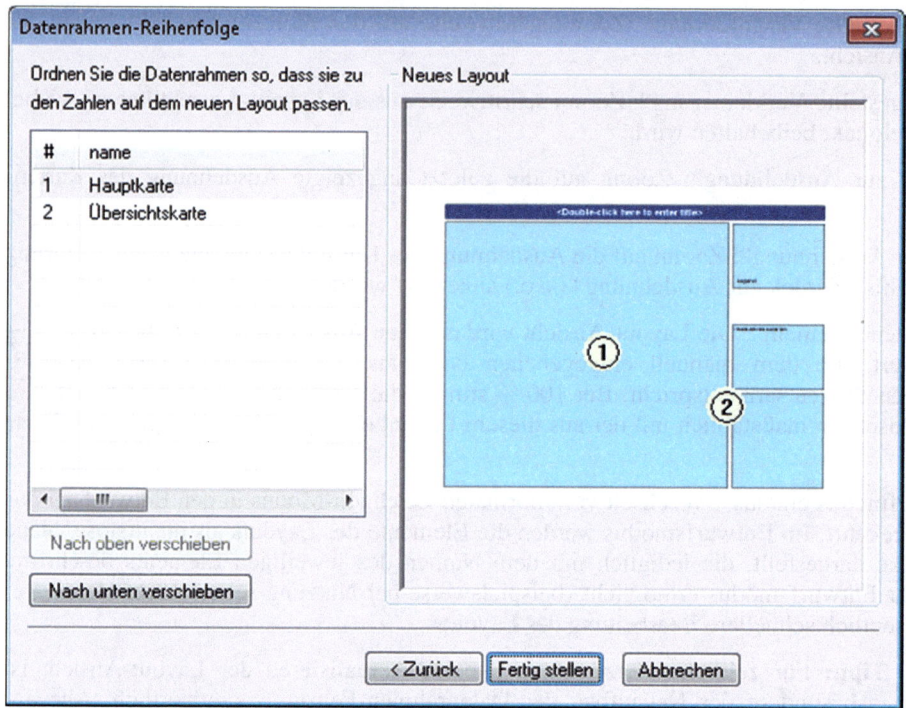

Abb. 145: Dialogfenster „Datenrahmen-Reihenfolge" – Zuweisung der Datenrahmen

In unserem Fall würde der Datenrahmen „Hauptkarte" dem großen Fenster (Nr. 1) und der Datenrahmen „Übersichtskarte" dem kleinen Fenster (Nr. 2) zugewiesen werden. In der Liste auf der linken Seite kann diese Zuordnung geändert werden.

Beachten Sie, dass bei Benutzung des Werkzeugs „Layout ändern" nur das Layout der Vorlage auf die Karte angewendet wird. Eventuell mit der Vorlage gespeicherte Layer werden nicht hinzugefügt.

Im Ordner „ArcGIS\Utilities" finden Sie die Datei „AdvancedArcMapSettings.exe", in der Sie im Register „System Path" für jeden User den Pfad für das Template-Verzeichnis festlegen können.

 „Werkzeugleiste „Kartenserie" ": Öffnet die Werkzeugleiste „Kartenserie" die die automatisierte Erstellung mehrerer Kartenausschnitte auf Basis des gleichen Layouts ermöglicht. Eine ausführliche Beschreibung über die Möglichkeiten und den Funktionsumfang erfolgt in Kapitel 6.1.4.10.

6.1.4.10 Werkzeugleiste „Kartenserie"

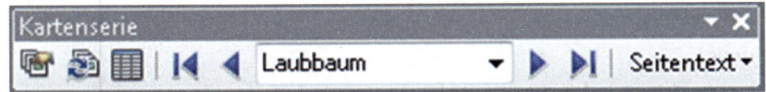

Abb. 146: Die Werkzeugleiste „Kartenserie" in ArcMap

Mithilfe der neuen Werkzeugleiste „Kartenserie" können Sie einfach und schnell eine Reihe von Kartenausschnitten gleichen Layouts innerhalb eines ArcMap-Projekts erstellen. Die Ausdehnung der einzelnen Karten wird über einen sog. Index-Feature-Layer definiert. Dieser kann beispielsweise in Form eines Gitternetzes vorliegen oder mithilfe mehrerer Rechtecke einem Flussverlauf folgen. Außerdem können Sie diesem Layer auch noch weitere Daten mitgeben. Auf diese Weise können Sie für jede einzelne Karte einen vordefinierten Maßstab oder eine bestimmte Rotation angeben. Der Feature-Index-Layer kann entweder ein beliebiger Feature-Layer aus Ihrem Kartenprojekt sein oder aber ein extra zu diesem Zweck erstellter Layer. Dazu sind in der neuen Toolbox „Kartenserie" (ist in die Toolbox „Cartography Tools" integriert) die Werkzeuge „Indexgitter-Feature" und „Index-Features der Streifenkarte" vorhanden. Diese erleichtern Ihnen die automatisierte Erstellung eines Index-Feature-Layers. Der Export einer Kartenserie kann entweder seitenweise erfolgen, oder Sie erstellen ein mehrseitiges PDF, das dann alle Karten enthält. Genaueres zu der Anwendung finden Sie in Kapitel 14.8.10.

„Einrichtung der Kartenserie...": Alle nötigen Einstellungen zur Einrichtung der Kartenserie können Sie über diese Schaltfläche vornehmen (siehe Abb. 147). In dem geöffneten Dialogfenster „Einrichtung der Kartenserie" geben Sie an, über welchen Layer die Ausdehnung der einzelnen Kartenausschnitte definiert ist. Weitere Pflichtangaben sind das Namens- und das Sortierfeld. Optional können auch noch Angaben zur Rotation, zum Koordinatensystem oder der Nummerierung getroffen werden. Über den Reiter „Ausdehnung" können Sie noch genauere Vorgaben zur Darstellung des Index-Layers innerhalb des Datenrahmens treffen.

„Kartenserie aktualisieren": Wenn Sie nach der Erstellung der Kartenserie noch Änderungen vornehmen, werden diese nur teilweise automatisch übernommen. Wenn beispielsweise Änderungen am Namensfeld vorgenommen werden, oder aber ein Feature des Indexlayers gelöscht wird, sind die Änderungen erst nach einer Aktualisierung sichtbar. Über die Schaltfläche „Kartenserie Aktualisieren" werden alle im Setup getroffenen Einstellungen beibehalten.

„Attributtabelle öffnen": Öffnet die Attributtabelle von der Feature-Klasse, für die eine Kartenserie eingerichtet wurde.

„Erste Seite": Mithilfe der folgenden Navigationshilfen können Sie die einzelnen Karten ansteuern. Mit der Schaltfläche „Erste Seite" kommen Sie immer auf den ersten Kartenausschnitt zurück.

„Vorherige Seite": Die Schaltfläche „Vorherige Seite" ermöglicht es Ihnen, den vorherigen Kartenausschnitt zu sehen.

6 ArcMap

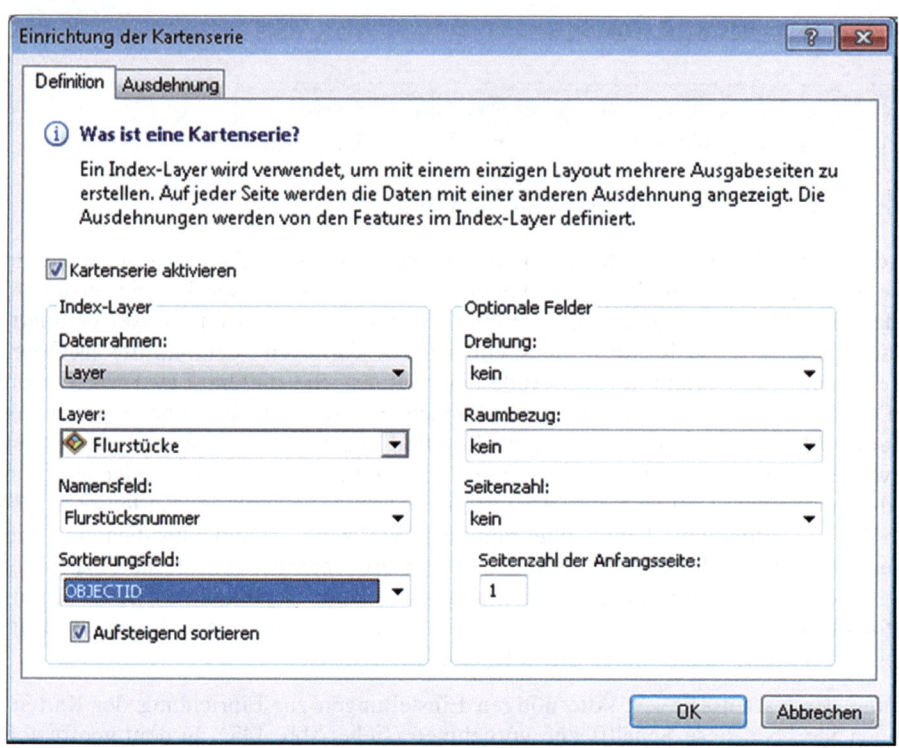

Abb. 147: Dialogfenster „Einrichtung der Kartenserie"

„Aktuelle Seite": Über den Drop-down-Pfeil können Sie wählen, ob Ihnen die Seitenzahl oder der Name angezeigt werden soll. Sie können hier auch direkt den Namen oder Seitenzahl angeben, um einen bestimmten Ausschnitt zu sehen.

 „Nächste Seite": Analog zur Schaltfläche „Vorherige Seite" können Sie über die Schaltfläche „Nächste Seite" den nächsten Kartenausschnitt darstellen.

 „Letzte Seite": Mit „Letzte Seite" steuern Sie den letzten Kartenausschnitt der Kartenserie an.

Drop-down-Menü „Seitentext": Um dynamischen Text in das Kartenlayout einzufügen, können Sie über das Drop-down-Menü „Seitentext" aus drei bereits vordefinierten dynamischen Texten wählen. Alternativ haben Sie auch weiterhin die Möglichkeit, weitere Texte über das Menü „Einfügen" in das Kartenlayout zu integrieren (siehe Kapitel 6.1.3.5) oder selbst dynamische Texte über Tags zu definieren (vgl. Kapitel 14.8.10).

 In ArcGIS 10.1 for Desktop wurden neue dynamische Text-Tags eingefügt, durch die die Arbeit mit Kartenserien und die automatische Layouterstellung noch optimiert werden kann. Folgender Tag bewirkt, dass der definierte Anzeige-Ausdruck (im Register „Anzeige" der „Layer-Eigenschaften") als Text mit auf die Ausgabe kommt:

```
<dyn type="page" property="expression"/>
```

Um den Wert des ausgewählten Index-Layers über einen dynamischen Text auszulesen, ist folgender Text-Tag hinzugefügt worden:

```
<dyn type="page" property="attribute" field="test" domainlookup="true"/>
```

Der Teil `domainlookup="true"` gibt an, ob bei Subtype oder Domänen der tatsächliche Wert oder die Beschreibung angezeigt werden soll.

6.1.4.11 Werkzeugleiste „Zeichnen"

Abb. 148: Die Werkzeugleiste „Zeichnen" in ArcMap

Kartendokumente können neben geographischen Daten und kartentypischen Elementen wie Maßstabsleisten oder Legenden auch andere grafische Elemente wie beispielsweise Bilder, Rahmen oder grafische Texte enthalten. Solche Elemente können sowohl in der Daten- als auch in der Layout-Ansicht erstellt werden.

Mithilfe der Werkzeuge in der Werkzeugleiste „Zeichnen" können Sie Grafiken, grafische Texte und Annotations erstellen und bearbeiten. Außerdem können Sie die Darstellung und Platzierung der bereits erwähnten kartentypischen Elemente (Maßstabsleisten etc.) beeinflussen. Die Werkzeugleiste war in den Vorgängerversionen immer standardmäßig aktiviert und unter der Statusleiste angeordnet. Seit ArcGIS 10 sind nur noch die Werkzeugleisten „Standard" und „Werkzeuge" eingeblendet.

Das Menü „Zeichnen": Stellt Ihnen Werkzeuge zur Verwaltung, Bearbeitung und genauen Platzierung von Grafiken und grafischen Texten zur Verfügung. Die wichtigsten Funktionen sollen nachfolgend beschrieben werden (vgl. Abb. 149).

„Neue Annotation-Gruppe..." öffnet ein Dialogfenster, in dem Sie zur besseren Organisation Ihrer Kartendokument-Annotations Annotations-Gruppen (siehe auch Kapitel 6.2.10) anlegen können. Unter „Aktives Annotation-Ziel" aktivieren Sie diejenige Annotation-Gruppe, in der Sie die von Ihnen hinzuzufügenden Annotations ablegen wollen. Um sich alle nicht platzierten Annotations anzeigen zu lassen, wählen Sie „Overflow Annotations..." aus.

 Tipp: Nachteil der Kartendokument-Annotations ist, dass diese in der MXD gespeichert werden, und diese damit groß und langsam werden lassen. Es ist besser, mit Geodatabase-Annotations zu arbeiten.

Beachten Sie, dass nur diejenigen Texte und Grafiken Annotations sind, und als solche in Annotation-Gruppen abgelegt werden können, die im geographischen Datenraum der ArcMap-Sitzung erstellt wurden. Um sie von den in Geodatabases gespeicherten Feature-Klassen-Annotations zu unterscheiden, spricht man genauer auch von Kartendokument-Annotations. Grafiken und Texte, die sich nur auf dem Layout befinden, werden nicht als Annotations bezeichnet, sondern als Textelemente.

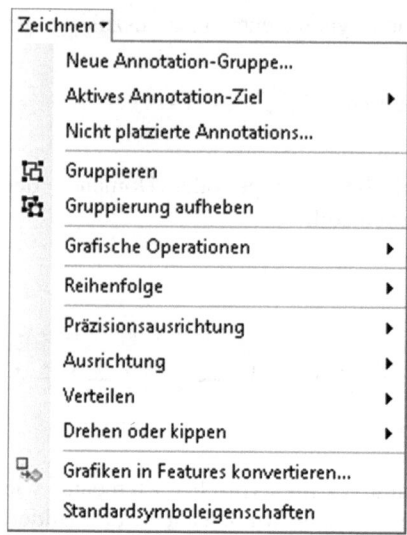

Abb. 149: Das Menü „Zeichnen" der Werkzeugleiste „Zeichnen"

  Tipp: Die räumlichen Daten von Features und Annotations können nicht nur innerhalb der Datenansicht, sondern auch von der Layout-Ansicht aus bearbeitet werden. Dazu müssen Sie den entsprechenden Datenrahmen in der Layout-Ansicht fokussieren, indem Sie in dem Werkzeug „Elemente auswählen" der Werkzeugleisten „Zeichnen" oder „Werkzeuge" doppelklicken. Um wieder in den normalen Modus der Layout-Ansicht zurückzukehren, klicken Sie mit dem Werkzeug „Elemente auswählen" auf einen beliebigen Punkt außerhalb des fokussierten Datenrahmens.

Die gängigsten Befehle der nun folgenden Untermenüs sind in den Befehlsgruppen der Werkzeugleiste „Grafiken" (Kapitel 6.1.4.12) zu finden und werden deswegen hier nicht näher erläutert.

„Standardsymboleigenschaften..." öffnet ein Dialogfenster, in dem Sie die Standardsymbologie für die Erstellung von Marker-, Linien-, Füllungs-, Text- und Bannertext-Elementen verändern können.

 „Elemente auswählen": Mit diesem Werkzeug können Sie folgende Elemente auswählen, verschieben oder in ihrer Größe ändern:

- Kartenelemente (wie Maßstabsleisten, Legenden oder Datenrahmen), die in der Layout-Ansicht auf dem Kartenlayout dargestellt werden.
- Grafik- und Textelemente, die in der Layout-Ansicht auf dem Kartenlayout dargestellt werden.
- Grafiken und Texte, die als sog. Kartendokument-Annotations im geographischen Datenraum Ihrer ArcMap-Sitzung erstellt und gespeichert wurden.

Halten Sie die „Strg"- oder „Shift"-Taste gedrückt, um mehrere Elemente auszuwählen. Bei einigen Funktionen des Menüs „Zeichnen" in der Werkzeugleiste „Zeichnen" ist die Reihenfolge, mit der Sie Elemente selektieren, von Bedeutung, so beispielsweise bei den

Funktionen des Untermenüs „Ausrichten". Die Ausrichtung der Elemente orientiert sich in diesem Fall nämlich immer am zuletzt selektierten (sog. „dominierenden") Element, das an der blau gestrichelten Umrandung (mit blauen Ziehpunkten) zu erkennen ist, während alle anderen Elemente der Auswahl grün gestrichelt umrandet sind.

 Tipp: Sie können mit dem Werkzeug „Elemente auswählen" Annotations, die in Feature-Klassen von Geodatabases (Kapitel 7.2.2) abgespeichert sind, zwar auswählen; um sie zu verschieben oder zu bearbeiten, müssen Sie sich jedoch in einer Editiersitzung (siehe Kapitel 6.1.4.4 und Kapitel 10.6) befinden.

„Drehen": Es können bei gedrückter Maustaste ausgewählte Texte und Grafiken um einen mit „x" markierten Ursprung gedreht werden. Um den Ursprung zu verschieben, bewegen Sie den Mauszeiger auf das „x" zu, bis sich das Zeigersymbol ändert, und ziehen den Ursprung dann bei gedrückter Maustaste in die gewünschte Position. Wenn Sie ein selektiertes Element um einen bestimmten Wert drehen wollen, klicken Sie zunächst auf den Befehl „Drehen". Drücken Sie dann die Taste „A", so erscheint ein kleines Dialogfenster, in das Sie manuell einen Winkelwert eingeben können.

 Tipp: Es können bei gedrückter Maustaste ausgewählte Texte und Grafiken um einen mit „x" markierten Ursprung gedreht werden. Um den Ursprung zu verschieben, bewegen Sie den Mauszeiger auf das „x" zu, bis sich das Zeigersymbol ändert, und ziehen den Ursprung dann bei gedrückter Maustaste in die gewünschte Position. Wenn Sie ein selektiertes Element um einen bestimmten Wert drehen wollen, klicken Sie zunächst auf den Befehl „Drehen". Drücken Sie dann die Taste „A", so erscheint ein kleines Dialogfenster, in das Sie manuell einen Winkelwert eingeben können.

Kartenelemente wie Maßstabsleisten oder Datenrahmen können mit diesem Tool nicht gedreht werden. Wie Sie Datenrahmen und Nordpfeile trotzdem drehen können, erfahren Sie in Kapitel 6.1.4.17.

„Auf selektierte Elemente zoomen": Zoomt auf die aktuell ausgewählten Karten-, Grafik- und Textelemente.

Grafik-Werkzeuge: Dieses Menü bietet dem Nutzer Werkzeuge zur Erstellung verschiedener grafischer Elemente wie Rechtecke, Polygone, Linien und Punkte. Wie bereits erwähnt, können Sie solche Elemente sowohl in der Daten- als auch in der Layout-Ansicht erstellen. Werden sie in der Datenansicht eingefügt, so befinden sie sich fest verortet im geographischen Datenraum und passen ihre Darstellungsgröße dem aktuellen Maßstab an. Man spricht in diesem Fall auch von Kartendokument-Annotations (siehe dazu auch Kapitel 6.2.10). In den Eigenschaften dieser Elemente (*Kontextmenü des Elements* ⇨ *„Eigenschaften..." ⇨ Register „Fläche"*) sehen Sie die wahre Größe des Elements auf der Erdoberfläche, während Elemente ohne räumlichen Bezug, die auf dem Layout platziert wurden, an dieser Stelle stattdessen die Flächengröße auf dem Kartenlayout enthalten.

Im Unterschied zu Layer-Features verfügen grafische Elemente nicht über Attributtabellen und sind in der Regel kartenspezifisch.

Grafik-Text-Werkzeuge: Dieses Menü enthält Werkzeuge zur Erstellung von grafischen Texten. Diese können, genauso wie die im vorigen Absatz beschriebenen, grafischen Elemente im geographischen Datenraum oder auf dem Layout erstellt werden. Im ersteren

Fall zählen auch sie zu den sog. Kartendokument-Annotations. Wenn Sie Ihrer Karte Kartendokument-Annotations hinzufügen, werden diese in der unter Werkzeugleiste „Zeichnen" ⇨ Menü „Zeichnen" ⇨ „Aktives Annotation-Ziel" aktivierten Annotation-Gruppe abgelegt. Lesen Sie dazu bitte auch das Kapitel 6.2.10. Neue Feature-Klassen-Annotations können Sie mit den Werkzeugen der Werkzeugleiste „Annotation-Konstruktion" im Rahmen einer Editiersitzung erstellen.

„Stützpunkte bearbeiten": Erlaubt die Bearbeitung der Stützpunkte der ausgewählten Linie, Kurve oder des Polygons. Nach Anklicken der Schaltfläche werden alle Stützpunkte des selektierten Grafikelements angezeigt. Führen Sie den Mauszeiger auf den zu bearbeitenden Stützpunkt, bis sich die Zeigerform ändert. Nun können Sie ihn bei gedrückter Maustaste an die gewünschte Position ziehen. Löschen Sie den Stützpunkt, indem Sie im Kontextmenü des entsprechenden Punkts „Stützpunkt löschen" wählen. Wenn Sie der Grafik einen Stützpunkt hinzufügen möchten, platzieren Sie den Mauszeiger auf der entsprechenden Stelle und wählen im Kontextmenü „Stützpunkt hinzufügen".

Steuerelemente „Grafischer Text": Mit diesen bereits aus anderen Windows-Anwendungen bekannten Werkzeugen kann das Aussehen von grafischen Texten beeinflusst werden.

Steuerelemente „Farben": Mit diesen Werkzeugen können die Farben von Grafiken geändert werden: „Schriftfarbe", „Füllfarbe", „Linienfarbe" und „Marker-Farbe".

6.1.4.12 Werkzeugleiste „Grafiken"

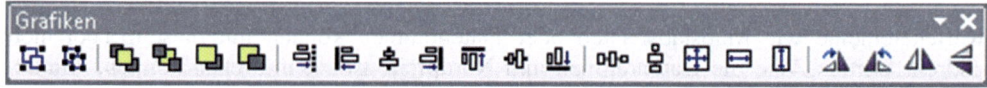

Abb. 150: Die Werkzeugleiste „Grafiken" in ArcMap

Die Werkzeugleiste „Grafiken" enthält Befehle, die der Gruppierung und gleichmäßigen Platzierung von Grafiken, Grafiktexten und kartentypischen Elementen (Maßstabsleiste, Nordpfeil etc.) dienen. Es handelt sich ausschließlich um Funktionen, die auch in der Werkzeugleiste „Zeichnen" oder im Kontextmenü von Grafikelementen im Layout zu finden, dort aber nur relativ umständlich über Untermenüs zu erreichen sind.

Befehlsgruppe „Gruppieren": Mit „Gruppieren" werden die aktuell ausgewählten Grafik- und Textelemente oder Annotations zu einem Element zusammengefasst. „Gruppierung aufheben" löst die Element-Gruppierung wieder in ihre Bestandteile auf. Bereits bestehende Elementgruppen können genauso in eine Gruppierung mit einbezogen werden wie Einzelelemente.

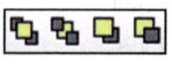
Befehlsgruppe „Reihenfolge": Mit diesen Befehlen können Sie steuern, welches der sich überlappenden Elemente in der obersten Ebene liegt, und deshalb vollständig sichtbar ist.

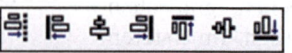
Befehlsgruppe „Ausrichten": Diese Befehle helfen Ihnen dabei, Grafikelemente an der Lage eines bestimmten, sog. dominierenden Elements

auszurichten. Selektieren Sie mehrere Elemente, so ist immer das letzte ausgewählte Element das dominierende (zu erkennen an der blauen Umrandung mit blauen Ziehpunkten), an dem die vorher selektierten Elemente ausgerichtet werden.

Befehlsgruppe „Verteilen und Angleichen": Mit „Verteilen" können Sie die ausgewählten Elemente (mindestens drei) horizontal bzw. vertikal so anordnen, dass die Abstände zwischen den Außenkanten aller Elemente gleich groß sind. Die „Angleichen"-Befehle bringen alle ausgewählten Elemente auf die gleiche Breite, Höhe oder Größe wie das blau umrandete (sog. dominierende) Element in der Auswahl.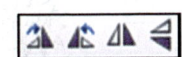

Befehlsgruppe „Drehen und Kippen": Mit „Drehen" wird ein Element um 90° mit oder gegen den Uhrzeigersinn gedreht. „Kippen" spiegelt ein Element entlang seiner horizontalen bzw. vertikalen Mittelachse.

6.1.4.13 Werkzeugleiste „Georeferenzierung"

Abb. 151: Die Werkzeugleiste „Georeferenzierung" in ArcMap

Eingescannte Rasterdaten, wie beispielsweise Flurkarten oder Luftbilder, dienen häufig als Grundlage für GIS-Projekte. Diese sind, wenn sie käuflich erworben werden, i. d. R. schon georeferenziert. Sollte dies nicht der Fall sein, muss ihnen mithilfe der Werkzeugleiste „Georeferenzierung" ein räumlicher Bezug gegeben werden. Wie Sie dazu Schritt für Schritt vorgehen müssen, erfahren Sie in Beispiel-Lektion 14.5. Beachten Sie, dass die räumliche Referenzierung von Feature-Datasets mit der Werkzeugleiste „Räumliche Anpassung" (6.1.4.14) vorzunehmen ist.

Menü „Georeferenzierung": Dieses Menü enthält Befehle, die Sie zur Georeferenzierung eines Rasterfiles benötigen. Welche Befehle zum Einsatz kommen, entnehmen Sie Kapitel 14.5.

Drop-down-Liste „Georeferenzierungs-Layer": Wählen Sie aus den in dieser Liste aufgeführten Raster-Layern denjenigen, den Sie neu georeferenzieren wollen.

„Passpunkte hinzufügen": Mit diesem Werkzeug weisen Sie einem Punkt in den Rasterdaten einen entsprechenden Passpunkt im räumlichen Datenraum zu.

Neu: „Autom. Registrierung": Erstellt automatisch die Links zur Georeferenzierung. Das Raster, für das die Georeferenzierung erstellt werden soll, muss dafür schon relativ nah am Ziel-Raster liegen, damit die automatische Registrierung funktioniert. Bei gleicher Datengrundlage sind auf diese Weise sehr gute Ergebnisse zu erzielen. Problematisch wird eine automatische Georeferenzierung bei unterschiedlichen Luftbildern.

Neu: „Link auswählen": Ein bereits erfasster Link kann mithilfe des Werkzeugs „Link auswählen" markiert und bearbeitet werden. Der markierte Link erscheint gelb und wird auch in der Link-Tabelle (s. u.) automatisch hervorgehoben.

6 ArcMap

  „Auf ausgewählten Link zoomen": Dieses Werkzeug zoomt direkt auf einen ausgewählten Link. Sollte mehr als ein Link ausgewählt sein, dann wird auf den letzten Link in der Link-Tabelle (s. u.) gezoomt. Durch mehrmaliges Ausführen des Tools wird der Maßstab verkleinert.

 „Link löschen": Löscht alle ausgewählten, bzw. in der Link-Tabelle (s. u.) markierten Links. Einmal gelöschte Links können nicht wieder hergestellt werden, sondern müssen ggf. wieder neu erfasst werden.

  „Viewer": Öffnet das Fenster „Image Viewer" auf, in dem das zu georeferenzierende Raster dargestellt wird. Neben den normalen Zoom- und Schwenkwerkzeugen stehen im Fenster „Image Viewer" auch noch zwei Werkzeuge zur Anordnug des Fensters zur Verfügung. Dadurch wird die Kontrolle des Ergebnisses vereinfacht. Die Schaltfläche „Neu anordnen" positioniert ArcMap und das Fenster „Image Viewer" direkt nebeneinander, sodass die Resultate vergleichen werden können. Ist die Funktion „An Hauptanzeige koppeln" aktiviert, dann werden alle Zoom- und Schwenkvorgänge sowohl im Kartenfenster als auch im „Image Viewer" durchgeführt. Sie restliche Werkzeugleiste im „Image Viewer" sind dann ausgegraut.

 „Link-Tabelle anzeigen": Ruft ein Dialogfenster auf, in dem die von Ihnen hinzugefügten Kontrollpunkte aufgelistet sind. Je größer die Zahl im Feld „Gesamt RMS Fehler" ist, desto ungenauer ist ihre Georeferenzierung (vgl. Kapitel 14.5.2).

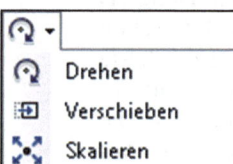 Die Werkzeuge „Drehen", „Verschieben" und „Skalieren": Häufig liegen Rasterdaten nach dem Scannen um 90° oder 180° verdreht vor. Bevor Sie mit der Georeferenzierung beginnen, können Sie solche Bilder mit dem Werkzeug „Drehen" in die richtige Position bringen. Mit „Verschieben" können Sie ein noch nicht referenziertes Bild im Kartenfenster in eine für die Feinjustierung bessere Lage bewegen. Das Werkzeug „skalieren" (früher: „Maßstab") schließlich ermöglicht es, das noch nicht referenzierte Bild zu skalieren, d. h. zu vergrößern bzw. zu verkleinern.

 „Messwert": Hier können direkt Werte für eine Rotation (Grad), Verschiebung (x,y) oder Skalierung (Faktor) für das Raster angegeben werden.

6.1.4.14 Werkzeugleiste „Räumliche Anpassung"

Abb. 152: Die Werkzeugleiste „Räumliche Anpassung" in ArcMap

Die Werkzeugleiste „Räumliche Anpassung" (Abb. 152) stellt Werkzeuge zur Verfügung, mit deren Hilfe Sie Feature-Datasets oder Teile davon räumlich neu referenzieren können. Da die Anpassung stets innerhalb einer Editiersitzung stattfinden muss, können die Fangfunktionen (siehe Kapitel 14.6.5) verwendet werden. Beachten Sie, dass die räumliche Referenzierung von Raster-Datasets mit der Werkzeugleiste „Georeferenzierung" (vgl. Kapitel 6.1.4.13) bewerkstelligt wird.

Menü „Räumliche Anpassung": Dieses Menü enthält Befehle, die Sie zur räumlichen Referenzierung von Feature-Daten benötigen. Mit „Daten zur Anpassung festlegen..." öffnen Sie ein Dialogfenster, in dem Sie die anzupassenden Daten auswählen können. Außerdem können Sie hier entscheiden, ob sich die Anpassung nur auf die selektierten oder auf alle Features der Daten auswirken soll. Im Untermenü „Anpassungsmethoden" wählen Sie die Transformation, mit der Sie die Anpassung vornehmen möchten. In der Regel erfüllt bereits die „Affine Transformation" (Transformation 1. Ordnung) die Anforderungen an die Anpassung. Der Befehl „Anpassen" führt die räumliche Anpassung aus, sofern mindestens die erforderliche Anzahl von Passpunkten für die ausgewählte Anpassungsmethode vorhanden ist. Mit „Anpassungsvorschau" öffnen Sie ein verankerbares Fenster, das das Ergebnis der räumlichen Anpassung unter Verwendung der aktuellen Einstellungen und Versatz-Links (s. u.) anzeigt. Im Kontextmenü dieses Vorschaufensters können Sie weitere Darstellungseinstellungen treffen. Mit den Befehlen des Untermenüs „Links" können u. a. Link-Dateien gespeichert oder geöffnet werden. Dabei handelt es sich um Textdateien, die durch Tabulatoren getrennte Spalten mit Quell- und Zielkoordinaten von Versatz-Links enthalten. Der Prozess der Link-Erstellung (s. u.) kann dadurch bei Bedarf automatisiert werden. Der Befehl „Zuordnung der Attributübertragung..." öffnet ein Dialogfenster, in dem zunächst Quellen- und Ziel-Layer für die Attribut-Übertragung (s. u.) definiert werden. In den Attributlisten dieser beiden Layer können Sie festlegen, welche Attribute des Quellen-Layers auf welche Felder des Ziel-Layers übertragen werden. Bestätigen Sie Ihre Zuordnung jeweils mit „Hinzufügen". „Automatische Übereinstimmung" ordnet bei Übereinstimmung des Feldnamens entsprechende Felder des Quellen-Layers automatisch dem Ziel-Layer zu. Mit „Optionen..." gelangen Sie in das Dialogfenster „Eigenschaften: Anpassung", in dem Sie die Symbolik einiger Anpassungswerkzeuge ändern und weitere Einstellungen zu den Anpassungsmethoden „Rubbersheet" und „Fangen an Kante" vornehmen können. Für den Einsteiger ist es empfehlenswert, hier die Standardeinstellungen zu belassen.

„Elemente auswählen": Mit „Elemente auswählen" können Sie u. a. Versatz- und Identity-Links selektieren. Eine genaue Beschreibung dieses Werkzeugs finden Sie in der Beschreibung der Werkzeugleiste „Zeichnen" (Kapitel 6.1.4.11).

„Werkzeug ‚Neuer Versatz-Link' ": Bevor Sie Daten anpassen, müssen Sie Versatz-Links erstellen, um die Quellen- und Zielkoordinaten festzulegen. Mit diesem Werkzeug können Sie solche Links manuell erstellen, indem Sie einmal auf den Quell- und dann einmal auf den Ziel-Punkt klicken.

„Link verändern": Hiermit können Sie einzelne Quell- oder Zielpunkte von Versatz-Links verschieben.

„Werkzeug ‚Mehrere Versatz-Links' ": Dieses Werkzeug erlaubt es, anhand eines Features (z. B. einer Linienkurve) gleichzeitig mehrere Versatz-Links zu erstellen. Klicken Sie dazu zunächst auf das anzupassende Quell-Feature und anschließend auf das entsprechende Ziel-Feature.

„Werkzeug ‚Neuer Identity-Link' ": Diese Funktion ist nur verfügbar, wenn mit der Anpassungsmethode „Rubbersheet" gearbeitet wird. Es handelt sich um eine spezielle Art Versatz-Link, bei der der Zielpunkt dem Quellpunkt entspricht. Verwenden Sie dieses Werkzeug als Anker, um zu verhindern, dass sich bestimmte Features während des Anpassungsvorgangs verschieben.

6 ArcMap

 „Werkzeug ‚Neuer begrenzter Anpassungsbereich' ": Auch diese Funktion ist nur verfügbar, wenn mit der Anpassungsmethode „Rubbersheet" gearbeitet wird. Mit diesem Werkzeug zeichnen Sie ein Polygon um diejenigen Features herum, die Sie anpassen möchten. Alle Features, die außerhalb dieses Polygon-Bereichs liegen, bleiben von der Anpassung unberührt.

 „Begrenzten Anpassungsbereich löschen": Löscht den begrenzten Anwendungsbereich.

 „Link-Tabelle anzeigen...": Zeigt eine Liste mit allen aktuell vorhandenen Versatz-Links an. Die Koordinaten können manuell geändert werden. Mit dem Kontextmenü der Links können Sie u. a. auf einen bestimmten Link schwenken oder zoomen.

 „Werkzeug ‚Kantenanpassung' ": Mit diesem Werkzeug können Sie mehrere Versatz-Links erstellen, die die Kanten zweier benachbarter Layer miteinander verbinden. Ziehen Sie mit dem Werkzeug einen Rahmen um die Features, deren Kanten Sie anpassen wollen. Die ArcMap Fangoptionen (siehe Kapitel 14.6.5) sowie verschiedene, unter *Menü „Räumliche Anpassung" ⇨ „Optionen..." ⇨ Register „Kantenanpassung"* in derselben Werkzeugleiste veränderbare Einstellungen unterstützen Sie bei der korrekten Kanten-Anpassung.

 „Werkzeug ‚Attributübertragung' ": Mithilfe dieses Werkzeugs kopieren Sie die Attribute von einem Feature in ein anderes. Definieren Sie zunächst unter *Menü „Räumliche Anpassung" ⇨ „Zuordnung der Attributübertragung..."* Quellen- und Ziel-Layer sowie die zu übertragenden Attribute. Klicken Sie dann mit diesem Werkzeug auf das Feature des Quellen-Layers und anschließend auf das Feature des Ziel-Layers. Halten Sie die Umschalttaste gedrückt, wenn Sie mehrere Ziel-Features auswählen möchten.

6.1.4.15 Werkzeugleiste „Effekte"

Abb. 153: Die Werkzeugleiste „Effekte" in ArcMap

Mit den Steuerelementen der Werkzeugleiste „Effekte" (Abb. 153) können Darstellungseffekte auf Gruppen-Layer und einzelne Layer angewendet werden.

 „Effekt-Layer": Aus der Drop-down-Liste, in der nur diejenigen Layer des aktiven Datenrahmens enthalten sind, für die Darstellungseffekte festgelegt werden können, ist der Ziel-Layer auszuwählen. Durch die in ArcGIS 9.2 neu geschaffene Möglichkeit, im Drop-down-Feld auch Gruppen-Layer auszuwählen, ist es nun möglich, für Rasterbilder und CAD-Zeichnungen Kontrast, Helligkeit und Transparenz der zugehörigen Einzellayer zentral zu ändern.

„Kontrast anpassen": Anhand eines Schiebereglers kann der Kontrast des Ziel-Layers definiert werden. Diese Funktion steht nur für Raster-Layer und auf einer CAD-Zeichnung basierende Layer zur Verfügung.

 „Helligkeit anpassen": Mittels eines Schiebereglers kann die Helligkeit des Ziel-Layers verändert werden. Auch diese Funktion steht nur für Raster-Layer und auf einer CAD-Zeichnung basierende Layer zur Verfügung.

„Transparenz anpassen": Es erscheint ein Schieberegler, mit dem die Transparenz des Ziel-Layers verändert werden kann.

„DIM-Ebene anpassen": Diese Schaltfläche ist nur bei Grundkarten-Layern aktiv. Sie können Grundkarten auf diese Weise abblenden, um andere Elemente der Karte deutlicher hervorzuheben.

„Ausblenden: <layername>": Damit können einzelne Layer dynamisch ausgeblendet werden, sodass die darunterliegenden Layer temporär sichtbar werden.

„Layer-Flackern: <layername>": Ermöglicht das gezielte Aufblinken beliebiger Layer und vereinfacht so Vergleiche von (sich überlagernden) Layern. Die Zeit (die Frequenz) des Aufblinkens kann über nebenstehendes Eingabefeld vorgegeben werden. Die Angabe erfolgt in Millisekunden (die schnellstmögliche Abfolge ist 100 ms). Die Funktion ist nur in der Datenansicht, also nicht in der Layout-Ansicht, verfügbar.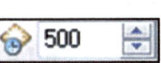

6.1.4.16 Werkzeugleiste „Feature-Cache"

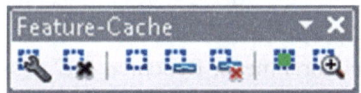

Abb. 154: Die Werkzeugleiste „Feature-Cache" in ArcMap

Mithilfe des Feature-Caches können die Features eines bestimmten Kartenausschnitts, sofern diese in einer Geodatabase gespeichert sind, temporär im Arbeitsspeicher ihres Computers zwischengespeichert werden. Auf diese Weise können Sie – beispielsweise beim Arbeiten mit sehr großen Datenmengen in einem Netzwerk – die Geschwindigkeit bei der Darstellung und Bearbeitung der Features innerhalb des gecachten Bereichs erhöhen. Näheres zum Feature-Cache finden Sie in Kapitel 6.2.6.

„Feature-Cache erstellen": Erstellt aus den Features in der aktuellen Ausdehnung des Kartenfensters einen Karten-Cache. Mit der Taste „Esc" können Sie diesen Vorgang abbrechen.

„Feature-Cache leeren": Der aktuelle Karten-Cache wird gelöscht. Die entsprechenden Features werden nicht mehr im Arbeitsspeicher, sondern wieder direkt in der Geodatabase abgerufen. Befinden sich keine Features im Karten-Cache, ist der Befehl deaktiviert.

Auto-Cache ein-/ausschalten: Der Karten-Cache wird jedes Mal automatisch neu erstellt, wenn Sie den Kartenausschnitt schwenken oder zoomen.

„Auto-Cache-Maßstab festlegen": Legt den aktuellen Maßstab als Minimalmaßstab für die Erstellung des Auto-Cache fest. Ist der Maßstab kleiner als hier angegeben, wird kein Auto-Cache erstellt. Eine manuelle Eingabe ist im Register „Karten-Cache" der Datenrahmen-Eigenschaften möglich.

„Auto-Cache-Maßstab löschen": Der Minimalmaßstab für die Erstellung des Auto-Cache wird gelöscht.

„Karten-Cache anzeigen": Die Position des aktuellen Karten-Cache wird durch Aufblinken auf dem Bildschirm angezeigt. Das Symbol in der Mitte der Schaltfläche ist grün, wenn der Karten-Cache Daten enthält und sich die momentane Ausdehnung des Kartenfensters komplett innerhalb des gecachten Bereichs befindet. Das Symbol in der Mitte der Schaltfläche ist rot, wenn der Karten-Cache zwar Daten enthält, sich die momentane Ausdehnung des Kartenfensters jedoch nur teilweise innerhalb des gecachten Bereichs befindet. Der Daten-Cache wird in diesem Fall nicht verwendet. Die Schaltfläche ist deaktiviert, wenn entweder der Karten-Cache keine Daten enthält oder sich die momentane Ausdehnung des Kartenfensters vollständig außerhalb des gecachten Bereichs befindet.

„Auf Karten-Cache zoomen": Die Anzeige wird auf die aktuelle Ausdehnung des Karten-Cache gezoomt.

6.1.4.17 Werkzeugleiste „Datenrahmen-Werkzeuge"

Abb. 155: Die Werkzeugleiste „Datenrahmen-Werkzeuge" in ArcMap

Diese Werkzeugleiste enthält Befehle zur Drehung des Datenrahmens. Beachten Sie, dass sich die Drehung nur auf die Darstellung des Datenrahmens auswirkt. Die darin enthaltenen Daten werden nicht geändert.

„Datenrahmen drehen" (interaktiv): Klicken Sie auf den Datenrahmen und drehen Sie ihn bei gedrückter Maustaste in die gewünschte Position.

„Drehung zurücksetzen": Setzt den Datenrotationswinkel zurück auf null.

„Rotationswinkel des Datenrahmen": In dieses Feld können Sie manuell einen genauen Winkelwert eingeben, um den der Datenrahmen gegen den Uhrzeigersinn gedreht werden soll. Geben Sie eine negative Zahl ein, wenn Sie den Datenrahmen mit dem Uhrzeigersinn drehen wollen.

Im Ordner „Utilities" Ihres ArcGIS Installationsverzeichnisses finden Sie die Datei „AdvancedArcMapSettings.exe", in der Sie im Register „Symbole/Grafiken" das Verhalten von Texten und im Register „Datenrahmen" das von Markersymbolen bei gedrehten Datenrahmen einstellen können.

„Eigene Orte": Unter der Funktion „Eigene Orte…" werden allgemein Orte (Standorte, Punkte, Features, Adressen etc.) zusammengefasst, die Sie während Ihren Arbeiten in ArcGIS projektübergreifend häufig benötigen. Zum Eintrag der Orte dient das entsprechende Dialogfenster. Die eingetragenen Orte können Sie von hier aus durch die Buttons „Zoomen auf" und „Schwenken auf" darstellen lassen. Außerdem stehen Ihnen für die Ortsliste die üblichen Verwaltungsfunktionen zur Verfügung (Suchen, Hinzufügen, Entfernen, Speichern etc.). Ausgewählte Orte können auch in einer separaten Datei abgespeichert werden (und z. B. als Lesezeichen geladen werden, vgl. Kapitel 6.1.3.4). Im Gegensatz zu „Lesezeichen" werden die „Eigenen Orte" in einer eigenständigen Datei gespeichert und stehen Ihnen dadurch anwendungsübergreifend in ArcMap, ArcGlobe und ArcReader zur Verfügung. In den älteren Versionen war an dieser Stelle noch die Schaltfläche „Viewer-Fenster erstellen". Die Funktion ist aber nur aus der Werkzeugleiste entfernt worden und kann weiterhin über das Menü „Fenster" der Hauptmenüleiste geöffnet werden (siehe Kapitel 6.1.3.9).

6.1.4.18 Werkzeugleiste „Topologie"

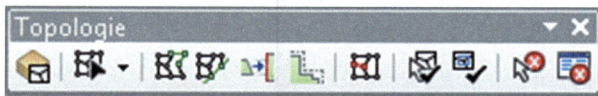

Abb. 156: Die Werkzeugleiste „Topologie" in ArcMap

Allgemein versteht man unter Topologie Nachbarschaftsbeziehungen zwischen Geoobjekten. Dabei kann für jedes Geoobjekt die Lage und Anordnung benachbarter Geoobjekte abgefragt werden. In ArcGIS versteht man unter Topologie eine Sammlung von Regeln und Beziehungen, die in Verbindung mit einem Satz von Editierwerkzeugen und -techniken eine realistischere und qualitativ bessere Abbildung realer geometrischer Beziehungen mit digitalen raumbezogenen Daten ermöglicht. In ArcMap unterscheidet man zwei verschiedene Arten von Topologien: Die Geodatabase-Topologie und die Karten-Topologie. Für den Aufbau und die Benutzung einer Geodatabase-Topologie ist eine ArcGIS for Desktop Standard oder ArcGIS for Desktop Advanced Lizenz nötig. Wenn Sie mit einer ArcGIS for Desktop Basic Lizenz arbeiten, können Sie Daten nur einer Karten-Topologie unterwerfen. Mithilfe einer Karten-Topologie können einfache Features in Shapefiles und Feature-Klassen, die sich überlagern oder aneinander stoßen, gleichzeitig bearbeitet werden. Im Gegensatz zur Geodatabase-Topologie ist die Karten-Topologie nur für die Dauer einer Editiersitzung gültig und beinhaltet keine Regeln und Überprüfungsprozesse. Dementsprechend sind nur wenige Werkzeuge dieser Werkzeugleiste in ArcGIS for Desktop Basic ausführbar. Wie Sie die beiden Topologie-Arten zur Qualitätssicherung Ihrer Daten verwenden können, erfahren Sie in Kapitel 14.9.

"Topologie auswählen": Mit diesem Befehl öffnen Sie das Dialogfenster „Topologie auswählen. „Karten-Topologie", das eine Auflistung der Layer enthält. In ArcGIS 10.1 for Desktop sind das Drop-down-Menü und das Dialogfenster „Karten-Topologie" in einem Dialogfenster zusammengefasst worden (siehe Abb. 157). Dort kann zwischen einer Geodatabase-Topologie und der Karten-Topologie ausgewählt werden. Im Bereich „Karten-Topologie" sind alle Layer aufgelistet, die Sie gerade bearbeiten, und die in eine Karten-Topologie aufgenommen werden können. Setzen Sie einen Haken in die Kontrollkästchen derjenigen Layer, deren Features an der Erstellung und Bearbeitung gemeinsam genutzter Geometrie beteiligt sein sollen. Seit ArcGIS 10.1 werden bei der Anzeige der möglichen Features auch Layerinformationen berücksichtigt, sodass bspw. nur sichtbare Layer auch zur Auswahl bereitstehen. Gleiches gilt auch für Definitionsabfragen oder Maßstabsbereiche. Unter Cluster-Toleranz versteht man den in der Karteneinheit des Datenrahmens angegebenen Mindestabstand zwischen den Stützpunkten und Knoten von Features. Stützpunkte und Knoten, die in die Cluster-Toleranz fallen, werden innerhalb der Topologie als lageidentisch definiert und aneinander gesnappt. In den meisten Fällen kann der standardmäßig eingetragene Wert belassen werden.

6 ArcMap

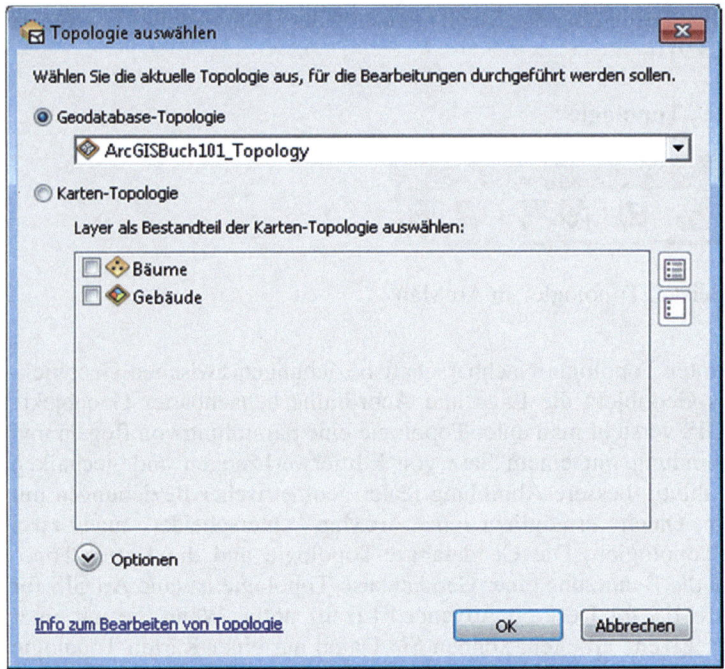

Abb. 157: Neues Dialogfenster „Topologie auswählen"

„Werkzeug ‚Topologiebearbeitung' ": Mit diesem Werkzeug wählen Sie per Mausklick oder durch Aufziehen einer Box Topologie-Elemente aus, die bearbeitet werden sollen. Die Anzahl der selektierten Topologieelemente kann der Statusleiste entnommen werden. Topologie-Elemente sind Kanten und Knoten, die nur zum Vorschein kommen, wenn Sie das Werkzeug „Topologiebearbeitung" oder das „Verfolgungswerkzeug ‚Topologie bearbeiten' " verwenden. Im Unterschied zu dem „Werkzeug ‚Topologie bearbeiten' ", wo die Topologieelemente per Mausklick markiert werden, wird bei dem „Verfolgungswerkzeug ‚Topologie bearbeiten' " die Bewegung des Mauszeigers entlang der Topologieelemente als Selektion verwendet. Als Kanten bezeichnet man Linien-Features und die Außengrenzen von Polygonen. Knoten befinden sich an den Schnitt- und Endpunkten von Kanten. Punktfeatures verhalten sich wie Knoten, wenn Sie mit anderen Features einer Topologie zusammenfallen. Nach Auswahl eines Topologie-Elements bewegen Sie den Mauszeiger auf dieses Element zu, bis sich das Zeiger-Symbol in ein Verschiebe-Symbol ändert, und verschieben Sie es per Drag & Drop an die gewünschte Position. Auf diese Weise können beispielsweise die Kante zweier genau aneinander grenzender Polygone oder Stützpunkte davon so verschoben werden, dass beide Polygone gleichzeitig umgeformt werden und ihre gemeinsame Grenze lückenlos erhalten bleibt. Dabei ist es bedeutungslos, ob sich die beiden Polygon-Features im gleichen Datensatz befinden. Wichtig ist nur, dass sich beide Layer in der Karten-Topologie befinden. Wenn Sie eine Kante nicht verrücken, sondern umformen wollen, müssen Sie sie nach der Auswahl zunächst doppelklicken, sodass ihre Stützpunkte sichtbar werden. Diese können nun einzeln per Drag & Drop verschoben werden. Weitere Funktionen stehen Ihnen im Kontextmenü der ausgewählten Topologie-Elemente zur Verfügung. Beispielsweise

238

sind die manuelle Eingabe von X- und Y-Werten zur exakten Verschiebung von Elementen sowie die Teilung von Kanten möglich.

„Kante verändern": Einzelnen Stützpunkte eines Liniensegments können Sie mithilfe der Schaltfläche „Kante verändern" bearbeiten. Das funktioniert im Prinzip genauso, wie die Bearbeitung mithilfe der Funktion „Stützpunkte bearbeiten" der Werkzeugleiste „Editor" (vgl. Kapitel 6.1.4.4). Allerdings wird bei der Verwendung der Funktion „Kante verändern" nicht das ganze Feature selektiert, sondern es werden nur die Stützpunkte bis zum Topologiefehler angezeigt. Als zusätzliche Hilfe für die Behebung der Topologiefehler steht Ihnen die Werkzeugleiste „Stützpunkte bearbeiten" zur Verfügung (für eine ausführliche Erklärung der Werkzeugleiste „Stützpunkte bearbeiten" siehe Kapitel 6.1.4.8).

„Kante umformen": Sie können anstelle von einzelnen Stützpunkten mit dem Befehl „Kante umformen" auch den Verlauf des ganzen Liniensegments neu definieren. Dafür wählen Sie das Liniensegment, das Sie bearbeiten möchten mit dem Werkzeug „Topologiebearbeitung" oder „Verfolgungswerzeug ‚Topologie bearbeiten' " aus. Erst dann ist die Schaltfläche „Kante umformen" auswählbar. Um das Liniensegment zu verändern, muss ein Start- und ein Endpunkt definiert werden, der den Bereich bestimmt, der bearbeitet werden soll. Voraussetzung ist, dass die Kanten einen gemeinsamen Verlauf haben. Demnach muss die neu erstellte Linie mindestens zwei Berührungspunkte mit der Ursprungslinie haben. Die Punkte, die sich zwischen dem Start- und Endpunkt befinden, entsprechen der Veränderung, die vorgenommen werden soll. Für die Erstellung des neuen Verlaufs steht Ihnen die Werkzeugleiste „Feature Konstruktion" zur Verfügung, mit der Sie die Erstellungsmethode der Änderungen verändern können (siehe Kapitel 6.1.4.7). Seit ArcGIS 10.1 for Desktop kann mit dem Werkzeug auch mehr als eine Kante gleichzeitig bearbeitet werden.

„Werkzeug ‚Kante ausrichten' ": Eine Kante wird lagegleich zu einer anderen Kante ausgerichtet. Dafür wird zuerst das Teilelement markiert, welches verändert werden soll, und im Anschluss das, an welches die Kante angeglichen werden soll. Wenn Sie anschließend mit dem „Werkzeug ‚Editieren' " auf die Geometrie doppelklicken, dann können Sie die veränderten Kantenführung sehen.

„Werkzeug ‚Kante generalisieren' ": Das Werkzeug generalisiert die gewünschte Geometrie. Der Grad der Vereinfachung hängt von dem Wert ab, der als maximal zulässige Abweichung definiert wird. Das Dialogfenster „Kante generalisieren" öffnet sich automatisch, nachdem das Werkzeug ausgewählt wurde.

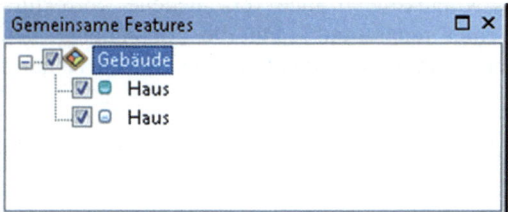

Abb. 158: Dialogfenster „Gemeinsame Features"

„Gemeinsame Features anzeigen": Zeigt eine nach Layern geordnete Auflistung von Features an, die die ausgewählten Topologie-Elemente gemein haben. Entfernen Sie ggf.

die Haken aus der Checkbox, wenn Sie die Features eines bestimmten Layers aus der Auswahl entfernen wollen. Das Dialogfenster ist für ArcGIS 10.1 for Desktop auch als andockbares Dialogfenster eingebunden worden. In dem Dialogfenster wird dann angezeigt, welche Features einen Teil der selektierten Kante bilden (siehe Abb. 158).

„Topologie in angegebenen Bereich überprüfen": Nach Arbeiten und Änderungen an der Topologie ist es ratsam, in einem nachfolgenden Schritt die Topologie zu überprüfen. Dazu stehen in ArcMap Werkzeuge zur Verfügung, die eine vorliegende Topologie mit den von Ihnen definierten Topologieregeln abgleichen. Mit dem Werkzeug „Topologie in angegebenen Bereich überprüfen" erfolgt die Überprüfung nur in einem selektierten Kartenausschnitt. Der zu überprüfende Bereich wird dazu nach der Aktivierung des Werkzeugs durch Aufspannen einer Box mit gedrückter Maustaste ausgewählt.

„Topologie in aktueller Ausdehnung überprüfen": Hier wird die Topologie von Features überprüft, die in der momentanen Kartenausdehnung im Kartenfenster enthalten, d. h. sichtbar sind.

Das Prüfen der Topologie über den gesamten Kartenausschnitt kann entweder über ArcCatalog durchgeführt werden oder Sie fügen das Icon über das Dialogfenster „Anpassen" (vgl. Kapitel 6.1.4.1) wieder in die Werkzeugleiste ein. Je nach Kartengröße, Komplexität der Topologieregeln und Anzahl der zu überprüfenden Features kann die Bearbeitung einige Zeit in Anspruch nehmen.

„Topologiefehler reparieren": Um vorhandene Verstöße gegen die definierten Topologieregeln zu korrigieren, bieten sich in ArcMap zwei Wege an: Das Werkzeug „Topologiefehler reparieren" oder der sog. „Fehler-Inspektor" (s. u.). Um Topologiefehler zu reparieren, aktivieren Sie zunächst das gleichnamige Werkzeug und wählen dann den zu korrigierenden Fehler aus. Für einige Topologiefehler stehen vordefinierte Korrekturroutinen zur Verfügung. Eine detaillierte Beschreibung, eingeteilt in die Korrektur von fehlerhaften Polygon-, Linien- und Punktfeatures, bietet die ArcGIS Desktop Hilfe („Korrigieren von Topologiefehlern").

„Fehler-Inspektor": Mithilfe dieses Werkzeugs können Sie sich eine Übersicht der gefundenen Topologiefehler anzeigen lassen. Die gefundenen Fehler werden tabellarisch aufgeführt und mit entsprechenden Fehlerbeschreibungen und weiteren Informationen versehen (betroffene Feature-IDs, betroffene Feature-Klassen, Art der Geometriefehler, betroffene Topologieregeln, Ausnahmeregelungen etc.). Dabei stehen verschiedene Anzeige- (Sortierung, Auswahl, ...) und Darstellungsoptionen (Zoomen, Schwenken, ...) zur Verfügung. Außerdem können Sie über das Kontextmenü auch verschiedene Korrekturmöglichkeiten auswählen (vgl. „Topologiefehler reparieren"). Für die „Bedienung" des Fehler-Inspektors wurden ab ArcGIS 9.3 einige Shortcuts eingefügt, die Sie im Anhang dieses Buchs finden.

6.1.4.19 Werkzeugleiste „Beschriftung"

Abb. 159: Die Werkzeugleiste „Beschriftung" in ArcMap

6.1 Die ArcMap Benutzeroberfläche

Diese Werkzeugleiste stellt dem Nutzer Werkzeuge zur Steuerung der Beschriftung zur Verfügung. Worum es sich bei Beschriftungen handelt, wie sie erzeugt werden und wie ihre Darstellung beeinflusst werden kann, lesen Sie in Kapitel 6.3.8.

Drop-down-Menü „Beschriftung": Ist die Maplex Label-Engine (siehe dazu ausführlich Kapitel 6.11.2) aktiviert, können Sie hier Einstellungen zum Abkürzungswörterbuch und zur Schlüsselnummerierung vornehmen. Sie können die Maplex Label-Engine durch Anklicken aktivieren. Wenn Sie „Abkürzungsverzeichnis" wählen, können Begriffe und deren gewünschte Abkürzungen definiert werden. Bei der „Schlüsselnummerierung" haben Sie die Möglichkeit, eigene Nummerierungsvorlagen zu erstellen. Der Befehl „Optionen...", öffnet das Dialogfenster „Beschriftungsoptionen", in dem Sie die Farbe der nicht platzierten dynamischen Beschriftungen verändern können (den entsprechenden Befehl zur Einblendung der nicht platzierten Beschriftungen finden Sie als letztes Icon in der Werkzeugleiste). Wenn Sie wollen, dass beim Drehen eines Datenrahmens mit dem Werkzeug „Datenrahmen drehen" der Werkzeugleiste „Datenrahmen-Werkzeuge" (Kapitel 6.1.4.17) die Punkt- und Polygonbeschriftungen ebenfalls gedreht werden sollen, setzen Sie einen Haken in die entsprechende Checkbox. Unter „Ausrichtung vertikaler Beschriftungen" können Sie einen Winkelwert eingeben. Dies ist der maximale Winkel über die Vertikale hinaus, in den eine Linien- oder Polygon-Beschriftung gekippt werden darf, ohne dass sie automatisch von ArcMap umgedreht wird.

„Beschriftungs-Manager": Öffnet den Beschriftungs-Manager, in dem auf der linken Seite alle im Datenrahmen enthaltenen Layer und deren Beschriftungsklassen aufgeführt sind und verändert werden können. Wählen Sie aus der Auflistung einen Layer aus, wenn Sie ihm eine neue Beschriftungsklasse hinzufügen wollen. Wählen Sie eine Beschriftungsklasse aus, wenn Sie deren Darstellung verändern wollen. Sie können in diesem Dialogfenster genau die gleichen Einstellungen treffen wie im *Kontextmenü des Layers* ➪ *„Eigenschaften..."* ➪ *Register „Beschriftungen"*. Die Bearbeitung von verschiedenen, auf mehrere Layer verteilten Beschriftungsklassen ist im Beschriftungs-Manager jedoch wesentlich bequemer, da schneller zwischen den Klassen hin- und hergewechselt werden kann.

„Rangstufen der Beschriftungspriorität": Öffnet ein Dialogfenster, in dem alle im Datenrahmen enthaltenen Beschriftungsklassen aufgelistet sind. Je weiter oben in der Liste die Beschriftungsklasse steht, desto höher ist ihre Priorität. Mit der Priorität wird die Reihenfolge gesteuert, in der die Beschriftungen auf der Karte platziert werden. Beschriftungen mit höherer Priorität werden grundsätzlich zuerst platziert. Wenn Beschriftungen im Konflikt stehen, werden diejenigen mit der niedrigeren Priorität – wenn möglich – an eine anderen Position versetzt oder aus der Karte entfernt.

„Rangstufen der Beschriftungsgewichtung": Öffnet ein Dialogfenster, in dem Sie steuern können, inwieweit Features und Polygongrenzen als Barrieren bei der Beschriftungsplatzierung dienen sollen. Dazu kann jedem Layer jeweils eine relative Gewichtung seiner Features und Polygongrenzen zugewiesen werden. Geben Sie den Features eines Layers eine hohe Gewichtung, so ist es bei Konflikten (= Überlappungen) mit Beschriftungen sehr wahrscheinlich, dass Letztere ausgeblendet werden.

„Beschriftungen fixieren": Verwenden Sie dieses Steuerelement, um die dynamische Platzierung von Beschriftungen zu deaktivieren. Die Positionen der Beschriftungen für die aktuelle Ausdehnung des Kartenfensters bleiben so lange erhalten, bis das Steuerelement wieder deaktiviert wird. Beim Zoomen oder Schwenken über die ursprüngliche Ausdehnung des Kartenfensters hinaus werden neue Beschriftungen nicht angezeigt.

„Beschriftung anhalten": Eine Funktion, die es ermöglicht, die Beschriftung zwischenzeitlich auszuschalten, um das Arbeiten mit Werkzeugen, die normalerweise eine Neuzeichnung des Kartenfensters nach sich ziehen, zu beschleunigen. Dies betrifft alle Arbeitsvorgänge, bei denen das Kartenfenster neu gezeichnet werden muss. Das Werkzeug steht sowohl in der Daten- als auch in der Layout-Ansicht zur Verfügung. Alternativ können Sie das Werkzeug auch über die *Hauptmenüleiste* ⇨ *„Ansicht"* ⇨ *„Beschriftung anhalten"* (siehe Kapitel 6.1.3.3) erreichen.

„Nicht platzierte Beschriftungen anzeigen": Mit diesem Steuerelement können Sie Beschriftungen darstellen lassen, die nicht platziert werden können, weil sie den im Dialogfenster „Platzierungseigenschaften" *(Kontextmenü des Layers* ⇨ *„Eigenschaften..."* ⇨ *Register „Beschriftungen")* getroffenen Einstellungen nicht entsprechen.

„Platzierungsqualität": Wenn die Maplex Label-Engine aktiviert ist, können Sie in diesem Drop-down-Menü zwischen „Schnell" und „Beste" wählen. „Schnell" verwendet weniger Zeit für das Auffinden der optimalen Beschriftungsplatzierung, während bei „Beste" alle möglichen Lösungen zur Vermeidung von Beschriftungskonflikten durchgespielt werden, um möglichst viele Beschriftungen auf der Karte zu platzieren.

Die hier beschriebenen Beschriftungs-Werkzeuge erreichen Sie mit Ausnahme der „Beschriftungs-Optionen" ebenso über das Kontextmenü des Datenrahmens.

6.1.4.20 Werkzeugleiste „Bearbeitung eines geometrischen Netzwerks" (ab ArcGIS for Desktop Standard)

Abb. 160: Die Werkzeugleiste „Bearbeitung eines geometrischen Netzwerks" in ArcMap

Ein geometrisches Netzwerk besteht aus Kanten und Knoten sowie bestimmten Verbindungsregeln. Geometrische Netzwerke können Modelle realer Netzwerke (z. B. Telekommunikationsleitungen oder Kanalrohre) sein und für Analyseaufgaben verwendet werden. Die Verwaltung bzw. Speicherung erfolgt in Form von Feature-Klassen innerhalb eines Feature-Datasets. Jedem Feature wird eine bestimmte Funktion innerhalb des Netzwerks zugeordnet.

Die Erstellung eines geometrischen Netzwerks erfolgte bis ArcGIS 9.3 ausschließlich mit ArcCatalog. Seit ArcGIS 10 können Sie das Netzwerk wahlweise in auch im Katalog (der innerhalb von ArcMap geöffnet werden kann) erstellen. Zur „Bearbeitung eines geometrischen Netzwerks" steht seit ArcGIS 9.1 eine gleichnamige Werkzeugleiste in ArcMap zur Verfügung (Abb. 160), mit der Verbindungen und Geometrien von Netzwerken bearbeitet werden können.

„Verbinden": Ausgewählte Features (Knoten) eines geometrischen Netzwerks miteinander verbinden.

„Verbindung trennen": Die Verbindungen ausgewählter Features eines geometrischen Netzwerks aufheben.

„Verbindung wiederherstellen": Innerhalb eines selektierten Kartenausschnitts werden alle Verbindungen eines geometrischen Netzwerks getrennt und die einzelnen Features anschließend wieder miteinander verbunden.

„Verbindung reparieren": Dieses Werkzeug repariert „gestörte" Verbindungen im gesamten geometrischen Netzwerk.

„Verbindung überprüfen": Ermöglicht die Identifizierung inkonsistenter Verbindungen im gesamten Netzwerk oder eines ausgewählten Features.

„Werkzeug zum Überprüfen der Geometrie des Netzwerk-Features": Überprüfung der Netzwerkgeometrie in einem ausgewählten Kartenausschnitt.

„Geometrie des Netzwerk-Features überprüfen": Überprüfung der Netzwerkgeometrie eines ausgewählten oder aller Features.

„Fehler bei der Netzwerkerstellung": Gezielte Auswahl von Features, die inkonsistente Geometrien im Netzwerk aufweisen.

6.1.4.21 Werkzeugleiste „Routenbearbeitung"

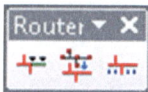

Abb. 161: Die Werkzeugleiste „Routenbearbeitung" in ArcMap

Unter Routen versteht man linear referenzierte Features wie Straßen, Flüsse oder (Bus-, Straßenbahn-)Routen des öffentlichen Personennahverkehrs, die über eine eindeutige Kennung und ein Maßsystem verfügen. Routen werden mit dem Geometrietyp „Polyline" gespeichert. Beim Erzeugen einer Feature-Klasse in ArcCatalog muss für das Feld „Shape" die Feldeigenschaft „M-Werte" definiert werden (PolylineM). Routen bestehen in der Regel aus mehreren Liniensegmenten, die über eine gemeinsame Kennung in der Attributtabelle zusammengefasst werden. Routen werden innerhalb einer Editiersitzung erstellt oder bearbeitet.

Die zugehörige Werkzeugleiste „Routenbearbeitung" (Abb. 161) steht seit ArcGIS 9.1 auch in ArcGIS ArcGIS for Desktop Basic zur Verfügung und wird nachfolgend kurz erläutert.

„Linien-Teil definieren": Mit diesem Werkzeug wird eine Skizze definiert, die einen Teil einer ausgewählten Linie darstellt. Der Teil zwischen zwei Eckpunkten wird definiert. Um Linien-Teile zu definieren, muss als Aufgabe in der Werkzeugleiste „Editieren" „Teil einer Linie verändern" eingestellt sein.

„Route erstellen": Öffnet das zugehörige und gleichnamige Dialogfenster zur Erstellung von Routen. Beim Erstellen von Routen gibt es mehrere Möglichkeiten für die Definition der Messwerte, die in den Routen gespeichert sind (siehe Abb. 162). Die Option „Geometr. Länge" greift auf die in der Feature-Klasse gespeicherten Längenwerte der Liniensegmente zu, „Messwert-Feld" kann ein beliebiges Zahlenfeld in der Attributtabelle sein, „Von-/

Nach-Messwert" kann separat definiert werden. Diese Messwerte können dann über den Registerreiter „Skalenstriche (Hatches)" in den Layer-Eigenschaften visualisiert werden.

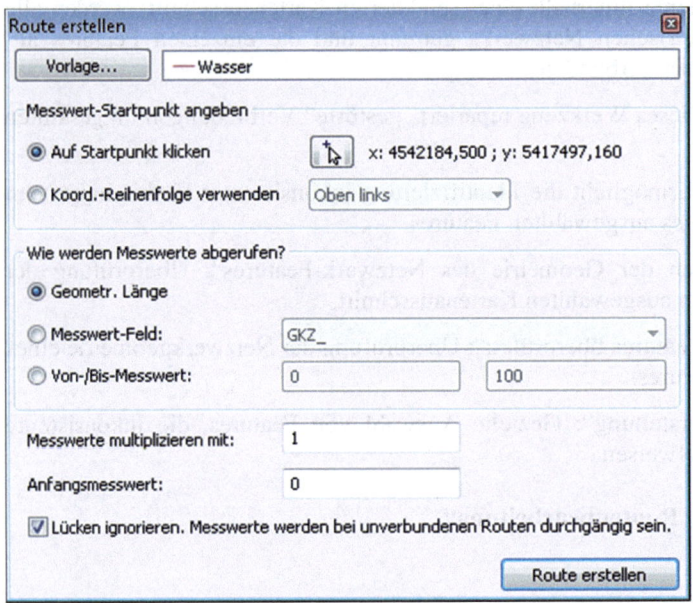

Abb. 162: Dialogfenster „Route erstellen"

 „Route kalibrieren": Dient zum Anpassen von Routenmesswerten. Dabei wird ein Feld in der Attributtabelle einer Punkt-Feature-Klasse verwendet. Um Routen kalibrieren zu können, muss als Aufgabe in der Werkzeugleiste „Editieren" „Routen-Feature kalibrieren" eingestellt sein.

6.1.4.22 Werkzeugleiste „Repräsentation" (ab ArcGIS for Desktop Standard)

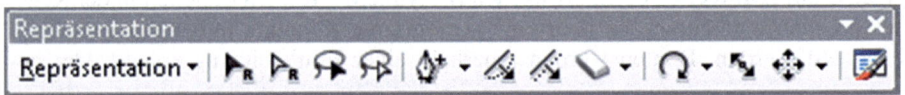

Abb. 163: Die Werkzeugleiste „Repräsentation" in ArcMap

 Bei den Repräsentationen handelt es sich um ein Konzept von Esri zur Symbolisierung von Geometrien. Durch Darstellungsregeln und definierte Ausnahmen wird mit diesem Werkzeug die kartographische Darstellung in den Karten verbessert. Dieselben Daten können durch die Verwendung der Repräsentationen für verschiedene Kartenprodukte individuell visualisiert werden. Die Speicherung der Geometrie und der Symbolik erfolgt erstmals gemeinsam in einer Datenbank.

Dieses Werkzeug steht Ihnen in Abhängigkeit von der jeweiligen ArcGIS Desktop Lizenz mit unterschiedlichen Funktionen zur Verfügung (Tabelle 6).

Tabelle 6: Der Umgang mit Repräsentationen mit verschiedenen ArcGIS Lizenzen

	Repräsentationen anzeigen	Reopräsentationen anlegen und editieren	Geoverarbeitung: Kartogr.-Werkzeug in der Toolbox
ArcReader	✓		
ArcGIS for Desktop Basic	✓		
ArcGIS for Desktop Standard	✓	✓	
ArcGIS for Desktop Advanced	✓	✓	✓

Zur Erstellung einer Repräsentation muss die Feature-Klasse innerhalb einer (File-, Personal-, SDE-)Geodatabase angelegt sein. Um eine Feature-Klasse in eine Repräsentation zu überführen, stehen Ihnen mehrere Möglichkeiten zur Verfügung. Die Gängigste erfolgt über die Schaltfläche „Symbologie in Repräsentation konvertieren..." im Kontextmenü der Feature-Klasse in ArcMap. Dabei werden die beiden Felder „RuleID" und „Override" (dieses Feld ist seit ArcGIS10 in der Attributtabelle standardmäßig deaktiviert) automatisch in der Attributtabelle erzeugt. „RuleID" speichert die Symbologie-Regel und „Override" die Abweichung von der Regel. Overrides werden benötigt, um kartographische Konflikte zu lösen oder Feinanpassungen vorzunehmen. Die Umsetzung erfolgt mit der Repräsentationen-Werkzeugleiste (Abb. 163), welche nur in einer Editiersitzung zur Verfügung steht.

Zur schnelleren Anwendung sind den Werkzeugen Shortcuts zugeordnet, die Sie im Anhang dieses Buchs finden. Da sich einige Werkzeuge ähneln, besitzen sie dasselbe Tastaturkürzel. Beim ersten Klicken wird immer das Basiswerkzeug aktiviert, z. B. „Selektieren". Durch das nochmalige Betätigen des Tastaturkürzels kann zwischen den vorhandenen Werkzeugen ausgewählt werden.

Zur Ausführung der Funktionen dieses Menüs müssen Objekte vorab selektiert werden.

- „Unsichtbar machen" setzt die Sichtbarkeit für alle ausgewählten Objekte auf „aus".
- „Sichtbar machen" setzt die Sichtbarkeit für alle ausgewählten Objekte auf „an".
- „Shape-Overrides aufheben" entfernt Overrides bezüglich der Form für alle ausgewählten Objekte.
- „Eigenschaften-Overrides aufheben" entfernt Overrides bezüglich der Eigenschaften für alle ausgewählten Objekte.
- „Freie Repräsentationen": Sie werden nur angewendet, wenn ein kartographisches Problem durch das Überschreiben der Eigenschaften einer Repräsentationsregel nicht gelöst werden kann. Tritt dieses Problem nur einmal auf, besteht keine Notwendigkeit, eine eigene Regel zu definieren. Bei der Konvertierung eines

Objekts in eine freie Repräsentation wird eine Kopie der gesamten Repräsentationsregel erstellt. Das Objekt kann anschließend nicht mehr über die Repräsentationsregel angesteuert werden. Das bedeutet, dass mit den freien Repräsentationen die Eigenschaften und die Struktur der Repräsentationsregel individuell überschrieben werden kann. Bei vielen freien Repräsentationen in einer Karte ist mit einer Verlangsamung der Systemleistung zu rechnen.

Im Untermenü befinden sich die Werkzeuge zur freien Bearbeitung der Repräsentationen.

„In freie Repräsentation konvertieren" konvertiert eine Feature-Repräsentation in eine freie Repräsentation. Dabei wird eine unabhängige Kopie der Repräsentationsregel erstellt und in das Feld „Override" der Attributtabelle kopiert.

„Effekt in Geometrie konvertieren" konvertiert das Ergebnis der geometrischen Effekte und Markerplatzierungs-Styles in der freien Repräsentation in eine Geometrie.

„Gruppierung von Elementen aufheben" ermöglicht die individuelle Bearbeitung einzelner Geometrieelemente.

„Symbol-Layer separieren" ermöglicht die individuelle Bearbeitung der einzelnen Symbol-Layer.

„Element löschen" entfernt Geometrieelemente.

„Freie Repräsentation bearbeiten..." öffnet den Editor für „Freie Repräsentationen".

- „Optionen...": Im Dialogfenster „Optionen..." kann die Stützpunktegröße der Feature-Repräsentationen definiert werden. Standardmäßig sind diese auf „groß" eingestellt. Eine weitere Option ist die Einstellung des Anzeigemodus bei der Editierung von Repräsentationen. Sie haben die Wahl zwischen dem „What-you-see-is-what-you-get"-Modus (WYSIWYG) oder dem Drahtgitter-Modus. Standardmäßig ist der WYSIWYG-Modus aktiviert, welcher Ihnen während der Bearbeitung einer Geometrie das zu erwartende Endergebnis zeigt.

„Werkzeug ‚Selektieren' ": Auswahl von einer oder mehreren Feature-Repräsentationen zur Bearbeitung.

„Werkzeug ‚Direktauswahl' ": Selektiert Stützpunkte und Segmente von einer oder mehreren Feature-Repräsentationen zur geometrischen Bearbeitung.

„Werkzeug ‚Lassoauswahl' ": Selektiert eine oder mehrere Feature-Repräsentationen durch freihändiges Umzeichnen.

„Werkzeug ‚Lassodirektauswahl' ": Selektiert Stützpunkte und Segmente von einer oder mehreren Feature-Repräsentationen zur geometrischen Bearbeitung durch freihändiges Umzeichnen.

„Stützpunkt einfügen": Fügt einer ausgewählten Feature-Repräsentation einen neuen Stützpunkt hinzu.

„Stützpunkt löschen": Entfernt einen Stützpunkt von einer ausgewählten Feature-Repräsentation.

„Bézier einfügen": Fügt einer ausgewählten Feature-Repräsentation einen neuen Bézier-Stützpunkt hinzu.

„Passpunkt einfügen": Fügt einer ausgewählten Feature-Repräsentation einen Kontroll-Stützpunkt hinzu. Kontrollpunkte sind spezielle Stützpunkte, welche die Lage von Effekten und Markerplatzierungs-Styles vorschreiben. Beim Zeichnen einer gestrichelten Linie kann man damit zum Beispiel sicherstellen, dass sich an den richtungsändernden Stellen Liniensegmente befinden.

„Passpunkt löschen": Entfernt einen Kontroll-Stützpunkt von einer ausgewählten Feature-Repräsentation. An dieser Stelle verbleibt ein Standard-Stützpunkt.

„Bézier löschen": Entfernt einen Bézier-Stützpunkt von einer ausgewählten Feature-Repräsentation.

„Werkzeug ‚Entzerren' ": Verformt selektierte Segmente einer Feature-Repräsentation proportional zur Bewegung der Maus.

„Werkzeug ‚Parallel verschieben' ": Verschiebt selektierte Segmente einer Feature-Repräsentation parallel zur Ausgangslage.

„Werkzeug ‚Radieren' ": Löscht Teilbereiche einer selektierten Feature-Repräsentation.

„Werkzeug ‚Maskieren' ": Erstellt interaktiv Masken auf selektierten Feature-Repräsentationen.

„Werkzeug ‚Drehen' ": Dreht die Geometrie der Feature-Repräsentationen und/oder die Repräsentationseigenschaften. Zum Rotieren von Objekten stehen ihnen zwei Werkzeuge zur Verfügung.

Mit dem Selektionswerkzeug haben Sie die Möglichkeit, Objekte unterschiedlicher Repräsentationsregeln simultan zu drehen. Ziehen Sie zunächst eine Box über die zu drehenden Objekte auf. Es erscheint eine rechteckige Begrenzungsbox, an deren Anfasspunkte die selektierten Objekte gedreht werden können.

Das Rotationswerkzeug innerhalb der Repräsentationen-Werkzeugleiste bietet mehrere Funktionalitäten, jedoch müssen die Objekte derselben Repräsentationsregel zugeordnet sein. Die Rotation wirkt sich dann auf die vollständige Feature-Repräsentation aus, auch wenn z. B. nicht alle Stützpunkte selektiert wurden.

Markieren Sie die entsprechenden Objekte mit einem Selektionswerkzeug. Wählen Sie anschließend innerhalb der Werkzeugleiste das Werkzeug „Drehen" aus und öffnen Sie die Repräsentationseigenschaften. Im Register „Werkzeuge" können Sie einzelne Eigenschaften für die Anpassung freigeben oder sperren. Haben Sie zum Beispiel ein Polygon mit einer Flächenschraffur, so kann diese durch Setzen des Hakens mitrotiert werden. Durch Klicken und anschließendes Ziehen im Kartenfenster kann das Objekt gedreht werden.

Um Objekte mit einem bestimmten Winkel zu drehen, öffnen Sie durch Rechtsklick mit der Maus das Kontextmenü und wählen „Winkel". Innerhalb dieses Dialogfensters können Sie einen spezifischen Winkel sowie die Drehrichtung festlegen.

Mit dem Rotationswerkzeug haben Sie zudem die Möglichkeit, mehrere Objekte entweder als Gruppe oder einzeln um deren Schwerpunkt zu drehen. Für Letzteres öffnen Sie mit aktivem Rotationswerkzeug durch Rechtsklick das Kontextmenü und wählen „Einzelne Anker verwenden". Durch nochmaliges Betätigen dieser Schaltfläche wird der Modus deaktiviert.

„Ausrichten": Richtet die Eigenschaften von Feature-Repräsentationsregeln nach einem gebräuchlichen Winkel aus. Dieses Werkzeug befindet sich im Untermenü des Rotationswerkzeugs und entspricht diesem funktional. Im Kontextmenü dieses Werkzeugs kann zwischen einer parallelen und rechtwinkligen Ausrichtung gewählt werden.

„Werkzeug ‚Größe anpassen' ": Verändert die Größe der Geometrie von Feature-Repräsentationen und/oder der Repräsentationseigenschaften. Die Größenanpassung von Objekten erfolgt ebenfalls identisch zur Vorgehensweise beim Rotationswerkzeug. Sie haben auch hier die Möglichkeit, die Größe über die Anfasspunkte des Selektionswerkzeugs zu verändern. Jedoch steht Ihnen im Kontextmenü des Werkzeugs „Größe anpassen" das Eingabefeld „Verhältnis" zur Verfügung, mit dem Sie einen exakten prozentualen Wert definieren können. Punkte werden relativ zueinander verschoben, da diese keine Dimension haben.

„Werkzeug ‚Verschieben' ": Bewegt die Geometrie von Feature-Repräsentationen und/oder der Repräsentationseigenschaften. Objekte oder Eigenschaften können entweder interaktiv mit dem Werkzeug „Verschieben" der Werkzeugleiste „Repräsentationen" oder über das seit ArcGIS 10 erweiterte gleichnamige Eingabefenster verschoben werden. Bei aktiviertem „Verschieben-Werkzeug" und ausgewählten Objekten besteht nun die Möglichkeit, über das Kontextmenü neben dem Versatz einen Abstand in Grad oder in der eingestellten Einheit festzulegen.

„Versatz": Verschiebt die Eigenschaften der Feature-Repräsentationsregel. Nach Auswahl der Objekte kann über das Kontextmenü ein bestimmter Versatz festgelegt werden.

„Repräsentationseigenschaften": Nach der Selektion eines zu bearbeitenden Objekts wählen Sie aus der Repräsentationen-Werkzeugleiste ein Editierwerkzeug aus und öffnen anschließend das Eigenschaftsfenster. Je nach Werkzeug und Feature stehen Ihnen unterschiedliche Änderungs- und Auswahlmöglichkeiten zur Verfügung.

Register „Darstellung": Änderungen im Register „Darstellung" werden sofort im Kartenfenster sichtbar und in der Datenbank als Override gespeichert. Das Pinselsymbol neben den Eigenschaftsfeldern symbolisiert, dass ein Override angewendet wurde. Durch Klick auf dieses Symbol kehrt man zurück zur Ausgangsdarstellung. Änderungen können durch die Eingabe neuer Werte oder durch die interaktive Verwendung der Editierwerkzeuge der Repräsentationen-Werkzeugleiste erfolgen.

Register „Werkzeuge": Über die Liste können einzelne Merkmale für die Bearbeitung mit dem Editierwerkzeug aktiviert bzw. deaktiviert werden. Neben der Geometrie kann auch die Eigenschaft der Objekte verändert werden.

Verfügen Sie über eine ArcGIS for Desktop Advanced Lizenz, stehen Ihnen in der Arc-Toolbox weitere Werkzeuge für kartographische Repräsentationen zur Verfügung. Dazu wurde die Kartographie-Toolbox, um neue Werkzeuge erweitert. Da viele dieser Werkzeuge wie bereits angesprochen nur mit einer ArcGIS for Desktop Advanced Lizenz nutzbar sind, werden Sie im Rahmen dieses Buchs nicht weiter behandelt.

6.1.4.23 Werkzeugleiste „COGO" (ab ArcGIS for Desktop Standard)

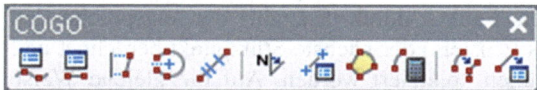

Abb. 164: Die Werkzeugleiste „COGO" in ArcMap

 Die in ArcGIS 9.2 ebenfalls neu geschaffene Werkzeugleiste „COGO" (**Co**ordinate **Geo**metry, Abb. 164) enthält zum Teil neue Funktionen, zum Teil sind hier auch Werkzeuge untergebracht, die vorher in der Werkzeugleiste „Erweiterte Bearbeitung" zu finden waren. Die Werkzeuge der Werkzeugleiste „COGO" sind erst ab der ArcGIS for Desktop Standard Lizenz enthalten, stehen also in ArcGIS for Desktop Basic nicht zur Verfügung.

„Polygonzug": Öffnet das gleichnamige Dialogfenster, das es ermöglicht, aus verschiedenen Messwerten (Richtungen, Entfernungen, Winkel, Kurven, Tangenskurven) Linien zu erstellen (siehe Abb. 165).

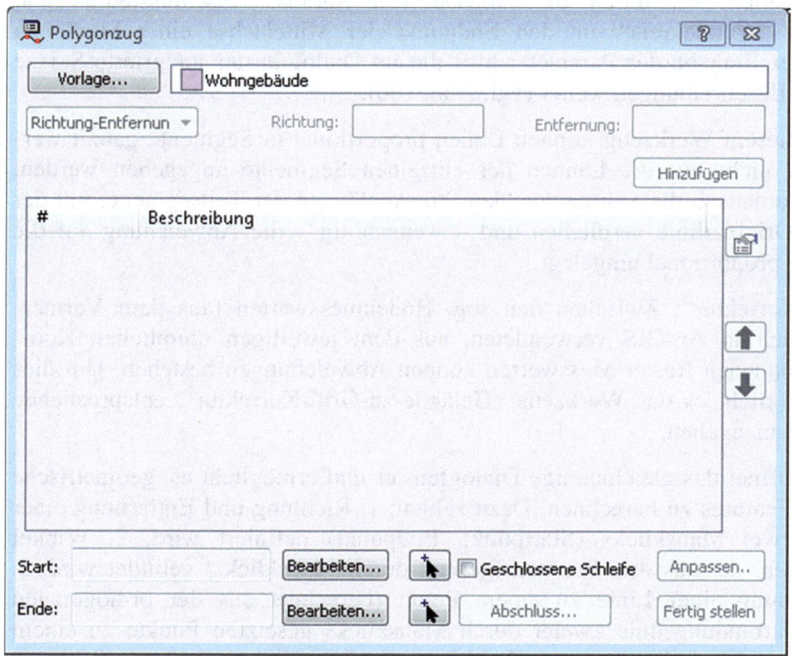

Abb. 165: Dialogfenster „Polygonzug"

Dazu bedarf es zunächst der Eingabe eines ersten Stützpunkts (Startpunkt) – entweder durch die Eingabe entsprechender Koordinaten (Schaltfläche „Bearbeiten..." neben „Start") oder durch Mausklick in der Karte nach Aktivierung der „Interaktiven Auswahl"). Je nach ausgewählter Methode („Richtung-Entfernung", „Winkel-Richtung", „Kurve" oder „Tangenskurve" – einzustellen über das Drop-down-Menü „Kurstyp" im oberen Bereich des Fensters) kann nun auf Basis des ersten Punkts durch Eingabe der entsprechenden Parameter (ebenfalls im oberen Bereich des Fensters) der nächste Stützpunkt berechnet und durch Betätigen der Schaltfläche „Hinzufügen" platziert werden. Auf die gleiche Weise können Sie weitere Stützpunkte hinzufügen. Mit „Fertig stellen" schließen Sie die Erstellung des Polygonzugs ab.

 „2-Punkt-Linie konstruieren": Ähnlich der Funktion „Polygonzug" lässt sich auch eine einfache 2-Punkt-Linie (gerade Verbindung mit einem Anfangs- und einem Endpunkt) konstruieren. Auch hier öffnet sich ein Dialogfenster, in dem die entsprechenden Einstellungen vorzunehmen sind.

 „Versatzlinie": Dieses Werkzeug ermöglicht es, ausgehend von einem ausgewählten Linienzug durch die Eingabe von Parametern zur Entfernung (der Stützpunkte zueinander) und zum Abstand (zur ausgewählten Linie) eine neue (Versatz-)Linie zu zeichnen. Die entsprechenden Einstellungen können auch hier wieder in einem eigenen Dialogfenster getroffen werden.

 „Sackgasse": Ermöglicht es, durch die Angabe von Radius, Anschlussradius und Straßenbreite einen „Wendekreis" um den Endpunkt der Mittelachse einer Straße zu konstruieren. Bei der Eingabe der Parameter hilft die im Dialogfenster integrierte Skizze mit entsprechenden Beschreibungen weiter (vgl. Abb. 166).

 „Proportion": Mit diesem Werkzeug können Linien proportional in Segmente geteilt werden. Dabei können nicht nur die Längen der einzelnen Segmente angegeben werden, sondern es wird automatisch die Summe aus den Streckenlängen der Teilsegmente mit der Streckenlänge der Originallinie verglichen und – wenn nötig – die Abweichung auf die einzelnen Segmente proportional umgelegt.

 „Gelände-zu-Grid-Korrektur": Zwischen den sog. Bodenmesswerten (aus dem Vermessungswesen) und den in ArcGIS verwendeten, aus dem jeweiligen räumlichen Koordinatensystem gewonnenen Raster-Messwerten können Abweichungen bestehen. Um dies zu vermeiden, ermöglicht es das Werkzeug „Gelände-zu-Grid-Korrektur", entsprechende Korrekturparameter anzugeben.

„COGO-Bericht": Öffnet das gleichnamige Dialogfenster und ermöglicht es, geometrische Eigenschaften von Features zu berechnen. Dazu zählen: 1. Richtung und Entfernung einer Linie, die durch zwei Mausklicks (Startpunkt, Endpunkt) definiert wird, 2. Winkel zwischen zwei Linien, der aus drei Punkten (gesetzt durch Mausklicks) gebildet wird, 3. orthogonale Entfernung einer Linie zu einem Punkt (berechnet aus der orthogonalen Entfernung einer Verbindungslinie zweier durch Mausklicks gesetzten Punkte zu einem dritten, ebenfalls durch Mausklick gesetzten Punkt), 4. Fläche zwischen Punkten, die durch Mausklicks platziert und für die Berechnung mit geraden Linien verbunden werden, 5. Koordinaten eines vorhandenen Features, 6. Beschreibung eines Linien-Features (mit Objekt-ID, Richtung und Entfernung), 7. orthogonale Entfernung einer vorhandenen Linie zu einem vorhanden Punkt.

6.1 Die ArcMap Benutzeroberfläche

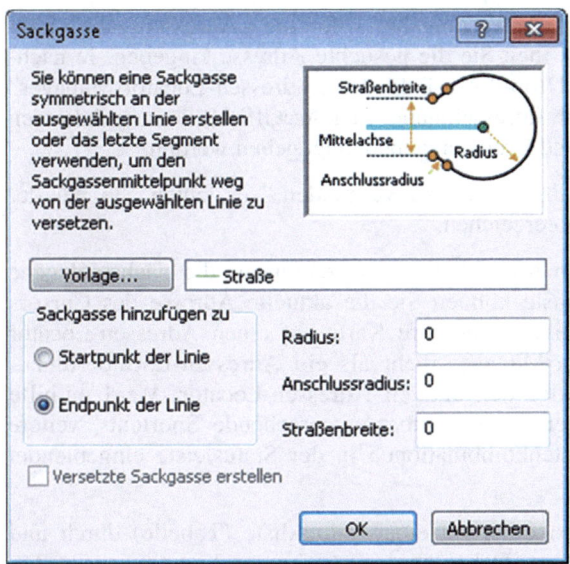

Abb. 166: Dialogfenster „Sackgasse"

„COGO-Fläche": Berechnet Informationen einer Fläche, die durch selektierte COGO-Linien begrenzt wird. Dazu zählen: Anzahl ausgewählter Linien, Flächengröße, Attributlänge u. dgl.).

„Kurvenberechnung": Mit diesem Werkzeug kann durch die Eingabe von zwei Parametern die gesamte Kurvencharakteristik berechnet werden.

„Auf COGO-Linien aufteilen": Teilt ausgewählte (Poly-)Linien in einfache 2-Punkt-Linien auf.

„COGO-Attribute aktualisieren": COGO-Attribute für selektierte Features neu aus den Feature-Geometrien berechnen.

6.1.4.24 Werkzeugleiste „Geokodierung"

Abb. 167: Die Werkzeugleiste „Geokodierung" in ArcMap

„Adressen-Locator-Manager": Ermöglicht die Verwaltung von Adressen-Locatoren. Weitere Informationen zum Adressen-Locator und wie dieser in ArcCatalog angelegt wird, finden Sie in Kapitel 7.2.7. Der aktive Adressen-Locator wird im Adressen-Locator-Manager entsprechend gekennzeichnet (*).

 „Kartenausdehnung verwenden": Bei der Suche nach der Position soll die aktuelle Kartenausdehnung verwendet werden.

6 ArcMap

 Adresseingabe: Über die „Adresseingabe" können Sie die gesuchte Adresse eingeben. Je nachdem, welchen Adress-Locator Sie im Drop-down-Feld des „Adressen-Locator-Manager" ausgewählt haben, variiert die Form der Adresseingabe. Seit ArcGIS 10 können Adressen mit räumlichem Versatz oder Längen- und Breitenangaben eingegeben werden.

 Tipp: Um Fehler bei der Adresssuche zu vermeiden, verzichten Sie bei der Adresseingabe am besten auf Leerzeichen.

 „Adressen-Inspektor": Gibt nach einem Mausklick im Kartenfenster die nächstgelegene Adresse zurück. Mit gedrückter Maustaste können Sie die aktuelle Adresse des Cursors anzeigen lassen. Das Werkzeug ist aktiv, sobald Ihre Karte auf einen Adressen-Locator verweist. Wurden im Adressen-Locator-Manager mehr als ein Adressen-Locator hinzugefügt, verwendet der Adressen-Inspektor den aktiven Adressen-Locator. Wird mithilfe dieses Werkzeugs eine Adresse angezeigt, stehen über entsprechende Shortcuts weitere Befehle zur Verfügung, wobei die Tastenkombinationen in der Statusleiste eingeblendet werden (vgl. Anhang dieses Buchs).

 „Adressen geokodieren": Führt die Geokodierung einer Adressliste (Tabelle) durch und erstellt eine entsprechende Feature-Klasse. Dabei wird ein Adressen-Locator verwendet, um aus den aufgelisteten Adressen Punkt-Features zu erstellen.

„Adressen überprüfen/abgleichen": Nach der Geokodierung von Adresslisten können Sie die gesetzten Features prüfen. Gegebenenfalls können Sie die Einstellungen des Adressen-Locators bzw. der Geokodierung ändern und die Geokodierung für nicht stimmige Features mit dem Werkzeug „Adressen abgleichen" erneut durchführen lassen. Dazu steht ein eigenes Dialogfenster zur Verfügung, das in der ArcGIS Version 9.3 überarbeitet wurde. Da Aufbau und Funktionsweise dieses Fensters in der ArcGIS Desktop Hilfe ausführlich beschrieben werden, kann hier von weiteren Ausführungen abgesehen werden.

6.1.4.25 Werkzeugleiste „Animation"

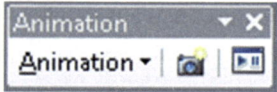

Abb. 168: Die Werkzeugleiste „Animation" in ArcMap

Mithilfe einer Animation lassen sich Veränderungen von Features und Objekten visualisieren. Sie können Animationen beispielsweise nutzen, um zeitliche Entwicklungen aufzuzeigen, geographische Veränderungen zu visualisieren oder die Betrachtungsperspektive zu ändern. Animationen werden in ArcMap (oder – sofern Sie die Erweiterung „ArcGIS 3D Analyst" besitzen – auch in ArcScene und ArcGlobe) erstellt. Zur Erstellung, Bearbeitung und Verwaltung von Animationen steht eine eigene Werkzeugleiste (Abb. 168) zur Verfügung.

Das Drop-down-Menü „Animation": Enthält zunächst Befehle zur Erstellung von Animationen. Animationen bestehen aus sog. Spuren („Tracks"). Darunter ist eine Abfolge von gleichartigen Momentaufnahmen, die sog. „Schlüsselbilder", zu verstehen, die die Objekteigenschaften (z. B. zu einem bestimmten Zeitpunkt) repräsentieren. Schlüsselbilder werden über das Dialogfenster „Animationsschlüsselbild erstellen" angelegt, das Sie über den Menüeintrag „Schlüsselbild erstellen..." erreichen.

Mit dem Befehl „Gruppenanimation erstellen..." können Sie eine Spur erstellen, um Gruppen-Layer zu animieren (Sie können beispielsweise die in einem Gruppen-Layer enthaltenen Layer nacheinander ein- und ausblenden).

Der Befehl „Zeit-Layer-Animation erstellen..." wird nicht mehr unterstützt. Die in ArcGIS 9.x erstellten „Zeit-Layer-Animationen" (egal ob in ArcMap, ArcScene oder ArcGlobe) werden beim Öffnen automatisch in die neuen Animationsspuren mit Zeitdaten konvertiert. Mit der Funktion „Zeitanimation erstellen" können Sie eine zeitliche Abfolge neben anderen Spuren (beispielsweise der Kameraspur) wiedergeben. Darin liegt der Unterschied zu der Verwendung des „Zeitschiebereglers" (vgl. Kapitel 6.1.4.3). Dessen Verwendung wird dann empfohlen, wenn Sie „lediglich" die zeitliche Veränderung visualisieren wollen, ohne dass sich der Kamerastandort ändert.

Der Eintrag „Vorbeiflug aus Pfad erstellen..." ermöglicht es, eine Art Befliegung zu realisieren. Dazu wird eine Spur erstellt, entlang dessen sich die „Kamera" bewegt.

Um eine Animation wieder zu entfernen, wählen Sie den Eintrag „Animation löschen".

Animationen können als sog. Animationsdatei gespeichert und später wieder geladen werden. Außerdem haben Sie die Möglichkeit, Ihre Animation als Video zu exportieren (in das Audio Video Interleave Format; kurz AVI). Neben dem Videoformat können Sie jetzt auch sequenzielle Bilder im Format JPEG (*.jpg) oder Windows-Bitmap (*.bmp) exportieren. Dadurch erzeugen Sie eine Reihe von Einzelbildern, um entweder mit dem Werkzeug „Raster zu Video" aus der ArcToolbox ein Video im AVI- oder Quicktime-Format zu erstellen, oder mit der Videoerstellungssoftware eines Drittanbieters ein Video in anderen Formaten zu erzeugen. Das Exportieren sequenzieller Bilder dient somit i. d. R. der Vorbereitung zur Videoerstellung, Sie können aber vorab die einzelnen Bilder noch bearbeiten und beispielsweise Texte hinzufügen.

Animationen können im Animations-Manager bearbeitet werden. Sie können die Eigenschaften von Schlüsselbildern und Spuren verändern und Zeiteinstellungen vornehmen. Hilfreich ist hier die integrierte Vorschaufunktion.

„Ansicht aufnehmen (Strg + Q)": Hiermit erstellen Sie Schlüsselbilder aus der aktuellen Ansicht des Kartenfensters.

„Animationssteuerelemente öffnen (Strg + R)": Öffnet eine Schaltleiste mit verschiedenen Steuerelementen für Animationen. Sie können Animationen abspielen, die Wiedergabe pausieren oder beenden, die Animation aufnehmen und schließlich mit der Schaltfläche „Optionen..." Wiedergabe- und Aufnahmeoptionen aufrufen und einstellen.

6.1.4.26 Werkzeugleiste „GPS"

Die Werkzeugleiste „GPS" (Abb. 169) ermöglicht die Nutzung von GPS-Funktionalitäten in ArcMap (vgl. auch Kapitel 11.2.1).

Abb. 169: Die Werkzeugleiste „GPS" in ArcMap

Die wesentlichen Einstellungsmöglichkeiten zum Empfang von GPS-Signalen finden Sie im Drop-down-Menü „GPS". Mit dem Befehl „Setup der GPS-Verbindung..." rufen Sie ein Dialogfenster auf, in dem Sie zunächst die Verbindung zu Ihrem GPS-Empfänger einrichten müssen. Die Einstellungen dazu richten sich nach dem verwendeten Empfänger. Mit der Schaltfläche „Verbindung testen" überprüfen Sie, ob Signale empfangen werden. Achten Sie auch auf die korrekte Einstellung des Datums, das der GPS-Empfänger verwendet (in der Regel WGS84). Sie können eine GPS-Verbindung auch mithilfe von bereits vorliegenden Daten (in Form eines Punkt- oder Linien-Layers) simulieren. Wählen Sie dazu im gleichen Fenster die Option „GPS-Verbindung mit Punkt- oder Linien-Daten simulieren".

Der Eintrag „GPS-Position" blendet die empfangenen GPS-Positionsangaben (Breiten- und Längenkoordinaten, Höhe, Geschwindigkeit und Kurs) und nach Klick auf die Schaltfläche „Erweitert >>" auch weitere Informationen ein (u. a. zur Satellitenverfügbarkeit, zur errechneten Genauigkeit und gegebenenfalls zum differenziellem GPS-Empfang).

Der Befehl „GPS-Anzeige löschen" entfernt die GPS-Darstellung im Kartenfenster.

Um zu verhindern, dass die empfangene GPS-Position außerhalb des Kartenfensters liegt, aktivieren Sie die Funktion „Auto-Schwenk". Damit verschiebt sich der angezeigte Kartenausschnitt automatisch, um die empfangene GPS-Position darstellen zu können.

Sie können in ArcMap auch ein Ziel vorgeben (s. u.). Mit dem Eintrag „Zieleigenschaften..." rufen Sie ein gleichnamiges Dialogfenster auf, in dem Sie die Ziel-Symbologie sowie ein optionales Peilungssymbol definieren können.

Um ein Ziel zu entfernen, wählen Sie den Befehl „Ziel löschen".

Häufig ist es sinnvoll, die empfangenen GPS-Signale zu protokollieren. Mit ArcMap können Sie die empfangenen Informationen in Form eines Shapefiles oder einer Feature-Klasse speichern. Die Einstellungen dazu erreichen Sie über den Eintrag „Log-Setup...". Im sich öffnenden Dialogfenster „Protokoll-Setup" müssen Sie dazu entweder ein neues Protokoll anlegen oder ein bestehendes Protokoll auswählen, an das Sie die aufgezeichneten Daten anhängen möchten. Im Bereich „Streaming-Optionen" legen Sie fest, nach welchen Regeln protokolliert werden soll. Möglich ist hier die Aufzeichnung nach Überschreitung einer definierten Zeitspanne, Entfernung oder Ablenkung. Außerdem können Sie bestimmen, ob bei Signalverlust mit geschätzten Positionen gearbeitet werden soll.

Unter dem letzten Menüpunkt „Anzeigeoptionen" erreichen Sie das gleichnamige Dialogfenster, in dem Sie – aufgeteilt in vier Register – verschiedene Anzeigeparameter festlegen können. Dazu zählt die Vorgabe von Symbolen und Einheiten, aber auch die Aktivierung der Fangfunktion der aktuellen GPS-Position an bestehende Features (zur Fangfunktion vgl. Kapitel 6.1.4.4).

6.1 Die ArcMap Benutzeroberfläche

„Verbindung öffnen": Baut eine Verbindung zum GPS-Empfänger mit den im „Setup der GPS-Verbindung" (s. o.) getroffenen Einstellungen auf.

„Verbindung schließen": Beendet die GPS-Verbindung.

„Datenstrom zum Protokoll starten": Startet die Speicherung der empfangenen GPS-Daten in das ausgewählte Protokoll (s. o.).

„Datenstrom zu Protokoll beenden": Beendet die Übertragung von GPS-Daten in das ausgewählte Protokoll.

„Aktuelle Position in Protokoll kennzeichnen": Schreibt die aktuelle GPS-Position in das ausgewählte Protokoll.

„Auf GPS-Position schwenken": Verschiebt den im Kartenfenster angezeigten Kartenausschnitt auf die aktuelle GPS-Position.

„Auf GPS-Position zoomen": Zoomt den im Kartenfenster angezeigten Kartenausschnitt auf die aktuelle GPS-Position.

„Ziel hinzufügen": Klicken Sie bei aktiviertem Werkzeug „Ziel hinzufügen" auf einen Punkt im Kartenfenster. Dieser wird dann als Ziel festgelegt.

6.1.4.27 Werkzeugleiste „Tablet"

Abb. 170: Die Werkzeugleiste „Tablet" in ArcMap

Die Werkzeugleiste „Tablet" (Abb. 170) wurde speziell für den Einsatz von ArcMap auf Tablet-PCs entwickelt. Sie beinhaltet Werkzeuge, um ArcMap mithilfe eines Eingabestifts (Touchpen) bedienen und das Prinzip der „digitalen Tinte", wie es in Tablet-PCs zum Einsatz kommt, nutzen zu können. Die beinhalteten Werkzeuge ermöglichen Freihandeingaben mithilfe von digitaler Tinte und die Speicherung derselben im Kartendokument oder in einer Geodatabase.

Die Tools der Werkzeugleiste können nicht nur auf Tablet-PCs genutzt werden. Die unterstützten Funktionalitäten (z. B. die automatische Texterkennung) hängen von den Einstellungen und dem Funktionsumfang des installierten Betriebssystems sowie möglichen Hardware-Erweiterungen (z. B. externes PenPad) ab.

„Werkzeug ‚Stift' ": Ermöglicht Zeichnungen mit digitaler Tinte im Kartenfenster. Es stehen unterschiedliche Strichbreiten zur Verfügung, die über den Drop-down-Pfeil ausgewählt werden können.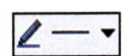

„Werkzeug ‚Hervorheben' ": Mithilfe dieses Werkzeugs können Sie einzelne Kartenbereiche hervorheben. Zur Auswahl stehen unterschiedliche Farben und Breiten des Textmarkers.

6 ArcMap

„Werkzeug ‚Radierer' ": Löscht Zeichnungen mit digitaler Tinte aus der Karte. Über das Drop-down-Menü lässt sich die Breite des Radierens einstellen. Wählen Sie das Werkzeug „Strichradierer", um eine gesamte Linie zu löschen.

„Freihandeingabe-Skizze beenden": Die aktive Freihandeingabe wird beendet und als grafisches Element erkannt und in die Karte aufgenommen (als sog. „Ink Graphic"). In den „Einstellungen für Freihandeingabe" (s. u.) können Sie auch die automatische Fertigstellung von Freihandeingabe-Skizzen aktivieren.

„Freihandeingabe-Skizze löschen": Löscht die aktive Freihandeingabe. Dieser Befehl steht nur zur Verfügung, solange die Freihandeingabe nicht als Text oder Grafik erkannt wurde.

„Freihandeingabe zur Skizze hinzufügen": Dieses Werkzeug ist besonders hilfreich, wenn Sie im Feld Editieraufgaben durchführen. Starten Sie dazu zunächst eine Editiersitzung und wählen Sie die gewünschte Editieraufgabe. Anschließend können Sie mit dem Stift-Werkzeug die entsprechenden Änderungen vornehmen und mit Klick auf den Button „Freihandeingabe zur Skizze hinzufügen" bestätigen.

„Freihandeingabe als Text erkennen": Ausgewählte Ink Graphic Elemente (s. o.) können mithilfe der automatischen Texterkennung in Text umgewandelt und im Ziel-Layer abgespeichert werden. Dabei unterstützt Sie das Dialogfenster „Geringe Erkennungsübereinstimmung – Text manuell korrigieren", dessen Erscheinen Sie in den „Einstellungen für Freihandeingabe" (s. u.) steuern können. In diesem Dialogfenster können Sie erkannte Texte übernehmen, durch einen vorgeschlagenen Alternativtext ersetzen oder mithilfe der (Tablet-)Tastatur verbessern.

„Reaktivieren": Mit dieser Funktion können Sie aus einem selektierten Ink Graphic Element wieder eine Freihandeingabe-Skizze erstellen.

„Freihandeingabe suchen": Öffnet das Dialogfenster „Freihandeingabe-Grafik suchen", das es ermöglicht, mithilfe der automatischen Texterkennung nach Ink Graphic Elementen zu suchen. Das Dialogfenster beinhaltet auch eine Zoomfunktion, um auf die gefundenen Grafiken zu zoomen.

„Einstellungen für Freihandeingabe": Das zugehörige Dialogfenster enthält zwei Teile: Während der untere Bereich, der Einstellungen zur automatischen Fertigstellung von Freihandeingabe-Skizzen enthält, weitestgehend selbsterklärend ist, soll kurz auf die einzelnen Checkboxen im oberen Fensterbereich eingegangen werden:

- „Druckempfindlichen Stift verwenden": Verwenden Sie einen druckempfindlichen Eingabestift, um die Strichbreite des Stift-Werkzeugs druckabhängig zu zeichnen.
- „Freihandeingabe-Striche generalisieren, bevor sie zur Editierskizze hinzugefügt werden": Der Befehl führt eine Generalisierung auf Grundlage des „Douglas-Peucker-Algorithmus" durch, bevor die Freihandeingabe in eine Editierskizze konvertiert wird.
- „Freihandeingabe-Grafiken als Linien darstellen, wenn sie on-the-fly projiziert werden": Werden in ArcMap on-the-fly Projektionen durchgeführt, kann die Darstellung von Freihandeingaben darunter leiden. Hier kann die Darstellung der Freihandeingabe-Grafiken als Linien zu besseren Ergebnissen führen.

- „Nur aktive Freihandeingabe-Skizze löschen": Wenn aktiviert, können nur aktive Freihandeingabe-Skizzen mit dem Werkzeug „Radieren" gelöscht werden. Andernfalls können Sie mit dem Werkzeug „Radieren" auch Ink Graphic Elemente löschen.
- „Bei hoher Erkennungsübereinstimmung Dialog mit Alternativen nicht anzeigen": Deaktivieren Sie diese Funktion, um das Dialogfenster „Geringe Erkennungsübereinstimmung – Text manuell korrigieren" bei der automatischen Texterkennung auf jeden Fall einzublenden. Andernfalls wird das Dialogfenster nur angezeigt, wenn die Erkennungsübereinstimmung zu gering ist.
- „Stiftbewegung zum Ausstreichen und für Kartennavigation aktivieren": Ermöglicht es, den Eingabestift zum Ausstreichen und zum Schwenken der Karte zu benutzen.
- „Erkennungstext automatisch erstellen, wenn Freihandeingabegrafiken aktualisiert werden": Ist diese Funktion aktiviert, wird der erkannte Text in den Eigenschaften der Freihandeingabegrafik gespeichert.

6.1.4.28 Werkzeugleiste „Utility Network Analyst" (ab ArcGIS for Desktop Standard)

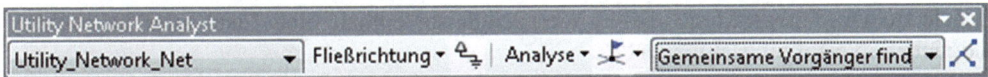

Abb. 171: Die Werkzeugleiste „Utility Network Analyst" in ArcMap

Das Drop-down-Menü „Netzwerk" enthält alle geometrischen Netzwerke des geöffneten Kartendokuments. Wählen Sie hier das Netzwerk aus, das Sie bearbeiten möchten.

Mithilfe des Drop-down-Menüs „Fließrichtung" können Sie die Fließrichtung Ihres geometrischen Netzwerks darstellen. Wählen Sie dazu im Bereich „Pfeile anzeigen" aus, für welche(n) Layer die Fließrichtung angezeigt werden soll. Der Befehl „Pfeile anzeigen" aktiviert bzw. deaktiviert die Darstellung der Fließrichtung für die oben angegebenen Layer. Der Eintrag „Eigenschaften..." öffnet ein gleichnamiges Dialogfenster mit zwei Registern. Im Register „Pfeilsymbol" können Sie die Symbolik für die unterschiedlichen Fließkategorien definieren. Das Register „Maßstab" ermöglicht eine maßstabsabhängige Darstellung der Fließrichtung.

„Fließrichtung festlegen": Ermöglicht das Festlegen einer Fließrichtung.

Das Drop-down-Menü „Analyse" enthält Funktionen, um Verfolgungsaufgaben im Netzwerk durchführen zu können. Sie können „Layer deaktivieren" und Flags (s. u.), Barrieren (s. u.) sowie Ergebnisse aus vorausgehenden Verfolgungsaufgaben löschen. Der Befehl „Optionen..." öffnet das gleichnamige Dialogfenster, das aus vier Registern aufgebaut ist. Im Register „Allgemein" legen Sie fest, welche Features für die Verfolgung („Trace") infrage kommen, und wie groß die Fangtoleranz für Flags und Barrieren ist. In den Registern „Gewichtungen" und „Gewichtungsfilter" finden Sie diverse Einstellungsmöglichkeiten für Gewichtungen im Netzwerk. Im letzten Register „Ergebnisse" können Sie schließlich bestimmen, ob die Ergebnisse als „Zeichnungen", die über die Karte gelegt werden, oder in Form selektierter Features („Auswahl") ausgegeben werden sollen. Außerdem können hier Einstellungen zu den „Ergebnisinhalten" getroffen werden.

Die Werkzeugpalette der Werkzeugleiste „Utility Network Analyst" beinhaltet vier Werkzeuge:

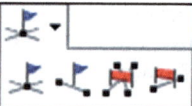

„Werkzeug ‚Knoten-Flag hinzufügen' ": Mit diesem Werkzeug werden Ihrem Netzwerk sog. Knoten-Flags hinzugefügt. Mit dem Begriff „Flag" werden Startpunkte von Verfolgungen bezeichnet, die an Knoten (oder auf Kanten, vgl. „Kanten-Flag hinzufügen") platziert werden können.

„Werkzeug ‚Kanten-Flag hinzufügen' ": Fügt analog zum Werkzeug „Knoten-Flag hinzufügen" einen Startpunkt für Verfolgungen auf einer Kante ein.

„Werkzeug ‚Knotenbarrieren hinzufügen' ": Eine „Barriere" stellt für eine Verfolgung ein Hindernis dar, das diese nicht durchdringen kann. Mit Barrieren ist es also möglich, Verfolgungen nur an einzelnen Teilen eines Netzwerks durchzuführen. Mithilfe dieses Werkzeugs lassen sich Barrieren an Knoten setzen.

„Werkzeug ‚Kantenbarrieren hinzufügen' ": Ermöglicht es, auf Kanten Barrieren zu platzieren (vgl. „Werkzeug ‚Knotenbarrieren hinzufügen'").

Das letzte Drop-down-Menü dieser Werkzeugleiste enthält eine Liste aller in ArcMap möglichen „Verfolgungsaufgaben":

- „Gemeinsame Vorgänger finden": Sucht gemeinsame Features, die einem Punkteset im Netzwerk vorgelagert (d. h. flussaufwärts liegen) sind.
- „Verbundene suchen": Findet alle Features, die über das Netzwerk miteinander verbunden sind.
- „Schleifen suchen": Sucht im Netzwerk nach sog. Schleifen, die entstehen, wenn eine Kante einen Knoten mit sich selbst verbindet (sprich eine Kante mit gemeinsamen Start- und Endpunkt).
- „Unverbundene suchen": Findet alle Features, die mit einem gegebenen Punkt im Netzwerk nicht verbunden sind.
- „Pfad flussaufwärts suchen": Verfolgt einen Pfad flussaufwärts eines gegebenen Punkts.
- „Pfad suchen": Sucht einen möglichen Pfad zwischen zwei gegebenen Punkten.
- „Verfolgung flussabwärts": Findet alle Netzwerk-Features, die flussabwärts eines gegebenen Punkts liegen.
- „Flussaufwärts-Akkumulation suchen": Berechnet die Summe der Gewichtungen aller Netzwerkelemente flussaufwärts eines gegebenen Punkts.
- „Verfolgung flussaufwärts": Sucht nach allen Netzwerkelementen, die flussaufwärts eines gegebenen Punkts liegen.

„Berechnen": Führt die im Drop-down-Menü „Verfolgungsaufgabe" (s. o.) ausgewählte Verfolgungsaufgabe im geometrischen Netzwerk mit den entsprechend gesetzten Optionen (vgl. die oben erläuterten Menüs und Werkzeuge) aus.

6.1.4.29 Werkzeugleiste „Versionierung" (ab ArcGIS for Desktop Standard)

Abb. 172: Die Werkzeugleiste „Versionierung" in ArcMap

 Mit dieser Werkzeugleiste (Abb. 172) haben Sie Zugriff auf verschiedene Tools, um die Funktionalität der „Versionierung" (vgl. Kapitel 7.1.3) in Ihrer ArcSDE Datenbank nutzen zu können.

„Versions-Manager": Öffnet bzw. schließt den „Versions-Manager". Darin werden bestehende Versionen aufgelistet und können bearbeitet werden. Neben dem Namen der Version enthält die Liste auch Spalten zur Anzeige des Erstellers („Besitzer"), des letzten Änderungsdatums und der Zugriffsberechtigung („Zugriff"). Mithilfe der Zugriffsberechtigungen kann der Besitzer einer Version bestimmen, ob die Version von jedem Benutzer gelesen und editiert werden kann („öffentlich"), nur gelesen werden kann („geschützt") oder nur vom Besitzer gelesen und editiert werden kann („privat"). Es wird auch die sog. Ursprungsversion aufgeführt („DEFAULT"), die jeder ArcSDE Geodatabase inhärent ist und daher auch nicht gelöscht werden kann. Über das Kontextmenü stehen verschiedene Funktionen zur Verfügung (Umbenennen, Löschen, Eigenschaften aufrufen, Aktualisieren und aus dem selektierten Eintrag eine neue Version erstellen).

„Neue Version erstellen": Öffnet ein Dialogfenster zur Erstellung einer neuen Version. Sie müssen hier die Ursprungsversion angeben, aus der eine neue Version erstellt wird. Vergeben Sie für die neue Version einen eindeutigen Namen. Sie können optional das Feld „Beschreibung" nutzen, um wichtige Informationen zu hinterlegen. Definieren Sie außerdem die gewünschte Zugriffsberechtigung (s. o.). Neue Versionen können auch über das Kontextmenü im Versions-Manager erstellt werden.

„Aktualisieren": Aktualisiert die bestehende Datenbankverbindung und zeichnet das Kartenfenster neu.

„Version ändern...": Ändert die aktuelle Version der Geodatabase. Wählen Sie zunächst im sich öffnenden Auswahlfenster die entsprechende Version aus und führen Sie anschließend die gewünschten Aktualisierungen durch (in einer Editiersitzung). Um die durchgeführten Änderungen in der ausgewählten Version zu übernehmen, muss diese zurückgeschrieben werden (s. u.). Sie sollten jedoch zunächst in jedem Fall einen „Abgleich" (s. u.) durchführen, um zu prüfen, ob andere Benutzer in der Zwischenzeit ebenfalls Änderungen durchgeführt haben, da dadurch Konflikte vorprogrammiert wären.

„Abgleichen": Mithilfe dieser Funktion werden mögliche Konflikte erkannt, die durch zwischenzeitliche Änderungen durch andere Benutzer hervorgerufen werden können. Wählen Sie dazu im sich öffnenden Auswahlfenster „Mit Version abgleichen" die Version, mit der Ihre Änderungen abgeglichen werden sollen. Wird von ArcMap ein möglicher Konflikt erkannt, wird eine entsprechende Meldung ausgegeben. Klicken Sie hier auf „Fortfahren", um das Fenster „Konflikte" (s. u.) zu öffnen, und den aufgetretenen Konflikt zu lösen (die Schaltfläche „Abbrechen" bricht den Abgleich ab, ohne den Konflikt zu berichtigen).

„Zurückschreiben": Wurden bei einem Abgleich keine Konflikte erkannt, können mithilfe dieser Funktion Änderungen in die aktuelle Version übernommen werden. Man spricht hier von „zurückschreiben".

„Konflikte": Öffnet das gleichnamige Fenster. Wurden bei einem Abgleich Konflikte erkannt, werden diese im oberen Bereich des Fensters aufgeführt und im Kartenfenster visualisiert. Im Kontextmenü des Fensters „Konflikte" stehen Ihnen nun verschiedene Möglichkeiten zur Verfügung. Der Ausdruck „Pre-Edit-Version" bezeichnet immer die Ursprungsversion. Die „Edit-Version" beinhaltet die von Ihnen durchgeführten Änderungen. Mit „Konflikt-Version" wird die Version bezeichnet, die die Änderungen eines anderen Benutzers beinhaltet, und deshalb mit der „Edit-Version" in Konflikt steht. Prüfen Sie, mit welcher Änderung weitergearbeitet werden soll (Sie können sich die einzelnen Versionen mithilfe des Kontextmenü-Eintrags „Anzeigen..." im Kartenfenster darstellen lassen) und wählen Sie anschließend im Kontextmenü den entsprechenden Befehl aus („Durch Konflikt-Version ersetzen", „Durch Edit-Version ersetzen" oder „Durch Pre-Edit-Version ersetzen"). Anschließend können Sie die Version zurückschreiben (s. o.).

„Versionsänderungen": Öffnet ein Fenster, das alle Veränderungen auflistet, die in einer Version seit deren Erstellung bzw. seit deren letzten Abgleich durchgeführt wurden, und ermöglicht so z. B. alle Änderungen aufzuzeigen, die Sie während einer aktuellen Editiersitzung durchgeführt haben. Im linken Teil des Fensters wird die Anzahl der durchgeführten Veränderungen gegliedert dargestellt. Klicken Sie hier auf eine Objektnummer, werden im rechten Fensterbereich die an diesem Feature durchgeführten Änderungen aufgelistet und verglichen. Sie können die unterschiedlichen Versionen auch über die untenstehende Schaltfläche visuell darstellen lassen.

6.1.4.30 Werkzeugleiste „Geodatabase-Historie"

Abb. 173: Die Werkzeugleiste „Geodatabase-Historie" in ArcMap

Mithilfe dieser Werkzeugleiste können die historischen Zustände von Daten wiederhergestellt werden. Solche historischen Stände können zum einen durch das Erstellen einer Version der Geodatabase zu einem definierten Zeitpunkt erzeugt werden. Zum anderen bietet die ArcSDE Geodatabase aber auch die Möglichkeit zur Erstellung von sog. Archiv-Klassen. Vorteil dieser Variante ist, dass die Performance unabhängig vom Umfang der archivierten Daten sichergestellt und eine redundante Datenhaltung vermieden werden kann.

„Geodatabase-Historien-Viewer": Mit dieser Schaltfläche rufen Sie den „Geodatabase-Historien-Viewer" auf. Dort können Sie aus einem Drop-down-Menü eine „Historische Version wählen" (entweder einen historischen Marker oder ein Datum mit Uhrzeit). Das Feld „Layer und Tabellen mit aktivierter Archivierung" listet die entsprechenden Objekte auf. Im unteren Bereich des Dialogfensters („Historisches Datum und Uhrzeit") stehen zwei Optionen zur Verfügung: Sie können zwischen verschiedenen Ständen wechseln, indem Sie einen historischen Marker selektieren oder ein gewünschtes Datum (mit Uhrzeit) wählen. Mit „Übernehmen" wird Ihre Karte mit dem ausgewählten Stand aktualisiert.

„Historisches Archiv hinzufügen": Mit dieser Funktion fügen Sie Ihrer Karte eine Archivklasse hinzu. Dazu müssen Sie zunächst im Inhaltsverzeichnis von ArcMap einen archivierten Layer auswählen. Eine Archivklasse zeigt alle Veränderungen seit Beginn der Archivierung an. Von besonderem Interesse sind hier zwei Arten von Abfragen: Sie können eine Abfrage zu einem bestimmten Datum durchführen. Dadurch wird die Analyse Ihrer Daten zu einem bestimmten Zeitpunkt möglich (vgl. auch das Arbeiten mit „historischen Versionen"). Sie können aber auch Abfragen generieren, um zu analysieren, wie sich Ihre Daten während eines Zeitraums, d. h. zwischen einem von Ihnen festgelegten Start- und Enddatum, verändert haben. Die Abfragen führen Sie mit dem Abfrage-Generator (vgl. Kapitel 6.1.3.6) aus.

„Manager für historische Marker": Öffnet den „Manager für historische Marker". Dieser enthält eine Auflistung der vorhandenen historischen Marker und drei Schaltflächen. Mit diesen können Sie historische Marker erstellen, bearbeiten und gegebenenfalls auch wieder entfernen. Historische Marker ermöglichen es, sich gezielt einen bestimmten Stand anzeigen zu lassen bzw. zwischen verschiedenen Ständen zu wechseln und Analysen durchzuführen.

6.1.4.31 Werkzeugleiste „TIN-Bearbeitung"

Abb. 174: Die Werkzeugleiste „TIN Bearbeitung" in ArcMap

Mit der neuen Werkzeugleiste „TIN-Bearbeitung" stehen Ihnen Möglichkeiten zur Verfügung, um TIN-Oberflächen zu bearbeiten. Die Änderungen, die Sie an den Stützpunkten, Bruchkanten oder Polygonen vornehmen, werden in Echtzeit angezeigt. Diese Korrekturen können dann direkt im TIN gespeichert oder rückgängig gemacht werden.

Drop-down-Liste „TIN-Bearbeitung": Innerhalb des Drop-down-Menüs „TIN-Bearbeitung" finden Sie die Befehle, die zur Editierung der TINs notwendig sind. Sie können die TIN-Bearbeitung starten und beenden. Dafür muss in der Werkzeugleiste „3D Analyst" das TIN als Layer ausgewählt sein (geht nur mit der Erweiterung 3D Analyst). Der momentane Stand kann gespeichert werden – wahlweise in dem Ursprungs-TIN oder unter einem neuen Namen. Außerdem ist es möglich, alle Änderungen auf einmal rückgängig zu machen, die nach dem letzten Speichervorgang durchgeführt worden sind.

„TIN-Punkt hinzufügen": Ermöglicht das Hinzufügen neuer TIN-Punkte zu Ihrem TIN. Es öffnet sich ein Dialogfenster, indem Sie die Angaben für den neuen Punkt spezifizieren können.

„TIN-Linie hinzufügen": Öffnet das Dialogfenster „TIN-Linie hinzufügen". Dort können Sie einerseits den Linientyp angeben, und andererseits die Ausgangshöhe festlegen. Außerdem können Sie noch angeben, ob auf TIN-Punkte gefangen werden soll (die

Fangtoleranz richtet sich nach den getroffenen Einstellungen in den Fangoptionen, siehe Kapitel 6.1.4.6)

„TIN-Polygon hinzufügen": Für die Erstellung eines neuen TIN-Polygons sind neben der Angabe des Linientyps und der Ausgangshöhe noch andere Einstellungen notwendig. Wichtig ist die gewählte Methode, da diese Ausschlaggeben für spätere Interpolationen sein kann. Je nach gewähltem Modus sind auch noch zusätzliche Angaben möglich. Auch hier können Sie zwischen fangen oder nicht fangen wählen (s. o.).

„TIN-Kantentyp festlegen": Ermöglicht Ihnen eine nachträglich Änderung des Kantentyps. Sie können zwischen hart, weich und regulär wählen. Damit wird die Visualisierung der Hangneigung geregelt.

„TIN-Tags festlegen": Mit „Setze TIN Tags" können Sie Knoten- oder Dreieckstags bearbeiten. Dafür wählen Sie zum einen den Typ (also Knoten oder Dreieck) aus und zum anderen die Selektionsmethode.

„TIN-Datenfläche ändern": Mithilfe dieser Funktion können Sie TIN-Dreiecke an- bzw. ausschalten.

„TIN-Bruchkante löschen": Wenn Sie Bruchkanten entfernen möchten, können Sie das mit dem Werkzeug „Lösche TIN-Bruchkanten" ausführen.

„TIN-Knoten verschieben": Ermöglicht Ihnen das Verschieben einzelner Knoten. Sie können Knoten entweder per Drag & Drop verschieben oder Sie klicken zuerst den Knoten an und geben mit einem zweiten Mausklick die neue Position an.

„TIN-Knoten verbinden": Erstellt eine neue Bruchkante zwischen zwei Knoten. Die Anfangs- und Endhöhe wird aus den Eigenschaften der Punkte ermittelt.

„Kante austauschen": Verbindet zwei gegenüberliegende Punkte, um ein abweichendes Paar Dreiecke zu erstellen.

„TIN-Knoten löschen": Knoten können Sie entweder löschen, indem Sie direkt einen per Mausklick auswählen, oder ein Polygon erstellen, dass die Knoten enthält.

„Z-Wert von Knoten anpassen": Die Höhe einzelner Knoten können Sie mit der Funktion „TIN-Knoten verschieben" individuell einstellen.

6.1.4.32 Erstellung einer neuen Werkzeugleiste

Wie bereits erwähnt, hat der Nutzer die Möglichkeit, selbst neue Werkzeugleisten zu erstellen, und diese nach seinen individuellen Bedürfnissen mit beliebig vielen ArcGIS Befehlen zu bestücken. Wie Sie zu diesem Zweck vorgehen, soll im Anschluss beispielhaft Schritt für Schritt erklärt werden.

Öffnen Sie mit *Hauptmenüleiste* ⇨ *„Anpassen"* ⇨ *„Anpassungsmodus"* das Dialogfenster „Anpassen".

Klicken Sie im Dialogfenster „Anpassen" im Register „Werkzeugleisten" auf die Schaltfläche „Neu…".

Im nun erscheinenden Dialogfenster „Neue Werkzeugleiste" definieren Sie einen Namen („Beispiel"). Bestätigen Sie abschließend mit „OK". Die von Ihnen erstellte Werkzeugleiste wird standardmäßig nur in dem aktuellen Kartenprojekt gespeichert. Wenn die neue Werkzeugleiste für alle ArcMap-Sitzungen verfügbar gemacht werden soll, so können Sie das auch einstellen. Dafür wechseln Sie im Dialogfenster „Anpassen" auf den Reiter „Optionen" und nehmen dort das Häkchen für „Neue Werkzeugleisten und Menüs im Dokument erstellen" raus.

Sowohl in der Liste der Werkzeugleisten als auch auf Ihrer Arbeitsfläche befindet sich jetzt die neue, noch leere Werkzeugleiste. Beginnen Sie nun, diese mit den gewünschten Befehlen zu bestücken. Wechseln Sie dazu in das Register „Befehle".

Markieren Sie – als Beispiel für eine Schaltfläche – in der Kategorie „Auswahl" den Befehl „Auf selektierte Features zoomen" und ziehen Sie diesen per Drag & Drop in die Werkzeugleiste (Abb. 175).

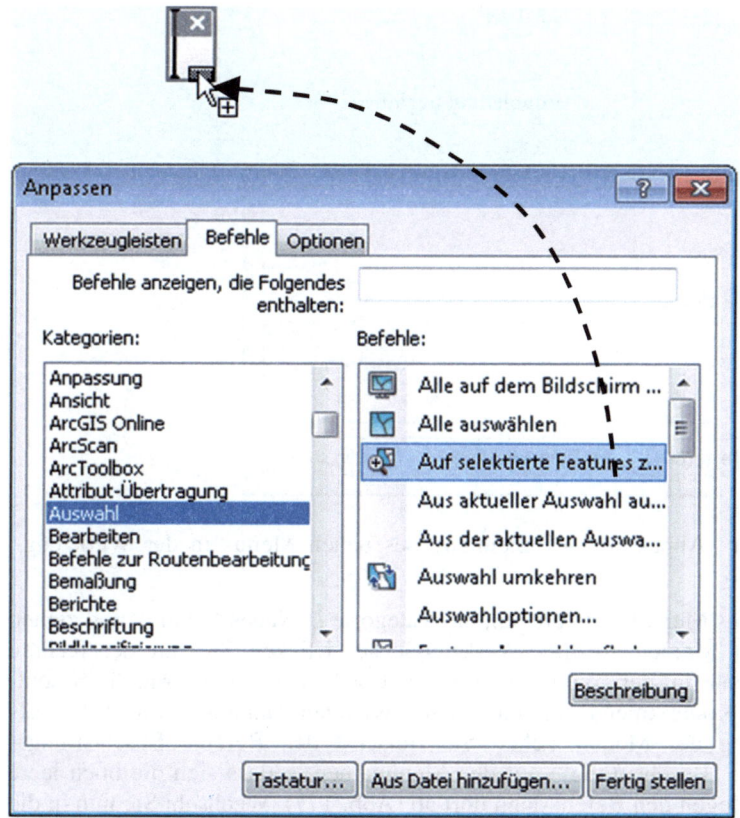

Abb. 175: Dialogfenster „Anpassen" – Befehl „Auf selektierte Features zoomen" ergänzen

Als Beispiel für ein Werkzeug fügen Sie Ihrer Leiste auf die gleiche Weise aus der Kategorie „Lesezeichen" den Befehl „Erstellen…" (erstellt ein neues Lesezeichen) hinzu (bis ArcGIS 9.2 finden Sie diesen Befehl in der Kategorie „Ansicht"). Einen bereits eingefügten Befehl können Sie aus der Werkzeugleiste wieder entfernen, indem Sie innerhalb der Werkzeugleiste mit der rechten Maustaste auf den Befehl klicken und im erscheinenden Kontextmenü den Befehl „Löschen" ausführen.

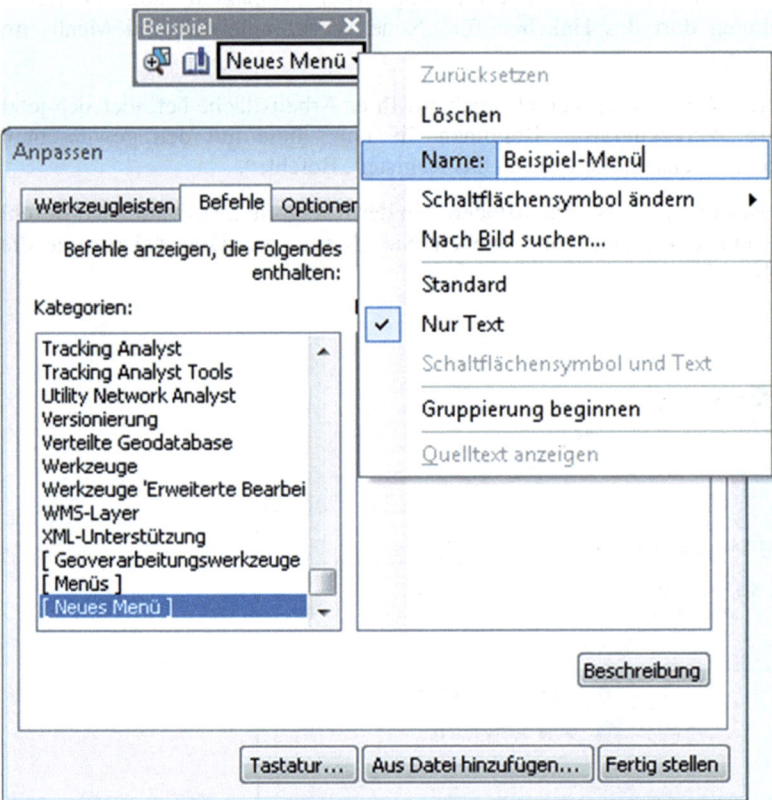

Abb. 176: Dialogfenster „Anpassen" – Benennung des neuen Menüs in der Werkzeugleiste

Wählen Sie, um ein neues Menü hinzuzufügen, die Kategorie „[Neues Menü]" und ziehen Sie den Befehl „Neues Menü" auf Ihre Werkzeugleiste. Klicken Sie mit der rechten Maustaste auf das Menü in der Werkzeugleiste und geben Sie dem Menü im entsprechenden Feld des Kontextmenüs gleich einen passenden Namen (Abb. 176). Als Beispiel zur Bestückung des Menüs ziehen Sie zunächst den Befehl „Beschriftungs-Manager…" (Kategorie: „Beschriftung") auf den Menünamen, sodass sich die noch leere Befehlsliste öffnet, und legen den Befehl dann dort ab (Abb. 177). Wechseln Sie nun in die Kategorie „Werkzeuge" und fügen Sie dem Menü auf die gleiche Weise den Befehl „Style-Manager" hinzu (Abb. 178). Werkzeugleisten und Menüs können optisch durch Hinzufügen kleiner Trennstriche in sog. Befehlsgruppen unterteilt werden. Klicken Sie im Kontextmenü des Befehls „Beispiel-Menü" auf „Eine Gruppe beginnen", so wird links neben dieser Schaltfläche ein Trennstrich eingefügt.

6.1 Die ArcMap Benutzeroberfläche

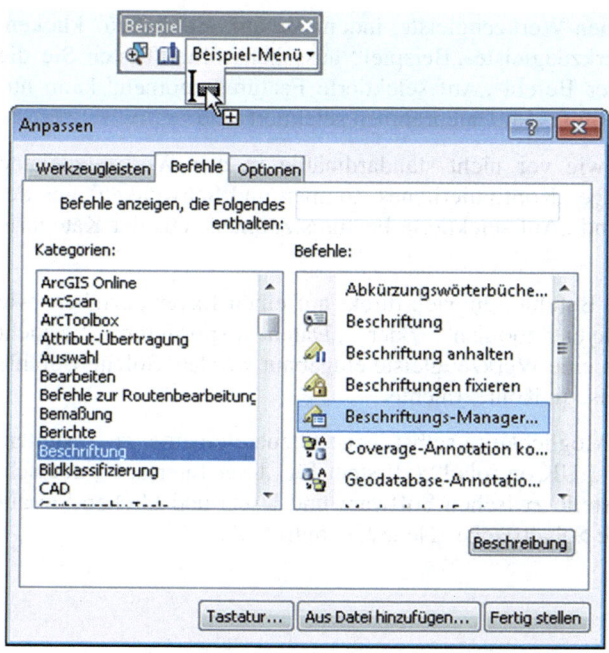

Abb. 177: Dialogfenster „Anpassen" – Befehl „Beschriftungs-Manager" hinzufügen

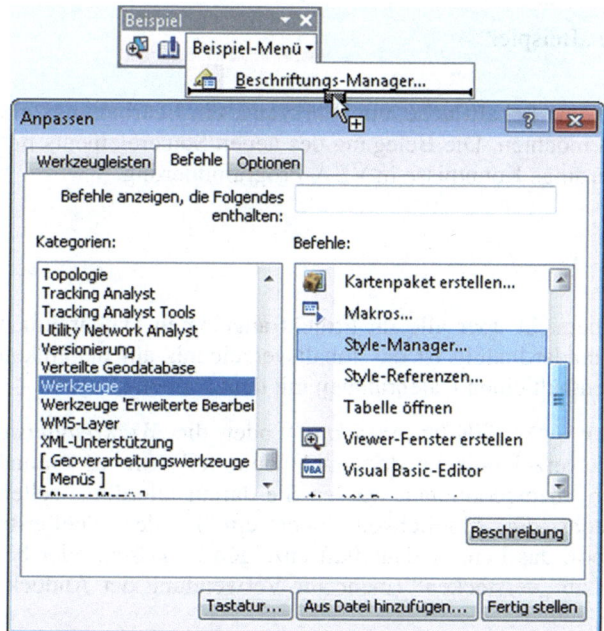

Abb. 178: Dialogfenster „Anpassen" – Befehl „Style-Manager" hinzufügen

Beenden Sie die Erstellung der neuen Werkzeugleiste, indem Sie auf „Schließen" klicken. Abbildung 179 zeigt, wie Ihre Werkzeugleiste „Beispiel" aussehen sollte. Testen Sie die Funktionsfähigkeit der Befehle. Der Befehl „Auf selektierte Features zoomen" kann nur ausgeführt werden, wenn aktuell Features im Datenrahmen selektiert sind.

Sehr nützlich – und leider nach wie vor nicht standardmäßig in den Werkzeugleisten enthalten – sind die zwei Werkzeuge „Kontinuierliches Zoomen und Schwenken" aus der Kategorie „Schwenken/Zoomen" und „Auf selektierte Features zoomen" aus der Kategorie „Auswahl".

 Tipp: Beachten Sie, dass Befehle, die sich direkt auf einen Layer beziehen, wie beispielsweise „Auf Layer zoomen" oder „Daten exportieren...", nicht funktionieren, wenn sie in eine Werkzeugleiste eingebaut werden. Solche Befehle befinden sich normalerweise in Kontextmenüs

ArcMap bietet dem Nutzer die Möglichkeit, selbst neue Steuerelemente zu erstellen. Markieren Sie dazu die Kategorie „[UIControls]" (UI steht für „User Interface", deutsch: Benutzer-Oberfläche, d. h. Schnittstelle zwischen Software und User) und klicken Sie auf die nur hier zur Verfügung stehende Schaltfläche „Neue UIControl...".

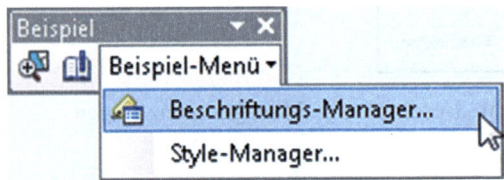

Abb. 179: Die neue Werkzeugleiste „Beispiel"

Sie können nun entscheiden, ob Sie eine Schaltfläche, ein Werkzeug, ein Bearbeitungsfeld oder ein Kombinationsfeld erstellen möchten. Die Belegung des neuen Steuerelements mit einer Ereignisprozedur erfordert allerdings Kenntnisse in VBA-Programmierung.

6.1.5 Inhaltsverzeichnis

6.1.5.1 Allgemein

Das Inhaltsverzeichnis gibt eine Übersicht über alle im Projekt angelegten Datenrahmen und die darin enthaltenen Layer. Standardmäßig ist das Inhaltsverzeichnis auf der linken Seite des Desktops angeordnet und enthält einen Datenrahmen mit dem Namen „Layer".

Über *Hauptmenüleiste* ➪ *„Fenster"* ➪ *„Inhaltsverzeichnis"* oder die *Werkzeugleiste „Standard"* können Sie das Inhaltsverzeichnis wieder einblenden, falls Sie es einmal geschlossen haben. Aufgrund neuer Anzeigeoptionen werden Sie darauf allerdings selten zurückgreifen müssen. Jetzt besteht die Möglichkeit, über ein in der Titelleiste untergebrachtes Reißzwecken-Symbol, das Fenster dauerhaft anzeigen zu lassen, oder bei Inaktivität als Reiter im Seitenrand zu „verstecken" (mehr zur Verwendung der Andock-Hilfe finden Sie im Kapitel 6.1.2).

Die momentan verfügbaren Ansichtsarten befinden sich nicht mehr als Registerkarten am unteren Rand des Inhaltsverzeichnisses, sondern sind als Schaltflächen am oberen Rand untergebracht. Sie haben die Wahl, sich das Inhaltverzeichnis nach der Darstellungsreihenfolge, der Quelle, der Sichtbarkeit und nach der Auswahl anzeigen zu lassen. Zusätzlich wurde die Schaltfläche „Optionen" eingefügt, über die Sie die Darstellung der Layer verändern können (in den Version vor ArcGIS 10 über *Hauptmenüleiste „Werkzeuge"* ⇨ *„Optionen..."* ⇨ *Register „Inhaltsverzeichnis"* zu erreichen). Hier können Sie Schriftart und -größe sowie Form und Größe der Mustersymbole anpassen.

Die bei der Arbeit mit ArcMap am häufigsten verwendete Anzeigeart „Nach Darstellungsreihenfolge auflisten" zeigt die Datenrahmen mit ihren Layern auf und zwar in der Reihenfolge, in der sie im Kartenfenster dargestellt werden. Dabei überlagert jeder Layer immer alle unter ihm aufgelisteten Layer desselben Datenrahmens. Die Reihenfolge kann durch Ziehen und Ablegen der Layer jederzeit geändert werden. Auch durch die Schaltfläche „Nach Quelle auflisten" werden alle Datenrahmen mit den darin enthaltenen Layern angezeigt. Allerdings sind die Layer hier nach den Speicherpfaden sortiert, in denen sich die von den Layern referenzierten Datenquellen befinden. Tabellen, die dem Kartendokument als Daten hinzugefügt wurden, sehen Sie ausschließlich in dieser Ansicht. Wählen Sie die Ansicht „Nach Sichtbarkeit auflisten", dann wird das Inhaltsverzeichnis in zwei Bereiche unterteilt, nämlich in „Sichtbar" und „Nicht sichtbar". Die als „Nicht sichtbar" markierten Layer werden nur ausgegraut angezeigt, wogegen die sichtbaren Layer farbig dargestellt werden. Vor dem Layernamen befindet sich abhängig von der Layerart (Punkt, Linie, Polygon etc.) ein Symbol. Wenn Sie auf diese Schaltfläche („Zum Ein-Ausblenden der Sichtbarkeit klicken") auswählen, dann können Sie den jeweiligen Layer in den anderen Bereich „verschieben", also einen sichtbaren Layer als nicht sichtbar markieren oder umgekehrt. Über ein weiteres Symbol rechts vom Layernamen („Zum Ein-/Ausblenden der auswählbaren Elemente klicken") können Sie außerdem entscheiden, ob ein Layer selektierbar sein soll oder nicht. In der überarbeiteten Ansicht „Nach Auswahl auflisten" wird das Inhaltsverzeichnis nach „Auswählbar" und „Nicht auswählbar" aufgeteilt. Wenn Features selektiert sind, wird der Bereich „Auswählbar" weiter in die zwei Teilbereiche „Ausgewählte" und „Auswählbar (keine Features ausgewählt)" unterteilt. Ähnlich wie bei der Ansicht „Nach Sichtbarkeit auflisten" können Sie auch in dieser Ansicht über das vorangestellte Symbol zwischen „Sichtbar" und „Nicht sichtbar" wechseln. Je nach Sichtbarkeit werden auch in dieser Ansicht die Layer farbig oder ausgegraut angezeigt. Im Unterschied zu der Ansicht nach Sichtbarkeit können Sie in der Ansicht „Nach Auswahl auflisten" zum einen eine bestehende Auswahl layerweise aufheben, und zum anderen nachvollziehen, wie viele Features pro Layer selektiert sind. Neben den bereits beschriebenen Schaltflächen „Zum Ein-/Ausblenden der Sichtbarkeit klicken" und „Zum Ein-/Ausblenden der auswählbaren Elemente klicken" wurde dazu die Schaltfläche „Zum Löschen der Layer-Auswahl klicken" hinzugefügt. Diese löscht im Gegensatz zur Schaltfläche „Feature-Auswahl aufheben" der Werkzeugleiste „Werkzeuge" nur die ausgewählten Features des Layers, nicht die gesamte Auswahl. Ganz rechts wird pro Layer noch die Anzahl der selektierten Features angezeigt. Die Darstellungsreihenfolge richtet sich nach der Anzahl der selektierten Features pro Layer. Bis zu acht markierte Features pro Layer werden auch einzeln, in der Form der Anzeigeeinstellung in den Layer-Eigenschaften, unterhalb des Layernames aufgelistet (siehe Abb. 180). Mit der rechten Maustaste auf einem Layer gelangen Sie in ein Kontextmenü mit auswahlbezogenen Befehlen.

Abb. 180: Die Registerkarte „Auswahl" des Inhaltsverzeichnisses

Wird keine Ansichtsart eingestellt, wird der Inhalt automatisch in der Reihenfolge der Darstellungsreihenfolge angezeigt. Jedes Kartenprojekt merkt sich die Ansichtsart zum Zeitpunkt des letzten Speichervorgangs.

Bei der Standardansicht „Nach Darstellungsreihenfolge auflisten" ist neben der Darstellungsreihenfolge auch die Symbologie pro Layer sichtbar. Durch den Doppelklick auf eins der Symbole öffnet sich das Dialogfenster „Symbolauswahl" über das die Darstellung verändern können (siehe Abb. 181). Das Dialogfenster erreichen Sie auch, wenn Sie im Register Symbologie auf eins der Symbole doppelklicken. Viele vordefinierte Symbole werden Ihnen mit ArcGIS bereits mitgeliefert. Diese sind in unterschiedlichen Kategorien organisiert und können jetzt auch über eine integrierte Suchfunktion gesucht werden. Demnach muss man nicht mehr wissen, in welcher Kategorie ein Symbol untergebracht wurde, sondern kann einfach den gewünschten Suchbegriff eingeben. Das funktioniert selbstverständlich nicht nur mit den mitgelieferten Symbolen, sondern auch mit selbst erstellten Symbolen. Die Suche basiert auf sog. Tags, also einzelnen, beschreibenden Begriffen (beispielsweise die Farbe, der Verwendungszweck oder die Form). Neuen Symbolen können Sie über die Spalte „Tags" im Dialogfenster „Style-Manager" (*Hauptmenüleiste* ➪ *„Anpassen"* ➪ *„Style-Manager..."*) Begriffe (getrennt durch ein Semikolon) zuweisen. Wenn Sie als Suchbegriff dann einen der Begriffe angeben, dann wird dieses Symbol (und ggf. noch weitere) als Ergebnis geliefert. Sie können mit der Maus auch auf eins der Symbole gehen (ohne zu klicken) und erhalten in einem kleinen Infofenster weitere Auskünfte. Falls Sie den Radio-Button bei „Suchen" auf „Referenzierte Styles" umändern, dann werden bei der Suche nicht mehr alle Styles durchsucht, sondern nur diejenigen, die im Dialogfenster „Style-Referenzen" aktiviert sind. Die Suchergebnisse – egal ob Sie in allen Styles oder nur in den referenzierten Styles suchen – werden abhängig von der Art der Feature-Klasse ausgegeben. Wenn Sie also die Symbologie einer Punkt-Feature-Klasse verändern möchten, dann werden bei der Suche auch nur Punkt-Symbole gefunden. Um das Suchergebnis zu löschen und wieder alle referenzierten Styles anzeigen zu lassen, reicht ein Klick auf die Schaltfläche „Suche löschen". Wie die Symbole in dem Dialogfenster „Symbolauswahl" angezeigt und sortiert werden sollen, können Sie über die Schaltfläche „Anzeigeoptionen" regeln. Sie können zwischen der Symbol-, Listen- und Kompaktansicht wechseln. Außerdem kann noch angegeben werden, wie die Symbole gruppiert werden sollen, ob nach Style, Kategorie oder gar nicht.

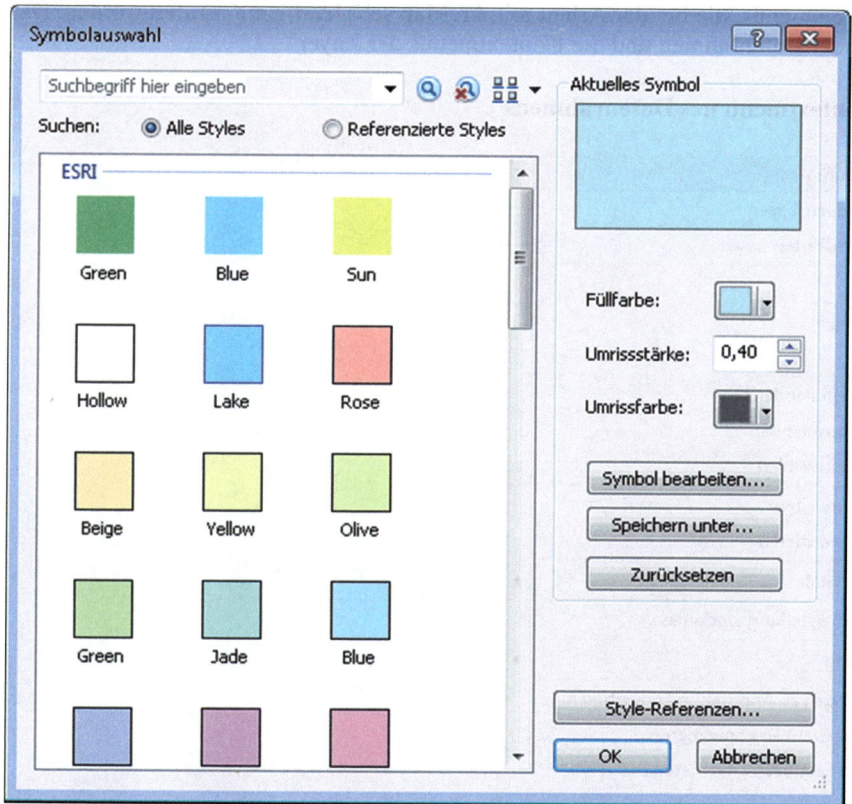

Abb. 181: Dialogfenster „Symbolauswahl"

Im rechten Bereich des Dialogfensters „Symbolauswahl" sehen Sie zum einen das aktuelle Symbol, haben aber zum anderen auch die Möglichkeit, diese zu verändern, zu speichern oder es zurückzusetzen. Kleinere Änderungen – z. B. die Größe und Farbe – können direkt innerhalb des Bereichs „Aktuelles Symbol" vorgenommen werden, weitere Anpassungen können über die Schaltfläche „Symbol bearbeiten" vorgenommen werden. Punkt-Symbole können auch durch eigene Bilddateien ersetzt werden. In den Vorgängerversionen von ArcGIS 10.1 for Desktop wurde nur das Bildformat

BMP unterstützt, jetzt sind auch Dateien im Format PNG, JPEG und GIF nutzbar. Die erstellten Symbole können mit „Speichern unter..." gespeichert werden. Dafür wählen Sie einfach den Style aus, in dem das Symbol gespeichert werden soll (standardmäßig ist der Style des Windows-Benutzers angegeben) und geben zusätzlich noch einen Namen, die Kategorie und weitere Tags an. Sollten Sie die Änderungen am Symbol wieder rückgängig machen wollen, dann können Sie das über „Zurücksetzen" erreichen. Die Schaltfläche „Style-Referenzen" öffnet das gleichnamige Dialogfenster, welches Sie alternativ auch über die Schaltfläche „Styles..." im Dialogfenster „Style-Manager" (*Hauptmenüleiste* ⇨ *„Anpassen"* ⇨ *„Style-Manager..."*) öffnen können. Im Kapitel 6.1.3.8 werden die Funktionen der Style-Referenzen näher erläutert.

Innerhalb des Inhaltsverzeichnisses haben Sie mit der rechten Maustaste Zugriff auf zwei wichtige Kontextmenüs, die bei der Arbeit mit ArcMap sehr häufig aufgerufen werden: Das Kontextmenü der Datenrahmen und die Kontextmenüs der Layer.

6.1.5.2 Kontextmenü des Datenrahmens

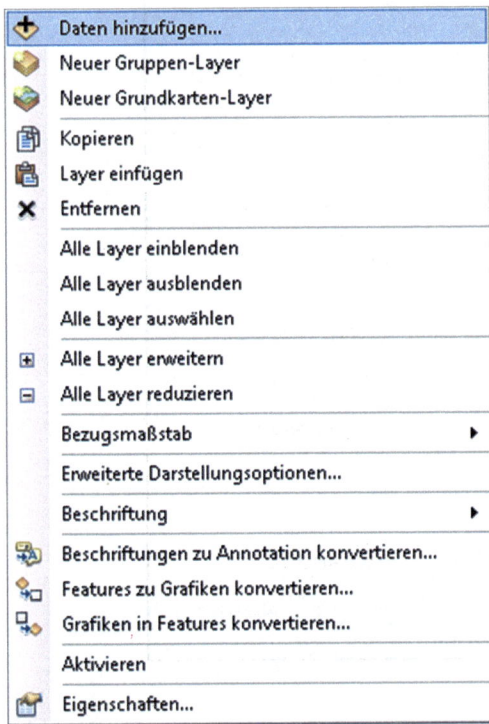

Abb. 182: Kontextmenü des Datenrahmens

Ein Klick mit der rechten Maustaste auf einen Datenrahmen öffnet das Kontextmenü dieses Datenrahmens (Abb. 182). Da ein großer Teil der Befehlseinträge selbsterklärend ist bzw. an anderer Stelle näher erläutert wird, soll im Anschluss nur auf einige wichtige Menüeinträge ausführlich eingegangen werden.

Mit dem Befehl „Daten hinzufügen..." können Sie dem Datenrahmen geographische Daten wie Shapefiles oder Rasterbilder hinzufügen. Derselbe Befehl ist – ohne Umweg über ein Kontextmenü und deswegen bequemer – auch als Schaltfläche auf der Werkzeugleiste „Standard" ausführbar.

Mit „Neuer Gruppen-Layer" erstellen Sie in diesem Datenrahmen einen neuen, leeren Gruppen-Layer, den Sie mit *Kontextmenü dieses Gruppen-Layers* ⇨ *„Daten hinzufügen..."* oder durch Drag & Drop mit bereits im Inhaltsverzeichnis vorhandenen Layern bestücken können.

Neue Grundkarten können Sie mit „Neuer Grundkarten-Layer" zu ihrem Kartendokument hinzufügen. Wenn Sie den Befehl „Neuer Grundkarten-Layer" auswählen, erzeugen Sie einen neuen Layer, den Sie auch direkt in Ihrem Inhaltsverzeichnis sehen können. Dieser Layer verhält sich ähnlich wie ein Gruppen-Layer. Sie können nun beliebig viele Layer in den Grundkarten-Layer verschieben. Dort sollten diejenigen Layer enthalten sein, die eigentlich nur als Hintergrund dienen, und wo sich demnach nicht oft etwas verändert. Lediglich beim ersten Mal, wenn Sie in einem bestimmten Maßstab auf einen Kartenausschnitt zoomen, wird die Ansicht berechnet. Anschließend kann die Ansicht einfach wieder hergestellt werden, weil der Ausschnitt nicht mehr dynamisch bei jedem Aufruf erstellt wird. Auf diese Weise kann die Performance deutlich erhöht werden. Über das Kontextmenü des Grundkarten-Layers können Sie auch testen, ob die hinzugefügten Layer für den Grundkarten-Layer geeignet sind (was auch durch kleine Icons angezeigt wird) bzw. was evtl. die Darstellungsgeschwindigkeit beeinflussen kann. Sowohl mit Grundkarten-Layer als auch mit beschleunigten Rasterdaten können Sie den „Schnell-Schwenken-Modus" verwenden. In diesen gelangen Sie, wenn Sie die mittlere Maustaste im Kartenfenster länger gedrückt halten. Die Grundkarten-Layer werden mit diesem Modus kontinuierlich und übergangslos geschwenkt, die restlichen Layer werden neu gezeichnet, wenn Sie die mittlere Maustaste wieder loslassen. Eine kurze Beschreibung des „Schnell-Schwenken-Modus" finden Sie im Kapitel 6.1.3.8.

 Tipp: Es besteht seit ArcGIS 10 die Möglichkeit, die Hardwarebeschleunigung zu aktivieren (*Hauptmenüleiste* ⇨ *„Anpassen"* ⇨ *„ArcMap-Optionen..."* ⇨ *Register „Datenansicht"*, siehe auch Kapitel 6.1.3.8). Das hat allerdings nur Auswirkungen, wenn Sie mit einem Grundkarten-Layer oder beschleunigten Rastern (siehe Kapitel 6.1.3.9) arbeiten.

Der Befehl „Kopieren" legt eine Kopie des kompletten Datenrahmens mit allen Layern in die Windows-Zwischenablage, von wo aus er mit *Hauptmenüleiste* ⇨ *„Bearbeiten"* ⇨ *„Einfügen"* beispielsweise in das Kartendokument einer anderen ArcMap-Sitzung eingefügt werden kann.

Der Befehl „Bezugsmaßstab" öffnet ein Untermenü, mit dem Sie den aktuellen Maßstab des Kartenfensters als Bezugsmaßstab festlegen können. Wurde bereits ein Bezugsmaßstab definiert, können Sie auf diesen zoomen oder ihn löschen. Worum es sich bei einem Bezugsmaßstab handelt, lesen Sie bitte in Kapitel 6.2.1.

Mithilfe der Funktion „Erweiterte Darstellungsoptionen..." kann eine Layer-Maskierung für den Datenrahmen festgelegt werden. Es können nur Polygon-Layer zum Maskieren (verbergen, ausblenden) ausgewählt werden. Wird z. B. ein Linienthema als maskiertes Thema definiert, so werden diejenigen Linien, die im Bereich des Maskierungs-Layers liegen, nicht mehr dargestellt. Im Prinzip ist dies ein lagebezogener Darstellungsausschluss bestimmter Linien, der die Features in der Attributtabelle jedoch weiterhin aufführt. Im Gegensatz dazu kann ein attributbezogener Darstellungsausschluss unter *Kontextmenü des Layers* ⇨ *„Eigenschaften..."* ⇨ *„Definitionsabfrage"* definiert werden. Eine häufige Anwendung der Maskierung ist die Freistellung von Texten. Dies lässt sich im Register „Maske" der Symboleigenschaften von Texten einstellen.

Der Befehl „Beschriftung" eröffnet dem Nutzer über ein Untermenü eine Reihe von Möglichkeiten, die Beschriftungen der Layer des aktiven Datenrahmens zu beeinflussen. Der Funktionsumfang des Untermenüs zum Menübefehl „Beschriftung" entspricht dem der Werkzeugleiste „Beschriftung" (Kapitel 6.1.4.19). Diese können Sie, wie in Kapitel 6.1.4.1 beschrieben, jederzeit Ihrer Arbeitsfläche hinzufügen. Wie Sie in ArcMap die Beschriftung eines Layers verwalten können, lesen Sie in Kapitel 6.3.8 und Kapitel 6.1.4.19. Eine ausführliche Beschreibung der verfügbaren Label-Engines finden Sie in Kapitel 6.11.

Auf die Menüfunktion „Beschriftungen zu Annotation konvertieren..." wird in Kapitel 6.1.4.4 näher eingegangen.

Der Befehl „Features zu Grafik konvertieren..." öffnet ein Dialogfenster, mit dem Sie alle oder nur die aktuell selektierten Features eines Layers zu Grafiken konvertieren können. Auf solche Weise erstellte Grafiken sind in ihrer Größe und Position frei veränderbar. Diese Funktion ist somit beispielsweise dann von Nutzen, wenn Sie bestimmte Features hervorheben oder in einem Maßstab sichtbar machen wollen, in dem sie normalerweise nicht zu sehen wären, ohne die vom Layer referenzierten Quelldaten zu verändern. Es ist nicht möglich, die Features mehrerer Layer gleichzeitig zu konvertieren. Definieren Sie in der Drop-down-Liste rechts oben im Dialogfenster den gewünschten Layer und legen Sie links daneben fest, ob alle Features oder nur die gerade selektierten betroffen sind. Entscheiden müssen Sie außerdem, ob die zu Grafiken konvertierten Features nach der Umwandlung von der Darstellung ausgeschlossen werden oder nicht. Im ersteren Fall finden Sie die betroffenen Features in einer Liste im Register „Anzeige" der Layer-Eigenschaften unter „Feature-Ausschluss". Dort können die Features einzeln („Zeichnung wiederherstellen") oder in der Gesamtheit („Alles wiederherstellen") der Darstellung wieder hinzugefügt werden.

Den umgekehrten Weg ermöglicht der Befehl „Grafiken in Features konvertieren..." (neu ab ArcGIS Version 9.3). Auch hier öffnet sich ein Dialogfenster, mit dem alle oder nur aktuell ausgewählte Grafiken zu Features konvertiert werden können. Weiterhin müssen Sie einstellen, welches Koordinatensystem Verwendung finden soll (zur Auswahl stehen das Koordinatensystem des Datenrahmens, das Koordinatensystem eines bestimmten Layers, das Koordinatensystem des Feature-Datasets, in das importiert wird, oder das Koordinatensystem der Annotation-Gruppe des Datenrahmens). Schließlich muss noch der Ausgabepfad samt Dateinamen des neuen Shapefiles bzw. der neuen Feature-Klasse angegeben werden. Außerdem kann noch die Einstellung getroffen werden, ob die Grafiken nach der Konvertierung automatisch gelöscht werden sollen. Dieser Befehl steht nur in der Datenansicht zur Verfügung. Sie finden den gleichen Befehl auch im Menü „Zeichnen" der Werkzeugleiste „Zeichnen" (vgl. Kapitel 6.1.4.11).

Sollten Sie mit mehr als einem Datenrahmen arbeiten, dann kann über „Aktivieren" der aktive Datenrahmen ausgewählt werden. Der aktive Datenrahmen wird durch fett gedruckte Schrift angezeigt.

Der Befehl „Eigenschaften…" öffnet das Dialogfenster „Datenrahmen-Eigenschaften", über das Sie im Kapitel 6.2 mehr erfahren.

6.1.5.3 Kontextmenüs der Layer

Rechte Maustaste auf einen Layer öffnet das Kontextmenü des Layers (Abb. 183).

Sind mehrere Layer ausgewählt, sieht das Kontextmenü anders aus als in Abbildung 183 zu sehen ist. Dasselbe gilt für das Kontextmenü eines Gruppen-Layers sowie für die Kontextmenüs einiger spezieller Layer wie Rasterdaten, CAD-Zeichnungen oder Tabellen. Lesen Sie dazu bitte die unteren Abschnitte dieses Kapitels.

Der Befehl „Kopieren" kopiert den ausgewählten Layer in die Zwischenablage, von wo aus er beispielsweise in den gleichen oder einen anderen Datenrahmen eingefügt werden kann. Betätigen Sie dazu in der Hauptmenüleiste unter „Bearbeiten" den Befehl „Einfügen" oder klicken Sie mit der rechten Maustaste auf den Datenrahmen, in den Sie den Layer einfügen wollen, und führen den Befehl „Layer einfügen" aus. Es ist auf diese Weise auch möglich, die Daten aus der Zwischenablage in den Datenrahmen einer anderen ArcMap-Sitzung einzufügen.

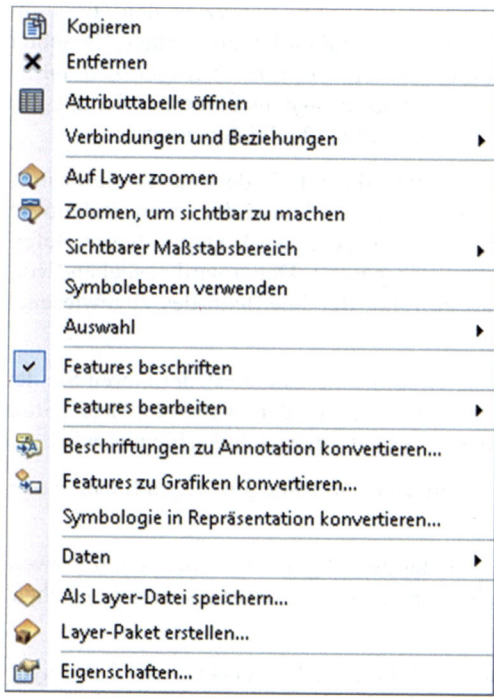

Abb. 183: Kontextmenü eines Layers

Mit „Entfernen" werden die ausgewählten Layer aus dem Datenrahmen gelöscht. Die Quelldaten, auf die der Layer verweist, sind vom Löschvorgang nicht betroffen.

Klicken Sie auf „Attributtabelle öffnen", wenn Sie eine Tabelle mit den Attributen aller Features des Layers anzeigen wollen. Zum Arbeiten mit Attributtabellen lesen Sie bitte Kapitel 6.13 und Kapitel 14.7.

Unter „Verbindungen und Beziehungen" können Sie die Attributdaten Ihres Layers mit externen Tabellen verbinden bzw. in Beziehung setzen oder bereits bestehende Verbindungen und Beziehungen lösen. Einen Überblick über die aktuellen Verbindungen und Beziehungen des Layers bekommen Sie unter *„Eigenschaften..."* ⇨ Register *„Verbindungen & Beziehungen"* im selben Kontextmenü. Es gibt ein paar Punkte, die beachtet werden müssen, wenn Sie eine externe Tabelle mit einem Layer verbinden möchten. In der anzubindenden Tabelle dürfen beispielsweise keine Leerzeichen oder Sonderzeichen in den Spaltennamen sein. Auch dürfen die Spaltennamen nicht mit einer Zahl beginnen und manche Begriffe dürfen generell nicht verwendet werden, da die Begriffe reserviert sind (wie z. B. das Wort „null"). Um zu testen, ob die Tabelle den Anforderungen genügt, ist seit ArcGIS 10 die Schaltfläche „Verbindung überprüfen" hinzugefügt worden. Dadurch wird Ihnen in einem zweiten Fenster ein Protokoll über mögliche Fehlerquellen erstellt. Mehr zur Anwendung von Verbindungen und Beziehungen erfahren Sie in Kapitel 14.7.4.

Der Befehl „Auf Layer zoomen" zoomt auf die geographische Ausdehnung aller Features im ausgewählten Layer. Verwenden Sie diesen Befehl, um sicherzustellen, dass die Ausdehnung Ihres Kartenfensters alle Features des ausgewählten Layers umfasst. Beachten Sie, dass dieser Befehl eine eventuell unter *Kontextmenü des Layers* ⇨ *„Eigenschaften..."* ⇨ *Register „Definitionsabfrage"* formulierte Definitionsabfrage nicht berücksichtigt und immer auf die volle Ausdehnung der vom Layer dargestellten Quelldaten zoomt.

Der Eintrag „Zoomen, um sichtbar zu machen" ist nur aktiv, falls dem Layer ein bestimmter Maßstabsbereich zugewiesen ist (s. u. sowie Kapitel 6.3.1) und der Layer deshalb bei einem bestimmten Maßstab des Kartenfensters nicht angezeigt wird. Durch diesen Befehl wird das Kartenfenster auf einen „sichtbaren" Maßstab gesetzt. Dabei wird ausgehend vom aktuellen Maßstab der nächstgelegene Maßstab gewählt, der innerhalb des zugewiesenen Maßstabsbereichs liegt.

Unter *„Sichtbarer Maßstabsbereich"* ⇨ *„Minimalen Maßstab festlegen"* definieren Sie den aktuellen Maßstab des Datenrahmens (siehe Maßstabsfeld in der Werkzeugleiste „Standard") als diejenige Zoomstufe, unterhalb der der Layer automatisch ausgeblendet wird.

Unter „Sichtbarer Maßstabsbereich" ⇨ „Maximalen Maßstab festlegen" legen Sie eine obere Maßstabsgrenze fest.

Sollen die Einstellungen des Maßstabsbereichs wieder zurückgesetzt werden, dann verwendern Sie dazu die Funktion „Sichtbarer Maßstabsbereich" ⇨ „Maßstabsbereich löschen" verwenden.

Das Festlegen dieser beiden Werte, die den sichtbaren Maßstabsbereich des Layers definieren, kann auch bequem durch manuelle Eingabe der Werte unter *„Eigenschaften..."* ⇨ *Register „Allgemein"* im selben Kontextmenü erfolgen (siehe Kapitel 6.3.1).

Klicken Sie auf „Symbolebenen verwenden", um die Darstellung der Symbolebenen zu aktivieren. Die Verwendung der Symbolebenen-Darstellung überschreibt die Standard-Darstellungsreihenfolge von ArcMap. Mit *Kontextmenü des Layers* ⇨ *„Eigenschaften..."* ⇨ *Register „Symbologie"* ⇨ *„Erweitert"* ⇨ *„Symbolebenen..."* öffnen Sie ein Dialogfenster, in dem Sie die Darstellung der Symbolebenen steuern können. Näheres dazu finden Sie in Kapitel 6.3.5.

Das Untermenü des Befehls „Auswahl" bietet einige häufig verwendete, auswahlbezogene Funktionen, die teilweise bereits aus dem Menü „Auswahl" der Hauptmenüleiste (Kapitel 6.1.3.6) bekannt sind, die sich hier aber nicht auf alle Layer des Datenrahmens, sondern nur auf diesen einen Layer beziehen. Zu den sehr häufig verwendeten Auswahl-Befehlen zählt „Auswahl umkehren". Hierbei wird bei allen momentan selektierten Features die Auswahl aufgehoben. Im Gegenzug werden alle nicht selektierten Features in die Auswahl aufgenommen. Anwendungsbeispiel: Sie wollen alle Städte Europas selektieren, die nicht in Deutschland liegen. Am schnellsten dürften Sie dieses Ziel erreichen, indem Sie zunächst alle Städte in Deutschland selektieren, und anschließend die Auswahl umkehren. Der Befehl „Datensätze für ausgewählte Features kopieren" legt die Attributwerte aller selektierten Features in Form eines Texts in die Windows-Zwischenablage, von wo aus sie in verschiedenste Windows-Anwendungen eingefügt werden können. „Ausgewählte Features beschriften..." beschriftet die momentan selektierten Features des Layers und speichert die Beschriftung in einer vorhandenen Annotation-Feature-Klasse, die mit den Features im Layer verbunden ist (man spricht von einer sog. featurebezogenen Annotation-Feature-Klasse). Eine Annotation-Feature-Klasse enthält Annotations (Texte und Grafiken mit räumlichem Bezug) und wird in einer Geodatabase (Kapitel 7) gespeichert. Eine featurebezogene Annotation-Feature-Klasse ist eine spezielle Annotation-Feature-Klasse, die automatisch aktualisiert wird, sobald die Position oder die Attribute der annotierten Features verändert werden. Dieser Befehl ist nur aktiviert, wenn aktuell Features ausgewählt sind, und die Karte einen Layer enthält, der auf einer wie oben beschrieben gearteten Annotation-Feature-Klasse basiert. Der Befehl „Layer aus selektierten Features erstellen" fügt dem Datenrahmen einen neuen Layer hinzu, der die selektierten Features enthält. Verwenden Sie diesen Befehl, wenn Sie die ausgewählten Features eines Layers als separaten Layer bearbeiten möchten. Beachten Sie, dass der neu erstellte Layer auf dieselben Daten verweist wie der Ursprungs-Layer, sodass sich eine Bearbeitung der Geometrie oder der Attribute in beiden Layern direkt auf diese zugrunde liegenden Daten auswirkt.

Mit „Features beschriften" aktivieren bzw. deaktivieren Sie die Beschriftung von Layer-Features. Zur detaillierten Steuerung der Feature-Beschriftung unter *Kontextmenü des Layers* ⇨ *„Eigenschaften..."* ⇨ *Register „Beschriftung"* bzw. unter *Werkzeugleiste „Beschriftung"* ⇨ *„Beschriftungs-Manager"* lesen Sie bitte Kapitel 6.11, 6.3.8 und Kapitel 6.1.4.19.

Eine Editiersitzung konnte in den Vorgängerversionen nur über die Werkzeugleiste „Editor" gestartet werden (siehe Kapitel 6.1.4.4). Neu ist die Möglichkeit, auch über das Kontextmenü des Layers und das Untermenü „Features Editieren" eine Editiersitzung zu starten. Über den Befehl „Neuen Feature-Typ definieren" können Sie der Feature-Klasse einen neuen Feature-Typ hinzufügen. Das ist dann sinnvoll, wenn Sie beispielsweise bereits eine Feature-Klasse haben, die Bäume darstellen soll. Diese enthält bereits die Kategorien Tanne, Fichte, Buche und Birke. Zusätzlich kommt jetzt aber noch die Esche als neue Kategorie hinzu; die können Sie über „Neuen Feature Typ definieren" in ihrer Feature-Klasse einrichten. Seit ArcGIS 10.1 for Desktop können neben der Beschreibung hier auf direkt die Tags angegeben werden, um eine spätere Suche nach der Vorlage zu erleichtern (siehe Abb. 184). Diese Funktion ist nur dann auswählbar, wenn der Layer über Einzelwerte eines einzelnen Felds oder Repräsentationen symbolisiert ist. Wenn ein neuer Subtype oder eine neue Repräsentationsregel erstellt werden muss, dann muss die Editiersitzung dafür beendet werden. Der Menüpunkt „Feature-Templates organisieren" ermöglicht es, weitere Veränderungen und Einstellungen an den Feature-Templates vorzunehmen (siehe auch Exkurs: Features mithilfe von Templates erstellen in Kapitel 6.1.4.4).

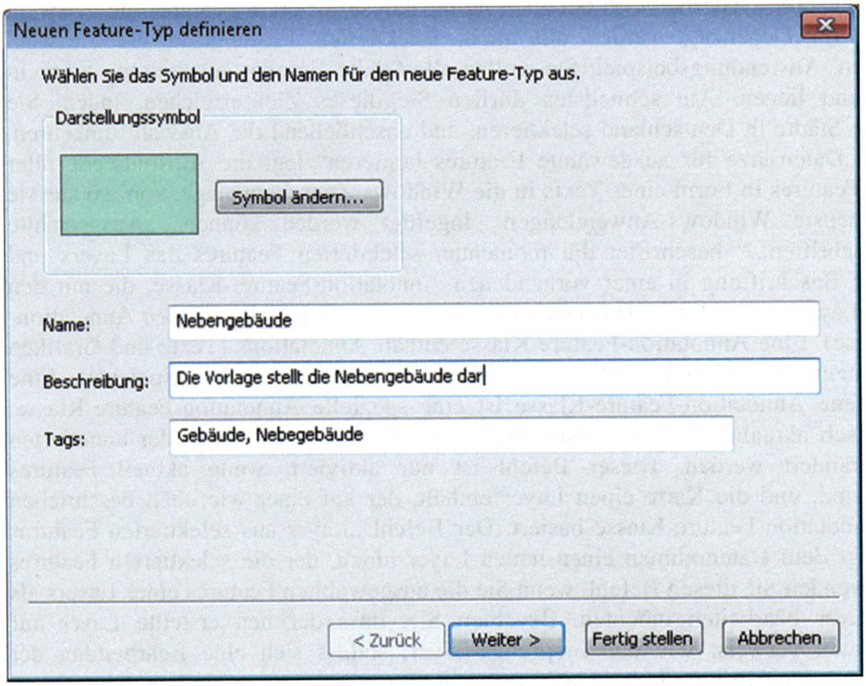

Abb. 184: Dialogfenster „Neuen Feature-Typ" definieren

Mit dem Befehl „Beschriftungen zu Annotation konvertieren…" öffnen Sie ein Dialogfenster, in dem Sie bei Bedarf aktuell in der Karte dargestellte Beschriftungen zu Annotations umwandeln können. Genaueres hierzu erfahren Sie in Kapitel 6.1.4.4.

„Features zu Grafik umwandeln…" öffnet genau dasselbe Dialogfenster, das Sie auch mit dem gleichnamigen Befehl im Kontextmenü des Datenrahmens erreichen. Lesen Sie dazu bitte die Erläuterung in Kapitel 6.1.5.2.

 „Symbologie in Repräsentation konvertieren...": Dieser Befehl ist nur innerhalb einer ArcGIS for Desktop Standard bzw. ArcGIS for Desktop Advanced Lizenz ab ArcGIS Version 9.2 verfügbar und ermöglicht es, die bestehende Symbologie in eine sog. Repräsentation umzuwandeln (Näheres zu kartographischen Repräsentationen finden Sie in Kapitel 6.1.4.22 und Kapitel 14.11).

Wenn in ArcMap die Datenquelle eines Layers nicht gefunden wird oder Sie keinen Lesezugriff mehr auf die vom Layer referenzierten Daten haben, taucht neben diesem Layer ein rotes Ausrufezeichen auf. Dieses signalisiert, dass der Layer repariert werden muss. Der

Befehl *Kontextmenü des Layers* ⇨ *„Daten"* ⇨ *„Datenquelle reparieren..."*. öffnet ein Dialogfenster, mit dem Sie einen solchen „beschädigten" Layer reparieren können, indem Sie den Pfad zu den entsprechenden Daten neu definieren. Befinden sich unter dem neuen Pfad Daten zu weiteren beschädigten Layern, werden diese automatisch mit repariert. Schnellzugriff auf diesen Befehl haben Sie, indem Sie mit der linken Maustaste auf das rote Ausrufezeichen klicken. Beachten Sie, dass dieser Befehl nur zur Verfügung steht, wenn eine Datenverbindung verloren geht.

 Tipp: Wenn Sie die Datenquelle eines nicht beschädigten Layers neu definieren wollen, können Sie dies auch unter *Kontextmenü des Layers* ⇨ *„Eigenschaften..."* ⇨ *Register „Quelle"* einrichten (siehe Kapitel 6.3.2).

Mit *Kontextmenü des Layers* ⇨ *„Daten"* ⇨ *„Daten exportieren..."* können die Daten, die der Layer darstellt, als neues Shapefile oder neue Geodatabase-Feature-Class gespeichert werden. Der Nutzer entscheidet, ob nur die Features in der Ansichtsausdehnung oder alle Features des Layers exportiert werden sollen. Sind zum Zeitpunkt des Exports Features selektiert, so werden auch nur diese gespeichert. Beachten Sie, dass nur die Daten, nicht aber die Eigenschaften (Symbologie etc.) des Layers gespeichert werden. Des Weiteren muss der Nutzer entscheiden, ob die Daten im Koordinatensystem des Datenrahmens oder im Koordinatensystem der Datenquelle des Layers exportiert werden sollen. Ob und welche Koordinatensysteme für Datenrahmen und Quelldaten des Layers definiert sind, können Sie unter *Kontextmenü des Datenrahmens* ⇨ *„Eigenschaften..."* ⇨ *Register „Koordinatensystem"* bzw. *Kontextmenü des Layers* ⇨ *„Eigenschaften..."* ⇨ *Register „Quelle"* überprüfen. Ist weder für den Datenrahmen noch für die Quelldaten des Layers ein Koordinatensystem definiert, oder ist für beide dasselbe System festgesetzt, so spielt es keine Rolle, für welche Option Sie sich entscheiden. Unterscheiden sich beide, so ist es aus Performance-Gründen ratsam, das Koordinatensystem des Datenrahmens zu wählen, da die Daten des Layers dann nicht mehr „on-the-fly" projiziert werden müssen. Lesen Sie dazu bitte auch das Kapitel 6.2.3.

Der Menüpunkt „In CAD exportieren..." öffnet das gleichnamige Werkzeug aus der ArcToolbox *(ArcToolbox* ⇨ *„Conversion Tools"* ⇨ *„In CAD"* ⇨ *„In CAD exportieren")*. Es ermöglich Ihnen, DWG-, DXF-, DGN- oder CAD-Dateien aus einer Feature-Klasse, einem Feature-Layer oder einem Shapefile zu erstellen.

Der Befehl *„Permanente Darstellung"* wandelt einen temporären Layer in einen permanenten Layer um. Der Befehl ist nur aktiviert, wenn es sich bei dem entsprechenden Layer um einen temporären Layer handelt. Temporäre Layer werden unter Umständen als Ergebnis eines Geoverarbeitungsvorgangs in der ArcToolbox (siehe dazu Kapitel 9) oder in verschiedenen Erweiterungen erstellt. Sie heißen deswegen „temporär", weil sie aus dem Inhaltsverzeichnis und von der Festplatte automatisch gelöscht werden, wenn Sie Ihr Dokument schließen, ohne vorher abzuspeichern. Beachten Sie, dass zur Verwendung temporärer Layer unter *Hauptmenüleiste* ⇨ *„Geoverarbeitung"* ⇨ *„Geoverarbeitungsoptionen..."* die Option „Ergebnisse sind standardmäßig temporär" aktiviert sein muss. Sobald Sie Ihr Dokument abspeichern, werden alle eventuell im Inhaltsverzeichnis vorhandenen temporären Layer automatisch in permanente Layer umgewandelt. Sie benötigen den Befehl *Kontextmenü des Layers* ⇨ *„Permanente Darstellung"* also nur, um aus mehreren, durch Geoverarbeitungsvorgänge erzeugten temporären Layern einen bestimmten als permanent zu definieren, bevor Sie die restlichen durch Schließen des Dokuments, ohne vorher abzuspeichern, löschen lassen.

Im Gegensatz zum eben erläuterten Befehl „Daten exportieren..." (s. o.), speichern Sie mit dem Befehl „Als Layer-Datei speichern..." die Eigenschaften des Layers als Layer-Datei mit der Datei-Endung *.lyr, nicht aber die vom Layer referenzierten Daten. Die Erzeugung einer LYR-Datei ist hilfreich und sinnvoll, wenn die vom Nutzer definierte Symbologie eines Layers in einer anderen Karte wieder verwendet werden soll. Layer-Dateien werden seit Version 9.3 von ArcGIS automatisch im System registriert (dazu läuft im Hintergrund die Anwendung „ArcGISAppLauncher"): Sie werden nun in den verschiedenen Windows-Anwendungen (z. B. im Windows-Explorer) mit einem gelben Rautensymbol angezeigt und sind mit ArcMap verknüpft, sodass Sie über einen Doppelklick sofort geöffnet werden können. Damit entfällt auch das in ArcGIS 9.2 noch notwendige lokale Abspeichern von Layer-Dateien aus dem Internet, da diese nun direkt nach dem Anklicken in ArcMap geöffnet werden. Auch Layer-Dateien unterstützen nun die Drag & Drop-Funktion und können durch Verschieben aus unterschiedlichen Windows-Anwendungen (z. B. Microsoft Outlook) direkt in ArcMap geöffnet werden.

Neben der Möglichkeit, den Layer als Layer-Datei zu speichern, besteht auch die Option, den Layer als Layer-Paket zu speichern. Das Ergebnis ist eine Datei mit der Endung LPK. Ein Layer-Paket ist ein neues Format (ähnlich wie die Kartenpaket, siehe Kapitel 6.1.3.1), das sowohl die Layer-Eigenschaften (also auch die Symbologie, die Beschriftung etc.), als auch den Datensatz enthält. Das Format eignet sich deswegen sehr gut als Austauschformat und kann auch direkt bei ArcGIS Online (siehe Exkurs: ArcGIS Online in Kapitel 6.1.3.1) hochgeladen werden. Das wurde bereits in der Version ArcGIS 9.3.1 neu eingeführt, wurde für die Version ArcGIS 10 weiter verbessert. Layer-Pakete, die Sie in ArcGIS 10 erstellt haben, können Sie auch in ArcGIS 9.3.1 öffnen und verwenden. Es ist auch möglich, Layer-Pakete zu erstellen, die dann als Vorlagen verwendet werden können. Auf diese Weise können Layer-Eigenschaften und Symbologie bereits vorab definiert werden.

Über den Eintrag „Eigenschaften" gelangen Sie zu den Layer-Eigenschaften, die in Kapitel 6.3 näher erläutert werden.

Sind beim Aufruf des Kontextmenüs mehrere Layer oder ein Gruppen-Layer markiert, steht nur eine begrenzte Auswahl der oben erläuterten Befehle zur Verfügung. Diese Befehle haben die gleichen Auswirkungen wie oben beschrieben, mit der Einschränkung, dass sie nicht nur für einen Layer, sondern für alle markierten Layer bzw. den kompletten Gruppen-Layer einschließlich aller darin enthaltenen Layer durchgeführt werden. Allerdings kommen auch einige neue Befehle hinzu, die hier kurz beschrieben werden sollen.

Abbildung 185 zeigt das Kontextmenü mehrerer Layer.

Der Befehl „Gruppieren" macht aus den markierten Layern einen neuen Gruppen-Layer. Es handelt sich hierbei um eine rein optisch-organisatorische Gruppierung, die auf Quelldaten und Eigenschaften der einzelnen Layer keine Auswirkung hat. In Karten mit einer großen Anzahl von Layern ist eine Zusammenfassung zu thematisch geordneten Gruppen-Layern für die Organisation oft unerlässlich. Mit „Einschalten" und „Ausblenden" können Sie alle markierten Layer im Kartenfenster gleichzeitig ein- bzw. ausblenden. Über „Layer-Paket erstellen" können Sie ein Layer-Paket (s. o.) von mehr als einem Layer erstellen. Genau wie

6.1 Die ArcMap Benutzeroberfläche

Abb. 185: Kontextmenü mehrerer Layer

bei dem Layer-Paket eines einzelnen Layers sind sowohl die Datensätze, als auch die Layer-Eigenschaften der markierten Layer in dem Layer-Paket enthalten.

Abbildung 186 zeigt das Kontextmenü eines Gruppen-Layers.

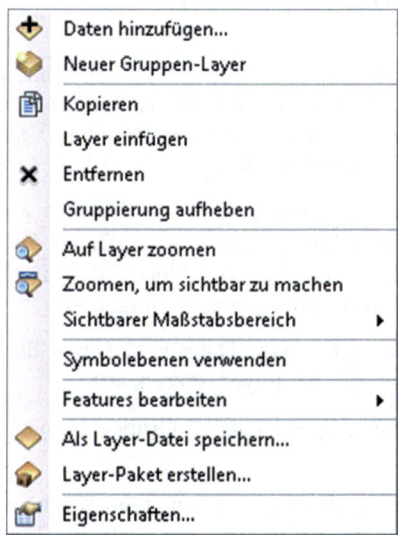

Abb. 186: Kontextmenü eines Gruppen-Layers

Mit „Daten hinzufügen..." können Sie dem Gruppen-Layer geographische Daten hinzuladen. Im Unterschied zum gleichlautenden Befehl im Kontextmenü des Datenrahmens bzw. in der Werkzeugleiste „Standard" wird der neue Layer hier allerdings direkt in den Gruppen-Layer eingefügt. Bereits im Inhaltsverzeichnis vorhandene Layer können auch per Drag & Drop in den Gruppen-Layer verschoben werden.

„Neuer Gruppen-Layer" erstellt innerhalb des markierten Gruppen-Layers einen neuen „Gruppen-Layer".

„Kopieren" legt den Gruppen-Layer inklusive enthaltener Layer in die Windows-Zwischenablage.

Mit „Layer einfügen" kann ein Layer aus der Windows-Zwischenablage dem Gruppen-Layer hinzugefügt werden.

„Entfernen" löscht den Gruppen-Layer samt der enthaltenen Layer aus dem Inhaltsverzeichnis.

Wenn Sie nur den Gruppen-Layer, nicht aber die enthaltenen Layer aus dem Inhaltsverzeichnis entfernen wollen, verwenden Sie den Befehl „Gruppierung aufheben".

Mit Klick auf den Menüeintrag „Symbolebenen verwenden" aktivieren bzw. deaktivieren Sie – analog zum gleichlautenden Befehl im bereits in diesem Kapitel beschriebenen Layer-Kontextmenü – die Darstellung von Symbolebenen. Standardmäßig ist diese Funktion deaktiviert. Die Darstellung der Symbolebenen kann in diesem Fall unter *Kontextmenü des Gruppen-Layers* ➪ *„Eigenschaften..."* ➪ *Register „Gruppieren"* ➪ *Schaltfläche „Symbolebenen..."* im Dialogfenster „Symbolebenen" gesteuert werden, das bezüglich seiner Einstellungsmöglichkeiten dem gleichnamigen Dialogfenster unter *Kontextmenü eines einzelnen Layers* ➪ *„Eigenschaften..."* ➪ *Register „Symbologie"* ➪ *„Erweitert"* ➪ *„Symbolebenen..."* entspricht. Lesen Sie dazu bitte Kapitel 6.3.5.

Wenn Sie die bearbeiteten Daten mit einem Server synchronisieren möchten, dann können Sie das über den *Menüpunkt „Features bearbeiten"* ➪ *„Lokale Änderungen mit Server synchronisieren"*. Wenn die Bearbeitung abgeschlossen ist, dann kann die Verbindung zum Server über *„Lokal Kopie vom Server trennen"* wieder getrennt werden.

Der Befehl „Als Layer-Datei speichern..." speichert die Eigenschaften des Layers als Layer-Datei mit der Datei-Endung *.lyr, nicht aber die vom Layer referenzierten Daten. Die Erzeugung einer LYR-Datei ist hilfreich und sinnvoll, wenn die vom Nutzer definierte Symbologie eines Layers in einer anderen Karte wieder verwendet werden soll (s. o.).

Auch einen Gruppen-Layer können Sie als Layer-Paket speichern. Dann sind neben den Eigenschaften des Layers auch die Daten gespeichert, auf die der Layer referenziert.

Der Befehl „Eigenschaften..." öffnet das Dialogfenster „Eigenschaften: Gruppen-Layer" (vgl. Kapitel 6.4).

Das Kontextmenü eines Rasterdaten-Layers (Abb. 187) stellt einige der aus dem Kontextmenü eines „Standard"-Layers bekannten Einträge zur Verfügung, die auch in ihrer Funktionalität mit den entsprechenden – oben beschriebenen – Befehlen übereinstimmen.

Zusätzlich ist im Kontextmenü eines Rasterdaten-Layers der Befehl „Auf Raster-Auflösung zoomen" verfügbar. Die Raster-Auflösung beschreibt das Verhältnis von Bildschirm-Pixeln zu Bild-Pixeln im aktuellen Kartenmaßstab. So kann ein Bildschirm-Pixel je nach Maßstab mehrere Rasterzellen darstellen, wodurch das Bild nicht sehr klar und detailliert erscheint. Entsteht z. B. ein Bildschirm-Pixel aus dem Resampling von zehn Bild-Pixeln, so liegt eine Raster-Auflösung von 1:10 vor. Mit dem Befehl „Auf Raster-Auflösung zoomen" erreichen Sie eine Auflösung von 1:1. Bei dieser Auflösung zeigt jeder Bildschirm-Pixel genau eine Rasterzelle des Bilds an.

6.1 Die ArcMap Benutzeroberfläche

Abb. 187: Kontextmenü eines Rasterdaten-Layers

Um das Kontextmenü einer geladenen (externen) Tabelle (Abb. 188) zu erreichen, müssen Sie im Inhaltsverzeichnisfensters zunächst in auf die Ansicht „Nach Quelle auflisten" wechseln. Dort werden alle geladenen Daten mit ihrem Quellpfad angezeigt. Hier haben Sie auch Zugriff auf Tabellen und deren Kontextmenü, das sich in einigen Punkten von dem eines „Standard"-Layers unterscheidet.

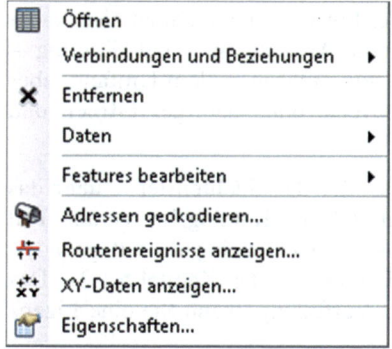

Abb. 188: Kontextmenü einer Tabelle

Der Befehl „Öffnen" öffnet die Tabelle in einem neuen Fenster.

Die Befehle „Adressen geokodieren…", „Routenereignisse anzeigen…" und „XY-Daten anzeigen" bieten dieselben Funktionalitäten wie die entsprechenden Befehle im Menü „Datei" im Untermenü „Daten hinzufügen…"der ArcMap Hauptmenüleiste. Näheres dazu finden Sie in Kapitel 6.1.3.1. Alle übrigen Befehle des Kontextmenüs von Tabellen entsprechen in ihren Funktionen den jeweiligen Befehlen im Kontextmenü eines „Standard"-Layers (s. o.).

CAD-Zeichnungen werden in neueren ArcMap-Versionen (seit ArcGIS 9.2) als CAD-Gruppen-Layer dargestellt. Das Kontextmenü eines CAD-Gruppen-Layers unterscheidet sich nicht vom Kontextmenü eines anderen Gruppen-Layers (s. o.). Die im CAD-Gruppen-Layer enthaltenen einzelnen Layer (in der Regel jeweils ein Annotation-, Punkt-, Polylinien-, Polygon- und Multi-Patch-Layer) weisen wiederum das bereits bekannte Kontextmenü eines Layers auf (s. o.), wobei seit ArcGIS 10 je nach Layertyp noch ein oder zwei zusätzliche Einträge in dem Menü enthalten sind. Wenn Sie das Kontextmenü eines CAD-Annotation-Layers öffnen, enthält dieses die Funktion „In Geodatabase-Annotation konvertieren…". Dieser Befehl führt das Werkzeug „CAD-Annotation importieren" aus der ArcToolbox aus, über das Sie die Annotations Ihrer Geodatabase hinzufügen können. Bei den anderen Layertypen kommen die Einträge „CAD-Feature-Layer konvertieren…" und „CAD-Feature-Dataset konvertieren…" hinzu. Durch den ersten Befehl wird aus dem gewünschten CAD-Layer, über das Werkzeug „Features kopieren" der ArcToolbox, eine neue Feature-Klasse erstellt. Wenn zuvor keine Features aus dem CAD-Layer selektiert wurden, dann werden alle Features in die neue Feature-Klasse kopiert, ansonsten werden nur die selektierten kopiert. Im Vergleich dazu wird über den zweiten Befehl ein neues Feature-Dataset erstellt, das alle nicht leeren CAD-Feature-Klassen in eine Geodatabase kopiert. Auch für diese Funktion können Sie direkt über die ArcToolbox das benötigte Tool „CAD zu Geodatabase" (nur in ArcGIS 10) aufrufen. Mithilfe dieses Tools können Sie demnach ein komplettes CAD-Feature-Dataset in eine Geodatabase überführen.

6.1.6 Der Katalog

Bei der Erstellung digitaler Karten oder Projekte gibt es oft das Problem, dass nachträglich noch zusätzliche Feature-Klassen angelegt werden sollten oder andere Änderungen vorgenommen werden mussten. Das ging aber in den Vorgängerversionen von ArcMap oft nur, indem Sie das aktuelle Kartenprojekt geschlossen, und dafür ArcCatalog geöffnet haben, weil die Dateien gesperrt waren. Das ist jetzt in der Form in vielen Fällen nicht mehr nötig, da seit ArcGIS 10 eine abgespeckte Version von ArcCatalog – der Katalog – implementiert ist. Der Katalog ersetzt zwar den ArcCatalog nicht in vollem Umfang, aber es ermöglicht dem Benutzer eine vereinfachte Arbeitsweise ohne häufiges Öffnen und Schließen von ArcMap/ArcCatalog.

Das Katalog-Fenster kann – wie das Inhaltsverzeichnis oder das Suchfenster – über das Menü „Fenster" geöffnet werden. Standardmäßig öffnet sich der Katalog im rechten Teil des Kartenfensters, die Position des Katalog-Fensters kann aber auch jederzeit geändert werden (über die Handhabung des neuen Andock-Managers siehe Kapitel 6.1.2). Das Fenster steht Ihnen auch in ArcGlobe und ArcScene zur Verfügung, wenn Sie eine Lizenz für den 3D Analyst haben.

Sie können innerhalb des Katalog-Fensters durch Ihre Daten navigieren, wie Sie es auch aus ArcCatalog kennen, und können direkt Ihre Geodaten per Drag & Drop in Ihr Kartenprojekt ziehen. In den meisten Fällen können Sie auf diesem Weg schneller arbeiten, als wenn Sie sich die Geodaten einzeln über die Schaltfläche „Daten hinzufügen…" hinzuladen würden. Sie können auch neue Daten erstellen oder bestehende Daten verwalten. Neben Geodaten können auch die Geoprocessing-Werkzeuge und GIS Services, die über ArcGIS Server veröffentlicht wurden, organisiert und verwaltet werden.

Über die Werkzeugleiste innerhalb des Katalog-Fensters werden Ihnen einige Navigationshilfen und Darstellungsoptionen bereitgestellt.

6.1 Die ArcMap Benutzeroberfläche

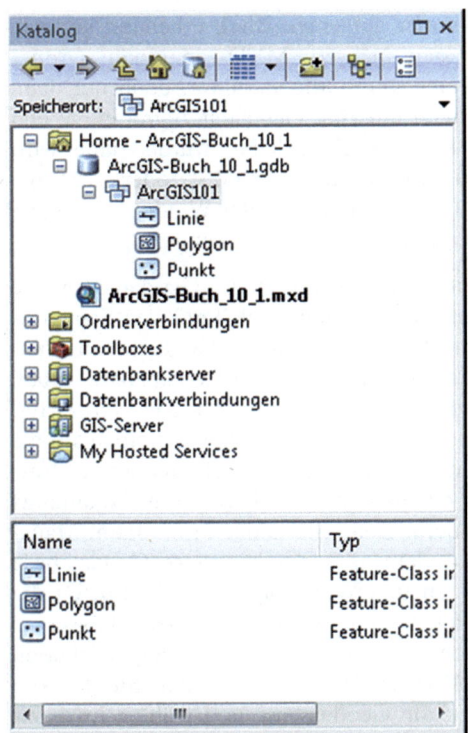

Abb. 189: Das Katalog-Fenster innerhalb von ArcMap

Mithilfe der Schaltflächen „Zurück zu <Ordnerpfad>" und „Vorwärts zu <Ordnerpfad>" können Sie zwischen den verschiedenen Dateien bzw. Ordnern hin- und herspringen, die Sie vorher bereits einmal ausgewählt hatten. Die Schaltfläche „Vorwärts zu <Ordnerpfad>" ist allerdings nur dann aktiv, wenn Sie zuvor schon den „Zurück zu <Ordnerpfad>"-Button betätigt hatten. Der Katalog speichert dafür die bereits besuchten Orte. Über den Drop-down-Pfeil können Sie auch die exakte Pfadangabe der letzten zehn Orte einsehen. Das kleine schwarze Häkchen zeigt Ihnen die aktuelle Position in der Ansicht an; wenn Sie also über die Schaltfläche „Zurück zu <Ordnerpfad>" auf einen bereits besuchten Ort navigieren, befindet sich das schwarze Häkchen auch nicht mehr an der obersten Position der Liste.

Der Befehl „Eine Ebene aufwärts" führt dazu, dass Sie innerhalb der Verzeichnisstruktur eine Ebene weiter nach oben gelangen.

Das Home-Verzeichnis ist eine weitere Neuerung in ArcGIS 10, die Ihnen die Navigation innerhalb Ihrer Verzeichnisse erleichtert. Das Home-Verzeichnis ist immer das Verzeichnis, in dem sich Ihre MXD befindet. Wenn Sie also ihre MXD an einem anderen Ort speichern, dann ändert sich automatisch auch das Home-Verzeichnis. Mit einem Klick auf die Schaltfläche „Gehe zum Home-Ordner" gelangen Sie immer genau in den Ordner, in dem sich die gerade geöffnete MXD befindet. Das Home-Verzeichnis wird auch innerhalb des Verzeichnisbaums an oberster Stelle angezeigt. Die momentan geöffnete MXD wird im

Katalog auch immer fett dargestellt, damit Sie immer auf einen Blick erkennen können, welche MXD gerade geöffnet ist, auch wenn sich mehrere MXDs in einem Ordner befinden. Wichtig für den optimalen Nutzen ist eine gute Ordnerstruktur, denn nur dann können Sie über das Home-Verzeichnis auch schnell auf Ihre Geodaten zugreifen. Wenn Sie ArcGIS zum ersten Mal öffnen und noch keine MXD geladen wurde, dann wird standardmäßig der systemseitige Arbeitsbereich „..\Dokumente\ArcGIS" oder „..\Meine Dokumente\ArcGIS" (wo der Ordner ArcGIS liegt, ist abhängig von der Windows-Version, unter Windows 7 unter C:\Benutzer\<Benutzer>\) als Home-Verzeichnis angezeigt.

In dem gleichen Ordner liegt auch die systemseitig angelegte Standard-Geodatabase. Sie können (und sollten, wenn Sie mit einer Geodatabase arbeiten) den Pfad der Standard-Geodatabase auch pro Kartendokument verändern. Über die Schaltfläche „Gehe zu Standard-Geodatabase" wechselt die Anzeige auf die definierte Standard-Geodatabase. Auch die Standard-Geodatabase wird (genau wie das Home-Verzeichnis) im Katalog-Fenster fett dargestellt, damit auf einen Blick erkennbar ist, welche Geodatabase momentan als Standard-Geodatabase hinterlegt ist. Bei der Arbeit mit einer eigens erstellten oder zur Verfügung gestellten Geodatabase können Sie somit zeitsparender arbeiten, wenn Sie anfangs einmal den Pfad zu der Standard-Geodatabase ändern. Denn Sie können mit einem Mausklick immer direkt in den Ordner wechseln, in dem sich die benötigte Geodatabase befindet, und zusätzlich wird bei vielen Funktionen und Werkzeugen standardmäßig die Standard-Geodatabase als Ausgabeort vorgeschlagen. Um die Standard-Geodatabase zu ändern, benötigen Sie lediglich den entsprechenden Pfad in den Dokumenteigenschaften (*Hauptmenüleiste „Datei"* ⇨ *Eigenschaften des Kartendokuments..."*), oder Sie klicken mit der rechten Maustaste im Katalog-Fenster auf die Geodatabase und wählen im Kontextmenü den Menüpunkt „Als Standard-Geodatabase definieren" aus. ArcGIS stellt standardmäßig bereits einen einsatzbereiten Arbeitsbereich zur Verfügung, in dem auch schon eine leere File-Geodatabase enthalten ist. Diese ist grundsätzlich als Standard-Geodatabase definiert, bis Sie eine andere Geodatabase als Standard definieren. Auch eine leere Toolbox ist bereits in dem Arbeitsbereich angelegt, um Geoverarbeitungswerkzeuge oder Modelle zu speichern. Es wird aber empfohlen, nicht mit diesem Arbeitsbereich zu arbeiten, sondern sich für jedes Projekt einen eigenen anzulegen.

Wenn Sie zusätzlich zum Verzeichnisbaum auch noch die Inhaltsansicht aktiviert haben (wie das geht, wird zwei Absätze weiter unten erklärt), können Sie über die Schaltfläche „Inhaltsansichtstyp" auch die Darstellung des Inhalts verändern. Sie können zwischen „Große Symbole", „Liste", „Details" und „Miniaturansicht" wählen. Die Auswahl erfolgt entweder über das Drop-down-Menü der Schaltfläche „Inhaltsansichtstyp" oder durch einfaches Klicken auf das Symbol. Im zweiten Fall werden nacheinander die möglichen Darstellungsoptionen dargestellt.

Das Symbol „Mit Ordner verbinden" hat sich zwar verändert, die Funktion ist aber die gleiche geblieben. Diese Funktion ermöglicht es Ihnen, ein bisher in der Ordnerstruktur nicht sichtbares Verzeichnis in das Kartenprojekt einzubinden (vgl. Kapitel 9). Für die verbundenen Ordner wurde jetzt ein Verzeichnis „Ordnerverbindungen" angelegt, in dem sich alle Anbindungen befinden. Auch neue Verbindungen werden automatisch in diesem Ordner hinterlegt.

Die Ordner und Dateien können Sie sich entweder in der Inhaltsansicht oder in der Baumstruktur anzeigen lassen. Zusätzlich dazu können Sie die Darstellung auch so wählen,

6.1 Die ArcMap Benutzeroberfläche

dass Sie sowohl den Verzeichnisbaum als auch die Inhaltsansicht eingeblendet haben. Durch die drei Darstellungsarten können Sie mit „Nächste Ansicht anzeigen" wechseln. Die Anzeige der Baumstruktur ähnelt der Form im Windows-Explorer, allerdings werden standardmäßig nicht alle Daten angezeigt, sondern nur die, für die Geodatenverarbeitung relevante Daten. Im Verzeichnisbaum kann immer nur eine Datei markiert werden. Sollten Sie mehrere Dateien, Feature-Klassen usw. auf einmal markieren wollen, dann muss dafür die Inhaltsansicht aktiviert sein. Welche Systemordner Ihnen neben dem Home-Verzeichnis und den Ordnerverbindungen angezeigt werden, wird über die Katalogoptionen (s. u.) oder im ArcCatalog über die *Hauptmenüleiste „Anpassen"* ⇨ *„ArcCatalog-Optionen..."* ⇨ *Register „Allgemein"* festgelegt. Damit die Änderungen wirksam werden, müssen ArcMap und ArcCatalog neu gestartet werden.

Optionen, wie die Anzeige weiterer Dateitypen oder der Dateiendung, konnten in den Vorgängerversionen von ArcGIS 10.1 lediglich im ArcCatalog vorgenommen werden. Diese Einstellungen können über die Schaltfläche „Optionen" jetzt auch direkt im Katalog getroffen werden. Die Register „Allgemein", „Dateitypen" und „Verbindungen" sind identisch zu den Registern im ArcCatalog. Zusätzlich kann im Register „Home-Ordner" in den Katalogoptionen noch der Pfad zum Home-Ordner angepasst werden.

Tipp: Ob die Datei-Erweiterungen (z. B. *.shp, *.lyr oder *.gdb) angezeigt werden oder nicht, konnte in ArcGIS 10 nur in ArcCatalog direkt eingestellt werden. Wenn die Anzeige mit Dateiendungen erfolgen soll, dann muss in ArcGIS 10 die Option „Datei-Erweiterungen ausblenden" im Register „Allgemein" der „ArcCatalog Optionen" (*Hauptmenüleiste „Anpassen"* ⇨ *„ArcCatalog-Optionen..."* ⇨ *Register „Allgemein"*) aktiviert werden. Damit die Änderungen wirksam werden, müssen ArcMap und ArcCatalog neu gestartet werden.

Je nachdem, auf welche Datei oder welchen Ordner Sie mit der rechten Maustaste klicken, ändert sich das Kontextmenü. Das ist unabhängig von der gewählten Anzeigeneinstellung. Bis auf wenige Ausnahmen gleicht das Kontextmenü auch dem von ArcCatalog. Die eine Ausnahme betrifft ausschließlich Geodatabases, denn dort können Sie im Katalog auch direkt den Unterpunkt „Als Standard-Geodatabase definieren" auswählen. Die andere Ausnahme betrifft alle Kontextmenüs im Katalog, denn dort ist – im Gegensatz zu ArcCatalog – grundsätzlich der Eintrag „Elementbeschreibung" vorhanden (wie Sie die Information über den ArcCatalog abrufen, finden Sie in Kapitel 5.1.5).

Über den gerade erwähnten Menüeintrag „Elementbeschreibung" haben Sie die Möglichkeit, die Metadaten zu verwalten (siehe Abb. 190). In dem Dialogfenster „Elementbeschreibung" können Sie nicht nur bereits hinterlegte Metadateninformationen einsehen, sondern diese auch selbst editieren, validieren oder exportieren. Wenn Metadateninformationen aus einem anderen Feature, Shape oder einer XML-Datei bereits vorhanden sind, können Sie diese auch importieren. Standardmäßig wird von ArcGIS als einfache Beschreibung der Daten die Elementbeschreibung (Item Description) als Metadaten-Style verwendet. Den Metadaten-Style können Sie auch verändern und beispielsweise auf „INSPIRE Metadata Directive" umstellen, um dadurch mit vordefinierten Metadatenstandards zu arbeiten. Das geht allerdings nicht im Katalog, sondern nur über den ArcCatalog oder ArcMap. Dort können Sie über *„Hauptmenüleiste"* ⇨ *„Anpassen"* ⇨ *„ArcCatalog-Optionen..."* (bzw. *„ArcMap-Optionen...",* wenn Sie ArcMap verwenden) ⇨ *Reiter*

„Metadaten" im Bereich „Metadaten-Style" über eine Drop-down-Liste zwischen unterschiedlichen Stilen und Metadatenstandards wählen. Die in der Elementbeschreibung enthaltenen Informationen werden automatisch bei der Suche verwendet. Außerdem werden diese Daten mit übergeben, wenn Sie Daten bei ArcGIS Online hochladen (weitere Informationen zu ArcGIS Online finden Sie im Kapitel 6.1.3.1).

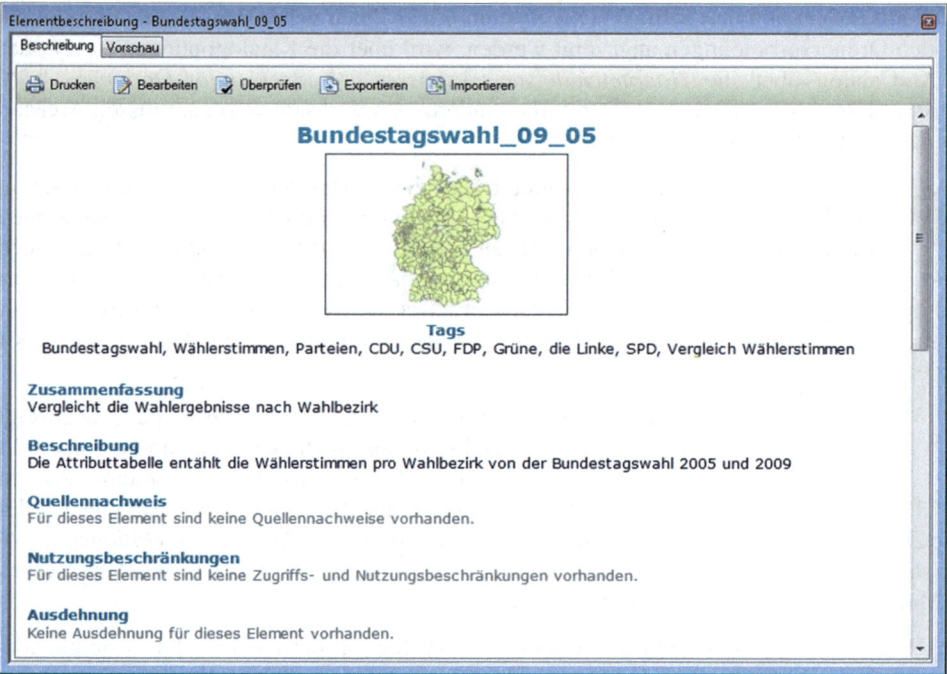

Abb. 190: Das Fenster „Elementbeschreibung"

Für ArcGIS 10.1 for Desktop wurde die Bearbeitung der Metadaten ein wenig verändert. Es erscheinen jetzt rote Warnhinweise, wenn die benötigten Daten noch nicht eingetragen sind. Je nach verwendetem Metadaten-Style variiert dabei die Darstellung ein wenig. Außerdem können über einen Kontaktmanager häufig verwendete Kontakte direkt hinzugeladen werden.

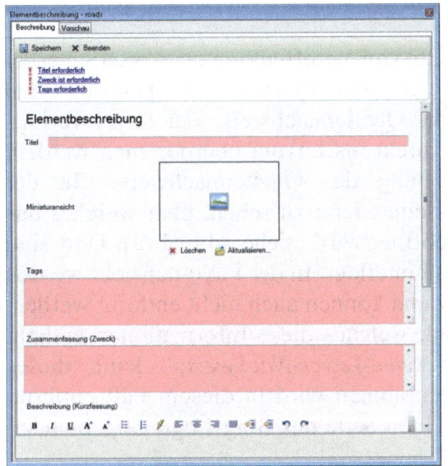
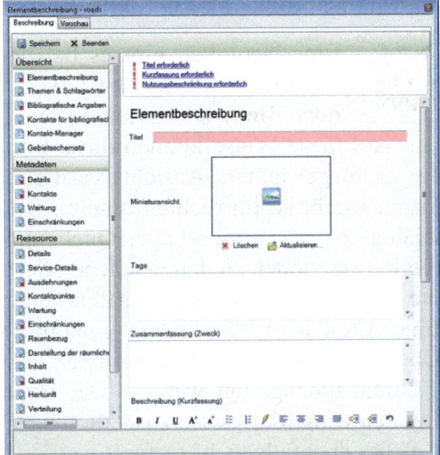

Abb. 191: Bearbeitung der Elementeigenschaften in zwei unterschiedlichen Metadaten-Styles

6.1.7 Kartenfenster

Kartenfenster werden die Daten des momentan aktiven Datenrahmens visualisiert, sofern sie im Inhaltsverzeichnis im Kontrollkästchen angehakt sind, und sich der aktuelle Ausschnitt des Kartenfensters im Bereich dieser Daten befindet.

Im Kartenfenster stehen zwei Optionen zum Anzeigen der Kartendaten zur Verfügung: die Datenansicht und die Layout-Ansicht.

Die Datenansicht dient der Anzeige, Abfrage, Bearbeitung und Analyse der Geodaten Ihres Kartendokuments. In dieser Ansicht sind alle Kartenlayoutelemente wie Titelleisten, Nordpfeile und Maßstabsleisten verborgen.

Im Die Layout-Ansicht wird benötigt, um eine Karte zu Präsentationszwecken zu entwerfen, beispielsweise als Wandkarte, als Karte für einen Bericht oder zur Veröffentlichung im Internet. In der Layout-Ansicht wird eine virtuelle Seite angezeigt, auf der Sie Kartenelemente positionieren und anordnen können. Unter *Hauptmenüleiste* ⇨ *„Datei"* ⇨ *„Seiten-und Druckeinrichtung..."* können Sie die Seitengröße des Layouts festlegen.

Am unteren linken Rand des Kartenfensters sehen Sie vier kleine Buttons. Mit  dem linken gelangen Sie in die Daten-, mit dem zweiten in die Layout-Ansicht. Mit dem dritten Schalter können Sie, falls der Bildaufbau unterbrochen wurde, die jeweilige Ansicht aktualisieren (entspricht damit der Taste F5). Mit dem rechten Schalter „Darstellung anhalten (F9)" (früher: „Zeichnen anhalten") schließlich kann der automatische Bildaufbau bzw. Aktualisierungsprozess deaktiviert werden. Damit wird verhindert, dass das Kartendokument nach jeder vorgenommenen Änderung neu gezeichnet wird. Betätigen Sie die Schaltfläche während des Bildaufbaus, wird dieser unterbrochen.

Beachten Sie, dass Sie diese Symbole nur sehen, wenn unter *Hauptmenüleiste* ⇨ *„Ansicht"* der Eintrag „Bildlaufleiste" aktiviert ist.

Eine Neuigkeit gibt es bei der Darstellung von veröffentlichten ArcGIS Server Diensten oder Service-Layern (wie bspw. den Grundkarten wie OpenStreetMap oder Bing) im Kartenfenster. Dort sind die Quellennachweise der Layer verfügbar. Auf diese Weise können diese Informationen direkt ins Layout übernommen werden. Je nach gewählter Ansicht variiert die Darstellung der Quellennachweise. In der Datenansicht ist im rechten unteren Bildrand ein kleines Icon zu sehen, über welches das Dialogfenster „Service-Layer-Quellennachweis" geöffnet wird (siehe Abb. 192). Dort sind die Informationen zu den geladenen Service-Layern hinterlegt. In der Layoutansicht werden die Nachweise direkt in den Datenrahmen integriert und können auch nicht entfernt werden. Eine Alternative dazu ist ein dynamisches Textfeld, welches diese Informationen enthält. Über *Einfügen* ⇨ *„Dynamischer Text"* ⇨ *„Service-Layer-Nachweise"* kann dieses Textfeld hinzugefügt werden. Der Eintrag im Datenrahmen wird in diesem Fall entfernt. Bei den Bing Maps wird zusätzlich dazu auf der rechten Seite das Bing-Logo eingeblendet, welches ebenfalls nicht entfernt werden kann.

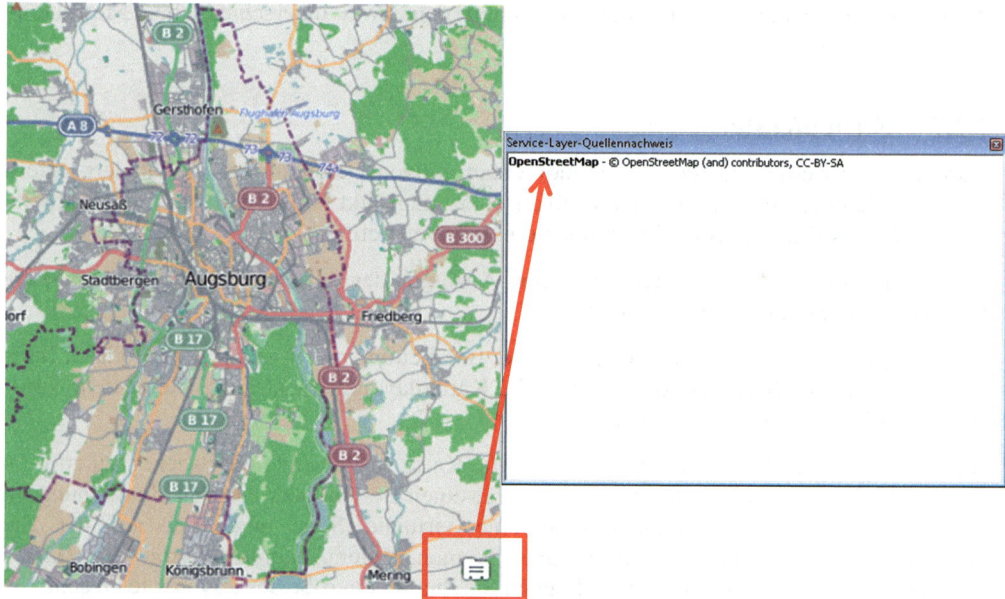

Abb. 192: Abrufen der Quellennachweise für einen Service-Layer

6.1.8 Statusleiste

Die Statusleiste befindet sich am unteren Rand des Kartenfensters und ist über *Hauptmenüleiste* ⇨ *„Ansicht"* ⇨ *„Statusleiste"* ab- bzw. zuschaltbar. Während der Arbeit mit ArcMap können Sie der Statusleiste nützliche Informationen entnehmen. Wenn sich der Mauszeiger im Kartenfenster befindet, zeigt die Statusleiste auf der rechten Seite die X- und Y-Koordinaten an. Halten Sie den Mauszeiger über eine Schaltfläche oder einen Menübefehl, so erhalten Sie auf der linken Seite eine kurze Beschreibung dieses Befehls.

Ebenfalls auf der linken Seite sehen Sie, wie viele Features momentan im aktiven Datenrahmen selektiert sind.

In ArcGIS 9.3 neu hinzugekommen ist die Möglichkeit, die Einheiten der in der Statuszeile angezeigten Koordinaten für den Umgang mit den Zeichnen-Werkzeugen unabhängig von den Einstellungen des Datenrahmens abzuändern (jedoch nicht für Editierwerkzeuge!). Die Einstellungen dazu finden Sie über *Hauptmenüleiste* ⇨ *„Werkzeuge"* ⇨ *„Optionen..."* ⇨ *Register „Datenansicht"* ⇨ *„Diese Einheiten anstatt der Anzeigeeinheiten des Datenrahmens verwenden"*.

6.2 Datenrahmen-Eigenschaften

Der Datenrahmen ist ein zentrales Element bei der Arbeit mit ArcMap. Er stellt eine geographische Position oder Ausdehnung dar und gruppiert die zusammen darzustellenden Layer eines Kartendokuments (*.mxd) in einem eigenen Rahmen. Im Inhaltsverzeichnis von ArcMap funktioniert ein Datenrahmen als eine Art Container für mehrere Layer. Eine Karte kann durchaus mehrere Datenrahmen enthalten: Wenn z. B. zur Hauptkarte eine dynamische Übersichtskarte erzeugt werden soll, so geschieht dies mithilfe eines eigenen Datenrahmens.

Bei der Erstellung einer neuen Karte in ArcMap wird automatisch ein leerer Datenrahmen mit der Bezeichnung „Layer" angelegt. Jeder Datenrahmen wird im ArcMap Inhaltsverzeichnis mit den enthaltenen Daten in einer Baumstruktur dargestellt und im Kartenfenster als eigener Bearbeitungs- bzw. Zeichenbereich wiedergegeben. Verfügt eine Karte über mehrere Datenrahmen, so ist der, mit dem Sie gerade arbeiten, der derzeit aktive Datenrahmen. Beim Hinzufügen von Daten zu einer Karte werden diese stets in den aktiven Datenrahmen eingefügt.

In der Datenansicht ist jeweils nur der aktive Datenrahmen bearbeitbar. Der Name des aktiven Datenrahmens ist hier fett formatiert. In der Layout-Ansicht dagegen sind alle Datenrahmen sichtbar, wobei der aktive Datenrahmen durch einen speziellen Rahmen gekennzeichnet ist (vgl. Abb. 193).

Grundsätzlich ist bei der Arbeit mit Datenrahmen in ArcMap Folgendes zu beachten:

- Ein Kartenprojekt muss mindestens einen Datenrahmen enthalten.
- Es ist stets ein Datenrahmen aktiv. Dieser aktive Datenrahmen ist das Ziel für die meisten Werkzeuge und Befehle von ArcMap.
- Es können nicht Features aus mehreren Datenrahmen gleichzeitig bearbeitet werden (Ausnahme: Viewer-Fenster, vgl. Kapitel 6.1.4.3).

Über die Eigenschaften eines Datenrahmens lassen sich zahlreiche grundlegende Einstellungen zur Kartenerstellung vornehmen. Diese betreffen u. a. Koordinatensystem, Maßeinheiten, Maßstab, Namen, Position und Größe des Datenrahmens. Einige Eigenschaften sind erweitert und auf die Arbeit mit Kartenserien (vgl. Kapitel 6.1.4.10) abgestimmt worden. Sie erreichen die Eigenschaften eines Datenrahmens auf mehreren Wegen:

- Doppelklick auf den Datenrahmen im Inhaltsverzeichnis.
- Kontextmenü des Datenrahmens ⇨ „Eigenschaften...".

6 ArcMap

- *Hauptmenüleiste* ⇨ „*Ansicht*" ⇨ „*Eigenschaften: Datenrahmen*" (öffnet das Eigenschaften-Dialogfenster des aktiven Datenrahmens!).

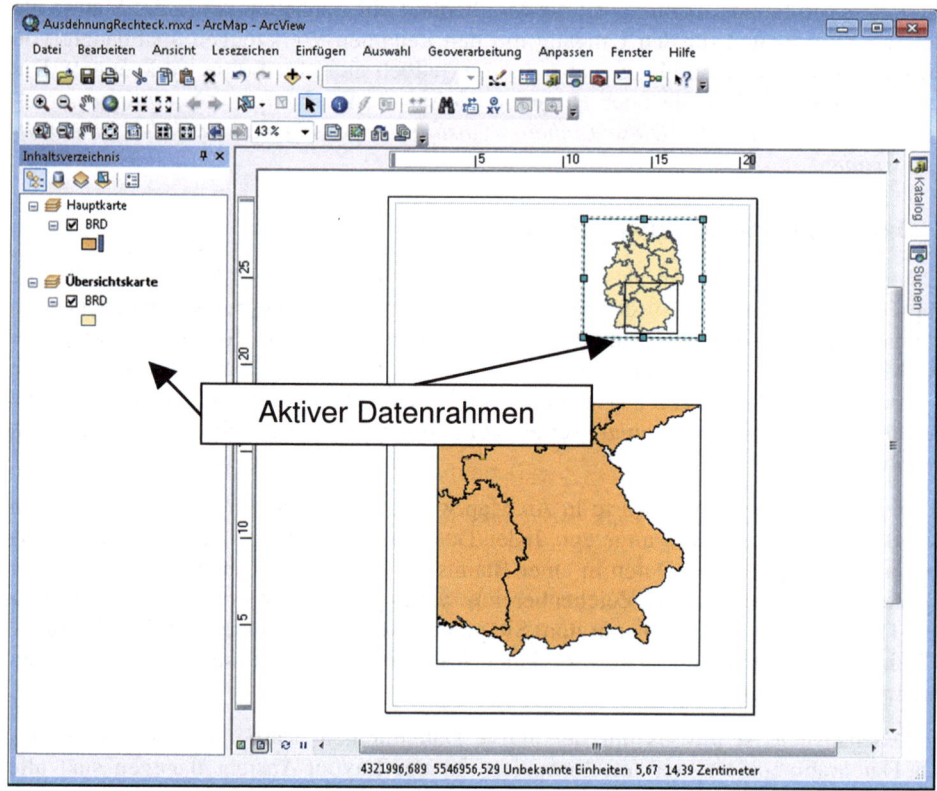

Abb. 193: Datenrahmen in ArcMap (Kartenfenster in Layout-Ansicht)

Die folgenden Kapitel liefern einen Überblick über die zehn Register des Dialogfensters „Datenrahmen Eigenschaften" in ArcMap.

6.2.1 Register „Allgemein"

In diesem Register (Abb. 194) können (und sollten) Sie dem Datenrahmen einen (neuen) aussagekräftigen Namen geben. Zudem steht ein Textfeld für Kommentare oder Beschreibungen zur Verfügung. Für Quellenangaben, Informationen zum Copyright, Credits usw. wurde in ArcGIS 9.2 ein separates Eingabefeld „Quellennachweis" eingeführt. Besonders hilfreich ist dieses Feld, falls Sie Ihre Daten an Dritte weitergeben oder veröffentlichen möchten.

Unter „Einheiten" werden die Karten- sowie die Anzeigeeinheiten festgelegt. Die Karteneinheiten sind die Einheiten, in denen die Daten des Datenrahmens dargestellt werden. Sie sind von dem für den Datenrahmen festgelegten Koordinatensystem abhängig. Wenn bereits ein Koordinatensystem für den Datenrahmen bzw. die Karte festgelegt wurde, wird dieses Steuerelement deaktiviert und die Karteneinheiten können nicht mehr geändert

6.2 Datenrahmen-Eigenschaften

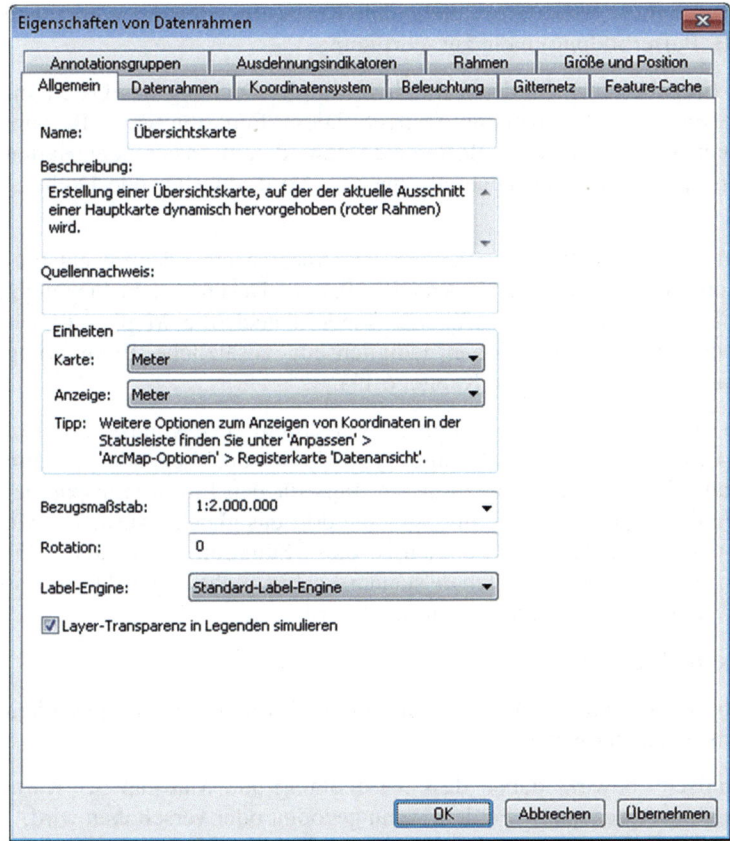

Abb. 194: „Datenrahmen Eigenschaften" – Register „Allgemein"

werden. Die Anzeigeeinheiten dagegen können unabhängig von dem gewählten Koordinatensystem und damit auch unabhängig von den Karteneinheiten festgelegt werden. Die Anzeigeeinheiten sind Grundlage für das Werkzeug „Messen", für die Maßstabsleisten sowie für die Anzeige der Koordinaten in der Statusleiste von ArcMap, soweit hierzu keine anderen Einstellungen getroffen werden (vgl. Kapitel 6.1.4.3 und Kapitel 6.1.8).

Der „Bezugsmaßstab" gibt den Maßstab an, zu dem alle Symbol- und Textgrößen in der Karte des Datenrahmens in Bezug gesetzt werden. Mit der Angabe eines Bezugsmaßstabs fixieren Sie die Größe von Texten und Symbolen auf den entsprechenden Maßstabswert, d. h. Symbole und Texte werden beim Vergrößern bzw. Verkleinern des Kartenausschnitts entsprechend skaliert. Ist kein Bezugsmaßstab angegeben (Standard), bleiben Symbole und Texte beim Vergrößern und Verkleinern stets gleich groß. Einstellungen zum Bezugsmaßstab lassen sich auch über *Kontextmenü des Datenrahmens* ⇨ *„Bezugsmaßstab"* vornehmen.

 TIPP: Die Karteneinheiten sollten immer gesetzt werden, da in ArcMap sonst einige grundlegende Funktionalitäten nicht verfügbar sind. So ist ohne Angabe der Karteneinheiten z. B. ein automatisches, maßstabsabhängiges Skalieren von Symbolen oder Schriften nicht möglich. Außerdem stehen ohne Karteneinheiten die Werkzeuge zur Geoverarbeitung (z. B. Pufferbildung) nicht zur Verfügung.

Unter „Rotation" ist die Eingabe einer Gradzahl möglich, die die Drehung des Datenrahmens von Nord aus gegen den Uhrzeigersinn festlegt. Diese Funktion ist z. B. zum blattrandparallelen Drucken georeferenzierter Rasterdaten bzw. darauf basierender Karten unentbehrlich, da diese projektionsbedingt generell eine von Nord abweichende Drehung aufweisen.

Die Label-Engine steuert die Beschriftungen (Platzierung, Anzeige etc.) der im entsprechenden Datenrahmen vorhandenen Layer. Seit ArcGIS 10.1 for Desktop steht hier nicht mehr nur die Standard Label-Engine zur Verfügung, sondern auch die Maplex Label-Engine. Diese war in den Vorgängerversionen lediglich als zusätzliche Erweiterung implementiert (für weitere Informationen siehe Kapitel 6.11).

Seit ArcGIS 9.3 finden Sie im Register „Allgemein" außerdem das Kontrollkästchen „Layer-Transparenz in Legenden simulieren", um Symbole in der Legende und im Inhaltsverzeichnis automatisch heller zeichnen zu lassen, falls für den Layer Transparenzeinstellungen definiert wurden. Dadurch haben die Symbole dort das gleiche Aussehen wie in der Karte selbst. Bei neu angelegten Datenrahmen ist diese Funktion immer aktiv, für bestehende Datenrahmen ist das Kontrollkästchen standardmäßig nicht angehakt, sodass das Erscheinungsbild vorhandener Karten nicht beeinflusst wird.

6.2.2 Register „Datenrahmen"

In diesem Register (Abb. 195) kann die Ausdehnung der im Kartenfenster dargestellten Daten eines Datenrahmens festgelegt werden.

Die Einstellung „Automatisch" bewirkt dabei, dass Ausdehnung und Maßstab der Karte automatisch an das Kartenfenster angepasst werden, wenn gezoomt oder verschoben wird.

Ein „Fester Maßstab" hingegen hält den Maßstab konstant, d. h. die Karte kann verschoben, aber nicht mehr gezoomt werden. Dementsprechend wird das Auswahlfenster „Karten-Maßstab" bei der Angabe eines festen Maßstabs inaktiv. Bei der Einstellung „Feste Ausdehnung" hingegen bleibt die Ausdehnung der Karte im Kartenfenster konstant, sodass weder verschoben noch gezoomt werden kann. Ändern sich allerdings Rahmen- oder Seitengröße, so ändert sich dementsprechend auch der Maßstab. Die Ausdehnung wird dabei in Karteneinheiten angegeben und bezieht sich auf die linke untere und rechte obere Ecke des Datenrahmens. Wenn Sie mit Kartenserien arbeiten, dann können Sie die Ausdehnung nicht mehr verändern, und es steht „Aktuelle Seite der Kartenserie" im Auswahlfeld. Wenn Sie mit mehr als einem Datenrahmen arbeiten, dann haben Sie im Drop-down-Menü im Bereich „Ausdehnung" noch eine weitere Auswahlmöglichkeit. Durch die Auswahl „Anderer Datenrahmen" können Sie die Ausdehnung des einen Datenrahmens mit dem anderen synchronisieren. Dadurch kann beispielsweise auf einer Übersichtskarte automatisch die Ausdehnung des anderen Datenrahmens dargestellt werden. Das ist v. a. dann praktisch, wenn Sie mit Kartenserien arbeiten (vgl. Kapitel 6.1.4.10), da Sie nicht bei jedem Kartenausschnitt die Ausdehnung des zweiten Datenrahmens anpassen müssen. Es erleichtert aber nicht nur die Arbeit mit Kartenserien, sondern kann auch hilfreich sein, wenn Sie unterschiedliche Daten für das gleiche Gebiet darstellen wollen. Am Beispiel des Übungsdatensatzes über die Bundestagswahlen von 2005 und 2009 könnten z. B. für jeden Wahlkreis die Wählerstimmen für das Jahr 2005

6.2 Datenrahmen-Eigenschaften

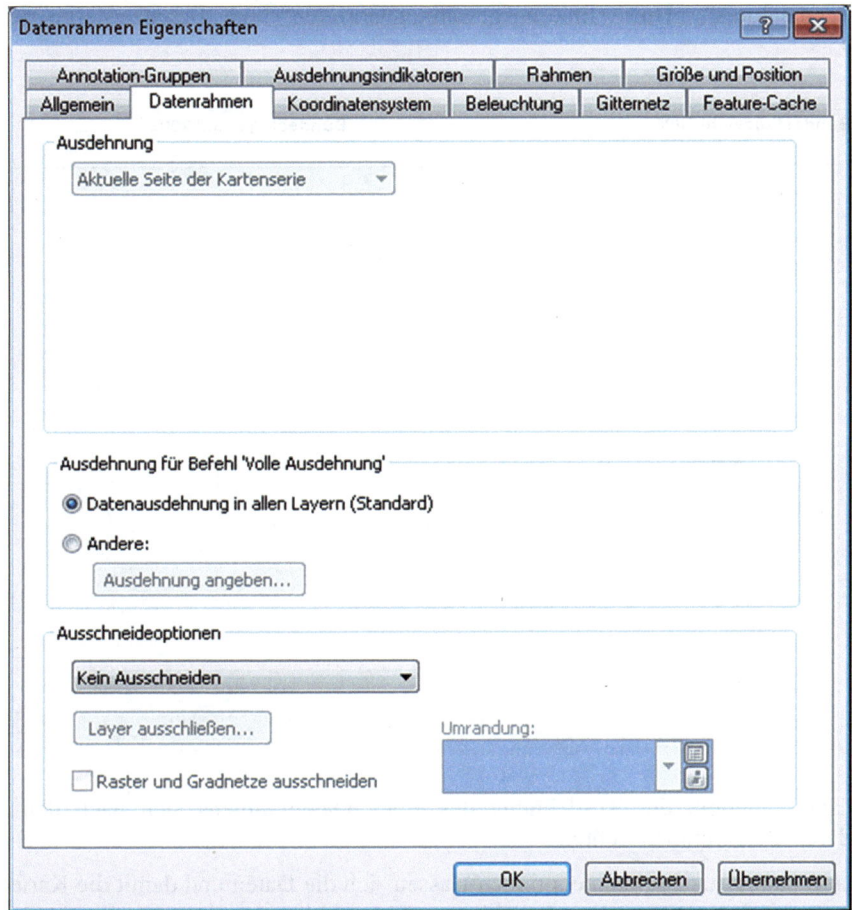

Abb. 195: „Datenrahmen Eigenschaften" – Register „Datenrahmen"

denen des Jahres 2009 gegenübergestellt werden (für das Beispiel in Abb. 196 wurde eine Kartenserie erstellt, die automatisch alle Wahlkreise als Kartenausschnitt erstellt. Der zweite (rechte) Datenrahmen bezieht die Information über die Ausdehnung vom ersten Datenrahmen (der seine Ausdehnung abhängig von der Größe des Wahlkreises ändert)).

Der in ArcGIS 9.2 neu geschaffene Bereich „Ausdehnung für Befehl ‚Volle Ausdehnung' " beinhaltet Einstellungen, um im Kartenfenster auf einen vorher zugewiesenen Bereich zu zoomen. Das heißt das Werkzeug „Volle Ausdehnung" kann nicht mehr nur benutzt werden, um die volle Ausdehnung des aktiven Datenrahmens im Kartenfenster darstellen zu lassen, sondern es ist nun auch möglich, die Größe des Kartenausschnitts, der durch das Werkzeug „Volle Ausdehnung" angezeigt wird, selbst zu definieren. Markieren Sie dazu den Radio-Button „Andere" und klicken Sie auf die Schaltfläche „Ausdehnung angeben…". Es öffnet sich ein neues Dialogfenster, in dem verschiedene Einstellungen zur „Vollen Ausdehnung" getroffen werden können („Aktuelle sichtbare Ausdehnung",

„Umrisslinie der Features", „Umrisslinie ausgewählter Grafiken" und „Benutzerdefinierte Ausdehnung").

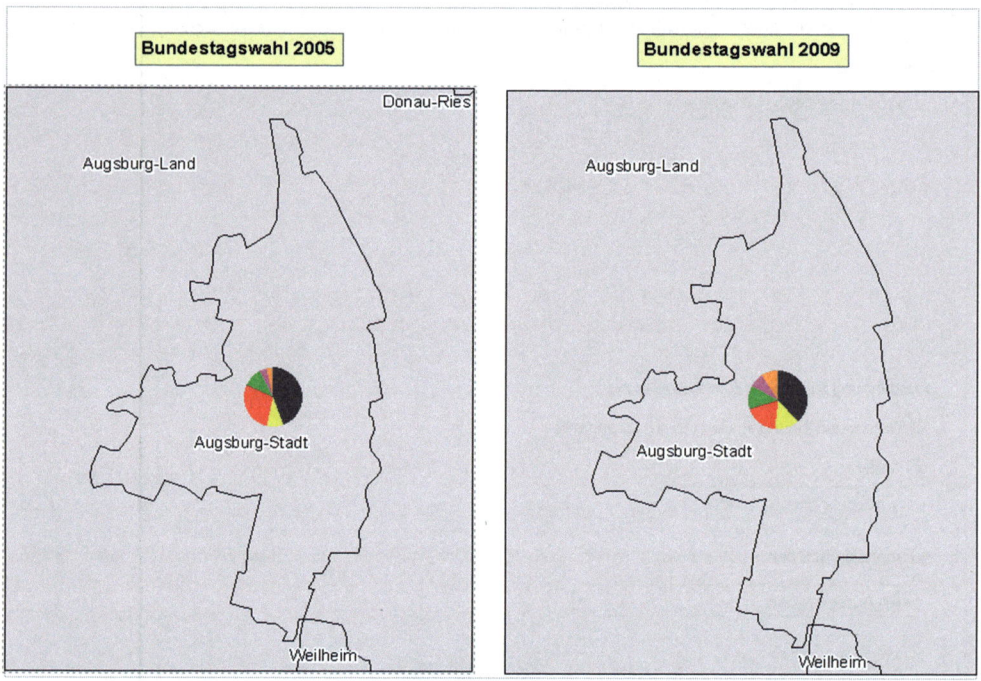

Abb. 196: Beispiel, in dem die Ausdehnung des einen Datenrahmens sich nach dem anderen Datenrahmen richtet.

Mithilfe des Unterpunkts „Ausschneideoptionen" lassen sich die Daten und damit die Karte des Datenrahmens auf die Form des angegebenen Shapefiles oder der aktuellen Ausdehnung der Kartenserie zuschneiden. Das ausgewählte Shape (bzw. die Ausdehnung der aktuellen Seite der Kartenserie) fungiert damit als „Stanzvorlage" für die restlichen Daten des Datenrahmens. Die Option „Auf Ausdehnung der aktuellen Seite der Kartenserie" ist nur sichtbar, wenn Sie auch die Kartenserie aktiviert haben. Diese Ausschneideoptionen sind z. B. sehr hilfreich, wenn Sie in einer gescannten Rasterkarte nur den Bereich eines Ihnen zur Verfügung stehenden Shapes bearbeiten wollen. Es können auch Layer von dieser Option ausgeschlossen werden (egal, ob Sie auf ein Shape oder die Ausdehnung der aktuellen Seite der Kartenserie ausschneiden wollen). Auf diesen bleiben für die gewünschten Layer alle Features sichtbar. Auch ein Gitter- oder Gradnetz können Sie auf das ausgewählte Shape begrenzen. Wenn Sie dafür das Häkchen bei „Raster und Gradnetze zuschneiden" setzen, dann orientieren diese sich nicht mehr an den Grenzen des Datenrahmens, sondern an dem Shapefile, welches als Stanzvorlage dient.

6.2.3 Register „Koordinatensystem"

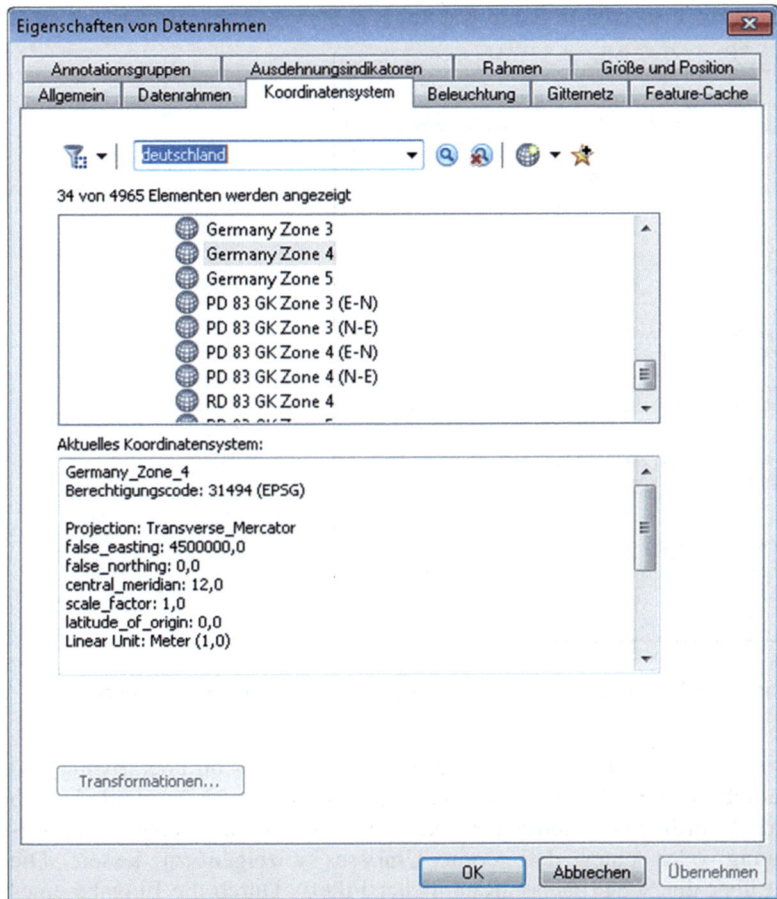

Abb. 197: „Datenrahmen Eigenschaften" – Register „Koordinatensystem"

Über dieses Register (Abb. 197) können Sie Einstellungen und Änderungen hinsichtlich des im aktiven Datenrahmen zur Darstellung Ihrer Daten verwendeten Koordinatensystems vornehmen. Wenn kein Koordinatensystem ausgewählt ist oder der Datenrahmen keine Daten enthält, wird im Bereich „Aktuelles Koordinatensystem:" die Information „Kein Koordinatensystem." angezeigt. In dem (nicht bearbeitbaren) Textfeld erhalten Sie Informationen zum aktuell festgelegten Koordinatensystem. Alle Layer innerhalb dieses Datenrahmens werden einheitlich im Koordinatensystem des Datenrahmens dargestellt, selbst wenn einzelne Layer ein anderes Koordinatensystem aufweisen. Diese Layer werden zur Darstellung automatisch („on-the-fly") in das Koordinatensystem des Datenrahmens umprojiziert, sofern ArcMap eine passende Transformation finden kann. Während dieses Vorgangs weist Sie ArcMap mit einer entsprechenden Warnmeldung (Abb. 198) auf mögliche Ausrichtungs- bzw. Genauigkeitsprobleme aufgrund unterschiedlicher Koordinatensysteme hin. Sollten Sie tatsächlich Probleme bei dem projizierten Layer hinsichtlich Ausrichtung oder Lagegenauigkeit feststellen, lässt sich über die entsprechende Schaltfläche („Transformationen…") auch nachträglich noch eine passende Transformation auswählen. Mehr zu Transformationen lesen Sie in Kapitel 14.5.3.

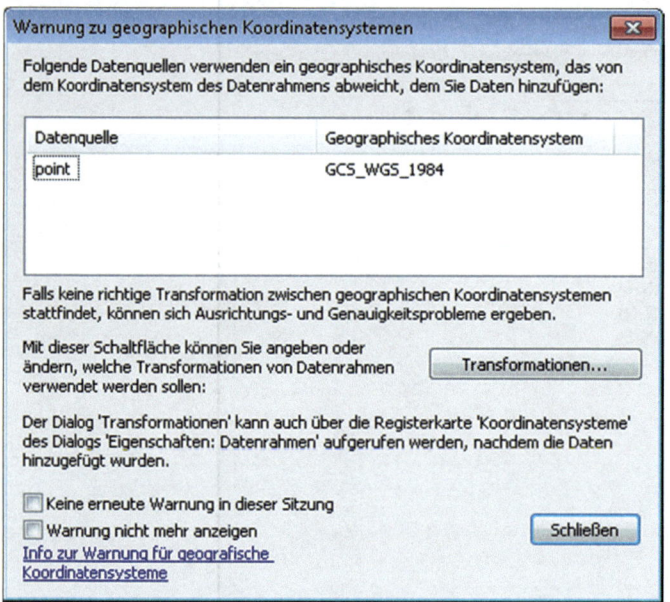

Abb. 198: Warnung in ArcMap bei Daten mit abweichenden Koordinatensystemen

Das Register „Koordinatensystem" wurde für die neue Version überarbeitet und mit einer raumbezogenen Suche versehen. Auf diese Weise ist es möglich, sich lediglich die Koordinatensysteme der aktuellen Ausdehnung, einer benutzerdefinierten Ausdehnnug oder eines definierten Umrisses anzeigen zu lassen. Die Einstellung geschieht über die Schaltfläche „Räumlicher Filter". Durch die Eingabe eines Suchbegriffs werden die verfügbaren Koordinatensysteme für die Region angezeigt. Neben dem Ländernamen ist auch die WKID (well-known id) als Angabe zulässig – für GK 4 ist das die 31468. Um die Suche zu starten, kann die Schaltfläche „Suchen" oder die Enter-Taste verwendet werden, zum Löschen des Suchbegriffs die Schaltfläche „Suche löschen". Es ist auch weiterhin möglich, neue Koordinatensysteme hinzuzufügen, den Raumbezug von einem anderen Datensatz zu importieren oder Koordinatensysteme zu löschen, das geschieht über die Schaltfläche „Koordinatensystem hinzufügen".

Mit Klick auf den Eintrag „Neu" gelangen Sie in eine Auswahlliste, die Ihnen die Definition eines neuen geographischen oder projizierten Koordinatensystems nach eigenen Parametern erlaubt.

Über den Menüpunkt „Importieren…" lässt sich das Koordinatensystem einer vorhandenen Datenquelle (Shapefile, Feature-Klasse) importieren.

Über den Button „Löschen" kann das aktuell zugewiesene Koordinatensystem aus dem Datenrahmen entfernt werden.

6.2 Datenrahmen-Eigenschaften

Wenn ein Koordinatensystem besonders häufig verwendet wird, kann es sinnvoll sein, dieses als Favorit zu speichern. Es ist dann in dem Ordner Favoriten hinterlegt und muss nicht bei jedem Kartenprojekt neu herausgesucht werden.

In dem Textfeld unterhalb der Werkzeugleiste wird Ihnen in Form einer Verzeichnisstruktur eine Liste aller verfügbaren Koordinatensysteme zur Verfügung gestellt. Im Ordner „Favoriten" lassen sich mithilfe der entsprechenden Schaltfläche (s. o.) häufig benutzte Koordinatensysteme ablegen. Diese stehen Ihnen dann auch in anderen ArcMap Projekten zur Verfügung. Mit ArcGIS 10 hat sich die Ordnerstruktur ein wenig verändert, sodass Sie z. B. die für Deutschland gebräuchlichen Gauß-Krüger-Koordinatensysteme „DHDN 3 Degree Gauss Zone 1-5" (7 Parameter) bzw. „Germany Zone 1-5" (3 Parameter) unter *„Projizierte Koordinatensysteme"* ⇨*„Nationale Raster"* ⇨ *„Deutschland"* finden. Unter „Benutzerdefiniert" finden Sie schließlich selbst definierte Projektionen. Dieser Ordner ist nur dann vorhanden, wenn schon ein neues Koordinatensystem hinzugefügt wurde.

Mit Hinzufügen des ersten Layers in einen leeren Datenrahmen wird automatisch das Koordinatensystem dieses Layers übernommen. Ist allerdings auch diesem Layer keine Projektion zugewiesen, so bleibt das Koordinatensystem des Datenrahmens zunächst „kein Koordinatensystem."

TIPP: Wollen Sie einem Shape bzw. einer Feature-Klasse ohne Koordinatensystem eine Projektion zuweisen, so ist dies nicht mehr nur unter ArcCatalog möglich (siehe dazu Kapitel 5). Alternativ können Sie auch über den Katalog innerhalb von ArcMap ein Koordinatensystem zuweisen. Möchten Sie jedoch die Daten eines Layers umprojizieren, d. h. ihnen ein anderes als das ursprüngliche Koordinatensystem zuweisen, ist das nicht direkt über ArcCatalog realisierbar. In diesem Fall müssen Sie im Kontextmenü des entsprechenden Layers (Inhaltsverzeichnis) den Punkt *„Daten"* ⇨ *„Daten exportieren..."* auswählen. Im entsprechenden Dialogfenster (Abb. 199) haben Sie dann die Möglichkeit, die Layer-Daten mit ihrem ursprünglichen Koordinatensystem, mit dem des Datenrahmens oder – sofern in ein Feature-Dataset exportiert

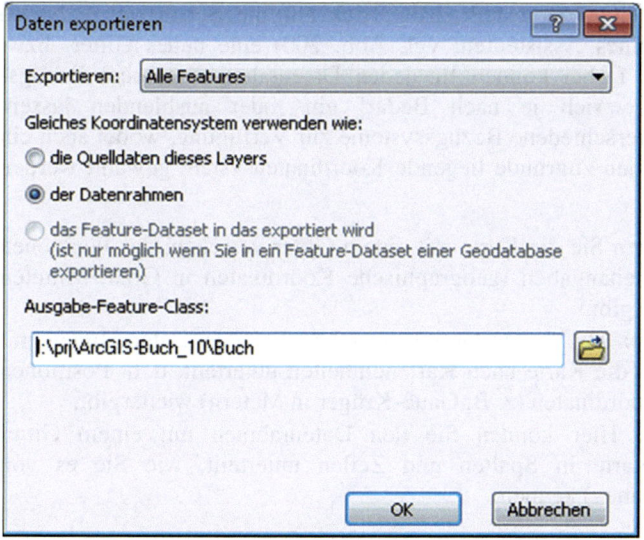

Abb. 199: Dialog „Daten exportieren" – projizieren von Layer-Daten

wird – mit dem Koordinatensystem dieses Feature-Datasets zu exportieren. So können Daten von ihrer Ausgangsprojektion in ein anderes Koordinatensystem (das des Datenrahmens oder eines Feature-Datasets) umprojiziert werden. Die Originaldatei wird somit nicht verändert, sondern eine neue Datei mit verändertem Koordinatensystem erzeugt. Alternativ kann auch das Werkzeug „Projizieren" aus der ArcToolbox verwendet werden (siehe auch Kapitel 9.1.3.26).

Hinsichtlich des „On-the-fly-Projizierens" von Daten in ArcMap ist allerdings zu beachten, dass dies bei großen Datenmengen zu einem erheblichen Geschwindigkeitsverlust u. a. beim Bildschirmaufbau nach dem Verschieben oder Zoomen des Kartenausschnitts führen kann.

6.2.4 Register „Beleuchtung"

Mithilfe dieses Registers lassen sich die Parameter Azimut, Höhe und Kontrast für die Schummerung (Beleuchtung) eines TINs (**T**riangulated **I**rregular **N**etwork; durch Dreiecksvermaschung erzeugtes Digitales Höhenmodell) einstellen bzw. ändern.

Der „Azimut" gibt dabei den Kompasswinkel der simulierten Lichtquelle an, wobei Werte zwischen 0° und 360° (Nord) möglich sind. In Grad wird auch die „Höhe" der Lichtquelle angegeben. Hier reicht der mögliche Wertebereich von 0° (horizontal) bis 90° (vertikal). Schließlich lässt sich über einen Schieberegler bzw. direkte Zahleneingabe der gewünschte „Kontrast" festlegen. In der „Vorschau" werden die Auswirkungen vorgenommener Änderungen sofort sichtbar. Auf Wunsch lassen sich alle Werte per Klick auf „Standard herstellen" auf ihre Ausgangswerte zurücksetzen.

6.2.5 Register „Gitternetz"

In diesem Register können Sie die Karte des aktiven Datenrahmens mit verschiedenen Arten von Bezugssystemen (Gitter- und Gradnetze) versehen. Alle für diesen Datenrahmen bereits definierten Gitter- und Gradnetze werden in einem Textfeld aufgelistet. Diese Bezugssysteme werden jeweils nur in der Layout-Ansicht des Datenrahmens dargestellt. In der Datenansicht werden sie nicht dargestellt. Mit Klick auf die Schaltfläche „Neues Gitternetz..." kann (mithilfe eines Assistenten; vgl. Abb. 200) eine neues Gitter- bzw. Gradnetz hinzugefügt werden. Dabei können für jeden Datenrahmen mehrere Bezugssysteme definiert werden, die sich je nach Bedarf ein- oder ausblenden lassen. Grundsätzlich stehen mehrere verschiedene Bezugssysteme zur Verfügung, wobei auch ein anderes als das dem Datenrahmen zugrunde liegende Koordinatensystem gewählt werden kann:

- **Gradnetz:** Hier können Sie die Karte mit einem Gitter versehen, das Positionen in Längen- und Breitenangaben (geographische Koordinaten in Grad, Minuten und Sekunden) wiedergibt.
- **Bemaßtes Gitternetz:** Mit dieser Option versehen Sie den Datenrahmen mit einem Maßraster, das die Karte nach Karteneinheiten unterteilt, d. h. Positionen anhand projizierter Koordinaten (z. B. Gauß-Krüger in Metern) wiedergibt.
- **Referenz-Gitternetz:** Hier können Sie den Datenrahmen mit einem Gitter versehen, das die Karte in Spalten und Zeilen unterteilt, wie Sie es von Ortsregistern (Stadtplänen) kennen.

6.2 Datenrahmen-Eigenschaften

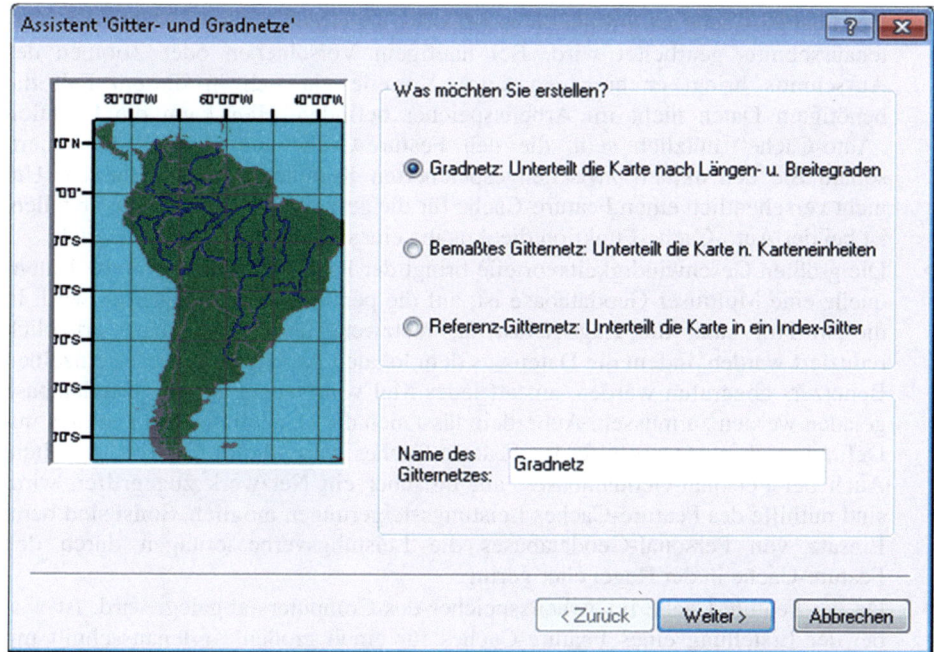

Abb. 200: Assistent zur Erzeugung von Bezugssystemen im Datenrahmen

TIPP: Die Erzeugung eines Bezugssystems kann bequem über einen Gitter- und Gradnetz-Assistenten erfolgen, der Sie Schritt für Schritt durch diese Funktionalität führt. Sollte bei Ihrer gegenwärtigen ArcMap-Konfiguration dieser Assistent nach Klick auf die Schaltfläche „Neues Gitternetz…" nicht angezeigt werden, kann er nachträglich aktiviert werden. Dies geschieht im Dialogfenster „Optionen" (Hauptmenüleiste ⇨ „Anpassen" ⇨ „ArcMap Optionen…"). Hier können Sie auf der Registerkarte „Allgemein" im Bereich „Allgemein" die Option „Assistenten anzeigen (falls vorhanden)" ein- oder ausschalten.

Nach der Erzeugung des gewünschten Bezugssystems lassen sich mithilfe der Buttons „Style…" sowie „Eigenschaften…" in der Registerkarte „Gitternetze" jederzeit Änderungen an den einzelnen Gitter- oder Gradnetzen vornehmen. Über den Button „In Grafik konvertieren" lässt sich jedes Bezugssystem in eine Grafikgruppe umwandeln, die dann mit den Zeichenwerkzeugen bearbeitet werden kann.

6.2.6 Register „Feature-Cache"

Mithilfe des Feature-Caches können die Daten (Features) eines bestimmten Kartenausschnitts, wenn diese in einer Geodatabase gespeichert sind, temporär im Arbeitsspeicher Ihres Computers zwischengespeichert werden. Dies kann gängige Operationen in ArcMap, wie z. B. das Auswählen, Bearbeiten, Beschriften oder Zeichnen von Features, deutlich beschleunigen, da das Abrufen von Daten aus dem Hauptspeicher generell sehr schnell erfolgt. Allerdings kann der Feature-Cache nur Features aus Geodatabases speichern! Rasterdaten, Coverages oder Shapefiles werden nicht zwischengespeichert. Für einen sinnvollen Einsatz des Feature-Caches sind einige Einschränkungen zu beachten:

- Der Feature-Cache ist am nützlichsten, wenn innerhalb eines feststehenden Kartenausschnitts gearbeitet wird. Bei häufigem Verschieben oder Zoomen des Ausschnitts bringt er hingegen keine Vorteile, da sich in diesem Fall die benötigten Daten nicht im Arbeitsspeicher befinden. Hier kann die Funktion „Auto-Cache" nützlich sein, die den Feature-Cache automatisch aktualisiert, sobald Sie den aktuell zwischengespeicherten Kartenausschnitt verlassen. Um nicht versehentlich einen Feature-Cache für die gesamte Geodatabase zu erstellen, ist bei der Auto-Cache-Funktion die Angabe eines Minimalmaßstabs möglich.
- Die größten Geschwindigkeitsvorteile bringt der Feature-Cache, wenn die Datenquelle eine Multiuser-Geodatabase ist, auf die per Netzwerk zugegriffen wird. In diesem Fall kann die Zugriffslast für Netzwerk und Geodatabase erheblich reduziert werden, indem die Daten aus dem lokalen Arbeitsspeicher des einzelnen Benutzers abgerufen werden, anstatt jedes Mal von Neuem aus der Geodatabase geladen werden zu müssen. Außerdem lässt sich die Darstellung von Features mit Definitionsabfragen mithilfe des Feature-Caches wesentlich effektiver gestalten. Auch bei Personal-Geodatabases, auf die über ein Netzwerk zugegriffen wird, sind mithilfe des Feature-Caches Leistungssteigerungen möglich. Sonst sind beim Einsatz von Personal-Geodatabases die Leistungsverbesserungen durch den Feature-Cache in der Regel eher gering.
- Da der Feature-Cache im Arbeitsspeicher des Computers abgelegt wird, ist v. a. bei der Erstellung eines Feature-Caches für einen großen Kartenausschnitt mit vielen Features ausreichend RAM notwendig.

Für die Erstellung und Verwendung des Feature-Caches bietet ArcMap auch eine eigene Werkzeugleiste „Karten-Cache" (siehe Kapitel 6.1.4.16).

6.2.7 Register „Größe und Position"

Innerhalb dieser Registerkarte (Abb. 201) lassen sich Größe und Position eines Datenrahmens in der Layout-Ansicht festlegen bzw. ändern.

Unter „Position" kann hier der gewünschte Ankerpunkt des Datenrahmens gewählt werden, wobei die vorgegebenen Ankerpunkte Punkte Ihres aktuellen Datenrahmens wiedergeben, d. h. der linke untere Ankerpunkt entspricht der linken unteren Ecke des Datenrahmens, der mittlere Ankerpunkt entspricht dem Mittelpunkt des Datenrahmens usw. Die Textfelder „X" und „Y" geben dabei den Abstand des gewählten Ankerpunkts von der linken unteren Ecke Ihrer Seite in horizontaler („X") und vertikaler („Y") Richtung wieder. Ist allerdings die Funktion „Als Versatzentfernung" aktiviert, so geben „X" und „Y" den entsprechenden Versatz des Datenrahmens ausgehend von der aktuellen Position an. Damit verschieben Sie also den Datenrahmen um die angegebenen Werte. Die Werte werden jeweils in den Seiten-Einheiten angegeben.

Unter „Größe" können Sie Höhe und Breite des aktiven Datenrahmens (in Seiten-Einheiten) angeben.

6.2 Datenrahmen-Eigenschaften

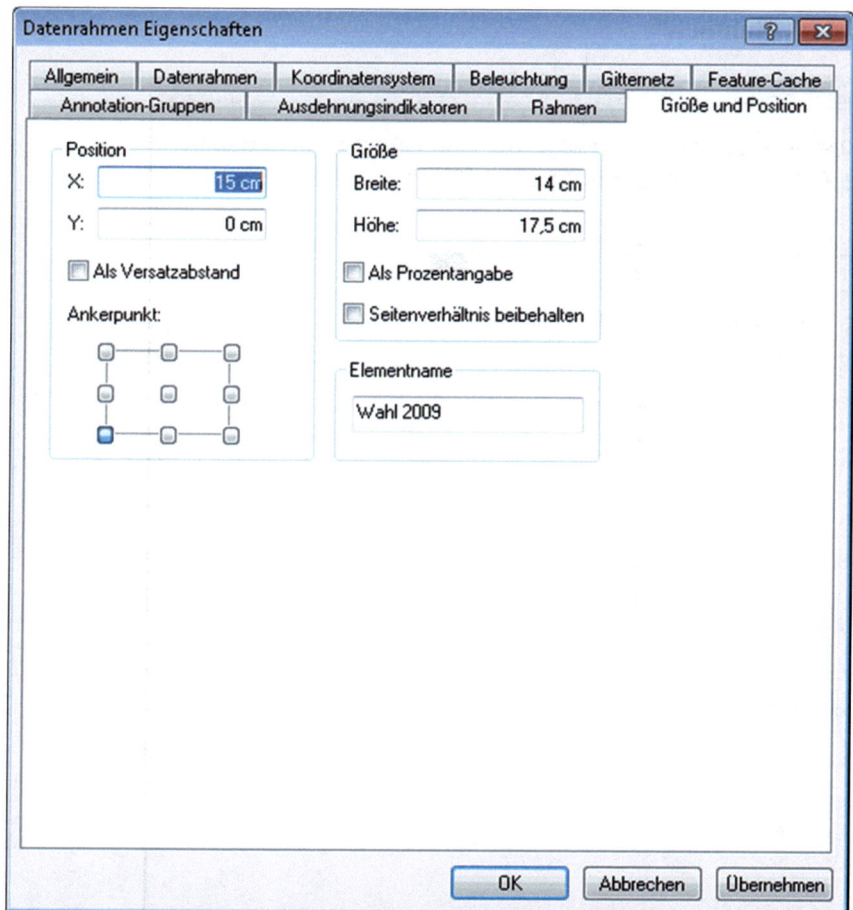

Abb. 201: „Datenrahmen Eigenschaften" – Register „Größe und Position"

Wird die Funktion „Als Prozent" aktiviert, so wird die aktuelle Größe des Datenrahmens als Ausgangsgröße festgelegt. Dementsprechend werden Breite und Höhe auf den Wert „100 %" gesetzt. Die Größe des Rahmens lässt sich dann prozentual ändern.

Über „Seitenverhältnis beibehalten" kann schließlich festgelegt werden, ob Breite und Höhe des Datenrahmens unabhängig voneinander geändert werden können oder nicht.

Seit der ArcGIS Version 9.2 kann in diesem Register auch der Name des Datenrahmens geändert werden. Dazu wurde das Eingabefeld „Elementname" geschaffen. Eine Änderung des Namens im Inhaltsverzeichnis mittels Mausklick auf den selektierten Datenrahmen ist weiterhin möglich und in den meisten Fällen auch der bequemere, weil schnellere Weg.

6.2.8 Register „Rahmen"

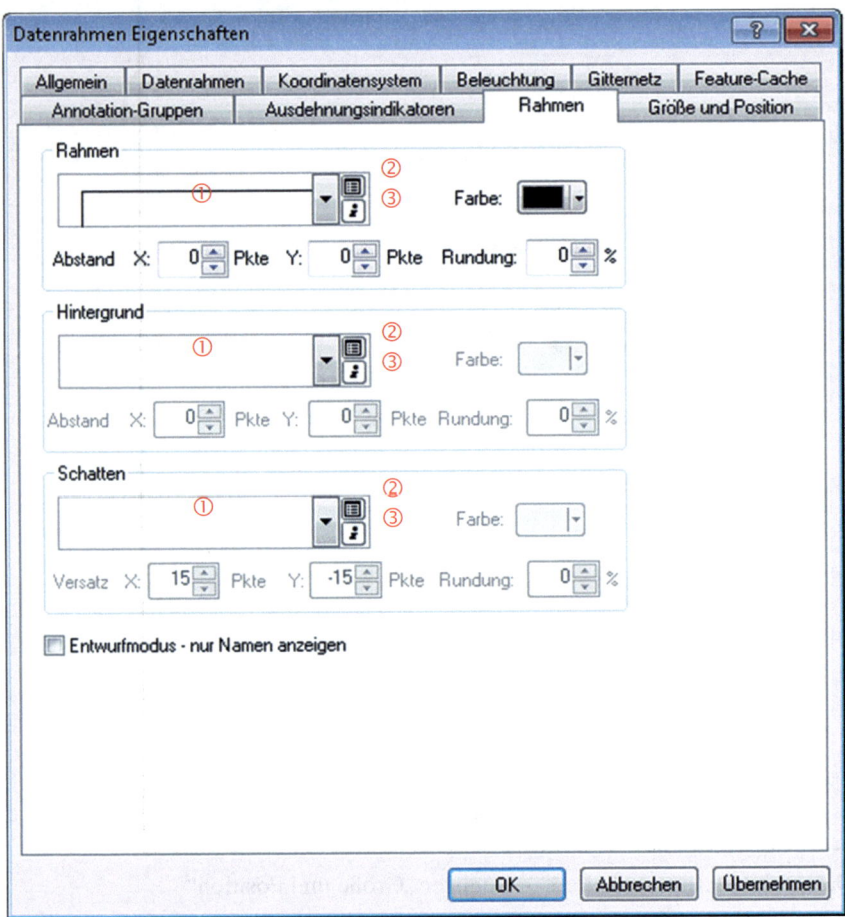

Abb. 202: „Datenrahmen Eigenschaften" – Register „Rahmen"

Innerhalb der Registerkarte „Rahmen" (Abb. 202) lässt sich das Aussehen des Datenrahmens in der Layout-Ansicht hinsichtlich „Rahmen" (früher: „Umrandung"), „Hintergrund" und „Schatten" anpassen. Für jedes der drei Elemente sind zahlreiche Einstellungen, z. B. bezüglich Farbe, Eckenrundung oder Abstand zu den Rahmenkanten möglich. Dazu steht jeweils ein Auswahlfenster (①) mit vordefinierten Styles zur Verfügung. Diese Styles lassen sich auch über eine Schaltfläche (②) auswählen bzw. weiterbearbeiten und für zukünftige Projekte abspeichern. Über eine weitere Schaltfläche (③) lassen sich schließlich die aktuell definierten Eigenschaften der einzelnen Elemente bearbeiten.

Über entsprechende Felder kann der Abstand von Linie, Hintergrund oder Schatten zur Rahmenkante sowie Grad der Eckenrundung angegeben werden. Mithilfe des Kontrollkästchens „Entwurfsmodus – nur Name anzeigen" wird in der Layout-Ansicht die Karte ausgeblendet und nur der Rahmen dargestellt. Dies ist z. B. bei komplexen Signaturen

6.2 Datenrahmen-Eigenschaften

empfehlenswert, die sehr viel Zeit für den Bildschirmaufbau benötigen. Mithilfe des Entwurfsmodus kann die Arbeit hier erheblich beschleunigt werden.

6.2.9 Register „Ausdehnungsindikatoren"

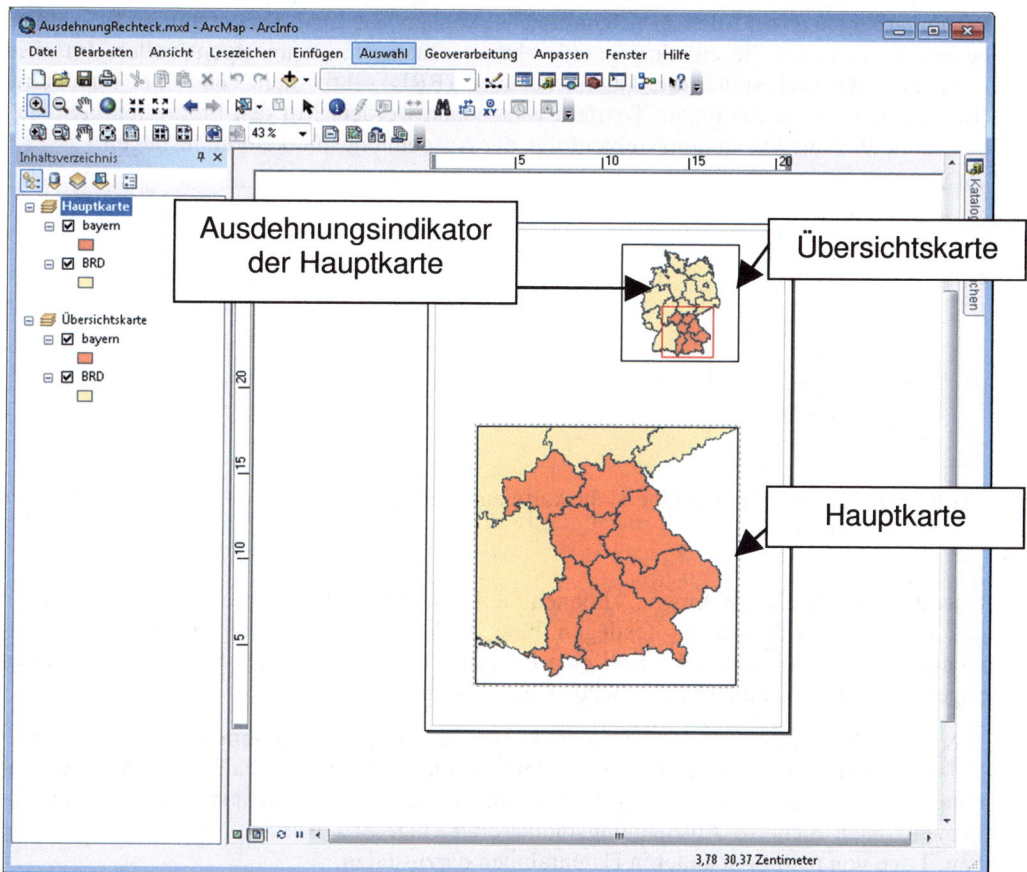

Abb. 203: Einsatz eines Ausdehnungs-Rechtecks in ArcMap

Mithilfe des Registers „Ausdehnungsindikatoren" (früher: Ausdehnungs-Rechteck) haben Sie die Möglichkeit, Ihrem Projekt dynamische Übersichts- oder Nebenkarten hinzuzufügen. Grundsätzlich stellen Ausdehnungsindikatoren die Ausdehnung eines Datenrahmens innerhalb eines weiteren Datenrahmens dar. So kann die jeweilige Ausdehnung Ihrer Hauptkarte durch das farblich frei gestaltbare Ausdehnungsindikatoren in einer Übersichtskarte kleineren Maßstabs hervorgehoben werden. Haben Sie in Ihrer Hauptkarte z. B. auf Bayern gezoomt, können Sie in einem weiteren Datenrahmen die Lage Bayerns innerhalb Deutschlands mit einem Ausdehnungs-Rechteck hervorheben (siehe Abb. 203). Ausdehnungsindikatoren sind dynamisch. Wenn also in der Hauptkarte gezoomt oder der Ausschnitt verschoben wird, wird das Ausdehnungs-Rechteck automatisch aktualisiert. Bei der Arbeit mit Kartenserien können Sie neben dem Rechteck auch die Umrisse des Index-

Features hervorheben lassen. Dann würde die Übersichtskarte aus Abbildung 203 ein wenig verändert aussehen (siehe Abb. 204).

Innerhalb der Registerkarte „Ausdehnungsindikatoren" sind im linken Textfeld zunächst alle in Ihrem Projekt vorhandenen Datenrahmen aufgelistet, ausgenommen der, in dem Sie gerade arbeiten. Über die „>"-Schaltfläche können Sie den Datenrahmen auswählen, dessen Ausdehnung Sie auf dem gerade aktiven Datenrahmen anzeigen wollen. Im oben genannten Beispiel sollte die Übersichtskarte (BRD) aktiv sein, und die Hauptkarte (Bayern) mit „>" in das rechte Textfeld verschoben werden. Mit den Pfeiltasten lässt sich hier schließlich die Darstellungsreihenfolge der Ausdehnungsindikatoren festlegen.

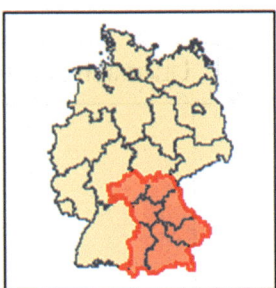

Abb. 204: Die veränderte Übersichtskarte aus Abbildung 203, wenn Sie mit Kartenserien arbeiten

Über die Schaltfläche „Rahmen..." können Sie Rahmenlinie, Hintergrundfarbe und Schatten des Ausdehnungs-Rechtecks festlegen bzw. ändern. Standardmäßig ist hier als Rahmenfarbe „Rot" voreingestellt. Soll eine Führungslinie zwischen den beiden Datenrahmen angezeigt werden, ist die entsprechende Checkbox anzuhaken.

TIPP: Ausdehnungsindikatoren können auch für Datenrahmen mit unterschiedlichen Koordinatensystemen erstellt werden. In diesem Fall wird der Ausdehnungsindikator automatisch in ArcMap projiziert. Zudem können innerhalb eines Datenrahmens auch mehrere Ausdehnungsindikatoren eingesetzt werden, um die Ausdehnung bzw. Lage von mehreren anderen Datenrahmen darzustellen.

6.2.10 Register „Annotation-Gruppen"

Für die Beschriftung einer Karte stehen unter ArcMap mehrere Möglichkeiten zur Verfügung. Die beiden wichtigsten Texttypen sind Beschriftungen und Annotations.

Beschriftungen sind dabei die schnellste und einfachste Methode, eine Karte mit beschreibendem Text für ein Feature zu versehen. Eine Beschriftung ist ein automatisch platziertes Textelement, dessen Text bzw. Zeichenfolge auf einem oder mehreren (frei wählbaren) Feld(ern) der Attributtabelle des entsprechenden Features basiert. Dadurch aber eignen sich Beschriftungen nur zum Hinzufügen von bestehendem Attribut-Text. Für die dynamische Beschriftung können viele Regeln aufgestellt werden, letztendlich kann der exakte Ort der Beschriftung nicht festgelegt werden. Lesen Sie zum Thema Beschriftungen bitte Kapitel 6.11 (Beschreibung der verfügbaren Label-Engines), Kapitel 6.1.4.19 (Werkzeugleiste „Beschriftung") und Kapitel 6.3.8 (Layer-Eigenschaften, Register „Beschriftungen").

In Kapitel 14.3.2 werden an einem Beispiel die vielfältigen Möglichkeiten der automatischen Beschriftungen ausführlich gezeigt.

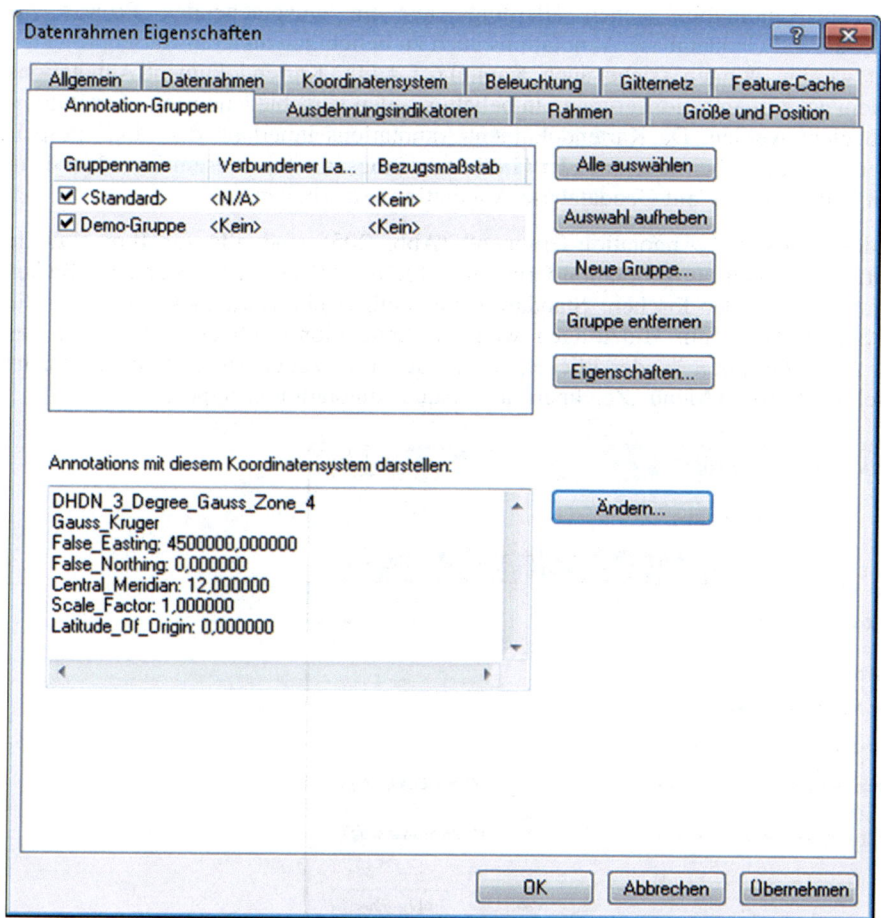

Abb. 205: „Datenrahmen Eigenschaften" – Register „Annotation-Gruppen"

Sollen dagegen nur einzelne Features beschriftet oder eine Karte mit allgemeinen Informationen versehen werden, bietet sich der Einsatz von Annotations an. Annotations verhalten sich wie Grafikelemente und sind damit hinsichtlich Darstellung und Platzierung von Texten wesentlich flexibler als Beschriftungen. So können z. B. einzelne Textteile ausgewählt und mit den Grafikwerkzeugen der Werkzeugleiste „Zeichnen" (Kapitel 6.1.4.11) bearbeitet werden. Grundsätzlich unterscheidet man zwei Hauptarten von Annotations. Sie können nämlich entweder im Kartendokument als sog. grafischer Text erstellt oder als eigene Feature-Klasse in einer Geodatabase gespeichert werden, wobei jede Annotation ihre Position, ihre Textzeichenfolge und Anzeigeeigenschaften speichert. Weitere Eigenschaften von Geodatabase-Annotations: Geodatabase-Annotations sind Layer und verhalten sich auch so, sie können abgefragt, symbolisch gruppiert und transparent dargestellt werden, sind editierbar und können nicht nur Text, sondern auch Attribute enthalten (siehe Kapitel 6.1.4.4).

Kartendokument-Annotations stehen allerdings nur im entsprechenden Projekt zur Verfügung, während Geodatabase-Annotations auch zu beliebigen anderen Kartenprojekten hinzugefügt werden können (siehe auch Kapitel 6.1.4.11). Kartendokument-Annotations können zudem aus Organisationsgründen in beliebig vielen verschiedenen sog. Annotation-Gruppen abgelegt werden. Da Kartendokument-Annotations innerhalb der MXD gespeichert werden, sind diese bei zunehmender Größe sehr langsam. Aus diesem Grund ist es in den meisten Fällen ratsam, mit Geodatabase-Annotations zu arbeiten.

Innerhalb des Registers „Annotation-Gruppen" (Abb. 205) sind alle für Ihre aktuelle ArcMap-Sitzung definierten Annotation-Gruppen aufgelistet. Diese lassen sich nach Bedarf ein- und ausblenden oder löschen. Standardmäßig enthält ein Kartendokument nur die Gruppe „<Standard>". Zum Hinzufügen weiterer Annotation-Gruppen wählen Sie das Werkzeug „Neue Gruppe..." oder klicken Sie in der Werkzeugleiste „Zeichnen" (siehe auch Kapitel 6.1.4.10) im Menü „Zeichnen" auf „Neue Annotation-Gruppe...".

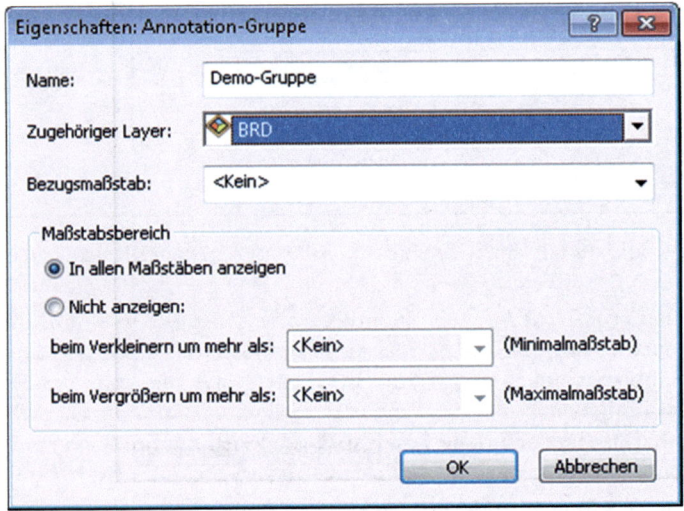

Abb. 206: Eigenschaften einer Annotation-Gruppe

Über die Schaltfläche „Eigenschaften..." gelangen Sie in das Eigenschaften-Dialogfenster einer Annotation-Gruppe (Abb. 206). Hier können Sie den Namen der Gruppe ändern, ihr einen Layer zuweisen und einen Bezugsmaßstab festlegen. Zusätzlich kann hier festgelegt werden, in welchen Maßstabsbereichen die entsprechende Annotation-Gruppe angezeigt werden soll.

 TIPP: Geben Sie für eine Annotation-Gruppe einen zugehörigen Layer an, so wird diese Gruppe entsprechend angezeigt oder ausgeblendet, wenn der Layer im ArcMap Inhaltsverzeichnis aktiviert bzw. deaktiviert ist. Ein Anwendungsbeispiel hierfür wäre ein Kartendokument, in dem zwei verschiedene Varianten eines Planungsvorhabens präsentiert werden sollen und nur die Annotations der jeweils eingeblendeten Variante sichtbar sein sollen.

Für die Ausrichtung bzw. Platzierung von Annotations, die ja – im Gegensatz zu den in der Layout-Ansicht angelegten grafischen Texten und Elementen – generell im Datenraum (geographischer Raum) des Kartendokuments gespeichert werden, wird standardmäßig das Koordinatensystem des entsprechenden Datenrahmens verwendet. Allerdings kann das Koordinatensystem für Annotation-Gruppen unabhängig vom Datenrahmen geändert werden, um z. B. Grafiken abweichend von den Feature-Layern zu projizieren. Über die Schaltfläche „Ändern..." lässt sich das bestehende Koordinatensystem einer Annotation-Gruppe ändern.

6.3 Layer-Eigenschaften

In den Layer-Eigenschaften können Sie alle Gestaltungsaspekte eines Layers bestimmen, etwa auf welche Datenquelle der Layer zugreift, wie er dargestellt und ob er beschriftet wird. Es gibt mehrere Wege, das Dialogfenster „Layer-Eigenschaften" zu öffnen:

- Doppelklicken Sie den entsprechenden Layer im Inhaltsverzeichnis.
- Markieren Sie den Layer und betätigen Sie die Eingabetaste oder die Funktionstaste „F12".
- Klicken Sie mit der rechten Maustaste auf den gewünschten Layer und wählen Sie im Kontextmenü des Layers (siehe Kapitel 6.1.5.3) den Befehl „Eigenschaften...".

Das Dialogfenster „Layer-Eigenschaften" besteht in der Regel aus insgesamt elf Registern, die hier beschrieben werden sollen (Kapitel 6.3.1 bis Kapitel 6.3.11). Einzelne spezielle Layertypen, wie z. B. Rasterdaten, Raster-Kataloge, CAD-Daten, externe Tabellen oder Routen weisen allerdings andere Layer-Eigenschaften auf und verfügen daher über weitere bzw. andere Registerkarten, auf die ab Kapitel 6.4 näher eingegangen wird.

6.3.1 Register „Allgemein"

Im Register „Allgemein" (Abb. 207) können Sie den Namen des Layers für das Inhaltsverzeichnis ändern und im Feld „Beschreibung" einen beliebigen Text, Kommentar oder eine Notiz zum Layer eingeben. Seit ArcGIS Version 9.2 steht zur Speicherung von Quellenangaben ein separates Eingabefeld bereit (vgl. auch Kapitel 6.2.1).

Die Checkbox „Sichtbar" hat dieselbe Funktion wie die Checkbox neben dem Layer-Namen im Inhaltsverzeichnis und legt die Sichtbarkeit des Layers in der Daten- bzw. Layout-Ansicht fest.

In einem Projekt, das verschiedene Layer mit sehr unterschiedlichen räumlichen Ausdehnungen enthält, finden sich mit hoher Wahrscheinlichkeit Layer, deren Darstellung nur in sehr großen oder sehr kleinen Maßstäben nützlich ist. Es lohnt sich in diesem Fall, für solche Layer einen Schwellenwert in Form eines Minimal- bzw. Maximalmaßstabs zu definieren, unterhalb bzw. oberhalb dessen der entsprechende Layer ausgeblendet wird. Aktivieren Sie dazu „Layer nicht anzeigen:" und tragen Sie in die darunterliegenden Steuerungsfelder den minimalen bzw. den maximalen Maßstab ein. Füllen Sie beide Felder aus, wenn Sie einen „Maßstabsbereich" definieren wollen, innerhalb dessen der Layer

6 ArcMap

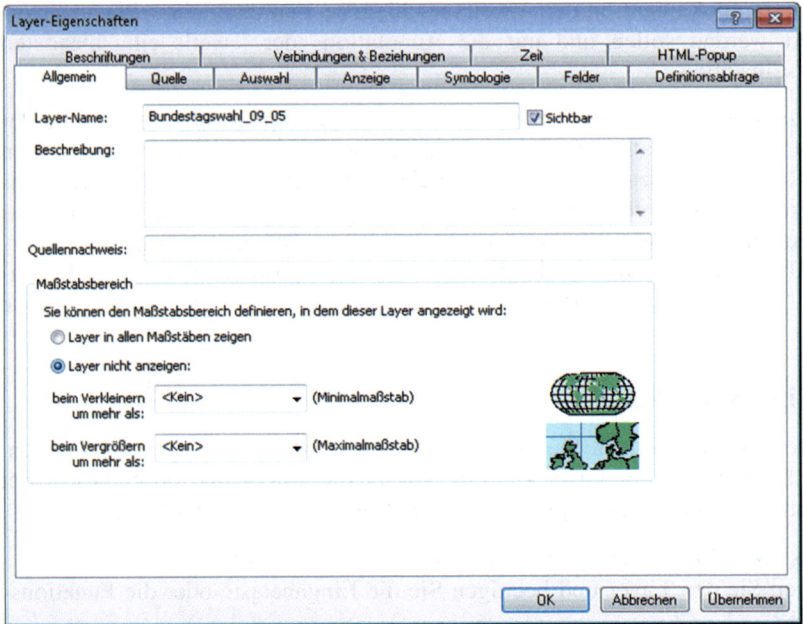

Abb. 207: „Layer-Eigenschaften" – Register „Allgemein"

sichtbar ist. Sobald Sie sich außerhalb des Maßstabsbereichs befinden, wird als Hinweis darauf die Checkbox neben dem ausgeblendeten Layer im Inhaltsverzeichnis grau dargestellt.

6.3.2 Register „Quelle"

Das Register „Quelle" (Abb. 208) zeigt einige wichtige Informationen zu Typ, Name, Speicherort, Koordinatensystem und Projektion der von diesem Layer dargestellten Quelldaten. Das Koordinatensystem der Daten kann an dieser Stelle nicht geändert werden. Innerhalb von ArcMap besteht lediglich die Möglichkeit, durch den Export der Daten über *Kontextmenü des Layers* ⇨ *„Daten"* ⇨ *„Daten exportieren..."* neue Daten zu erzeugen und diesen dabei das Koordinatensystem des Datenrahmens zuzuweisen (siehe auch Kapitel 6.2.3).

Betätigen Sie die Schaltfläche „Datenquelle festlegen...", wenn Sie eine neue Datenquelle für diesen Layer definieren wollen. Grund für eine fehlende Datenquelle kann sein, dass Sie einen Ordner mit Quelldaten verschoben oder umbenannt haben, sodass der Quellverweis des Layers ungültig geworden ist und keine Daten mehr angezeigt werden können. Eine andere Ursache könnte ein veränderter Laufwerksbuchstabe sein. Das kommt v. a. dann vor, wenn Sie Ihre Daten auf einem USB-Stick speichern und in der MXD nicht auf relative Pfade umgestellt haben. Der USB-Stick bekommt nicht grundsätzlich denselben Laufwerksbuchstaben zugewiesen und deswegen findet ArcMap dann die Daten nicht mehr. Das können Sie aber umgehen, indem Sie über Hauptmenüleiste ⇨ *„Datei"* ⇨ *„Eigenschaften des Kartendokuments..."* ⇨ *„Pfadnamen:"* einen Haken bei „Relative Pfadnamen für Datenquellen speichern" setzen. Die Reparatur beschädigter Layer ist auch mit dem Befehl

6.3 Layer-Eigenschaften

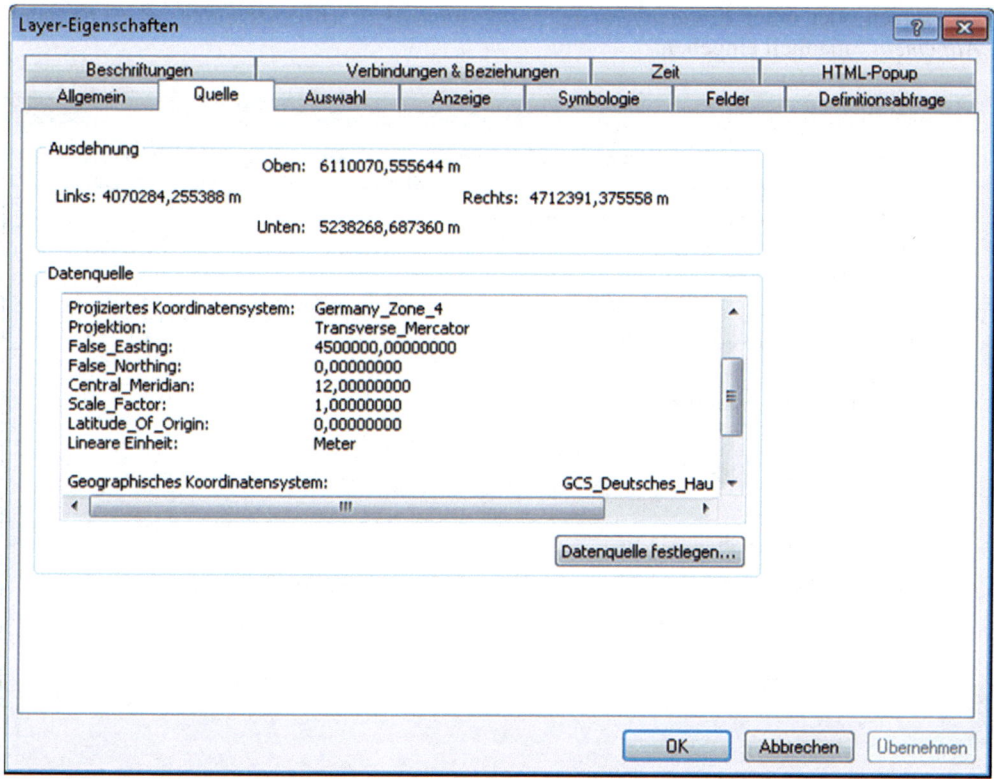

Abb. 208: „Layer-Eigenschaften" – Register „Quelle"

Kontextmenü des Layers ➪ *„Daten"* ➪ *„Datenquelle reparieren..."* möglich. Lesen Sie dazu bitte Kapitel 6.1.5.3. Vorteil der zuletzt genannten Methode ist, dass andere beschädigte Layer, deren Bezugsdaten sich im selben Ordner befinden wie diejenigen des gerade reparierten Layers, automatisch auch repariert werden. Weitergehende Möglichkeiten der Transformation in andere Koordinatensysteme bzw. Umprojizierung bietet die ArcToolbox (Kapitel 9).

6.3.3 Register „Auswahl"

Im Register „Auswahl" kann eine Farbe eingestellt werden, mit der die selektierten Features dieses Layers dargestellt werden. Damit wird die unter *Hauptmenüleiste* ➪ *„Auswahl"* ➪ *„Auswahloptionen..."* gesetzte Einstellung zumindest für diesen Layer außer Kraft gesetzt.

6.3.4 Register „Anzeige"

„Symbole skalieren, wenn ein Bezugsmaßstab gesetzt wurde" fixiert gewissermaßen die Symbol- und Textgröße innerhalb des Datenrahmens, sodass die Symbole und Texte relativ zu den Kartenfeatures in jedem Maßstab das gleiche Aussehen haben. Voraussetzung dafür ist, dass ein Bezugsmaßstab für den Datenrahmen gesetzt ist. Den Bezugsmaßstab können Sie mit *Kontextmenü des Datenrahmens* ➪ *„Bezugsmaßstab"* ➪ *„Bezugsmaßstab festle-*

gen" setzen oder unter *Kontextmenü des Datenrahmens* ⇨ *„Eigenschaften..."* ⇨ *Register „Allgemein"* manuell eingeben.

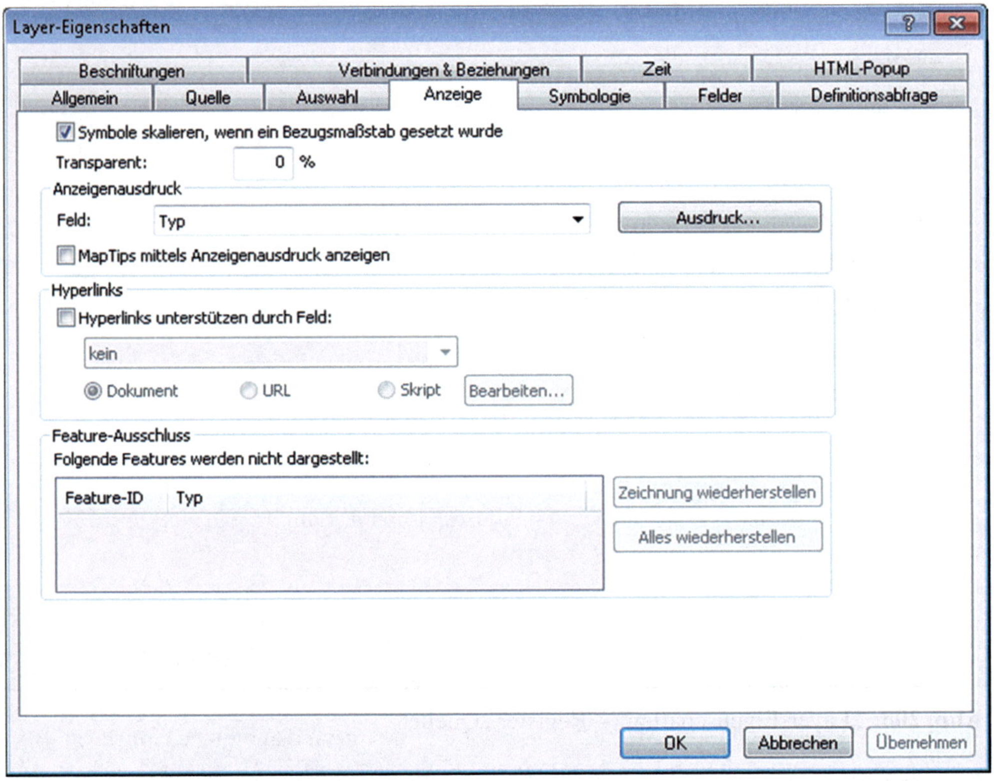

Abb. 209: „Layer-Eigenschaften" – Register „Anzeige"

Im Eingabefeld „Transparent" können Sie die Durchsichtigkeit des Layers in Prozent festlegen, sodass trotz eingeblendetem Layer die Features oder Rasterdaten von anderen, weiter unten liegenden Layern im Kartenfenster zu erkennen sind. Standardmäßig steht der Wert bei 0 %, d. h. der Layer ist nicht transparent.

> **Tipp:** Sie können den Transparenzwert auch interaktiv festlegen. Aktivieren Sie dazu die Werkzeugleiste „Effekte" (Kapitel 6.1.4.15) und wählen Sie in der Dropdown-Liste den gewünschten Layer aus. Die Schaltfläche „Transparenz anpassen" öffnet den entsprechenden Schieberegler.

Während in den älteren Versionen über das Register „Felder" ein Primäranzeigefeld festgelegt werden konnte, über dieses beispielsweise die Anzeige im Dialogfenster „Identifizieren" festgelegt wurde, wird das seit ArcGIS 10 über das Register „Anzeige" definiert. Neben einzelnen Spaltennamen können Sie jetzt auch individuelle Ausdrücke definieren, um die Anzeige zu verändern. Wenn Sie diesen neu erstellten Ausdruck auch für die „Map-Tips" verwenden möchten, dann reicht es, wenn Sie ein Häkchen bei der Option „Verwende den Anzeige-Ausdruck für die Map-Tips" setzen. Die Anzeige der „Map-Tips" ist nur möglich, wenn die Datenquelle des Layers einen räumlichen Index aufweist. Die Zuweisung eines räumlichen Index wird im ArcCatalog oder in den Eigenschaften der Datei vorgenommen.

Mit der Aktivierung des Kontrollkästchens „Hyperlinks unterstützen durch Feld" und der Auswahl des gewünschten Hyperlink-Felds aus der Attributtabelle des Layers in der Dropdown-Liste machen Sie für die Features dieses Layers die sog. Hyperlink-Funktion verfügbar.

Das entsprechende Werkzeug „Hyperlink", mit dem der Hyperlink ausgeführt werden kann, befindet sich in der Werkzeugleiste „Werkzeuge" (Kapitel 6.1.4.3). Mit diesem Werkzeug können Sie per Mausklick externe Dokumente oder Webseiten aufrufen, die sich auf Features beziehen. Nach dem Klick auf die Schaltfläche erscheinen diejenigen Features, denen Hyperlinks hinterlegt sind, im Kartenfenster blau umrandet.

Hyperlinks ermöglichen es, aus ArcMap heraus zusätzlich räumlich relevante Daten aufzurufen, deren Informationen weit über die Sachdaten-Einträge in den Attributtabellen hinausgehen können.

Es stehen drei Arten von feldbasierten Hyperlinks zur Verfügung:

- **Dokument:** Wenn Sie mit dem Werkzeug „Hyperlink" auf ein Feature klicken, wird die im Hyperlink-Feld eingetragene Datei von der ihr aktuell zugeordneten Anwendung gestartet. Enthält das Hyperlink-Feld beispielsweise einen Verweis auf eine Datei mit der Endung XLS, so wird diese Datei bei Anklicken des entsprechenden Features mit derjenigen Anwendung geöffnet, die im Betriebssystem dieser Endung zugeordnet ist. In den meisten Fällen dürfte dies Microsoft Excel sein.
- **URL:** Wenn Sie mit dem Werkzeug „Hyperlink" auf ein Feature klicken, wird die im Hyperlink-Feld dieses Features angegebene Website mit Ihrem Standard-Webbrowser aufgerufen.
- **Skript:** Wenn Sie mit dem Werkzeug „Hyperlink" auf ein Feature klicken, wird das im Hyperlink-Feld eingetragene Skript ausgeführt, welches Sie über die Schaltfläche „Editieren" erstellen können.

Bevor die Hyperlink-Funktion aktiviert und sinnvoll verwendet werden kann, muss der Attributtabelle des entsprechenden Layers ein Hyperlink-Feld in Form eines Textfelds hinzugefügt werden, das für die gewünschten Features die passenden Einträge enthält. Bei den Feldeinträgen dieser sog. „feldbasierten Hyperlinks" eröffnen sich zwei Alternativen: Entweder enthalten sie die kompletten Pfadnamen zum Ziel-Dokument bzw. die komplette URL der Ziel-Website, oder sie enthalten nur die Namen des Ziel-Dokuments bzw. der Ziel-Website. Im letzten Fall ist im Eingabefeld *Hauptmenüleiste* ➪ „*Datei*" ➪ „*Eigenschaften des Kartendokuments...*" (*früher* „*Dokumenteigenschaften...*", *noch früher: „Karteneigenschaften..."*) ➪ „*Hyperlink-Basis:*" der Pfad bzw. die URL zu definieren, unter der sich alle Ziel-Dateien bzw. Ziel-Websites befinden.

 Tipp: Neben den feldbasierten Hyperlinks gibt es noch eine zweite Möglichkeit, für einzelne Features eines Layers Hyperlinks zu erstellen, und zwar durch die Verwendung eines sog. „dynamischen Hyperlinks".

Einen dynamischen Hyperlink weisen Sie folgendermaßen zu:

- Betätigen Sie auf der Werkzeugleiste „Werkzeuge" die Schaltfläche „Identifizieren" und klicken Sie auf das gewünschte Feature im Kartenfenster.
- Klicken Sie im Dialogfenster „Identifizieren" mit der rechten Maustaste auf das Feature, für das Sie einen Hyperlink festlegen wollen.
- Im Kontextmenü klicken Sie auf „Hyperlink hinzufügen..." und definieren dann eine Ziel-Webadresse oder ein Ziel-Dokument (dynamische Hyperlinks unterstützen keine Makrowerte als Ziele).

Auf diese Weise können Sie für ein und dasselbe Feature beliebig viele Hyperlinks definieren, die Sie unter „Hyperlinks verwalten..." einsehen und gegebenenfalls wieder entfernen können.

Klicken Sie mit dem Werkzeug „Hyperlink" (Werkzeugleiste „Werkzeuge") auf ein Feature, für das mehrere dynamische Hyperlinks hinterlegt sind, erscheint eine Liste, aus der Sie einen Hyperlink aufrufen können. Wenn nur ein Link hinterlegt wurde, dann öffnet sich das Dokument bzw. die Webseite sofort. Sobald Sie das Werkzeug ausgewählt haben, werden diejenigen Features blau hervorgehoben, bei denen ein (oder mehrere) Hyperlink(s) hinterlegt wurde(n).

Dynamische Hyperlinks werden im Gegensatz zu feldbasierten Hyperlinks weder von einem eventuellen Eintrag im Eingabefeld *Hauptmenüleiste* ⇨ *„Datei"* ⇨ *„Eigenschaften des Kartendokuments..."* ⇨ *„Hyperlink-Basis"* beeinflusst, noch setzen sie ein Feld in der Attributtabelle voraus, das die Ziel-Einträge enthält.

Seit ArcGIS 9.3 können Hyperlinks auch Parameter angehängt und an die entsprechende Anwendung übergeben werden. Parameter werden mit dem Trennzeichen „?" eingeleitet und richten sich nach der jeweiligen Anwendung, mit der die Hyperlinks geöffnet werden.

Im unteren Bereich des Registers „Anzeige" werden in einer Liste diejenigen Features aufgezählt, die momentan von der Darstellung ausgeschlossen sind, weil sie mit dem Befehl *Kontextmenü des Datenrahmen* ⇨ *„Features zu Grafiken konvertieren..."* in Grafiken umgewandelt wurden. Um einen oder mehrere ausgeschlossene Features wieder anzeigen zu lassen, markieren Sie die entsprechenden Features in der Liste und betätigen „Zeichnung wiederherstellen". Wollen Sie alle Features der Liste anzeigen lassen, führen Sie „Alles wiederherstellen" aus. Näheres dazu finden Sie in Kapitel 6.1.5.

6.3.5 Register „Symbologie"

Eines der wichtigsten Register der Layer-Eigenschaften ist wohl das Register „Symbologie" (Abb. 210). Es erlaubt das Visualisieren von Features eines Layers mit verschiedenen Darstellungen. Folgende Darstellungsmöglichkeiten bietet ArcMap:

- Alle Features eines Layers mit dem gleichen Symbol darstellen.
- Kategorien bilden und jede Kategorie mit einem eigenen Symbol versehen.
- Größenordnungen anhand quantitativer Werte darstellen.
- Punktwolken oder Diagramme.

6.3 Layer-Eigenschaften

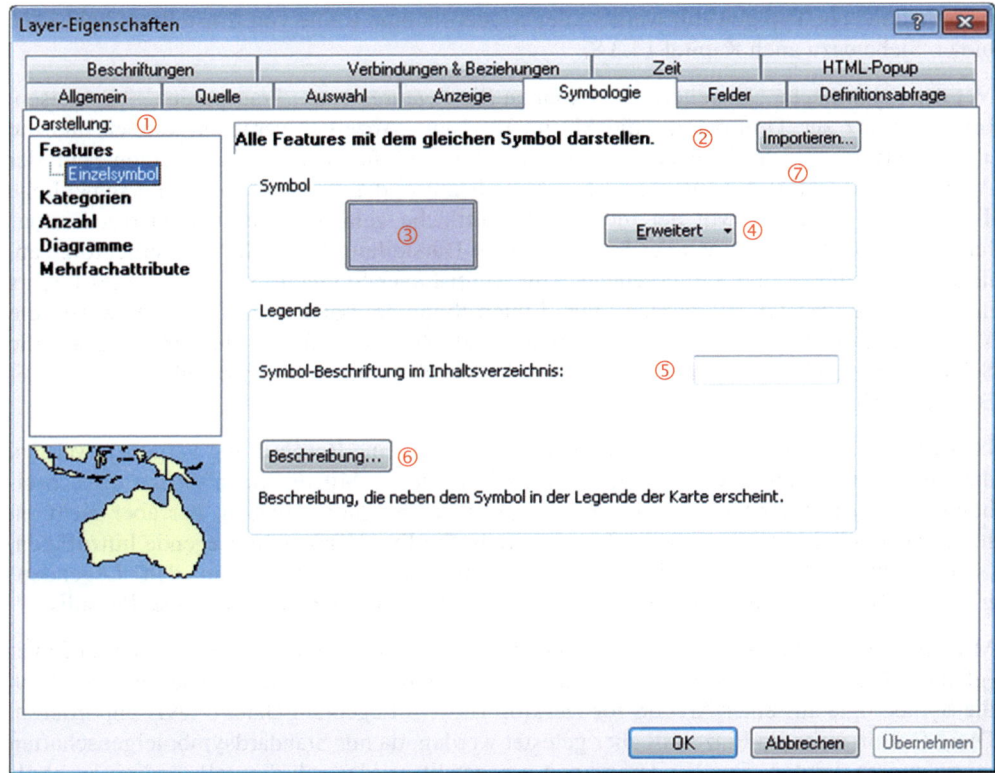

Abb. 210: Register „Symbologie" – Einzelsymboldarstellung

Das Register „Symbologie" ist in mehrere Bereiche aufgeteilt. Im Auswahlfeld „Darstellung" (①) kann die Symbologiekategorie festgelegt werden. Je nach Auswahl ändert sich der rechte Bereiche des Registers. Der rechte Bereich ist immer mit einem Textfeld (②) überschrieben, der die entsprechende Auswahl anzeigt. Die Schaltfläche „Übernehmen" erlaubt die Zuweisung der gewählten Auswahl auf die Features des Layers, ohne das Dialogfenster „Layer-Eigenschaften" zu schließen. Leider gibt es hier keine „Zurück"-Taste, d. h. Änderungen in der Symboldarstellung, die einmal getätigt wurden, können nicht mehr so einfach rückgängig gemacht werden. Für die Darstellungsart gibt es folgende Möglichkeiten.

6.3.5.1 Darstellungsart „Einzelsymbol"
Die Darstellung aller Features eines Layers mit dem gleichen Symbol ist die Standardeinstellung, die ArcMap nach dem Hinzufügen eines Layers in ein Projekt benutzt. Die Farbe, die für die Features – gleich welchen Geometrietyps – verwendet wird, ist zufällig.

Im Bereich „Symbol" erreicht man durch Klick auf das Symbol (③) das Dialogfenster „Symbolauswahl", in dem einfach die Farbe bzw. Umrissfarbe (bei Punkt-Layern Größe und Winkel, bei Linien-Layern die Breite) geändert werden kann. Über die Schaltfläche „Symbol bearbeiten" erreicht man ein weiteres Dialogfenster „Symboleigenschaften-Editor". Dort kann je nach Geometrietyp (Fläche, Linie, Punkt, Text etc.) im Bereich „Eigenschaften" ein Typ gewählt werden, der wiederum eine Reihe von Einstellmöglichkeiten bietet. Siehe dazu auch Kapitel 14.3.8.

Mit der Schaltfläche „Erweitert" (④) können Sie Features eine „Transparenz..." zuweisen. Im Gegensatz zur Transparenz, die Sie im Register „Anzeige" vergeben können und die allen Features gleiche Transparenz zuweist, können Sie hier auf ein Zahlen-Feld der Attributtabelle zugreifen und damit jedem Feature des Layers eine unterschiedliche Transparenz zuweisen. Mit der gleichen Schaltfläche gelangen Sie auch in das Dialogfenster „Symbolebenen". Mit der Symbolebenen-Darstellung geben Sie die Reihenfolge an, in der die Symbole und Symbolebenen (für Multi-Layer-Symbole) innerhalb eines Layers in der Karte gezeichnet werden. Für Linien-Symbole können Sie beispielsweise die Verwendung der Optionen für Verbinden und Zusammenführen festlegen. Über die Schaltfläche „Info zu Symbolebenen..." erhalten Sie eine sehr anschauliche Hilfe mit Beispielabbildungen.

Im Bereich „Legende" (⑤) kann für das Einzelsymbol eine Beschriftung vergeben werden, die im Inhaltsverzeichnis neben dem Symbol erscheint. Mit der Schaltfläche „Beschreibung..." (⑥) können Sie noch mehr Text als Beschreibung eingeben, der aber nicht im Inhaltsverzeichnis, sondern nur im Layout, wenn Sie Ihrer Karte eine Legende hinzufügen, (siehe Kapitel 14.8.5) erscheint (allerdings nur dann, wenn Sie in den Legenden-Eigenschaften einstellen, dass für diesen Layer die Beschreibung angezeigt werden soll).

Mit der Schaltfläche „Import..." (⑦) können Sie die Symbologie aus einem anderen Layer (gleichen Geometrie-Typs) oder einer Layer-Datei importieren. Alternativ können Sie auch die Symbologie aus einer ArcGIS for Desktop Basic 3 Legenden-Datei (*.avl) importieren. Diese Option muss im Einzelfall aber getestet werden, da nur Standardsymboleigenschaften übernommen werden. Des Weiteren kann eingestellt werden, ob die vollständige Symboldefinition, nur die Symbole oder nur die Klassifizierung importiert werden soll.

6.3.5.2 Darstellungsart „Einzelwerte"

Durch die Verwendung der Kategorie „Einzelwerte" (Abb. 211) werden alle Features eines Layers, die im spezifizierten Feld der Attributtabelle den gleichen Wert besitzen, mit demselben Symbol dargestellt. Dazu muss im Bereich „Wertefeld" ein Feld aus der Attributtabelle des Layers ausgewählt werden. Durch die Schaltfläche „Alle Werte hinzufügen" fügen Sie alle vorkommenden Werte der ausgewählten Spalte der Liste hinzu. Dabei werden die Farben des Farbschemas verwendet, das im Bereich „Farbverlauf" (früher: „Farbschema") eingestellt ist, und nach Zufallsprinzip den vorkommenden Werten zugewiesen.

Durch Doppelklick auf das Symbol, das links vor jedem Wert angezeigt wird, gelangt man, wie oben beschrieben, in das Dialogfenster „Symbolauswahl", in dem das Symbol beliebig verändert werden kann.

Mit der Schaltfläche „Entfernen", die nur aktiv ist, wenn in der Einzelwert-Liste Einträge markiert sind, können Sie Werte, die Sie nicht benötigen, entfernen. Über die Schaltfläche „Alle entfernen" entfernen Sie alle Werte aus der Einzelwert-Liste. Dabei werden aber keine Datensätze gelöscht, diese werden nur nicht mehr angezeigt. Über die Schaltfläche „Alle Werte hinzufügen" erzeugen Sie wieder die Originaldarstellung.

6.3 Layer-Eigenschaften

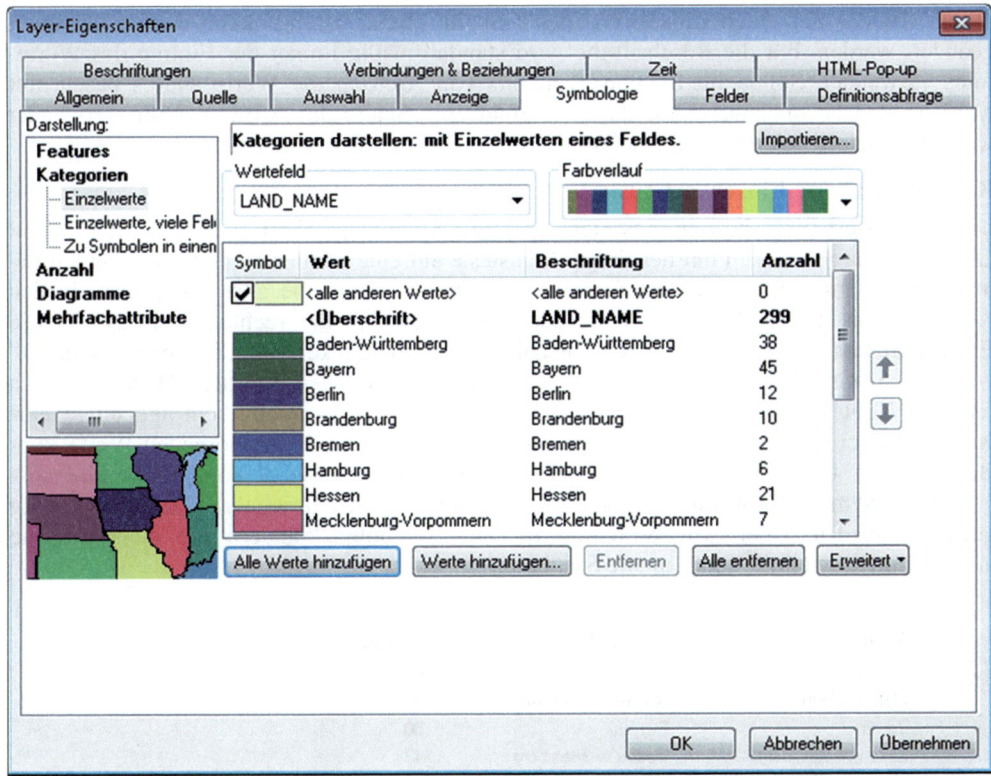

Abb. 211: Register „Symbologie" – Kategorie Einzelwertdarstellung

Sind in der Attributtabelle nicht alle Werte vorhanden, die Sie gerne in der Liste und damit auch im Inhaltsverzeichnis angezeigt haben möchten, oder haben Sie Werte aus der Liste entfernt, die Sie gerne wieder aufnehmen möchten, können Sie mit der Schaltfläche „Werte hinzufügen..." Werte im erscheinenden Dialogfenster hinzufügen. Werte, die in der Attributtabelle vorkommen, und die aus der Einzelwert-Liste entfernt wurden, erscheinen jetzt in der Liste „Wert(e) zum Hinzufügen wählen". Bei neuen, nicht in der Attributtabelle vorkommenden Werten, im Bereich „Neuer Wert" den gewünschten Wert eingeben und die Schaltfläche „Zur Liste hinzufügen" betätigen. Damit wird der Wert in die darüberliegende Liste aufgenommen. Durch Markieren eines Werts in der Liste wird die Schaltfläche „OK" aktiviert und Sie können den Wert in die Einzelwert-Liste der Symboldarstellung übernehmen.

Die Schaltfläche „Erweitert" wurde bereits im Kapitel zur Einzelsymboldarstellung (Kapitel 6.3.5.1) beschrieben.

Sind in der Einzelwert-Liste Einträge markiert, kann die Reihenfolge der Einträge zueinander geändert werden. Dazu können die Schaltflächen der Pfeiltasten rechts der Einzelwert-Liste verwendet werden. Damit können Werte nach oben bzw. unten verschoben werden.

Durch Klicken auf einen Einzelwert in die Spalte „Beschriftung" kann die Beschriftung geändert werden. Für die Beschriftung wird standardmäßig immer der Eintrag des Wertefelds verwendet. Sollen im Inhaltsverzeichnis von ArcMap die Werte anders beschriftet werden, weil beispielsweise für das Wertefeld eine Spalte der Attributtabelle verwendet wird, die kodierte Werte enthält, so können diese hier geändert werden.

Kontextmenü der Einzelwert-Liste

Die Einzelwert-Liste besteht aus den Spalten „Symbol", „Wert", „Beschriftung" und „Anzahl". Durch Klicken mit der linken Maustaste auf eine Spaltenüberschrift gelangen Sie in ein Kontextmenü, das weitere Optionen anbietet. Die Summe aller Funktionen in den Kontextmenüs der Spalten finden Sie auch, wenn Sie mit der rechten Maustaste in die Einzelwert-Liste klicken. Mit einer Ausnahme: Durch Klicken auf die Spalte „Anzahl" wird die Anzahl der vorkommenden Werte pro Einzelwert neu ermittelt. Diese Funktion fehlt im Kontextmenü. In der Spalte „Symbol" kann die Symbolreihenfolge umgekehrt werden. Dabei werden nur die Symbole umgekehrt, nicht die dazugehörenden Werte samt Beschriftung. Über „Eigenschaften der ausgewählten Symbole..." können für alle ausgewählten Symbole bestimmte Eigenschaften (Umrissfarbe, Umrissstärke etc.) gleichzeitig geändert werden. Über „Eigenschaften für alle Symbole..." ändern Sie nicht nur die ausgewählten Symbole, sondern alle Symbole.

Symbol	Wert	Beschriftung	Anzahl
✓	<alle anderen Werte>	<alle anderen Werte>	0
	<Überschrift>	Süddeutschland	97
	Bayern	Bayern	50
	Baden-Württemberg	Baden-Württemberg	47
	<Überschrift>	Name	287
	Thüringen	Thüringen	11
	Schleswig-Holstein	Schleswig-Holstein	28
	Sachsen-Anhalt	Sachsen-Anhalt	12
	Sachsen	Sachsen	16
	Saarland	Saarland	4

Abb. 212: Einzelwertdarstellung mit zweiter Überschrift „Süddeutschland"

 Tipp: Wird die Registerkarte „Symbologie" erneut geöffnet, werden aus Leistungsgründen in der Einzelwert-Liste in der Spalte „Anzahl" ggf. nur Fragezeichen angezeigt. Durch Klicken auf den Spaltenkopf wird die Anzahl der vorkommenden Werte pro Legendeneintrag neu ermittelt und angezeigt.

Werden mindestens zwei Werte der Liste markiert, können diese im Kontextmenü mit „Werte gruppieren" gruppiert werden. Dabei erhalten alle markierten Werte das gleiche Symbol. In Abbildung 213 wurden „Bayern" und „Baden-Württemberg" gruppiert.

Die Gruppierung der Werte hebt man mit dem gleichnamigen Befehl im Kontextmenü wieder auf. Allerdings wird das ursprüngliche Symbol des Werts nicht mehr hergestellt, sondern alle Werte der aufgelösten Gruppierung erhalten das gleiche Symbol. Die Symbole können dann aber wieder unabhängig voneinander bearbeitet werden.

6.3 Layer-Eigenschaften

Symbol	Wert	Beschriftung	Anzahl
☑	<alle anderen Werte>	<alle anderen Werte>	0
	<Überschrift>	Süddeutschland	97
	Bayern; Baden-Württemberg	Bayern; Baden-Württemberg	97
	<Überschrift>	Name	287
	Thüringen	Thüringen	11
	Schleswig-Holstein	Schleswig-Holstein	28
	Sachsen-Anhalt	Sachsen-Anhalt	12
	Sachsen	Sachsen	16
	Saarland	Saarland	4
	Rheinland-Pfalz	Rheinland-Pfalz	17

Abb. 213: Einzelwertdarstellung mit zwei gruppierten Werten (Bayern und Baden-Württemberg)

„Sortierung umkehren" sortiert die gesamte Liste inkl. der Symbole in umgekehrter Reihenfolge. „Sortierung zurücksetzen" stellt die ursprüngliche Sortierung wieder her.

Über „Wert(e) entfernen" können einzelne Werte aus der Liste entfernt werden.

Jedem Einzelwert in der Liste kann über „Beschreibung bearbeiten..." weiterer Text zur Beschriftung hinzugefügt werden. Dieser erscheint nicht im Inhaltsverzeichnis von ArcMap, sondern nur in der Legende, die einem Layout hinzugefügt wurde. Allerdings nur, wenn in den Legenden-Eigenschaften eingestellt wird, dass die Beschreibung für den Layer angezeigt werden soll.

„In Überschrift verschieben" erlaubt das Erzeugen einer neuen Überschrift. In Abbildung 212 wurden die Einzelwerte „Bayern" und „Baden-Württemberg" unter der neuen Überschrift „Süddeutschland" zusammengefasst. Einzelwerte können auch zwischen Überschriften verschoben werden, indem unter der Funktion „In Überschrift verschieben" die entsprechende Überschrift ausgewählt wird. Die hier vergebenen Bezeichnungen werden automatisch in die Legende übernommen.

6.3.5.3 Darstellungsart „Einzelwerte, viele Felder"

Die Kategorie „Einzelwerte, viele Felder" entspricht im Wesentlichen der Kategorie „Einzelwerte". Einziger Unterschied ist, dass die Einzelwerte, die für die Darstellung verwendet werden, sich nicht nur aus einer Spalte der Attributtabelle des Layers ableiten, sondern dass diese aus einer Kombination von bis zu drei Spalten gebildet werden. Beispielsweise ergibt sich die Flächenfüllung bei Forstkarten oft nicht nur aus der Baumart, sondern auch aus der Altersklasse der entsprechenden Baumart. In diesem Fall werden zwei Spalten für die Flächenfüllung benötigt.

6.3.5.4 Darstellungsart „Zu Symbolen in einem Style anpassen"

Wie in der Kategorie „Einzelwerte" muss auch hier ein Wertefeld definiert werden, das die Einzelwerte für die Darstellung enthält. Neu ist der Bereich „Zu Symbolen im Style anpassen", in dem ein Style angegeben werden kann, aus dem die Symbole für die zu verwendenden Einzelwerte verwendet werden. Über die Schaltfläche „Symbole anpassen" kann das Auslesen der Symbole aus dem Style erfolgen. Voraussetzung ist, dass im zu verwendenden Style Symbole (Flächenfüllungen – Fill Symbols, Liniensymbole – Line

Symbols, Punktsymbole – Marker Symbols etc.) definiert sind, deren Namen identisch zu den Werten der Attributtabelle sind. Die Zuweisung der Symbole zu den Werten geschieht dann automatisch, was bei einer großen Anzahl von Einzelwerten eine enorme Zeitersparnis darstellt. Die Zuweisung funktioniert aber nur für als Zeichenfolge definierte Spalten der Attributtabelle. Mit Symbolnamen, die aus Zahlen bestehen, kann die Symbolzuweisung leider nicht durchgeführt werden.

6.3.5.5 Darstellungsart „Abgestufte Farben"

Die Darstellungsart „Abgestufte Farben" (Abb. 214) kann nur für Felder der Attributtabelle verwendet werden, die Zahlenwerte enthalten. Im Bereich „Felder" kann für Werte keine Spalte angegeben werden, die Zeichen enthält. Durch diese Darstellungsart bildet ArcGIS aus den vorkommenden Zahlenwerten der ausgewählten Spalte standardmäßig fünf Klassen nach der Klassifizierungsmethode „Natürliche Unterbrechungen (Jenks)" und stellt diese unter Verwendung des eingestellten Farbverlaufs dar. Die Anzahl der Klassen kann einfach über die Drop-down-Liste „Klassen" geändert werden. Auch die zu verwendenden Farben können leicht über eine Änderung der Drop-down-Liste „Farbverlauf" geändert werden. Unter „Normalisierung" (früher: „Normierung") wird der Prozess der Teilung eines Attributwerts durch einen anderen Attributwert verstanden. Das Ergebnis ist ein Bezugswert des Einzelwerts auf die Gesamtheit aller Werte. Wenn beispielsweise der Attributwert einer Fläche durch die Flächengröße geteilt wird, erhält man den Attributwert bezogen auf die Fläche (= Dichte). Dieser Wert kann dann sinnvoll mit anderen Werten verglichen werden. Bei der Normalisierungseinstellung <PERCENT OF TOTAL> wird der Wert durch seinen Prozentanteil am Gesamtwert normalisiert.

 Tipp: Unter dem Bereich „Darstellung" wird für jede Darstellungsart ein Vorschaubildchen angezeigt, das zeigt, wie sich die entsprechende Auswahl auf die Darstellung in der Karte auswirkt.

Über die Schaltfläche „Klassifizieren..." gelangt man in das Dialogfenster Klassifizieren (Abb. 215). Im Bereich „Klassifizierung" kann die Methode, die zur Klassenbildung führt, eingestellt werden. Darunter können im Bereich „Datenausschluss" über ein Abfrage-Dialogfenster bestimmte Werte von der Darstellung ausgeschlossen werden. Über die Schaltfläche „Stichproben..." können Sie die Anzahl der zu verwendenden Datensätze einstellen, aus der die Klassifizierung berechnet wird. Im Bereich „Klassifizierungsstatistik" rechts daneben werden statistische Werte des Wertebereichs dargestellt. Im linken unteren Bereich können die Klassengrenzen direkt geändert werden, indem auf die blauen Linien geklickt wird und diese dann verschoben werden. Rechts daneben können die Klassenwerte mit der Tastatur eingegeben werden.

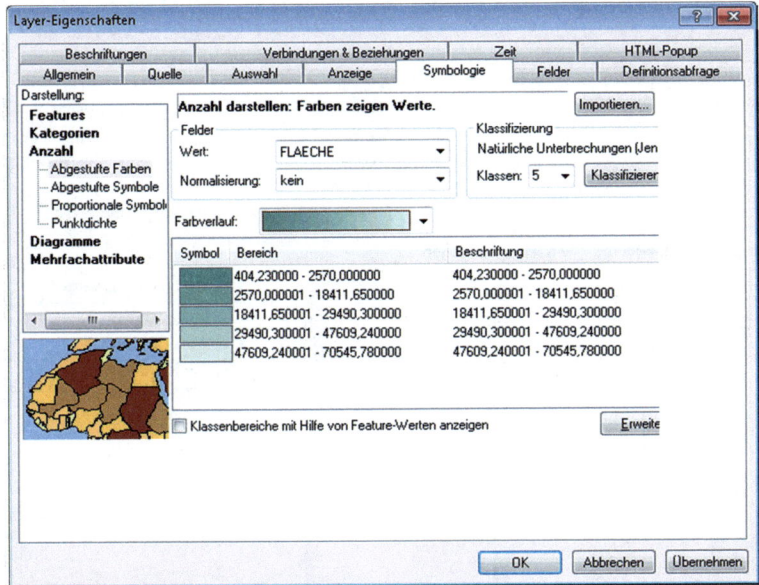

Abb. 214: Register „Symbologie" – Darstellungsart „Abgestufte Farben"

Für die Methode der Klassifizierung gibt es sieben Auswahlmöglichkeiten:

- „Manuell" erlaubt die manuelle Einstellung der Klassengrenzen.
- „Gleiches Intervall" teilt den Wertebereich in gleich große Intervalle.
- „Definiertes Intervall" entspricht der Methode „Gleiches Intervall" mit dem Unterschied, dass die Klassenanzahl automatisch berechnet wird, wenn die Größe des Intervalls festgelegt wird.
- „Quantil" bedeutet, dass die Anzahl der Einzelwerte pro Klasse in jeder Klasse gleich groß ist.
- Die Methode „Natürliche Unterbrechung (Jenks)" bildet an auffälligen Häufigkeitsänderungen in der Normalverteilung aller Werte Klassengrenzen.
- „Geometrisches Intervall" bildet Klassengrenzen auf Grundlage sog. „geometrischer Folgen". Man versteht darunter ein Muster (eine Folge), bei dem einzelne Werte in konstantem Verhältnis zueinander stehen.
- Die „Standardabweichung" vergleicht die Einzelwerte mit der Abweichung vom Mittelwert aller Werte und bezieht aus diesem Zusammenhang die Klassengrenzen.

6 ArcMap

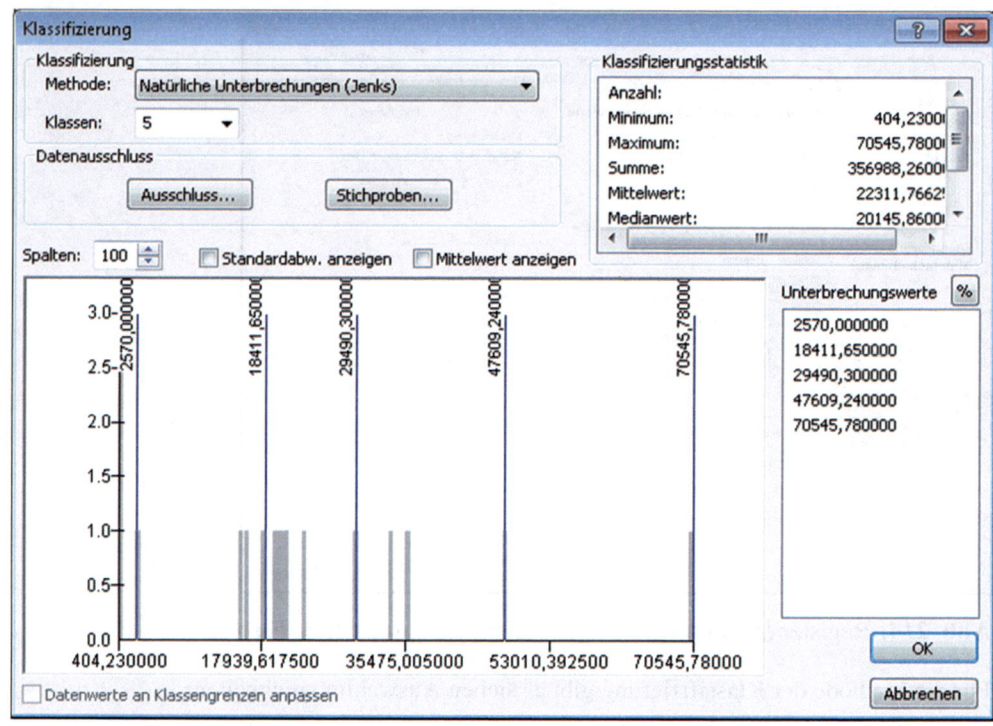

Abb. 215: Dialogfenster „Klassifikation"

6.3.5.6 Darstellungsart „Abgestufte Symbole"

Auch für die Darstellung „Abgestufte Symbole" können nur Felder der Attributtabelle verwendet werden, die Zahlenwerte enthalten. Aus diesen Zahlenwerten werden Klassen gebildet (siehe Kapitel 14.3.4), die mit zunehmender Klassengröße mit größeren Symbolen visualisiert werden. Natürlich kann die Symbolgröße von aufsteigend auch auf absteigend geändert werden (*Kontextmenü* ⇨ *„Symbolreihenfolge umkehren"*).

Bei der Erstellung einer Karte mit abgestuften Symbolen ist es wichtig, die möglichen Symbolgrößen sorgfältig auszuwählen. Die größten Symbole müssen so klein sein, dass sich nebeneinanderliegende Symbole nicht gegenseitig verdecken. Gleichzeitig muss der Größenunterschied zwischen den kleinsten und den größten Symbolen jedoch groß genug sein, um eine eindeutige Differenzierung der verschiedenen Klassen zu gewährleisten.

Die Symbolart und -größe kann im Bereich „Vorlage" geändert werden. Für Flächen-Layer kann im Bereich Hintergrund die Farbfüllung der Flächen eingestellt werden. Über die Schaltfläche „Erweitert" kann für die Symbole ein Feld aus der Attributtabelle definiert werden, das einen Rotationswinkel für die Symbole enthält.

6.3.5.7 Darstellungsart „Proportionale Symbole"

Die Darstellung „Proportionale Symbole" entspricht der Darstellung „Abgestufte Symbole", mit dem Unterschied, dass die Symbolgröße in Bezug zu den Werten der Attributtabelle gesetzt wird. Dabei kann die Steuerung der Symbolgröße ArcGIS überlassen werden, wenn als Einheit „Unbekannte Einheiten" eingestellt bleibt, oder die Symbolgröße wird über die Zuweisung von Einheiten (Meter, Kilometer) gesteuert. Natürlich kann wieder die Symbolart und -größe, das Aussehen (Kompensation nach Flannery), die Anzahl der im Inhaltsverzeichnis sichtbaren Größenklassen, und bei Flächen die Hintergrundfarbe eingestellt werden. Auch die Rotation und der Ausschluss von Werten können, wie weiter oben bereits behandelt, eingestellt werden.

6.3.5.8 Darstellungsart „Punktdichte"

Das Darstellen von Mengen anhand von Punktdichten ist nur mit Flächen-Layern möglich. Die Darstellungsart „Punktdichte" ist in Linien- oder Punkt-Layern nicht vorhanden. Punktdichtekarten zeigen grafisch die Dichte an, keinen genauen Wert (z. B. Bevölkerungsdichte). Die Dichte gibt einen Wert relativ zur Fläche an. Die Punkte werden im Polygon zufällig verteilt. Je dichter die Punkte liegen, desto höher ist der Wert pro Fläche. Eine Punktdichtekarte ähnelt der Symbolisierung mit Farbabstufungen, jedoch wird anstelle der Farbe als Mengenmerkmal die Punktdichte verwendet. Im Bereich „Berechnete Dichte bei " kann die „Punktgröße" und der „Punktwert" angegeben werden. Der Punktwert regelt, wie groß die Zahl ist, die durch einen Punkt repräsentiert wird. Nach Angabe der Punktdarstellung kann angegeben werden, ob die Dichte der Punkte beibehalten werden soll. Seit ArcGIS 10.1 kann dabei zwischen zwei Optionen unterschieden werden:

- Punktgröße: Bei der Veränderung des Maßstabs wird die Größe der Punkte angepasst.
- Punktwert: Die Werte der Punkte werden verändert, um die Punktdichte bei verändertem Maßstab beizubehalten.

6.3.5.9 Darstellungsart „Diagramme"

Bei der Darstellungsart „Diagramme" kann zwischen „Kreis", „Balken/Säulen" und „Gestapelt" gewählt werden. Kreisdiagramme, Balkendiagramme und gestapelte Balkendiagramme sind gut geeignet, umfangreiche numerische Daten effektiv zu präsentieren. Allen gemeinsam ist, dass ein Diagramm sich aus den zu wählenden Feldern der Attributtabelle ergibt. Für das Diagramm können u. a. die Eigenschaften (2D, 3D), Farbe, Größe, Aussehen der Führungslinien (Zuweisungsstriche), Neigung, Ausrichtung etc. festgelegt werden.

6.3.5.10 Darstellungsart „Mehrfachattribute"

Die Darstellungsart „Mehrfachattribute" kombiniert die Darstellung „Einzelwerte" mit der Darstellung „Abgestufte Symbole". Diese beiden Darstellungsarten wurden in den jeweiligen Kapiteln schon beschrieben. Die Darstellung „Einzelwerte" erfolgt über das Wählen eines Felds aus der Attributtabelle; die Darstellung „Abgestufte Symbole" erfolgt im Bereich „Variation von", indem ein Farbschema und eine Symbolgröße durch Klick auf die entsprechenden Schaltflächen eingestellt werden.

6.3.6 Register „Felder"

Das Register „Felder" (Abb. 216) verschafft dem Nutzer einen Überblick über die Feldstruktur der Attributtabelle des Layers.

6 ArcMap

Die Option „Primäres Anzeigefeld" ist seit ArcGIS 10 im Register „Felder" nicht mehr vorhanden. Die Aktivierung/Deaktivierung der Map-Tips und die Anzeigeeinstellung jedes Layers erfolgen jetzt ausschließlich im Register „Anzeige" im selben Dialogfenster (vgl. Kapitel 6.3.4).

Während in der linken Hälfte alle Felder zu sehen sind, die für die Feature-Klasse existieren, sind im rechten Teil das Aussehen- und die Felddetails des ausgewählten Felds sichtbar. Die Zeilen im Bereich „Aussehen" sind editierbar, wohingegen die „Felddetails" nicht änderbar sind und bei der Erstellung der Feature-Klasse festgelegt werden.

Mit Eingaben im rechten oberen Teil des Registers können Sie beeinflussen, wie die Felder in der geöffneten Attributtabelle (*Kontextmenü des Layers* ⇨ *„Attributtabelle öffnen"*), im Fenster „Attribute" (*Werkzeugleiste „Editor"* ⇨ *„Attribute"*) und im Fenster „Identifizieren" (*Werkzeugleiste „Werkzeuge"* ⇨ *„Identifizieren"* ⇨ *Mausklick auf gewünschtes Feature*) dargestellt werden. Jetzt werden die Einstellungen in diesem Register auch von allen Funktionen übernommen. Noch in ArcGIS 9.3.1 konnte die Funktion „Attribute" die Einstellungen nicht übernehmen und zeigte z. B. grundsätzlich die ursprünglichen Feldnamen an.

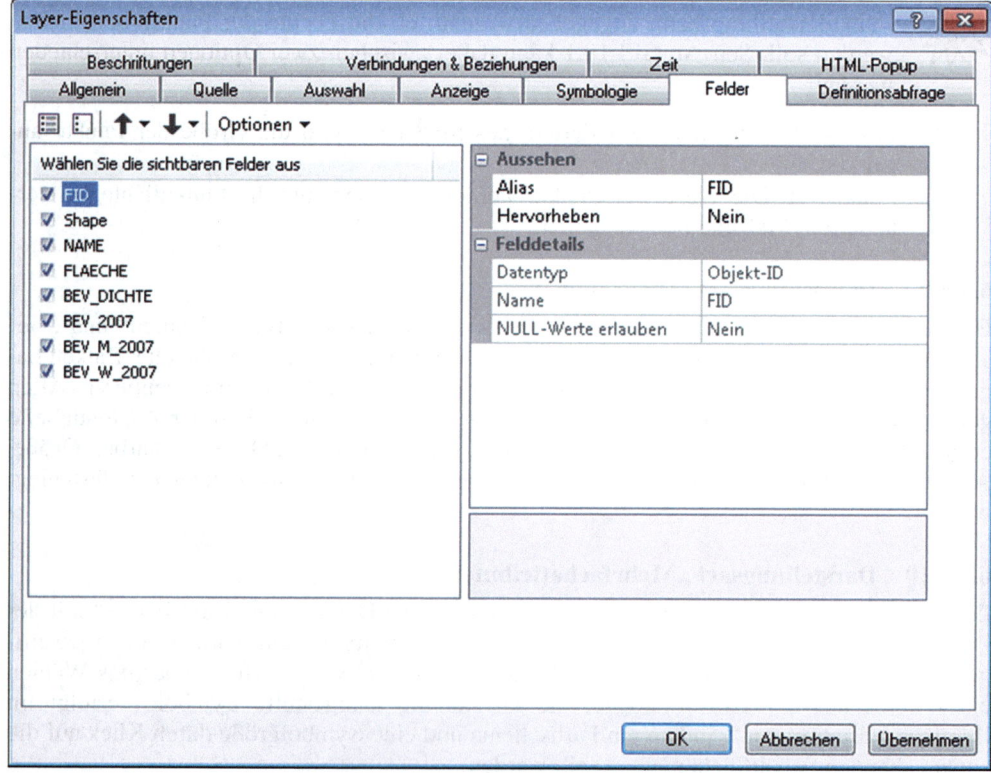

Abb. 216: „Layer-Eigenschaften" – Register „Felder"

In der ersten Zeile können Sie einen Aliasnamen für dieses Feld vergeben oder einen bereits existierenden verändern. Dieser kann auch Umlaute oder Sonderzeichen enthalten und ist mitunter leichter lesbar und somit nutzerfreundlicher. Sie können aber auch, trotz Vergabe eines Aliasnamens, im Bereich „Felddetails" weiterhin den ursprünglichen Feldnamen sehen.

Wenn Sie die Option „Hervorheben" auf „Ja" setzen, dann wird in der Attributtabelle, im Fenster „Identifizieren" und im Fenster „Attribute" das Feld gelb markiert und ist somit leicht von den übrigen zu unterscheiden.

Klicken Sie auf die Schaltfläche in der Zeile „Zahlenformat", um die Darstellung eines numerischen Felds (z. B. durch Streichung der Nachkommastellen) zu ändern, ohne die dem Layer zugrunde liegenden Daten ändern zu müssen.

Wenn Sie verhindern möchten, dass die Daten in diesem Feld während der Bearbeitung verändert werden können, dann schalten Sie in Zeile „Schreibgeschützt" auf „Ja". Dann sind die Werte nach wie vor in den unterschiedlichen Ansichten („Identifizieren", „Attribute" oder „Attributtabelle") sichtbar, können aber nicht überschrieben werden. Sowohl die Zeile „Zahlenformat" als auch die Zeile „Schreibgeschützt" sind bei systemseitig angelegten Feldern nicht sichtbar.

Neu ist die Werkzeugleiste oberhalb des linken Textfelds. Sie können mit einem Mausklick alle Felder selektieren (Schaltfläche „Alle Felder aktivieren") oder die Auswahl aufheben (Schaltfläche „Alle Felder deaktivieren"). Innerhalb des Registers „Felder" kann über die Schaltflächen „Nach oben" und „Nach unten" die Reihenfolge der Felder festgelegt werden. Die gewählte Reihenfolge wird dann auch in der Attributtabelle übernommen (was in den Vorgängerversionen nicht ging). Die Änderung ist allerdings nur innerhalb des Kartendokuments vorhanden, es wird also nicht die Originalreihenfolge der Attributtabelle geändert. Neben den zwei Schaltflächen zur Positionsänderung können die Felder auch per Drag & Drop an eine neue Position verschoben werden. Außerdem können Sie über die Schaltflächen „Optionen" die Felder auch alphabetisch (oder umgekehrt) sortieren lassen oder die ursprüngliche Reihenfolge wiederherstellen. Wenn Sie die Reihenfolge direkt innerhalb der Attributtabelle im Tabellenfenster verändern, dann werden diese Einstellungen auch in dem Register „Felder" übernommen. Als letzte Einstellungsmöglichkeit in dem Drop-down-Menü „Optionen" können Sie wählen, ob Sie als Anzeige der originale Name oder der veränderbare Aliasname angezeigt werden soll.

6.3.7 Register „Definitionsabfrage"

Im Register „Definitionsabfrage" (Abb. 217) können Sie durch Formulierung einer attributbezogenen Abfrage die Einblendung der Layer-Features im Kartenfenster und in der Attributtabelle selektiv einschränken. Das ist beispielsweise dann sinnvoll, wenn Sie von einem Datensatz mit allen Städten Deutschlands nur diejenigen Städte darstellen lassen wollen, die über 100.000 Einwohner haben. Beachten Sie, dass die auf diese Weise von vornherein ausgeklammerten Features auch von nachfolgenden Selektionen und Prozessen ausgeschlossen werden. Beispiel: Sie wollen aus den deutschen Städten per lagebezogener Auswahl die im Bundesland Bayern liegenden auswählen und in einen neuen Datensatz exportieren. Sie haben vorher in der Definitionsabfrage die Darstellung derart eingeschränkt, dass im Kartenfenster nur die Städte in Deutschland mit mehr als 100.000 Einwohnern eingeblendet werden. Wenn Sie nun den Städte-Layer mit dem Bundesland

Bayern verschneiden und die Selektion in ein neues Shapefile oder eine neue Geodatabase-Feature-Class schreiben, so enthält die Ergebnis-Datei nur die Städte in Bayern mit mehr als 100.000 Einwohnern, da alle kleineren Städte durch die Definitionsabfrage bereits vorher ausgeschlossen waren.

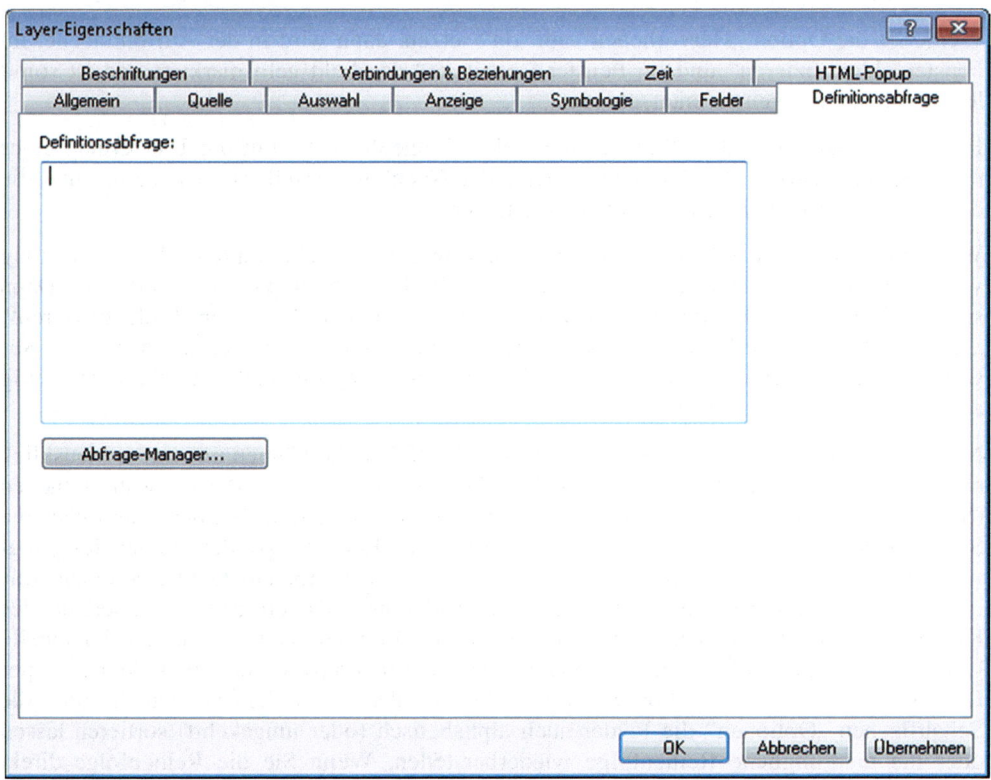

Abb. 217: „Layer-Eigenschaften" – Register „Definitionsabfrage"

Mit Klick auf die Schaltfläche „Abfrage-Generator…" gelangen Sie in ein Dialogfenster, das Sie bei der Formulierung einer Definitionsabfrage unterstützt.

Alles Weitere zu attributbezogenen Abfragen finden Sie in Kapitel 14.7.2.

6.3.8 Register „Beschriftungen"

Im Register „Beschriftungen" (Abb. 218) können Sie die Beschriftung des Layers verwalten.

Zur Vermittlung von raumbezogenen Informationen ist es in den meisten Fällen unabdingbar, die Darstellung der geographischen Features einer Karte (Punkte, Linien, Polygone) mit Texten zu ergänzen.

ArcMap stellt drei Haupttypen von Texten zur Verfügung, die je nach Zweck der Betextung zur Anwendung kommen: Beschriftung, Annotation und grafischer Text. Die Beschriftung ist dabei das einfachste und schnellste Mittel, um einzelnen oder auch einer großen Anzahl von Features einen beschreibenden Text hinzuzufügen. Bei einer Beschriftung in ArcMap

6.3 Layer-Eigenschaften

handelt es sich um ein Textsegment, das automatisch platziert wird und dessen Textzeichenfolge auf einem oder mehreren Feature-Attributen basiert. Beschriftungen sind dynamisch, d. h. bei Änderung eines Attributs ändert sich auch die Beschriftung, bzw. bei Verschiebung des Kartenfensters wird die Platzierung der Beschriftung neu berechnet. Wie Sie auf schnellem Wege einen Layer auf Attribut-Grundlage beschriften lassen können, wird auch in Kapitel 14.3.5 erläutert. Eine ausführliche Beschreibung der verfügbaren Beschriftungsmöglichkeiten ist auch in Kapitel 6.11 zu finden.

Tipp: Wenn Sie gleichzeitig die Beschriftung mehrerer Layer bearbeiten wollen, ohne dafür permanent zwischen den Registerkarten dieser Layer hin- und herwechseln zu müssen, sollten Sie den „Beschriftungs-Manager" verwenden. Diesen starten Sie, indem Sie in der Werkzeugleiste „Beschriftung" (Kapitel 6.1.4.19) auf die entsprechende Schaltfläche klicken, oder über *Kontextmenü des Datenrahmens* ⇨ „Beschriftung" ⇨ „Beschriftungs-Manager...". Der Beschriftungs-Manager eröffnet Ihnen dieselben Möglichkeiten, Ihre Beschriftungen zu bearbeiten, wie das hier beschriebene Register „Beschriftungen".

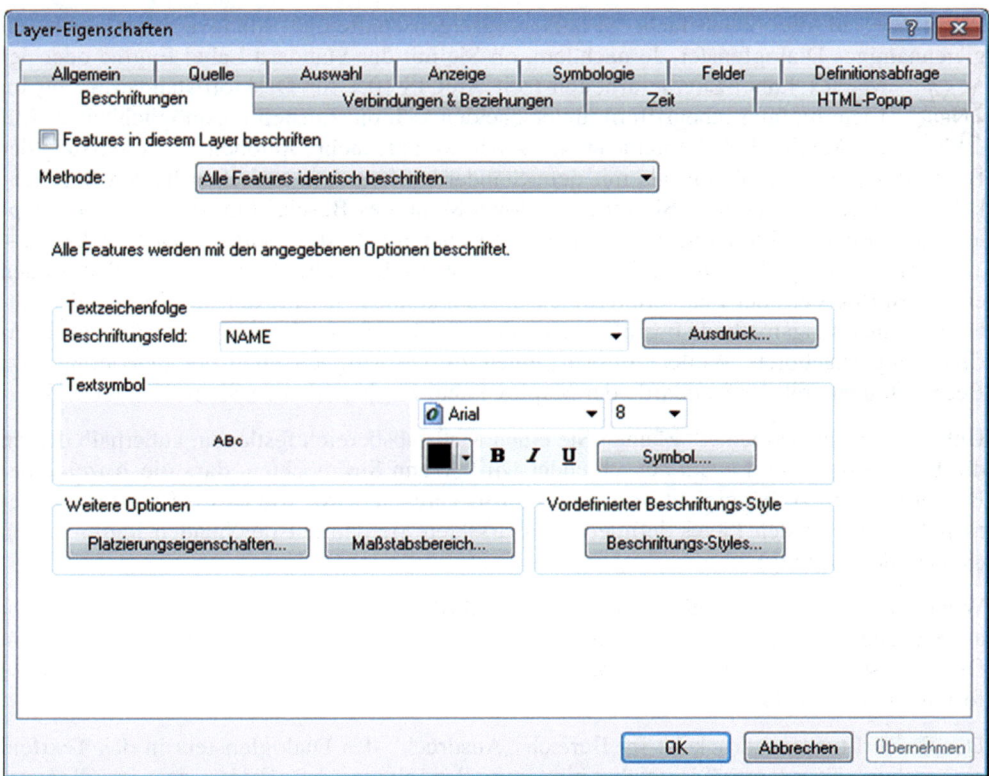

Abb. 218: „Layer-Eigenschaften" – Register „Beschriftungen"

Um die Beschriftung des Layers zu aktivieren, setzen Sie einen Haken in das Kontrollkästchen „Features in diesem Layer beschriften".

Unter „Methode" können Sie entscheiden, ob Sie alle Features gleich („identisch") beschriften wollen, oder ob Sie die Features in Beschriftungsklassen einteilen wollen, die jeweils auf unterschiedliche Weise beschriftet werden sollen. Wählen Sie im letzteren Fall den Eintrag „Feature-Klassen definieren und jede Klasse unterschiedlich beschriften". Mit „Hinzufügen..." können Sie dann neue Beschriftungsklassen erzeugen und für jede einzeln die Einstellungen anpassen.

Im „Beschriftungsfeld" wählen Sie aus der Drop-down-Liste das Attributfeld, dessen Werte bei Aktivierung der Beschriftung angezeigt werden sollen. Standardmäßig ist hier das erste Feld der Attributtabelle vom Typ „Zeichenfolge" eingetragen, in dem der Begriff „Name" vorkommt. Wenn kein Feld beide Bedingungen erfüllt, wird das erste Feld mit dem Typ „Zeichenfolge", dann das erste Feld vom Typ „Integer", dann das erste Feld eines beliebigen Typs verwendet.

Im Bereich „Textsymbol" können Sie Eigenschaften wie Schriftgröße und -art der zur Darstellung der Beschriftung verwendeten Textsymbole überprüfen und gegebenenfalls verändern.

Wenn Sie auf die Schaltfläche „Platzierungseigenschaften..." klicken, öffnet sich ein gleichnamiges Dialogfenster. Je nachdem, ob Sie mit der Standard Label-Engine oder der Maplex Label-Engine arbeiten (seit ArcGIS 10.1 for Desktop standardmäßig im Lieferumfang inbegriffen), unterscheiden sich die Einstellungsmöglichkeiten. Mit der Maplex Label-Engine stehen Ihnen weitaus mehr Optionen zur Anpassung der Beschriftung zur Verfügung als mit dem Standardsystem. Um zwischen beiden Möglichkeiten zu wechseln, können Sie im Drop-down-Menü des Beschriftungsmanager die Maplex Label-Engine aktivieren oder deaktivieren oder im *Kontextmenü des Datenrahmens* ⇨ *„Eigenschaften"* ⇨ *Register „Allgemein"* die gewünschte Label-Engine auswählen. In den einzelnen Registern der Platzierungseigenschaften können Beschriftungsposition und -dichte und Einpassungsmethode beeinflusst werden. Zusätzlich werden Möglichkeiten zur Konfliktlösung angeboten. Weitere Informationen zu den Möglichkeiten der Platzierung von Beschriftungen mit der Standard oder Maplex Label-Engine erhalten Sie in Kapitel 6.11.

Unter „Maßstabsbereich..." können Sie einen Maßstabsbereich festlegen, außerhalb dessen die Beschriftung des Layers ausgeblendet wird. Wenn Sie möchten, dass die Anzeige der Beschriftung in Abhängigkeit vom Maßstab so geregelt wird, wie es im Register „Allgemein" bereits für den Layer definiert ist, markieren Sie den entsprechenden Radio-Button (Standardeinstellung).

Wenn die Beschriftung mit dem unter „Beschriftungsfeld" angegebenen Attribut nicht ausreichend ist, gelangen Sie mit Klick auf die Schaltfläche „Ausdruck..." in ein Dialogfenster, das es Ihnen ermöglicht, einen komplexeren Beschriftungsausdruck zu formulieren (Abb. 219).

Der Beschriftungsausdruck ist im Bereich „Ausdruck" des Dialogfensters in das Textfeld einzugeben. Standardmäßig steht hier nur der Name des Felds, das im Register „Beschriftung" als „Beschriftungsfeld" definiert ist. Auf recht einfachem Wege ist es möglich, die Werte mehrerer Felder nebeneinander in die Beschriftung aufzunehmen. Markieren Sie in der Liste der in diesem Layer zur Verfügung stehenden Felder einzeln die zusätzlich zur Beschriftung benötigten Felder und fügen Sie sie dann mit Klick auf den Befehl „Anhängen" dem Ausdruck hinzu.

6.3 Layer-Eigenschaften

Für alle darüber hinausgehenden Anforderungen an die Beschriftung ist der Ausdruck manuell zu modifizieren. Wählen Sie aus der Drop-down-Liste „Parser" die für den Ausdruck verwendete Skriptsprache (JScript, VBScript und seit ArcGIS 10.1 for Desktop auch Python) aus. Ob Ihre Ausdruck-Syntax formal fehlerfrei ist, können Sie jederzeit mit dem Befehl „Überprüfen" testen lassen. Wertvolle Hilfe bei der Formulierung des Ausdrucks erhalten Sie von der ArcGIS Hilfe, die sich mit Klick auf den Befehl „Hilfe" öffnet, sowie von der ArcGIS Desktop Hilfe. So können beispielsweise die Werte mehrerer Felder nicht nur nebeneinander, sondern auch geschachtelt untereinander angezeigt werden. Des Weiteren können Sie den Werten konstante textliche Erweiterungen (z. B. Abkürzungen für Maßeinheiten wie „mm") beifügen oder durch Einfügen von Textformatierungs-Tags Beschriftungen mit gemischter Formatierung (z. B. erstes Wort unterstrichen, zweites Wort kursiv usw.) erstellen. Speichern und laden Sie die von Ihnen erstellten Ausdrücke, indem Sie die entsprechenden Schaltflächen betätigen. Sobald Sie einen vom gewählten Parser interpretierbaren Beschriftungsausdruck erstellt und mit Schaltfläche „OK" bestätigt haben, ist eine Auswahl eines Layers unter „Beschriftungsfeld" nicht mehr möglich. Das entsprechende Drop-down-Menü enthält dann den Text „<Ausdruck>" und ist deaktiviert. Wenn Sie zur Beschriftung wieder nur auf ein Feld zurückgreifen wollen, müssen Sie zunächst im Dialogfenster „Beschriftungsausdruck" den momentan gültigen Ausdruck löschen. Markieren Sie anschließend in der Liste der zur Verfügung stehenden Layer den gewünschten, klicken dann auf die Schaltfläche „Anhängen" und bestätigen abschließend mit „OK".

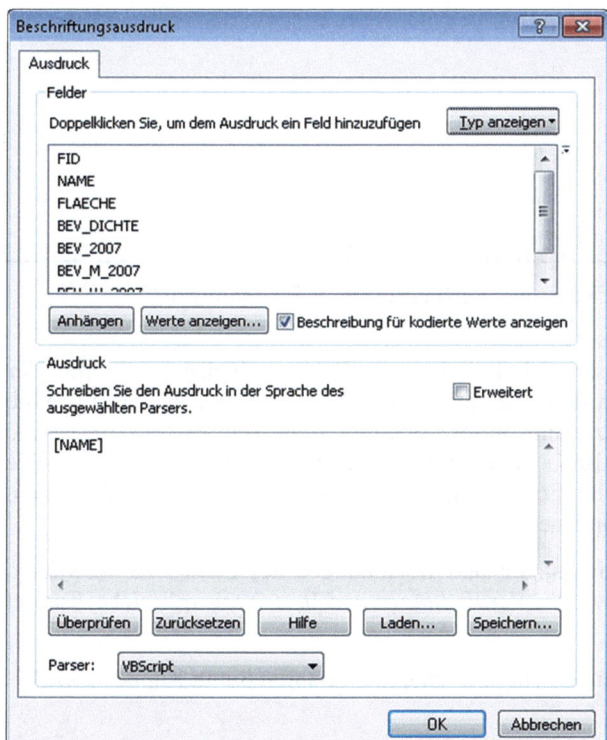

Abb. 219: Dialogfenster „Beschriftungsausdruck"

6.3.9 Register „Verbindungen & Beziehungen"

In diesem Register (Abb. 220) können die mit dem Layer bzw. mit der Attributtabelle des Layers in Verbindung bzw. Beziehung stehenden Tabellen und Daten verwaltet werden.

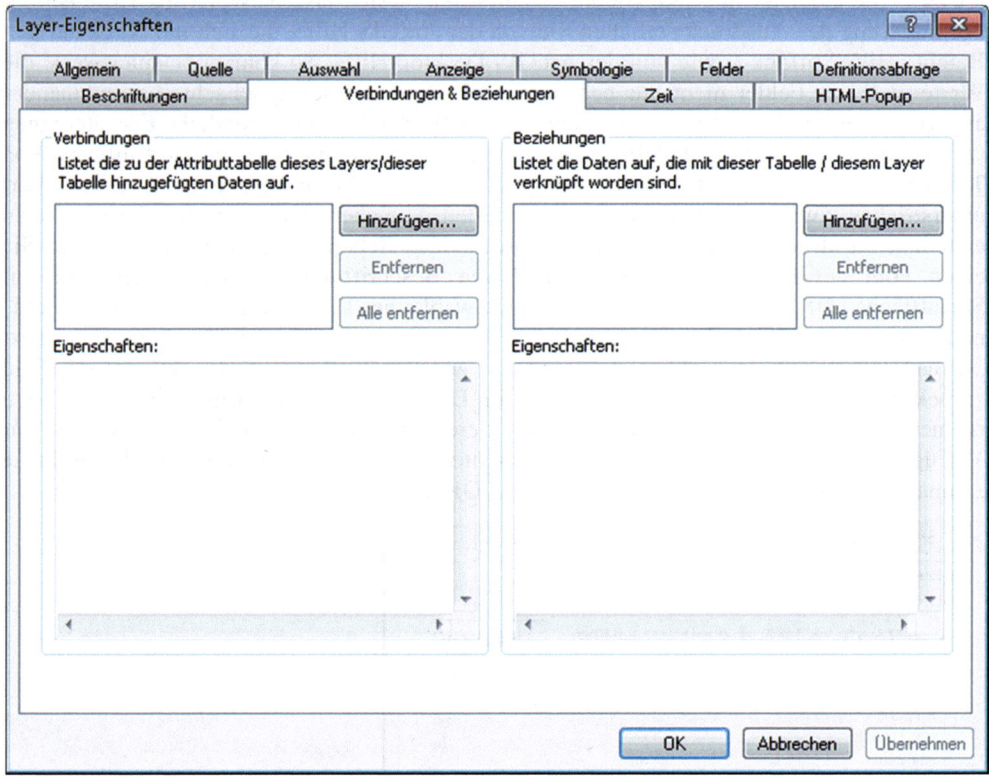

Abb. 220: „Layer-Eigenschaften" – Register „Verbindungen & Beziehungen"

Auf der linken Seite dieses Registers sind diejenigen Daten aufgelistet, die mit der Attributtabelle des Layers verbunden sind. Auf der rechten Seite sehen Sie in einer Liste die Daten, die zu diesem Layer in Beziehung gesetzt worden sind. Seit ArcGIS 9.3 ist die zusätzliche Darstellung der Layer- bzw. Tabellen-Eigenschaften in diesem Register. Die Eigenschaften können an dieser Stelle nicht verändert werden, sie ermöglichen aber einen schnellen Überblick über die angebundenen Tabellen.

Eine weitere Möglichkeit, die Verbindungen und Beziehungen des Layers zu verwalten, besteht unter *Kontextmenü des Layers* ⇨ *„Verbindungen und Beziehungen"* (siehe Kapitel 6.1.5.3).

Mehr zur Anwendung von Verbindungen und Beziehungen erfahren Sie in Kapitel 14.7.4.

6.3.10 Register „Zeit"

Oft ist es interessant, Veränderungen über einen längeren Zeitraum zu analysieren. Mögliche Anwendungen liegen beispielsweise im Monitoring von Naturereignissen oder der Analyse der Bevölkerungsentwicklung. Die Arbeit mit raumzeitlichen Daten ist mit der Option „Fenster „Zeitschieberegler" öffnen" (*Werkzeugleiste „Werkzeuge"* ⇨ *„Zeitschieberegler"*) und dem Reiter „Zeit" in den Layer-Eigenschaften (*Kontextmenü des Layers* ⇨ *„Eigenschaften"* ⇨ *Reiter „Zeit"*) wesentlich verbessert und vereinfacht worden. Sie können jetzt über einen Zeitschieberegler eine zeitliche Abfolge erstellen und diese in chronologischer Reihenfolge darstellen. Das geschieht entweder durch eine gezielte Auswahl des Zeitpunkts oder durch das automatische „Abspielen" aller zeitlich aufeinanderfolgenden Features.

Mit einem Haken bei „Zeit auf diesem Layer aktivieren" legen Sie fest, dass ein Layer für die Bearbeitung verwendet werden soll. Um die neue Funktionalität nutzen zu können, müssen in der Attributtabelle des jeweiligen Layers auch Zeitangaben hinterlegt sein. Abhängig davon, ob die Informationen über die Zeit in einem einzelnen Zeitfeld hinterlegt sind, oder ob in der Attributtabelle ein Start- und ein Endzeitfeld enthalten ist, wählen Sie „Jedes Feature verfügt über ein einzelnes Zeitfeld." oder „Jedes Feature verfügt über ein Start- und Endzeitfeld." aus dem Drop-down-Menü Layer-Zeit aus. Je nach getroffener Auswahl gibt es ein oder zwei Drop-down-Menüs, über die das einzelne Zeitfeld oder das Start- und Endzeitfeld aus der Attributtabelle ausgewählt werden können.

Wenn die angegebenen Werte der Attributtabelle bereits als Datum formatiert sind – was aus Performancegründen empfohlen wird, – ist keine genaue Angabe des Feldformats mehr nötig. Andernfalls muss über das Drop-down-Menü „Feldformat" das passende Format ausgewählt werden.

Zeitliche Daten werden oft in bestimmten Intervallen – beispielsweise Stunden, Tagen oder Monaten – erfasst. Das „Zeitschrittintervall" in den Layer-Eigenschaften gibt an, in welchen Abständen die Daten erfasst worden sind, und hat dadurch auch Einfluss auf die Darstellung im „Zeitschieberegler".

Über die Schaltfläche „Berechnen" wird der Zeitraum ermittelt, über den sich der Layer erstreckt. Dieser Zeitraum wird durch den Maximum- und Minimumwert der gewählten Spalte vorgegeben. Dieser Schritt dient auch als Hilfe, um fehlerhafte Daten zu erkennen.

Die Funktion „Die Daten ändern sich häufig, daher den Zeitraum automatisch berechnen." sollte dann aktiviert werden, wenn Sie die Daten häufig ändern. Dadurch wird der Layer-Zeitraum auf der Basis des aktuellen Zeitraums neu berechnet. Für historische Daten ist das i. d. R. nicht nötig.

Wenn Daten aus unterschiedlichen Zeitzonen zusammen bearbeitet werden sollen, können Sie innerhalb der „Erweiterten Einstellungen" im Drop-down-Menü „Zeitzone" die entsprechende Zeitzone für diesen Layer auswählen. Optional können Sie auch angeben, ob die Zeitverschiebung mit berücksichtigt wurde, indem Sie das Kontrollkästchen „Werte werden für Sommerzeit angepasst" aktivieren.

Wenn Sie Ereignisse auf einer Karte darstellen möchten, die eigentlich zu unterschiedlichen Zeiten erfasst worden sind, dann können Sie das, indem Sie einen Versatz angeben. Auf diese Weise lassen sich beispielsweise alle Hurrikanzugbahnen eines Jahres auf einer Karte darstellen.

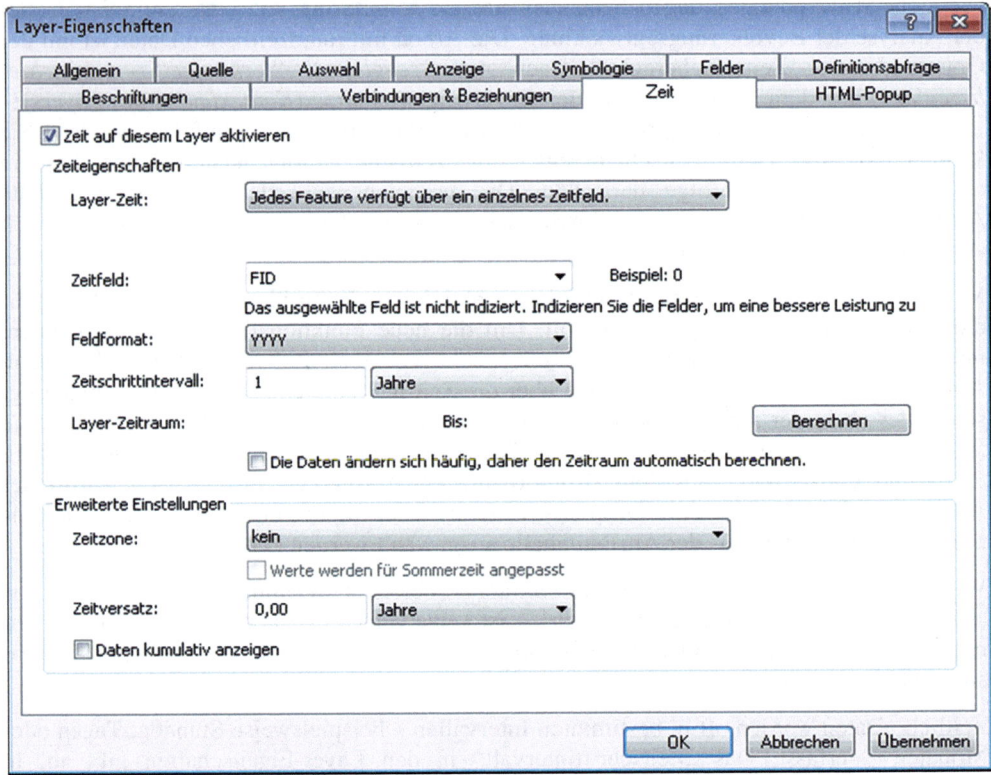

Abb. 221: „Layer-Eigenschaften" – Register „Zeit"

Sollen die Daten eines früheren oder gleichen Zeitabschnitts weiterhin dargestellt werden, dann muss die Funktion „Daten kumulativ anzeigen" ausgewählt werden. Das ist dann sinnvoll, wenn der Layer immer nur die neu hinzugekommen Features beinhaltet, nicht aber die bereits existenten. Beispielsweise werden täglich die von Waldbrand betroffenen Gebiete erfasst, nicht aber die bereits abgebrannten Waldflächen. In diesem Fall können Sie durch die Funktion „Daten kumulativ anzeigen" alle betroffenen Flächen darstellen.

6.3.11 Register „HTML-Pop-up"

Mit ArcGIS 9.3 ist das bereits in Kapitel 6.1.4.3 vorgestellte Werkzeug „HTML-Pop-up" eingeführt worden. Um Hyperlinks mit HTML-Popups verwenden zu können, müssen diese zunächst über die Layer-Eigenschaften, Register „HTML-Pop-up" (Abb. 222) aktiviert werden (durch Anhaken der Checkbox: „Inhalt für diesen Layer mit HTML-Pop-up-Werkzeug anzeigen"). Danach können verschiedene Einstellungen zur Darstellung bzw. zur Formatierung der HTML-Pop-ups getroffen werden.

6.3 Layer-Eigenschaften

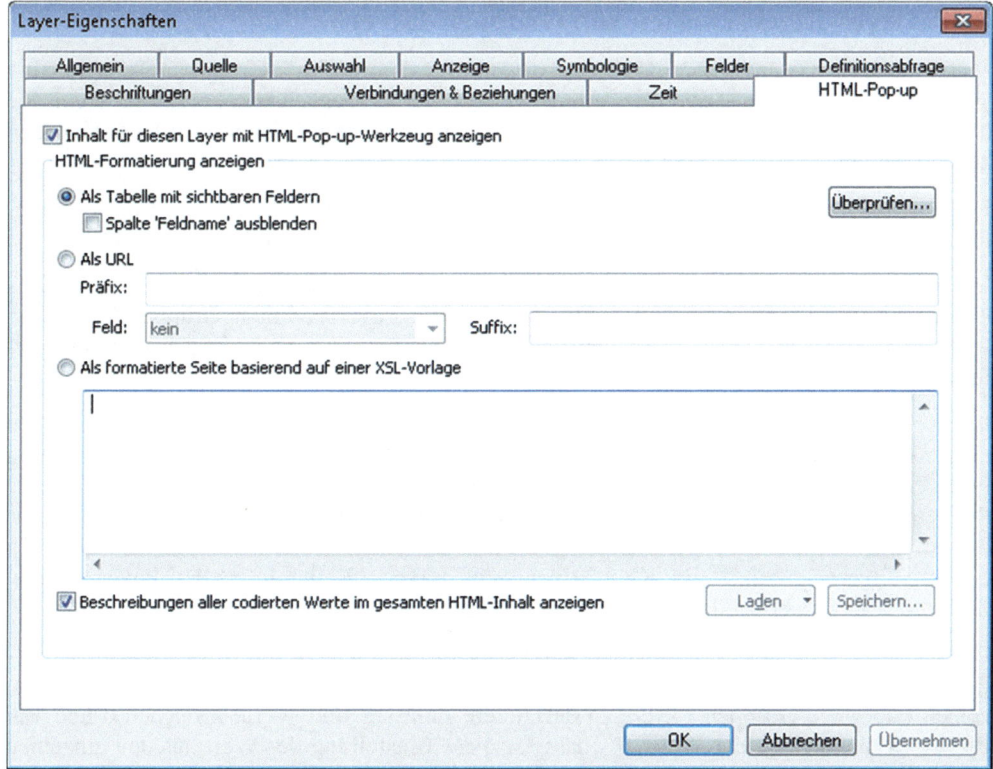

Abb. 222: „Layer-Eigenschaften" – Register „HTML-Pop-up"

In den Standardeinstellungen entspricht das HTML-Pop-up-Fenster einer schlichten Attributtabelle, die jedoch zusätzlich HTML-Anweisungen (z. B. Hyperlinks) enthalten kann. So können, z. B. mittels der Eingabe einer URL, weitergehende Informationen zu einzelnen Attributen eingeblendet werden, wie etwa die gezielte Anzeige einer Website. Während die verlinkten Seiten hier in Form eines Popups in ArcMap eingeblendet werden, werden die Inhalte bei Verwendung des Hyperlink-Werkzeugs der Werkzeugleiste „Werkzeuge" (vgl. Kapitel 6.1.4.3) mit Ihrem Standard-Webbrowser geladen. Durch die Möglichkeit, eine URL in Präfix, Feldname und Suffix aufzuteilen, zeigen sich HTML-Pop-ups im Gegensatz zur bisherigen Möglichkeit, Hyperlinks anzugeben, in Ihrer Gestaltung flexibler und komfortabler. HTML-Pop-ups können auch mithilfe von sog. XSL-Templates formatiert werden. Der Quellcode dazu kann ebenfalls im Register „HTML-Pop-up" eingegeben werden. Als Quellcode-Beispiel bietet sich die als Standard verwendete Datei „popup.xsl" an, die Sie in Ihrem ArcGIS-Verzeichnis unter „*Styles\HTMLPopup*" finden und mit jedem Texteditor bzw. HTML-Editor öffnen können. Es können mehrere HTML-Pop-ups gleichzeitig geöffnet werden, um z. B. ausgewählte Features miteinander zu vergleichen.

Die Anzeige von HTML-Pop-ups wird auch in ArcGlobe und ArcScene unterstützt. HTML-Pop-ups können auch von KML-Clients aufgerufen werden, nachdem ein Kartendokument bzw. ein Layer in das KML-Format exportiert wurde.

6.4 Layer-Eigenschaften von Gruppen-Layern

Markierte Layer können über das Kontextmenü mit dem Befehl „Gruppieren" im Inhaltsverzeichnis zu Gruppen-Layern zusammengefasst werden (vgl. Kapitel 6.1.5.3). Wenn Sie die Layer-Eigenschaften eines Gruppen-Layers aufrufen, stehen Ihnen drei Registerkarten zur Verfügung.

Das Register „Allgemein" weist die gleichen Einstellungsmöglichkeiten und Funktionalitäten auf wie das gleichnamige Register eines „Standard-Layers" (vgl. Kapitel 6.3.1).

Das Register „Gruppe" listet die im Gruppen-Layer enthaltenden einzelnen Layer auf. Es können weitere Layer hinzugefügt oder ausgewählte Layer aus dem Gruppen-Layer entfernt werden. Dazu stehen die Schaltflächen „Hinzufügen..." und „Entfernen" zur Verfügung.

Ist in dieser Layer-Liste nur ein Layer selektiert, können Sie mit der Schaltfläche „Eigenschaften..." auch die Layer-Eigenschaften des ausgewählten Einzel-Layers aufrufen (vgl. Kapitel 6.3). Außerdem können Sie die Reihenfolge der einzelnen Layer über die Pfeilsymbole ändern. Beide Funktionen erreichen sie schneller über das Inhaltsverzeichnis (Layer-Eigenschaften: Doppelklick mit der Maus auf einen einzelnen Layer oder über den Befehl „Eigenschaften..." im Kontextmenü des Layers; Reihenfolge der Layer ändern: Ziehen des Layers bei gedrückter linker Maustaste an die gewünschte Stelle).

Das dritte Register der Eigenschaften von Gruppen-Layern stellt die Registerkarte „Anzeige" dar. Sie ermöglicht es, „Kontrast", „Helligkeit" und „Transparenz" zentral für alle einzelnen Layer des Gruppen-Layers zu definieren. Zulässig sind Werte zwischen 0 und 100 Prozent. Dabei besagt der Wert „0", dass für diese Einstellung der Wert aus den einzelnen Layern übernommen wird. Bei allen von null abweichenden Werten wird die Einstellung in den einzelnen Layern ignoriert; maßgeblich sind dann die Einstellungen des Gruppen-Layers. Die Einstellungen zu Kontrast, Helligkeit und Transparenz sind vor allem bei Rasterdaten (vgl. Kapitel 6.5) von Bedeutung. Werden Kontrast- und Helligkeitseinstellungen von den im Gruppen-Layer zusammengefassten einzelnen Layern nicht unterstützt, sind beide Einstellungen ausgegraut.

6.5 Layer-Eigenschaften von Rasterdaten

Innerhalb der Eigenschaften eines Rasterdaten-Layers (Raster-Dataset) in einer Geodatabase stehen fünf bzw. sieben Registerkarten zur Verfügung, mit deren Hilfe Sie das Aussehen und Verhalten des entsprechenden Rasterbilds beeinflussen können. Die Register „Felder" und „Verbindungen & Beziehungen" sind nur dann verfügbar, wenn das Raster-Dataset eine Attributtabelle besitzt. Wenn Sie mithilfe des Fensters „Bildanalyse" ein neues, temporäres Raster erstellen (Dateiformat *.afr), dann kommt zusätzlich noch die Registerkarte „Funktionen" hinzu.

Die Registerkarten „Allgemein", „Felder" sowie „Verbindungen & Beziehungen" entsprechen dabei in ihren Funktionen im Wesentlichen den in Kapitel 6.3 beschriebenen, gleichnamigen Registern. Zusätzliche bzw. andere Funktionalitäten bieten folgende Registerkarten:

6.5.1 Register „Quelle"

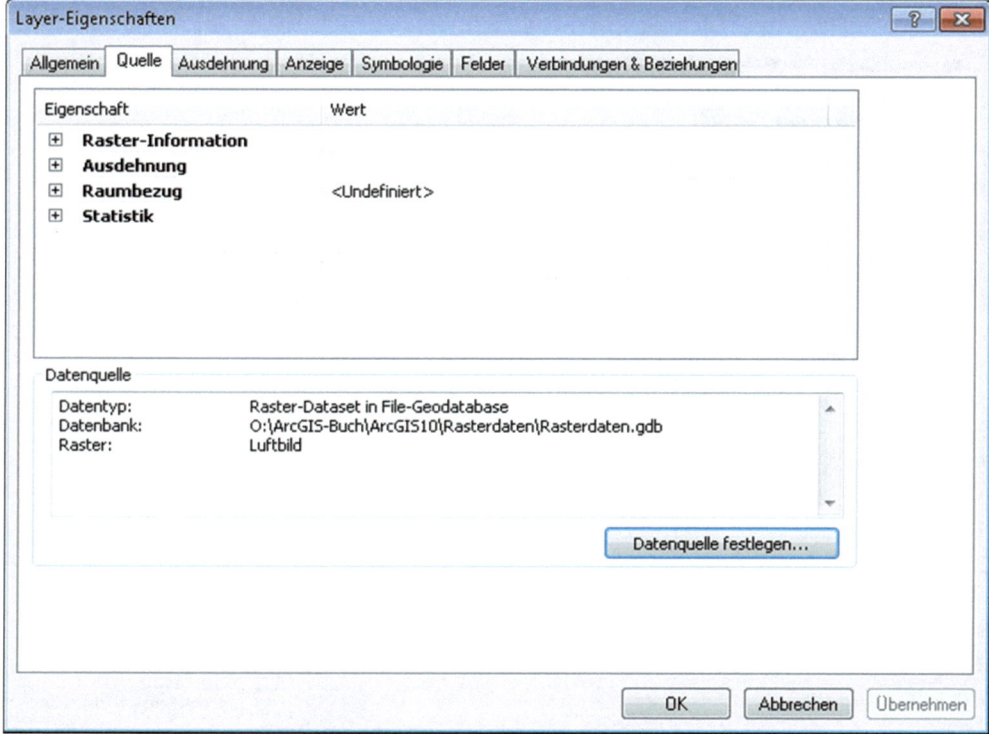

Abb. 223: Register „Quelle" in den Eigenschaften eines Raster-Datasets

Im Register „Quelle" (Abb. 223) werden in einem Tabellenfenster zahlreiche Informationen zum aktuellen Rasterbild aufgelistet. Diese Bildinformationen sind in vier Bereiche gegliedert:

- „Raster-Information": Hier werden Sie u. a. über die Größe des Bilds (in Pixel sowie unkomprimierte Dateigröße), die Zellengröße, das Bildformat, die Anzahl an Bändern, die Pixeltiefe oder den Komprimierungstyp informiert. Ebenso erfahren Sie hier, ob für das Bild eine Colormap (= Farbtafel) vorhanden ist.
- „Ausdehnung": Enthält jeweils die minimale und maximale X- und Y-Koordinate der Datenquelle, auf die der Layer verweist.
- „Raumbezug": Zeigt die Projektionsparameter für das Raster-Dataset an.
- „Statistiken": Enthält statistische Informationen (Min.-, Max.- und Durchschnittswert etc.) zu den Farbbändern des Raster-Datasets.

Des Weiteren haben Sie mit Klick auf die Schaltfläche „Datenquelle festlegen…" auch hier die Möglichkeit, eine neue Datenquelle für das Raster-Dataset zu definieren. Grund hierfür kann sein, dass Sie einen Ordner mit Quelldaten verschoben oder umbenannt haben, sodass der Quellverweis des Layers ungültig geworden ist und keine Daten mehr angezeigt werden können. Mehr zur Reparatur beschädigter Layer lesen Sie bitte in Kapitel 6.1.5.3.

6.5.2 Register „Ausdehnung"

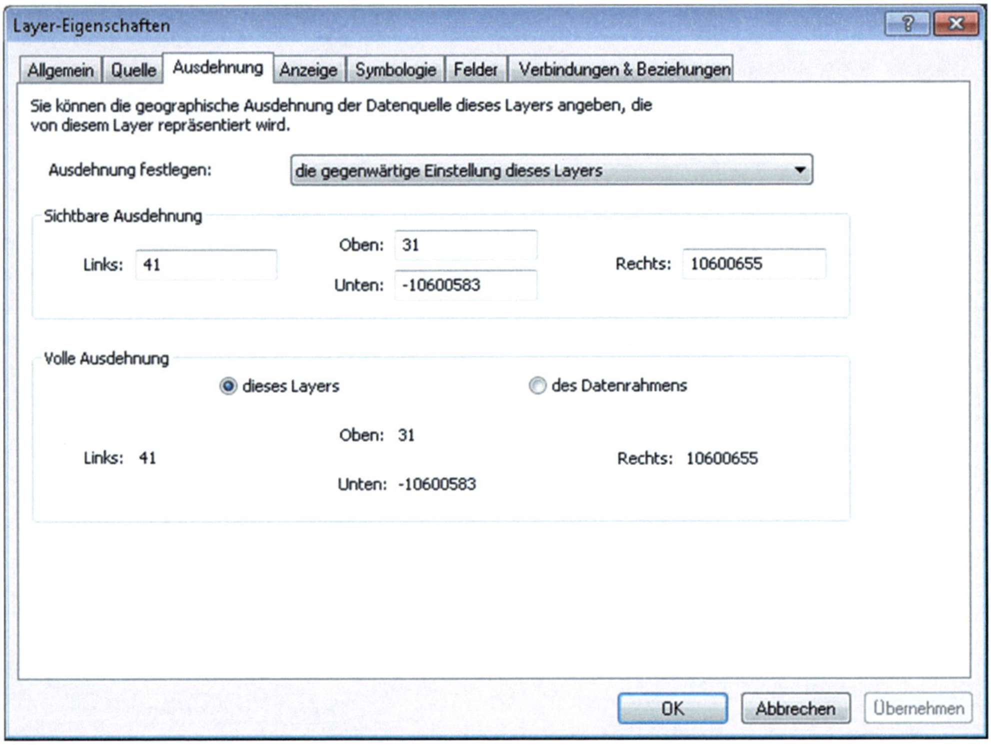

Abb. 224: Register „Ausdehnung" in den Eigenschaften eines Raster-Datasets

Im Register „Ausdehnung" (Abb. 224) lässt sich zunächst die geographische bzw. sichtbare Ausdehnung angeben, um die Fläche des anzuzeigenden Rasters zu begrenzen. Damit können Sie die Anzeige des aktuellen Raster-Datasets auf einen bestimmten Bereich begrenzen.

Die Ausdehnung des Layers lässt sich über die Auswahlliste „Ausdehnung festlegen" mit folgenden Methoden begrenzen:

- „Die gegenwärtige Einstellung dieses Layers": Setzt alle eventuell vorgenommenen Änderungen, sofern diese noch nicht übernommen wurden, auf die aktuellen Einstellungen zurück.
- „Die aktuelle Anzeigeausdehnung": Legt die sichtbare Ausdehnung auf die aktuelle Anzeigeausdehnung des Datenrahmens fest.
- „Die volle rechteckige Ausdehnung aller Layer": Legt die sichtbare Ausdehnung auf die volle Ausdehnung des aktuellen Datenrahmens fest.
- „Eine benutzerdefinierte Ausdehnung wie unten eingegeben": Legt die sichtbare Ausdehnung auf die von Ihnen im Bereich „Sichtbare Ausdehnung" angegebenen Werte fest.

- „Die Standardausdehnung dieses Layers": Legt die sichtbare Ausdehnung auf die volle Ausdehnung des ursprünglichen Raster-Datasets fest.
- „Die Rechtecksausdehnung von <Layer-Name>": Stellt die sichtbare Ausdehnung des Raster-Datasets auf die Ausdehnung eines anderen Layers im aktuellen Datenrahmen ein.

Im Bereich „Volle Ausdehnung" können Sie sich schließlich die volle geographische Ausdehnung des gegenwärtigen Layers bzw. des aktuellen Datenrahmens anzeigen lassen.

6.5.3 Register „Anzeige"

Auch die Registerkarte „Anzeige" in den Layer-Eigenschaften eines Raster-Datasets (Abb. 225) unterscheidet sich von der eines „Standard-Layers". Mit einem Haken in die Checkbox „Map-Tips anzeigen", legen Sie fest, ob ein sog. „Map-Tip" (vgl. Kapitel 6.3.4) angezeigt wird, sobald Sie mit der Maus auf das Rasterbild im Datenrahmen zeigen. Welche Information der Map-Tip enthält, hängt davon ab, mit welcher Symbologie (Reiter „Symbologie") der Raster-Layer angezeigt wird.

Aktivieren Sie die Option „Raster-Auflösung im Inhaltsverzeichnis anzeigen", so wird die Rasterauflösung im Inhaltsverzeichnis unterhalb des Layer-Namens angezeigt. Unter „Rasterauflösung" versteht man dabei das Verhältnis von Bildschirm-Pixeln zu den Bild-Pixeln im aktuellen Kartenmaßstab.

Mit der Checkbox „Interaktive Anzeige der Werkzeugleiste ‚Effekte' zulassen" steuern Sie das Verhalten des Layers, wenn Sie mit der Werkzeugleiste „Effekte" Kontrast, Helligkeit oder Transparenz des Rasterbilds ändern. Ist die Checkbox deaktiviert, wird der Layer erst aktualisiert, wenn die Anpassungen mit der Werkzeugleiste „Effekte" (Kapitel 6.1.4.15) abgeschlossen sind. Ist diese Option aktiviert, wird der Layer während der Arbeit mit der Werkzeugleiste „Effekte" sofort aktualisiert. Ändern Sie mit dieser Option z. B. die Helligkeit des Bilds, so wird Ihr Rasterbild schon heller oder dunkler, während Sie den entsprechenden Schieberegler bewegen. Dies kann allerdings zu erheblichen Geschwindigkeitseinbußen führen, wenn das Rasterbild sehr groß ist, und damit die Darstellung des Layers viel Zeit erfordert.

Mithilfe der Auswahlliste „Während der Darstellung Resampling durchführen mit:" können Sie zwischen vier Methoden für die Anzeige des Raster-Layers auswählen:

- Die Methode „Nächster Nachbar (für diskontinuierliche Daten)" ist vor allem für die Darstellung diskreter Daten wie z. B. Landnutzung, Bodentypen etc. geeignet und ist die schnellste der angebotenen Interpolationsmethoden.
- Mit der Einstellung „Bilineare Interpolation (für kontinuierliche Daten)", die für kontinuierliche Daten geeignet ist (z. B. Höhe), erzielen Sie das „glatteste" Erscheinungsbild Ihrer Daten.
- Die Methode „Kubische Faltung (für stetige Daten)" ist ebenfalls für kontinuierliche Daten geeignet, wobei das Erscheinungsbild der Daten schärfer ist als bei der bilinearen Interpolation.
- Mit der Option „Mehrheit (für diskontinuierliche Daten)", die vor allem für die Anzeige diskreter Daten geeignet ist, wird in der Regel eine glattere Darstellung erreicht als mit der Methode „Nächster Nachbar".

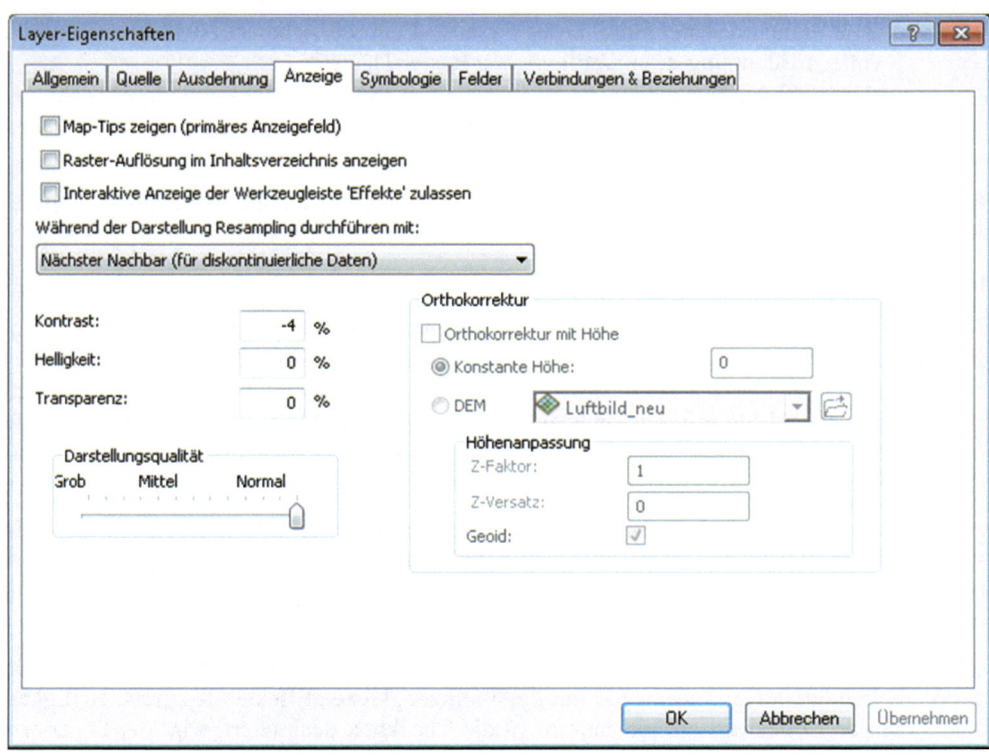

Abb. 225: Register „Anzeige" in den Eigenschaften eines Raster-Datasets

Mit der ArcGIS Version 9.2 wurde das Register „Anzeige" um ein paar Einstellungsmöglichkeiten erweitert. So können neben der Einstellung der Transparenz nun für das aktuelle Rasterbild auch Angaben zu Kontrast und Helligkeit getroffen werden. Die gleichen Funktionen erreichen Sie auch über die Werkzeugleiste „Effekte" (vgl. Kapitel 6.1.4.15). Mit der Eingabe eines Zahlenwerts in das Feld „Transparenz" können Sie das aktuelle Rasterbild mehr oder weniger durchsichtig erscheinen lassen, sodass auch Daten sichtbar sind, die unter dem Raster-Layer liegen. Analog dazu ändern Sie durch die Eingabe eines Zahlenwerts in den anderen beiden Feldern die Stärke von Kontrast und Helligkeit des aktuellen Raster-Layers. Voreingestellt für diese drei Einstellungen ist jeweils der Wert 0 Prozent. Während bei der „Transparenz" Werte zwischen 0 und 100 Prozent eingegeben werden können, sind für Kontrast und Helligkeit Werte zwischen –100 und +100 Prozent möglich.

Tipp: Die Festlegung einer Transparenz eignet sich auch hervorragend dazu, ein (farbstarkes) Rasterbild bei der Darstellung etwas in den Hintergrund treten zu lassen, sodass darüberliegende Vektordaten deutlicher sichtbar werden. Ein weiterer Anwendungsbereich für Transparenz-Einstellungen ist das Georeferenzieren eines Rasterbilds auf Grundlage eines weiteren Raster-Datasets. In diesem Fall kann das transparente, zu referenzierende Bild auf das Referenzbild gelegt werden.

Tipp: In manchen Fällen ist es ratsamer, die Helligkeit und den Kontrast zu verändern, anstatt eine Transparenz einzustellen. Das geht natürlich nur, wenn keine Layer mehr unter den Raster-Layern liegen, die dann nicht mehr sichtbar sind. Die Transparenz ist aber dann nicht so ansehnlich, wenn sich mehrere Raster überlappen, denn der Überlappungsbereich ist dann klar zu erkennen. Das können Sie umgehen, wenn Sie den Kontrast des Rasters verringern und die Helligkeit erhöhen ohne eine Transparenz einzustellen.

Mit dem Schieberegler im Bereich „Darstellungsqualität" stellen Sie die gewünschte Anzeigequalität Ihres Rasterbilds ein. Je weiter Sie den Regler in Richtung „Grob" ziehen, desto geringer wird die Anzeigequalität, während die Darstellungsgeschwindigkeit allerdings zunimmt.

Um die Anzeige der Raster weiter zu optimieren, gibt es in dem Register auch die Möglichkeit der Orthorektifizierung. Darunter ist eine Orthokorrektur eines Rasterbilds zu verstehen, die es ermöglicht, die Lage einzelner Pixel (on-the-fly) zu korrigieren. Rasterdaten (Satellitenbilder, Luftbilder etc.) weisen aufgrund der zugrunde liegenden Aufnahmemethoden oftmals Verzerrungen auf, die trotz Verwendung korrigierender Algorithmen nicht vollständig eliminiert werden können. Mithilfe einer Orthorektifizierung ist es nun möglich, diese Verzerrungen weiter zu mindern. Es handelt sich dabei um eine geometrische Transformation, wobei das Rasterbild unter Einbezug verschiedener Parameter, die die Aufnahmebedingungen, vor allem die Aufnahmehöhe, beschreiben, neu berechnet wird, und so eine höhere Genauigkeit erreicht werden kann. Voraussetzung dazu ist, dass dem Rasterbild die entsprechenden Parameter, die sog. Polynomkoeffizienten (RPC, Rational Polynomial Coefficients), in einer Textdatei beiliegen.

Zur Orthorektifizierung müssen in den Layer-Eigenschaften von Rasterdaten im Register „Anzeige" die entsprechenden Angaben zur Höhe eingegeben werden. Die entsprechenden Einstellungsmöglichkeiten sind nur aktiv, wenn ArcGIS eine entsprechende Textdatei mit den Polynomkoeffizienten finden und einlesen konnte; ansonsten ist der Bereich ausgegraut. Bei der Orthorektifizierung kann mit einem Digitalen Höhenmodell (DHM, auch DEM: Digital Elevation Model) oder mit einer konstanten Höhe gearbeitet werden. Außerdem können die Höhenangaben durch die Eingabe eines Z-Faktors und eines Z-Versatzes weiter angepasst werden. Mit der Einstellung „Geoid" schließlich können Sie angeben, ob die Erde für die Berechnung als Geoid oder als Kugel betrachtet werden soll.

6.5.4 Register „Symbologie"

Grundsätzlich ist die Anzeige bzw. Symbologie eines Rasterbilds vom jeweiligen Bild- bzw. Datentyp abhängig. Einige Raster verfügen über ein vordefiniertes Farbschema, eine sog. Colormap, die ArcMap automatisch zur Anzeige des Bilds verwendet. Für Rasterbilder, die nicht über eine solche Colormap verfügen, wählt ArcMap eine passende Anzeigemethode aus, die noch individuell bearbeitet werden kann. Die Version ArcGIS 10 ermöglicht es Ihnen, eigene Colormaps zu erstellen und diese als CLR-Datei zu speichern (das ist nur möglich, wenn Sie bei „Darstellung" in der linken Liste „Einzelwerte" ausgewählt haben). Das Werkzeug „Colormap hinzufügen" erlaubt es Ihnen dann, die selbst erstellte Colormap einem beliebigen Raster-Dataset hinzuzufügen. Das Werkzeug finden Sie in der ArcToolbox im Register „Data Management Tools" unter „Raster" ⇨ „Raster-Eigenschaften".

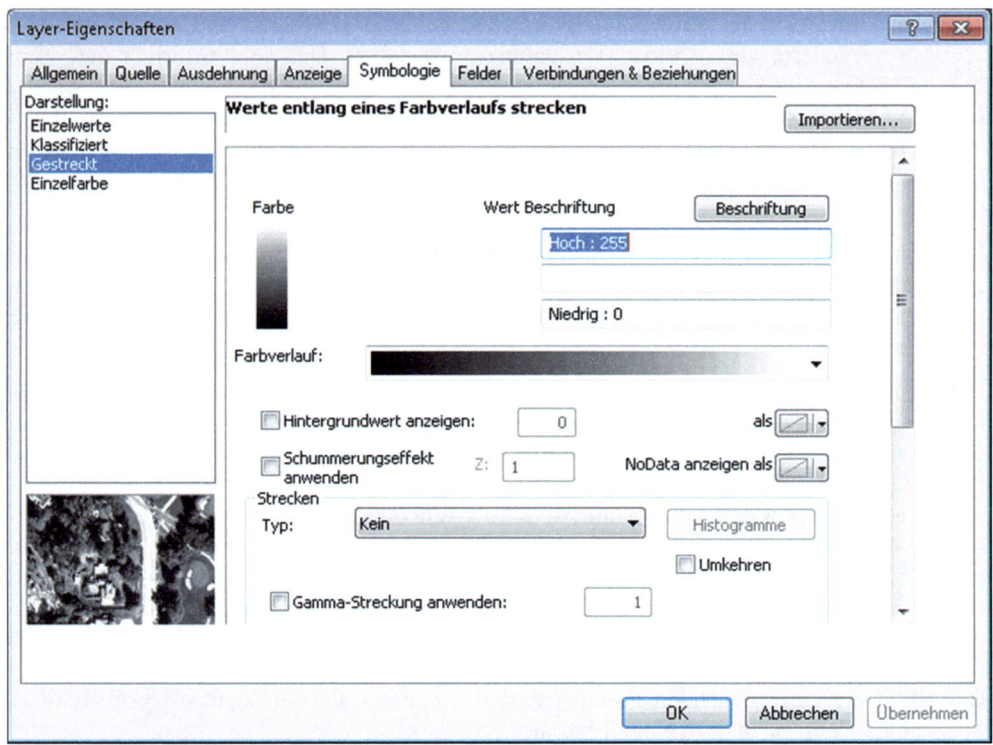

Abb. 226: Register „Symbologie" in den Eigenschaften eines Raster-Datasets

Mithilfe der Registerkarte „Symbologie" (Abb. 226) stehen Ihnen je nach Bildtyp unterschiedliche Darstellungsarten zur Verfügung. So können Sie u. a. die Anzeigefarben (Einzelwerte) ändern, Datenwerte in Klassen gruppieren oder Werte strecken, um so den Kontrast zu erhöhen. Neu in ArcGIS 9.3 ist die Darstellungsvariante „Einzelfarbe", die in Ihrer Funktion mit derer der Einzelwerte vergleichbar ist, jedoch schneller angezeigt wird. Dazu können Sie die Anzahl der zu verwendenden Farben angeben. Bei Multiband-Rastern lassen sich drei Bänder zusammen als Red-Green-Blue-Komposit (RGB) darstellen. Durch diese Darstellungsmethode haben Sie die Möglichkeit Features, die durch bestimmte Farbwerte wiedergegeben werden, stärker hervorzuheben. Ist als „Darstellung:" der Typ „Gestreckt" ausgewählt, dann gibt es jetzt die neue Schaltfläche „Beschriftung". Dadurch öffnet sich das Dialogfenster „Erweiterte Beschriftung", in dem Sie den Farbverlauf noch manuell bearbeiten können.

6.5.5 Register „Funktionen"

Wie bereits in den einleitenden Sätzen zu diesem Kapitel erwähnt, erscheint die Registerkarte „Funktionen" ausschließlich, wenn Sie mithilfe des Dialogfensters „Bildanalyse" temporäre Raster erstellen. Dadurch wird eine temporäre Rasterdatei im Format *.afr erstellt. Die in der „Bildanalyse" verwendeten Werkzeuge werden allerdings on-the-fly auf das Raster angewendet, d. h. die Werkzeuge erstellen keine „echte" Rasterdatei mit den Änderungen. Damit Sie nachvollziehen können, welche Funktionen auf das Raster angewendet werden, sind in der Registerkarte „Funktionen" alle Funktionen für das temporäre Raster aufgelistet. Dieses AFR-Format ist kein Austauschformat, wenn Sie also die Rasterdatei mit den darauf angewendeten Funktionen weitergeben möchten, oder in einem anderen Kartenprojekt nutzen möchten, dann muss diese zuvor in ein gängiges Format (beispielsweise ein TIFF) exportiert werden.

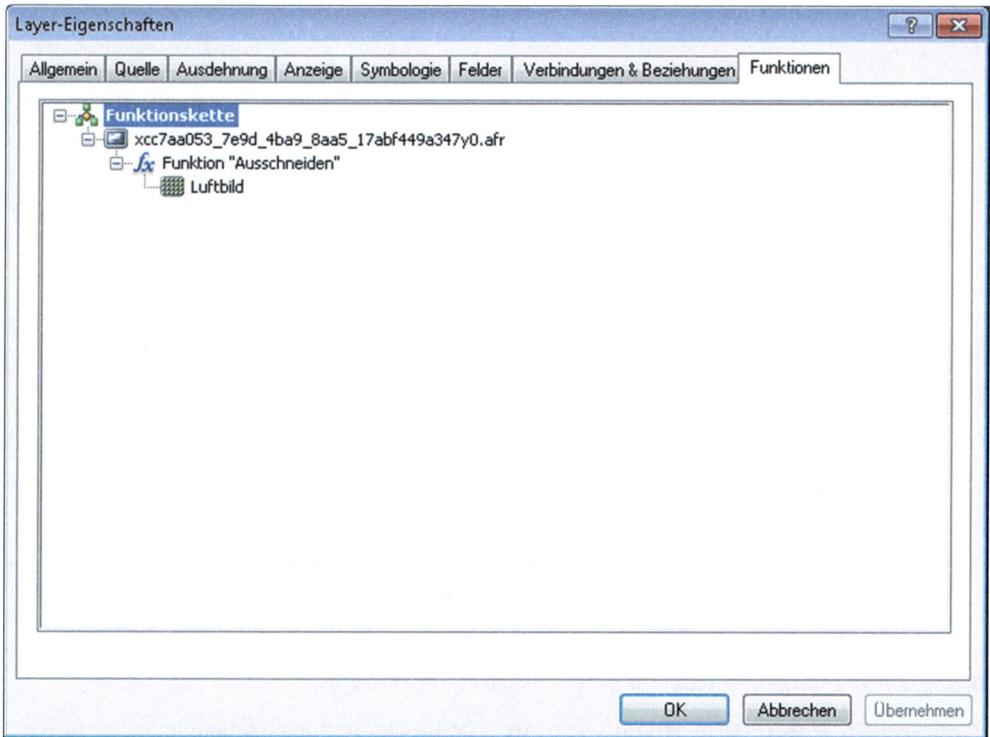

Abb. 227: Register „Funktionen" in den Eigenschaften eines Raster-Datasets

Sie können dem temporären Raster auch über diese Registerkarte weitere Funktionen hinzufügen. Dafür wählen Sie im Kontextmenü des Rasters oder der Funktion der Funktionskette die Option „Einfügen" aus, wodurch Ihnen die Liste aller verfügbaren Funktionen angezeigt wird. Das bedeutet, dass Sie pro Raster auch mehrere Funktionen kombiniert werden können. Über das gleiche Kontextmenü können Sie auch einzelne Funktionen entfernen bzw. sich die Eigenschaften anzeigen lassen.

6.5.6 Register „Schlüsselmetadaten"

 Je nach Quelle des Rasters ist zusätzlich zu den vorgestellten Registern der Reiter „Schlüsselmetadaten" vorhanden. In diesem sind einige interessante Zusatzinformationen, wie bspw. Angaben über die Bänder, enthalten.

6 ArcMap

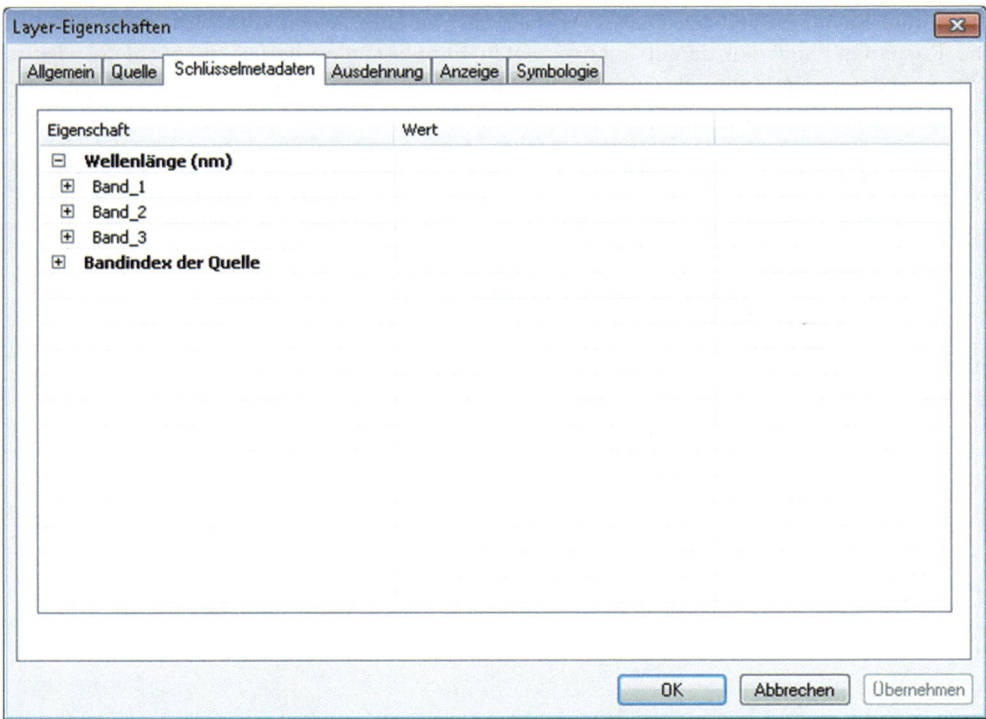

Abb. 228: Register „Schlüsselmetadaten" in den Eigenschaften eines Rasters

6.6 Layer-Eigenschaften eines Raster-Katalogs

Raster-Kataloge werden in ArcGIS zur Anzeige mehrerer oder aneinander angrenzender Rasterbilder verwendet, ohne diese in einer großen Datei zusammenzuführen. Ein Raster-Katalog kann dabei mehrere Raster-Typen, Formate, Auflösungen und Dateigrößen enthalten.

Öffnen Sie die Eigenschaften eines Raster-Katalogs, den Sie wie einen Layer in ArcMap laden, so sind seit ArcGIS 10 elf Registerkarten verfügbar. Die meisten dieser Registerkarten entsprechen in ihrer Funktionalität den Registern eines „Standard"-Layers (siehe Kapitel 6.3) bzw. den Registern eines Rasterdaten-Layers (siehe Kapitel 6.5). Die Registerkarte „Anzeige" (Abb. 229) weist hier zusätzliche bzw. andere Funktionalitäten auf. Das Register „Farbkorrektur" ist mit ArcGIS 9.3 neu in die Eigenschaften des Raster-Katalogs hinzugefügt. Das Register „Zeit" auch für Raster-Kataloge eingefügt worden, entspricht aber dem Reiter „Zeit" der Layer-Eigenschaften (siehe Kapitel 6.3.10).

6.6.1 Register „Anzeige"

Die Funktionalitäten der Option „Map-Tips zeigen (primäres Anzeigefeld)", die Einstellmöglichkeiten zu Kontrast, Helligkeit und Transparenz sowie der Auswahlliste „Während der Darstellung Resampling durchführen mit:" wurden bereits in Kapitel 6.5 erläutert.

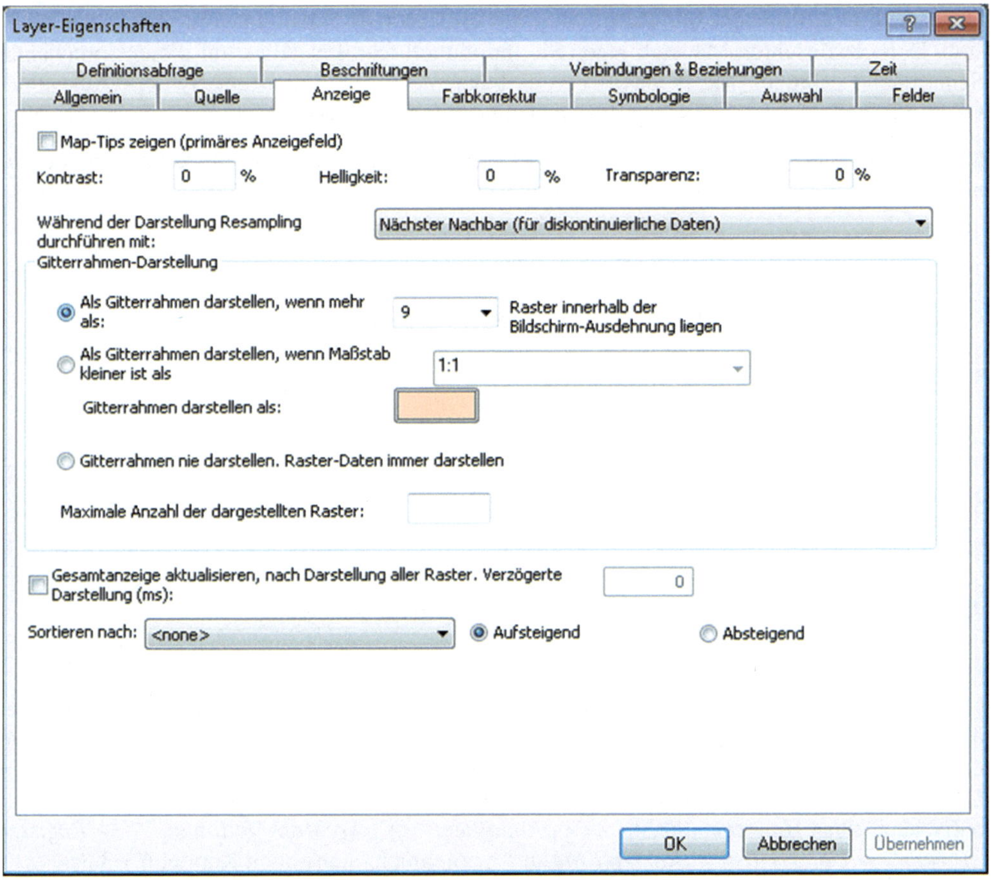

6.6 Layer-Eigenschaften eines Raster-Katalogs

Abb. 229: Register „Anzeige" in den Eigenschaften eines Raster-Katalogs

Bei einer sehr großen Anzahl an Rasterbildern (Raster-Datasets), die Sie in Ihrem Raster-Katalog verwalten und in Ihrem ArcMap Projekt einsetzen, kann die Anzeige der entsprechenden Bilder einige Zeit in Anspruch nehmen. In diesem Fall haben Sie die Möglichkeit, in Ihrem Projekt anstelle des Raster-Katalogs bzw. der enthaltenen Raster-Datasets einen Gitterrahmen anzeigen zu lassen. Damit lässt sich die Darstellungsgeschwindigkeit drastisch erhöhen.

Wann und unter welchen Bedingungen der Gitterrahmen angezeigt und wie er dann dargestellt werden soll, legen Sie im Bereich „Gitterrahmen-Darstellung" fest. Dazu stehen vier Optionen zur Verfügung (Abb. 230).

Mit der ersten Option legen Sie den Anzeigegrenzwert für das Gitternetz, basierend auf der Anzahl der Rasterbilder in der aktuellen Anzeige, fest. So können Sie hier einstellen, dass ein Gitterrahmen angezeigt wird, wenn mehr als „x" Raster innerhalb der aktuellen Bildschirmausdehnung liegen.

Die zweite Option macht die Darstellung des Gitternetzes abhängig vom jeweiligen Maßstab. Den gewünschten Maßstab legen Sie individuell fest. Per Klick auf die entsprechende Schaltfläche gelangen Sie in das – bereits bekannte – Dialogfenster „Symbol Auswahl". Hier definieren Sie das Aussehen des anzuzeigenden Gitterrahmens.

Möchten Sie stets die im Raster-Katalog enthaltenen Raster-Datasets anzeigen, so aktivieren Sie die dritte Option. Damit wird niemals ein Gitterrahmen dargestellt.

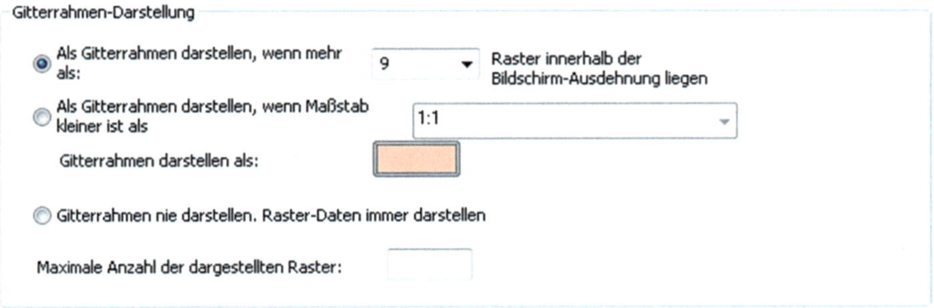

Abb. 230: Optionen der Gitterrahmen-Darstellung bei Raster-Katalogen

Neu seit ArcGIS 10 ist die Möglichkeit, die Anzahl der dargestellten Raster zu limitieren, indem Sie einen Wert für die maximale Rasteranzahl angeben. Die Anzahl der Raster sollte dann limitiert werden, wenn es sich um einen großen Raster-Katalog handelt, und somit die Darstellungsgeschwindigkeit beeinflusst werden kann. Die Einstellung können Sie alternativ auch über *Hauptmenüleiste* ⇨ *„Anpassen"* ⇨ *„ArcMap-Optionen…"* ⇨ *Register „Raster"* ⇨ *Unterregister „Raster-Katalog"* vornehmen (siehe auch Kapitel 6.1.3.8).

Abb. 231: Option „Gesamtanzeige aktualisieren"

Mit der in Abbildung 231 dargestellten Option auf der Registerkarte „Anzeige" können Sie festlegen, dass die einzelnen Raster-Datasets des Raster-Katalogs nacheinander in der Reihenfolge, wie sie im Katalog durchnummeriert sind, eingeblendet werden. Mit Angabe eines Werts in Millisekunden (ms) definieren Sie die Pause, die zwischen der Darstellung der einzelnen Bilder liegen soll. Bei einem Wert von 1.000 wird dementsprechend jede Sekunde ein weiteres Bild angezeigt. Diese Option eignet sich besonders zur Anzeige von Zeitserien-Raster-Katalogen.

Seit ArcGIS 9.3 stehen Ihnen auf diesem Register schließlich auch noch diverse Möglichkeiten zur Sortierung nach Attributfeldern zur Verfügung.

6.6.2 Register „Farbkorrektur"

Über die Registerkarte „Farbkorrektur" stehen die Funktion „Vorstreckung" sowie Einstellmöglichkeiten zum „Farbausgleich" und „Farbabgleich" zur Verfügung (vgl. Abb. 232). Diese Einstellungen helfen Ihnen dabei, ein nahtloses Bild aus den einzelnen Rastern zu erzeugen.

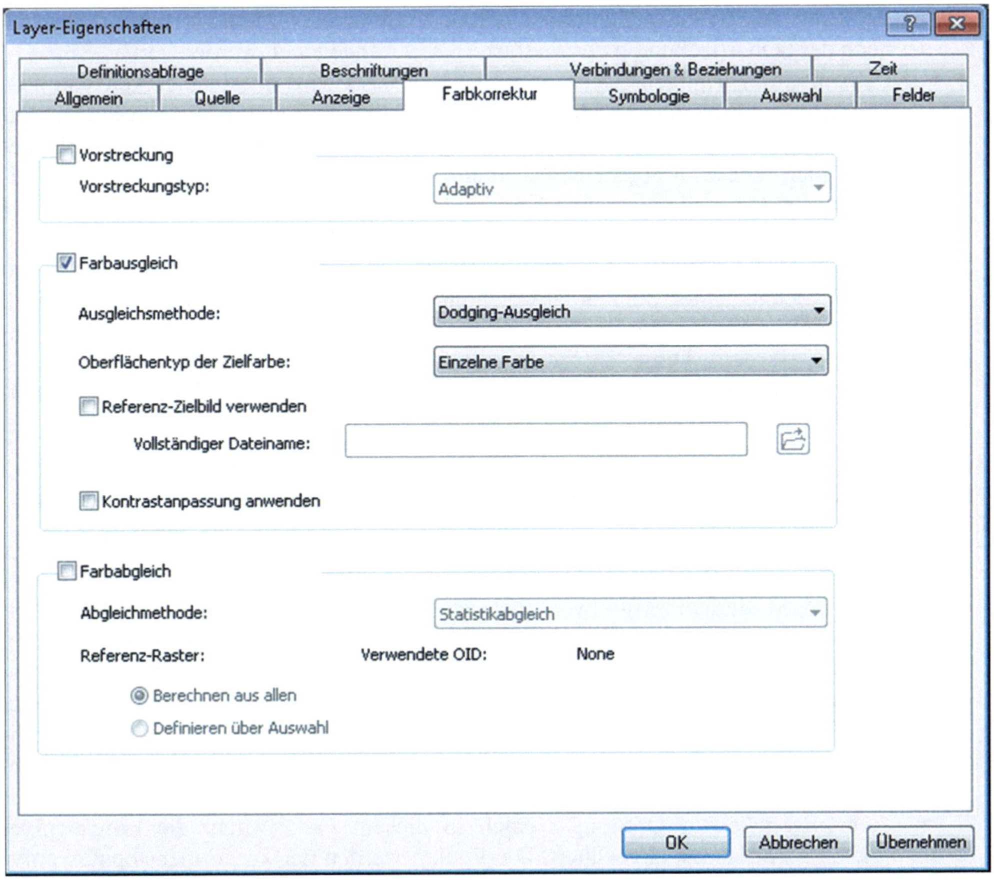

Abb. 232: Register „Farbkorrektur" in den Eigenschaften eines Raster-Katalogs

Der Unterpunkt „Vorstreckung" ist nur dann auswählbar, wenn Sie den „Farbausgleich", den „Farbabgleich" oder beides aktiviert haben. Wenn Sie die Vorstreckung aktiviert haben, dann wird diese für jedes Element vor der Farbkorrektur durchgeführt. Das bedeutet, dass für den Farbkorrekturprozess nicht die unbearbeiteten Pixelwerte verwendet werden, sondern gestreckte Pixelwerte.

Aktivieren Sie das Kontrollkästchen „Farbausgleich", um einen Farbausgleich vorzunehmen. Sie haben verschiedene Einstellungsmöglichkeiten, um die Funktion „Farbausgleich" anzupassen. Im Drop-down-Fenster „Ausgleichsmethode" sind drei Auswahlmöglichkeiten vorhanden:

- „Dodging-Ausgleich": In den meisten Fällen erreichen Sie mit dieser Einstellung die besten Ergebnisse. Bei dem „Dodging-Ausgleich" wird jeder einzelne Pixelwert in Richtung Zielfarbe verändert. Bei dieser Methode muss außerdem noch der „Oberflächentyp der Zielfarbe" (s. u.) angegeben werden.
- „Histogrammausgleich": Jeder einzelne Pixelwert wird in Abhängigkeit von dem Zielhistogramm verändert. Dieses können Sie entweder automatisch, basierend auf dem Inhalt des Raster-Katalogs berechnen lassen, oder Sie können ein Zielraster auswählen. Dieses Vorgehen funktioniert gut, wenn die Histogramme der einzelnen Rasterdaten ähnlich sind. Die besten Ergebnisse erhalten Sie, wenn alle Elemente im Raster-Katalog ein ähnliches Histogramm-Shape verwenden.
- „Ausgleich mit Standardabweichung": In diesem Fall wird der Pixelwert aufgrund der Berechnung der Standardabweichung angeglichen. Dieser kann automatisch über die Rasterdaten des Raster-Katalogs oder ein ausgewähltes Ziel-Raster ausgerechnet werden. Dieses Vorgehen liefert die besten Ergebnisse, wenn alle Rasterdaten im Raster-Katalog die gleiche Histogramm-Verteilung von normalisierten Werten haben.

Wenn Sie die Funktion „Dodging-Ausgleich" ausgewählt haben, aktiviert sich ein weiteres Drop-down-Menü. Dort können Sie die unterschiedlichen Zielfarben-Oberflächen einstellen.

- „Einzelfarbe": Bei dieser Methode werden die Pixel einem einzelnen Farbpunkt angenähert, der dem Mittelwert entspricht. Dieses Vorgehen kann zu verschwommenen Ausgabefarben führen, wenn zu viele Elemente im Raster-Katalog enthalten sind oder zu viele verschiedene Bodentypen vorhanden sind.
- „Farbraster": Sind in dem Raster-Katalog viele Elemente enthalten, dann sollten Sie „Farbraster" als Oberflächentyp auswählen. Dabei werden Farbpunkte gleichmäßig über den Raster-Katalog verteilt und die einzelnen Pixel den Farbpunkten angenähert.
- „Oberfläche erster Ordnung": Auch in diesem Fall werden die Eingabepixel vielen Farbpunkten angenähert. Die Punkte werden der zweidimensionalen polynominalen und geneigten Ebene übernommen. Im Vergleich zu der Auswahl „Farbraster" bekommen Sie mit dem Oberflächentyp „Oberfläche erster Ordnung" meistens eine glattere Farbänderung und es wird weniger Speicherplatz benötigt, allerdings wird mehr Zeit in Anspruch genommen.
- „Oberfläche zweiter Ordnung": Bei der „Oberfläche zweiter Ordnung" ist die Vorgehensweise ähnlich der bei „Oberfläche erster Ordnung". Der Unterschied ist, dass die Pixel einer Gruppe von Punkten angenähert werden, die aus der zweidimensionalen polynominalen parabolischen/hyperbolischen/elliptischen Oberfläche übernommen werden. Auch in diesem Fall ist das Ergebnis glatter und benötigt weniger Speicherplatz, als es bei „Farbraster" der Fall wäre. In den meisten Fällen wird dafür jedoch mehr Zeit in Anspruch genommen.
- „Oberfläche dritter Ordnung": Die Punkte für die Annäherung wird einer kubischen Oberfläche entnommen. Im Vergleich zu der Auswahl „Farbraster" wird

das Ergebnis glatter und benötigt weniger Speicherplatz, dafür aber mehr Zeit bei der Erstellung.

Durch die Option „Referenz-Zielbild verwenden" kann ein Raster angegeben werden, welches für den Farbausgleich verwendet wird.

Ist das Kontrollkästchen „Kontrastanpassung anwenden" aktiviert, wird auf das Ergebnis der Farbkorrektur eine Kontraststreckung angewendet, wodurch das Ergebnis schärfer wird.

Die Funktion „Farbabgleich" wird ebenfalls mithilfe eines gleichnamigen Kontrollkästchens aktiviert. Damit werden überlappende Bereiche von Referenzraster und Ursprungsraster verglichen bzw. abgestimmt. Dabei wird das Ursprungsraster an das Referenzraster angepasst, während die Pixelwerte des Referenzrasters nicht verändert werden. Das Referenzraster kann entweder von ArcGIS automatisch berechnet werden oder vom Benutzer manuell ausgewählt werden. Voraussetzung für die Farbabstimmung ist, dass überhaupt ein geeigneter Überlappungsbereich vorliegt. Zur Farbabstimmung stehen drei Interpolationsmethoden zur Verfügung, die über das entsprechende Drop-down-Menü („Abgleichmethode") ausgewählt werden können.

- „Statistikabgleich": Die Berechnung erfolgt aufgrund statistischer Lageparameter (Minimalwert, Maximalwert, Mittelwert).
- „Histogrammabgleich": Zur Berechnung werden Histogramme von Referenz- und Ursprungsraster verglichen.
- „Abgleich linearer Korrelation": Der Berechnung liegt eine Interpolation aufgrund der linearen Korrelation einzelner Pixel zueinander zugrunde.

6.7 Layer-Eigenschaften von Topologien

Auch die Layer-Eigenschaften von Topologien unterscheiden sich in einigen Bereichen von den Eigenschaften anderer Layer. Die beiden Register „Allgemein" und „Quelle" sind identisch, die anderen Reiter sollen kurz vorgestellt werden.

6.7.1 Register „Auswahl"

Im Register „Auswahl" kann eingestellt werden, welche Topologie-Elemente ausgewählt werden sollen, wenn das Werkzeug „Topologiefehler reparieren" markiert wird. Zum einen kann angegeben werden, ob Fehler und/oder Ausnahmen selektiert werden sollen, zum anderen kann zwischen den einzelnen Regeln gewählt werden (siehe Abb. 233).

6.7.2 Register „Anzeige"

Im Register „Anzeige" kann die Transparenz für den Topologie-Layer angegeben werden.

6.7.3 Register „Symbologie"

Die Darstellung der einzelnen Topologiefehler kann über das Register „Symbologie" beeinflusst werden. Standardmäßig werden alle Fehler in der gleichen Symbologie dargestellt, es ist aber auch möglich, die Fehlertypen unterschiedlich anzeigen zu lassen. Dabei kann sowohl je nach Regel eine veränderte Symbologie erstellt werden, als auch je Geometrietyp. Zusätzlich können auch Ausnahmen oder die nicht überprüften Bereiche zur Anzeige hinzugefügt werden, die normalerweise nicht mehr eingeblendet werden (siehe Abb. 234).

6 ArcMap

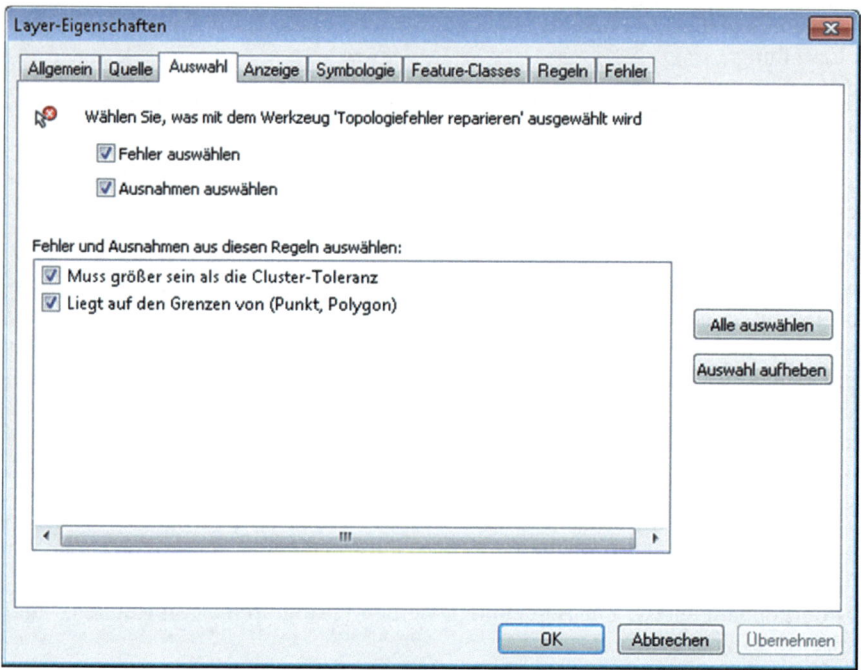

Abb. 233: Register „Auswahl" der Layer-Eigenschaften Topologie

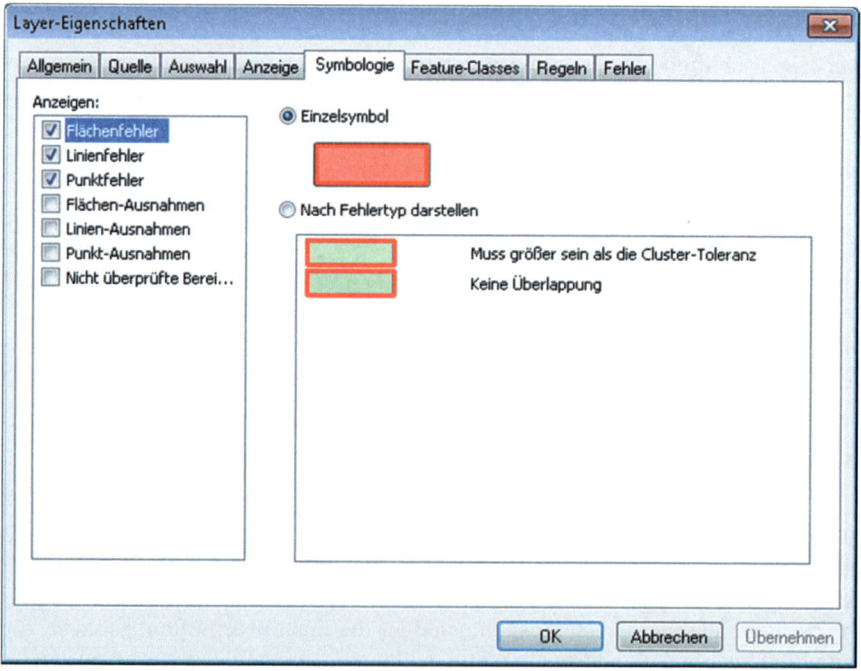

Abb. 234: Register „Symbologie" der Layer-Eigenschaften Topologie

6.7.4 Register „Feature-Classes" und Register „Regeln"

Ähnlich den Eigenschaften der Topologie, die über das Kontextmenü des Katalogs aufgerufen werden können, ist auch in den Layer-Eigenschaften eine Übersicht über die verwendeten Feature-Klassen und Regeln.

6.7.5 Register „Fehler"

Das Register „Fehler" liefert eine Zusammenfassung der vorhandenen Topologiefehler, die auch exportiert werden kann. Um die Zusammenfassung zu erhalten, müssen Sie die Schaltfläche „Zusammenfassung erstellen" anklicken. Dann erhalten Sie eine Übersicht, wie sie in Abbildung 235 zu sehen ist. Mit Auswahl der Schaltfläche „In Datei exportieren..." erstellen Sie eine Textdatei, die die Angaben der Zusammenfassung enthält.

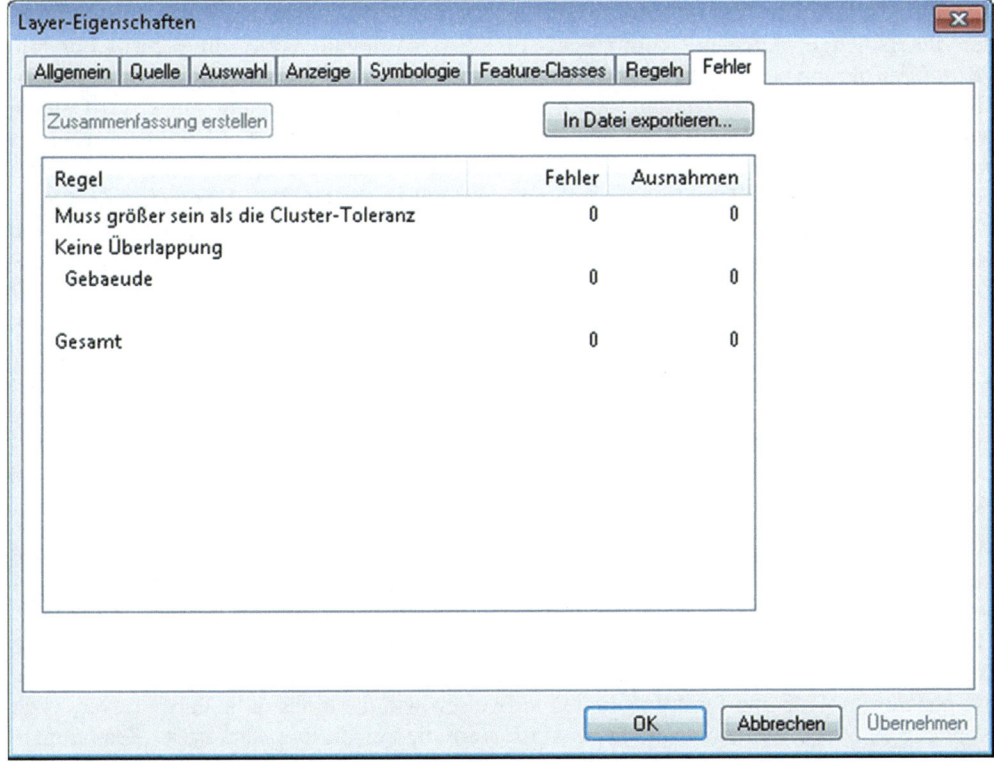

Abb. 235: Register „Fehler" der Layer-Eigenschaften Topologie nach erstellter Zusammenfassung

6.8 Layer-Eigenschaften von externen Tabellen

Haben Sie in Ihr ArcMap Inhaltsverzeichnis (Ansicht „Nach Quelle auflisten") eine externe Tabelle geladen, so steht Ihnen auch für diesen „Layer" über das Kontextmenü der Befehl „Eigenschaften..." zur Verfügung (alternativ können Sie auch einfach auf die Layer-Eigenschaften auch mit einem Doppelklick auf die Tabelle öffnen). Innerhalb der Layer-Eigenschaften einer externen Tabelle gibt es die Registerkarten „Allgemein", „Quelle",

„Anzeige", „Felder", „Definitionsabfrage", „Verbindungen & Beziehungen" und „Zeit". Alle Register mit Ausnahme vom Register „Anzeige" entsprechen in ihren Funktionalitäten den entsprechenden Registerkarten eines „Standard-Layers". Näheres dazu lesen Sie in Kapitel 6.3.

Ähnlich wie bei den Anzeigeeinstellungen der anderen Layer können Sie auch den Anzeigeausdruck von Tabellen anpassen. Dafür brauchen Sie lediglich im Reiter „Anzeige" die Schaltfläche „Ausdruck…" auswählen und den gewünschten Ausdruck angeben.

6.9 Layer-Eigenschaften von CAD-Layern

Seit ArcGIS Version 9.0 – vor allem aber mit Einführung von ArcGIS 9.2 – wurde die Unterstützung von bzw. das Arbeiten mit CAD-Zeichnungen stark verbessert. So zeigt sich u. a. die CAD-Attributunterstützung stark erweitert (für Feature-Klassen hat sich die Zahl der unterstützten Attribute verdoppelt, für CAD-Annotations verdreifacht). Für die Georeferenzierung von CAD-Layern können nun die Georeferenzierungswerkzeuge (für GIS-Features) verwendet werden. Auch andere Dialoge zum Umgang mit CAD-Dateien wurden zum Teil der Benutzerführung von GIS-Features angepasst. Ebenfalls verbessert wurde die Darstellung; Darstellungseigenschaften werden direkt aus der CAD-Datei gelesen und angezeigt. Die Textdarstellung wurde überarbeitet. Die Trennung von CAD-Zeichnungselementen und CAD-Feature-Datasets wurde aufgehoben, und CAD-Daten werden jetzt komplett innerhalb der Feature-Datasets organisiert. Verschiedene CAD-Zeichnungen (vgl. Dateitypen DWG, DGN und DXF) werden nun in ArcGIS in gleicher Art und Weise dargestellt. Jede CAD-Zeichnung entspricht einem CAD-Feature-Dataset, das mehrere „Standard"-Feature-Klassen (Annotation-Feature-Klasse, MultiPatch-Feature-Klasse, Punkte-Feature-Klasse, Polygon-Feature-Klasse und Polylinien-Feature-Klasse) enthält. Das CAD-Zeichnungs-Dataset wird in ArcMap, dem Katalog und dem ArcCatalog nicht mehr angezeigt. Dabei handelte es sich um eine Visualisierung aller im CAD-Feature-Dataset enthaltenen Feature-Klassen, diente aber lediglich der Darstellung – es konnten keine Änderungen darin vorgenommen werden.

Wenn Sie in Ihrem ArcMap Projekt eine CAD-Zeichnung als Layer geladen haben, wird diese im Inhaltsverzeichnis in Form eines Gruppen-Layers dargestellt. Dessen Eigenschaftsfenster entsprechen den in Kapitel 6.4 geschilderten Eigenschaften eines „normalen" Gruppen-Layers. Dieser CAD-Gruppen-Layer besteht aus mehreren einzelnen CAD-Layern (vgl. oben aufgeführte Feature-Klassen), deren Layer-Eigenschaften wiederum weitgehend die gleiche Struktur und Funktionalitäten aufweisen wie die eines „Standard"-Layers (vgl. Kapitel 6.3). Zusätzlich dazu sind bei CAD-Layern die beiden Registerkarten „Zeichnungs-Layer" und „Transformationen" verfügbar. Nicht enthalten ist die Registerkarte „Zeit". Zugunsten einer besseren Übersicht über die CAD-Feature-Klassen sind standardmäßig mittlerweile einige Felder deaktiviert. Sollten Sie diese benötigen, so können Sie sich die Felder über die Layer-Eigenschaften (im Register „Felder") auch wieder aktivieren.

6.9.1 Register „Zeichnungs-Layer"

Innerhalb dieser Registerkarte (Abb. 236) werden alle Zeichnungs-Layer der aktuellen CAD-Zeichnung aufgelistet. In der entsprechenden Liste können Sie die Anzeige einzelner Layer der CAD-Zeichnung steuern. Aktivieren bzw. deaktivieren Sie einzelne Kontrollkästchen, um die jeweiligen Layer der Zeichnung in Ihrem Projekt ein- bzw. auszublenden.

6.9 Layer-Eigenschaften von CAD-Layern

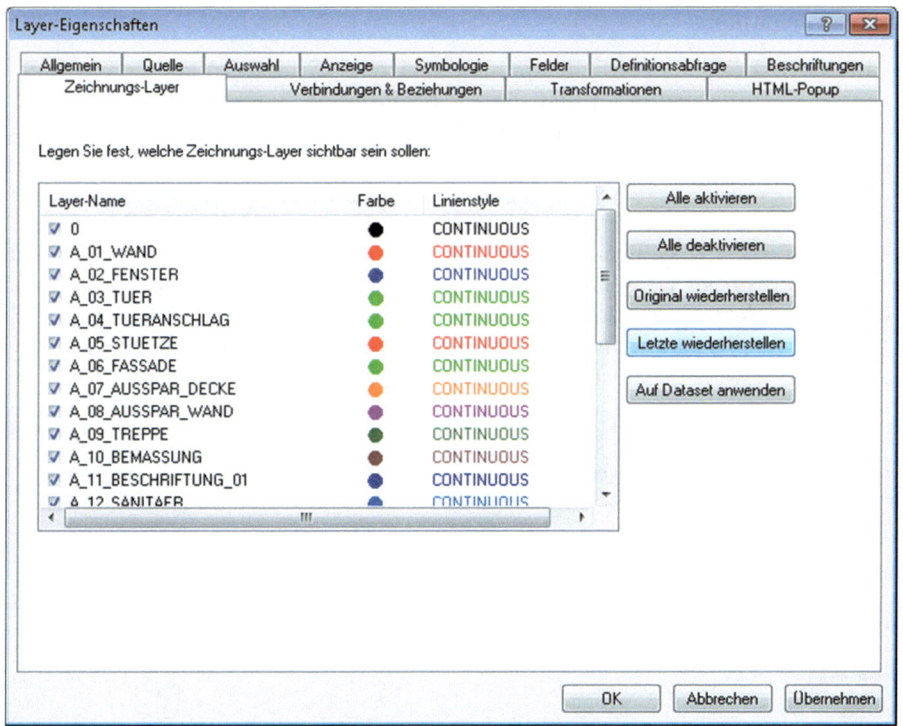

Abb. 236: Register „Zeichnungs-Layer" in den Layer-Eigenschaften eines CAD-Layers

Mit den Schaltflächen „Alle aktivieren" bzw. „Alle deaktivieren" können Sie entsprechend alle Layer gleichzeitig ein- bzw. ausschalten. Der Button „Original wiederherstellen" setzt die Layer-Anzeige Ihrer CAD-Zeichnung auf die ursprünglichen Einstellungen zurück. Mit Klick auf den Button „Letzte wiederherstellen" kehren Sie nach einer Änderung zur vorherigen Ansicht-Einstellung zurück. Neu hinzugefügt wurde in ArcGIS 9.3 die Schaltfläche „Auf Dataset anwenden", womit die Einstellungen für das gesamte CAD-Feature-Dataset, also alle beinhalteten Feature-Klassen, angewandt werden.

6.9.2 Register „Transformationen"

Nachdem CAD-Zeichnungen häufig mit Bildschirm- bzw. Seiteneinheiten wie Zentimeter oder z. T. mit tatsächlichen Bodenkoordinaten digitalisiert werden, kann oft nicht gewährleistet werden, dass die Features das gleiche Koordinatensystem wie die Daten anderer Layer des aktuellen Projekts aufweisen. In diesem Fall können CAD-Layer mithilfe der vorliegenden Registerkarte (Abb. 237) mit entsprechenden Koordinatentransformationen versehen werden. Dazu stellt ArcMap unterschiedliche Transformationsarten zur Verfügung.

Einpunkttransformation

Hier wird die CAD-Zeichnung lediglich an eine andere Stelle im geographischen Raum versetzt. Diese Transformation erfolgt über „Koordinaten", wobei hier zwei XY-Koordinatenpaare benötigt werden: ein Paar aus der Quelle und ein Paar für das Ziel.

Zweipunkttransformation

Bei dieser Transformation wird eine Transformationsmatrix benutzt, die an allen eingelesenen Koordinaten einen Koordinatenversatz, eine Skalierung und eine Rotation bewirkt. Die dazu nötigen Parameter werden aus einem sog. „World-File" (vgl. Kapitel 4.1.2.1 und Kapitel 14.5.2) ausgelesen oder durch die Eingabe entsprechender Parameter wie z. B. Koordinatenwerte oder Rotationswinkel („Rotieren, Skalieren, Translation") zur Verfügung gestellt.

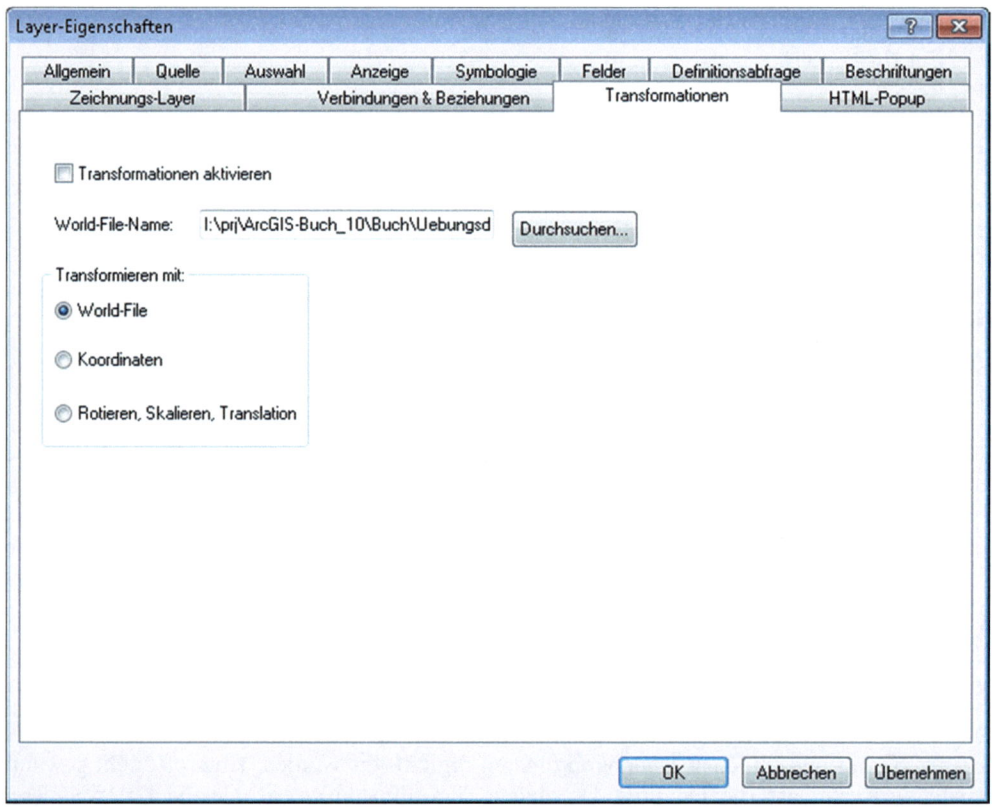

Abb. 237: Register „Transformationen" in den Layer-Eigenschaften eines CAD-Layers

Um eine Transformation anzuwenden, setzen Sie in der Registerkarte „Transformationen" zunächst einen Haken in die Option „Transformationen aktivieren". Im Bereich „Transformieren mit:" wählen Sie die gewünschte Transformationsart, um schließlich das entsprechende World-File auszuwählen bzw. die benötigten Parameter einzugeben.

6.10 Layer-Eigenschaften von Routen-Layern

Routen setzen sich aus linearen Features zusammen, wie Straßen, Flüsse oder Leitungen, die über eine eindeutige Kennung, ein Maßsystem und eine (Digitalisier-)Richtung verfügen. Neben den in Kapitel 6.3 beschriebenen Layer-Eigenschaften verfügt das Eigenschaftsfenster eines Routen-Layers über zwei weitere Registerkarten.

6.10.1 Register „Routen"

Im Bereich „Routen-Locator" dieser Registerkarte (Abb. 238) legen Sie das Feld (Attribut) fest, mit dessen Hilfe sich jede Route im Layer eindeutig identifizieren lässt. Dabei kann es sich um ein numerisches Attribut oder um ein Textfeld handeln. Dieses Routenkennungsfeld wird für unterschiedlichste Funktionalitäten bzw. zur Speicherung einzelner Schritte bei der Arbeit mit Routen benötigt.

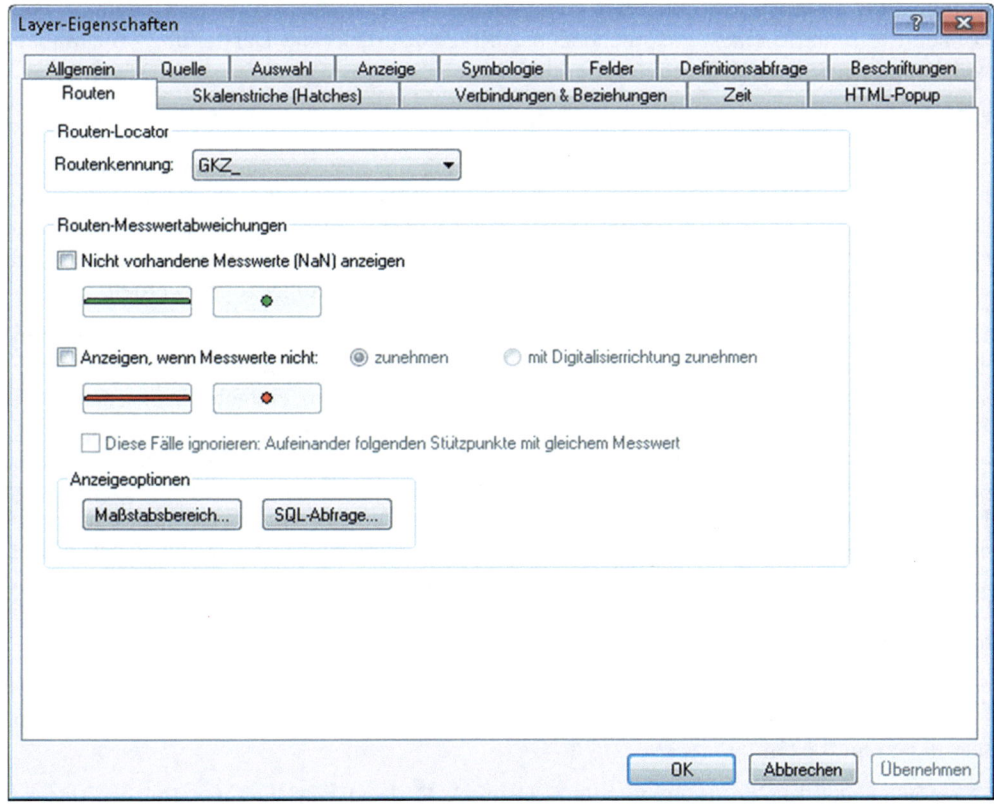

Abb. 238: Register „Routen" in den Layer-Eigenschaften eines Routen-Layers

Im Bereich „Routen-Messwertabweichungen" kann festgelegt werden, in welcher Form Routenabschnitte dargestellt werden sollen, auf denen die Maße nicht den Standardvorgaben Ihrer Anwendung entsprechen. Wenn Sie die Option „Nicht vorhandene Messwerte (NaN) anzeigen" aktivieren, werden die Routenabschnitte, deren Maße unbekannt sind, entsprechend farblich hervorgehoben. Über die beiden darunterliegenden Schaltflächen lässt sich das Linien- bzw. Punktsymbol auswählen, mit dessen Hilfe angezeigt wird, wo Routenmesswerte fehlen.

Mithilfe der Option „Anzeigen, wenn Messwerte nicht:" können Routenabschnitte, deren Messwerte nicht „zunehmen" bzw. nicht „mit Digitalisierrichtung zunehmen", andersfarbig dargestellt werden. Die beiden darunterliegenden Buttons dienen zur Festlegung der Symbolik für die entsprechenden Routenabschnitte. Einen Sonderfall stellen hier unterbrochene Routen dar, bei denen der Messwert des letzten Stützpunkts eines Abschnitts dem Wert des ersten Punkts des folgenden Abschnitts entspricht. Mit Aktivierung der entsprechenden Option ignoriert ArcMap diese Fälle, sodass diese nicht farblich gekennzeichnet werden.

Im Bereich „Anzeigeoptionen" stehen Ihnen noch zwei weitere Schaltflächen zur Verfügung: Mit dem Button „Maßstabsbereich…" legen Sie fest, in welchem Maßstabsbereich die weiter oben festgelegten Routenmaßabweichungen dargestellt werden sollen. Mit dem Button „SQL-Abfrage…" schließlich gelangen Sie in den ArcMap Abfrage-Generator. Hier können Sie mithilfe eines entsprechenden Abfrageausdrucks die Darstellung von Maßabweichungen auf bestimmte Features beschränken.

6.10.2 Register „Skalenstriche (Hatches)"

Skalenstriche (Hatches) stellen eine Art Beschriftung linearer Features (Routen) dar, bei der in regelmäßigen Abständen entlang der Routen Marker- oder Linien-Symbole gesetzt und beschriftet werden. Oft werden Skalenstriche für entfernungsbasierte Messwerte (Kilometer, Meter, Meilen, …) verwendet. Sie können aber auch zur Beschriftung nicht entfernungsbasierter Messwerte (z. B. Messpunktnummern) herangezogen werden.

Layern, die auf linearen Features mit entsprechenden Messwerten basieren, ist immer mindestens eine sog. „Skalenstrichklasse" zugeordnet. Eine Skalenstrichklasse wiederum setzt sich aus mehreren „Skalenstrichdefinitionen" zusammen. Am einfachsten lässt sich das Konzept der Skalenstrichklassen und -definitionen am Beispiel eines Lineals veranschaulichen. In regelmäßigen Abständen – normalerweise nach jedem Millimeter – gibt es auf dem Lineal Skalenstriche, die allerdings nicht alle identisch sind. Dabei hängen Länge und Beschriftung der einzelnen Skalenstriche vom jeweiligen Skalenstrichintervall ab. Die Skalenstriche im Millimeterabstand sind die kürzesten und sind nicht beschriftet. Die Striche mit fünf Millimetern Abstand sind etwas länger, aber ebenfalls nicht beschriftet. Die Skalenstriche in Zentimeterabstand schließlich sind die längsten und mit dem Messwert beschriftet.

In diesem Beispiel stellt das Lineal selbst die Skalenstrichklasse dar, die insgesamt drei Skalenstrichdefinitionen mit unterschiedlichen Eigenschaften enthält. Das Skalenstrichintervall beträgt 0,1 cm.

Einen speziellen Skalenstrichtyp stellen die sog. „Endskalenstriche" dar. Bei der entsprechenden Endskalenstrichdefinition spielt das für die übrigen Skalenstriche festgelegte Intervall keine Rolle. Endskalenstriche werden am Start- und Endpunkt einer Route platziert. Damit kann ein lineares Feature an seinem Endpunkt z. B. mit seiner Gesamtlänge beschriftet werden.

Die Erstellung und Verwaltung von Skalenstrichklassen und -definitionen erfolgt in den Layer-Eigenschaften der entsprechenden Route innerhalb der Registerkarte „Skalenstriche

6.10 Layer-Eigenschaften von Routen-Layern

(Hatches)". Um Skalenstriche entlang einer Route zu platzieren, müssen Sie hier zunächst die Option „Features in diesem Layer mit Skalenstrichen versehen" aktivieren.

Grundsätzlich gibt es für diese Registerkarte drei Ansichten, die Sie jeweils per Auswahl des entsprechenden Eintrags im linken Fenster der Registerkarte erreichen können. In diesem Fenster werden alle mit dem Layer verbundenen Skalenstrichklassen und -definitionen aufgelistet. Vom Benutzer vorgenommene Änderungen an Skalenstrichklassen oder -definitionen werden sofort in einem Vorschaufenster angezeigt.

6.10.2.1 Erstellen und Verwalten von Skalenstrichklassen

Klicken Sie im linken Fenster der Registerkarte „Skalenstriche (Hatches)" (Abb. 239) auf den Eintrag „Hatch Class", um in die Ansicht zur Verwaltung von Skalenstrichklassen zu gelangen.

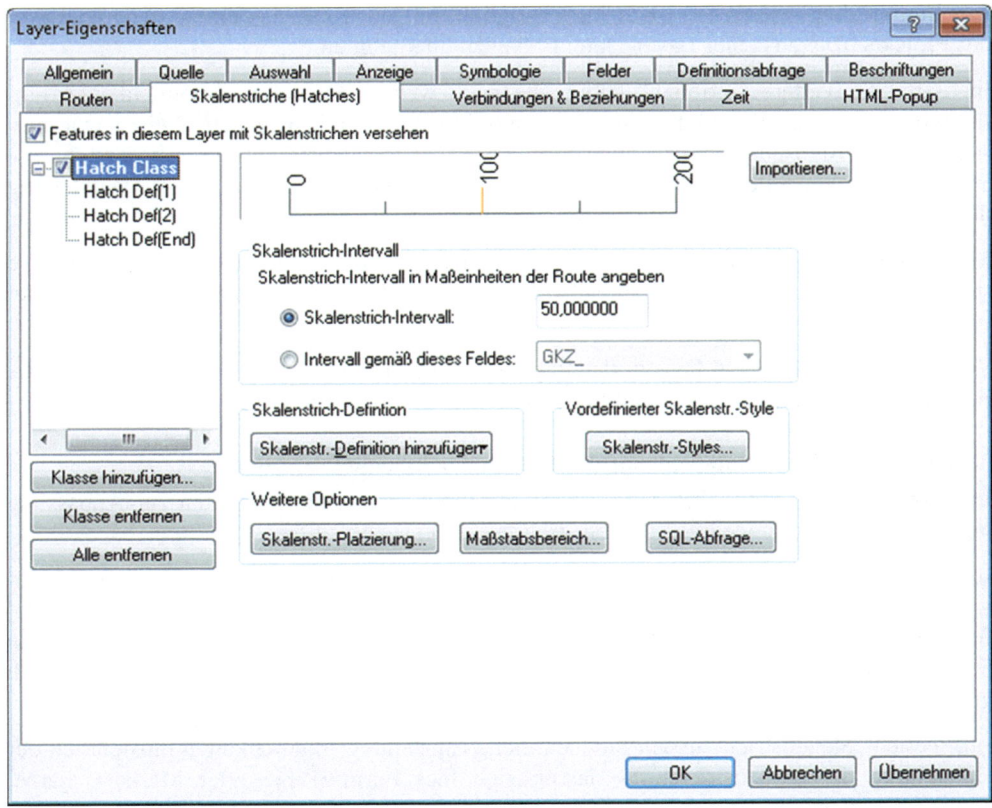

Abb. 239: Register „Skalenstriche (Hatches)" in der Ansicht „Skalenstrichklasse"

Hier stehen Ihnen umfangreiche Funktionalitäten zur Erstellung bzw. Anpassung von Skalenstrichklassen zur Verfügung. Jedes lineare Feature verfügt über mindestens eine Skalenstrichklasse, die wiederum mindestens eine Skalenstrichdefinition enthält. Wird diese Standard-Skalenstrichklasse gelöscht, so wird automatisch eine neue erstellt. Die einzelnen Skalenstrichklassen können Sie ein- und ausblenden, was v. a. bei der Definition mehrerer Klassen sinnvoll ist.

Im Bereich „Skalenstrich-Intervall" können Sie für die aktive Skalenstrichklasse ein Strich-Intervall (in der Maßeinheit der Route) angeben. Möchten Sie dagegen, dass das Intervall für jedes Feature von einem bestimmten Feld (Attribut) abgeleitet wird, so aktivieren Sie die Option „Intervall gemäß dieses Felds:" und wählen Sie das entsprechende Feld aus der Auswahlliste aus.

Eine zusätzliche Skalenstrichdefinition können Sie mit Klick auf die Schaltfläche „Skalenstr.-Definition hinzufügen" erzeugen, wobei Sie hier noch auswählen können, welcher Typ von Skalenstrichdefinition („Hatch Definition" oder „End Hatch Definition") hinzugefügt werden soll. Verfügen Sie bereits über vordefinierte Skalenstrich-Styles, die Sie verwenden möchten, so können diese über den Button „Skalenstr.-Styles…" importiert werden. Über den Button „Importieren…" ist es auch möglich, Skalenstriche aus einem anderen Layer des Projekts bzw. aus einer Layer-Datei (*.lyr) zu übernehmen.

Im Bereich „Weitere Optionen" haben Sie noch weitere Einstellungsmöglichkeiten hinsichtlich der Skalenstrichplatzierung (Anfangswert, Endwert, Abstandseinheit) sowie hinsichtlich des Maßstabsbereichs, innerhalb dessen die Skalenstriche der aktuellen Klasse angezeigt werden sollen. Zudem lassen sich SQL-Abfragen definieren, die die Darstellung der Skalenstriche auf bestimmte Features beschränken.

Möchten Sie eine weitere Skalenstrichklasse hinzufügen oder eine bestehende löschen, so stehen dazu die entsprechenden Schaltflächen unterhalb des linken Fensters in der Registerkarte zur Verfügung.

Wählen Sie nun im linken Fenster der Registerkarte den Eintrag „Hatch Def(1)", um in die Ansicht zur Erstellung und Verwaltung von Skalenstrichdefinitionen zu gelangen.

6.10.2.2 Erstellung und Verwaltung von Skalenstrichdefinitionen

In dieser Ansicht (Abb. 240) stehen Ihnen entsprechende Funktionalitäten zur Anpassung und Verwaltung der jeweiligen Skalenstrichdefinition zur Verfügung.

Im Textfeld „Platzierung dieser Skalenstr." geben Sie über einen entsprechenden Zahlenwert ein Mehrfaches des Skalenstrichintervalls an, an dem die aktuelle Skalenstrichdefinition platziert werden soll. Im Klartext heißt das bei einem Skalenstrichintervall von 50 Metern und einem hier eingegebenen Wert „2", dass alle 100 Meter ein Skalenstrich gesetzt wird.

Im Bereich „Skalenstrich" haben Sie zahlreiche Einstellungsmöglichkeiten hinsichtlich der Darstellung der Skalenstriche. So lassen sich hier Form (Linie oder Marker), Farbe, Linienlänge und -stärke bzw. Marker-Größe sowie ein eventuell gewünschter seitlicher Versatz und die Skalenstrichausrichtung festlegen.

Im Bereich „Beschriftungen" schließlich können Sie bestimmen, ob die Skalenstriche beschriftet werden sollen. Außerdem können hier Einstellungen zu Schriftart, -größe, -farbe etc. getroffen werden. Mithilfe des Buttons „Beschrift.-Einstellung…" lässt sich außerdem festlegen, womit die Messwerte beschriftet werden sollen (Messwerte, Text, Präfix, Suffix etc.).

6.10 Layer-Eigenschaften von Routen-Layern

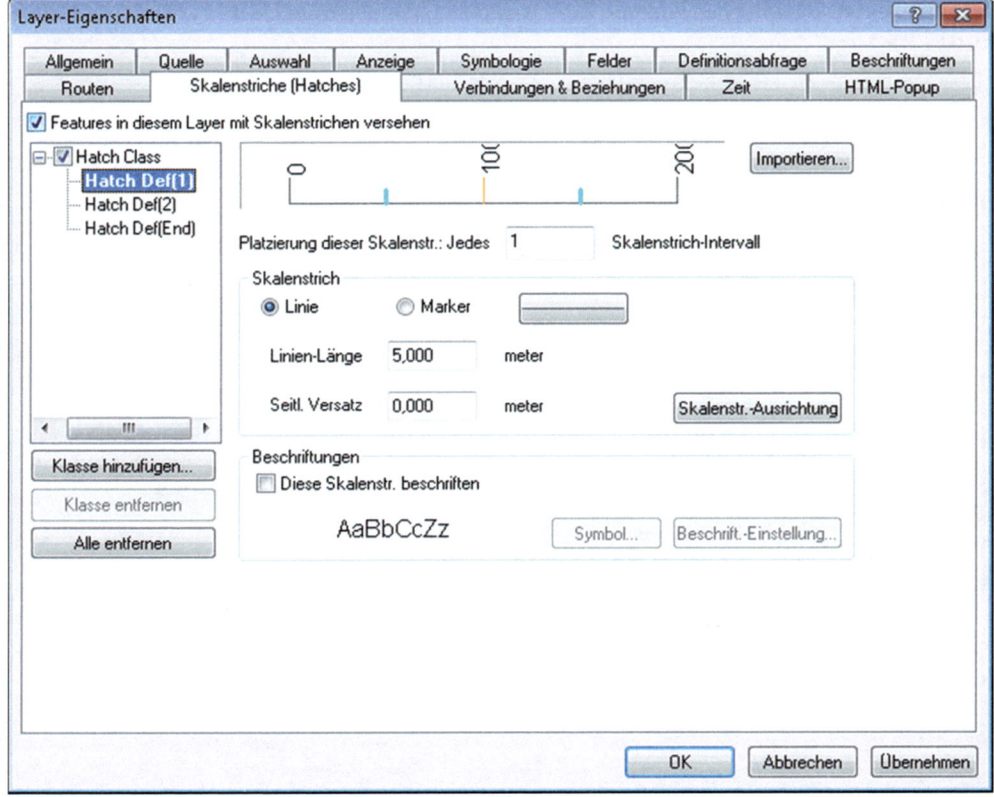

Abb. 240: Register „Skalenstriche (Hatches)" in der Ansicht „Skalenstrichdefinition"

Benötigen Sie eine weitere Skalenstrichdefinition, so können Sie diese über das Kontextmenü der Skalenstrichklasse im linken Fenster der Registerkarte erstellen („*Kontextmenü: Skalenstrichklasse* ⇨ *Skalenstr.-Definition hinzufügen*").

Wählen Sie nun im linken Fenster der Registerkarte den Eintrag „Hatch Def (End)". Dieser Eintrag steht allerdings nur zur Verfügung, wenn Sie in der Ansicht „Skalenstrichklasse" über den Button „Skalenstr.-Definition hinzufügen" eine „End Hatch Definition" erstellt haben.

6.10.2.3 Erstellen und Verwalten von Endskalenstrichdefinitionen

Pro Skalenstrichklasse kann eine Endskalenstrichdefinition angelegt werden. Dies geschieht in der Ansicht „Skalenstrichklasse" über die Schaltfläche „Skalenstr.-Definition hinzufügen" bzw. über das Kontextmenü der Skalenstrichklasse im linken Fenster.

Grundsätzlich bietet Ihnen diese Ansicht (Abb. 241) entsprechende Funktionalitäten zur Anpassung und Verwaltung der Endskalenstrichdefinition. So lässt sich hier eine „End-Skalenstr.-Toleranz" festlegen. Sie bestimmen damit, in welchem Abstand zum Endskalenstrich kein anderer Skalenstrich mehr gezeichnet werden soll. Alle übrigen Einstellungsmöglichkeiten entsprechen denen der Ansicht „Skalenstrichdefinition" (siehe Kapitel 6.10.2.2).

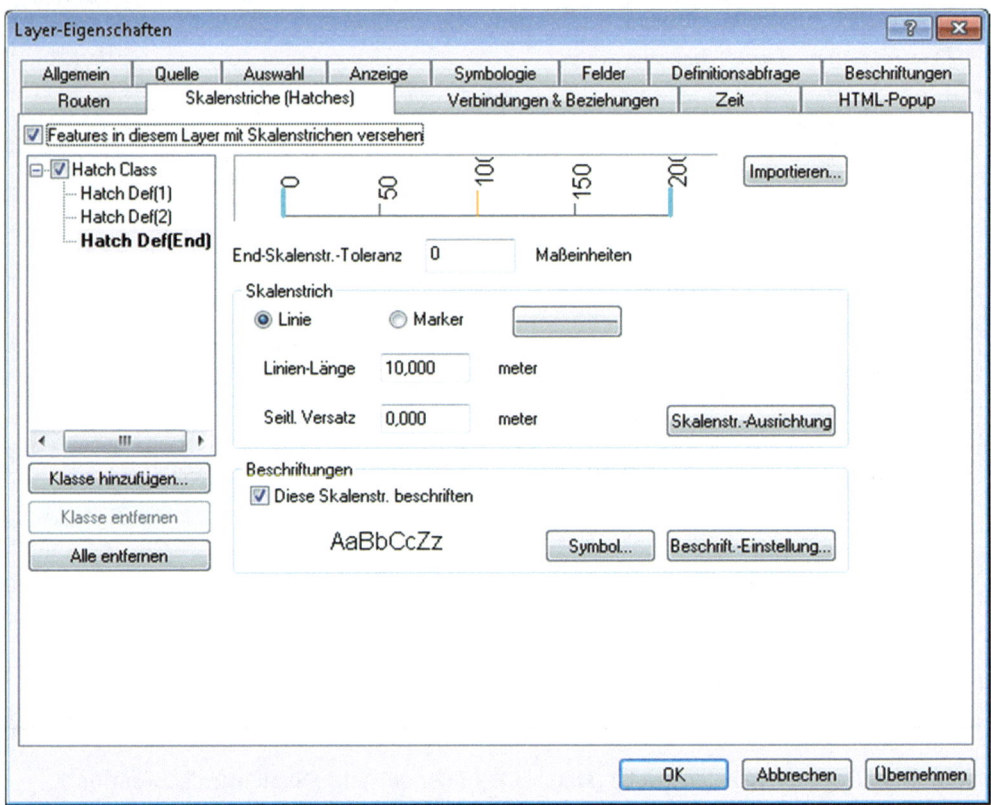

Abb. 241: Register „Skalenstriche (Hatches)" in der Ansicht „Endskalenstrichdefinition"

👍 **Tipp:** Haben Sie Skalenstrichklassen oder -definitionen eingerichtet oder angepasst, und es werden keine Skalenstriche angezeigt, so kann dies mehrere Ursachen haben: Ist das Kontrollkästchen neben der Skalenstrichklasse („Hatch Class") aktiviert? Ist die Option „Features in diesem Layer mit Skalenstrichen versehen" aktiviert? Haben Sie innerhalb der Skalenstrichklasse („Hatch Class") ein Skalenstrichintervall festgelegt? Haben Sie innerhalb der Skalenstrichdefinition („Hatch Def") eine Skalenstrichlänge angegeben?

6.11 Die verfügbaren Label-Engines

In ArcGIS 10.1 stehen Ihnen zwei Label-Engines zur Verfügung: Standard und Maplex. Mit der Standard Label-Engine gelangen Sie in wenigen, einfachen Schritten zu einer dynamischen Beschriftung. Ihre Verwendung bietet sich an, wenn die Beschriftung weitgehend konfliktfrei und wenig komplex ist – wenn beispielsweise nur ein einziger Layer mit einigen wenigen Features beschriftet werden soll. Mit der Standard Label-Engine können grundlegende Einstellungen zur Platzierung und Ausrichtung von Beschriftungen getroffen werden. Benötigen Sie spezifischere Optionen und feinere Werkzeuge, verwenden Sie die Maplex Label-Engine. Hier ist es möglich, eigene Regeln zu Positionierung, Dichte und Abstand von Beschriftungen zu treffen, und Sie können die Maßnahmen zur Einpassung von Beschriftungen auf Ihrer Karte individuell gewichten.

Sie können auf zwei Arten zwischen den Label-Engines wechseln: Zum einen kann im Drop-down-Menü Label-Engine im *Kontextmenü des Datenrahmens* ⇨ *„Eigenschaften"* ⇨ *Register „Allgemein"* das gewünschte System ausgewählt werden, zum anderen können Sie in der Werkzeugleiste „Beschriftung" im Drop-down-Menü die Maplex Label-Engine durch Mausklick aktivieren oder deaktivieren.

Haben Sie eine Label-Engine ausgewählt, können Sie das Menü der Platzierungseigenschaften von Beschriftungen folgendermaßen erreichen: über die *Layer-Eigenschaften des zu beschriftenden Layers* ⇨ *Reiter „Beschriftungen"* ⇨ *Button „Platzierungseigenschaften"* (Kapitel 6.3.8) oder über den Beschriftungs-Manager in der Werkzeugleiste „Beschriftungen" (Kapitel 6.1.4.19). Je nach Label-Engine bieten sich nun verschiedene Möglichkeiten.

6.11.1 Standard Label-Engine

Die Platzierungseigenschaften der Standard Label-Engine öffnen sich in einem gleichnamigen Dialogfenster mit jeweils zwei Registern. Das Register „Platzierung" unterscheidet sich je nachdem, welcher Geometrietyp beschriftet werden soll. Das Register „Konflikterkennung" bleibt bei allen Typen gleich.

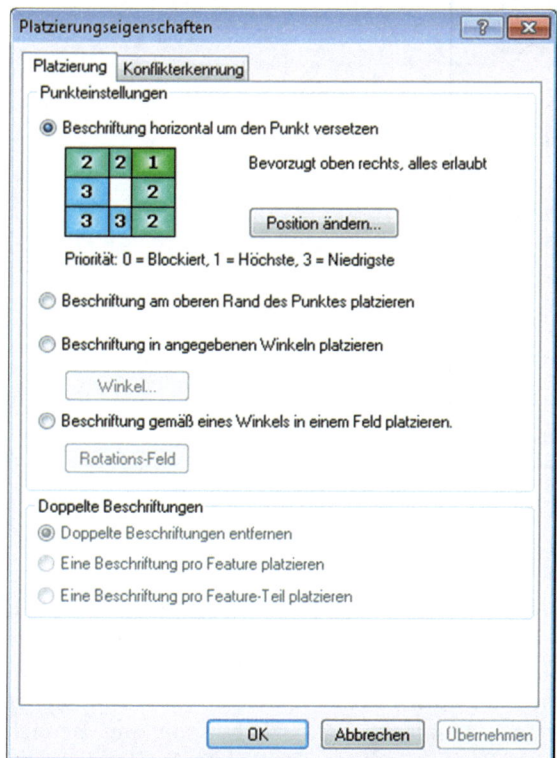

Abb. 242: Register „Platzierung" (Punkt-Layer)

Platzierung Punkt-Layer

Im Bereich Punkteinstellungen sind vier Alternativen aufgeführt: „Beschriftungen horizontal um den Punkt versetzen" gibt eine ganze Reihe von vordefinierten Prioritätsreihenfolgen vor, wie eine Beschriftung um einen Punkt platziert wird. Diese wird durch die Schaltfläche „Position ändern..." eingestellt. „Beschriftung am oberen Rand des Punkts platzieren" erzeugt eine Beschriftung, die horizontal und vertikal zentriert auf dem Punkt liegt. Die Option „Beschriftung in angegebenen Winkeln platzieren" erlaubt die Definition beliebig vieler Winkel, die zur Platzierung der Beschriftung in einer festzulegenden Reihenfolge verwendet werden. Die letzte Option „Beschriftung gemäß eines Winkels in einem Feld platzieren" erfordert ein Feld in der Attributtabelle, in dem für jeden Punkt ein Winkel angegeben sein kann, der für die Platzierung verwendet wird. Der Bereich „Doppelte Beschriftungen" ist für Punkt-Layer nicht verfügbar.

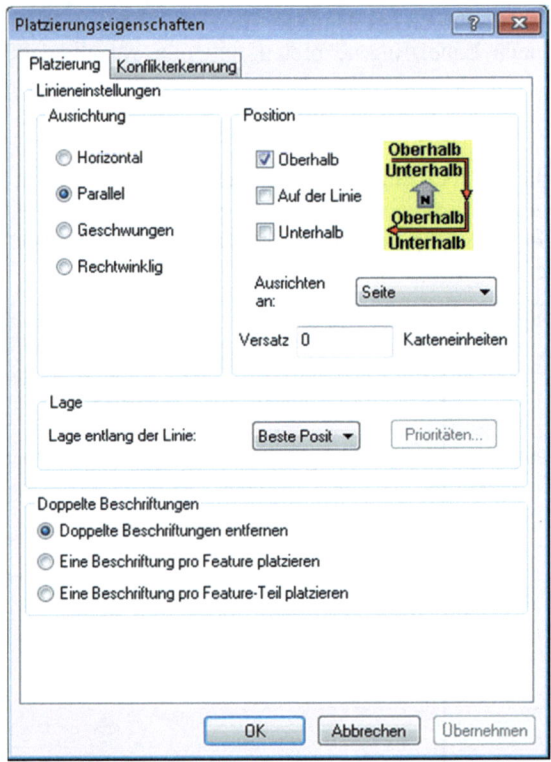

Abb. 243: Register „Platzierung" (Linien-Layer)

Platzierung Linien-Layer

Im Bereich Linieneinstellungen sind vier Alternativen aufgeführt: Die Ausrichtungsoption „Horizontal" platziert die Beschriftung immer horizontal zentriert auf die Linie. Die Bereiche „Position" und „Verzeichnis" sind deaktiviert. Die Ausrichtungsoptionen „Parallel" und „Rechtwinklig" erlauben die Einstellung einer exakten Platzierungsposition mit der Möglichkeit, einen Versatz zur Linie zu definieren. Zusätzlich kann im Bereich „Verzeichnis" festgelegt werden, an welcher Position entlang einer Linie die Beschriftung

6.11 Die verfügbaren Label-Engines

platziert werden soll. In der Ausrichtungsoption „Geschwungen" kann die Beschriftung so definiert werden, dass diese dem Linienverlauf folgt.

Im Bereich „Doppelte Beschriftungen" platziert die Option „Doppelte Beschriftungen entfernen" nur eine Beschriftung, wenn zwei oder mehrere aneinander grenzende Linienstücke dieselbe Beschriftung aufweisen würden. Bei der Option „Eine Beschriftung pro Feature platzieren" erhält jedes Linienstück eine eigene Beschriftung. Bei Multipart-Geometrien erhält diese Geometriegruppe nur eine Beschriftung. Im Gegensatz dazu bekommt bei der Option „Eine Beschriftung pro Feature-Teil platzieren" jedes der Multipart-Geometrien eine eigene Beschriftung.

Platzierung Flächen-Layer

Im Bereich „Polygon-Einstellungen" sehen Sie sehr schön anhand des Vorschaubilds, welche Auswirkung Ihre Einstellung auf die Platzierung der Beschriftung hat.

Der Bereich „Doppelte Beschriftung" wurde bereits oben bei Linien-Layer beschrieben.

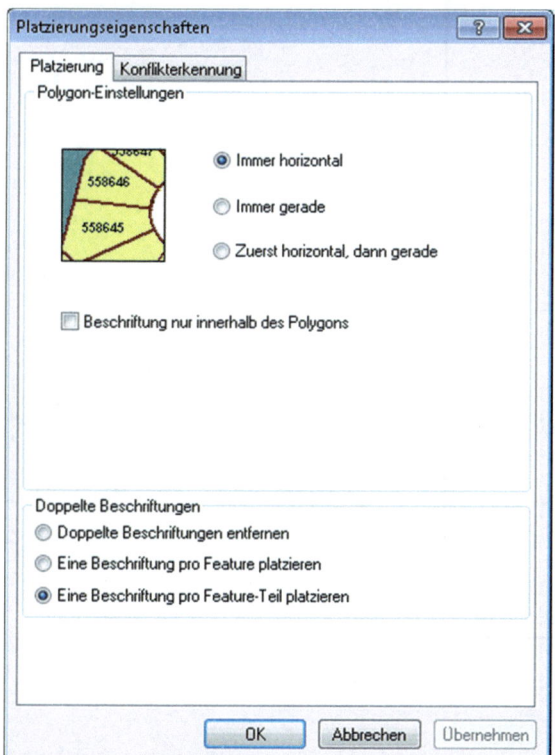

Abb. 244: Register „Platzierung" (Polygon-Layer)

Konflikterkennung

Das Register „Konflikterkennung" ist für alle Geometrietypen gleich und regelt, inwieweit Beschriftungen bei Platzierungskonflikten Rücksicht auf Beschriftungen und Geometrien anderer Layer nehmen. Hohe Gewichtung bedeutet, dass diese Beschriftung von keiner

Beschriftung eines anderen Layers gleicher oder niedriger Gewichtung überlagert oder verdrängt werden kann. Beschriftungen hoher Gewichtung werden daher eher platziert als mit niedrigerer Gewichtung. Da diese Einstellungen der Rangfolge bei Platzierungsschwierigkeiten für jeden Layer eigens eingestellt werden können und dies bereits bei einigen wenigen Layern sehr unübersichtlich wird, bietet die Werkzeugleiste „Beschriftung" mit der Schaltfläche „Rangstufen der Beschriftungsgewichtung" (vgl. Kapitel 6.1.4.19) die Möglichkeit, diese Einstellungen für alle Layer eines Datenrahmens im Überblick vorzunehmen. Der Bereich „Puffer" bietet die Möglichkeit, den Abstand einzelner Beschriftungen zueinander als Vielfaches der eigenen Schriftgröße zu definieren. Als letzten Punkt kann die Platzierung sich überlappender Beschriftungen zugelassen oder verhindert werden.

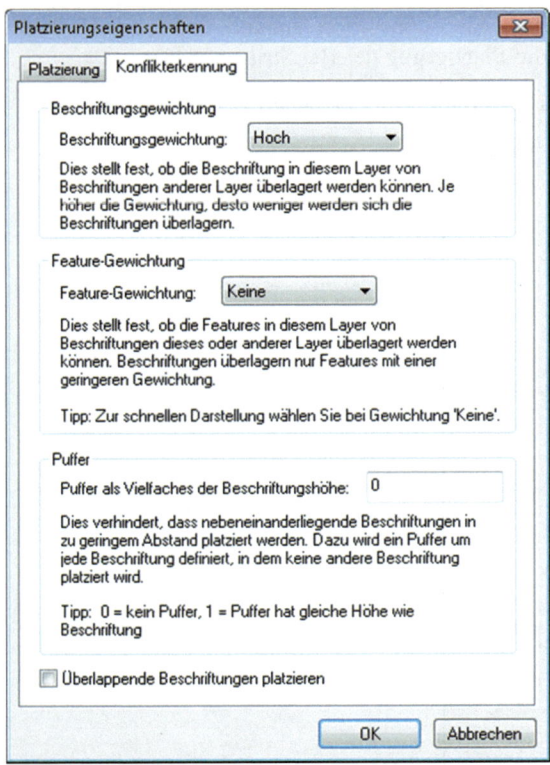

Abb. 245: Reiter „Konflikterkennung"

6.11.2 Maplex Label-Engine

In ArcGIS 10.1 for Desktop kann zusätzlich zur Standard Label-Engine auch die Maplex Label-Engine als Beschriftungssystem ausgewählt werden (bisher war Maplex nur als Erweiterung zu ArcGIS verfügbar). Mit Maplex können Beschriftungen noch flexibler plaziert werden, um beste Lesbarkeit zu gewährleisten und das Kartendokument genau an Ihre Vorstellungen anzupassen.

Sie können das Menü der Platzierungseigenschaften von Beschriftungen auf verschiedenen Wegen erreichen: über die *Layer-Eigenschaften des zu beschriftenden Layers* ⇨ *Reiter „Beschriftungen"* ⇨ *Button „Platzierungseigenschaften"* (Kapitel 6.3.8) oder über den Beschriftungs-Manager in der Werkzeugleiste „Beschriftungen" (Kapitel 6.1.4.19).

Im Menü Platzierungseigenschaften stehen Optionen zu Beschriftungsposition, Beschriftungsdichte, Einpassungsmethode und Konfliktlösung zur Verfügung. Je nachdem, ob ein Punkt-, Linien- oder Polygonlayer ausgewählt ist, unterscheiden sich Aussehen und Einstellungsmöglichkeiten. Insbesondere bei der „Beschriftungsposition" fallen dabei die unterschiedlichen Geometrien stark ins Gewicht, in den anderen Registern passen sich zwar die Vorschaubilder an die jeweiligen Features an, die Optionen bleiben aber größtenteils gleich.

6.11.2.1 Beschriftungsposition

Generell bietet dieses Menü Eigenschaften zur Platzierung der Beschriftungen an. Viele Optionen sind durch Schaubilder optisch dargestellt, um die Auswahl zu vereinfachen.

Im oberen Teil des Fensters im Bereich „Allgemein" können Sie die Position der Beschriftung in Relation zum entsprechenden Feature beeinflussen. Die aktuell ausgewählte Position wird durch ein Vorschaubild repräsentiert, im Menü „Position…" können Sie diese Einstellungen ändern. Hier sind alle möglichen Beschriftungspositionen grafisch dargestellt, um die Auswahl zu erleichtern.

Der Abstand zwischen Text und Feature kann im Untermenü „Beschriftungsversatz…" eingestellt werden. Hier kann der bevorzugte Versatz in verschiedenen Einheiten (Punkte, Zoll etc.) manuell festgelegt werden. Bei einem Versatz von „0" berührt die Beschriftung die Symbolgrenze. Zusätzlich können Sie einen maximalen Versatz angeben, der zum Einsatz kommt, wenn ihr bevorzugter Abstand nicht möglich ist. Die Voreinstellung von 100% entspricht dem bevorzugten Versatzwert, bei 200% könnte der Text bis zum doppelten Abstandswert vom Feature platziert werden. Soll der Abstand nicht vom Darstellungssymbol (Standard), sondern von der tatsächlichen Feature-Grenze aus gemessen werden, aktivieren Sie die Option „Versatz von Feature-Geometrie messen".

Über die Schaltfläche „Ausrichtung" können Sie wählen, ob die horizontalen Beschriftungen am Gitternetz ihrer Karte ausgerichtet werden soll. Diese Option ist standardmäßig deaktiviert, horizontale Beschriftungen werden deshalb genau waagrecht dargestellt.

Die beschriebenen Menüs „Position…", „Beschriftungsversatz…" und „Ausrichtung…" sind in der Regel für die verschiedenen Geometrien sehr ähnlich oder gar gleich. Falls Besonderheiten innerhalb dieser Menüs bestehen, werden diese im Folgenden für jeden Geometrietyp einzeln beschrieben.

Besonderheiten Beschriftungsposition bei Punkt-Layer

Durch Klicken auf den Button „Position…" kann eine feste Ausrichtung (Himmelsrichtung) gewählt oder die Beschriftung auf „Beste Position" gesetzt werden (siehe Abb. 246). Bei Wahl einer festgelegten Position kann durch ArcMap eine geringfügige Verschiebung zugelassen werden, um möglichst viele Beschriftungen zu platzieren (außer bei der Position „Zentriert"). Aktivieren Sie hierzu die entsprechende Option „Beschriftung darf an eine feste Position verschoben werden". Ist dagegen „Beste Position" ausgewählt, versucht Maplex standardmäßig, die Beschriftung im Nordosten des Features zu platzieren.

6 ArcMap

Ist das nicht möglich, werden nacheinander die direkten Nachbarzonen geprüft, bis die Beschriftung gesetzt werden kann.

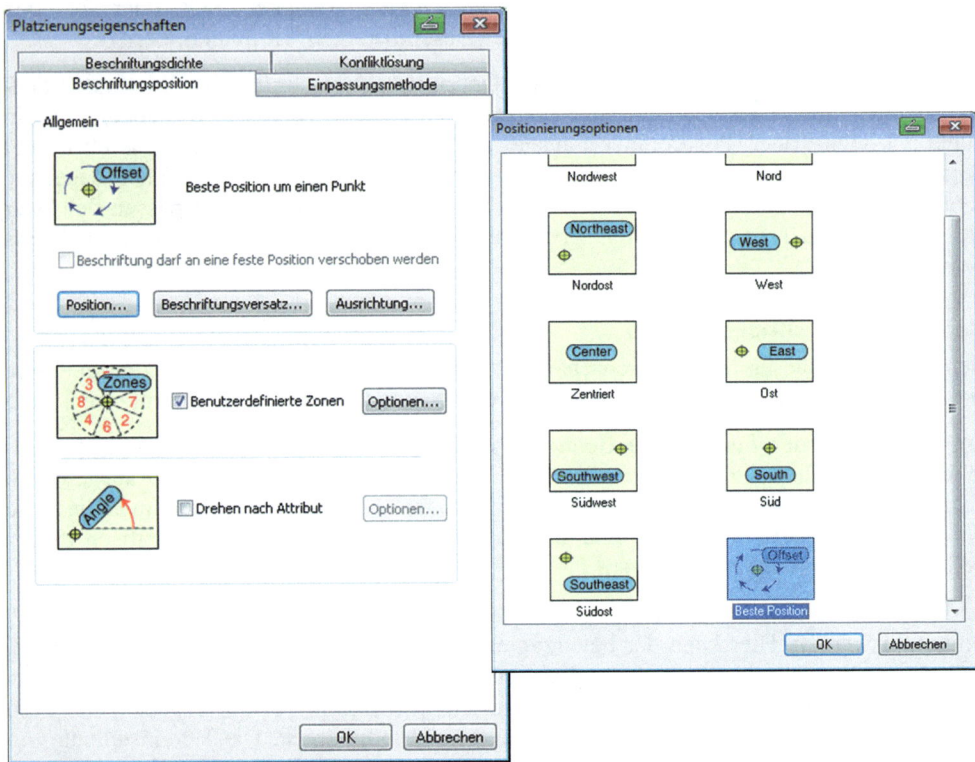

Abb. 246: Platzierungseigenschaften und Positionierungsoptionen bei Punkt-Layern

Neu: Beim Beschriftungsversatz von Punkt-Layern können Sie den Abstand nicht nur von der Feature-Geometrie messen lassen, sondern auch die exakte Symbolumrisslinie als Berechnungsgrundlage wählen. Aktivieren Sie dazu „Versatz von exakter Symbolumrisslinie messen". So wird bei Grafiken und Schriftsymbolen nicht das umgebende Rechteck, sondern die tatsächliche Symbolgrenze als Referenz verwendet.

Wenn Sie im Register „Beschriftungsposition" die Option „Benutzerdefinierte Zonen" markieren, können Sie über den entsprechenden Button „Optionen" selbst Präferenzen festlegen, an welchen Positionen um das Punktfeature herum die Beschriftung positioniert werden soll (siehe Abb. 247, links). Dabei ist die Priorität höher, je kleiner die Zahl ist. Sie können die Zahlen 1 bis 8 jeweils einmal vergeben, um eine eindeutige Rangfolge zu gewährleisten. Mit der Vergabe von „0" können bestimmte Zonen blockiert werden, in denen auf keinen Fall Beschriftungen platziert werden sollen. Der Wert 0 kann mehrmals vergeben werden.

6.11 Die verfügbaren Label-Engines

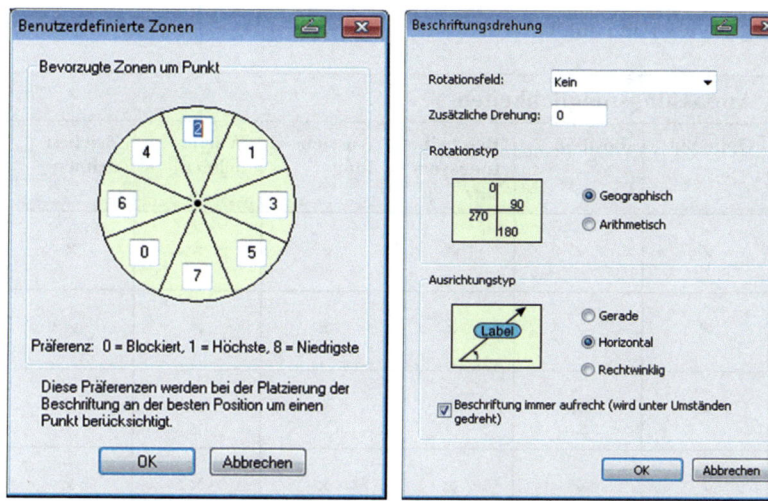

Abb. 247: Benutzerdefinierte Zonen und Drehung bei Punkt-Features

Ist „Drehen nach Attribut" aktiviert, können über die zugehörige Schaltfläche „Optionen" die entsprechenden Einstellungen getroffen werden (siehe Abb. 247, rechts). In diesem Dialog wird über das Drop-down-Menü „Rotationsfeld" die Spalte der Attributtabelle gewählt, in der sich die Merkmale befinden. Die Beschriftungen werden dann um den jeweiligen Winkel (Wert des Felds) gedreht. Eine zusätzliche Drehung kann manuell eingestellt werden. Wurde vorher eine feste Position für die Beschriftung (z. B. Nord) eingestellt, wird diese Platzierung bei der Drehung außer Kraft gesetzt. Sie können mit dem Rotationstyp festlegen, ob die Beschriftung von Norden aus im Uhrzeigersinn („Geographisch") oder von Osten aus gegen den Uhrzeigersinn („Arithmetisch") gedreht werden soll. Schließlich kann die Ausrichtung der Beschriftung gewählt werden. Die ausgewählte Möglichkeit („Gerade", „Horizontal" oder „Rechtwinklig") wird im Vorschaubild grafisch dargestellt. Ist das Kontrollkästchen bei „Beschriftung immer aufrecht..." angekreuzt, wird sichergestellt, dass die Beschriftungen niemals auf dem Kopf stehen können.

Besonderheiten Beschriftungsposition bei Linien-Layer

Bei der Platzierung von Linienbeschriftungen stehen in ArcGIS 10.1 for Desktop spezielle Möglichkeiten zur Auswahl, um Features wie Straßen, Flüsse oder Leitungen bestmöglichst darzustellen. Maplex stellt hierfür vorgefertigte Beschriftungsstyles zur Verfügung, die teilweise individuell angepasst werden können. Welche Styles mit welchen Optionen kombiniert werden können, zeigt die Tabelle 7 (teilweise sind die Optionen nur mit bestimmten Positionen wählbar).

Tabelle 7: Beschriftungsstyles von Linien-Layern

Style	Anpassungsmöglichkeiten					
	Optionen	Position	Beschriftungsversatz	Ausrichtung	Wörter dehnen	Zeichen dehnen
Normale Platzierung	✓	✓	✓	✓	✗	✗
Straßenplatzierung	✓	✓	✓	✗	✓	✓
Straßenadressenplatzierung	✗	✗	✓	✗	✗	✗
Konturlinienplatzierung	✓	✓	✗	✗	✗	✗
Flussplatzierung	✗	✓	✓	✓	✗	✓

Stylespezifische Optionen:

- Normale Platzierung: Gestapelte Beschriftungen beidseitig des Linienfeatures können zugelassen werden. Diese Funktion tritt nur in Kraft, wenn gleichzeitig als Einpassungsmethode „Beschriftungen stapeln" aktiviert ist. Maplex prüft dann, ob eine Platzierung beiderseits der Linie möglich ist.
- Straßenplatzierung: Für den Fall, dass die Beschriftung größer als das Feature ist, kann hier verfügt werden, dass a) die Beschriftung horizontal anstatt in Richtung der Linie verläuft, b) der Zeilenabstand von Beschriftungen reduziert wird oder c) die Wortreihenfolge in gestapelten Beschriftungen umgekehrt wird, um den ersten Teil der Beschriftung prominenter zu platzieren. Zudem kann der Abstand von Beschriftung zu Straßenende angepasst werden.
- Konturlinienplatzierung: Sie können die Ausrichtung der Beschriftungen entweder an der Höhe der Konturlinien ausrichten („Bergaufausrichtung") oder am Kartendokument („Seitenausrichtung"). Wenn „Seitenausrichtung" aktiviert ist, können Sie einen maximalen Drehwinkel vergeben. Zusätzlich kann die Beschriftung an einer Gitterlinie ausgerichtet werden, die Texte werden dann auf einem simulierten Pfad angeordnet.

Die verschiedenen Beschriftungsstyles können Sie im Drop-down-Menü auswählen. Die Möglichkeiten der Positionierung unterscheiden sich je nach Style (in Abb. 248 dargestellt: Normale Platzierung), die Vorschaubilder helfen in allen Fällen dabei, die passende Position zu finden. Je nach gewählter Position können weitere Optionen verfügbar werden oder auch wegfallen.

6.11 Die verfügbaren Label-Engines

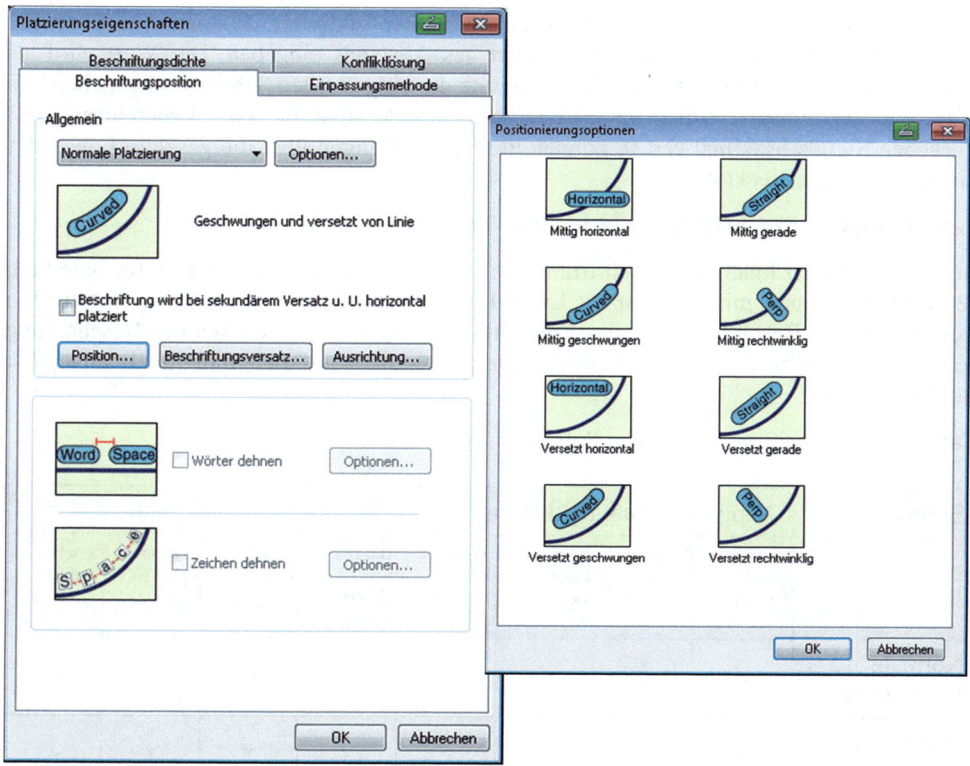

Abb. 248: Platzierungseigenschaften und Positionierungsoptionen bei Linien-Layern

Bei der Beschriftung von Linien-Layern kann im Menü „Beschriftungsversatz..." neben dem Abstand auch angegeben werden, auf welcher Seite der Linie die Beschriftung erfolgen soll. Zudem können Sie die Position entlang der Linie bestimmen, indem Sie im Drop-down-Menü „Beschriftungsposition" eine der Varianten auswählen („Vor bzw. Hinter der Linie" oder „Entlang der Linie vom Anfang bzw. Ende") und dann ihre präferierten Einstellungen und Abstände festlegen (durch Eingabe von Entfernungs- und Toleranzwerten). Je nachdem, welcher Ankerpunkt im Menü „Gemessen nach" festgelegt ist, wird der Abstand von der Mitte des Texts, der nächstgelegenen oder entferntesten Seite des Texts gemessen. Mit der Option „Linienrichtung verwenden" werden Anfangs- und Endpunkt einer Linie durch die Reihenfolge der Koordinaten bestimmt. Ist dieses Kontrollkästchen nicht aktiviert, wird die Linienrichtung von links nach rechts definiert.

Eine Besonderheit des Untermenüs „Ausrichtung..." bei Linien-Features ist die Möglichkeit, die Beschriftung entlang der Linie auszurichten. Standardmäßig werden Beschriftungen von links nach rechts und von oben nach unten platziert, in speziellen Fällen kann es aber nötig sein, die Beschriftung an die Linienrichtung anzupassen (z. B. Fließrichtung von Flüssen). Ist diese Option aktiviert, kann es dazu kommen, dass die Beschriftung auf dem Kopf steht.

Die Optionen „Wörter dehnen" bzw. „Zeichen dehnen" erlaubt eine Verbreiterung der Abstände zwischen den einzelnen Wörtern bzw. Zeichen der Beschriftung entlang des

Linienfeatures. Sind die jeweiligen Kontrollkästchen aktiviert, können Sie über die Schaltfläche „Optionen..." den Maximalwert des Abstands eingeben. Der Wert wird als Prozentwert der durchschnittlichen Zeichenbreite der eingestellten Schriftart angegeben, ein Wert von 100 entspricht also einem Leerzeichen, 200 steht für zwei Leerzeichen usw. Vergeben Sie als Maximalwert 0, können die Beschriftungen über die gesamte Länge des Linienfeatures gestreckt werden.

Besonderheiten Beschriftungsposition bei Polygon-Layer

Neben der standardmäßigen Beschriftung von Polygonen (horizontal und mittig innerhalb der Fläche) können mit der Maplex Label-Engine verschiedene Einstellungen getroffen werden, um die Beschriftung an das Polygon anzupassen. Wie auch bei der Beschriftung von Linien-Layern sind einige Styles vorgegeben, die zusätzlich individuell angepasst werden können.

Tabelle 8: Beschriftungsstyles von Polygon-Layern

Style	Anpassungsmöglichkeiten							
	(Stylespezifische) Optionen	Position	Beschriftungsversatz	Ausrichtung	Interne bzw. Externe Zonen	Ankerpunkte	Wörter dehnen	Zeichen dehnen
Normale Platzierung	✓	✓	✓	✓	✓	✓	✓	✓
Flurstücksplatzierung	✓	✓	✗	✓	✗	✗	✗	✓
Flussplatzierung	✓	✓	✓	✓	✓	✗	✓	✓
Grenzplatzierung	✓	✗	✓	✗	✗	✗	✗	✗

Teilweise sind spezifische Optionen nur bei bestimmten Beschriftungspositionierungen möglich. So kann z. B. beim Style „Normale Platzierung" mit der Position „Versetzt Horizontal" auch die Option „Externe Zonen..." aktiviert werden, wohingegen die „Internen Zonen..." nur definiert werden können, wenn eine Beschriftungsposition innerhalb des Polygons gewählt wurde (z. B. „Horizontal" oder „Gerade") und zusätzlich „Beschriftung an festgelegte Position innerh. des Polygons platzieren" aktiviert ist (siehe Abb. 249).

Stylespezifische Optionen:

- Normale Platzierung, Flurstücks- und Flussplatzierung: Ist eine horizontale, gerade oder geschwungene Beschriftung ausgewählt, können Einstellungen getroffen werden, wie mit Löchern in den Polygonen verfahren werden soll (z. B. Inseln in Gewässern, Gebäude mit Innenhöfen). Ist die Option „Löcher in Polygonen vermeiden" aktiviert, wird die Beschriftung *nicht* über den inneren Flächen platziert.

- Grenzplatzierung: Generell wird die Beschriftung nur dann platziert, wenn eine Grenze zu einem benachbarten Polygon vorhanden ist. Mit der Option „Einseitige Grenzbeschriftung zulassen" werden auch Grenzen ohne Nachbarflächen beschriftet. Ist zusätzlich „Zentrierte Position auf Linie" aktiviert, erfolgt die Beschriftung direkt auf dem Linien-Feature. Möchten Sie auch die Grenzen zu Polygonlöchern (Polygone innerhalb der zu beschriftenden Fläche, z. B. Inseln in Gewässern, Stadtstaaten in Ländern) beschriften, stellen Sie sicher, dass der Haken bei „Grenzbeschriftungen von Polygonlöchern zulassen" gesetzt ist.

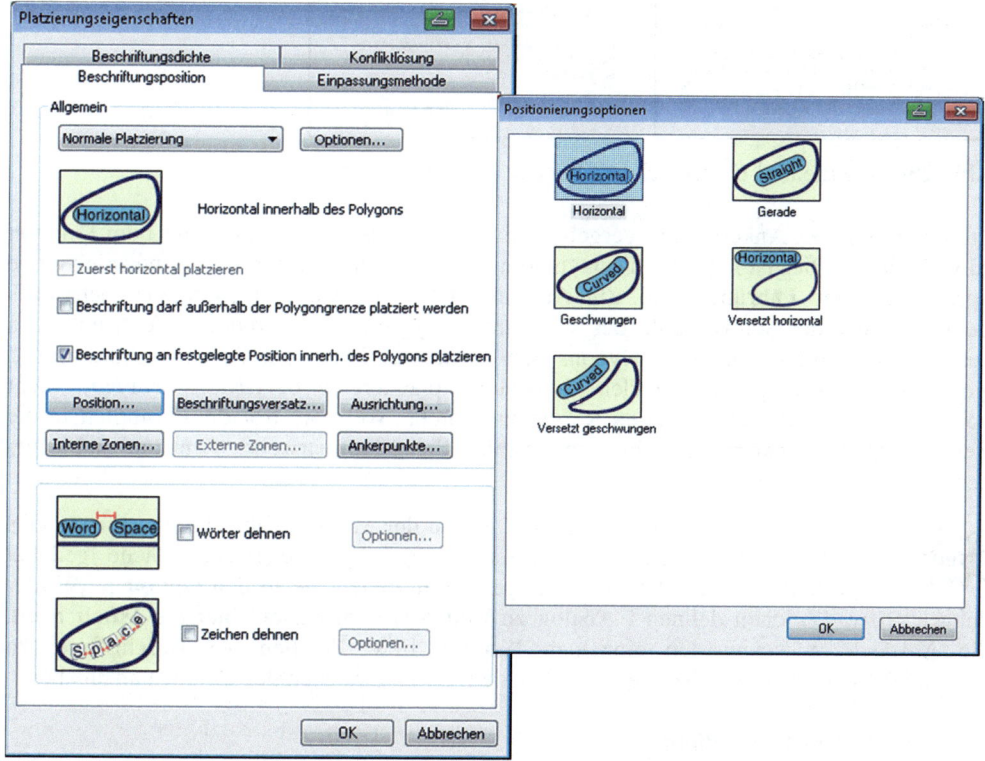

Abb. 249: Platzierungseigenschaften und Positionierungsoptionen bei Polygon-Layern

Als besondere Einstellungsmöglichkeiten stehen bei diesem Geometrietyp Beschriftungszonen zur Verfügung, die individuell gewichtet werden können (oft erst nach Aktivieren der Optionen „Beschriftung darf außerhalb der Polygongrenzen platziert werden" bzw. „Beschriftung an festgelegte Position innerh. des Polygons platzieren" möglich). Je nach Beschriftungsposition kann entweder „Interne Zonen..." (Abb. 250 links) oder „Externe Zonen..." (Abb. 250 rechts) zur Präferenzierung ausgewählt werden.

In beiden Dialogfenstern haben Sie die Möglichkeit, durch Zahlen eine Gewichtung vorzunehmen (je kleiner die Zahl, desto höher die Präferenz) oder Zonen für die Beschriftung zu blockieren (durch die Vergabe der Ziffer 0). Jede Ziffer darf nur einmal vergeben werden, damit die Zuordnung eindeutig ist (mit Außnahme der 0).

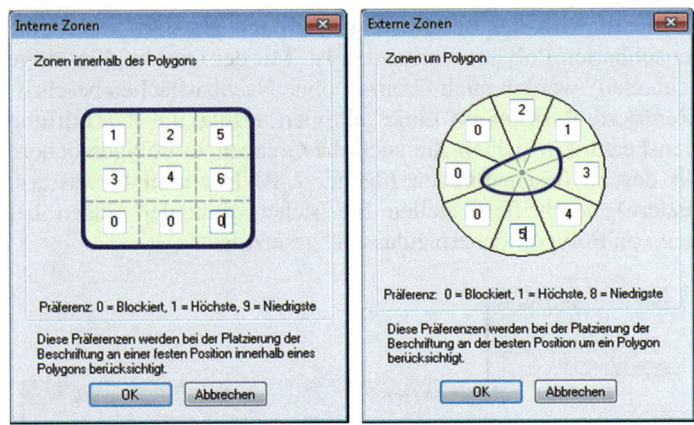

Abb. 250: Interne und Externe Zonen bei der Polygonbeschriftung

Zusätzlich können Ankerpunkte vergeben werden, um die Beschriftung mit dem Polygon zu verknüpfen. Dies ist nötig für Textsymbole vom Typ Bannerbeschriftung (beispielsweise Sprechblasen mit Führungslinie). Zur Auswahl stehen die Möglichkeiten „Geometrisches Zentrum", also der Schwerpunkt des sichtbaren Polygons, „Ausgedünntes Zentrum", also der erodierte Mittelpunkt des Polygons oder „Nächster Punkt auf Polygon-Umrisslinie", wodurch der Ankerpunkt auf der Umrisslinie platziert wird. Ist das Polygon nicht vollständig innerhalb der aktuellen Kartenausdehnung, soll aber trotzdem komplett in die Berechnung des Ankerpunkts eingehen, wählen Sie „Geometrisches Zentrum nicht ausgeschnittener Polygone".

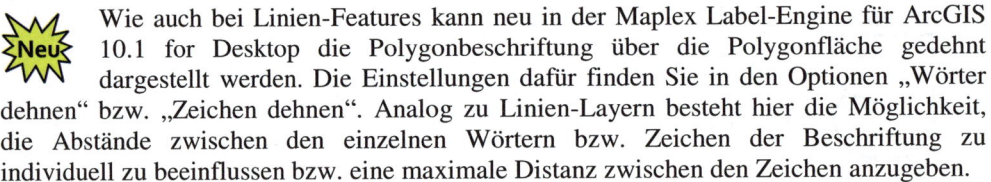 Wie auch bei Linien-Features kann neu in der Maplex Label-Engine für ArcGIS 10.1 for Desktop die Polygonbeschriftung über die Polygonfläche gedehnt dargestellt werden. Die Einstellungen dafür finden Sie in den Optionen „Wörter dehnen" bzw. „Zeichen dehnen". Analog zu Linien-Layern besteht hier die Möglichkeit, die Abstände zwischen den einzelnen Wörtern bzw. Zeichen der Beschriftung zu individuell zu beeinflussen bzw. eine maximale Distanz zwischen den Zeichen anzugeben.

6.11.2.2 Beschriftungsdichte

Im Reiter „Beschriftungsdichte" werden unter anderem Einstellungen zur Position und Anzahl von Beschriftungen in Relation zueinander getroffen. Normalerweise nützt ArcGIS den gesamten verfügbaren Platz für die Beschriftung, wodurch die Karte evtl. überladen wirken kann. Mit den Optionen in diesem Register kann die Platzierungsdichte angepasst werden, um dies zu vermeiden. Die Menüunterpunkte sind dabei für alle Geometrietypen nahezu identisch, allein die Vorschaubilder unterscheiden sich (in Abb. 251 dargestellt: Linien-Geometrie).

Es kann vorkommen, dass zwei oder mehrere Features dieselbe Beschriftung aufweisen. Mit Aktivieren der Kästchens vor „Doppelte entfernen" können Sie über die Schaltfläche „Optionen" einen Suchradius eingeben, innerhalb dessen die Maplex Label-Engine Mehrfachbeschriftungen entfernt.

6.11 Die verfügbaren Label-Engines

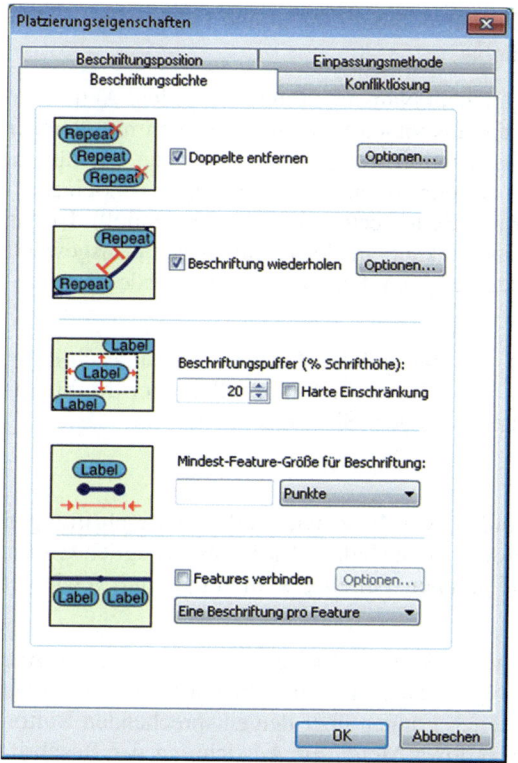

Abb. 251: Beschriftungsdichte Linien-Layer

Möchten Sie dagegen, dass die Beschriftung in bestimmten Abständen entlang oder innerhalb des Features wiederholt wird, wählen Sie „Beschriftung wiederholen" (nicht möglich bei Punkt-Layern). Der frei wählbare Mindestabstand garantiert, dass die Intervalle zwischen den Beschriftungen nicht kleiner werden können. Bei Linien-Layern gibt es zusätzlich die Möglichkeit, bevorzugte Abstände in Relation zum Kartenrand und/oder zu Knotenpunkten zu definieren.

Mit der Eingabe des Beschriftungspuffers wird sichergestellt, dass die Beschriftungen nicht zu nahe beieinander liegen und so die Karte unübersichtlich machen. Sie können den gewünschten Abstand als Prozentwert der Schriftgröße angeben. Maplex versucht dann, diese Pufferbereiche um die Beschriftungen freizuhalten. Ist nicht ausreichend Platz vorhanden, werden die Beschriftungen trotzdem unter Missachtung der Pufferzonen platziert. Dies können Sie umgehen, in dem Sie die Option „Harte Einschränkung" wählen. Damit wird der eingestellte Puffer auf jeden Fall berücksichtigt, auch wenn dann evtl. einige Beschriftungen nicht platziert werden können.

Mit der vierten Option dieses Registers können Sie eine Mindestgröße festlegen, die das Feature haben muss, um beschriftet zu werden. Bei Linien ist die Featurelänge ausschlaggebend, bei Polygonen kann zwischen Länge des Umfangs und Fläche gewählt werden. Für Punkt-Layer ist diese Option nicht verfügbar.

Die unterste Einstellungsmöglichkeit unterscheidet sich bei Linien- und Polygonlayern. Für Punkt-Layer ist dieser Menüpunkt nicht verfügbar.

Bei Liniengeometrien können Features mit gleichem Namen verbunden werden. Aktivieren Sie diese Option, um Linien zu beschriften, die aus vielen kleinen Segmenten mit gleicher Bezeichnung bestehen. Über die Schaltfläche „Optionen…" können Sie dann auswählen, ob möglichst wenige Beschriftungen platziert werden sollen („Beschriftungen verkleinern") oder ob die Beschriftung an Kreuzungen für alle Seiten erfolgen soll („Eindeutig"). Ist das Häkchen bei „Features verbinden" nicht gesetzt, kann im Drop-down-Menü ausgewählt werden, ob die Beschriftung für jedes Feature, jeden Feature-Teil oder jedes Feature-Segment erfolgen soll.

Bei Polygon-Layern besteht die Möglichkeit, nur den größten Feature-Teil zu beschriften; aktivieren Sie dazu das Kontrollkästchen. Dies bietet sich vor allem bei Multipart-Polygonen (beispielsweise zusammengehörige Inseln oder Siedlungsflächen) an.

6.11.2.3 Einpassungsmethode

In dieser Registerkarte kann ausgewählt werden, wie bzw. wie stark die Beschriftungen verändert werden dürfen, um platziert zu werden. Verschiedene Varianten bezüglich Größe, Form und Lage stehen zur Verfügung und können beliebig kombiniert und gewichtet werden (siehe Abb. 252).

„Beschriftung stapeln": Als erste Option dieses Registers können Sie wählen, ob eine Beschriftung in zwei oder mehr Zeilen erfolgen darf, falls eine Platzierung sonst nicht möglich wäre. Weitere Einstellungsmöglichkeiten können über den entsprechenden Button erreicht werden und beinhalten u. a. ein Drop-down-Menü zur Ausrichtung der Beschriftung. Sie können die Textausrichtung auf links, rechts oder zentriert beschränken oder die Maplex Label-Engine die bestmögliche Wahl treffen lassen. In der darunterliegenden Tabelle können die Triggerzeichen für den Zeilenumbruch bzw. -umbrüche definiert werden. Standardmäßig sind hier „Leerzeichen" und „Komma" bereits angelegt, Sie können aber auch in den leeren Zeilen eigene Zeichen oder Zeichenfolgen vergeben. Zusätzlich können Sie Zeichen- und Zeilenlimits vergeben (dabei müssen folgende Grenzwerte eingehalten werden: Max. Anzahl an Zeilen: 1-50; min. Anzahl an Zeichen pro Zeile: 1-8; max. Anzahl an Zeichen pro Zeile: 2-80).

„Über Feature hinaus": Ist die Beschriftung größer als das entsprechende Feature, kann die Maplex Label-Engine freie Flächen um Feature nutzen, um die Beschriftung zu platzieren. Der maximale Überlappungswert kann in Punkten, Zoll o. Ä. frei gewählt werden. Bei Polygon-Layern kann zusätzlich der „Asymmetrische Überlauf" erlaubt werden, um Beschriftungen bevorzugt in weniger stark gewichteten angrenzenden Polygonen zu platzieren.

„Schriftgröße verkleinern": Viele Platzierungskonflikte entstehen erst gar nicht, wenn die Maplex Label-Engine die Schriftgröße oder -breite automatisch anpasst. Um diese Möglichkeit zu erlauben, wählen Sie „Schriftgröße verkleinern" und bestimmen anschließend in den „Optionen…" die gewünschten Grenzwerte und Verkleinerungsintervalle.

6.11 Die verfügbaren Label-Engines

Abb. 252: Einpassungsmethode (Polygon-Layer)

„Beschriftung abkürzen": Als vierte Einpassungsmethode steht das Abkürzen von Beschriftungen zur Verfügung. Dies kann entweder über ein Abkürzungswörterbuch oder über eine reine Textkürzung erfolgen. Wenn Sie Zeichen ersatzlos entfernen wollen, wählen Sie die Option „Beschriftung wird unter Umständen abgeschnitten", um die Einstellungen zur Wortlänge oder bestimmten Zeichen zu spezifizieren. Sollen stattdessen Wörter oder Wortendungen nach ihren Vorstellungen ersetzt werden, wählen Sie aus dem Drop-down-Menü ein Abkürzungswörterbuch, um die darin definierten Vorschriften anzuwenden. Um ein individuelles Abkürzungswörterbuch zu erstellen, wählen Sie in der Werkzeugleiste „Beschriftung" im Drop-down-Menü „Abkürzungswörterbücher..." (mehr dazu im Exkurs: Abkürzungswörterbuch und Schlüsselnummerierung).

„Schlüsselnummerierung": Die Beschriftungsvariante, die am wenigsten Platz in Anspruch nimmt, ist die Vergabe von Schlüsselnummern. Dabei werden die Features mit Ziffern versehen, die in einer nebenstehenden Tabelle benannt werden. Die Schlüsselnummerierung ist vor allem in Gebieten wertvoll, in denen viele Features nah beieinander liegen. Setzen Sie einen Haken in das Kontrollkästchen, um über die Schaltfläche „Optionen..." eine Nummerierungsgruppe auszuwählen. Ist „Standard" im Drop-down-Menü aktiviert, erfolgt die Zuordnung der Ziffern zur Beschriftung links ausgerichtet und jedes Feature erhält eine eigene Ziffer. Sie können eigene Schlüsselnummerierungsgruppen erstellen, wenn Sie in der Werkzeugleiste „Beschriftung" den Menüpunkt „Schlüsselnummerierung..." auswählen. Die Vergabe von Schlüsselnummern wird immer als letztmögliche Einpassungsmethode angewandt, wenn alle anderen Möglichkeiten fehlschlagen.

Die vorgestellten Einpassungsmethoden können individuell gewichtet werden. Mit der Schaltfläche „Methodenreihenfolge..." am unteren Fensterrand gelangen Sie in einen Dialog, in dem die Priorität der Methoden durch die Reihenfolge in einer Liste repräsentiert wird.

Abb. 253: Reihenfolge der Einpassungsmethoden

In dem Beispiel in Abb. 253 wird Maplex zuerst versuchen, die Beschriftungen zu stapeln und dann über das Feature hinaus zu platzieren. Um die Reihenfolge zu verändern, markieren Sie die entsprechende Maßnahme und bewegen diese über die entsprechenden Pfeiltasten am Rand des Fensters nach oben oder unten. Die Schlüsselnummerierung erfolgt immer als letzte Möglichkeit und kann deshalb nicht gewichtet werden.

6.11.2.4 Konfliktlösung

Trotz aller Einstellungen zu Position, Dichte und Einpassungsmethode kann es immer noch zu Konflikten zwischen einzelnen Beschriftungen kommen. Um den zur Verfügung stehenden Platz optimal zu nutzen, können in diesem Register Features gewichtet oder bestimmte Beschriftungen oder Beschriftungsklassen (auch innerhalb eines Layers) als Hintergrundbeschriftung definiert werden.

Mit der Feature-Gewichtung kann einzelnen Featureklassen eine bestimmte Bedeutung zugemessen werden. Dadurch wird sichergestellt, dass wichtige Features nicht durch Beschriftungen überlagert werden dürfen. Die zu vergebenden Werte liegen zwischen 0 und 1.000, wobei die Gewichtung mit 0 das Feature zum verfügbaren Platz erklärt, während bei einer Höchstgewichtung von 1.000 das Feature gar nicht als Raum für Beschriftungen zur Verfügung steht. Die Maplex Label-Engine versucht zuerst, die Beschriftungen an einem freien Platz zu platzieren; falls das nicht möglich ist, wird die Platzierung mit der geringsten Feature-Gewichtung gewählt.

Bei Polygonen können Innenbereich und Grenze unabhängig voneinander gewichtet werden. So kann gesteuert werden, ob die Beschriftung eher im inneren des Polygons oder eher auf der Polygongrenze liegen soll.

Die Feature-Gewichtung kann neben der Registerkarte „Konfliktlösung" auch über die *Werkzeugleiste „Beschriftung"* ➪ *„Rangstufen der Beschriftungsgewichtung"* aufgerufen werden. Hier sehen Sie zusätzlich eine Übersicht über alle Beschriftungsklassen aller Layer und können die Gewichtung direkt anpassen.

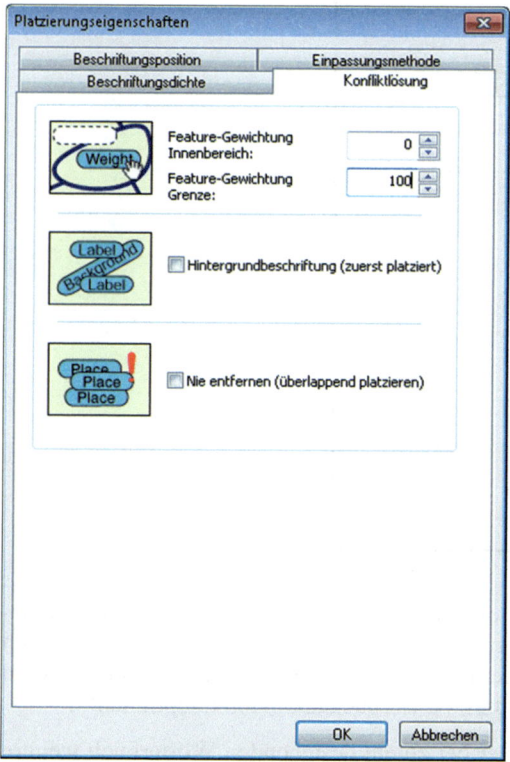

Abb. 254: Konfliktlösung (Polygon-Layer)

Mit Aktivieren des Kontrollkästchens „Hintergrundbeschriftung" können Sie einstellen, dass Beschriftungen einer Klasse zwar angezeigt werden, aber von anderen Beschriftungsklassen mit höherer Priorität überlappt werden können.

Die Option „Nie entfernen" platziert alle Beschriftungen, egal, ob nach den angegebenen Platzierungsmöglichkeiten und Einpassungsmethoden noch ein Konflikt vorliegt oder nicht. Vorsicht: Die Beschriftungen können sich in diesem Fall überlappen und die Lesbarkeit der Karte dadurch deutlich negativ beeinflussen.

6 ArcMap

Exkurs: Abkürzungswörterbuch und Schlüsselnummerierung

Um bei langen Beschriftungen und eindeutigen Begriffen Platz zu sparen, können Sie Abkürzungsregeln in einem Wörterbuch festlegen, welche dann automatisch von der Maplex Label-Engine zur Platzierung von Beschriftungen angewandt werden. Wählen Sie dazu in der Werkzeugleiste „Beschriftungen" im Drop-down-Menü „Abkürzungswörterbücher…" aus, um den entsprechenden Dialog aufzurufen (siehe Abb. 255).

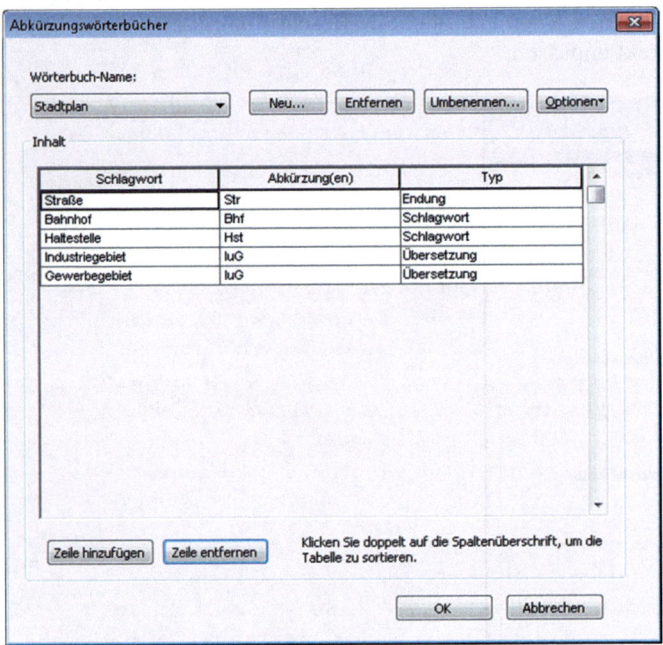

Abb. 255: Abkürzungswörterbücher

Mit dem Button „Neu…" können Sie ein eigenes Wörterbuch erstellen und einen beliebigen Namen vergeben (z. B. Stadtplan). Sie können das Wörterbuch löschen („Entfernen"), den Namen ändern („Umbenennen…") oder ihr Wörterbuch zur weiteren Verwendung speichern bzw. ein bereits erstelltes Wörterbuch anbinden („Optionen").

Um eigene Abkürzungsregeln zu erstellen oder bei einem bestehenden Wörterbuch weitere Regeln zu ergänzen, klicken Sie auf „Zeile hinzufügen". Geben Sie das anzupassende Schlagwort und die gewünschte Abkürzung ein, und bestimmen Sie dann den Eintragstyp. Im Drop-down-Menü der letzten Spalte stehen Ihnen dazu drei Abkürzungstypen zur Verfügung:

- Endung: Endungen werden nur auf das letzte Wort der Beschriftung angewendet. Anwendungsbeispiele: *Straße* zu *Str.*, *Platz* zu *Pl.*
- Schlagwort: Alle Wörter der Zeichenfolge außer dem Letzten können durch den Typ Schlagwort abgekürzt werden. Anwendungsbeispiele: *Flughafen* zu *Flugh.*, *Restaurant* zu *Rest.*
- Übersetzung: Sollen bestimmte Wörter generell abgekürzt bzw. übersetzt werden, verwenden Sie den Typ Übersetzung. Dadurch können beispielsweise Textteile in

eine andere Sprache übersetzt oder bestimmte Wörter entfernt werden. Übersetzungen werden immer angewendet, auch wenn ausreichend Platz für die Originalbeschriftung zur Verfügung steht.

Tipp: Im Deutschen und in anderen germanischen Sprachen ist die Wortendung meistens direkt am Eigennamen von Straßen, Plätzen u. a. angehängt. Normalerweise greift der Abkürzungstyp „Endung" hier nicht, da der abzukürzende Begriff in diesen Fällen nur ein Wort*teil* ist und kein eigenständiges Wort. Es gibt allerdings Schlüsselwörter, die einen Sondermodus in der Maplex Label-Engine aktivieren, um genau diese Fälle abzufangen, im Deutschen ist dies der Begriff „Straße". Haben Sie *Straße* zu *Str.* als Endung definiert, werden nicht nur Bezeichnungen wie Bahnhofsstraße zu Bahnhofsstr. abgekürzt, sondern Sie können dann auch weitere Wortendungen abkürzen lassen, z. B. *-platz* zu *pl.*, *-viertel* zu *-vtl.* u. Ä. Weitere Begriffe, die diesen nützlichen Sondermodus aktivieren, sind z. B. gatan (Schwedisch) oder straat (Holländisch).

Bestätigen Sie ihre Änderungen mit „OK" und aktivieren Sie (falls nicht schon geschehen) die Option „Beschriftung abkürzen" in den *Layer-Eigenschaften* ➪ *Beschriftungen* ➪ *Platzierungseigenschaften* ➪ *Einpassungsmethode*. Wählen Sie dann über die Schaltfläche „Optionen" das gewünschte Wörterbuch im Drop-down-Menü aus.

Die Erstellung von Schlüsselnummerierungsgruppen erfolgt ebenfalls über das Drop-down-Menü in der Werkzeugleiste „Beschriftung".

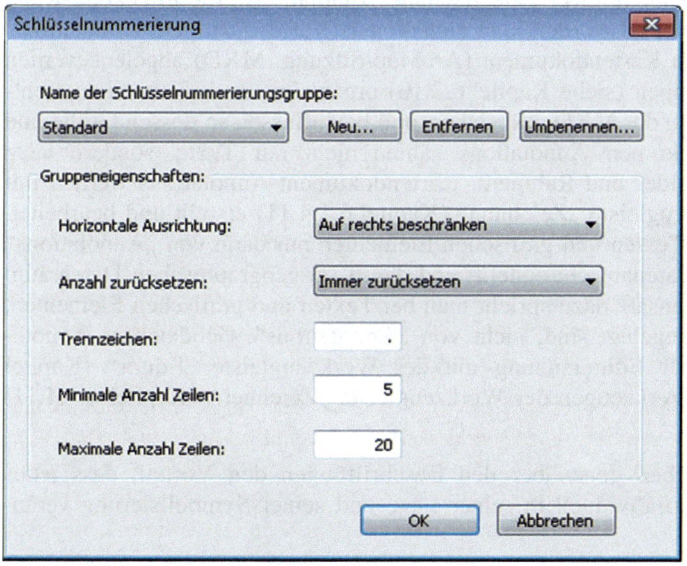

Abb. 256: Schlüsselnummerierung

Im Dialogfenster zur Erstellung von Gruppen und Regeln zur Schlüsselnummerierung (siehe Abb. 256) ist die Variante „Standard" bereits erstellt. Mit den entsprechenden Schaltflächen können Sie entweder eine neue Gruppe erstellen, bereits erstellte Gruppen entfernen oder umbenennen.

Im Drop-down-Menü „Horizontale Ausrichtung" kann gewählt werden, ob die Zuordnungstabelle zwischen Ziffer und Beschriftung standardmäßig rechts oder links ausgerichtet sein soll oder ob die Maplex Label-Engine automatisch die beste Ausrichtung wählt.

Durch die Option „Anzahl zurücksetzen" kann bestimmt werden, ob die Bezifferung der Features fortlaufend erfolgen („Nicht zurücksetzen") oder – je nach Entfernung der Schlüsselnummerierungsgruppen – wieder bei 1 anfangen soll („Eventuell zurücksetzen"). Wenn jeder Gruppenteil wieder bei 1 beginnen soll, wählen Sie „Immer zurücksetzen".

Die offenen Felder erlauben die Angabe eines Trennzeichens zwischen Zahl und Beschriftung und die Festlegung der Mindest- und Maximalanzahl von Zeilen der Beschriftung.

Schließen Sie den Dialog mit „OK". Nun können Sie diese Gruppe bei der Einpassungsmethode auswählen, wenn die Option „Schlüsselnummerierung" aktiviert in den *Layereigenschaften* ⇨ *Beschriftungen* ⇨ *Platzierungseigenschaften* ⇨ *Einpassungsmethode* aktiviert ist.

6.12 Annotations

Grundsätzlich sind in ArcMap zwei verschiedene Arten von Annotations zu unterscheiden: Einerseits Feature-Klassen-Annotations (= Geodatabase-Annotations), die in Feature-Klassen von Geodatabases gespeichert werden, und andererseits Kartendokument-Annotations, die nur in einem bestimmten Kartendokument (ArcMap-Sitzung, MXD) abgelegt werden und in sog. Annotation-Gruppen (siehe Kapitel 6.2.10) organisiert sind. Kartendokument-Annotations werden innerhalb der MXD gespeichert und beeinflussen so dessen Größe und Ladezeit. Zu den Kartendokument-Annotations zählen nicht nur Texte, sondern auch grafische Elemente (z. B. Bilder und Rahmen). Kartendokument-Annotations werden mit den Werkzeugen der Werkzeugleiste „Zeichnen" (Kapitel 6.1.4.11) erstellt und bearbeitet. Beachten Sie, dass man bei Texten und grafischen Elementen nur dann von „Annotations" spricht, wenn diese in der Datenansicht erstellt, und damit im geographischen Datenraum gespeichert wurden. Im Gegensatz dazu spricht man bei Texten und grafischen Elementen, die in der Layout-Ansicht angelegt sind, nicht von „Annotations". Geodatabase-Annotations können innerhalb einer Editiersitzung mit der Werkzeugleiste „Editor" (Kapitel 6.1.4.4) sowie mit einigen Werkzeugen der Werkzeugleiste „Zeichnen" (Kapitel 6.1.4.11) bearbeitet werden.

Geodatabase-Annotations haben gegenüber den Beschriftungen den Vorteil, dass jedes einzelne Annotation-Feature individuell in seiner Lage und seiner Symbolisierung verändert werden kann.

Für die Erstellung einer neuen Annotation-Feature-Klasse gibt es grundsätzlich zwei verschiedene Möglichkeiten: Die eine Möglichkeit besteht darin, die Annotation-Feature-Klasse aus Beschriftungen (Kapitel 6.3.8) zu erzeugen. Alternativ kann die Annotation-Feature-Klasse aber auch im Katalog oder ArcCatalog (Kapitel 5) neu angelegt werden. Im ersten Fall werden die Textsegmente der Beschriftung zu Annotation-Features der neuen Annotation-Feature-Klasse.

An dieser Stelle soll nun Schritt für Schritt erklärt werden, wie Sie aus den Beschriftungen eines oder mehrerer Layer eine Annotation-Feature-Klasse erzeugen können. Als Daten-

6.12 Annotations

quelle kommen dabei alle beschrifteten Layer mit einer Geodatabase-, Coverage-, Shapefile- oder CAD-Feature-Klasse infrage.

Bei einer Beschriftung in ArcMap handelt es sich um Textsegmente, die automatisch platziert werden und deren Textzeichenfolge auf einem oder mehreren Feature-Attributen basiert. Die Beschriftung eines Layers wird im Register „Beschriftungen" der Layer-Eigenschaften verwaltet. Lesen Sie dazu bitte Kapitel 6.3.8. Wenn Sie nicht nur einen, sondern mehrere, sich überlagernde Layer beschriften lassen wollen, bietet Ihnen die Werkzeugleiste „Beschriftung" (Kapitel 6.1.4.19) weitere Einflussmöglichkeiten. Unter anderem können Sie von hier aus den sog. Beschriftungs-Manager starten, der ein bequemes, paralleles Bearbeiten der Beschriftungen mehrerer Layer erlaubt.

Sobald Sie alle Einstellungen zur optimalen Darstellung der Beschriftungen aller Layer vorgenommen haben, können Sie mit der Konvertierung in Annotations beginnen. Öffnen Sie dazu über *Kontextmenü des Datenrahmens* ⇨ *„Beschriftungen in Annotation konvertieren..."* das gleichnamige Dialogfenster (Abb. 257). Wenn Sie nur die Beschriftungen eines bestimmten Layers umwandeln wollen, rufen Sie das Dialogfenster aus dem Kontextmenü des entsprechenden Layers heraus auf.

Im Bereich „Annotations speichern" legen Sie fest, ob die Annotations als Features in einer Geodatabase-Feature-Klasse oder als sog. Kartendokument-Annotations (stehen nur für dieses Dokument zur Verfügung, Kapitel 6.2.10) abgelegt werden sollen. Den Bezugsmaßstab können Sie unter *Kontextmenü des Datenrahmens* ⇨ *„Eigenschaften..."* ⇨ *Register „Allgemein"* ⇨ *Eingabefeld „Bezugsmaßstab:"* ändern.

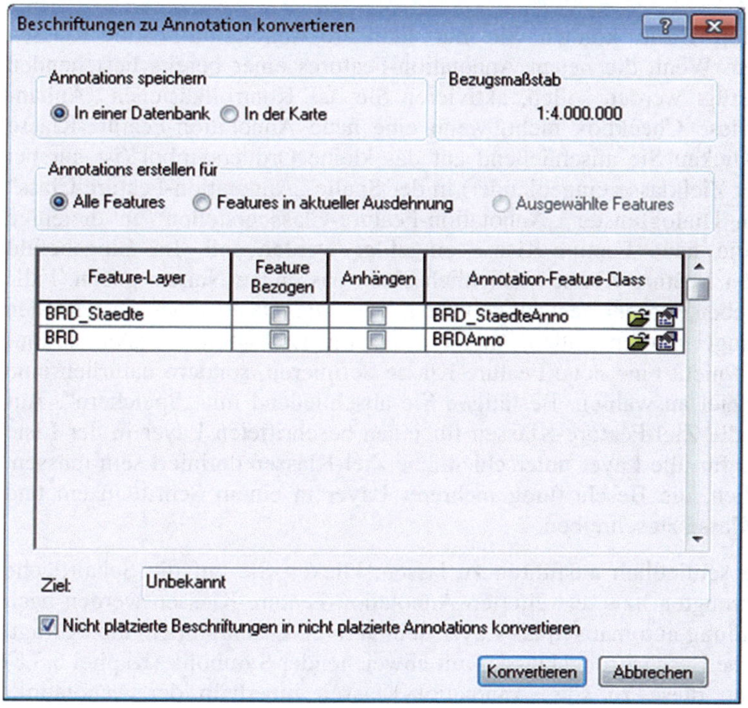

Abb. 257: Dialogfenster „Beschriftungen zu Annotation konvertieren"

Mit hoher Wahrscheinlichkeit werden einige Ihrer Beschriftungen ausgeblendet, weil Sie sonst andere Beschriftungen oder Features überdecken würden. Zur Überprüfung können Sie diese per Klick auf die Schaltfläche „Nicht platzierbare Beschriftungen anzeigen" in roter Farbe einblenden lassen (nur während einer Editiersitzung!). Aktivieren Sie am unteren Rand des Dialogfensters das Kontrollkästchen „Nicht platzierbare Beschriftungen in nicht platzierbare Annotations konvertieren", damit auch diese Beschriftungen bei der Konvertierung berücksichtigt werden. Innerhalb der Annotation-Feature-Klasse können Sie die nicht platzierbaren Annotations später mithilfe des Dialogfensters „Nicht platzierte Annotations" (Kapitel 6.1.4.4) einzeln manuell verschieben oder löschen.

Sofern Sie das Dialogfenster „Beschriftungen zu Annotation konvertieren" aus dem Kontextmenü des Datenrahmens aufgerufen haben, sind in der Fenstermitte alle Layer des Datenrahmens aufgelistet, die momentan beschriftet sind. Haben Sie das Dialogfenster aus dem Kontextmenü eines Layers aufgerufen, befindet sich auch nur dieser in der Liste. Nun müssen Sie für jeden Layer in der Liste einige Einstellungen vornehmen.

 Die Option „Feature Bezogen" steht nur mit einer ArcGIS for Desktop Standard oder ArcGIS for Desktop Advanced Lizenz zur Verfügung. Featurebezogene Annotations stellen eine spezielle Art von Geodatabase-Annotations dar, die über Beziehungsklassen direkt mit Features einer Point-, Line- oder Polygon-Feature-Klasse verbunden sind. Feature-bezogene Annotations haben den Vorteil, dass Änderungen in den Attributen der mit ihnen verlinkten Feature-Klasse sich automatisch sofort auch auf die Annotations auswirken. Trotzdem sind die Annotations im Gegensatz zur reinen Beschriftung individuell verschiebbar und veränderbar.

In ArcGIS for Desktop Basic können Sie nur Standard-Annotation-Feature-Klassen erstellen und bearbeiten. Wenn die neuen Annotation-Features einer bereits bestehenden Feature-Klasse hinzugefügt werden sollen, aktivieren Sie das Kontrollkästchen „Anhängen". Aktivieren Sie diese Checkbox nicht, wenn eine neue Annotation-Feature-Klasse erzeugt werden soll. Klicken Sie anschließend auf das kleine Ordnersymbol (ist nur bei nicht Feature-bezogener Zielklasse eingeblendet) in der Spalte „Annotation-Feature-Class" und navigieren Sie im Dialogfenster „Annotation-Feature-Class erstellen" in diejenige Geodatabase, in die die neue Feature-Klasse eingefügt werden soll. Im Eingabefeld „Name:" können Sie der Feature-Klasse schließlich einen passenden Namen geben. Falls Sie, wie oben beschrieben, vorher festgelegt haben, dass die Daten einer bestehenden Feature-Klasse angehängt werden sollen, müssen Sie im Dialogfenster „Annotation-Feature-Class erstellen" nicht eine neue Feature-Klasse definieren, sondern natürlich eine bereits bestehende als Ziel auswählen. Bestätigen Sie abschließend mit „Speichern". Auf diese Weise legen Sie die Ziel-Feature-Klassen für jeden beschrifteten Layer in der Liste fest. Beachten Sie, dass für alle Layer unterschiedliche Ziel-Klassen definiert sein müssen. Es ist also nicht möglich, die Beschriftung mehrerer Layer in einem Schritt in ein und dieselbe Ziel-Feature-Klasse zu schreiben.

Um die Konvertierung schließlich ausführen zu lassen, klicken Sie auf die Schaltfläche „Konvertieren". Die erzeugten bzw. erweiterten Annotation-Feature-Klassen werden nach Abschluss der Umwandlung automatisch als Layer dem aktiven Datenrahmen hinzugefügt. Falls Sie unterschiedliche Beschriftungsklassen mit abweichender Symbolik (Kapitel 6.3.8) definiert haben, werden diese zu sog. Annotation-Klassen innerhalb der Annotation-Feature-Klasse konvertiert, sofern Sie über eine ArcGIS for Desktop Advanced oder

ArcGIS for Desktop Standard Lizenz verfügen. Wenn Sie mit ArcGIS for Desktop Basic 9.0 arbeiten, können keine Annotation-Klassen gebildet werden (ab ArcGIS for Desktop Basic 9.1 schon). Die unterschiedlichen Symbole der Beschriftungsklassen bleiben in den Annotations jedoch erhalten und können in den Eigenschaften der erzeugten Annotation-Feature-Klasse (im ArcCatalog oder im Katalog innerhalb von ArcMap: *Kontextmenü der Annotation-Feature-Klasse* ⇨ *„Eigenschaften..."*) im Register „Annotation" eingesehen und bearbeitet werden.

6.13 Attributtabellen

Eine Grundphilosophie von Geoinformationssystemen ist die Zusammenführung von geographischen Objekten und zugehörigen Sachinformationen bzw. Sachdaten. Dementsprechend ist in ArcMap i. d. R. jeder Layer mit Sachdaten, sog. Attributen, verbunden. Diese Sachdaten werden in einer oder mehreren Tabellen gespeichert, wobei jede Zeile (= Datensatz) dieser Tabelle ein geographisches Objekt (= Feature) darstellt – ein Bundesland, eine Stadt, eine Autobahn oder einen See – und jede Spalte (= Feld) ein bestimmtes Attribut des Features beschreibt, etwa Einwohnerzahl, Länge oder Fläche.

In ArcMap werden die jeweiligen Sachdaten eines Layers in einer Attributtabelle dargestellt, wo sie überprüft, geändert, gelöscht oder um neue Daten ergänzt werden können. Zudem stehen die tabellarischen Daten der Attributtabelle eines Layers u. a. für das Inhaltsverzeichnis, das Werkzeug „Identifizieren", das Werkzeug „Suchen" oder für Karten-Legenden zur Verfügung.

Im vorliegenden Kapitel werden Ihnen wichtige theoretische Grundlagen zu Sachdaten (sog. Attributen) und deren Organisation in Attributtabellen vermittelt. Die Arbeit mit Attributtabellen und damit deren grundlegende Funktionsweise in ArcMap wird Ihnen im Übungsblock 7 des Übungskapitels (Kapitel 14.7) anhand einiger praktischer Beispiele nähergebracht. Hier erfahren Sie z. B., wie Sie Spalten verschieben, fixieren oder sortieren, wie Sie Felder hinzufügen oder löschen, wie sich Feldwerte berechnen lassen, wie Sie Feldstatistiken erstellen, Datensätze exportieren oder externe Tabellen an eine Attributtabelle anbinden.

6.13.1 Aufbau und Elemente einer Attributtabelle

Grundsätzlich besteht jede (Attribut-)Tabelle aus Zeilen (Datensätze) und Spalten (Felder, Attribute). Die Grundstruktur einer solchen Tabelle wird bei ihrer Erstellung festgelegt und entscheidet u. a. darüber, welche Informationen zu den einzelnen Objekten in der Tabelle gespeichert werden können, und in welcher Form diese Informationen abgelegt werden (Datentyp). So kann ein Feld Informationen in Form von Zahlenwerten, Texten, Datumsangaben oder gar komplexen Multimedia-Formaten speichern.

Im Fall einer Shape-Datei (*.shp) wird die zugehörige Attributtabelle immer in einer eigenen Datei (*.dbf) verwaltet. Diese Datei trägt – bis auf die Dateiendung – stets denselben Namen wie das Shapefile.

Sehen wir uns nun eine Attributtabelle etwas genauer an. Sie öffnen die Attributtabelle eines Layers, indem Sie zunächst über das ArcMap Inhaltsverzeichnis das Kontextmenü des entsprechenden Layers öffnen und hier den Befehl „Attributtabelle öffnen" wählen. Schneller geht es, wenn Sie bei gedrückter Strg-Taste den Layer doppelklicken. Daraufhin öffnet sich das Tabellenfenster, der als Container für alle Attributtabellen dient. Innerhalb des Tabellenfensters sind einige Schaltflächen zur Arbeit mit der Tabelle und das Fenster „Attribute von <Layername>", das die Attributtabelle des Layers enthält (Abb. 258) gegeben. Wenn mehr als eine Attributtabelle geöffnet ist, sehen Sie am unteren Fensterrand die Reiter, über die Sie zwischen den Tabellen wechseln können. Um zwei oder mehr Attributtabellen innerhalb eines Tabellenfensters zu sehen, können Sie diese aber auch neben- oder übereinander anordnen. Das können Sie über zwei Wege erreichen. Die erste Möglichkeit zum Anordnen der einzelnen Attributtabellen innerhalb des Tabellenfensters ist die, über den „Tabellenoptionen" ⇨ „Tabellen anordnen" die einzelnen Tabellen anzuordnen (s.u.). Alternativ können Sie eine der Attributtabellen aber auch mit der Maus an die gewünschte Position verschieben, indem Sie den Reiter der Attributtabelle anklicken und dann mit gedrückter linken Maustaste an den gewünschten Ort verschieben. Eine blaue, transparente Fläche zeigt dabei die mögliche Position an (eine genaue Anleitung des neuen Andock-Managers finden Sie in Kapitel 6.1.2).

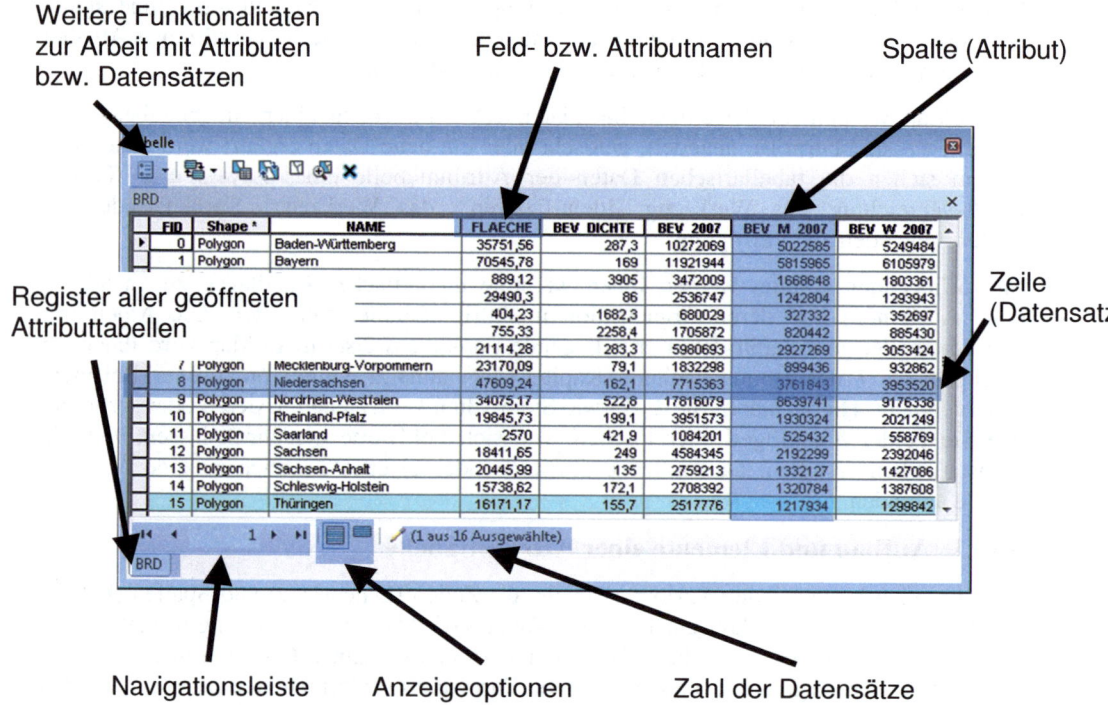

Abb. 258: Überblick über den Aufbau einer Attributtabelle

Die im Hauptbereich des Fensters dargestellte Tabelle gibt die zum entsprechenden Layer gehörenden Sachdaten wieder, die bei einem Shape in der zugehörigen DBF-Datei und bei einer Feature-Klasse in der Geodatabase gespeichert sind. Die beiden ersten Spalten „FID" und „Shape" enthalten dabei ganz zentrale Informationen zu jedem Objekt bzw. Datensatz. In der Spalte „FID" wird an jeden Datensatz eine eindeutige ID-Nummer vergeben, während unter „Shape" der Geometrie-Typ des Layers und damit des einzelnen Features festgehalten wird. Diese beiden Spalten werden beim Digitalisieren automatisch gefüllt und können nicht vom Bearbeiter editiert werden. Die übrigen – vom Benutzer angelegten – Spalten enthalten weitere Informationen zu den einzelnen Geometrie-Objekten des Layers, wobei die Kopfzeile jeder Spalte den Namen des entsprechenden Attributs wiedergibt. Bei gestarteter Editiersitzung sind die editierbaren Spalten auch optisch von den nicht bearbeitbaren Spalten zu unterscheiden. Nicht gesperrte Spalten werden im Überschriftenfeld weiß dargestellt, wohingegen gesperrte Spalten gräulich angezeigt werden.

Seit ArcGIS 10 ist der vereinfachte Zugriff auf manche Funktionen durch eine zusätzliche Werkzeugleiste im Tabellenfenster hinzugekommen. Darin sind einige Anwendungen zusammengefasst worden, die bisher nur über Kontextmenüs erreichbar waren.

„Tabellenoptionen": Über diesen Button erreichen Sie ein Kontextmenü mit zahlreichen Optionen zur Bearbeitung der Attributtabelle. Für eine ausführliche Erklärung der Funktionen siehe Kapitel 6.13.2.

„Zugehörige Tabellen": Öffnet ein Drop-down-Menü, in dem alle Tabellen aufgelistet sind, die mit dieser Attributtabelle in Beziehung stehen. Das bedeutet, dass abhängig von einem gemeinsamen Feld zwischen zwei Tabellen eine Beziehung hergestellt wird. Durch einen Mausklick auf die entsprechende Tabelle können Sie somit schnell zwischen den in Beziehung stehenden Tabellen wechseln.

„Nach Attributen auswählen": Über diesen Button erreichen Sie das Dialogfenster „Nach Attributen Auswählen", in dem Sie mithilfe der Datenbanksprache SQL (Structured Query Language) eine Auswahl der Attribute nach bestimmten Bedingungen treffen können (siehe auch Kapitel 14.7.2).

„Auswahl umkehren": Mithilfe dieser Funktion können Sie die getroffene Auswahl umkehren. Die bisherige Auswahl wird also aufgehoben und alle bisher nicht markierten Features werden ausgewählt.

„Auswahl aufheben": Hebt die bisher getroffene Auswahl selektierter Features auf. Sie können dieses Werkzeug auch über den Button „Feature-Auswahl aufheben" der Werkzeugleiste „Werkzeuge" aufrufen.

„Auf Auswahl zoomen": Zoomt auf die selektierten Features. Dieses Feature ist standardmäßig nicht in einer Werkzeugleiste hinterlegt. Es empfiehlt sich aber, sich dieses Werkzeug für die Arbeit mit ArcMap in eine Werkzeugleiste hinzuzufügen (wie das geht, erfahren Sie in Kapitel 6.1.3.8).

„Auswahl löschen": Löscht alle markierten Einträge aus der Attributtabelle und damit auch aus der Feature-Klasse bzw. dem Shapefile.

Wenn Sie als Anzeigeoption „Selektierte Datensätze anzeigen" gewählt haben, können Sie aus den bereits selektierten Features auch noch weitere hervorheben. Sind Features hervorgehoben, dann stehen Ihnen in der Werkzeugleiste des Tabellenfensters noch vier weitere Werkzeuge zur Verfügung.

„Auswahl hervorgehobener Aufheben": Sie können mithilfe dieser Funktion die hervorgehobenen Features der Selektion (in der Attributtabelle gelb hinterlegte Features) aus der Auswahl entfernen – nicht jedoch aus der Attributtabelle.

„Markierte erneut auswählen": Entfernt alle Features aus der Selektion, die nicht gelb hervorgehoben wurden und erstellt mit den hervorgehobenen eine neue Auswahl.

 „Auf hervorgehobene zoomen": Zoomt auf die hervorgehobenen Features.

„Hervorgehobene löschen": Löscht die hervorgehobenen Features aus der Attributtabelle. Somit sind die Features auch in der Feature-Klasse bzw. dem Shapefile nicht mehr enthalten. Diese Funktion ist nur aktiv, wenn eine Editiersitzung gestartet wurde.

Klicken Sie mit der rechten Maustaste auf die Kopfzeile einer Spalte (Feldname), werden Ihnen zusätzlich einige Befehle zur Arbeit mit der jeweiligen Spalte zur Verfügung gestellt (Abb. 259).

So lassen sich die Datensätze bezogen auf die entsprechende Spalte auf- oder absteigend sortieren. Die Funktionalitäten zur Sortierung wurden mit ArcGIS 9.3 erweitert. Dazu wurde der Menüeintrag „Erweiterte Sortierung..." geschaffen, der ein gleichnamiges Dialogfenster öffnet. Damit ist es möglich, eine Sortierung auf Grundlage von bis zu vier Feldern durchzuführen. Um eine Sortierung wieder aufzuheben, wählen Sie in der ersten Schaltfläche „Sortieren nach" den Eintrag „(keine)". Ebenfalls verbessert wurde die Dauerhaftigkeit der Sortierung. So bleibt nun die Sortierung einer Attributtabelle bestehen, solange der entsprechende Layer nicht geschlossen wird, und wird bei der Speicherung des Projekts automatisch mit abgespeichert. Die Sortierung behält ihre Gültigkeit auch, wenn Sie zwischen den Anzeigeoptionen „Alle" bzw. „Ausgewählte" Datensätze wechseln.

Abb. 259: Kontextmenü von Feldnamen einer Attributtabelle

Anschließend an die Sortieroptionen folgt der Befehl „Feldstatistik...". Damit ist es möglich, Spalten mit einfachen statistischen Methoden zusammenzufassen. Die Ergebnisse werden in einer neuen Tabelle gespeichert, die Sie dann mit der Attributtabelle des Layers verbinden können (vgl. Kapitel 14.7.4).

Der Eintrag „Statistik..." ermöglicht es, grundlegende statistische Größen zu einem Attribut anzeigen zu lassen.

Mithilfe des Befehls „Feldberechnung..." (früher: „Werte berechnen...") können Sie die Werte des entsprechenden Felds auf Grundlage anderer Felder der Tabelle neu berechnen lassen. Das dazugehörende Dialogfenster weist seit ArcGIS 9.2 einige Neuerungen auf, die hier kurz vorgestellt werden sollen: In den Layer-Eigenschaften nicht sichtbar gesetzte bzw. in der Tabelle deaktivierte Felder werden nicht mehr angezeigt. Auch bei einer eventuell vorhandenen Auswahl können Berechnungen künftig für alle Elemente ausgeführt werden. Die Warnmeldung bei Berechnungen außerhalb einer Editiersitzung lässt sich deaktivieren. Darüber hinaus können in der Felderliste anstelle der Feldnamen auch Aliasnamen angezeigt werden (das erfolgt über das Kontextmenü innerhalb des Bereichs „Felder"). Die Felderliste kann nun schließlich auch unterschiedlich sortiert werden. Seit ArcGIS 10 können in der Feldberechnung keine VBA Code Blöcke mehr verwendet werden, allerdings werden VBScript und Python jetzt voll unterstützt. Welche der beiden Skriptsprachen Sie verwenden möchten, können Sie über den Radio-Button im neu geschaffenen Bereich „Parser" auswählen.

Berechnungen zum Flächeninhalt, zum Umfang und zu Koordinaten von Features sind über den Befehl „Geometrie berechnen..." möglich. Eine Checkbox im sich öffnenden Dialogfenster ermöglicht es, gezielt nur ausgewählte Datensätze in die Berechnung einzuschließen. Grundlage dieser Berechnungen ist das jeweils definierte Koordinatensystem. Die Geometrieberechnung wurde mit ArcGIS 9.3 um einige Funktionen erweitert. So können nun z. B. die Koordinaten der Anfangs- und Endpunkte von Linien-Features berechnet werden.

Zudem können Sie Spalten fixieren oder eine bestehende Spalten-Fixierung aufheben. Auch das Löschen der Spalte ist über dieses Kontextmenü möglich.

Abgeschlossen wird das Kontextmenü durch den Eintrag „Eigenschaften...". Im dazugehörigen Dialogfenster besteht die Möglichkeit, einen Aliasnamen einzugeben, das Feld zu deaktivieren, als schreibgeschützt zu definieren oder hervorzuheben sowie Angaben zum Zahlenformat zu treffen. Die Möglichkeit, einzelne Spalten als schreibgeschützt zu markieren, ist neu in ArcGIS 10 eingeführt worden, ebenso wie die Funktion „hervorheben". Einsehbar sind auch die Genauigkeit und die Anzahl der Dezimalstellen der Daten. Es ist allerdings nicht mehr möglich, eine Spalte als primäres Anzeigefeld zu kennzeichnen. Dafür können Sie über das Register „Anzeige" innerhalb der Layer-Eigenschaften jetzt die Anzeige genauer definieren (siehe Kapitel 6.3.4)

Die Funktionsweise der einzelnen Befehle dieses Kontextmenüs wird Ihnen in Kapitel 14.7 anhand praktischer Beispiele näher erläutert.

Klicken Sie mit der rechten Maustaste auf das graue Feld vor einem bestimmten Datensatz in der Attributtabelle, so steht Ihnen ein weiteres Kontextmenü zur Verfügung (Abb. 260).

Je nachdem, ob Datensätze markiert oder hervorgehoben wurden, sind verschiedene Menüeinträge aktiv bzw. ausgegraut. Viele dieser Befehle wurden mit ArcGIS 9.2 neu in dieses Kontextmenü eingeführt, einige auch erst mit Version 9.3. Zusätzlich zu den bereits vorhandenen Einträgen ist in ArcGIS 10 noch ein weiterer Eintrag hinzugekommen („Anlagen-Manager öffnen..."). Auch in ArcGIS 10.1 for Desktop wurde das Menü noch erweitert. Für eine leichtere Navigation bei der Arbeit mit Kartenserien ist die Option „Gehe zu Seite" hinzugefügt worden, die direkt zu dem entsprechenden Feature/der Seite der Kartenserie springt. Bei den meisten Befehlen in dem

Kontextmenü handelt es sich jedoch nicht um neue Funktionalitäten, sondern lediglich um eine Verbesserung der Zugänglichkeit bzw. Handhabung bestehender Werkzeuge im Sinne einer besseren Benutzerfreundlichkeit. So stehen Ihnen hier die z. T. bereits erläuterten (vgl. Kapitel 6.1.4), größtenteils auch selbsterklärenden Werkzeuge „Aufblinken lassen", „Zoomen auf", „Schwenken auf", „Identifizieren...", (aktuelle) „Auswahl/Auswahl aufheben", „Auf Auswahl zoomen", (gesamte) „Auswahl aufheben", „Auswahl kopieren" und „Auswahl löschen" zur Verfügung. Neben der einfachen Auswahl von Datensätzen ist es auch möglich, innerhalb einer Auswahl bestimmte Datensätze hervorzuheben. Wechseln Sie dazu, nachdem Sie eine Auswahl getroffen haben, auf die Ansicht „Selektierte Datensätze anzeigen" (vgl. Abb. 258 „Anzeigeoptionen"). Danach können einzelne Datensätze hervorgehoben werden. Dadurch werden die Befehle „Auf hervorgehobene zoomen", „Auswahl hervorgehobener aufheben", „Markierte erneut selektieren" und „Hervorgehobene löschen" verfügbar, wobei Letzterer nur innerhalb einer Editiersitzung aktiv ist. Auch in diesem Kontextmenü gibt es im Vergleich zu den ArcGIS-Vorgängerversionen eine Änderung. Die Funktion „Anlagen-Manager öffnen..." erweitert das Kontextmenü um einen weiteren Eintrag. Innerhalb des Anlagen-Managers können Sie seit der Version ArcGIS 10 Anhänge für die einzelnen Features verwalten (mehr dazu siehe den Exkurs: Anlagen-Manager am Ende des Kapitels 6.1.4.3).

- Aufblinken lassen
- Zoomen auf
- Schwenken auf
- Gehe zu Seite
- Identifizieren...
- Auswahl aufheben
- Anlagen-Manager öffnen...
- Auf Auswahl zoomen
- Auswahl aufheben
- Auswahl kopieren
- Auswahl aufheben
- Auf hervorgehobene zoomen
- Auswahl hervorgehobener aufheben
- Markierte erneut selektieren
- Hervorgehobene löschen

Abb. 260: Kontextmenü eines Datensatzes

Im unteren Bereich des Attributtabellen-Fensters finden Sie neben den bereits angesprochenen Anzeigeoptionen, mit deren Hilfe Sie entweder alle oder nur die gegenwärtig selektierten Datensätze in der Tabelle anzeigen lassen können, auch eine „Navigationsleiste" zum Vor- und Zurückblättern innerhalb der Datensätze. Außerdem wird Ihnen hier die Gesamtzahl der vorhandenen sowie der daraus selektierten Datensätze angezeigt. Sollten Sie sich in einer laufenden Editiersitzung befinden, dann erkennen Sie das durch das kleine Bleistiftsymbol.

6.13.2 Schaltfläche „Tabellenoptionen"

Mit der Schaltfläche „Tabellenoptionen" (Abb. 261) erreichen Sie schließlich zahlreiche weitere Funktionen zur Arbeit mit den Sachdaten sowie zur Anpassung der aktuellen Attributtabelle.

Mit dem Befehl „Suchen und Ersetzen…" können Sie die Attributtabelle nach einem bestimmten Wert durchsuchen und diesen durch einen anderen ersetzen lassen. Das Ersetzen von Attributwerten ist allerdings nur während einer Editiersitzung möglich (*Werkzeugleiste „Editor" ⇨ Menü „Editor" ⇨ „Bearbeitung starten"*).

Wollen Sie Datensätze nach ganz speziellen Kriterien auswählen, steht Ihnen dazu der Befehl „Nach Attributen auswählen…" zur Verfügung. Mit dem sich öffnenden Abfrage-Generator lassen sich mithilfe der Datenbanksprache SQL (Structured Query Language) Abfragen zur Auswahl einzelner Features generieren.

Der Befehl „Auswahl aufheben" hebt die aktuelle Selektion des Layers auf und entspricht damit dem Befehl *„Auswahl ⇨ Feature-Auswahl aufheben"* im Kontextmenü des entsprechenden Layers.

Der Befehl „Auswahl umkehren" kehrt die aktuelle Selektion um.

Mit Klick auf den Befehl „Alles auswählen" werden alle in der Attributtabelle enthaltenen Datensätze selektiert und dementsprechend markiert.

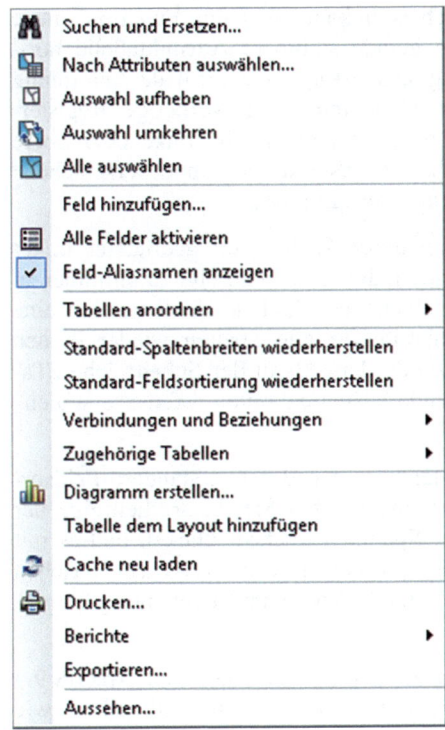

Abb. 261: Schaltfläche „Tabellenoptionen" mit zugehörigem Drop-down-Menü

Möchten Sie die Attributtabelle eines Layers um ein weiteres Feld bzw. Attribut, d. h. um eine Spalte erweitern, so ist dies mithilfe des Befehls „Feld hinzufügen..." möglich. Sie können der neuen Spalte einen Namen, den gewünschten Wertetyp (Zahl oder Text) sowie weitere Feldeigenschaften zuweisen. Dieses Feld ist nur aktiv, wenn gerade keine Editiersitzung gestartet ist.

In ArcGIS 9.2 neu geschaffen wurde der Befehl „Alle Felder aktivieren". Damit können alle ausgeblendeten Felder der Tabelle wieder eingeblendet werden.

Mit ArcGIS 9.3 steht ein weiterer Menüeintrag zur Verfügung: „Feld-Aliasnamen anzeigen". Ist diese Funktion aktiv (sichtbar durch einen Haken vor dem Menüeintrag), werden in der Attributtabelle die Aliasnamen anstelle der eigentlichen Feldnamen angezeigt. Ist diese Funktion ausgeschaltet, werden die Felder in der Attributtabelle mit ihren tatsächlichen Feldnamen beschriftet. Sie können für einzelne Tabellen Ihres Projekts hier auch unterschiedliche Einstellungen wählen. Um schnell zwischen Aliasnamen und tatsächlichem Feldnamen zu wechseln, können Sie entsprechende Tastenkürzel benutzen (siehe Anhang dieses Buchs).

Seit ArcGIS 10 gibt es einen neuen Menüeintrag „Tabellen anordnen", mit dem die Positionierung der Attributtabellen innerhalb des Tabellenfensters geregelt werden kann. Das ist deswegen sinnvoll, weil die einzelnen Attributtabellen nicht mehr in separaten Fenstern geöffnet werden, sondern innerhalb eines Einzigen. Dort werden standardmäßig alle geöffneten Attributtabellen in Reitern am linken unteren Bildrand angezeigt, was aber zum Vergleich zweier Attributtabellen unpraktisch sein kann. Mit der Funktion „neue horizontale Registerkartengruppe" ordnen Sie die gerade sichtbare Attributtabelle horizontal zu der oder den anderen Tabellen an. Analog dazu erfolgt eine vertikale Anordnung über „neue vertikale Registerkartengruppe". Der Menüeintrag „In vorherige Registerkartengruppe verschieben" verschiebt die aktive Attributtabelle in die linke oder obere Registerkartengruppe, wohingegen durch „In nächste Registerkartengruppe verschieben" die rechte oder untere benachbarte Registerkartengruppe das Ziel ist.

Die Anzeigenbreite einzelner Tabellenspalten kann durch Ziehen mit gedrückter linker Maustaste angepasst werden. Dabei ist es auch möglich, die Anzeigenbreite zu minimieren, d. h. auf „null" zu setzen (auf diese Weise „ausgeblendete" Spalten werden durch eine dickere Gitterlinie dargestellt). Um die Anzeigenbreite für alle Spalten wieder in den Ausgangspunkt (Standardbreite) zurückzusetzen, wurde dem Menü der Schaltfläche „Tabellenoptionen" seit ArcGIS 9.2 der Befehl „Standard-Spaltenbreiten wiederherstellen" hinzugefügt.

Eine weitere Neuerung im Menü „Tabellenoptionen" ist der Befehl „Standard-Feldsortierung wiederherstellen". Bei gestarteter Editiersitzung können Sie die Reihenfolge der Spalten verändern, indem Sie auf das Feld mit der Spaltenüberschrift klicken und es mit gedrückter Maustaste an den gewünschten Ort ziehen. Eine rote Linie zeigt an, zwischen welchen Spalten die Felder platziert werden sollen. Durch den neuen Menüeintrag können Sie die Ausgangsreihenfolge wiederherstellen.

Der direkte Zugriff auf die „Verbindungen und Beziehungen" ist schon seit ArcGIS 9.3 direkt aus der Attributtabelle heraus möglich. Die Funktionalitäten sind dieselben, wie bereits in Kapitel 6.1.5.3 erläutert.

Zu der aktuellen Attributtabelle in Beziehung stehende Tabellen werden Ihnen über die Schaltfläche „Zugehörige Tabellen" angezeigt. Zwei Tabellen in Beziehung zueinander zu setzen heißt, basierend auf einem gemeinsamen Feld eine Beziehung zwischen ihnen herzustellen. Im Gegensatz zum Verbinden von Tabellen werden hier die Attribute der einen Tabelle jedoch nicht an die andere Tabelle angefügt.

Benötigen Sie einen grafischen Überblick über die Sachdaten bzw. einzelne Attribute des aktuellen Layers, erreichen Sie mit dem Befehl „Diagramm erstellen..." den Assistenten zur Erstellung eines Diagramms aus den Attributen (Sie erreichen den Assistent auch über das Menü „Ansicht" der Hauptmenüleiste *„Ansicht"* ⇨ *„Diagramme"* ⇨ *„Diagramm erstellen..."*; vgl. Kapitel 6.1.3.3). Innerhalb des Diagramm-Assistenten stehen alle geläufigen Diagrammtypen (Flächen-, Balken-, Spalten-, Linien-, ..., Kreis-Diagramm) mit zahlreichen Subtypen zur Verfügung. Für ArcGIS 10 wurden drei neue Diagrammtypen hinzugefügt, Blasen- und Polardiagramme sowie Minimum und Maximum des Balken-Diagramms. Blasendiagramme können durch die Größe der Blase eine weitere Variable visualisieren. Bei einem Polardiagramm handelt es sich im Wesentlichen um ein Liniendiagramm. In einem Kreis werden unterschiedliche Werte abgetragen und diese werden dann durch Linien verbunden. Dadurch können Trends und Änderungen anhand der Winkel festgestellt werden. Bei den Balken-Diagrammen ist eine neue Darstellungsmöglichkeit hinzugekommen. Mit „Minimum und Maximum des Balkens" werden die Minimal- bzw. Maximalwerte der geographischen Daten hervorgehoben. Im Dialogfenster „Diagrammerstellungsassistent" lassen sich des Weiteren vielfältige Einstellungen hinsichtlich anzuzeigender Attribute, Diagrammtitel, Legende, Beschriftung etc. vornehmen (siehe auch Kapitel 14.10). Als Ergebnis wird das entsprechende Diagramm in einem eigenen Fenster ausgegeben. Sehr nützlich ist dabei, dass das Diagramm dynamisch auf bestimmte Benutzereingaben reagiert. Aktivieren Sie z. B. das Werkzeug „Features selektieren" in der Werkzeugleiste „Werkzeuge" und wählen Sie mehrere Features in Ihrer Karte aus. Wie Sie sehen, aktualisiert ArcMap das Diagramm mit den Attributwerten der ausgewählten Features. Über das Kontextmenü des Diagramm-Fensters lässt sich das Diagramm auch in das Layout des aktuellen Projekts einfügen. Um dieser Form der Visualisierung auch in Arbeitsabläufe integrieren zu können, wurden der ArcToolbox die beiden Werkzeuge „Diagramm erstellen" und „Diagramm speichern" hinzugefügt. Als Eingabe benötigt das Werkzeug „Diagramm erstellen" entweder eine Diagrammvorlagedatei (*.tee) oder eine Diagrammdatei (*.grf), die bestimmte Eigenschaften (beispielsweise die Diagrammart) vorgibt, um dann ein neues Diagramm für einen benutzerdefinierten Layer zu erstellen.

Mit dem Befehl „Tabelle dem Layout hinzufügen" können Sie die Attributtabelle in das Layout des aktuellen Projekts einfügen.

Wenn Sie mit Tabellen arbeiten, die in Datenbanken gespeichert sind, können mehrere Benutzer gleichzeitig die Inhalte der Tabelle anzeigen und bearbeiten. Wenn es also zu einer Änderung der Werte in der Tabelle kommen kann, sollten Sie den Inhalt regelmäßig neu laden, damit Sie immer die aktuellen Werte sehen. Klicken Sie dazu auf „Cache neu laden", um die Werte der Tabelle zu aktualisieren.

Mit der Funktion „Drucken..." sind einfache Ausdrucke der Attributtabelle möglich. Dabei können einige Einstellungen zur Schriftformatierung vorgenommen werden. Selektierte Datensätze werden automatisch fett gedruckt.

Weitergehende Einstellungen erlaubt der Befehl „Berichte". Berichte stellen die Attributdaten ebenfalls tabellarisch dar, ermöglichen jedoch über die Einstellungsmöglichkeiten bei der Druckfunktion hinausgehende Funktionen zur Anzeige und Formatierung. Genauso wie die Diagramme, können Sie die Optionen zur Berichterstellung alternativ auch über die Hauptmenüleiste „Ansicht" erreicht werden (siehe dazu auch Kapitel 6.1.3.3). Mehr Informationen zu den Berichten finden Sie auch im Übungskapitel 14.10.

Über den Befehl „Exportieren..." lässt sich die Attributtabelle als Personal-Geodatabase-Tabelle, als dBASE-Tabelle oder als Textdatei exportieren.

Mithilfe des Befehls „Aussehen..." können Sie schließlich die Darstellung der Attributtabelle hinsichtlich Schriftart, -größe und -farbe ändern. Außerdem lassen sich u. a. die Farben festlegen, mit denen markierte bzw. selektierte Datensätze hervorgehoben werden sollen. Seit ArcGIS Version 9.2 lässt sich das Tabellenaussehen auch hinsichtlich der Zellenhöhe sowie der Symbole für indizierte Felder gestalten (allerdings seit ArcGIS 10 nicht mehr für primäre Anzeigefelder).

Die Funktionsweise der meisten Befehle, die sich hinter der Schaltfläche „Tabellenoptionen" „verbergen", werden Sie in Kapitel 14.7 im praktischen Einsatz genauer kennenlernen.

Insgesamt erfuhren die Tabellen durch ArcGIS 9.* und ArcGIS 10.* einige Neuerungen zugunsten einer besseren Benutzerfreundlichkeit. Dazu zählt vor allem die Einführung neuer Tastenkürzel (Keyboard Shortcuts). Eine Übersicht über die wichtigsten Shortcuts im Umgang mit Attributtabellen finden Sie am Ende dieses Buchs. Eine detaillierte Beschreibung zur Verwendung dazu finden Sie auch in der ArcGIS Desktop Hilfe.

7 Geodatabase

Die Geodatabase ist das primäre Datenformat für die Bearbeitung und Verwaltung von Daten in ArcGIS. Die Datenablage erfolgt in Form von Datasets, die als Tabellen in der Geodatabase gespeichert werden. Die Struktur der Geodatabase hat sich in der Version ArcGIS 10 verändert, um das Management von Geodatabases zu verbessern. Bereits aus den Vorgängerversionen bestehende Geodatabases können aber problemlos in der neuen Version verwendet werden. Sollten Sie die Funktionalitäten der neuen Geodatabase-Struktur für bereits vorhandene Daten benötigten, haben Sie auch die Möglichkeit, die älteren Versionen über die ArcToolbox (siehe Kapitel 9) oder das Dialogfenster „Eigenschaften: Datenbank" upzudaten. Das Dialogfenster erreichen Sie über das Kontextmenü der Geodatabase, unabhängig davon, ob Sie sich im ArcCatalog oder im Katalog befinden. Über die ArcToolbox können Sie auch ältere Versionen einer Geodatabase erstellen (siehe Kapitel 7.1), um so den Austausch von Geodaten zwischen verschiedenen ArcGIS Versionen zu ermöglichen. Das ist wichtig, weil ansonsten eine in „normale" in ArcGIS 10 erstellte Geodatabase in älteren ArcGIS Versionen nicht verwendet werden kann. Eine in ArcGIS 10.1 for Desktop erstellte Geodatase kann auch von ArcGIS 10 geöffnet werden. Das gilt nicht für MXDs, die müssen extra in dem älteren Format gespeichert werden. Man unterscheidet drei Typen der Geodatabase.

7.1 Typen der Geodatabase

Mit der Lizenz ArcGIS for Desktop Basic stehen die Personal-Geodatabase und seit der Version 9.2 auch die File-Geodatabase zur Verfügung. Ab der Lizenz ArcGIS ArcGIS for Desktop Standard kann zusätzlich die Personal ArcSDE Geodatabase (in ArcGIS 9.3: ArcSDE für SQL Server Express) verwendet werden.

Mit der Personal- und File-Geodatabase ist kein Einsatz für eine Mehrbenutzerumgebung möglich. Auch das Arbeiten mit versionierten oder verteilten Geodatabases ist nur mit ArcSDE Geodatabases möglich.

Während in früheren ArcGIS Versionen aufgrund des begrenzten Speicherplatzes noch auf die räumliche Ausdehnung (XY-Domäne) geachtet werden musste, kann dies ab der Version 9.2 durch die Verwendung der Standardeinstellungen (Speichergenauigkeit 1 Millimeter) entfallen, da die Koordinaten in doppelter Genauigkeit gespeichert werden. Damit ist es möglich, weltweit Daten in der Geodatabase zu erfassen, deren Koordinaten auf einen millionstel Millimeter genau sind. In ArcGIS 10 sind einige Neuerungen für Geodatabases eingeführt worden. Beispielsweise wird jetzt die Erstellung von Layern auf Grundlage von Datenbankabfragen räumlicher Tabellen unterstützt, und es wurden verbesserte Funktionen für die Verwaltung von Geodatabases entwickelt.

 Tipp: Geodatabases, die in ArcGIS 10 erstellt wurden, sind nicht in älteren Versionen von ArcGIS bearbeitbar. Sie haben aber die Möglichkeit, über die ArcToolbox in ArcGIS 10 eine ArcGIS 9.3- oder ArcGIS9.2-kompatible Version

7 Geodatabase

einer Geodatabase zu erstellen. Dafür wählen Sie in der ArcToolbox je nach Bedarf das Werkzeug „Personal-GDB erstellen" oder „File-Geodatabase erstellen" aus (Toolbox „Data Management Tools" ⇨ „Workspace").

 Es war bereits in den Vorgängerversionen möglich, eine ältere Geodatabase in der aktuellsten Version von ArcGIS zu öffnen bzw. zu editieren. Jedoch konnten die neuen Funktionalitäten der Geodatabase erst nach einem Upgrade auf die aktuellste Version verwendet werden. Das ist in ArcGIS 10.1 for Desktop anders. Bereits in ArcGIS 10 erstellte Geodatabases können alle neu implementierten Funktionalitäten (wie bspw. das Editor-Tracking) auch in ArcGIS 10 Geodatabases verwendet werden. Neu ist auch die Möglichkeit, eine in ArcGIS 10.1 for Desktop erstellte Geodatabase in ArcGIS 10 zu verwenden. Wobei Esri in dem Fall für ArcGIS 10 mindestens das Service Pack 2 empfiehlt, da es ansonsten zu Fehlern kommen kann.

7.1.1 Personal-Geodatabase

Die Personal-Geodatabase verwendet die Datenbank-Dateistruktur der Microsoft Jet Engine für die Speicherung der Daten unter Microsoft Access (MDB). Theoretisch liegt die maximale Speicherkapazität damit bei 2 GB. Esri sieht die maximale Größe, bis zu der noch effektiv mit der Personal-Geodatabase gearbeitet werden kann, bei 250 – 500 MB. Durch die Verwendung des Microsoft Access-Formats kann die Personal-Geodatabase auch mit Microsoft Access geöffnet und gegebenenfalls editiert werden. Dies sollte allerdings Spezialisten vorbehalten sein.

7.1.2 File-Geodatabase

Die File-Geodatabase legt die Datasets nicht wie die Personal-Geodatabase in einer einzelnen Datei, sondern in separaten Dateien in einem einfachen Dateisystemordner ab. Jede dieser separaten Dateien kann bis zu 1 TB Daten speichern. Im Dateisystem erhält der Ordner die Endung „.gdb". Innerhalb des Ordners können die einzelnen Dateien anhand der Namensgebung nicht mehr den entsprechenden Tabellen der Geodatabase zugeordnet werden. Zur Weitergabe der File-Geodatabase muss daher der gesamte Ordner weitergegeben werden. In ArcGIS wird die File-Geodatabase wie eine einzelne Datei angezeigt. Wenn Sie die Wahl zwischen einer Personal-Geodatabase und einer File-Geodatabase  haben, wird die File-Geodatabase empfohlen. Auch, weil in ArcGIS 10.1 ein neues Geoverarbeitungswerkzeug hinzugefügt wurde, mit dem File-Geodatabases wiederhergestellt werden können. Das ist hilfreich, wenn einige der Dateien in der Geodatabase korrupt sind, und aus diesem Grund der gesamte Inhalt nicht mehr sichtbar ist.

7.1.3 ArcSDE Geodatabase

Die dritte Art der Geodatabase ist die ArcSDE Geodatabase als relationale Datenbank mit Mehrbenutzerzugriff und der Möglichkeit der Versionierung. Sie eignet sich damit unter anderem für den Einsatz sehr großer Datenmengen oder für eine Arbeitsumgebung, in der mehrere Nutzer gleichzeitig lesend und schreibend zugreifen können.

Die ArcSDE Geodatabase ist in drei Varianten verfügbar:

- Personal ArcSDE Geodatabase ist seit der Version 9.2 ab ArcGIS for Desktop Standard enthalten und unterstützt Microsoft SQL Server Express. Sie kann von maximal drei Windows-Desktop-Benutzern gleich-

zeitig verwendet werden, wobei nur einer einen schreibenden Zugriff haben kann.
- Workgroup ArcSDE Technologie ist im ArcGIS Server Workgroup enthalten und kann von maximal zehn Windows-Desktop-Benutzern und -Editoren gleichzeitig verwendet werden.
- Enterprise ArcSDE Technologie ist Bestandteil von ArcGIS Server Enterprise. Hierbei handelt es sich um die klassische ArcSDE Technologie, die auf Oracle, SQL Server, IBM DB2, IBM Informix und PostgreSQL, ausgeführt und auf beliebige Datenbankgrößen und -benutzerzahlen auf Computern beliebiger Größe und Konfiguration skaliert werden kann.

Diese Einteilung der ArcSDE Geodatabases gilt genau genommen nur für die ArcGIS Version 9.2. Mit Einführung von ArcGIS 9.3 hebt Esri die Unterscheidung in Personal und Workgroup ArcSDE Datenbanken auf. Stattdessen soll hierfür künftig einheitlich der Begriff „ArcSDE für SQL Server Express" verwendet werden. Allerdings werden auf der Homepage und in Dokumenten der Firma Esri zum Teil auch weiterhin noch die obigen Begriffsbezeichnungen verwendet, um Sie von der Enterprise ArcSDE Technologie abzugrenzen und Unterschiede der Verbindungs- und Speicherfunktionen herauszustellen.

7.2 Elemente der Geodatabase

Man unterscheidet drei grundsätzliche Dataset-Typen in der Geodatabase: Feature-Klassen (Vektordaten), Rasterdaten und Attributtabellen. Diese Datenobjekte besitzen bestimmte Eigenschaften wie Koordinatensysteme, Topologien, Beziehungen, Domänen etc., die um Funktionen, Definitionen und Regeln erweitert werden können. Im Folgenden sollen die Dataset-Typen beschrieben werden.

7.2.1 Feature-Datasets

Ein Feature-Dataset ist ein Container (Ordner), in dem sich ein oder mehrere Feature-Klassen befinden können (auch unterschiedliche Geometrietypen). Dabei besitzt ein Feature-Dataset bestimmte Eigenschaften und Möglichkeiten. So werden die Ausdehnung und der Raumbezug (XYZ-Koordinatensystem) für alle Feature-Klassen innerhalb des Feature-Datasets einheitlich definiert. Das weitere Anlegen von Feature-Datasets innerhalb eines Feature-Datasets ist nicht möglich. Feature-Klassen, die außerhalb eines Feature-Datasets gespeichert werden, bezeichnet man als Standalone-Feature-Klassen. Die Feature-Klassen werden ab Kapitel 7.2.2 ausführlich beschrieben.

Ab ArcGIS for Desktop Standard stehen innerhalb eines Feature-Datasets weitere Datenobjekte zur Verfügung. So ist das Erstellen und Arbeiten mit einer Topologie, einer Beziehungsklasse oder eines geographischen Netzwerks möglich. Eine weitere Funktion ist das Erstellen einer Polygon-Feature-Klasse aus Linien.

7.2.1.1 Terrain (ArcGIS 3D Analyst)

Terrains sind Datasets mit mehreren Auflösungen und einem TIN-basierten Oberflächenmodell. Terrains werden normalerweise aus Punkten mit Z-Werten erstellt und in einem Feature-Dataset gespeichert. Zum Erstellen eines Terrains benötigen Sie Oberflächenmessungen, die als Features in einer Geodatabase vorliegen. Es gibt zahlreiche Arten von dreidimensionalen Datasets, die Terrain-Datasets füllen können, zum Beispiel LiDAR (Light Detection and Ranging) und SoNAR (Sound Navigation and Ranging).

Diese Datasets können in unterschiedlichen Formaten vorliegen. Gebräuchlich sind ASCII und standardisierte binäre Formate. Wie in einer Topologie gibt es auch in Terrains Regeln, die steuern, wie die Features im Dataset eine Terrain-Oberfläche formen. Um ein Terrain-Dataset erzeugen zu können, wird ArcGIS for Desktop Basic und die Erweiterung 3D Analyst benötigt.

7.2.1.2 Netzwerk-Dataset (ArcGIS Network Analyst)

Um ein Netzwerk-Dataset erzeugen zu können, wird ArcGIS for Desktop Basic und die Erweiterung ArcGIS Network Analyst benötigt. Unter anderem gehört zu dieser Erweiterung ein Assistent zum Erstellen eines Netzwerk-Datasets in einem Feature-Dataset einer Geodatabase. Ein Netzwerk-Dataset wird aus der Feature-Quelle bzw. den Feature-Quellen erstellt, die das Netzwerk bilden sollen. Das Netzwerk-Dataset wird in ArcMap als Netzwerk-Layer angezeigt. In diesem Layer wird die Symbologie für Knoten, Kanten, Kantenübergänge und Systemknoten gespeichert. Dieser Layer ermöglicht aber auch komplexe Netzwerkanalysen unter Berücksichtigung von Gewichtungsfunktionen. Mithilfe eines Verkehrs-Netzwerks kann beispielsweise ermittelt werden, welches Verkehrsmittel (Bahn, Auto, Flugzeug) am besten geeignet ist, um schnellstmöglich von Punkt A nach Punkt B zu gelangen.

7.2.1.3 Topologie

In ArcGIS wird Topologie als eine Sammlung von Regeln und Beziehungen benachbarter Geometrien verstanden. Die Beziehungen können innerhalb einer Feature-Klasse (gleicher Geometrietyp der einzelnen Features) oder über mehrere Feature-Klassen (unterschiedliche Geometrietypen) hinweg bestehen. Innerhalb einer Topologie werden Regeln definiert, deren Gültigkeit in ArcMap überprüft werden können. Die Liste der möglichen Topologieregeln ist mit der Version ArcGIS 10 noch erweitert worden. Mithilfe der Topologie ist es möglich, geometrisch konsistente Datenbestände herzustellen. Dabei wird definiert, welche Feature-Klassen Teil der Topologie sein sollen. Diese Feature-Klassen können Punkt-, Linien- oder Polygon-Features enthalten. In ArcGIS stehen zwei Arten der Topologie zur Verfügung: Kartentopologie und Geodatabase-Topologie.

Mit ArcGIS for Desktop Basic kann nur mit der Karten-Topologie gearbeitet werden, d. h. das nicht der volle Funktionsumfang der Werkzeugleiste „Topologie" zur Verfügung steht. In ArcMap können hierbei während einer Editiersitzung Simple-Feature-Klassen (Punkt, Linie, Polygon), die einander überlagern oder gemeinsame Grenzen besitzen, gleichzeitig bearbeitet werden. So können z. B. gemeinsame Stützpunkte benachbarter Polygone gleichzeitig verschoben, gelöscht oder eingefügt werden.

Im Gegensatz zur Geodatabase-Topologie wird die Kartentopologie nicht dauerhaft gespeichert oder als Layer in der Karte dargestellt. Einer Kartentopologie können keine Regeln zugewiesen werden. In der Werkzeugleiste „Topologie" sind die Werkzeuge und Befehle zur Überprüfung und Fehlerkorrektur der Topologie deaktiviert, wenn Sie mit einer Kartentopologie arbeiten.

  Ab ArcGIS for Desktop Standard steht zusätzlich die Geodatabase-Topologie zur Verfügung. Bei der Geodatabase-Topologie handelt es sich um ein Datenobjekt, das innerhalb eines Feature-Datasets erstellt und gespeichert wird. Für die Geodatabase-Topologie können allgemeine Regeln über die Beziehungen zwischen einzelnen Feature-Klassen definiert werden. Diese Regeln werden für die Topologie dauerhaft gespeichert und können in ArcMap mithilfe bestimmter Werkzeuge überprüft und gefundene Fehler zum Teil automatisiert behoben werden. Einer Topologieprüfung können Sie jederzeit neue Feature-Klassen hinzufügen oder die Regeln verändern.

7.2.1.4   Parcel Fabric (ab ArcGIS for Desktop Standard)

Eine Parcel Fabric ist ein Datensatz, der zur Verwaltung, Bearbeitung und Speicherung von Flurstücksdaten dient. Die Parcel Fabric (und auch die Werkzeugleiste „Flurstückseditor") waren in die frühere Erweiterung Survey Analyst integriert und sind jetzt direkt in ArcMap übernommen worden. Die Flurstücke werden über einzelne Punkt-, Linien- und Polygon-Feature-Klassen definiert. Für eine Parcel Fabric müssen bestimmte topologische Bedingungen erfüllt werden, Sie haben aber die Möglichkeit, die Parcel Fabric auf mögliche Fehler hin zu testen.

7.2.1.5   Geometrische Netzwerke (ab ArcGIS for Desktop Standard)

Geometrische Netzwerke ermöglichen die Umwandlung einfacher Punkt- und Linien-Features in Kanten- und Knoten-Features im Netzwerk, die für die Netzwerkanalyse verwendet werden können. Mithilfe der Verbindungsregeln geometrischer Netzwerke können Sie steuern, welche Arten von Netzwerk-Features bei der Bearbeitung des Netzwerks miteinander verbunden werden können. Geometrische Netzwerke müssen, wie auch Topologien, aus einem Satz von Feature-Klassen innerhalb desselben Feature-Datasets erstellt werden. Die Erstellung von geometrischen Netzwerken erfordert mindestens eine ArcGIS for Desktop Standard Lizenz. Um große Mengen von Features nachträglich zum Geometrischen Netzwerk hinzuzufügen, wurde mit ArcGIS 10 die Funktion „Inkrementelles Netzwerkladeprogramm" implementiert. Dieses Werkzeug ist allerdings nicht standardmäßig einer Werkzeugleiste zugeordnet, sondern muss manuell aus der Kategorie „Daten-Konvertierungsprogramm" hinzugefügt werden (wie Sie die Werkzeugleisten anpassen können wird in den Kapiteln 6.1.3.8 und 6.1.4.32 näher erläutert).

7.2.2   Feature-Klassen

Als Feature bezeichnet man einzelne Geometrieobjekte (Punkt, Linie, Polygon, Texte usw.). Eine Feature-Klasse ist eine Sammlung von Features (Geometrieobjekten) mit gleichem Geometrietyp und einer identischen Attributtabellenstruktur. Simple-Feature-Klassen sind Feature-Klassen, die aufgrund ihres einfachen geometrischen Aufbaus leicht in andere Datenformate überführt werden können. Darüber hinaus gibt es komplexe Feature-Klassen wie z. B. Annotation- oder Bemaßungs-Feature-Klassen, die nur innerhalb einer Geodatabase verwendet werden können.

7.2.2.1   Simple-Feature-Klassen

Zu den Simple-Feature-Klassen zählen einfache Feature-Klassen wie Punkt-, Linien- und Polygon-Feature-Klassen, die geometrisch eine Entsprechung im Shapefile Datenformat finden, und daher einfach exportiert werden könnten.

Beim Erstellen einer Simple-Feature-Klasse werden, je nach Geometrietyp, in der Attributtabelle zusätzliche interne Felder angelegt. Bei einer Linien-Feature-Klasse wird das Feld „Shape_Length" erzeugt, bei einer Polygon-Feature-Klasse die Felder „Shape_Area" und

„Shape_Length". Im Feld „Shape_Length" wird bei einer Linien-Feature-Klasse die Länge, für eine Polygon-Feature-Klasse der Umfang der Fläche berechnet (im Gauß-Krüger-Koordinatensystem in Meter). Im Feld „Shape_Area" wird automatisch die Flächengröße eingetragen (im Gauß-Krüger-Koordinatensystem in m²). Diese Felder sind interne Felder, deren Inhalt bei Geometrieänderungen automatisch aktualisiert werden. Diese Felder sind schreibgeschützt.

In den meisten Fällen entspricht eine Zeile in der Attributtabelle genau einem geometrischen Objekt. Manchmal kann es aber auch sinnvoll sein, dass ein Feature aus mehreren einzelnen Objekten besteht, die werden dann als Multipart-Feature bezeichnet. Bei Polygon- und Linien-Feature-Klassen können während einer Editiersitzung sowohl einzelne Features als auch Multipart-Features erstellt werden. Das geschieht, indem Sie bei der Erfassung eines Features nicht „Skizze fertig stellen" sondern „Teil fertig stellen" aus dem Kontextmenü auswählen (siehe dazu auch Kapitel 6.1.4.4 und Abb. 138). Das ist bei Punkt-Feature-Klassen nicht möglich, da diese keine Multipart-Features verwalten kann. Deswegen muss in einem solchen Fall eine sog. Multipoint-Feature-Klasse erstellt werden (siehe Kapitel 7.2.2.2).

Sie können bei einer Feature-Klasse bereits bei der Erstellung mit angeben, ob diese Linien-Feature-Klasse auch Z-Werte besitzen soll. Vor ArcGIS 10 war es nicht möglich, ein Linien-Feature zu erstellen, welches zwar die gleichen X- und Y-Koordinaten hat, aber unterschiedliche Z-Werte. Diese Punkte konnten Sie zwar erfassen, sie wurden aber automatisch wieder gelöscht. Jetzt können Sie vertikale Linien erstellen, müssen aber bereits bei der Erfassung der Linie die Z-Werte vergeben, denn Stützpunkte mit gleichen X-, Y- und Z-Werten werden nach wie vor automatisch entfernt.

7.2.2.2 Multipoint-Feature-Klassen

Üblicherweise existiert zu jedem geometrischen Objekt ein Datensatz (Zeile) in der Attributtabelle. In einer Multipoint-Feature-Klasse werden jedoch pro Zeile in der Attributtabelle mehrere Punktobjekte verwaltet. Häufig werden beispielsweise Punktdaten aus einer Laserradarmessung (LiDAR-Punktcluster) in einer Multipoint-Feature-Klasse gespeichert. Nachteil dieses Feature-Klassentyps ist, dass die Punkte nicht mehr einzeln geometrisch angesprochen werden können, sondern nur als Punktwolke. Um jeden Punkt einzeln ansprechen zu können, stellt ArcGIS verschiedene Werkzeuge zur Verfügung (z. B. das ArcToolbox Tool „Multipart zu Singlepart" (siehe Kapitel 9.1.3.24) oder das Werkzeug „Multipart-Feature trennen (Explode)" der Werkzeugleiste „Erweiterte Bearbeitung"). Für die Linien- oder Polygon-Geometrien gibt es keinen extra Feature-Klassen-Typ, da die sog. Multipart-Features in den Simple-Feature-Klassen erstellt werden können (siehe Kapitel 7.2.2.1).

7.2.2.3 Multipatch-Feature-Klassen

Eine Multipatch-Feature-Klasse ist ein 3D-Geometrietyp zum Darstellen der Außenfläche oder Hülle von Features. Multipatches setzen sich aus ebenen dreidimensionalen Ringen und Dreiecken zusammen, die kombiniert werden, um eine dreidimensionale Hülle zu modellieren. Multipatches können einfache Objekte (wie Kugeln und Würfel) oder komplexe Objekte (wie ganze Gebäude) darstellen.

7.2.2.4 Bemaßungs-Feature-Klassen (ab ArcGIS for Desktop Standard)

Eine Bemaßungs-Feature-Klasse ist zum Erstellen von Bemaßungen, wie Sie beispielsweise auf Bauplänen zu finden sind, geeignet. Dabei werden, bezogen auf einen festgelegten Maßstab, nicht nur der Bemaßungstext, sondern auch die zugehörigen Bemaßungslinien in der Bemaßungs-Feature-Klasse gespeichert. Es werden zwei Typen von Bemaßungen unterschieden: Ausgerichtete Bemaßungen verlaufen parallel zur Basislinie und stellen die wahre Entfernung zwischen den Anfangs- und Endpunkten der Bemaßung dar. Lineare Bemaßungen sind Bemaßungen, deren Linien sich in einem Winkel zur Grundlinie befinden und deren Längen die Länge der Bemaßungslinie selbst, also nicht der Grundlinie, darstellen. Bemaßungs-Feature-Klasse können erst ab ArcGIS for Desktop Standard erzeugt werden.

7.2.2.5 Annotation-Feature-Klassen

In einer Annotation-Feature-Klasse werden Texte als Geometrie verwaltet und die Textdefinitionen wie Textgröße, -farbe, Schriftart, Drehwinkel, Laufweite etc. in einer Attributtabelle gespeichert. Die Textgeometrie wird dabei als Polygon (BoundingBox – Umhüllungsrechteck) abgelegt. Annotation-Feature-Klassen werden häufig erzeugt, indem die Beschriftungen (Labels) von Objekten in ArcMap in eine Annotation-Feature-Klasse exportiert werden. ArcGIS bietet grundsätzlich zwei Möglichkeiten der Speicherung von Annotations.

Als Kartendokument-Annotations werden die Annotations nur in der ArcMap Projektdatei (MXD) gespeichert und können mit den Werkzeugen der Werkzeugleiste „Zeichnen" bearbeitet werden. Für Kartendokument-Annotations können Annotation-Gruppen definiert werden. Welcher Text in welche Annotation-Gruppe gespeichert wird, wird über die Auswahl des entsprechenden aktiven Annotation-Ziels gesteuert (Werkzeugleiste „Zeichnen"). Zusätzlich können Annotation-Gruppen einem Feature-Layer zugeordnet werden. Wird der zugeordnete Layer aktiviert oder deaktiviert, wird auch die Annotation-Gruppe ein- oder ausgeschaltet. Verwaltet werden die Kartendokument-Annotations in den Datenrahmen-Eigenschaften über das Register „Annotation-Gruppen". Nachteil der Kartendokument-Annotations ist, dass dadurch die MXD-Datei sehr groß werden kann und kein Zugriff auf die Annotations als separate Feature-Klasse möglich ist.

Als Geodatabase-Annotations werden die Annotations in einer Geodatabase gespeichert und können nur in einer Editiersitzung mithilfe der Werkzeuge der Werkzeugleiste „Editor" bearbeitet werden.

Ab ArcGIS for Desktop Standard können Annotation-Feature-Klassen auch Feature-bezogen erstellt werden. Dabei sind die Texte mit einer (Geometrie-)Feature-Klasse verknüpft und reagieren auf Änderungen in der Feature-Klasse. So werden Annotations gelöscht, hinzugefügt oder gedreht, sobald die damit verbundenen Features gelöscht, hinzugefügt oder gedreht werden.

Darüber hinaus gibt es weitere Annotation-Arten, die zwar dargestellt, jedoch nicht bearbeitet werden können. Dazu gehören Annotations im Format ArcGIS for Desktop Advanced Coverage, Spatial Database Engine (SDE) 3.x, CAD-Annotations und VPF (Vector Product Format). Annotations dieser Formate sind schreibgeschützt. ArcGIS verfügt jedoch über Werkzeuge, die die Konvertierung in bearbeitbare Geodatabase- oder Kartendokument-Annotations ermöglichen.

Der Vollständigkeit halber sei an dieser Stelle noch die dritte Art von Text erwähnt, die in ArcGIS erzeugt werden kann: Grafiktext. Dieser wird nicht raumbezogen gespeichert, sondern bezogen auf das Seitenformat. Grafiktext sollte daher nicht in der Datenansicht bzw. im Datenrahmen verwendet werden, sondern nur in der Layout-Ansicht als Kartenbeschriftung.

7.2.2.6 3D-Daten (Z-Werte) und Routen (M-Werte)

Beim Erstellen einer Feature-Klasse kann zusätzlich festgelegt werden, ob für die Koordinaten Messwerte (M-Werte) oder Z-Werte (3D-Werte) gespeichert werden sollen.

Messwerte werden häufig bei linearen Geometrien verwendet, um eine zusätzliche Maßeinheit in der Attributtabelle zu speichern. Bei einem Gewässernetz könnte dies beispielsweise die Flusskilometrierung sein (diese kann unabhängig von der tatsächlichen Länge der Liniengeometrie sein). Bei einem Schienennetz könnte der Messwert für den zeitlichen Abstand zwischen zwei Haltepunkten verwendet werden. In der Attributtabelle ist ein solches Mess- bzw. Routensystem daran zu erkennen, dass im Feld „Shape" nach dem Geometrietyp ein „M" angefügt ist (z. B. PolylineM). In ArcMap stehen für Routen bestimmte Layer-Eigenschaften und -Werkzeugleisten zur Verfügung.

Z-Werte werden in der Regel für die Speicherung der Höhe in der Attributtabelle verwendet. Sie könnten aber auch andere Informationen wie Schallpegel, Niederschlagswerte etc. beinhalten. Häufig werden 3D-Features zum Erstellen oder Bearbeiten von Geländemodellen (GRID, TIN) verwendet.

7.2.3 Tabellen

Folgende Datentypen stehen innerhalb einer Geodatabase zur Verfügung (Tabelle 9).

Tabelle 9: Datentypen von Attributfeldern

Datentyp	Größe in Byte	Wertebereich/Format
Short Integer	2	–32.768 bis +32.767
Long Integer	4	–2.147.483.648 bis 2.147.483.647
Float	4	etwa –3,4E38 bis 1,2E38
Double	8	etwa –2,2E308 bis 1,8E308
Text		Alphanumerische Zeichen
Datum		mm/tt/jj hh:mm:ss
BLOB		Binary Large Object, binäre Informationen und CAD-Geometrien
GUID		Globally Unique Identifiers, eindeutige Globale ID innerhalb der GDB
Raster		Binary Large Object

Im Gegensatz zur Attributtabelle einer Feature-Klasse gibt es innerhalb der Geodatabase auch Tabellen, die nur Sachdaten enthalten. Diese werden in der Geodatabase mit einem eigenen Symbol gekennzeichnet und können in ArcMap als Layer dem Datenrahmen hinzugefügt sowie mit anderen Attributtabellen in Verbindung oder Beziehung gesetzt werden.

7.2.4 Beziehungsklassen (ab ArcGIS for Desktop Standard)

Beziehungsklassen definieren Beziehungen zwischen Objekten in der Geodatabase. Dies können einfache „1:1"- oder „n:1"-Beziehungen sein oder komplexere „1:n"- oder „n:m"-Beziehungen zwischen Features und Tabellenzeilen. Einige Beziehungen sind so aufgebaut, dass ein Feature, eine Zeile oder eine Tabelle nicht nur in Beziehung zu einem anderen Objekt steht, sondern auch das Erstellen, Bearbeiten oder Löschen eines Objekts eine bestimmte Auswirkung auf das andere Objekt hat. Diese bezeichnet man als abhängige Beziehungen. Sie können verwendet werden, um sicherzustellen, dass die Verknüpfungen zwischen Objekten in der Datenbank erhalten und aktuell bleiben. Die Erstellung einer Beziehungsklasse erfordert mindesten eine ArcGIS for Desktop Standard Lizenz.

7.2.5 Raster-Daten in der Geodatabase

Das Speichern von Raster-Daten in einer Geodatabase ist nützlich, wenn Sie Raster verwalten, wenn Sie einen genau definierten Satz von Raster-Datasets im DBMS verwalten möchten, und wenn Sie den gesamten Inhalt in einer Datenarchitektur verwalten müssen. Es sind drei Haupttypen von Geodatabases vorhanden: ArcSDE-, Personal- und File-Geodatabases.

Das funktionale Verhalten jeder Geodatabase ist im Grunde das Gleiche; es gibt jedoch einige Ausnahmen für bestimmte Werkzeuge oder Verfahren. Informationen zu den Unterschieden im Verhalten von einem Werkzeug oder einem Verfahren finden Sie in diesem Hilfesystem unter dem jeweiligen Werkzeug oder Verfahren.

Beim Speichern von Raster-Daten in der Geodatabase gibt es folgende Unterschiede zu beachten:

Tabelle 10: Vergleich der Raster-Speicherung in File-, Personal- und ArcSDE-Geodatabases

Merkmal	File-Geodatabase	Personal-Geodatabase	ArcSDE-Geodatabase
Größenbeschränkung	1 Terabyte (TB) pro Raster-Dataset oder Raster-Katalog	2 Gigabyte (GB) pro Geodatabase (diese Einschränkung gilt für die Tabellengröße, nicht für die Größe des Raster-Datasets)	Unbegrenzt. Die Einschränkung ist von DBMS-Einschränkungen abhängig.
Dateiformat für Raster-Dataset	Raster-Dataset für File-Geodatabase	ERDAS IMAGINE, JPEG oder JPEG 2000	ArcSDE-Raster-Dataset

Merkmal	File-Geodatabase	Personal-Geodatabase	ArcSDE-Geodatabase
Speicherung	Raster-Dataset: verwaltet Mosaik-Dataset: nicht verwaltet Raster-Katalog: verwaltet oder nicht verwaltet Raster als Attribut: verwaltet oder nicht verwaltet	Raster-Dataset: verwaltet Mosaik-Dataset: nicht verwaltet Raster-Katalog: verwaltet oder nicht verwaltet Raster als Attribut: verwaltet oder nicht verwaltet	Verwaltet Mosaik-Dataset: nicht verwaltet
Speicherung	Im Dateisystem gespeichert	In Microsoft Access gespeichert	In einem RDBMS gespeichert
Komprimierung	LZ77, JPEG, JPEG 2000 oder „Kein"	LZ77, JPEG, JPEG 2000 oder „Kein"	LZ77, JPEG, JPEG 2000 oder „Kein"
Pyramiden	Unterstützt partielles Erstellen von Pyramiden	Erstellt gesamte Pyramide neu	Unterstützt partielles Erstellen von Pyramiden
Mosaikierung	Ermöglicht beim Mosaikieren das Anhängen an ein Raster-Dataset	Schreibt bei jedem Mosaikieren in ein Raster-Dataset ein neues Dataset	Ermöglicht beim Mosaikieren das Anhängen an ein Raster-Dataset
Aktualisieren	Ermöglicht inkrementelle Aktualisierung		Ermöglicht inkrementelle Aktualisierung
Anzahl an Benutzern	Einzelbenutzer und kleine Arbeitsgruppen; einige Benutzer mit Lesezugriff und ein Benutzer mit Schreibzugriff	Einzelbenutzer und kleine Arbeitsgruppen; einige Benutzer mit Lesezugriff und ein Benutzer mit Schreibzugriff	Mehrere Benutzer; viele Benutzer mit Lesezugriff und viele Benutzer mit Schreibzugriff

7.2.5.1 Raster-Daten in der Personal-Geodatabase

Beim Speichern eines Raster-Datasets in eine Personal-Geodatabase wird das Raster in eines der oben genannten Formate konvertiert und in einem IDB-Ordner (Image Database – Bilddatenbank) gespeichert. Der IDB-Dateiordner befindet sich in einem Verzeichnis parallel zur Personal-Geodatabase.

7.2.5.2 Raster-Daten in der File-Geodatabase

Das Speichermodell der File-Geodatabases ist ein Hybrid aus der ArcSDE-Geodatabase und der Personal-Geodatabase, wobei verwaltete Raster-Daten dem Speichermodell der ArcSDE-Geodatabase folgen und nicht verwaltete Raster-Daten dem Speichermodell der Personal-Geodatabase folgen. File-Geodatabases ähneln Personal-Geodatabases insofern, als dass sie für Einzelbenutzer konzipiert sind und keine Unterstützung für die Versionierung bieten. Sie werden im Dateisystemverzeichnis gespeichert und erfordern für den Zugriff daher kein Kennwort. Für die File-Geodatabases und ArcSDE-Geodatabases ist das gleiche Basisspeicherschema freigegeben.

Eine File-Geodatabase bietet mehrere Vorteile gegenüber einer Personal-Geodatabase. Wie bei ArcSDE werden in der File-Geodatabase Daten in Blöcken gespeichert. Dies bietet einen effizienteren Zugriff auf Daten – besonders während des Mosaikierungsvorgangs. Wenn Sie Daten in einer File-Geodatabase mosaikieren, werden nur überlappende Blöcke aktualisiert. Wenn ein überlappender Block nicht vorhanden ist, wird ein neuer Block eingefügt. Teilblöcke werden mit NoData-Pixeln aufgefüllt. Außerdem setzt das File-Geodatabase (und ArcSDE)-Speichermodell Teilpyramidenaktualisierungen ein, die Zeit sparen. Da die Datenstruktur der File-Geodatabase mit der von ArcSDE identisch ist, lassen sich Daten zwischen der File-Geodatabase und der ArcSDE-Geodatabase schnell kopieren und einfügen.

In der Standardeinstellung gilt für File-Geodatabases eine Beschränkung von 1 Terabyte (TB) pro Dataset. Jedes Dataset in der File-Geodatabase kann eine Größe von bis zu 1 TB aufweisen. Jedoch können in jeder File-Geodatabase mehrere Datasets von je 1 TB vorhanden sein. Sie können diese Einschränkung für jedes Dataset erhöhen, indem Sie das Konfigurationsschlüsselwort MAX_FILE_SIZE_256TB verwenden.

7.2.5.3 Raster-Daten in der ArcSDE-Geodatabase

Wenn in der ArcSDE-Geodatabase Raster-Daten gespeichert werden, sind unternehmensweite Funktionen, wie Sicherheit, Mehrbenutzerzugriff, gemeinsame Verwendung von Daten usw. verfügbar. Hier die drei Hauptgründe für das Speichern von Raster-Daten in ArcSDE:

- Sie werden nicht besonders regelmäßig aktualisiert (z. B. nur alle zwei oder drei Jahre oder noch seltener).
- Auf sie wird nur in schreibgeschützten Anwendungsfällen zugegriffen (um sie z. B. als Grundkartendaten unter Vektordaten zu verwenden).
- Hunderte von Benutzern oder mehr greifen auf diese Daten als Grundkarte zu.

Theoretische Grundlagen

Beim Speichern von Raster-Datasets in einer Personal ArcSDE Geodatabase werden sieben Tabellen angelegt. Pro Raster wird eine Zeile in der entsprechenden Tabelle belegt. Werden

Raster-Kataloge erstellt, deren Raster in der Personal ArcSDE Geodatabase gespeichert werden, werden entsprechend mehr Zeilen belegt. In ArcSDE Geodatabases werden Rasterdaten in kleinere Teilmengen unterteilt (diese werden als „Blöcke" bezeichnet und umfassen in der Regel etwa 128 Zeilen und 128 Spalten oder 256 × 256), indiziert, mit Pyramiden versehen und zumeist komprimiert. Diese kleineren Blöcke werden dann für jedes Raster in einer eigenen Tabelle gespeichert. Daher werden, wenn die Rasterdaten abgefragt werden, nur die Kacheln zurückgegeben, die für die Ausdehnung und Auflösung der Abfrage nötig sind, nicht das gesamte Raster. Somit stellt die Speicherung von Rasterdaten in der Personal ArcSDE Geodatabase die bestmögliche Speicherungsmethode dar.

7.2.5.4 Raster-Kataloge

Ein Raster-Katalog ist eine Sammlung von Raster-Datasets, deren Umhüllungsrechteck ermittelt und als Polygone in einer Tabelle gespeichert werden. Ein Raster-Katalog wird dann eingesetzt, wenn aneinander grenzende, vollständig überlappende oder teilweise überlappende Raster-Datasets angezeigt werden sollen. In ArcMap wird ein Raster-Katalog mit beliebig vielen Raster-Datasets als ein Layer angezeigt. Hier hat man die Wahl, ob nur die Umgriffe der einzelnen Rasterdaten oder der eigentliche Inhalt angezeigt werden sollen. In der Geodatabase stehen zwei Arten von Raster-Katalogen zur Verfügung: „verwaltet" (die Raster-Datasets werden in der Geodatabase gespeichert) und „nicht verwaltet" (die Raster-Datasets werden nicht in der Geodatabase gespeichert, sondern es wird ein Link erzeugt, der auf den Speicherort des Raster-Datasets verweist). Die Option „nicht verwaltet" benötigt daher keinen Speicherplatz innerhalb der Geodatabase. In einer Personal ArcSDE Geodatabase kann ein Raster-Katalog nur verwaltet angelegt werden.

7.2.5.5 Raster-Dataset

Rasterdaten (Raster-Datasets) sind als Rasterformate gespeicherte Daten (TIFF, GIF, MrSID etc.), die in bis zu drei Bändern organisiert sind (1 bit, 8 bit, 24 bit Farbtiefe). Jedes Band besteht aus einem räumlich definierten Bereich von Pixeln, wobei jedes Pixel einen (Farb-)Wert besitzt. Ein Raster-Dataset weist mindestens ein Band auf. Die Geodatabase ist in der Lage, Rasterdaten zu speichern oder neue Raster-Datasets zu erzeugen. Die Rasterdaten können dabei als Attribut eines Features oder als Geodaten direkt in der Geodatabase gespeichert werden. Beim Speichern der Raster-Datasets kann für alle Geodatabase-Arten das Komprimierungsverfahren festgelegt werden. Dazu müssen in den Umgebungseinstellungen die Speichereinstellungen für Raster entsprechend konfiguriert werden (LZ77 – verlustfrei, JPEG oder JPEG 2000 – mit Verlust). Das zum Speichern der Daten verwendete Raster-Dateiformat wird intern von ArcGIS ausgewählt und beruht auf dem verwendeten Komprimierungstyp. Wenn Sie eine JPEG-Komprimierung verwenden möchten, dann wählen Sie als Format JPEG aus, wenn Sie keine Komprimierung wünschen, dann wählen Sie ein entsprechendes anderes Format aus – beispielsweise BMP. Bei anderen Datenformaten (z. B. dem TIFF) haben Sie eine ganze Liste an unterschiedlichen Komprimierungstypen zur Auswahl, die mit ArcGIS 10 noch erweitert wurde. Die Komprimierung von Rasterdaten verbessert entscheidend die Verarbeitungsleistung, da in einem Netzwerk vom Server weniger Datenpakete übertragen werden müssen.

Speicherung

Beim Speichern eines Raster-Datasets in eine Personal-Geodatabase wird das Raster in eines der oben genannten Formate konvertiert und in einem IDB-Ordner (Image Database – Bilddatenbank) gespeichert. Der IDB-Dateiordner befindet sich in einem Verzeichnis parallel zur Personal-Geodatabase.

Wird ein Raster-Dataset in einer File-Geodatabase gespeichert, wird dieses in fünf Tabellen in einem systemeigenen Dateiformat gespeichert, auf das nicht direkt zugegriffen werden kann. Die einzelnen Bänder des Raster-Datasets werden entsprechend der benutzerdefinierten Bemaßung gleichmäßig in Blöcke gekachelt (Standardwert ist 128 mal 128). Durch die Kachelung der Raster-Banddaten werden die Rasterdaten effektiver gespeichert und dargestellt als in der Personal-Geodatabase.

Beim Speichern von Raster-Datasets in einer Personal ArcSDE Geodatabase werden sieben Tabellen angelegt. Pro Raster wird eine Zeile in der entsprechenden Tabelle belegt. Werden Raster-Kataloge erstellt, deren Raster in der Personal ArcSDE Geodatabase gespeichert werden, werden entsprechend mehr Zeilen belegt. In ArcSDE Geodatabases werden Rasterdaten in kleinere Teilmengen unterteilt (diese werden als „Blöcke" bezeichnet und umfassen in der Regel etwa 128 Zeilen und 128 Spalten oder 256 × 256), indiziert, mit Pyramiden versehen und zumeist komprimiert. Diese kleineren Blöcke werden dann für jedes Raster in einer eigenen Tabelle gespeichert. Daher werden, wenn die Rasterdaten abgefragt werden, nur die Kacheln zurückgegeben, die für die Ausdehnung und Auflösung der Abfrage nötig sind, nicht das gesamte Raster. Somit stellt die Speicherung von Rasterdaten in der Personal ArcSDE Geodatabase die bestmögliche Speicherungsmethode dar.

Rasterattribute

Ein Raster-Dataset kann auch als Attribut eines Features in einer Geodatabase-Feature-Klasse verwaltet werden. In der Attributtabelle der Feature-Klasse wird dazu ein Feld mit dem Datentyp „Raster" definiert. Dies ähnelt einem Hyperlink, der auf ein dateibasiertes Bild verweist. Ob das Raster-Dataset in der Geodatabase gespeichert wird, wird beim Erzeugen des Felds in den Feldeigenschaften festgelegt (verwaltet oder nicht verwaltet). Allerdings empfiehlt Esri dringend, nur kleine Raster-Datasets für diese Art der Raster-Verwaltung zu verwenden. Allgemeine Informationen zum Thema Rasterdaten entnehmen Sie Kapitel 4.1.2.1.

7.2.5.6 Mosaik-Datasets (schreibend ab ArcGIS for Desktop Standard)

Bei einem Mosaik-Dataset handelt es sich um ein neues Rasterdatenmodell innerhalb einer Geodatabase. Mosaik-Datensets eignen sich, um kleine bis großen Mengen von Rasterdaten zu halten, verwalten oder betrachten. Die im Mosaik-Dataset enthaltenen Raster werden als Katalog gespeichert. Dabei können die Raster wahlweise als mosaikierte Bilder oder als einzelne Raster dargestellt werden. Für das neue Datenmodell sind der ArcToolbox (siehe Kapitel 9) eine Reihe neuer Werkzeuge hinzugefügt worden. Auf diese Weise bietet ein Mosaik-Dataset erweiterte Analysemöglichkeiten. Alternativ kann ein Mosaik-Dataset aber auch als „Image-Service" dienen. Für die Erstellung eines Mosaik-Datasets ist es irrelevant, ob die Raster eine zusammenhängende Fläche bilden oder aber als einzelne Bildfragmente vorliegen. Ein Mosaik-Dataset, welches in ArcGIS 10 erstellt wurde, hat in ArcGIS 10.1 for Desktop lediglich Lesezugriff, Umgekehrt kann das

Mosaik-Dataset allerdings nicht verwendet werden. Es gibt aber ein Werkzeug, um eine ältere Version des Mosaik-Datasets auf die neue ArcGIS-Version anzupassen, um somit auch Schreibrechte zu erhalten.

Es gibt zwei unterschiedliche Typen von Mosaik-Datasets. Wenn Sie die Eigenschaften und Funktionen der enthaltenen Raster verändern möchten, dann muss das Mosaik-Dataset mit dem Werkzeug „Mosaik-Dataset erstellen" erzeugt werden („*Data Management Tools*" ⇨ „*Raster*" ⇨ „*Mosaik-Dataset*"). Alternativ können Sie aber auch ein Mosaik-Dataset erstellen, was selbst nur auf ein anderes Mosaik-Dataset oder einen Raster-Katalog verweist. Bei dieser Variante können keine Einstellungen oder Funktionen der Raster verändern werden. Das bietet sich beispielsweise dann an, wenn Sie bestehende Rasterdaten als Grundlage für einen „Image-Server" verwenden möchten. Über das Werkzeug „Referenziertes Mosaik-Dataset erstellen" („*Data Management Tools*" ⇨ „*Raster*" ⇨ „*Mosaik-Dataset*") können Sie dann ein Mosaik-Dataset erstellen, welches lediglich auf die bestehenden Rasterdaten verweist und nicht veränderbar ist. Diese zweite Form des Mosaik-Datasets kann auch außerhalb einer Geodatabase gespeichert werden und wird dann als *.amd-Datei abgespeichert.

Die Anzeige der Mosaik-Datasets ist unabhängig von der Lizenzstufe, allerdings können Sie nur mit einer ArcGIS for Desktop Standard- oder ArcGIS for Desktop Advanced-Lizenz bearbeitet und erstellt werden.

Ein Mosaik-Dataset besteht aus folgenden Teilen:

- Einem Katalog, der die Quelle der Pixel sowie Footprints (verkleinertes Vorschaubild) der Raster bereitstellt.
- Einer Feature-Class, die die Grenze definiert.
- Einem Satz Mosaik-Regeln, die zur dynamischen Mosaikierung der Raster herangezogen werden.
- Einem Satz Eigenschaften, mit denen die Mosaikierung sowie jegliche Bildextraktion gesteuert werden.
- Einer Tabelle zum Protokollieren während des Ladens von Daten und anderer Vorgänge.
- Optional eine Seamline-Feature-Class für die Seamline-Mosaikierung (Nahtstellen – Umrisslinien der Raster).
- Optional eine Farbkorrekturtabelle, in der die Farbzuordnung für sämtliche Raster im Raster-Katalog definiert wird.

Um den Inhalt eines Mosaik-Datasets freizugeben oder zu veröffentlichen, empfiehlt es sich, ein referenziertes Mosaik-Dataset zu verwenden. Ein referenziertes Mosaik-Dataset ist eine Möglichkeit zum Bereitstellen eines Raster-Katalogs als Image-Service, bei dem die Benutzer keine Änderungen am Mosaik-Dataset vornehmen können. Hierbei handelt es sich um eine Ableitung (Sicht) auf das Mosaik-Dataset.

7.2 Elemente der Geodatabase

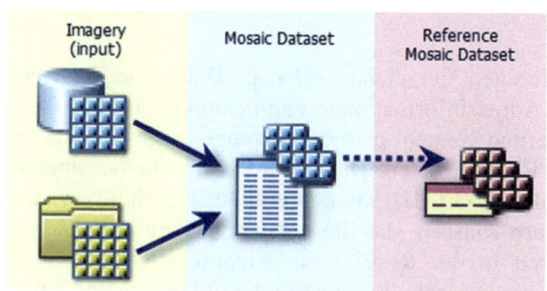

Abb. 262: Prinzip eines abgeleiteten Mosaik-Datasets

 Tipp: In der ArcToolbox gibt es ein eigenes Toolset für das Arbeiten mit Mosaik-Datasets: Das Toolset findet man unter *„Data Management Tools"* ⇨ *„Raster"* ⇨ *„Mosaik-Dataset"*.

 Um das Mosaik-Dataset zu bearbeiten, gibt es eine ganze Reihe an Werkzeugen, wobei einige erst neu in ArcGIS 10.1 hinzugekommen sind, andere wurden ggf. leicht verändert. Das Kontextmenü des Mosaik-Datasets im Katalog wurde angepasst, um direkten Zugriff zu den Werkzeugen zu haben (siehe Abb. 263).

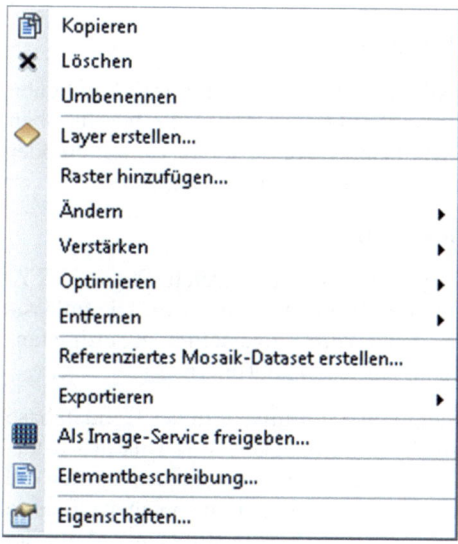

Abb. 263: Kontextmenü eines in ArcGIS 10.1 for Desktop erstellten Mosaik-Datasets

7.2.6 Toolboxes

Eine Toolbox ist ein Objekt, das Toolsets, Skripte, Modelle und Werkzeuge zur Geoverarbeitung enthalten kann und wird als TBX-Datei auf der Festplatte oder als Objekt in einer Geodatabase gespeichert. Toolboxes können in ArcCatalog oder in ArcMap verwendet werden. Weiteres zum Thema Toolbox siehe Kapitel 9.

7.2.7 Adressen-Locator

Ein Adressen-Locator kann in einem beliebigen Verzeichnis oder als Dataset in der Geodatabase erstellt werden. Er verwaltet die Adressinformationen von Features, um eine Geokodierung durchzuführen. Unter Geokodierung versteht man das Erzeugen eines Punkts (in Form von XY-Koordinaten) mithilfe von Referenzdaten. Dabei wird z. B. eine bestehende Kunden-Tabelle, die Adresse, Postleitzahl und Ort des Kunden enthält, lagerichtig visualisiert. Die Referenzdaten sind GIS-Feature-Klassen, die die entsprechenden Adressattribute enthalten. Die Referenzdaten müssen in der Regel von Datendienstleistern (z. B. NAVTEQ, Tele Atlas) bezogen werden. Um die Geokodierung durchzuführen, muss vorher in ArcCatalog (oder im Katalog) ein neuer Adressen-Locator erstellt werden, in dem unter anderem die Empfindlichkeit der Schreibweise „Ortsname-Alias-Tabelle" und bestimmte Ausgabefelder definiert werden können.

7.2.8 Kombinierter Adressen-Locator

Ein kombinierter Adressen-Locator besteht aus mindestens zwei einzelnen Adressen-Locatoren und/oder Geokodierungsdiensten. Dadurch können bei einer Geokodierung die Daten auf mehreren Adressen-Locatoren gesucht werden. Auch der kombinierte Adressen-Locator kann in einem beliebigen Verzeichnis oder als Dataset in einer Geodatabase erstellt werden (siehe Kapitel 7.2.7).

7.3 Eigenschaften der Geodatabase-Elemente

Die Geodatabase besitzt eine ganze Reihe von Funktionen, die das Arbeiten mit räumlichen Daten ermöglichen sowie deren Verwaltung vereinfachen. Dazu gehören die bereits oben beschriebenen Feature-Datasets zum Organisieren von Feature-Klassen, das Verwalten oder Speichern von Rasterdaten sowie die im Folgenden aufgeführten Funktionen:

7.3.1 Domänenausdehnung (Koordinatenbereich)

Die Domänenausdehnung beschreibt den zulässigen Koordinatenbereich für die XY-Koordinaten, M-Werte (Messwerte – Bemaßung) und Z-Werte (Höhenwerte). Die zulässigen Zahlenwerte des Koordinatenbereichs hängen dabei vom eingestellten Koordinatensystem ab. Die Genauigkeit wird durch die eingestellte Auflösung definiert.

Vor der Version ArcGIS 9.2 stand für die Speicherung von Koordinaten in der Geodatabase nur ein begrenzter Speicherplatz zur Verfügung (niedrige Genauigkeit – 31 Bits pro Koordinate). Dies bedeutete, je größer die räumliche Ausdehnung, desto ungenauer wurden die Koordinaten gespeichert. Um also Koordinaten mit hoher Genauigkeit zu speichern, musste eine kleine Domänenausdehnung gewählt werden. Wurde versucht, Features außerhalb der räumlichen definierten Domäne hinzuzufügen, erschien eine Fehlermeldung.

Die Definition einer Domänenausdehnung kann seit der ArcGIS Version 9.2 dank der Speicherung der Daten in hoher Genauigkeit entfallen.

7.3.2 Genauigkeit (Auflösung)

Seit der Version 9.2 stehen nun 53 Bits zur Speicherung pro Koordinate zur Verfügung (hohe Genauigkeit). Theoretisch lassen sich damit Daten im weltweiten Maßstab mit einer Genauigkeit von einem 10 millionstel Millimeter (10 Nanometer) exakt speichern. Für die Geodatabase ist eine Standardauflösung definiert, die festlegt, ab welchem Mindestabstand

7.3 Eigenschaften der Geodatabase-Elemente

in Karteneinheiten zwei eindeutige X- bzw. Y-Werte als lageidentisch angesehen werden. Die Standardauflösung beträgt 1/10 Millimeter (0,0001 Meter) und ist für die allermeisten Daten genau genug. Demzufolge ist es nicht mehr notwendig, eine benutzerdefinierte Domänenausdehnung anzugeben.

Um Geodatabases, die vor der Version 9.2 angelegt wurden, diese hohe Genauigkeit und weitere Vorteile zuzuweisen, ist eine Aktualisierung notwendig. Geodatabases der Version ArcGIS 9.3 besitzen bereits die höhere Genauigkeit, aber auch in ArcGIS 10 ist der Funktionsumfang der Geodatabase wieder erweitert worden. Ein Update lohnt sich also.

 Tipp: Zu beachten ist, dass eine Geodatabase, die auf die Version 9.3 aktualisiert worden ist, nicht mehr mit früheren Versionen von ArcGIS gelesen werden kann. Die Geodatabase ist somit nicht abwärts kompatibel.

Zum Konvertieren von Daten in eine hohe Genauigkeit stehen Ihnen zwei Möglichkeiten zur Verfügung.

7.3.2.1 Upgrade einer vorhandenen Geodatabase

Eine ältere Version einer Personal- oder File-Geodatabase kann auf die neueste Version aktualisiert werden, indem im ArcCatalog oder Katalog im *Kontextmenü der Geodatabase* ⇨ *„Eigenschaften..."* ⇨ *Register „Allgemein"* unter Upgrade-Status die Geodatabase aktualisiert wird.

 Bei der Neuinstallation von ArcGIS werden Dateien, die den Zugriff auf die Personal ArcSDE Geodatabase ermöglichen, aktualisiert. Daher sollten in ArcCatalog oder Katalog im Eintrag „Datenbankserver" die einzelnen Geodatabases angeklickt werden. Wenn eine Aktualisierung erforderlich ist, wird eine Meldung mit der Aufforderung, die ArcSDE Tabellen zu aktualisieren, angezeigt. Durch Klicken auf „Ja" werden die Tabellen aktualisiert.

7.3.2.2 Migrieren von Daten in eine Geodatabase mit hoher Genauigkeit

Alle in eine Geodatabase mit hoher Genauigkeit importierten Daten mit niedriger Genauigkeit werden automatisch in die hohe Genauigkeit konvertiert. Dabei spielt es keine Rolle, ob die Funktion „Importieren" im Kontextmenü der Geodatabase bzw. im Kontextmenü des Feature-Datasets verwendet wird oder die Funktion „Exportieren" der zu exportierenden Daten. Beide Vorgehensweisen greifen auf das gleiche Verarbeitungswerkzeug zu. Über die Geoverarbeitungsumgebungen kann bei dieser Vorgehensweise explizit die Angabe der Genauigkeit (Auflösung) festgelegt werden.

Alternativ dazu kann über die ArcCatalog/Katalog Befehle „Kopieren" und „Einfügen" die Datenmigration erfolgen. Hier wird automatisch die Standardauflösung (0,0001 Meter) verwendet.

7.3.3 Toleranz

Die Toleranz ist der Mindestabstand zwischen X-, Y-, Z- und M-Koordinaten. Mit diesen Toleranzen wird die Genauigkeit der Koordinaten angegeben. Wenn sich eine Koordinate innerhalb der Toleranz einer anderen befindet, werden beide als eine Position interpretiert. Mit diesem Wert wird bei relationalen und topologischen Operationen ermittelt, ob zwei Punkte nahe genug beieinanderliegen, um die gleichen Koordinaten zu ergeben, oder ob sie weit genug auseinanderliegen, um als jeweils eigene Koordinaten zu zählen. Standardmäßig beträgt die Toleranz 1/10 der Standardauflösung (also 0,001 Meter). Die kleinste zulässige Toleranz ist das Doppelte der Auflösung. Höhere Toleranzwerte führen zu geringerer Genauigkeit in den Koordinatendaten, niedrigere hingegen zu größerer Genauigkeit. Üblicherweise wird die ArcGIS Standardeinstellung übernommen.

7.3.4 XY-Koordinatensystem

Wenn Feature-Klassen in einer Geodatabase erstellt werden, muss nicht zwangsläufig ein Koordinatensystem angegeben werden. Solange alle Daten, die verwendet werden, in einem einheitlichen Koordinatensystem vorliegen, d. h. die relative Lage zueinander stimmt, kann auf die Definition eines Koordinatensystems verzichtet werden. Das Festlegen eines Koordinatensystems kann, wenn es sich um eine Standalone-Feature-Klasse (Feature-Klassen außerhalb eines Feature-Datasets) handelt, auch zu einem späteren Zeitpunkt erfolgen. Grundsätzlich wird empfohlen, immer ein Koordinatensystem zu definieren. ArcGIS stellt dazu über 3.300 vordefinierte Koordinatensysteme zur Verfügung. Beim Erstellen einer Feature-Klasse kann das Koordinatensystem auch von einer bestehenden Feature-Klasse übernommen oder selbst ein eigenes definiert werden. Mehr zum Thema Koordinatensysteme finden Sie in Kapitel 8.

7.3.5 Indizes

Unter einem Index versteht man eine Datenstruktur zum schnellen Auffinden von Datensätzen in Datenbanken. In ArcGIS wird zwischen Attributindizes und räumlichen Indizes unterschieden.

7.3.5.1 Attributindizes

Attributindizes beziehen sich immer auf eine Spalte in einer Tabelle oder Attributtabelle einer Feature-Klasse und beschleunigen Attributabfragen. Ein Attributindex ist ein alternativer Pfad, der von ArcGIS verwendet wird, um einen Datensatz aus einer Tabelle abzurufen. Bei den meisten Typen von Attributabfragen kann ein Datensatz schneller mit einem Index gesucht werden, anstatt mit dem ersten Datensatz zu beginnen und dann die gesamte Tabelle in einer Suchschleife zu durchlaufen. Attributindizes stehen für alle Geodatabase-Typen zur Verfügung.

7.3.5.2 Räumlicher Index

Ein räumlicher Index erlaubt es, lagebezogene Abfragen und Geoverarbeitungsfunktionen schneller auszuführen. Er trägt zu einem erheblichen Anteil an der Darstellungsgeschwindigkeit bei. Je nach Geodatabase-Typ ist die Funktionsweise der räumlichen Indizes unterschiedlich. In File- und ArcSDE Geodatabases wird ein Gittersystem aus bis zu drei Gittern als räumlicher Index verwendet. In Personal-Geodatabases wird nur ein Gitter verwendet. Bei diesem Gittersystem handelt es sich um ein zweidimensionales, schachbrettartiges Gitternetz zum schnellen Lokalisieren von Features in Feature-Klassen. Beim Erstellen einer Feature-Klasse sowie beim Importieren von Daten anderer Datenformate wird auf der Grundlage des Raumbezugs, der durchschnittlichen Feature-Größe und der Anzahl an Features in der Eingabe-Feature-Klasse automatisch eine Gittergröße erzeugt.

Für File- und ArcSDE Geodatabases erstellt ArcGIS den räumlichen Index nach dem Abschluss bestimmter Operationen automatisch neu, um den Index stets auf dem optimalen

Stand zu halten. In bestimmten – meist seltenen – Fällen kann es nötig werden, eine Neuberechnung des räumlichen Indexes durchzuführen, beispielsweise beim Hinzufügen einer großen Anzahl von Features innerhalb einer Editiersitzung, die sich in der Größe von denen unterscheiden, die bereits in der Feature-Klasse enthalten sind. Hierfür kann in ArcCatalog der räumliche Index in den Eigenschaften der Feature-Klasse im Register „Indizes" neu berechnet werden. Die Gittergröße in der Personal-Geodatabase wird beim Erstellen der Personal-Geodatabase festgelegt und dauerhaft zugewiesen. Dies führt dazu, dass ArcGIS nach dem Abschluss bestimmter Operationen – anders als bei File- und ArcSDE Geodatabases – keine automatische Neuberechnung der Gittergröße durchführt.

7.3.6 Aliasnamen für Felder, Tabellen und Feature-Klassen

Bezeichnungen von Feature-Klassen, Tabellen und Feldern von Attributtabellen in einer Geodatabase unterliegen gewissen Konventionen. So dürfen Feldnamen in der Personal-Geodatabase nicht mit einer Zahl beginnen und es dürfen keine Sonder- oder Leerzeichen verwendet werden. Umlaute können dagegen verwendet werden. Um Komplikationen zu verhindern, können Sie für Felder, Tabellen und Feature-Klassen sog. Aliasnamen vergeben. Ein Aliasname ist eine alternative Bezeichnung, die die Verwendung von Sonderzeichen etc. zulässt. Wenn Sie in ArcMap Daten mit Aliasnamen verwenden, werden automatisch diese Namen für Feature-Klassen, Tabellen und Felder verwendet. In ArcCatalog werden diese Objekte allerdings immer mit ihrem ursprünglichen Namen angezeigt. Sie können sich den Aliasnamen für Feature-Klassen, Tabellen und Felder anzeigen lassen, indem Sie sich deren Eigenschaften ansehen. Aliasnamen können bei der Erstellung einer Feature-Klasse oder Tabelle festgelegt und jederzeit geändert werden. Die Änderung können Sie in den Eigenschaften der jeweiligen Feature-Klasse vornehmen (*Kontextmenü der Feature-Klasse* ➪ *„Eigenschaften..."* ➪ *Register „Allgemein"* bzw. *Register „Felder"*).

7.3.7 Subtypes

Subtypes können nur für Felder innerhalb einer Feature-Klasse oder Tabelle definiert werden, die vom Datentyp „Short Integer" oder „Long Integer" sind. Subtypes definieren kodierte gültige Werte, die bei der Attributvergabe als Auswahl-Liste zur Verfügung stehen.

Beispiel: Für ein Baumkataster wird in einer Feature-Klasse „Bäume" ein Short Integer Feld mit dem Namen „Vitalitaet" angelegt und dafür ein Subtype erzeugt. Anschließend vergibt man Codewerte, die die Vitalität des jeweiligen Baums angeben (bspw. 0 = keine Bewertung, 1 = gesund, 2 = leicht beschädigt, 3 = schwer geschädigt, 4 = abgestorben). Werden in ArcMap Bäume erfasst, stehen für das Feld „Vitalitaet" nur noch diese Werte per Auswahl-Liste als mögliche Einträge zur Verfügung. Für die Attributtabelle kann festgelegt werden, ob die Codewerte, die tatsächlich in der Datenbank gespeichert werden, oder deren Beschreibung angezeigt werden sollen.

Für jeden einzelnen Subtype kann zusätzlich ein Standardwert für andere Felder der Attributtabelle festgelegt werden. So könnte für das oben genannte Beispiel ein weiteres Feld „Maßnahme" angelegt werden, das automatisch den Eintrag „fällen" zugewiesen bekommt, wenn im Feld „Vitalitaet" der Subtype-Eintrag „4" (= abgestorben) eingetragen wird.

Für jeden einzelnen Wert eines Subtypes kann auf eine eigene Domäne (Bereichsdomänen oder Domänen mit kodierten Werten) verwiesen werden (vgl. auch Kapitel 7.3.8).

7.3.8 Domänen

Attribut-Domänen sind Regeln, die die zulässigen Werte eines Feldtyps beschreiben. Im Gegensatz zu Subtypes, die nur für eine Feature-Klasse definiert sind, werden Domänen auf der Ebene der Geodatabase definiert und können damit von mehreren Feature-Klassen bzw. Tabellen verwendet werden. Es gibt zwei verschiedene Typen von Attribut-Domänen: Bereichsdomänen und Domänen mit kodierten Werten. Eine Bereichsdomäne legt einen gültigen Bereich von Werten für ein numerisches Attribut fest. Eine Domäne mit kodierten Werten kann auf jede Art von Attribut (Text, Zahl, Datum usw.) angewendet werden. Kodierte Werte definieren einen Satz gültiger Werte für ein Attribut. Jede Domäne besitzt einen Namen, eine Beschreibung und einen bestimmten Attributtyp, für den sie verwendet werden kann. Jede Feature-Klasse oder Tabelle besitzt einen Satz Attribut-Domänen, die auf verschiedene Attribute und/oder Subtypes passen. In Feldern, die mit einer Domäne verbunden sind, können keine anderen Werte eingetragen werden als diejenigen, die in der Domäne definiert sind.

So wird z. B. beim Erzeugen einer Annotation-Feature-Klasse eine Domäne „Horizontal-Alignment" für die horizontale Ausrichtung angelegt, die folgende kodierte Werte enthält: 0 = Links, 1 = Zentriert, 2 = Rechts und 3 = Voll. Diese Domäne wird einem einzelnen Feld zugewiesen. Dagegen wird die Domäne „BooleanSymbolValue", die die Werte 1 = Ja und 0 = Nein enthält, den Feldern „Bold", „Italic" und „Underline" zugewiesen.

Domänen beinhalten Methoden zur Teilung und zum Zusammenführen (Vereinigen) von Features. Zur Teilung stehen folgende drei Methoden zur Auswahl:

Teilungsmethoden

- Duplizieren: Das Attribut des ursprünglichen Features wird in die zwei durch die Teilung entstandenen Features kopiert.
- Standardwert: Die Attribute der zwei durch die Teilung entstandenen Features erhalten den Standardwert für das Attribut der gegebenen Feature-Klasse oder des gegebenen Subtypes.
- Geometrieverhältnis: Die Attribute ergeben sich aufgrund der durch die Teilung entstandenen Geometrie.

Vereinigungsmethoden

- Standardwert: Das Attribut des entstehenden Features erhält den Standardwert für das Attribut der gegebenen Feature-Klasse oder des gegebenen Subtypes.
- Summenwerte: Das Attribut des entstehenden Features erhält die Summe der Attribute der vereinigten Features.
- Gewichteter Durchschnitt: Das Attribut des entstehenden Features ist der gewichtete Durchschnitt der Werte des Attributs aus den ursprünglichen Features. Dieser Durchschnitt basiert auf der Geometrie des ursprünglichen Features.

7.3.9 Reorganisieren

Wird in einer Personal- oder File-Geodatabase in großem Umfang editiert, d. h. Datenobjekte oder Features erzeugt oder gelöscht, führt dies zu einer Fragmentierung der Binärdateien auf der Festplatte. Ursache dafür ist die datenbankinterne Verwaltung von gelöschten Datenobjekten oder Features. Diese werden aus der Geodatabase nicht entfernt,

7.3 Eigenschaften der Geodatabase-Elemente

sondern nur als gelöscht markiert. Die Folge ist eine stetige Leistungsabnahme beim Zugriff auf die Geodatabase. Es wird daher empfohlen, nach umfangreichen Änderungen innerhalb der Geodatabase diese zu reorganisieren. Dies führt zu einer Neuorganisation der Datenbank auf der Festplatte und dem tatsächlichen Löschen der als gelöscht markierten Daten. Dadurch wird nicht nur die Größe der Geodatabase verringert (je nach Fragmentierungsgrad zum Teil erheblich), sondern auch die Zugriffsgeschwindigkeit verbessert. Außerdem sind regelmäßig komprimierte Geodatabases weniger fehleranfällig. Die Reorganisation wird über den Eintrag „Datenbank reorganisieren" im *Kontextmenü der Geodatabase* ⇨ *„Verwaltung"* gestartet.

Tipp: Ähnlich wie das Reorganisieren von Personal- oder File-Geodatabases sollte auch die Festplatte, auf der die Daten abgelegt sind, in regelmäßigen Abständen defragmentiert werden. Windows XP bietet hierzu unter *Start* ⇨ *„Programme"* ⇨ *„Zubehör"* ⇨ *„Systemprogramme"* ⇨ *„Defragmentierung"* ein entsprechendes Werkzeug an. Bei Windows Vista oder Windows 7 ist der Pfad anders als oben angegeben. Am einfachsten finden Sie die Defragmentierung, indem Sie in der Suche (Eingabezeile im Startmenü) den Begriff „Defragmentierung" eingeben.

7.3.10 Komprimieren

Im Gegensatz zur Personal-Geodatabase bietet die File-Geodatabase die Möglichkeit der Komprimierung an. Die Komprimierung basiert auf der Technik der SDC-Komprimierung (Smart Data Compression). Dabei werden die Daten mindestens im Verhältnis 2:1 komprimiert; möglich sind Komprimierungen von einem Verhältnis von bis zu 10:1. Die Komprimierung dient nur zur Reduzierung der Datenmenge. File-Geodatabases, die komprimiert sind, sind schreibgeschützt. Lediglich die Namen der Feature-Klassen und Tabellen lassen sich ändern. Die Komprimierung eignet sich daher am besten für Datasets, die nicht mehr bearbeitet werden müssen. In ArcCatalog kann im Kontextmenü der File-Geodatabase die Komprimierung bzw. Dekomprimierung ausgeführt werden. Sowohl in ArcMap als auch im ArcCatalog können Sie die Komprimierung über die ArcToolbox vornehmen (*„Data Management Tools"* ⇨ *„File-Geodatabase"*) oder alternativ über das *Kontextmenü der Geodatabase* ⇨ *„Verwaltung"*.

Ab ArcGIS for Desktop Standard kann eine Personal ArcSDE Geodatabase komprimiert werden. Die Komprimierung entspricht in etwa der Reorganisation einer Personal- oder File-Geodatabase. Nach der Komprimierung sollte die Personal ArcSDE Geodatabase analysiert werden. Mit der Funktion „Analysieren" werden die Statistiken zu Business-Tabellen, Feature-Tabellen, Raster-Tabellen sowie hinzugefügten und gelöschten Tabellen zusammen mit den Statistiken für die Indizes dieser Tabellen aktualisiert. Dadurch wird die Datenbank in Bezug auf Anzeige- und Abfrageleistung effizienter und weniger anfällig für Fehler.

7.3.11 Aktualisieren

Anders als das Shape-Format ist das Geodatabase-Format ein dynamisches Format, das sich weiterentwickelt und mit neuen ArcGIS Versionen auch neue Funktionalitäten und Eigenschaften enthält. So wird mit (fast) jeder ArcGIS Version auch eine neue Geodatabase Version ausgeliefert. Allgemein gilt: Je höher die Versionsnummer, desto größer der Funktionsumfang der Geodatabase. Daher sind Geodatabases, die in einer aktuellen ArcGIS Version erstellt worden sind, meist nicht abwärts kompatibel. ArcGIS bietet leider kein

Tool zur Speicherung einer Geodatabase für eine niedrigere Version an. Allerdings können Geodatabases einer früheren Version mit der Funktion „Geodatabase aktualisieren" im Register „Allgemein" der Datenbank-Eigenschaften auf die aktuelle Version aktualisiert werden. Theoretisch kann in der aktuellen ArcGIS Version auch mit älteren Geodatabase Versionen gearbeitet werden, um sich die Kompatibilität zu niedrigeren ArcGIS Versionen zu erhalten. Wenn bereits vorab bekannt ist, dass die Geodatabase in unterschiedlichen Versionen von ArcGIS for Desktop verwendet werden soll, dann kann über die ArcToolbox (*Toolbox „Data Management Tools"* ⇨ *Toolset „Workspace"*) eine ältere Version einer Geodatabase erstellt werden.

7.3.12 Repräsentationen (ab ArcGIS for Desktop Standard)

Repräsentationen erlauben die Speicherung der Symbologie zusammen mit der Feature-Klasse in der Geodatabase. Dabei wird eine alternative Geometrie gespeichert, die nur für die Visualisierung verwendet wird, nicht jedoch für Geoverarbeitungsprozesse. Weitere Informationen zu Repräsentationen finden Sie in Kapitel 6.1.4.22 und Kapitel 14.11.

7.3.13 Versionierung und Archivierung (ab ArcGIS for Desktop Standard)

Eine gleichzeitige Bearbeitung derselben Daten durch mehrere Benutzer wird mithilfe des Versionierungskonzepts erleichtert. Wird auf eine Versionierung verzichtet, so sind die gerade zu bearbeitenden Datensätze für alle anderen Nutzer gesperrt oder müssen dupliziert werden. Neben dem daraus resultierenden großen Speicherplatzbedarf ist auch die anschließende Zusammenführung der Daten ein schwieriger Schritt. Um dies zu vermeiden, bietet ArcMap ab der Lizenzstufe ArcGIS for Desktop Standard die Möglichkeit der Versionierung.

Bei einer Version handelt es sich nicht um eine Kopie des Datensatzes, sondern um ein exaktes Abbild dessen. Änderungen in einer Version werden demnach auch nicht direkt in die Datenbank übernommen, sondern zunächst in einer separaten (Delta-)Tabelle gespeichert.

Grundlage für die Versionierung ist eine ArcSDE Geodatabase. Als Ausgangsversion dient die sogenannte DEFAULT-Version, die standardmäßig bereits angelegt ist, und im Regelfall dem Ist-Bestand der Daten entspricht. Damit gleichzeitig mehrere Anwender an den gleichen Geodaten arbeiten können, müssen aus der DEFAULT-Version („parent version") mehrere Versionen abgeleitet werden („child versions"). Es ist auch möglich, von einer bereits erstellten Version eine oder mehrere weitere Version abzuleiten (siehe Abb. 264). Auf diesem Weg können beliebig viele Versionen erstellt werden.

Jeder einzelnen Version können bestimmte Eigenschaften zugewiesen werden. Darüber lassen sich für jede Version auch einzeln Zugriffsrechte definieren. So kann der DEFAULT-Version z. B. der Status „geschützt" zugewiesen werden, wodurch jeder Bearbeiter Versionen von der DEFAULT-Version ableiten kann, aber nur der Besitzer die Änderungen wieder auf die DEFAULT-Version zurückschreiben kann. Durch diese Einstellung können die editierten Daten einer weiteren Kontrolle unterzogen werden, bevor diese auf den Ist-Bestand der Daten abgesenkt werden.

7.3 Eigenschaften der Geodatabase-Elemente

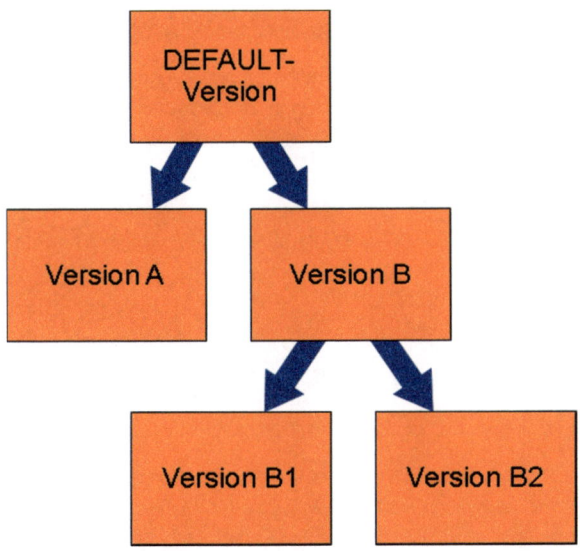

Abb. 264: Prinzip der Versionierung

Solange in den verschiedenen Versionen gearbeitet wird, werden keine Änderungen in den Ausgangsdaten, also der DEFAULT-Version, vorgenommen. Die Bearbeitung der Geodaten erfolgt auf dem gleichen Weg wie bei einer Personal- oder File-Geodatabase. Ist die Arbeit mit einer Version abgeschlossen, so kann diese in die darüberliegende Version zurückgeschrieben werden, um die Änderungen zu übernehmen. Sollten zwei oder mehr Bearbeiter in den von ihnen bearbeiteten Versionen an dem gleichen Objekt Änderungen vorgenommen haben, kann während des Abgleichs die korrekte Änderung ermittelt und bestätigt werden. Bereits zurückgeschriebene Versionen können gelöscht werden, um die allgemeine Performance zu erhöhen.

Bearbeitete Versionen müssen nicht zwangsläufig zurückgeschrieben werden. Eine Version kann auch dazu genutzt werden, ein bestimmtes Szenario zu erstellen. Auf diese Weise lassen sich eine Vielzahl von Fragestellungen durchspielen, ohne dass Änderungen in den Originaldaten bzw. der Datenbank vorgenommen werden müssen.

Neben der Versionierung wird mit der ArcSDE Geodatabase auch eine erweiterte Archivierungsmöglichkeit bereitgestellt. Die bisherige Historisierung bestand lediglich in der Möglichkeit, auf ältere Versionen zurückzugreifen. Da das aber zu Lasten der Performance geht, bietet die ArcSDE Geodatabase nun die Möglichkeit, mit neuen Archiv-Klassen zu arbeiten. Diese Klassen existieren unabhängig von den aktuellen Zustands- und Delta-Tabellen und schränken somit die Performance nicht ein.

8 Koordinatensysteme

Koordinatensysteme dienen der eindeutigen Positionierung bzw. Positionsangabe von Features im Raum. Einem Punkt-Feature wird dazu eine bestimmte Anzahl an Zahlenwerten zugeordnet, die sog. Koordinaten, deren Anzahl durch die Dimension des Raums bestimmt wird. In Geoinformationssystemen wird i. d. R. im zweidimensionalen Raum gearbeitet; es ist also die Angabe von zwei Koordinaten notwendig, um einen Punkt eindeutig zu lokalisieren bzw. zu positionieren. Zur Positionierung von Linien und Flächen werden entsprechend mehrere Punkte herangezogen, die das Feature ausreichend beschreiben (so lässt sich z. B. eine Linie durch die Angabe eines Start- und Endpunkts oder eines Startpunkts zusammen mit der Richtung und Länge eindeutig definieren). Soweit Höhenangaben berücksichtigt werden, werden diese zumeist nur in Form von Attributen gespeichert und dargestellt (man spricht dann auch von 2,5-dimensionalen Darstellungen). Dennoch gibt es auch Fälle, in denen mit dreidimensionalen Koordinatensystemen gearbeitet werden muss (z. B. Modellrechnungen zum Hochwasserabfluss). ArcGIS bietet für solche Anwendungsfälle die Möglichkeit, mit vertikalen Koordinatensystemen zu arbeiten (vgl. Kapitel 14.1.4 und die Erweiterung „ArcGIS 3D Analyst", Kapitel 12.1). Da in der Praxis jedoch zumeist der Umgang mit (zweidimensionalen) Karten im Vordergrund steht, beschränken sich die nachfolgenden Ausführungen auf zweidimensionale, sog. horizontale Koordinatensysteme.

Die Erde ist ein dreidimensionales Gebilde (in der Literatur findet sich häufig der Vergleich zur „Kartoffel"), das sich weder mathematisch noch physikalisch exakt beschreiben lässt. Geophysiker verwenden das Geoidmodell, das die Erdoberfläche durch Punkte gleichen Schwerepotenzials in Höhe des mittleren Meeresspiegels definiert. Dieses Modell liefert zwar brauchbare Ergebnisse im Bereich der Höhenmessung (und wird dafür auch eingesetzt, z. B. bei GPS-Messungen). Aufgrund der ungleichmäßigen Massenverteilungen der Erde ist es jedoch für geodätische Zwecke ungeeignet. Hier benötigen wir ein Modell, dass sich einerseits möglichst genau der Erdform „anschmiegt", sich andererseits aber auch mathematisch exakt berechnen lässt. Die Kugel scheidet aufgrund der ersten Bedingung aus. Stattdessen verwendet man sog. Rotationsellipsoide, die im Gegensatz zur Kugel die Polabflachung der Erde berücksichtigen. Der Mittelpunkt eines solchen Ellipsoids kann mit dem Schwerpunkt der Erde zusammenfallen. Man spricht dann von einem geozentrischen Rotationsellipsoid, das i. d. R. bei globalen Betrachtungen herangezogen wird. Es gibt jedoch auch Ellipsoide, die in ihrer Lage vom Erdmittelpunkt verschoben sind. Damit können für bestimmte Ausschnitte der Erdoberfläche bessere Ergebnisse erzielt werden. Die Angabe des Ellipsoids und seiner Lage erfolgt im sog. geodätischen Datum. Näheres dazu erfahren Sie in Kapitel 8.1.

Noch schwieriger wird es nun, wenn man versucht, die Erdoberfläche verebnet in Karten darzustellen. Hier kommen Projektionen („Abbildungen", „Kartennetzentwürfe") zum Einsatz. Das Prinzip einer (echten) Projektion ist denkbar einfach und lässt sich modellhaft mit dem Anleuchten eines Balls mit einer Taschenlampe vergleichen, wobei das Abbild des

Balls als Kreis an eine Wand projiziert wird. Die Projektion hat also das Ziel, einen dreidimensionalen Körper zweidimensional darzustellen. Für die Abbildung der Erde in Karten kommen verschiedenste Projektionen zum Einsatz. Man unterscheidet in Abhängigkeit der verwendeten Projektionsfläche zwischen Ebenen- (sog. azimutale Abbildung), Zylinder- (sog. zylindrische Abbildung) und Kegelprojektionen (sog. konische Abbildung). Je nach Lage des Projektionszentrums bzw. der Projektionsfläche wird weiter in stereographische (Projektionszentrum im gegenständigen Pol), gnomonische (Projektionszentrum im Erdmittelpunkt) und orthographische (Projektionszentrum im Unendlichen) Projektionen bzw. in normale (polständige), transversale (äquatorständige) und oblique (schiefständige) sowie berührende und schneidende Abbildungen eingeteilt. Schließlich gibt es auch noch sog. unechte Abbildungen, die keine geometrischen Konstruktionen darstellen und sich deshalb auch nicht mit dem klassischen Projektionsmodell vorstellen lassen. Die einzelnen Projektionstypen weisen unterschiedliche Vor- und Nachteile auf, für die an dieser Stelle jedoch auf die entsprechende Fachliteratur verwiesen werden muss.

Eine Verebnung, gleich welcher Art, führt jedoch immer zu Verzerrungen. Das gleiche Phänomen tritt bei dem Versuch auf, eine Orangenschale platt auf eine Tischplatte zu drücken – die Schale wird an mehreren Stellen reißen. Entsprechend können Abbildungen niemals gleichzeitig längen- (äquidistant), flächen- (äquivalent) und winkeltreu (konform) sein. Blättern Sie durch einen Atlas, werden Sie feststellen, dass z. B. Grönland in manchen Karten sehr groß, in anderen dagegen relativ klein erscheint. Diese Verzerrungen lassen sich nie vollkommen ausschließen. Umso wichtiger ist es, sich diesem Phänomen bewusst zu sein. Das in Deutschland weitverbreitete Gauß-Krüger-Koordinatensystem (vgl. Kapitel 8.3) beruht beispielsweise auf eine konforme transversale Zylinderprojektion, die winkeltreu ist und entlang des Berührmeridians zusätzliche Längentreue aufweist. Hingewiesen sei auch noch auf sog. vermittelnde Abbildungen, die keine der genannten Eigenschaften (längen-, flächen- und winkeltreu) aufweisen, jedoch insgesamt die Verzerrungen möglichst gering halten und deshalb häufig für globale Karten in Atlanten eingesetzt werden.

Entgegen dieser theoretischen, eher komplexen Einleitung zeigt sich der Umgang mit Koordinatensystemen in ArcGIS relativ einfach. ArcGIS bietet über die Layer-Eigenschaften die Möglichkeit, Informationen über das verwendete Koordinatensystem abzufragen, ein Koordinatensystem zuzuweisen oder Daten in ein anderes Koordinatensystem zu transformieren. Das Auslesen der Information, ob und welches Koordinatensystem verwendet wird, kann in ArcCatalog, im Katalog oder in ArcMap erfolgen. Die Zuweisung eines Koordinatensystems erfolgt in ArcCatalog oder im Katalog (siehe Kapitel 14.1.4 und Kapitel 14.5.1). Die Projizierung in ein anderes Koordinatensystem erfolgt in ArcMap.

Grundsätzlich gibt es in ArcGIS zwei Arten von Koordinatensystemen: geographische und projizierte. Geographische Koordinatensysteme (vgl. Kapitel 8.2) verwenden Längen- und Breitenkoordinaten auf einem (Rotations-)Ellipsoid. Projizierte Koordinatensysteme (Kapitel 8.3) verwenden eine mathematische Konvertierung, um Längen- und Breitenkoordinaten, die auf der dreidimensionalen Erdoberfläche liegen, in eine zweidimensionale Oberfläche umzuwandeln.

8.1 Ellipsoid und Geodätisches Datum

Die Abbildungen in diesem Kapitel wurden in der Layout-Ansicht von ArcMap erzeugt und stellen in unterschiedlichen Projektionen immer den gleichen Kartenausschnitt in zwei Maßstäben (welt- und deutschlandweit) dar. Abbildung 265 zeigt die „The World From Space"-Projektion, die ArcGIS zur Verfügung stellt. Links mit einer 5-Grad-Auflösung, rechts mit einer 1-Grad-Auflösung des Gitternetzes.

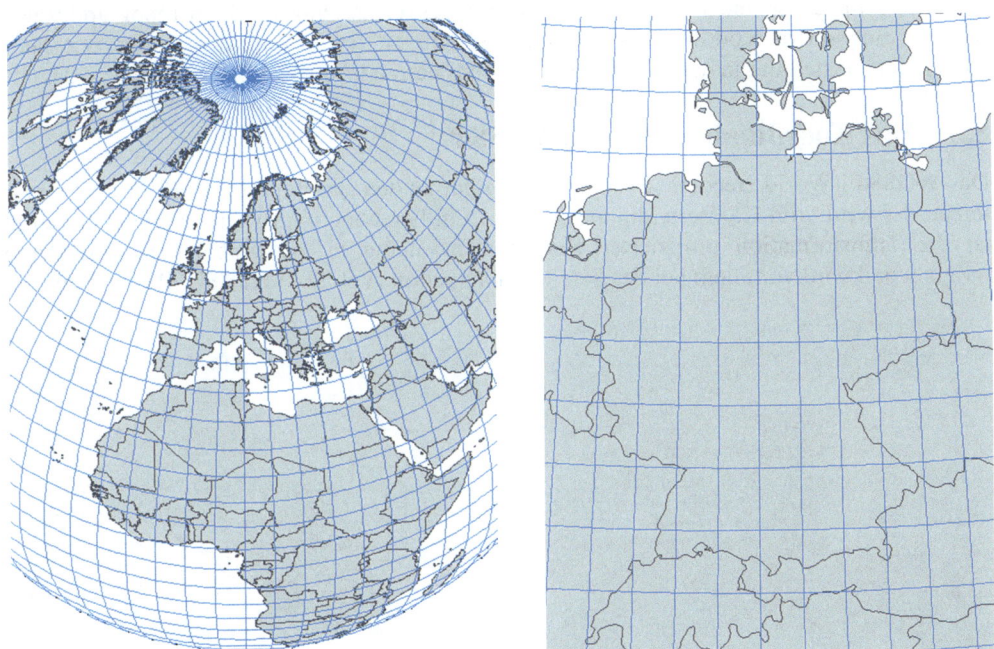

Abb. 265: Orthographische Darstellung der „The World From Space"-Projektion

Da die Erde – wie eingangs erwähnt – eine sehr unregelmäßige Form aufweist, kann sie mathematisch nicht exakt beschrieben werden. Man behilft sich mit Näherungen. Durch die Abflachung der Erdkugel an den Polen entspricht die Erde näherungsweise einem Rotationsellipsoid. Um eine noch genauere mathematische Beschreibung der Erde zu erzielen, werden für verschiedene Teile der Erde unterschiedliche, lokale Ellipsoide (z. B. Bessel, Krassowski) verwendet. Diese unterscheiden sich in ihren Maßen, der zugrunde liegenden Parameter und in ihrer Lage voneinander, sodass jedes Ellipsoid immer nur einen Ausschnitt der Erdoberfläche mit ausreichender Genauigkeit beschreiben kann. Für globale Aufgaben werden sog. geozentrische Ellipsoide verwendet, die einen Kompromiss aus regionaler Genauigkeit und weltweiter Anwendbarkeit bieten. Bekanntester Vertreter dieser Gruppe ist das System WGS84 (World Geodetic System aus dem Jahre 1984), das auch bei NAVSTAR-GPS zum Einsatz kommt. Der Begriff WGS84 beschreibt nicht nur ein Ellipsoid, sondern ist gleichzeitig auch Datum und Koordinatensystem (siehe Kapitel 8.2).
Die Angabe des Rotationsellipsoids und der entsprechenden Lageparameter (z. B. der Fundamentalpunkt) wird als Geodätisches Datum bezeichnet. Im deutschen Vermessungswesen ist (immer noch) das Potsdam-Datum (PD) gebräuchlich, das durch das Bessel-Ellipsoid

beschrieben und dessen Lage durch den Fundamentalpunkt Rauenberg definiert wird (weshalb eigentlich der Begriff Rauenberg-Datum korrekt wäre). Auf den Ellipsoiden werden also bestimmte Punkte lage- und höhenmäßig mathematisch exakt festgelegt und zu einem Netz vermascht, auf dem die einzelnen Punkte relativ zueinander die korrekte Lage aufweisen. Dieses Netz muss noch über ein Referenzsystem einen absoluten Raumbezug erhalten. Das Deutsche Hauptdreiecksnetz (DHDN) ist ein solches Netz und wird in den alten Bundesländern üblicherweise verwendet. Das Deutsche Hauptdreiecksnetz ist die Grundlage für das heute von der deutschen Landesvermessung (z. B. in topographischen Karten) eingesetzte Koordinatensystem „Gauß-Krüger" (vgl. Kapitel 8.3). Derzeit läuft jedoch die Umstellung in das UTM-Koordinatensystem (siehe Exkurs des Kapitels 8.3).

8.2 Das Koordinatensystem „WGS84"

Das WGS84 (World Geodetic System 1984) zählt zu den geographischen Koordinatensystemen. Es wird vom US-Verteidigungsministerium berechnet und weiterentwickelt. Damit ist die Transformation projizierter Koordinatensysteme in ein globales Bezugssystem möglich und wird vor allem bei der Satellitennavigation (vgl. NAVSTAR-GPS) verwendet.

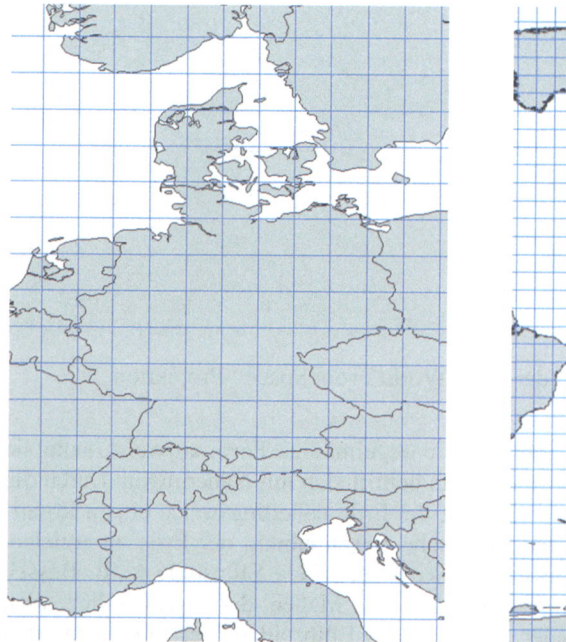 

Abb. 266: WGS84-Projektion

Abbildung 266 zeigt die Kartenausschnitte mit einer WGS84-Projektion wieder mit 5° bzw. 1° breitem Gitternetz. Es handelt sich um ein kartesisches Koordinatensystem mit quadratischem Gitternetz. Jedes Gitterquadrat ist gleich groß.

8.3 Die Projektion „Gauß-Krüger" (GK)

Zu den projizierten Koordinatensystemen zählt das Gauß-Krüger-Bezugssystem. Es handelt sich hierbei um eine transversale Mercatorprojektion. Die Abbildung erfolgt über einen Berührungszylinder. Dabei wird – bildlich gesprochen und stark vereinfacht – ein Blatt Papier zu einem Zylinder zusammengerollt, über die Erdkugel gestülpt und alle Orte ausgehend vom Erdmittelpunkt als Projektionszentrum auf das Papier übertragen. Der Radius des Zylinders entspricht dabei dem Erdradius, sodass sich Erde und Zylinder (theoretisch) entlang eines Kreises (sog. Berührmeridian) berühren. Die Abbildung wird anschließend verzerrt, um Winkeltreue zu erreichen. Die Mercatorprojektion ist also konform (gemessene Winkel stimmen mit den tatsächlichen auf dem Ellipsoid überein), das heißt, die Form der Flächen wird erhalten und im Bereich des Berührmeridians ist dieses System längentreu. Je weiter man sich von diesem Bezugsmeridian entfernt, desto größer werden die Verzerrungen.

Um diese Verzerrungen möglichst zu minimieren, gibt es das Gauß-Krüger-Bezugssystem in verschiedenen Streifen. In Deutschland erfolgt dazu eine Einteilung des geographischen Gradnetzes in 3° breite Meridianstreifen (in anderen Staaten, z. B. in Russland, findet z. T. auch eine Einteilung in 6°-Streifen Anwendung), deren Zentrum jeweils ein eigener Berührmeridian ist. Die Streifen werden gemäß ihrem Bezugsmeridian durchnummeriert – der Meridian 3° Ost entspricht dem deutschen Gauß-Krüger-Streifen 1, der Meridian 6° Ost dem Gauß-Krüger-Streifen 2 etc. (vereinfachend spricht man in Deutschland häufig auch nur von Gauß-Krüger 1-5). Mittelmeridian und Äquator spannen für jeden Meridianstreifen ein kartesisches Koordinatensystem auf. Die Koordinaten entsprechen dem Abstand eines Punkts vom Bezugsmeridian bzw. vom Äquator und werden als Rechts- bzw. als Hochwert jeweils in Metern angegeben.

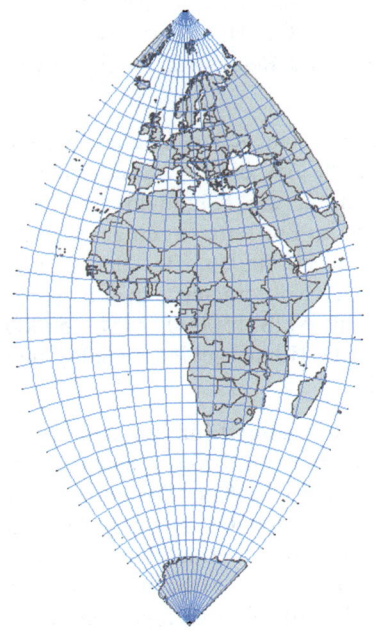

Abb. 267: Gauß-Krüger 4 Projektion

In Abbildung 267 (links) ist der gleiche Ausschnitt wie in Abbildung 266 mit einer Gauß-Krüger 4 Projektion (4. Hauptmeridian) und einem 5° breiten Gitternetz dargestellt. In der Abbildung rechts ist die gesamte Gauß-Krüger 4 Projektion mit einem 1° breiten Netz erkennbar. Deutlich sind die Unterschiede für die einzelnen Gitter im Vergleich der WGS84-Projektion zu sehen. Die Gitter laufen in zwei definierten Punkten zusammen. Damit ergibt sich für jedes Gitterquadrat eine andere Größe.

Das Gauß-Krüger-Koordinatensystem weist noch einige Besonderheiten auf, die national unterschiedlich gehandhabt werden. Kurz sei hier auf die in Deutschland üblichen Standards hingewiesen: Dem Mittelmeridian wird immer der Koordinatenwert 500.000 m zugewiesen (sog. False Easting), um negative Koordinaten für Orte westlich des Meridians zu vermeiden. Außerdem wird dem Rechtswert immer die Nummer des Bezugsmeridians (hochgestellt) voran geschrieben. Die Meridianstreifen weisen in der Bundesrepublik eine Breite von 1° 40' beiderseits des Mittelmeridians auf, sodass sich Überlappungen (von rund 20 km) ergeben, die das Arbeiten im Bereich der Streifengrenzen erleichtern. Wie bereits in Kapitel 8.1 erläutert, bezieht sich das Gauß-Krüger-Bezugssystem in den meisten Bundesländern auf das Potsdam-Datum bzw. das Deutsche Hauptdreiecksnetz.

Arbeiten Sie mit Karten aus anderen Ländern, bedarf es einer genauen Prüfung des Koordinatensystems. Selbst falls dort ebenfalls das Gauß-Krüger-Koordinatensystem verwendet wird, können nationale Besonderheiten zu großen Abweichungen führen. In Österreich ist das System der Landesvermessung ebenso wie in Deutschland auf Gauß-Krüger-Koordinaten mit 3° breiten Streifen aufgebaut. Allerdings ist das zugrunde liegende Bessel-Ellipsoid hier anders gelagert, d. h. es wurde ein anderes Datum hinterlegt. Dieses wird in der Regel mit Austria oder Austria MGI (Militär Geographisches Institut, ursprünglich im 19. Jh. mit der Landesvermessung betraut) bezeichnet. Die Mittelmeridiane werden nicht von Greenwich aus gezählt, sondern von der kleinen Atlantik-Insel Ferro (oder Hierro) und sind 28°, 31° und 34°. Durch diese Festlegung gibt es eine West-Zone (M28, Arlberg), eine Mittel-Zone (M31, Salzburg) und eine Ost-Zone (M34, Wien). Der Hochwert wird für die Koordinatenangabe um 5 Mio. reduziert (False Northing), der Rechtswert bleibt unverändert.

Neben dem System der Landesvermessung, in dem die meisten von offiziellen Stellen abgegebenen Daten vorliegen, gibt es noch eine abgewandelte Art, die sog. Bundesmeldenetzkoordinaten (kurz BMN). Diese wurden ursprünglich für die Kommunikation von Einsatzkräften eingeführt, werden heute aber vor allem auch im Freizeitsport eingesetzt und sind daher oft auf Wanderkarte und ähnlichem Material zu finden. Bei den BMN-Koordinaten wird an den Rechtswerten der Gauß-Krüger-Koordinaten ein für jeden Mittelmeridian individueller False-Easting-Wert angebracht: M28 150000, M31 450000 und M34 750000. Die Rechtswerte sind somit für das gesamte Bundesgebiet eindeutig und überlappen nicht, es gibt keine negativen Rechtswerte mehr.

Für den Einsatz in GIS sind die BMN-Koordinaten z. T. irreführend, da auf den ersten Blick der Anschein entsteht, dass ein für ganz Österreich einheitliches Koordinatensystem zur Verfügung steht. Für Projekte, in denen bundesweit einheitliche Koordinaten benötigt werden, wird heute im Allgemeinen eine Lambert-Projektion benutzt. Diese wird vom Bundesamt für Eich- und Vermessungswesen (heute für die Landesvermessung in Österreich verantwortlich) für dir Produktion der Übersichtskarte 1:500.000 benutzt, weshalb auch viele Datensätze mit überregionalem Inhalt in diesen Koordinaten verfügbar gemacht werden. Um Koordinaten zweier unterschiedlicher Koordinatensysteme umrechnen zu können, ist eine Transformation (i. d. R. Translation, Rotation und Skalierung) notwendig. Wie Sie Ihren Daten in ArcGIS ein Koordinatensystem zuweisen bzw. wie Koordinatentransformationen durchgeführt werden können, erfahren Sie in Kapitel 8.4 und Kapitel 10.6.

Insgesamt stellt ArcGIS im Ordner „Coordinate Systems" etwa 4.000 vordefinierte Koordinatensysteme (ca. 730 geographische über 3.100 projizierte und über 100 vertikale Koordinatensysteme) zur Verfügung. Das Gauß-Krüger-System finden Sie im Unterordner „Projizierte Koordinatensysteme\Nationale Raster\Deutschland" unter den Dateinamen „Germany Zone 1.prj" bis „Germany Zone 5.prj". Äquivalent dazu sind die Dateien „DHDN 3 Degree Gauss Zone 1.prj" bis „DHDN 3 Degree Gauss Zone 5.prj", die Sie im selben Ordner finden.

Exkurs: Das UTM-System

An dieser Stelle sei auf das UTM-Koordinatensystem (Universal Transverse Mercator) und seine Unterschiede zum Gauß-Krüger-Bezugssystem hingewiesen. Das UTM-System wurde vom US-Militär nach dem Zweiten Weltkrieg als globales Koordinatensystem entwickelt und verdrängt zunehmend vergleichbare nationale Systeme. Auch in Europa soll künftig das UTM-System einheitlich eingesetzt werden und zwar auf Grundlage des Geodätischen Datums ETRS89 (Europäisches Terrestrisches Referenzsystem 1989) mit dem Rotationsellipsoid GRS80 (Geodätisches Referenzsystem 1980; nahezu identisch mit WGS84). In der deutschen Landesvermessung läuft bereits seit einigen Jahren die Umstellung von Gauß-Krüger- auf UTM-Koordinaten. Nach wie vor werden jedoch für nationale Arbeiten hauptsächlich Gauß-Krüger-Koordinaten eingesetzt.

Hinweis: Gelegentlich wird anstelle von ETRS auch von ETRF (European Terrestrial Reference Frame) gesprochen. Während der Begriff ETRS (European Terrestrial Reference System) sich auf das Bezugssystem bezieht, bezeichnet man mit ETRF dessen Realisierung mit konkreten Koordinatenwerten. Für den praktischen Umgang ist diese Unterscheidung jedoch belanglos.

Auch dem UTM-System liegt eine transversale Mercatorprojektion zugrunde. Anders als beim GK-System kommt beim UTM-System jedoch eine Abbildung mittels Schnittzylinder zum Einsatz (der eingesetzte Projektionszylinder ist etwas kleiner als der Erdradius und schneidet daher die Erdoberfläche). Das Gradnetz der Erde wird bei diesem System in 6° breite Streifen eingeteilt. Im Gegensatz zu Gauß-Krüger gibt es hier jedoch keinen zentralen Berührmeridian. Stattdessen besitzt jeder Streifen zwei „Schnittmeridiane", die sog. Durchdringungskreise, an denen die Abbildung längentreu ist (180 km beiderseits des zentralen Längengrads). Der zentrale Meridian wird dagegen leicht verkürzt abgebildet (Faktor 0,9996, entsprechend 40 cm pro km). Die Meridianstreifen reichen von 80° Süd bis 84° Nord, die Pole werden gesondert abgebildet. Die Nummerierung der einzelnen Streifen beginnt bei 180° West mit dem Wert 1 und erfolgt in Richtung Osten. Der größte Teil Deutschlands fällt in den 32. Meridianstreifen (6 – 12° Ost). Die Meridianstreifen werden weiter in sog. Zonenfelder (Bänder) unterteilt, die mit Ausnahme des nördlichsten Bands sechs Breitengrade umfassen und mit Buchstaben bezeichnet werden. Auf eine detailliertere Beschreibung kann an dieser Stelle verzichtet werden. Wie beim GK-System werden die Koordinaten auch hier als Rechts- und Hochwerte (auch als Ost- und Nordwert bezeichnet) in Metern angegeben. Das False Easting beträgt ebenfalls 500.000 m. Im Gegensatz zu GK-

Koordinaten sind die UTM-Rechtswerte immer sechsstellig, da die Nummerierung des Meridianstreifens nicht Bestandteil der Koordinaten ist, sondern in Form des Zonenfelds angegeben wird (z. B. 32U). Während auf der Nordhalbkugel ohne False Northing gearbeitet wird, wird bei Koordinatenangaben der Südhemisphäre dem Äquator ein False Northing von 10.000.000 m zugewiesen (um negative Koordinatenwerte zu vermeiden).

In ArcGIS finden Sie die entsprechenden Projektionsdateien im Verzeichnis „Projected Coordinate Systems\UTM\Europe". Für den europäischen Raum lauten die Dateinamen „ETRS 1989 UTM Zone 26N.prj" bis „ETRS 1989 UTM Zone 39N.prj", wobei sich die Bezeichnung nach dem jeweiligen Meridianstreifen richtet. Die Projektionsdatei „ETRS 1989 UTM Zone N32" für das in weiten Teilen Deutschlands gebräuchliche Zonenfeld 32N finden Sie außerdem auch unter „Projected Coordinate Systems\National Grids\Germany". Beim Umstieg auf UTM ist die Definition des False Easting relevant. Das liegt daran, dass in Deutschland auch bei UTM-Koordinaten dem Rechtswert teilweise die Zonenkennung vorangestellt ist (bspw. 32.500.000 für die Zone 32). Manche Datenbankformate können allerdings nicht mit 8-stelligen Koordinatenangaben umgehen, weswegen dann die erste Stelle gestrichen wird (2.500.000 für die Zone 32 und 3.500.000 für die Zone 33). Die veränderten und modifizierten Projektionsdateien können Sie unter http://esri.de/downloads/projections.html downloaden.

Nicht zu verwechseln ist das UTM-Koordinatensystem mit dem UTM-Referenzsystem (UTMREF, auch Military Grid Reference System = MGRS). Dieses basiert zwar auf dem UTM-Koordinatensystem, ist aber planquadratorientiert. Dazu werden die Meridianstreifen in Planquadrate mit einer Kantenlänge von 100 km unterteilt und mit einer Buchstabenfolge durchnummeriert. Die Koordinatenangabe erfolgt hier ausgehend von der südwestlichen Ecke des jeweiligen Planquadrats.

8.4 Transformationen

Unter einer Koordinatentransformation versteht man die Übertragung von Koordinaten eines Koordinatensystems in ein anderes Koordinatensystem. Je nachdem, ob sich die Unterschiede von Ursprungs- und Zielkoordinaten eindeutig mithilfe von mathematischen Formeln bestimmen lassen, spricht man von Transformationen auf Grundlage einer Umrechnung oder von Transformationen durch Umformung.

Erstere lassen sich zumeist problemlos durchführen, da sich hier eine eindeutige Transformationsgleichung definieren lässt. Ein typisches Anwendungsbeispiel ist die Umrechnung von Karten zweier unterschiedlicher Gauß-Krüger-Meridianstreifen.

Dagegen lässt sich eine Umformung immer nur näherungsweise durchführen, da hier zwischen Ursprungs- und Zielkoordinaten keine eindeutige mathematische Beziehung besteht. Umformungen sind zwischen Koordinatensystemen notwendig, die unterschiedliche Bezugsellipsoide besitzen (z. B. die Transformation von ETRS89-Daten in das Gauß-Krüger-System).

Eine Transformation setzt sich in der Regel aus mehreren Teilprozessen zusammen, die in der Transformationsgleichung zusammengefasst werden. Typische Bestandteile sind:

- Translation: Verschiebung der Koordinatenwerte durch Addition eines Translationsvektors
- Rotation: Drehung der Koordinatenachsen um einen Rotationswinkel

- Skalierung: Maßstabsveränderung durch Multiplikation eines konstanten Skalierungsfaktors

Transformationsgleichungen können sehr komplex werden. Die zur Berechnung der Transformationsgleichung notwendigen Parameter müssen entweder im Voraus bekannt sein oder durch mehrere Punkte, deren Koordinaten sowohl im Ursprungs- als auch im Zielkoordinatensystem bekannt sind („idente Punkte"), berechnet werden (vgl. Georeferenzierung, Kapitel 14.4).

Eine weitverbreitete Methode ist die sog. Helmert-Transformation (auch 7-Parameter-Transformation). Damit ist es möglich, Koordinatensysteme mit unterschiedlichem Bezugsellipsoid (näherungsweise) ineinander zu transformieren. Sie erlaubt für den dreidimensionalen Raum die Durchführung von drei Translationen (in x-, y- und z-Richtung), drei Rotationen (um die drei Koordinatenachsen) und eine Skalierung (um einen Maßstabsfaktor). Zur Lösung der Transformationsgleichung sind entsprechend sieben Parameter oder die Koordinatenpaare dreier identer Punkte (für den dritten Punkt reicht theoretisch ein bekanntes Koordinatenpaar aus) notwendig. In der Praxis wird man jedoch mehrere Punkte verwenden (Prüfung auf Richtigkeit, Ausgleichen von Widersprüchen). Die Helmert-Transformation finden Sie in ArcGIS unter dem Namen „Positionsvektor" („Position Vector") und „Koordinatenrahmen" (Coordinate Frame), die sich nur hinsichtlich der Drehrichtung unterscheiden.

Während die Zuweisung eines Koordinatensystems in ArcCatalog oder im Katalog vorgenommen wird (vgl. Kapitel 14.1.4), erfolgt die Koordinatentransformation in ArcMap.

Eine einfache Umrechnung, beispielsweise um Daten mit unterschiedlichen Gauß-Krüger-Meridianstreifen in einem Datenrahmen lagerichtig darzustellen, führt ArcMap automatisch „on-the-fly" durch (vgl. Kapitel 6.2.3). Diese Projektion gilt jedoch nur für die aktuelle Darstellung. Um diese Umrechnung dauerhaft zu speichern, nutzen Sie die Möglichkeit des Datenexports und wählen dort die Einstellung „Koordinatensystem des Datenrahmens verwenden" (vgl. Kapitel 6.1.5.3).

Um die Durchführung von Umformungen zu erleichtern, haben Sie in ArcMap Zugriff auf einige vordefinierte Transformationen. Nachdem Sie die entsprechenden Daten in ArcMap geladen haben, wird softwareseitig automatisch eine Warnmeldung angezeigt, die auf unterschiedliche geographische Koordinatensysteme aufmerksam macht. Um eine Umformung durchzuführen, wechseln Sie in das Register „Koordinatensystem" der Datenrahmen-Eigenschaften und klicken auf die Schaltfläche „Transformationen...". Sofern es eine passende vordefinierte Transformationsmethode gibt, wird diese im Bereich „unter Verwendung von:" von ArcMap automatisch im Drop-down-Menü angezeigt. Die passende Transformationsmethode kann dann einfach von Ihnen ausgewählt werden. In Deutschland wird häufig eine Transformation von Daten im Gauß-Krüger-Koordinatensystem zu UTM-Koordinaten benötigt. Dafür werden von ArcMap mehrere Transformationsmethoden zur Verfügung gestellt. Die höchste Genauigkeit erreichen Sie mit der Methode „DHDN_To_ETRS_1989_8_NTv2". Der Zusatz NTv2 (**N**ational **T**ransformation **v**ersion **2**) bedeutet, dass die verwendeten Parameter nicht direkt von den Vermessungsämtern stammen, sondern berechnet werden. Bisher wurden, um ein möglichst genaues Ergebnis zu erhalten, lokale Parameter möglichst kleinen Regionen zugeordnet. Das wurde aber problematisch, wenn sich ein Datensatz nicht komplett in einer der Regionen befindet. Deswegen berechnet die NTv2-Transformationsmethode für jeden Punkt eines Maschennetzes den

Versatz, basierend auf den kleinräumigen Parametern. Das hat zur Folge, dass deutschlandweit ein Transformationsergebnis im Submeterbereich ermöglicht wird. Das Maschennetz für die Verschiebung von DHDN zu ETRS89 wurde auf einem 600" × 900" Gitternetz berechnet, was einer Maschenweite von ca. 18 km entspricht.

Steht keine vordefinierte Transformationsmethode zur Verfügung, müssen Sie die benötigte Methode und entsprechende Parameter selbst festlegen. Über die nebenstehende Schaltfläche „Neu..." können Sie aus den von ArcMap unterstützten Methoden auswählen und die benötigten Parameter eintragen. Dort können Sie dann auch als Methode die Helmert-Transformation (s. o.) (also Positionsvektor oder Koordinatenrahmen) auswählen.

Auch hier gilt: Um die Transformation dauerhaft zu speichern, müssen die Daten in ArcMap unter Nutzung des Koordinatensystems des Datenrahmens exportiert werden.

Zur Vertiefung sei auf das Buch „Koordinatensysteme in ArcGIS" von Werner Flacke und Birgit Kraus verwiesen, das sich sehr ausführlich mit Koordinatensystemen, Projektionen und Transformationen in ArcGIS befasst. Das Buch ist erschienen im Points Verlag, 2. Auflage, 2010. Zusätzlich dazu ist das englische Buch „Working with Projections and Datum Transformations in ArcGIS" von den gleichen Autoren im gleichen Verlag erschienen. Dabei handelt es sich aber nicht um eine reine Übersetzung des Buchs „Koordinatensysteme in ArcGIS". Zum einen wurden in dem englischen Buch, das erst 2005 veröffentlicht wurde, die Erklärungen an die damals aktuelle Version ArcGIS 9.0/9.1 angepasst, und zum anderen wurde der Fokus nicht mehr ausschließlich auf die deutschsprachigen Länder gelegt.

9 ArcToolbox

9.1 Allgemein

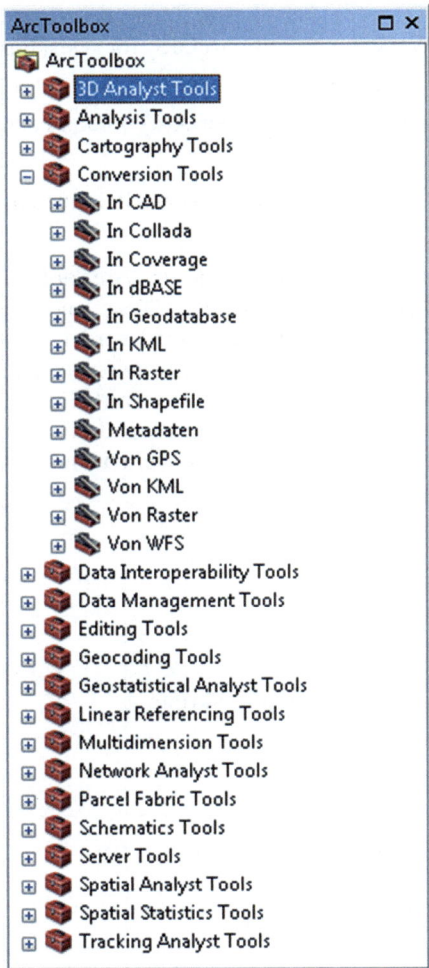

Abb. 268: ArcToolbox-Fenster

Die ArcToolbox stellt eine ganze Reihe von Funktionalitäten zur Bearbeitung raumbezogener Daten zur Verfügung (siehe Abb. 268). Dazu gehören das Erstellen, Konvertieren und Analysieren von Daten, Tools zur kartographischen Darstellung und vieles mehr. In ArcGIS 8.x wurde die ArcToolbox als Standalone-Anwendung konzipiert. Seit der Version 9.0 ist die ArcToolbox ein verankerbares, in alle ArcGIS Desktop Anwendungen integriertes Fenster.

9 ArcToolbox

Wenn Sie beispielsweise ein Werkzeug über das ArcToolbox-Fenster in ArcMap aufrufen, können Sie die Layer der aktuellen Karte als Eingangsdaten nutzen und die Ergebnisse als neue Layer direkt zur Karte hinzufügen.

Für ArcGIS for Desktop Basic stehen in der Basisinstallation 243 Werkzeuge, Skripte und Modelle zur Verfügung. Die Zahl der Werkzeuge lässt sich durch die Installation von Erweiterungen (vgl. Kapitel 12) beträchtlich erhöhen.

 Mit einer ArcGIS for Desktop Standard Lizenz haben Sie (ohne installierte Erweiterungen) Zugriff auf über 300 Werkzeuge, mit ArcGIS for Desktop Advanced erhöht sich die Zahl der Werkzeuge sogar noch.

Im Anhang finden Sie eine Liste mit allen Werkzeugen und Skripten der ArcToolbox nach Lizenzen aufgeschlüsselt.

 Gestartet wird die ArcToolbox in ArcMap oder in ArcCatalog durch einen Klick auf das ArcToolbox Symbol in der Standardwerkzeugleiste.

In den Vorgängerversionen von ArcGIS 10 waren im unteren Fensterrand der ArcToolbox die Register „Favoriten", „Suchen", „Index" und „Ergebnisse" vorhanden. Diese sind mit der neuen Version weggefallen, teilweise aber durch neue Funktionen ersetzt worden. Die Suchfunktion in ArcMap kann neben Karten und Geodaten auch nach Werkzeugen suchen. Die neue, erweiterte Suche erreichen Sie u. a. über die Werkzeugleiste „Geoverarbeitung", ebenso wie das Dialogfenster „Ergebnisse" (siehe Kapitel 6.1.3.7). Der Grund für den Wegfall dieser Register ist der, dass die Werkzeuge jetzt ausgegliedert werden und als eigenständige Prozesse im Hintergrund laufen.

Tabelle 11: Elemente der ArcToolbox

	Toolbox: Sammlung verschiedener Toolsets und Werkzeuge
	Python-Toolbox: Sammlung verschiedener Python-Skripte
	Toolset: Ordner für Werkzeuge, Skripte und Modelle
	Werkzeug: Führt Funktion in der Geoverarbeitungsumgebung aus
	Skript: Für Skripte nach COM-Norm (z. B. Python, JScript, VBScript)
	Modell: Startet ein hinterlegtes Modell oder erlaubt dessen Bearbeitung

9.1.1 Kontextmenü der ArcToolbox

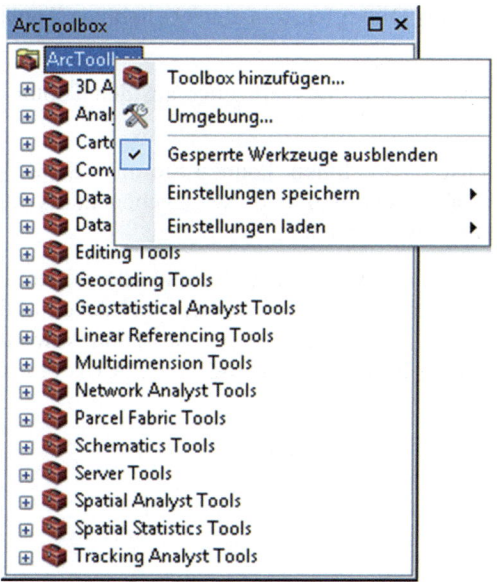

Abb. 269: Kontextmenü der ArcToolbox

Über die Funktion „Toolbox hinzufügen" (Abb. 269) können Sie eine bereits erstellte Toolbox dieser MXD hinzufügen. Wenn Sie eine neue, leere Toolbox erstellen möchten, dann benötigen Sie dazu entweder den Katalog (für eine genauere Beschreibung des Katalogs siehe Kapitel 6.1.6) oder den ArcCatalog. Toolboxes können sowohl in Geodatabases als auch in einem beliebigen Ordner erstellt werden. In den meisten Fällen ist es ratsam, die neue Toolbox im Verzeichnis „Toolbox" zu erstellen, um dadurch alle Toolboxes (die eigenen und die systemseitigen) zusammen zu verwalten. Sobald Sie eine neue, leere Toolbox erstellt haben (*Kontextmenü „Neu" ⇨ „Toolbox"*), können Sie dieser vorhandene Werkzeuge und Skripte hinzufügen und Modelle darin erstellen. Der integrierte Dokumentations-Editor („Item Description" bzw. „Elementbeschreibung") im Kontextmenü der neu erstellten Toolbox, den man über „Elementbeschreibung" aufruft, erlaubt das Erstellen von Dokumentationen und Metadaten für die Werkzeuge und Modelle, die Sie für Ihre eigene Toolbox anlegen.

Tipp: Ob die Toolboxes im Katalog bzw. ArcCatalog standardmäßig angezeigt werden, kann in den ArcCatalog/Katalog-Optionen eingestellt werden (Hauptmenüleiste unter *„Anpassen" ⇨ „ArcCatalog-Optionen..." ⇨ Register „Allgemein"* oder *Schaltfläche „Optionen" im Katalog ⇨ Register „Allgemein"*). Im Ordner „Toolboxes" gibt es zwei weitere Ordner. Im Ordner „System-Toolboxes" finden Sie die im Lieferumfang von ArcGIS enthaltenen Toolboxes. Selbst erstellte Toolboxes finden Sie im Ordner „Eigene Toolboxes".

Wenn Sie eine Toolbox mit „Toolbox hinzufügen..." hinzuladen möchten, finden Sie die Standard-Toolboxes unter dem ArcGIS Verzeichnis im Ordner „ArcToolbox\Toolboxes\".

9 ArcToolbox

Die Umgebungsvariablen können Sie über den Menüpunkt „Umgebung…" aufrufen. Das Dialogfenster „Umgebungsvariablen", welches daraufhin geöffnet wird, können Sie alternativ auch über die Schaltfläche „Umgebung…" des Dialogfensters eines beliebigen Tools erreichen.

Die Funktion „Gesperrte Werkzeuge ausblenden" entfernt die Werkzeuge aus den Toolboxes, für die Sie keine Lizenz besitzen.

Alle Einstellungen, die Sie am ArcToolbox-Fenster vornehmen, können Sie mit *„Einstellungen speichern ⇨ In Datei..."* als XML-File abspeichern und diese gegebenenfalls zu einem späteren Zeitpunkt mit „Einstellungen laden" wieder laden.

Tipp: Um den selbst erstellen Toolboxes neue Werkzeuge, Skripte oder Modelle hinzuzufügen, können Sie diese aus der ArcToolbox Drag & Drop bestücken und sich so eine eigene Werkzeugsammlung zusammenstellen. Das kann sowohl innerhalb der ArcToolbox als auch vom ArcCatalog bzw. vom Katalog in die ArcToolbox verschoben werden.

9.1.2 Kontextmenü der Toolboxes

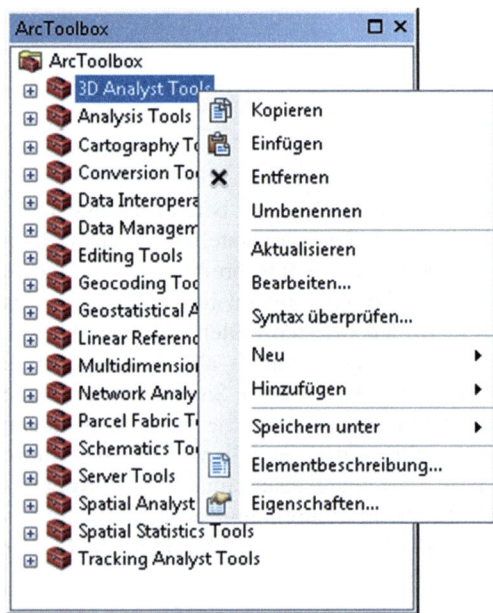

Abb. 270: Kontextmenü der Toolboxes

Wenn Sie die Tools, Modelle oder Skripte nicht per Drag & Drop verschieben möchten, können Sie auch die Menüeinträge „Kopieren" und „Einfügen" des Kontextmenüs der Toolbox verwenden. Toolboxes, für die Sie keine Lizenz haben bzw. die Sie nicht benötigen, können Sie entfernen, indem Sie im Kontextmenü der jeweiligen Toolbox „Entfernen" wählen. Bei den eigenen Toolboxes können Sie den Namen mithilfe der Option „Umbenennen" verändern. Die systemseitigen Toolboxes, Toolsets etc. sind schreibgeschützt und können somit nicht umbenannt werden. Über die Funktion „Neu" können Sie neue Toolsets oder Modelle innerhalb der Toolbox erzeugen, über „Hinzufügen" können dann der Toolbox oder Toolsets neue Skripte oder Werkzeuge hinzugefügt werden (Abb. 270).

Die Einträge „Aktualisieren", „Bearbeiten…" und „Syntax überprüfen…" sind in ArcGIS 10.1 for Desktop neu hinzugefügt worden und beziehen sich auf die neue Python-Toolbox. Diese stellt direkt Quelltext zur Verfügung, über den die Eigenschaften für die Toolbox und die einzelnen Werkzeuge festgelegt werden können. Für eine ausführlichere Erklärung siehe Kapitel 9.6.4. In den „Geoverarbeitungsoptionen" (*Hauptmenüleiste „Geoverarbeitung" ⇨ „Geoverarbeitungsoptionen"*) kann der Editor festgelegt werden, in dem standardmäßig der Quelltext von Skripten oder der Python-Toolbox bearbeitet werden soll. Über die Schaltfläche „Bearbeiten" des Kontextmenüs der Toolbox öffnet sich der gewünschte Quelltext im Standardeditor.

Datei-basierende Toolboxes sind seit ArcGIS 9.2 versionsabhängig. Mit ArcGIS 10 wurde das Speicherformat von Toolboxes (erneut) geändert. Dadurch werden Toolboxes, die mit den neueren ArcGIS Versionen erstellt oder verändert werden, für Benutzer mit älteren Softwareversionen unbrauchbar. Es ist jedoch möglich, Toolboxes über den Kontextmenüeintrag „Speichern unter" in einer zu früheren ArcGIS Versionen kompatiblen Form zu speichern. Damit ist es also möglich, Toolboxes, die z. B. in ArcGIS 10 erstellt wurden, auch in ArcGIS 9.3 zu öffnen und dort auszuführen. Jedoch gilt es hier eine Einschränkung zu beachten: Toolboxes, die neue Funktionen enthalten, können zwar in älteren ArcGIS Versionen geöffnet werden, die neuen Funktionalitäten stehen aber in den älteren Softwareversionen nicht zur Verfügung. Doch Vorsicht, diese neuen Funktionen werden beim Speichervorgang nicht automatisch entfernt. Deshalb ist es notwendig, auf diese Weise gespeicherte Toolboxes in älteren ArcGIS Versionen manuell zu überprüfen und gegebenenfalls die darin enthaltenen, nicht unterstützten Funktionen anzupassen bzw. zu löschen.

9.1.3 Häufig verwendete Tools

In diesem Kapitel sollen einige der gängigsten Werkzeuge der ArcToolbox vorgestellt werden. Die hier vorgestellte Auswahl erhebt allerdings keinen Anspruch auf Vollständigkeit.

9.1.3.1 Ausschneiden

Mithilfe des Werkzeugs „Ausschneiden" (*„ArcToolbox" ⇨ „Analysis Tools" ⇨ „Extrahieren"*) können Sie Features in ihrer Ausdehnung begrenzen. Dabei wird ein komplett neues Feature wird erstellt, d. h. die Quelldaten werden nicht verändert. Dabei wird die Datengrundlage der Eingabe-Features übernommen, die räumliche Ausdehnung aber anhand eines weiteren, sog. Clip-Features, festgelegt. Das Clip-Feature muss ein Polygon sein. Auf diese Weise können beispielsweise Feature-Klassen auf die Größe eines Untersuchungsgebiets zugeschnitten werden. Im Beispiel von Abbildung 271 wurde aus einer Polygon-Feature-Klasse, die Daten aus ganz Deutschland enthält, mithilfe eines Clip-Features (hellblau) ein neues Feature erstellt. Dabei wird lediglich die äußere Geometrie des Clip-Features berücksichtigt. Wenn einzelne Features des Clip-Features selektiert sind, dann wird das neue Feature unter Berücksichtigung der Ausdehnung der selektierten Features erstellt.

9 ArcToolbox

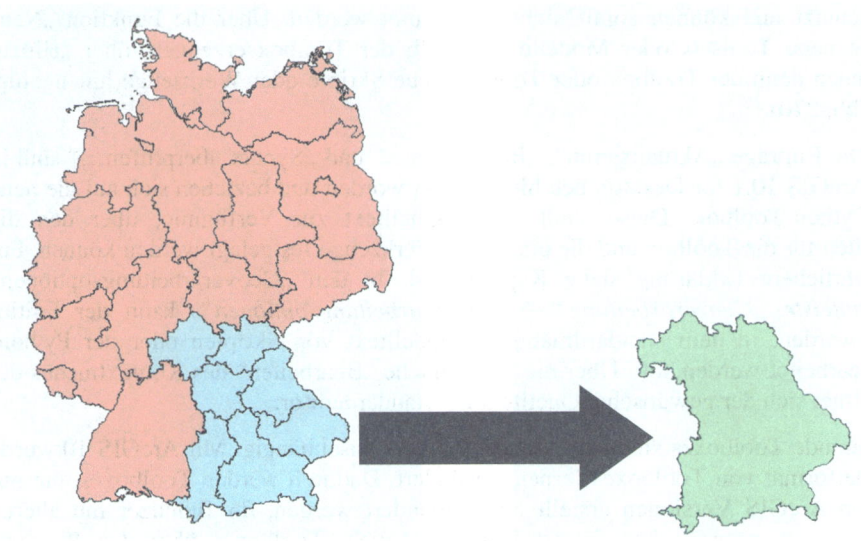

Abb. 271: Neu erstellte Feature-Klasse mithilfe des Werkzeugs „Ausschneiden"

9.1.3.2 Selektieren

Soll eine neue Feature-Klasse auf Basis von Werten einer Attributtabelle erstellt werden, dann können Sie das mit dem Werkzeug „Selektieren" („*ArcToolbox*" ⇨ „*Analysis Tools*" ⇨ „*Extrahieren*") erreichen. Die neue Feature-Klasse wird auf Basis einer SQL-Abfrage erstellt. Um Ihnen die Erstellung einer Abfrage zu erleichtern, steht Ihnen das Dialogfenster „Abfrage-Generator" zur Verfügung. Dort sind alle Spalten der Attributtabelle aufgelistet und einige logische Operatoren (gleich, ungleich, größer etc.) bereits als Schaltflächen vorhanden. Wenn Sie eine Spalte ausgewählt haben, können Sie sich über die Schaltfläche „Einzelwerte anfordern" alle Werte des ausgewählten Felds angezeigt. Bei einer Polygon-Feature-Klasse „BRD" mit einer Spalte „Name", die den Bundeslandname angibt, können Sie mit folgender Abfrage das Bundesland Bayern selektieren und in eine neue Feature-Klasse speichern.

```
„Name"='Bayern'
```

9.1.3.3 Puffer

Durch das Werkzeug „Puffer" („*ArcToolbox*" ⇨ „*Analysis Tools*" ⇨ „*Nachbarschaftsanalyse (Proximity)*") können Sie in einem vordefinierten Abstand Puffer um bereits bestehende Features erstellen (siehe Abb. 272). Sind bei der Eingabe-Feature-Klasse nur einzelne Features selektiert, wird bei der Puffer nur für die selektierten Features erstellt. Wonach sich die Puffergröße richtet, kann über das Werkzeug festgelegt werden. Sie haben die Wahl zwischen einer „Linearen Einheit" (bspw. Meter) und einem „Feld". Das Eingabefeld „Lineare Einheit" benötigt als Eingabe eine Zahl, die die Distanz für alle Features festlegt. Eine für alle Features gleiche Puffergröße ist nicht immer sinnvoll, weswegen Sie alternativ ein Feld der Attributtabelle angeben können. Dadurch wird die

9.1 Allgemein

Entfernung pro Feature aus der Attributtabelle ausgelesen und kann somit für jedes Feature variieren. Das Feld, welches für die Distanz verwendet werden soll, muss entweder eine Zahl sein oder eine Zahl in Kombination mit einer Linearen Einheit (siehe Abb. 273).

Durch die Erstellung eines Puffers kann es passieren, dass die neu erzeugten Features sich überlappen. Wie mit den Puffern verfahren werden soll, können Sie über das Drop-down-Menü „Dissolve-Typ (optional)" einstellen. Drei unterschiedliche Optionen haben Sie dort zur Auswahl:

- NONE: Wählen Sie den Eintrag „NONE", dann wird für jedes Feature ein Puffer erstellt. Ob diese sich überlappen ist bei der Einstellung irrelevant. In der Attributtabelle der neu erstellten Feature-Klasse wird ein neues Feld „BUFF_DIST" angelegt, in der für jedes Feature die Puffergröße angegeben wird.

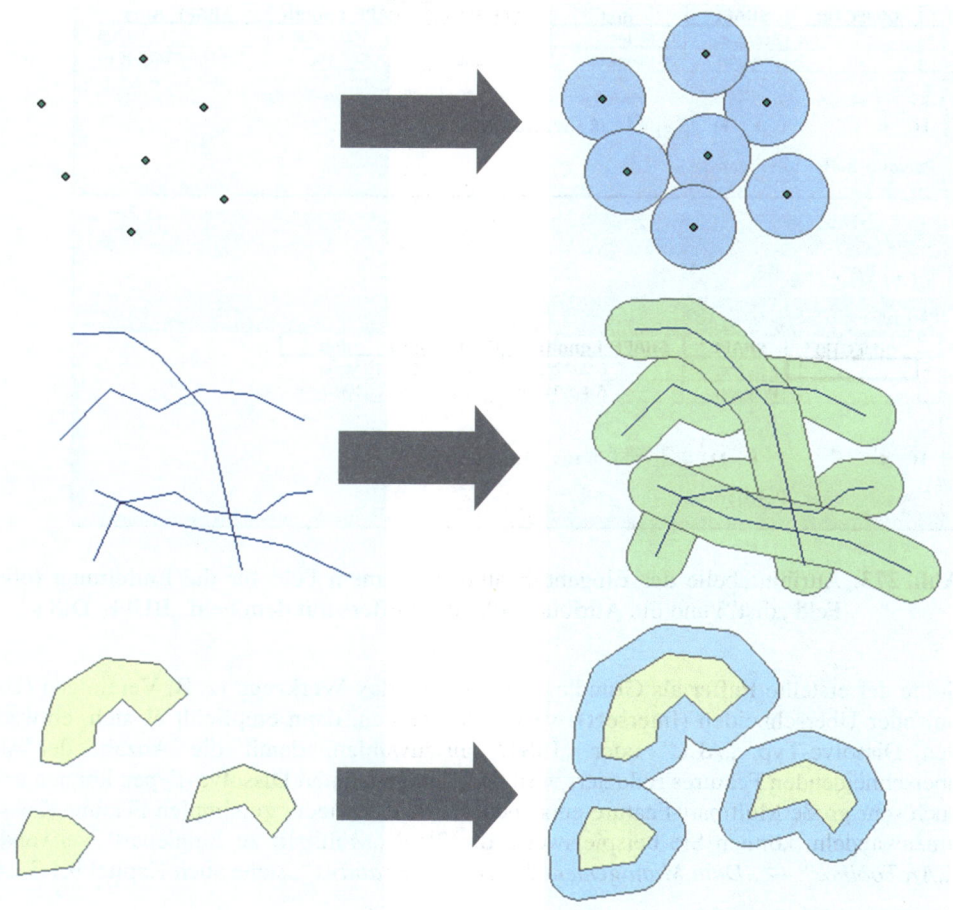

Abb. 272: Ausgangsfeatures und die daraus erstellten Puffer

- ALL: Die erzeugten Puffer werden zu einem einzelnen Feature zusammengeführt. Dadurch gibt es keine Überlappungsbereiche mehr, da diese in einem Feature zusammengefasst sind.
- LIST: Wenn Sie die Option „LIST" auswählen, dann werden diejenigen Puffer zusammengeführt, die sich in einem oder mehreren zuvor ausgewählten Feldern gleichen. Nur wenn dieser Typ ausgewählt ist, wird der Bereich „Dissolve-Feld(er) (optional)" aktiv. Darin sind alle Felder des „Eingabe-Features" aufgelistet und Sie können auswählen, welche für das Zusammenführen berücksichtigt werden sollen.

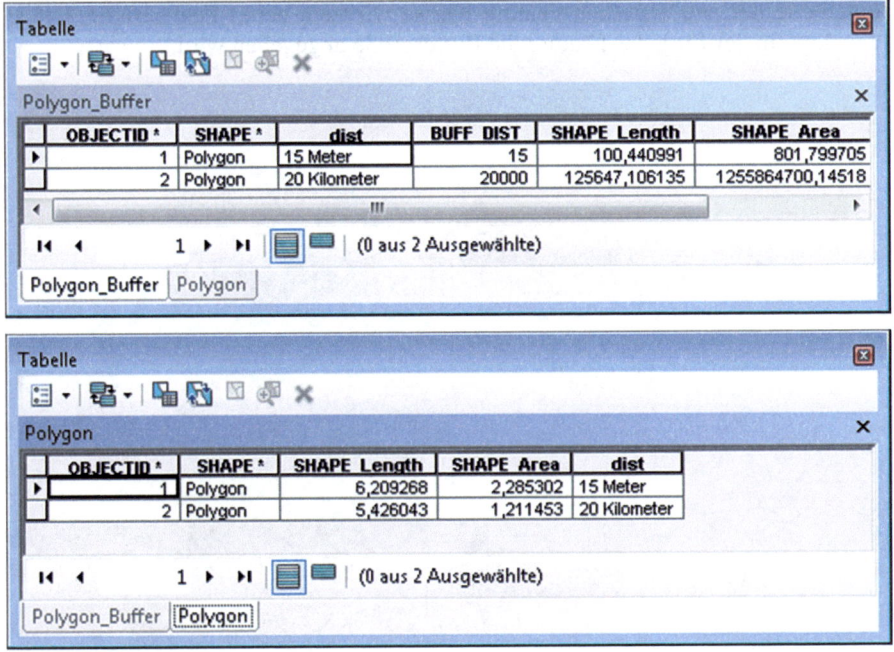

Abb. 273: Attributtabelle der Eingabe-Feature mit einem Feld für die Entfernung (oben Feld „dist") und die Attributtabelle des Puffers mit dem Feld „BUFF_DIST"

Sollte der erstellte Puffer als Grundlage für ein Overlay-Werkzeug (z. B. Vereinigen (Union) oder Überschneiden (Intersect)) verwendet werden, dann empfiehlt es sich, entweder den Dissolve-Typ „ALL" oder „LIST" auszuwählen, damit die Anzahl der sich überschneidenden Features reduziert wird. Bei den genannten Dissolve-Typen können u. U. auch sehr große Multipart-Feature entstehen. Um diese wieder zu simplen Feature-Klassen umzuwandeln, können Sie beispielsweise das Tool „Multipart zu Singlepart" verwenden („*ArcToolbox*" ⇨ „*Data Management Tools*" ⇨ „*Features*", siehe auch Kapitel 9.1.3.24).

Die beiden Menüs „Seitentyp: (optional)" und „Endtyp: (optional)" sind nur mit einer ArcGIS for Desktop Advanced-Lizenz veränderbar.

9.1 Allgemein

9.1.3.4 Vereinigen (Union)

Mithilfe des Werkzeugs „Vereinigen (Union)" („*ArcToolbox*" ⇨ „*Analysis Tools*" ⇨ „*Overlay*") werden die Features der Eingabe-Feature-Klassen in einer neuen Feature-Klasse zusammengefügt. Dabei wird aus jeder Schnittfläche ein neues, einzelnes Feature generiert (siehe Abb. 274). Die Eingabe-Features müssen immer Polygone sein. Auf diese Weise können Sie beispielsweise Features zerteilen und daraus Cluster bilden.

Das Werkzeug benötigt zum einen die Eingabe-Features, wobei mindestens ein Layer angegeben werden muss, und zum anderen die Ausgabe-Feature-Klasse. Die Anzahl der Eingabe-Features ist auf zwei begrenzt (Ausnahme bildet eine ArcGIS for Desktop Advanced-Lizenz). Die Reihenfolge der hinzugefügten Eingabe-Features ist irrelevant. Optional sind noch weitere Angaben möglich. Im Drop-down-Menü „Attribute verbinden (optional)" können Sie zwischen „NO_FID", „ONLY_FID" und „ALL" wählen. Dadurch wird festgelegt, ob alle Attribute der Eingabe-Features („ALL"), nur das FID-Feld („ONLY_FID") oder alle Felder außer des FID-Felds („NO_FID") in die neue Feature-Klasse übernommen werden. Im Feld „XY-Toleranz (optional)" kann der Mindestabstand zwischen zwei Feature-Koordinaten bzw. die Strecke, um die eine Koordinate verschoben werden kann, definiert werden. Außerdem kann noch angegeben werden, wie mit den Bereichen verfahren werden soll, die vollständig von anderen Polygonen umschlossen sind. Wahlweise kann für diese Fälle ein Polygon erstellt werden, welches nur NULL-Werte in der Attributtabelle enthält oder es wird bei der Vereinigung nicht beachtet (Standard).

9.1.3.5 Verschneiden (Identity)

Das Werkzeuge „Verschneiden (Identity)" („*ArcToolbox*" ⇨ „*Analysis Tools*" ⇨ „*Overlay*") erstellt eine neue Feature-Klasse aus einem Eingabe- und einem Identity-Feature. Ähnlich wie bei dem Werkzeug „Vereinigen (Union)" (siehe Kapitel 9.1.3.4) wird auch in diesem Fall aus jeder einzelnen Schnittfläche ein einzelnes, neues Polygon erstellt. Die Ausdehnung entspricht der Ausdehnung der Identity-Features. Dort, wo lediglich Eingabe-Features vorhanden sind, werden in der Ausgabe-Feature-Klasse keine neuen Features erstellt (siehe Abb. 274). Die Bereiche, die die Identity-Features überlappen, bekommen die Attribute der Identity-Features zugewiesen. Als Eingabe-Features können Sie Punkt-, Multipoint-, Linien- oder Polygon-Features angeben, die Identity-Features müssen entweder vom gleichen Typ wie die Eingabe-Features sein oder aber Polygone. Für die Ausgabe-Feature-Klasse des Werkzeugs „Verschneiden (Identity)" können Sie angeben, welche Attribute übertragen werden sollen, und können eine XY-Toleranz festlegen (siehe auch Kapitel 9.1.3.4).

9.1.3.6 Überschneiden (Intersect)

Wird ausschließlich der Überlappungsbereich von Eingabe-Features benötigt, wird dafür das Werkzeug „Überschneiden (Intersect)" („*ArcToolbox*" ⇨ „*Analysis Tools*" ⇨ „*Overlay*") benötigt (siehe Abb. 274). Die Eingabe-Features müssen Simple-Features (also Punkte, Multipoint-, Linien- oder Polygon-Features) sein. Sollten Sie Eingabe-Features unterschiedlicher Geometrietypen verwenden wollen, so werden für die Erstellung der Ausgabe-Feature-Klasse die Eingabe-Features mit der kleinsten Geometriedimension verwendet. Es kann – falls möglich – als Ausgabetyp ein kleinerer Geometrietyp verwendet werden. Wenn Sie eine Polygon- und eine Linien-Feature-Klasse als Eingabe-Feature verwenden, können Sie als Ausgabetyp auch „POINT" angeben. Das ist im umgekehrten

Fall nicht möglich. Sollten also zwei Punkt-Feature-Klassen als Eingabe-Features dienen, dann kann als Ausgabetyp nicht der Wert „LINE" verwendet werden. Standardmäßig ist der Wert „INPUT" ausgewählt. Nur mit einer ArcGIS for Desktop Advanced-Lizenz ist es möglich, mehr als zwei Eingabe-Features gleichzeitig zu bearbeiten. Wie bei den beiden Werkzeugen „Vereinigen (Union)" und „Verschneiden (Identity)" können Sie auch bei der Überschneidung bestimmen, welche Attribute aus der Attributtabelle übernommen werden sollen und wie groß die XY-Toleranz ist.

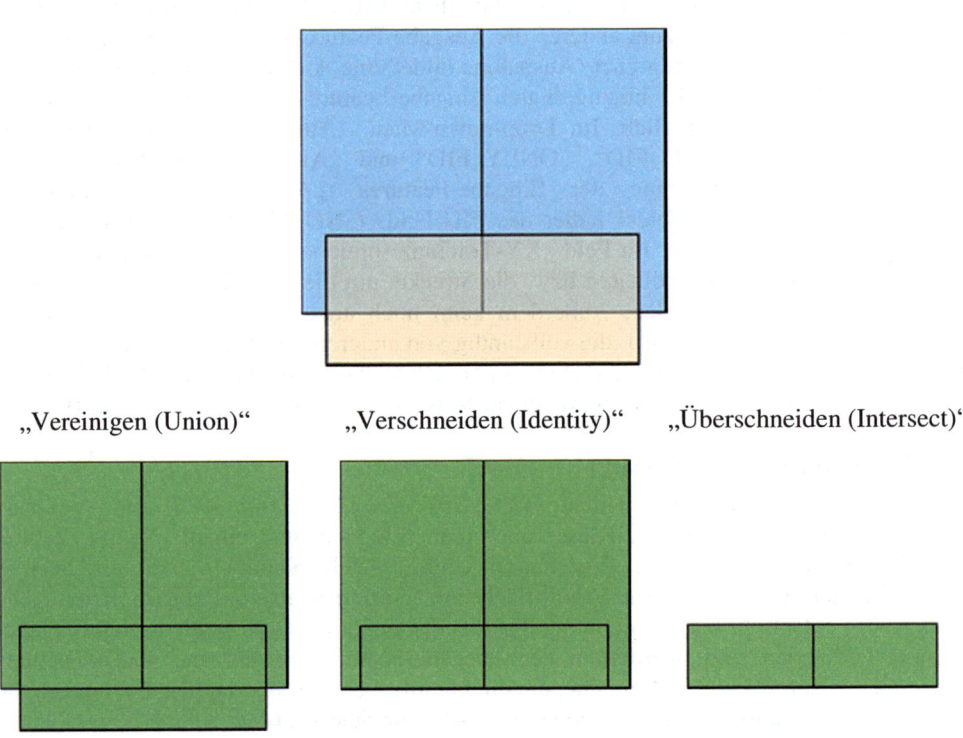

Abb. 274: Vergleich der Ergebnisse der drei Werkzeuge „Vereinigen (Union)", „Verschneiden (Identity)" und „Überschneiden (Intersect)"

9.1.3.7 Linie glätten und Polygon glätten (erst ab ArcGIS for Desktop Standard)

Die Werkzeuge „Linie glätten" und „Polygon glätten" gleichen sich in ihrer Handhabung und unterscheiden sich lediglich durch den Geometrietyp der Eingabe-Features. Aus diesem Grund werden im folgenden Absatz beide Werkzeuge beispielhaft am Werkzeug „Linien glätten" erläutert. Das Werkzeug „Linien glätten" (*„ArcToolbox"* ⇨ *„Cartography Tools"* ⇨ *„Generalisierung"*) gehört zu den „Cartography Tools". Eine Linien-Feature-Klasse kann auf diesem Weg geglättet werden, um die Darstellung zu verschönern. Die Eingabe-Features werden, im Gegensatz zu Werkzeug „Glätten" (siehe Kapitel 6.1.4.5), nicht verändert, sondern eine neue Feature-Klasse wird erstellt. Für die Glättung haben Sie die Wahl zwischen zwei Glättungsalgorithmen. Der Glättungsalgorithmus „PEAK" arbeitet mit Toleranzen. Auf diesem Weg können u. U. mehr Stützpunkte entstehen, als in der ursprünglichen Linien-Feature-Klasse vorhanden waren. Der andere Glättungsalgorithmus „BEZIER_INTERPOLATION" arbeitet nicht mit Toleranzen, sondern erstellt Bézierkurven. Da Shapefiles keine echten Bézierkurven darstellen können, werden im Fall von einem Linien-Shapefile die Kurven nur näherungsweise dargestellt. Durch die Glättung der Linien kann es zu Topologiefehlern kommen. Es besteht die Möglichkeit, bereits bei der Anwendung des Werkzeugs auf dadurch entstandene Topologiefehler zu prüfen. Dafür wählen Sie im Drop-down-Menü „Verarbeitung topologischer Fehler (optional)" den Punkt „FLAG_ERRORS" aus („NO_CHECK" führt keine Topologieprüfung durch). Sollten Sie die Option „FLAG_ERRORS" ausgewählt haben, dann werden der Attributtabelle die Felder „InLine_FID" und „SmoLnFlag" hinzugefügt. Das Feld „InLine_FID" gibt die FID des Eingabe-Features an. Dem Feld „SmoLnFlag" wird eine „1" zugewiesen, wenn ein Topologiefehler auftritt, der Wert „0" besagt, dass keine Fehler aufgetreten sind. Sollten durch das Werkzeug „Linie glätten" Linien entstehen, die sich selbst überschneiden, so werden diese Geometrien repariert (wird zu einer Multipart-Linie umgewandelt), die fehlerhaften Geometrien werden aber nicht verbessert.

9.1.3.8 Linie vereinfachen und Polygon vereinfachen (erst ab ArcGIS for Desktop Standard)

Um überflüssige Stützpunkte einer Linie zu entfernen und dadurch die Komplexität zu reduzieren, können Sie das Werkzeug „Linie vereinfachen" bzw. „Polygon vereinfachen" (*„ArcToolbox"* ⇨ *„Cartography Tools"* ⇨ *„Generalisierung"*) verwenden. Es stehen Ihnen zwei Methoden zur Vereinfachung zur Verfügung, „POINT_REMOVE" und „BEND_SIMPLIFY". Die Methode „POINT_REMOVE" ist die schnellere der beiden Methoden. Es werden alle überflüssigen Stützpunkte gelöscht. Wenn die Vereinfachung mehr den Eingabe-Features ähneln soll, dann wählen Sie besser die Option „BEND_SIMPLIFY". Bei dieser Methode ist der Grad der Vereinfachung geringer und langsamer, dafür aber originalgetreuer. Als Ergebnis werden – unabhängig von der angewandten Methode – zwei Feature-Klassen erstellt. Zum einen wird eine Linien-Feature-Klasse (bzw. Polygon-Feature-Klasse, wenn Sie das Werkzeug „Polygon vereinfachen" verwenden) erstellt, die die vereinfachten Linien-Features enthält. Diese Ausgabe-Features übernehmen die Felder der Eingabe-Features. Zusätzlich zu den Features wird eine Punkt-Feature-Klasse erstellt, die alle Liniensegmente (oder Polygone) enthält, die durch das Vereinfachen eine Länge oder Fläche von 0 erhalten haben. Die Attributtabelle der Ausgabe-Features enthält keine Felder der Eingabe-Feature-Klasse, erstellt aber einen Feldeintrag, der den Namen mit dem Zusatz „_Pnt" enthält. Bei der Vereinfachung können Topologiefehler entstehen, was Sie bereits während der Erstellung der Ausgabe-Features überprüfen können. Das Prüfen der Topologie verlangsamt zwar den Prozess, sollte aber selektiert sein, wenn Sie sich nicht sicher sind, ob Topologiefehler entstehen. Wie bei den Werkzeugen „Linien glätten" und „Polygone glätten" wird auch bei den Werkzeugen „Linie vereinfachen" und „Polygon vereinfachen" die Attributtabelle um zwei Felder erweitert (siehe 9.1.3.7). Die Feldnamen können abhängig vom verwendeten Werkzeug und dem Geometrietyp leicht abweichen.

9.1.3.9 Indexgitter-Features

Dieses Werkzeug (*„ArcToolbox"* ⇨ *„Cartography Tools"* ⇨ *„Kartenserien"*) erstellt automatisch rechteckige Polygon-Features, die Sie bei der Erstellung von Kartenserien als Index-Feature-Layer (siehe Kapitel 6.1.4.10) verwenden können. Als Eingabe-Features sind

Polygone, Linien oder Punkte möglich. Ist der Haken bei „Seiteneinheit und Maßstab verwenden (optional)" gesetzt, dann werden Höhe und Breite des Index-Polygons in Seiteneinheiten berechnet. Im anderen Fall werden die Karteneinheiten verwendet. Die besten Ergebnisse werden erreicht, wenn sich alle Eingabe-Feature-Layer und Feature-Klassen im gleichen Koordinatensystem wie der Datenrahmen befinden. Sollten Sie das Werkzeug außerhalb von ArcMap verwenden, dann sollten die Eingabe-Feature-Layer und Feature-Klassen das gleiche Koordinatensystem haben, wie der erste Eingabe-Feature-Layer bzw. die erste Feature-Klasse.

9.1.3.10 Index-Features der Streifenkarte

Kartenserien können auch entlang von linienhaften Strukturen (beispielsweise entlang von Flüssen) erstellt werden. Um ein Index-Feature-Layer entlang eines Linien-Features zu erstellen, können Sie das Werkzeug „Index-Features der Streifenkarte" („*ArcToolbox*" ➪ „*Cartography Tools*" ➪ „*Kartenserien*") verwenden. Als Eingabe-Features werden nur Linien-Features akzeptiert. In dem neu generierten Index-Feature werden automatisch einige Attribute erstellt:

- „PageNumber": Jeden Index-Feature wird eine Zahl zugewiesen, die mit jedem Feature um 1 ansteigt.
- „GroupId": Zusammenhängende Ketten oder Gruppen bekommen jeweils eine eindeutige „GroupID" zugewiesen. Bei der Erstellung der Index-Features können mehrere Gruppen entstehen, wenn diese nicht zusammenhängend sind.
- „SeqId": Eine Zahl, die um 1 steigt und in Abhängigkeit von der Erstellungsreihenfolge innerhalb einer Gruppe erstellt wird.
- „Previous": Enthält den Wert „PageNumber" des zuvor erstellten Index-Features. Für die Erstellung von dynamischen Texten (siehe Kapitel 6.1.3.5 und Kapitel 14.8.10) verwenden Sie besser die Felder „LeftPage", „Right Page", „TopPage" und „BottomPage".
- "Next": Enthält den Wert „PageNumber" des anschließend erstellten Index-Features. Für die Erstellung von dynamischen Texten (siehe Kapitel 6.1.3.5 und Kapitel 14.8.10) verwenden Sie besser die Felder „LeftPage", „Right Page", „TopPage" und „BottomPage".
- "LeftPage", "Right Page", "TopPage" und "BottomPage": Diese Felder enthalten die Werte des Felds „PageNumber" des Index-Features. Dabei enthält „LeftPage" den Wert des Index-Features, das sich nach der Ausführung der Rotation links neben dem aktuellen Index-Feature befindet. „RightPage" bekommt den „PageNumber"-Wert, des rechten Index-Features, „TopPage" den Wert des darüberliegenden Index-Features und „BottomPage" den Wert des darunterliegenden Index-Feature zugewiesen.
- „Angle": Gibt den Rotationswinkel zwischen den Kanten des Index-Features und der Layout-Seite an. Nord zeigt dabei – entsprechend den kartographischen Konventionen – möglichst nach oben (0° Nord, 90° Ost, 180° Süd und –90° West).

9.1.3.11 KML in Layer

„KML in Layer" („*ArcToolbox*" ➪ „*Conversion Tools*" ➪ „*Von KML*") ist ein Werkzeug, das aus einer KML- oder KMZ-Datei eine Feature-Klasse und eine Layer-Datei erstellt. Sie brauchen lediglich ein Ausgabeverzeichnis angeben, in dem dann automatisch eine File-Geodatabase mit der Feature-Klasse angelegt wird. Optional können Sie noch den Ausgabe-Datennamen verändern. Wenn Sie dieses Feld leer lassen, dann wird der Name der KML- oder KMZ-Datei übernommen. Die Feature-Klassen erhalten abhängig vom Geometrietyp die Endungen „_point", „_line" oder „_polygon". Als Koordinatensystem wird WGS84 verwendet. Sollte ein anderes Koordinatensystem benötigt werden, dann können Sie die Daten mithilfe des Skripts „Batch-Projizierung" in ein anderes Koordinatensystem umprojizieren (siehe Kapitel 9.1.3.26).

9.1.3.12 Layer in KML und Karte in KML
Neben der Möglichkeit, KML-Dateien in Feature-Klassen zu konvertieren, ist auch der umgekehrte Weg möglich. Sie haben die Wahl, ob Sie lediglich bestimmte Layer umwandeln möchten („Layer in KML") oder aber das komplette Kartenprojekt („Karte in KML") (*„ArcToolbox"* ⇨ *„Conversion Tools"* ⇨ *„In KML"*). Das Kartenprojekt kann sowohl in ArcMap, ArcScene oder ArcGlobe erstellt worden sein. Das KML-Format wird von Google bereitgestellt und wird beispielsweise von ArcGIS Explorer oder Google Earth unterstützt.

9.1.3.13 In CAD exportieren
Durch die Verwendung des Werkzeugs „Nach CAD exportieren" (*„ArcToolbox"* ⇨ *„Conversion Tools"* ⇨ *„In CAD"*) Es werden CAD-Zeichnungen im „DWG"-, „DXF"- oder „DGN"-Format aus Feature-Klassen oder Feature-Layern erzeugt. Es können allerdings keine Coverage-Annotations in CAD-Formate exportiert werden.

9.1.3.14 CAD in Geodatabase
Das Werkzeug „CAD zu Geodatabase" (*„ArcToolbox"* ⇨ *„Conversion Tools"* ⇨ *„In Geodatabase"*) erstellt ein Feature-Dataset aus einem bestehenden CAD-Dataset. Das Format des CAD-Datasets kann sowohl „DWG", „DXF" als auch „DGN" sein. Das neu erstellte Feature-Dataset wird als Gruppen-Layer zu ArcMap hinzugefügt, das die einzelnen Feature-Klassen der unterschiedlichen Geometrietypen enthält. Aus CAD-Text wird eine neue Annotation-Feature-Klasse erstellt. Um zu garantieren, dass das Werkzeug fehlerfrei funktioniert, ist darauf zu achten, dass die Namen der importierten Features eindeutig sind und nicht bereits in der Geodatabase vorkommen. Sollte eine Projektion für die Eingabe-Features definiert sein, so wird diese übernommen. Im dem Fall, dass mehrere Features gleichzeitig konvertiert werden, wird die Projektion des ersten Eingabe-Features berücksichtigt. Sollte eine universale Projektionsdatei (esri_cad.prj) vorliegen, dann wird die dort definierte Projektion verwendet, falls für das erste CAD-Eingabe-Feature keine Projektion vorliegen sollte. Wenn ein World-File vorhanden ist, wird die Transformation automatisch ausgeführt; sollte ein universelles World-File (esri_cad.wld) vorliegen, so wird darauf zurückgegriffen, wenn ein CAD-Dataset keine World-Datei hat. Sollten Sie nicht das ganze CAD-Dataset sondern nur eine CAD-Feature-Klasse benötigen, dann empfiehlt es sich, das Werkzeug „Feature-Class zu Feature-Class" zu verwenden.

9.1.3.15 CAD-Annotation importieren
Um CAD-Annotation-Features in Geodatabase-Annotations zu importieren, kann das Werkzeug „CAD-Annotation importieren" (*„ArcToolbox"* ⇨ *„Conversion Tools"* ⇨ *„In*

Geodatabase") verwendet werden. Dabei können die Ebenen entweder in einer Feature-Klasse zusammengefasst oder in einzelne Annotation-Feature-Klassen konvertiert werden.

9.1.3.16 Feature-Class in Geodatabase (mehrfach)

Mithilfe des Skripts „Feature-Class zu Geodatabase" (*„ArcToolbox"* ⇨ *„Conversion Tools"* ⇨ *„In Geodatabase"*) können Sie schnell mehrere Feature-Klassen in einem Zug in eine Geodatabase importieren. Das Skript erreichen Sie auch, wenn Sie im Kontextmenü von Feature-Klassen den Menüpunkt „Exportieren" auswählen und im Untermenü „In Geodatabase (multiple)". Das funktioniert auch, wenn Sie mehrere Feature-Klassen markiert haben. Als Eingabe-Features können Sie neben Geodatabase-Feature-Klassen auch Shapefiles und Coverage-Feature-Klassen als Eingabe-Features verwenden. Der Name der neuen Feature-Klasse wird von den Eingabe-Feature-Klassen übernommen. Sollte der Name bereits existieren, dann wird eine Zahl an das Ende des Dateinamens angefügt. Mit diesem Werkzeug können keine Annotations konvertiert werden.

9.1.3.17 Feature-Class in Shapefile (mehrfach)

Das Skript „Feature-Class zu Shapefile" (*„ArcToolbox"* ⇨ *„Conversion Tools"* ⇨ *„In Shapefile"*) ermöglicht den gleichzeitigen Export mehrerer Feature-Klassen zu Shapefiles. Dabei entspricht der Ausgabename dem der Eingabe-Feature-Klasse. Genau wie bei dem Export in Geodatabases (siehe Kapitel 9.1.3.16) wird auch bei dem Export in Shapefiles der Dateiname um eine Zahl erweitert, wenn der Dateiname schon existiert. Außerdem ist auch dieses Werkzeug über das Kontextmenü der Feature-Klassen erreichbar (siehe Kapitel 9.1.3.16).

9.1.3.18 Anhängen

Um eine Feature-Klasse an eine bestehende Feature-Klasse anzuhängen, eignet sich das Werkzeug „Anhängen" (*„ArcToolbox"* ⇨ *„Data Management Tools"* ⇨ *„Allgemein"*). Als Geometrietypen können sowohl Punkt-, Linien- und Polygon-Feature-Klassen aber auch Tabellen, Raster, Raster-Kataloge, Annotation-Feature-Klassen oder Bemaßungs-Feature-Klassen zusammengefügt werden. Die Feature-Klasse muss allerdings an eine Feature-Klasse gleichen Typs angehängt sein. Sollten bei der Eingabe-Feature-Klasse einige Features selektiert sein, dann werden nur die selektierten Features an die Ziel-Feature-Klasse angehängt. Eine Anpassung der Geometrie kann mit diesem Werkzeug nicht erfolgen, da kein Kantenabgleich durchgeführt wird. Neben der Angabe der Eingabe-Datasets und dem Ziel-Dataset können auch noch weitere Einstellungen vorgenommen werden. Im Drop-down-Menü „Schematyp (optional)" ist standardmäßig der Wert „TEST" angegeben. Das setzt voraus, dass die Schemata des Eingabe- und des Ziel-Datasets gleich sind. Ist das nicht der Fall, muss auf die Option „NO_TEST" gewechselt werden. Sollten die Koordinatensysteme nicht übereinstimmen, dann wird das Eingabe-Dataset in das Koordinatensystem der Ziel-Feature-Klasse projiziert. Wenn im Ziel-Dataset ein Subtype definiert ist und der auch bei den angehängten Features angelegt werden soll, dann geben Sie im Feld „Subtype (optional)" eine Subtype-Beschreibung an.

Wollen Sie lieber eine neue Ausgabe-Feature-Klasse erstellen, dann verwenden Sie besser das Werkzeug „Zusammenführen (Merge)" (siehe Kapitel 9.1.3.19).

9.1.3.19 Zusammenführen (Merge)

Ähnlich wie beim Werkzeug „Anhängen" (siehe Kapitel 9.1.3.18) können Sie auch mit diesem Werkzeug mehrere Feature-Klassen zu einer Feature-Klasse zusammenführen. Mit dem Werkzeug „Zusammenführen (merge)" (*„ArcToolbox"* ➪ *„Data Management Tools"* ➪ *„Allgemein"*) werden keine Feature-Klassen verändert, sondern es wird eine neue Feature-Klasse erstellt. Ein weiterer Unterschied ist der, dass nicht nur zwei Feature-Klassen gleichzeitig bearbeitet werden können. Die Eingabe-Datasets müssen alle vom gleichen Geometrietyp sein, also beispielsweise vom Typ Polygon. Es ist aber möglich, unterschiedliche Datentypen zu kombinieren, also beispielsweise Shapefiles und Geodatabase-Feature-Klassen. Das Koordinatensystem der ersten Feature-Klasse in der Liste wird für die neue Ausgabe-Feature-Klasse übernommen. Achten Sie beim Hinzufügen der Eingabe-Datasets darauf, dass diese nicht den gleichen Namen haben, da das Werkzeug damit nicht umgehen kann. Annotation-Feature-Klassen können mit dem Werkzeug nicht zusammengeführt werden. Gleiches gilt für Raster-Datasets, die Sie mit dem Werkzeug „Mosaik zu neuem Raster" (*„ArcToolbox"* ➪ *„Data Management Tools"* ➪ *„Raster"* ➪ *„Raster-Dataset"*). Beim Zusammenführen mehrerer Eingabe-Datasets muss die Struktur der Felder überdacht werden. Dafür können Sie im Bereich „Feldzuordnung (optional)" die nötigen Einstellungen vornehmen. Dort werden alle eindeutigen Felder der hinzugefügten „Eingabe-Datasets" aufgelistet. Für jedes Feld können dort Einstellungen vorgenommen werden. So kann beispielsweise eine Vereinigungsregel definiert werden oder das Feld kann gelöscht oder umbenannt werden.

9.1.3.20 Geodatabase aktualisieren

Die Geodatabase wird in neuen Versionen oft um einige Funktionalitäten erweitert. Um diese neuen Funktionen auch mit Geodatabases nutzen zu können, die bereits in einer Vorgängerversion erstellt wurden, muss die Geodatabase auf den neuesten Stand gebracht werden. Das kann mit dem Werkzeug „Geodatabase aktualisieren" (*„ArcToolbox"* ➪ *„Data Management Tools"* ➪ *„Geodatabase-Verwaltung"*) erledigt werden. Neben der Eingabe-Geodatabase können Sie noch angeben, ob überprüft werden soll, ob die Geodatabase alle Voraussetzungen zum Update erfüllt, und/oder das Update erfolgen soll. Esri empfiehlt, die Option „Überprüfung von Voraussetzungen durchführen" zu selektieren. Sollten die Voraussetzungen aus irgendeinem Grund nicht erfüllt sein, dann wird das im Dialogfenster „Ergebnisse" (siehe Kapitel 6.1.3.7) angezeigt. Fehler entstehen beispielsweise dann, wenn die Geodatabase gerade bearbeitet wird oder schreibgeschützt ist.

Das Update der Geodatabase kann auch über die Eigenschaften der Geodatabase erfolgen (die Sie über das Kontextmenü der Geodatabase erreichen). Dort können Sie im Bereich „Upgrade-Status" erfahren, welche Version der Geodatabase verwendet wird und auch direkt die Aktualisierung durchführen.

 Sollten Sie eine ArcSDE-Geodatabase aktualisieren wollen, dann ist mindestens eine ArcGIS for Desktop Standard-Lizenz nötig. Bei dem Update einer ArcSDE-Geodatabase werden auch noch weitere Aspekte überprüft, wie z. B. die Berechtigung des Benutzers.

9.1.3.21 Domäne in Tabelle

Das Werkzeug „Domäne zu Tabelle" (*„ArcToolbox"* ➪ *„Data Management Tools"* ➪ *„Domänen"*) erzeugt eine Tabelle aus einer Attributdomäne. Die neu erzeugte Tabelle können Sie auch außerhalb von ArcMap bearbeiten und anschließend wieder als Attributdomänen importieren (siehe Kapitel 9.1.3.22). Um die Tabelle erstellen zu können, müssen Sie zunächst den Namen vom Workspace angeben, der die Attributdomäne enthält. Zusätzlich dazu wird noch der Domänen-Name benötigt. Im Bereich „Ausgabetabelle" geben Sie den Pfad samt Tabellennamen an. Es müssen noch die Feldnamen in der erstellten Tabelle für die kodierten Werte und die Feldbeschreibung angegeben werden, was über die Felder „Code-Feld" und „Feldbeschreibung" erfolgt.

9.1.3.22 Tabelle in Domäne

Eine existierende Tabelle können Sie auch als Vorlage für eine Attributdomäne verwenden (*„ArcToolbox"* ⇨ *„Data Management Tools"* ⇨ *„Domänen"*). Als Pflichteingaben werden neben der Eingabetabelle und dem Eingabe-Workspace, in dem die Attributdomäne verwendet werden soll, wieder das „Code-Feld" und die „Feldbeschreibung" benötigt (siehe Kapitel 0). Zusätzlich dazu muss der Domänen-Name vergeben werden, wenn die Domäne erstellt werden soll. Alternativ kann eine bereits bestehende Domäne auch aktualisiert werden, dann muss der Domänen-Name der vorhandenen Attributdomäne verwendet werden. Für den Fall, dass Sie eine Domäne aktualisieren wollen, können Sie noch zwischen zwei Aktualisierungsoptionen wählen, „APPEND" und „REPLACE". Die Eingabe „APPEND" bewirkt, dass die Werte der Tabelle an die bestehende Attributdomäne angefügt werden, die Auswahl „REPLACE" ersetzt die bisherigen Werte durch die der Tabelle.

9.1.3.23 Geometrie reparieren

Mithilfe des Werkzeugs „Geometrie reparieren" (*„ArcToolbox"* ⇨ *„Data Management Tools"* ⇨ *„Features"*) können Geometriefehler erkannt und behoben werden. Als Eingabe-Features können neben Shapefiles auch Feature-Klassen der Personal- und File-Geodatabase verwendet werden. Zu beachten ist, dass bei diesem Werkzeug die Eingabedaten geändert werden, machen Sie sich also am besten zuvor eine Sicherungskopie der Eingabe-Features. Mögliche geometrische Fehler sind beispielsweise Null-Geometrien. Diese werden im Rahmen der Reparatur gelöscht, wenn Sie die Option „Features mit Null-Geometrie löschen (optional)" nicht deaktivieren. Sollten doppelte Stützpunkte vorhanden sein, werden die doppelten gelöscht. Es gibt noch eine ganze Reihe weiterer möglicher Fehler, die hier nicht im Detail genannt werden.

9.1.3.24 Multipart in Singlepart

In manchen Fällen werden einzelne Features durch mehrere Polygone repräsentiert. Auf diese Weise können Sie beispielsweise ein Gebiet und eventuell vorhandene Exklaven in einem Feature verwalten. Diese sog. Multipart-Features können mit dem Werkzeug „Multipart zu Singlepart" (*„ArcToolbox"* ⇨ *„Data Management Tools"* ⇨ *„Features"*) in einzelne Features getrennt werden. Bei diesem Vorgang wird ein neues Feld „ORIG_FID" erstellt, das die FID des Eingabe-Features enthält. Auf diese Weise können Sie weiterhin nachvollziehen, welche Features ursprünglich zu einem Multipart-Feature zusammengefasst waren. Umgekehrt können Sie mit dem Werkzeug „Zusammenführen (dissolve)" (siehe Kapitel 9.1.3.25) aus den neu erstellten Singlepart-Features, auf Basis vom Feld „ORIG_FID" wieder ein Multipart-Feature erstellen.

9.1 Allgemein

9.1.3.25 Zusammenführen (Dissolve)

Basierend auf von Ihnen spezifizierten Feldern werden Features mithilfe des Werkzeugs „Zusammenführen (Dissolve)" (*„ArcToolbox"* ➪ *„Data Management Tools"* ➪ *„Generalisierung"*) zusammengefasst. Im Bereich „Dissolve Field(s) (optional)" geben Sie an, welche Felder verglichen und, wenn sie gleich sind, zusammengefasst werden. Alle anderen Einträge der Attributtabelle des Eingabe-Features werden nicht mit übernommen. Das Werkzeug kann auch mit verschiedenen Statistiken kombiniert werden. In dem Fall wird der Attributtabelle ein neues Feld hinzugefügt. Der Name setzt sich aus dem verwendeten Statistikwerkzeug und dem Feldnamen, auf den die Statistik angewendet wurde, zusammen. Der vordere Teil des Feldnamens bezeichnet das verwendete Werkzeug (bspw. „MAX") und der hintere Teil gibt den Spaltennamen an (bspw. „BEV_DICHTE"). Für Textfelder stehen nur die beiden Statistikwerkezuge „FIRST" und „LAST" zur Verfügung, die den ersten bzw. letzten Datensatz des Eingabe-Features ermitteln. Auf numerische Felder können alle statistischen Werkzeuge angewendet werden. Abhängig von der verwendeten Eingabe-Feature-Klasse kann es nach dem Zusammenführen zu sehr großen Multipart-Features kommen. Um das zu vermeiden, können Sie die Option „Multipart-Features erstellen (optional)" deaktivieren. Optional können Sie noch das Verhalten des Werkzeugs beim Zusammenführen von Linien definieren. Ist der Haken bei „Nicht geteilte Linien (optional)" gesetzt, dann werden nur die Linien zusammengeführt, die einen gemeinsamen Endpunkt haben. Ansonsten werden alle Linien zu einem einzelnen Feature zusammengeführt.

9.1.3.26 Batch-Projizierung

Dieses Skript hilft Ihnen, wenn Sie mehrere Eingabe-Feature-Klassen oder -Datasets gleichzeitig in ein neues Koordinatensystem projizieren möchten (*„ArcToolbox"* ➪ *„Data Management Tools"* ➪ *„Projektionen und Transformationen"* ➪ *„Feature"*). Die beiden Felder „Ausgabe-Koordinatensystem" und „Vorlagen-Dataset" sind zwar als optional gekennzeichnet, in eines der beiden Felder müssen allerdings Parameter eingeben werden. Dieses Werkzeug testet nicht, ob eine Transformation benötigt wird, d. h. es muss ggf. zuerst mit einem der Eingabe-Features das Werkzeug „Projizieren" ausgeführt werden. Die Feature-Klassen oder -Datasets müssen außerdem alle über ein Koordinatensystem verfügen. Sollte das bisher nicht definiert worden sein, dann können Sie dazu das Werkzeug „Projektion definieren" (siehe Kapitel 9.1.3.27) verwenden.

9.1.3.27 Projektion definieren

Durch dieses Werkzeug können Sie die bisherige Information über das Koordinatensystem eines Datasets überschreiben (*„ArcToolbox"* ➪ *„Data Management Tools"* ➪ *„Projektionen und Transformationen"*). Das Werkzeug wird allerdings nur auf Datasets angewendet, für die ein falsches oder unbekanntes Koordinatensystem definiert wurde. Es wird lediglich die Information zum Koordinatensystem aktualisiert, eine Änderung der Geometrie wird nicht vorgenommen. Dafür können Sie das Werkzeug „Projizieren" verwenden.

9.1.3.28 Pyramiden berechnen (Batch-Modus)

Die Erstellung von Pyramiden wirkt sich positiv auf die Geschwindigkeit bei der Darstellung von Rasterdaten aus. Das Skript „Pyramiden berechnen (Batch-Modus)" (*„ArcToolbox"* ➪ *„Data Management Tools"* ➪ *„Raster"* ➪ *„Raster-Eigenschaften"*) ermöglicht es, für eine größere Anzahl von Rastern gleichzeitig Pyramiden zu berechnen. Die Pyramiden werden seit der Version ArcGIS 10 im OVR-Format erstellt, da Sie auf diesem Weg auch bei der Pyramidenerstellung eine Komprimierung verwenden können. Einzige Ausnahme bildet das Format ERDAS IMAGINE (siehe auch Kapitel 4.1.2.5). Für die Formate MrSID und ECW ist es nicht nötig, Pyramiden zu berechnen.

9.2 Neue ArcToolbox Werkzeuge in ArcGIS 10.1

Nirgendwo ist der Unterschied zwischen den drei Lizenzmodellen (ArcGIS for Desktop Basic, ArcGIS for Desktop Standard und ArcGIS for Desktop Advanced) deutlicher sichtbar als in der ArcToolbox. In Tabelle 12 sind für die Lizenzmodelle ArcGIS for Desktop Basic und ArcGIS for Desktop Standard die in ArcGIS 10.1 for Desktop neu eingeführten ArcToolbox Werkzeuge aufgeführt. Im Anhang befindet sich eine Übersicht über alle Werkzeuge und der benötigten Lizenz.

Tabelle 12: Auflistung der neuen ArcToolbox Werkzeuge in der ArcGIS for Desktop Basic bzw. ArcGIS for Desktop Standard Version 10.1

Toolbox	Toolset	Werkzeug
Conversion Tools	In Collada	Aus E00 importieren
	Von GPS	GPX in Features
Data Management Tools	Allgemein	Datenbanksicht erstellen (Standard)
	Anlagen	Anlagen aktivieren (Standard)
		Anlagen deaktivieren (Standard)
		Anlagen entfernen (Standard)
		Anlagen hinzufügen (Standard)
		Anlagen-Zuordnungstabelle erstellen (Standard)
	Domänen	Domäne mit codierten Werten sortieren
	Feature-Class	Nicht registrierte Feature-Class erstellen
	Felder	Editor-Tracking aktivieren
		Editor-Tracking deaktivieren
		Inkrementelles ID-Feld hinzufügen (Standard)
	File-Geodatabase	File-Geodatabase wiederherstellen

9.2 Neue ArcToolbox Werkzeuge in ArcGIS 10.1

Toolbox	Toolset	Werkzeug
Data Management Tools (Fortsetzung)	File-Geodatabase (Fortsetzung)	Komprimieren (Personal GDB)
	Fotos	Fotos mit Geo-Tags in Punkte
		Fotos nach Zeit und Zeilen zuordnen
	Geodatabase-Verwaltung	Dataset aktualisieren
		(Standard) Dataset analysieren
		(Standard) Enterprise-Geodatabase aktivieren
		(Standard) Enterprise-Geodatabase erstellen
		(Standard) Indizes neu erstellen
		(Standard) Rolle erstellen
	Geometrisches Netzwerk	(Standard) Fließrichtung festlegen
		(Standard) Geometrisches Netzwerk festlegen
		(Standard) Geometrisches Netzwerk verfolgen
		(Standard) Kanten-Kanten-Konnektivitätsregel zu geometrischem Netzwerk hinzufügen
		(Standard) Kanten-Knoten-Konnektivitätsregel zu geometrischem Netzwerk hinzufügen
		(Standard) Konnektivitätsregel aus geometrischem Netzwerk entfernen
		(Standard) Leere Feature-Class aus geometrischem Netzwerk entfernen
	LAS-Dataset	(Standard) Dateien aus LAS-Dataset entfernen

441

Toolbox	Toolset	Werkzeug
Data Management Tools (Fortsetzung)	LAS-Dataset (Fortsetzung)	Dateien aus LAS-Dataset hinzufügen
		LAS-Dataset erstellen
		LAS-Dataset-Statistiken
		LAS-Punkt-Statistiken als Raster
	Layer und Tabellensichten	LAS-Dataset-Layer erstellen
	Paket	Ergebnis konsolidieren
		Ergebnis packen
		Kartenkachelpaket erstellen
		Locator konsolidieren
		Locator packen
	Projektionen und Transformationen	Raster ⇨ Mit Datei entzerren
		Raster ⇨ Raster registrieren
	Raster	Mosaik-Dataset ⇨ Cache für Mosaik-Dataset-Elemente erstellen
		Mosaik-Dataset ⇨ Mosaik-Dataset analysieren
		Mosaik-Dataset ⇨ Mosaik-Dataset löschen
		Mosaik-Dataset ⇨ Mosaik-Dataset-Eigenschaften festlegen
		Mosaik-Dataset ⇨ Mosaik-Dataset-Pfade exportieren
		Mosaik-Dataset ⇨ Mosaik-Dataset-Pfade reparieren
		Mosaik-Dataset ⇨ Mosaik-Dataset-Schema ändern
		Mosaik-Dataset ⇨ Raster-Funktion bearbeiten

9.2 Neue ArcToolbox Werkzeuge in ArcGIS 10.1

Toolbox	Toolset	Werkzeug
Data Management Tools (Fortsetzung)	Raster (Fortsetzung)	Raster-Dataset ⇨ Raster herunterladen
		Raster-Eigenschaften ⇨ Raster-Eigenschaften festlegen
	Tabelle	Nicht registrierte Tabelle erstellen
		Tabelle kürzen
	Topologie	Topologiefehler exportieren
	Versionen	⬥Standard Version abgleichen
		⬥Standard Versionierten Sicht erstellen
	Verteilte Geodatabase	⬥Standard XML-Workspace-Dokument exportieren
		⬥Standard XML-Workspace-Dokument importieren
	Workspace	⬥Standard Datenbankverbindung erstellen
		⬥Standard Räumlichen Typ erstellen
		Workspace-Cache löschen
Geocoding Tools		Locator konsolidieren
		Locator packen
Parcel-Fabric-Tools	Flurstücks-Features	⬥Standard Parcel-Fabric anhängen
		⬥Standard Parcel-Fabric kopieren
Server Tools	Caching	Cache-Status für Kartenserver verwalten
	Drucken	Webkarte exportieren
	Veröffentlichung	Beim Portal anmelden
		Service bereitstellen
		Service-Definition hochladen
		Vom Portal abmelden
Spatial Statistics Tools	Analysen von Mustern	Inkrementelle räumliche Autokorrelation
	Cluster-Zuordnung	Gruppierungsanalyse

443

Toolbox	Toolset	Werkzeug
Spatial Statistics Tools (Fortsetzung)	Modellierung von räumlichen Beziehungen	Regressionsanalyse

9.3 ModelBuilder

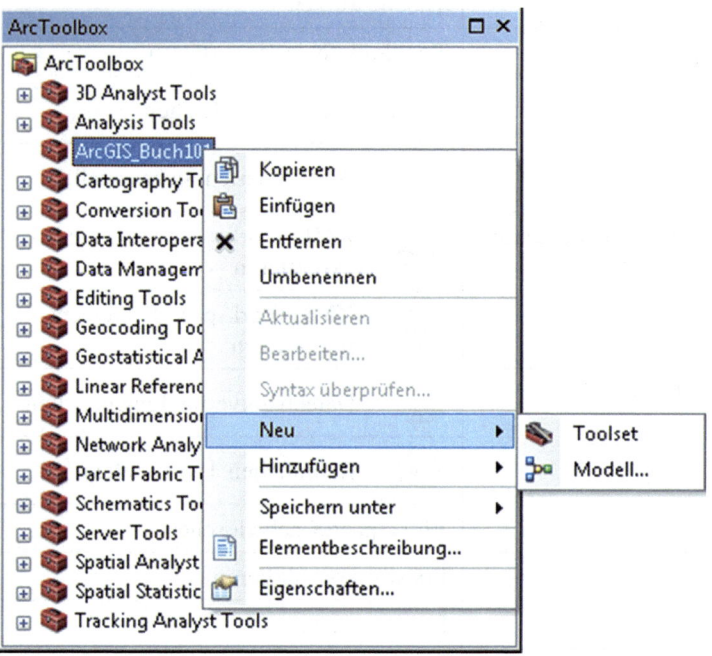

Abb. 275: Ein Modell in einer neu erstellten Toolbox hinzufügen

Die ArcToolbox stellt eine ganze Reihe von Werkzeugen/Funktionen zur Verfügung, die in einzelnen Toolboxes organisiert sind. Diese Werkzeuge dienen der Geoverarbeitung und Analyse räumlicher Daten. Um eine Reihe von Geoverarbeitungsprozessen aneinanderzureihen und diese Prozesse zu automatisieren, wurde der ModelBuilder in die ArcToolbox integriert. Der ModelBuilder erlaubt das Generieren und Bearbeiten von automatisierten Arbeitsabläufen, ohne dass Programmierkenntnisse nötig sind. Ein Modell umfasst einen bzw. meist mehrere miteinander verknüpfte Prozesse. Ein Prozess besteht aus einem Werkzeug (einem System- oder einem benutzerdefinierten Werkzeug) und dessen Parameterwerten.

Der ModelBuilder besteht aus einer Hauptmenüleiste, einer Werkzeugleiste und einem Anzeigefenster. In der Hauptmenüleiste kann über *„Modell"* ⇨ *„Exportieren"* ⇨ *„In Python-Skript..."* das Modell in die Python-Programmiersprache exportiert und damit in andere Anwendungen integriert werden. Wenn das exportierte Skript außerhalb des Kartenprojekts laufen soll, dann ist darauf zu achten, dass die Pfadnamen korrekt sind. Wenn im Modell die Geodaten direkt aus dem Inhaltsverzeichnis hinzugeladen werden, dann wird nicht der vollständige Pfad exportiert. Das führt zu einer Fehlermeldung, wenn Sie das Python-Skript als Standalone-Skript verwendet wird. Die Werkzeugleiste erlaubt das Navigieren im Modell, das Anordnen von Elementen sowie das Ausführen und Speichern von Modellen.

9.3.1 Erstellen eines Modells

Über das Kontextmenü einer Toolbox erzeugt man über „*Neu*" ⇨ „*Modell...*" ein neues Modell (Abb. 275), das im Arbeitsbereich des ModelBuilder-Anzeigefensters bearbeitet werden kann. Dafür müssen Sie zunächst eine eigene Toolbox dazu geladen haben, da die System-Toolboxes nicht verändert werden können. Seit ArcGIS 9.3 kann der ModelBuilder auch über die Schaltfläche „ModelBuilder-Fenster" der Werkzeugleiste „Standard" geöffnet werden. Per Drag & Drop kann das Modell mit Werkzeugen aus beliebigen Toolboxes bestückt werden.

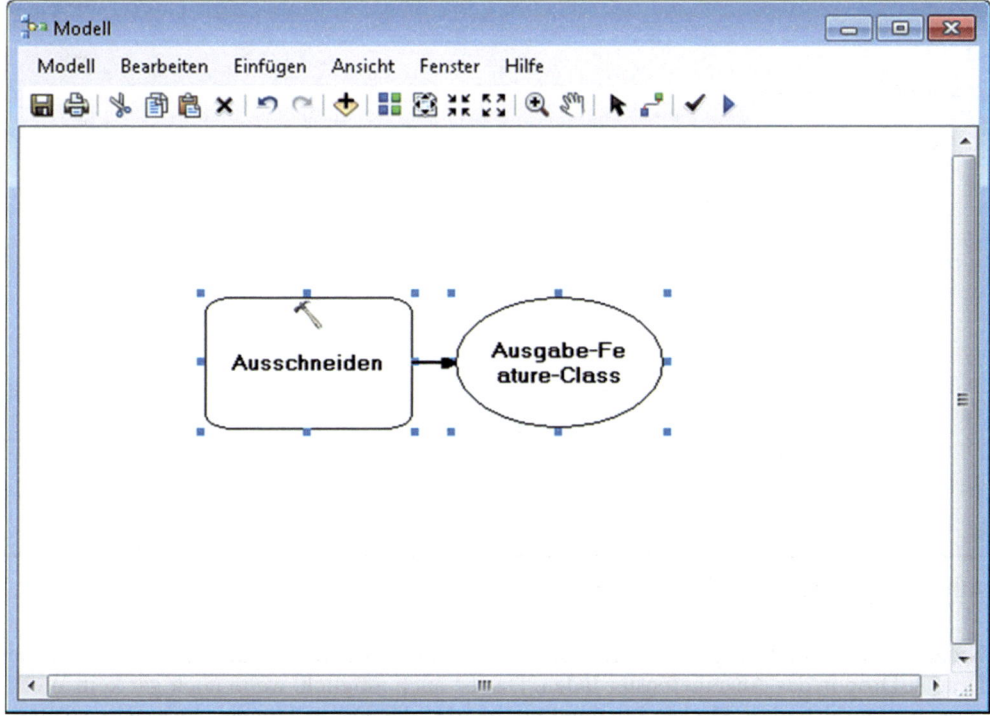

Abb. 276: Arbeitsbereich des Anzeigefensters im ModelBuilder

In Abbildung 276 wurde das Werkzeug „Ausschneiden" („Clip") des Toolsets „Extrahieren" („Extract") der Toolbox „Analysis Tools" per Drag & Drop in das Anzeigefenster des ModelBuilders gezogen. Alternativ können die benötigten Geodaten und Werkzeuge auch über die Schaltfläche „Daten oder Werkzeug hinzufügen" der ModelBuilder-Werkzeugleiste „Standard" hinzugefügt werden. ArcGIS erzeugt ein Flussdiagramm mit verschiedenen Elementen, die noch keine Flächenfüllung besitzen. Diesen Zustand der Elemente bezeichnet man als nicht ausführungsbereit, da noch Parameterwerte fehlen. Durch Doppelklick auf den Rahmen „Ausschneiden" gelangt man in das Dialogfenster des Werkzeugs, in dem die zu verwendenden Layer eingegeben werden müssen.

Hier muss unterschieden werden, ob Sie die ArcToolbox von ArcCatalog oder von ArcMap aus gestartet haben. Wenn Sie die ArcToolbox innerhalb von ArcMap gestartet haben, können Sie bei der Auswahl der Eingabe-Features direkt auf in ArcMap geladene Layer zugreifen. Diese erscheinen im Drop-down-Fenster mit einem gelben Rautensymbol. In ArcCatalog müssen Sie den Pfad der Eingabe-Features über die Schaltfläche „Öffnen" angeben (Abb. 277). Es besteht außerdem die Möglichkeit, die Eingabe-Features per Drag & Drop vom ArcCatalog oder Katalog hinzuzufügen.

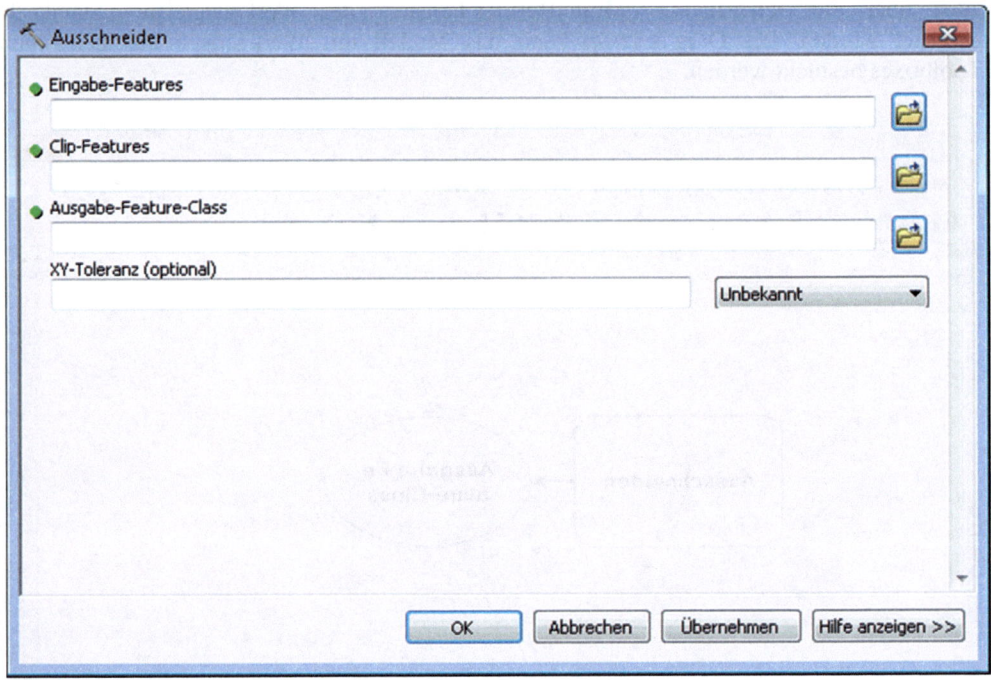

Abb. 277: Werkzeug „Ausschneiden"

Nicht nur die Werkzeuge, sondern auch die Daten bzw. Wertelemente können Sie per Drag & Drop in das Anzeigefenster laden. Das ist auch möglich, wenn noch gar kein Werkzeug in das bisherige Modell hinzugefügt wurde, die Daten können zu einem späteren Zeitpunkt dann mit einem Werkzeug verknüpft werden. Neben der Variante, per Drag & Drop Daten oder Werkzeuge zu laden, können Sie dies auch mithilfe der Schaltfläche „Daten oder Werkzeuge hinzufügen" erledigen. Eine Verbindung zwischen den Daten und dem gewünschten Werkzeug können Sie dann durch die Schaltfläche „Verbinden" herstellen. Um festzulegen, ob das verbundene Werteelement als Eingabe- oder Clip-Feature interpretiert werden soll, öffnet sich ein Kontextmenü, in dem Sie das angeben können. Aus diesem Grund ist der Inhalt des Kontextmenüs je nach gewähltem Werkzeug unterschiedlich.

9.3 ModelBuilder

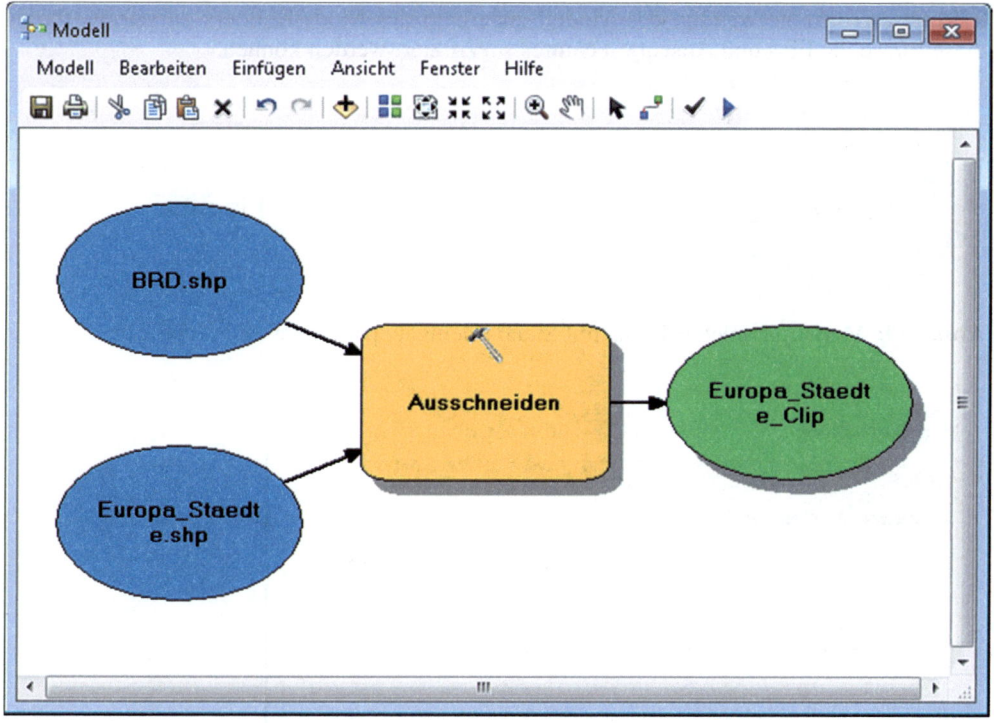

Abb. 278: Bereits ausgeführte Elemente im ModelBuilder

Es gibt drei unterschiedliche Wege, um das Modell innerhalb des ModelBuilders auszuführen. Um nur ein einzelnes Werkzeug zu testen, wählen Sie den Eintrag „Ausführen" des Kontextmenüs des Werkzeugs. In diesem Fall wird nur das einzelne Werkzeug getestet. Falls nötig, werden noch die vorangestellten Werkzeuge ausgeführt – wenn beispielsweise die Eingabedaten auch erst im Modell erzeugt werden. Die nachfolgenden Werkzeuge werden nicht berücksichtigt und werden auch wieder in den Status „Ausführungsbereit" zurückgesetzt, falls diese schon ausgeführt wurden (haben als keine Schattierung mehr). Zum Ausführen eines Modells mit allen ausführbaren Werkzeugen muss auf die Schaltfläche „Ausführen" geklickt werden. Alternativ können Sie auch den Menüpunkt „Ausführen" des Drop-down-Menüs „Modell" wählen. Um das komplette Modell laufen zu lassen, wählen Sie den Eintrag „Gesamtes Modell ausführen" aus dem Drop-down-Menü „Modell". Während das Modell durchläuft, wird immer das Werkzeug rot eingefärbt, welches in diesem Moment verarbeitet wird. Wurde ein Prozess erfolgreich ausgeführt, werden das Werkzeug und die abgeleiteten Datenelemente mit einem Schatteneffekt versehen, der anzeigt, dass der Prozess ausgeführt wurde und die abgeleiteten Daten erstellt wurden (Abb. 278). Die Ausgabe eines Prozesses kann auch direkt als neuer Eingabe-Datensatz für ein weiteres Werkzeug verwendet werden. Auf diese Weise lassen sich zahlreiche Geoverarbeitungswerkzeuge in einem Modell hintereinander ausführen. Ein Modell muss nicht im Anzeigefenster ausgeführt werden, sondern kann – nach Fertigstellung – wie jedes andere Werkzeug oder Skript auch mit einem Doppelklick aus der ArcToolbox heraus gestartet werden. Wenn Sie mit Modellparametern arbeiten (Abb.

279) ist es sogar notwendig, das Modell außerhalb des ModelBuilders zu starten, da auf diese Weise die Ein- und Ausgabe-Features spezifiziert werden können.

Abb. 279: Modellparameter. Links mit Standardeingabeparameter und rechts ohne.

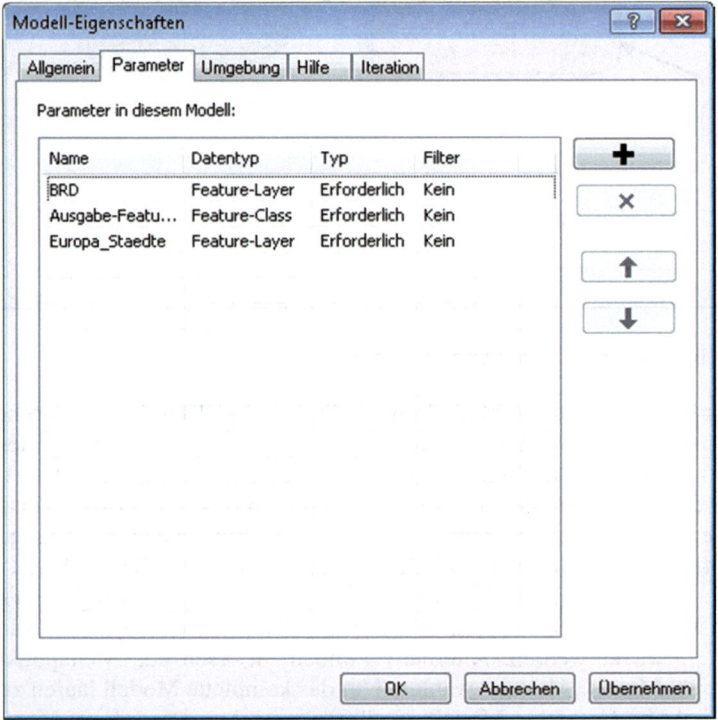

Abb. 280: Dialogfenster „Modell-Eigenschaften"

Es müssen nicht zwangsläufig alle Ein- oder Ausgabedaten bereits bei der Erstellung des Modells angegeben werden. Wenn diese Modellelemente als sog. Modellparameter definiert werden (*Kontextmenü des Elements* ⇨ *„Modellparameter"*), dann kann die Angabe der nötigen Informationen direkt zur Laufzeit erfolgen. Auf diese Weise können die Ein- bzw. Ausgabe-Features jedes Mal angegeben werden, wenn Sie das Modell ausführen – allerdings nur, wenn Sie das Modell nicht im ModelBuilder, sondern über die ArcToolbox ausführen. Solange den Werkzeugen noch keine Eingabe-Features zugewiesen wurden, bleibt das Modell noch farblos (siehe Abb. 276), und kann somit eigentlich auch nicht ausgeführt werden. Wenn Sie die Eingabedatenparameter als Modellparameter gekennzeichnet haben, ist es trotzdem möglich, das Modell auszuführen, allerdings nicht innerhalb des ModelBuilder-Fensters, sondern nur über die ArcToolbox (siehe Kapitel 9). Sind bereits Eingabedatenparameter definiert, so werden diese als Standardeingabeparameter verwendet. Somit ist das Modell auch innerhalb des Anzeigefensters lauffähig. Ob ein Element als Modellparameter definiert wurde, erkennen Sie daran, dass ein „P" neben dem Element vorhanden ist (siehe Abb. 279). Die Reihenfolge der Modellparameter auf der Eingabeoberfläche kann verändert werden. Dafür wählen Sie den Eintrag „Modelleigenschaften" im Menü „Modell" und wechseln zu dem Reiter „Parameter" (siehe Abb. 280). Dort können Sie über die Spalte „Typ" auch festlegen, ob die Angabe des Parameters erforderlich ist. Abhängig vom verwendeten Werkzeug kann die Angabe auch als „Optional" gekennzeichnet werden.

Über die Spalte „Filter" lassen sich die zugelassenen Eingabewerte einschränken. Es gibt sechs unterschiedliche Filtertypen, die abhängig vom Datentyp auswählbar sind:

- Werteliste: Eine Liste von vorgegebenen Werten bzw. Schlüsselwörtern.
- Bereich: Gibt einen gültigen Wertebereich an. Alle Werte innerhalb des Minimums und Maximums sind gültig.
- Feature-Class: Es kann angegeben werden, welche Feature-Klassen-Typen zulässig sind.
- Datei: Schränkt die zulässigen Dateitypen ein (bspw. *txt).
- Feld: Limitiert die erlaubten Feldtypen (bspw. Short, Long, Text etc.).
- Workspace: Erlaubt die Angabe, welche Workspace-Typen zulässig sind (z. B. File- und Personal Geodatabase).

9.3.2 Eigenschaften eines Modells

Nachdem die entsprechenden Angaben eingegeben sind, ändert sich das Flussdiagramm im Anzeigefenster des ModelBuilders (Abb. 281).

Die einzelnen Elemente, die vorher ohne Flächenfüllung waren, haben jetzt unterschiedliche Farbfüllungen. Dies bedeutet, dass die Elemente ausführungsbereit sind. Folgende Elemente verwendet der ModelBuilder:

- Gelbe Rechtecke bezeichnen Werkzeugelemente, die auf Werte von Eingabedatenparametern angewendet werden.
- Blaue Kreise sind Werteelemente, die als Eingaben in die entsprechenden Werkzeuge in einem Modell verwendet werden.
- Grüne Kreise sind abgeleitete Datenelemente, die die erzeugten Ausgabedaten eines Modells repräsentieren.

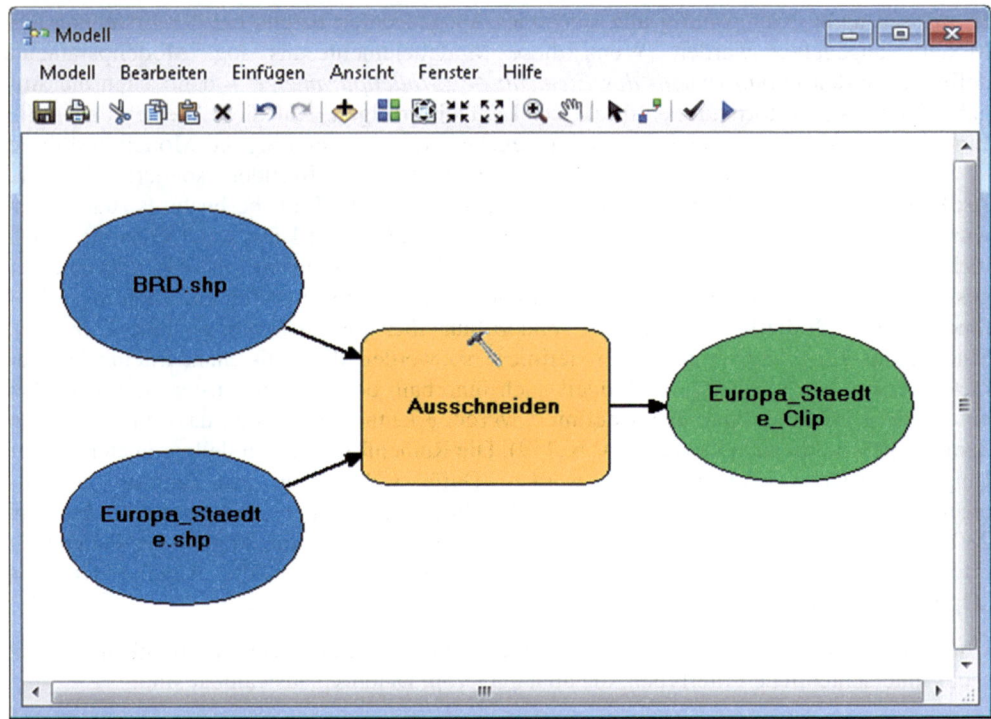

Abb. 281: Ausführungsbereite Elemente im ModelBuilder

Die Darstellung des Modells kann auch angepasst werden, wenn das gewünscht ist. Jedes Element in dem Modell kann in seiner Ausdehnung angepasst werden. Sobald Sie ein Element ausgewählt haben, erscheinen mehrere „Anfasspunkte", um die Form anzupassen. Auf diese Weise lässt sich die Form beispielsweise strecken (Abb. 282).

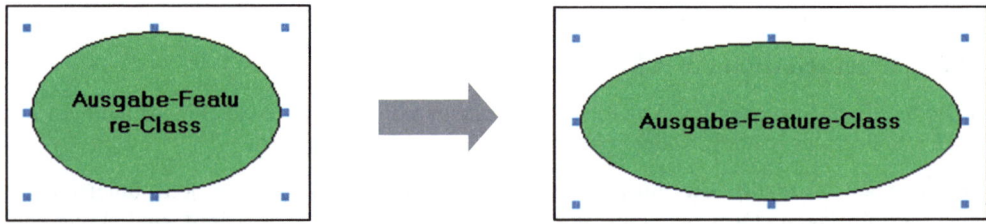

Abb. 282: Veränderung der Größe von einzelnen Elementen

Auf diese Weise können Sie unschöne Umbrüche in der Darstellung verhindern. Das ändert allerdings nichts an der Form der Ausgabedaten, sondern ist eine reine Darstellungsveränderung innerhalb des Anzeigefensters. Soll nicht nur die Größe, sondern die Farbe, verwendete Schriftart etc. für ein einzelnes Element verändert werden, dann erfolgt das innerhalb des Dialogfensters „Anzeigeeigenschaften", das Sie über das Kontextmenü erreichen (Abb. 283). Über das Kontextmenü (unter dem Menüpunkt „Beschriftung erstellen") können Sie den Elementen zusätzlich noch individuelle Beschriftungen hinzufügen. Das ist v. a. dann sinnvoll, wenn Sie das gleiche Werkzeug an unterschiedlichen Stellen im Modell verwenden. Neben der Veränderung einzelner Elemente können Sie auch generelle Änderungen an den Anzeigeeinstellungen vornehmen. Dafür wählen Sie den Menüeintrag „Diagrammeigenschaften" des Drop-down-Menüs „Modell". Dort haben Sie noch zahlreiche Möglichkeiten zur benutzerdefinierten Anpassung der Anzeige.

Um die hinzugefügten Modellelemente automatisch anzuordnen, gibt es in der Werkzeugleiste des Anzeigefensters die Schaltfläche „Autolayout". Dadurch werden alle Elemente aneinander ausgerichtet. Durch die Schaltfläche „Volle Ausdehnung" können Sie sich dann das komplette Modell auf die Größe des Anzeigefensters anpassen lassen. Je nachdem, wie umfangreich Ihr Modell ist, wird durch diese Funktion das Modell sehr klein, da eine Vielzahl von Werkzeugen hinzugefügt wurden. Aus diesem Grund sind zusätzlich noch weitere Zoom- und Anzeige-Werkzeuge in der Werkzeugleiste enthalten.

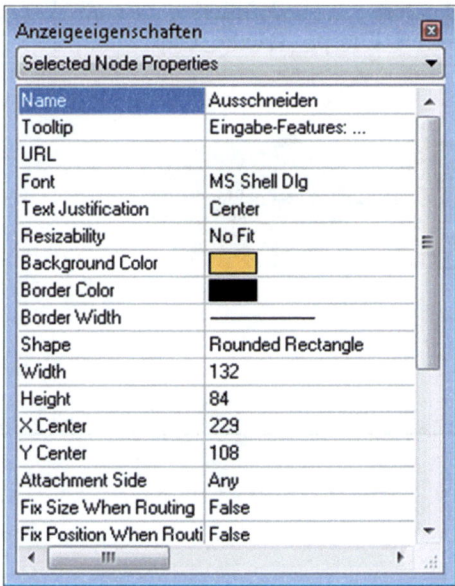

Abb. 283: Dialogfenster „Anzeigeneigenschaften"

9.3.2.1 Direkte Variablenersetzung

Sie können für jedes Modell Variablen definieren, teilweise entstehen die Variablen auch während des Modelllaufs und verändern sich stetig. Diese Variablen können direkt in das Modell integriert werden, um so beispielsweise den Namen des Ausgabe-Features oder einen SQL-Ausdruck anzupassen. Um die Variable in einem Modell zu verwenden, setzen Sie den Variablennamen einfach in Prozentzeichen. Haben Sie beispielsweise eine Variable namens „Workspace" erstellt, dann können Sie als Ort für die Ausgabe „%Workspace%\Ausgabe" angeben. Das ist dann sinnvoll, wenn Sie die Variable als Modellparameter definiert haben, und sich somit der Ausgabeort bei jedem Modelllauf verändert. Bei dem Beispiel mit dem Werkzeug „Ausschneiden" würde sich ein Modell ergeben, das in Abbildung 284 dargestellt wird.

Die Variable Workspace erzeugen Sie, indem Sie im Menü „Einfügen" den Eintrag „Variable erstellen" auswählen. Sie haben dann die Wahl zwischen einer Reihe von unterschiedlichen Variablentypen (Abb. 285).

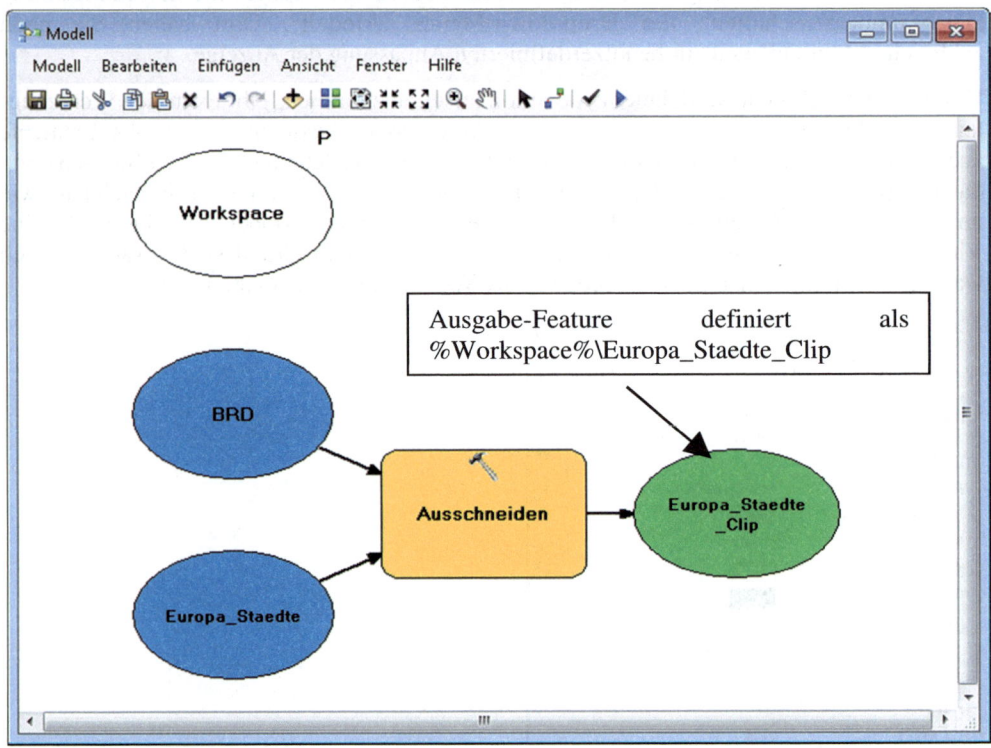

Abb. 284: Modell mit Workspace als Variable

Abb. 285: Dialogfenster „Variable erstellen"

Ganz ähnlich funktioniert die Verwendung von Variablen, wenn Sie Iteratoren (siehe auch Kapitel 9.3.2.3) verwenden. Diese können dazu verwendet werden, das Modell abhängig von bestimmten, von Ihnen definierten Bedingungen, mehrfach auszuführen. Um in dem Fall nicht jedes Mal seine Ausgabe-Features zu überschreiben, kann es sinnvoll sein, den Namen der Ausgabe-Features mit einer Variable zu kombinieren.

```
C:\Ausgabeort\Dateiname%n%
```

Der obige Ausdruck erzeugt im Ordner C:\Ausgabeort für jeden Durchlauf eine neue Datei, deren Name im ersten Durchlauf Dateiname0 ist. %n% ist eine von zwei Systemvariablen, die nicht extra erzeugt werden müssen (neben %i%). Beide Systemvariablen erhöhen sich mit jedem Durchlauf um eins. Die Variable %i% gibt die momentane Listenposition wieder und %n% die Anzahl der Wiederholungen im Modell. Für Beide gilt, dass sie bei 0 starten und nicht bei 1.

Sollten komplette Pfade als Variable verwendet werden, so ist noch eines zu beachten. Angenommen die Eingabe-Variable „Input" lautet

```
C:\Workspace\Baum.shp
```

, dann können Sie nicht ohne Weiteres die Ausgabe als

```
C:\Ausgabe\%Input%
```

definieren, da der Interpreter den Pfad dann als

```
C:\Ausgabe\C:\Workspace\Baum.shp
```

auslesen würde. Um den Variablennamen Baum.shp auszulesen, müssen Sie den Pfad analysieren, diesen dann in einer Variable speichern, und diese neue Variable dann als Variable in der Ausgabedefinition verwenden. Um den Pfad abzurufen, verwenden Sie das Modellwerkzeug „Pfad analysieren", das Sie über das Menü *„Einfügen"* ⇨ *„Nur Modellwerkzeuge"* erreichen. Bei Modellwerkzeugen handelt es sich um Tools, die nicht über die ArcToolbox erreichbar sind, sondern lediglich im ModelBuilder zur Verfügung stehen (vgl. Kapitel 9.3.2.4).

Die Variablentypen „Feature-Set" und „Record-Set" sollen in dem Zusammenhang noch kurz näher beschrieben werden. Variablen des Typs „Feature-Set" ermöglichen interaktive Eingaben, während das Modell durchläuft. Dafür definieren Sie die Variable des Typs „Feature-Set" als Parameter. Der Variablentyp kann direkt vom ModelBuilder erstellt werden, die interaktive Angabe der Eingabedaten erfolgt, während das Modell ausgeführt wird. Allerdings nur, wenn Sie das Modell von der ArcToolbox aus starten. Die Variablen des Typs „Record Set" können auch innerhalb des ModelBuilders bearbeitet werden, sind ansonsten aber ähnlich wie die „Features-Sets".

9.3.2.2 Listen

Die Eingabevariable kann auch eine Liste von Werten enthalten. Auf diese Weise können Sie beispielsweise ein Werkzeug gleich auf eine ganze Reihe von Eingabedaten anwenden und müssen dieses nicht für jedes Eingabe-Feature separat ausführen. Dafür können Sie in den Eigenschaften der Variable (über das Kontextmenü zu erreichen) im Register „Allgemein" den Radio-Button auf den Eintrag „Eine Liste von Werten" ändern. Dadurch ändert sich auch die Darstellung im Anzeigefenster (Abb. 286). Durch einen Doppelklick auf die Eingabevariable können Sie dann die weiteren Eingabevariablen hinzufügen. Über das „+" wird eine neue Zeile in der Liste angefügt, in der Sie beispielsweise den Pfad zu einer weiteren Feature-Klasse angeben können. Bei einem Doppelklick auf das Werkzeug können Sie jetzt für jede Eingabevariable die gewünschten Einstellungen treffen. Der Einsatz von Variablen (wie z. B. %i%) im Ausgabenamen ist auch in diesem Fall möglich. Für den Fall, dass der Ausgabepfad für alle Eingabevariablen identisch ist, reicht es, wenn Sie den Pfad einmal angeben. Anschließend können Sie über das Kontextmenü des Felds den Eintrag „Füllen" auswählen, wodurch der Ausgabepfad für alle Ausgabeelemente übernommen wird.

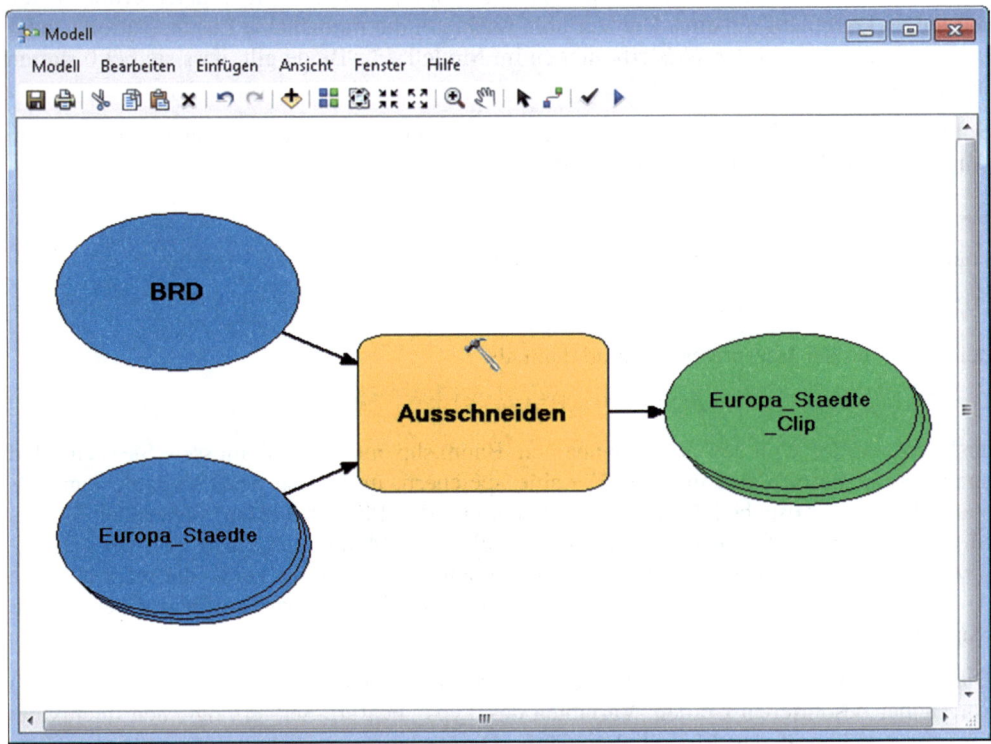

Abb. 286: Anzeigefenster, wenn die Variablen als Liste angewendet werden

9.3.2.3 Schleifen

Neben der Abarbeitung von Listen können Sie auch Schleifen in den ModelBuilder einbinden. Dadurch können Sie ein Werkzeug so oft ausführen, bis eine bestimmte Bedingung erfüllt ist. Auch bei der Verwendung von Schleifen können Sie Variablen verwenden. Pro Modell kann nur eine Schleife verwendet werden. Ist bereits eine Schleife hinzugefügt, dann sind die Iteratoren ausgegraut. Es gibt allerdings die Möglichkeit, mehrere Schleifen zu verwenden, indem Sie das Modell in mehrere „Untermodelle" unterteilen, und diese dann in einem weiteren Modell ausführen (vgl. Kapitel 9.3.2.6). Die Schleifen werden beim Export in ein Python-Skript nicht berücksichtigt. Sie haben aber die Möglichkeit, das Skript

9.3 ModelBuilder

nachträglich noch anzupassen. Folgende 12 Schleifen sind verfügbar und können über das Drop-down-Menü „*Einfügen*" ⇨ „*Iteratoren*" hinzugefügt werden:

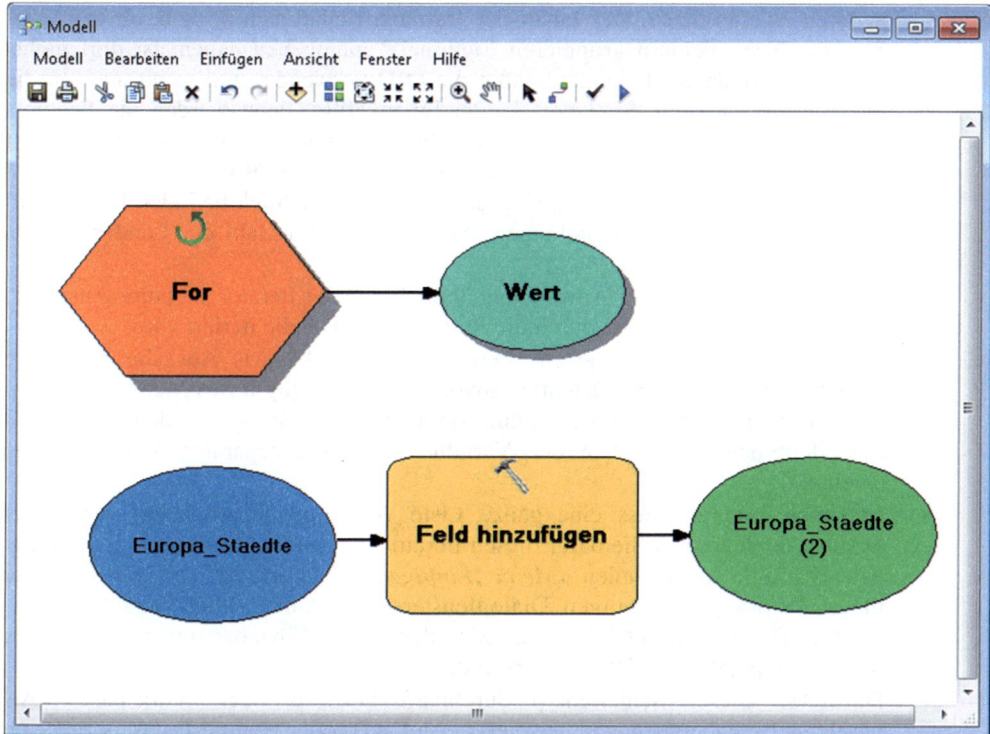

Abb. 287: Modell mit „For-Schleife"

- **For:** Als Eingabe wird ein „Von-Wert", ein „Bis-Wert" sowie einen „Nach Wert" benötigt. Dadurch wird der Start- und der Endwert sowie die der Wert, um den der Wert erhöht werden soll, festgelegt. Geben Sie beispielsweise 0 als „Von-Wert", 10 als „Bis-Wert" und 1 als „Nach Wert" ein, dann wird das Modell insgesamt 11 mal durchlaufen, nämlich von 0 bis 10. Das Modell startet, der Startwert ist auf 0 und die Werkzeuge werden alle einmal durchgeführt, anschließend wird der Wert für die „For-Schleife" um den Wert „Nach Wert" erhöht, in dem angegebenen Beispiel also um 1. Dieser Vorgang wiederholt sich, bis der Endwert „Bis-Wert" erreicht wurde, wobei auch für diesen Wert noch das Modell ausgeführt wird. In dem Beispiel aus Abbildung 287 ist der Feldname des Werkzeugs „Feld hinzufügen" durch den Wert der „For-Schleife" bestimmt (neu%Wert%) – %Wert% entspricht dem Variablennamen, der durch die „For-Schleife" ausgegeben wird.
- **While:** Funktioniert genau wie die „While-Schleife" in anderen Skript- oder Programmiersprachen. Das Modell wird solange ausgeführt, bis die Bedingung TRUE (also wahr) wird.

- **Feature-Auswahl:** Die Schleife iteriert durch die Features einer Feature-Klasse. Als Ergebnis werden zwei Ausgaben erstellt. Zum einen „Selektierte Features", die als Eingabe-Layer für weitere Werkzeuge verwendet werden kann, und zum anderen eine Variable. Der Inhalt der Variable richtet sich danach, ob bzw. was Sie bei „Nach Feldern gruppieren (optional)" angegeben haben. Ist dort nichts angegeben, dann wird standardmäßig die OID verwendet und somit auch in die Variable geschrieben. Sind dort Felder hinzugefügt, dann werden die Features nach den Feldern gruppiert. Für das Eingabe_Feature „Europa_Staedte" ist beispielsweise eine Gruppierung nach der Spalte „CNTRYNAME" definiert – also eine Gruppierung nach dem Land, in dem sich die Stadt befindet. In dem Fall ist die Anzahl der Wiederholungen abhängig von der Zahl der Länder in dem Shapefile.
- **Zeilenauswahl:** Von der Anwendung ähnlich wie der Iterator „Feature-Auswahl" mit dem Unterschied, dass durch die Reihen einer Tabelle iteriert wird.
- **Feldwert:** Iteriert durch jeden Wert in einem Feld. Als Ausgabe wird eine Variable erzeugt, deren Datentyp zuvor über das Drop-down-Menü „Datentyp (optional)" festgelegt werden kann. Im Gegensatz zu den beiden vorherigen Schleifentypen wird neben der Variable aber kein separater Ausgabe-Layer erzeugt.
- **Mehrere Werte:** Muss eine ganze Liste von Eingabeparametern verarbeitet werden, dann können Sie dafür diesen Iterator verwenden. Es empfiehlt sich, erst eine Variable zu erstellen (*Menü „Einfügen"* ⇨ *„Variable erstellen..."*) und innerhalb des gleichnamigen Dialogfensters den Punkt „MultiValue" zu aktivieren. Diese Variable können Sie dann als Eingabeparameter für den Schleifentyp „Mehrere Werte" verwenden.
- **Datasets:** Dieser Schleifentyp durchläuft Datasets oder Workspaces. Als mögliche Eingabetypen sind beispielsweise CAD- oder Feature-Datasets zulässig. Um die Anzahl der Ergebnisse zu limitieren, können im Bereich „Platzhalter (optional)" auch sog. „Wildcards" verwendet werden. Darunter wird in diesem Fall eine Kombination aus * und Buchstaben und/oder Zahlen verstanden. Eine Angabe „*land" würde alle Datasets finden, die auf „land" enden, unabhängig davon, was davor steht. Wenn Sie die Option „Rekursiv (optional)" aktivieren, dann wird die Suche auf ggf. vorhandene Unterordner ausgedehnt. Als Ergebnis werden wieder zwei Ausgaben generiert. Die Variable „Name" und ein Dataset, welches auch als Eingabeparameter für weitere Werkzeuge verwendet werden kann.
- **Feature-Classes:** Ähnlich zum vorherigen Schleifentyp „Datasets" funktioniert auch der Schleifentyp „Feature-Classes", allerdings mit dem Unterschied, dass das Ausgabeformat eine Feature-Klasse ist.
- **Dateien:** Auch dieser Schleifentyp ist in der Anwendung gleich zu den beiden vorherigen. Der Unterschied ist, dass als Eingabeparameter ein Ordner und kein Workspace oder Dataset benötigt wird. Innerhalb dieses Ordners werden dann alle Dateien durchlaufen (es sei denn, Sie haben die Schleife mithilfe von Platzhaltern limitiert). Als Ausgabe wird neben der Variable „Name", die den Dateinamen enthält, zusätzlich eine Datei erzeugt, die als Eingabeparameter weiter verwendet werden kann.

- **Raster:** Dieser Schleifentyp berücksichtigt lediglich Raster innerhalb eines Workspaces oder Raster-Katalogs und erzeugt neben der Variable „Namen" ein Raster, welches als Eingabeparameter verwendet werden kann.
- **Tabellen:** Sollen Tabellen innerhalb eines Workspaces durchlaufen werden, dann ist dieser Schleifentyp anzuwenden. Als Ausgabe wird wieder eine Tabelle erzeugt. Diese kann als Eingabeparameter für andere Werkzeuge innerhalb des Modells benutzt werden.
- **Workspaces:** Die Schleife durchläuft Workspaces innerhalb eines Ordners. Auch in diesem Fall kann mit Platzhaltern gearbeitet werden, um die Anzahl der Ergebnisse zu reduzieren. Durch das Aktivieren der Option „Rekursiv (optional)" werden ggf. vorhandene Unterordner mit einbezogen. Als Ausgabe wird ein Workspace erzeugt, die Art der berücksichtigten Workspaces kann zuvor festgelegt werden („Workspace-Typ (optional)").

9.3.2.4 Modellwerkzeuge

Bei den Modellwerkzeugen handelt es sich um Geoverarbeitungswerkzeuge, die lediglich im ModelBuilder zur Verfügung stehen, nicht aber in der ArcToolbox. Somit können die Modellwerkzeuge auch nicht als „Standalone-Werkzeug" ausgeführt werden, sondern nur in Kombination mit anderen Werkzeugen. Beim Export in ein Python-Skript (*Menü „Modell"* ⇨ *„Exportieren"* ⇨ *„In Python-Skript..."*) werden diese Werkzeuge nicht berücksichtigt.

- **Wert berechnen:** Dieses Modellwerkzeug ermöglicht es Ihnen, einen Wert zu berechnen. Auf diese Weise können Sie beispielsweise den Wert zweier Variablen verrechnen (siehe Abb. 288) und das Ergebnis als Eingabeparameter für weitere Werkzeuge verwenden. Variablen des Typs String sollten in Gänsefüßchen gesetzt werden (bspw. „%stringname%"), wohingegen Zahlen keine Gänsefüßchen benötigen (%double%). Der Ausgabedatentyp kann über das Dropdown-Menü „Datentyp (optional)" noch verändert werden. Wenn Sie den Datentyp auf „Boolesch" setzen, dann können Sie dieses Werkzeug auch als Ersatz für eine „If-Then-Else"-Schleife verwenden, die nach wie vor nur mit Python programmiert werden kann.
- **Werte erfassen:** Um Ausgaben von Schleifen aufzufangen oder eine Liste von Multivalues in einzelne Eingabeparameter umzuwandeln, wurde das Modellwerkzeug „Werte erfassen" eingeführt. Dieses Werkzeug ist neben dem Werkzeug „Verzweigung zusammenführen" als einziges direkt eingefärbt und nicht weiß, da auch ein leerer Wert als gültige Eingabe zählt.
- **Feldwert abrufen:** Bekommt den Wert der ersten Zeile einer vorab angegebenen Tabellen und einem definierten Feld zugewiesen.
- **Verzweigung zusammenführen:** Das Modellwerkzeug „Verzweigung zusammenführen" führt die Ausgabe nach einer logischen Verzweigung wieder zusammen. Auf diese Weise können Sie je nach Ausgabe (bspw. TRUE oder FALSE) unterschiedliche Prozesse laufen lassen, die Ausgabeparameter aber wieder zusammenführen.

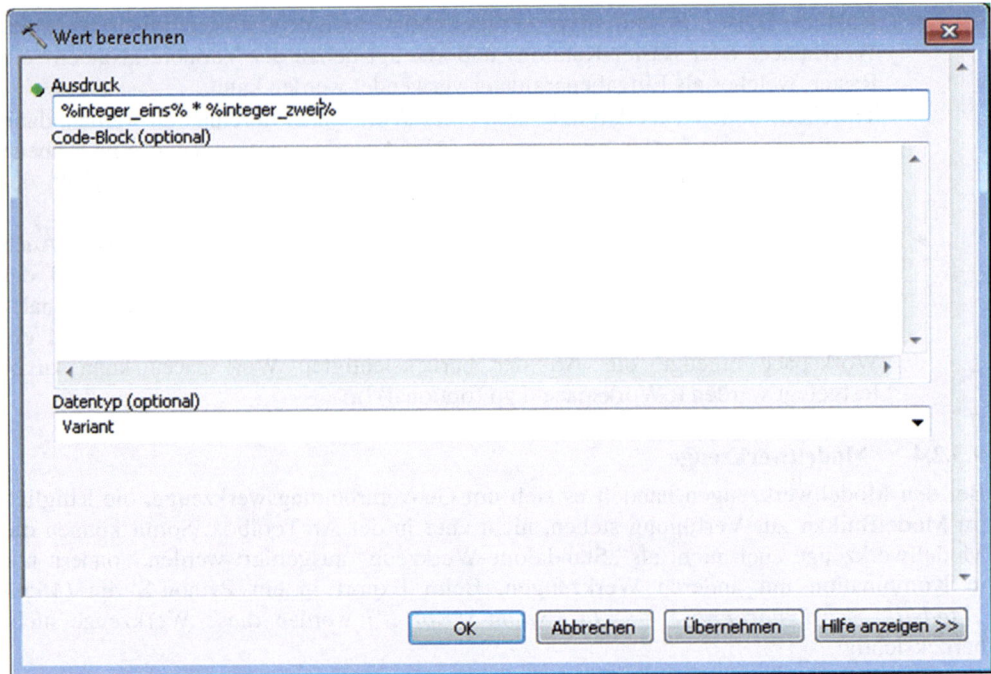

Abb. 288: Dialogfenster „Wert berechnen"

- **Pfad analysieren:** Liest einen Pfadnamen aus und gliedert diesen auf. Auf diese Weise können Sie die Ausgabe als direkte Variable.
- **Daten auswählen:** Sollte als Ausgabeparameter ein Container (bspw. ein Feature-Dataset oder eine Geodatabase) erzeugt worden sein, für die weitere Arbeit aber ein Element innerhalb dieses Containers (bspw. eine Feature-Klasse) benötigt werden, können Sie dieses Werkzeug verwenden. Als Eingabeparameter muss ausschließlich der Container angegeben werden, optional kann aber auch das sog. „Child-Datenelement" mit eingetragen werden.
- **Stopp:** Stoppt die Ausführung des Modells, sobald die von Ihnen definierten Bedingung(en) der Eingabewerte erfüllt werden. Die Funktionsweise ist ähnlich zu der des Schleifentyps „While" (vgl. Kapitel 9.3.2.3), da aber nur ein Schleifentyp pro Modell verwendet werden kann, ist es teilweise sinnvoll, mit dem Modellwerkzeug „Stopp" zu arbeiten.

9.3.2.5 Vorbedingung

Sie haben die Möglichkeit, die Reihenfolge, in der die Werkzeuge ausgeführt werden, klar zu definieren, indem Sie Vorbedingungen definieren. Sie können die Ausgabe eines Prozesses als Vorbedingung für ein weiteres Werkzeug verwenden, um sicherzustellen, dass der eine Prozess erst gestartet wird, wenn der andere abgeschlossen ist. Diese Vorbedingungen können auf zwei Wegen festgelegt werden. Zum einen können Sie diese über die Einstellungen des verwendeten Werkzeugs im Reiter „Vorbedingungen" festlegen. Zum anderen können Sie die Schaltfläche „Verbinden" der Werkzeugleiste nutzen und beim automatisch erscheinenden Kontextmenü den Eintrag „Vorbedingung" auswählen.

9.3.2.6 Integration von Skripten und Modellen

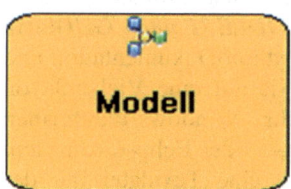

Abb. 289: „Untermodell" innerhalb eines Modells

Innerhalb eines Modells können nicht nur die Werkzeuge der ArcToolbox, die Modellwerkzeuge und die Iteratoren eingebunden werden, sondern auch Skripte und andere Modelle. Auf diese Weise ist es auch möglich, mehr als eine Schleife pro Modell zu verwenden. Sie erstellen einfach ein „Untermodell", welches dann in einem weiteren Modell ausgeführt wird. Anhand des Symbols innerhalb des Eingabeparameters können Sie erkennen, dass es sich dabei um ein eigenes Modell handelt (siehe Abb. 289).

9.3.2.7 In-memory Workspace

Neben der Möglichkeit, die Ausgabedaten immer in dem jeweiligen Format lokal auszuspielen, können Sie diese auch im in-memory Workspace speichern. Das ist oft wesentlich schneller als die Sicherung im Netzwerk oder auf Ihrem Computer. Allerdings sind die Daten im in-memory Workspace nur temporär, also verwenden Sie diese Option nicht, wenn die Ausgabe dauerhaft gesichert werden muss. Soll der in-memory Workspace verwendet werden, dann genügt es, wenn Sie als Ausgabepfad „in_memory/<gewünschter Dateiname>" angeben. Allerdings ist zu beachten, dass lediglich Tabellen und Feature-Klassen in den in-memory Workspace geschrieben werden können, und bestimmte Elemente der Geodatabase nicht unterstützt werden, wie beispielsweise Subtypes, Domänen, Repräsentationen, Topologie etc.

9.4 Python

Bereits seit ArcGIS 9.0 ist es möglich, die Funktionalität von ArcGIS durch zusätzliche Python-Skripte zu erweitern. Python ist – ähnlich wie VBA – eine Skriptsprache, mit der Sie Geoverarbeitungsprozesse durchführen können. Auch wenn VBA-Skripte unter ArcGIS 10 noch lauffähig sind, wird empfohlen, neue Skripte auf Basis von Python zu schreiben. Der VBA-Editor wird aus diesem Grund nicht mehr standardmäßig installiert, sondern muss separat installiert werden und benötigt außerdem eine zusätzliche, kostenlose Autorisierungsdatei. Im Internet finden Sie zahlreiche kostenfreie Tutorials, Foren und Hilfeseiten zum Thema Python, die Ihnen den Umstieg erleichtern sollten.

Es gibt unterschiedliche Wege, Python-Befehle oder Skripte in ArcMap zu schreiben und auszuführen. Wenn schnell einige Geoverarbeitungswerkzeuge ausgeführt werden sollen, dann ist das Python-Dialogfenster in ArcMap die einfachste Möglichkeit, um den Code einzugeben. Das Dialogfenster erreichen Sie über das Hauptmenü „Geoverarbeitung", in dem der Eintrag „Python" enthalten ist. Wenn Sie diese Möglichkeit wählen, dann können Sie auch direkt die in das Kartendokument geladenen Geodaten als Eingabe-Features verwenden, ohne einen vollständigen Pfad angeben zu müssen. Standardmäßig wird ein Python-Editor (IDLE) mit installiert, falls Sie außerhalb von ArcMap Python-Skripte schreiben möchten. Diesen finden Sie für ArcGIS 10.1 standardmäßig unter *„Start"* ⇨ *„Alle Programme"* ⇨ *„ArcGIS"* ⇨ *„Python 2.7"* ⇨ *„IDLE (Python GUI)"*. In dem Ordner „Python 2.7" finden Sie außerdem auch noch eine Python-Dokumentation und einen Link zu den vorhandenen Modulen. Alternativ können Sie auf eine Vielzahl von kostenlos verfügbaren Python-Editoren zurückgreifen – für Windows-Plattformen beispielsweise die Programme PyScripter, PythonWin, Notepad++ oder Eclipse (mit dem PyDev-Plugin). Ein Python-Programm ist im Prinzip lediglich eine Textdatei mit der Endung *.py. Sie könnten die hier aufgeführten Code-Beispiele auch einfach in einem einfachen Texteditor (bspw. Notepad von Windows) schreiben und mit der entsprechenden Endung abspeichern. Allerdings müssen Sie bei der Arbeit mit einem einfachen Texteditor auf viel Komfort – wie z. B. das farbliche Hervorheben des Quelltexts oder Autovervollständigung – verzichten, weswegen wir von dieser Arbeitsweise abraten.

Bei Python handelt es sich um eine leicht zu lernende und von vielen Programmen unterstützte Skriptsprache, die auch objektorientierte Programmierung unterstützt. Python erfreut sich auch bei den Entwicklern großer Beliebtheit, und zusätzlich zu der Standardfunktionalität steht auch eine Vielzahl von kostenlosen Bibliotheken zur Verfügung. Auch Esri ermöglicht die Verwendung von Python zur Erweiterung des Funktionsumfangs von ArcGIS und zur Automatisierung der Geoverarbeitungsprozesse. Seit ArcGIS 10.0 hält Esri mit ArcPy eine eigene Teilbibliothek bereit, auf die bei der Erstellung eines Python-Skripts zurückgegriffen werden kann. ArcPy enthält spezielle Python-Befehle, die extra auf die Arbeit mit ArcGIS zugeschnitten sind. Darin enthalten sind beispielsweise alle Funktionen der ArcToolbox (näheres dazu in Kapitel 9.5 und 9.6). Auf folgender Seite gibt es eine Übersicht über die verfügbaren Erweiterungen (sog. Packages) von Python (http://pypi.python.org/pypi). Bei Bedarf können diese installiert und dann einfach in ein Python-Skript importiert werden. ArcPy wird bei der Installation von ArcGIS automatisch mitinstalliert. Weitere relativ häufig verwendete Packages sind bspw. NumPy (zum verbesserten Umgang mit Arrays) oder SciPy (enthält viele Algorithmen und mathematische Werkzeuge). Sollten bestimmte Teile der Python-Programmierung mit anderen Programmiersprachen besser umsetzbar sein (z. B. wegen einer besseren Laufzeit), so können Sie die Programme anderer Sprachen ihrem Python-Skript hinzufügen.

9.4.1 Einführung

Bei Python wird zwischen Funktionen und Modulen unterschieden. Während eine Funktion eine ganz bestimmte Aufgabe erfüllt, stellt ein Modul eine Vielzahl von (in der Regel thematisch zusammengehörenden) Funktionen bereit. Diese Module (bspw. ArcPy) müssen bei Bedarf vorab importiert werden (s. u.). Funktionen werden standardmäßig folgendermaßen aufgerufen:

```
<modul>.<funktion>(<parameter>)
```

Am Beispiel der Funktion „sqrt" aus dem Modul „math", die die Wurzel aus dem Eingabewert bildet, würde der Aufruf folgendermaßen lauten:

```
math.sqrt(10)
```

Das Ergebnis der Funktion kann entweder direkt ausgegeben werden (bspw. auf der Konsole) oder in einer Variablen gespeichert werden, um auf den Wert später wieder zugreifen zu können. Es bietet sich an, alle Werte, die mehrfach benötigt werden, in Variablen zu hinterlegen. Dadurch muss der eigentliche Eingabewert nur an einer Stelle verändert werden, wenn er sich ändern sollte. Die Zuweisung der Werte geschieht folgendermaßen:

```
neue_variable = math.sqrt(10)
```

oder

```
eingabepfad = r"C:/eingabe.shp"
```

Die Syntax von Python ist sehr einfach gehalten. Die Zusammengehörigkeit einzelner Blöcke (z. B. bei Schleifen, siehe Kapitel 9.4.4) wird nur durch Einrücken des entsprechenden Quelltexts umgesetzt. Es brauchen also keine zusätzlichen Klammern o. Ä. verwendet werden.

Ein Python-Skript ist standardmäßig folgendermaßen aufgebaut:

1. Titel und allgemeine Kommentare
2. Import der benötigten Module
3. Eigentliches Skript

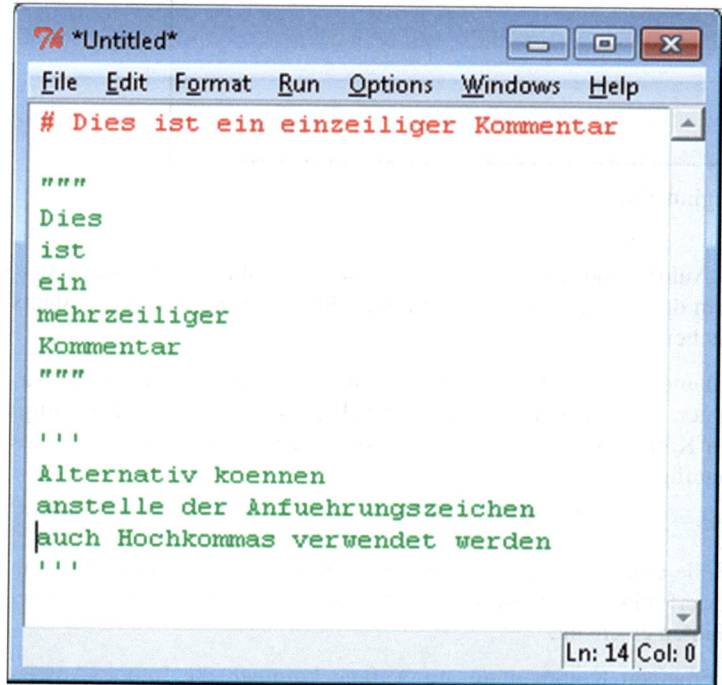

Abb. 290: Beispiel für mehrzeilige Kommentare

Ein gut kommentierter Code ist aus mehreren Gründen wichtig. Zum einen erleichtern die Erläuterungen die Zusammenarbeit mit anderen Entwicklern und zum anderen fällt es auch dem Autor des Skripts leichter, sich an den eigenen Quelltext zu erinnern, wenn dieser nach einiger Zeit versucht, das geschriebene nachzuvollziehen. In Python gibt es daher zwei Möglichkeiten, um dem Skript erläuternde Kommentare hinzuzufügen.

- Einzeilige Kommentare können erstellt werden, indem Sie eine Raute # an den Zeilenanfang schreiben
- Wenn mehrzeilige Kommentare erstellt werden sollen, dann werden dafür drei Anführungszeichen (oder drei Hochkommas) an Anfang und Ende des Kommentars gesetzt.

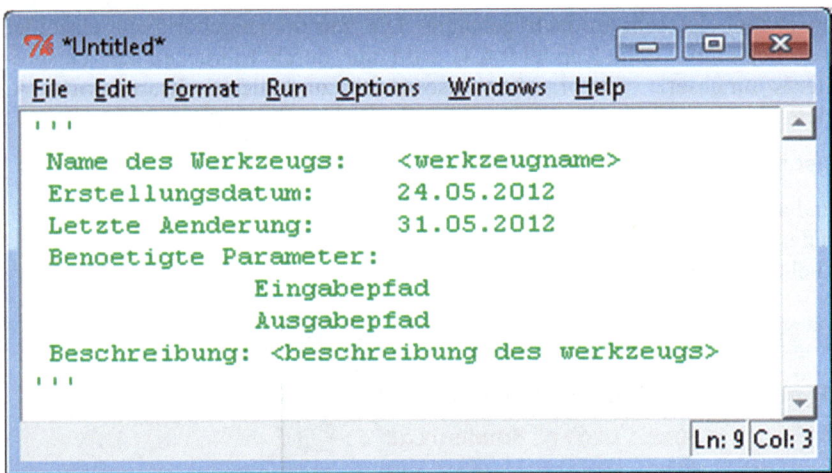

Abb. 291: Angaben zu Beginn eines Skripts

Neben dem Namen des Autors und dem Namen des Skripts sollte auch das Erstellungsdatum, ggf. das Datum der letzten Änderung und eine Beschreibung des Skriptinhalts am Anfang jedes Skripts stehen.

Die Verwendung von Umlauten – auch in den Kommentaren – ist problematisch. In Variablen- und Methodennamen sollte darauf verzichtet werden. Durch ein sog. Encoding-cookie können Umlaute in Kommentaren verwenden. Dafür muss in der ersten Zeile des Skripts folgender Text eingefügt werden:

```
# -*- coding: iso-8859-1 -*-
```

Obwohl am Anfang der Zeile eine Raute steht – wodurch der nachfolgende Text von dem Interpreter eigentlich ignoriert wird – ist diese Zeile nötig, damit keine Fehlermeldung bei der Verwendung von Umlauten erscheint.

Im Anschluss an die allgemeinen Kommentare am Anfang kommen die Import-Anweisungen für die benötigten Module. Für die Arbeit mit ArcGIS wird beispielsweise fast immer die ArcPy Bibliothek benötigt. Der Import kann auf unterschiedliche Weisen erfolgen:

```
import arcpy
```

Funktionen und Klassen müssen im Quelltext über `arcpy.methodenname()` aufgerufen werden. Die vollständige Bibliothek wird importiert.

```
from arcpy import *
```

Funktionen können ohne das vorangestellte Modul aufgerufen werden: `methodenname()`. Die vollständige Bibliothek wird importiert.

```
from arcpy import Describe, SearchCursor
```

Nur die Klasse Describe und die Funktion SearchCursor werden importiert und können direkt mit `Describe(<dataset>)` bzw. `SearchCursor(<dataset>)` angesprochen werden.

```
import arcpy as ap
```

Funktionen und Klassen können über das selbst definierte Kürzel `ap.methodenname()` aufgerufen werden. Die vollständige Bibliothek wird importiert.

Das eigentliche Skript kann innerhalb eines sog. Try-except-Blocks geschrieben werden. Das hat den Vorteil, dass Fehler abgefangen werden können. Dadurch ist es einerseits möglich, eine weniger kryptische Fehlermeldung auszugeben, andererseits können die Fehler je nach Ursache anders behandelt werden. Ein Try-except-Block sieht folgendermaßen aus:

```
try:
    <eigentliches Skript>
except:
    <Anweisung, was im Falle eines Fehlers passieren soll>
```

Auf diese Weise können Sie beispielsweise Fehler abfangen, die durch falsche Eingabeparameter auftreten.

Mit einem Klick auf „Geoverarbeitungs-Resource Center" im Menü „Geoverarbeitung" öffnet sich die Internetseite des Resource Centers in Ihrem Standardbrowser. Dort finden Sie neben Informationen über die Benutzung verschiedener Werkzeuge auch eine Model- und Skripte-Gallery.

Ein sehr einfaches, aber für den Einstieg gut geeignetes Beispiel für ein erstes Python-Skript ist das Folgende:

```
print "Mein erster Python-Befehl"
```

Dieses erste selbst erstellt Skript enthält genau eine Anweisung, nämlich den Text „Mein erster Python-Befehl" mithilfe des Befehls „print" auszugeben. Sollten Sie diesen Code als PY-Datei gespeichert haben, dann können Sie diesen auch über die Eingabeaufforderung „Start" ⇨ „Ausführen" ⇨ „CMD" ausführen, indem Sie „python dateiname" eingeben. Praktischer ist es aber, in einem der vorhandenen Editoren zu arbeiten, da dort nützliche Funktionen integriert sind (siehe Kapitel Entwicklungsumgebung 9.4.2).

Sie können den Print-Befehl auch mit Formeln oder Rechnungen ausführen. Die Eingabe

```
print 2 + 8
```

würde als Ausgabe den Wert „10" erzeugen. Der Befehl „print" erzeugt demnach immer eine direkte Ausgabe in der Konsole. In vielen Fällen soll die Anweisung aber nicht direkt angezeigt werden, sondern der Wert soll in einer Variablen gespeichert werden, um später noch einmal darauf zurückgreifen zu können. In Python erfolgt die Variablendefinition durch ein einfaches Gleichheitszeichen. Auf der linken Seite steht der gewünschte Variablenname, auf der rechten der Wert..

```
variablenname = 'ein Text'
```

oder

```
variablenname_int = 2+8
```

Wenn Sie anschließend den Variablennamen eingeben, dann wird der jeweilige Wert wiedergegeben. Diejenigen unter Ihnen, die bereits ein wenig Programmiererfahrung sammeln konnten, werden eventuell verwundert sein, da der Variable zuvor kein Variablentyp zugewiesen wurde. In Python ist es nicht nötig, einen bestimmten Typ (beispielsweise Integer für eine Ganzzahl) zuzuweisen, da Python das automatisch erkennt (für eine genauere Einführung in die unterschiedliche Datentypen siehe Kapitel 9.4.3). Das vereinfacht die Arbeit mit Python sehr und reduziert die möglichen Fehlerquellen. Eine Sache gibt es allerdings zu beachten, wenn Sie mit Fließkommazahlen arbeiten wollen. In Deutschland ist es üblich, ein Komma als Dezimaltrennzeichen zu verwenden, im Englischen wird hingegen ein Punkt als Trennzeichen verwendet. Es macht also einen Unterschied, ob Sie in die Kommandozeile

```
2,5 + 6,7
```

oder

```
2.5 + 6.7
```

eingeben. Im ersten Fall wird als Ausgabe ein Tupel erzeugt, der genau drei Werte enthält, nämlich (2,11,7), die 11 kommt dabei durch die Addition der Zahlen 5 und 6 zustande. Im zweiten Fall werden die beiden Dezimalzahlen 2,5 und 6,7 addiert, was 9,2 (bzw. 9.2 in der Konsole) ergibt.

Um ein funktionsfähiges Skript zu schreiben, benötigen Sie neben den Variablen auch Funktionen. Viele sind bereits in Python integriert, eine Funktion haben Sie bereits kennengelernt – „print". Es existieren auch noch viele weitere Funktionen, die teilweise an bestimmte Variablentypen gebunden sind. Beispiele für Funktionen, die nur auf Zahlen angewendet werden können, sind u. a. abs(x) oder pow(x,y), es gibt aber auch noch eine Vielzahl Weitere. Der erste Befehl – abs(x) liefert immer den Betrag einer Zahl zurück. Eine Eingabe

```
abs(-234)
```

würde demnach den Wert 234 als Ausgabe liefern

Dabei ist es nicht wichtig, ob Sie einen Integer (Ganzzahl) oder einen Float bzw. Double (Fließkommazahl) verwenden, das Ergebnis behält den Variablentyp der Eingabe. Durch den pow-Befehl berechnen Sie die x-te Potenz von y. Mit der Eingabe

```
pow(2,3)
```

wird demnach die dritte Potenz von 2 berechnet. Es sind noch zahlreiche weitere Funktionen als sog. Built-in-Funktionen in Python verfügbar. Eine Übersicht finden Sie im Internet auf der offiziellen Website von Python http://docs.python.org/release/2.6/. Zusätzlich dazu können Sie noch weitere Funktionen über Module hinzufügen, um auf diesem Weg die verfügbaren Funktionen noch zu erweitern (s. o.).

Bei größeren Programmieraufgaben ist es sinnvoll, die einzelnen Schritte in kleinere Methoden zu unterteilen. Eine Methodendefinition erfolgt in Python durch die Kennzeichnung `def`. Eine Methode, die zwei Werte addiert und deren Summe zurückliefert, würde folgendermaßen aussehen:

```
def summe_zweier_werte(wert_a, wert_b):
    return wert_a + wert_b
```

Alles, was innerhalb der Methode „summe_zweier_werte" passieren soll, muss eingerückt werden, damit der Interpreter das der richtigen Methode zuordnen kann. Der Methodenaufruf

```
print summe_zweier_werte(5,6)
```

liefert als Ergebnis den Wert 11 zurück.

9.4.2 Entwicklungsumgebung

Python-Skripte können in unterschiedlichen „Umgebungen" geschrieben werden, die im Folgenden kurz vorgestellt werden sollen.

„Python": Das Befehlszeilenfenster, in dem Sie mittels manueller Eingabe Geoverarbeitungsbefehle ausführen können, wird eingeblendet. Das gleiche Fenster können Sie auch über das Menü „Geoverarbeitung" in der Hauptmenüleiste erreichen.

Wenn Sie manuell schnell Geoverarbeitungsbefehle eingeben und ausführen lassen wollen, können Sie das über das Desktop-Element „Python" tun (Das Python-Fenster hat das frühere „Befehlszeilenfenster" ersetzt). Das setzt aber die Kenntnis der Befehle voraus und ist somit eher für fortgeschrittene Benutzer interessant. Im linken Teil des Fensters können Sie die Geoverarbeitungsbefehle eintragen, der rechte Teil enthält zu Beginn einige Hinweise, kann aber auch einen Hilfetext oder Fehlermeldungen anzeigen. Sobald Sie etwas in die Kommandozeile eintragen, erscheinen in einer Auswahlbox mögliche Befehle. Diese automatische Komplettierung ermöglicht Ihnen eine vereinfachte und schnellere Bedienung des Python-Fensters. Sobald der zu verwendende Befehl eingetragen ist, erscheint auf der rechten Seite die Hilfe zu dem aktuellen Befehl. So können Sie auf einen Blick sehen, welche Pflichtangaben Sie eintragen müssen, und was Sie optional noch angeben können. Da das Python-Fenster direkt von ArcMap aus gestartet wird, ist ein zusätzlicher Import von ArcPy nicht notwendig. Anhand eines Beispiels soll die Funktionsweise kurz erläutert werden.

```
>>> arcpy.Buffer_analysis("<Eingabe-Features>",
"<Ausgaben-Feature-Klasse>","<Bufferdistanz oder Feld>")
```

Der erste Block „arcpy" gibt die Bibliothek an. Darin sind neben zahlreichen Geoverarbeitungswerkzeugen auch zusätzliche Funktionen, Klassen und Module enthalten. Durch den Punkt getrennt ist in diesem Fall das Werkzeug angegeben, welches verwendet werden soll. Das Werkzeug „Buffer_analysis" erzeugt für eine bestehende Feature-Klasse einen Puffer, der in einer neuen Feature-Klasse gespeichert wird. Als Pflichtangabe folgen in der Klammer die Eingabe-Features, der Name der Ausgabe-Feature-Klasse und die Distanz (entweder mit Angabe der Einheit oder als Feld der Attributtabelle). Optional sind auch noch weitere Angaben möglich, wie beispielsweise der Seiten- oder Endtyp (s. o.). Für eine Feature-Klasse namens Test, mit der Ausgabe-Feature-Klasse Test_Buffer und einer Puffergröße von 500 m, würde der Befehl dann folgendermaßen aussehen:

```
>>> arcpy.Buffer_analysis("Test","Test_Buffer","500
METERS")
```

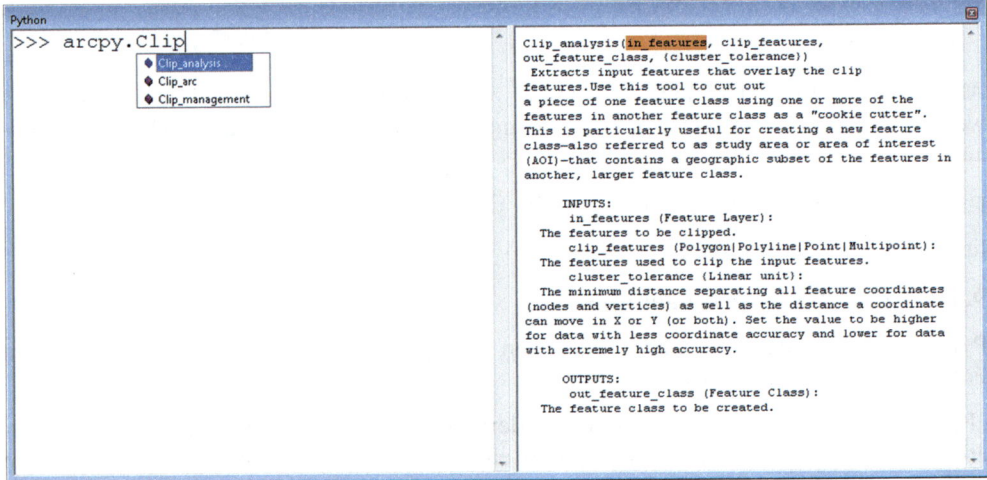

Abb. 292: Autovervollständigung im Dialogfenster „Python"

Über den Eintrag „Speichern unter…" im Kontextmenü des Dialogfensters „Python" kann der Python-Code in einer *.py Datei gespeichert werden.

 „IDLE": IDLE ist die Entwicklungsumgebung, die automatisch bei der Installation von ArcGIS mitinstalliert wird. Sie finden das Programm unter „Start" ⇨ „Alle Programme" ⇨ „ArcGIS" ⇨ „Python 2.7" ⇨ „IDLE (Python GUI)"; zusätzlich finden Sie im gleichen Ordner auch noch eine Dokumentation der vorhandenen Module. Im Gegensatz zu dem „Python-Fenster" von ArcGIS können mit IDLE nicht nur Befehle in die Kommandozeile eingegeben werden (wie im Python-Fenster, s. o., sondern es können komplette Skripte geschrieben werden.

9.4 Python

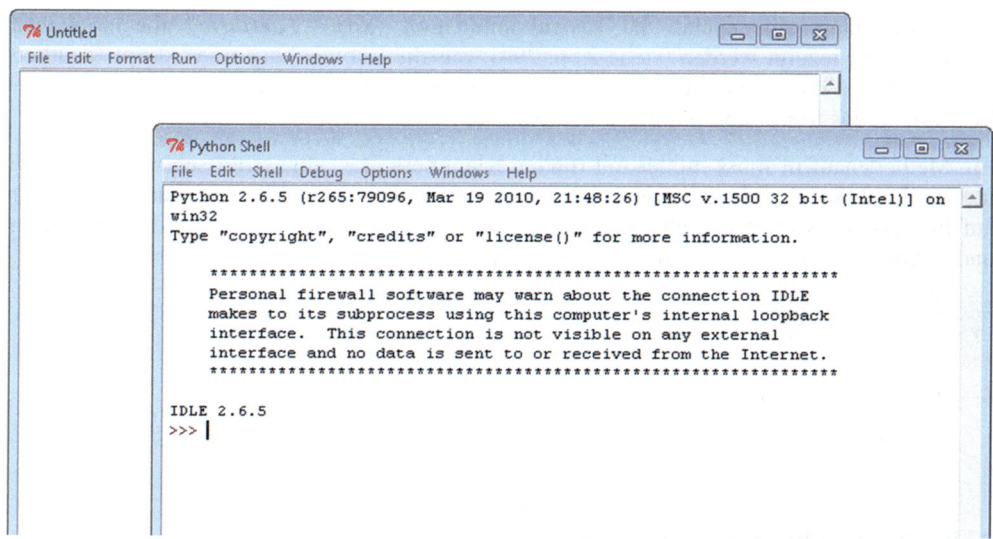

Abb. 293: „Idle"-Konsole (vorne) und Texteditor (im Hintergrund)

Wenn „IDLE" gestartet wird, öffnet sich automatisch das vordere der beiden Fenster aus Abbildung 293. Dabei handelt es sich um eine interaktive Konsoleneingabe, die eine direkte Befehlseingabe ermöglicht (wie im „Python-Fenster" auch). Durch die Tastenkombination *„Strg + N"* oder *„File"* ⇨ *„New Window"* öffnet sich ein leeres Dialogfenster (das hintere Fenster der Abbildung 293), in dem Sie mit der Erstellung eines kompletten Python-Skripts beginnen können, welches anschließend auch in die ArcToolbox eingebunden werden kann.

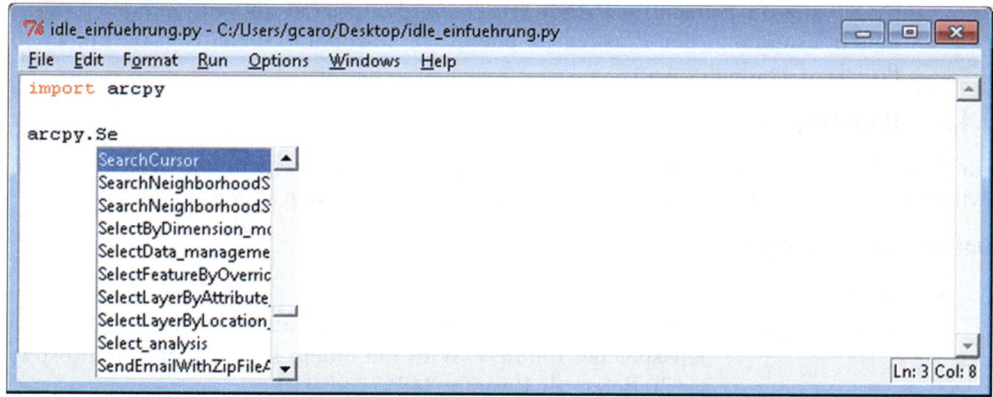

Abb. 294: Die Autovervollständigung bei „IDLE"

Da dieses Programm außerhalb von ArcGIS läuft, ist immer der Import des ArcPy-Packages nötig, wenn Sie auf Befehle der Bibliothek zugreifen möchten. Um den Komfort der Autovervollständigung nutzen zu können, muss nach der Import-Anweisung die Datei mit der Endung *.py gespeichert werden und einmal ausgeführt worden sein. Ist das geschehen, dann können über die Tastenkombination „*Strg + Leertaste*" alle möglichen Funktionen angezeigt werden (siehe Abb. 294), was die Entwicklung eines Skripts deutlich vereinfacht. Ist die gewünschte Methode markiert, kann diese durch erneutes Drücken der Leertaste in das Skript übernommen werden.

Ein Methodenaufruf muss immer mit runden Klammern „( )" abgeschlossen werden, in die je nach Funktion Parameterwerte geschrieben werden können. Mit einer runden Klammer auf im Anschluss an den Methodennamen erscheint eine Kurzhilfe, in der die benötigten und optionalen Eingabeparameter stehen (siehe Abb. 295).

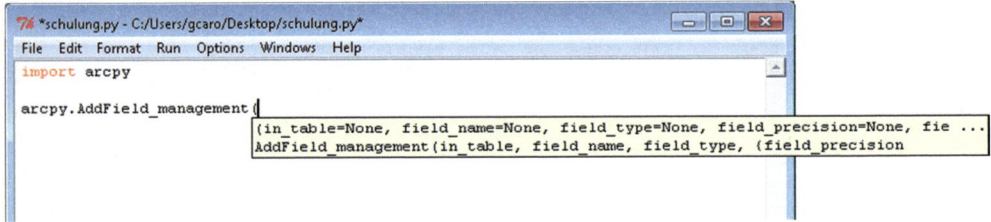

Abb. 295: Hilfe-Einblendung bei „IDLE"

„**Weitere Editoren**": Neben der vorinstallierten Entwicklungsumgebung „IDLE" existieren noch eine Vielzahl weiterer Editoren, wovon drei hier noch kurz erwähnt werden sollen.

- PythonWin: Ist von der Funktionsweise sehr ähnlich zu „IDLE". Interaktive Konsole, Skripteditor und Debugg-Umgebung sind vorhanden.
- Notepad++: Der Allrounder. Ein Texteditor, der eine Vielzahl von Skriptsprachen unterstützt. Debuggen ist allerdings nicht ohne Weiteres möglich.
- Eclipse: Eigentlich eine Entwicklungsumgebung für Java. Mit der Erweiterung PyDev allerdings auch für Python einsetzbar. Eclipse hat mit Abstand den größten Funktionsumfang, der Einstieg ist allerdings gewöhnungsbedürftig, da immer in Projekten gearbeitet wird.

9.4.3 Datentypen

Für den Umgang mit Zahlen, Texten oder Listen sind unterschiedliche Datentypen in Python vordefiniert, von denen hier einige kurz vorgestellt werden sollen.

Datentypen für Zahlen

- Integer: Für ganze Zahlen (z. B. 5).
- Long-Integer: Ganze Zahlen beliebiger Länge. Nur durch den verfügbaren Arbeitsspeicher limitiert. Wird mit einem L gekennzeichnet (bspw. 3**20 liefert als Resultat 3486784401L).
- Float: Fließkommazahl (z. B. 4,324).
- Complex: Für komplexe Zahlen.
- Bool: Für boolesche Werte (True oder False).

Achtung: Das Dezimaltrennzeichen in Python muss ein Punkt sein, ein Komma wird anders interpretiert (s. o.)!

Für alle sog. numerischen Datentypen sind diese Rechenoperationen verfügbar:

Tabelle 13: Übersicht der Rechenoperationen für numerische Datentypen

Operator	Ausgabe
x + y	Addiert x und y
x – y	Subtrahiert x und y
x * y	Multipliziert x und y
x / y	Dividiert x und y
x ** y	x hoch y
x // y	Abgerundeter Quotient von x und y (außer bei komplexen Zahlen)
x % y	Rest der Division von x und y (außer bei komplexen Zahlen)
+x	Positives Vorzeichen
–x	Negatives Vorzeichen

Texte

Zeichenketten (sog. Strings) werden in Python als Listen behandelt. Das bedeutet, dass ein Text für Python eine Sequenz von einzelnen Zeichen darstellt. Auf die jeweiligen Zeichen kann über einen Indexwert zugegriffen werden. Dabei muss beachtet werden, dass der erste Wert mit der Zahl 0 angesprochen wird und nicht, wie vielleicht zu vermuten, mit der 1. Im Fall des Worts „HALLO" sieht die Zuweisung folgendermaßen aus:

H	A	L	L	O
0	1	2	3	4

Um auf die einzelnen Werte des Strings

```
"Mein erster Python-Befehl"
```

zugreifen zu können, muss dieser zuerst in einer neuen Variable gespeichert werden. Anschließend kann über den Index jeder Wert angesprochen werden. Folgende Anweisung

```
s = "Mein erster Python-Befehl"
print s[3]
```

liefert als Ergebnis den Buchstaben „n" zurück.

Da teilweise ein Zugriff auf die Zeichenketten von hinten einfacher ist, können durch negative Indexwerte die letzten Zeichen ermittelt werden.

H	A	L	L	O
-5	-4	-3	-2	-1

Die Anweisung

```
s = "Mein erster Python-Befehl"
print s[-1]
```

würde demnach den Wert „l" als Ergebnis zurückgeben.

Auch Pfadangaben erfolgen i. d. R. als Strings. Um sicher zu gehen, dass der Pfadname richtig interpretiert wird, empfiehlt es sich, einen sog. Raw-String daraus zu machen. Hintergrund ist, dass der Backslash von Python als sog. Escapesequenz interpretiert wird. Über die Escapesequenzen können in einem String bspw. Zeilenumbrüche oder Tabulatoren integriert werden (für eine Übersicht einiger Escapesequenzen siehe Kapitel I im Anhang). Wenn die Zeichenkette als Raw-String markiert wird, dann wird ein Backslash nicht als Escapesequenz interpretiert, sondern der ganze Pfad wird ausgelesen. Folgendes Beispiel soll die Funktionsweise verdeutlichen.

```
text_var = "C:\data\neuer_ordner"
print text_var
```

liefert als Ergebnis

```
C:\data
euer_ordner
```

das „\n" führt dazu, dass der Interpreter eine neue Zeile anfängt und die Escapesequenz „\n" nicht mit ausgibt. Anders ist die Ausgabe bei folgender Variablenzuweisung:

```
raw_text_var = r"C:\data\neuer_ordner"
print raw_text_var
```

Bei diesem Beispiel wurde dem String ein r vorangestellt, wodurch der Raw-String erstellt wird. Die Ausgabe sieht dann wie folgt aus:

```
C:\data\neuer_ordner
```

Es erfolgt kein Zeilenumbruch und der Pfad wird richtig ausgegeben.

In Python haben Zeichenketten vom Typ String einige Funktionen, die standardmäßig zur Verfügung stehen. So wird bspw. mit der Funktion <shapefile_name>.split(„.shp") nur der Name des Shapefiles ohne die Dateiendung generiert.

Listen und Dictionaries

Weitere häufig verwendete Datentypen sind Listen und Dictionaries, die dann benötigt werden, wenn mehrere Daten auf einmal gehalten werden müssen. Genau wie Zeichenketten gehören auch die Listen und Dictionaries zu den sog. sequenziellen Datentypen, die alle die gleichen Operationen besitzen. In der nachfolgenden Tabelle ist nur ein Ausschnitt der verfügbaren Notationen aufgelistet.

Tabelle 14: Operationen für sequenzielle Datentypen

Notation	Ausgabe
x in s	Überprüft, ob x in s enthalten ist
x not in y	Überprüft ob x nicht in s enthalten ist
s + t	Erstellt eine Verkettung von s und t
s[i]	Liefert das i-te Element von s
s[i:j]	Liefert den Bereich von i bis j
len(s)	Gibt die Anzahl der Elemente aus

Eine mögliche Liste wäre

```
liste_tiere = ["hund", "katze", "maus"]
```

aber auch

```
liste_zahlen = [25,50,75,100]
```

Genau wie bei den Zeichenketten, kann über den Indexwert auf die einzelnen Werte zugegriffen werden, die Eingabe

```
liste_tiere[1]
```

liefert den Wert „katze" zurück.

Ganz ähnlich funktionieren Dictionaries, mit dem Unterschied, dass dort neben dem Wert auch ein Schlüssel für jeden Wert vergeben wird.

```
dict_plz = {"meier":86169, "schulz":86152}
```

In dem Beispiel sind `meier` und `schulz` die beiden Schlüssel, denen die Werte 86169 bzw. 86152 zugewiesen wurden. Das hat den Vorteil, dass nicht mehr über einen Indexwert auf die Werte zugegriffen wird, sondern über die vergebenen Schlüssel. Um die Postleitzahl von Herrn Meier herauszufinden reicht der Befehl

```
dict_plz["meier"]
```

Als Ausgabe bekommen Sie dann 86169 zurück.

9.4.4 Schleifen und bedingte Anweisungen

Der Vorteil von Skripten liegt unter anderem darin, dass Vorgänge, die häufig wiederholt werden müssen, auf diese Weise automatisiert ablaufen können und nicht immer von Hand gestartet werden müssen. Auch in Python (wie in eigentlich allen Programmiersprachen) stehen Ihnen unterstützend unterschiedliche Schleifentypen zu Auswahl, um einzelne

Programmschritte „beliebig" oft zu wiederholen. Im Rahmen dieses Skripts sollen Ihnen zwei dafür typische Anweisungen vorgestellt werden, die while- und for-Schleife (siehe Kapitel 9.4.4.3 und Kapitel 9.4.4.2). Wenn Teile des Quellcodes nur unter bestimmten Bedingungen durchgeführt werden, dann ist die Verwendung der if-Anweisung sinnvoll (siehe Kapitel 9.4.4.1). Es gibt noch weitere Anweisungen, deren Erklärung Sie der sog. Library Reference (also der Erklärung aller vorhandenen Befehle in Python) im Internet unter http://docs.python.org/release/2.6.6/library/ entnehmen können.

Diejenigen, die schon mit anderen Programmiersprachen gearbeitet haben, kennen die Arbeit mit Schleifen bereits. Häufig werden die Anweisungsblöcke in Klammern gestellt – Python kommt ohne diese Klammern aus. Ein Doppelpunkt markiert das Ende des Anweisungskopfs (also der Bedingung). Die Funktionen und Programmschritte, die bei Zutreffen der Bedingung durchlaufen werden sollen, müssen dann eingerückt werden, damit Python diese als Anweisungen interpretieren kann. Sie können dabei sowohl einfach ein Leerzeichen als auch einen Tabulator verwenden.

9.4.4.1 If

Die if-Anweisung gibt Ihnen die Möglichkeit, abhängig von einer bestimmten Bedingung entweder die eine, oder, wenn gewünscht, eine andere Aktion auszuführen. Optional kann der else-Block auch weggelassen werden.

```
if <bedingung1>:
     <anweisungen1>
else:
     <anweisungen2>
```

Die if-Anweisung überprüft, ob eine Bedingung TRUE ausgibt, also beispielsweise, ob eine Variable x den richtigen Wert angenommen hat. Ist diese Bedingung wahr, dann wird der obere Anweisungsblock innerhalb der if-Anweisung abgearbeitet, wird FALSE als Ergebnis geliefert, dann wird der Anweisungsblock nach dem else abgearbeitet. Sie können die Anweisung auch noch um weitere Abfragen ergänzen, indem Sie nach dem if-Anweisungsblock noch eine weitere Bedingung über elif (Abkürzung für else if) einfügen. Dann würde der Befehl folgendermaßen aussehen:

```
if <bedingung1>:
     <anweisungen1>
elif <bedingung2>:
     <anweisungen2>
else:
<anweisungen3>
```

Folgendes Beispiel soll die Funktionsweise noch einmal näher erläutern.

```
if variablenname == 5:
```

```
        print "die Bedingung ist wahr"
else:
        print "die Bedingung ist unwahr"
```

Je nachdem, welchen Wert Sie der Variable „variablenname" zuweisen, liefert die Bedingung entweder auf den Ausdruck „die Bedingung ist wahr" oder „die Bedingung ist unwahr" aus.

Sie können auch mehrere Abfragen innerhalb einer if-Anweisung gleichzeitig durchführen. Diese Mehrfach-Verzweigungen können Sie durch die Aneinanderreihung von elif-Anweisungen ausführen, also beispielsweise:

```
if text == "Pizza":
        print 3.50
elif text == "Nudeln":
        print 4.00
elif text == "Pommes":
        print 2.49
else:
        print "Produkt und Preis nicht bekannt"
```

Auch eine Verschachtelung von Schleifen oder bedingten Anweisungen ist mit Python möglich. Das bedeutet, dass innerhalb einer Anweisung eine weitere Schleife oder Anweisung durchlaufen werden kann.

```
if zahl < 10:
        if zahl < 5:
                print "Die Zahl ist kleiner 5"
        else:
                print "Die Zahl ist zwischen 5 und 10"
else:
        print "Die Zahl ist größer 10"
```

9.4.4.2 For

Die for-Schleife (ähnlich wie die while-Schleife siehe Kapitel 9.4.4.3) durchläuft eine bestimmte Abfolge von Anweisungen solange, wie über ein Objekt iteriert werden kann.

```
for <variable> in <objekt>:
        <anweisungen>
```

Auf diese Weise können Sie festlegen, wie oft eine bestimmte Anweisung wiederholt werden soll. Das Objekt gibt dabei die Anzahl der Iterationen (Wiederholungen) vor. Das folgende Beispiel wiederholt den Anweisungsblock (bestehend aus der Anweisung „print text") für jeden Eintrag der Liste [ ].

```
for text in ["hund", "katze", "maus"]:
    print text
```

Diese Schleife läuft genau dreimal durch, nämlich für jeden Eintrag der Liste einmal. Für jeden Durchlauf der Schleife wird der Inhalt der Variable „text" ausgegeben. Die Ausgabe des obigen Befehls würde demnach

```
hund
katze
maus
```

lauten. In dieser Liste können sich auch Zahlen befinden, die Sie auch für weitere Berechnungen verwenden können.

```
prod = 1
for zahl in [2,4,6,8]:
    prod = prod * zahl
    print prod
```

Dieser Schleifen-Aufruf würde als Ergebnis die folgenden Werte ausgeben:

```
2
8
48
384
```

Im ersten Schleifendurchlauf hat die Variable den Wert 1, aus der Multiplikation der Variable „prod" (=1) mit der Variable „zahl" (=2) ergibt sich das Produkt 2 – also die erste Ausgabe. Im zweiten Durchlauf hat „prod" bereits den Wert 2, da das Produkt der Berechnung in die Variable „prod" geschrieben wird. Die Variable „zahl" hat in diesem Durchlauf den Wert 4 (weil es der zweite Eintrag in der Liste ist), das Ergebnis der Multiplikation ist also 8. Auf dem gleichen Weg werden die zwei letzten Ergebnisse berechnet.

9.4.4.3 While

Ganz ähnlich wie die for-Schleife (siehe Kapitel 9.4.4.2) ist auch die while-Schleife eine Anweisung, über die die Anzahl der Durchläufe definiert werden kann. Im Unterschied zur for-Schleife wird die while-Schleife solange ausgeführt, bis die Bedingung nicht mehr wahr ist. Der Ausdruck

```
zahl1 = 0
zahl2 = 10
while zahl1 < zahl2:
    print zahl1
    zahl1 += 1
```

prüft, ob die Variable „zahl1" kleiner ist als die Variable „zahl2". Solange die Überprüfung den Wert TRUE ergibt, wird die Variable „zahl1" auf der Konsole ausgegeben und anschließend um die Zahl 1 erhöht. Die Erhöhung der Variable „zahl1" um den Wert 1 erfolgt im letzten Ausdruck. Anstelle der Form

```
zahl1 += 1
```

könnten Sie auch die Schreibweise

```
zahl1 = zahl1 + 1
```

wählen, das Ergebnis ist exakt gleich.

9.5 ArcPy

Esri stellt mit ArcPy eine Methodensammlung zur Verfügung, durch die ArcGIS-spezifische Abläufe direkt in Python-Skripte eingebunden werden kann. Zusätzlich zu allen Werkzeugen der ArcToolbox sind einige grundlegende Funktionen und drei spezielle Module integriert. Die speziellen Module bieten Extra-Funktionalitäten für die Kartenerstellung Mapping-Modul), geostatistische Analyse (Geostatistical-Analyst-Modul) und die räumliche Analyse (Spatial-Analyst-Modul). Für ArcGIS 10.1 for Desktop wurden außerdem das Datenzugriffmodul und das ArcGIS Netzwerk Analyst Extension-Erweiterungsmodul implementiert. Eine kurze Einführung in die Bibliothek von ArcPy und deren Einstellungsmöglichkeiten soll in den kommenden Kapiteln erfolgen.

9.5.1 Umgebungsvariablen

Wenn möglich, dann sollten zu Beginn eines Skripts die Umgebungseinstellungen definiert werden. Dazu gehört bspw. der Ordner, in dem sich die benötigten Daten befinden. ArcPy stellt dafür die Klasse `env` zur Verfügung, über die solche Einstellungen vorgenommen werden können. Diese Klasse beinhaltet eine Reihe von Eigenschaften, die einfach verwendet werden können. Um den Arbeitsbereich (Workspace) festzulegen, kann die Eigenschaft `workspace` der Klasse `env` verwendet werden. Die Anweisung sieht dann folgendermaßen aus:

```
arcpy.env.workspace = r"C:\pfad_zu_geodaten"
```

Dadurch braucht bei der Verwendung von Werkzeugen nicht mehr der vollständige Pfad angegeben werden, sondern der relative Pfad ausgehend vom Workspace ist ausreichend. Auf die Weise kann auch der Workspace-Typ eingeschränkt werden, was dann sinnvoll ist, wenn bspw. nur Geodatabases als Workspace zulässig sind.

9.5.2 Werkzeuge der ArcToolbox

Wie bereits oben im Text erwähnt, können alle ArcToolbox-Tools auch in ein Python-Skript eingebunden werden. Dafür muss man lediglich den dazugehörigen Methodenaufruf kennen. In der Onlinehilfe von ArcGIS werden alle Toolbox-Tools ausführlich beschrieben. Zusätzlich sind in den meisten Fällen Codebeispiele aufgeführt, an denen man sich gut orientieren kann. Wenn das gesuchte Tool in ArcGIS bereits ausgeführt wurde, ist es nicht nötig, extra in der Onlinehilfe nach dem richtigen Aufruf zu suchen. ArcGIS bietet die Möglichkeit, bereits ausgeführte Tools direkt in einen Python-Code umzuwandeln. Im Dialogfenster „Ergebnisse" (*Hauptmenüleiste* ⇨ *„Geoverarbeitung"* ⇨ *„Ergebnisse"*) kann dafür ein Python-Snippet (ein Code-Schnipsel) in die Zwischenablage kopiert werden (siehe Abb. 296). Die Tastenkombination „STRG + V fügt den Text dann an der gewünschten Stelle in das Python-Skript ein. Eine weitere Alternative ist die built-in Funktion `help(<methodenname>)`, die eine Beschreibung der gewünschten Funktion ausgibt.

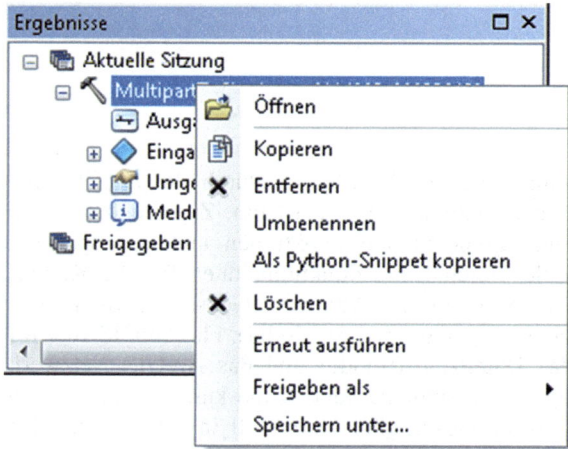

Abb. 296: Werkzeug als Python-Snippet speichern

Mit ArcGIS wird eine eigene Teilbibliothek für Python mitgeliefert. Durch den Import der Teilbibliothek in Ihr Skript haben Sie – zusätzlich zu dem Zugriff auf alle Geoverarbeitungswerkzeuge – Zugriff auf eine Vielzahl weiterer Funktionen, um Ihnen die Geoverarbeitung mit ArcGIS zu erleichtern. Um die Module und Funktionen verwenden zu können, genügt es,

```
import arcpy
```

an den Anfang des Skripts zu schreiben. Wollen Sie beispielsweise die Funktion „Ausschneiden" aus der ArcToolbox verwenden, dann benötigen Sie folgende Eingabe:

```
Clip_analysis (in_features, clip_features,
out_feature_class, {cluster_tolerance})
```

Die geschwungene Klammer bedeutet, dass der Parameter optional mit angegeben werden kann (in dem Beispiel die Clustertoleranz). Alle anderen Parameter sind Pflichtangaben.

Wenn die Eingabe- und Clip-Features bereits in ArcMap geladen sind und Sie mit dem Python-Fenster (siehe auch Kapitel 9.4.2) innerhalb von ArcMap arbeiten, dann genügt die Angabe des Namens der Feature-Klasse. Gleiches gilt, wenn in den Umgebungseinstellungen ein Wert für `arcpy.env.workspace` vergeben wurde. Ansonsten muss der gesamte Pfadname angegeben werden.

Ein Aufruf könnte also beispielsweise folgendermaßen aussehen:

```
arcpy.Clip_analysis(r"C:\Daten\deutschland_staedte.shp"
, r"C:\Daten\bayern.shp",
r"C:\Daten\bayern_staedte.shp")
```

Es wird ein neues Shapefile „bayern_staedte" erstellt, welches ausschließlich die in Bayern befindlichen Städte enthält. Ähnlich zu dem Beispiel mit dem Werkzeug „Ausschneiden" können Sie auch auf die anderen Werkzeuge der ArcToolbox zugreifen, vorausgesetzt, Sie verfügen über die nötige Lizenz. Die Ausgabe (bzw. in diesem Fall der Pfad) eines Tools kann auch in eine Variable geschrieben werden.

```
result = arcpy.Union_analysis([r"C:\Daten\BRD.shp",
r"C:\Daten\Bayern.shp"],r"C:\Daten\union.shp")
```

Der oben genannte Befehl verwendet das Werkzeug „Vereinigen (Union)", um das Deutschland-Shape, welches nur die Grenzen der Bundesländer enthält, mit dem Bayern-Shape zu kombinieren, da dieses für Bayern auch die Grenzen der Regierungsbezirke enthält. Innerhalb der eckigen Klammer sind also die Shapefiles enthalten, die vereinigt werden sollen und zusätzlich wird noch der Ausgabeort festgelegt. In der Variable „result" ist in dem Fall der Pfad der Ausgabe-Features hinterlegt. Sie können diese Variable jetzt auch als Eingabe-Parameter für einen anderen Befehl verwenden, wie z. B.:

```
arcpy.Clip_analysis(r"C:\Daten\Europa_staedte.shp",
result, r"C:\Daten\BRD_staedte.shp")
```

Wenn die Ausgaben der Werkzeuge nur als Zwischenergebnis verwendet werden, dann kann auch in Python ähnlich wie im ModelBuilder (siehe Kapitel 9.3.2.7) der In-memory Workspace verwendet werden. Dieser Speicherort kann ebenfalls als Eingabe für ein weiteres Werkzeug dienen.

```
arcpy.Clip_analysis(r"C:\Daten\Europa_staedte.shp",
result, "in_memory/clip")
```

```
arcpy.Buffer_analysis("in_memory/clip",
r"C:\Daten\neuer_Puffer.shp", "100 Meters")
```

9.5.3 SQL-Abfragen im Python-Skript

Bei der Arbeit mit GIS sollen häufig nur bestimmte Features selektiert und bearbeitet werden. Das kann entweder über eine Auswahl nach Sachdaten oder über räumliche Lagebeziehung geschehen. Für den Fall einer Auswahl nach Attributen kann ein SQL-Ausdruck geschrieben werden, der die Selektion definiert. Da SQL eine andere Syntax als Python verwendet, muss v. a. bei der Verwendung von Hochkommas und Slashs aufgepasst werden. Am besten wird der SQL-Ausdruck in einer eigenen Variablen als String hinterlegt:

```
where_clause = <sql-ausdruck>
```

Der SQL-Ausdruck baut sich aus dem betreffenden Spaltennamen und der dazugehörigen Abfrage zusammen. In ArcMap würde der Ausdruck folgendermaßen aussehen:

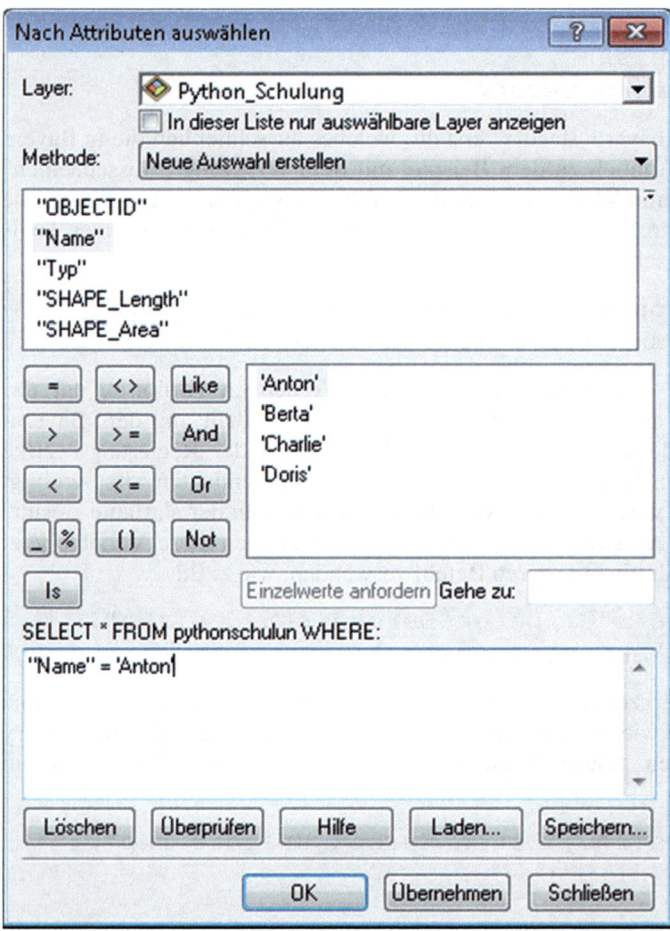

Abb. 297: SQL-Abfrage im Dialogfenster „Nach Attributen auswählen"

Wenn der gleiche Ausdruck in Python formuliert werden soll, dann muss der Ausdruck als String formatiert werden. Dadurch muss auch bei der Verwendung von Anführungszeichen aufgepasst werden.

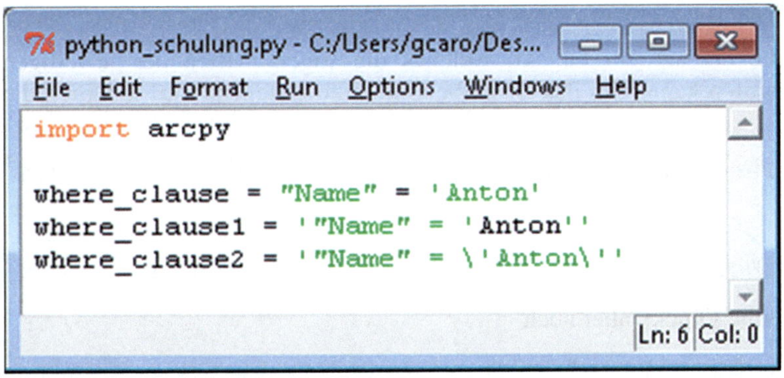

Abb. 298: Fehlerquellen beim Erstellen von SQL-Abfragen in Python

In Abbildung 298 sieht man, dass in den beiden ersten Variablenzuweisungen nicht der gesamte Text als String erkannt wird (es ist nicht alles grün).

- where_clause = Hier interpretiert Python „Name" und ‚Anton' als String, nicht aber das „=".
- where_clause1 = Python interpretiert ‚"Name" = ‚ als String, Anton wird allerdings nicht erkannt.
- where_clause2 = Durch den Einsatz der Escape-Sequenzen (\' wird als Hochkomma erkannt) interpretiert Python den Ausdruck richtig. Die Hochkommas um Anton werden innerhalb des kompletten Strings richtig erkannt.

Achtung: Bei Personal Geodatabases wird der Spaltenname nicht in Anführungszeichen gesetzt („"), sondern in eckige Klammern ([ ]), weswegen dieser Fall ggf. gesondert abgefangen werden muss.

Zum Vergleich, ob ein Wert ungleich einem anderen ist, wird der Operator <> verwendet, analog dazu werden <, <=, > und >= eingesetzt. Auch die Verwendung von Platzhaltern ist möglich. Wenn bspw. alle Namen selektiert werden sollen, die mit dem Buchstaben A beginnen, dann müsste die Abfrage folgendermaßen geschrieben werden:

```
where_clause2 = '"Name" LIKE \'A%\''
```

Am einfachsten ist die Verwendung von drei Anführungszeichen an Anfang und Ende der SQL-Abfrage. Dadurch können Sie sich der Escape-Sequenzen in der Abfragenformulierung ersparen.

```
where_clause3 = """ "Name" LIKE 'A%' """
```

9.5.4 ArcPy Grundfunktionen

Neben den Umgebungseinstellungen (siehe Kapitel 9.5.1) gibt es noch eine Vielzahl weiterer Methoden und Eigenschaften, von denen auf einige im Anschluss kurz eingegangen werden soll.

9.5.4.1 Describe

Die Funktion Describe erzeugt ein Objekt, welches die Eigenschaften des jeweiligen Eingabedatensatzes abrufen kann. Um das Describe-Objekt zu erstellen, wird lediglich die Pfadangabe benötigt.

```
desc = arcpy.Describe(<eingabepfad>)
```

Der Aufruf

```
desc1 = arcpy.Describe(r"C:\ArcGISBuch10_1.shp")
```

erstellt ein neues Describe-Objekt, aber auch

```
desc2 = arcpy.Describe(r"C:")
```

In dem ersten Fall wird das Objekt für ein Shapefile erstellt, im Zweiten für einen ganzen Ordner. Einige Eigenschaften des Describe-Objekts gelten unabhängig von der Art des Eingabepfads (in der Webhilfe unter „Eigenschaften des Describe-Objekts" zu finden). Dazu gehören u. a. die Eigenschaften „dataType" oder „name". Um diese Informationen abrufen zu können, genügt es, den Variablennamen mit der Eigenschaft zu kombinieren:

```
print desc1.dataType
```

liefert den Eintrag „ShapeFile" zurück, die Zeile

```
print desc2.dataType
```

würde „Folder" als Ergebnis ausgeben. Die Ausgabe ist also abhängig von dem eingegebenen Pfad. Neben den allgemeinen Eigenschaften gibt es abhängig vom Typ noch weitere. So kann bei Shapefiles oder Feature-Klassen bspw. der „ShapeType" (also Polygon, Polylinie, Punkt, Multipoint oder Multipatch) ermittelt werden, was mit einem Ordner nicht geht. Mithilfe dieses Describe-Objekts kann so beispielsweise die Validität der Eingabedaten überprüft werden.

Für manche Geoverabeitungsprozesse ist es wichtig, den Spaltennamen zu kennen, in dem die Geometrien gespeichert sind (häufig „Shape"), weil dann die Koordinaten der einzelnen Stützpunkte ausgelesen werden können. Auch dafür wird das Describe-Objekt benötigt.

```
desc = arcpy.Describe(r" C:\ArcGISBuch10_1.shp")
print desc.shapeFieldName
```

Dieser Aufruf läuft allerdings nur dann fehlerfrei, wenn es sich bei dem Eingabedatensatz tatsächlich um eine Feature-Klasse, ein Shapefile o. Ä. handelt.

9.5.4.2 Cursor

Cursor werden benötigt, um auf Tabellen bzw. Attributtabellen zugreifen zu können. Ein Cursor geht dabei zeilenweise durch die Tabelle durch und liest so entweder die Werte aus, fügt neue Zeilen ein oder aktualisiert die bestehenden Werte. Der Rückgabewert der einzelnen Cursorfunktionen (wie diese genau erzeugt werden, wird in den einzelnen Unterkapiteln für den Search-, Insert- und Updatecursor erläutert), ist ein sogenanntes Cursor-Objekt. Ähnlich wie bei dem Describe-Objekt hat auch dieses Objekt bestimmte Methoden, die angewandt werden können. Eine Besonderheit des Cursor-Objekts ist noch, dass es Objekte vom Typ Row (Row-Objekt) zurückgeben kann, was den Funktionsumfang erhöht. Mithilfe des Row-Objekts können nämlich die einzelnen Zeilen der Tabelle abgefragt werden.

SearchCursor

Der SearchCursor wird verwendet, um bestimmte Einträge in der Tabelle zu finden. Die einzige Pflichtangabe für den Methodenaufruf ist der Eingabedatensatz.

```
arcpy.SearchCursor(r"C:\ArcGISBuch10_1.shp")
```

Optional können noch weitere Parameter mit angegeben werden, wie bspw. eine SQL-Abfrage, um die Einträge bereits vorab zu reduzieren.

Um auf die Einträge der Attributtabelle zeilenweise zugreifen zu können, muss jetzt das Row-Objekt verwendet werden. Dafür benötigen wir eine Schleife, die in jeder Zeile einzeln die Werte ermittelt.

```
sc_rows = arcpy.SearchCursor(r"C:\ArcGISBuch10_1.shp")
for sc_row in sc_rows:
    print sc_row.getValue("Name")
```

In der ersten Zeile erzeugen wir ein Cursor-Objekt, welches aber auch Row-Objekte ausgeben kann. Genau das passiert in der zweiten Zeile. Dort lassen wir eine Schleife über das Cursor-Objekt laufen (sc_rows). Die Variable sc_row (singular) entspricht jetzt jeweils der aktuellen Zeile der Tabelle, enthält also das Row-Objekt. Die dritte Zeile erzeugt eine Ausgabe auf der Konsole. Die Methode „getValue()" steht jedem Row-Objekt zur Verfügung und benötigt einen Spaltennamen als zusätzlichen Parameter (in unserem Fall die Spalte „Name". Die Schleife läuft genau so oft durch, wie es Zeilen in der Tabelle gibt. Das bedeutet: Im ersten Schleifendurchlauf befindet sich der Cursor in der ersten Zeile der Tabelle, im zweiten Durchlauf in der zweiten Zeile usw.

InsertCursor

Ganz ähnlich wie der SearchCursor funktioniert auch der InsertCursor. Der einzige Unterschied ist, dass der InsertCursor nicht nach Werten sucht, sondern neue Zeilen in der Tabelle erzeugt.

```
ic_rows = arcpy.InsertCursor(r"C:\ArcGISBuch10_1.shp")
while x < 10:
    ic_row = ic_rows.newRow()
    ic_rows.insertRow(ic_row)
    x += 1
```

Dabei wird in der dritten Zeile ein neues, leeres Row-Objekt erzeugt, wodurch der Ausdruck `"ic_rows.insertRow(ic_row)"` eine neue Zeile in der Tabelle erstellen kann. Der InsertCursor erzeugt ein Lock-File für die betreffende Datei, weswegen das Cursor- und das Row-Objekt am besten nach Verwendung gelöscht werden sollten. Das gelingt mit folgendem Eintrag:

```
del ic_row

del ic_rows
```

UpdateCursor

Auch der UpdateCursor unterscheidet sich in der Anwendung nicht groß von den anderen beiden Cursorn. Der UpdateCursor wird immer dann eingesetzt, wenn Zeilen aktualisiert oder gelöscht werden sollen. Auch der UpdateCursor erstellt eine Lock-Datei, d. h. auch diese Row- und Cursor-Objekte sollten nach Verwendung gelöscht werden.

```
uc_rows = arcpy.UpdateCursor(r"C:\ArcGISBuch10_1.shp")

for uc_row in uc_rows:

    uc_row.setValue("Name", "Erwin")

    uc_rows.updateRow(uc_row)

del uc_row

del uc_rows
```

Die Zeile `uc_row.setValue("Name", "Erwin")` gibt an, dass in der Spalte „Name" der Eintrag „Erwin" erfolgen soll. Im Anschluss wird die betroffene Zeile aktualisiert und die Änderung ausgeführt.

9.5.4.3 Auflisten von Daten

ArcPy stellt gleich mehrere Methoden zur Verfügung, um Daten auflisten zu lassen. Welche Methode am besten geeignet ist, hängt davon ab, welche Daten aufgelistet werden sollen.

Die Methode „ListFeatureClasses" bspw. liefert eine Liste mit Namen aller Feature-Klassen zurück. Die Methode setzt voraus, dass ein Workspace in den Umgebungsvariablen gesetzt wurde (siehe Kapitel 9.5.1).

Die Funktion „ListFields" hat als Rückgabewert eine Liste mit Field-Objekten. Auf die Field-Objekte kann mit einer Schleife zugegriffen werden, sodass bspw. der Name der Spalte oder der Datentyp (z. B. TEXT) ermittelt werden kann.

```
fields = arcpy.ListFields(r"C:\ArcGISBuch10_1.shp")

for field in fields:

    print field.name

    print field.type
```

Der Code gibt für jede Spalte einer (Attribut-)Tabelle den Spaltennamen und den Datentyp der jeweiligen Spalte zurück. Über zusätzliche, optionale Angaben kann die Ausgabe der Spalten weiter eingeschränkt werden.

Mit weiteren List…-Funktionen können u. a. alle Raster oder Tabellen eines Workspaces ausgelesen werden.

9.5.5 Weitere Module

Als zusätzliche Module sind das Mapping-Modul, das Spatial-Analyst-Modul und das Geostatistical-Analyst-Modul in der Teilbibliothek ArcPy enthalten. In ArcGIS 10.1 for Desktop sind noch die Teilbibliothek Datenzugriffsmodul und Network Analyst-Modul hinzugefügt worden. Mithilfe der beiden Module „Spatial Analyst" und „Geospatial Analyst" können hauptsächlich Parameter für die Geoverarbeitungswerkzeuge bearbeitet werden; im Folgenden soll deswegen der Fokus auf dem dritten Modul „Mapping" liegen. Eine Übersicht der darin enthaltenen Klassen und Funktionen finden Sie in der ArcGIS Desktop Hilfe.

Mit dem ArcPy.mapping-Modul können Sie auf bereits bestehende MXDs und deren Layer zugreifen. Für die Auswahl der MXD benötigen Sie den Befehl MapDocument.

```
arcpy.mapping.MapDocument("CURRENT")
```

würde die aktuell benutzte MXD verwenden. Sie können in die Klammern aber auch den absoluten Pfad angeben:

```
arcpy.mapping.MapDocument(r"C:\Daten\python.mxd")
```

Sie können sich das Ergebnis der obigen Abfrage auch wieder in einer Variablen speichern und für weitere Funktionen verwenden. Der Ausdruck

```
import arcpy
mxd = arcpy.mapping.MapDocument("CURRENT")
for lyr in arcpy.mapping.ListLayers(mxd):
    print lyr.name
```

gibt für jeden Layer der MXD den Namen des Layers auf der Konsole aus. Der Ausdruck `arcpy.mapping.ListLayers(mxd)` erzeugt eine Liste, über die mithilfe der For-Schleife (siehe Kapitel 9.4.4.2) iteriert werden kann. Sie können sogar auf einzelne Elemente der Liste direkt zugreifen. Der Ausdruck

```
lyr = arcpy.mapping.ListLayers(mxd)
print lyr[2]
```

würde den dritten Eintrag der Liste wiedergeben – nicht den zweiten, wie man vielleicht annehmen könnte. Das liegt daran, dass Listen bei 0 anfangen zu zählen, d. h. der Befehl

```
print lyr[0]
```

gibt den ersten Eintrag der Liste aus.

Die Möglichkeit, einen Report über ArcPy zu erzeugen, existiert erst seit ArcGIS 10.1 for Desktop. Für diese Version wurde die Funktion `ExportReport` implementiert.

Es gibt noch einige weitere Befehle (beispielsweise für die Auflistung aller Datenrahmen), die in ganz ähnlicher Weise verwendet werden können.

9.6 ArcPy und Python in ArcGIS

Die bisherigen Codebeispiele laufen alle außerhalb von ArcMap, wodurch die Anwendung komplizierter wird. Um den Einsatz auch ohne Programmierkenntnisse zu ermöglichen, bietet ArcGIS die Möglichkeit, die Skripte als eigenständige Werkzeuge in die Toolbox zu integrieren oder direkt eine Python-Toolbox anzulegen.

9.6.1 Feldberechnungen

Wenn der Wert einzelner Spalten einer (Attribut-)Tabelle neu berechnet werden soll, dann ist es nicht zwingend nötig, das über ein externes Skript umzusetzen. Mithilfe des Befehls „Feldberechnung" können die Werte des entsprechenden Felds auf Grundlage anderer Felder der Tabelle neu berechnet werden. Um das Dialogfenster „Feldberechnung" zu öffnen, muss die Attributtabelle des gewünschten Datensatzes geöffnet sein. Über das Kontextmenü der neu zu berechnenden Spalte und den Eintrag „Feldberechnung…" gelangt man in das Dialogfenster.

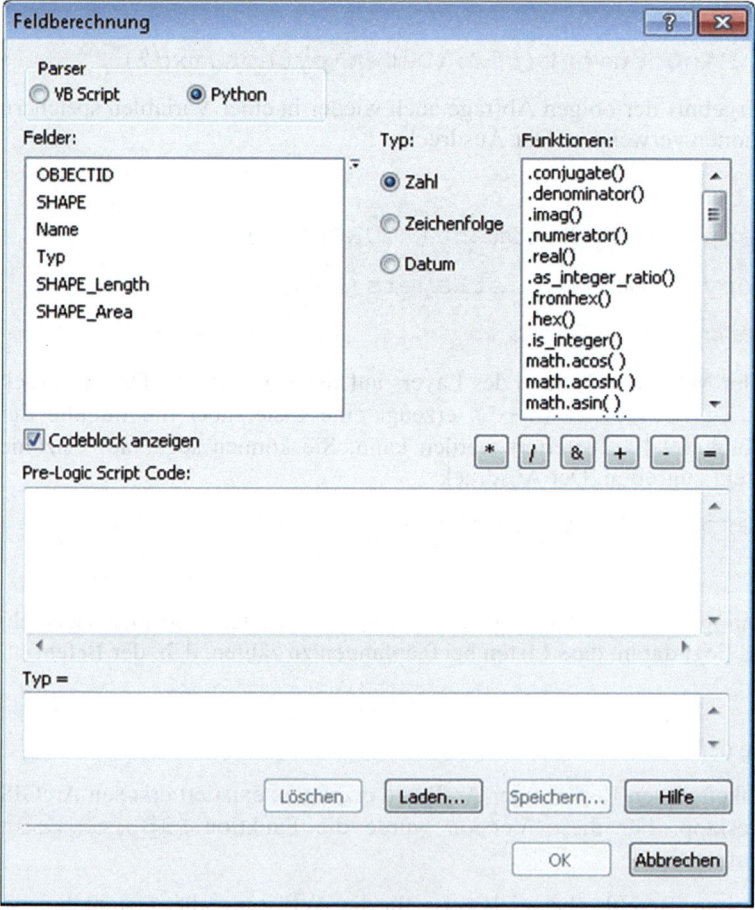

Abb. 299: Dialogfenster „Feldberechnung"

9.6 ArcPy und Python in ArcGIS

Über den Radio-Button „Parser" kann zwischen den beiden Skriptsprachen VB Script und Python gewählt werden.

Wenn das Häkchen bei „Codeblock anzeigen" gesetzt ist, dann ist es möglich, komplette Methoden in dem Bereich „Pre-Logic Script Code" zu schreiben.

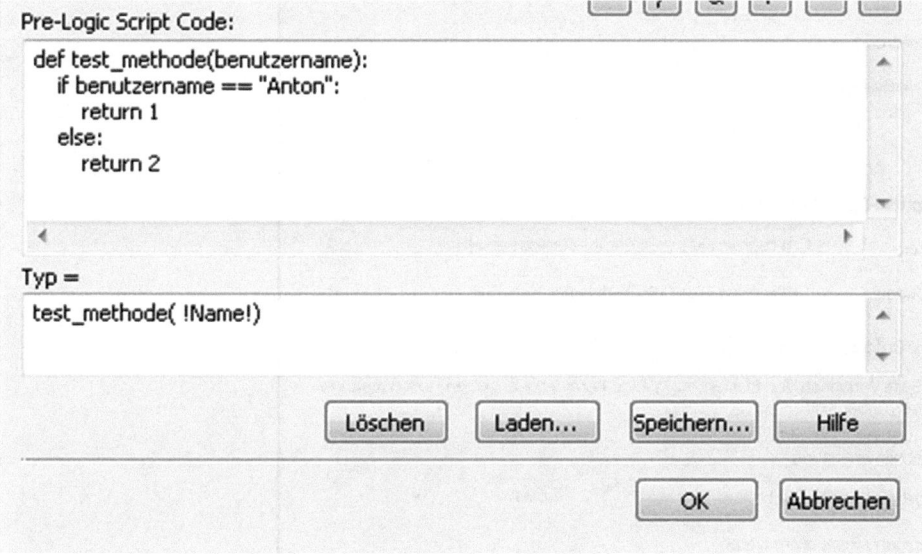

Abb. 300: Beispiel für ein Python-Skript bei der Feldberechnung

Im Beispiel in Abbildung 300 wurde eine Methode namens „test_methode" geschrieben, die als Übergabeparameter einen Wert benötigt („benutzername"). Dieser Wert wird dann überprüft und abhängig vom tatsächlichen Inhalt wird entweder der Wert 1 oder der Wert 2 an die aufrufende Methode (unterer Teil der Abbildung) zurückgegeben. Im Bereich „Typ =" (der Spaltenname der neu zu berechnenden Spalte) wird die oben definierte Methode nur aufgerufen und es wird festgelegt, welcher Wert übergeben wird. In dem Fall soll immer der Wert aus der Spalte „Name" überprüft werden. Die Feldberechnung überprüft jetzt für jede Zeile, ob der Wert „Anton" in der Spalte „Name" steht, wenn ja, dann wird in die Spalte „Typ" der Wert 1 geschrieben, wenn nicht, dann der Wert 2. Die Feldberechnung ist nur dann anwendbar, wenn lediglich der Wert einer Spalte berechnet werden soll.

9.6.2 Einstellungen in ArcMap

In ArcMap können über die Geoverarbeitungsoptionen (*Hauptmenüleiste* ⇨ *„Geoverarbeitung"* ⇨ *„Geoverarbeitungsoptionen..."*) noch Einstellungen vorgenommen werden, die das Arbeiten mit Skripten vereinfachen.

9 ArcToolbox

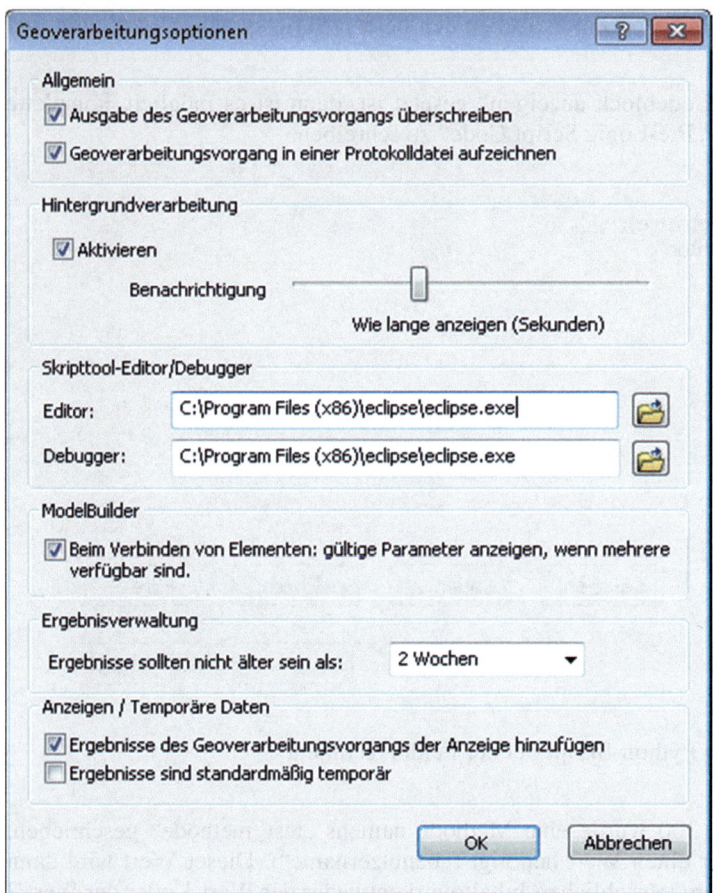

Abb. 301: Dialogfenster „Geoverarbeitungsoptionen"

Interessant ist in dem Dialogfenster v. a. die Möglichkeit, einen Debugger einzustellen. Der Debugger hilft bei der Fehlersuche, wenn ein Skript nicht fehlerfrei durchläuft. Der Einsatz der Debug-Funktion wird im Kapitel 9.6.6 genauer beschrieben. Wenn bei Editor keine weitere Angabe gemacht wird, dann wird der Standardeditor „IDLE" (siehe Kapitel 9.4.2) verwendet, der automatisch mitinstalliert wurde.

9.6.3 Skripte in der ArcToolbox

Die erstellten Python-Skripte können Sie auch in der ArcToolbox verwenden. Da die mitgelieferten Toolboxes schreibgeschützt sind, müssen Sie dafür allerdings eine eigene Toolbox erstellen und hinzufügen. Im Kontextmenü der eigenen Toolbox (oder dem eigenen Toolset) können Sie über den Menüeintrag „Hinzufügen" ⇨ „Skript..." ein Skript hinzufügen. Wenn Sie das Skript aus der ArcToolbox mit einem Doppelklick öffnen, dann sollte dort i. d. R. die Meldung kommen, dass dieses Werkzeug keine Parameter hat (siehe Abb. 302). Das bedeutet, dass bereits alle Variablen innerhalb des Skripts definiert sein müssen, da ansonsten das Skript einen Fehler ausgeben würde. Teilweise ist genau das aber nicht erwünscht, sondern die Eingabe- und Ausgabedatensätze sollen vor jedem Durchlauf des Skripts angegeben werden. Das funktioniert, indem Sie für das Skript Parameter definieren. Um das zu ermöglichen, müssen sowohl das Python-Skript selber als auch die Eigenschaften des Skript-Werkzeugs in der Toolbox angepasst werden.

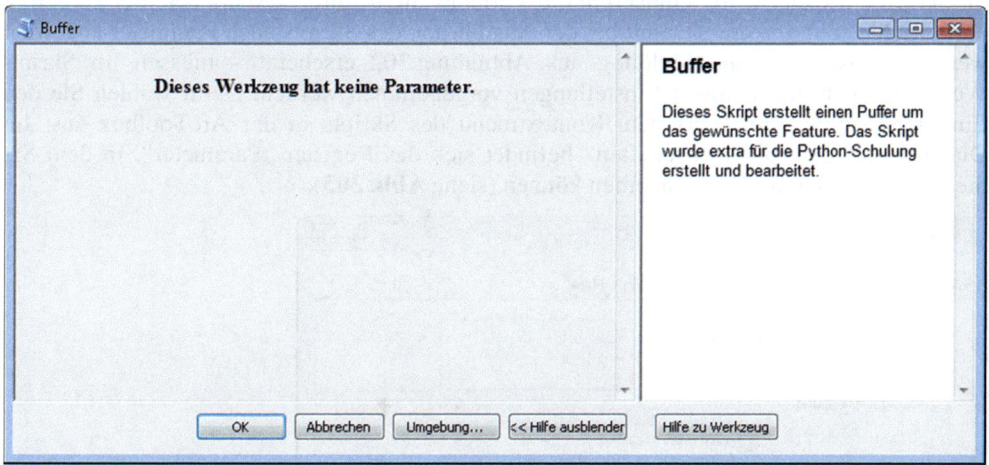

Abb. 302: Das Python-Skript ohne die benötigten Parameter

Als Beispielskript soll folgendes Skript dienen:

```
#Import der benötigten Module
import arcpy


# Definition der benötigten Variablen
in_feature = arcpy.GetParameterAsText(0)
out_feature = arcpy.GetParameterAsText(1)


# Auszuführende Funktion
arcpy.Buffer_analysis(in_feature, out_feature, "100 Meter")
```

Wenn das Skript ausgeführt wird, dann soll als erstes der Wert für die Eingabe-Features abgerufen werden, was mit dem Ausdruck

```
in_feature = arcpy.GetParameterAsText(0)
```

erfolgt. Anschließend muss noch festgelegt werden, wo die neue Feature-Klasse erstellt werden soll und wie sie benannt werden soll. Die zweite Eingabe wird über die Zeile

```
out_feature = arcpy.GetParameterAsText(1)
```

abgefragt. Dabei gibt die Zahl in Klammern die Reihenfolge der Eingaben an. Die Methode „GetParameterAsText() empfängt von dem Skript-Werkzeug die Eingaben und speichert diese in den jeweiligen Variablennamen. Die Zahl in Klammern gibt die Reihenfolge an – 0 ist der oberste Eintrag, die weiteren Einträge werden durchnummeriert. Der erste Eintrag im Skript-Werkzeug wird demnach in die Variable „in_feature" geschrieben, der Zweite in die Variable „out_feature". Damit bei der Ausführung des Skripts auch Parameter abgefragt werden – also nicht die Meldung aus Abbildung 302 erscheint – müssen im Skript-Werkzeug noch die richtigen Einstellungen vorgenommen werden. Dafür wählen Sie den Eintrag „Eigenschaften" aus dem Kontextmenü des Skripts in der ArcToolbox aus. Im Dialogfenster „Skript-Eigenschaften" befindet sich das Register „Parameter", in dem Sie die nötigen Einstellungen vornehmen können (siehe **Abb. 303**).

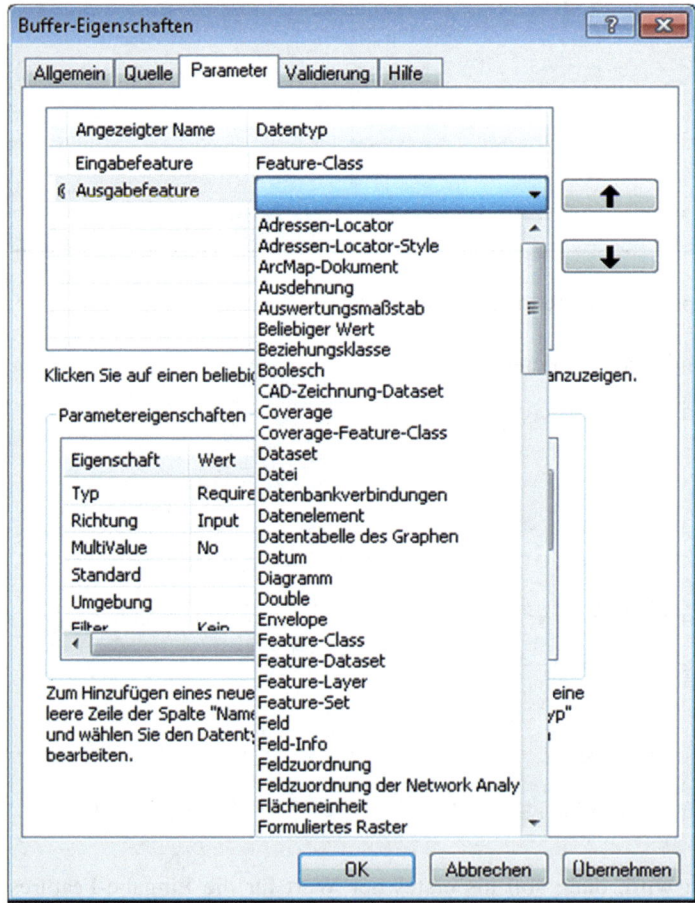

Abb. 303: Festlegen der Parameter über das Register „Parameter"

Hier werden die nötigen Parameter festgelegt. In unserem Beispielskript haben wir zwei Einträge, die die Methode „GetParameterAsText" verwenden, demnach werden auch im Register Parameter diese beiden Eingaben eingetragen. Im Feld „Angezeigter Name" wird eingetragen, welche Beschriftung im Skript-Werkzeug angezeigt werden soll. Im Feld

9.6 ArcPy und Python in ArcGIS

„Datentyp" kann zusätzlich bereits eine Einschränkung bzgl. der zulässigen Eingabe- bzw. Ausgabedaten erfolgen.

Im Bereich „Parametereigenschaften" kann aus dem Drop-down-Menü „Richtung" der Eintrag „Input" oder „Output" ausgewählt werden. Die Einstellung gibt an, ob es sich bei dem abgefragten Wert um einen Eingabe- oder Ausgabedatensatz handelt. Für das Beispielskript wird der zweite Eintrag als „Output" deklariert. Bei den Parametereigenschaften kann man u. a. auch noch angeben, ob es sich um eine Pflichtangabe handelt, standardmäßig ein bestimmter Eintrag vorgeschlagen werden soll oder ob es sich um einen MultiValue (also bspw. mehrere Feature-Klassen) handelt. Sobald Sie die Einstellungen getroffen haben und alles mit „OK" bestätigen, können Sie das Skript mit einem Doppelklick starten. Sie werden gleich bemerken, dass Sie jetzt aufgefordert werden, zwei Angaben zu machen. Bei der Angabe der Ausgabe-Feature-Klasse achten Sie darauf, dass der neue Name des Shapefiles oder der Feature-Klasse gleich mit angegeben werden muss. Sobald alle Eingaben vorgenommen wurden, können Sie das Skript mit einem Klick auf „OK" starten. Nachdem das Skript durchgelaufen ist, finden Sie am angegebenen Ausgabeort eine neue Datei. In dem Beispielskript wurde jetzt zu Demonstrationszwecken „nur" ein neuer Puffer erzeugt, was Sie besser – und mit einem größeren Funktionsumfang – über das Werkzeug „Puffer" in der Toolbox „Analysis Tools" erreichen. Sobald Sie aber auf diese Weise mehrere Geoverarbeitunsprozesse miteinander verbinden oder den gleichen Vorgang mit einer Vielzahl von Geodaten durchführen wollen, ist es sinnvoll, ein eigenes Skript zu schreiben. Einige Skripte sind bereits in der ArcToolbox vorhanden, die Sie sich über den Eintrag „Bearbeiten…" im Kontextmenü auch ansehen können. Neben der ArcGIS Desktop Hilfe und vielen Internetquellen ist auch das noch eine Möglichkeit, sich Ideen und Hilfe bei der Erstellung eigener Skripte zu holen.

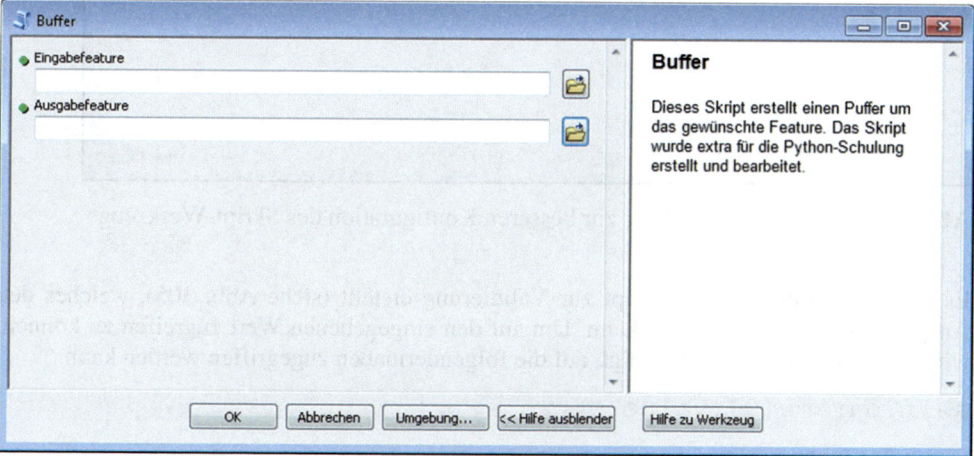

Abb. 304: Skript mit zusätzlichen Parametern

Wenn manche der Parameter von Anderen abhängig sind (bspw. wenn je nach Auswahl ein anderes Feld aktiv sein soll oder nicht), können dafür die Validatoren angepasst werden (Register „Validierung" im Dialogfenster „Skript-Eigenschaften").

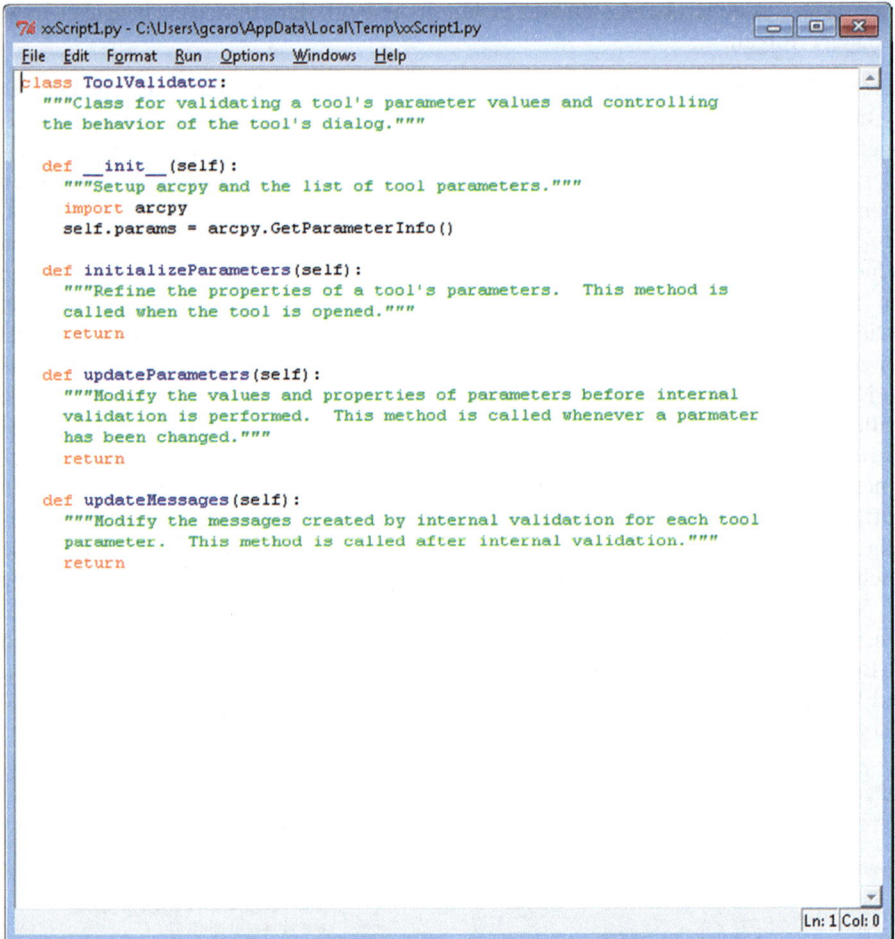

Abb. 305: Klasse ToolValidator zur besseren Konfiguration des Skript-Werkzeugs

Es wird standardmäßig ein Skript zur Validierung erstellt (siehe Abb. 305), welches den Ansprüchen angepasst werden kann. Um auf den eingegebenen Wert zugreifen zu können, wird die Funktion „value" benötigt, auf die folgendermaßen zugegriffen werden kann:

```
self.params[0].value
```

Durch den Eintrag

```
self.params[0].enabled
```

kann festgelegt werden, ob die Eingabe ausgegraut sein soll oder verfügbar ist. Wie bei der Methode „GetParameterAsText" bestimmt die Zahl in der Klammer die Position des Parameters.

Folgende Validierung würde überprüfen, ob der Wert „TEXT" eingetragen wurde:

```python
if self.params[1].value == "TEXT":
    self.params[2].enabled = 0
```

Wenn das der Fall ist, dann wird der dritte Parameter in dem Skript-Werkzeug deaktiviert und es ist dort keine Eingabe mehr möglich.

9.6.4 Python-Toolbox

```python
import arcpy

class Toolbox(object):
    def __init__(self):
        """Define the toolbox (the name of the toolbox is the name of the
        .pyt file)."""
        self.label = "ArcGISBuch_101"
        self.alias = ""

        # List of tool classes associated with this toolbox
        self.tools = [Ausschneiden, Puffern]


class Ausschneiden(object):
    def __init__(self):
        """Define the tool (tool name is the name of the class)."""
        self.label = "Ausschneiden"
        self.description = ""
        self.canRunInBackground = False

    def getParameterInfo(self):
        """Define parameter definitions"""
        params = None
        return params

    def isLicensed(self):
        """Set whether tool is licensed to execute."""
        return True

    def updateParameters(self, parameters):
        """Modify the values and properties of parameters before internal
        validation is performed.  This method is called whenever a parameter
        has been changed."""
        return

    def updateMessages(self, parameters):
        """Modify the messages created by internal validation for each tool
        parameter.  This method is called after internal validation."""
        return

    def execute(self, parameters, messages):
        """The source code of the tool."""
        return

class Puffern(object):
```

Abb. 306: Quelltext einer neuen Python-Toolbox

Für ArcGIS 10.1 for Desktop wurde die Python-Toolbox eingeführt, die einen Quelltextrumpf (siehe Abb. 306) bereithält, über den alle notwendigen Einstellungen für die Toolbox vorgenommen werden können. Dabei handelt es sich um eine Datei mit der Endung PYT. Die Python-Toolbox hat gegenüber der herkömmlichen Toolbox einige Vorteile, wenn Python-Skripte ausgeführt werden. Auch die Berabeitung selber ist leichter geworden, da alles innerhalb der Entwicklungsumgebung organisiert werden kann. Somit muss nicht mehr zwischen Skript und Eigenschaften des Skript-Tools gewechselt werden. Außerdem kann ausgehend von den jeweiligen Ansprüchen eine eigene Lizenzierung abgefragt werden.

In der Klasse Toolbox werden die Toolboxspezifischen Angaben getätigt, wie bspw. der Name der Toolbox. Der Anzeigename der Python-Toolbox richtet sich nach dem Eintrag `self.label` bzw. `self.alias`. Welche Tools sich innerhalb der Python-Toolbox befinden sollen, wird ebenfalls direkt im Konstruktor der Klasse Toolbox festgelegt. Die Variable self.tools erwartet eine Liste von Klassennamen, wobei jeder Name für ein eigenständiges Tools steht. Die dort aufgeführten Namen müssen dann als eigene Klassen in dem selben Skript erstellt werden. Die Struktur der einzelnen Klassen ist auch bei den Werkzeugen bereits vordefiniert. Im Konstruktor (__init__) werden die allgemeinen Angaben festgelegt. Die gewünschten Parameter (wie bspw. die Eingabedaten) werden in der Methode „getParameterInfo( )" angegeben. Welche Voraussetzungen erfüllt sein müssen, damit das Tool ausgeführt werden kann, wird über „isLicensed( )" bestimmt. Um die Eigenschaften der Parameter oder die Textmeldungen zu verändern, sind die Methoden „updateParameters( )" und „updateMessages( )" nutzbar. Das Hauptskript, welches den eigentlichen Quelltext für das jeweilige Tool enthält, muss in die Methode „execute( )" geschrieben werden.

9.6.5 Python Add-In

Ein weitere Neuerung ist die Einführung von Python Add-ins. D. h. es ist jetzt auch mit Python möglich, einzelne Werkzeugleisten oder Schaltfächen zu erstellen, um ArcGIS for Desktop anzupassen. Dafür wird allerdings eine zusätzliche Software benötigt, die kostenlos zum Download bereitsteht. Am einfachsten finden Sie den sog. ArcGIS Python Add-in Wizard, wenn Sie den Link in der Onlinehilfe anklicken oder bei google die Suchbegriffe „arcgis python add-in wizard" eingeben. Zum Ausführen des Assistenten muss die Datei „addin_assistant.exe" gestartet werden (siehe Abb. 307). Direkt im Anschluss werden Sie nach einem Ordner gefragt. Dieser Ordner ist Ihr Add-In-Arbeitsordner für diese spezielle Anwendung (z. B. eine Werkzeugleiste). Sie können sich dafür auch extra einen neuen Ordner anlegen. Dort werden automatisch die Dateien erstellt, die für die Add-In-Erstellung benötigt werden. Wird dort auf einen Ordner verwiesen, in dem sich bereits ein Add-In befindet, dann kann das bestehende Add-In bearbeitet werden.

9.6 ArcPy und Python in ArcGIS

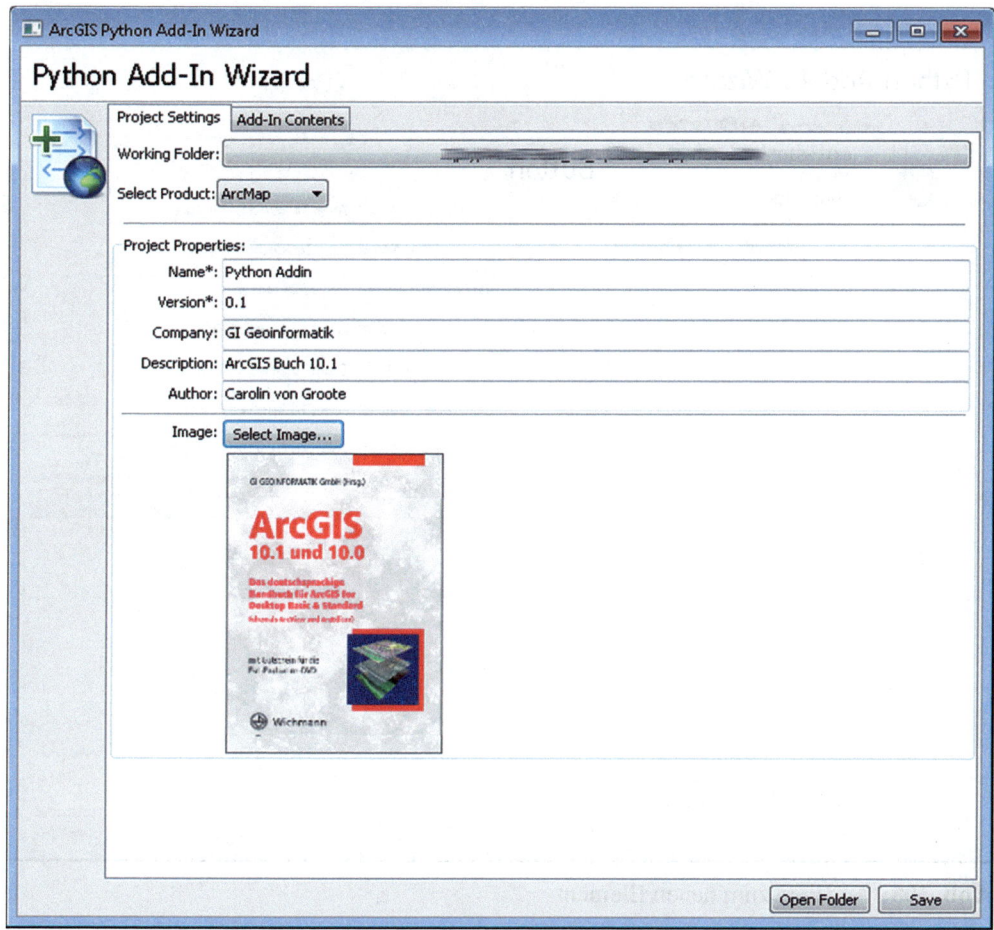

Abb. 307: Python Add-In Wizard

Welche Elemente mithilfe des Python Add-In Wizards erstellt werden sollen, ist abhängig von den hinzugefügten Inhalten im Register „Add-In Contents". Über das Kontextmenü der Einträge „Extension", „Menus" und „Toolbars" kann jeweils ein neues Element erstellt werden. Angaben über den Namen, das zu verwendende Icon oder den Tooltip werden auf der rechten Seite des Dialogfensters eingegeben (siehe Abb. 308). Die Vorlage für das eigentliche Skript wurde automatisch in dem vorab ausgewählten Ordner im Unterordner „Install" erstellt. Wenn Sie dieses Skript mit einem Editor öffnen, dann sehen Sie, dass bereits eine neue Klasse mit dem im Assistenten festgelegten Namen erzeugt wurde. In diesem Fall soll eine neue Schaltfläche erstellt werden, die auf selektierte Features zoomt. Das wird in der Methode „onClick( )" festgelegt.

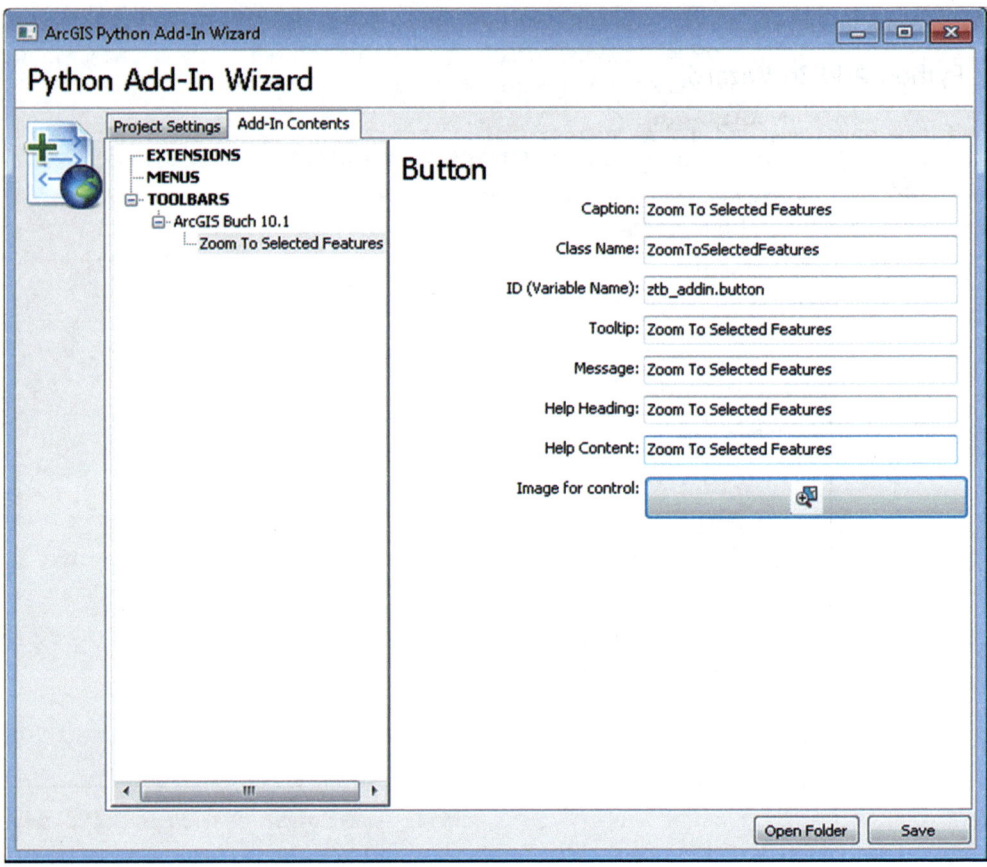

Abb. 308: Angaben zum neuen Element

Um das neu angelegte Add-In zu verwenden, starten Sie einfach die „makeaddin.py" Datei. Dadurch werden alle nötigen Dateien in das Arbeitsverzeichnis kopiert und eine Datei namens „pythonaddin.esriaddin" erstellt. Diese kann direkt im Verzeichnis ausgeführt werden. Dadurch öffnet sich das Dialogfenster „Esri ArcGIS Add-In Installation Utility", über das die Installation in das Standardverzeichnis von ArcGIS erfolgen kann. Unter Windows 7 ist das üblicherweise der Pfad „C:\users\<username>\Documents\ArcGIS\ AddIns\Desktop10.1". Nach erfolgreicher Installation kann das Add-In auch über den Add-In-Manager (siehe Kapitel 6.1.3.8) eingesehen werden.

9.6 ArcPy und Python in ArcGIS

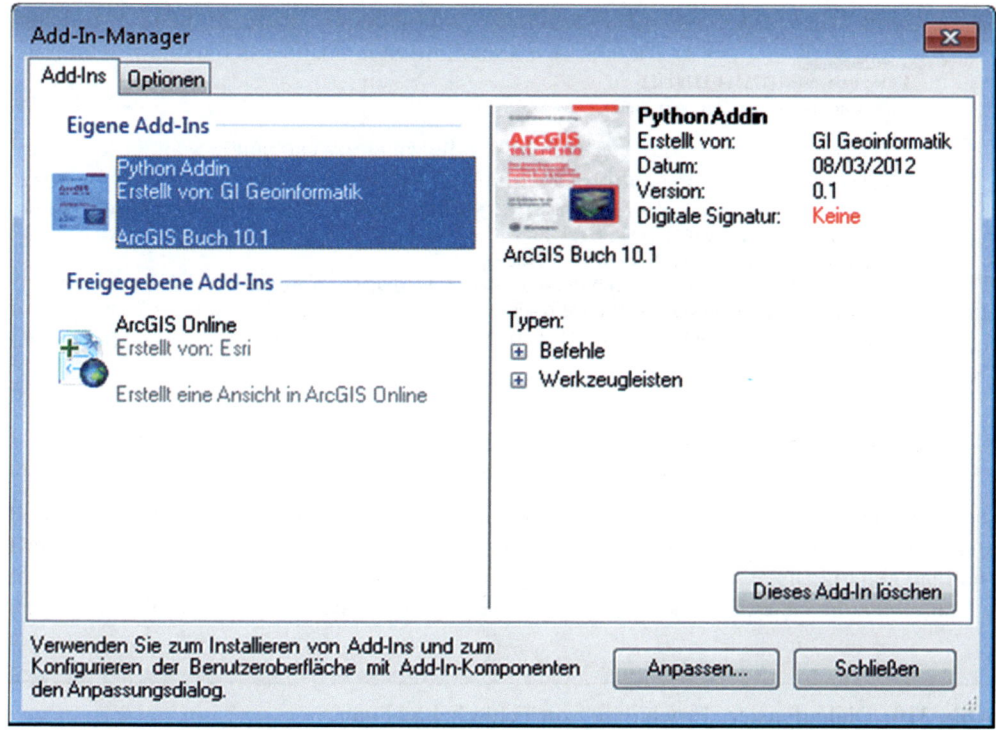

Abb. 309: Add-In-Manager in ArcMap

9.6.6 Fehlerbehandlung

Bei der Entwicklung von Skripten schleichen sich schnell kleinere und größere Fehler ein, die dazu führen, dass die Ergebnisse nicht den Vorstellungen entsprechen oder Fehlermeldungen erscheinen. Im ersten Fall ist es meist relativ schwierig, den Fehler zu finden, da es keinen konkreten Anhaltspunkt für die Fehlerursache gibt. Da hilft es, das Skript weiter zu vereinfachen, bis der Punkt gefunden wird, an dem die Resultate fehlerhaft werden. Für den zweiten Fall gibt es Hilfestellungen, die die Suche nach dem Fehler erleichtern.

Einen ersten Anhaltspunkt liefert das Dialogfenster Ergebnisse (siehe Abb. 310), wo die Python-Fehlermeldung zu finden ist (*Hauptmenüleiste* ⇨ *„Geoverarbeitung"* ⇨ *„Ergebnisse..."*).

Die Meldungen wirken oft kryptisch, sagen aber doch viel über den Fehler aus. In diesem Beispiel besagt die Ausgabe, dass in der ersten Zeile des Skripts ein Syntaxfehler ist. Das kann bei einer Methodendefinition z. B. durch einen fehlenden Doppelpunkt am Ende passieren.

9 ArcToolbox

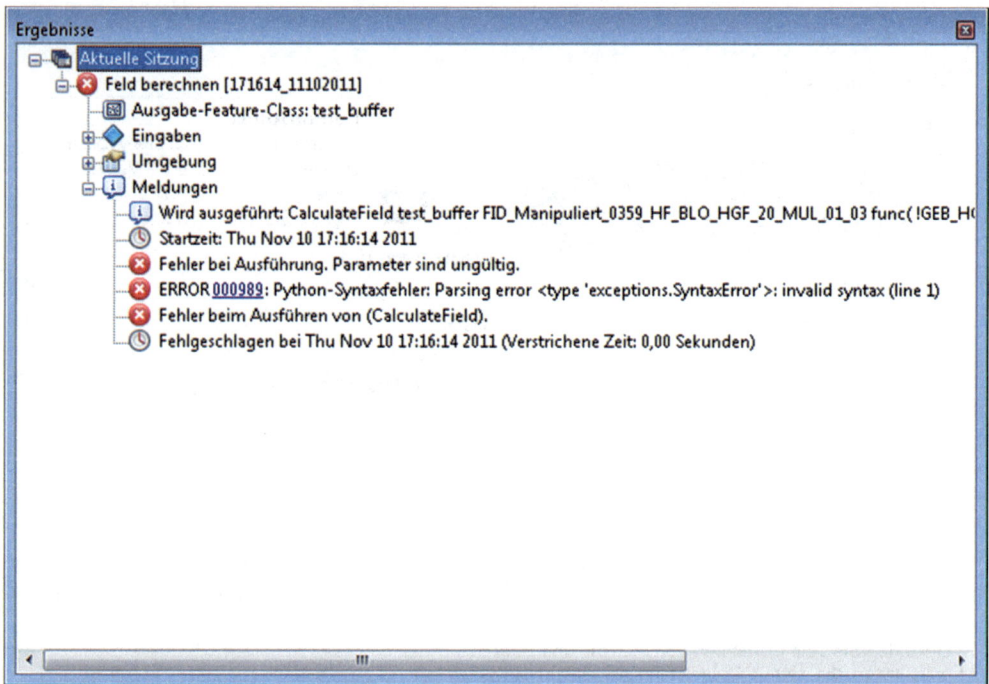

Abb. 310: Dialogfenster „Ergebnisse" zur Fehlerbehandlung

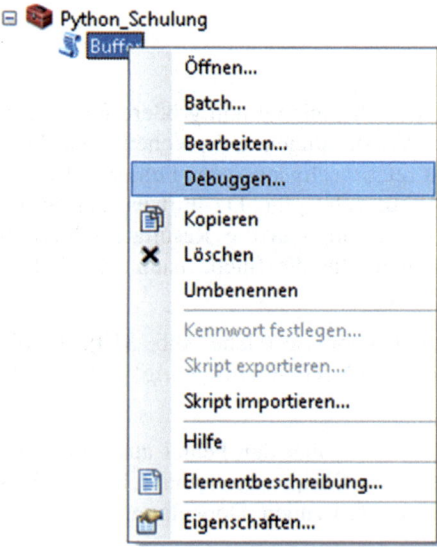

Abb. 311: Fehlerbehandlung durch die Verwendung der Debug-Funktion

Das Dialogfenster des Skript-Werkzeugs startet dann wie gewohnt, es wird aber gleichzeitig auch der Debugger gestartet. Die benötigten Eingabeparameter können eingegeben und dann an den Debugger mit übergeben werden, um dort die Python-Fehlermeldung lesen zu können. Wenn das Werkzeug ohne Debugger gestartet worden wäre, dann würde im Fehlerfall ggf. das Skript abstürzen, ohne dass eine Ursache sichtbar wäre.

Fehler, die durch die falsche Verwendung des Skripts entstehen (angegebene Datei existiert nicht), können innerhalb des Skripts abgefangen werden, wodurch leserliche Fehlermeldungen erstellt werden können. In dem unten stehenden Beispiel wird dafür eine Klasse definiert, die das Fehlerhandling übernimmt. In der Funktion „buffer_python" wird als erstes überprüft, ob die Eingabedatei („inf") tatsächlich existiert. Ist das nicht der Fall, dann wird durch den Befehl „raise" die Fehlermeldung generiert. Durch den Tippfehler im Dateinamen (ArcGISBuhc10_1.shp anstelle von ArcGISBuch10_1.shp) wird in diesem Fall die Fehlermeldung ausgegeben, dass die Eingabedatei nicht existiert.

```python
import arcpy

class FileDoesNotExist(Exception):
    pass

def buffer_python(inf, outf):
    try:
        if not arcpy.Exists(inf):
            raise FileDoesNotExist
        #Auszuführende Funktion
        arcpy.Buffer_analysis(inf, outf, "100 Meter")
    except FileDoesNotExist:
        print "Die Eingabedatei existiert nicht"

if __name__ == "__main__":
    #Definition der benötigten Variablen
    in_feature = r"C:\ ArcGISBuhc10_1.shp"
    out_feature = r"C:\ArcGISBuch10_1_buffer.shp"
    buffer_python(in_feature, out_feature)
```

Abb. 312: Beispiel für die Fehlerbehandlung mittels Python

Auf diese Weise kann auch ein Anwender ohne Programmierkenntnisse die Fehlerursache erkennen, da die Fehlermeldung eine klare Beschreibung enthält, und ggf. beheben.

10 Schnelleinstieg in ArcGIS

Dieses Kapitel widmet sich anhand von einzelnen Lektionen den wichtigsten und grundlegendsten Funktionen von ArcGIS. Dadurch erhalten Sie einen ersten Einblick in die Anwendung. Die Übungsblöcke sind nach Anwendungsgebieten gegliedert. Dadurch wird gewährleistet, dass Sie gezielt die für Sie interessanten Lektionen bearbeiten können. Wir empfehlen allerdings ein schrittweises Vorgehen, da einige der Aufgaben auf Inhalte zurückgreifen, die in vorangegangenen Übungen erklärt werden.

Die einzelnen Übungsblöcke enthalten jeweils eine Kurzbeschreibung des Inhalts, Aussagen zur Zielsetzung und zur Bearbeitungsdauer sowie grundlegende Informationen, die die erklärten Anwendungen betreffen. Anschließend folgt die Aufgabenstellung für das Kapitel mit Tipps zur Lösung. Der Umfang und Schwierigkeitsgrad der einzelnen Aufgaben ist so gewählt, dass bei einer schrittweisen Bearbeitung der Übungsblöcke keine Probleme auftreten sollten bzw. durch die Hilfen sichergestellt wird, dass Sie zu einer Lösung kommen. Oft gibt es auch mehr als einen Weg zum Erfolg. Sollten Sie bei einer Aufgabe Schwierigkeiten haben, finden Sie in Kapitel 14 eine ausführliche Erklärung zu den Aufgaben.

Die Daten, die in den Lektionen verwendet werden, finden Sie auf unserer Homepage www.gi-geoinformatik.de im Download-Bereich unter „ArcGIS Buch". Den Download-Bereich erreichen Sie, sobald die Registrierung auf der Homepage vollständig abgeschlossen ist. Laden Sie sich zu Beginn der Übungen zunächst die gesamten Übungsdaten herunter und entpacken Sie das Paket in ein Verzeichnis Ihrer Wahl (dieser Ordner wird in den folgenden Kapiteln als „<Download-Ordner>" bezeichnet). Wir empfehlen, die komprimierte Zip-Datei lokal gespeichert zu halten. Sie können damit jederzeit die Originaldaten wiederherstellen, um beispielsweise einzelne Lektionen mehrmals durchzuführen, ohne die Daten erneut herunterladen zu müssen.

10.1 Übungsblock 1: Ein Projekt starten – ArcCatalog, WMS-Server, Geodatabase und Shapefiles

In diesem ersten Übungskapitel erhalten Sie einen Überblick über die Funktion und Anwendungsmöglichkeiten von ArcCatalog sowie grundlegendes Wissen zum Erstellen von Geodatabases und zu Shapefiles. Nach der Bearbeitung dieses Übungsblocks haben Sie folgende Kenntnisse:

- Verwendung des ArcCatalog
- Projektdateien anlegen
- Ordner anbinden, Serververbindungen herstellen
- Koordinatensystem festlegen
- Verwendung von Web Map Services

Bearbeitungsdauer: ca. 20 Minuten

10 Schnelleinstieg in ArcGIS

Vorab einige grundlegende Informationen zum ArcCatalog:

Insgesamt wird Sie ArcCatalog hinsichtlich seines Aussehens, aber auch seiner Funktionalitäten stark an den aus Windows bekannten Windows-Explorer erinnern. Dementsprechend intuitiv ist die Arbeit mit ArcCatalog in vielen Bereichen. Allerdings unterscheidet sich ArcCatalog in seiner Funktionsweise vom Windows-Explorer: Standardmäßig werden in ArcCatalog nur Daten(typen) angezeigt, die in ArcGIS verwendbar sind. So sind in der Grundeinstellung z. B. Word- oder PDF-Dateien in ArcCatalog nicht sichtbar. Dementsprechend ist, vor allem beim Löschen von ganzen Ordnern unter ArcCatalog, Vorsicht geboten, um nicht ungewollt einzelne „unsichtbare" Dateien zu verlieren.

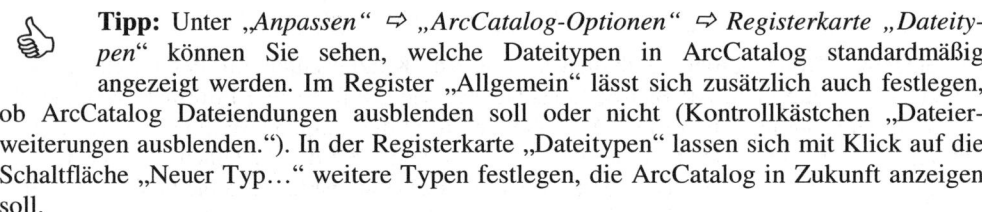 **Tipp:** Unter *„Anpassen"* ⇨ *„ArcCatalog-Optionen"* ⇨ *Registerkarte „Dateitypen"* können Sie sehen, welche Dateitypen in ArcCatalog standardmäßig angezeigt werden. Im Register „Allgemein" lässt sich zusätzlich auch festlegen, ob ArcCatalog Dateiendungen ausblenden soll oder nicht (Kontrollkästchen „Dateierweiterungen ausblenden."). In der Registerkarte „Dateitypen" lassen sich mit Klick auf die Schaltfläche „Neuer Typ…" weitere Typen festlegen, die ArcCatalog in Zukunft anzeigen soll.

ArcCatalog stellt zahlreiche Funktionalitäten speziell zum Sichten und Verwalten von Geodaten zur Verfügung und übernimmt damit die Funktion eines (Geo-)Daten-Explorers innerhalb von ArcGIS. Geodaten können gesucht, neu angelegt, kopiert und gelöscht werden. Die Eigenschaften der Geometrie- bzw. Sachdaten können verändert oder neu definiert werden. In einem Vorschaufenster können Geodaten betrachtet und zugehörige Attribute angezeigt werden. Zudem können Sie sich zu Ihren Geodaten – soweit vorhanden – weitere Informationen (sog. Metadaten) über deren Inhalt, Aktualität, Qualität etc. anzeigen lassen, diese bearbeiten oder neu erstellen.

Neben dem Sichten von Daten werden Sie ArcCatalog v. a. auch zur Verwaltung Ihrer Geodaten verwenden. Eine immer wiederkehrende Aufgabe ist dabei das Verschieben oder Kopieren von Daten. Hier ist ArcCatalog in jedem Fall dem Windows-Explorer vorzuziehen, da beim Kopieren, Umbenennen oder Löschen von Elementen mit ArcCatalog automatisch auch alle mit den Elementen verknüpften Zusatzdateien kopiert, umbenannt oder gelöscht werden. Verschieben Sie z. B. ein Shapefile, das ja aus mehreren Einzeldateien besteht (vgl. Kapitel 4.1.1.2), so verschiebt ArcCatalog alle zu diesem Shapefile gehörenden Dateien automatisch mit. Im Windows-Explorer laufen Sie dagegen Gefahr, einzelne Dateien zu vergessen und Ihr Shapefile damit für ArcGIS unbrauchbar zu machen!

 Tipp: Grundsätzlich können Sie bei der Arbeit mit ArcCatalog alle Standard-Windows-Tastenkombinationen sowie die Drag & Drop-Methoden verwenden, um Elemente zu kopieren, zu verschieben, umzubenennen und zu löschen.

Aufgaben:
1. Starten Sie ArcCatalog.
2. Binden Sie ein Laufwerk bzw. einen Ordner an.
3. Legen Sie eine Geodatabase und ein Shapefile an.
4. Binden Sie einen WMS-Server an.
5. Starten Sie ArcMap.

Lösungshilfen:

1. Windows Startmenü (Standardeinstellung: „*Start*" ⇨ „*Alle Programme*" ⇨ „*ArcGIS*" ⇨ „*ArcCatalog 10.1*) oder über eine bei der Installation erstellte Desktopverknüpfung.
2. Über das Symbol „neuen Ordner anbinden" in der Werkzeugleiste des ArcCatalog.

   Tipp: Sie können nicht nur Laufwerke, sondern auch einzelne Ordner anbinden. So können Sie häufig benutzte Projektordner dauerhaft im Inhaltsverzeichnis zur Verfügung stellen, um einen schnellen Zugriff auf die entsprechenden Daten in ArcCatalog zu ermöglichen. Als Name des Ordners wird standardmäßig die Pfadbezeichnung angezeigt. Ist Ihnen diese zu lang bzw. wird das Inhaltsverzeichnis im ArcCatalog dadurch zu unübersichtlich, haben Sie die Möglichkeit, einen Aliasnamen zu vergeben. Öffnen Sie dazu mit einem Rechtsklick auf den Ordner das Kontextmenü und wählen Sie dort den Befehl „Umbenennen". Geben Sie nun den gewünschten Aliasnamen ein.
3. Durch Rechtsklick in das Kartenfenster ⇨*"Neu"* ⇨ „*File-Geodatabase*".
4. Durch Rechtsklick in das Kartenfenster ⇨*"Neu"* ⇨ „*Shapefile*" Als Koordinatensystem wählen Sie das Deutsche Hauptdreiecksnetz Zone 4 (zu weiteren Informationen zu Projektionen und Koordinatensystemen siehe Übungskapitel 14.1.4 oder Hauptkapitel 8).
5. ArcCatalog Inhaltsverzeichnis ⇨*"GIS Server"* ⇨ „*WMS Server hinzufügen*" ⇨ *Adresse des WMS-Servers eingeben*.

10.2 Übungsblock 2: Arbeiten mit ArcMap – die Benutzeroberfläche

In diesem Übungskapitel lernen Sie, innerhalb von ArcMap zu navigieren und die Oberfläche Ihren individuellen Bedürfnissen anzupassen. Ebenso werden erste Schritte mit der neuen Anwendung Katalog in ArcMap erklärt und die Unterschiede zwischen ArcCatalog und Katalog beschrieben. Sie lernen verschiedene Layer kennen und wie sie deren Einstellungen verändern können. Nach der Bearbeitung dieses Übungsblocks haben Sie folgende Kenntnisse:

- Daten einbinden
- Benutzerdefinierte der Nutzeroberfläche
- Navigation in ArcMap
- Arbeiten mit Layern

Bearbeitungsdauer: ca. 30 Minuten

Vorab einige grundlegende Informationen:

Die Oberfläche von ArcMap wird sie stark an die im letzten Kapitel vorgestellte Oberfläche von ArcCatalog erinnern. Das Fenster teilt sich ebenfalls in einen linken Bereich, das Inhaltsverzeichnis, und einen größeren rechten Bereich, das Kartenfenster. Darüber sind auch hier wieder Hauptmenüleiste und Werkzeugleisten angeordnet.

ArcMap „merkt sich", welche Werkzeugleisten aktiviert wurden, wo sie platziert sind und welche Anpassungen vorgenommen wurden, und speichert diese Information in der Dokumentvorlage „Normal.mxt" ab. Damit sieht Ihre ArcMap Oberfläche für dieses und alle zukünftigen Projekte gleich aus.

Aufgaben:

1. Starten Sie ArcMap.
2. Laden Sie die Grundkarte (Shapefile BRD_WGS84.shp) in das Kartenprojekt (siehe Übungsblock 1).
3. Starten und Anpassen der Werkzeugleisten „Hauptmenü", „Standard" und „Werkzeuge".
4. Navigieren innerhalb von ArcMap.
5. Grundlegendes zum Arbeiten mit Layern: Verschieben, Ausblenden, Umbenennen.
6. Darstellung der Layer: Transparenz, Farbgebung.

Lösungshilfen:

1. Starten Sie ArcMap über das Windows-Startmenü (Standardeinstellung: *„Start"* ⇨ *„Programme"* ⇨ *„ArcGIS"* ⇨ *„ArcMap 10.1"* oder per Doppelklick auf das bei der Installation erstellte Symbol auf Ihrem Desktop.

2. Entweder direkt über den Catalog per Drag & Drop oder über die Werkzeugleiste *„Standard"*, Symbol *„Daten hinzufügen"*.
3. Hauptmenü *„Anpassen"* ⇨ *„Werkzeugleisten"* oder per Rechtsklick neben die Menü- bzw. Werkzeugleiste. Für den Anfang wählen Sie – sofern nicht bereits geschehen – die Einträge „Layout", „Standard" und „Werkzeuge" aus. Jede dieser Werkzeugleisten können Sie innerhalb der ArcMap Oberfläche je nach Bedarf frei positionieren.

Tipp: Auch Fenster (z. B. Catalog) können einfach umpositioniert werden. Auf diese Weise können Sie Ihre Arbeitsfläche noch übersichtlicher gestalten. Der seit ArcGIS 10 neue Andock-Manager erleichtert Ihnen die Positionierung. Dieser erscheint automatisch, sobald Sie ein Fenster verschieben, und zeigt Ihnen zum einen die neue Position des Fensters (in Blau), zum anderen können Sie über Andock-Manager-Symbole die Position des Fensters per Mausklick bestimmen.

4. Machen Sie sich mit der Navigation vertraut.
Zoomen ist auf verschiedene Arten möglich, entweder durch die Buttons in der Werkzeugleiste, durch das Mausrad oder durch manuelles Anpassen der Maßstabszahl.

Ein Verschieben des Kartenausschschnitts kann ebenso auf verschiedene Arten erfolgen und wird dadurch angezeigt, dass sich der Mauszeiger in eine Hand verwandelt. Dies wird entweder durch den entsprechenden Button in der Werkzeugleiste, durch anhaltendes Drücken des Mausrads oder der C-Taste der Tastatur erreicht. Zum letzten Kartenausschnitt bzw. zur vorherigen Ausdehnung gelangen Sie zurück, in dem Sie den Button „zu vorheriger Ansicht" betätigen.

5. Schauen Sie, was die Layer-Eigenschaften für Möglichkeiten bieten, die einzelnen Layer anzupassen.
6. Durch Rechtsklick auf den Layer ⇨ *„Eigenschaften"*.

Tipp: Blättern Sie auch durch die anderen Register in den Layer-Eigenschaften und gewinnen Sie einen ersten, groben Eindruck, welche Einstellungen Sie dort vornehmen können. Die Layer-Eigenschaften gehören zu den wichtigsten Dialogfenstern in ArcMap. Hier sind unter anderem Datenquellen, Anzeigeoptionen und Beschriftungseigenschaften festgelegt. Auf viele dieser Einstellungen werden Sie in späteren Übungen zurückgreifen müssen.

Durch Rechtsklick auf den Layer ➪ *„Eigenschaften"*, Reiter „Symbologie".

10.3 Übungsblock 3: Anpassen der Symbologie

In den folgenden Schritten erfahren Sie, wie Sie Ihr Kartenprojekt nach Ihren persönlichen Wünschen gestalten können. Die Farbgebung und Symbolik einer Karte ist ganz entscheidend für deren Übersichtlichkeit und Aussagekraft. Das Ändern und Anpassen von Symbolik und Füllfarben ist daher ein grundlegender Arbeitsschritt in jedem ArcMap Projekt. Nach der Bearbeitung dieses Übungsblocks beherrschen Sie folgende Arbeitsschritte:

- Verändern der Farbgebung und der Symbologie
- Einfügen und Bearbeiten von Beschriftungen
- Definieren von Wertebereichen und deren Darstellung
- Verwendung von Styles

Bearbeitungsdauer: ca. 45 Minuten

Vorab einige grundlegende Informationen:

Wie Sie vielleicht bereits festgestellt haben, sind die von ArcMap vergebenen Farben für neu hinzugeladene Daten rein zufällig, weshalb z. B. der Layer „BRD" in Ihrem Projekt höchstwahrscheinlich eine andere Farbe hat als in den hier vorliegenden Abbildungen. Wollen Sie diese voreingestellte Farbgebung ändern, haben Sie eine Auswahl an Standardfarben zur Verfügung. Oder Sie erstellen sich über den Button „Weitere Farben" zusätzliche Farben.

Benutzerdefinierte Farben, Symbologien und Beschriftungsstandards lassen sich etwas komfortabler auch über den ArcMap Style-Manager (*Hauptmenüleiste* ➪ *„Anpassen"* ➪ *„Style-Manager..."*) verwalten. Styles sind ein wertvolles Instrument innerhalb von ArcMap, um Karten zu erstellen, die auf einer gemeinsamen Gestaltungsvorlage basieren. Mehr zum Style-Manager lesen Sie in Kapitel 6.1.3.8 und Kapitel 14.3.8.

Mit Beschriftungen können Sie auf einfache Weise beschreibenden Text zu den Features auf Ihrer Karte hinzufügen. Grundsätzlich basieren diese Beschriftungen auf Feature-Attributen der Attributtabelle. Beschriftungen lassen sich auf einfache Weise aktivieren und deaktivieren oder sogar sperren, damit ihre Position beim Zoomen oder Schwenken der Karte fest bleibt. Neben den Beschriftungen gibt es mit „Annotations" und „Grafiktext" noch zwei weitere Arten der Betextung innerhalb von ArcGIS, auf die an anderer Stelle eingegangen wird (vgl. Kapitel 6.1.4.4 und Kapitel 7.2.2.5).

Aufgaben:

1. Laden Sie die Übungsdaten („BRD", „BRD_Gewaesser", „BRD_Staedte" und „BRD_Strassen") und passen Sie die Farbgebung an.
2. Beschriften Sie die Bundesländer mit deren Namen und Einwohnerzahl (Feld „BEV_2007").
3. Vergeben Sie unterschiedliche Farben für jedes Bundesland.

10 Schnelleinstieg in ArcGIS

4. Stellen Sie Städte je nach Einwohnerzahl unterschiedlich dar.
5. Beschriften Sie die Städte entsprechend Ihrer Kategorie und verändern Sie den Maßstabsbereich der Beschriftung.
6. Erstellen Sie ein Flächenmarkersymbol für „Gewässer" mit ArcMap Styles.

Lösungshilfen:

1. Es bietet sich an, die Städte als rote Symbole, die Straßen in Grau und die Gewässer in blauen Farbtönen darzustellen (durch Doppelklick auf das Layer-Symbol).
2. In den Layer-Eigenschaften im Register „Beschriftungen" im Bereich „Textzeichenfolge" ➪ Schaltfläche „Ausdruck" (über die Schaltfläche „Hilfe" im Dialogfenster „Beschriftungsausdruck" erhalten Sie weitere nützliche Tipps).
3. In den Layer-Eigenschaften im Reiter „Symbologie" können unter „Kategorien" alle Werte hinzugefügt werden. Dazu wählen Sie im „Wertefeld" das gewünschte Feld aus (hier: „NAME") und geben Sie einen passenden Farbverlauf an.

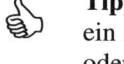

Tipp: Auch wenn Sie einen Farbverlauf gewählt haben, können Sie im Nachhinein einzelne Farben abändern: Wie gewohnt gelangen Sie mit einem Rechtsklick oder einem Doppelklick auf das entsprechende Feature-Symbol in die Symbolauswahl. Sie können diese Änderungen entweder direkt im Reiter „Symbologie" oder im Inhaltsverzeichnis von ArcMap vornehmen.

4. Wie in Aufgabe 3., allerdings mit dem Wert „POP_CLASS" (Werte sind bereits in der Attributtabelle klassifiziert).
5. Die Städtenamen der höchsten Kategorie sollen mit Schriftgröße „9" und fett dargestellt werden, die anderen Kategorien entsprechend geringer. Als kritischer Wert soll der Maßstab 1:1.250.000 gelten: Städte der kleinsten Kategorie sollen darunter nicht angezeigt werden, die Bundesland-Beschriftungen sollen darüber nicht sichtbar sein.
6. Über den Hauptmenüeintrag „*Anpassen*" ➪ „*Style-Manager...*".

10.4 Übungsblock 4: Maplex (Komplexe Beschriftungen)

In vielen Fällen wird eine Karte erst durch die passenden Beschriftungen aussagekräftig. Im letzten Übungsblock haben Sie gelernt, einfache Beschriftungen zu Ihrer Karte hinzuzufügen. In diesem Kapitel wird gezeigt, wie die Maplex Label-Engine für komplexere Beschriftung von Features verwendet werden kann, um eine bessere Gestaltung zu erreichen. Nach der Bearbeitung beherrschen Sie folgende Abläufe:

- Vordefinierte Beschriftungsstyles anwenden und anpassen
- Lösungsstrategien bei Beschriftungskonflikten auswählen
- Anpassen der Beschriftung an den Featureverlauf bzw. die Featuregröße
- Abkürzungswörterbücher erstellen
- Schlüsselnummerierung verwenden
- Gewichtung von Features und Beschriftungen

Bearbeitungsdauer: ca. 45 Minuten

10.4 Übungsblock 4: Maplex (Komplexe Beschriftungen)

Vorab einige grundlegende Informationen:

Erstmals stehen seit ArcGIS 10.1 for Desktop dem Benutzer standardmäßig zwei verschiedene Beschriftungssysteme zur Verfügung: Die Standard Label-Engine und die Maplex Label-Engine. Die Übungen dieses Kapitels greifen auf die Funktionalitäten der Maplex Label-Engine zurück, da diese weitaus mehr Möglichkeiten zur Anpassung von Beschriftungen bietet als die Standard Label-Engine. Um zwischen den beiden Engines zu wechseln, wählen Sie im *Kontextmenü des Datenrahmens* ⇨ *„Eigenschaften"* ⇨ *Register „Allgemein"* das gewünschte System aus oder aktivieren bzw. deaktivieren Sie in der Werkzeugleiste „Beschriftung" im Drop-down-Menü die Maplex Label-Engine.

Aufgaben:

1. Laden Sie die „Biotope" und die „Strassen" aus der Geodatabase „Maplex" im Übungsblock 4 in ein neues ArcMap-Dokument.
2. Passen Sie die Darstellung der Layer an und beschriften Sie die Straßen mit ihrem Namen.
3. Finden Sie einen passenden Schwellenwert, um die Straßen entsprechend ihrer Länge unterschiedlich zu beschriften, und richten Sie die Kategorien ein.
4. Kürzen Sie „Straße" und „-straße" jeweils zu „Str." bzw. „-str." ab und blenden Sie die Straßen ohne Namen („NNNN") aus.
5. Passen Sie die Beschriftung an den Straßenverlauf an.
6. Vergeben Sie die Prioritäten für die jeweiligen Beschriftungen.
7. Versuchen Sie, durch verschiedene Platzierungseinstellungen in einem beliebigen Kartenausschnitt die bestmögliche Darstellungsform zu erreichen.
8. Beschriften Sie die Biotope am unteren, linken Featurerand.
9. Vergeben Sie Schlüsselnummern, um Platzierungskonflikte zu vermeiden.

Lösungshilfen:

1. Am schnellsten per Drag & Drop aus dem Katalog-Fenster.
2. Wählen Sie für die Features nach Möglichkeit eine Farbgebung, die intuitiv schon auf deren Funktion schließen lässt. Das für die Beschriftung benötigte Feld können Sie der Attributtabelle entnehmen (*Kontextmenü des Layers* ⇨ *„Attributtabelle öffnen"*.
3. Im Register „Beschriftung" bei Methode entsprechende Option wählen, dann Klassen vergeben. Die Länge der Straßen wird durch das Attribut „Shape_Length" repräsentiert. Als Schwellenwerte können z. B. dienen: > 200; 100-200; < 100.
4. Um diese Anpassung zu gewährleisten, soll die Übersetzungsfunktion des Abkürzungswörterbuchs genutzt werden. Das Wörterbuch finden Sie im Drop-down-Menü der Werkzeugleiste „Beschriftung".
5. Im Menü „Platzierungseigenschaften" beim Register „Beschriftungsposition" finden Sie Einstellmöglichkeiten zur Anpassung der Beschriftung.
6. Mit der entsprechenden Schaltfläche in der Werkzeugleiste „Beschriftung" können die Prioritäten verwaltet werden.
7. Hier können Sie nach Belieben die Optionen in der Registerkarte „Einpassungsmethode" aktivieren, anpassen und priorisieren.
8. Die Beschriftungsposition kann über die Verwendung „Interner Zonen" spezifiziert werden.

Tipp: Die Größe der Biotopflächen differiert stark, und es gibt Kartenbereiche mit vielen kleineren Features. Hier bietet sich eine Beschränkung der Beschriftungsanzahl an: Features, deren Flächengröße einen bestimmten Wert unterschreiten, sollen nicht beschriftet werden. So wird zum einen eine bessere Lesbarkeit der Karte, zum anderen eine schnellere Darstellung der Beschriftungen in ArcMap erreicht. Beschriftungen, die von der Flächengröße abhängig sind, können auf mehrere Arten realisiert werden. Sie können – wie bereits bei den Straßen – verschiedene Feature-Klassen über die „Shape-Area" definieren und unterschiedlich beschriften. Dadurch erreichen Sie eine Beschriftung in Abhängigkeit der absoluten Featuregröße. Für die flexible Anzeige am Bildschirm kann es aber nützlich sein, nur die aktuelle Anzeige als Kriterium zu verwenden. Wählen Sie dazu im Menü „Platzierungseigenschaften", Register „Beschriftungsdichte" die Option „Mindest-Feature-Größe für Beschriftung:". So wird die Fläche des Features dynamisch in Abhängigkeit zum Kartenmaßstab gemessen. Vergrößern Sie also den Kartenausschnitt, werden auch für kleinere Features Beschriftungen angezeigt, wohingegen beim Herauszoomen nur noch die größeren Features beschriftet werden.

9. Die Einstellungen für die Schlüsselnummerierung finden Sie im Drop-down-Menü der Werkzeugleiste „Beschriftung". Anschließend muss das entsprechende Kontrollhäkchen in den Platzierungseigenschaften gesetzt werden, um die Schlüsselnummerierung zu aktivieren.

10.5 Übungsblock 5: Georeferenzierung, Transformation

In diesem Kapitel werden Sie mit dem Raumbezug von Feature-Klassen, Rasterdaten und ArcMap-Projekten arbeiten. Alle räumlich relevanten Daten besitzen Koordinaten, auf deren Grundlage sie in ArcMap dargestellt werden. Diese Koordinaten werden in ArcMap in der Statusleiste zusammen mit den Karteneinheiten angezeigt. Daneben ist für die Darstellung der Daten in ArcMap häufig das Zusammenspiel zwischen den Daten und dem im ArcMap-Datenrahmen festgelegten Koordinatensystemen entscheidend. Dies ist insbesondere dann von großer Bedeutung, wenn Sie mit Daten unterschiedlicher Koordinatensysteme in ein und demselben Projekt arbeiten müssen. Geodaten, mit denen Sie arbeiten, haben – zumal wenn sie käuflich erworben worden sind – normalerweise bereits eine korrekte räumliche Lage. Bei Scans muss aber in vielen Fällen erst noch eine Georeferenzierung vorgenommen werden, d. h. räumlich verortet werden. Korrekt verortete Geodaten unterschiedlicher Koordinatensysteme können von ArcMap in Echtzeit so umprojiziert werden, dass sie innerhalb des Datenrahmens in korrekter Lage (teilweise ist nur eine Näherung möglich) zueinander dargestellt werden.

Nach der Bearbeitung dieses Übungsblocks sind in der Lage, folgende Arbeiten auszuführen:

- Definition eines passenden Koordinatensystems
- Georeferenzierung von Rasterdateien
- Definition einer Transformation im Datenrahmen
- Durchführung einer räumlichen Anpassung

Bearbeitungsdauer: ca. 45 Minuten

10.6 Übungsblock 6: Werkzeugleisten Teil I – Editor

Aufgaben:

1. Laden Sie das Shapefile „Blattschnitt" in einen neuen leeren ArcMap-Datenrahmen.
2. Laden Sie die Rasterdatei „sw.tif" aus dem Verzeichnis „Luftbilder" in den Datenrahmen.
3. Georeferenzieren sie die Rasterdatei „sw.tif" anhand des richtigen Blattschnitt-Polygons.
4. Georeferenzieren Sie die anderen drei TIFFs.
5. Laden Sie die Bing Street Map und definieren Sie für den Datenrahmen eine korrekte Transformation, sodass die Street Map lagerichtig dargestellt wird.

Lösungshilfen:

1. Per Drag & Drop direkt aus dem Katalog-Fenster.
2. Per Drag & Drop direkt aus dem Katalog-Fenster.
3. Mithilfe der Werkzeugleiste „Georeferenzierung".
4. Mithilfe der Werkzeugleiste „Georeferenzierung".
5. *Werkzeugleiste „Standard"* ➪ *„Daten hinzufügen...", Untermenü „Daten aus ArcGIS Online hinzufügen",* anschließend *„Datenrahmen Eigenschaften"* ➪ *„Koordinatensystem"* ➪ *„Transformationen...".*

10.6 Übungsblock 6: Werkzeugleisten Teil I – Editor

Während der vorherigen Übungen haben Sie mit gegebenen Features gearbeitet, diese verändert und angepasst. Jetzt lernen Sie, eigene Features zu erstellen. Dieses Kapitel gibt also einen ersten Überblick über die Anwendung der Werkzeugleiste „Editor". Nach der erfolgreichen Bearbeitung können Sie:

- Punkt-, Linien- und Polygon-Features erstellen
- Geodaten in Subtypes organisieren
- Digitalisieren von Daten
- Attribute vergeben
- Fangeigenschaften einstellen

Bearbeitungsdauer: ca. 45 Minuten

Vorab einige grundlegende Informationen:

In diesem Kapitel sollen Sie anhand praktischer Übungen an die Themen Editieren und Geoverarbeitung herangeführt werden. Als Datengrundlage stützen wir uns auf die bereits bekannten Digitalen Orthophotos der Bayerischen Vermessungsverwaltung. Daraus möchten wir einige Attribute (z. B. Siedlungsflächen, Bäume und Straßen) erfassen (vektorisieren).

Viele der dazu benötigten Befehle und Werkzeuge finden Sie in der Werkzeugleiste „Editor". Zusätzlich empfehlen wir, neben den bereits bekannten Werkzeugleisten, nun auch die „Effekte" einzublenden, da Sie hier die Transparenz der einzelnen Layer einstellen können.

 Tipp: Sie werden den Bildausschnitt ab und zu verschieben müssen. Da Sie sich evtl. mitten in der Digitalisierung befinden, können Sie hier einen Shortcut nutzen:

Halten Sie beim Digitalisieren die Taste „C" (oder das Mausrad) gedrückt und verschieben Sie das Bild. Lassen Sie die Taste los und Sie können sofort mit der Digitalisierung fortfahren.

Durch die Funktion „Fangen" springt („snappt") Ihr Mauszeiger automatisch auf benachbarte Features. Dadurch wird die Bearbeitung genauer. Sie können dabei bestimmen, mit welcher Toleranz (also ab welcher Entfernung) sie snappen wollen und auf welche Ziele ArcMap fangen soll (bspw. Kanten, Stütz- oder Endpunkte). Diese Einstellungen treffen Sie in der Werkzeugleiste „Fangen".

Aufgaben:

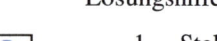

1. Laden Sie die Übungsdaten. Verwenden Sie für diesen Übungsblock die Digitalen Orthophotos der Bayerischen Vermessungsverwaltung. Navigieren Sie zu den Koordinaten Längengrad: 11,062, Breitengrad: 48,161. (Achten Sie auf die voreingestellte Einheit, diese sollte auf Dezimalgrad eingestellt sein, siehe Kapitel 14.6.1).
2. Legen Sie in Ihrem Ordner „Block_06" eine Geodatabase mit den benötigten Feature-Klassen (Punkt-, Linien- und Polygon-Features) an und vergeben Sie die jeweiligen Subtypes (Baum, Haus, Haupt- und Nebenstraße, Feldweg, Wald, Acker, Grasland und Siedlungsfläche).
3. Öffnen Sie die Werkzeugleiste „Editor" und starten Sie die Bearbeitung.
4. Erfassen Sie die Flächen.
5. Stellen Sie die für Ihre Anforderungen passenden Fangeigenschaften ein.
6. Digitalisieren Sie die Straßen.
7. Erfassen Sie die Punktsignaturen.
8. Teilen Sie Polygone Straßen an strategischen Stellen und führen Sie im Gegenzug Polygone wieder zusammen.
9. Speichern Sie Ihre Änderungen.

Lösungshilfen:

1. Stellen Sie im Dialog „Zu XY wechseln" die Einheit auf „Meter" und geben die gewünschten Koordinaten (Längengrad: 11,062, Breitengrad: 48,161) ein. Stellen Sie den Maßstab auf 1:8.500.
2. Im ArcCatalog oder im Katalog über Rechtsklick „Neu" ⇨ „......". Wählen Sie als Koordinatensystem „DHDN 3 Degree Gauss Zone 4". Legen Sie ein neues Feld „Typ" als „Short Integer" an. Navigieren Sie nach Fertigstellung der Feature-Klasse in die „Eigenschaften: Feature-Class" und legen Sie im Register „Subtypes" die gewünschten Codes an.
3. Blenden Sie die Werkzeugleiste „Editor" ein und wählen Sie „Bearbeitung starten".
Bevor Sie mit der Digitalisierung beginnen, stellen Sie die erstellten Subtypes dar (*Layer-Eigenschaften* ⇨ *Register „Symbologie"* ⇨ *„Kategorien"* ⇨ *„Alle Werte hinzufügen")* und übernehmen Sie die Subtypes in Ihre Editiervorlage (Button „Vorlagen organisieren").
4. Klicken Sie im Dialog „Features erstellen" den gewünschten Flächentyp an und digitalisieren Sie aufgrund des Luftbilds die Flächen.

Tipp: Für den Digitalisiervorgang kann es manchmal hilfreich sein, wenn sich die Features deutlich abheben. Wählen Sie deswegen während der Bearbeitung ruhig kräftige, gut sichtbare Farben für Ihre Features. Zudem können Sie die anderen Layer transparent stellen oder deren Helligkeit beeinflussen, um einen stärkeren Kontrast zu erreichen.

5. Rufen Sie die Werkzeugleiste „Fangen" auf. Sie können hier das „Fangen" ein- bzw. ausschalten und weitere Optionen vornehmen.
6. Klicken Sie im Dialog „Features erstellen" den gewünschten Straßentyp an und digitalisieren Sie aufgrund des Luftbilds die Linien.
7. Klicken Sie im Dialog „Features erstellen" die gewünschte Punktsignatur an und setzen Sie aufgrund des Luftbilds die entsprechenden Symbole.
8. Markieren Sie die gewünschten Features. Die Werkzeuge zum Teilen von Polygonen und Linien sind unterschiedlich, während für die Zusammenführung von beiden Features der Eintrag „Zusammenführen" im Drop-down-Menü des Editors verwendet wird.
9. Sie müssen sowohl die erfassten Features als auch die Änderungen an der MXD speichern. Die MXD speichern Sie wie gewohnt über das Diskettensymbol. Ihre Digitalisierungen speichern Sie über *Werkzeugleiste „Editor"* ⇨ *Menü „Editor"* ⇨ *„Änderungen speichern"*. Achten Sie darauf, Editiersitzungen stets über diesen Befehl zu speichern.

10.7 Übungsblock 7: Attribute und Selektionen

In den vorangegangenen Übungsblöcken wurde gezeigt, wie eigene Karten und Dateien richtig in ArcMap eingebunden werden können und Features neu erstellt werden. Im folgenden Kapitel werden auch die Feature-Attribute, die bis jetzt vorgegeben waren, von Ihnen sortiert, verändert oder über eine bestehende Tabelle eingebunden. Sie lernen, mit Attributtabellen zu arbeiten, Attribute zu ändern und Datenfelder neu zu berechnen. Nach Abschluss des Übungsblocks wissen Sie, wie folgende Anwendungen funktionieren:

- Sichtung und Sortierung von Attributtabellen in ArcMap
- Attributbezogene Selektion von Features
- Exportieren ausgewählter Features in eine neue Feature-Klasse
- Anbindung einer externen Tabelle
- Attribute eines Features ändern
- (Neu-)Berechnung von Attributen mehrerer Features
- Anwendung weiterer (attributunabhängiger) Auswahlmethoden

Bearbeitungsdauer: ca. 1 Stunde

Vorab einige grundlegende Informationen:

Bislang haben wir die Daten unseres Projekts nur aus grafischer Sicht betrachtet. Die eigentliche Stärke eines GIS aber liegt in der Zusammenführung von geographischen Informationen und den zugehörigen Sachdaten sowie deren Verarbeitung bzw. Analyse. Dementsprechend ist in ArcMap jeder Layer mit Sachdaten, sog. Attributen, verbunden. Diese Sachdaten werden in einer oder mehreren Tabellen gespeichert, wobei jede Zeile (jeder Datensatz) dieser Tabelle ein geographisches Objekt (Feature) darstellt – ein

Bundesland, eine Stadt, eine Autobahn oder ein See – und jede Spalte (jedes Feld) ein bestimmtes Attribut des Features beschreibt, etwa Einwohnerzahl, Länge oder Fläche.

Aufgaben:

1. Laden Sie die beiden Feature-Klassen aus der Geodatabase „Übung07" in ein neues ArcMap Projekt.
2. Öffnen Sie die Attributtabelle des Layers „Europa_Städte" und lassen Sie die Datensätze nach Ländern und Städtenamen alphabetisch sortieren. Verschieben und fixieren Sie probehalber eine beliebige Spalte. Vergeben Sie für das Feld „PROV _NAME" den Aliasnamen „Provinz" und deaktivieren Sie das Feld „ObjectID".
3. Selektieren Sie alle mittelgroßen und großen deutschen Städte. Exportieren Sie die ausgewählten Punkte in eine neue Feature-Klasse „BRD_Städte" in das Feature-Dataset „Übung07" und laden Sie die neue Feature-Klasse in Ihr Projekt. Heben Sie Feature-Auswahl im Layer „Europa_Städte" auf.
4. Stellen Sie anhand des Städtenamens eine Verbindung zwischen der Attributtabelle von „BRD_Städte" und der externen Textdatei „StaedteDaten.txt" her. Korrigieren Sie die Schreibweise des Eintrags „München", sodass die Verbindung zur externen Tabelle hergestellt werden kann.
5. Legen Sie zwei neue Felder „X-Koordinate" und „Y-Koordinate" mit dem Feldtyp „Double" an.
6. Ersetzen Sie per Feldberechnung im Feld „TYPE" die Einträge „Large City" mit „Großstadt" und Medium City" mit „Stadt".
7. Lassen Sie im Feld „X_Koordinate" die X-Koordinate und im Feld „Y_Koordinate" die Y-Koordinate aller Punkte berechnen.
8. Führen Sie mit verschiedenen nicht attributbezogenen Auswahlmethoden beliebige Selektionen durch.

Lösungshilfen:

1. Am schnellsten per Drag & Drop aus dem Katalog-Fenster.
2. Rechtsklick auf den Layer ⇨ „Attributtabelle öffnen" oder einfach bei gedrückter „Strg"-Taste mit Doppelklick auf den Layer. In dem Kontextmenü der Spalte finden Sie hilfreiche Funktionen.
3. Werkzeug „Nach Attributen auswählen" in der Attributtabelle. Export über das Kontextmenü des Layers
4. „Tabellenoptionen" in der Attributtabelle ⇨ „Verbindungen und Beziehungen" ⇨ „Verbinden...".
5. „Tabellenoptionen" in der Attributtabelle ⇨ „Feld hinzufügen...".
6. Zunächst die notwendige Selektion durchführen, dann *Kontextmenü des Spaltennamens* ⇨ „Feldberechnung...".
7. *Kontextmenü des Spaltennamens* ⇨ „Geometrie berechnen...".
8. Häufig verwendete Auswahlmethoden finden Sie unter „Hauptmenüleiste" ⇨ „Lagebezogen auswählen..." sowie im Drop-down-Menü des Werkzeugs „Features nach Rechteck auswählen" in der Werkzeugleiste „Werkzeuge".

10.8 Übungsblock 8: Das Layout

Die Kapitel eins bis sieben haben Ihnen einige wesentliche Anwendungen von ArcGIS nähergebracht und es Ihnen ermöglicht, einfache Projekte selbst zu erstellen. Im achten

10.8 Übungsblock 8: Das Layout

Übungsblock erarbeiten Sie sich nun Grundkenntnisse zu Layout und Export Ihrer fertigen Karte. Sie lernen die Werkzeuge innerhalb der Layout-Ansicht kennen und benutzen. Am Ende dieses Kapitels haben Sie Kenntnisse über:

- Navigation in der Layout-Ansicht
- Einbinden von Kartenelementen
- Anpassen der Legende
- Verwenden von Layout-Vorlagen
- Anwendung der in ArcGIS 10 neuen „Kartenserie"
- Exportieren der Karte

Bearbeitungsdauer: ca. 50 Minuten

Vorab einige grundlegende Informationen:

Im vorliegenden Kapitel wollen wir uns der Gestaltung eines Kartenlayouts für unser Beispielprojekt widmen. Das Layout der unterschiedlichen Kartenelemente ist eine zentrale Komponente beim Entwurf einer (Papier-)Karte, da alle relevanten Informationen, die dem Benutzer vermittelt werden sollen, auf einem einzigen Blatt untergebracht werden müssen.

Beim Entwurf einer Karte müssen zunächst einige grundlegende Fragen geklärt werden, wie z. B.:

1. Was soll dargestellt werden, welches Ziel verfolgt die Karte?
2. Welche Zielgruppe wird angesprochen?
3. Ist die Karte Teil eines Berichts oder ist sie eine unabhängige Informationsquelle?
4. Welches Medium wird zur Darstellung verwendet?

Demzufolge gibt es viele verschiedene Arten von Karten, die ganz unterschiedliche Anforderungen hinsichtlich des Layouts stellen (da an dieser Stelle nicht im Detail auf grundlegende Kartographieprinzipien eingegangen werden kann, sei auf die zahlreiche Fachliteratur zu diesem Thema verwiesen). Grundsätzlich ist beim Entwurf eines Kartenlayouts jedoch darauf zu achten, dass die fertige Karte unbedingt einige zentrale Elemente enthalten sollte. Dies sind neben dem eigentlichen Kartenkörper (Haupt- und evtl. Nebenkarten) vor allem:

- Kartentitel und -rahmen
- Legende und Nordpfeil
- Maßstabsleiste bzw. Maßstabstext
- Hinweise zu Verfasser und Datengrundlage (Quellverweise)

Zusätzlich zu diesen essenziellen „Grundelementen" können Sie Ihre Karte natürlich noch um weitere Informationselemente wie Grafiken, Bilder, Tabellen oder Zusatztexte ergänzen. Wie Sie diese Kartenelemente zu Ihrer Karte hinzufügen und welche Werkzeuge Ihnen ArcMap zur Gestaltung eines Kartenlayouts zur Verfügung stellt, werden Sie in diesem Kapitel erfahren.

Neu in ArcGIS 10 sind Kartenserien und dynamische Texte, wodurch die automatisierte Erstellung vieler Karten mit gleichem Layout ermöglicht wurde. Die Voraussetzungen dafür sind, dass in einem einzigen Kartenprojekt das Layout definiert ist und dynamische Textbausteine verwendet wurden.

10 Schnelleinstieg in ArcGIS

 Tipp: Für die Arbeit am Layout Ihrer Karte sollten Sie zunächst über *Hauptmenüleiste* ⇨ *„Ansicht"* ⇨ *„Werkzeugleisten"* die Werkzeugleisten „Grafiken", „Layout" und „Zeichnen" einblenden. Diese Werkzeugleisten stellen Ihnen zahlreiche nützliche Werkzeuge für den Entwurf eines Kartenlayouts zur Verfügung.

Aufgaben:

1. Laden Sie die Übungsdaten und wechseln Sie in die Layout-Ansicht.
2. Anpassen des Bildausschnitts und der Druckausgabe.
3. Fügen Sie Titel, Untertitel, Quelle, Nordpfeil und Maßstabsleiste ein.
4. Erstellen Sie ein Gitternetz und einen Kartenrahmen.
5. Passen Sie die Legende Ihrem Projekt an.
6. Grafiken einbinden (z. B. Firmenlogo).
7. Anlegen einer Übersichtskarte.
8. Erstellen und Verwenden von Layout-Vorlagen.
9. Exportieren der Karte als PDF.
10. Erstellen Sie eine Kartenserie mit dynamischem Titel.

Lösungshilfen:

1. Laden Sie die „TK_7832_Tuerkenfeld.mxd".
2. *Hauptmenüleiste* ⇨ *„Datei"* ⇨ *„Seiten- und Druckereinrichtung"*.

   Angaben:
   - Seitenbreite: 63 cm
   - Seitenhöhe: 59 cm
   - Abstand des Datenrahmens „TK 7832 Türkenfeld" vom unteren Blattrand: 12,5 cm
   - Abstand des Datenrahmens „TK 7832 Türkenfeld" vom linken Blattrand: 2,1 cm
   - Breite des Datenrahmens „TK 7832 Türkenfeld": 43 cm
   - Höhe des Datenrahmens „TK 7832 Türkenfeld": 40 cm
     Wechseln Sie zur Layout-Ansicht über die Schaltfläche in der linken unteren Ecke des Kartenfensters

 Tipp: Sobald Sie sich in der Layout-Ansicht befinden, haben Sie zwei verschiedene Zoomoptionen. Die Lupen-Schaltflächen, die Sie bereits kennengelernt haben, verändern nach wie vor den Maßstab des Kartenausschnitts. Hinzu kommen die Zoom-Buttons in der Werkzeugleiste „Layout". Mit diesen Schaltflächen verändern Sie die Ansichtsgröße Ihres Layout-Entwurfs.

3. Jeweils über *„Hauptmenüleiste"* ⇨ *„Einfügen"* ⇨ *„..."*.
   Die Darstellung bzw. den Inhalt (Texte) bearbeiten Sie mit Rechtsklick auf das Element ⇨ *„Eigenschaften"*.
   Bündiges Ausrichten von Elementen wird durch die Werkzeugleiste „Grafiken" (siehe Kapitel 6.1.4.12) erleichtert.
4. Über Datenrahmen-Eigenschaften (Rechtsklick *Datenrahmen* ⇨ *„Eigenschaften"* ⇨ Register „Gitternetze").
5. Exemplarisch sollen nur die Gruppen „Vegetation" und „Gewässer" in die Legenden übernommen werden.

Über *Hauptmenüleiste* ⇨ „*Einfügen*" ⇨ „*Legende*".
In den folgenden Dialogfenstern können Sie die Darstellung der Legende anpassen. Achten Sie darauf, dass nur die benötigten Layer auch in der Legende auftauchen.
Durch Konvertieren der Legende in ein Grafikobjekt (in der Layout-Ansicht) können Sie gezielt einzelne Bestandteile anpassen.

6. Grafiken, Diagramme und Logos werden ebenfalls über die *Hauptmenüleiste* ⇨ „*Einfügen*" ⇨ ... zu Ihrem Projekt hinzugefügt.

Tipp: Aktivieren Sie in den Eigenschaften eines eingefügten Bilds im Register „Bild" die Option „Bild als Teil des Dokuments speichern", wenn Sie das Kartendokument weitergeben möchten und es Ihren Rechner oder das lokale Netzwerk „verlässt". Nur dann wird statt des Dateipfads das Bild selbst im Dokument gespeichert und ist auch beim Empfänger noch im Projekt vorhanden.

7. Die Übersichtskarte benötigt einen eigenen Datenrahmen, welchen Sie zuerst anlegen müssen. In dessen Eigenschaften können Sie im Reiter „Ausdehnungs-Indikator" die Einstellungen für die Anzeige der Hauptkarte in der Übersichtskarte vornehmen.
8. Kartenvorlagen mit definiertem Layout können Sie im Startdialog von ArcMap auswählen.
9. Über *Hauptmenüleiste* ⇨ „*Datei*" ⇨ „*Karte exportieren...*"..
10. Laden Sie den Index-Layer „BAY_TK25" in Ihr Projekt und aktivieren Sie die Werkzeugleiste „Kartenserien". Dort nehmen Sie die erforderlichen Einstellungen vor.

10.9 Übungsblock 9: Werkzeugleisten Teil II – Topologie

Sie haben bereits Geodaten neu erfasst und Polygone, Linien und Punkte digitalisiert. Bei der Erfassung von Geodaten kann es zu Lagefehlern kommen. Die Topologieprüfung von ArcMap unterstützt Sie dabei, diese Fehler zu finden und zu beheben. Nach Bearbeitung dieses Übungsblocks verfügen Sie über folgende Kenntnisse:

- Erstellen einer Karten-Topologie
- Erstellung einer Topologieprüfung
- Auswahl zu prüfender Regeln
- Automatische Bearbeitung mit dem Fehler-Inspektor

Bearbeitungsdauer: ca. 20 Minuten

Vorab einige grundlegende Informationen:

In der Lizenzstufe ArcGIS for Desktop Basic steht dem Nutzer die „Karten-Topologie" zur Verfügung. Eine Karten-Topologie kann während einer Editiersitzung in ArcMap auf einfache Features von Shapefiles oder Geodatabase-Feature-Klassen angewendet werden. Shapefiles und Feature-Klassen, die einbezogen werden, müssen sich in demselben Verzeichnis bzw. derselben Geodatabase befinden.

Weitaus umfangreichere Möglichkeiten zur Sicherung der topologischen Datenqualität als die Karten-Topologie bietet der Einsatz der Geodatabase-Topologie, für deren Erstellung und Nutzung allerdings mindestens eine ArcGIS for Desktop

10 Schnelleinstieg in ArcGIS

Standard-Lizenz erforderlich ist. Hier können Sie die Regeln festlegen, nach denen die Topologie überprüft werden soll. Anschließend kann die Behebung der Fehler direkt in ArcMap erfolgen. Nachteil der Geodatabase-Topologie ist, dass sie nicht auf Shapefiles angewendet werden kann.

Aufgaben:

1. Laden Sie die Übungsdaten und starten Sie die Bearbeitung.
2. Erstellen Sie eine Karten-Topologie mit den Features „Nutzung" und „Straßen".
3. Passen Sie die Kanten der Polygone an die Verkehrswege an.

Für ArcGIS for Desktop Standard:

4. Erstellen Sie eine neue Topologie im ArcCatalog oder im Katalog.
5. Wählen Sie die entsprechenden Regeln aus.
6. Überprüfen Sie die Regelverstöße in ArcMap.
7. Beheben Sie ggf. die Fehler mithilfe des Fehler-Inspektors.

Lösungshilfen:

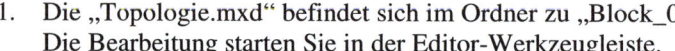

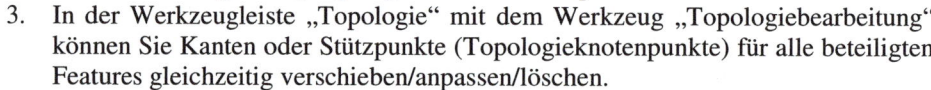

1. Die „Topologie.mxd" befindet sich im Ordner zu „Block_09".
   Die Bearbeitung starten Sie in der Editor-Werkzeugleiste.
2. In der Werkzeugleiste „Topologie" über den entsprechenden Button.
3. In der Werkzeugleiste „Topologie" mit dem Werkzeug „Topologiebearbeitung" können Sie Kanten oder Stützpunkte (Topologieknotenpunkte) für alle beteiligten Features gleichzeitig verschieben/anpassen/löschen.

Für ArcGIS for Desktop Standard:

4. Dazu wählen Sie im Kontextmenü des betreffenden Feature-Datasets den Eintrag „Neu" ⇨ „Topologie".
5. Für diesen Übungsblock wählen Sie die Regeln „Keine Dangles", „Keine Überschneidungen" und „Keine Lücken".

6. Nach Beendigung der Topologieprüfung laden Sie sich die Topologie in Ihr ArcMap-Projekt und öffnen den Fehlerinspektor aus der Topologie-Werkzeugleiste. Über das Kontextmenü der einzelnen Regelverstöße können Sie zum jeweiligen Fehler zoomen.
7. Im Kontextmenü der einzelnen Fehler über die entsprechenden Funktionen.

10.10 Übungsblock 10: Diagramme und Berichte

Im „Übungsblock 8: Das Layout" haben Sie bereits erfahren, wie Sie Ihre Karte aussagekräftig gestalten und mit externen Daten und Grafiken versehen können. Sie haben allerdings auch innerhalb von ArcMap die Möglichkeit, Ihre Daten in Diagrammen oder Tabellenstrukturen zu organisieren und diese Ihrem Projekt hinzuzufügen. Nach Beendigung dieses Übungsblocks beherrschen Sie folgende Arbeitsschritte:

- Einfügen von Tabellenblättern in ArcMap
- Erstellen eines Diagramms
- Anpassen der Diagrammeigenschaften
- Erstellen eines Berichts

10.10 Übungsblock 10: Diagramme und Berichte

- Anpassen des Berichts
- Einfügen von Grafikelementen
- Exportieren von Diagrammen und Berichten als eigenständige Dokumente

Bearbeitungsdauer: ca. 45 Minuten

Vorab einige grundlegende Informationen:

Diagramme sind wichtige Hilfsmittel zur Visualisierung von Daten und Informationen. In ArcMap stehen Ihnen verschiedene Diagrammtypen zur Verfügung, um Ihre Daten bestmöglich zu präsentieren. Diagramme helfen Ihnen, sowohl räumliche als auch nicht räumliche Daten darzustellen, um die Informationsdichte Ihrer Karte zu erhöhen bzw. Ihre Aussage zu unterstützen.

Berichte helfen Ihnen, die Daten zu zeigen, die hinter Ihren Kartenfeatures stehen. Dies ermöglicht eine genauere Darstellung einzelner Werte und/oder einfache statistische Auswertungen von ausgewählten Inhalten. Die Berichtinformationen kommen dabei entweder direkt aus den Attributinformationen oder einer eigenständigen, angebundenen Tabelle.

Berichte und Diagramme können jeweils unabhängig von Ihrem Kartenprojekt als Datei gespeichert und somit einfach weitergegeben werden.

Aufgaben:

1. Laden Sie die Übungsdaten.
2. Erstellen Sie ein Blasendiagramm zur Kriminalitäts- und Bevölkerungsentwicklung.
3. Exportieren Sie Ihr Diagramm als PDF.
4. Erstellen Sie einen Bericht über die Wahlergebnisse 2009.
5. Passen Sie den Bericht optisch an und fügen Sie ein Firmenlogo hinzu.
6. Exportieren Sie den Bericht als PDF.

Lösungshilfen:

1. Sie können entweder für jede der Teilaufgaben eine eigene MXD öffnen oder beide Daten in nur einer MXD laden.
   Für das Diagramm: Tabelle „Bevölkerung und Kriminalität" im Ordner „Block_-10". Achten Sie darauf, dass Sie im Katalog nur das Tabellenblatt auswählen, nicht die ganze Tabelle.
   Für den Bericht: MXD „Berichte_Diagramme" in „Block_10".
2. *Hauptmenüleiste* ⇨ *„Ansicht"* ⇨ *„Diagramme"* ⇨ *„Diagramm erstellen ..."*.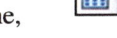
   Wenn Sie das Diagramm mithilfe des Assistenten erstellt haben, können Sie weitere Änderungen im Kontextmenü unter „Erweiterte Einstellungen" treffen.
3. Im Kontextmenü des Diagramms unter „Exportieren"
4. *Hauptmenüleiste* ⇨ *„Ansicht"* ⇨ *„Berichte"* ⇨ *„Bericht erstellen ..."*.
5. Mit den Werkzeugen des „Berichts-Designers" können Sie einzelne Bausteine, ganze Bereiche oder den kompletten Bericht beeinflussen.
   Grafiken und Bilder können Sie über die „Designelemente" einfügen.
6. Im „Berichts-Viewer" durch den Button „Bericht in Datei exportieren".

10.11 Übungsblock 11: Repräsentationen

Nach Beendigung dieses Übungsblocks beherrschen Sie folgende Arbeitsschritte:

1. Repräsentation [1] erstellen, bei der sich geometrische Änderungen direkt auf die Basisgeometrie auswirken.
2. Repräsentation [2] erstellen, bei der geometrische Änderungen als Override gespeichert werden und sich somit nicht auf die Basisgeometrie auswirken.
3. Erstellung von Darstellungsregeln für Repräsentationen unterschiedlicher Maßstäbe.
4. Darstellungsregeln den entsprechenden Straßenachsen zuweisen.
5. Anlegen von Symbolebenen für ein Straßennetz.
6. Ausnahme (Override) bezüglich der Breite einer Straße erstellen.
   Ausnahme (Override) bezüglich der Sichtbarkeit von Straßen erstellen.
7. Geometrische Änderungen an einem Straßensegment durch Stützpunktentfernung als Ausnahme (Override) innerhalb der Repräsentation [2] speichern.

Bearbeitungsdauer: ca. 1 Stunde

Vorab einige grundlegende Informationen:

Die Repräsentationen sind ein Konzept von Esri, welches speziell auf die Bedürfnisse der Kartographen abgestimmt wurde. Sie ermöglichen mithilfe verschiedener Funktionalitäten eine verbesserte kartographische Darstellung in ArcGIS und bieten vor allem in der maßstabsgebundenen Ableitung von Datensätzen große Vorteile. So können grafische oder geometrische Änderungen innerhalb einer Repräsentation gespeichert werden, ohne dass die zugrunde liegende Basisgeometrie beeinflusst wird. Einer redundanten Datenhaltung in ArcGIS wird dadurch vorgebeugt.

Lösungshilfe:

1. Die Konvertierung der Symbologie in eine Repräsentation erfolgt außerhalb der Editiersitzung über das Kontextmenü der jeweiligen Feature-Klasse.
   Um zwei Repräsentationen zu erhalten, muss die Konvertierung der Feature-Klasse „Strassennetz" zweimal erfolgen.
2. Wählen Sie bei der Festlegung der Konvertierungsparameter für die Repräsentation im Maßstab 1:20.000 bei „Verhalten bei Bearbeitung von Repräsentationsgeometrie" die Einstellungen „Geometrie von zugrundeliegendem Feature ändern" damit alle geometrischen Änderungen auch in der Basisgeometrie geändert werden.
   Wählen Sie bei der Festlegung der Konvertierungsparameter für die Repräsentation im Maßstab 1:70.000 bei „Verhalten bei Bearbeitung von Repräsentationsgeometrie" die Einstellung „Geometrieänderung als Repräsentations-Override speichern" damit alle mit der Repräsentationen-Werkzeugleiste getätigten geometrischen Änderungen, in der Geodatenbank als Override gespeichert werden und sich somit nicht auf die Basisgeometrie auswirken.
3. Laden Sie zur Festlegung der Darstellungsregeln den Lektion11.style über das Menü „Anpassen/Style-Manager/Styles.../Style aus Liste hinzufügen" in den Style Manager. Dieser Style enthält, die für diese Übung notwendigen Linienrepräsentationsregel für den Maßstab 1:20.000 und 1:70.000.

4. Die Zuweisung der Repräsentationsregeln zu den Straßengeometrien erfolgt über die Attributtabelle mithilfe der Funktion „Feldberechnung..".
5. Zugewiesen werden die codierten Werte der Straßen-Repräsentationsregeln, welche im Reiter „Subtypes" unter „Domänen" in den Eigenschaften der Feature-Klasse oder im Reiter „Symbologie" der Layer-Eigenschaften verwaltet werden.
Achtung: Voreingestellt ist der Bezugsmaßstab 1:20.000. Bei der Visualisierung des Straßennetzes im Maßstab 1:70.000 muss der Bezugsmaßstab im Menü „Ansicht" geändert werden.
6. Grafische Ausnahmen werden über die Repräsentationseigenschaften in der Repräsentationen-Werkzeugleiste getätigt.
7. Um mehrere Geometrien über die Repräsentationseigenschaften gleichzeitig auf unsichtbar zu schalten, muss im Attributfenster der Editorwerkzeugleiste der Überordner „Straßennetz" markiert werden.
Geometrische Änderungen, wie Stützpunktentfernung, werden mithilfe der Repräsentationen-Werkzeugleiste getätigt.

11 ArcGIS und mobile Datenerfassung

Allen, die Geodaten auch mobil z. B. im Rahmen von Geländearbeiten nutzen, aktualisieren oder erfassen möchten, stehen dazu verschiedene Wege offen. Grundsätzlich lässt sich ArcGIS auch auf mobilen Geräten mit „Desktop"-Betriebssystemen (z. B. robuste Tablet PCs) installieren und somit zu einem „Mobilen GIS" umfunktionieren. Die Auswahl der Geräte richtet sich dabei v. a. nach den Ansprüchen an das Display, die Handlichkeit und die Robustheit.

Zudem ist zu klären, welche Form der Verarbeitung von Geodaten vor Ort vorgesehen ist: „Nur" grafische Darstellung und Sachdatenabfrage oder Erfassung/Editierung von Geometrie- und Sachdaten. Insbesondere wenn es um die Neuerfassung/Aktualisierung von Geometriedaten geht, kommt in den meisten Fällen auch die Nutzung von Globalen Satellitengestützten Positionierungssystemen (GPS bzw. GNSS) ins Spiel. Sollen die Möglichkeiten einer GPS-gestützten Positionierung für die Anwendung genutzt werden, stellt sich bezüglich des Einsatzes eines geeigneten GPS-Empfängers immer die Frage nach dem unbedingt erforderlichen Genauigkeitsanspruch der Positionserfassung. Bei der GNSS-gestützten Datenerfassung von Objekten wird es im Allgemeinen notwendig sein, auch die geeigneten Daten zur differenziellen Korrektur (DGPS) anzubinden, auch wenn der Genauigkeitsanspruch nur im Bereich von 1 - 2 Metern liegt.

11.1 Tablet-PC und ArcGIS

ArcGIS kann auf Notebooks oder Tablet PCs eingesetzt werden, dies auch in Kombination mit Touchscreens und Stiftbedienung. Damit lässt sich ArcGIS direkt im Gelände für mobile Arbeiten nutzen. Dies hat den Vorteil, dass man sich auch im Gelände in seiner bekannten Programmoberfläche bewegen kann.

Allerdings ist zu bedenken, dass in diesem Fall relativ große Geräte im Gelände mitgeführt werden müssen. Ist die Anschaffung eines mobilen Systems geplant, empfiehlt sich generell der Einsatz robuster Geräte gegenüber handelsüblichen Office-Geräten. Erstere sind von der gesamten Bauweise her auf die Bedingungen eines Außeneinsatzes ausgelegt (z. B. wasserdicht, stoßfest) und bei Sonnenlicht lesbares Displays ausgestattet.

Verlangt die Anwendung den Einbezug von GPS, keine hohen Genauigkeiten in der Positionierung, sind dafür auch Geräte mit integrierten GPS-Empfängern erhältlich. Müssen Genauigkeitsansprüche unter ca. 5 m zuverlässig erfüllt werden, ist auf externe GPS-Empfänger höherer Qualität zurückzugreifen.

11.2 GPS und ArcGIS for Desktop

Die Anbindung von GPS innerhalb von ArcGIS ist durch eine integrierte GPS-Werkzeugleiste möglich. Allerdings erlaubt diese keine GPS-gestützte Datenerfassung direkt in der Geodatabase. Ist dies gewünscht, kann man sich der Softwareerweiterung von Trimble aus der „Trimble Positions Software Suite" bedienen. Für ArcGIS for Desktop ist dies das Trimble Positions Desktop Add-in (ehemals GPS-Analyst).

11.2.1 GPS-Werkzeugleiste von ArcGIS

Die GPS-Werkzeugleiste ermöglicht die Anbindung von GPS-Signalen über das Standardprotokoll NMEA 0183. Es bedarf etwas Übung im Umgang mit GPS und der Verwaltung von Projektionen in ArcGIS, um korrekte Verarbeitungsergebnisse zu bekommen. Über den Menüpunkt „GPS-Verbindung" lassen sich die gewünschten Einstellungen vornehmen. Das GPS-Positionsfenster zeigt dann beim Empfang von Signalen die wichtigsten Informationen in Textform an. Die vom GPS-Empfänger errechnete Position wird im Kartenfenster grafisch als Symbol dargestellt. Die Art der Darstellung (Symbol, Größe, Farbe, Farbverlauf) für die aktuelle Position und eine GPS-Spur lässt sich beliebig variieren. Für den GPS-Verlauf lassen sich auch Einstellungen zur grafischen Anzeige der Geschwindigkeits- und Höheninformationen vornehmen.

Die Anzeige der GPS-Position lässt sich bei Bedarf automatisch an die Features eines Layers snappen (fangen), z. B. auf die Mittelachse einer Straße. Dabei ist die Fangdistanz frei definierbar. Bewegt sich die aktuelle GPS-Position aus dem Kartenfenster heraus, kann der Bildschirmausschnitt automatisch (durch Zentrieren auf die aktuelle GPS-Position) oder manuell (Pan-Funktion) nachgeführt werden. Eine einfache Navigation (Luftliniennavigation) über Richtungsanzeigen zu einem definierten Zielpunkt ist ebenso möglich.

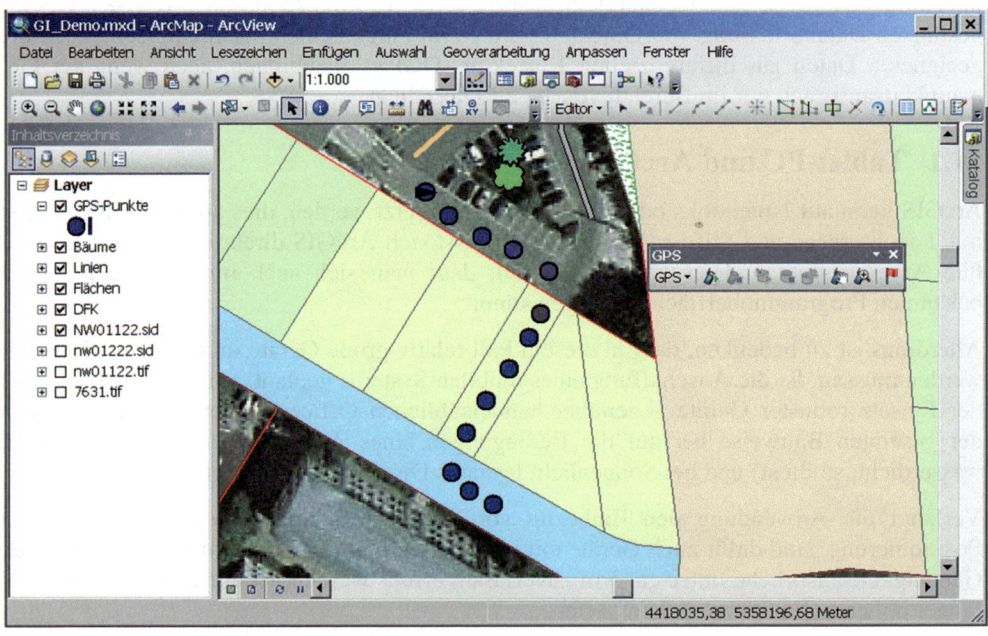

Abb. 313: Werkzeugleiste „GPS" in ArcMap mit GPS-Cursor und -Spur im Kartenfenster

Neben der Visualisierung der GPS-Positionen können diese auch in einem Logfile mit einigen Zusatzinformationen gespeichert werden. Das Logfile kann als Feature-Klasse einer Geodatabase oder als Shapefile aufgezeichnet werden. Die Aufzeichnung kann separat für einzelne Punkte oder auch durchgängig (Streammode) erfolgen.

Die aufgezeichneten Logfiles können nach Beendigung der Aufnahme in ArcMap weiterverarbeitet werden. Das direkte Einlesen der Logfiles in die ArcGIS Erweiterung Tracking Analyst ist ebenso möglich.

11.3 ArcGIS Desktop und mobile Ergänzungen

11.3.1 ArcPad

ArcPad ist das mobile GIS von Esri, das speziell zur Erfassung und Fortführung raumbezogener Daten direkt im Gelände konzipiert wurde. ArcPad wird von ESRI als die mobile kartenzentrische Lösung für GIS-Professionals zur Datenerfassung bezeichnet. ArcPad bietet die einfache Übernahme vorhandener Projekte und Daten aus ArcGIS. ArcPad ist auch auf Geräten mit mobilen Betriebssystemen (Windows CE/Mobile) lauffähig. Damit erweitert sich die zur Auswahl stehende Hardware insbesondere um handliche Lösungen. Hierbei sind vor allem die Geräte solcher Anbieter von Interesse, die die besonderen Ansprüche an Robustheit und lange Akkulaufzeiten während der Feldarbeit erfüllen, und eventuell bereits hochwertige GPS-Empfänger integriert haben.

Abb. 314: Mobile Datenerfassung mit ArcPad auf Trimble- und TOPCON-Geräten, Bilder mit freundlicher Genehmigung der Firmen Trimble und TOPCON

ArcPad bietet im Vergleich zu einer mobilen ArcGIS Lösung den Vorteil einer einfachen, schnell erlernbaren Benutzerführung, die speziell auf die Arbeit im Gelände ausgerichtet ist. Die geringeren Lizenzkosten sind gerade bei der Ausstattung ganzer Außendienst-Teams von Vorteil.

ArcPad kann als mobiles GIS eigenständig eingesetzt werden. Als Produkt aus dem Hause Esri dient es aber auch als die perfekte Ergänzung zu Esris Desktop-GIS-Produkten. Für den Datenaustausch zwischen ArcPad und ArcGIS sind beide Produkte sehr eng aufeinander abgestimmt. Der Workflow ist in weiten Teilen automatisiert, mit der ArcGIS Werkzeugleiste „ArcPad Data Manager" ist das komfortable Ausspielen von ArcGIS-Projekten oder Teilen davon für ArcPad möglich.

11 ArcGIS und mobile Datenerfassung

Abb. 315: Messvorgang mit TruPulse® 360 Software: ArcPad 10 von Esri mit Schnittstelle zu Laserentfernungsmesser

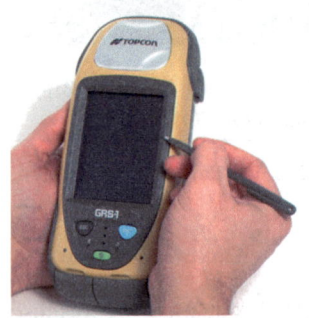  

Abb. 316: Auswahl von verbreiteten Handempfängern mit Windows Mobile Betriebssystem: GRS-1 von TOPCON, Trimble GeoExplorer 6000 Serie und Trimble Juno Serie

Folgend ein Überblick zu einigen zentralen Funktionalitäten von ArcPad:

- Datenaustausch mit zentralem GIS, weitgehend automatisiert
- Hybride Datenverarbeitung (Raster/Vektor) in Layern
- Erfassung und Bearbeitung von Geometriedaten
- Erfassung und Aktualisierung von Sachdaten
- Vielfältige Symbologie & Beschriftung

11.3 ArcGIS Desktop und mobile Ergänzungen

- Unterstützung externer Sensoren, v. a. GPS und Laserentfernungsmesser
- Lauffähig auf Betriebssystemen Windows Mobile und Desktop
- Anpassungsmöglichkeiten an Projekterfordernisse (Benutzeroberfläche und Funktionsumfang)

11.3.2 Neues in ArcPad 10.1

Abb. 317: ArcPad Benutzeroberfläche

Zum Zeitpunkt der Erstellung des vorliegenden Handbuchs (September 2012) steht ArcPad nur in der Version 10.0.4 zur Verfügung. Für die Version ArcGIS 10.1 for Mobile – ArcPad ist noch kein Auslieferungstermin bekannt gegeben. Folgende Neuerungen in ArcPad 10.1 werden erwartet:

- Python Scripting kann genutzt werden
- Shortcut zum Schnellstart von ArcPad-Projekten
- Der neue ArcPad AXF-Reader erlaubt den Import von AXF-Dateien durch Nutzung der FME Erweiterung für ArcGIS.
- Verbesserte Werkzeugleisten. Das Hinzufügen, Löschen oder Ändern von ArcPad-Werkzeugen wird einfacher.
- Erneuerte StreetMap Premium Data Sets beinhalten die aktuellen Europa-Straßenkartendaten von Tele Atlas
- Support von Annotations

11.3.3 GI Mobil

GI Mobil bietet modulare Branchenlösungen an, die genau auf die Aufgabenbereiche der Außendienstmitarbeiter zugeschnitten sind, wie zum Beispiel Grünflächenmanagement,

Baum-, Spielplatzkontrolle, Erfassung von Leitungsnetzen, Straßenschadenserfassung und FKS (FlächenKontrollSystem) zur InVeKoS Förderflächenkontrolle. GI Mobil basiert auf der ArcPad 10-Technologie von Esri und bietet ebenfalls die Austauschmechanismen mit ArcGIS for Desktop.

Abb. 318: GI Mobil Benutzeroberfläche

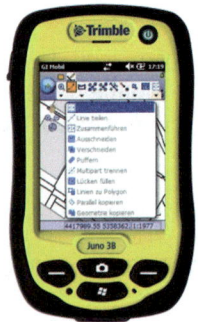

Abb. 319: GI Mobil auf einem Trimble Juno 3B

GI Mobil Basis ist eine einfache Erfassungslösung, in der die Funktionalität zur Datenerfassung auf eine Menüleiste reduziert wurde. Dies vereinfacht die Datenerfassung im Gelände und verkürzt damit die Einarbeitungszeit. Durch die Abstimmung der Software auf die Produkte führender GNSS-Hersteller wie Trimble und TOPCON können über die Software Empfängereinstellungen vorgenommen werden und die Aufzeichnung von Daten für ein Postprocessing im Büro wird ermöglicht.

Besonders interessant ist die Bereitstellung von Geoverarbeitungswerkzeugen direkt im Gelände, wodurch z. B. Puffern, Verschneiden, Ausschneiden oder Polygonbildung aus Linien ermöglicht wird.

11.3.4 Vorteile von GI Mobil

- Es verfügt über eine Schnittstelle zum IP SYSCON Produkt pit-Mobil (mobiler Client zu pit-Kommunal).
- Die Module sind auf die typischen Aufgaben der Außendienstmitarbeiter von der Erfassung bis zur Kontrolle und Aktualisierung ausgerichtet.
- Die Auswahl der GNSS-Empfänger ist skalierbar (DGPS bis in den Zentimeterbereich).
- GI Mobil verfügt über eine ausführliche deutschsprachige Dokumentation.
- GI Mobil kann einfach für verschiedene Sprachen angepasst werden (Standard: Deutsch oder Englisch).

Zusätzliche Funktionalitäten wie eine Druckfunktion auf dem Desktop PC, Geoverarbeitungstools (Flächen teilen oder zusammenführen oder gemeinsame Linienhaltung bei Nachbarflächen) gehen über die Möglichkeiten von ArcPad hinaus.

GI Mobil bietet fertige Schnittstellen zum Datenaustausch mit ArcGIS oder der mobilen Lösung pit-mobil für pit-Kommunal. Der Austausch mit anderen Lösungen kann über das Shape-Format erfolgen. Anpassungen zum automatischen Austausch mit anderen Fachlösungen können über das automatisierte Auslesen von Datenstrukturen von Shapefiles schnell angepasst werden.

11.3.5 ArcGIS for Windows Mobile and Windows Tablet

Bei diesen Produkten handelt es sich um mobile Lösungen, die auf spezielle Aufgabenbereiche zugeschnitten sind und Daten mit ArcGIS for Server in Echtzeit synchronisieren. Die Neuerfassung von räumlichen Objekten steht dabei nicht im Vordergrund, sondern lediglich das Auffinden von Objekten und die Aktualisierung von Sachdaten. Zudem stehen die wertvollen GIS-Daten allen berechtigten Mitarbeitern einer Organisation aktuell und direkt vor Ort zur Verfügung. Für ArcGIS for Windows Mobile stellt Esri ein Software Development Kit zur Verfügung, welches die Entwicklung von individuellen Lösungen ermöglicht. Ganz aktuell wurde im Rahmen der Softwareentwicklung der „Trimble Positions Software Suite" auch der entsprechende Baustein zur Anbindung von Korrekturdaten für die Trimble Mapping und GIS-Produkte zur Verfügung gestellt.

Das Mobile Project Center ermöglicht Entwicklern die Erweiterung von Anwendungen. Die Verbreitung von ArcGIS for Mobile wird zukünftig aufgrund der geringen Lizenzkosten sicherlich steigen. Im Gegensatz zu ArcPad oder GI Mobil, die fertige Softwarelösungen darstellen, ist bei ArcGIS Mobile immer Entwicklungsaufwand notwendig, um die gewünschten Funktionalitäten und Benutzeroberflächen einzurichten. Zudem stehen für diese Softwareprodukte und aufsetzende Entwicklungen noch kaum Möglichkeiten zur Anbindung von Korrekturdaten oder anderen externen Sensoren zur Verfügung.

11.3.6 ArcGIS for Smartphones und Tablets

Mit diesen Software Development Kits von Esri lassen sich auch für Smartphones und Tablet PCs mit den Betriebssystemen iOS, Windows Phone und Android mobile Lösungen entwickeln. Diese ArcGIS Apps für Smartphones können als individuelle Einzellösungen entwickelt und genutzt werden oder auch über den Apple AppStore oder den Windows Marketplace vertrieben werden. Diese Lösungen haben den Reiz, dass GIS-Daten auch der breiten Nutzergruppe, die keinen GIS-Hintergrund haben, zur Verfügung gestellt werden können. Hierbei sind in der Entwicklungsumgebung zahlreiche fertige Bausteine zum Zoomen, Suchen, zur Darstellung und zur GPS-Anbindung vorbereitet. Durch die Verwendung von ArcGIS Online und ArcGIS for Server stehen dem Entwickler alle Möglichkeiten bezüglich Basisdaten und Funktionalitäten zur Verfügung. Komplexe Geoverarbeitungsprozesse, wie Sichtbarkeitsanalysen oder räumliche Verschneidungen können dabei auf dem ArcGIS Server berechnet werden, und lediglich die Ergebnisse werden zum Smartphone übertragen. Ebenso kann das Editieren von Sach- und Geodaten mithilfe der Anwendungen ermöglicht werden.

12 ArcGIS Erweiterungen

Die ArcGIS Desktop Erweiterungen bieten Ihnen zusätzliche – über die Grundfunktionen von ArcGIS hinausgehende – GIS-Funktionen. Sämtliche Erweiterungen befinden sich auf den Installations-CDs. Der Nutzer kann sie entweder bereits bei der ArcGIS Erstinstallation mit- oder – bei Bedarf – zu einem späteren Zeitpunkt nachinstallieren. Bei den meisten Erweiterungen handelt es sich um optionale Produkte, die individuell registriert oder lizenziert werden müssen. Um eine registrierte oder lizenzierte Erweiterung verwenden zu können, muss sie im Dialogfenster „Erweiterungen" für die Anwendung, in der sie benutzt werden soll, aktiviert werden. Dafür muss die gewünschte Erweiterung bereits installiert sein. Wie einzelne Erweiterungen nachträglich installiert werden können, erfahren Sie in Kapitel 3.4.5. Um das Dialogfenster „Erweiterungen" zu öffnen, wählen Sie den Befehl „Erweiterungen" aus dem Menü „Anpassen" der Werkzeugleiste „Hauptmenü". Im Folgenden sollen einige häufig nachgefragte Erweiterungen vorgestellt werden.

12.1 ArcGIS 3D Analyst

Die Erweiterung ArcGIS 3D Analyst besteht aus einer Werkzeugleiste für ArcGIS und zwei Softwareprogrammen (ArcScene und ArcGlobe). Die Erweiterung enthält Werkzeuge für die dreidimensionale Visualisierung, Analyse und Oberflächendarstellung räumlicher Daten.

Anwendungsbeispiele für 3D Analyst sind:

- Anzeige der Erdoberfläche von verschiedenen Betrachtungspunkten aus
- Erstellen realistischer Perspektivenbilder
- Überprüfung der optischen Auswirkungen beim Bau neuer Strukturen
- Analyse von Schadstoff- oder Lärmemissionen
- Darstellung der Einkommensverteilung in einer Gemeinde

Kern der Erweiterung ArcGIS 3D Analyst ist die Anwendung ArcScene. ArcScene (Abb. 320) erweitert ArcCatalog und ArcMap und ermöglicht dem Anwender eine effektivere Verwaltung von 3D-GIS-Daten, die Durchführung von 3D-Analysen, die Bearbeitung von 3D-Features und die Erstellung von Layern mit 3D-Darstellungseigenschaften. In ArcScene können Sie außerdem realistische Szenen erstellen, in denen Sie navigieren und mit Ihren GIS-Daten interagieren können. Aus den Visualisierungsergebnissen können Videosequenzen erzeugt werden.

Auch für den ArcGIS 3D Analyst wurden mit dem Release von ArcGIS 10 einige Neuerungen bereitgestellt. Für die Analyse von 3D-Daten sind einige neue Geoverarbeitungswerkzeuge hinzugekommen. Auch die Darstellungsgeschwindigkeit wurde verbessert, sodass die Visualisierung von 3D-Daten jetzt schneller erfolgen kann. Außerdem wurde die Standard-Bearbeitungsumgebung in ArcScene und ArcGlobe implementiert, sodass jetzt auch außerhalb von ArcMap 3D-Features erstellt, verwaltet und bearbeitet werden können.

ArcGIS 3D Analyst ermöglicht das Drapieren von Bildern oder Vektordaten über Oberflächen und das Extrudieren von Vektor-Features einer Oberfläche zur Erstellung von

Linien, Wänden und Festkörpern. Die Szene kann von verschiedenen Betrachtungspunkten aus mit verschiedenen Viewern betrachtet werden. Die Plastizität des 3D-Layers kann unter anderem durch Änderung von Schattierung und Transparenz, die vertikale Überhöhung des Gebiets oder die Anpassung der Szenenbelichtung optimiert werden.

Als Analysewerkzeug ermöglicht der ArcGIS 3D Analyst die interaktive Abfrage der Werte einer Rasteroberfläche und die Abfrage der Höhe, Neigung und der Ausrichtung von TINs. Einige der Analysewerkzeuge sind nachfolgend aufgelistet:

- Ableiten von Konturlinien, Ausrichtungs- und Neigungsrastern aus Oberflächenmodellen.
- Bestimmung der steilsten Verbindung auf einer Oberfläche.
- Analyse der Sichtbarkeit zwischen verschiedenen Stellen einer Oberfläche.
- Raster erstellen, die den Grad der Beleuchtung oder der Lichtintensität auf einer Oberfläche zeigen.
- Reklassifizierung von Rasterdaten für die Anzeige, Analyse oder zu Zwecken der Feature-Extrahierung.

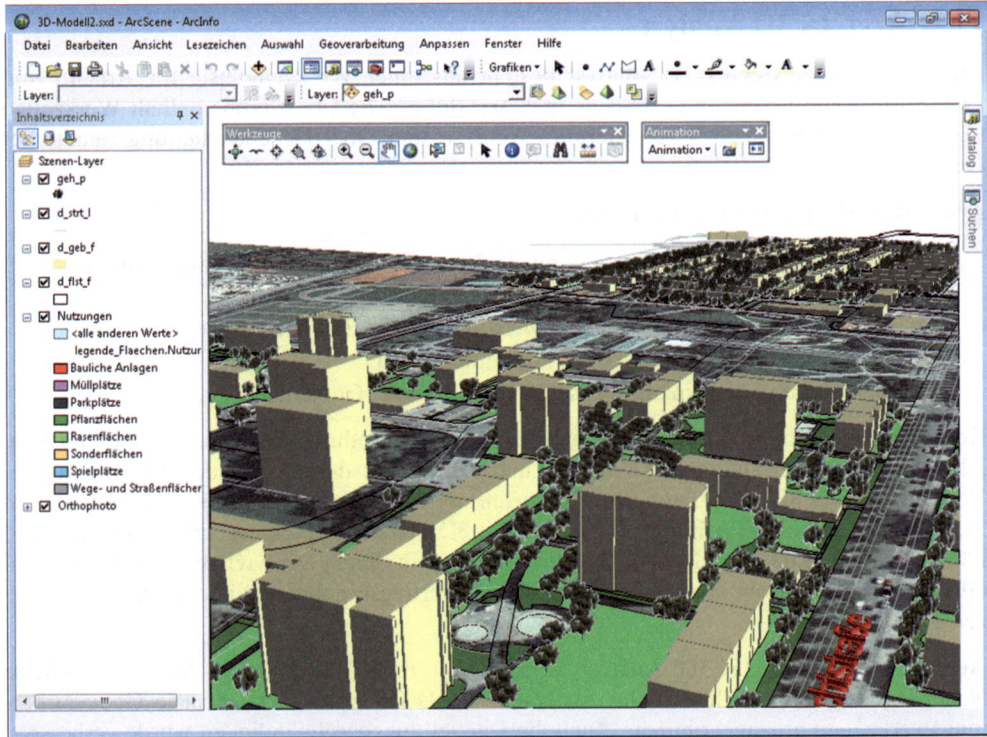

Abb. 320: Visualisierung von 3D-Daten in ArcScene

Neben ArcScene stellt der ArcGIS 3D Analyst mit ArcGlobe (Abb. 321) eine weitere 3D-Visualisierungs-Fachanwendung zur Verfügung. Daten mit räumlichen Referenzen werden auf einer 3D-Globus-Oberfläche platziert und an ihrer tatsächlichen geodätischen Position angezeigt. ArcGlobe integriert verschiedenste Datenquellen und Auflösungen in einer Anwendung und ist speziell für das Arbeiten mit extrem großen (> 100 GB) Vektor- und Rasterdatenmengen konzipiert, ohne dabei allzu große Ansprüche an die Hardwareausstattung zu stellen. Zur Schonung der Rechenressourcen bei 3D-Visualisierung, -Analyse und -Präsentation wird die Darstellung der Oberflächendetails durch die von ArcGlobe erzeugten Caching-Strukturen in Echtzeit maßstabsabhängig begrenzt.

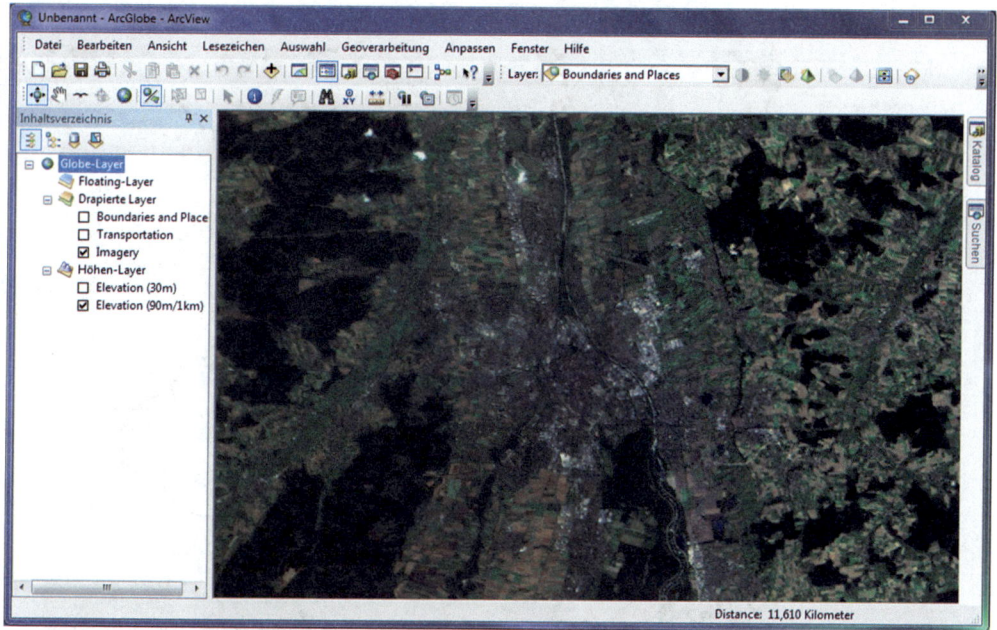

Abb. 321: Visualisierung von 3D-Daten in ArcGlobe

In ArcScene wie auch in ArcGlobe können nicht nur Geländemodelle, sondern auch echte und stilisierte 3D-Objekte eingesetzt werden. Texturen, die auf darzustellende Objektflächen in Abhängigkeit von der Orientierung im Raum, der Skalierung und der Distanz drapiert werden, verstärken die realitätsnahen Ansichten zusätzlich. Esri liefert eine Vielzahl von Symbolen in verschiedenen Bibliotheken mit aus.

12.2 ArcGIS Spatial Analyst

Die Erweiterung ArcGIS Spatial Analyst erweitert ArcGIS um eine Werkzeugleiste mit über 150 Werkzeugen für die zellenbasierte (Raster-)Analyse. Von den drei wichtigsten Arten an GIS-Daten (Raster, Vektor, TIN) bietet das Rasterformat die umfangreichste Modellierungsumgebung für raumbezogene Analysen. Das Rasterformat bildet räumliche Informationen in einer Zellenstruktur (Gitter) ab. Diese Informationen können z. B. Höhen (Geländemodelle), Landnutzungen, Immissionen, Lärm etc. sein. Grundsätzlich gibt es zwei Arten von Daten. Bei kontinuierlichen Daten (z. B. Höhen) wird jeder Position eine Menge, Größe oder Intensität zugeordnet und die Werte stehen in einer sinngemäßen

Beziehung. Bei diskontinuierlichen Daten (z. B. Landnutzung oder Vegetationsart) haben die einzelnen Zellen keine Beziehung zu ihrer Umgebung. Je kleiner die Ausdehnung der einzelnen Zellen pro Fläche, desto genauer ist die Abbildung. Je mehr Zellen in einen Rechenprozess einfließen, umso größer wird die Rechenzeit. In Abbildung 322 wurden über ein Landnutzungsraster mögliche Routen für Wildtiere ermittelt.

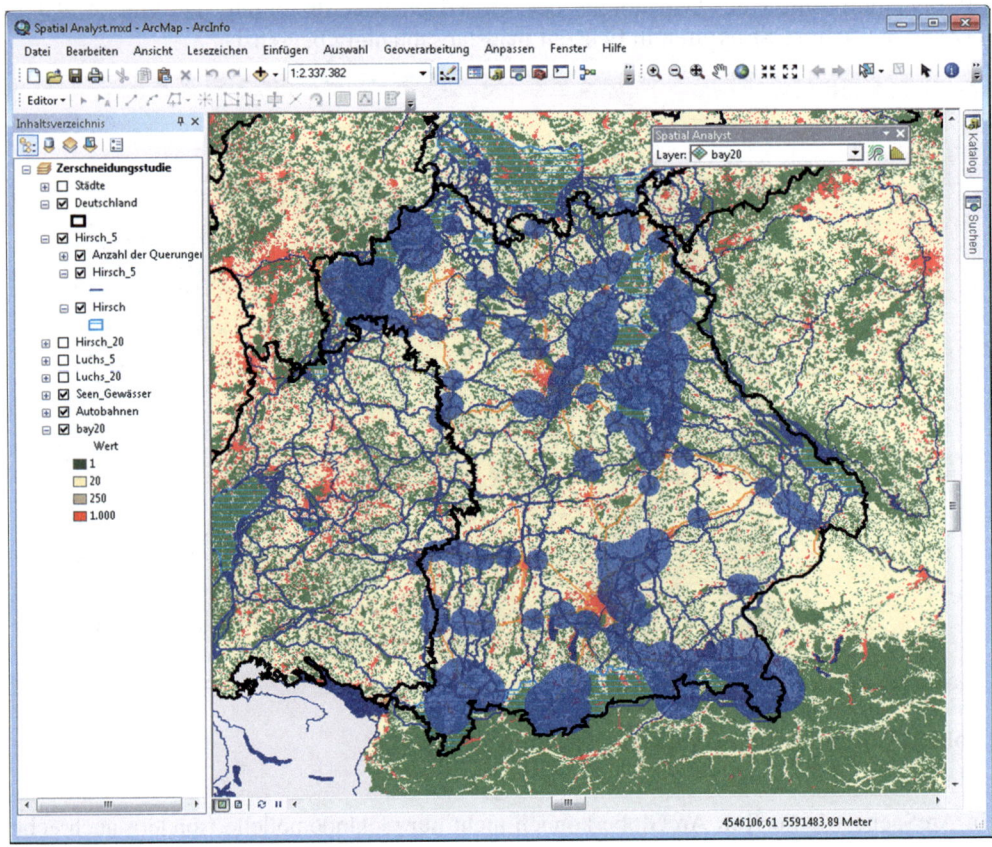

Abb. 322: Werkzeugleiste Spatial Analyst mit Darstellung ermittelter Wanderkorridore

12.2.1 Modellierung räumlicher Prozesse

Im Allgemeinen versteht man unter einem Modell eine Abbildung der Realität. Aufgrund der Eigenkomplexität der Erde und der stattfindenden Interaktionen werden Modelle mit einer vereinfachten, handlicheren Darstellung der Realität erstellt. Modelle helfen uns, zu verstehen, zu beschreiben oder vorherzusagen, wie die Dinge in der realen Welt funktionieren. Es gibt zwei Haupttypen von Modellen: Solche, die Objekte in der Landschaft repräsentieren (Darstellungsmodelle), und solche, die der Simulation von Prozessen in der Landschaft dienen (Prozessmodelle).

Darstellungsmodelle beschreiben Objekte in einer Landschaft, wie z. B. Gebäude, Flussverläufe oder Wälder. In ArcGIS Spatial Analyst sind diese Daten-Layer entweder Raster-

oder Feature-Daten. Raster-Layer werden von einem rechteckigen Netz oder Gitter dargestellt und jede Position in jedem Layer wird von einer Grid-Zelle repräsentiert, die einen bestimmten Wert hat. Zellen verschiedener Layer ergeben übereinander gestapelt die Beschreibung vieler Attribute an jeder Position.

Prozessmodelle stellen einen Versuch dar, die Interaktion der Objekte zu beschreiben, die im Darstellungsmodell gezeigt werden. Die Beziehungen werden mithilfe von Werkzeugen in ArcGIS Spatial Analyst sichtbar gemacht. Da es verschiedene Arten von Interaktionen zwischen Objekten gibt, bieten ArcGIS und ArcGIS Spatial Analyst eine große Auswahl an Werkzeugen zur Analyse der Interaktionen an.

Für den ArcGIS Spatial Analyst sind eine Reihe neuer Geoverarbeitungswerkzeuge entwickelt worden. Die kleine Auswahl an Werkzeugen, die in den Vorgängerversionen von ArcGIS 10 über das Drop-down-Menü „Spatial Analyst" der gleichnamigen Werkzeugleiste zu erreichen war, ist aus diesem Grund auch weggefallen. Jetzt sind demnach alle verfügbaren Tools nur noch über die ArcToolbox aufrufbar. Die Map Algebra wurde direkt in die Python-Umgebung integriert, das separate Dialogfenster „Raster berechnen" ist dadurch weggefallen. Die Syntax für Map-Algebra-Prozesse ist dabei weitestgehend gleichgeblieben. Wichtig ist, dass zuvor die Spatial-Analyst-Bibliothek importiert wird. Das geschieht, indem Sie im „Python-Fenster" folgenden Code eingeben:

```
>>> from arcpy.sa import *
```

12.2.2 Arten von Prozessmodellen

Um bestimmte Probleme darzustellen und zu lösen, gibt es viele Arten von Prozessmodellen. Dazu zählen:

- Eignungsmodellierung: Die meisten räumlichen Modelle beinhalten die Suche nach optimalen Standorten, z. B. für eine neue Schule, eine Mülldeponie oder einen Umsiedlungsstandort.
- Entfernungsmodellierung: Wie weit ist die Flugstrecke von München nach Berlin? Wie weite Anfahrtswege werden in Kauf genommen? Wie komme ich am günstigsten von A nach B?
- Hydrologische Modellierung: Wie werden Wassereinzugsgebiete abgegrenzt? Wohin wird das Wasser fließen? Wie viel Wasser wird abfließen?
- Oberflächenmodellierung: Wie ist der Verschmutzungsgrad verschiedener Standorte in einem bestimmten Umfeld? Wie ist der Beschattungsgrad für bestimmte Pflanzen? Mit welchen Abtragswerten muss gerechnet werden?

12.2.3 Funktionen von ArcGIS Spatial Analyst

Die Funktionen, die mit der kartographischen Modellierung von Rastern verbunden sind, können in fünf Arten unterteilt werden:

- Funktionen, die an einzelnen Zellenpositionen arbeiten (lokale Funktionen).
- Funktionen, die an Zellenpositionen einer Nachbarschaft arbeiten (Focal-Funktionen).
- Funktionen, die an Zellenpositionen in Zonen arbeiten (Zonenfunktionen).
- Funktionen, die an allen Zellen im Raster arbeiten (globale Funktionen).

- Funktionen, die eine bestimmte Anwendung ausführen (z. B. hydrologische Analysefunktionen).

Jede dieser Kategorien kann durch die räumliche oder geometrische Darstellung der Daten beeinflusst werden oder darauf basieren, jedoch nicht allein auf den Attributen, welche die Zellen widerspiegeln. Beispielsweise hängt eine Funktion, die zwei Layer addiert (an einzelnen Zellen arbeitet), von der Position und dem Wert ihres Gegenstücks auf dem zweiten Layer ab. Funktionen, die auf Zellenpositionen innerhalb von Nachbarschaften oder Zonen angewendet werden, bauen auf der räumlichen Konfiguration der Nachbarschaft oder Zone sowie auf den Zellenwerten in der Konfiguration auf.

12.3 ArcGIS Publisher und ArcReader

Die ArcGIS Extension ArcGIS Publisher ermöglicht die Publikation und Bereitstellung von digitalen Karten lokal, über das lokale Netzwerk oder über das Internet. Dazu werden Kartendokumente (MXD-Files) in sog. Published Map Files (PMFs) umgewandelt, die anschließend mit der Freeware ArcReader betrachtet werden können.

Der Esri Geodaten-Viewer ArcReader (Abb. 324), der im Internet unter http://www.esri.com/software/arcgis/arcreader/download.html kostenfrei zum Download bereitsteht, dient zur Betrachtung und zum Ausdrucken der Karten (PMFs), die mit dem ArcGIS Publisher verfügbar gemacht worden sind. Der ArcReader stellt dem Nutzer hierzu u. a. folgende Funktionen zur Verfügung:

- Die aus ArcGIS bekannten Zoom-/Schwenkfunktionen.
- Attribut-Anzeige einzelner Objekte („Identify-Button").
- Einfache Suche/Selektion innerhalb der Attribute eines Layers (z. B. alle Polygone mit einer Fläche größer 500 m²) sowie nach geokodierten Adressen.
- Stufenlos einstellbarer Transparenzeffekt für Einzel- und Gruppen-Layer.
- Die aus ArcGIS bekannten Messwerkzeuge mit Feature-Fang und freier Auswahl der Maßeinheit.
- Maßstabsgetreue Darstellung der Karte auf dem Bildschirm.
- Erstellung eigener Markups in verschiedenen Farben und Strichbreiten, die abgespeichert werden und in ArcMap mit dem ArcGIS Publisher wieder eingelesen werden können.
- Unterstützung der Hyperlink-Funktion zur Verlinkung der Geometrien mit externen Daten (z. B. PDFs, Excel-Dateien etc.).
- Maßstabsgetreuer Ausdruck von Karten bzw. Kartenausschnitten bis DIN A0, soweit bei der Veröffentlichung des Projekts zusätzlich zur Datenansicht eine Layout-Ansicht erzeugt wurde.

12.3 ArcGIS Publisher und ArcReader

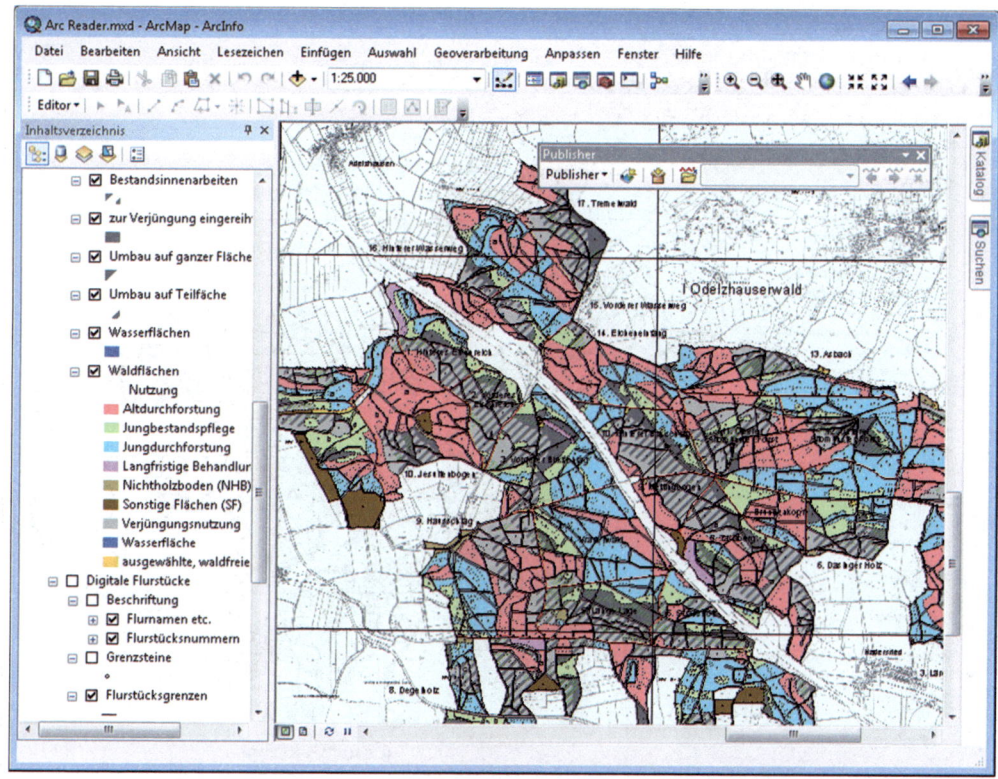

Abb. 323: MXD-File, das mit der ArcGIS Publisher Werkzeugleiste veröffentlicht werden soll

Dem veröffentlichten File kann eine digitale Signatur (z. B. Name und Internet-Adresse des Erstellers) sowie ein Ablaufdatum hinzugefügt werden. Außerdem ist es möglich, die PMF-Dateien mittels einer Passwort-Abfrage vor unautorisierten Zugriffen bzw. Änderungen (durch andere ArcMap Nutzer) zu schützen. Jede Funktion, die dem späteren Betrachter im ArcReader zur Verfügung steht, kann einzeln freigegeben oder gesperrt werden. In der Layout-Ansicht erzeugte Elemente wie Koordinaten-Rahmen, Gitternetz oder Legende bleiben erhalten und können bei der Ploterzeugung im ArcReader verwendet werden. Symbologie und Layout des Ausdrucks in ArcReader entsprechen qualitativ der Vorlage in ArcMap. Die Kombination ArcGIS Publisher – ArcReader eignet sich insbesondere zur Verteilung digitaler Karten an Kunden, denen kein GIS zur Verfügung steht.

12 ArcGIS Erweiterungen

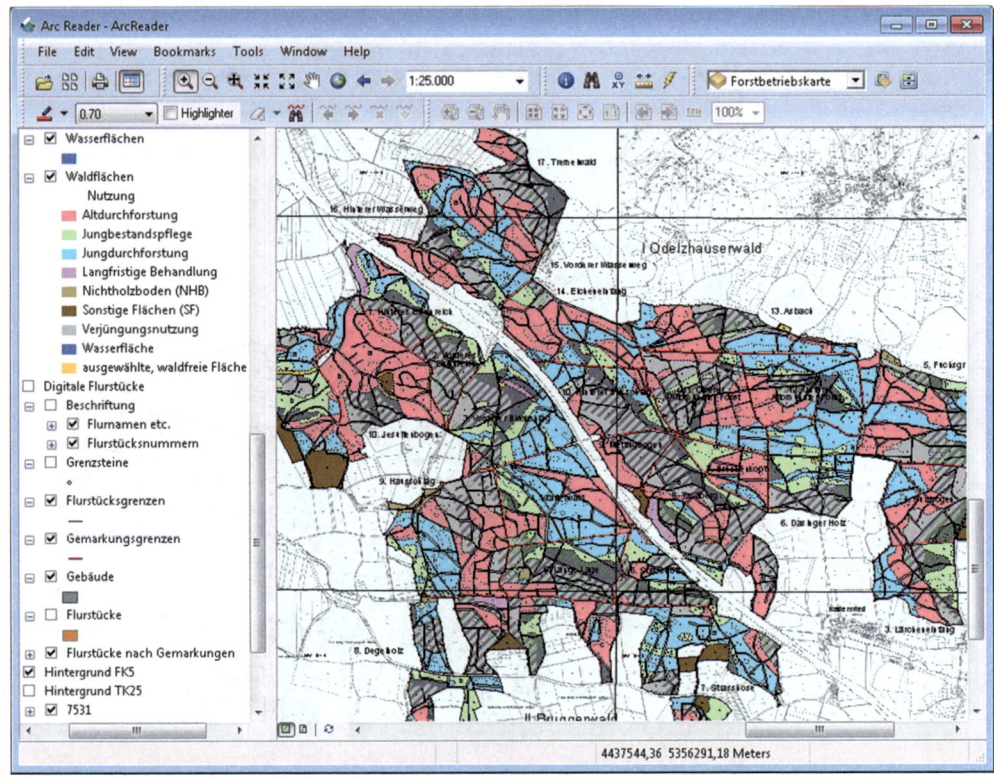

Abb. 324: Mit dem ArcGIS Publisher erzeugte und im ArcReader geöffnete PMF-Datei

12.4 ArcScan

Ab ArcGIS 10.1 for Desktop ist die Erweiterung ArcScan standardmäßig in allen Lizenzierungsstufen von ArcGIS for Desktop integriert. ArcScan bietet die Möglichkeit, Raster-Daten in Vektor-Features zu konvertieren. So können eingescannte Bilder automatisiert oder interaktiv digitalisiert werden. Die zugrunde liegenden Rasterdaten können vor oder während der Vektorisierung mit ArcScan bereinigt bzw. editiert werden. Zahlreiche Optimierungsoptionen sowie Fangfunktionen auf Rasterdaten erleichtern und beschleunigen dabei die Arbeit.

Die Vektorisierung kann interaktiv oder automatisch erfolgen. Bei der interaktiven Vektorisierung („raster tracing") ist eine händische Digitalisierung der Rasterdaten erforderlich. Bei der automatischen Variante wird das Raster anhand bestimmter Einstellungen vektorisiert, diese Einstellungen treffen Sie in der ArcScan-Werkzeugleiste. Generell werden Sie – egal, welche Art der Vektorisierung Sie wählen – Ihre Rasterdaten vorher bearbeiten bzw. vorbereiten müssen.

Um mithilfe der Werkzeugleiste ArcScan mit der Vektorisierung zu beginnen, müssen folgende Bedingungen erfüllt sein:

12.4 ArcScan

- Die Erweiterung ArcScan muss aktiviert sein (*Hauptmenüleiste* ⇨ *„Anpassen"* ⇨ *„Erweiterungen"*).
- Eine Editiersitzung muss gestartet sein.
- Ein Raster-Layer muss geladen und mit zwei eindeutigen Farben symbolisiert sein.
- Mindestens ein zu bearbeitender Vektor-Layer (Polygon oder Linie) muss vorhanden sein.

Tipp: Wenn ihre Rasterdaten farbig vorliegen, können Sie das Raster mithilfe von ArcMap in zwei Farben darstellen lassen. Wählen Sie dazu in den Layer-Eigenschaften im Reiter „Symbologie" die Darstellungsart „Einzelwerte" oder „Klassifiziert". Das Ergebnis der Darstellungsänderung können Sie in folgenden Abbildungen erkennen. Hier wurde der Farbcode der Höhenlinien als Einziger dargestellt, alle anderen Farben des bestehenden Rasters wurden ausgeblendet.

Die Erklärung der Funktionen von ArcScan erfolgt auf den nächsten Seiten am Beispiel der Höhenlinien-Vektorisierung des dargestellten Gebietsausschnitts.

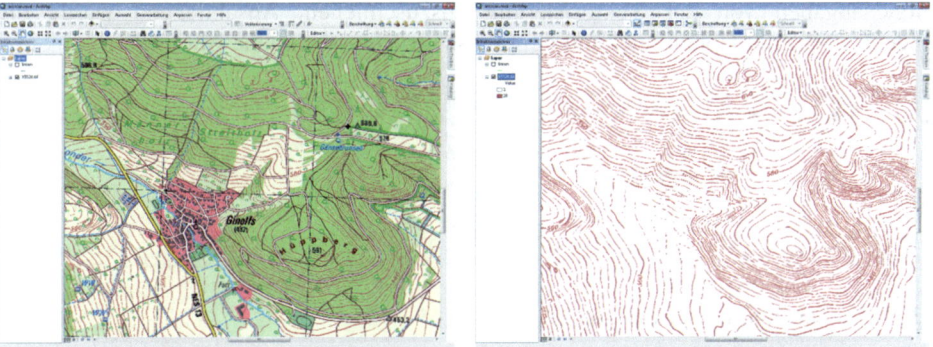

Abb. 325: Rasterdaten als Colormap (links) und als zweifarbiges Bild (rechts)

12.4.1 Vorbereitung zur Vektorisierung

Vor der automatischen Vektorisierung von Rasterdaten sollten diese bereinigt werden. Das Drop-down-Menü „Raster-Bereinigung" in der ArcScan-Werkzeugleiste bietet hierfür unter anderem Optionen zum Abschwächen (Erosion) oder Verstärken (Dilatation) von Raster-Features.

Sollen Bereiche Ihrer Rasterdatei nicht vektorisiert werden, können Sie diese ausschließen; sind dagegen bestimmte Elemente in Ihrer Rasterdatei nicht vorhanden, die aber als Features nötig sind, können Sie diese hinzufügen. Rufen Sie dazu aus dem Drop-down-Menü (siehe Abb. 326) die Werkzeugleiste „Raster zeichnen" auf. Hier stehen Ihnen zwei verschiedene Radier-Optionen zur Verfügung. Mit dem einfachen Radierer können Sie bestimmte Bereiche freihand ausradieren, der magische Radierer erlaubt es Ihnen, einen rechteckigen Rahmen um die jeweiligen Elemente zu ziehen, die gelöscht werden sollen. Der Pinsel kann zum freihändigen Hinzufügen bzw. Verstärken von Elementen benützt werden. Die jeweiligen Schaltflächen daneben erlauben Ihnen, die Stärke von Radierer bzw. Pinsel festzulegen.

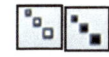

12 ArcGIS Erweiterungen

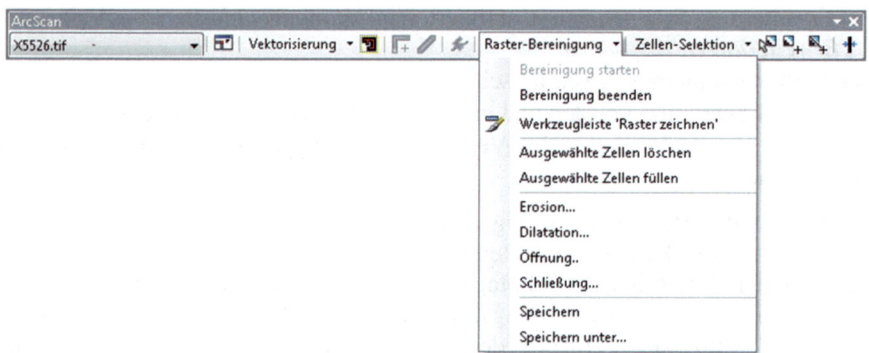

Abb. 326: Raster-Bereinigung mit ArcScan

Im Beispiel der Höhenlinien-Vektorisierung wurde zuerst die Radierfunktion benutzt, um die Höhenangaben von der Vektorisierung auszuschließen. Anschließend wurde die entstandene Lücke der Höhenlinien mit dem Pinsel geschlossen (siehe Abb. 327).

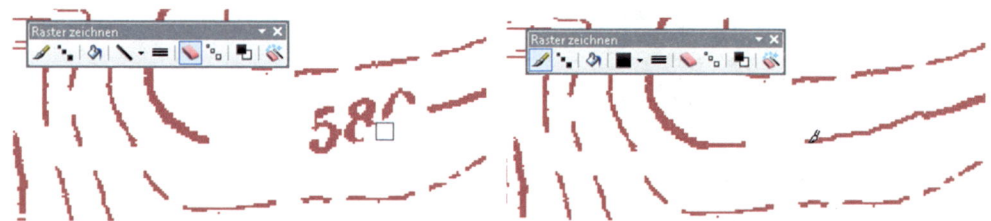

Abb. 327: Radier- und Pinselfunktion in ArcScan

Eine weitere Möglichkeit der Datenbereinigung ist die Zellen-Selektion. Hier können Sie – anstatt im Einzelfall wie mit den Radierfunktionen – ganze Bereiche auswählen, löschen und bearbeiten oder durch eine Abfrage nur bestimmte Elemente des Rasters selektieren (z. B. diejenigen mit einer bestimmten Größe). Um interaktiv einen Bereich auszuwählen, aktivieren Sie das Icon „Verbundene Zellen auswählen" und ziehen ein Rechteck auf. Alle in diesem Rechteck liegenden Rasterdaten werden markiert und können nun mit den gegebenen Optionen der Raster-Bereinigung bearbeitet oder gelöscht werden. Im Drop-down-Menü „Zellen-Selektion" der Werkzeugleiste von ArcScan kann außerdem die Option „Verbundene Zellen auswählen…" gewählt werden. Hier öffnet sich ein Dialogfenster, in dem Einstellungen getroffen werden können, welche Zellen ausgewählt werden sollen. Zu den Möglichkeiten gehören der Suchort (aktuelle Ausdehnung oder gesamtes Raster), die Art der Zellen (Vorder- oder Hintergrund) und die Angabe einer Mindest- oder Maximalgröße der Features.

12.4.2 Automatische Vektorisierung

Wenn alle nötigen Vorbereitungen getroffen sind, können die Rasterdaten automatisch vektorisiert werden. Das Drop-down-Menü „Vektorisierung" in der ArcScan-Werkzeugleiste bietet dazu verschiedene Möglichkeiten. Unter anderem können Sie in den „Vektorisierungseinstellungen" (Abb. 328, links) die maximale Linienbreite und die Komprimierungstoleranz angeben. Nützlich kann sich auch die Angabe einer Lücken-

Toleranz erweisen. Da eingescannte Linien zum Teil unterbrochen dargestellt werden, wird so sichergestellt, dass in einem bestimmten Abstand mit einem bestimmten Suchwinkel das Anschlusselement gefunden und somit durchgezogene Linien erstellt werden. Die in diesem Menü getroffenen Einstellungen legen also fest, wie die Ausgabefeatures konstruiert werden.

Klicken Sie auf den letzten Listeneintrag „Vektorisierungsoptionen" (Abb. 328, rechts), um eine Methode auszuwählen. Die Option „Mittelachse" vektorisiert Linienfeatures anhand der gegebenen Mittelachsen aus dem Raster. Wählen Sie stattdessen direkt die Methode „Umrisslinie", werden alle Rasterdaten generell umrandet und als Polygone vektorisiert.

Tipp: Sie können auch abhängig von der Linienbreite steuern, ob die Vektorisierung als Linie oder als Polygon erfolgen soll. Ist die maximale Linienbreite in den Vektorisierungseinstellungen sehr niedrig gewählt, werden breite Linien aus der Vorlage nicht mehr als Linien erkannt und dementsprechend als Polygone vektorisiert.

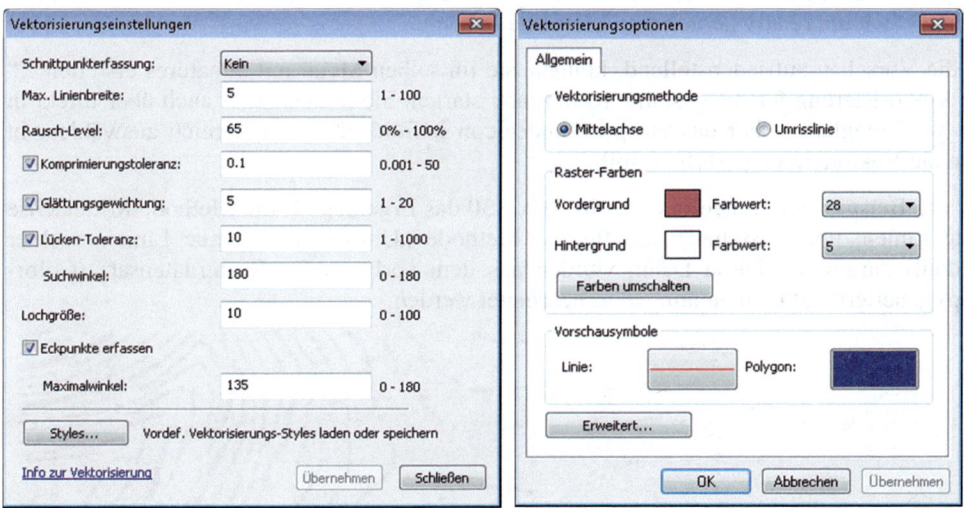

Abb. 328: Vektorisierungseinstellungen und -optionen

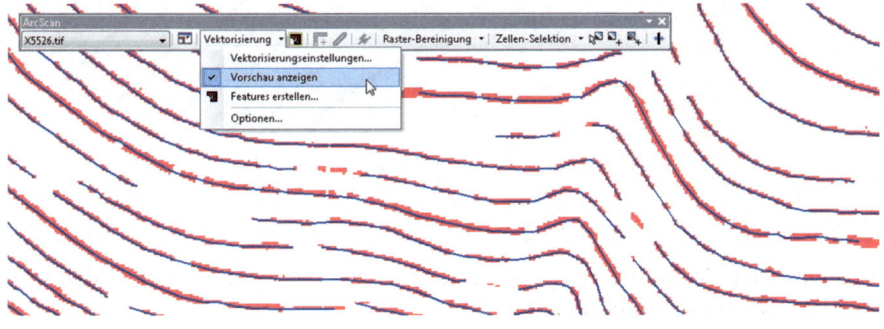

Abb. 329: Vorschau der Vektorisierung (blaue Linien)

Schließlich können Sie in den Vektorisierungsoptionen noch die Symbologie der Vorschau festlegen. Hier bietet es sich an, eine auffällige Farbgebung zu wählen, damit sich die Vektorisierungsvorschau deutlich von den Rasterdaten abhebt und Sie leichter prüfen können, ob alle Einstellungen korrekt sind oder ggf. angepasst werden müssen. Um die Vorschau anzuzeigen, aktivieren Sie durch Anklicken im Drop-down-Menü „Vektorisierung" die entsprechende Option. Nach einer kurzen Rechenzeit werden die Ergebnisse direkt über Ihren Rasterdaten angezeigt. Im Beispiel wurde als Vorschaufarbe blau gewählt, die darunterliegenden Höhenlinien sind rötlich dargestellt (siehe Abb. 329).

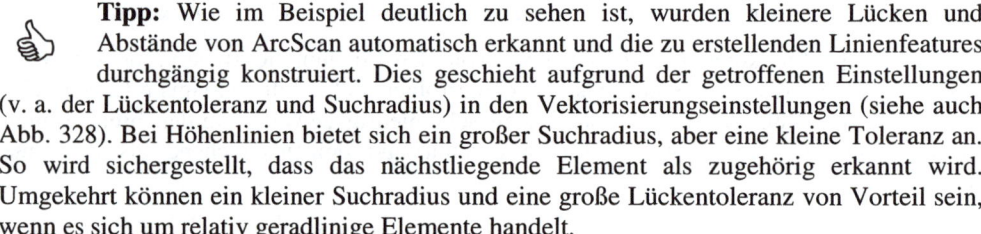

Tipp: Wie im Beispiel deutlich zu sehen ist, wurden kleinere Lücken und Abstände von ArcScan automatisch erkannt und die zu erstellenden Linienfeatures durchgängig konstruiert. Dies geschieht aufgrund der getroffenen Einstellungen (v. a. der Lückentoleranz und Suchradius) in den Vektorisierungseinstellungen (siehe auch Abb. 328). Bei Höhenlinien bietet sich ein großer Suchradius, aber eine kleine Toleranz an. So wird sichergestellt, dass das nächstliegende Element als zugehörig erkannt wird. Umgekehrt können ein kleiner Suchradius und eine große Lückentoleranz von Vorteil sein, wenn es sich um relativ geradlinige Elemente handelt.

Ist die Vorschau zufriedenstellend, können Sie im selben Menü mit „Features erstellen…" die Vektorisierung für die gesamte Rasterdatei starten. Sie können aber auch über direkt in der Werkzeugleiste über das entsprechende Icon individuell einen Bereich auswählen, in dem die Vektorisierung erfolgen soll.

Für das Beispiel der Höhenlinien ist in Abb. 330 das Ergebnis für die Methode Mittelachse (rote Linien, linker Bildteil) und für die Methode „Umrisslinie" (blaue Linien, rechter Bildteil) dargestellt. Diese Daten wurden aus dem vorliegenden Rasterdatensatz (Colormap) generiert und können nun weiterbearbeitet werden.

Abb. 330: Ergebnis der Vektorisierung als Linien- bzw. Polygonfeatures (Methode Mittelachse: links, Umrisslinie: rechts)

12.4.3 Interaktive Vektorisierung

Neben der automatischen Vektorisierung, die sich vor allem zur Bearbeitung von größeren Datenmengen anbietet, kann auch die interaktive Vektorisierung gewählt werden. Diese erfolgt ähnlich wie eine konventionelle Digitalisierung, hat allerdings den Vorteil, dass bei der Featureerstellung an den Rasterdaten gefangen werden kann und zusätzlich die Option der Vektorisierungsverfolgung existiert, die einzelne Rasterdaten halbautomatisch digitalisiert.

Um die Fangoption nutzen zu können, müssen zuerst mithilfe der Editor-Werkzeugleiste einige Einstellungen getroffen werden. Im Dialogfenster „Optionen" (auszuwählen im Drop-down-Menü) muss das Kontrollhäkchen bei „Klassische Fangfunktion verwenden" aktiviert sein. Dann kann im nächsten Schritt – ebenfalls im Drop-down-Menü – im Bereich „Fangen" das Fenster „Fangen" ausgewählt werden. In diesem Dialogfenster können Sie nun festlegen, woran genau gefangen werden soll.

 Tipp: Wenn Sie die „klassischen" Fangfunktionen nicht aktiviert haben, kann im nächsten Schritt das Fenster „Fangen" nicht ausgewählt werden. Stattdessen wird hier nur die Werkzeugleiste „Fangen" angezeigt. Dies ist die Folge der Umstellung der Editierwerkzeuge ab ArcGIS 10.

Im Beispiel in Abb. 331 wird an den Mittelachsen, den Schnittpunkte und den Enden der bestehenden Raster-Linien gefangen.

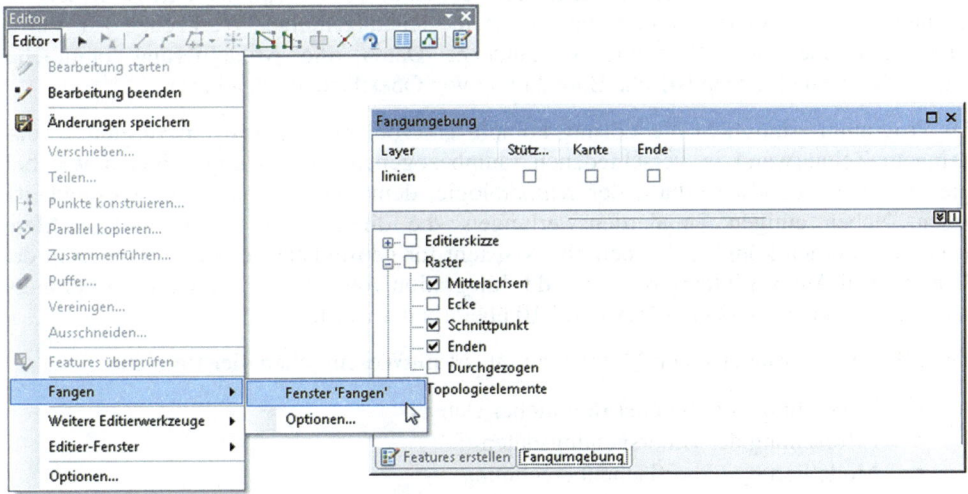

Abb. 331: Einstellen der Fangumgebung für die interaktive Vektorisierung

Sind diese Einstellungen getroffen und befinden Sie sich in der Editiersitzung („Features erstellen"), können Sie die Vektorisierungsverfolgung in der Werkzeugleiste aktivieren. Klicken Sie nun auf ein zu vektorisierendes Element der Rasterdatei (oder knapp daneben, die Fangumgebung wird dann direkt zum Element snappen), um einen Startpunkt zu setzen. Mit dem zweiten Klicken wird ArcScan nun automatisch das zugrunde liegende Rasterelement so weit nachvektorisieren bzw. verfolgen wie möglich. Durch erneutes Klicken verfolgen Sie die Rasterdaten weiter, durch die Taste F2 schließen Sie die Skizze ab (siehe Abb. 332).

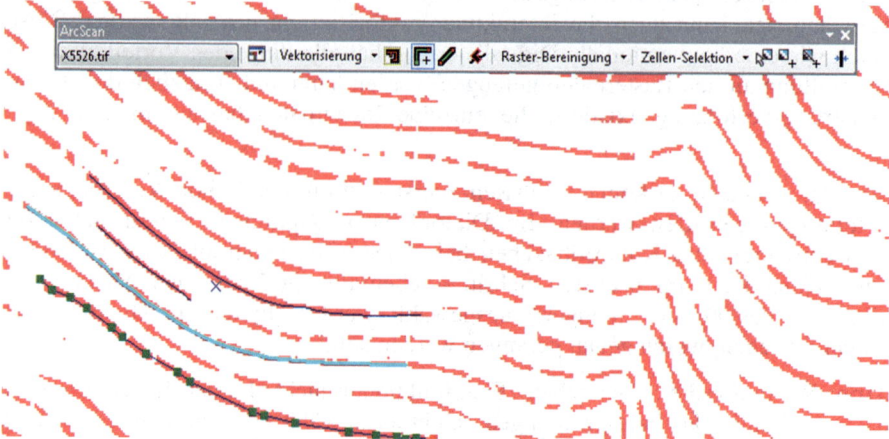

Abb. 332: Vektorisierungsverfolgung von Höhenlinien

12.5 ArcGIS Geostatistical Analyst

Die Erweiterung ArcGIS Geostatistical Analyst (Abb. 333) verbindet GIS-Analysen mit geostatistischen Methoden, indem sie eine Reihe leistungsfähiger Werkzeuge zur Verfügung stellt, die die Erkundung vorhandener Daten, die Modellierung räumlicher Gegebenheiten und die statistische Berechnung von Oberflächen erleichtern.

Das Programm ermöglicht die Lösung komplexer Problemstellungen mit vergleichsweise geringem Zeitaufwand in verschiedenen raumbezogenen Anwendungsgebieten wie beispielsweise der Landwirtschaft, der Klimatologie, dem Bergbau oder dem Gesundheitswesen. Neben einigen Standardauswertungen, die direkt über das Drop-down-Menü ausgeführt werden können, ist auch ein Assistent für geostatistische Auswertungen in den Geostatistical Analyst integriert. Neben der Integration von zusätzlichen Geoverarbeitungswerkzeugen ist der Assistent für ArcGIS 10 überarbeitet worden.

Die Arbeit mit geostatistischen Methoden umfasst im Wesentlichen vier Bereiche:

- Darstellung vorhandener räumlicher Daten
- Erforschung der Untersuchungsdaten
- Modellierung (Oberflächenberechnung)
- Überprüfung der verwendeten Berechnungsmodelle

12.5 ArcGIS Geostatistical Analyst

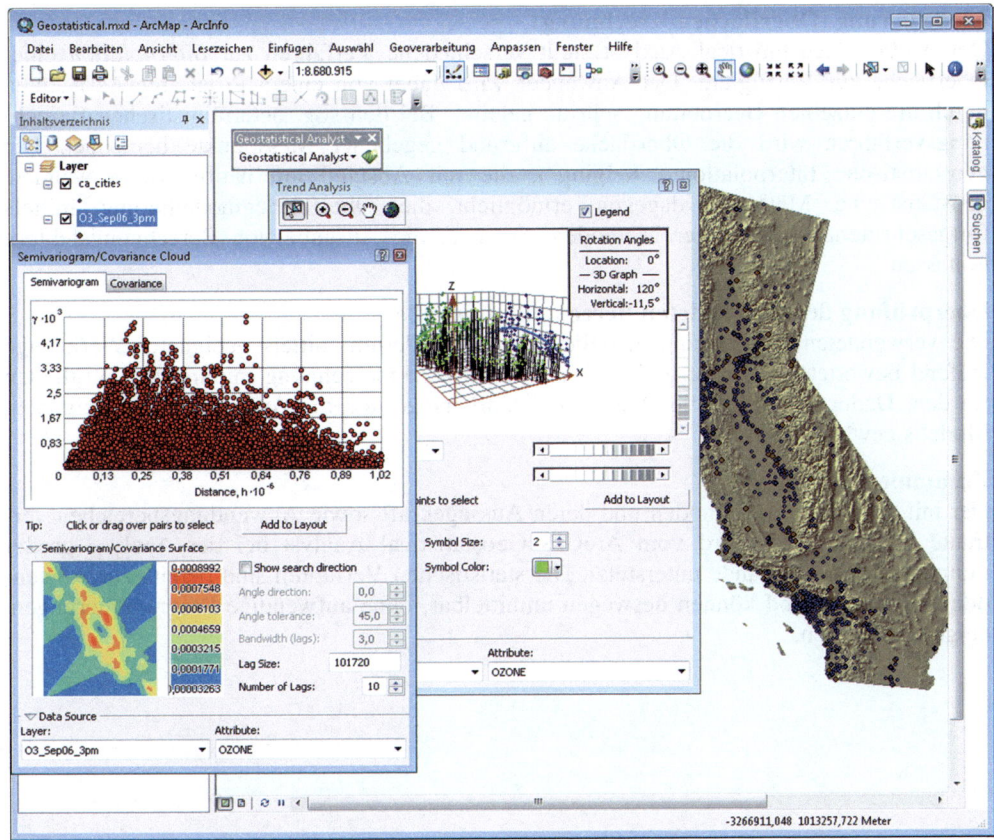

Abb. 333: Oberflächenmodellierung mit dem ArcGIS Geostatistical Analyst

Diese vier Bereiche, in denen der ArcGIS Geostatistical Analyst den Nutzer unterstützen kann, sollen im Anschluss kurz dargestellt werden.

Darstellung vorhandener räumlicher Daten
Die kartographische Darstellung der verwendeten Daten ist der erste Schritt zur Überprüfung ihrer Verwendbarkeit. Hierbei kann der Anwender den Einfluss verschiedener Faktoren auf die Verteilung der Daten bereits frühzeitig erkennen, bevor er mit der eigentlichen statistischen Arbeit beginnt. So können sich beispielsweise Interferenzen von Topographie, Gewässern, Straßen o. Ä. in den Untersuchungsdaten widerspiegeln.

Erforschung der Untersuchungsdaten
Das Programm ist mit Werkzeugen zur Visualisierung und Analyse vorhandener Daten durch statistische Methoden ausgestattet. Diese ermöglichen die Darstellung verschiedener Methoden zur statistischen Datenauswertung, wie beispielsweise Verteilungseigenschaften, allgemeine Trends, Autokorrelationen oder Datenvariabilität. Alle Ansichten zur Datenerforschung und -beurteilung sind dynamisch untereinander sowie mit der Kartenansicht verbunden. Dies eröffnet dem Anwender ein besseres Verständnis für die untersuchten Daten und die betrachteten Sachverhalte.

Modellierung (Oberflächenberechnung)

Der ArcGIS Geostatistical Analyst stellt verschiedene Verfahren zur *Interpolation* einer Oberfläche zur Verfügung. Der Anwender wird dabei von einem Programm-Assistenten durch die einzelnen Bearbeitungsschritte geleitet. Bei den sog. deterministischen Berechnungsverfahren wird die Oberfläche aufgrund gegebener Messpunkte berechnet. Die geostatistische Interpolation („Kriging"), die mit Abstand am häufigsten verwendete geostatistische Methode, dagegen ermöglicht die Oberflächenmodellierung mittels fortgeschrittener statistischer Methoden, die u. a. die Ausgabe von Berechnungsfehlern umfassen.

Überprüfung der verwendeten Berechnungsmodelle

Die verwendeten Berechnungsmodelle können wiederum mittels geeigneter Werkzeuge laufend bewertet, angepasst und nach der Oberflächenberechnung miteinander verglichen werden. Dadurch werden die Qualität der Vorhersage und die Auswahl eines geeigneten Modells gewährleistet.

Zusammenfassung

Der mit statistischen Methoden und deren Aussagekraft sowie Anwendungsbereichen vertraute Fachanwender wird vom ArcGIS Geostatistical Analyst bei der Analyse großer räumlicher Datenbestände unterstützt. Die statistischen Verfahren sind bereits zur Anwendung aufbereitet und können deswegen unmittelbar, ohne aufwendige Programmierungen, eingesetzt werden.

13 Amtliche Geodaten

Für ein Geoinformationssystems (GIS) sind genaue und aktuelle Datengrundlagen unerlässlich. Sie stellen zuverlässige Geoverarbeitungsprozesse sicher. Die Vermessungsverwaltungen der Länder haben den gesetzlichen Auftrag, flächendeckende, aktuelle und genaue Geobasisdaten zu führen, zu aktualisieren und bedarfsorientiert bereitzustellen. Zusätzlich werden auch Geodatendienste, vorrangig Web Map Services und Web Feature Services, angeboten.

In der Arbeitsgemeinschaft der Vermessungsverwaltungen der Länder der Bundesrepublik Deutschland (AdV) haben sich die für die Landesvermessung und das Liegenschaftskataster zuständigen Verwaltungen der Länder zusammengeschlossen, um fachliche Angelegenheiten von grundsätzlicher und überregionaler Bedeutung mit dem Ziel einheitlicher Regelungen zu behandeln. Zu einem gemeinsamen deutschlandweiten Projekt der AdV zählt die Erstellung des AAA-Modells, bestehend aus ATKIS® (**A**mtliches **T**opographisch-**K**artographisches **I**nformationssystem), ALKIS® (**A**mtliches **L**iegenschaftskatasterinformationssystem) und AFIS® (**A**mtliches **F**estpunktinformationssystem). Ziel ist es, die Grunddatenbestände der drei Informationssysteme zu einem Grunddatenbestand der Geodaten des amtlichen Vermessungswesens in Deutschland zusammenzuführen. Technisch wird das AAA-Modell mit der Einführung einer neuen Schnittstelle umgesetzt, die Normbasierte Austauschschnittstelle NAS. Diese bundesweit einheitliche Schnittstelle erleichtert insbesondere bundeslandübergreifende Datenbezüge.

Trotz Vereinheitlichung gibt es länderspezifische Besonderheiten. Anhand der Bayerischen Vermessungsverwaltung (BVV) werden die wichtigsten zur Verfügung stehenden AdV-Produkte erläutert und auf die Besonderheiten der Geobasisdaten in Bayern hingewiesen. Die Kontaktadressen der Vermessungsverwaltungen der anderen Bundesländer sowie weiterer Datenbezugsquellen sind in Kapitel 13.7 aufgeführt.

13.1 Amtliches Topographisch-Kartographisches Informationssystem (ATKIS®)

In dem **A**mtlichen **T**opographisch-**K**artographischen **I**nformationssystem (ATKIS®) wird die Topographie der Bundesrepublik Deutschland in einem Modell in mehreren Auflösungsstufen beschrieben. Über die objektstrukturierte Modellierung erhält ATKIS® die Funktionen eines Geoinformationssystems, in dem rechnergestützt digitale Auswertungen und Analysen durchgeführt werden können. ATKIS® beinhaltet die vier Produktbereiche

- Digitales Landschaftsmodell (DLM),
- Digitales Geländemodell (DGM),
- Digitale Topographische Karten (DTK) und
- Digitales Orthophoto (DOP).

In den einzelnen Produktbereichen werden, abhängig vom Zielmaßstab, die Geodaten mit unterschiedlicher

- Auflösung bei Rasterprodukten,
- Gitterweite und Genauigkeit bei DGM-Daten und
- Generalisierungsgrad bei DLM und DTK

abgegeben.

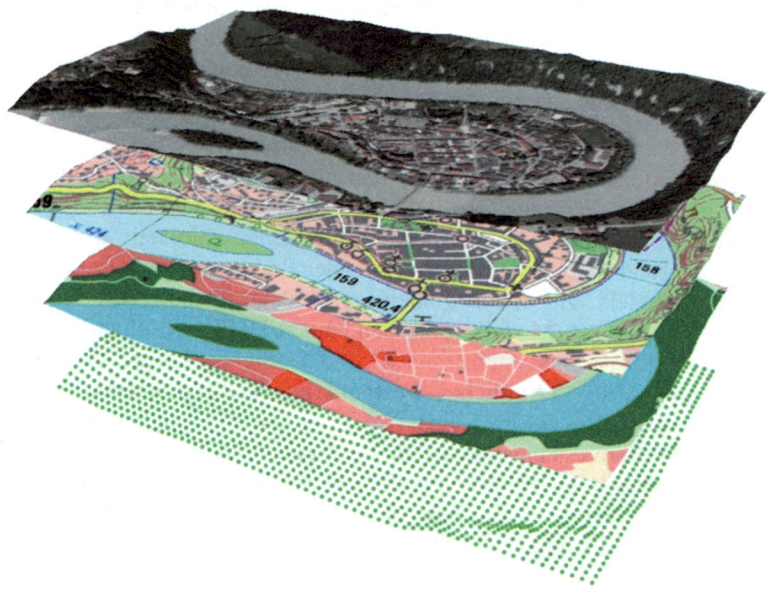

Abb. 334: Die vier ATKIS®-Ebenen Punktgitter DGM25, Basis-DLM, DTK25 und DOP

13.1.1 Digitales Landschaftsmodell (DLM)

Das Digitale Landschaftsmodell (DLM) beschreibt die topographischen Objekte der Landschaft im Vektorformat. Die Objekte werden einer bestimmten Objektart zugeordnet und durch ihre räumliche Lage, ihren geometrischen Typ, beschreibende Attribute und Beziehungen zu anderen Objekten (Relationen) definiert. Jedes Objekt besitzt deutschlandweit eine eindeutige Identifikationsnummer (Identifikator). Die räumliche Lage wird für das DLM im Koordinatensystem der Landesvermessung angegeben.

Als ATKIS®Basis-DLM wird das Grundmodell im Maßstab 1:25.000 bezeichnet. Die Basis-DLM-Daten werden in definiertem Zyklus anhand der Erkundung durch die Gebietstopographen vor Ort und aus Informationen zuständiger Fachbehörden, den sogenannten Veränderungsverursachern, aktualisiert. Bei ausgewählten Objekten, wie etwa übergeordneten Straßen, erfolgt die Übernahme innerhalb von drei Monaten (Spitzenaktualität).

Im ATKIS®-Objektartenkatalog und den zugehörigen Erläuterungen (siehe AdV, Dokumente der GeoInfoDok) ist festgelegt, welche Objektarten und Attribute das Basis-DLM beinhaltet und nach welchen Kriterien die Objekte modelliert werden.

Aufgrund seiner Informationsdichte und geometrischen Genauigkeit ist das ATKIS®Basis-DLM als raumbezogene Basisinformation für die Anbindung von fachspezifischen Daten, sowie zur rechnergestützten Verschneidung und Analyse mit thematischen Informationen gut geeignet. Anwendung findet das ATKIS®Basis-DLM beispielsweise bei Navigationssystemen; zum Routing oder Navigieren ist ein aktuelles Straßen- und Wegenetz unerlässlich.

In Bayern werden aus dem ATKIS®Basis-DLM die Digitale Ortskarte (DOK) und die Digitale Topographische Karte 1:25.000 (DTK 25) direkt abgeleitet. Es bildet zugleich die Grundlage für die Aktualisierung der Digitalen Topographischen Karte 1:50.000 (DTK 50). Die Aktualisierung erfolgt einmal jährlich nach Prioritäten.

Bayern bietet das ATKIS®Basis-DLM seit dem Jahre 2012 ausschließlich im neuen AAA-Modell (nach GeoInfoDok 6.0.1) an.

Die Verwaltungsgrenzen entsprechend der Objektartengruppe „Administrative Gebietseinheiten" des ATKIS®-Objektartenkatalogs werden in Bayern als Open-Data-Produkt abgegeben.

13.1.2 Digitales Geländemodell (DGM)

Ein Digitales Geländemodell (DGM) beschreibt die Erdoberfläche ohne Vegetation und Bebauung durch regelmäßig angeordnete dreidimensionale Gitterpunkte. Das DGM wird aus Daten der Laserscanning-Befliegungen in den Gitterweiten 1 m, 2 m, 5 m, 10 m, 25 m, 50 m, 100 m und 200 m abgeleitet.

Während das DGM aus dem Last Echo (die Reflexion gibt den Boden wieder) gewonnen wird, eignen sich die Daten des First Echos (das Licht wird bereits vor dem Auftreffen auf dem Boden, z. B. durch Häuser oder Bäume reflektiert) für die Ableitung von Digitalen Oberflächenmodellen (DOM).

Die DGM- und DOM-Daten sind Grundlage dreidimensionaler Analysen, wie Hochwassersimulationen bzw. räumlicher Visualisierungen wie Schummerungen der Erdoberfläche zur Erzeugung eines dreidimensionalen Eindrucks. Die Abgabe erfolgt in unterschiedlichen Formaten, z. B. als ASCII-Datei mit zeilenweise angeordneten xyz-Tripeln, als Grid (ASCII, Esri oder binär) oder im Shape-Format.

Die Gitterweiten 2 m und größer liegen in Bayern flächendeckend vor. Ein flächendeckender Datenbestand im 1-m-Gitter wird derzeit aufgebaut und ist zu ca. 82 % fertiggestellt. Bayern gibt auf Anfrage auch Laserscanning-Punkte, unterteilt in Last Echo (Last-Pulse) und First Echo (First-Pulse), ab.

In Bayern ist das DGM in der Gitterweite 200 m als Open-Data-Produkt freigegeben.

Die nachfolgenden Beispiele zeigen Schummerungen der ICE-Bahntrasse München-Nürnberg bei Kinding in einer Gitterweite von 1 m.

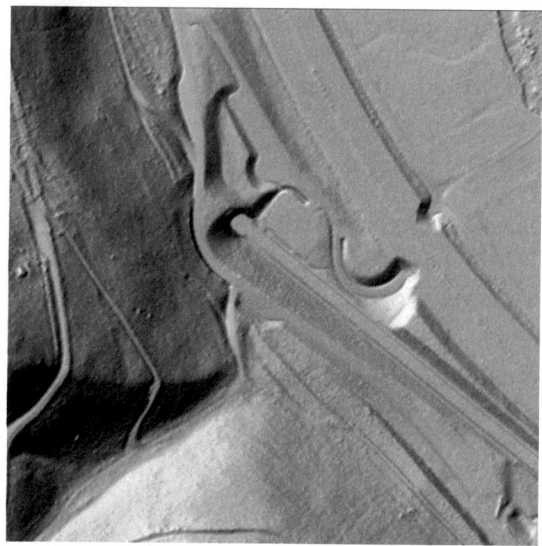

Abb. 335: Schummerung des DGM (ohne Bebauung und Vegetation)

Abb. 336: Schummerung des DGM (mit Bebauung und Vegetation)

13.1.3 Digitale Topographische Karten (DTK)

Digitale Topographische Karten sind georeferenzierte Rasterdaten von Topographischen Karten. Die Rasterdaten sind nach kartographischen Inhaltselementen in verschiedene Ebenen gegliedert und können als Einzelebenen sowie als farbige Kombinationsausgabe abgegeben werden. Die Karteninhalte sind auf die Druckausgabe des jeweiligen Maßstabs generalisiert und optimiert.

Die Topographischen Karten sind in den Maßstäben 1:10.000, 1:25.000, 1:50.000, 1:100.000, 1:200.000, 1:500.000 und 1:1.000.000 verfügbar. Die verschiedenen Kartenmaßstäbe werden regelmäßig aktualisiert. Die kleinmaßstäbigen DTKs 1:200.000, 1:500.000 und 1:1.000.000 werden ausschließlich vom Bundesamt für Kartographie und Geodäsie (BKG) in Zusammenarbeit mit der AdV bearbeitet, herausgegeben und vertrieben.

Digitale Topographische Karten dienen sehr gut als Hintergrundinformation in Geoinformationssystemen (z .B. zur Kombination mit eigenen Daten).

Die Topographischen Karten 1:25.000, 1:50.000 und 1:100.000 liegen flächendeckend für Bayern vor. Sie entsprechen der neuen bundeseinheitlichen AdV-Graphik gemäß den ATKIS®-Signaturenkatalogen. Als Besonderheit in Bayern wird die Digitale Ortskarte (DOK) anstelle der DTK 1:10.000 als eigenes bayernweites Produkt geführt. Die DOK ist eine detailgenaue, blattschnittfreie, vierteljährlich neu gerechnete topographische Karte im Rasterformat, die aus dem ATKIS®Basis-DLM, der Liegenschaftskarte (Gebäude) und der DTK25 (kartographische Daten wie z. B. Schriften, Höhenlinien) abgeleitet wird. Inhalt sind alle Straßen, Wege, Bahnen, Gewässer, Vegetationsflächen, Grenzen, nicht generalisierte Einzelgebäude, Straßennamen und „Points of Interest" (Schulen, Museen, Krankenhäuser, Kirchen, Rathäuser etc.). Die DOK ist als Stadtplan für ganz Bayern geeignet.

Als weitere Besonderheit wird in Bayern die Digitale Topographische Karten 1:500.000 (DTK500) in einem eigenen Blattschnitt geführt. Diese ist Bestandteil des Open-Data-Angebots der BVV.

13.1.4 Digitales Orthophoto (DOP)

Digitale Orthophotos sind entzerrte, maßstabsgetreue und georeferenzierte Luftbilder (photographisches Abbild der Landschaft). Das Orthophoto dokumentiert den Landschaftszustand zu einem bestimmten Zeitpunkt und enthält vollständig alle aus der Vogelperspektive sichtbaren Landschaftsinformationen.

Aufgrund seiner Eigenschaften ist das Orthophoto eine hervorragende Grundlage für alle Planungen, für Aufgaben im Umweltbereich und in der Land- und Forstwirtschaft.

In Kombination mit der Liegenschaftskarte wird das Orthophoto häufig als Datengrundlage im Leitungskataster verwendet.

In Bayern erfolgt die Befliegung in einem Turnus von drei Jahren. Im Jahre 2009 erfolgte die Umstellung von analoger auf digitale Befliegung. Seit 2011 liegen flächendeckend für Bayern sowohl Orthophotos in Echtfarben (RGB) als auch Colorinfrarot (CIR) mit einer Bodenpixelgröße von 20 cm vor; eine Abgabe in anderen Auflösungen z. B. von 40 cm, 80 cm oder 2 m ist auch möglich. Das 2 m Orthophoto (DOP200) liegt als Open-Data-Bestand der BVV vor.

13.2 Amtliches Liegenschaftskatasterinformationssystem (ALKIS®)

Sämtliche Liegenschaften (Flurstücke und Gebäude) werden im Liegenschaftskataster beschrieben und grafisch dargestellt. Das Liegenschaftskataster ist das amtliche Verzeichnis, nach dem die Grundstücke im Grundbuch benannt werden.

ALKIS® ist das neue bundesweit einheitliche Amtliche Liegenschaftskatasterinformationssystem. In dem System ALKIS® werden die ursprünglich getrennten Bereiche des Liegenschaftskatasters, die Karte (Amtliche Liegenschaftskarte) und das Verzeichnis (Automatisiertes Liegenschaftsbuch) zusammengeführt.

Derzeit werden die Nachweise des Liegenschaftskatasters noch überwiegend mit den Verfahren Automatisiertes Liegenschaftsbuch (ALB) und Automatisierte Liegenschaftskarte (ALK) verarbeitet und bereitgestellt.

13.2.1 Liegenschaftskarte

Die Liegenschaftskarte ist die Grundlage für alle Anwendungen, die eine flurstücksscharfe Darstellung erfordern. Sie weist ständig den aktuellen rechtlichen Katasterstand aus.

Anwendungsbereiche sind neben der hoheitlichen Eigentumssicherung die Bauleitplanung bei Gemeinden, das Bauwesen sowie der Versorgungsbereich. Sicherheits- und Katastrophenschutz spielen ebenso eine wichtige Rolle.

In Bayern wird die Amtliche Liegenschaftskarte als Digitale Flurkarte (DFK) bezeichnet. Die DFK ist als Vektordatenbestand im DXF-, SQD-, Shape- oder DFK-Format und als Rasterdaten, auch als Digitale Planungskarte (DPK) im Maßstab 1:5.000 im TIFF-Format erhältlich.

Ab Ende 2012 wird die DFK in Bayern sukzessive auf ALKIS® mit seinen Formaten NAS (Normbasierte Austauschschnittstelle), Shape und DXF umgestellt.

13.2.2 Hauskoordinaten und Hausumringe

Die amtliche Hauskoordinate oder georeferenzierte Gebäudeadresse ordnet jedem Gebäude seine exakte Lagekoordinate zu und verknüpft diese mit einer postalischen Adresse sowie der Zugehörigkeit zu der jeweiligen Verwaltungseinheit.

Die amtlichen Hausumringe beschreiben georeferenzierte Umringpolygone von Gebäudegrundrissen, basierend auf der Liegenschaftskarte. Da sie auf einer individuellen Vermessung vor Ort basieren, verfügen sie über eine hohe geometrische Genauigkeit und lassen sich ideal mit den amtlichen Hauskoordinaten kombinieren.

Hauskoordinaten stellen eine wichtige Grundlage für Navigationssysteme und Rettungsleitsysteme dar. Gleichzeitig finden sie vielseitige Anwendung in Bereichen des Geomarketings. Die amtlichen Hausumringe sind eine exakte Datenbasis für die Ableitung von 3D-Gebäude- und Stadtmodellen. Sie dienen Unternehmen aus dem Ver- und Entsorgungsbereich, dem Telekommunikationsumfeld und der Immobilienbranche ebenso als Datengrundlage wie für innovative Produkte und Dienste in der Freizeit- und Tourismusbranche, z. B. zur grafischen und inhaltlichen Aufwertung von Straßenkarten.

In Bayern werden die Gebäudegrundrisse im Rahmen der Gebäudeeinmessung durch die Vermessungsämter erfasst und in das Liegenschaftskataster übernommen. Somit liegen die

Hausumringe und Hauskoordinaten zentimetergenau vor. Zu den 4 Mio. Hauskoordinaten und Hausumringen Bayerns kommen weitere 4 Mio. Hausumringe der Nebengebäude hinzu, also derjenigen Gebäude, die keine postalische Anschrift tragen.

13.2.3 3D-Gebäudemodelle

Unter 3D-Gebäudemodellen ist die dreidimensionale Abbildung eines Gebäudes zu verstehen. 3D-Gebäudemodelle können in verschiedenen Detaillierungsstufen (Level of Detail, LoD) beschrieben werden. Nach der AdV sollen die Detaillierungsstufen 1 und 2 von Gebäudemodellen bundesweit einheitlich bereitgestellt werden. In der Detaillierungsstufe 1 (LoD1) wird das Gebäude als Blockmodell, auch Klötzchenmodell genannt, modelliert. Das bedeutet, es werden die Dachformen bei der Modellierung nicht berücksichtigt, jedes Gebäude erhält ein Flachdach. Im Detaillierungsgrad 2 erhält das Gebäude eine von 14 Standarddachformen.

Als Grundlage für die automatische Modellierung dienen die Gebäudegrundrisse aus dem Liegenschaftskataster, die Daten des Last Echos der Laserscanningdaten und die Digitalen Orthophotos. Anwendung finden 3D-Gebäudemodelle bei der Ermittlung von Lärmausbreitung, von Sichtachsen oder zur Berechnung von Solarpotenzialen.

In Bayern sind die ca. 8 Mio. Gebäude bereits als Klötzchenmodell (LoD1) flächendeckend verfügbar. Die Grundlage bilden hier die Gebäudegrundrisse der Digitalen Flurkarte (DFK) sowie die Laserscanningdaten.

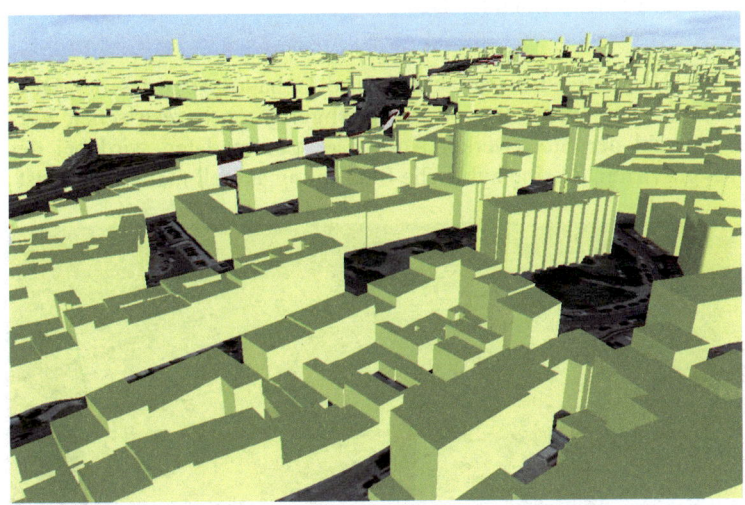

Abb. 337: Gebäude als Klötzchenmodell (LoD1)

Bayern konzentriert sich derzeit auf die Erstellung des LoD2. Im LoD2 können ca. 80 % aller Gebäude vollautomatisch abgeleitet werden, der Rest ist interaktiv nachzubearbeiten.

13 Amtliche Geodaten

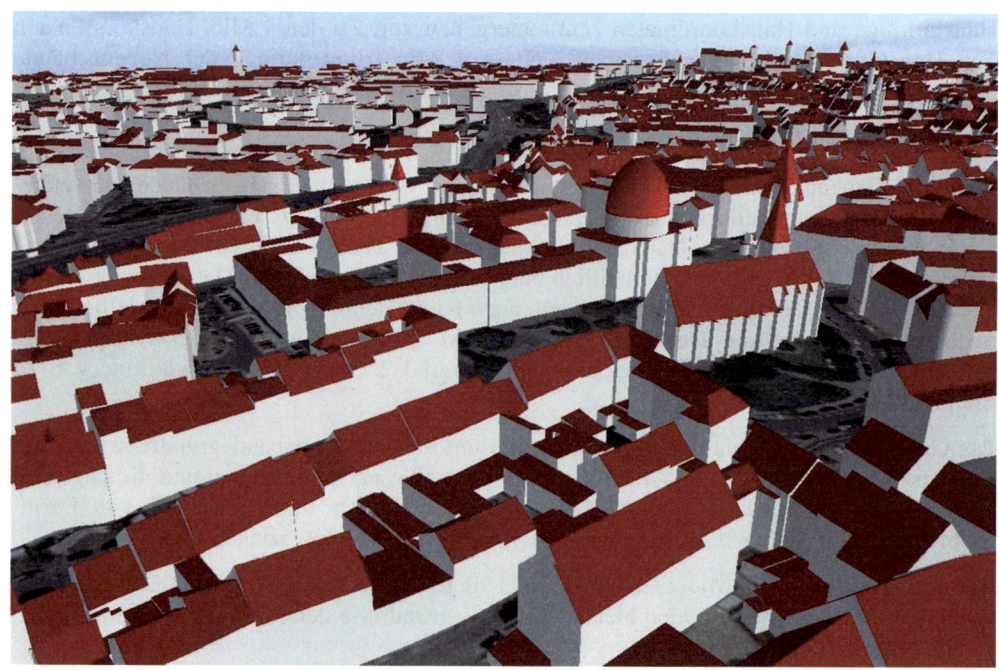

Abb. 338: Gebäude mit Standard-Dachformen (LoD2)

Bei Veränderungen (Anbau, Neubau) wird der aktualisierte Gebäudegrundriss der DFK entnommen. Die Gebäudehöhe ergibt sich aus vor Ort durchgeführten terrestrischen Vermessungen oder aus der Anzahl der Stockwerke. Auf Laserscanningdaten wird bei der Aktualisierung nicht zurückgegriffen, da eine zyklische Befliegung aktuell nicht geplant ist.

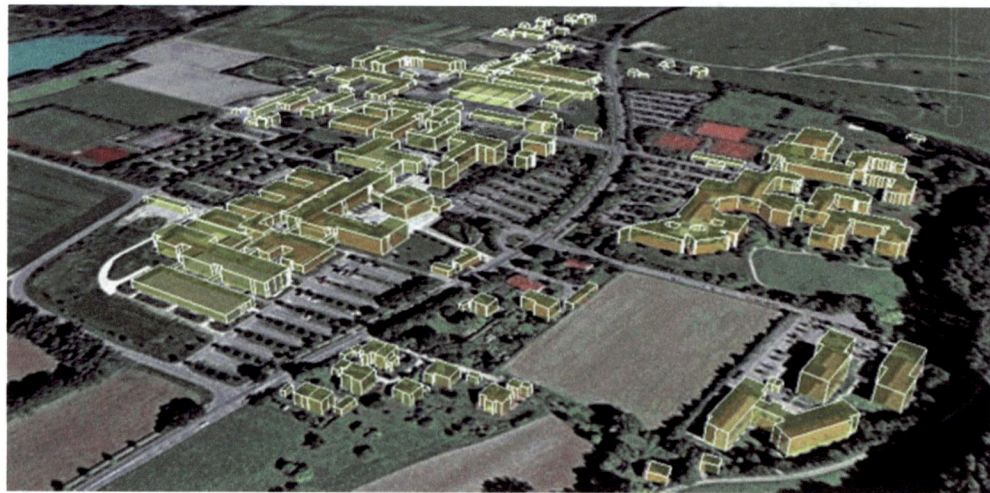

Abb. 339: Gebäude im Klötzchenmodell (LoD1) im KML-Format

13.3 Amtlichen Festpunktinformationssystem (AFIS®)

Im Rahmen des AAA-Modells werden die amtlichen Nachweise der Festpunkte künftig im Amtlichen Festpunktinformationssystem (AFIS®) digital geführt. Der Nachweis eines Festpunkts wird von dem Bundesland geführt, das für die Bearbeitung des Festpunkts zuständig ist.

Auf AFIS® wird hier nicht näher eingegangen, da es i. d. R. in GIS-Anwendungen keine Rolle spielt. Es wird der Vollständigkeit halber genannt, da es ebenso Bestandteil des AAA-Modells ist.

13.4 Geobasisdaten als Internetdienste (Geo Web Services)

Im Rahmen des Aufbaus von Geodateninfrastrukturen (GDI) gilt es Geodaten über Geodatendienste verfügbar zu machen. Ein Geodatendienst ist ein Internetdienst, der es erlaubt, über eine standardisierte Schnittstelle Daten auszutauschen oder Funktionen auf fremden Rechnern aufzurufen. Der Aufruf erfolgt dabei über eine Internetadresse (URL), über die der Web-Service eindeutig identifizierbar ist. Die URL eines Web-Services ist kein Link, sondern eine Schnittstelle, über die der Client mit dem Server mittels eines Hypertext Transfer Protocols (HTTP) kommuniziert und kann z. B. in Geoinformationssysteme oder Webanwendungen eingebunden werden, wodurch der Zugriff auf die aktuellen Geodaten erfolgt. Die übermittelten Daten können z. B. als Hintergrundinformationen dienen und mit beliebigen Fachdaten kombiniert werden. Durch den Onlinezugriff können Daten an verschiedenen Orten liegen und in verschiedenen Systemen gespeichert werden. Die Geodaten verbleiben beim Datenhersteller und sind dadurch immer aktuell.

Die Vermessungsverwaltungen bieten mittlerweile einen Großteil der Geobasisdaten über Web Map Services (WMS) und Web Feature Services (WFS) an. Die Dienste entsprechen den Vorgaben des Open Geospatial Consortiums (OGC), ein internationales Standardisierungsgremium für Geodaten.

13.4.1 Web Map Service

Der Web Map Service (WMS) ist ein Geodatendienst, der Geodaten in Form von Rasterbildern (z. B. als PNG oder JPEG) ausliefert. Über spezielle standardisierte Eingabeparameter kann der Nutzer das Ergebnis der Anzeige steuern (z. B. Koordinatensystem, Dateiformat, Ausschnitt). Ein WMS liefert immer nur einen begrenzten Ausschnitt des Gesamtdatenbestandes in Form von Kacheln aus. Deshalb ist er für großformatige Plots nicht geeignet, sondern zur Verwendung als Darstellungsdienst in einem Anwendungsprogramm.

Die WMS auf die Geobasisdaten der Vermessungsverwaltungen der Länder eignen sich als Hintergrundinformationen im Planungsbereich – von der Erstellung eines Bebauungsplan bis hin zur Regionalplanung wird für jedem Bereich das passende Hintergrundkartenwerk angeboten.

In Bayern werden die ausgelieferten Ausschnitte der WMS aus Performanzgründen auf 2.000 x 2.000 Pixel begrenzt. Alle in Bayern verfügbaren WMS sind durch Metadaten im Geoportal Bayern (www.geoportal.bayern.de) beschrieben. Der Zugriff auf die Dienste der Bayerischen Vermessungsverwaltung ist in der Regel durch Kennwort und Passwort geschützt. Einzige Ausnahme bildet der WMS auf das Digitale Orthophoto mit der Bodenauflösung von 2 m (DOP200). Das DOP200 ist Bestandteil der Open-Data-Initiative in Bayern. Der WMS kann durch folgende URL aufgerufen werden:

http://geodaten.bayern.de/ogc/ogc_dop200_oa_cgi?

13.4.2 Web Feature Service

Der Web Feature Service (WFS) ist ein Geodatendienst, der Geodaten in Form von Objekten, d. h. also im Vektorformat, bereitstellt. Im Gegensatz zur WMS-Anfrage ist eine WFS-Anfrage wesentlich komplexer. Wohingegen sich ein WMS-Request auf wenige Parameter beschränkt, kann ein WFS-Request komplexe Analyseanfragen enthalten. Hierbei wird im WFS auf Filteroperatoren des OGC-Standards „OpenGIS® Filter Encoding Implementation Specification" zurückgegriffen, d. h. eine WFS-Anfrage kann auch Berechnungen wie z. B. die Addition von Flächen enthalten. Die Verwendung eines WFS erfordert ein umfassendes Expertenwissen über die einzelnen Funktionsweisen.

Einsatzmöglichkeit findet ein WFS z. B. bei Ver- und Entsorgungsunternehmen, die im Zuge der Erstellung eines Leitungskatasters immer die aktuellsten Vektordatenbestände z. B. von der Liegenschaftskarte benötigen. Des Weiteren kann sich der Nutzer ein eigenes Abfrage-Tool, z. B. Anzahl der Flurstücke in einer Gemarkung, erstellen. Der WFS greift dabei immer auf die aktuellsten Daten des Datenanbieters zu.

In Bayern wird derzeit lediglich der kennwortgeschützte WFS auf die Hauskoordinaten (Gazetteer) als Produkt angeboten. Dieser entspricht den Vorgaben des von der AdV erstellten DOG (Deutschland-Online-Gazetteer)-Profils. Im Zuge der Bereitstellung der Downloaddienste für INSPIRE befinden sich derzeit einige WFS in der Version 2.0 im Aufbau.

13.5 Nutzungsbedingungen

Die Standardlizenz beim Erwerb der Geodaten beinhaltet die Nutzung im eigenen Unternehmen an max. 5 Arbeitsplätzen (z. B. in Bayern oder länderübergreifend beim BKG). Sie schließt auch eine Aufbereitung oder Verwaltung der Geodaten durch einen Dienstleister ein.

Für alle darüber hinausgehenden Nutzungen benötigt der Lizenznehmer ein erweitertes Nutzungsrecht (externe Nutzung), mit dem eine Folgenutzung der Geodaten erlaubt wird, z. B. Präsentation im Internet, analoge Publikationen. Hierfür fällt grundsätzlich ein Verwertungsentgelt an. Die Höhe des Verwertungsentgelts bemisst sich nach der Art der Folgenutzung.

Vor einer externen Nutzung der Geodaten ist in jedem Fall mit dem entsprechenden Datenanbieter Kontakt aufzunehmen.

13.6 Weitere Produkte der Bayerischen Vermessungsverwaltung

- Wachsender Bestand an historischen Karten als georeferenzierte Rasterdaten (z. B. die Positionsblätter aus den Jahren 1821 bis 1881).
- Digitale Höhenlinien (DHK) als Rasterdaten blattschnittfrei und flächendeckend.

- Historische Luftbilder ab dem Jahr 1941 (davon ca. 64.000 Aufklärungsaufnahmen der Alliierten aus der Zeit des Zweiten Weltkriegs) für stereoskopische Auswertungen, Zeitreihen und Altlastenermittlungen.
- Satellitenpositionierungsdienst SA*POS*® für eine hochgenaue Positionsbestimmung in Lage und Höhe.

13.7 Link-Sammlung zu amtlichen Geodaten

Der Datenvertrieb der Geodaten erfolgt je nach Datenbestand zentral oder dezentral. Die Katasterdaten werden ausschließlich von den zuständigen Ländern abgegeben. Hauskoordinaten und Hausumringe werden bei bundesländübergreifender Datenabgabe in ASCII-Datensätzen über die Zentrale Stelle Hauskoordinaten und Hausumringe (ZSHH) bereitgestellt. Die ZSHH ist bei der Bezirksregierung Köln, Abteilung 7 Geobasis NRW (siehe Linkliste) angesiedelt.

Alle topographische Karten sowie weitere Daten der Landesvermessung werden zentral vom Bundesamt für Kartographie und Geodäsie (BKG) vertrieben, sofern es sich um eine bundesländübergreifende Datenabgabe handelt. Die Internetpräsenz dazu lautet:

- www.bkg.bund.de

Die Startseite der Arbeitsgemeinschaft der Vermessungsverwaltungen der Länder der Bundesrepublik Deutschland (AdV) ist über folgende Adresse verfügbar:

- www.adv-online.de

Weitere Informationen, Bezugsmöglichkeiten und Preise bzw. Gebühren zu den Daten der einzelnen Vermessungsverwaltungen der Länder sind unter folgenden Links zu erhalten:

- Landesamt für Geoinformation und Landentwicklung Baden Württemberg (LGL)
  www.lgl-bw.de
- Landesamt für Vermessung und Geoinformation Bayern (LVG)
  www.geodaten.bayern.de
- Senatsverwaltung für Stadtentwicklung Berlin
  www.stadtentwicklung.berlin.de/geoinformation
- Landesvermessung und Geobasisinformation Brandenburg
  www.geobasis-bb.de
- GeoInformation Bremen
  www.geo.bremen.de
- Geoinformation und Vermessung Hamburg
  www.hamburg.de/startseite-landesbetrieb-geoinformation-und-vermessung
- Hessische Verwaltung für Bodenmanagement und Geoinformation
  www.hvbg.hessen.de
- Amt für Geoinformation, Vermessungs- und Katasterwesen Mecklenburg-Vorpommern
  www.lverma-mv.de
- Landesvermessung + Geobasisinformation Niedersachsen (LGLN)
  www.lgn.niedersachsen.de

- Bezirksregierung Köln, Abteilung 07 Geobasis NRW
  www.bezreg-koeln.nrw.de/brk_internet/organisation/abteilung07_produkte
- Landesamt für Vermessung und Geobasisinformation Rheinland-Pfalz
  www.lvermgeo.rlp.de
- Landesamt für Kataster-, Vermessungs- und Kartenwesen Saarland
  www.saarland.de/kataster_vermessung_karten.htm
- Staatsbetrieb Geobasisinformation und Vermessung Sachsen (GeoSN)
  www.landesvermessung.sachsen.de
- Landesamt für Vermessung und Geoinformation Sachsen-Anhalt
  www.lvermgeo.sachsen-anhalt.de
- Landesamt für Vermessung und Geoinformation Schleswig-Holstein
  www.schleswig-holstein.de/LVERMA
- Landesamt für Vermessung und Geoinformation Thüringen
  www.thueringen.de/de/tlvermgeo

14 Lösungen

In diesem Kapitel erhalten Sie ausführliche Hilfestellung und eine Schritt-für-Schritt-Erklärung zur Lösung der Übungsaufgaben in Kapitel 14. Wir empfehlen Ihnen, die Lösung der Aufgaben zunächst ohne die folgenden Anweisungen zu versuchen. Grundlegende Tipps und Tricks zu den Lösungswegen werden bei den jeweiligen Übungsaufgaben gegeben.

14.1 Lösung zum Übungsblock 1: Ein Projekt starten – ArcCatalog, WMS-Server, Geodatabase und Shapefiles

In diesem ersten Übungskapitel erhalten Sie einen Überblick über die Funktion und Anwendungsmöglichkeiten von ArcCatalog sowie grundlegendes Wissen zur Erstellung von Geodatabases und Shapefiles.

14.1.1 Starten Sie ArcCatalog

ArcCatalog stellt zahlreiche Funktionalitäten speziell zum Sichten und Verwalten von Geodaten zur Verfügung und übernimmt damit die Funktion eines (Geo-)Daten-Explorers innerhalb von ArcGIS. Geodaten können gesucht, neu angelegt, kopiert und gelöscht werden. Die Eigenschaften der Geometrie- bzw. Sachdaten können verändert oder neu definiert werden. In einem Vorschaufenster können Geodaten betrachtet und zugehörige Attribute angezeigt werden. Zudem können Sie sich zu Ihren Geodaten – soweit vorhanden – weitere Informationen (sog. Metadaten) über deren Inhalt, Aktualität, Qualität etc. anzeigen lassen, diese bearbeiten oder neu erstellen. Alternativ kann seit ArcGIS 10 der Katalog für die Aufgaben verwendet werden, der direkt in ArcMap enthalten ist (siehe auch 6.1.6).

Um ArcCatalog zu starten, haben Sie mehrere Möglichkeiten:

- Über den Eintrag im Windows Startmenü (Standardeinstellung Windows 7: *„Start"* ⇨ *„Alle Programme"* ⇨ *„ArcGIS"* ⇨ *„ArcCatalog 10.1"*),
- mit der Datei „ArcCatalog.exe" im Verzeichnis „Desktop10.1\bin" Ihres ArcGIS Installationsverzeichnisses (Standardpfad: *„C:\Programme\ArcGIS\"*) oder
- über eine bei der Installation erstellte Desktopverknüpfung.

Wie Sie in der Abbildung 340 erkennen können, hat ArcCatalog tatsächlich starke Ähnlichkeit mit dem Windows-Explorer. Die Benutzeroberfläche gliedert sich in zwei Hauptbereiche:

Das Inhaltsverzeichnis (links), das in einer Baumstruktur die verfügbaren Datenordner auflistet.

Das Kartenfenster (rechts), das den Inhalt des im linken Fenster ausgewählten Ordners anzeigt.

Im Inhaltsverzeichnis listet ArcCatalog standardmäßig alle lokalen Laufwerke mit ihren Unterverzeichnissen auf. Zunächst nicht angezeigt werden eventuell vorhandene Netzlaufwerke. Allerdings können Laufwerke neu „angebunden" werden und stehen damit als eigener Eintrag im Inhaltsverzeichnis zur Verfügung. Gleiches gilt natürlich auch für einzelne Ordner. So können Sie häufig benutzte Projektordner dauerhaft anbinden, um einen schnellen Zugriff auf die entsprechenden Daten in ArcCatalog zu ermöglichen.

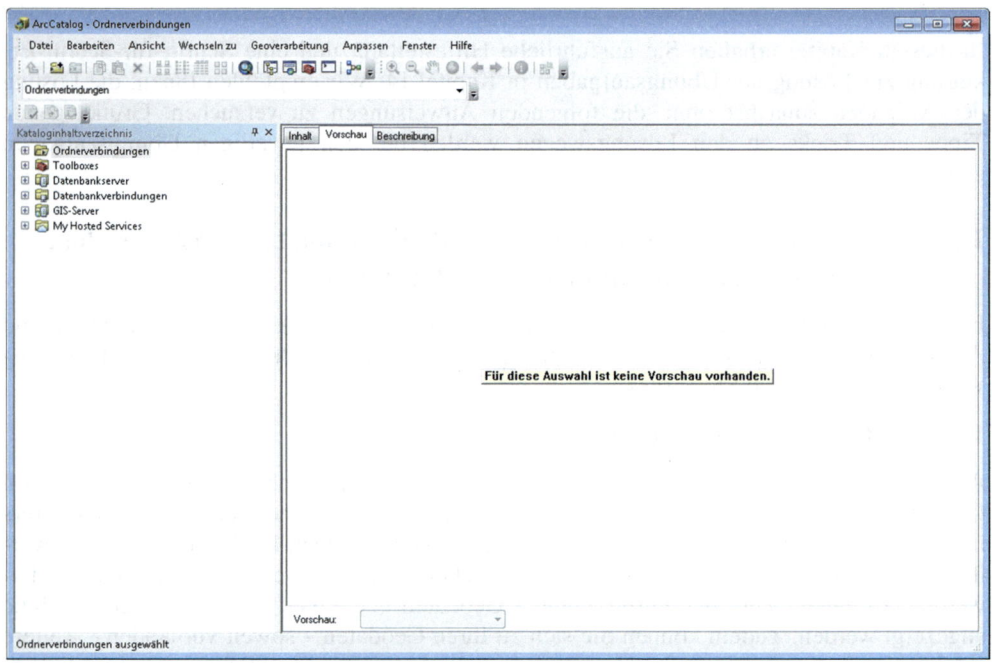

Abb. 340: Die Benutzeroberfläche von ArcCatalog

14.1.2 Binden Sie ein Laufwerk bzw. einen Ordner an

Legen Sie nun eine neue Verbindung zu den (später benötigten) Übungsdaten an. Klicken Sie dazu in der Werkzeugleiste „Standard" auf das Symbol „Mit Ordner verbinden" (alternativ: *Hauptmenüleiste* ⇨ *„Datei"* ⇨ *„Mit Ordner verbinden..."*). Im folgenden Dialogfenster können Sie den Ordner auswählen, zu dem Sie eine Verbindung herstellen möchten. Wählen Sie hier den Ordner aus, in dem Sie die Demodaten zu diesem Buch abgespeichert und entpackt haben, und bestätigen Sie mit „OK". Damit wird der Ordner „<Download-Ordner>" als neuer Eintrag im ArcCatalog Inhaltsverzeichnis aufgelistet. Aus Gründen der Übersichtlichkeit können Sie den Namen ändern. Öffnen Sie mit einem Rechtsklick auf „<Download-Ordner>" das Kontextmenü des Ordners und wählen Sie dort den Befehl „Umbenennen" aus (alternativ können Sie auch das Tastenkürzel „F2" benutzen). Geben Sie nun den gewünschten Aliasnamen ein und bestätigen Sie mit Enter.

 Tipp: Mit einem Klick auf das „Plus"-Symbol vor einen Ordner können Sie wie gewohnt die Anzeige um alle Unterordner bzw. die enthaltenen Dateien erweitern.

Navigieren Sie nun in den Ordner „Block_1", in dem bereits Beispieldaten vorhanden sind. Hier werden Ihnen zunächst die unterschiedlichen Datei-Symbole (Icons) auffallen. ArcCatalog vergibt je nach Datei- bzw. Geometrietyp automatisch entsprechende Symbole mit einer farblichen Gliederung. Shape-Dateien werden grün, Geodatabase-Dateien grau

14.1 Lösung zum Übungsblock 1

und Layer-Dateien gelb dargestellt, wobei die verwendeten Symbole auch Aufschluss über den jeweiligen Geometrietyp (Punkt, Linie, Polygon etc.) geben. Eine Liste vieler Icons finden Sie im Anhang dieses Buchs.

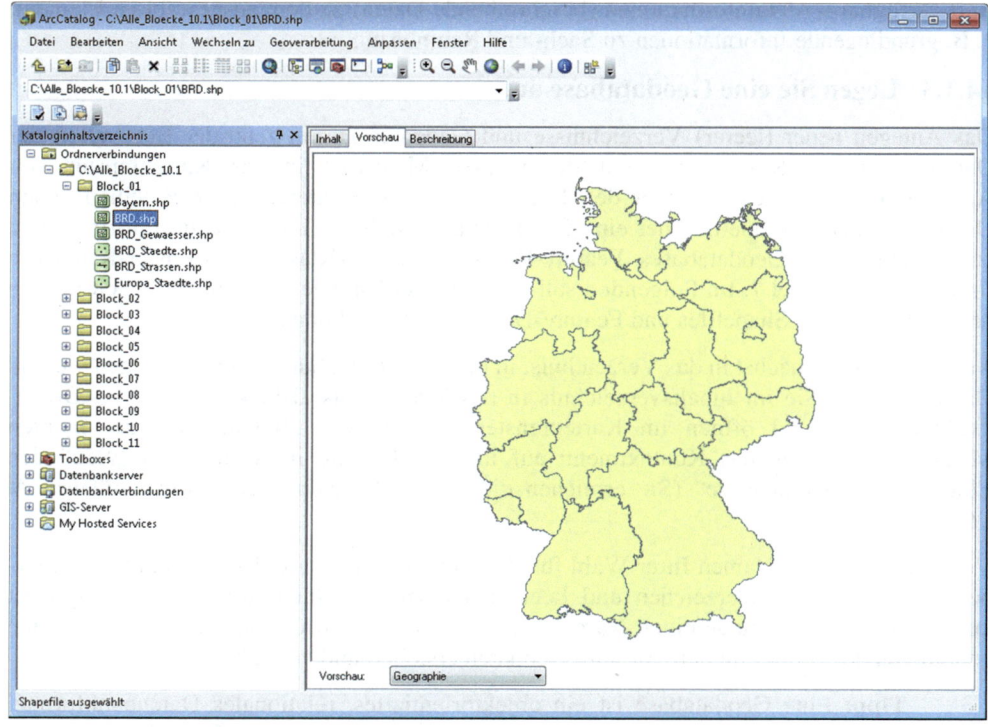

Abb. 341: Shape „BRD" in der Vorschau im ArcCatalog

Im Datenfenster (dem zweiten Hauptfenster in ArcCatalog neben dem Kataloginhaltsverzeichnis) stehen Ihnen die drei Registerkarten „Inhalt", „Vorschau" und „Beschreibung" zur Verfügung, die jeweils einen anderen Blick auf Ihre Daten bzw. ArcMap Projekte ermöglichen. Klicken Sie im Inhaltsverzeichnis nun z. B. auf die Datei „BRD.shp" (im Unterverzeichnis „Block_1"). Im „Inhalt" werden Ihnen eine Miniaturansicht des Elements sowie einige weitere Informationen angezeigt. Wechseln Sie in die Registerkarte „Vorschau" und Sie erhalten eine Vorschau auf das Shape in seiner gesamten Ausdehnung.

Wenn Sie sich in dieser Registerkarte befinden, wird auch die Werkzeugleiste „Geographie" aktiv. Sollte die Werkzeugleiste „Geographie" bei Ihnen nicht angezeigt werden, können Sie diese über *Hauptmenüleiste* ⇨ *„Ansicht"* ⇨ *„Werkzeugleisten"* einblenden. Mit den hier zur Verfügung gestellten Werkzeugen können Sie z. B. in der Vorschau zoomen oder Informationen abrufen. Aktivieren Sie mit einem Klick z. B. das Werkzeug „Identifizieren" in der Werkzeugleiste „Geographie" und klicken Sie auf die Deutschlandkarte. Sie erhalten daraufhin in einem neuen Fenster einige Informationen zu dem ausgewählten Bundesland. Am unteren Rand des Kartenfensters können Sie innerhalb der Registerkarte „Vorschau" auch auswählen, ob Sie eine Vorschau auf die Geographie

557

oder die Attribute des Elements möchten. Wählen Sie hier den Eintrag „Tabelle" aus und Sie erhalten einen Überblick über die zum Shapefile „BRD.shp" gehörende Attributtabelle.

Wechseln Sie schließlich in die dritte Registerkarte „Beschreibung" und Sie erhalten – soweit verfügbar – Metainformationen (beschreibende Daten) zu dem ausgewählten Element, z. B. grundlegende Informationen zu Sach- und Raumbezug.

14.1.3 Legen Sie eine Geodatabase an

Das Anlegen neuer (leerer) Verzeichnisse und Geodaten ist ein zentraler Bestandteil der Datenverwaltung. Klicken Sie mit der rechten Maustaste in das Kartenfenster von ArcCatalog, so können Sie über den Befehl „Neu" im Kontextmenü z. B. einen neuen Ordner, ein neues Shapefile oder eine Geodatabase erstellen. Grundlegende Informationen zur Erstellung von Geodatabases, Feature-Datasets, Feature-Klassen und Raster-Katalogen finden Sie in Kapitel 7. Im Folgenden soll erläutert werden, wie Sie Schritt für Schritt eine neue Geodatabase, Shapefiles und Feature-Datasets anlegen können.

Navigieren Sie zunächst in das Verzeichnis, in dem Sie Ihre Übungsdateien anlegen wollen. Dazu wechseln Sie im Inhaltsverzeichnis in das Verzeichnis „Block_01" Ihres „<Download-Ordners>" und öffnen im Kartenfenster das Register „Inhalt". Mit der rechten Maustaste rufen Sie das Kontextmenü auf und wählen Sie im Untermenü „Neu" den Eintrag „File-Geodatabase" (Sie erreichen diesen Befehl auch über *Hauptmenüleiste* ➪ *„Datei"* ➪ *„Neu"*).

Vergeben Sie einen Namen Ihrer Wahl für Ihre neue Geodatabase. Es empfiehlt sich, hierbei auf Umlaute, Sonderzeichen und Leerzeichen zu verzichten, sowie einen möglichst kurzen und dennoch eindeutigen Namen zu definieren. Diese Geodatabase ist im Grunde genommen der Ordner, in dem Sie Ihre Geodaten erstellen und verwalten.

Tipp: Eine Geodatabase ist ein objektorientiertes, relationales Datenbankformat, das in mehreren Varianten zur Verfügung steht. Die Personal-Geodatabase speichert Daten im Microsoft-Access-Format (*.mdb). Hierbei werden nicht nur die Sachdaten, sondern auch die Geometriedaten als Tabellen verwaltet, was vor allem bei sehr großen Datenmengen zu Geschwindigkeitsvorteilen führt. In einer File-Geodatabase sind die Daten in Form einer einfachen Ordner- und Dateistruktur gespeichert. Dadurch können einige Einschränkungen der Personal-Geodatabase umgangen werden. Esri empfiehlt, anstelle der Personal-Geodatabase in Zukunft mit der File-Geodatabase zu arbeiten. Weitere Informationen zu Geodatabases finden Sie in Kapitel 7.

Schauen Sie sich unsere gerade erstellte Geodatabase auch einmal im Windows-Explorer an. Sie werden feststellen, dass es sich bei einer File-Geodatabase – im Unterschied etwa zur Personal-Geodatabase – eigentlich nicht um *eine* Datei handelt, sondern die Speicherung in Form mehrerer Dateien unter einem gemeinsamen Ordner (hier: „File-Geodatabase.gdb") erfolgt. Deshalb können Sie auch nur innerhalb von ArcGIS mit File-Geodatabases arbeiten. Die Verwaltung von Geodatenbanken (kopieren, löschen, umbenennen etc.) sollte grundsätzlich auch nur mit ArcCatalog oder dem Katalog erfolgen. Im Windows-Explorer laufen Sie immer Gefahr, einzelne Daten zu vergessen und Ihre Geodaten dadurch unbrauchbar zu machen.

14.1 Lösung zum Übungsblock 1

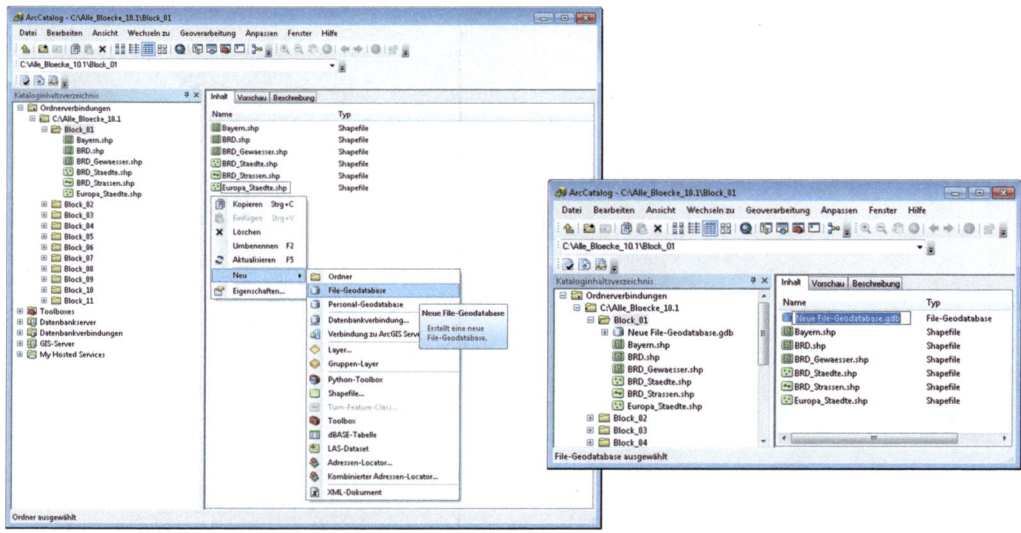

Abb. 342: Eine Geodatabase anlegen – vom Kontextmenü zur Benennung

14.1.4 Feature-Dataset und Feature-Klassen

Im nächsten Schritt wird nun die File-Geodatabase mit Inhalten gefüllt. Dazu wollen wir der Geodatabase zunächst ein Feature-Dataset hinzufügen. Ein Feature-Dataset können Sie sich als Container innerhalb der Geodatabase vorstellen, in dem eine oder mehrere Feature-Klassen angelegt werden können.

Wenn Sie sich die Geodatabase als übergeordneten Container vorstellen, in dem Sie sehr viele verschiedene Daten verwalten und grundlegende Einstellungen vornehmen können, ist ein Feature-Dataset eine Art „Unterordner". Es erlaubt nicht nur, die eigentlichen Inhalte der Datenbank thematisch zu unterteilen, sondern „vererbt" seinen Elementen auch wichtige Eigenschaften. So definiert ein Feature-Dataset für alle enthaltenen Feature-Klassen denselben Raumbezug: Alle Feature-Klassen, die innerhalb eines Feature-Datasets erzeugt werden, haben damit automatisch das gleiche Koordinatensystem und eine gemeinsame räumliche Ausdehnung (Auflösung). Weitere Eigenschaften eines Feature-Datasets sind in Kapitel 7.2.1 beschrieben.

Feature-Klassen wiederum entsprechen bei unserem Vergleich den Dateien und sind die eigentlichen Geodaten, sprich Daten einer Geodatabase. Feature-Klassen beinhalten die einzelnen Geometrieobjekte (Punkt, Linie, Polygon) oder Annotations. Dieses Beispiel gibt lediglich den einfachsten Aufbau einer Datenbank wieder (wie Sie feststellen werden, können beispielsweise Feature-Klassen auch direkt in Geodatabases erzeugt werden, und neben Feature-Klassen gibt es noch zahlreiche weitere Datentypen, die in einer Geodatabase gespeichert und verwaltet werden können).

Zum Anlegen eines Feature-Datasets klicken Sie in ArcCatalog im Kontextmenü der eingangs dieses Kapitels angelegten File-Geodatabase auf „*Neu*" ⇨ „*Feature-Dataset...*".

559

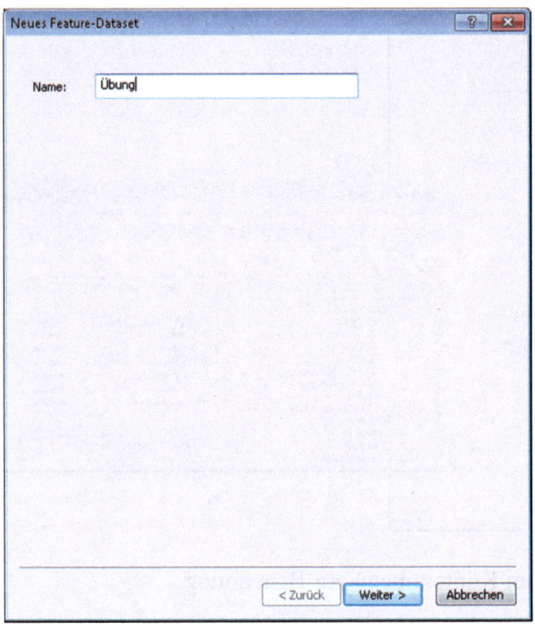

Abb. 343: Neues Feature-Dataset (1) – Namen vergeben

Im ersten Schritt des sich nun öffnenden Dialogfensters muss ein Name für das Feature-Dataset vergeben werden (Abb. 343). Dabei müssen einige Konventionen eingehalten werden. Der Name eines Feature-Datasets darf nicht mit einer Zahl beginnen und es dürfen keine Sonder- oder Leerzeichen verwendet werden. Umlaute können dagegen verwendet werden. Benennen Sie das Feature-Dataset in „Übung1" und wechseln Sie mit „Weiter" in das nächste Dialogfenster (Abb. 344).

Hier müssen Sie das Koordinatensystem angeben, auf das sich das Feature-Dataset und damit auch alle enthaltenen Feature-Klassen beziehen. Dazu gibt es mehrere Möglichkeiten:

ArcGIS liegt bereits eine Vielzahl vorgegebener Koordinatensysteme bei, aus denen Sie benötigte Koordinatensystem auswählen können. ArcGIS unterscheidet dabei zwischen geographischen Koordinatensystemen und projizierten Koordinatensystemen (vgl. Kapitel 8). Außerdem steht der Eintrag „Unknown" zur Verfügung. Sie können damit ohne Koordinatensystem arbeiten bzw. das Koordinatensystem zu einem späteren Zeitpunkt nachträglich zuweisen. Sie sollten jedoch grundsätzlich bereits beim Erstellen von Feature-Datasets und Feature-Klassen auf die Angabe des richtigen Koordinatensystems achten.

Wir möchten in unserer Übungsaufgabe das kartesische Koordinatensystem Gauß-Krüger (mit 12° östlicher Länge als Mittelmeridian) verwenden, das in Deutschland weitverbreitet ist und bei jeder ArcGIS Software bereits vordefiniert vorliegt. Navigieren Sie dazu zu „Projizierte Koordinatensysteme/Nationale Raster Grids/Deutschland" und wählen „Germany Zone 4". Über die Suchzeile kann die Liste der Koordinatensysteme auch eingeschränkt werden.

14.1 Lösung zum Übungsblock 1

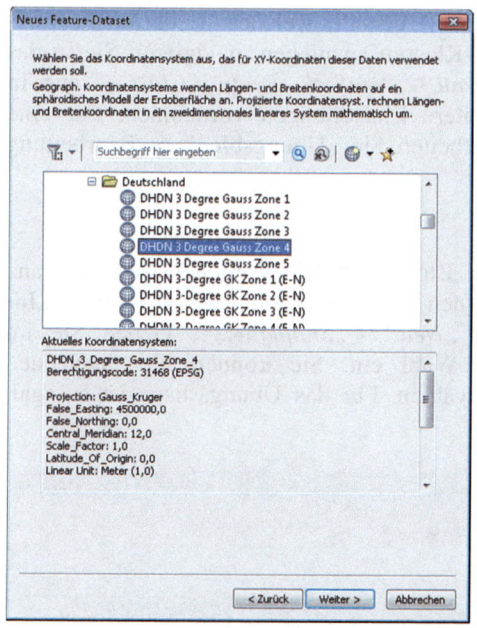

Abb. 344: Neues Feature-Dataset (1) – Koordinatensystem auswählen

 Tipp: Es empfiehlt sich, häufig benötigte Koordinatensysteme aus den jeweiligen Unterordnern in das Hauptverzeichnis „Coordinate Systems" zu kopieren, um das auf Dauer lästige Navigieren durch die Verzeichnisstruktur zu vermeiden und so die Auswahl des Koordinatensystems zu beschleunigen.

Im nächsten Fenster können Sie zusätzlich ein vertikales Koordinatensystem (zur Anzeige von Höhenkoordinaten) eingeben. Für die Übung wählen Sie „<None>" (für ArcGIS 10 oder älter) bzw. behalten die Einstellung „Kein Koordinatensystem" bei (für ArcGIS 10.1 for Desktop), da Sie ohne Höhenangaben arbeiten werden.

Schließlich müssen noch Toleranzwerte angegeben werden. Darunter ist die minimale Distanz zweier Punkte zu verstehen, bis zu welcher diese noch mit unterschiedlichen Koordinaten abgespeichert werden oder – mit anderen Worten – ab welchem minimalen Abstand zwei Punkte als lagegleich angesehen und als identischer Punkt gespeichert werden. In der Regel können die voreingestellten Werte übernommen werden (Genauigkeit von 1 mm). Schließlich müssen Sie angeben, ob Sie mit der voreingestellten (Standard-)Auflösung arbeiten möchten. Dieser Wert kann für die meisten Fälle übernommen werden. Sollten Sie dennoch eine andere Auflösung benötigen, entfernen Sie das Häkchen aus dem entsprechenden Kontrollkästchen, worauf sie im nächsten Schritt Angaben zur Auflösung treffen können (getrennt nach XY-Koordinaten, Z-Koordinaten und M-Werten).

Hinweis: Während die getätigten Einstellungen zum Namen und Raumbezug später noch geändert werden können, lassen sich die Toleranzwerte im Nachhinein nicht mehr bearbeiten!

Sie haben nun ein Feature-Dataset („Unterordner") erstellt, welches wiederum Feature-Klassen („Daten") enthalten kann. Um Feature-Klassen anzulegen, navigieren Sie in das Feature-Dataset und wählen über das *Kontextmenü* ⇨ *„Neu"* ⇨ *„Feature-Class…"* aus. In den folgenden Dialogfenstern können Sie weitere Einstellungen vornehmen. Für eine weiterführende Übung zu Feature-Klassen bearbeiten Sie „Übungsblock 6: Bearbeitung starten" (siehe Kapitel 14.6.3).

14.1.5 Shapefile

Erstellen Sie nun noch ein Shapefile im Ordner „Block_01". Die Vorgehensweise ist ganz ähnlich wie zum Erstellen der Geodatabase: Öffnen Sie im Kartenfenster im Register „Inhalt" das Kontextmenü und klicken auf ⇨ *„Neu"* ⇨ *„Shapefile…"*. Geben Sie im folgenden Dialogfenster einen Namen Ihrer Wahl ein. Sie können hier auch den Geometrietyp (Punkt, Linie, Polygon etc.) auswählen. Für das Übungsshape ist es egal, welche Geometrie sie wählen.

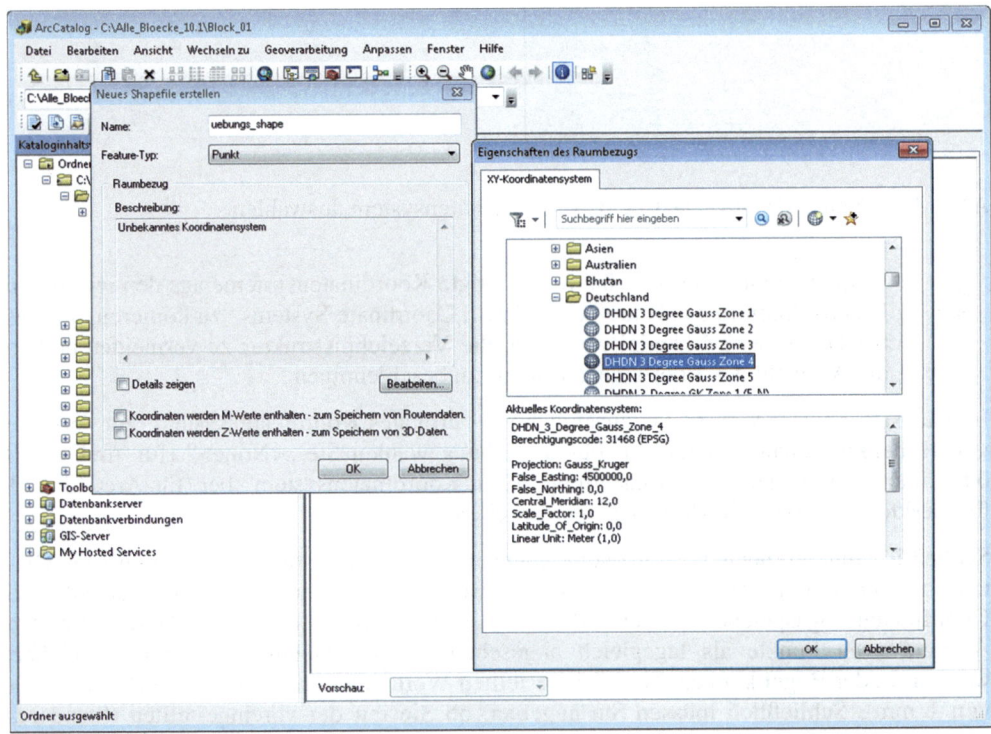

Abb. 345: Auswählen des Koordinatensystems

Klicken Sie unter „Raumbezug" auf die Schaltfläche „Bearbeiten…", um ihrem Shapefile ein Koordinatensystem zuzuweisen. Sie haben nun verschiedene Möglichkeiten. Über *„Koordinatensystem hinzufügen"* ⇨ *„Importieren…"* können Sie das Koordinatensystem eines bereits vorhandenen Shapefiles, einer Feature-Klasse oder einer Geodatabase für Ihr neues Shapefile übernehmen. Die Schaltfläche „Neu", mit der Sie ein neues Koordinatensystem definieren können, ist – zumindest für Einsteiger – nicht relevant. In den

14.1 Lösung zum Übungsblock 1

meisten Fällen werden Sie ein vordefiniertes Koordinatensystem verwenden. Über das Dialogfenster können Sie auch direkt ein „Koordinatensystem suchen". Entweder sie suchen in der Liste nach einem geeigneten Koordinatensystem oder sie geben einen passenden Begriff in die Suchleiste ein. Wenn Sie als Suchbegriff „Deutschland" wählen, erscheinen die Ordner, in denen ein Koordinatensystem mit dem Begriff gefunden wurde. Da wir in unserem Übungsdatensatz hauptsächlich mit Karten arbeiten, die sich auf Deutschland beziehen, wählen Sie das Deutsche Hauptdreiecksnetz als Koordinatensystem aus: „*Projizierte Koordinatensysteme*" ⇨ „*Nationale Raster*" ⇨ „*Deutschland*" ⇨ „*DHDN 3 Degree Gauss Zone 4.prj*" aus und klicken Sie auf „OK".

 Tipp: Die beiden darunterstehenden Einträge benötigen Sie nur, wenn die Feature-Koordinaten Ihres neuen Shapefiles M-Werte (notwendig bei Routen-Daten) oder Z-Werte (notwendig bei 3D-Daten) enthalten sollen.

Lassen Sie die beiden standardmäßig deaktivierten Optionen zu M-Werten und Z-Werten unverändert und erzeugen Sie mit einem Klick auf „OK" Ihr erstes neues Shapefile.

Sie haben nun eine Geodatabase und ein Shapefile über das Kontextmenü erstellt. Über dieses Kontextmenü können Sie auch innerhalb einer Geodatabase Feature-Datasets, Feature-Klassen, Tabellen oder ähnliches erstellen. Weitere Informationen und Übungsaufgaben hierzu finden Sie in Kapitel 14.6.2.

14.1.6 Anlegen von Feature-Datasets und Feature-Klassen

Prinzipiell funktioniert das Anlegen von neuen Feature-Datasets und Feature-Klassen ebenso: Entweder mit einem Rechtsklick über das Kontextmenü, oder über die *Hauptmenüleiste* ⇨ „*Datei*" ⇨ „*Neu*". Das Erstellen von Feature-Datasets, Feature-Klassen und das Anlegen von Subtypes vertiefen wir im Übungskapitel „14.6.2 Anlegen der Feature-Klassen und Subtypes".

14.1.7 Binden Sie einen WMS-Server an

Der WMS (Web Map Service) ist ein Dienst (Schnittstelle) im Internet, der Geodaten in verschiedenen Rasterformaten von einem Geodatenserver über das Hypertext Transfer Protocol (HTTP) zur Darstellung anfordert.

Sie finden die Adressen vieler WMS-Dienste im Internet, für unsere Übungsaufgabe binden wir den Server des Bayerischen Landesamts für Vermessung und Geoinformation an. Im Inhaltsverzeichnis Ihres ArcCatalog finden Sie unter „GIS-Server" den Eintrag „WMS-Server hinzufügen". Doppelklicken Sie auf dieses Symbol und geben Sie im Feld URL folgende Adresse ein:

http://www.geodaten.bayern.de/ogc/getogc.cgi?request=getcapabilities

Klicken Sie auf „OK". Sie haben nun einen neuen WMS-Server angebunden, er wird Ihnen im Kataloginhaltsverzeichnis angezeigt als „Web Map Service der Bayerischen Vermessungsverwaltung". Öffnen Sie im Kataloginhaltsverzeichnis diesen Web Map Service (durch Klicken auf „+"), und Sie gelangen schließlich zum Inhalt: Neben dem Copyrightvermerk stehen Ihnen Digitale Orthophotos und Digitale Topographische Karten zur Verfügung. Wählen Sie die „Digitale Topographische Karte 1:500.000", wechseln Sie im Kartenfenster in den Reiter „Vorschau" und zoomen Sie zu einen Ort Ihrer Wahl.

14 Lösungen

Abb. 346: Nördlingen im Maßstab 1:60.000

Tipp: Wenn Sie Geodaten laden, werden Sie feststellen, dass viele Karten und Luftbilder nicht in allen Maßstäben angezeigt werden. Gebrauchen Sie die Zoom-Werkzeuge oder das Mausrad, um den Maßstab so weit zu verändern, dass die Darstellung sichtbar wird.

Je nachdem, welche der Topographischen Karten Sie nun wählen oder ob Sie sich die Orthophotos anzeigen lassen, erhalten Sie eine andere Ausgabedarstellung (siehe Abb. 346).

Ähnlich wie das Anbinden eines WMS-Servers erfolgt auch das Anbinden von ArcGIS- und ArcIMS-Servern oder von WCS-Servern.

14.1.8 Starten Sie ArcMap

Um den Aufgabenblock 1 abzuschließen und mit den Übungen zu Block 2 „Arbeiten mit ArcMap" fortzufahren, öffnen Sie ein leeres ArcMap-Kartenprojekt. Sie haben dazu mehrere Möglichkeiten:

1. Klicken Sie auf den ArcMap-Button in der Standard-Werkzeugleiste von ArcCatalog.
2. Über den Eintrag im Windows Startmenü (Standardeinstellung Windows 7: „Start" ➪ „Alle Programme" ➪ „ArcGIS" ➪ „ArcMap 10.1"), oder
3. über eine bei der Installation erstellte Desktopverknüpfung.

14.2 Lösung zum Übungsblock 2: Arbeiten mit ArcMap – die Benutzeroberfläche

In diesem Übungskapitel lernen Sie, innerhalb von ArcMap zu navigieren und die Oberfläche Ihren individuellen Bedürfnissen anzupassen. Ebenso werden erste Schritte mit der Anwendung Katalog in ArcMap erklärt. Sie lernen verschiedene Layer kennen und wie sie deren grundlegende Einstellungen verändern können.

14.2 Lösung zum Übungsblock 2

14.2.1 Starten von ArcMap und Laden der Übungsdaten

Sie haben mehrere Möglichkeiten, ArcMap zu starten:

1. Über den Eintrag im Windows Startmenü (Standardeinstellung Windows 7: „*Start*" ➪ „*Alle Programme*" ➪ „*ArcGIS*" ➪ „*ArcMap 10.1*"), oder
2. über eine bei der Installation erstellte Desktopverknüpfung.
Wenn der ArcCatalog geöffnet ist, klicken Sie auf den ArcMap-Button in der Standard-Werkzeugleiste von ArcCatalog.

In dem sich daraufhin öffnenden Dialogfenster können Sie wählen, ob Sie eine neue Karte erstellen möchten, ob Sie eine Karte anhand einer Vorlage erstellen möchten, oder ob Sie ein bereits vorhandenes Kartenprojekt öffnen möchten. In Zukunft werden Ihnen Ihre zuletzt bearbeiteten Karten unter „Vorhandene Karten" angezeigt werden.

Tipp: Den ArcMap Startdialog können Sie mit Aktivierung der Option „Diese Meldung in Zukunft nicht mehr anzeigen" für zukünftige ArcMap-Sitzungen ausschalten. Möchten Sie, dass er wieder angezeigt wird, so lässt sich dies über *Hauptmenüleiste* ➪ „*Anpassen*" ➪ „*ArcMap-Optionen...*" ➪ „*Allgemein*" einstellen. Setzen Sie dazu im Bereich „Programmstart" vor die Option „Dialog ‚Erste Schritte' anzeigen" ein Häkchen. Entsprechend können Sie hier auch die Anzeige des Eröffnungsbildschirms ein- und ausschalten.

Um eine neue, leere Karte zu erstellen, markieren Sie den Eintrag „Neue Karten" im Inhaltsverzeichnis (links) und wählen im Vorschaufenster „Leere Karte" aus (siehe Abb. 347).

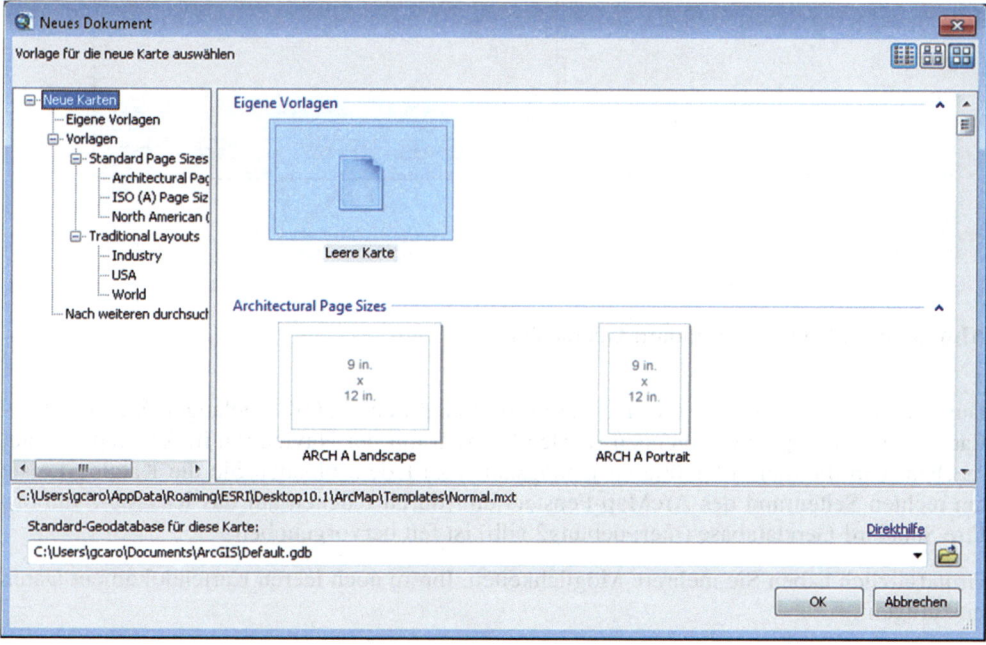

Abb. 347: Erstellen einer neuen, leeren Karte

Bevor Sie nun mit „OK" bestätigen, wählen Sie noch eine Standard-Geodatabase für Ihre neue Karte aus. Klicken Sie dazu auf das Ordner-Symbol neben dem Pfadfenster. Navigieren Sie im folgenden Fenster zu Ihren Übungsdaten und in den Ordner „Block_02". Dort erstellen Sie Ihre neue Standard-Geodatabase durch einen Klick auf das Symbol „Neue File-Geodatabase erstellen" (siehe Abb. 348).

Benennen Sie die Geodatabase nach Ihrer Wahl und bestätigen Sie durch Klicken auf „Hinzufügen".

Tipp: Ab ArcGIS 10 enthält jede MXD-Datei eine Standard-Geodatabase, mit der Sie an diesem Dokument hauptsächlich arbeiten. Wenn alle (oder die meisten) Daten im Kartendokument aus einer bestimmten Geodatabase stammen, geben Sie diese als Standard-Geodatabase an. Wenn Sie ein neues Kartendokument beginnen und nicht manuell eine Standard-Geodatabase auswählen, wird automatisch eine neue Geodatabase erstellt (unter „Eigene Dokumente\ArcGIS\Default.gdb"). Die Verwendung einer Standard-Geodatabase birgt einige Vorteile, darunter die Zeitersparnis, die größere Übersichtlichkeit und leichtere Navigation.

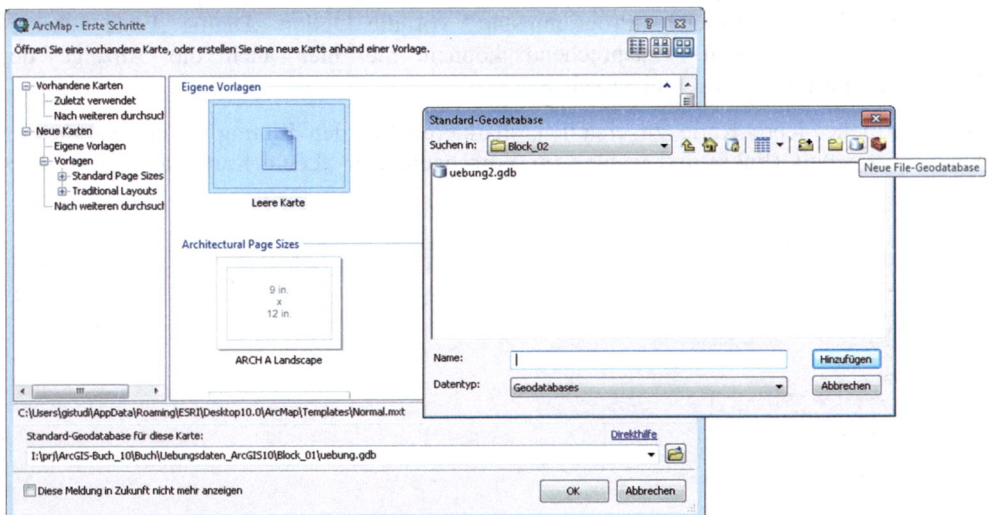

Abb. 348: Anlegen der Standard-Geodatabase

Durch erneutes Bestätigen, diesmal durch die Schaltfläche „OK", gelangen Sie zur Oberfläche von ArcMap. Im Folgenden werden Sie sich mit der Navigation in ArcMap vertraut machen. Um die hierzu benötigten Übungsdaten zu laden, blenden Sie die Katalog-Leiste am rechten Seitenrand des ArcMap-Fensters ein (durch Klicken auf das Katalog-Symbol). Ihre Standard-Geodatabase (hier: uebung2.gdb) ist fett hervorgehoben.

Grundsätzlich haben Sie mehrere Möglichkeiten, Ihrem noch leeren Kartendokument Daten hinzufügen:

14.2 Lösung zum Übungsblock 2

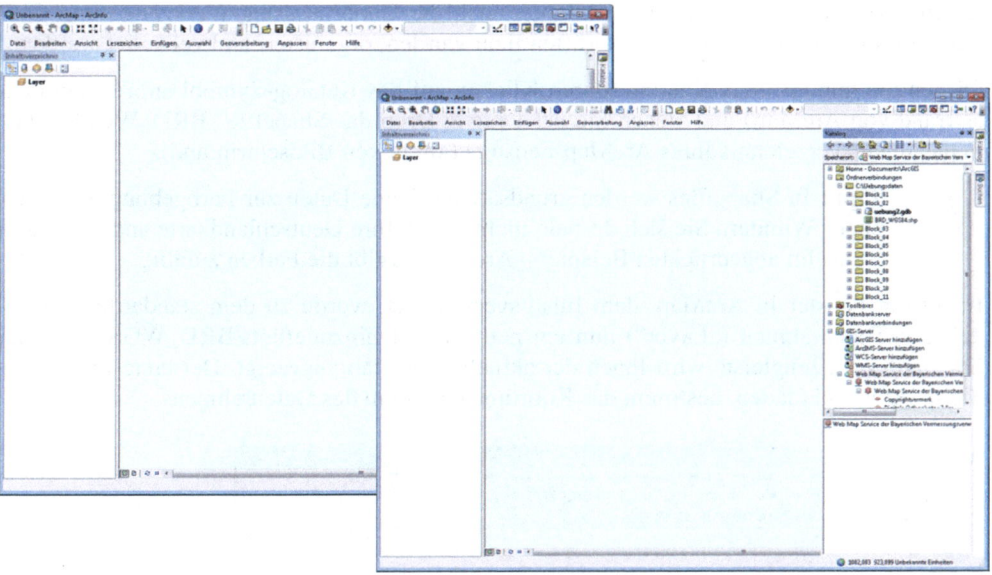

Abb. 349: Leeres ArcMap Projekt ohne und mit eingeblendetem Katalog

- Wählen Sie in der *Hauptmenüleiste* ⇨ *„Datei"* ⇨ *„Daten hinzufügen"* ⇨ *„Daten hinzufügen…"*.
- Klicken Sie in der Werkzeugleiste „Standard" auf das Symbol „Daten hinzufügen".
- Wählen Sie durch einen Rechtsklick auf „Layer" (der Datenrahmen) im Inhaltsverzeichnis (Kontextmenü) den Befehl „Daten hinzufügen…".
- Wenn Sie ArcMap und ArcCatalog geöffnet haben, können Sie den gewünschten Layer einfach per Drag & Drop aus der Verzeichnisstruktur in ArcCatalog direkt in Ihr ArcMap Projekt ziehen.
- Seit ArcGIS 10 gibt es den Katalog in ArcMap, der das Hinzufügen von Daten noch einfacher macht.

Tipp: Der integrierte Katalog in ArcMap ist eine abgespeckte Version des ArcCatalogs. Der Katalog ersetzt zwar den ArcCatalog nicht in vollem Umfang, aber er ermöglicht dem Benutzer eine vereinfachte Arbeitsweise ohne häufiges Öffnen und Schließen von ArcMap/ArcCatalog. Das Katalog-Fenster kann – wie das Inhaltsverzeichnis oder das Suchfenster – über das Menü „Fenster" geöffnet werden. Standardmäßig öffnet sich der Katalog im rechten Teil des Karten-fensters, die Position des Katalog-Fensters, dies kann aber auch jederzeit geändert werden. Das Fenster steht Ihnen auch in ArcGlobe und ArcScene zur Verfügung, wenn Sie eine Lizenz für den 3D Analyst haben. Sie können innerhalb des Katalog-Fensters durch Ihre Daten navigieren, wie Sie es auch aus ArcCatalog kennen, und können direkt Ihre Geodaten per Drag & Drop in Ihr Kartenprojekt ziehen. In den meisten Fällen können Sie auf diesem Weg schneller Arbeiten, als wenn Sie sich die Geodaten einzeln über die Schaltfläche „Daten hinzufügen…" hinzuladen würden. Sie können auch neue Daten erstellen oder bestehende

14 Lösungen

Daten verwalten. Neben Geodaten können auch die Geoprocessing-Werkzeuge und GIS-Services, die über ArcGIS Server veröffentlicht wurden, organisiert und verwaltet werden.

Öffnen Sie nun also den Katalog (durch Klicken auf das Katalog-Symbol am rechten Fensterrand von ArcMap) und ziehen Sie per Drag & Drop das Shapefile „BRD_WGS84.shp" in das Inhaltsverzeichnis Ihres ArcMap-Fensters (am linken Bildschirmrand).

 Tipp: In Shapefiles werden grundsätzlich keine Daten zur Farbgebung abgespeichert. Wundern Sie sich deshalb nicht, wenn Ihre Deutschlandkarte anders gefärbt ist als im abgedruckten Beispiel – ArcGIS vergibt die Farben zufällig.

Im linken Fenster in ArcMap, dem Inhaltsverzeichnis, wurde zu dem standardmäßig angelegten Datenrahmen („Layer") nun ein neuer Layer hinzugefügt: BRD_WGS84. In der Standard-Werkzeugleiste wird Ihnen der aktuelle Maßstab angezeigt. Der erste Layer, den Sie in Ihr Projekt laden, bestimmt das Koordinatensystem des Datenrahmens.

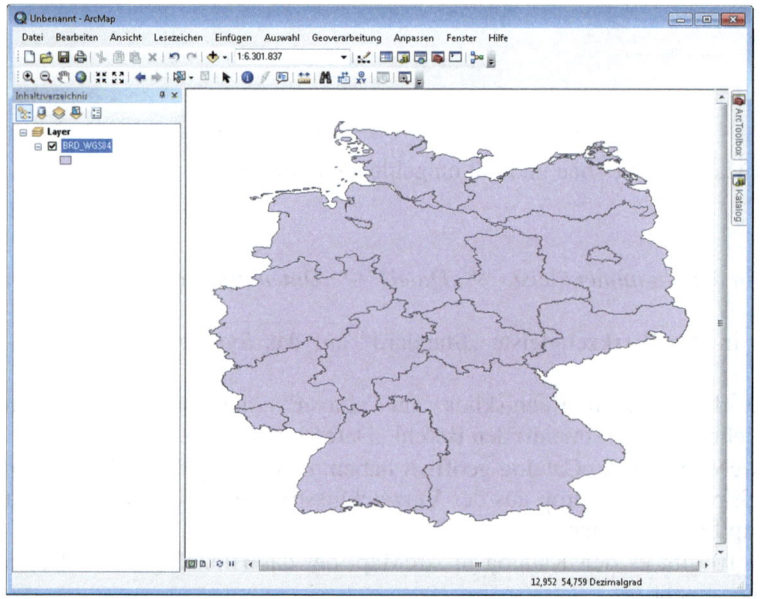

Abb. 350: Erstellen einer neuen Karte mit dem Layer „BRD-WGS84"

14.2.2 Werkzeugleisten „Layout", „Standard" und „Werkzeuge"

Die Oberfläche von ArcMap wird sie stark an die im letzten Kapitel vorgestellte Oberfläche von ArcCatalog erinnern. Das Fenster teilt sich ebenfalls in einen linken Bereich, das Inhaltsverzeichnis, und einen größeren rechten Bereich, das Kartenfenster.

Tipp: Möchten Sie, dass der Startdialog nicht mehr angezeigt wird, so lässt sich dies über *Hauptmenüleiste* ⇨ *„Anpassen"* ⇨ *„ArcMap-Optionen"* ⇨ *„Allgemein"* einstellen. Löschen Sie dazu im Bereich „Programmstart" vor der Option „Dialog ‚Erste Schritte' anzeigen" das Häkchen. Entsprechend können Sie hier auch die Anzeige des Eröffnungsbildschirms einschalten.

14.2 Lösung zum Übungsblock 2

Bevor Sie nun mit ArcMap arbeiten, empfiehlt es sich, die Oberfläche Ihren Bedürfnissen gemäß anzupassen. Über *Hauptmenüleiste* ⇨ *„Anpassen"* ⇨ *„Werkzeugleisten"* können Sie per Mausklick diejenigen Werkzeugleisten auswählen, die Sie regelmäßig benutzen werden (Abb. 351). Sie erreichen diesen Dialog auch über einen Rechtsklick außerhalb des Inhaltsverzeichnisses bzw. des Kartenfensters.

Wählen Sie hier – sofern nicht schon geschehen – die Einträge „Hauptmenü", „Layout", „Standard" und „Werkzeuge" aus. Anschließend können Sie jede dieser Werkzeugleisten innerhalb der ArcMap-Oberfläche je nach Bedarf frei positionieren oder an ein bestehendes Fenster „andocken". Klicken Sie dazu auf den „Anfasser" (vier graue Punkte links neben dem ersten Symbol) der Werkzeugleiste, halten Sie die Maustaste gedrückt und verschieben Sie die Werkzeugleiste an den gewünschten Ort.

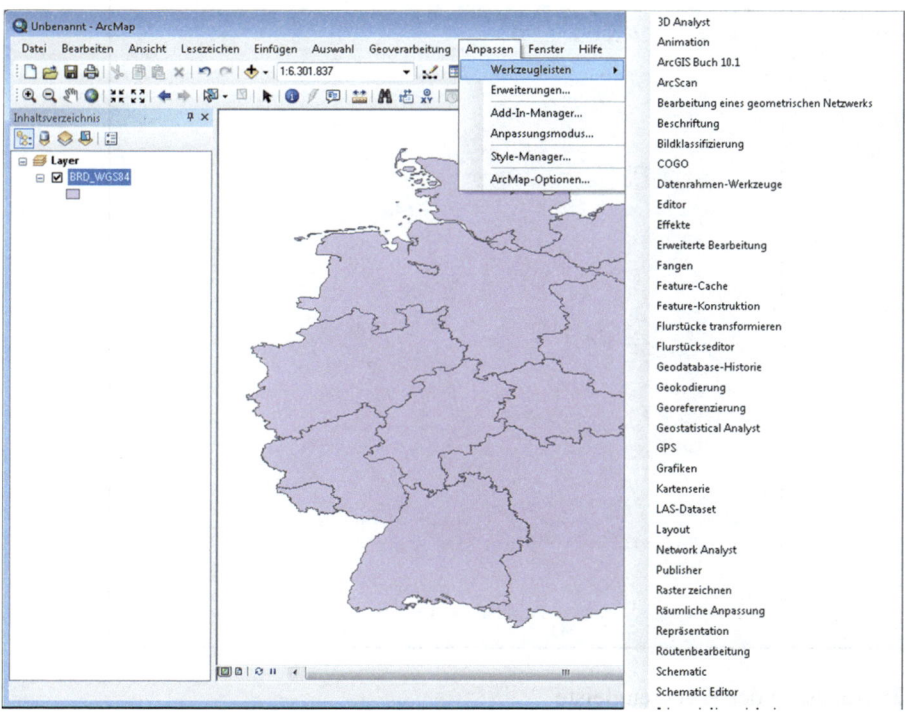

Abb. 351: Einblenden verschiedener Werkzeugleisten

Zudem lassen sich die einzelnen Werkzeugleisten um zusätzliche Befehle erweitern, sodass Sie ArcMap nach Ihren individuellen Bedürfnissen anpassen können. Fügen Sie am besten gleich das wichtige Werkzeug „Auf selektierte Features zoomen" zu Ihrer Leiste hinzu. Klicken Sie dazu auf das Symbol „Anpassen…", das sie am linken Ende jeder Werkzeugleiste finden (siehe Abb. 352).

Im folgenden Dialogfenster wählen Sie die Registerkarte „Befehle". Hier haben Sie wiederum zwei Auswahlfenster. Im linken Kategorien-Fenster sehen Sie Werkzeuggruppen, denen wiederum einzelne Befehle zugeordnet sind (im rechten Befehle-Fenster sichtbar). Wählen

Sie als Kategorie „Auswahl" und klicken dann auf den Befehl „Auf selektierte Features zoomen". Sie können sich über die Schaltfläche „Beschreibung" kurze Informationen zu jedem Befehl anzeigen lassen. Um den gewählten Befehl in Ihrer Werkzeugleiste zu platzieren, ziehen Sie diesen Eintrag mit gedrückter Maustaste an den gewünschten Ort.

Außerdem lassen sich Symbole innerhalb der Werkzeugleisten durch Einfügen von Trennlinien optisch auch zu Gruppen zusammenfassen. Klicken Sie dazu bei geöffnetem Dialogfenster „Anpassen" mit der rechten Maustaste auf ein Symbol innerhalb der Werkzeugleiste. Mit dem Befehl „Gruppierung beginnen" fügen Sie dann vor dem markierten Symbol eine Trennlinie ein.

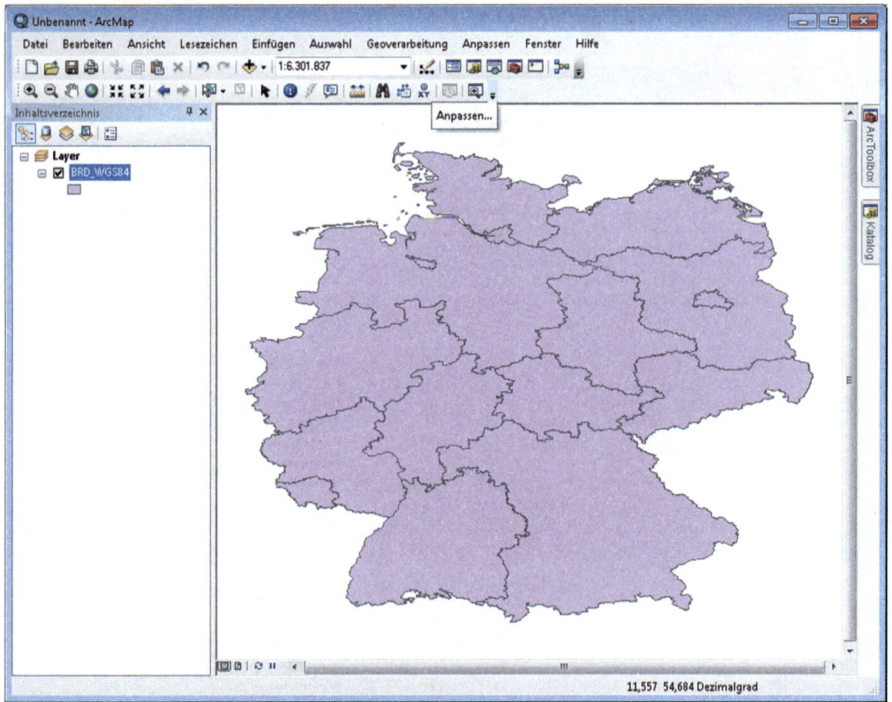

Abb. 352: Anpassen der Werkzeugleiste

Tipp: ArcMap „merkt sich", welche Werkzeugleisten aktiviert wurden, wo sie platziert sind, und welche Anpassungen vorgenommen wurden, und speichert diese Information in der Dokumentvorlage „Normal.mxt" ab. Damit sieht Ihre ArcMap Oberfläche für dieses und alle zukünftigen Projekte gleich aus. Um eine von Ihnen oder einem anderen Nutzer veränderte anwendungseigene Werkzeugleiste in ihren Urzustand zu versetzen, wählen Sie im Dialogfenster „Anpassen" im Register „Werkzeugleisten" zunächst auf der linken Seite die entsprechende Werkzeugleiste und klicken dann auf „Zurücksetzen…" und bestätigen Sie mit „OK".

14.2.3 Der Andock-Manager und weitere Anzeigeoptionen

Mithilfe des Andock-Managers können Sie die Position und Anzeige einzelner Fenster beeinflussen. Auf diese Weise können Sie Ihre Arbeitsfläche übersichtlicher gestalten und Ihren individuellen Wünschen anpassen.

Der Andock-Manager erscheint automatisch, sobald Sie das Fenster mit gedrückter Maustaste bewegen (siehe Abb. 353). Dadurch wird Ihnen die Positionierung erleichtert. Sie können das Fenster weiterhin einfach an einen beliebigen Ort verschieben, können aber auch die Andock-Hilfe nutzen. Das blaue, transparente Feld zeigt Ihnen dabei immer die neue mögliche Position an.

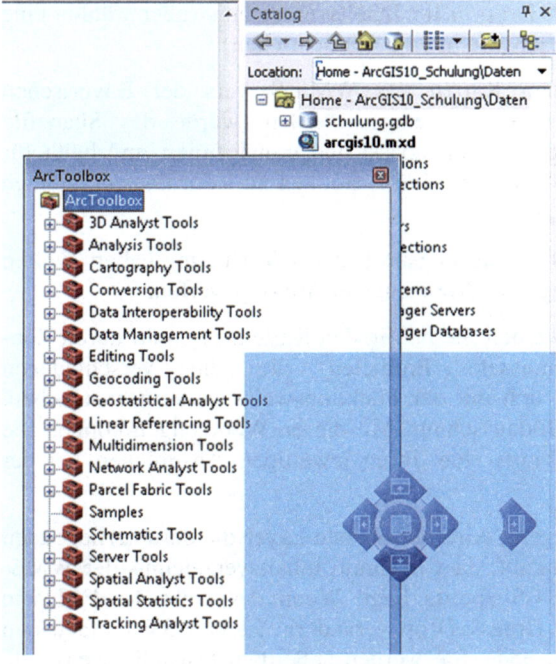

Abb. 353: Andock-Manager und mögliche Position der ArcToolbox

Als zusätzliche Anzeigeoption können Sie wählen, ob das Fenster – sofern es sich am Rand des Kartenfensters befindet – die ganze Zeit angezeigt werden soll, oder bei Inaktivität „versteckt" wird. Dafür sehen Sie oben rechts in der Titelleiste – neben dem X zum Schließen des Fensters – eine Reißzwecke. Diese ist entweder waagerecht, was bedeutet, dass das Fenster am Seitenrand „versteckt" wird, oder senkrecht, wodurch das Fenster fest angepinnt und somit immer sichtbar ist. Wenn Sie ein „verstecktes" Fenster wieder öffnen möchten, reicht ein Klick auf das seitlich angebrachte Symbol. Während das Fenster angezeigt wird, können Sie auch die Pin-Einstellung wieder verändern und somit zwischen „versteckt" und „angezeigt" wechseln.

Alle zweigeteilten Dialogfenster (z. B. das Fenster „Attribute" oder das Fenster „Identifizieren") können Sie jetzt auch in ihrer Darstellung verändern. Sie haben die Wahl, ob die beiden Fensterteile neben- oder übereinander angezeigt werden sollen. Eine weitere Anpassungsmöglichkeit besteht noch darin, den einen Fensterteil auszublenden. Beide Veränderungen der Darstellung erfolgen über das Doppelpfeil-Symbol und das Balken-Symbol zwischen den beiden Fensterteilen.

14.2.4 Navigieren innerhalb von ArcMap

Zur Navigationsübung laden Sie sich bitte noch die Daten des Web Map Servers der Bayerischen Vermessungsverwaltung in Ihr Kartenprojekt (falls Sie den WMS-Dienst noch nicht angebunden haben, siehe Übungsblock 1, Kapitel 14.1.7). Wählen Sie dazu im Katalog den WMS aus und ziehen diesen per Drag & Drop in Ihr Inhaltsverzeichnis (oder wählen eine andere Methode zum Hinzufügen von Daten wie in 14.2.1 beschrieben).

Tipp: Da die Topographischen Karten des WMS-Servers der Bayerischen Vermessungsverwaltung in WGS84 angezeigt werden, wurde das Shapefile „BRD" aus dem ersten Übungsblock angepasst und transformiert und heißt für den Übungsblock 2 nun „BRD_WGS84". Weitere Informationen zu Koordinatensystemen und Transformationen erhalten sie in Kapitel 8.

Nachdem wir nun einige Daten in unserem Einstiegsprojekt zur Verfügung haben, wollen wir einen ersten Blick auf einige grundlegende Werkzeuge in ArcMap werfen.

Bei Ihrer Arbeit mit Daten in ArcMap werden Sie häufig den Kartenausschnitt durch Zoomen und Verschieben ändern müssen. Probieren Sie die verschiedenen Navigationswerkzeuge einfach aus, um sich mit der Funktionsweise vertraut zu machen, und zoomen bzw. schwenken Sie den Bildausschnitt. Mit diesen Werkzeugen können Sie die Ansicht des aktuellen Kartenausschnitts stets Ihren jeweiligen Ansprüchen bei der Arbeit mit Ihren Daten anpassen.

Tipp: Wenn sich Layer überlagern, wird der oberste Layer die darunterliegenden überdecken. Achten Sie also darauf, dass in Ihrem Inhaltsverzeichnis der WMS-Layer *über* dem BRD_WGS84-Shapefile liegt. Wenn das nicht der Fall sein sollte, können Sie die Reihenfolge per Drag & Drop verändern: Ziehen Sie einfach den WMS-Layer an erste Stelle (siehe Abb. 354). Sie werden außerdem feststellen, dass die Topographischen Karte von Bayern erst ab einem bestimmten Maßstab sichtbar wird und sich – bei einem kleinerem Maßstab – verändert bzw. wieder verschwindet. Ähnliches gilt für die Orthophotos (weitere Informationen zur maßstabsgebundenen Darstellung finden Sie im nächsten Kapitel dieses Übungsblocks).

Zoomen Sie, bis die Topographische Karte erscheint, suchen Sie München (oder einen anderen Punkt Ihrer Wahl), vergrößern Sie den Kartenausschnitt, bis Sie die Namen der Stadtteile lesen können, verschieben Sie den Ausschnitt, um die Autobahn nach Augsburg zu verfolgen. Verwenden Sie dazu die Werkzeuge, die im Folgenden vorgestellt werden.

14.2 Lösung zum Übungsblock 2

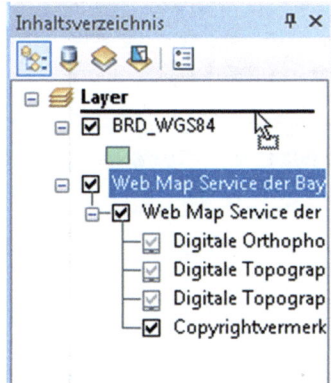

Abb. 354: Verändern der Layer-Reihenfolge per Drag & Drop

Mit Klick auf das Symbol „Schwenken" (Bildausschnitt verschieben) können Sie den aktuellen Kartenausschnitt im Kartenfenster stufenlos in jede beliebige Richtung verschieben.

Das Symbol „Volle Ausdehnung" zoomt so weit heraus, dass die maximale Ausdehnung aller Layer des aktuellen Datenrahmens vollständig im Kartenfenster dargestellt werden kann.

Haben Sie den Kartenausschnitt durch Zoomen oder Verschieben geändert und wollen zur vorherigen Ansicht zurückkehren, klicken Sie auf das Symbol „Zurück zur vorherigen Ausdehnung". Entsprechend können Sie auch „Vor zur nächsten Ausdehnung" springen.

 Tipp: Ihnen ist sicher schon aufgefallen, dass in den einzelnen Werkzeugleisten nicht immer alle Befehle bzw. Buttons aktiv sind. Dies hängt jeweils von der gerade aktuellen Arbeitssituation in ArcMap ab. So sind natürlich zahlreiche Werkzeuge und Befehle nicht verfügbar, solange keine Daten in ArcMap geladen sind. Und solange Sie nichts markiert haben, können Sie den in Übung 14.2.2 hinzugefügten Befehl „Auf selektierte Features zoomen" nicht verwenden.

Speichern Sie anschließend Ihr Kartenprojekt ab. Nutzen Sie dazu entweder das „Speichern"-Symbol in der Standard-Leiste oder den Eintrag „Speichern" in der Hauptmenüleiste ⇨ *„Datei"* ⇨ *„Speichern"*. Wählen Sie einen Namen und bestätigen Sie mit „OK". Ihre Karte wird nun als MXD-Datei im Ordner „Block_02" gespeichert (siehe Abb. 355).

Sie haben nun Ihr Projekt mit allen geladenen Layern und angezeigten Werkzeugleisten und dem zuletzt dargestellten Kartenausschnitt gesichert.

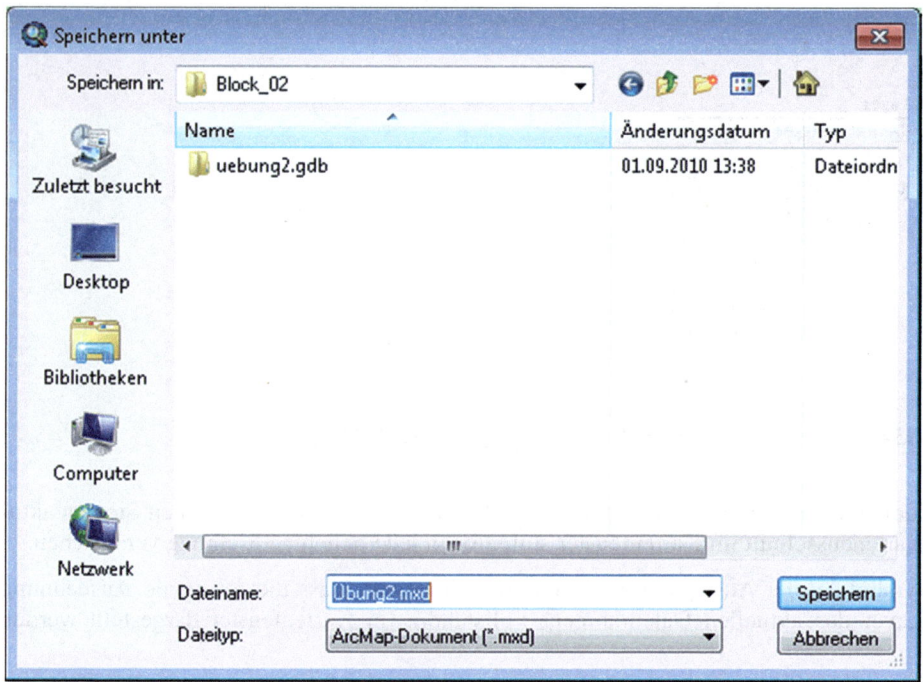

Abb. 355: Speichern der Karte als *.mxd

14.2.5 Grundlegendes zur Arbeit mit Layern

Wie bereits erwähnt, werden die Daten der Bayerischen Vermessungsverwaltung nur in bestimmten Maßstäben angezeigt bzw. wechseln durch Zoomen. Dies liegt an der Darstellung des Layers. Öffnen Sie beispielsweise das Kontextmenü der Digitalen Topographischen Karte 1:500.000 (durch Rechtsklick) und wählen – wie in Abb. 356 erkennbar – den Eintrag „Eigenschaften", um zu den Layer-Eigenschaften zu gelangen.

 Tipp: Die Layer-Eigenschaften gehören zu den wichtigsten Tools zur Verwaltung und Darstellung von Layern. Sie haben zwei Möglichkeiten, in dieses Fenster zu gelangen: Durch einen Doppelklick auf den entsprechenden Layer oder über das Kontextmenü des Layers.

Im Register „Allgemein" können Sie unter „Maßstabseigenschaften" sehen, dass dieser Layer nur in einem begrenzten Maßstabsbereich angezeigt wird. Vergrößern Sie den Bildausschnitt weiter als angegeben, wird die Topographische Karte 1:500.000 durch die nächstkleinere, die Topographische Karte 1:50.000, ersetzt. Schließen Sie die Layer-Eigenschaften wieder.

14.2 Lösung zum Übungsblock 2

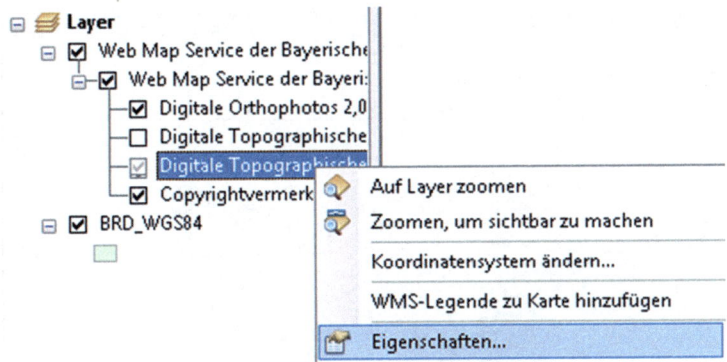

Abb. 356: Über das Kontextmenü zu den Layer-Eigenschaften

Wie Sie (ebenfalls in Abb. 356) erkennen können, befinden sich vor den einzelnen Layern kleine Kontrollkästchen. Diese Kästchen lassen erkennen, ob ein Layer im Moment angezeigt wird (schwarzes Häkchen), ob der Layer im aktuellen Maßstab nicht angezeigt wird (graues Häkchen) oder ausgeblendet ist (kein Häkchen). Sie können Layer ganz einfach ein- oder ausblenden, in dem Sie durch einen Klick in das Kontrollkästchen das Häkchen entsprechend setzen oder entfernen. Das Ergebnis Ihrer Veränderungen wird sofort im Kartenfenster sichtbar. Die einzelnen WMS-Layer sind zu einer Gruppe zusammengefasst. Blenden Sie den Gruppen-Layer aus, werden automatisch auch alle darin enthaltenen Layer nicht mehr angezeigt. Sie können auch selbst Gruppen erstellen: Markieren Sie bei gedrückter „Shift"- bzw. „Strg"-Taste mehrere Layer (derselben Organisationsstufe) und öffnen Sie das Kontextmenü. Klicken Sie auf „Gruppieren".

Zur besseren Übersichtlichkeit können Sie die Layer nach Ihrer Wahl umbenennen. Öffnen Sie dazu das Kontextmenü des Layers „BRD_WGS84" und klicken auf Eigenschaften.

 Tipp: Ihnen wird auffallen, dass die Layer-Eigenschaften von „BRD_WGS84" weitaus umfangreicher sind als die des WMS-Layers. Daten von WMS-Diensten können nur bedingt bearbeitet werden und deswegen fehlen einige Register in den Layer-Eigenschaften.

Im Reiter „Allgemein" geben Sie nun im Feld Layer-Name „Deutschland" ein und bestätigen mit OK. Ihr Layer ist nun in „Deutschland" umbenannt. Als nächsten Schritt sollen die Bundesländernamen in der Karte angezeigt werden. Dazu zoomen Sie zuerst auf die gesamte Ausdehnung des Deutschland-Layers. Rechtsklicken Sie auf den Layer und wählen Sie „Auf Layer zoomen". Setzen Sie dann – ebenfalls im Kontextmenü – einen Haken bei „Features beschriften". Ihre Deutschlandkarte sollte dann aussehen wie in Abbildung 357.

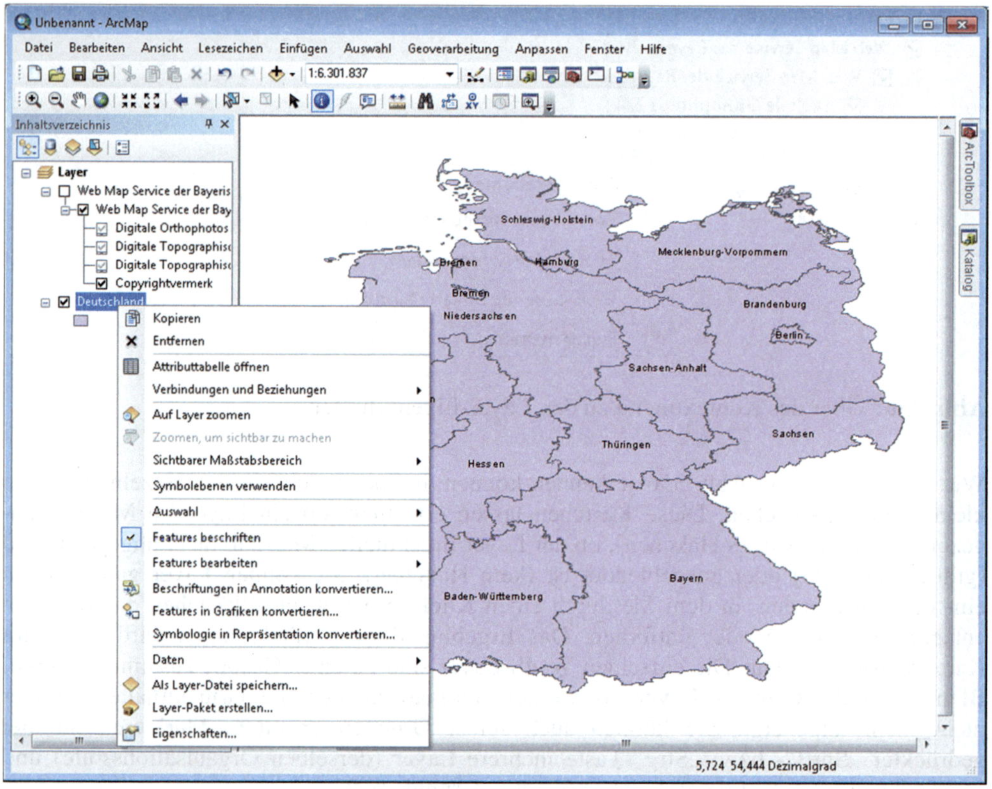

14 Lösungen

Abb. 357: Deutschlandkarte mit Bundesländern

Wie Layer verschoben werden, um die Sichtbarkeit zu gewährleisten, wissen Sie schon. Es gibt allerdings noch eine andere Möglichkeit, um sich übereinanderliegende Daten gleichzeitig anzeigen zu lassen. Verschieben Sie dazu zunächst den Deutschland-Layer wieder an die erste Stelle. Navigieren Sie nun in den Layer-Eigenschaften (über das Kontextmenü) in das Register „Anzeige". Hier können Sie nun bei „Transparent" einen Wert Ihrer Wahl eingeben. Für unser Beispiel wählen Sie einen Wert zwischen 50 und 80. Schließen Sie die Layer-Eigenschaften durch Klicken auf „OK".

Ihre Karte sollte nun ähnlich aussehen wie in Abbildung 358. Sie können sowohl die Orthophotos als auch die Umrisse von Deutschland erkennen.

Speichern Sie Ihr Kartendokument.

Sie haben nun einige grundlegende Kenntnisse zum Arbeiten mit Layern erworben. Abschließend kommen wir noch zum Löschen von Layern. Markieren Sie den zu löschenden Layer im Inhaltsverzeichnis von ArcMap und öffnen über einen Rechtsklick das Kontextmenü des Layers. Mit dem Befehl „Entfernen" wird der ausgewählte Layer aus dem Datenrahmen und damit aus Ihrem Projekt gelöscht. Wenn Sie einen Gruppen-Layer löschen, entfernen Sie automatisch alle dazugehörigen „Unter"-Layer. Löschen Sie alle im

14.2 Lösung zum Übungsblock 2

Moment vorhandenen Layer, sodass Ihr ArcMap-Bildschirm nur noch ein leeres Kartenfenster zeigt (vgl. siehe Abb. 349).

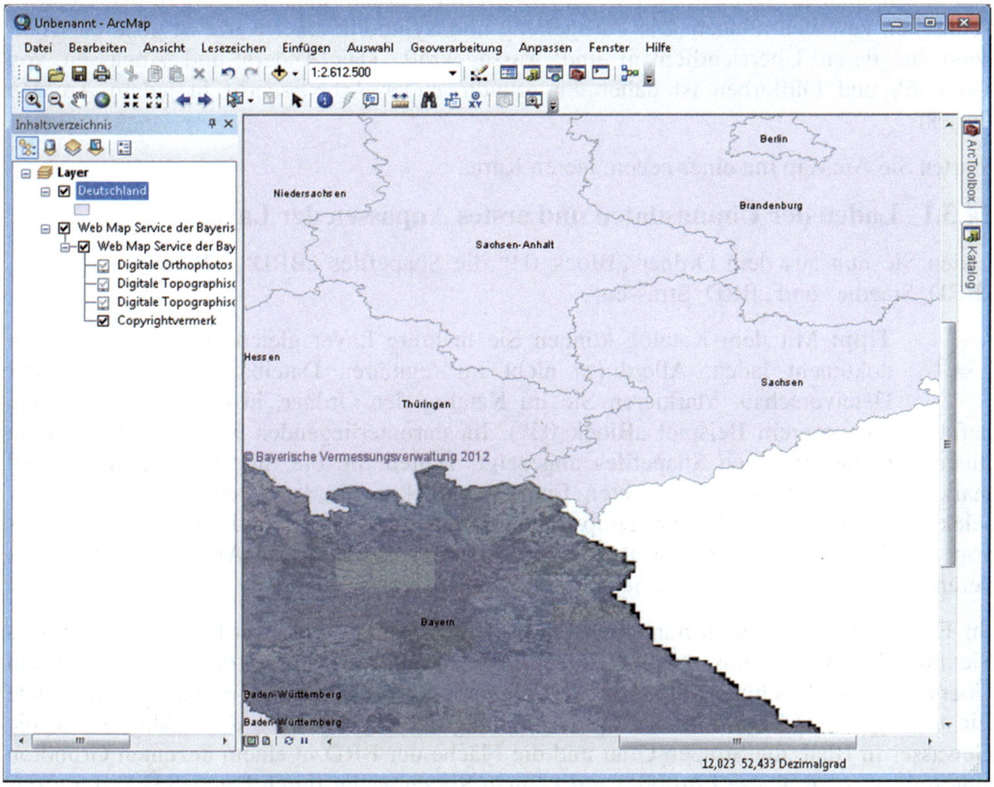

Abb. 358: Überlagerung von transparenten Layern

Tipp: Die Quelldatei im Ausgangsverzeichnis, auf die der Layer verweist (im Beispiel „BRD_WGS84.shp" in Ihrem Ordner „Block_02"), ist vom Löschvorgang nicht betroffen! Möchten Sie diese ebenfalls dauerhaft entfernen, müssen Sie dies im Katalog oder im ArcCatalog erledigen. Navigieren Sie dort in den Ordner „Block_02" Ihres „<Download-Ordners>" und löschen Sie die Datei über das *Kontextmenü* ⇨ *„Löschen"* oder über die *Hauptmenüleiste* ⇨ *„Datei"* ⇨ *„Löschen"* oder über das Tastenkürzel „Entf" und bestätigen Sie den Löschvorgang im sich öffnenden Hinweisfenster mit „Ja". Danach kann die von Ihnen gespeicherte Datei „Übung2.mxd" allerdings nicht mehr korrekt aufgerufen werden!

Schließen Sie ArcMap. Sie haben den Übungsblock 2 erfolgreich beendet.

14 Lösungen

14.3 Lösung zum Übungsblock 3: Anpassen der Symbologie

Auf den folgenden Seiten erfahren Sie, wie Sie Ihr Kartenprojekt nach Ihren persönlichen Wünschen gestalten können. Die Farbgebung und Symbolik einer Karte ist ganz entscheidend für deren Übersichtlichkeit und Aussagekraft. Das Ändern und Anpassen von Symbolik und Füllfarben ist daher ein grundlegender Arbeitsschritt in jedem ArcMap Projekt.

Starten Sie ArcMap mit einer neuen, leeren Karte.

14.3.1 Laden der Übungsdaten und erstes Anpassen der Layer

Laden Sie nun aus dem Ordner „Block_03" die Shapefiles „BRD", „BRD_Gewaesser", „BRD_Staedte" und „BRD_Strassen".

Tipp: Mit dem Katalog können Sie mehrere Layer gleichzeitig in Ihr Kartendokument laden. Allerdings nicht im regulären Dateibaum, sondern in der Dateivorschau. Markieren Sie im Katalog den Ordner, in dem sich die Daten befinden (in unserem Beispiel „Block_03"). Im darunterliegenden Kartenfenster werden Ihnen nun die einzelnen Shapefiles angezeigt. Halten Sie die Strg-Taste gedrückt und markieren Sie hier die gewünschten Einträge. Klicken Sie anschließend auf einen der selektieren Einträge. Per Drag & Drop ziehen sie nun alle Einträge in das Inhaltsverzeichnis von ArcMap (rechter Bildschirmrand). Ggf. müssen Sie dafür die Ansicht des Katalogs verändern. Nutzen Sie dafür die Schaltfläche „Inhaltsfenster ein/aus".

Ihr Einstiegsprojekt enthält nun einen Punkt-, einen Linien- und zwei Polygon-Layer, was Sie im Inhaltsverzeichnis am jeweiligen Layer-Symbol erkennen können. Zur besseren Übersichtlichkeit nehmen Sie vor der eigentlichen Bearbeitung einige grundlegende Einstellungen vor: Verändern Sie die Darstellung der Layer, sodass die Städte in Rot, die Gewässer in Blau, die Straßen Grau und die Fläche der BRD in einem dezenten Grundton angezeigt werden. Diese Einstellungen können Sie entweder durch Doppelklicken auf das jeweilige Symbol des Layers vornehmen (Sie gelangen so zum Symbolauswahl-Fenster, siehe Abb. 359), oder durch einen Rechtsklick auf das Symbol des Layers (so öffnet sich die Farbauswahl direkt). Das Ergebnis sollte ähnlich aussehen wie in Abbildung 359. Ihre Deutschlandkarte ist durch diese kleinen Anpassungen nun bereits viel übersichtlicher geworden.

Vergeben Sie nun noch Layernamen Ihrer Wahl. Jeder Layer in ArcMap wird beim Hinzufügen automatisch mit dem Namen der entsprechenden Datenquelldatei versehen. Wenn der Layer markiert ist, verwenden Sie das Tastenkürzel „F2" bzw. einen Mausklick, um in den Umbenennungsmodus zu gelangen, oder öffnen Sie (per Kontextmenü oder per Doppelklick auf den Layer) die Layer-Eigenschaften und wechseln dort in die Registerkarte „Allgemein" und tragen Sie im Feld „Layer-Name" den neuen Namen ein (z. B. „Städte", „Straßen", „Gewässer", „Deutschland").

Mit der Umbenennung eines Layers, die auch den Einsatz von Sonderzeichen erlaubt, vergeben Sie lediglich einen Aliasnamen, ohne den Namen der eigentlichen Quelldatei zu ändern. Die (Alias-)Namen der einzelnen Layer speichert ArcMap in der entsprechenden Projektdatei (*.mxd).

14.3 Lösung zum Übungsblock 3

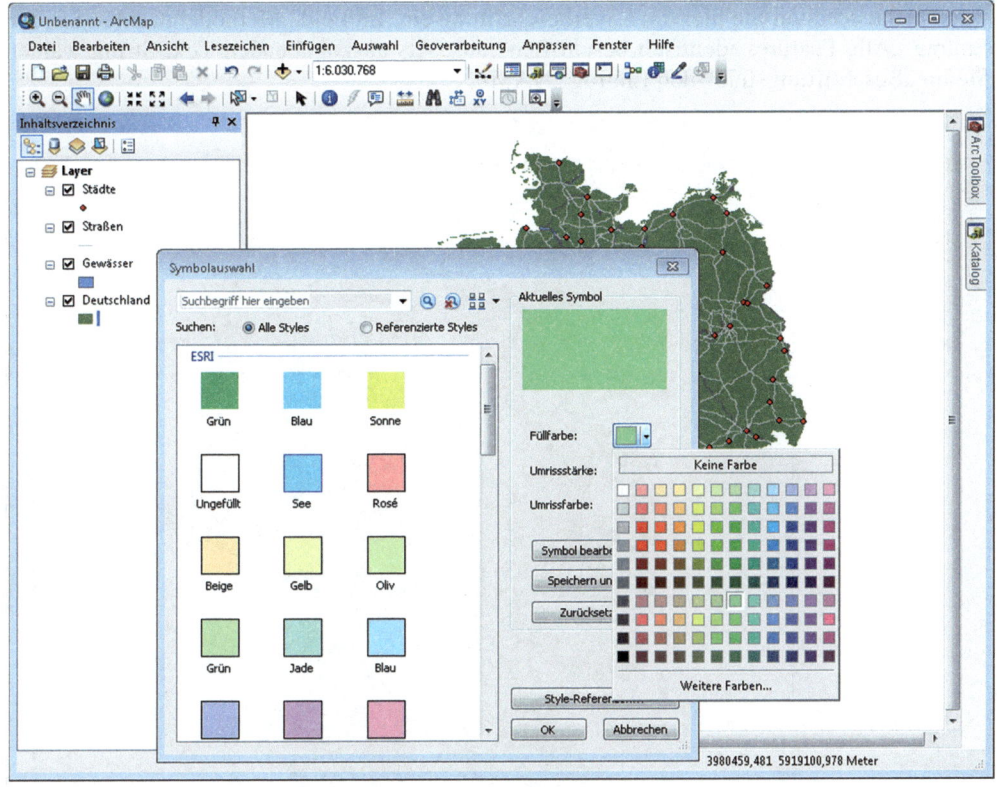

Abb. 359: Erstes Anpassen der Deutschlandkarte über die Symbolauswahl

14.3.2 Beschriftungen und Texteditor

Wie Sie die Bundesländer mit Namen beschriften können, haben Sie bereits im Übungsblock 2 gelernt. Vollziehen Sie diesen Schritt auch für diese Übung (Kontextmenü des Layers: „Features beschriften"). Wir werden diese Beschriftung nun anpassen. Damit Ihre Teilergebnisse besser sichtbar sind, blenden Sie alle Layer bis auf „Deutschland" aus.

> **Tipp:** Mit Beschriftungen können Sie auf einfache Weise beschreibenden Text zu den Features auf Ihrer Karte hinzufügen. Grundsätzlich basieren diese Beschriftungen, die sich dynamisch in der Karte platzieren lassen, auf Feature-Attributen der Attributtabelle. Beschriftungen lassen sich auf einfache Weise aktivieren und deaktivieren oder sogar sperren, damit ihre Position beim Zoomen oder Schwenken der Karte fest bleibt. Neben den Beschriftungen gibt es mit „Annotations" und „Grafiktext" noch zwei weitere Arten der Beschriftung innerhalb von ArcGIS.

In Abbildung 360 können Sie erkennen, wie die Beschriftungen der Bundesländer am Ende dieser Teilübung aussehen sollen.

Wechseln Sie in die Registerkarte „Beschriftungen" in den Layer-Eigenschaften. Der Haken in der Checkbox „Features in diesem Layer beschriften" sollte bereits gesetzt sein,

14 Lösungen

wenn nicht, schalten Sie hier die Layerbeschriftung ein. Im Feld „Methode" wählen Sie den Eintrag „Alle Features identisch beschriften" aus. Als auszugebenden Text-String wählen Sie im „Beschriftungsfeld" den Eintrag „NAME".

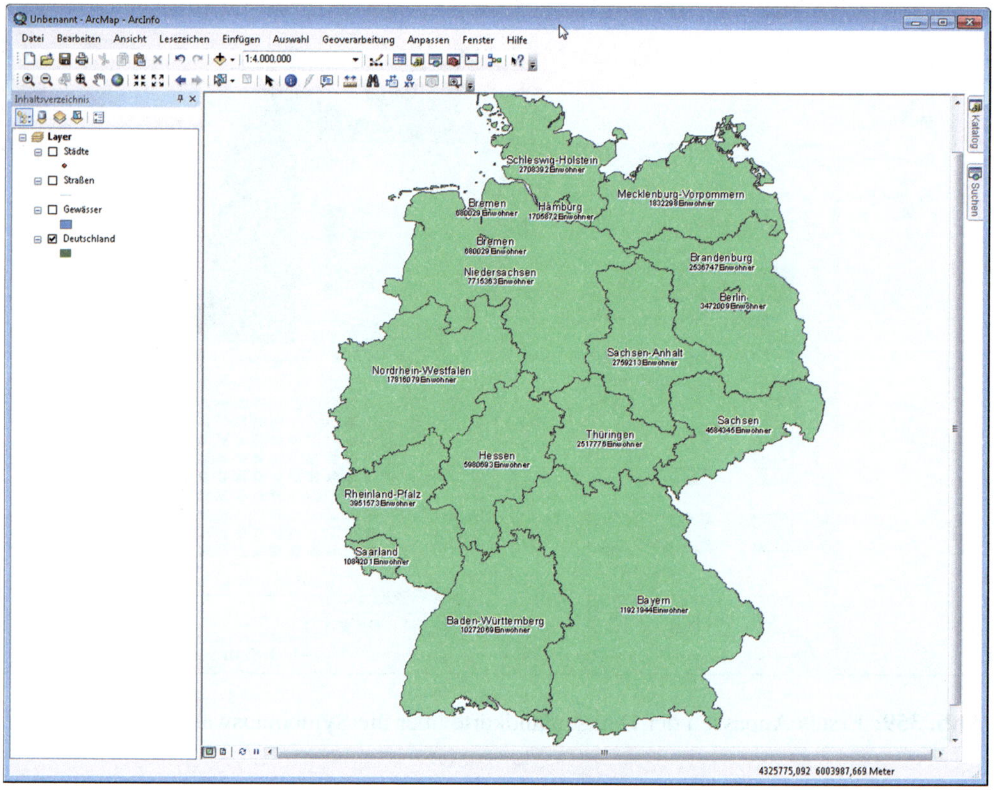

Abb. 360: Ergebnis der Teilübung „Beschriftungen"

 Tipp: Ziehen Sie sich das Dialogfenster Layer-Eigenschaften an den Bildschirmrand und bestätigen Sie die jeweiligen Arbeitsschritte mit „Übernehmen". Dadurch bleibt das Fenster geöffnet und Sie können parallel die Veränderungen in ArcMap nachvollziehen.

Um die Lesbarkeit zu verbessern, ändern Sie zunächst die Schriftgröße auf „10". Sie können hier im Bereich Textsymbol die Formatierung des Beschriftungstexts vornehmen und u. a. Schriftart und Schriftfarbe verändern. Serifenlose Schriften (wie z. B. Arial) bieten sich für die Arbeit am Bildschirm an. Probieren Sie ruhig verschiedene Kombinationen aus und sehen sich mit „Übernehmen" die Auswirkungen direkt an.

Fügen wir nun die weiße Textumrandung hinzu. Klicken Sie auf „Symbol …" und Sie gelangen in das (Ihnen bereits bekannte) Symbolauswahlfenster (vgl. Abb. 359). Durch erneutes Klicken auf die Schaltfläche „Symbol bearbeiten" gelangen Sie zum Editor. Hier können Sie erweiterte Formatierungseinstellungen (bspw. zu Ausrichtung und Position) vornehmen. Wechseln Sie in den Reiter „Maske" und markieren Sie den Eintrag „Halo".

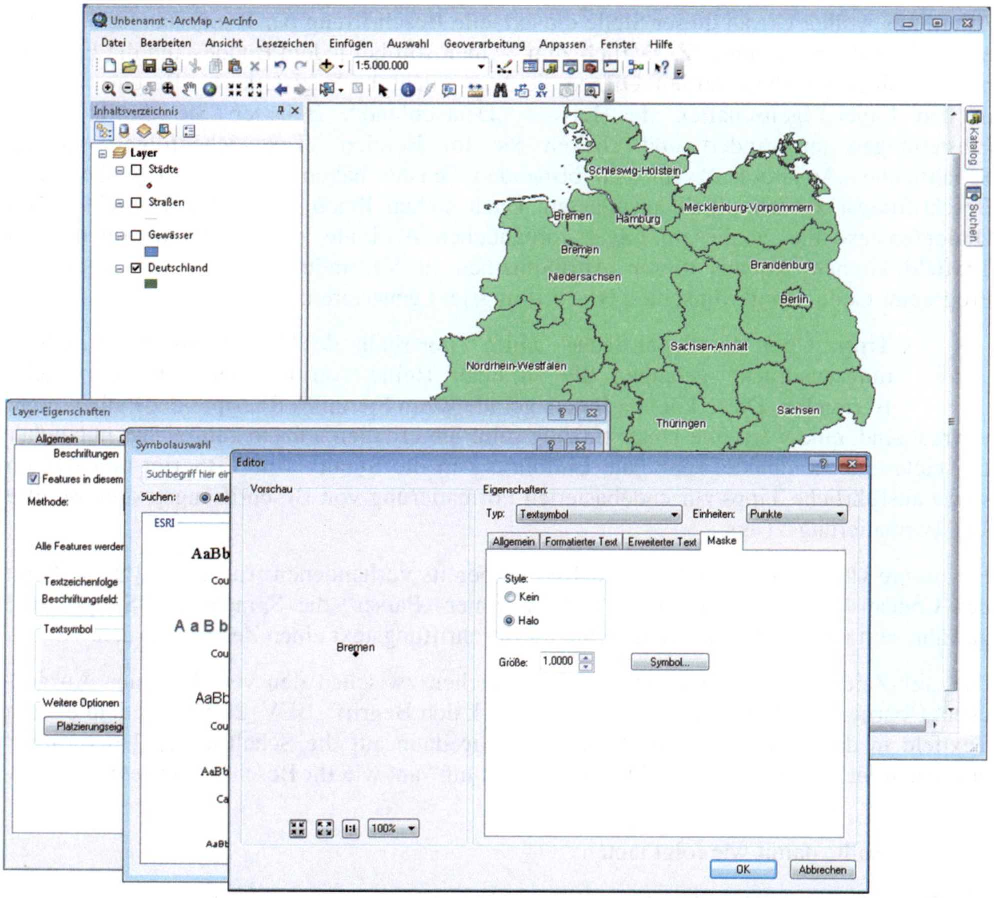

14.3 Lösung zum Übungsblock 3

Abb. 361: Editor der Symbolauswahl zur Erstellung eines „Halo"-Effekts

 Tipp: Dadurch wird ein weißer Rahmen um Ihren Text erstellt. Stellen Sie die Größe auf „0,8". Bestätigen Sie durch zweimaliges Klicken auf „OK" und übernehmen Sie die Einstellungen.

Wenn Sie sich im Dialogfenster „Editor" befinden, gelangen Sie über die Schaltfläche „Symbol…" wieder zur Symbolauswahl. Hier können Sie die Farbe des Halos einstellen.

Mit den aktuellen Einstellungen bleiben die Beschriftungen in jedem Maßstab relativ zum Bildschirm gleich groß. Zudem werden sie automatisch so platziert, dass jeder sichtbare Teil eines Bundeslands eindeutig beschriftet ist. Dieses dynamische Verhalten von Beschriftungen lässt sich mithilfe zahlreicher Einstellungen innerhalb der Layer-Eigenschaften bzw. mit dem Beschriftungs-Manager in der Werkzeugleiste „Beschriftung" den jeweiligen Bedürfnissen anpassen. Hier können Sie unter anderem die Rangfolge der Beschriftungspriorität festlegen, Beschriftungen fixieren und die Plazierungseigenschaften festlegen. Näheres dazu erfahren Sie – unter anderem – in Kapitel 6.1.4.19.

14 Lösungen

Allerdings wollen wir an dieser Stelle die aktuelle Beschriftung der Bundesländer noch um eine Information erweitern. Zusätzlich zum Namen soll bei jedem Bundesland die Einwohnerzahl mit ausgegeben werden. Öffnen Sie dazu erneut die Registerkarte „Beschriftungen" in den Layer-Eigenschaften des Layers „Deutschland". Belassen Sie die aktuellen Einstellungen unverändert und klicken Sie im Bereich „Textzeichenfolge" auf die Schaltfläche „Ausdruck...". Im sich öffnenden Fenster haben Sie die Möglichkeit, den Beschriftungstext individuell anzupassen. Dazu stehen Ihnen im oberen Textfeld dieses Dialogfensters alle zu diesem Layer vorhandenen Attribute zur Verfügung. Im unteren Textfeld können Sie aus diesen Attributnamen in Verbindung mit einem (einfachen) Programm-Code den gewünschten Beschriftungstext generieren.

Tipp: Über die Schaltfläche „Hilfe" innerhalb des Dialogfensters „Beschriftungsausdruck" gelangen Sie zu einer Reihe von Erläuterungen und Code-Beispielen. Diese können Ihnen, gerade wenn Sie mit VBScript oder Python nicht vertraut sind, eine wertvolle Unterstützung sein. Sie erhalten anhand zahlreicher nützlicher Beispiele eine kompakte, sehr gute Einführung in die Syntax von VBScript und Python sowie ausführliche Tipps zur codebasierten Formatierung von Beschriftungstexten mithilfe sog. Formatierungs-Tags.

Für unsere Übung ergänzen Sie zunächst den bereits vorhandenen Ausdruck „[Name]" um den Codeausdruck „&vbnewline&" (wobei unter „Parser" die Sprache „VBScript" ausgewählt sein muss). Damit erzeugen Sie im Beschriftungstext einen Zeilenumbruch.

Die „&"-Zeichen stehen generell als Trennzeichen zwischen den verschiedenen Ausdrücken. Übernehmen Sie dann mittels Doppelklick den Begriff „BEV_2007" aus dem oberen Textfeld in das Ausdruck-Textfeld. Klicken Sie dann auf die Schaltfläche „Überprüfen" und sehen Sie sich im Bereich „Musterbeschriftung" an, wie Ihr Beschriftungstext jetzt aussieht.

Der Code sollte damit wie folgt lauten:

```
[Name] & vbnewline & [BEV_2007]
```

So weit, so gut! Allerdings soll die Einwohnerzahl kleiner dargestellt werden als der Bundeslandname. Um das in einem VBScript zu realisieren, müssen Sie die jeweiligen Textfragmente in Formatierungs-Tags setzen. Der Tag beginnt mit der Zuweisung von Schrift und Schriftgröße: „<FNT name='Arial' size='10'>", dann folgt der eigentliche Text (in unserem Fall [Name]), dann wird der Tag geschlosssen "</FNT>". Setzen Sie den Bundeslandnamen auf Schriftgröße 10 und die Einwohnerzahl auf Schriftgröße 7.

Der Code sollte damit wie folgt aussehen (achten Sie darauf, dass der Code einzeilig ist):

```
"<FNT name='Arial' size='10'>" & [Name] & "</FNT>" &
vbnewline & "<FNT name='Arial' size='7'>" & [BEV_2007]
& "</FNT>"
```

Nun soll hinter der Einwohnerzahl, die bis jetzt nur aus Ziffern besteht, auch die Bezeichnung „Einwohner" stehen. Feststehende Textteile können Sie einfach mit „&" an den Code anhängen. Vergessen Sie nicht, innerhalb der Anführungszeichen – in denen der Text stehen muss – zu Beginn ein Leerzeichen zu machen, da ansonsten das Wort „Einwohner" direkt an die Zahl gehängt wird.

14.3 Lösung zum Übungsblock 3

 Tipp: Sollten Sie einmal etwas in kursiver Schrift darstellen wollen, dann geht das, indem Sie den Tag <ITA> </ITA> um den Text schreiben, also bspw.

```
"<ITA>" & [Name] & "</ITA>"
```

Der Code sollte damit wie folgt aussehen:

```
"<FNT name='Arial' size='10'>" & [Name] & "</FNT>" &
vbnewline & "<FNT name='Arial' size='7'>" & [BEV_2007]
& " Einwohner" & "</FNT>"
```

Bestätigen Sie zweimal mit „OK", sodass Sie zur Kartenansicht zurückkehren.

 Tipp: Wollen Sie die Beschriftung einmal schnell, d. h. ohne den Umweg über die Layer-Eigenschaften, aus- bzw. wieder einblenden, so ist das im Kontextmenü des entsprechenden Layers über den Befehl „Features beschriften" möglich.

Im Dialogfenster „Beschriftungsausdruck" können Sie auch kleinere Berechnungen vornehmen. In diesem Fall wäre es denkbar, die Einwohnerzahl durch 1.000 zu teilen und die Zahl gleichzeitig zu runden. Das erreichen Sie, indem Sie den Ausdruck noch ein wenig anpassen.

```
"<FNT name='Arial' size='10'>" & [Name] & "</FNT>" &
vbnewline & "<FNT name='Arial' size='7'>" &
round([BEV_2007]/1000) & " Tsd. Einwohner" & "</FNT>"
```

Innerhalb der Klammern des Befehls „round" wird dabei eine Rechnung durchgeführt (in unserem Fall wird die Einwohnerzahl durch 1.000 geteilt). Die Funktion „round" rundet das Ergebnis der Rechnung.

Bei der Beschriftung von Features ist noch eine Besonderheit zu beachten. Bei der Verwendung von Multipart-Features (vgl. Kapitel 7.2.2.1 und Kapitel 7.2.2.2) werden standardmäßig alle Feature-Teile eines Multipart-Features beschriftet. Das wirkt sich auch auf diese Übung aus, da das Bundesland Bremen aus der Stadt Bremen und der Stadtgemeinde Bremerhaven besteht, welches 60 km weiter nördlich liegt. Um nur eine Beschriftung pro Feature zu platzieren, muss das in den Platzierungseigenschaften eingestellt werden (*Layer-Eigenschaften* ⇨ *Register „Beschriftungen"* ⇨ *Schaltfläche „Platzierungseigenschaften"*). Je nach Label-Engine finden Sie die entsprechende Option an unterschiedlichen Stellen. Mit der Maplex Label-Engine aktivieren Sie in der Registerkarte „Beschriftungsdichte" die Option „Größtes Feature-Teil beschriften". Mit der Standard Label-Engine gibt es im Bereich „Doppelte Beschriftungen" die Option „Eine Beschriftung pro Feature platzieren" (siehe Abb. 362).

Wie Sie sehen, wird nun zum Namen des jeweiligen Bundeslands auch dessen Einwohnerzahl ausgegeben, und Ihre Karte sieht nun aus wie in Abbildung 360.

14 Lösungen

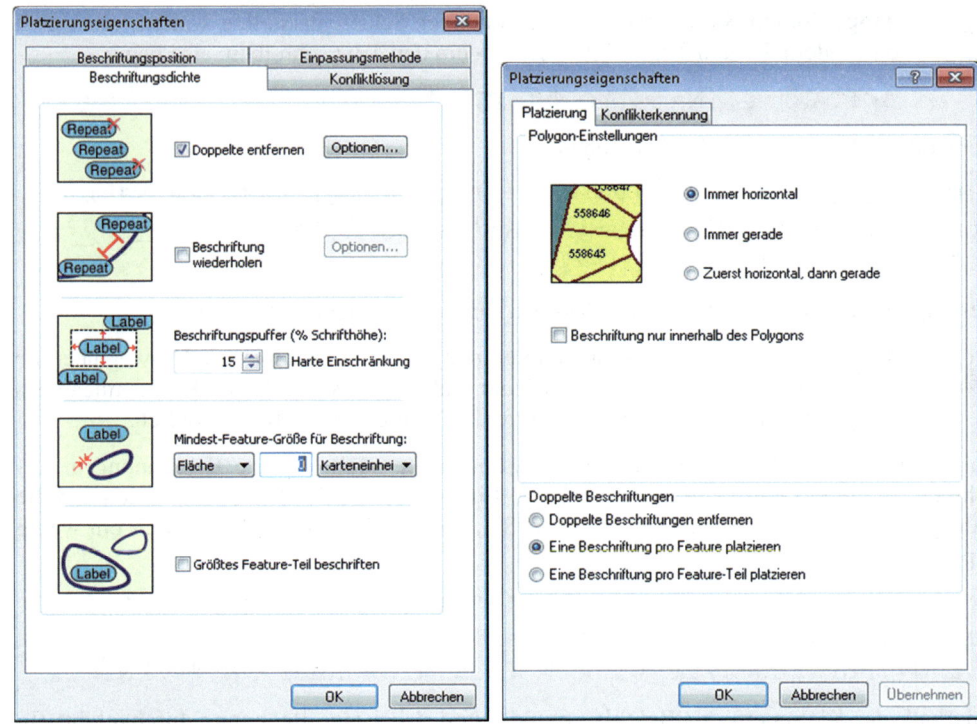

Abb. 362: Dialogfenster „Platzierungseigenschaften" mit der Maplex Label-Engine (links) und der Standard Label-Engine (rechts)

14.3.3 Feature-Symbole nach Kategorien darstellen: Bundesländer

Die Bundesländer sollen nun in verschiedenen Farben dargestellt werden. Öffnen Sie dazu das Dialogfenster „Layer-Eigenschaften" des Layers „Deutschland" und wechseln Sie in die Registerkarte „Symbologie". Im linken Bereich dieses Registers steht ein Auswahlfeld „Darstellung" zur Verfügung. Hier stehen mehrere Symbologiekategorien mit unterschiedlichen Optionen für die Darstellung Ihrer Daten zur Auswahl. Klicken Sie auf den Punkt „Kategorien" und auf „Einzelwerte". Damit legen Sie fest, dass jedes Feature des aktuellen Layers ein eigenes Symbol bzw. eine eigene Symbolfarbe erhält.

In der Auswahlliste „Wertefeld" bestimmen Sie, auf welches Attribut des Layers sich die Symbolisierung beziehen soll. Damit werden Features, die im entsprechenden Feld den gleichen Wert enthalten, in eine gemeinsame Kategorie zusammengefasst und dementsprechend mit derselben Symbologie dargestellt. Wählen Sie hier „NAME" (siehe Abb. 363) und schließlich ein Farbschema („Farbverlauf") zur Vergabe der Farben. Mit einem Klick auf die Schaltfläche „Alle Werte hinzufügen" generiert ArcMap die darzustellenden Symbol-Kategorien aus allen Werten des Attributs in der Attributtabelle und listet die entsprechenden Ergebnis-Kategorien mit den zugehörigen Werten auf. In unserem Beispielprojekt gibt es dementsprechend 16 Kategorien mit je einem Wert bzw. Feature. Bestätigen Sie das Dialogfenster mit „OK" und sehen Sie sich das Ergebnis im Kartenfenster an.

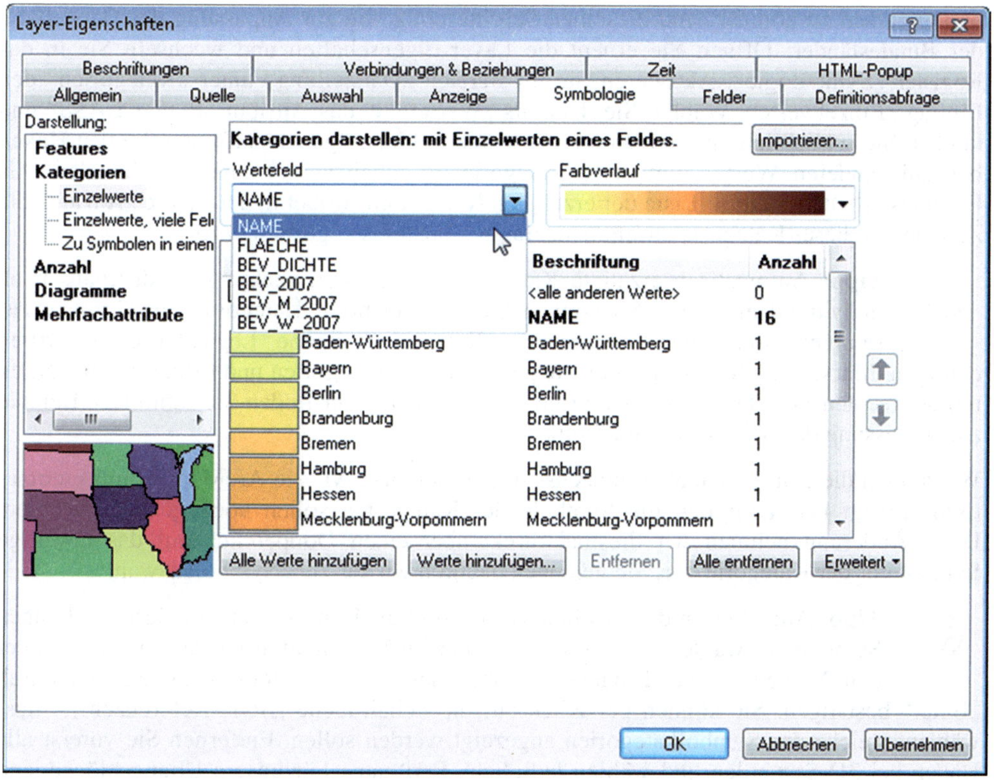

14.3 Lösung zum Übungsblock 3

Abb. 363: Die Layer-Eigenschaften – Symbologie

Entsprechend der Darstellung im Kartenfenster wurde auch im Inhaltsverzeichnis die Legende des Layers „Deutschland" automatisch angepasst. Allerdings lässt sich die Darstellung hier noch etwas verbessern, indem wir den Eintrag „<alle anderen Werte>" sowie die Beschriftung des gewählten Wertefelds „NAME" anpassen. Auch das ist über die Registerkarte „Symbologie" im Dialogfenster „Layer-Eigenschaften" möglich. Entfernen Sie zunächst unter „*Kategorien*" ⇨ „*Einzelwerte*" das Häkchen vor dem Kategorie-Symbol „<alle anderen Werte>". Klicken Sie dann neben dem Begriff „<Überschrift>" auf „NAME" und überschreiben diesen Eintrag mit „Bundesland". Bestätigen Sie erneut mit „OK". Im Inhaltsverzeichnis sind nun innerhalb des Layers „BRD" alle nicht benötigten Einträge entfernt und nur noch alle wirklich vorhandenen Kategorien aufgelistet.

> **Tipp:** Gefällt Ihnen die Farbe eines Bundeslands nicht, können Sie diese wie gewohnt mit einem Rechtsklick auf das entsprechende Feature-Symbol nachträglich jederzeit ändern oder über einen Doppelklick in die Symbolauswahl gelangen.

14.3.4 Punkt-Features nach Klassen darstellen: Städte

Wenden wir uns nun den Stadtsymbolen zu. Nachdem sich die Städte des Layers „Städte" hinsichtlich ihrer Einwohnerzahl in Kategorien unterteilen lassen, soll dies auch durch die Symbolik entsprechend dargestellt werden. Um die verschiedenen Kategorien einzublenden und anpassen zu können, sind dieselben Schritte nötig wie zur Anpassung der Darstellung der Bundesländer: Öffnen Sie erneut die Layer-Eigenschaften und wechseln Sie in das Register „Symbologie". Aktivieren Sie im Bereich „Darstellung" unter „Kategorien" den Eintrag „Einzelwerte". Wählen Sie dann als „Wertefeld" das Attribut „POP_CLASS" und klicken Sie schließlich auf den Button „Alle Werte hinzufügen". Entfernen Sie den Haken bei „alle anderen Werte", um diese Kategorie im Inhaltsverzeichnis auszublenden. Als Ergebnis erhalten Sie eine Liste der erzeugten Kategorien, wobei in der Spalte „Anzahl" die Zahl der zu dieser Kategorie zusammengefassten Features angezeigt wird.

👍 **Tipp:** Automatisch erzeugte Kategorien lassen sich nachträglich durchaus noch individuell anpassen. So können Sie z. B. mehrere Kategorien zu Gruppen zusammenfassen oder für einzelne Kategorien eigene Legenden-Überschriften einfügen. Markieren Sie dazu jeweils die gewünschten Kategorien und öffnen Sie per Klick mit der rechten Maustaste das zugehörige Kontextmenü. Hier finden Sie zahlreiche Befehle zur Anpassung der Kategorien-Symbolik.

Wir wollen die Kategorien aber zunächst so übernehmen, wie sie ArcMap für uns automatisch erzeugt hat. Lediglich die Symbole der Kategorien sollen noch geändert werden. Diese Änderung nehmen wir diesmal direkt über einen Doppelklick auf das jeweilige Symbol vor der Kategorie vor, Sie gelangen dadurch wieder zur „Symbolauswahl".

👍 **Tipp:** Auch hier in der Symbolauswahl sind die Einträge kategorisiert. Sie können Symbole auswählen, indem Sie entweder im Vorschaufenster danach suchen oder den Namen in das Eingabefeld über dem Vorschaufenster tippen und durch „Enter" bestätigen. Sie können per Klick auf die Schaltfläche „Style-Referenzen…" auswählen, welche der Symbolkategorien angezeigt werden sollen. Entfernen Sie vorerst alle Haken bei 3D-Symbolen und wählen lediglich „Esri" aus. Für unsere Übungsblöcke sind die angezeigten Symbole ausreichend.

Wählen Sie hier als Symbol für unsere Städte mit mehr als 500.000 Einwohnern das Symbol „Quadrat 3" und legen Sie als „Farbe" rot und als „Größe" 8,00 fest. Entsprechend legen Sie ein passendes Symbol für die zweite und dritte Städte-Kategorie fest (z. B. „Quadrat 2" in Rot, Größe 7,00 und „Kreis 1" in Rot, Größe 5), wie in Abbildung 364 zu sehen.

Klicken Sie schließlich im Kategorienfenster in der Spalte „Beschriftung" auf den Eintrag „POP_CLASS". Sie können diesen Eintrag nun bearbeiten. Ersetzen Sie ihn durch den Eintrag „Einwohner". Entsprechend können Sie auch die Beschriftung der einzelnen Kategorien anpassen und die Komma-Tausender-Trennzeichen durch Punkte ersetzen (siehe Abb. 364).

👍 **Tipp:** Einzelne Kategorien innerhalb der Symbolik lassen sich hinsichtlich der Darstellung noch weiter beeinflussen. So können die sog. „Symbolebenen" in ihrer Darstellungsreihenfolge geändert werden. Damit kann bei sich überlappenden Symbolen festgelegt werden, welche oben liegend (voll sichtbar) dargestellt werden sollen. Außerdem lassen sich Symbolebenen auch miteinander verbinden (gleiche Kategorie) oder zusammenführen (unterschiedliche Kategorien). Dies ist z. B. bei der Darstellung von Straßen sinnvoll, um sich überlagernde Straßen zu vermeiden und stattdessen „offene" Kreuzungen zu erzeugen. Sie erreichen die Funktionalitäten zu den

14.3 Lösung zum Übungsblock 3

Symbolebenen im Register „Symbologie" der Layer-Eigenschaften über die Schaltfläche „Erweitert" ⇨ „Symbolebenen...".

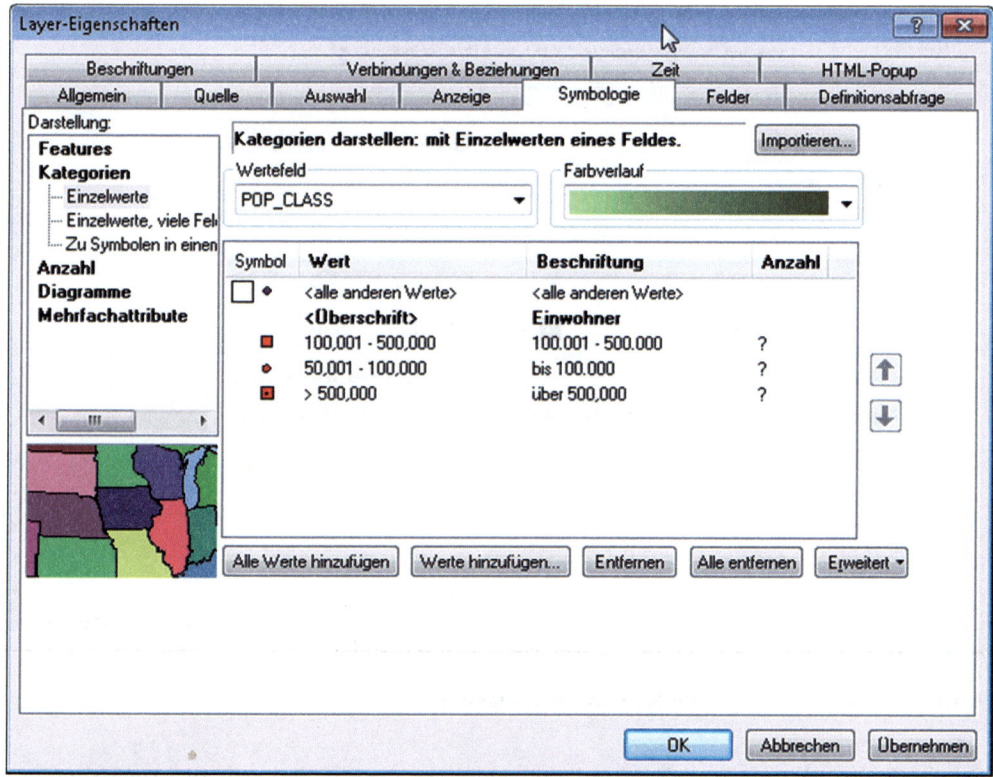

Abb. 364: Darstellen der Städte in verschiedenen Kategorien

14.3.5 Beschriftungen nach Klassen

Im nächsten Schritt sollen die Städte nun ebenfalls beschriftet werden. Versuchen Sie die „schnelle" Variante und klicken im Kontextmenü des Layers auf „Features beschriften. Sie werden sehen, dass Ihre Karte nun sehr unübersichtlich erscheint.

Besser ist es, in der Übersichtskarte nur einige wenige Städtenamen anzuzeigen, und erst beim Zoomen auf einen bestimmten Kartenausschnitt auch andere Bezeichnungen sichtbar werden zu lassen. Auch hierzu können Sie die unterschiedlichen Städte-Kategorien nutzen.

Wechseln Sie in den Layer-Eigenschaften des Layers „BRD_Staedte" in die Registerkarte „Beschriftungen". Aktivieren Sie hier die Option „Features in diesem Layer beschriften" und wählen Sie unter Methode „Feature-Classes definieren und jede Klasse unterschiedlich beschriften" (siehe Abb. 365).

14 Lösungen

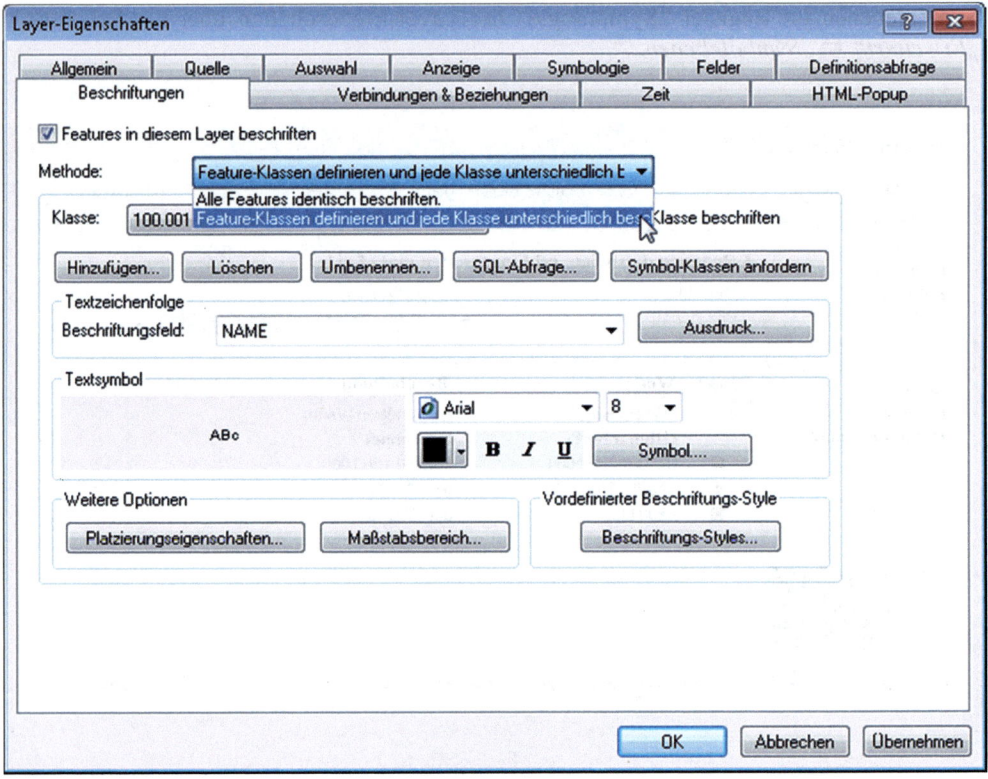

Abb. 365: Beschriftung nach Kategorien anpassen

Damit erhalten Sie in dieser Registerkarte zahlreiche neue Funktionen zur Anpassung und Beschriftung von Werte-Klassen innerhalb eines Layers. Fordern Sie mit Klick auf die Schaltfläche „Symbol-Klassen anfordern" die bereits definierten Werte-Klassen an. Im Drop-down-Menü „Klasse" können Sie daraufhin auswählen, für welche Kategorie die Beschriftung angepasst werden soll. Dadurch werden die in der Symbologie eingerichteten Klassen für die Beschriftung übernommen.

Wählen Sie zunächst den Eintrag „> 500,000". Im Bereich „Textzeichenfolge" geben Sie als „Beschriftungsfeld" das Attribut „NAME" an. Die Textformatierung legen Sie im Bereich „Textsymbol" fest. Wählen Sie hier die Werte „Arial, fett, Größe 9".

Wählen Sie anschließend aus der Auswahlliste „Klasse" den Eintrag „100.001 – 500.000" aus und formatieren Sie den auszugebenden Symboltext mit „Arial, Größe 8".

14.3 Lösung zum Übungsblock 3

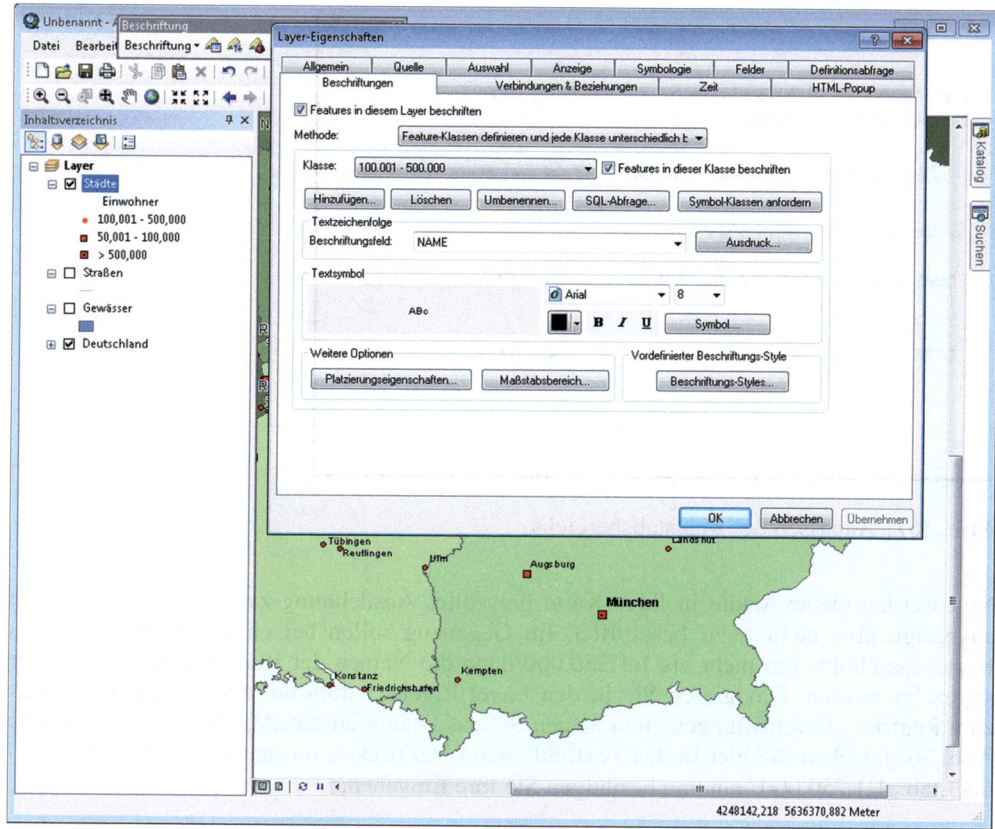

Abb. 366: Anpassen der Städtebeschriftungen

Abschließend wählen Sie die kleinste Klasse und formatieren Sie den auszugebenden Symboltext mit „Arial, Größe 7". Diese Beschriftungen sollen nur dann angezeigt werden, wenn der Maßstab 1:1.250.000 oder größer ist. Dadurch vermeiden Sie eine zu hohe Belastung bei Anzeige der gesamten Deutschlandkarte, gewährleisten aber gleichzeitig die Informationsdichte abhängig von der Größe des Kartenausschnitts. Öffnen Sie durch Klicken auf die Schaltfläche „Maßstabsbereich" das zugehörige Dialogfenster. Hier können Sie nun Einstellungen vornehmen, ab welchem Maßstab Beschriftungen angezeigt werden bzw. ab wann dies nicht mehr der Fall sein soll. Wählen Sie „Beschriftungen nicht anzeigen" und setzen den Minimalmaßstab bei „beim Verkleinern um mehr als" auf „1:1.250.000" (siehe Abb. 367).

14 Lösungen

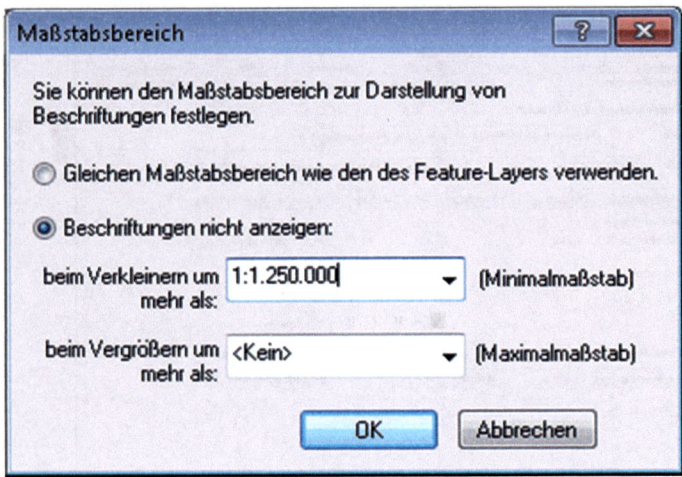

Abb. 367: Anpassen des Maßstabsbereichs

Nun werden kleine Städte in Ihrer Karte bei voller Ausdehnung zwar noch als Symbole angezeigt, aber nicht mehr beschriftet. Im Gegenzug sollen bei einer Vergrößerung des Kartenausschnitts um mehr als 1:1.250.000 dann die Namen der Bundesländer nicht mehr angezeigt werden. Navigieren Sie in den Layer-Eigenschaften des Layers „Deutschland" zum Register „Beschriftungen" und öffnen Sie das Dialogfenster „Maßstabsbereich" (siehe Abb. 367). Geben Sie hier in das Textfeld „beim Vergrößern um mehr als" den Maximalmaßstab „1:1.250.000" ein und bestätigen Sie Ihre Eingaben.

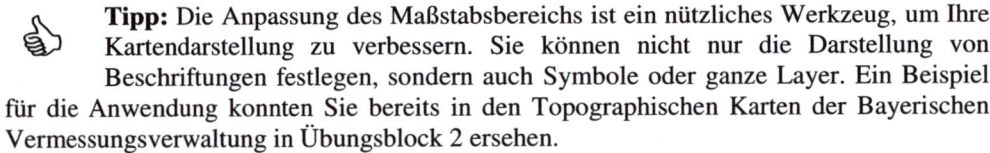 **Tipp:** Die Anpassung des Maßstabsbereichs ist ein nützliches Werkzeug, um Ihre Kartendarstellung zu verbessern. Sie können nicht nur die Darstellung von Beschriftungen festlegen, sondern auch Symbole oder ganze Layer. Ein Beispiel für die Anwendung konnten Sie bereits in den Topographischen Karten der Bayerischen Vermessungsverwaltung in Übungsblock 2 ersehen.

14.3.6 Bezugsmaßstab festlegen

Insgesamt hat unser Projekt schon erheblich an Informationsqualität gewonnen. Lediglich die zahlreichen Beschriftungen lassen die Karte in der Gesamtansicht noch etwas unübersichtlich erscheinen. Um dies zu beheben, können Sie an dieser Stelle einen Bezugsmaßstab festlegen.

Der „Bezugsmaßstab" gibt den Maßstab an, zu dem alle Symbol- und Textgrößen in der Karte des Datenrahmens in Bezug gesetzt werden. Einstellungen zum Bezugsmaßstab lassen sich über das *Kontextmenü des Datenrahmens* ⇨ *„Eigenschaften..."* vornehmen.

Wechseln Sie hier in die Registerkarte „Allgemein", geben Sie als Bezugsmaßstab „1:2.000.000" an und bestätigen Sie die Änderungen mit „OK". Die Angaben zur Schrift- und Symbolgröße beziehen sich nun auf den Maßstab 1:2.000.000 und werden beim Zoomen entsprechend skaliert. In der vollen Ausdehnung Ihres Projekts sind folglich alle Symbole und Beschriftungen deutlich kleiner geworden. Zoomen Sie in verschiedene Maßstäbe in die Karte und beobachten Sie, wie sich die Symbole und Texte nun verhalten.

14.3 Lösung zum Übungsblock 3

Je mehr Sie zoomen, umso größer werden Schrift und Symbole dargestellt (Abb. 368, linke Abbildung). Der geeignete Bezugsmaßstab wird stets stark abhängig von Ihrem Projekt und der auszugebenden Karte sein. Probieren Sie hier einfach verschiedene Maßstäbe aus.

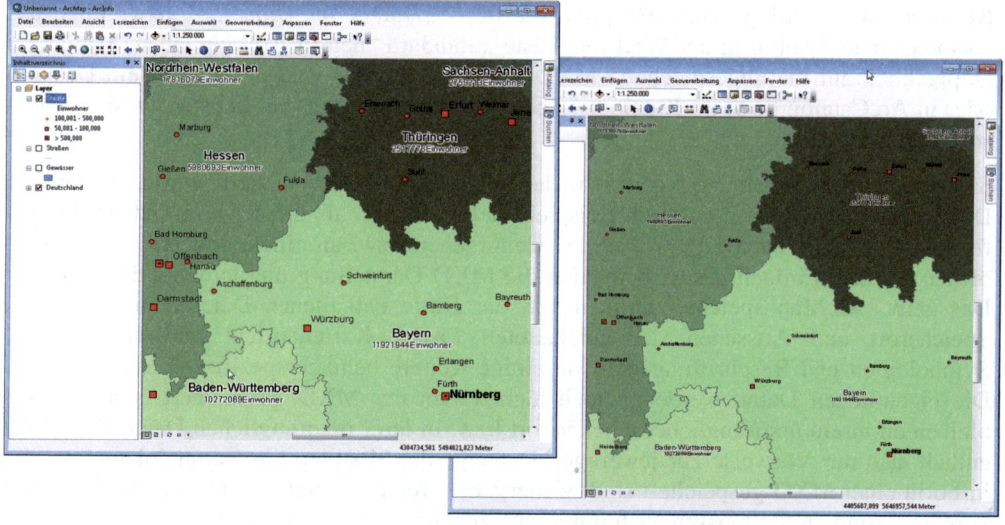

Abb. 368: Zoom-Ergebnis mit und ohne Bezugsmaßstab

 Tipp: Änderungen am aktuellen Bezugsmaßstab können Sie auch unter *Kontextmenü des Datenrahmens* ⇨ *„Bezugsmaßstab:"* vornehmen. Hier lässt sich der aktuell eingestellte Maßstab des Kartenfensters als „Bezugsmaßstab festlegen". Sie können den „Bezugsmaßstab löschen" oder auf den momentan definierten Bezugsmaßstab zoomen.

14.3.7 Speichern Ihres Projekts: MXD oder Layer-Datei?

Sie haben bereits in den vorigen Übungen Ihr Projekt gespeichert. Im Folgenden erhalten Sie tiefergehende Informationen zu Speicheroptionen und Speicherformaten.

Grundsätzlich werden Layer, die in ArcMap erstellt bzw. angepasst wurden, als Teil der Kartendokumentdatei (MXD) gespeichert. Soll Ihnen aber ein Layer mit seiner Symbologie und Beschriftung unabhängig vom aktuellen Kartendokument zur späteren Verwendung auch in anderen Karten zur Verfügung stehen, müssen Sie diesen Layer explizit als Layer-Datei (*.lyr) abspeichern. Wir möchten dies beispielhaft an unserem bisherigen Projekt verdeutlichen.

Speichern Sie zunächst Ihr Projekt in ArcMap ab. Verwenden Sie dazu den Eintrag „Speichern unter..." im Menü „Datei" der Hauptmenüleiste. Es öffnet sich das Ihnen bereits aus anderen Anwendungen bekannte Dialogfenster zur Speicherung von Dateien. Sie können auch den Eintrag „Speichern" der Werkzeugleiste „Standard" verwenden, um Ihre Karte erstmals abzuspeichern – auch damit öffnen Sie (im Fall der ersten Abspeicherung) das Fenster „Speichern unter". Navigieren Sie dort in den Ordner „Block_03" und erstellen Sie dort einen neuen Ordner „Ergebnis". Vergeben Sie für die Projektdatei einen möglichst aussagekräftigen, aber dennoch kurzen Namen (von Sonderzeichen und Umlauten sollte nach Möglichkeit abgesehen werden).

Sie haben nun Ihre Karte erfolgreich gespeichert und können diese später, z. B. nach einem Neustart von ArcMap, über *Hauptmenüleiste* ⇨ *„Datei"* ⇨ *„Öffnen..."* bzw. über das entsprechende Symbol in der Werkzeugleiste „Standard" neu in ArcMap laden. Mit einem Doppelklick auf die abgespeicherte MXD (z. B. im Windows-Explorer, auf dem Desktop oder in ArcCatalog bzw. im Katalog) öffnen Sie ein neues ArcMap-Fenster mit dem abgespeicherten Projekt.

Sie mögen sich fragen, was genau in der MXD-Datei abgespeichert wurde, warum die Dateigröße der MXD (in unserem Beispiel) viel kleiner ist als die der verwendeten Shapefiles, oder ob Sie die MXD problemlos weitergeben bzw. an einem anderen Arbeitsplatz öffnen können. Einfach gesagt beinhaltet die MXD Darstellung und Umfang des Projekts. Das heißt, ArcMap speichert darin die in der Karte enthaltenen Datenrahmen, Anzahl, Speicherort und Aussehen der beinhalteten Layer, Kartenansicht und Drucklayout, Symbologien und Beschriftungen sowie einige weitere benutzerspezifische Einstellungen. Die eigentlichen Daten werden jedoch nicht (!) in der MXD gespeichert, sondern verbleiben an ihrem ursprünglichen Speicherort bzw. in ihrer ursprünglichen Datei. Die MXD enthält also nur Verweise zur jeweiligen Datenquelle. Möchten Sie Kartendokumente, die in Form einer MXD gespeichert sind, weitergeben, reicht es nicht, wenn Sie nur die MXD kopieren, sondern Sie müssen auch immer die zugehörigen Daten mitliefern.

Die MXD ist also nur eine Sammlung von Verweisen auf Daten bzw. von Dateipfaden. Hierbei gilt es zu unterscheiden, ob die Speicherung der Pfadangabe „absolut" oder „relativ" erfolgt. Bei einer absoluten Speicherung wird immer der vollständige Speicherort einer Datei angegeben (z. B. „C:\Eigene_Dateien\<Download-Ordner>\Block_03\BRD.shp"). Im Gegensatz dazu geben relative Pfade den Speicherort der „angebundenen" Daten im Verhältnis zum Speicherort der MXD an (also z. B. den zugehörigen Unterordner, egal auf welchem Laufwerk). Die dafür notwendige Einstellung finden Sie über *Hauptmenüleiste* ⇨ *„Datei"* ⇨ *„Eigenschaften des Kartendokuments"*. Im folgenden Dialogfenster können Sie über Kontrollbox *„Pfadnamen"* entscheiden, ob Sie relative Pfadnamen speichern wollen oder nicht. Diese – eher versteckte – Einstellungsmöglichkeit ist von entscheidender Bedeutung, wenn Sie Ihre Projektdaten weitergeben, kopieren oder verschieben möchten. Falls Sie hier die falsche Einstellung wählen, kann es sein, dass anschließend sämtliche Pfadangaben korrigiert werden müssen.

Für die Weitergabe von Daten sollten diese immer mit relativen Pfadangaben gespeichert werden. Dadurch können Sie das Projekt mit den Daten, auf die es zugreift, auch von einem beliebigen Massenspeicher oder auf einem Rechner geöffnet werden, auch wenn sich dadurch der Laufwerksbuchstabe ändert.

Am einfachsten ist seit ArcGIS 10 die Erstellung von Kartenpaketen. Im Kartenpaket sind alle relevanten Informationen (Layout, Einstellungen, Symbologie etc.) und zusätzlich die Geodaten enthalten. Wenn Sie das Kartenpaket weitergeben möchten, achten Sie aber darauf, dass mindestens ArcGIS 10 benötigt wird, um das Kartenpaket öffnen (und erstellen) zu können (siehe dazu auch Kapitel 6.1.3.1).

Mithilfe der MXD können Sie also Ihr Kartendokument abspeichern und die Arbeit an Ihrem Projekt zu einem späteren Zeitpunkt wieder aufnehmen. Möchten Sie einen Layer

14.3 Lösung zum Übungsblock 3

jedoch unabhängig vom aktuellen Kartendokument auch in anderen Projekten verwenden, müssen Sie diesen Layer explizit als Layer-Datei (*.lyr) abspeichern. Ähnlich der MXD werden auch in der Layer-Datei individuelle Symbologie- und Beschriftungsinformationen sowie der Pfad zur eigentlichen Datenquelle (auch hier nicht die Daten selbst!) gespeichert. Führen wir dies beispielhaft für den Layer „Städte" durch.

Laden Sie zunächst – falls noch nicht geschehen – die abgespeicherte MXD in ArcMap. Öffnen Sie dann mit Klick auf die rechte Maustaste die Kontextmenüleiste des Layers und wählen Sie den Befehl „Als Layer-Datei speichern...". Im folgenden Fenster können Sie einen Namen (z. B. „BRD_Staedte_bearbeitet.lyr") und den gewünschten Speicherort für den Layer angeben. Klicken Sie dann auf „OK", um den Layer am gewünschten Ort zu speichern. Sehen wir uns einmal an, was hier passiert.

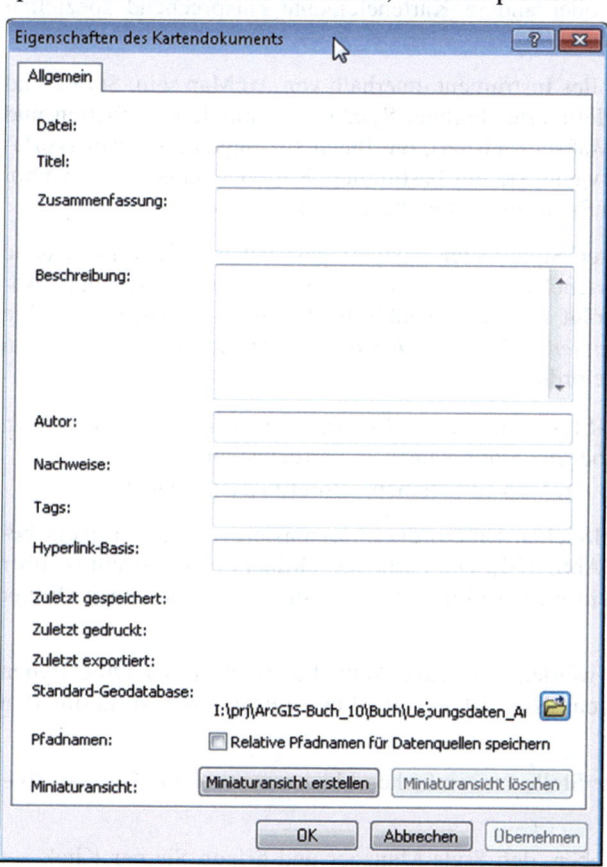

Abb. 369: Eigenschaften des Kartendokuments – relative Pfadnamen speichern

Vergewissern Sie sich, dass Sie Ihr Projekt wie oben beschrieben abgespeichert haben. Löschen Sie dann im Inhaltsverzeichnis in ArcMap über das *Kontextmenü des Layers* ⇨ *„Entfernen"* den von Ihnen angepassten Städte-Layer aus Ihrem Projekt. Laden Sie nun über den Katalog oder über das Symbol „Daten hinzufügen" in der Werkzeugleiste „Standard" das Ausgangs-Shape „BRD_Staedte.shp". Wie Sie sehen, stehen Sie hier wieder ganz am Anfang Ihrer Anpassungsarbeiten. Alle Formatierungen und Beschriftungen sind „verloren". Entfernen Sie den neu geladenen Layer wieder und fügen Sie die eben gespeicherte Layer-Datei „BRD_Staedte_bearbeitet.lyr" zum Projekt hinzu. Der Layer ist wieder vorhanden – mit all den individuell vorgenommenen Anpassungen.

14.3.8 Anlegen und Verwenden von Styles

Möglicherweise werden Sie mit ArcMap Karten erstellen müssen, die auf bestimmten, sich wiederholenden Kartenstandards bzw. Zeichenvorschriften hinsichtlich Symbologie und Beschriftung aufbauen. In diesem Fall ist es von grundlegender Bedeutung, derartige Vorschriften und Standards immer wieder exakt einzuhalten. Zum Teil wird es auch erforderlich sein, eigene Symbole oder andere Kartenelemente entsprechend speziellen Zeichenvorschriften neu zu erstellen.

Hier werden Ihnen Styles ein wertvolles Instrument innerhalb von ArcMap sein. Styles sind eine Sammlung vorab bzw. selbst definierter Farben, Symbole, Symboleigenschaften und Kartenelemente (z. B. Nordpfeile, Maßstabsleisten), die Ihnen sozusagen als Formatvorlagen zur Verfügung stehen. Immer, wenn Sie ein bestimmtes Kartenelement oder Symbol auswählen und einfügen, verwenden Sie dazu die Inhalte aus einem Style.

Styles werden grundsätzlich in einer Style-Datei (*.style) gespeichert, die verschiedene Styles für Symbole und andere Kartenelemente enthält. Die Verwaltung (Erstellung, Anpassung, Entfernen) von Styles erfolgt in ArcMap mithilfe des Style-Managers, den Sie über die *Hauptmenüleiste* ⇨ *„Anpassen"* ⇨ *„Style-Manager..."* erreichen. Hier sind im linken Inhaltsfenster zwei Style-Dateiordner aufgeführt:

- eine Datei mit Benutzer-Styles, in denen Sie Ihre eigenen Styles speichern können (diese sind dann über die Symbolauswahl verfügbar) und
- „Esri.style" (enthält alle in ArcMap enthaltenen, vordefinierten Styles).

Jede dieser Style-Dateien ist in zahlreichen Unterordnern organisiert, von denen jeder bestimmte Objekttypen enthält (siehe Abb. 370). Die Farbe des Ordners gibt Aufschluss über die enthaltenen Dateien: Während ein weißer Ordner leer ist, sind in einem gelben Ordner Dateien enthalten.

Die von Esri vordefinierten Styles werden grau dargestellt. Innerhalb dieser Objekttypen können Sie eigene Styles definieren. Hier ist es allerdings ratsam, die vordefinierten ArcMap Styles nicht zu verändern!

Exemplarisch werden Sie an dieser Stelle ein einfaches Flächensymbol für Gewässerflächen definieren.

Starten Sie dann, wie oben beschrieben, den Style-Manager und öffnen Sie per Klick auf das Plus-Zeichen die benutzereigene Style-Datei (nicht Esri.style!). Wie Sie sehen, werden viele Unterordner weiß dargestellt: weiße Unterordner sind leer. Klicken Sie nun mit der linken Maustaste auf den Ordner „Füllsymbole". Bereits vorhandene, selbst definierte Symbole würden nun im rechten Fenster angezeigt. Um ein neues Symbol zu definieren, klicken Sie zunächst mit der rechten Maustaste in das rechte Fenster und wählen Sie im Kontextmenü den Befehl *„Neu"* ⇨ *„Füllsymbol..."*. Sie gelangen damit in den „Symboleigenschaften-Editor", der Ihnen zahlreiche Funktionalitäten zur Anpassung oder Erzeugung von Symbolvorlagen bietet.

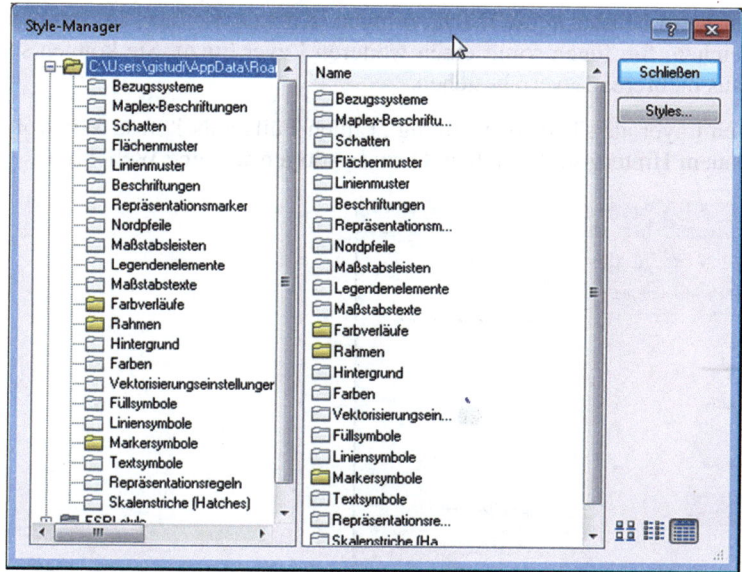

Abb. 370: Der Style-Manager von ArcMap

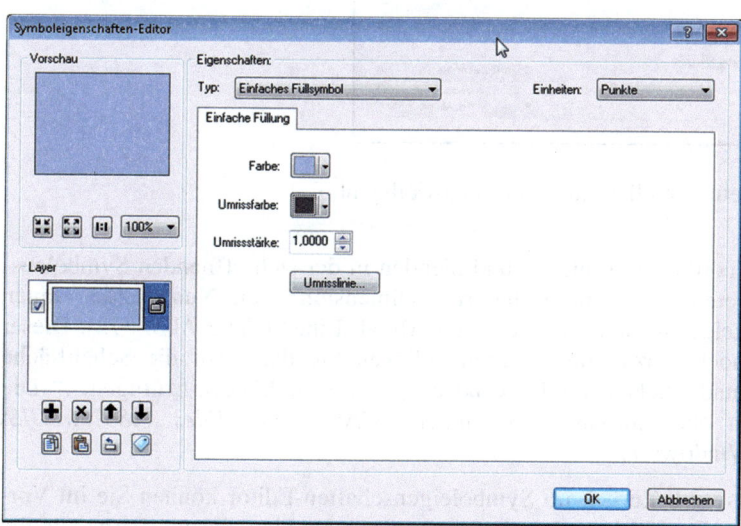

Abb. 371: Der Symboleigenschaften-Editor

Wählen Sie im Bereich „Eigenschaften" aus der Auswahlliste „Typ" den Eintrag „Einfaches Füllsymbol". Hier können Sie nun Füllfarbe (für Gewässer typischerweise blau), Rand- bzw. Umrissfarbe (dunkelblau) und Umrissstärke (1,0000) festlegen. Im linken Teil des Dialogfensters sehen Sie jeweils eine Vorschau, wie sich Änderungen auf das resultierende Symbol auswirken. Als Ergebnis erhalten Sie hier eine hellblau gefüllte Fläche mit dunkelblauem Rand.

14 Lösungen

Wir wollen allerdings noch ein Muster in die Fläche bringen. Klicken Sie dazu im Bereich „Layer" auf das Plus-Zeichen, Sie fügen somit einen weiteren Layer hinzu. Sie können so Symbole erzeugen, die aus mehreren Layern bestehen.

Legen Sie für den zweiten Layer als „Typ" den Eintrag „Linien-Füllsymbol" fest. Wir wollen kleine Wellen auf blauem Hintergrund erstellen. Dazu benötigen wir eine Wellenlinie.

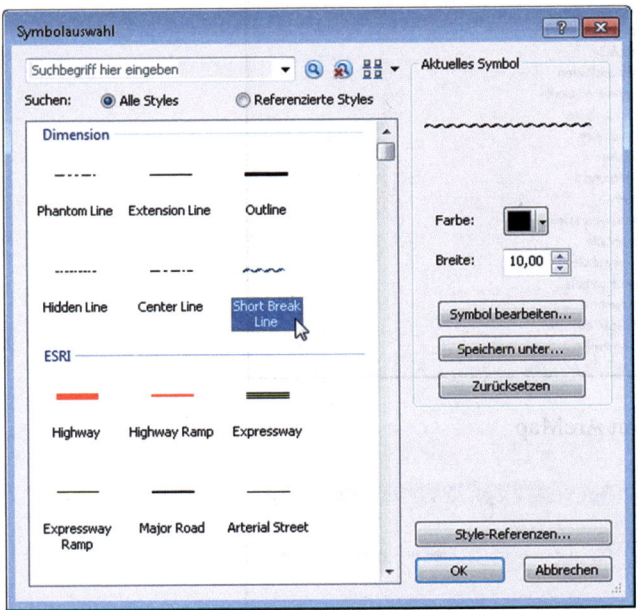

Abb. 372: Auswählen einer Wellenlinie als Linien-Füllsymbol

Klicken Sie auf die Schaltfläche „Linie…" und blenden in der sich öffnenden Symbolauswahl unter „Style-Referenzen…" die Kategorie „Dimension" ein. Nun werden Ihnen weitere Symbole angezeigt. Wählen Sie die „Short Break Line" (siehe Abb. 372). Dieser Style muss ggf. erst noch hinzugefügt werden. Klicken Sie dafür auf die Schaltfläche „Style-Referenzen…" und klicken anschließend auf „Style zu Liste hinzufügen…" Die Standard-Styles finden Sie normalerweise unter „*C:\Program Files (x86)\ArcGIS\Desktop10.1\Styles*" (Windows 7).

Bestätigen Sie Ihre Auswahl. Zurück im Symboleigenschaften-Editor können Sie im Vorschaufenster sehen, wie Ihr Flächensymbol nun aussieht. Wählen Sie als Farbe für die Wellenlinie ebenfalls einen Blauton und bestätigen Sie durch Klicken auf „OK". Sie gelangen somit wieder in den Style-Manager, wo Sie für das Symbol noch einen Namen („Gewässer") vergeben können. Schließen Sie dann den Style-Manager.

Nun müssen Sie Ihr neues Symbol nur noch den Gewässern Ihres Layers zuweisen. Öffnen Sie die Symbolauswahl von „BRD_Gewaesser", wo das eben angelegte Symbol „Gewässer" nun zur Verfügung steht. Zoomen Sie anschließend auf ein Gewässer Ihrer Wahl (z. B. Bodensee), um Ihr Ergebnis zu betrachten.

14.4 Lösung zum Übungsblock 4

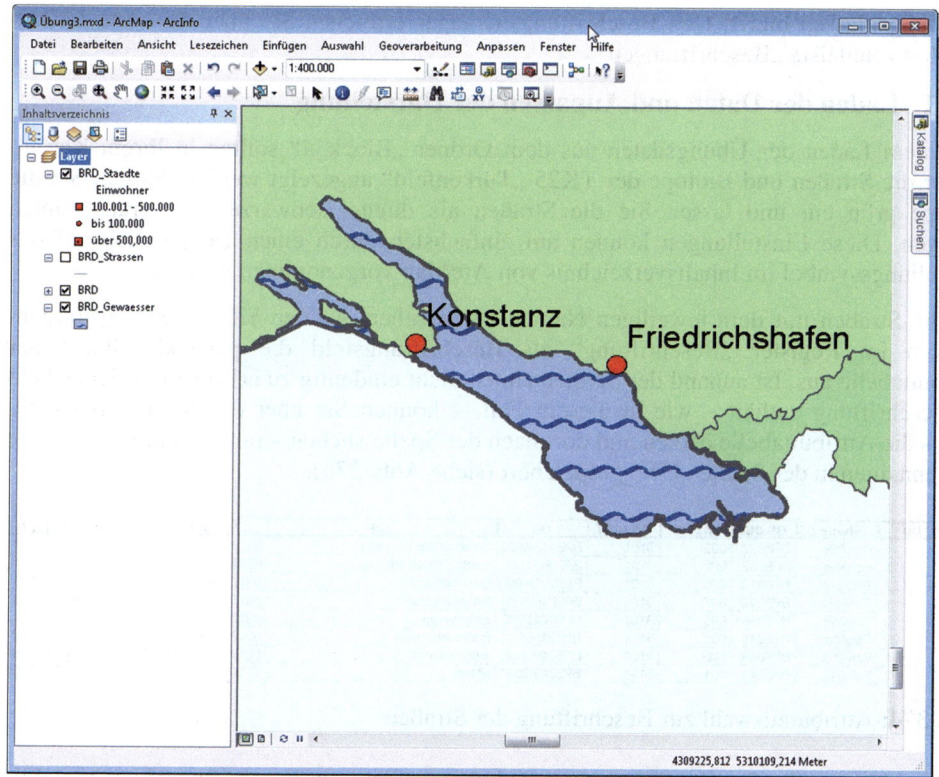

Abb. 373: Ein neues Flächensymbol (am Beispiel des Bodensees)

Entsprechend dem gerade beschriebenen Vorgehen lassen sich individuelle Punkt-, Linien- und Flächen-Symbole als Style anlegen. Hier ist allerdings zu beachten, dass sich die benötigte Darstellungszeit mit zunehmender Komplexität der Symbole (mehrere Ebenen, Effekte wie Schatten, Halos, ...) drastisch erhöht.

Als Abschluss dieses Übungsblocks speichern Sie Ihr Kartenprojekt wie gewohnt in Ihrem Ordner „Block_03/Ergebnis" ab.

14.4 Lösung zum Übungsblock 4: Maplex (Komplexe Beschriftungen)

Manche Karten erfordern komplexere Beschriftungen als mit den bisherigen Standard-Beschriftungswerkzeugen möglich sind. Aus diesem Grund ist ab ArcGIS 10.1 for Desktop die Maplex Label-Engine standardmäßig im Lieferumfang enthalten, bisher gab es dieses Werkzeug nur als Erweiterung. In diesem Kapitel werden einige der wichtigsten Funktionen von Maplex erklärt.

Generell können Sie Einstellungen zur Beschriftung in den Layer-Eigenschaften treffen, für diese Übung bietet sich jedoch die Verwendung des Beschriftungs-Managers an, da er einen schnelleren und übersichtlicheren Zugriff auf die einzelnen Beschriftungen und Beschriftungsklassen bietet. Den Beschriftungsmanager erreichen Sie über das erste Icon in der Werkzeugleiste „Beschriftungen".

14.4.1 Laden der Daten und Anpassen der Darstellung

Nach dem Laden der Übungsdaten aus dem Ordner „Block_4" sollten in Ihrem Kartenfenster die Straßen und Biotope der TK25 „Türkenfeld" angezeigt werden. Färben Sie die Biotope grün ein und lassen Sie die Straßen als dünne, schwarze oder graue Linien anzeigen. Diese Einstellungen können am einfachsten durch einen Doppelklick auf das Darstellungssymbol im Inhaltsverzeichnis von ArcMap vorgenommen werden.

Um die Straßen mit dem jeweiligen Namen zu versehen, wählen Sie in den Layereigenschaften im Register „Beschriftung" als Beschriftungsfeld die passende Spalte der Attributtabelle aus. Ist anhand der Spaltennamen nicht eindeutig zu erkennen, welches Feld die Beschriftung enthält – wie in diesem Fall –, können Sie über das Kontextmenü des Layers die Attributtabelle öffnen und dort nach der Spalte suchen – in unserem Fall sind die Straßennamen in der Spalte „GN" gespeichert (siehe Abb. 374).

OBJECTID *	Shape *	OBJNR	OBJTNR	OBJART	OB	GN	KN	Shape_Length
15	Polylinie	BPE082	002	3101	BPE082A002	Sankt-Ottilien-Straße	091791490 0100	79,89778
16	Polylinie	BPE082	001	3101	BPE082A001	Sankt-Ottilien-Straße	091791490 0100	81,426161
17	Polylinie	BPE04Q	008	3101	BPE04QK008	Bahnhofstraße	091791490 0100	29,094553
18	Polylinie	BPE04Q	007	3101	BPE04QK007	Bahnhofstraße	091791490 0100	44,368008
19	Polylinie	BPE0841	005	3101	BPE0841005	Birkenweg	091791490 0100	120,737251
20	Polylinie	BPE049	00C	3101	BPE049B00C	Bahnhofstraße	091791250 0100	39,11919
21	Polylinie	BPE04R	00B	3101	BPE04R000B	Am Bahnhof	LL13,091811220010	36,463846
22	Polylinie	BPE049	001	3101	BPE049Q001	NNNN	ST2054	167,42418

Abb. 374: Attributauswahl zur Beschriftung der Straßen

Um die längeren Straßen deutlicher hervorzuheben, sollen nun Beschriftungsklassen gebildet werden, deren Darstellung individuell angepasst werden kann. Sie können die Schwellenwerte dieser Kategorien entweder völlig frei bestimmen, oder sich – ebenfalls in der Attributtabelle – zuerst einen Überblick über die Spannweite Featuregrößen verschaffen (die Staßenlänge ist im Feld „Shape_Length" in Metern angegeben). Vorsicht: Da die Straßen in diesem Layer oft in kleinere Teilstücke zerlegt sind (z. B. beginnt an Straßenkreuzungen ein neuer Feature-Teil), spiegelt die „Shape_Length" keinesfalls die tatsächliche Objektlänge wieder. Die Sankt-Ottilien-Straße besteht beispielsweise aus mehreren Feature-Parts, von denen zwei in der Attributtabelle (siehe Abb. 374) dargestellt sind. Nichtsdestotrotz stellen Sie durch eine Klassifizierung sicher, dass Straßen mit größeren Teilstücken später stärker gewichtet werden können und somit bei der Entstehung von Konflikten bevorzugt platziert werden.

In diesem Beispiel soll zwischen Straßen mit Teilstücken über 200 Metern (Klasse „Lang"), Straßenstücken zwischen 100 und 200 Metern (Klasse „Mittel") und Straßen unterschieden werden, die kürzer als 100 Meter sind (Klasse „Kurz"). Die Klassifizierung erfolgt analog zum Beispiel der Städtebeschriftungen in Übungsblock 03 (siehe Kapitel 14.3.5). Alternativ können die neuen Klassen auch direkt im „Beschriftungs-Manager" erstellt werden. Klicken Sie dafür einfach im Bereich „Beschriftungsklassen" auf den gewünschten Layer (in diesem Fall „Strassen"). Dadurch ändert sich der rechte Teil des Dialogfensters und es können neue Klassen hinzugefügt werden (siehe Abb. 375). Mit Klick auf die entsprechende Beschriftungsklasse kann anschließend die SQL-Abfrage für die Klasse erstellt werden (Schaltfläche „SQL-Abfrage…").

14.4 Lösung zum Übungsblock 4

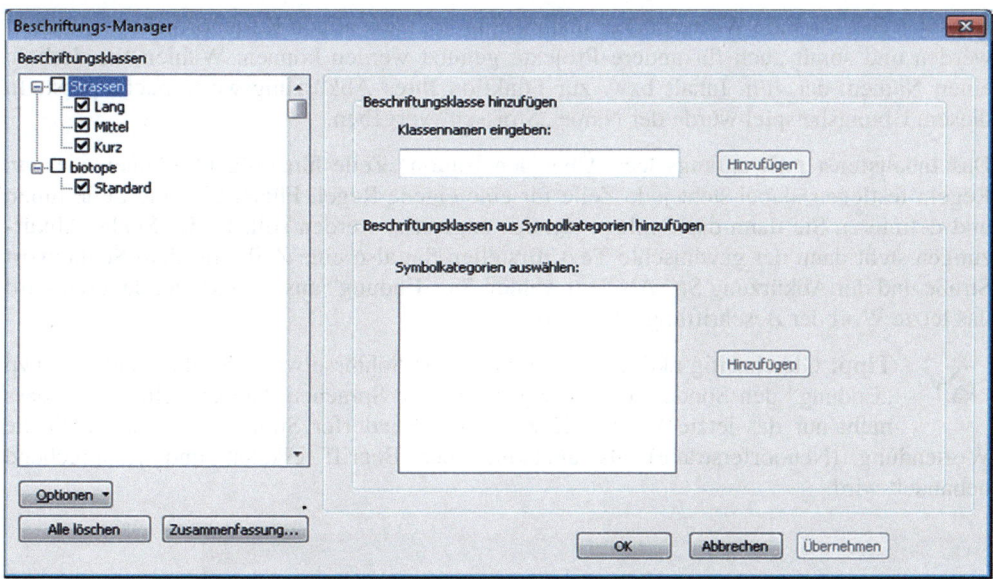

Abb. 375: Hinzufügen von Beschriftungsklassen über den „Beschriftungs-Manager"

14.4.2 Abkürzen und Übersetzen mit dem Abkürzungswörterbuch

Viele deutsche Straßennamen enden auf den Begriff „straße". Um Positionierungskonflikte zu vermeiden, bietet es sich an, diese einschlägigen Beschriftungen abzukürzen – für den Fall, dass der gesamte Text nicht platziert werden kann. Zudem haben einige der angezeigten Straßen keinen Namen und werden mit „NNNN" in Ihrer Karte angezeigt. Diese Bezeichnung hat keinen Informationsgehalt und kann ausgeblendet werden. Im Folgenden sollen diese Aufgaben mit einem Abkürzungswörterbuch gelöst werden.

Um mit selbstdefinierten Abkürzungen arbeiten zu können, müssen Sie zunächst ein Abkürzungswörterbuch anlegen. Wählen Sie dazu im Drop-down-Menü „Beschriftung" in der gleichnamigen Werkzeugleiste den Punkt „Abkürzungswörterbücher" aus.

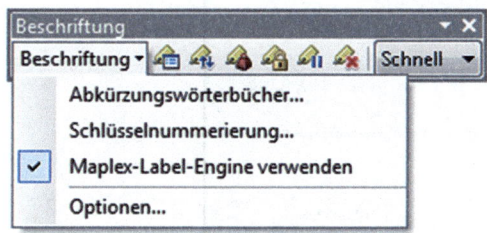

Abb. 376: Drop-down-Menü in der Werkzeugleiste „Beschriftung"

Es öffnet sich ein Menüfenster, in dem Sie Ihre Abkürzungswörterbücher verwalten können. Durch Klicken auf die Schaltfläche „Neu…" erstellen Sie ein neues Wörterbuch, dessen Namen Sie frei wählen können.

14 Lösungen

Beachten Sie, dass die Wörterbücher unabhängig vom jeweiligen Kartenprojekt gespeichert werden und somit auch für andere Projekte genutzt werden können. Wählen Sie deshalb einen Namen, der zum Inhalt bzw. zur Funktion Ihres Abkürzungswörterbuchs passt. In diesem Übungsbeispiel wurde der Name „Strassen" vergeben.

Das Inhaltsfenster ist anfangs leer. Über den Button „Zeile hinzufügen" können Sie nun Regeln festlegen, dabei steht jede Zeile für eine eigene Regel. Fügen Sie eine Zeile hinzu und definieren Sie dann das Schlagwort, das angepasst werden soll. In der Spalte Abkürzungen steht dann der gewünschte Text. Erstellen Sie also eine Zeile mit dem Schlagwort Straße und der Abkürzung Str. Als Typ wählen Sie „Endung" aus dem Menü, dadurch wird das letzte Wort der Beschriftung adressiert.

Tipp: Gleichzeitig aktivieren Sie durch das Schlüsselwort „Straße" und den Typ „Endung" den Sondermodus für germanische Sprachen. Dieser stellt sicher, dass nicht nur das letzte Wort (wie z. B. bei „Neudorfer Straße"), sondern auch die Wortendung (Neudorferstraße) als abzukürzender Begriff erkannt und entsprechend behandelt wird.

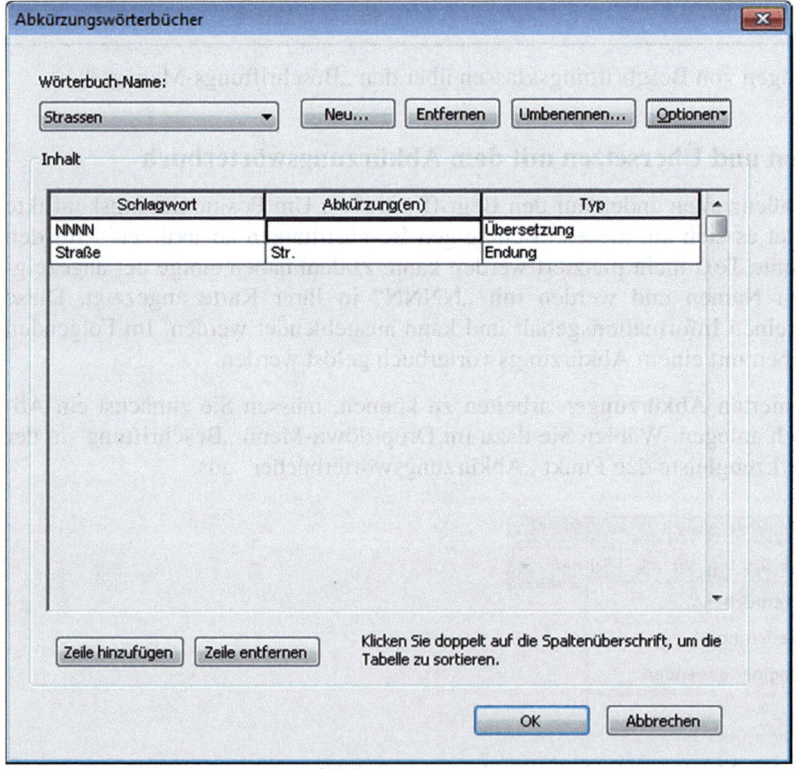

Abb. 377: Das Abkürzungswörterbuch „Strassen"

Erstellen Sie eine zweite Zeile mit dem Schlagwort NNNN, lassen aber die Abkürzung leer. Wählen Sie hier den Typ „Übersetzung", um diese Regel immer anzuwenden, auch, wenn genügend Platz für die Beschriftung zur Verfügung stünde. Ihr Abkürzungswörterbuch sollte nun aussehen wie in der Abbildung Abb. 377. Weitere Informationen zu den Abkürzungstypen finden Sie im Kapitel 6.11.2.

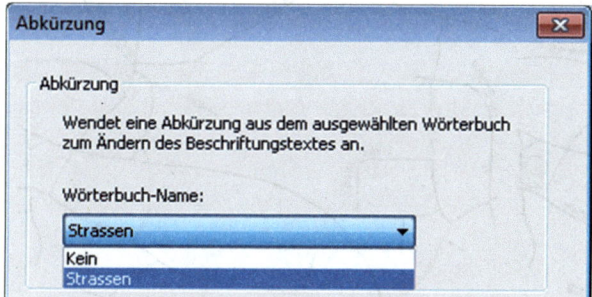

Abb. 378: Menüfenster „Abkürzung", Auswahl des Wörterbuchs

Um die Abkürzungsregeln zu aktivieren, öffnen Sie den „Beschriftungs-Manager" und klicken Sie auf „Eigenschaften" im Bereich „Platzierungseigenschaften". Achten Sie darauf, dass Sie den richtigen Layer ausgewählt haben. Setzen Sie das Häkchen bei „Beschriftungen abkürzen im Register „Einpassungsmethode". Mit dem Button „Optionen…" gelangen Sie zu einem weiteren Menüfenster „Abkürzung", wo Sie dann im Drop-down-Menü Ihr gewünschtes Wörterbuch auswählen können.

 Tipp: Da Sie in der vorherigen Übung Klassen je nach Straßenlänge definiert haben, müssen Sie jetzt darauf achten, auch in den richtigen Beschriftungsklassen die Abkürzungsregeln zu aktivieren. Arbeiten Sie mit dem Beschriftungs-Manger, sehen Sie im Inhaltsverzeichnis direkt die Beschriftungsklassen und können diese markieren, ein- und ausblenden und individuell anpassen. Weitere Übungen dazu finden Sie auch in der folgenden Teilaufgabe. Die klassenabhängige Darstellung bestimmter Beschriftungen können Sie auch in den Layer-Eigenschaften im Register „Beschriftungen" über das Drop-down-Menü steuern (eine genaue Anleitung finden Sie in Kapitel 14.3.5 Beschriftungen nach Klassen).

14.4.3 Anpassen an den Straßenverlauf

Nun sollen die Beschriftungen an den Straßenverlauf angepasst werden, um das Gesamtbild harmonischer zu gestalten. Die Beschriftungen der „langen" Straßen sollen geschwungen neben dem Feature, die „mittlere" Straßen geschwungen auf dem Feature (Halo 1,0) angezeigt werden. Auf die Beschriftung der „kurzen" Straßen verzichten Sie vorerst. Dadurch wird ihre Karte übersichtlicher, Straßennamen wie die „Ulrichsstraße" werden direkt am Feature gekrümmt dargestellt, und die „Hauptstraße" wird direkt auf dem Straßenverlauf beschriftet, was die Lesbarkeit und Übersichtlichkeit der Karte deutlich positiv beeinflusst (siehe Abb. 379).

Abb. 379: Layer „Strassen" vor und nach Anpassung der Platzierungseigenschaften

Starten Sie den Beschriftungs-Manager. Markieren Sie im Inhaltsverzeichnis links jeweils die Beschriftungsklasse, die Sie bearbeiten möchten. Beginnen Sie am besten mit „Lang" (siehe Abb. 380). Im rechten Teil des Beschriftungs-Managers werden Ihnen die Einstellungen für diese Beschriftungsklasse angezeigt. Im Vorschaubild ist die aktuelle Position der Beschriftung zum Feature dargestellt. Über die Buttons und Drop-down-Menüs können Sie die jeweiligen Einstellungen verändern. Um die Position anzupassen, klicken Sie auf den Button „Position…" unter dem Vorschaubild und wählen die Option „Versetzt geschwungen". Bestätigen Sie mit „OK", um die Positionierungsoptionen zu schließen, und klicken im Beschriftungs-Manager auf „Übernehmen", um Ihre Änderungen sichtbar zu machen.

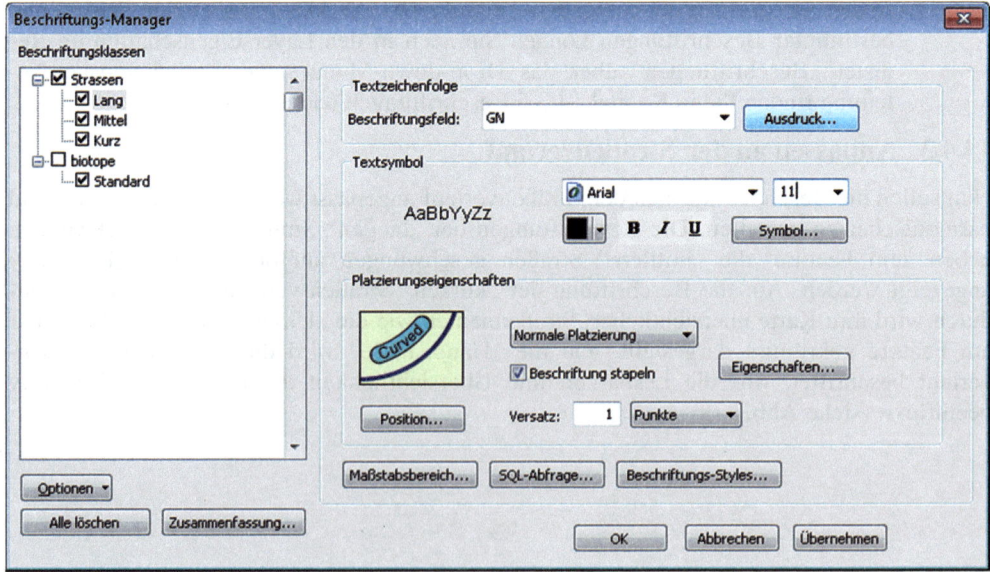

Abb. 380: Beschriftungs-Manager

Wählen Sie anschließend die Klasse „Mittel" im Bereich „Beschriftungsklassen" an. Vergeben Sie die Position „Mittig geschwungen" für diese Klasse. Um nun noch einen weißen Rahmen um die Zeichen anzuzeigen, greifen Sie auf den Halo-Effekt zurück. Dieser kann über die Schaltfläche „*Symbol...*" ➪ „*Symbol bearbeiten...*" ➪ *Registerkarte „Maske"* eingestellt werden. Aktivieren Sie hier den Style „Halo" und vergeben Sie die Größe 1,0.

Die Deaktivierung der Beschriftungen für „kurze" Straßen erreichen Sie, in dem Sie ganz einfach das Häkchen entfernen.

14.4.4 Prioritäten bei Konfliktfällen

Generell sollen so viele Beschriftungen (und damit Informationen) wie möglich platziert werden; oft entstehen dabei aber Konflikte. In vielen Fällen wird die Platzierung einiger weniger Beschriftungsklassen wichtiger sein als die Platzierung von anderen. Je nachdem, welche Aussage Ihre Karte haben soll, kann diese Gewichtung mit verschiedenen Attributen zusammenhängen. Sollen Industriegebiete dargestellt werden, kann die Beschriftung von Stadtteilen möglicherweise vernachlässigt werden, ebenso sind bei Straßenkarten üblicherweise die Autobahnbezeichnungen wichtiger als die Namen der Bundesstraßen. In diesem Übungsbeispiel haben die langen Straßen eine höhere Priorität vor den kürzeren. Anstatt die weniger wichtigen Beschriftungen einfach auszublenden, können Sie eine Rangfolge angeben, um in Konfliktfällen die Beschriftungen mit höherer Priorität zu platzieren.

Um das Menü der Beschriftungspriorität aufzurufen, klicken Sie auf die Schaltfläche „Rangstufen der Beschriftungspriorität" in der Werkzeugleiste „Beschriftung". Es öffnet sich ein Menüfenster, in dem alle bestehenden Beschriftungsklassen des aktuellen Kartenprojekts aufgeführt sind. Mit den Pfeiltasten können Sie die jeweils markierte Klasse nach unten oder oben verschieben, dabei hat die oberste Klasse auch die höchste Priorität. Verschieben Sie die „Langen" Straßen ganz nach oben.

14.4.5 Weitere Platzierungseinstellungen anwenden

Die in diesem Übungsblock bereits verwendeten Optionen zur Beschriftunspositionierung und Konfliktlösung sind nur einige von den mit Maplex zur Verfügung stehenden Möglichkeiten. Um eine optimale Beschriftung Ihrer Karte zu erreichen, sollten Sie sich am konkreten Projekt mit den verschiedenen Werkzeugen vertraut machen. Hierzu zählen beispielsweise die Anpassung der Schriftgröße, durch die Maplex in einem vorgegebenen Rahmen automatisch die Textgröße an die Featuregröße anpasst, oder die Möglichkeit, Beschriftungen in zwei Zeilen anzuzeigen. Im Kapitel 6.11.2 finden Sie noch weitere Möglichkeiten zur Anpassung Ihrer Beschriftungen. Je nachdem, welche Einpassungsmethoden Sie wählen, können Sie auch hier eine Priorität angeben, welche der Optionen zuerst angewendet werden soll.

Falls der „Beschriftungs-Manager" nicht mehr geöffnet ist, öffnen Sie das Dialogfenster wieder. Öffnen Sie das Dialogfenster „Platzierungseigenschaften" über die gleichnamige Schaltfläche. Um die Methodenreihenfolge zu ändern, klicken Sie auf den entsprechenden Button am unteren Rand des Registers „Einpassungsmethode". Im sich öffnenden Dialogfenster werden alle verfügbaren Einpassungsmethoden angezeigt. Markieren Sie eine Methode, um diese über die Pfeiltasten nach oben oder unten zu verschieben.

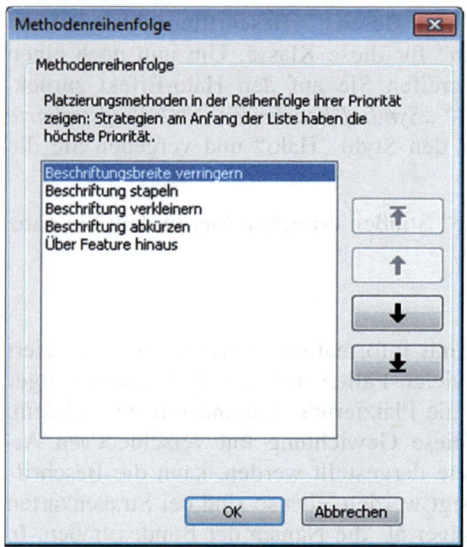

Abb. 381: Reihenfolge der Einpassungsmethoden

Im obigen Beispiel (siehe Abb. 381) versucht Maplex zuerst, die Beschriftungskonflikte zu vermeiden, in dem die Schriftbreite verringert wird (die Einstellungen dazu können in den Optionen von „Schriftgröße verkleinern" getroffen werden). Für Konflikte, die dadurch nicht gelöst werden können, werden die Beschriftungen in mehreren Zeilen dargestellt. Als nächstes folgt die Verkleinerung der Schriftgröße usw. In diesem Fenster sind alle Methoden dargestellt, egal, ob diese aktiviert sind oder nicht. Wäre beispielsweise „Schriftgröße verkleinern" nicht aktiviert (Kontrollhäkchen gesetzt), wäre die erste Methode, die Maplex anwendet, das Stapeln von Beschriftungen.

14.4.6 Beschriftung der Biotope mit internen Zonen

Die Beschriftung soll entsprechend den nummerischen Bezeichnungen erfolgen. Die entsprechenden Benennungen können Sie der Attributtabelle des Layers entnehmen, in diesem Fall soll nach der Spalte „BIOTOP" beschriftet werden. Die Beschriftung soll am unteren Featurerand erfolgen. Um die Position genau anzupassen, rufen Sie das Dialogfenster „Platzierungseigenschaften" auf. Im Reiter „Beschriftungsposition" können Einstellungen getroffen werden, um die Positionierung zu beeinflussen. Sie können vordefinierte Beschriftungsstyles wählen und diese teilweise weiter anpassen. Die Option „Normale Platzierung" erlaubt Ihnen hierbei die flexibelsten Möglichkeiten.

Um eine Beschriftung an einer bestimmten Position innerhalb des Polygons zu realisieren, muss der Kontrollhaken bei der Option „Beschriftung an festgelegte Position innerh. des Polygons platzieren" gesetzt werden (siehe Abb. 382, links). Ist diese ausgegraut und kann nicht aktiviert werden, haben Sie entweder einen Style ausgewählt, der diese Option nicht unterstützt (z. B. Flussplatzierung), oder Sie haben eine Beschriftungsposition ausgewählt, bei der der Text nicht innerhalb des Polygons platziert wird (z. B. Versetzt geschwungen).

14.4 Lösung zum Übungsblock 4

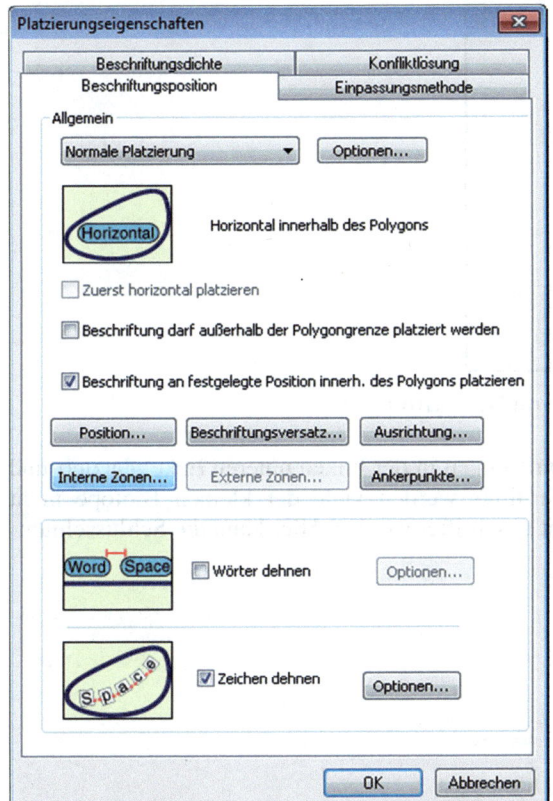 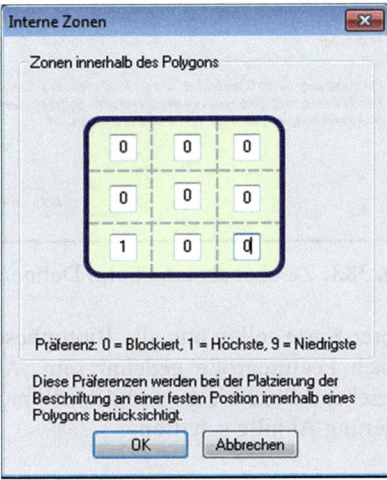

Abb. 382: Interne Zonen für die Beschriftung innerhalb eines Polygons

Ist die Option aktiviert, kann der Button „Interne Zonen..." angeklickt werden. Daraufhin öffnet sich ein Menüfenster mit einer schematischen Darstellung eines Polygons, welches in 9 Zonen unterteilt ist (siehe Abb. 382, rechts). Sie können nun die Zonen gewichten, in denen die Beschriftung erfolgen soll. Für das Übungsbeispiel soll die Beschriftung ausschließlich am linken unteren Rand des Polygons erfolgen. Vergeben Sie also in dieser Zone die Zahl 1, um damit die höchste Präferenz anzugeben. Alle anderen Zonen sollen mit einer 0 blockiert werden. Schließen Sie das Dialogfenster „Interne Zonen" mit OK.

Nun sollen die Biotopnummern noch über die gesamte Flächengröße gedehnt werden. Auch das können Sie im Register „Beschriftungsposition" erreichen. Aktivieren Sie dazu „Zeichen dehnen" und klicken auf die nebenstehende Schaltfläche „Optionen...", um Ihre Einstellungen zu spezifizieren (siehe Abb. 383).

Im Dialogfenster „Zeichenabstand" kann definiert werden, wie stark Texte gedehnt werden sollen. Diese Dehnung erfolgt immer in Abhängigkeit von der jeweils verwendeten Schriftbreite. Wird der Wert 100 vergeben, wird der Text um eine Zeichenbreite gedehnt, bei 300 beträgt der Abstand zwischen den Zeichen dann drei Standardbreiten und so fort. Standardmäßig ist der Wert 0 eingestellt, wodurch sich die Beschriftung über die gesamte Länge des Features dehnt. Stellen Sie 200 ein, um die doppelte Zeichenbreite als Abstand zu erlauben.

14 Lösungen

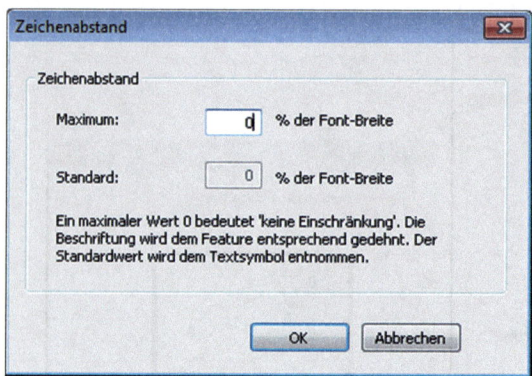

Abb. 383: Zeichenabstand beim Dehnen von Beschriftungen

In Ihrer Karte sollen nun alle Biotopbeschriftungen in der linken unteren Ecke platziert und je nach Featuregröße gedehnt sein. Allerdings werden viele der kleinen Biotope nicht ausreichend Platz bieten und deshalb nicht beschriftet werden. Hier kann die Schlüsselnummerierung Abhilfe schaffen.

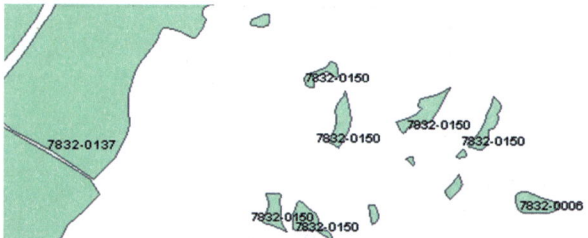

Abb. 384: Zwischenergebnis Biotopbeschriftung

14.4.7 Vergabe von Schlüsselnummern

Mit der Maplex Label-Engine können Sie für Kartenbereiche mit hoher Informationsdichte und wenig Freiräumen für Beschriftungen Schlüsselnummern vergeben. Dadurch werden die Features, die sonst nicht beschriftet werden könnten, mit einer Ziffer versehen, die dann in einer Legende erklärt wird. Diese Legende wird von Maplex dann flexibel in Kartenbereichen mit geringerer Belastung platziert. Die Schlüsselnummerierung wird immer erst dann angewandt, wenn alle anderen Einpassungsmethoden erfolglos waren.

Sie können die Schlüsselnummerierung wie alle anderen Einpassungsmethoden auch im Menü der Platzierungseigenschaften im Reiter „Einpassungsmethode" aktivieren. Mit der Schaltfläche „Optionen…" im Bereich „Schlüsselnummerierung öffnet sich ein Dialog, in dem Sie eine Schlüsselnummerierungsgruppe auswählen können. Zuvor muss die Option aktiviert werden. Anfangs steht Ihnen im Drop-down-Menü nur die Gruppe „Standard" zur Verfügung. Dadurch wird die Legende links ausgerichtet und die Nummernvergabe erfolgt fortlaufend. Möchten Sie eigene Einstellungen festlegen, rufen Sie über die Werkzeugleiste „Beschriftung" im Drop-down-Menü den Punkt „Schlüsselnummerierung…" auf. Es öffnet sich das unten abgebildete Dialogfenster (Abb. 385).

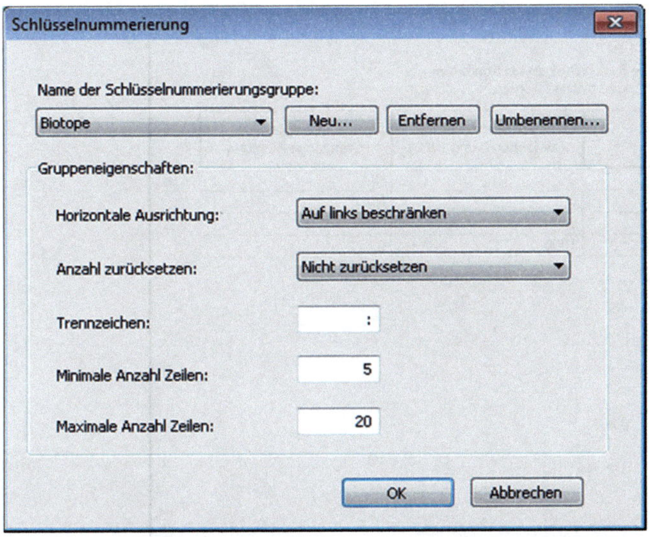

14.4 Lösung zum Übungsblock 4

Abb. 385: Erstellen einer eigenen Schlüsselnummerierungsgruppe

Im Drop-down-Menü werden die verfügbaren Gruppen angezeigt. Über die Schaltfläche „Neu..." können Sie eigene Gruppen erstellen. Dann können Sie Ausrichtung, Nummerierung, Trennzeichen und die Anzahl der Zeilen in der Legende definieren. Für die Schlüsselnummerierung der Biotope soll das Trennzeichen ein Doppelpunkt sein und die Legende aus mindestens fünf Zeilen bestehen. Bestätigen Sie die Erstellung der neuen Nummerierungsgruppe mit „OK" und wenden Sie diese Regeln an.

Maplex wird nun versuchen, die Legende in der Nähe der Features zu platzieren, für die Schlüsselnummern vergeben wurden. Unter Umständen können Beschriftungen dadurch andere Features überlappen. Im Beispiel wird die Legende innerhalb eines Polygons angezeigt, welches mit den Beschriftungen eigentlich nichts zu tun hat.

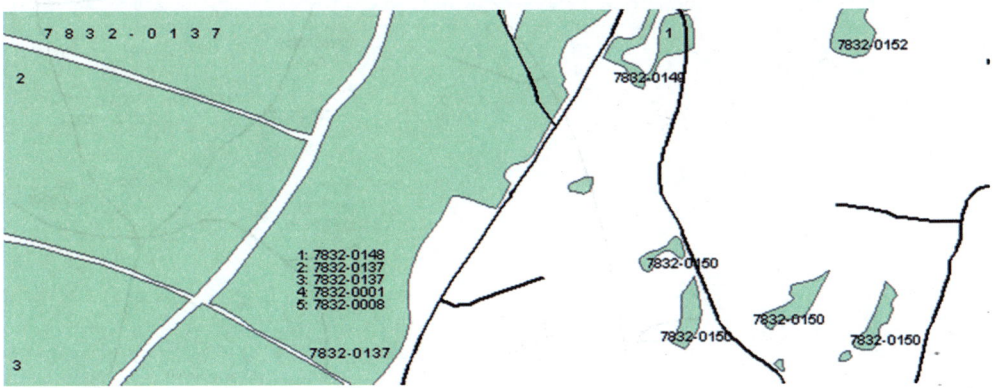

Abb. 386: Die Platzierung der Schlüsselnummer-Legende *vor* ....

14 Lösungen

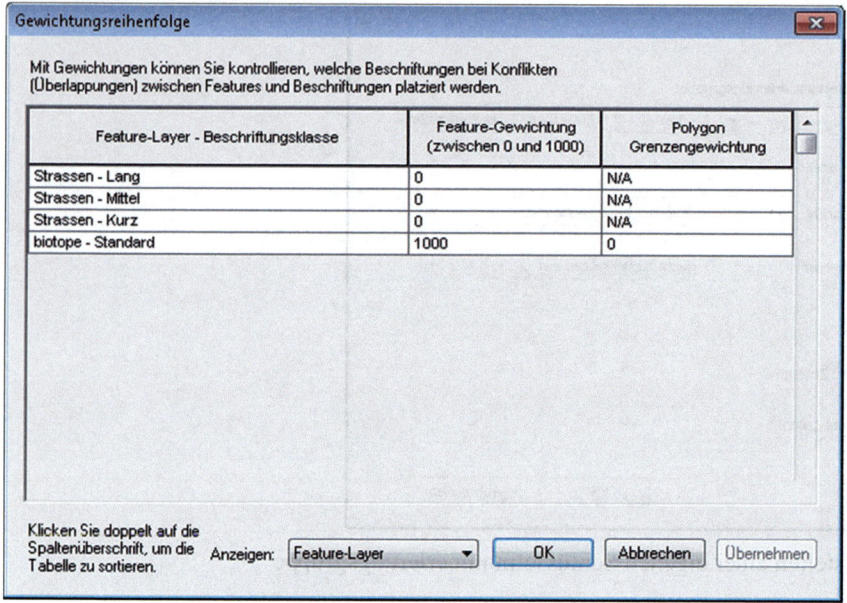

Abb. 387: Gewichtungsreihenfolge und Feature-Gewichtung bei Beschriftungen

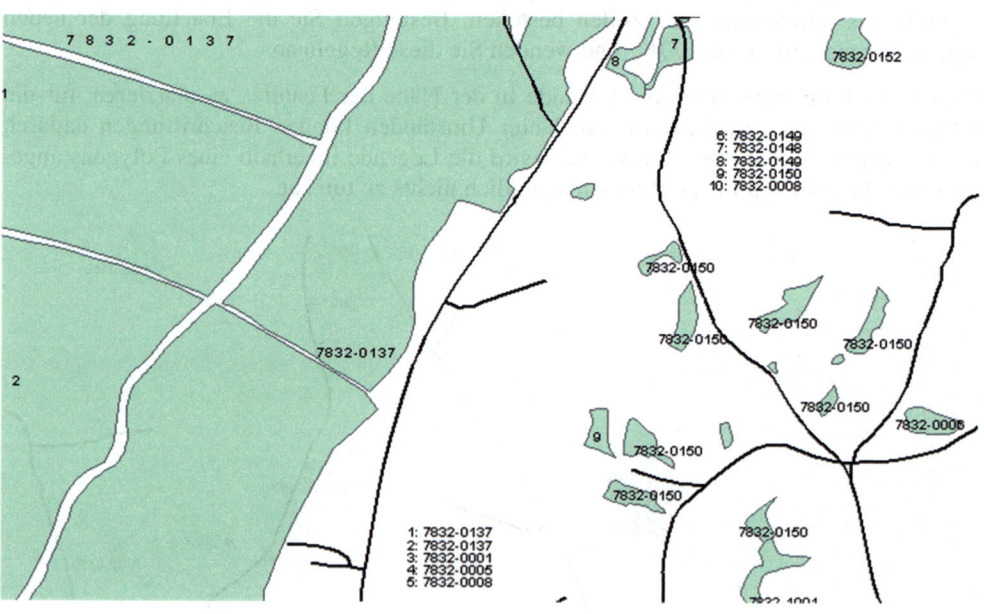

Abb. 388: …. und *nach* der Gewichtung der Flächen

Um zu vermeiden, dass die Beschriftungen bestimmte Features überlagern, können die Features unterschiedlich gewichtet werden. Dies geschieht im Dialogfenster „Gewichtungsreihenfolge", das über die Schaltfläche „Rangstufen der Beschriftungsgewichtung" der Werkzeugleiste „Beschriftung" aufgerufen werden kann (Abb. 387). Hier sind alle Beschriftungsklassen aufgeführt. Um die Biotope für andere Beschriftungen zu sperren, vergeben Sie im entsprechenden Feld einen hohen Wert (hier: 1.000). Durch die Gewichtung können Sie steuern, welche Flächen als „freie" Flächen behandelt werden, und welche Features nicht von Beschriftungen überlappt oder überdeckt werden dürfen.

Nach den getroffenen Einstellungen wird die flexible Beschriftung im ausgewählten Kartenbereich neu berechnet. Nun sind zwei Legenden mit je fünf Zeilen generiert worden, aber keine davon überlagert noch eine Biotopfläche.

14.5 Lösung zum Übungsblock 5: Georeferenzierung, Transformation

In diesem Kapitel werden Sie mit dem Raumbezug von Feature-Klassen, Rasterdaten und ArcMap-Projekten arbeiten. Viele Geodaten haben bereits eine korrekte räumliche Lage, manchmal muss der Raumbezug aber auch manuell hergestellt, also „georeferenziert" werden. Ihre Daten werden dadurch räumlich verortet.

14.5.1 Koordinatensystem des Datenrahmens

Um räumliche Daten verschiedener Bezugssysteme in korrekter Lage zueinander darstellen zu können, benötigt ArcGIS neben der richtigen räumlichen Lage auch eine genaue Definition des Koordinatensystems, in dem die jeweiligen Daten verortet sind. Nur so können gegebenenfalls Daten von einem Koordinatensystem in ein anderes richtig „transformiert" werden.

Zu Beginn der Übung starten wir mit dem Polygon-Shapefile „Blattschnitt", das bezüglich seiner räumlichen Lage korrekt ist. Bei Betrachtung des Files in ArcCatalog im Register „Vorschau" kann das einigermaßen GIS-geschulte Auge an den siebenstelligen Koordinaten rechts unterhalb des Vorschaufensters bereits erahnen, dass das Shapefile im Gauß-Krüger-Koordinatensystem und dort um den 4. Bezugsmeridian (erkennbar an der führenden „4" der X-Koordinate) vorliegt.

Ziehen Sie nun das Shapefile „Blattschnitt" in den leeren Datenrahmen im ArcMap Inhaltsverzeichnis und öffnen Sie anschließend die Datenrahmen-Eigenschaften. Am schnellsten geht das mit Doppelklick auf den Datenrahmen. Im Register „Koordinatensystem" sehen Sie, dass der Datenrahmen automatisch das Koordinatensystem des gerade hinzugeladenen Shapefiles automatisch übernommen hat. Es wird immer automatisch das Koordinatensystem des ersten Layers übernommen, wenn für den Datenrahmen vorab kein Koordinatensystem festgelegt wurde.

14.5.2 Georeferenzierung einer Rasterdatei

Häufig bilden georeferenzierte Rasterdaten (Flurkarten, Topographische Karten, Orthophotos o. Ä.) die Grundlage eines GIS-Projekts. „Georeferenziert" bedeutet, dass die digitalen Daten zusammen mit ihrem räumlichen Bezug gespeichert sind. Als Datenbasis für Rasterdaten können aber auch bereits bestehende analoge Vorlagen und Pläne dienen, die zunächst gescannt werden müssen und anschließend in ArcGIS zum Einsatz kommen. Nach dem Scannen haben die digitalen Rasterdaten noch keinerlei räumlichen Bezug. ArcGIS kann sie daher nicht lagerichtig darstellen. Die lagerichtige Darstellung kann über die Werkzeugleiste „Georeferenzierung" mit einigen Arbeitsschritten generiert und gespeichert werden.

Um Raster-Datasets zu georeferenzieren, müssen entweder Koordinaten von Punkten auf der Vorlage bekannt sein oder es müssen bereits lagerichtige Geodaten vorliegen, auf die die neu gescannte Vorlage georeferenziert werden kann (bspw. die Blattschnitte). Auf bereits bestehende Geodaten zu georeferenzieren ist die bequemere und weit häufiger angewandte Methode, da lagegleiche Punkte einfach per Mausklick zugewiesen werden können. Wenn keine lagerichtigen Referenzdaten vorliegen, dafür aber Koordinaten auf der Vorlage zu finden sind, müssen diese per Hand einzeln eingegeben werden. Wir beschränken uns im Folgenden auf die Georeferenzierung anhand einer bereits lagerichtigen Datengrundlage.

In unserem Beispiel laden wir jetzt das nicht georeferenzierte Luftbild „sw.tif", aus dem Verzeichnis „Luftbilder" in unser ArcMap Projekt, das bereits das Shapefile „Blattschnitt" enthält, hinzu. Die Meldung über den fehlenden Raumbezug der TIFF-Datei nehmen wir mit „OK" (vgl. Kapitel 14.1.4) zur Kenntnis. Das das Raster noch nicht georefenziert ist, hat es ja tatsächlich noch keinen Raumbezug. Vom Luftbild ist im Datenrahmen zunächst nichts zu sehen, da dieses einige tausend Kilometer weit entfernt dargestellt wird. Die linke obere Ecke einer nicht georeferenzierten Rasterdatei hat nämlich die Koordinaten 0/0 und wird von ArcGIS an den Äquator gesetzt.

Um auf die Ausdehnung des Luftbilds zu zoomen, müssen Sie im Kontextmenü des Layers „Auf Layer zoomen" klicken.

Das lagerichtige Shapefile „Blattschnitt" bildet mit seinen Polygonen die Grundlage für die Georeferenzierung des Luftbilds „sw.tif". Zoomen Sie zunächst auf den Layer „Blattschnitt". Wie Sie sehen, besteht dieser aus einem einfachen Gitter, das vier Quadrate aufspannt. Die Quadrate stellen die „Blattschnitte" der insgesamt vier Luftbilder im Verzeichnis dar. Ziel der folgenden Übung ist es nun, die Luftbilder zu georeferenzieren, d. h. bestmöglich an die entsprechende Blattschnitte anzupassen.

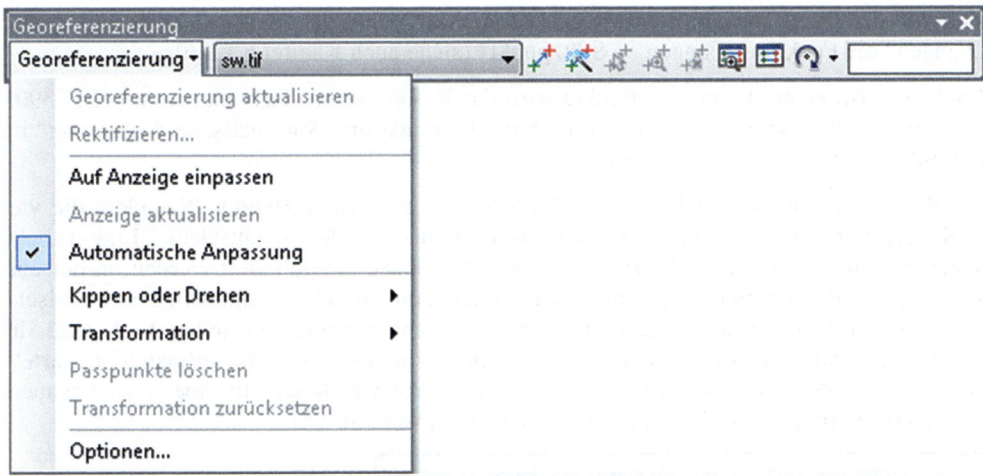

Abb. 389: Menüpunkt „Auf Anzeige einpassen" in der Werkzeugleiste „Georeferenzieren"

Um festzustellen, auf welches Gitterquadrat das Luftbild „sw.tif" georeferenziert werden soll, klicken Sie mit Werkzeug „Identifizieren" (Werkzeugleiste „Werkzeuge") auf die einzelnen Quadrate. Wie Sie sehen, ist das Polygon unten links das Gitterquadrat „SW", das zur Georeferenzierung von „sw.tif" verwendet werden soll. Zoomen Sie so auf dieses Quadrat, dass es möglichst groß im Datenrahmen dargestellt wird.

Achten Sie darauf, dass der Layer „Blattschnitt" im ArcMap Inhaltsverzeichnis ganz oben steht, damit er während des Georeferenzierens nicht von einer Rasterdatei überdeckt wird. Anschließend ändern Sie die Füllfarbe auf transparent. Klicken Sie dafür im Inhaltsverzeichnis auf das Symbol des Layers „Blattschnitt". Sie erreichen das Dialogfenster zur „Symbolauswahl" (vgl. Kapitel 14.3.1). Wählen Sie im Bereich „Aktuelles Symbol" als Füllfarbe „Keine Farbe". Damit entfernen Sie die Füllfarbe der Gitterquadrate, die für die Georeferenzierung eher störend ist. Außerdem können Sie eine andere Umrissfarbe wählen (z. B. rot), damit sich die Symbolik besser vom Luftbild abhebt. Bestätigen Sie schließlich mit „OK".

Blenden Sie nun – sofern noch nicht geschehen – die Werkzeugleiste „Georeferenzierung" ein (*Hauptmenüleiste* ⇨ *„Anpassen"* ⇨ *„Werkzeugleisten"*). Falls Ihr ArcMap-Projekt mehrere Raster-Layer enthält, achten Sie bitte darauf, dass im Auswahlfeld der Werkzeugleiste „Georeferenzierung „sw.tif" eingestellt ist.

Klicken Sie nun in der Werkzeugleiste auf *„Georeferenzierung"* ⇨ *„Auf Anzeige einpassen"* (siehe Abb. 389). Im Ergebnis platziert ArcMap das Raster mittig auf unseren gewählten Ausschnitt, was bereits der groben Position entspricht.

Mithilfe der Schaltfläche „Passpunkte hinzufügen" muss jetzt eine exakte Georeferenzierung vorgenommen werden. Mit dieser Schaltfläche werden Linien (sog. Links) vom Raster-Passpunkt (grün) zum entsprechenden Punkt des Referenz-Layers erzeugt. Dazu auf die linke obere Ecke des Rasters zoomen und den ersten Punkt möglichst genau auf dem Eckpunkt absetzen, dann auf die entsprechende Polygonecke zoomen und dort den zweiten

14 Lösungen

Punkt ebenfalls möglichst exakt absetzen. Beim Absetzen des zweiten Punkts können Sie sich von der Fangfunktion unterstützen lassen. Aktivieren Sie dazu in der Werkzeugleiste „Fangen" die Funktion „Fangen an Stützpunkt" (siehe auch Kapitel 6.1.4.6).

Nach dem Absetzen der beiden Punkte wird das Raster automatisch angepasst (Abb. 390). Falls dies nicht geschieht, aktivieren Sie bitte die Funktion „Automatische Anpassung" im Drop-down-Menü „Georeferenzierung".

Für die verbleibenden drei Ecken des Rasters wird genauso verfahren. Nachdem die vier Links erzeugt wurden, kann man sich das Ergebnis mit der Schaltfläche „Link-Tabelle anzeigen" ansehen (Abb. 391). In dieser sind alle Links, die generiert wurden, in der entsprechenden Reihenfolge aufgeführt. Jeder Link kann markiert, ungünstige bzw. falsche Links mit der Schaltfläche „Link löschen" gelöscht werden. Für jeden Link sind die Original-Koordinaten („Quelle") und die neu zugewiesenen Koordinaten („Karte") angegeben. Sind exakte Zielkoordinaten bekannt, können diese, um eine noch genauere Georeferenzierung zu erreichen, per Hand verändert werden.

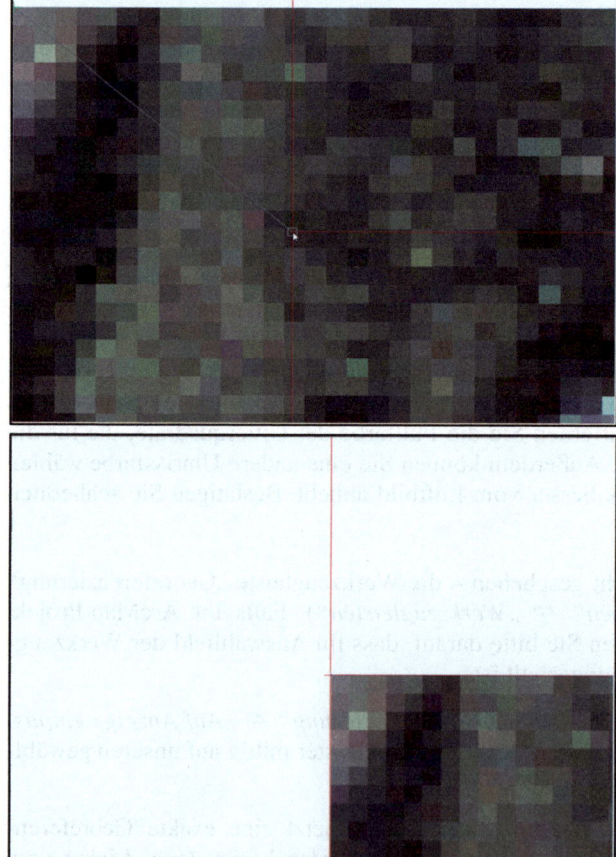

Abb. 390: Georeferenzierung vor und nach Absetzen eines Stützpunkts

14.5 Lösung zum Übungsblock 5

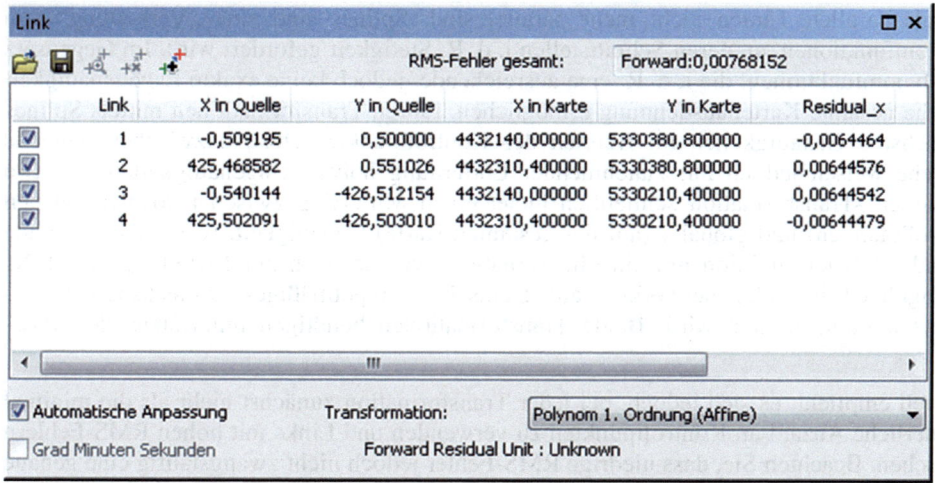

Abb. 391: Dialogfenster „Link-Tabelle"

In der Link-Tabelle wird der RMS-Fehler gesamt für die erzeugten Links angezeigt. Der RMS-Fehler gibt den Grad der Genauigkeit bei der Transformation aller Passpunkte an, indem er die tatsächliche Position der Kartenkoordinate mit der transformierten Position im Raster vergleicht. Der RMS-Fehler kann eine gute Auskunft über die Genauigkeit der Transformation geben. Ein RMS-Fehler von 1 bedeutet bei einem Maßstab von 1:10.000 eine durchschnittliche Abweichung von einem Meter. In unserem Beispiel haben wir also eine Abweichung in einer Größenordnung von unter einem Millimeter. Bei einer Georeferenzierung sollte darauf geachtet werden, dass die Passpunkte möglichst gut auf dem Raster, das georeferenziert werden soll, verteilt sind. Beim Georeferenzieren auf Blattschnitte ist dies mit den vier Eckpunkten relativ einfach, bei unregelmäßigen Geometrien, wie Straßenverläufen oder anderen geographischen Linien, kann es schwieriger werden.

ArcMap erlaubt mehrere Methoden zur Transformation, die jeweils zu unterschiedlichen Ergebnissen der Georeferenzierung führen.

Für eine (Polynom-)Transformation erster Ordnung (auch affine Transformation genannt) benötigen Sie mindestens drei Links, sechs Links für eine Transformation zweiter Ordnung und zehn Links für eine Transformation dritter Ordnung.

Bei einer affinen Transformation wird das Raster-Dataset nur „gleichmäßig" verschoben (Translation), gedreht (Rotation) und gestreckt bzw. gestaucht (Skalierung). Dies ist die wohl gängigste Methode zur Georeferenzierung.

Bei Polynomtransformationen zweiter oder dritter Ordnung können einzelne Bereiche des Raster-Datasets unterschiedlich gedreht, gestreckt oder gestaucht werden. Die relative Lage der einzelnen Zellen zueinander wird dabei verändert. Diese Transformationen werden bei Vorlagen, die in verschiedenen Bereichen unterschiedliche Verzüge aufweisen, verwendet.

Außerdem stehen in ArcGIS noch die Transformationen „Projektive Transformation", „Spline" und „Anpassen" zur Verfügung. Projektive Transformationen sind benötigt mindestens vier Passpunkte und ist u. a. geeignet für gescannte Karten, da Linien so transformiert werden, dass es gerade Linien bleiben. Dadurch kann es aber passieren, dass ehemals parallele Linien nicht mehr parallel sind. Splines sind eine „Verkettung" von Polynomfunktionen, an deren Schnittstellen i. d. R. Stetigkeit gefordert wird. Im Gegensatz zu Polynomfunktionen, die i. d. R. eine ausreichende, jedoch keine exakte Lagegenauigkeit über die gesamte Kartenausdehnung ermöglichen, führen Transformationen mittels Splines zu höchsten Genauigkeiten im Bereich der Kontrollpunkte selbst, dazwischen liegende Bereiche weisen jedoch mit zunehmender Entfernung höhere Ungenauigkeiten auf. Die „Anpassen"-Transformation schließlich bietet einen Mittelweg zwischen lokaler (an den Kontrollpunkten) und globaler (auf der gesamten Karte) Genauigkeit, wobei die zugrunde liegende Polynomfunktion um eine Interpolation, wie sie auch zur Erstellung von TINs („triangulated irregular networks", auf Deutsch „unregelmäßiges Dreiecksnetz") zum Einsatz kommt, ergänzt wird. Beide Transformationen benötigen mindestens drei Passpunkte.

Generell empfiehlt es sich jedoch, bei jeder Transformation zunächst mehr als die minimal erforderliche Anzahl an Kontrollpunkten zu verwenden und Links mit hohen RMS-Fehlern zu löschen. Beachten Sie, dass niedrige RMS-Fehler jedoch nicht zwangsläufig eine genaue Georeferenzierung bedeuten.

Welche Transformationsmethode bei der Georeferenzierung zum Einsatz kommt, lässt sich in der Link-Tabelle oder über *„Georeferenzierung"* ⇨ *„Transformation"* einstellen. Erzeugte Links lassen sich auch über „Speichern..." als Textdatei abspeichern, was bei komplizierten Georeferenzierungen sehr hilfreich ist, um mit unterschiedlichen Links zu variieren.

Um die Georeferenzierung abzuschließen und die Transformationsinformationen mit dem Raster-Dataset zu speichern, klicken Sie auf im Drop-down-Menü *„Georeferenzierung"* ⇨ *„Georeferenzierung aktualisieren"*. Dabei wird – abhängig vom Format der Rasterdatei – eine neue Datei mit der Endung .aux oder .aux.xml erstellt, die den Namen des Raster-Datasets aufweist. Diese AUX-Datei wird von ArcMap für die Georeferenzierung verwendet. Bei einer Affin-transformation wird darüber hinaus eine World-Datei (siehe auch Kapitel 4.1.2.1) erstellt.

Diese Datei kann anstelle einer entsprechenden AUX-Datei oder entsprechender Informationen im Header der Rasterdatei zur Lagebestimmung des Rasters herangezogen werden, sofern dies über *Hauptmenüleiste* ⇨ *„Anpassen"* ⇨ *„ArcMap Optionen..."* ⇨ *Register „Raster"* ⇨ *„Raster-Dataset"* eingestellt wurde. Vor allem aber ermöglichen es World-Dateien anderen Programmen, in ArcMap georeferenzierte Rasterdaten lagerichtig darstellen zu können. Beachten Sie, dass einige Programme nur World-Dateien interpretieren können, die als Dezimalstellen Punkte verwenden. Die World-Datei selbst ist eine Textdatei (hier: „sw.tfwx"), die in unserem Beispiel folgende Informationen enthält:

```
0,39999277764588764
3,1279638785842164e-006
-1,4999040460644409e-005
-0,3990799559684789 5
4432140,2067835871
5330380,6038481649
```

14.5 Lösung zum Übungsblock 5

Die erste und vierte Zeile gibt die Zellengröße in Meter der Pixel in X- und (negativer) Y-Richtung wieder, Zeile fünf und sechs den Aufhängepunkt (linke obere Ecke) des Rasters. In Zeile zwei und drei ist die Drehung des Rasters in Grad gespeichert.

Soll das Raster-Dataset in anderen Programmen verwendet werden, muss, um eine korrekte Darstellung zu gewährleisten, diese Drehung des Rasters herausgerechnet werden.

Über „*Georeferenzierung*" ➪ „*Rektifizieren...*" können Sie eine neue Rasterdatei erstellen, aus der die Drehung herausgerechnet ist. Dazu wird ein neues Raster-Dataset angelegt, wobei alle gängigen Rasterformate zur Verfügung stehen (JPEG, GIF, PNG, TIFF etc.). Im entsprechenden Dialogfenster können außer dem Speicherort und der Resampling-Methode auch die neue Zellengröße für das Raster-Dataset angegeben werden.

Mit beiden Methoden („Georeferenzierung aktualisieren" und „Rektifizieren") können Sie die Georeferenzierung speichern. Im ersten Fall werden den Rasterdaten nur die Transformationsparameter in Form einer zusätzlichen Datei „beigelegt" bzw. falls die Ausgangsrasterdaten in einer Geodatabase liegen sollten, in dieser zusammen mit dem Raster-Dataset abgespeichert. Die Rasterdatei selbst wird dabei nicht verändert. Bei der Rektifizierung dagegen wird ein komplett neues Raster-Dataset angelegt. Für die neue Rasterdatei werden sämtliche Pixel neu berechnet (Resampling).

Mit der Speicherung ist die Georeferenzierung abgeschlossen. Das Raster-Dataset wird in ArcMap nun (dauerhaft) lagerichtig dargestellt.

14.5.3 Definition einer Transformation im Datenrahmen

Wie bereits erwähnt, kann ArcMap Daten, deren Koordinatensystem sich von dem des Datenrahmens unterscheiden, in Echtzeit so transformieren, dass sie richtig dargestellt werden. Die Transformation muss dafür aber in den Datenrahmen-Eigenschaften definiert werden. Die Vorgehensweise soll im Folgenden anhand eines Beispiels erläutert werden.

ArcGIS Online stellt dem Nutzer neben vielen anderen nützlichen und kostenfreien Diensten ein weltweites Verkehrswegenetz zur Verfügung. Diese Dienste haben häufig das geographische Koordinatensystem WGS84.

Öffnen Sie in der bestehenden MXD mithilfe des Tools „Daten aus ArcGIS Online hinzufügen..." (Werkzeugleiste Standard) zunächst das ArcGIS Online-Fenster und geben Sie im Suchfeld „bing" ein. Einer der ersten Einträge heißt „Bing Maps Road". Klicken Sie am rechten unteren Rand des Eintrags auf „Hinzufügen" (siehe Abb. 392).

14 Lösungen

Abb. 392: Suchfunktion im Fenster „ArcGIS Online"

Abb. 393: Abweichung zwischen zwei Datensätzen mit unterschiedlichen Koordinatensystemen

14.5 Lösung zum Übungsblock 5

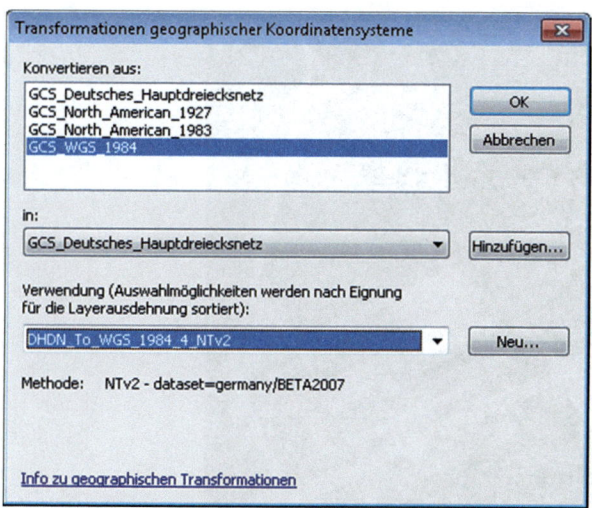

Abb. 394: Dialogfenster „Transformationen geographischer Koordinatensysteme"

Es erscheint bereits jetzt ein Warnhinweis bezüglich der abweichenden Bezugssysteme, den wir jedoch zunächst mit „Schließen" ignorieren. Im Kartenfenster (siehe Abb. 393) ist insbesondere im linken unteren Teil an den Straßenanschlüssen zu erkennen, dass die Daten lagemäßig nicht zueinander passen, sondern ein Versatz da ist. Die Verkehrswege des Online-Diensts stimmen nicht genau mit den Straßen auf den korrekt georeferenzierten Orthophotos überein. Grund hierfür ist, dass keine Transformation zwischen den beiden voneinander abweichenden Koordinatensystemen eingestellt ist. Um nun eine passende Transformation zu definieren, öffnen Sie die Datenrahmen-Eigenschaften und klicken im Register „Koordinatensystem" auf „Transformationen…".

Im Dialogfenster (siehe Abb. 394) markieren Sie unter „Konvertieren aus:" den Eintrag „GCS_WGS_1984". Das Feld „in:" enthält automatisch den Eintrag „GCS_Deutsches_ Hauptdreiecksnetz". Wählen Sie im Drop-down-Menü „unter Verwendung von:" die Methode „DHDN_To_WGS_1984_4_NTv2", bestätigen Sie mit „OK" und schließen Sie die Datenrahmen-Eigenschaften schließlich ebenfalls mit „OK".

 Die Auflistung der geeigneten Transformationen im Bereich „Verwendung:" werden basierend auf der Eignung aufgelistet.

Die von Ihnen definierte Transformation wird nun angewendet und die Daten des Diensts „Bing Maps Road" werden korrekt im Kartenfenster transformiert (siehe Abb. 395).

Abb. 395: Ergebnis, nachdem eine Transformation eingestellt wurde

Exkurs: Räumliche Anpassung

Auch Feature-Datasets oder Shapefiles müssen in manchen Fällen neu referenziert werden. Das geschieht nicht über die Werkzeugleiste „Georeferenzierung" (damit werden lediglich Raster verarbeitet), sondern mithilfe der Werkzeugleiste „Räumliche Anpassung".

Für diesen Vorgang muss immer zuerst eine Editiersitzung gestartet werden (siehe Kapitel 6.1.4.4 und Kapitel 14.6.3). Sobald die Editiersitzung gestartet ist, werden die dafür nötigen Schaltflächen und Menüpunkte aktiv. Auch die räumliche Anpassung kann auf zwei unterschiedlichen Wegen erfolgen; durch eine bereits existierende Link-Liste oder das manuelle Erfassen der Versatz-Links. Im ersten Fall benötigen Sie eine TXT-Datei, die für jeden Versatz-Link die ursprüngliche Koordinate und die neue Koordinate enthält. Sollten Sie eine solche Datei haben, dann können Sie diese über „*Räumliche Anpassung*" ⇨ „*Links*" ⇨ „*Link-Datei öffnen…*" hinzuladen. Sobald Sie das gemacht haben, sehen Sie auch die einzelnen Versatz-Links als Pfeile eingeblendet. Die einzelnen Versatz-Links können nachträglich auch noch gelöscht oder verändert werden und es können zusätzlich noch weitere Versatz-Links manuell hinzugefügt werden. Wenn eine solche Datei nicht bereits besteht, dann müssen die Versatz-Links manuell erstellt werden. Das erfolgt über die Schaltfläche „Werkzeug ‚Neuer Versatz-Link' " der Werkzeugleiste „Räumliche Anpassung" (siehe 6.1.4.14). Dafür benötigen Sie allerdings eine Grundlage, auf dessen Basis die neue Position der Daten definiert werden kann.

Sobald die Versatz-Links definiert sind, können Sie die Daten anpassen. Das erfolgt über „*Räumliche Anpassung*" ⇨ „*Anpassen*". Es kann passieren, dass der Eintrag „Anpassen" nicht auswählbar ist. Das liegt dann vermutlich an den, für die Anpassung festgelegten

Daten. Die standardmäßige Einstellung berücksichtigt lediglich ausgewählte Features und nicht alle Features des Layers. Wenn keine Features selektiert sind, dann kann demnach auch keine Anpassung vorgenommen werden. Über „*Räumliche Anpassung*" ⇨ „*Daten zur Anpassung festlegen...*" können Sie diese Einstellung verändern (siehe Abb. 396). Wählen Sie hier stattdessen die Option „Alle Features in diesen Layern:" dann werden alle Features der von Ihnen aktivierten Layer berücksichtigt. In dem Fall ist auch der Menüpunkt „Anpassen" wieder auswählbar.

Abb. 396: Dialogfenster „Eingabe zur Anpassung wählen"

14.6 Lösung zum Übungsblock 6: Werkzeugleisten Teil I – Editor

In den vorangegangenen Kapiteln haben Sie bereits ausführlich mit unterschiedlichsten Daten gearbeitet, ohne dabei allerdings deren Geometrie zu ändern. Gerade aber die Bearbeitung (Editierung) wie auch die Neuerstellung von Geometrien sind ganz zentrale Funktionalitäten zur Aktualisierung oder Erweiterung vorhandener Datenbestände wie auch zur Ersterfassung von Daten in ArcGIS. In ArcGIS stehen zahlreiche Funktionalitäten zur Editierung und Neuerfassung von (Geometrie-)Daten zur Verfügung.

Eine weitere zentrale Komponente eines GIS ist die Möglichkeit der Geoverarbeitung. Das Konzept der Geoverarbeitung basiert auf einem Datentransformationssystem. So werden im Rahmen einer typischen Geoverarbeitungsoperation auf ein Eingangs-Dataset eine oder mehrere Operationen angewendet und als Ergebnis der Operation ein neues Ausgabe-Dataset erzeugt. Die Geoverarbeitung kann Sie damit bei zahlreichen Aufgaben wie Datenkompilierung, Datenverwaltung, Modellierung und Analyse oder auch beim Finden von Antworten auf räumliche Fragen (Wo ist der geeignete Standort? Wer ist betroffen?) unterstützen. Insgesamt ermöglicht die Geoverarbeitung die Definition, Verwaltung und Analyse von Informationen. Innerhalb von ArcGIS stehen Ihnen zahlreiche Operationen zur Geoverarbeitung Ihrer Daten zur Verfügung.

14 Lösungen

Im vorliegenden Kapitel sollen Sie anhand praktischer Übungen an die Themen Editieren und Geoverarbeitung herangeführt werden. Als Datengrundlage dienen hierbei die nun schon bekannten Digitalen Orthophotos der Bayerischen Vermessungsverwaltung. Daraus sollen einige Entitäten (Flächen, Bäume und Straßen) erfasst (vektorisiert) werden.

14.6.1 Laden der Übungsdaten

Starten Sie ArcMap mit einem leeren Kartenprojekt. Laden Sie sich nun die Digitalen Orthophotos des WMS-Diensts der Bayerischen Vermessungsverwaltung in Ihr Projekt (siehe Übungsblock 14.1.7). Durch das Hinzufügen des WMS-Diensts wird für den Datenrahmen automatisch das Koordinatensystem WGS84 übernommen.

Um die Bearbeitung zu starten, Navigieren Sie zu den Koordinaten 11,062/48,161. Westliche bzw. südliche Koordinaten werden hier mit einem negativen Vorzeichen versehen. Sie können entweder durch Suchen mit der bereits bekannten Kartennavigation zu diesen Koordinaten gelangen oder Sie verwenden das Werkzeug „Zu XY wechseln" aus der Standard-Werkzeugleiste.

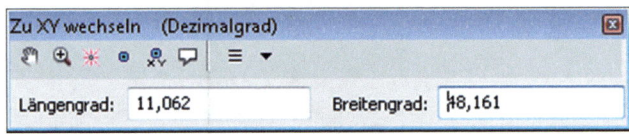

Abb. 397: Dialog „Zu XY wechseln"

Es öffnet sich ein Dialogfenster (Abb. 397), in dem Sie die genauen Koordinaten eingeben können. Achten Sie darauf, dass die richtige Einheit ausgewählt ist. Sie können diese Einstellungen in der Titelleiste überprüfen. Sollte eine andere Einheit ausgewählt sein, können Sie durch Klicken auf das Pfeilsymbol ein Drop-down-Menü öffnen und die gewünschte Einheit wählen.

14.6 Lösung zum Übungsblock 6

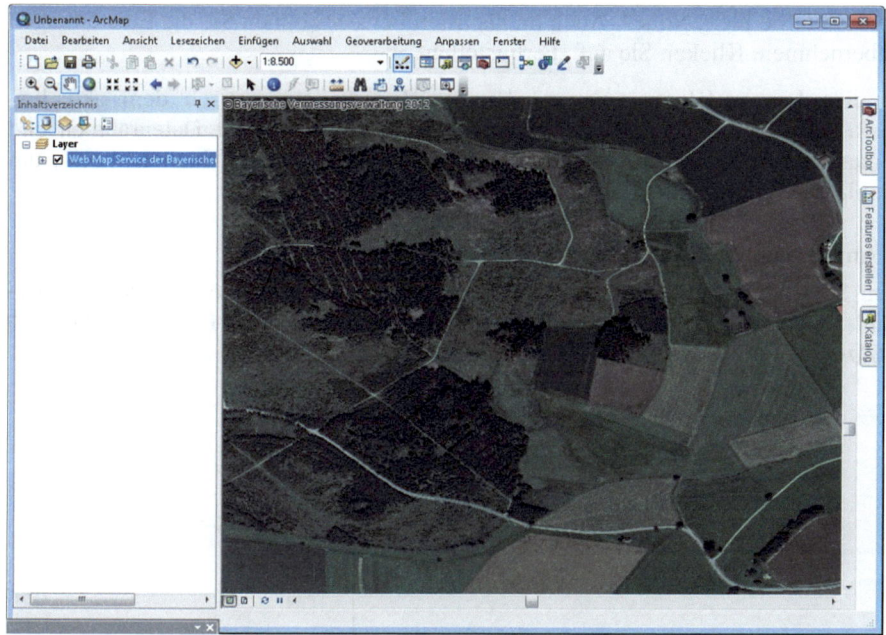

Abb. 398: Startausschnitt zur Digitalisierung

Geben Sie anschließend die Koordinaten 11,062/48,161 ein und wechseln in den Maßstab 1:8.500, um zum Bearbeitungsstartpunkt zu gelangen (Vorsicht: Wird der Maßstab viel größer als 1:7.600, werden die Orthophotos des WMS-Diensts aufgrund einer Beschränkung der Vermessungsverwaltung nicht mehr angezeigt, sondern die DTK).

 Tipp: Der Maßstab, mit dem Sie hier am besten arbeiten bzw. in dem die Orthophotos angezeigt werden, kann von Bildschirm zu Bildschirm variieren. Genauso kann sich die Darstellung verändern, wenn Sie den sichtbaren Bereich vergrößern bzw. verkleinern (z. B. durch Einblenden des Katalogs). Versuchen Sie deswegen, Ihre Bearbeitung in einem ähnlichen Ausschnitt zu starten wie in Abbildung 398.

14.6.2 Anlegen der Feature-Klassen und Subtypes

Überlegen Sie zunächst, was digitalisiert werden soll und wie Sie generalisieren können.

Für den Übungsblock 6 werden Sie Punkt-, Linien- und Flächensignaturen benötigen. Punktsymbole für die einzelnen Bäume entlang der Straßen, Liniensymbole für geteerte Haupt- und Nebenstraßen sowie für Feldwege, und Flächensignaturen für Waldflächen, Äcker und Grünland sowie für Siedlungsflächen.

- Erstellen Sie eine File-Geodatabase im Ordner „Block_06" (siehe Kapitel 14.1.3).
- Erstellen Sie ein Feature-Dataset (siehe Kapitel 14.1.4)). Als Namen können Sie den Blattschnitt der TK 25 angeben, auf dem wir uns befinden: Türkenfeld.
- Weisen Sie dem Feature-Dataset das Koordinatensystem „DHDN 3 Degree Gauss Zone 4" zu „Projizierte Koordinatensysteme ⇨ Nationale Raster ⇨ Deutschland". Ein Koordinatensystem für die Z-Koordinaten ist nicht notwendig,

belassen Sie hier „None". Auch im nächsten Fenster können Sie die Einstellungen übernehmen. Klicken Sie auf „Fertigstellen".

Wenn Sie eine Feature-Klasse anlegen, dann wird diese automatisch dem aktuellen Kartenprojekt hinzugefügt. Je nach gewähltem Koordinatensystem für Datenrahmen und Geodaten muss zuerst eine Transformation eingestellt werden (siehe Kapitel 14.5.3), um eine problemlose Arbeit zu garantieren.

14.6.2.1 Anlegen einer Linien-Feature-Klasse

Im nächsten Schritt möchten wir nun eine Linien-Feature-Klasse innerhalb des Feature-Datasets anlegen. Dazu wählen Sie im Kontextmenü des Feature-Datasets „Neu" ⇨ „Feature-Class...".

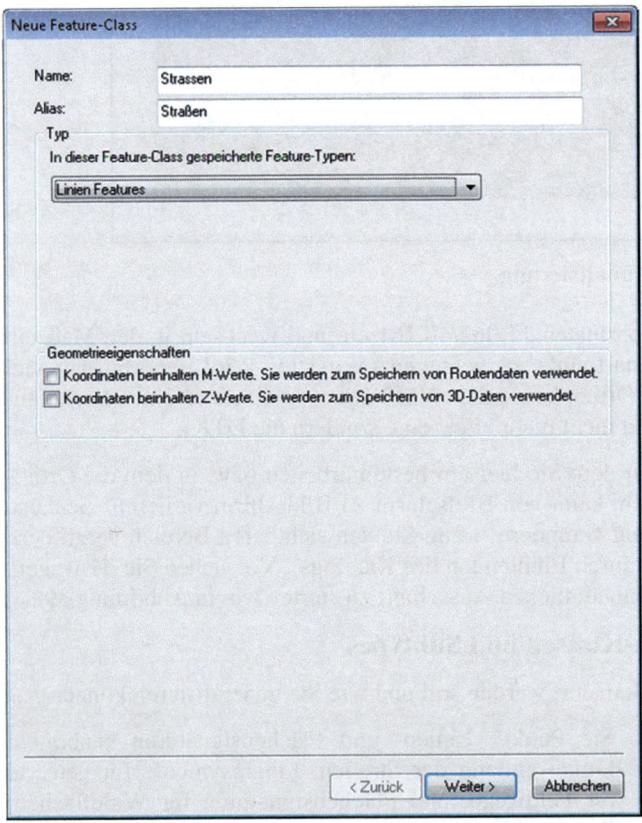

Abb. 399: Neue Feature-Class – Anlegen einer Linien-Feature-Klasse

Im sich nun öffnenden Fenster „Neue Feature-Class" (siehe Abb. 399) müssen Sie zunächst einen Namen für die zu erstellende Feature-Klasse vergeben. Dabei gelten die gleichen Konventionen, die Sie bereits aus Kapitel 14.1.4 kennen: Der Name einer Feature-Klasse darf nicht mit einer Zahl beginnen und es dürfen keine Sonder- oder Leerzeichen verwendet werden. Im darunterliegenden Feld „Alias" kann aber ein Aliasname vergeben werden, der

14.6 Lösung zum Übungsblock 6

unabhängig von diesen Konventionen ist. Dieser wird als Layer-Name in ArcMap verwendet, sobald die Feature-Klasse einem ArcMap Projekt hinzugefügt wird.

Für unsere Feature-Klasse vergeben wir den Namen „Strassen"; als Aliasnamen können Sie „Straßen" vergeben. Im Fensterbereich „Typ" wählen wir als Featuretyp „Linien Features" (Linien-Feature-Klasse). Beachten Sie, dass der Typ einer Feature-Klasse nachträglich nicht mehr geändert werden kann! Die Einstellungen zur Geometrie belassen wir bei den Voreinstellungen (beide Checkboxen deaktiviert), da wir in unserem Beispiel keine Routen- bzw. 3D-Daten verwenden.

Im folgenden Fenster zur Datenbank-Speicherkonfiguration können Sie Einstellungen zum Konfigurationsschlüsselwort vornehmen. Das Konfigurationsschlüsselwort beinhaltet Parameter dazu, wie Daten und Datenbank-Objekte innerhalb der Datenbank gespeichert werden. Diese Einstellungen sind nur für File-Geodatabases und ArcSDE Enterprise-Geodatabases möglich. Weitere Informationen hierzu erreichen Sie über den Link „Info zu Konfigurationsschlüsselwörtern" sowie jederzeit über die ArcGIS Desktop Hilfe.

Nachdem Sie „Standard" gewählt und auf „Weiter" geklickt haben, gelangen Sie zu den sog. Feldeigenschaften (Abb. 400). Der Ausdruck „Feld" wird dabei synonym zu „Spalte" benutzt.

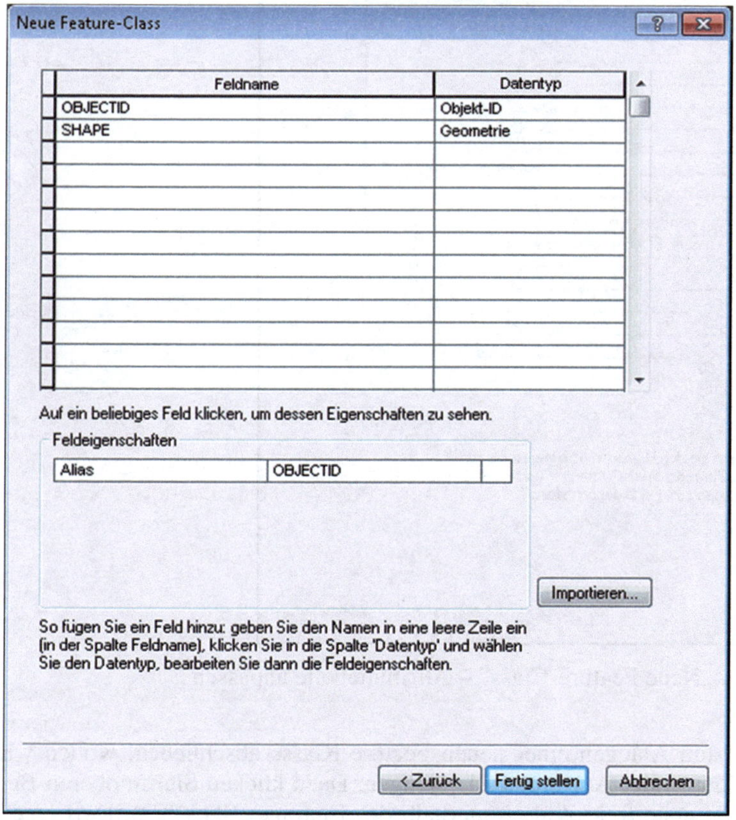

Abb. 400: Neue Feature-Class – Feldeigenschaften

14 Lösungen

In diesem Register nehmen Sie also Einstellungen vor, in welcher Form die Sachdaten (in der Attributtabelle) gespeichert werden sollen. Im oberen Bereich dieses Dialogfensters sind dazu die Felder der zu erstellenden Attributtabelle aufgeführt. Zwei Felder (Spalten der Attributtabelle) sind bereits vorhanden: Das Feld „OBJECTID" ist ein systemseitig automatisch generiertes Feld, das jedem Feature (jedem Objekt der Datenbank) eine eindeutige Kennung zuordnet (Identifikationsnummer). Mithilfe dieser Nummer (häufig Feature-Identifikationsnummer, kurz FID, genannt) werden in ArcGIS u. a. die Geometrie- und Sachdaten miteinander verknüpft. Das zweite Feld, das in der neuen Attributtabelle automatisch erzeugt wurde, ist das Feld „SHAPE". Darin wird programmintern die Geometrie der Features gespeichert. Diese beiden Felder können nicht gelöscht werden. Wird nun im oberen Bereich auf das Feld „SHAPE" geklickt, werden die zu diesem Feld gehörenden Eigenschaften im unteren Bereich des Fensters aufgeführt. Hier sehen Sie auch den zu Beginn eingegebenen Geometrietyp (Linie).

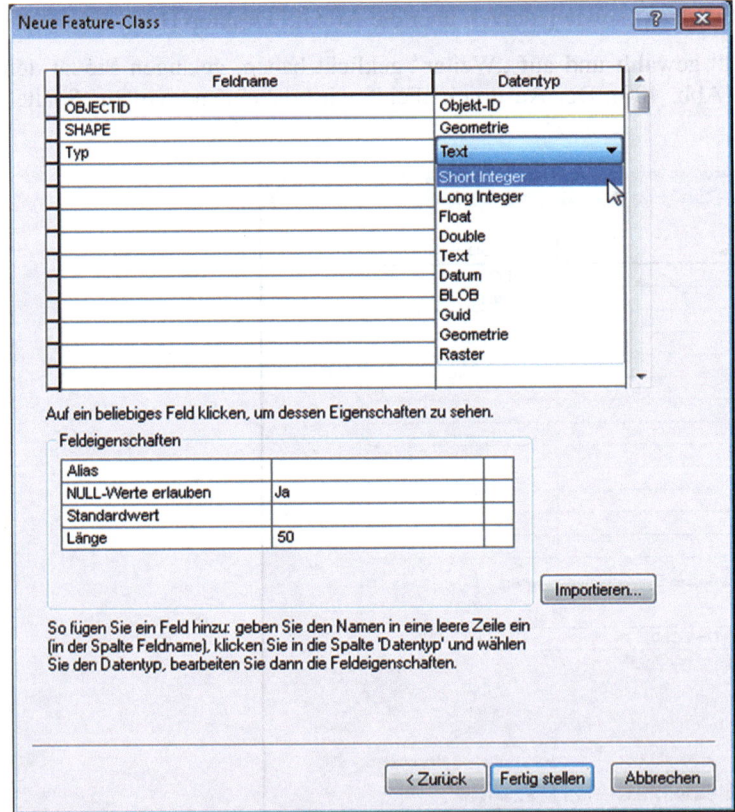

Abb. 401: Dialogfenster „Neue Feature-Class" – Attributtabelle anpassen

Bevor wir den Prozess zum Anlegen einer neuen Feature-Klasse abschließen, wollen wir vorher noch weitere Felder in der Attributtabelle anlegen. Dazu klicken Sie im oberen Bereich des Fensters auf die erste freie Zeile (unterhalb des Eintrags „SHAPE"). Dort legen wir mit dem Namen „Typ" eine neue Spalte in der Attributtabelle fest (siehe Abb. 401). Als

"Datentyp" wählen Sie aus der Drop-down-Liste den Datentyp „Short Integer" (Felder, die mit diesem oder dem Datentyp „Long Integer" definiert sind, können später mit Subtypes versehen werden; siehe Kapitel 14.6.2.2.).

Für dieses Feld können nun noch (im unteren Bereich des Fensters) Feldeigenschaften definiert werden. So kann zum Beispiel ein Aliasname vergeben werden. In unserem Fall übernehmen wir die vorgeschlagenen Werte.

Legen Sie außerdem analog zu „Typ" noch ein weiteres Feld „Breite" an. Den Datentyp bestimmen Sie als „Float".

Nachdem alle Einstellungen vorgenommen worden sind, beenden Sie den Vorgang mit der Schaltfläche „Fertig stellen".

Wie Ihnen vielleicht aufgefallen ist, mussten Sie der Feature-Klasse keinen Raumbezug mehr zuweisen (im Gegensatz z. B. zur Erstellung eines Feature-Datasets oder einer Standalone-Feature-Klasse). Dieser wurde ja bereits im Feature-Dataset definiert und gilt somit automatisch auch für die Feature-Klasse.

Wenn Sie jetzt im Kontextmenü der Feature-Klasse „Straßen" auf „Eigenschaften" klicken (oder durch Doppelklick auf die Feature-Klasse), gelangen Sie wieder in das vorher bearbeitete Dialogfenster. Allerdings sieht dies nun anders aus als beim ersten Aufruf (siehe Abb. 402):

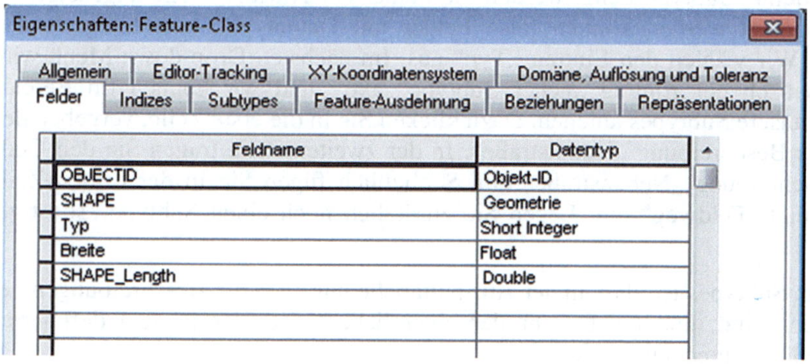

Abb. 402: Die „Eigenschaften" nach Fertigstellung der Feature-Klasse

Die Zahl der Register hat sich auf zehn erhöht und die Anzahl der Felder in der Attributtabelle wurde ergänzt. ArcGIS erstellt hier automatisch weitere Felder zur Abspeicherung von Geometrieeigenschaften von Features. So wurde die vorliegende Linien-Feature-Klasse um das Feld „SHAPE_Length" ergänzt. Für jedes Feature wird hier die Linienlänge automatisch (in der jeweiligen Maßeinheit) berechnet und gespeichert. Bei der Erfassung, Teilung oder bei sonstigen Veränderungen werden die darin gespeicherten Werte ebenfalls automatisch aktualisiert. Diese Geometriefelder können nicht gelöscht, ein Aliasname kann aber vergeben werden.

Klicken Sie einmal durch einige der Register der Feature-Klassen-Eigenschaften. Im Register „Allgemein" kann nur der Aliasname der Feature-Klasse verändert werden. Das

Register „Indizes" erlaubt es, für Felder der Attributtabelle einen Index zu erstellen, der den schnelleren Zugriff (Sortierung, Summation etc.) auf das Feld ermöglicht. Das Register „Beziehungen" listet die Beziehungsklassen auf, denen die Feature-Klasse angehört. Im Register „Subtypes" können für Felder der Attributtabelle Subtypes erstellt werden. Die Einstellungen zum Koordinatensystem sind nun in einem eigenen Register („XY-Koordinatensystem") aufgeführt, jedoch können hier (innerhalb des Feature-Datasets) keine Änderungen vorgenommen werden. Ebenfalls keine Änderungen sind in unserem Beispiel in den Registern „Repräsentationen" und „Domäne, Auflösung und Toleranz" mehr möglich.

Wechseln Sie in das Register „Subtypes".

14.6.2.2 Anlegen von Subtypes

Im nächsten Schritt sollen nun noch Subtypes in einer bereits erstellten Feature-Klasse angelegt werden. Subtypes legen für die Inhalte eines Felds gültige Wertebereiche fest. Beim Attributieren von Features können dann nur die definierten Werte verwendet werden. Subtypes ermöglichen es außerdem, vorgegebene Standardwerte für neu erstellte Features zu definieren. Beachten Sie, dass Subtypes nur für Felder erzeugt werden können, die mit dem Datentyp „Short Integer" oder „Long Integer" definiert sind.

In unserem Beispiel wollen wir die Straßen in die Typen „Hauptstraße", „Nebenstraße", „Feldweg" und „sonstiger Weg" einteilen.

Im Drop-down-Menü „Subtype-Feld" werden die Felder der Attributtabelle angezeigt, für die Subtypes angelegt werden können (also Felder mit Datentyp „Short Integer" oder „Long Integer"). Wir wählen den Eintrag „Typ" aus. Im nächsten Drop-down-Menü wird daraufhin automatisch der Eintrag „neuer Subtype" aktiv und wir können im Bereich „Subtypes" jetzt unsere Subtypes anlegen. Dazu klicken Sie in die erste Zeile, vergeben den Code „1" und als Beschreibung „Hauptstraße". In der zweiten Zeile tragen Sie den Code „2" und die Beschreibung „Nebenstraße" ein. Schließlich fügen Sie in der dritten Zeile noch Code „3" und „Feldweg" ein. Legen Sie zusätzlich noch einen Subtype „sonstiger Weg" an.

Das Besondere an Subtypes ist, dass in der Attributtabelle nur noch die Beschreibungen des Subtypes zu sehen sind, und nicht mehr der eigentliche Code, der ja dem definierten Datentyp des Felds entsprechen würde.

Über die Subtypes können auch Standardwerte für Attributfelder der Feature-Class vorgegeben werden. Wir möchten den Straßen eine vordefinierte Breite zuweisen: Die Hauptstraßen sollen 5 m, die Nebenstraßen 4 m und die Feldwege 2,5 m erhalten. Markieren Sie dazu die entsprechende Subtype-Zeile und geben Sie im Bereich „Standardwerte und Domänen" eine Breite von „5" bzw. „4" oder „2,5" als Standardwert ein.

Schließlich kann (im oberen Bereich des Fensters) auch noch der Standard-Subtype festgelegt werden. Dieser wird von ArcGIS standardmäßig als Wert in das Feld „Wegeachsen" eingetragen. Soweit Sie aus dem Drop-down-Menü keinen anderen Wert auswählen, wird von ArcGIS immer der erste Subtype, der definiert ist, als Standard-Subtype verwendet (hier wäre das „Hauptstraße").

Die Subtypes können zu einem späteren Zeitpunkt verändert oder ergänzt werden. Mit „OK" übernehmen Sie die Einstellungen und schließen das Eigenschaftsfenster.

14.6 Lösung zum Übungsblock 6

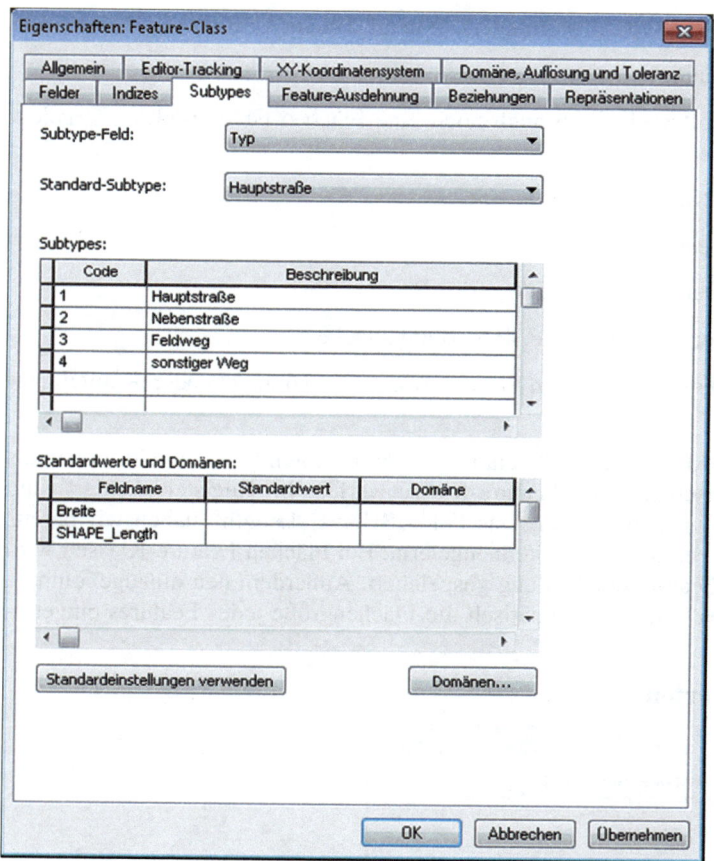

Abb. 403: Subtypes anlegen

Abb. 404: Auswahl des Standard-Subtypes

14.6.2.3 Anlegen weiterer Feature-Klassen im Feature-Dataset

Als zweite Feature-Klasse legen wir innerhalb des Feature-Datasets analog zur Linien-Feature-Klasse eine Punkt-Feature-Klasse mit folgenden Einstellungen an:

Name der Feature-Klasse: Einzelsignaturen

Geometrie-Typ: Point Features

14 Lösungen

Zusätzliche Felder: Typ (Datentyp: Short Integer), Winkel (Datentyp: Float)

Subtypes: 1: Baum, 2: Gebäude

Nach demselben Muster soll schließlich auch noch eine Flächen-Feature-Klasse angelegt werden:

Name der Feature-Klasse: Nutzung

Geometrie-Typ: Polygon Features

Zusätzliche Felder: Typ (Datentyp: Short Integer)

Subtypes: 1: Wald, 2: Acker, 3: Grünfläche, 4: Siedlungsfläche

Zur Erstellung dieser Feature-Klasse gehen Sie vor, wie in den vorangehenden Kapiteln gelernt.

Nachdem die Schaltfläche „Fertig stellen" betätigt wurde, möchten wir auch hier nochmals einen Blick auf die Eigenschaften der Feature-Klasse werfen. Im Register „Felder" sind hier zwei neue Einträge hinzugekommen: Das Feld „SHAPE_Length" haben wir bereits beim Erstellen der Linien-Feature-Klasse kennengelernt. Bei Flächen-Feature-Klassen wird darin für jedes (Flächen-)Feature der Umfang gespeichert. Außerdem neu hinzugekommen ist das Feld „SHAPE_Area", in der automatisch die Flächengröße jedes Features eingetragen wird.

14.6.3 Bearbeitung starten

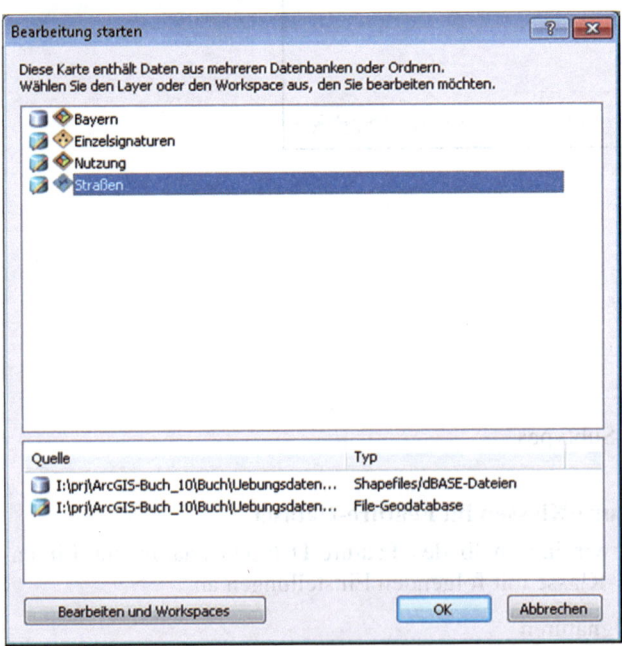

Abb. 405: Bearbeitung starten – Auswahl der Geodatabase

14.6 Lösung zum Übungsblock 6

Nachdem Sie die benötigten Feature-Klassen nun angelegt haben, können Sie auf Grundlage des geladenen Luftbilds nun neue Geometrien erfassen (digitalisieren).

Um mit dem Editieren beginnen zu können, müssen Sie in ArcMap zunächst die Werkzeugleiste „Editor" aktivieren. Starten Sie nun eine neue Editiersitzung, indem Sie in der Werkzeugleiste „Editor" den Befehl „*Editor*" ⇨ „*Bearbeitung starten*" auswählen.

Liegen Ihre Layer aus verschiedenen Datenquellen vor, erscheint ein Dialogfenster, in der Sie die zu bearbeitende Geodatabase auswählen müssen.

Im oberen Teil dieses Fensters (Abb. 405) sehen Sie alle editierbaren Layer aufgelistet, die in Ihrem aktuellen Projekt geladen sind. Im unteren Teil können Sie die verschiedenen Datenquellen ablesen (in diesem Fall sind die Daten ein Shapefile und eine Geodatabase). Markieren Sie einen Layer, um die entsprechende Quelle zu erkennen – dies geschieht durch eine Änderung des Symbols vor der Quelle (im Beispiel die File-Geodatabase). Das Symbol wird bläulich und mit einem Stift dargestellt. Ebenfalls bläulich und mit Stift werden alle anderen Layer angezeigt, die sich aus dieser Datenquelle stammen (im Beispiel die Layer „Einzelsignaturen", „Nutzung" und „Straßen"). Wählen Sie den Layer oder den Workspace aus, den Sie bearbeiten möchten, und klicken Sie auf „OK". In unserem Übungsbeispiel sollten Sie die Bearbeitung allerdings ohne diese Meldung starten können, da alle benötigten Layer in derselben File-Geodatabase liegen.

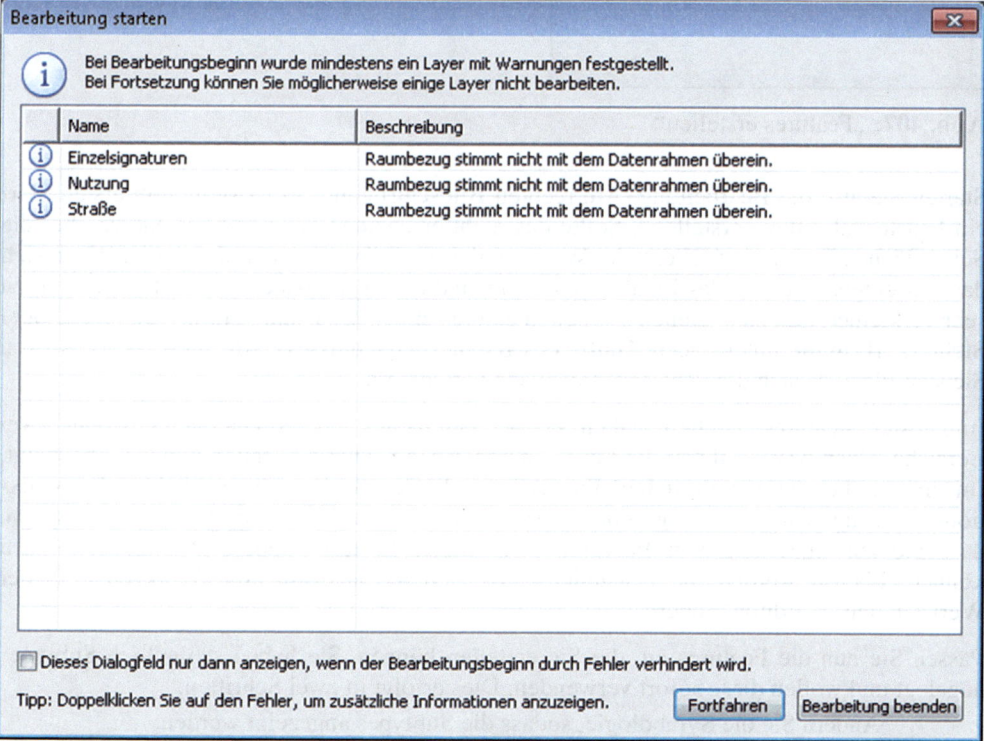

Abb. 406: Warnhinweis beim Start einer neuen Editiersitzung

14 Lösungen

Dafür erscheint in unserem Fall eine Warnung, da die Raumbezüge nicht übereinstimmen. Wenn eine Transformation in den Datenrahmen-Eigenschaften angegeben wurde, dann können wir diesen Hinweis allerdings mit „Fortfahren" überspringen.

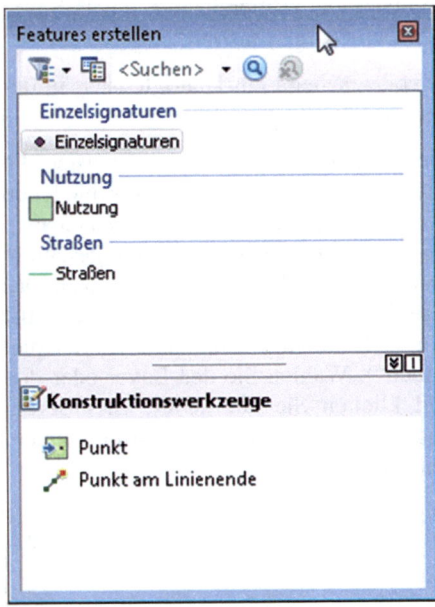

Abb. 407: „Features erstellen"

 Starten Sie also die Bearbeitung. Am rechten Bildschirmrand öffnet sich beim ersten Start ein Fenster: „Features erstellen". Sollte das nicht erscheinen, dann können Sie es über die Schaltfläche „Features erstellen" der Werkzeugleiste „Editor" wieder aktivieren. Wenn sich das Kartenfenster durch das Inhaltsverzeichnis und das „Features erstellen"-Fenster nun zu sehr verkleinert hat, dann ziehen Sie den „Features erstellen"-Dialog einfach an eine andere Stelle (z. B. in die untere, leere Hälfte des Inhaltsverzeichnisses). Auf diese Weise sparen Sie sich Platz, da sich die Fenster automatisch verkleinern.

Im Fenster „Features erstellen" haben Sie, wie bereits aus anderen Dialogen gewohnt, zwei Bereiche. Oben werden Ihnen die Layer, in denen Sie Features erstellen können, angezeigt. Im unteren Fensterbereich stehen Ihnen (je nach Geometrieart) verschiedene Konstruktionswerkzeuge zur Verfügung. Klicken Sie auch auf die anderen Layer, Sie werden sehen, dass Sie zur Erstellung von Polygon- oder Linien-Features andere Werkzeuge nutzen können. Ebenso werden Sie feststellen, dass sich die auswählbaren Werkzeuge in der Werkzeugleiste „Editor" ändern.

Passen Sie nun die Features an, die Sie erstellen können. Sie haben schließlich Subtypes angelegt und wollen diese sofort verwenden. Dies erfolgt in zwei Schritten:
1. Ändern Sie die Symbologie, sodass die Subtypes angezeigt werden.
2. Passen Sie die Editiervorlagen an, um die Subtypes verwenden zu können.

14.6 Lösung zum Übungsblock 6

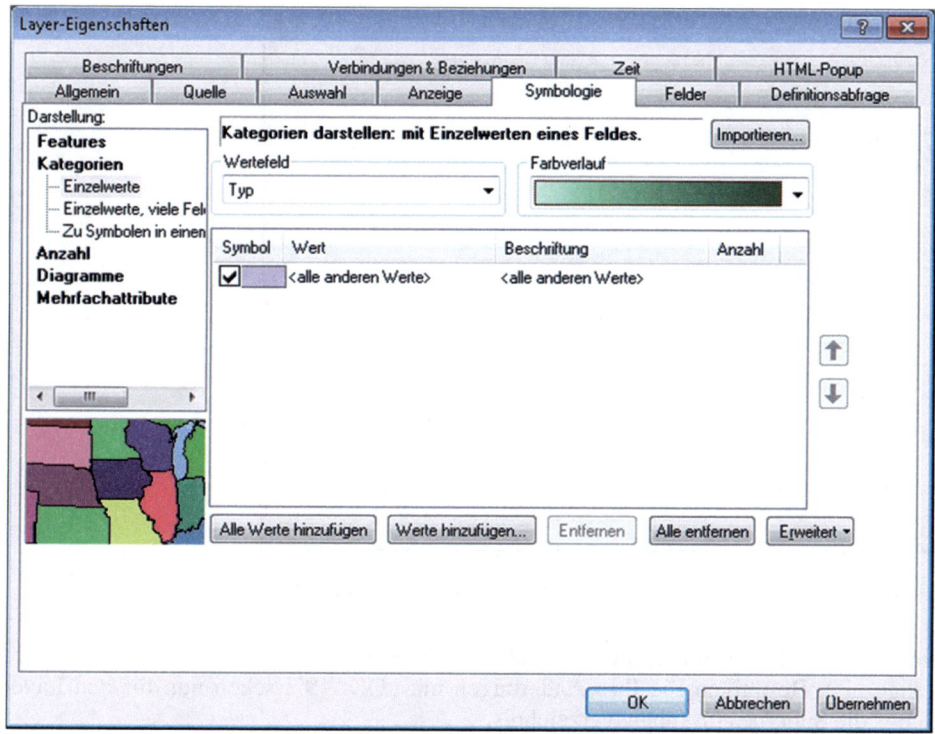

Abb. 408: Das Laden der Subtypes in den Layer-Eigenschaften

Exemplarisch führen wir diese Schritte am Polygon-Layer „Nutzung" durch. Zuerst zu Schritt 1: In den Layer-Eigenschaften im Register „Symbologie" unter „Kategorien" können Sie erkennen, dass nur die „Nutzung" angezeigt wird, nicht aber die Subtypes (Abb. 408).

Wechseln Sie im Bereich „Darstellung" auf „Kategorien: Einzelwerte", wählen als Wertefeld „Typ" aus und klicken Sie auf die Schaltfläche „Alle Werte hinzufügen". Nun werden Ihnen auch alle Subtypes angezeigt. Durch einen Doppelklick auf das jeweilige Symbol können Sie bereits hier die Farbe der Fläche anpassen (z. B. wie in Abb. 409).

Symbol	Wert	Beschriftung	Anzahl
	<alle anderen Werte>	<alle anderen Werte>	
	<Überschrift>	Typ	
	2	Acker	?
	3	Grünfläche	?
	4	Siedlungsfläche	?
	1	Wald	?

Abb. 409: Subtypes von „Nutzung"

14 Lösungen

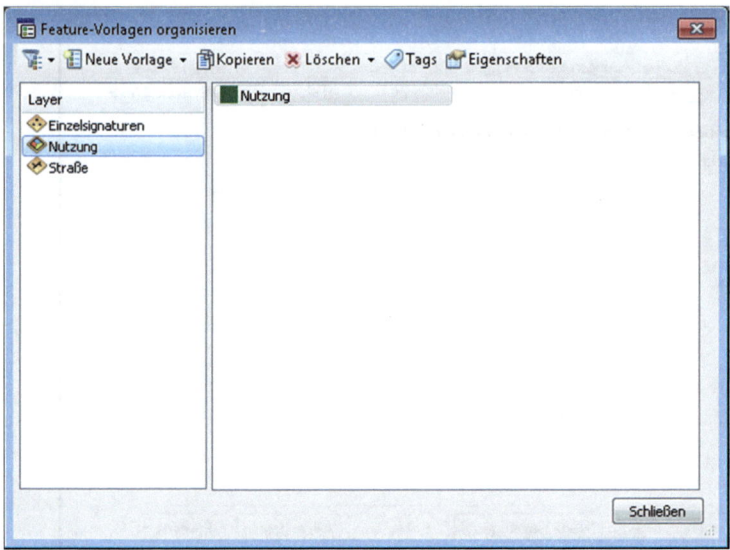

Abb. 410: Feature-Vorlagen organisieren (1) – Layer auswählen

Entfernen Sie das Kontrollhäkchen bei „<alle anderen Werte>"; dieser Eintrag wird dann nicht angezeigt. Bestätigen Sie Ihre Änderungen mit „OK". Sie sehen nun für den Layer „Nutzung" die Subtypes im Inhaltsverzeichnis.

Nun müssen Sie die Subtypes noch in Ihre Editiervorlage übernehmen (Schritt 2). Dazu klicken Sie im Dialogfenster „Features erstellen" (siehe Abb. 407) auf den Button „Vorlagen organisieren". Dadurch gelangen Sie in das entsprechende Dialogfenster (siehe Abb. 410).

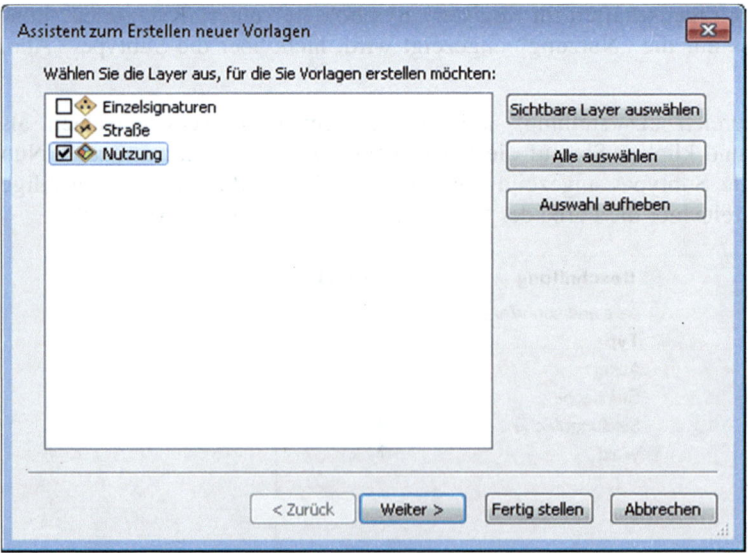

Abb. 411: Feature-Vorlagen organisieren (2) – Assistent zum Erstellen neuer Vorlagen

14.6 Lösung zum Übungsblock 6

Wählen Sie „Nutzung" aus und klicken Sie auf den Button „Neue Vorlage" in der Menüleiste. Im folgenden Assistenten zum Erstellen neuer Vorlagen ist „Nutzung" bereits ausgewählt; klicken auf „Weiter >" (siehe Abb. 411).

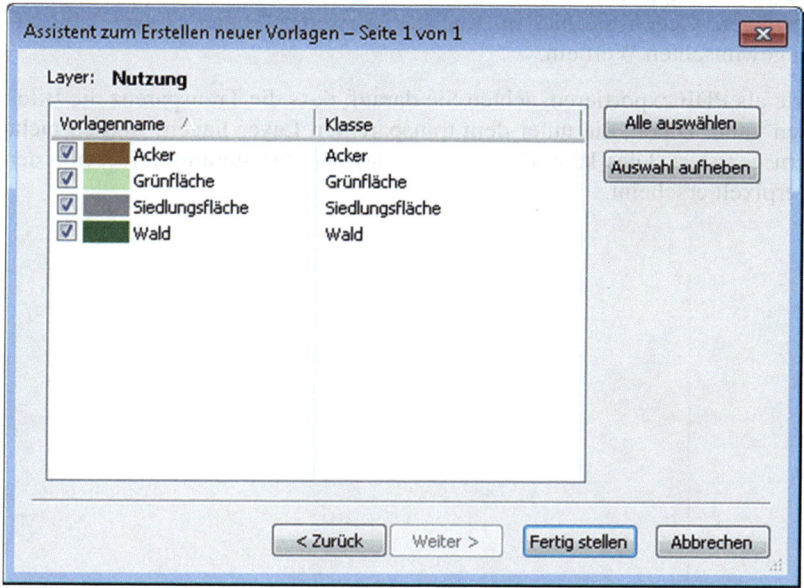

Abb. 412: Feature-Vorlagen organisieren (3) – Auswählen der Subtypes

Im zweiten Teil des Assistenten werden Ihnen nun die Subtypes mit entsprechender Symbologie angezeigt (siehe Abb. 412). Sie können sich hier entscheiden, welche der Subtypes Sie zu den Vorlagen wählen wollen. Setzen Sie dazu einfach vor dem entsprechenden Symbol ein Häkchen in der Kontrollbox. Durch die Schaltfläche „Alle auswählen" werden alle Subtypes mit Häkchen versehen, die Schaltfläche „Auswahl aufheben" („in ArcGIS 10 „Alle löschen") entfernt diese Markierungen bei allen Einträgen.

Übernehmen Sie alle Einträge und bestätigen Sie mit „Fertig stellen". Löschen Sie zum Abschluss noch die ursprüngliche Vorlage, indem Sie diese im Dialogfenster „Feature-Vorlagen organisieren" selektieren und auf die Schaltfläche „Löschen" klicken. Sie können die Subtypes nun auch im Dialogfenster „Features erstellen" sehen und auswählen.

Analog verfahren Sie mit den Layern „Einzelsignaturen" und „Straßen". Haben Sie alle Subtypes geladen und die Symbole angepasst, sollte Ihr Inhaltsverzeichnis in etwa aussehen wie in Abbildung 413. Wenn Sie die Darstellung der einzelnen Subtypes verändern, werden diese Änderungen auch direkt in den Vorlagen übernommen.

Bevor wir nun endgültig mit der Neuerfassung von Features beginnen, wollen wir für den Layer „Luftbild" eine Transparenz festlegen, um damit die Darstellung des sehr kontrastreichen Luftbilds etwas „arbeitsfreundlicher" zu gestalten. Aktivieren Sie dazu die Werkzeugleiste „Effekte". Wählen Sie in der Auswahlliste den Layer „Web Map Service der Bayerischen Vermessungsverwaltung" aus und klicken Sie auf „Transparenz anpassen".

Hier können Sie mithilfe eines Schiebereglers den gewünschten Transparenzwert festlegen. Hier hat sich ein Wert zwischen 30 – 40 % bewährt.

 Tipp: Die Layer-Transparenz lässt sich auch über die Eigenschaften des WMS-Layers festlegen. Geben Sie hier im Register „Erweitert" unter „Layer-Transparenz" den gewünschten Wert ein.

Wenn Sie Ihre Karte als PDF exportieren, achten Sie darauf, dass die Transparenz die Bildqualität beeinflussen kann. Daten, die unter dem transparenten Layer liegen, werden nicht vektorisiert, sondern gerastert. Dies kann dazu führen, dass die Darstellung leidet und der betroffene Layer verpixelt erscheint.

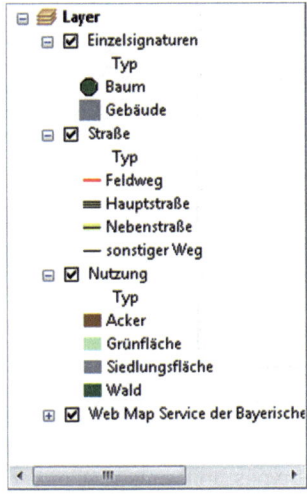

Abb. 413: Inhaltsverzeichnis mit geladenen Subtypes und angepassten Symbolen

14.6.4 Erfassung von Polygon-Features

Zunächst wollen wir auf Grundlage des Luftbilds Flächen erfassen. Wählen Sie dazu im Fenster „Features erstellen" unter „Nutzung" den Eintrag, mit dem Sie beginnen wollen (im Beispiel „Siedlungsfläche", siehe Abb. 414)

So teilen Sie ArcMap mit, dass im Folgenden Flächen (Polygone) erfasst bzw. editiert werden sollen, und Sie haben damit Zugriff auf die entsprechenden Werkzeuge und Befehle.

Bewegen Sie den Mauszeiger nun über das Luftbild im Kartenfenster, ändert sich der Mauszeiger in ein Kreuz. Damit können Sie Stützpunkte setzen, anhand derer Sie das Polygon bilden. Fahren Sie einfach mit dem Mauszeiger die Umrisse der zu erfassenden Fläche ab und setzen an jeder Ecke einen Stützpunkt (siehe Abb. 415). Grundsätzlich gilt hier die Regel: „So viele Stützpunkte wie nötig und so wenige wie möglich". Für ein rechteckiges Objekt verwenden Sie also nach Möglichkeit vier Stützpunkte. Setzen Sie den letzten gewünschten Stützpunkt mit einem Doppelklick ab, um das Polygon zu schließen und das Feature damit fertig zu stellen.

14.6 Lösung zum Übungsblock 6

Abb. 414: Erstellen von Polygon-Features – „Siedlungsfläche"

Abb. 415: Erfassen von Polygon-Features

Abbildung 415 zeigt die Erfassung der Siedlungsfläche im Südosten des Kartenausschnitts. Zwei Dinge fallen hier direkt auf: Zum einen wird die momentan digitalisierte Fläche bereits in Grau dargestellt, ist aber noch transparent – das ändert sich nach Fertigstellung des Polygons (durch Doppelklick). Zum anderen wird automatisch in ArcGIS 10 die Werkzeugleiste „Feature-Konstruktion" eingeblendet. In ArcGIS 10.1 for Desktop wird diese Werkzeugleiste nicht mehr standardmäßig eingeblendet. Sie können sie entweder als neue Werkzeugleiste einblenden oder mit der Tab-Taste aktivieren bzw. deaktivieren. Über

14 Lösungen

die Werkzeugleiste können Sie u. a. auswählen, ob Sie die direkte Verbindung zwischen zwei Punkten („Gerades Segment") oder eine Bogenlinie zwischen den Stützpunkten („Endpunkt-Bogensegment") erstellen möchten. Für eine genauere Beschreibung der Werkzeugleiste „Feature-Konstruktion" lesen Sie in Kapitel 6.1.4.7.

Nachdem Sie Ihr erstes Feature beendet haben, ist diese Fläche selektiert (dargestellt durch einen hellblauen Rahmen um das Feature). Öffnen Sie nun die „Attribute" des Features. Klicken Sie dann in der Werkzeugleiste „Editor" auf die Schaltfläche „Attribute". Damit öffnet ArcMap das gleichnamige Dialogfenster (siehe Abb. 416).

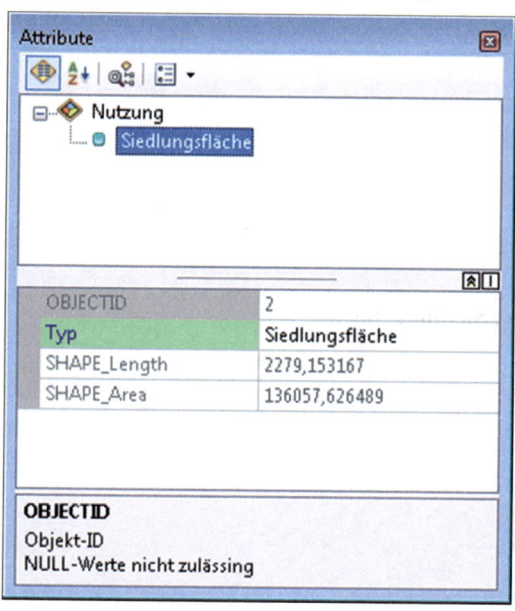

Abb. 416: Attributfenster einer Siedlungsfläche

Standardmäßig öffnet ArcMap das Fenster „Attribute" am rechten Bildschirmrand (wie auch schon das Fenster „Features erfassen"). Auch dieses Fenster können Sie aber durch Drag & Drop an einen Ort Ihrer Wahl ziehen und nach Ihren Wünschen vergrößern bzw. verkleinern. Weitere Informationen dazu finden Sie auch in Kapitel 6.1.2.

Im Dialogfenster „Attribute" werden alle für das Feature verfügbaren Attribute aufgelistet. Im oberen Fensterbereich erkennen Sie die ausgewählten Features, gruppiert nach dem zugehörigen Layer. In unserem Beispiel ist nur ein Feature ausgewählt, dessen Attribute im unteren Fensterbereich angezeigt werden. In der ersten Tabellenspalte sehen sie die Feldbezeichnungen, in der zweiten Spalte die zugehörigen Werte. Für eine detaillierte Beschreibung des Dialogfensters „Attribute" lesen Sie Kapitel 6.1.4.4. Der Eintrag „Typ" ist hier der Einzige, den Sie verändern können – alle hellgrau dargestellten Einträge wie z. B. SHAPE_Length werden von ArcGIS automatisch erzeugt bzw. berechnet und können nicht editiert werden. Markieren Sie „Typ" und in der Wertespalte wird eine Schaltfläche mit drei Punkten sichtbar. Wenn Sie auf diesen Button klicken, können Sie das bereits erstellte Feature nachträglich ändern und einen neuen Typ bestimmen. Alternativ können Änderungen der Features über die Attributtabelle vorgenommen werden.

14.6 Lösung zum Übungsblock 6

👍 **Tipp:** Sie können das Dialogfenster „Attribute" auch automatisch nach der Fertigstellung einer Skizze einblenden lassen. Die Einstellungen dazu finden Sie unter *Werkzeugleiste „Editor"* ⇨ *Menü „Editor"* ⇨ *„Optionen..."* ⇨ *Register „Attribute"*. Haken Sie hier die Option „Attributdialogfeld vor dem Speichern neuer Features anzeigen" an. Anschließend können Sie einstellen, ob Sie diese Funktion für alle Layer oder nur für bestimmte Layer übernehmen möchten. Bestätigen Sie mit „OK".

Abb. 417: Digitalisierung von Flächen – Automatisches Fangen

Digitalisieren Sie weitere Flächen. Sie können die Art der zu erfassenden Signatur ganz einfach ändern, indem Sie auf den gewünschten Eintrag im Fenster „Features erstellen" klicken (wie in Abbildung 414 beschrieben). Sie können sogar während der Erfassung noch den Typ ändern. Fahren Sie dazu mit dem Mauszeiger einfach aus dem Kartenfenster und wählen den gewünschten Eintrag. Hat dieser dieselbe Geometrie (Sie wechseln beispielsweise von Nutzung „Siedlungsfläche" auf „Wald"), bleiben Ihre bereits gesetzten Stützpunkte bestehen. Ändert sich die Geometrie (Sie wollen statt „Siedlungsfläche" einen „Baum" digitalisieren), werden die bisherigen unvollständigen Editierskizzen gelöscht.

Wenn Sie sichergehen wollen, dass keine Topologiefehler bei der Digitalisierung von Polygonen entstehen, dann hilft ggf. das Konstruktionswerkzeug „Polygon automatisch schließen". Dadurch brauchen Sie keine gemeinsame Grenze zwischen zwei Polygonen mehr erfassen, das macht das Konstruktionswerkzeug automatisch.

14 Lösungen

Tipp: Klicken Sie während des Digitalisierens mit der rechten Maustaste ins Kartenfenster, öffnet sich ein Kontextmenü mit zahlreichen, hilfreichen Befehlen. So findet sich hier speziell für die Erfassung rechtwinkliger Geometrien der Eintrag „Ausgleichen und Beenden". Mit diesem Befehl schließen Sie ein Polygon mit einem rechten Winkel, d. h. ArcMap erzeugt vom letzten Stützpunkt zum Anfangspunkt der Fläche automatisch einen rechten Winkel.

Wie Ihnen wahrscheinlich schon aufgefallen ist, springt Ihr Editier-Fadenkreuz automatisch an den Rand bereits erfasster Features, wenn Sie den Mauszeiger in deren Nähe bewegen. Diese Funktion bei ArcGIS heißt „Fangen" und ist ein hilfreiches Werkzeug zum Digitalisieren von Features.

14.6.5 Das „Fangen"

„Fangen" erlaubt Ihnen, Features zu digitalisieren, die sich berühren, ohne das dabei Lücken oder Überlappungen entstehen. Dadurch können Topologiefehler vermieden werden. Wenn Sie „Fangen" aktiviert haben, springt („snappt") Ihr Mauszeiger automatisch zu Kanten, Stützpunkten und/oder Endpunkten. Sie können dabei bestimmen, mit welcher Toleranz (also ab welcher Entfernung) sie snappen wollen und auf welche Ziele ArcMap fangen soll (Kanten, Stütz- oder Endpunkte).

Diese Einstellungen treffen Sie in der Werkezugleiste „Fangen". Diese Werkzeugleiste kann entweder wie gewohnt über das Kontextmenü der Hauptmenüleiste geöffnet werden, Sie können „Fangen" aber auch im Drop-down-Menü des Editors anwählen und dort auch grundlegende Einstellungen (z. B. Toleranz) vornehmen. Für weitere Informationen zur Werkzeugleiste „Fangen" lesen Sie Kapitel 6.1.4.6.

Ob Sie „Fangen" aktivieren wollen oder nicht, hängt von der Art der Digitalisierung und den zu digitalisierenden Objekten ab. Zum Ausschalten der Fangoption deaktivieren Sie in der Werkzeugleiste „Fangen" den Eintrag „Fangen verwenden" (siehe Abb. 418).

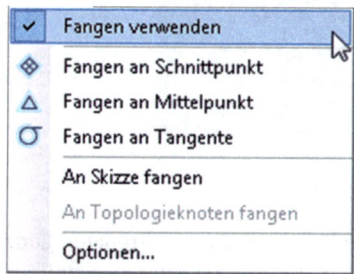

Abb. 418: Drop-down-Menü von „Fangen"

Wollen Sie zu einem späteren Zeitpunkt das „Fangen" wieder aktivieren, verfahren Sie genauso. Durch die jeweiligen Symbole (sowohl im Drop-down-Menü als auch in der Werkzeugleiste an sich) können Sie festlegen, auf welche Ziele sie fangen wollen. Wählen Sie „Fangen an Stützpunkt", so wird Ihr Stützpunkt auf einen Stützpunkt der bestehenden Linie gezogen. Aktivieren Sie „Fangen an Kante", wird Ihr Stützpunkt auf die bestehende Linie (auch zwischen Stützpunkten) gezogen. Sie erkennen markierte Einträge am blauen Symbolhintergrund. Häufig ist es zudem sehr nützlich, wenn Sie bei der Feature-Erfassung auf die gerade aktuelle Skizze – also das Feature, welches Sie gerade erstellen – fangen können. Aktivieren Sie dazu die Option „An Skizze fangen". Auf was gerade gefangen wird (Kante, Stützpunkt etc.), können Sie auch an der Form des Mauszeigers erkennen.

 Tipp: Durch das Drücken der Leertaste können Sie die Fangfunktion auch nur „kurz" – solange, wie sie die Taste gedrückt halten – deaktivieren.

Über „Optionen" gelangen Sie in das Dialogfenster „Fangoptionen" (siehe Abb. 419).

Hier können Sie die Toleranz einstellen und die anzuzeigenden Fanginformationen ein- und ausschalten bzw. anpassen. Der jeweils optimale Wert für die Fangtoleranz hängt stark vom aktuellen Projekt ab. Die gewünschte Genauigkeit (Maßstab) wie auch die Lage der Linien (Scharung) spielen hier eine entscheidende Rolle. Bestätigen Sie die Änderungen mit „OK", um zum Projekt zurückzukehren.

 Tipp: Das „Fangen" ist eines der wichtigsten Werkzeuge bei der Digitalisierung. Standardmäßig ist das „Fangen" in ArcMap aktiviert. So können Sie sicherstellen, dass Flächen und Linien aneinander anschließen oder Punkte sich direkt auf Kanten oder Stützpunkten befinden. Durch dieses Werkzeug wird die Fehlerquote beim Digitalisieren erheblich reduziert. Durch das Symbol, in das sich der Mauszeiger beim Fangen verwandelt, können Sie erkennen, auf welches Ziel gerade gefangen wird – analog dazu wird eine Textnotiz angezeigt, die Ihnen diese Informationen liefert.

Abb. 419: Dialogfenster „Fangoptionen"

14.6.6 Erfassung von Linien-Features

Wenn Sie die Flächen erfasst haben, beginnen Sie mit der Erfassung der Straßen. Dazu schalten Sie zunächst den Layer „Nutzung" transparent (achten Sie darauf, dass der richtige Layer in der Werkzeugleiste „Effekte" ausgewählt ist, wenn Sie die Transparenz einstellen). Dadurch stellen Sie sicher, dass Sie das darunterliegende Luftbild noch erkennen können.

Wählen Sie im Fenster „Features erfassen" den Straßentyp aus, mit dem Sie beginnen wollen (wir empfehlen die Hauptstraßen).

 Tipp: Für den Digitalisiervorgang kann es manchmal hilfreich sein, wenn sich die Features farblich von anderen Feataures und den anderen Layern abheben. Wählen Sie deswegen während der Bearbeitung ruhig kräftige, gut sichtbare Farben für Ihre Features, Sie können die Darstellung im Nachhinein ganz einfach den Vorgaben anpassen.

Beginnen Sie mit der Digitalisierung der Wege. Starten Sie nun – z. B. an einer Kreuzung – mit der Digitalisierung einer Linie, die in der Mitte der ausgewählten Straße verläuft. Je nach Maßstab werden Sie hier häufiger den Kartenausschnitt verschieben müssen, um dem Verlauf der Straße folgen zu können. Benutzen Sie dazu wie gewohnt das Werkzeug „Schwenken" der Werkzeugleiste „Werkzeuge" (oder durch Gedrückthalten des Mausrads oder der Taste „C"). Zwar wird damit das „Konstruktionswerkzeug" kurzfristig deaktiviert, allerdings bleibt die Linie, die Sie gerade erfassen, aktiv. Klicken Sie also erneut auf das zu digitalisierende Feature (oder lassen Sie das Mausrad bzw. die C-Taste los) und Sie können nahtlos mit dem Digitalisieren der Linie fortfahren.

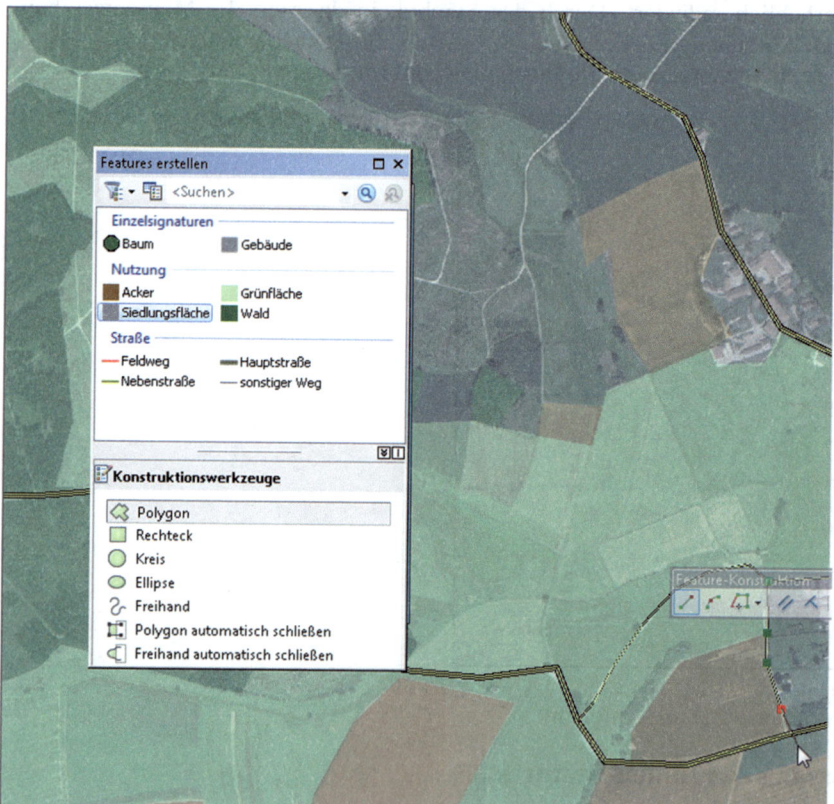

Abb. 420: Erfassung von Linien-Features (Straßen)

 Tipp: Die Neuaktivierung des Konstruktionswerkzeugs nach einem Verschieben des Bildschirmausschnitts können Sie mit einer Tastenkombination umgehen.

Halten Sie beim Digitalisieren die Taste „C" gedrückt und verschieben Sie das Bild. Lassen Sie die Taste los und Sie können sofort mit der Digitalisierung fortfahren. Mit gedrückter „Z"-Taste können Sie in das Bild hineinzoomen. Halten Sie die Taste „X" gedrückt und Sie können aus dem Bild herauszoomen. Mit der Tastenkombination „Strg" + „Z" können Sie den jeweils letzten Stützpunkt löschen. Weitere nützliche Tastenkombinationen finden Sie im Anhang dieses Buchs.

Nachdem Sie auch hier immer wieder eine Linie an eine andere „anhängen" müssen, sollten Sie auch für den Layer „Wegeachsen" die Fangfunktion aktivieren. Öffnen Sie also gegebenenfalls die Werkzeugleiste „Fangen" und aktivieren die drei Optionen „Fangen an Stützpunkt", „Fangen an Kante" und „Fangen an Ende".

Digitalisieren Sie auf die gewohnte Art einige Wegeachsen.

14.6.7 Erfassung von Punktsignaturen

Analog verläuft die Erfassung von Punkt-Features.

Digitalisieren Sie zunächst die einzelnen Bäume entlang der nördlich verlaufenden Straße. Sie werden feststellen, dass der Mauszeiger bei der Digitalisierung von Punkt-Features nicht mehr als Fadenkreuz angezeigt wird, sondern als Pfeil. Die Funktionsweise bleibt allerdings gleich.

An dieser Straße finden Sie auch einzelne Gebäude. Digitalisieren Sie diese ebenfalls.

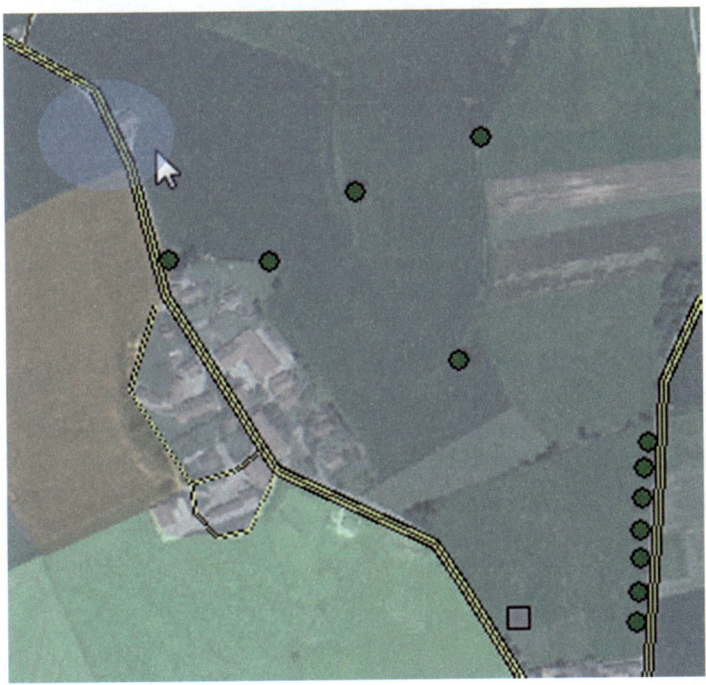

Abb. 421: Digitalisieren von Punktsignaturen

Nun kann es sein, dass Sie ein einzelnes Gebäude mit der richtigen Orientierung darstellen wollen. Dies soll anhand der beiden Gebäude in Abbildung 421 verdeutlicht werden. Das Gebäude am unteren Bildausschnittrand liegt in Ost-West-Richtung und ist bereits digitalisiert und durch ein graues Quadrat dargestellt. Das zweite Gebäude jedoch steht leicht gedreht und soll deswegen anders dargestellt werden.

Erstellen Sie zunächst auch für diese Gebäude eine Punktsignatur und wechseln anschließend in das Dialogfenster „Attribute" des Features. Hier geben Sie im Feld „Winkel" über die Tastatur den Wert „20" ein (siehe Abb. 422).

Nun soll das Gebäude-Symbol um genau diesen Wert gedreht werden. Wechseln Sie dazu in die Layer-Eigenschaften der „Einzelsignaturen". Im Register „Symbologie" klicken Sie auf die Schaltfläche „Erweitert" und im sich öffnenden Drop-down-Menü auf die Schaltfläche „Rotation...".

Es öffnet sich das Dialogfenster „Drehen", in dem Sie Einstellungen zur Rotation vornehmen können (siehe Abb. 424). Hier wählen Sie aus, in welchem Feld der Zahlenwert steht, um den das Feature gedreht werden soll. In unserem Fall ist das das Feld „Winkel".

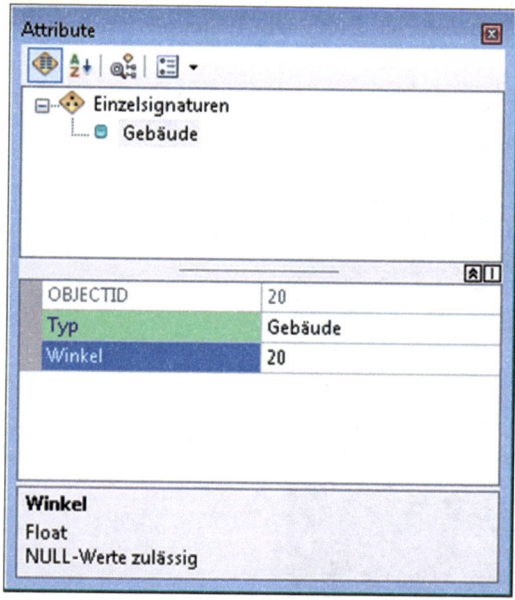

Abb. 422: Attribute von Gebäude – Winkel eingeben

14.6 Lösung zum Übungsblock 6

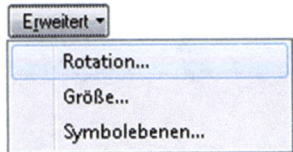

Abb. 423: Drop-down-Menü „Erweitert" im Register „Symbologie"

Wählen Sie im Drop-down-Menü „Winkel" aus, bestätigen Sie Ihre Eingaben und kehren Sie zu Ihrem Kartenausschnitt zurück. Sie werden sehen, dass sich das Gebäude-Symbol entsprechend gedreht hat.

Sie haben nun bereits Flächen, Linien und Punktsignaturen digitalisiert. Entfernen Sie den Haken vor dem WMS-Dienst in Ihrem Inhaltsverzeichnis, um die Digitalen Orthophotos auszublenden. Wenn Sie nun die Transparenz des Layers „Nutzung" wieder verringern, haben Sie durch Ihre eigenen Digitalisierungen bereits einen groben Überblick über die Region, aus der Sie verschiedene Nutzungsarten und die Verkehrswege erkennen können (siehe Abb. 425).

Abb. 424: Dialogfenster „Drehen" – Auswahl „Winkel"

14 Lösungen

Abb. 425: Zwischenstand der Digitalisierung

14.6.8 Features teilen und zusammenführen

In der Praxis ist es z. B. durch Nutzungsänderungen immer wieder nötig, ein bestehendes Polygon-Feature in zwei oder mehr Polygone aufzuteilen oder bereits bestehende Polygone zu einem Einzigen zusammenzuführen.

An dieser Stelle sollen in unserem Projekt alle Flächen durch die Straßen geteilt werden. Selektieren Sie dazu mithilfe des Werkzeugs „Features selektieren" (Werkzeugleiste „Werkzeuge") eine der Nutzungsflächen, durch die eine Straße führt.

Haben Sie eine Fläche selektiert, so wählen Sie in der Werkzeugleiste „Editor" den Button „Werkzeug ‚Polygone teilen' ". Setzen Sie nun an der einen Linie des zu teilenden (und bereits selektierten) Polygons den Startpunkt ab, ziehen Sie die Linie entlang der Straße über das Polygon (siehe Abb. 426) und setzen Sie auf der anderen Seite mit einem Doppelklick den Endpunkt. Damit wird die bestehende Fläche entlang der Straße in zwei neue Flächen aufgeteilt.

14.6 Lösung zum Übungsblock 6

Abb. 426: Polygon-Feature entlang der Straße trennen

Wenn Sie sich die Attribute der beiden „neuen" Flächen ansehen, werden Sie feststellen, dass ArcMap für beide die Nutzungsart übernommen hat. Dies lässt sich natürlich nachträglich auf die bereits beschriebene Weise im Dialogfenster „Attribute" oder über die Attributtabelle ändern.

Im Gegensatz dazu ist auch der Fall denkbar, zwei bestehende Flächen zu einer neuen Fläche zusammenzuführen.

Wählen Sie hier die zwei Flächen aus, die Sie zusammenführen wollen. Mehrere Features können durch Drücken der Umschalttaste selektiert werden. Wählen Sie aus dem Editor-Drop-down-Menü den Eintrag „Zusammenführen..." aus (siehe Abb. 427).

ArcMap öffnet daraufhin das Dialogfenster „Zusammenführen (Merge)", in dem die beiden selektierten Flächen noch einmal aufgelistet sind. Zur Kontrolle können Sie die beiden Features nacheinander anklicken, wodurch die entsprechende Fläche in der Karte kurz aufblinkt. Bestätigen Sie nun mit „OK" und die beiden Flächen werden wieder zu einer Fläche zusammengeführt. ArcMap übernimmt dabei für das zusammengeführte Feature die Attributwerte des im Dialogfenster selektierten Features.

Bei Linien-Features funktioniert das Zusammenführen von zwei Features genau wie bei den Polygonen (Editor ⇨ „*Zusammenführen...*"). Zum Teilen von Linien-Features verwenden Sie allerdings ein anderes Werkzeug. Markieren Sie ein Wegstück und klicken Sie auf den

- Button „Werkzeug: ‚Teilen' ". Nun können Sie durch einen Mausklick auf die gewünschte Stelle Ihre Straße in zwei Wegstücke aufteilen.

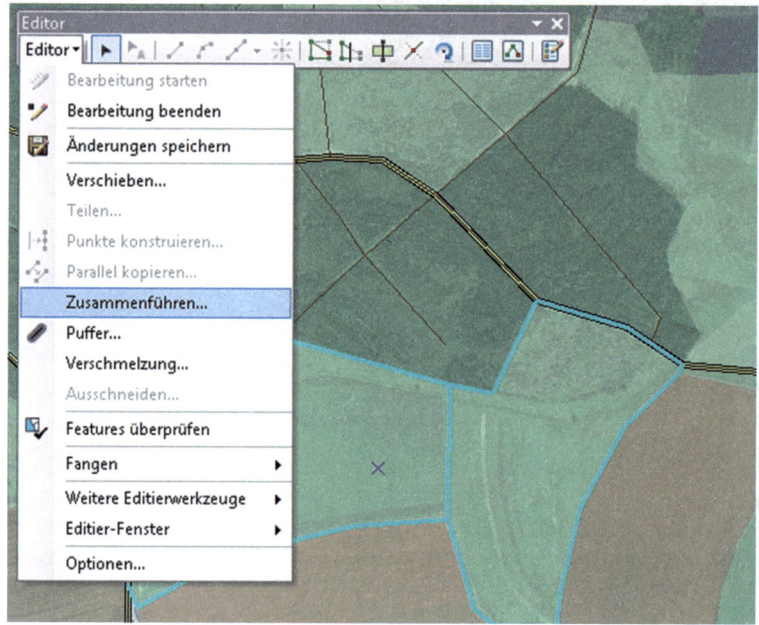

Abb. 427: Zusammenführen zweier Polygon-Features

14.6.9 Speichern Sie Ihre Änderungen

Nachdem wir nun doch schon einige Editierarbeit geleistet haben, wollen wir unser Projekt abspeichern. Klicken Sie dazu zunächst in der *Werkzeugleiste „Editor"* ⇨ *Menü „Editor"* ⇨ *„Änderungen speichern"*. Achten Sie darauf, Editiersitzungen stets über diesen Befehl zu speichern. Das gewohnte „Disketten"-Symbol zum Speichern von Änderungen würde in diesem Fall nur Änderungen am Projekt, nicht aber die erfassten Features selbst speichern! Veränderungen an der Geodaten müssen immer separat in der Editiersitzung gespeichert werden.

Speichern Sie schließlich noch wie gewohnt die Änderungen an Ihrer MXD.

14.7 Lösung zum Übungsblock 7: Attribute und Selektionen

14.7.1 Sichtung und Sortierung von Attributtabellen

In Kapitel 6.13 wurden Ihnen bereits einige theoretische Grundlagen zu Sachdaten (sog. Attributen) und deren Organisation in Attributtabellen vermittelt. Im vorliegenden Kapitel sollen Ihnen die Arbeit mit Attributtabellen und damit deren Funktionsweise in ArcGIS bzw. ArcMap anhand einiger praktischer Beispiele nähergebracht werden.

Da Sachdaten und damit Attributtabellen eine zentrale Rolle bei der Arbeit mit ArcMap spielen, wollen wir uns die Grundelemente einer Attributtabelle in Abbildung 428 ansehen

14.7 Lösung zum Übungsblock 7

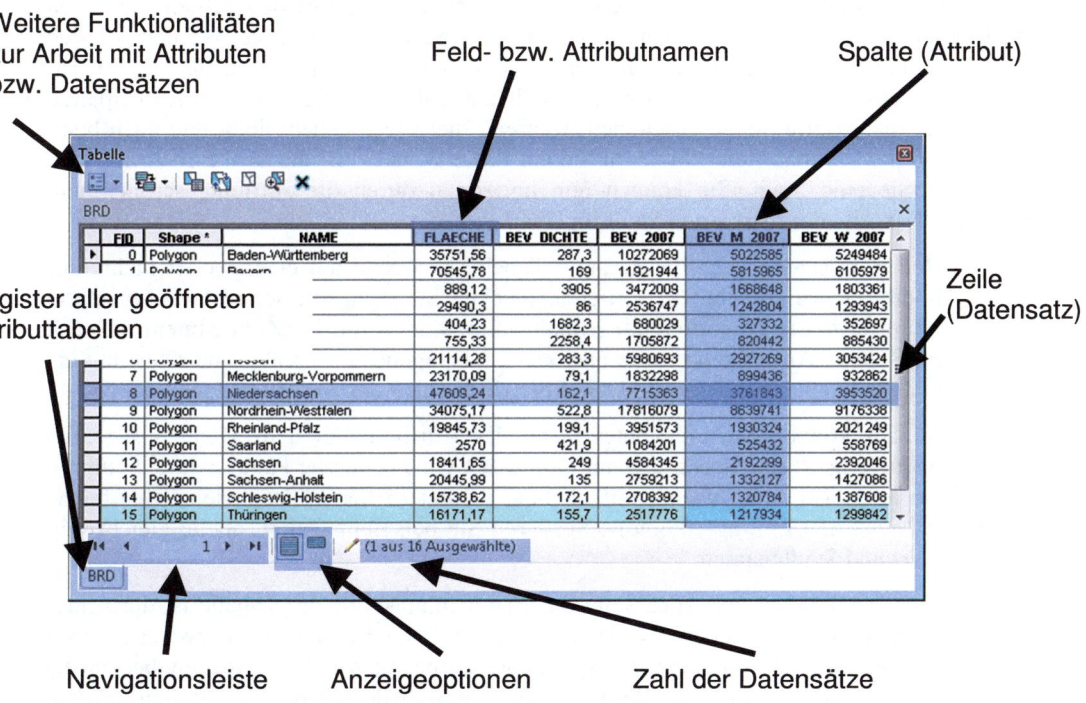

Abb. 428: Überblick über den Aufbau einer Attributtabelle

In den Daten des Übungsblocks 7 finden Sie eine Geodatabase und darin wiederum ein Feature-Dataset „Übung07". Laden Sie die beiden sich darin befindenden Feature-Klassen „BRD" und „Europa_Städte" in ein neues leeres ArcMap-Projekt.

Um den Überblick über die häufig sehr großen Datenmengen innerhalb einer Attributtabelle zu behalten, wird es oft nötig sein, das Erscheinungsbild der Tabelle an Ihre jeweiligen Bedürfnisse anzupassen. Hier stehen Ihnen einige grundsätzliche Funktionalitäten zur Organisation der Sachdaten innerhalb der Attributtabelle zur Verfügung. Öffnen Sie z. B. die Attributtabelle des Layers „Europa_Städte", um die nun folgenden Funktionen nachvollziehen zu können.

Sind die Tabellen-Spalten nicht in der Reihenfolge angeordnet, die für Ihre aktuelle Arbeit sinnvoll ist? Dann verschieben Sie die entsprechenden Spalten an die gewünschte Stelle. Markieren Sie dazu die Spalte mit Klick auf die Spaltenüberschrift. Klicken Sie nun erneut auf die Spaltenüberschrift und halten Sie die Maustaste gedrückt. Sie können nun die Spalte an die gewünschte Stelle verschieben. Eine rote Markierungslinie hilft Ihnen dabei, die Spalte dort zu platzieren, wo Sie sie haben möchten. Sämtliche Verschiebungen können mit „*Tabellenoptionen*" ⇨ „*Standard-Feldsortierung wiederherstellen*" rückgängig gemacht werden. Die Änderung ist nur temporär für das jeweilige Kartenprojekt, Sie verändern also nicht Ihre Originaldaten.

Es wird des Öfteren auch der Fall sein, dass Sie sich durch eine Tabelle mit sehr vielen Attributen (Spalten) bewegen und dabei aber eine oder mehrere bestimmte Spalte(n) im

Blick behalten möchten. Markieren Sie die gewünschte Spalte(n) und öffnen Sie durch Rechtsklick auf den Kopf der Spalte(n) das Kontextmenü der Attribute. Wählen Sie den Befehl „Spalte fixieren/Fixierung aufheben". Damit wird diese Spalte am Beginn der Tabelle fixiert. Scrollen Sie nun horizontal durch die Tabelle, werden die übrigen Spalten quasi unter die fixierte Spalte geschoben, während diese fest stehen bleibt und auch beim Bildlauf immer sichtbar bleibt. Fixieren Sie auf diese Weise z. B. die Spalte „NAME" und markieren Sie eine Stadt. Sie können nun horizontal durch die Attribute scrollen und behalten die Werte der markierten Stadt im Überblick.

Je nach Bedarf lässt sich auch die gesamte Tabelle basierend auf einem (oder mehreren) ausgewählten Feldern (Attributen) sortieren. Klicken Sie dazu mit der rechten Maustaste auf die Überschrift der zu sortierenden Spalte und wählen Sie im Kontextmenü je nach Bedarf den Befehl „Aufsteigend sortieren" oder „Absteigend sortieren". Eine schnelle Sortierung ermöglicht auch ein Doppelklick auf die Überschrift der zu sortierenden Spalte.

Darüber hinaus können Sie im Kontextmenü der Attribute mit dem Menüeintrag „Erweiterte Sortierung..." eine Sortierung auf Grundlage von bis zu vier Feldern durchzuführen lassen. Um eine Sortierung wieder aufzuheben, verändern Sie in der ersten Schaltfläche „Sortieren nach" den Eintrag „(keine)". Sortieren Sie beispielhaft die Tabelle gleichzeitig nach Länder- und Städtenamen.

Eine weitere Möglichkeit zur Anpassung des Erscheinungsbilds der Tabelle ist die Änderung der Spaltenbreite. Klicken Sie dazu doppelt auf die Begrenzungen zwischen zwei Tabellenüberschriften. Damit wird die Spaltenbreite (bezogen auf die Spaltenüberschrift) automatisch auf einen „optimalen" Wert gesetzt. Wie Sie jedoch schnell feststellen werden, ist diese „optimale" Spaltenbreite nicht immer brauchbar, insbesondere dann, wenn die Zellenwerte länger als die Spaltenüberschrift sind. Über die Schaltfläche „Tabellenoptionen" gelangen Sie zu einem weiteren Menü. Mit dem dortigen Eintrag „Standard-Spaltenbreiten wiederherstellen" können Sie die ursprüngliche Spaltenbreiten wiederherstellen. Eine weitere Möglichkeit, die Spaltenbreite zu ändern, ist die individuelle Festlegung der Spaltenbreite. Bewegen Sie dazu den Mauszeiger wieder auf die Begrenzung zwischen zwei Spaltenüberschriften, bis sich dieser zu einem Doppelpfeil formt. Wenn Sie nun die linke Maustaste drücken und gedrückt halten, können Sie die entsprechende Spalte auf die gewünschte Breite verschieben. Wenn Sie die Spaltenbreite zu klein wählen, wird die entsprechende Spalte ausgeblendet. Sie erkennen auf diese Weise „versteckte" Spalten an einer breiteren Spaltengrenzlinie. Mit einem Doppelklick auf diese verdickt dargestellte Begrenzung zwischen zwei Spaltenüberschriften können Sie die Spalten wieder auf die „optimale" Spaltenbreite ausdehnen.

In den Eigenschaften einer Spalte kann jederzeit ein Aliasname vergeben werden, der dann standardmäßig anstatt des eigentlichen Feldnamens eingeblendet wird. Die Eigenschaften erreichen Sie über das Kontextmenü der jeweiligen Spalte. Vergeben Sie als Beispiel für das Feld „PROV1NAME" den Alias „Provinz".

Felder, die nicht angezeigt werden sollen, können Sie im Kontextmenü des jeweiligen Spaltennamens mit „Feld deaktivieren" ausblenden. In den Tabellenoptionen besteht mit „Alle Felder aktivieren" die Möglichkeit, sämtliche Spalten der Tabelle wieder einzublenden. Eine weitere Möglichkeit, die Sichtbarkeit der Spalten im Überblick zu behalten, besteht in den Layer-Eigenschaften im Register „Felder" (siehe Kapitel 6.3.6). Dort können u. a. auch Aliasnamen vergeben werden. Deaktivieren Sie beispielhaft das Feld „ObjektID".

Seit ArcGIS 10 werden alle Tabellen, die Sie öffnen, in ein und demselben Fenster angezeigt. Öffnen Sie probehalber zusätzlich zu Ihrer bereits geöffneten Tabelle die Attributtabelle des Layers „BRD". Die neu geöffnete Tabelle wird nun statt der bisherigen angezeigt. Die zwei Register „Europa_Städte" und „BRD", die Sie am linken unteren Rand des Tabellenfensters sehen, erlauben Ihnen, zwischen den Tabellen hin und her zu wechseln. Versuchen Sie nun, beide Tabellen gleichzeitig einzublenden, indem Sie einfach das Register in die Tabellenfläche ziehen. Mithilfe des Andock-Managers können Sie Ihre Tabellen nach Wunsch anordnen. Alternativ können Sie die Anordnung auch in den Tabellenoptionen über die Möglichkeiten des Untermenüs „Tabellen anordnen" anpasssen. Schließen Sie anschließend die Tabelle des Layers „BRD" wieder.

14.7.2 Attributbezogene Auswahl von Features

Bei Ihrer Arbeit mit ArcMap werden Sie häufig bestimmte Features auswählen müssen, um mit diesen anschließend weitere Arbeitsschritte durchzuführen. Handelt es sich um einzelne bzw. einige wenige Objekte, lassen sich diese in vielen Fällen einfach mithilfe des Werkzeugs Features selektieren" (Werkzeugleiste „Werkzeuge") selektieren. Häufig aber werden Sie Features suchen und selektieren müssen, die ganz bestimmte Kriterien erfüllen. Die dabei zugrunde liegenden Fragestellungen bzw. Auswahlkriterien können sehr vielfältig und komplex sein wie z. B.:

- Welche Features weisen eine bestimmte Attributeigenschaft oder eine bestimmte Kombination von Attributeigenschaften auf?
- Welche Features liegen innerhalb bzw. außerhalb eines bestimmten Bereichs?
- Welche Features liegen in einer bestimmten Entfernung von einem Objekt?

Zur Auswahl der entsprechenden Features stellt ArcMap eine Reihe recht unterschiedlicher Abfragewerkzeuge bereit. Grundsätzlich ist das Ergebnis einer solchen Abfrage „lediglich" eine Auswahl (Selektion) entsprechender Objekte aus der Gesamtmenge der betrachteten Features, d. h. es werden an den Features selbst bzw. an deren Geometrie keinerlei Änderungen vorgenommen. Es stehen mehrere Auswahlmethoden zur Verfügung: Sie können eine neue Abfrage erstellen, Features über weitere Kriterien zu einer bestehenden Abfrage hinzufügen, aus ihr entfernen oder innerhalb einer bestehenden Selektion noch einmal bestimmte Features auswählen. Eine Abfrage kann also auch in mehreren Stufen durchgeführt werden, wobei eine Abfrage sich dann immer auf eine bereits vorher ausgewählte Menge von Features/Datensätzen bezieht.

Im Rahmen unserer Übung wollen wir uns zunächst der Abfrage von Attributeigenschaften widmen. In Kapitel 14.7.7 werden die nicht attributbezogenen Möglichkeiten der Auswahl aufgezeigt.

Eine attributbezogene Auswahl von Features kommt immer dann infrage, wenn die entsprechenden Auswahlkriterien (Bedingungen) mithilfe eines oder mehrerer Felder in der Attributtabelle des Layers abgefragt werden können. Diese Abfrage basiert also vollständig auf Attributeigenschaften (Sachdaten) der einzelnen Features. Die Auswahl der Features erfolgt dann durch die Suche mit einem entsprechenden SQL-Ausdruck. Die Erstellung eines solchen SQL-Ausdrucks ist mithilfe des Dialogfensters „Nach Attributen auswählen" sehr einfach, Sie benötigen also keine Vorkenntnisse.

In unserem Fall wollen wir aus der Gesamtheit der europäischen Städte alle deutschen Städte mit einer Einwohnerzahl > 100.000 auswählen und aus dieser Auswahl dann eine neue Feature-Klasse generieren. Die notwendigen Kriterien stehen als Felder („POP_CLASS" und „CNTRYNAME") in der Attributtabelle zur Verfügung und können damit zur Auswahl herangezogen werden.

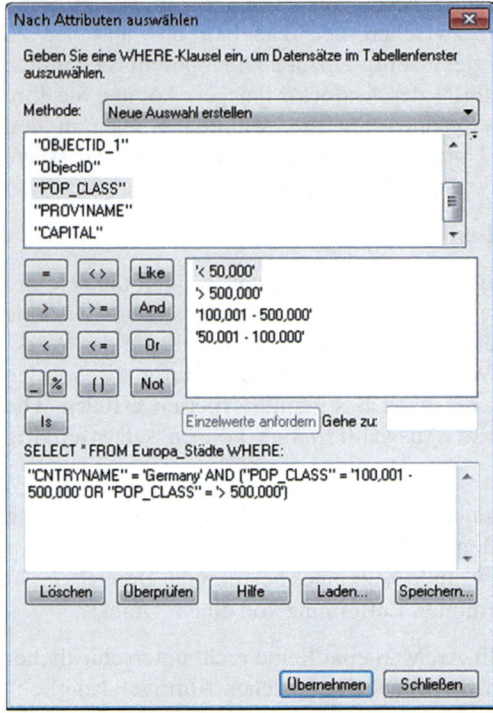

Abb. 429: Dialogfenster „Nach Attributen auswählen"

 Öffnen Sie in der Attributtabelle des Layers „Europa_Städte" über *„Tabellenoptionen"* ⇨ *„Nach Attributen auswählen..."* bzw. *Hauptmenüleiste* ⇨ *„Auswahl"* ⇨ *„Nach Attributen auswählen..."* den Abfrage-Assistenten (Dialogfenster „Nach Attributen auswählen") (siehe Abb. 429).

Falls Sie den Assistenten aus der Hauptmenüleiste heraus aufgerufen haben, müssen Sie den abzufragenden Layer angeben, in unserem Fall „Europa_Städte".

Unter „Methode" belassen wir den Eintrag „Neue Auswahl erstellen". Eine davon abweichende Methode wird nur verwendet, wenn die durchzuführende Auswahl auf einer bereits bestehenden Selektion basieren soll.

Beginnen wir nun mit der Erzeugung des Abfrage-Strings. Der Abfrage-Assistent unterstützt uns bei der Formulierung. Zunächst wollen wir alle deutschen Städte auswählen. Doppelklicken Sie auf „CNTRYNAME" und anschließend auf „=". Um uns alle im Feld „CNTRYNAME" vorkommenden Einträge anzeigen zu lassen, klicken wir auf „Einzelwerte anfordern" und doppelklicken auf den Eintrag ‚Germany'. Da unsere Abfrage gleichzeitig auch die Bedingung „> 100.000 Einwohner" erfüllen soll, müssen wir den String mit „AND" weiterformulieren. Das „AND" bedeutet, dass die damit verknüpften

14.7 Lösung zum Übungsblock 7

Abfragen beide zutreffen müssen, damit die Auswahl erfolgt. Für die zweite Bedingung muss der Eintrag in „POP_CLASS" entweder „100,001 – 500,000" oder „> 500,000" heißen. Der richtige Ausdruck dafür lautet: "POP_CLASS" = '100,001 – 500,000' OR "POP_CLASS" = '> 500,000'. Diese Abfrage muss separat von der Länder-Abfrage durchgeführt werden, weswegen wir sie in Klammern setzen müssen. Der Grund dafür, dass nicht einfach „> 500,000" angegeben werden kann ist, dass es sich bei den Einträgen in der Spalte „POP_CLASS" um Text handelt, nicht um Zahlen. D. h., es wird nach einem identischen Text gesucht – eine größer/kleiner-Abfrage ist mit Text in der Form nicht möglich.

Der fertige SQL-Abfrageausdruck sieht also folgendermaßen aus:

```
"CNTRYNAME" = 'Germany' AND ("POP_CLASS" = '100,001 -
500,000' OR "POP_CLASS" = '> 500,000')
```

 Tipp: Es ist empfehlenswert, sich einen bestehenden SQL-Ausdruck sicherheitshalber in die Zwischenablage zu kopieren, bevor Sie Änderungen daran vornehmen. Wertvolle Unterstützung für die Formulierung von SQL-Ausdrücken erhalten Sie innerhalb des Abfrage-Assistenten mit einem Klick auf die Schaltfläche „Hilfe". Dort können SQL-Abfragen auch gespeichert werden, damit zu einem späteren Zeitpunkt wieder darauf zurückgegriffen werden kann.

Klicken Sie auf „Übernehmen". Sie sollten das in Abbildung 430 gezeigte Ergebnis erhalten.

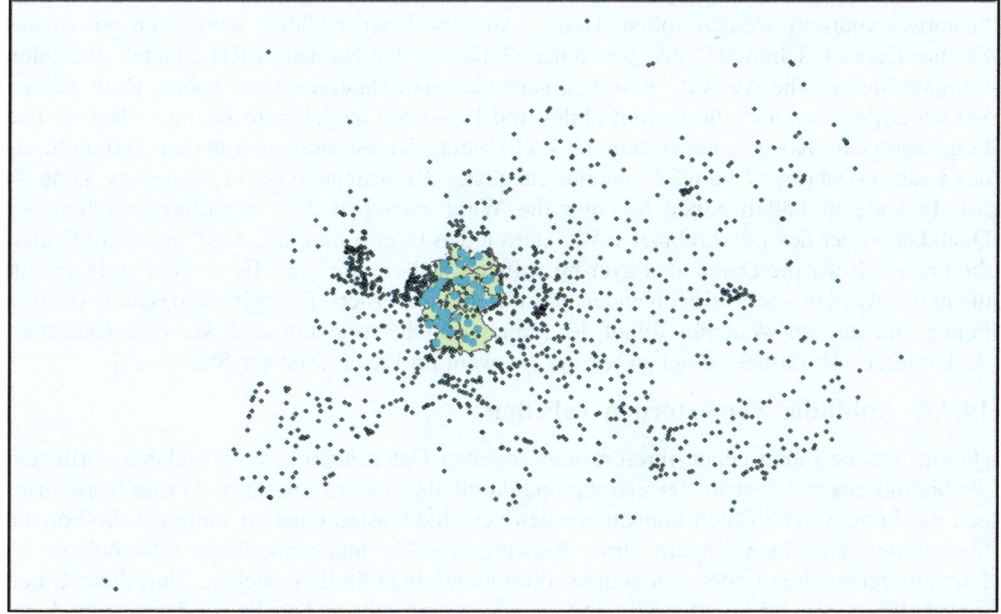

Abb. 430: Ergebnis nach erfolgter Selektion

14.7.3 Export von Datensätzen in Tabellen und Feature-Klassen

Möchten Sie die Attributtabelle bzw. einzelne, ausgewählte Datensätze daraus exportieren, um die enthaltenen Sachdaten anderweitig verwenden zu können? Auch dazu bietet ArcMap die entsprechende Funktionalität. Klicken Sie dazu auf die Schaltfläche „Tabellenoptionen" und wählen Sie den Befehl „Exportieren…". Da wir bereits Datensätze ausgewählt haben, ist im nächsten Dialogfenster („Daten exportieren") „Ausgewählte Datensätze" für den Export voreingestellt. Geben Sie noch den gewünschten Speicherpfad und Dateinamen an (z. B. „Übungsdaten\Block07\Export_Attribute.dbf") und bestätigen Sie den Export in das dBASE-Format (*.dbf) mit „OK". Die anschließende Frage, ob Sie die neue Tabelle Ihrem Projekt hinzufügen möchten, verneinen Sie. Öffnen Sie stattdessen die exportierte Datei – in einem Tabellenkalkulationsprogramm (z. B. Microsoft Excel oder OpenOffice Calc) – und Sie sehen, dass alle Felder und Datensätze exportiert wurden. Allerdings werden Sie hier u. U. auch feststellen, dass der Export von Werten, die Sonderzeichen oder Umlaute enthalten, Schwierigkeiten bereitet. Häufig bedürfen solche Export-Tabellen daher einer gewissen Nachbearbeitung, bevor Sie weiterverwendet werden können.

Als Nächstes wollen wir aus der bestehenden Auswahl in „Europa_Städte" eine neue Feature-Klasse generieren. Auf diese Weise kommen wir zu einer wesentlich „schlankeren" Datengrundlage für die weitere Arbeit. Öffnen wir zunächst das Kontextmenü des Layers „Europa_Städte" im Inhaltsverzeichnis und wählen *„Daten ⇨ Daten exportieren…"*. Im nun erscheinenden Dialogfenster ist bereits voreingestellt, dass nur die ausgewählten Features exportiert werden sollen. Unter „Ausgabe-Feature-Class" navigieren wir in das Feature-Dataset „Übung07" und geben der Zielklasse den Namen „BRD_Städte". Beachten sie, dass Sie hier die Auswahl zwischen verschiedenen Datenformaten haben. Bitte wählen Sie bei „Speichern als" die Option „File- und Personal-Geodatabase Feature-Classes" Die Frage nach dem Koordinatensystem der Ziel-Feature-Klasse stellt sich in dem Fall nicht, da das Feature-Dataset „Übung07" bereits ein festes Koordinatensystem (Germany Zone 4) hat. In anderen Fällen haben Sie hier die Wahl zwischen dem Koordinatensystem der Quelldaten oder des Datenrahmens. Wir starten den Export nun mit „OK" und beantworten die Frage, ob wir die Daten als Layer hinzufügen wollen, mit „Ja". Es werden übrigens nur die in der Attributtabelle eingeblendeten Felder mit exportiert. Es ergibt also durchaus Sinn, Felder, die für den weiteren Ablauf der Arbeiten nicht vonnöten sind, vor dem Export zu deaktivieren. Abschließend heben wir die Auswahl im Layer „Europa_Städte" auf.

14.7.4 Anbinden von externen Tabellen

Häufig werden Ihnen neben Ihren raumbezogenen Daten auch reine Sachdaten vorliegen, die Sie mit einem Layer in Verbindung und damit als Zusatzinformation in Ihre Karte bringen möchten. Solche Daten können aus den verschiedensten Quellen stammen. So können Sie zu den einzelnen Layern Ihres Einstiegsprojekts unterschiedlichste Sachdaten im Internet recherchieren oder von anderer (kommerzieller) Stelle beziehen. Sind diese Daten in Tabellen (z. B. XLS-, dBASE-, INFO- oder Geodatabase-Tabellen) oder entsprechend formatierten Textdateien gespeichert, und weisen ein gemeinsames Attribut auf, um eine Beziehung zwischen beiden Datenbeständen herstellen zu können, so können Sie in ArcMap mit den entsprechenden geographischen Daten verbunden und entsprechend auf Ihrer Karte angezeigt werden.

14.7 Lösung zum Übungsblock 7

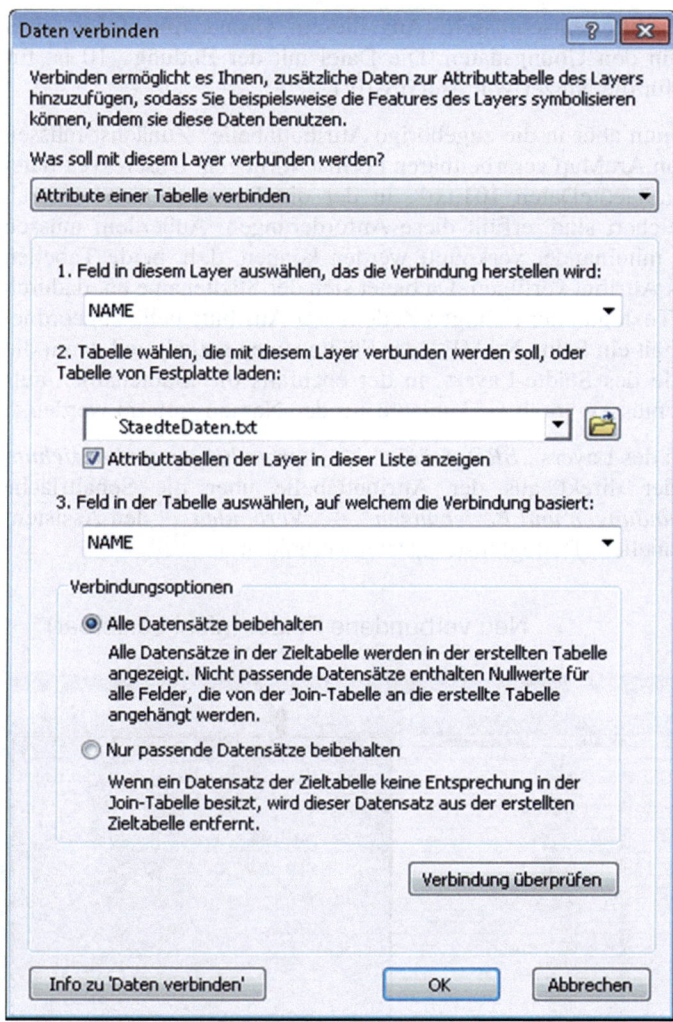

Abb. 431: Dialogfenster „Daten verbinden"

Sehen wir uns das am Beispiel unseres Projekts an: Der Layer „BRD_Städte" enthält zwar schon einige Informationen zu den einzelnen Städten, allerdings sollen noch einige weitere Angaben, wie z. B. die tatsächliche Einwohnerzahl, die Flächengröße oder die Einwohnerdichte in dem Projekt zur Verfügung gestellt werden. Derartige statistische Daten finden Sie in unterschiedlichen Formaten kostenlos im Internet, sodass eine individuelle Zusammenstellung in tabellarischer Form problemlos möglich ist. Entsprechende Daten finden Sie auch in der Textdatei „StaedteDaten_10.txt" bzw. „StaedteDaten_101.txt" in den Daten des Übungsblocks 7.

 Tipp: In ArcGIS 10 mussten Textdateien mit Umlauten mit einer ANSI-Codierung abgespeichert werden, damit die Verbindung fehlerfrei funktioniert. In ArcGIS 10.1 for Desktop muss eine UTF-8-Codierung verwendet werden, sonst

653

werden die Umlaute nicht richtig entschlüsselt. Aus diesem Grund finden Sie zwei unterschiedliche Textdateien in den Übungsdaten. Die Datei mit der Endung _10 ist für ArcGIS 10, die Endung _101 für die Nutzer von ArcGIS 10.1.

Wie bringen wir diese Daten nun aber in die zugehörige Attributtabelle? Zunächst müssen die Informationen in einem von ArcMap verarbeitbaren Format vorliegen. Unsere Textdatei „StaedteDaten_10.txt“ bzw. „StaedteDaten_101.txt“, in der die Daten einfach – durch Tabulatoren getrennt – gespeichert sind, erfüllt diese Anforderungen. Außerdem müssen Attributtabelle und Textdatei miteinander verknüpft werden können, d. h. beide Tabellen müssen über ein gemeinsames Attribut verfügen. Da bietet sich der Städtename an, dadurch kann die Information aus der Textdatei der richtigen Zeile in der Attributtabelle zugeordnet werden. Unsere Textdatei enthält ein Feld „NAME“, das Städtenamen enthält und damit die Verbindung zur Attributtabelle des Städte-Layers, in der ebenfalls die Städtenamen aufgeführt sind, ermöglicht. Ggf. müssen vorab die Umlaute aus den Namen entfernt werden.

Öffnen Sie über Kontextmenü des Layers *„BRD_Städte“* ⇨ *„Verbindungen und Beziehungen“* ⇨ *„Verbinden...“* oder direkt aus der Attributtabelle über die Schaltfläche *„Tabellenoptionen“* ⇨ *„Verbindungen und Beziehungen“* ⇨ *„Verbinden...“* den Assistenten zum Anbinden externer Tabellen (Dialogfenster „Daten verbinden“).

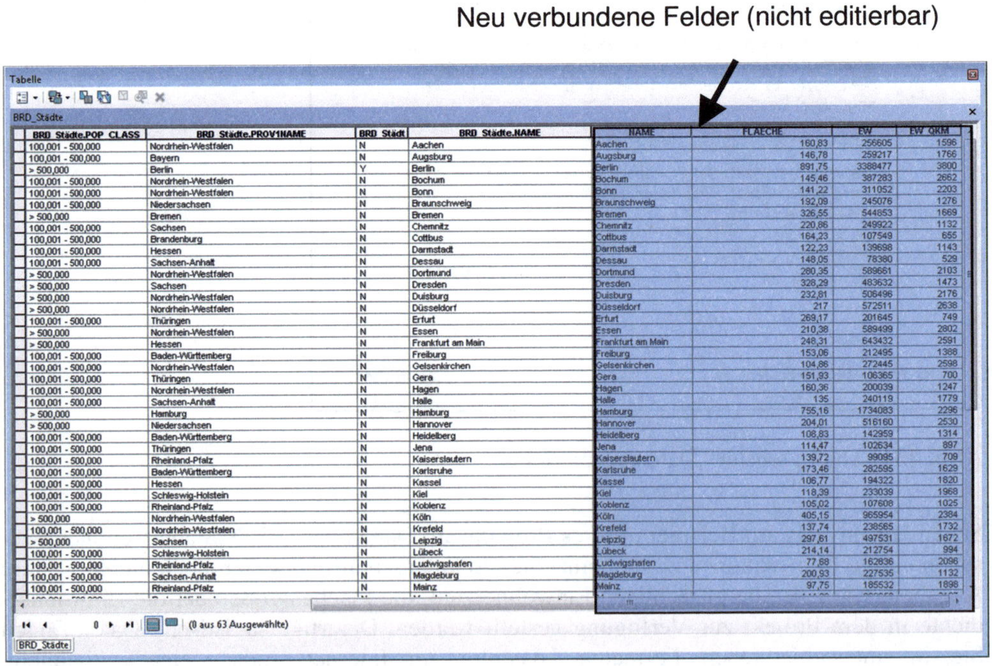

BRD_Städte.POP_CLASS	BRD_Städte.PROV1NAME	BRD_Städt	BRD_Städte.NAME	NAME	FLAECHE	EW	EW_QKM
100,001 - 500,000	Nordrhein-Westfalen	N	Aachen	Aachen	160,83	256605	1596
100,001 - 500,000	Bayern	N	Augsburg	Augsburg	146,78	259217	1766
> 500,000	Berlin	Y	Berlin	Berlin	891,75	3388477	3800
100,001 - 500,000	Nordrhein-Westfalen	N	Bochum	Bochum	145,46	387283	2662
100,001 - 500,000	Nordrhein-Westfalen	N	Bonn	Bonn	141,22	311052	2203
100,001 - 500,000	Niedersachsen	N	Braunschweig	Braunschweig	192,09	245076	1276
> 500,000	Bremen	N	Bremen	Bremen	326,55	544853	1669
100,001 - 500,000	Sachsen	N	Chemnitz	Chemnitz	220,86	249922	1132
100,001 - 500,000	Brandenburg	N	Cottbus	Cottbus	164,23	107549	655
100,001 - 500,000	Hessen	N	Darmstadt	Darmstadt	122,23	139698	1143
100,001 - 500,000	Sachsen-Anhalt	N	Dessau	Dessau	148,05	78380	529
> 500,000	Nordrhein-Westfalen	N	Dortmund	Dortmund	280,35	589661	2103
> 500,000	Sachsen	N	Dresden	Dresden	328,29	483632	1473
> 500,000	Nordrhein-Westfalen	N	Duisburg	Duisburg	232,81	506496	2176
> 500,000	Nordrhein-Westfalen	N	Düsseldorf	Düsseldorf	217	572511	2638
100,001 - 500,000	Thüringen	N	Erfurt	Erfurt	269,17	201645	749
> 500,000	Nordrhein-Westfalen	N	Essen	Essen	210,38	589499	2802
> 500,000	Hessen	N	Frankfurt am Main	Frankfurt am Main	248,31	643432	2591
100,001 - 500,000	Baden-Württemberg	N	Freiburg	Freiburg	153,06	212495	1388
100,001 - 500,000	Nordrhein-Westfalen	N	Gelsenkirchen	Gelsenkirchen	104,86	272445	2598
100,001 - 500,000	Thüringen	N	Gera	Gera	151,93	106365	700
100,001 - 500,000	Nordrhein-Westfalen	N	Hagen	Hagen	160,36	200039	1247
100,001 - 500,000	Sachsen-Anhalt	N	Halle	Halle	135	240119	1779
> 500,000	Hamburg	N	Hamburg	Hamburg	755,16	1734083	2296
> 500,000	Niedersachsen	N	Hannover	Hannover	204,01	516160	2530
100,001 - 500,000	Baden-Württemberg	N	Heidelberg	Heidelberg	108,83	142959	1314
100,001 - 500,000	Thüringen	N	Jena	Jena	114,47	102634	897
100,001 - 500,000	Rheinland-Pfalz	N	Kaiserslautern	Kaiserslautern	139,72	99095	709
100,001 - 500,000	Baden-Württemberg	N	Karlsruhe	Karlsruhe	173,46	282595	1629
100,001 - 500,000	Hessen	N	Kassel	Kassel	106,77	194322	1820
100,001 - 500,000	Schleswig-Holstein	N	Kiel	Kiel	118,39	233039	1968
100,001 - 500,000	Rheinland-Pfalz	N	Koblenz	Koblenz	105,02	107608	1025
> 500,000	Nordrhein-Westfalen	N	Köln	Köln	405,15	965954	2384
100,001 - 500,000	Nordrhein-Westfalen	N	Krefeld	Krefeld	137,74	238565	1732
> 500,000	Sachsen	N	Leipzig	Leipzig	297,61	497531	1672
100,001 - 500,000	Schleswig-Holstein	N	Lübeck	Lübeck	214,14	212754	994
100,001 - 500,000	Rheinland-Pfalz	N	Ludwigshafen	Ludwigshafen	77,68	162836	2096
100,001 - 500,000	Sachsen-Anhalt	N	Magdeburg	Magdeburg	200,93	227535	1132
100,001 - 500,000	Rheinland-Pfalz	N	Mainz	Mainz	97,75	185532	1898

Abb. 432: Attributtabelle, nachdem Sie eine Tabelle angehängt haben

Im ersten Auswahlfeld wählen Sie die Einstellung „Attribute einer Tabelle verbinden“ (siehe Abb. 431). Als Feld (in der Attributtabelle), „das die Verbindung herstellen wird“, wählen Sie „NAME“ aus. Unter „2. Tabelle wählen“ navigieren Sie nach einem Klick auf das Ordnersymbol zu der Datei „StaedteDaten_10.txt“ bzw. „StaedteDaten_101.txt“ in den Beispieldaten (Übungsblock 7) und wählen diese Datei aus. Als Feld, „auf welchem die Verbindung basiert“ (in der externen Tabelle oder Textdatei), wählen Sie ebenfalls „NAME“. Schließlich können Sie noch einstellen, ob Sie alle Datensätze der Zieltabelle berücksichtigen wollen (fehlende Werte werden mit Nullen gefüllt) oder nur „passende“ Features in die Ergebnistabelle aufnehmen wollen. Wir wählen hier die erste Variante. Schließen Sie den Vorgang mit „OK“ ab und öffnen Sie die Attributtabelle des Layers „BRD_Städte“. Falls Sie sich wundern, warum auch bei der Textdatei das Feld „NAME“ ausgewählt werden soll, schauen Sie sich die Datei am besten einfach an. Die erste Zeile definiert die Überschriften (u. a. auch die Spalte „NAME“, die bei der Verbindung als Schlüssel dienen soll), die restlichen Zeilen enthalten die Daten – auch jeweils per TAB getrennt.

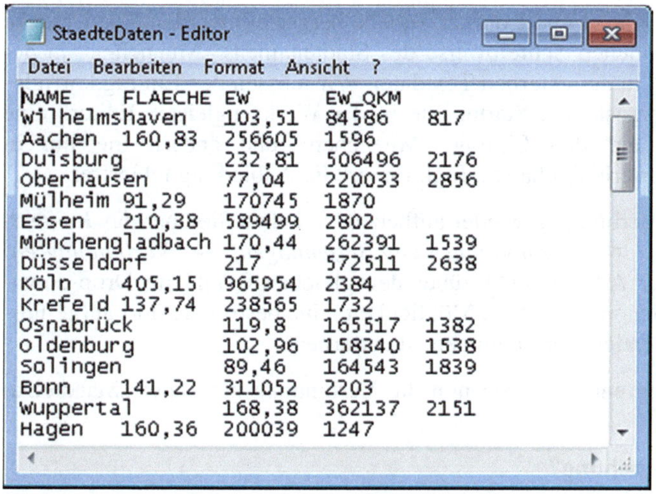

NAME	FLAECHE	EW	EW_QKM
Wilhelmshaven	103,51	84586	817
Aachen	160,83	256605	1596
Duisburg	232,81	506496	2176
Oberhausen	77,04	220033	2856
Mülheim	91,29	170745	1870
Essen	210,38	589499	2802
Mönchengladbach	170,44	262391	1539
Düsseldorf	217	572511	2638
Köln	405,15	965954	2384
Krefeld	137,74	238565	1732
Osnabrück	119,8	165517	1382
Oldenburg	102,96	158340	1538
Solingen	89,46	164543	1839
Bonn	141,22	311052	2203
Wuppertal	168,38	362137	2151
Hagen	160,36	200039	1247

Abb. 433: Textdatei, die mit der Feature-Klasse verbunden werden soll

Scrollen Sie innerhalb der Tabelle (Abb. 432) ganz nach rechts. Wie Sie sehen, wurden die „neuen“ Daten an die bestehende Attributtabelle angehängt und erweitern nun jeden einzelnen Datensatz um weitere Informationen. Sie können diese Daten in ArcMap einsetzen wie die ursprünglichen Daten dieser Attributtabelle, wobei einige Punkte zu beachten sind:

- Es können (während einer laufenden Editiersitzung) innerhalb der Attributtabelle an den angehängten Daten keine Änderungen vorgenommen werden. Wollen Sie einzelne Attributwerte ändern, so ist dies nur in der externen Originaltabelle (hier „StaedteDaten_10.txt“ bzw. „StaedteDaten_101.txt“) möglich. Nehmen Sie hier allerdings Änderungen vor, so werden diese dynamisch in die Attributtabelle übernommen. Eine gerade geöffnete Attributtabelle können Sie über *„Optionen“ ⇨ „Cache neu laden“* aktualisieren!
- Die Attributtabelle ist nur virtuell mit der externen Tabelle verbunden. Möchten Sie eine tatsächliche, physische Verbindung herstellen, d. h. die externen Daten in die Attributtabelle einbinden, so müssen Sie den entsprechenden Layer, nachdem

Sie eine Tabelle angebunden haben, in ein neues Dataset (Shapefile bzw. Feature-Klasse) exportieren.

Bis auf diese Ausnahmen verhalten sich die angebundenen Daten wie alle anderen Attribute des Layers und können für sachdatenbezogene Operationen (Abfragen, Berechnungen etc.) sowie zur Visualisierung (Beschriftung, Symbologie) verwendet werden.

Je nach ArcGIS-Version können Sie die „ursprünglichen" Felder am Präfix der Spaltennamen erkennen. Dort steht dann der Name der Feature-Klasse vor dem eigentlichen Spaltennamen („z. B. „BRD_Städte.NAME).

Lassen Sie die Daten nach Städtenamen sortieren und suchen Sie den Datensatz der Stadt München. Es fällt auf, dass hier keine Einträge aus der externen Tabelle vorhanden sind. Stattdessen steht in den entsprechenden Feldern „<Null>". Offensichtlich konnte keine Verbindung zwischen Feature-Klasse und externer Tabelle hergestellt werden. Die Ursache hierfür liegt in der unterschiedlichen Schreibweise des Städtenamens „Muenchen" in der Attributtabelle und „München" in der externen Textdatei. Wir müssen den Eintrag korrigieren, um die Verbindung sicherzustellen. Starten Sie in der Werkzeugleiste „Editor" eine Bearbeitungssitzung, klicken auf den Eintrag „Muenchen" und ändern Sie ihn in „München" um. Sobald Sie dies erledigt haben, funktioniert die Anbindung fehlerfrei.

Möchten Sie eine bestehende Verbindung wieder aufheben, so haben Sie über das *Kontextmenü des Layers „BRD_Städte"* ⇨ *„Verbindungen und Beziehungen"* ⇨ *„Verbindung(en) entfernen"* bzw. bei geöffneter Attributtabelle über den gleichen Befehl im Drop-down-Menü der Schaltfläche „Tabellenoptionen" die Möglichkeit, eine bestimmte dort aufgeführte Verbindung oder alle bestehenden Verbindungen zu entfernen.

Zur Fortsetzung unserer Übung entfernen Sie nun die Verbindung zur Datei „StaedteDaten.txt" wieder.

Exkurs: Verbindung oder Beziehung?

Wie Sie im Kontextmenü des Layers sicher schon bemerkt haben, gibt es noch eine weitere Möglichkeit, externe Daten mit einem Layer zu verknüpfen. Sie können zwischen externen Daten und Attributtabelle auch eine Beziehung herstellen – ebenfalls basierend auf einem gemeinsamen Feld. Die Attribute der externen Tabelle werden dabei allerdings – im Gegensatz zu einer Verbindung – nicht an die andere Tabelle angefügt, sondern greifen lediglich bei einer Selektion auf die in Beziehung gesetzten Daten zu. Dementsprechend stehen die Daten einer in Beziehung gesetzten Tabelle nicht für sachdatenbezogene Operationen (Abfragen, Berechnungen etc.) sowie zur Visualisierung (Beschriftung, Symbologie) zur Verfügung.

Welche Methode sollte verwendet werden?

Sie sollten zwei Tabellen *verbinden,* wenn die Daten der Tabellen eine Eins-zu-Eins- oder Viele-zu-Einem-Beziehung bilden (1:1, n:1).

Sie sollten zwei Tabellen *in Beziehung setzen*, wenn die Daten der Tabellen eine Eins-zu-Vielen- oder Viele-zu-Vielen-Beziehung bilden (1:n, n:m).

14.7.5 Hinzufügen und Löschen von Feldern

Abb. 434: Dialogfenster „Feld hinzufügen"

Bei der Arbeit mit ArcMap kann es, sofern Sie Ihre Daten(banken) selbst verwalten, immer wieder vorkommen, dass Sie einen bestehenden Layer um weitere Informationen (Attribute) erweitern wollen. Dies bedeutet, dass Sie der Attributtabelle eines Layers ein oder mehrere neue Felder hinzufügen müssen. Dazu müssen allerdings folgende Voraussetzungen erfüllt sein:

- Sie haben Schreibzugriff auf die Daten.
- Sie bearbeiten die entsprechenden Daten nicht gerade in einer Editiersitzung in ArcMap.
- Keine anderen Benutzer oder Anwendungen – weder ArcMap noch ArcCatalog – greifen auf die Daten zu.

Beispielhaft wollen wir in unserem Projekt den Datensätzen des Layers „BRD_Städte" die jeweiligen X- und Y-Koordinaten der einzelnen Städte als neue Felder hinzufügen. Dazu soll die Attributtabelle des Layers um zwei neue Spalten („X_Koordinate" und „Y_Koordinate") erweitert werden.

Öffnen Sie zunächst die Attributtabelle des Layers „BRD_Städte". Klicken Sie dann auf die Schaltfläche „Tabellenoptionen" und anschließend auf den Befehl „Feld hinzufügen...", um das Dialogfenster „Feld hinzufügen" zu öffnen (Abb. 434).

Exkurs: ArcGIS Datentypen

Beim Erstellen von Tabellen bzw. beim Hinzufügen von neuen Feldern zu einer Tabelle müssen Sie jedem Feld einen Datentyp zuweisen. Der Datentyp legt fest, welche Art von Daten in dem jeweiligen Feld gespeichert werden können. Dementsprechend stehen verschiedene Datentypen zur Verfügung (eine kurze Zusammenstellung finden Sie im Anhang dieses Buchs). Dies sind u. a.:

- **Numerische Datentypen** („short integer", „long integer", „float" und „double"): Diese Datentypen nehmen Zahlen auf, wobei sie sich hinsichtlich Länge und Art der Speicherung des numerischen Werts unterscheiden. Die „integer"-Typen können nur ganze Zahlen speichern, während „float" und „double" Fließkommazahlen aufnehmen. Die Angabe der „Genauigkeit" (Präzision) des Werts entspricht dabei der Gesamtzahl der benötigten Stellen (einschließlich Dezimaltrennzeichen). Bei Gleitkommazahlen wird im Eingabefeld „Maßstab" die Anzahl der Dezimalstellen, also der Nachkommastellen, festgelegt.

- **Text** (Abfolge alphanumerischer Zeichen): Sind alle Zeichenfolgen, Sätze oder Worte. Text kann neben Buchstaben auch Zahlen enthalten, diese werden in diesem Fall dann aber auch als Text behandelt (es ist bspw. keine größer/kleiner-Operation damit möglich). Auch Postleitzahlen werden in Deutschland oft als Text gespeichert, da ansonsten die vorangestellte „0" bei einigen Postleitzahlen wegfallen würde.

- **Datum:** Der Datentyp „Datum" kann Datumsangaben, Zeitangaben oder beides gleichzeitig speichern. Das Standardformat für die Darstellung ist mm/tt/jj bzw. hh:mm:ss. Geben Sie Datumsangaben in die Tabelle ein, so werden sie in dieses Format konvertiert.

- **BLOBs** (Binary Large Objects): Unter einem BLOB versteht man Daten, die in der Geodatabase als eine lange Abfolge von Binärzahlen gespeichert werden. Damit können komplexe Objekte wie Bilder, Multimedia-Dateien oder sogar Programmcodes in ein BLOB-Feld gespeichert werden.

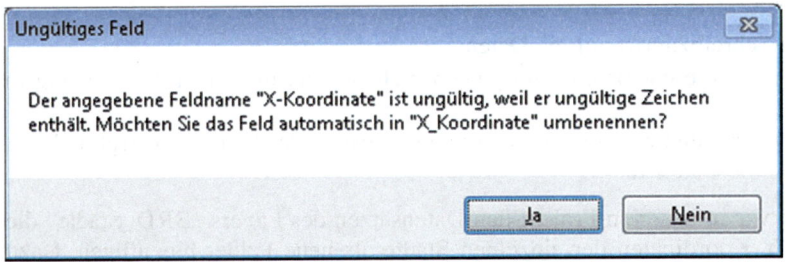

Abb. 435: Fehlermeldung bei ungültigen Zeichen

Geben Sie nun als Namen für das erste Feld „X-Koordinate" ein. Als Datentyp wählen Sie aus der Liste den Eintrag „Double" und schließen Sie mit „OK" ab. Sie erhalten dann eine Fehlermeldung, die in Abbildung 435 gezeigt wird.

Der Grund für diese Meldung ist, dass es bestimmte Einschränkungen bei der Vergabe von Feldnamen gibt, die zwingend einzuhalten sind. So dürfen beispielsweise keine Sonderzeichen ($, %, &, /, (,), =, ?, \, -) und keine Leerzeichen im Feldnamen vorkommen. Zudem sollten Sie unbedingt auf die Verwendung von Umlauten verzichten. Auch Ziffern zu Beginn des Feldnamens sind nicht zulässig.

Nehmen Sie den Änderungsvorschlag von ArcMap durch Klick auf den Button „Ja" an. Das gewünschte Feld wird am Ende der Attributtabelle angelegt.

Legen Sie auf die gleiche Weise ein zweites neues Feld „Y_Koordinate" mit Datentyp „Double" an.

 Tipp: Neben dem hier beschriebenen Weg gibt es noch eine zweite Möglichkeit, neue Attribute (Felder) zu einem Layer hinzuzufügen. Öffnen Sie dazu ArcCatalog oder den Katalog und klicken Sie doppelt auf die entsprechende Shapefile-Datei bzw. Feature-Klasse. Wechseln Sie im sich öffnenden Eigenschaften-Dialogfenster in die Registerkarte „Felder". Hier geben Sie in der Spalte „Feldname" in einer neuen, leeren Zeile den gewünschten Namen des hinzuzufügenden Felds an und legen in der Spalte „Datentyp" den gewünschten Typ fest. Detaillierte Einstellungen zum Datentyp nehmen Sie dann im Bereich „Feldeigenschaften" vor. Näheres zum Anlegen von Shapefiles, Feature-Klassen bzw. neuen Feldern innerhalb von ArcCatalog bzw. vom Katalog lesen Sie in den Kapiteln 5.2.2 und 14.1.4.

Sollten Sie einzelne Felder nicht mehr benötigen, etwa wenn Sie eine Attributtabelle „entrümpeln" wollen, haben Sie natürlich auch die Möglichkeit, diese Felder aus der Tabelle zu löschen. Klicken Sie dazu mit der rechten Maustaste auf die Spaltenüberschrift des entsprechenden Felds und wählen Sie im Kontextmenü den Befehl „Feld löschen". Beachten Sie dabei allerdings, dass das Löschen von Spalten nicht rückgängig gemacht werden kann.

14.7.6 (Neu-)Berechnung von Attributen

Nachdem wir in der vorausgegangen Übung bereits einen Feldeintrag händisch korrigiert haben („Muenchen" zu „München"), soll nun gezeigt werden, wie die Feldeinträge einer größeren Auswahl von Features mittels einer sog. „Feldberechnung" gleichzeitig geändert werden können.

Öffnen Sie, wenn nicht bereits geschehen, die Attributtabelle des Layers „BRD_Städte". Wir wollen für die Gesamtheit aller Features, die im Feld „TYPE" den Eintrag „Large City" haben, die Einträge mit „Großstadt" ersetzen. Wählen Sie dazu anhand des Werkzeugs „Nach Attributen auswählen" zunächst alle Features mit dem Eintrag „Large City" im Feld „TYPE" aus. Der entsprechende SQL-Ausdruck heißt:

```
"TYPE" = 'Large City'
```

Um das Attribut neu zu berechnen, klicken Sie im Kontextmenü des Spaltennamens auf „Feldberechnung…". ArcMap gibt nun ggf. eine Warnmeldung aus, die Sie darauf hinweist, dass Sie eine Feldberechnung außerhalb einer laufenden Editiersitzung durchführen wollen und diese daher nicht rückgängig gemacht werden kann. Damit werden bereits die beiden Möglichkeiten angedeutet, eine Feldberechnung durchzuführen. Diese kann innerhalb oder außerhalb einer Bearbeitungssitzung ausgeführt werden. Der einzige Unterschied zwischen den beiden Möglichkeiten ist, dass das Berechnungsergebnis nicht rückgängig gemacht werden kann, wenn die Berechnung außerhalb einer Editiersitzung durchgeführt wurde. Bestätigen Sie diesen Warnhinweis mit „Ja", um das Dialogfenster „Feldberechnung" zu öffnen. Hier haben Sie nun die Möglichkeit, VisualBasic- oder Python-Anweisungen zur Durchführung unterschiedlichster (z. B. mathematischer) Berechnungen zu formulieren. Für unsere recht einfache Berechnung genügt es, im Eingabefeld unterhalb „TYPE=" den neuen Eintrag „Großstadt" einzugeben (Anführungszeichen nicht vergessen!) und mit „OK" zu bestätigen. Ändern Sie nach dem gleichen Muster alle Einträge „Medium City" des Attributs „TYPE" in „Stadt" und heben Sie abschließend die

Auswahl auf. Sobald ein Feature ausgewählt ist, wird die Feldberechnung immer nur für die getroffene Selektion durchgeführt, die anderen Zeilen bleiben unverändert.

Über die Feldberechnung hinaus gibt uns ArcMap auch die Möglichkeit, basierend auf den ausgewählten Features wichtige geometrische Werte berechnen zu lassen. Welche Werte berechnet werden können, hängt vom Geometrie-Typ der Feature-Klasse ab. Bei Polygon-Feature-Klassen können beispielsweise Fläche, Umfang der Polygone sowie die X- oder Y-Koordinate des Schwerpunkts ermittelt werden, bei Linien-Feature-Klassen die Linienlänge sowie die X- und Y-Koordinaten der Linienenden und des Linien-Schwerpunkts.

In unserem Beispiel wollen wir die von uns bereits angelegten beiden Felder für die X- und Y-Koordinaten im Layer „BRD_Städte" mit den entsprechenden Werten füllen. Stellen Sie sicher, dass keine Datensätze ausgewählt sind. Solange aktuell keine Auswahl besteht, beziehen sich alle Feldberechnungen auf die Gesamtheit aller Datensätze in der Feature-Klasse. Öffnen Sie nun zunächst das Kontextmenü des Felds „X_Koordinate" und wählen Sie den Eintrag „Geometrie berechnen…". Ignorieren Sie ggf. den Warnhinweis mit „Ja" und wählen Sie im Dialogfenster „Geometrie berechnen" unter „Eigenschaft:" den gewünschten Eintrag „X-Koordinate von Punkt". Für ein Koordinatensystem brauchen wir uns nicht zu entscheiden, da Datenquelle und -ziel ein und dasselbe System haben. Unter „Einheiten:" sollte dem Koordinatensystem entsprechend „Meter [m]" gewählt werden. Starten Sie die Feldberechnung mit „OK" und wiederholen Sie die ganze Prozedur für das Feld „Y_Koordinate".

Exkurs: Fortgeschrittene Feldberechnung

In diesem Exkurs sollen unabhängig von dem aktuellen Übungskapitel noch einige weitere VB Script-Befehle erläutert werden. Sie können diesen Teil bedenkenlos überspringen, ohne dass Ihre Daten dann auf einem veralteten Stand sind. Ähnliche Funktionen sind auch für Python verfügbar. Für eine Auswahl an verfügbaren Methoden schauen Sie einfach im Bereich „Funktionen" einmal die Liste durch. Je nach gewähltem Typ („Zahl", „Zeichenfolge" oder „Datum") und Parser („VB Script" oder „Python") ändert sich die Auflistung der Funktionen.

Legen Sie zu Beginn ein neues Feld namens „Feldberechnung" an (*Schaltfläche „Tabellenoptionen" der Attributtabelle* ➪ *„Feld hinzufügen"* – dieser Menüpunkt ist nur außerhalb einer Editiersitzung aktiv), in dem Sie die nun folgenden Ausdrücke testen. Eine häufig verwendete Funktion ist „lcase", welche einen bestimmten Teil eines Texts in Kleinbuchstaben ausgibt. Der Text „ArcGIS 10" würde bei der Anwendung dieses Befehls als „arcgis 10" ausgegeben werden. Als einzige Eingabe erwartet die Funktion einen String (Text), der dann in Kleinbuchstaben wieder ausgegeben werden soll. Bei einer Feldberechnung können Sie den String auch als Feldnamen angeben, damit die Funktion auf jede Zeile (also jedes Feature) angewendet wird. Sollen also alle Städtenamen in einer neuen Spalte kleingeschrieben werden, dann würde die Feldberechnung dazu folgendermaßen aussehen:

```
lcase([Name])
```

Es ist auch möglich, sich einen String ab einer bestimmten Position in der gewünschten Länge ausgeben zu lassen. Dafür stehen Ihnen die Funktionen „left", „right" und „mid" zur Verfügung. Der Befehl „left" benötigt dafür nur den Eingabestring und Anzahl der Stellen, die – von links – ausgegeben werden sollen. Soll nur der erste Buchstabe der Städtenamen in das neue Feld geschrieben werden, dann müssten Sie dazu diesen Befehl in die Feldberechnung eintragen:

```
left([Name],1)
```

Würden Sie anstelle der „1" eine „3" hinter das Komma schreiben, dann würden die ersten drei Buchstaben des Städtenamens als Ergebnis geliefert werden. Im Vergleich dazu würde

```
right([Name],4)
```

die letzten vier Buchstaben zurückgeben. Der Befehl „mid" benötigt neben dem Eingabe-String noch zwei weitere Parameter; die Position, ab der Zeichen zurückgegeben werden sollen, und deren Länge. Eine Funktion, die die Städtenamen ab der zweiten Stelle mit einer Länge von 50 ausgibt, würde demnach folgendermaßen aussehen:

```
mid([Name],2,50)
```

Es lassen sich auch mehrere VB Script-Ausdrücke in einer Feldberechnung kombinieren. So würde folgender Ausdruck

```
left([Name],1) & lcase(mid([Name],2,50))
```

den ersten Buchstaben des Felds „Name" wie gewöhnlich ausgeben. Zusätzlich dazu würde das Feld Name ab der zweiten Stelle und einer maximalen Länge von 50 in Kleinbuchstaben angehängt. Das bedeutet, dass ein Eintrag „Neustadt an der Weinstraße" jetzt als „Neustadt an der weinstraße" ausgegeben wird. Eine weitere Funktion, die in diesem Zusammenhang sinnvoll sein kann, ist die Funktion „len", die die Länge eines Strings als Integer (also Ganzzahl) ausgibt. So würde folgender Ausdruck jeweils die Anzahl der Buchstaben in dem jeweiligen Städtenamen als Ergebnis ausgeben:

```
len([Name])
```

Demnach würde für Augsburg der Wert „8" in das Feld geschrieben werden. Auch dieser Befehl kann mit den anderen Funktionen kombiniert werden. Um beispielsweise den letzten Buchstaben nicht mit ausgeben zu lassen, würden Sie die Befehle „left" und „len" kombinieren:

```
left([NAME],len([NAME])-1)
```

Als Eingabe für die Funktion „left" ist wieder das Feld und die Anzahl der Stellen von links gefordert (s. o.). Dieses Mal wird die Anzahl der Stellen nicht statisch als Zahl angegeben – wie das in dem Beispiel weiter oben gemacht wurde –, sondern der Wert wird dynamisch für jede Zeile ermittelt. In diesem Fall wird von der Länge des Städtenamens die Zahl 1 abgezogen. Für Augsburg würde als Ergebnis demnach die 7 ermittelt werden. Es werden also die ersten 7 Buchstaben ausgegeben; das Ergebnis lautet also „Augsbur".

Um bestimmte Werte in einer Spalte zu suchen und durch neue zu ersetzen, können Sie den Befehl "replace" verwenden. Die Funktion benötigt drei Parameter – die Zeichenfolge, in der etwas ersetzt werden soll (also beispielsweise der Feldname), der Ausdruck, nach dem gesucht werden soll, und der Ausdruck, der stattdessen verwendet werden soll. Dadurch können Sie die Umlaute ä, ö und ü durch die Buchstaben ae, oe und ue ersetzen oder das Wort „Sankt" durch die Kurzform „St." austauschen. Der Befehl

```
replace([Feldberechnung],"ü","ue")
```

würde im zuvor angelegten Feld „Feldberechnung" nach dem Buchstaben ü suchen und diesen durch ue ersetzen.

14.7.7 Nicht attributsbezogene Auswahlmethoden

Bei Fragestellungen wie „Welche Features liegen innerhalb bzw. außerhalb eines bestimmten Bereichs?" und „Welche Features liegen in einer bestimmten Entfernung von einem Objekt?" bemühen wir nicht die attributbasierende, sondern die lagebezogene Auswahl.

Unsere Aufgabe lautet, aus der Gesamtheit der deutschen Städte (Layer BRD_Städte) alle in Nordrhein-Westfalen liegenden Punkte auszuwählen.

Wir wählen dazu zunächst das Bundesland „Nordrhein-Westfalen" aus (z. B. mit dem Tool „Features selektieren" in der Werkzeugleiste „Werkzeuge") und öffnen anschließend unter *Hauptmenüleiste* ⇨ *„Auswahl"* ⇨ *„Lagebezogen auswählen..."* den Assistenten zur lagebezogenen Auswahl (siehe Abb. 436).

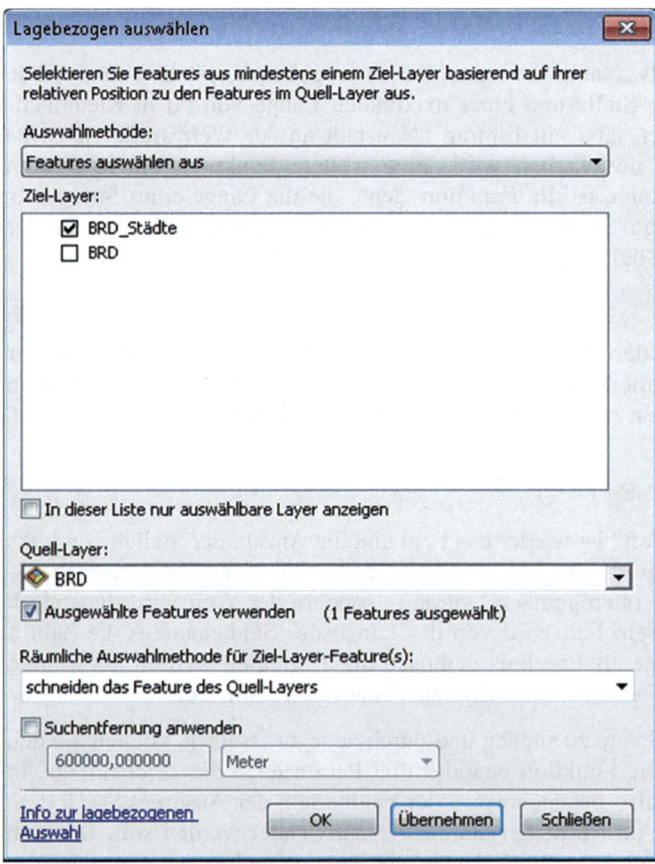

Abb. 436: Dialogfenster „Lagebezogen auswählen"

Dort markieren wir als Ziel-Layer den Layer „BRD_Städte" und als Quell-Layer den Layer „BRD". Da wir das Polygon „Nordrhein-Westfalen" bereits ausgewählt haben, ist die Option „Ausgewählte Features verwenden" bereits angehakt. Sollte dort noch kein Häkchen sein, dann setzen Sie es jetzt. Die von uns benötigte Auswahlmethode heißt "schneiden das Feature des Quell-Layers". Wir bestätigen mit „Übernehmen" oder „OK" und sollten ein Ergebnis wie in Abbildung 437 erhalten.

Abb. 437: Das Ergebnis am Ende dieses Übungsblocks

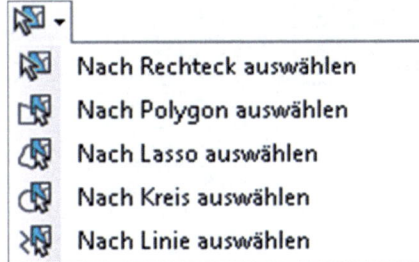

Zu den Möglichkeiten der Feature-Auswahl gehören neben der bereits beschriebenen lagebezogenen und attributsbezogenen Auswahl auch diverse „interaktive" Auswahlwerkzeuge, die Sie in der Werkzeugleiste „Werkzeuge" im Drop-down-Menü des Tools „Features selektieren" finden. Die Auswahl wird hierbei direkt mit dem Mauszeiger gesteuert. Für unsere Übung genügt es, mit den am häufigsten angewandten Tools „Nach Rechteck auswählen" und „Nach Polygon auswählen" einige Städte zu selektieren. Vergessen Sie nicht, dass Sie im Inhaltverzeichnis steuern können, welche Layer des Datenrahmens mit den interaktiven Auswahltools auswählbar sind.

14.8 Lösung zum Übungsblock 8: Das Layout

Im achten Übungsblock erarbeiten Sie sich nun Grundkenntnisse zum Layout und Export Ihrer fertigen Karte. Sie lernen die Werkzeuge innerhalb der Layout-Ansicht kennen und benutzen. Das Layout der unterschiedlichen Kartenelemente ist eine zentrale Komponente beim Entwurf einer statischen (Papier-)Karte, da alle relevanten Informationen, die dem Benutzer vermittelt werden sollen, auf einem einzigen Blatt untergebracht werden müssen.

Der Aufbau dieser Schritt-für-Schritt-Lösung unterscheidet sich leicht von den bisherigen. Am Anfang einiger Teilkapitel finden Sie Abbildungen der Vorgaben, die das Endergebnis der jeweiligen Teilübungen zeigen, bevor die Lösungsschritte im Einzelnen beschrieben werden. Dadurch gelangen Sie schließlich zum Endergebnis wie in Abbildung 438.

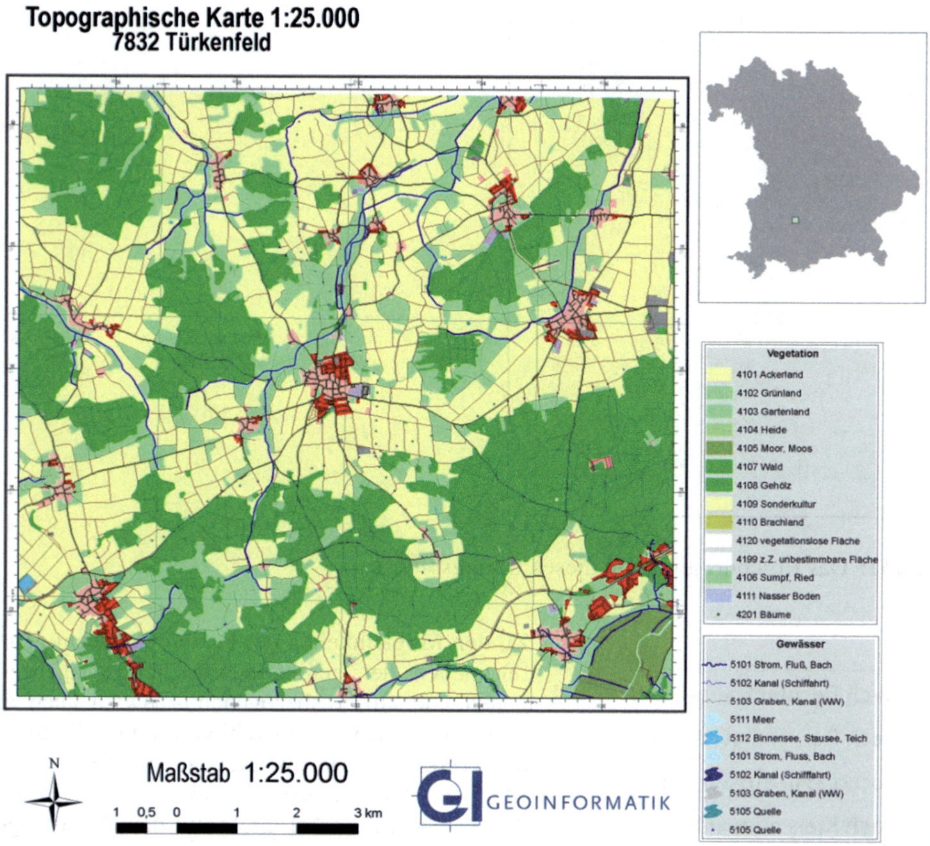

Abb. 438: Lösungsvorgabe für den Übungsblock 7 – das Layout

14.8.1 Laden der Übungsdaten und Wechsel in die Layout-Ansicht

Öffnen Sie ArcMap und laden Sie „TK_7832_Tuerkenfeld.mxd".

Wechseln Sie in die Layout-Ansicht. Sie können entweder über die Hauptmenüleiste *Ansicht* ⇨ *„Layout-Ansicht"* dorthin gelangen oder über den entsprechenden Button am unteren Rand Ihres ArcMap-Fensters.

Wir empfehlen Ihnen, bei Layout-Arbeiten zusätzlich die Layout-, Grafiken-, und die Zeichnen-Werkzeugleiste einzublenden (siehe Kapitel 6.1.4.9, Kapitel 6.1.4.12 und Kapitel 6.1.4.11).

14.8.2 Seiten- und Druckeinrichtung

Eine grundlegende Frage beim Entwurf eines Kartenlayouts ist die gewünschte Größe der auszugebenden Karte. Zwar können Sie mit ArcMap die Seiten- oder Kartengröße bei Bedarf jederzeit noch ändern. Allerdings sollten Sie bereits von Anfang an eine möglichst genaue Vorstellung vom Endergebnis haben, da sich die Drucker- und Seiteneinrichtung auch auf die Größe von Features, Symbolen, Beschriftungen und anderen Kartenelementen auswirkt. Da wir als Layout-Übung eine Nachbildung einer Topographischen Karte 1:25.000 (TK 25) erstellen wollen, wählen wir die dafür nötigen Einstellungen als Ausgabeformat:

- Seitenbreite: 63 cm
- Seitenhöhe: 59 cm
- Abstand des Datenrahmens „TK 7832 Türkenfeld" vom unteren Blattrand: 12,5 cm
- Abstand des Datenrahmens „TK 7832 Türkenfeld" vom linken Blattrand: 2,1 cm
- Breite des Datenrahmens „TK 7832 Türkenfeld": 43 cm
- Höhe des Datenrahmens „TK 7832 Türkenfeld": 40 cm

Wir wollen an dieser Stelle also zunächst die notwendigen Einstellungen hinsichtlich Seiten- und Druckereinrichtung vornehmen. Das entsprechende Dialogfenster erreichen Sie über *Hauptmenüleiste* ⇨ *„Datei"* ⇨ *„Seiten- und Druckeinrichtung…"*.

Das Dialogfenster „Seiten- und Druckereinrichtung" (Abb. 439) gliedert sich grundsätzlich in die zwei Bereiche „Druckereinstellung" und „Größe der Kartenseiten", mit deren Hilfe die notwendigen Einstellungen hinsichtlich Drucker und Papier sowie Größe der auszugebenden Karte vorgenommen werden können.

Im Bereich „Druckereinstellung" können Sie, wie Sie es aus anderen Windows-Anwendungen gewohnt sind, den gewünschten Drucker auswählen. Über die Schaltfläche „Eigenschaften…" gelangen Sie in ein weiteres Dialogfenster zur Festlegung der Druckereigenschaften, z. B. hinsichtlich der Druckqualität. Die hier verfügbaren Einstellmöglichkeiten hängen jeweils vom gewählten Druckertyp und dem installierten Druckertreiber ab. Je nachdem, welchen Drucker Sie hier auswählen, werden in Ihrem Layout-Dokument auch die Druckerränder entsprechend geändert. Weitere Einstellungen hinsichtlich Druckereigenschaften können Sie nach eigenen Bedürfnissen vornehmen.

Im Bereich „Größe der Kartenseite" nehmen Sie schließlich Einstellungen hinsichtlich der Kartengröße (nicht Papiergröße!) vor. Mit der Option „Papiereinstellungen des Druckers verwenden" können Sie die Kartengröße auf die Papiergröße des oben ausgewählten Druckers einstellen. In diesem Fall entspricht die Layout-Ansicht in ArcMap der virtuellen Druckvorschau, d. h. die Karte wird in der Layout-Ansicht im Verhältnis zur Papiergröße dargestellt. Wollen Sie eine Karte erstellen, deren Größe unabhängig ist von der im Bereich „Druckereinstellung" festgelegten Papiergröße, so ist diese Option zu deaktivieren. Sie können dann ein anderes Standardformat oder ein benutzerdefiniertes Format als Kartengröße festlegen. Damit wird in der Layout-Ansicht nicht mehr die eingestellte Papiergröße,

14 Lösungen

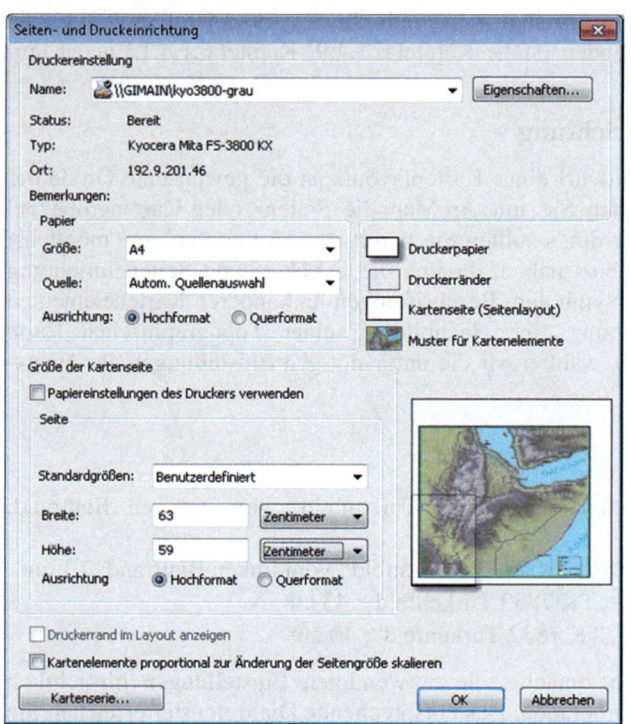

Abb. 439: Seiten- und Druckereinrichtung

sondern die davon abweichende Größe der Kartenseite als Arbeitsbereich angezeigt. Für unser Projekt deaktivieren Sie die Option und geben als Höhe und Breite die oben angegebenen Werte ein.

Ändern Sie während Ihrer Arbeit doch einmal das Papierformat, so können Sie festlegen, ob alle Elemente entsprechend der Änderung der Seitengröße skaliert werden sollen. Aktivieren bzw. deaktivieren Sie dazu die Option „Kartenelemente proportional zur Änderung der Seitengröße skalieren". Ist diese Option aktiviert und Sie vergrößern z. B. das Papierformat von A4 auf A3, so wird auch Ihre Karte mit allen enthaltenen Elementen dementsprechend vergrößert und auf die neue Seite angepasst. Beachten Sie, dass es dabei zu Änderungen des Kartenmaßstabs kommt, sofern Sie keinen festen Maßstab festgelegt haben.

Alle vorgenommenen Änderungen an Drucker- oder Seiteneinstellungen bzw. die daraus resultierenden Auswirkungen auf das Kartenlayout werden im rechten Bereich des Dialogfensters in einer Vorschau dargestellt. Deaktivieren Sie z. B. die Option „Druckerrand im Layout anzeigen" und Sie sehen in der beispielhaften Kartenvorschau, dass die Druckerränder nicht mehr angezeigt werden.

Sie haben damit die Drucker- und Seiteneinstellungen für eine Ausgabe unserer TK 25 festgelegt. Damit können Sie nun mit der Gestaltung des eigentlichen Kartenlayouts beginnen.

14.8 Lösung zum Übungsblock 8

Da wir eine Darstellung mit vorgegebenem Maßstab erstellen wollen, bietet es sich an, den Bezugsmaßstab gleich von Anfang an festzulegen. Dazu öffnen Sie im Kontextmenü (rechter Mausklick) *Datenrahmen* ⇨ *„Eigenschaften…"* das Register *„Datenrahmen"* und stellen einen festen Maßstab von 1:25.000 ein (siehe Abb. 440).

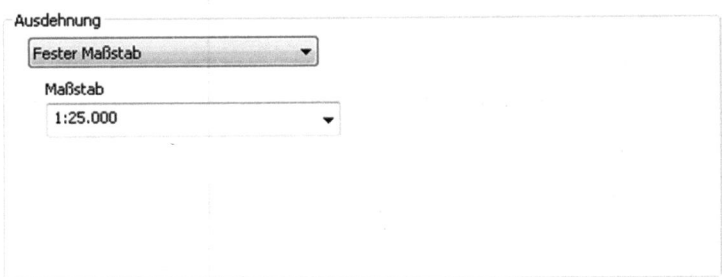

Abb. 440: Einstellen des festen Maßstabs für die TK25

Um den Kartenausschnitt im Layout zu selektieren, klicken Sie nun mit dem Werkzeug „Elemente auswählen" der Werkzeugleiste „Werkzeuge" in die Karte, um den Datenrahmen „TK 7832 Türkenfeld" zu aktivieren. Dafür muss die Layout-Ansicht eingestellt sein.

Tipp: Ein aktivierter Datenrahmen – ebenso wie eine ausgewählte Grafik – ist in der Layout-Ansicht an den farbigen Ziehpunkten zu erkennen, die um den Datenrahmen angezeigt werden. Wenn mehr als ein Datenrahmen bzw. eine Grafik ausgewählt ist, weist eines der Elemente blaue Ziehpunkte auf, während für die anderen Elemente grüne Ziehpunkte angezeigt werden. Beim Element mit den blauen Ziehpunkten handelt es sich um das sog. „dominante" Element.

Sie können den Datenrahmen nun an einem der (oberen oder unteren) Ziehpunkte anfassen und bei gedrückter Maustaste etwas verkleinern bzw. ihn verschieben, sodass auf der Seite oben und unten noch etwas Platz für weitere Kartenelemente bleibt. In unserem Beispiel sind die Abstände von den Seitenrändern ebenso wie die Größe der Hauptkarte vorgegeben. Öffnen Sie also im Kontextmenü des Datenrahmens (Rechtsklick auf den markierten Datenrahmen oder wie gewohnt im Inhaltsverzeichnis durch Doppelklick) die *„Eigenschaften"*, um in den Dialog „Größe und Position" zu gelangen (Abb. 441).

Wählen Sie als Bezugspunkt die linke untere Ecke aus und geben dann bei Position X den Wert „2,1" ein. Für den Abstand vom unteren Seitenrand geben dann bei Position Y den Wert „12,5" ein. Sie haben nun die Position des Datenrahmens bestimmt, um nun noch die Größe festzulegen, bestimmen Sie unter „Größe" die Höhe (40 cm) und die Breite (43 cm).

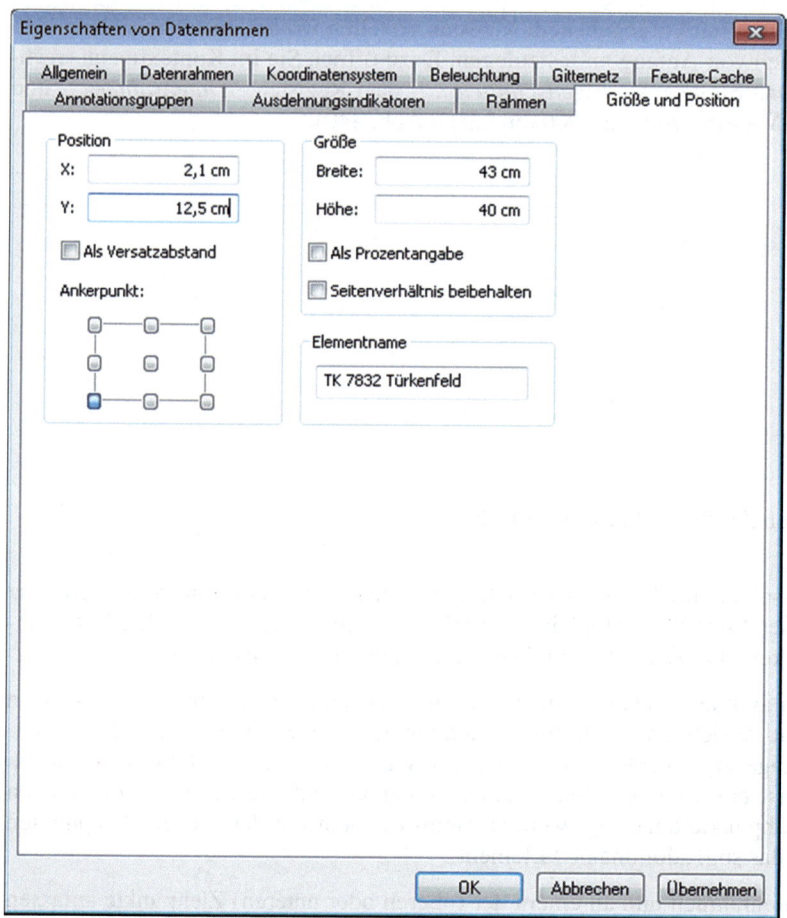

Abb. 441: Größe und Position des Datenrahmens

14.8.3 Fügen Sie Titel, Untertitel, Quelle, Nordpfeil und Maßstabsleiste ein

Zunächst wollen wir unserer Karte einen eindeutigen und aussagekräftigen Titel geben. Wählen Sie dazu über *Hauptmenüleiste* ⇨ *„Einfügen"* den Eintrag „Titel". ArcMap fügt damit automatisch den Namen der MXD in Ihr Layout ein. Klicken Sie nun doppelt auf das Textfeld, um in ein Dialogfenster zur Bearbeitung des Texts zu gelangen (Abb. 443).

14.8 Lösung zum Übungsblock 8

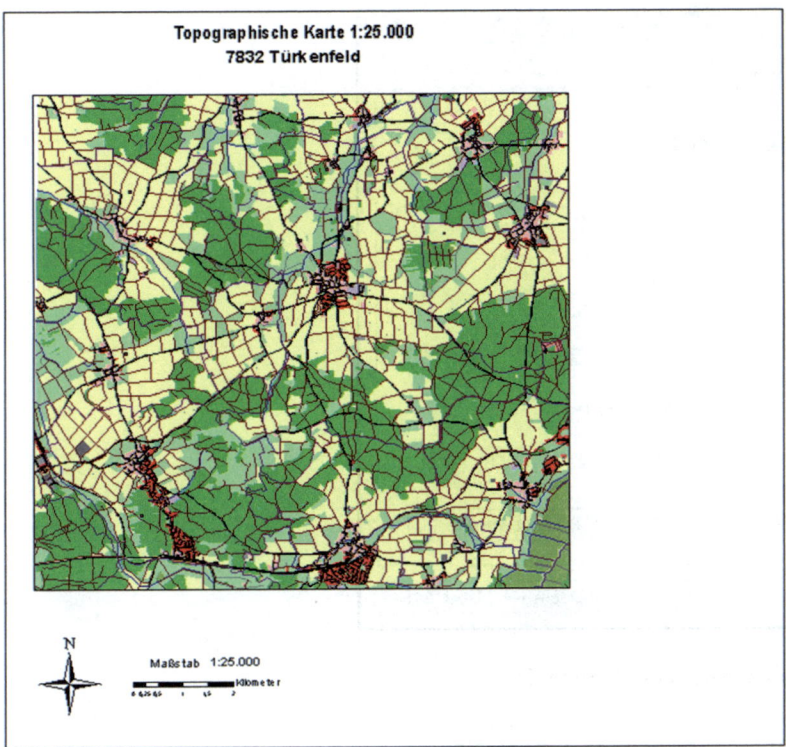

Abb. 442: Lösungsvorgabe für den Übungsblock 7.3

Sie können diesen Code jederzeit anpassen oder einfach statischen Text in das Textfeld einfügen. Für unsere TK25 geben Sie hier im Register als Titel „Topographische Karte 1:25.000 7832 Türkenfeld" ein (siehe Layoutvorgabe, Abb. 442). Mithilfe der Schaltfläche „Symbol ändern..." gelangen Sie in das Dialogfenster „Symbolauswahl", in dem Sie z. B. Schriftart oder -größe ändern können. Stellen Sie hier Schriftart „Arial", Größe „40" und als Style „fett" ein.

In der Registerkarte „Größe und Position" können Sie die Position und Größe des Textfelds mittels Eingabe von Zahlenwerten exakt festlegen. Lassen Sie die eingestellten Werte erst einmal unverändert und bestätigen Sie mit „OK", um zur Layout-Ansicht zurückzukehren. Hier können Sie das Textfeld nun bei gedrückter Maustaste an eine beliebige Position verschieben. Um den Titel horizontal mittig zu platzieren, können Sie die Werkzeugleiste „Grafiken" zu Hilfe nehmen. Vergewissern Sie sich, dass Sie das Titel-Textfeld ausgewählt haben und den Datenrahmen ausgewählt haben. Anschließend steht Ihnen dort die Befehlsgruppe „Ausrichten", die unter anderem das Werkzeug „Horizontal zentriert ausrichten" enthält, zur Verfügung, mit der Sie die Überschrift mittig platzieren können. Dadurch werden die beiden markierten Elemente aneinander ausgerichtet. Achten Sie auf die richtige Reihenfolge bei der Selektion, dass sich nicht der Datenrahmen, sondern der Titel verschiebt.

14 Lösungen

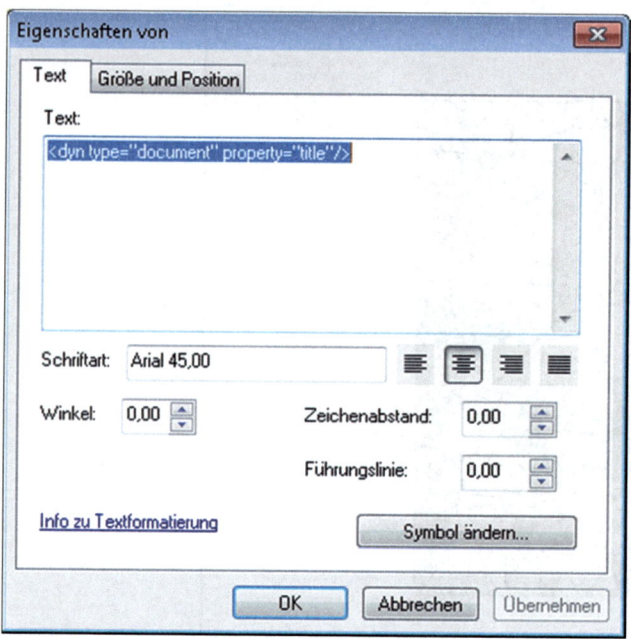

Abb. 443: Texteigenschaften des Titelfelds

A Da wir das Titelfeld nun mit statischem Text befüllt haben, hätten Sie ebenso ein einfaches Textfeld (ebenfalls über die *Hauptmenüleiste* ⇨ „*Einfügen*") einfügen können. In weiteren Textfeldern können Sie z. B. Angaben zum Verfasser bzw. Kartographen und zu den verwendeten Daten unterbringen. Eine weiterführende Übung zu dynamischen Textelementen finden Sie in Kapitel 14.8.10 – „Kartenserie".

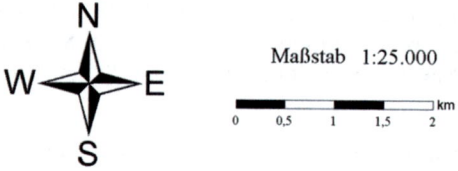

Abb. 444: Beispiele für Nordpfeil und Maßstab

Über *Hauptmenüleiste* ⇨ „*Einfügen*" ⇨ „*Nordpfeil...*" gelangen Sie in das Dialogfenster „Nordpfeil Auswahl", wo zahlreiche verschiedene Nordpfeile zur Auswahl stehen. Wählen Sie hier mit einem Mausklick einen Nordpfeil (z. B. „Esri North 12") aus. Über die Schaltfläche „Eigenschaften…" gelangen Sie in ein weiteres Dialogfenster („Nordpfeil"), wo Sie zahlreiche Einstellungen hinsichtlich Größe, Farbe, Winkel usw. vornehmen können. Wir übernehmen hier alle Einstellungen unverändert und bestätigen zweimal mit „OK". In der Layout-Ansicht können Sie den neu eingefügten Nordpfeil nun mit gedrückter Maustaste an eine beliebige Stelle verschieben. Platzieren Sie ihn im linken unteren Bereich der Seite. Sollte Ihnen der Nordpfeil zu klein oder zu groß erscheinen, so können Sie seine Größe durch Ziehen der Ziehpunkte verändern.

Im nächsten Schritt soll unsere Karte mit einem Maßstab versehen werden. Der Maßstab soll einerseits in Form einer Leiste und andererseits in Textform in der Karte erscheinen. Über *Hauptmenüleiste* ⇨ „*Einfügen*" ⇨ „*Maßstabsleiste...*" gelangen Sie zunächst in das Dialogfenster „Maßstabsleiste Auswahl". Hier können Sie aus mehreren vordefinierten Maßstabsleisten auswählen. Wir entscheiden uns für die Leiste „Alternierende Maßstabsleiste 2". Wählen Sie diese Leiste mit einem Mausklick aus und betätigen Sie dann die Schaltfläche „Eigenschaften...". In dem neuen Dialogfenster „Maßstabsleiste" stehen Ihnen schließlich drei Registerkarten mit zahlreichen Möglichkeiten zur Gestaltung der Maßstabsleiste zur Verfügung (Abb. 348).

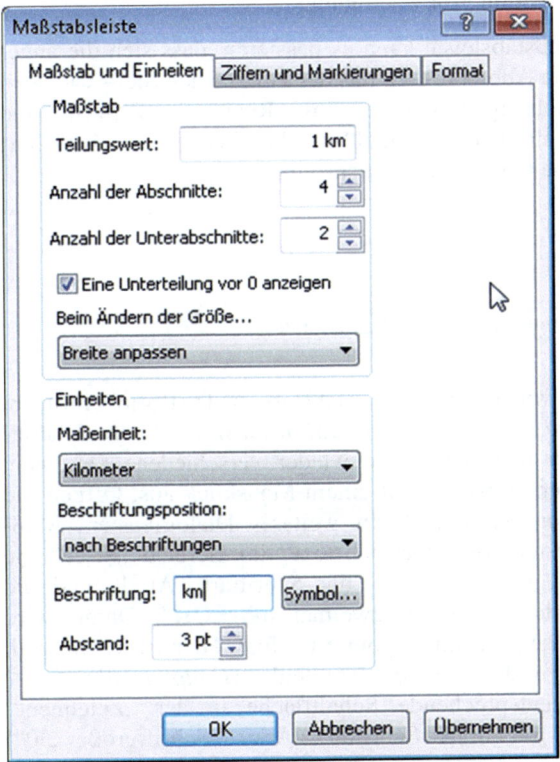

Abb. 445: Anpassen der Maßstabsleiste

Erhöhen Sie im Register „Maßstab und Einheiten" im Bereich „Maßstab" zunächst die „Anzahl der Abschnitte" auf „4" und reduzieren Sie die „Anzahl der Unterabschnitte" auf „2". In der Auswahlliste „Beim Ändern der Größe" wählen Sie den Eintrag „Breite anpassen". Im Bereich „Einheiten" stellen Sie dann die „Maßeinheit" auf „Kilometer" um und ändern im Bereich „Maßstab" den „Teilungswert" auf „1 km". Anschließend können Sie die Beschriftung noch auf „km" statt wie bisher „Kilometer" ändern (siehe Abb. 445).

In der Registerkarte „Ziffern und Markierungen" können Sie Einfluss auf Häufigkeit und Position von Ziffern und Markierungen der zu erstellenden Maßstabsleiste nehmen. In der dritten Registerkarte „Format" legen Sie schließlich die gewünschte Schriftart sowie Größe und Farbe des Texts bzw. des Maßstabsbalkens fest. Um bei einer einheitlichen Schriftart zu bleiben, wählen Sie auch hier „Arial" aus. Alle vorgenommenen Änderungen bestätigen wir zweimal mit „OK" und wechseln damit zurück in die Layout-Ansicht. Hier verschieben wir die erzeugte Maßstabsleiste in den linken unteren Seitenbereich. Zoomen Sie sich nun mit dem Werkzeug „Vergrößern" der Werkzeugleiste „Layout" in den Layoutentwurf, um die neue Maßstabsleiste zu betrachten. Wollen Sie weitere Anpassungen vornehmen, klicken Sie zunächst auf den Button „Elemente auswählen" und anschließend mit der linken Maustaste doppelt auf die Maßstabsleiste (oder mit einem Rechtsklick auf die Maßstabsleiste). Neben den drei beschriebenen Registerkarten stehen Ihnen hier zusätzlich noch die Register „Rahmen" sowie „Größe und Position" zur Verfügung.

Tipp: Je nach Größe Ihrer Maßstabsleiste kann es passieren, dass sich die angezeigten Werte überlagern (siehe Abb. 446). Ist das der Fall, öffnen Sie – wie eben beschrieben – die Maßstabseigenschaften. Im Register „Ziffern und Markierungen" haben Sie über die Schaltfläche „Symbol" die Möglichkeit, die Schriftart und -größe so zu verändern, dass es keine Überlagerung mehr gibt.

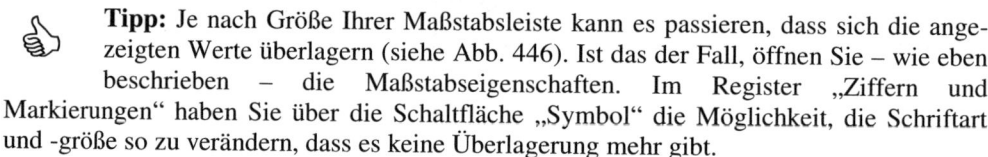

Abb. 446: Überlagerung der Bezeichnungen in der Maßstabsleiste

Zusätzlich zur Maßstabsleiste wollen wir noch einen Maßstab in Textform einfügen. Öffnen Sie dazu über *Hauptmenüleiste* ⇨ *„Einfügen"* ⇨ *„Maßstabstext..."* das Dialogfenster „Maßstabstext Auswahl". Auch hier haben Sie wieder verschiedene Optionen. Wählen Sie die erste Vorlage „Absoluter Maßstab" mit einem Mausklick aus. Öffnen Sie erneut mithilfe der Schaltfläche „Eigenschaften..." ein weiteres Dialogfenster „Maßstabstext". Aktivieren Sie in der Registerkarte „Maßstabstext" im Bereich „Style" die Option „Absolut". Wählen Sie im Register „Format" die Schriftart „Arial" und die Schriftgröße „30". Übernehmen Sie die Änderung zweimal mit „OK". Damit wird automatisch der aktuell eingestellte Maßstab in Ihr Layout eingefügt. Hier ist es sinnvoll, dem gerade erstellten Maßstabstext mithilfe eines Textfelds (*Hauptmenüleiste* ⇨ *„Einfügen"* ⇨ *„Text"* oder über die entsprechende Schaltfläche in der „Zeichnen"-Werkzeugleiste) den Begriff „Maßstab" (ebenfalls Schriftart „Arial", Schriftgröße „30") voranzustellen. Platzieren Sie diese beiden Felder nun oberhalb der Maßstabsleiste. Zur genaueren Ausrichtung können Sie wieder auf die Tools der Werkzeugleiste „Grafiken" zurückgreifen. Gruppieren Sie dazu das Textfeld „Maßstab" und die Maßstabszahl (beides markieren, Rechtsklick ⇨ *„Gruppieren"* oder über das entsprechende Symbol in der Grafik-Werkzeugleiste), um eine Ausrichtung an der Maßstabsleiste zu vereinfachen.

Maßstabsleiste und -text ändern sich übrigens automatisch, wenn Sie Änderungen am aktuellen Maßstab Ihres Projekts vornehmen!

14.8.4 Gitternetz und Kartenrahmen

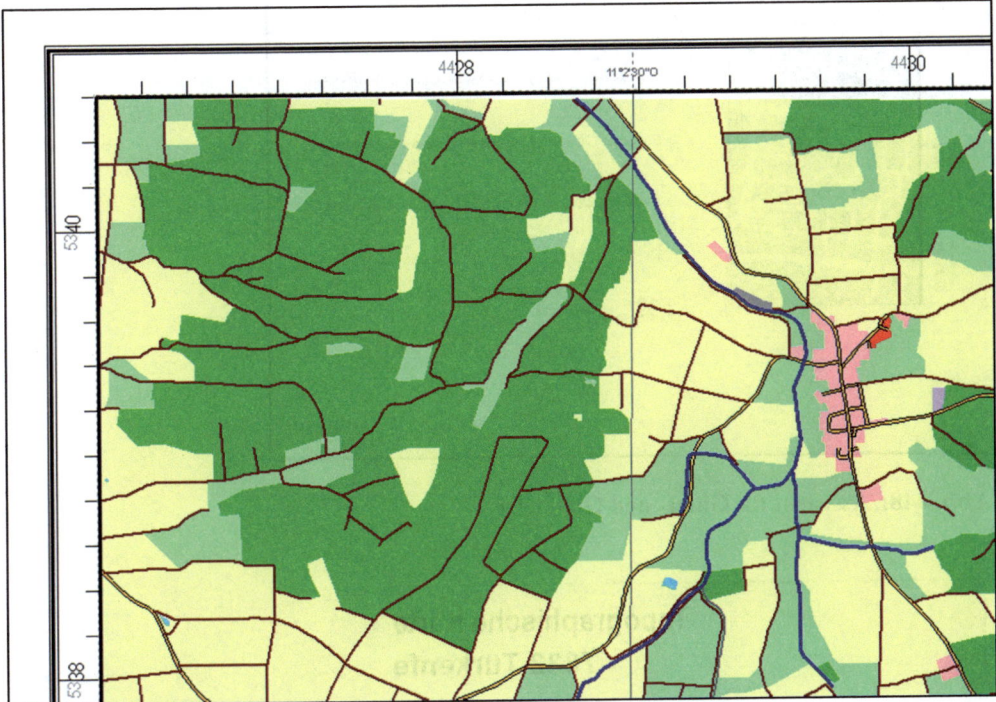

Abb. 447: Musterlösung für die Erstellung von Gitter- und Gradnetz

In den Datenrahmen-Eigenschaften (im Inhaltsverzeichnis durch Doppelklick auf den Datenrahmen oder Rechtsklick *Datenrahmen* ⇨ *„Eigenschaften"* ⇨ *Register „Gitternetz"*) können Sie alle Einstellungen zur Anzeige des Gitternetzes vornehmen. Um Ihr Kartenprojekt entsprechend der Lösungsvorgabe (Abb. 447) anzupassen, befolgen Sie am besten folgende Schritte:

Zuerst öffnen Sie über den Button „Neues Gitternetz..." den „Assistenten ‚Gitter- und Gradnetze' ", welcher Sie durch den Erstellungsprozess führen wird (siehe Abb. 448). Im ersten Dialogfenster wählen Sie die Option „bemaßtes Gitternetz" aus. Geben Sie im Textfeld bei „Name des Gitternetzes" eine Bezeichnung ein. Gerade wenn Sie für zukünftige Projekte mehrere Gitternetze verwenden, sollten diese Bezeichnungen für Sie eindeutig und treffend sein. Für unser Beispiel genügt der Name „Gitternetz". Bestätigen Sie mit „Weiter >".

Sie können nun wählen, ob bzw. wie das Gitternetz in Ihrem Kartenlayout dargestellt werden soll. Für unser Beispiel wählen Sie bei Aussehen „Nur Beschriftungen" und jeweils 2.000 Meter als Intervall für X- und Y-Achse. Bestätigen Sie die folgenden Schritte mit „Weiter" und beenden Sie den Assistenten schließlich mit „Fertig stellen", und das Gitternetz wird in Ihrer Layout-Ansicht angezeigt.

14 Lösungen

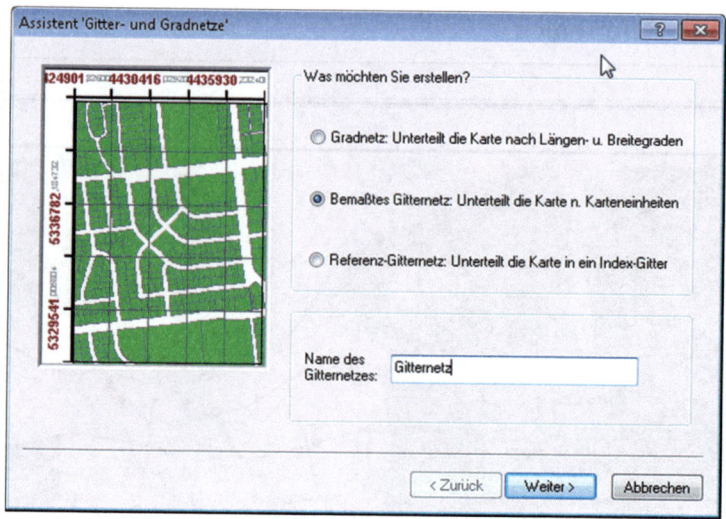

Abb. 448: Assistent für Gitter- und Gradnetze

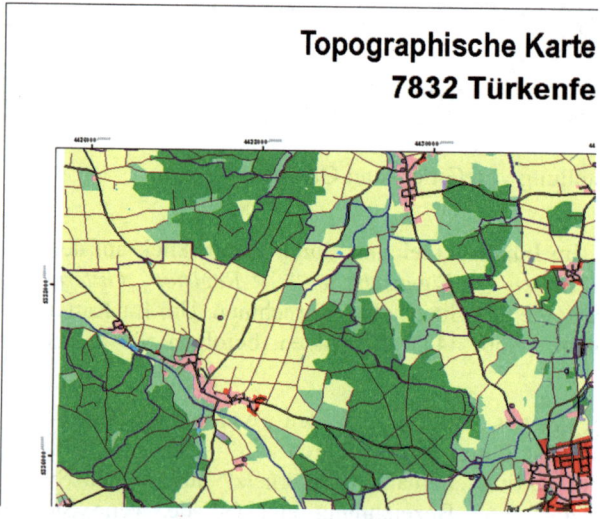

Abb. 449: Gitternetz ohne Anpassungen (1)

Da das Gitternetz optisch noch nicht sehr ansprechend ist (siehe Abb. 449), sollen die weiteren Eigenschaften des Gitternetzes im Folgenden angepasst werden, dazu gehören unter anderem Schriftgröße, Rahmen, Ziffernanzeige und Unterteilungs-Ticks. Sie gelangen über das Kontextmenü *Datenrahmen* ⇨ *„Eigenschaften..."* ⇨ *Register „Gitternetz"* ⇨ *Schaltfläche „Eigenschaften"* in den Dialog zur Änderung der Einstellungen. Sie können nach jedem Schritt in den „Eigenschaften: Bezugssystem" auf „OK" und in den Daten-

14.8 Lösung zum Übungsblock 8

rahmen-Eigenschaften auf „Übernehmen" klicken, um sich die Ergebnisse der einzelnen Schritte anzeigen zu lassen.

Wählen Sie zuerst das Koordinatensystem im Register „System". Sie haben die Möglichkeit, das für den Datenrahmen festgelegte Koordinatensystem zu übernehmen oder ein anderes System zu definieren. Setzen Sie die Markierung auf „Ein anderes Koordinatensystem verwenden" und klicken Sie auf „Eigenschaften…". Für die TK/das aktuelle Projekt/… wird das Deutsche HauptDreiecksNetz (DHDN) verwendet. Geben Sie einfach oben Deutschland als Suchbegriff ein und wählen Sie unter *„Nationale Raster"* ⇨ *„Deutschland"* „DHDN 3 Degree Gauss Zone 4" und bestätigen Sie Ihre Auswahl mit „OK".

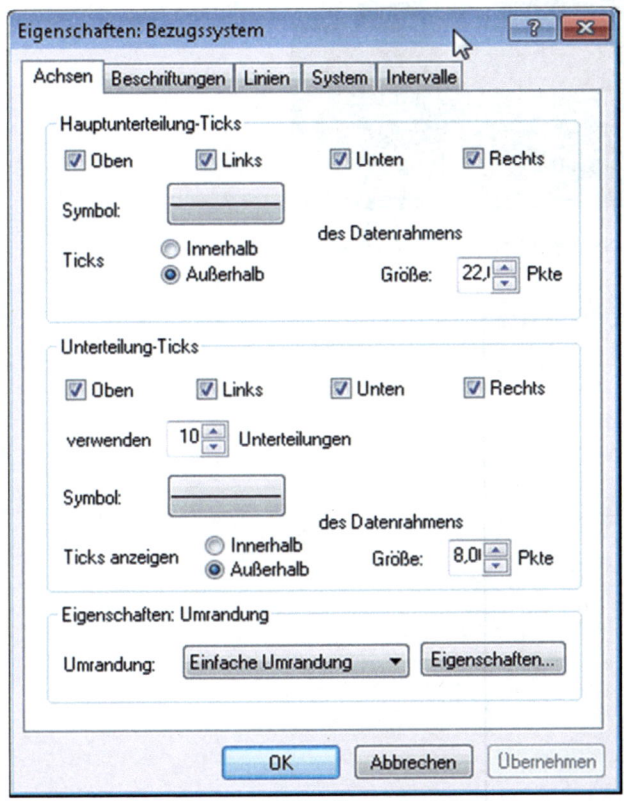

Abb. 450: Anpassen der Achsendarstellung und Darstellung der Unterteilungs-Ticks

Im Register „Achsen" können Sie die Länge und die Darstellung der Unterteilungs-Ticks ändern (siehe Abb. 450). Stellen Sie für die Größe der „Hauptunterteilungs-Ticks" „22" Punkte ein. Das Symbol für die Hauptunterteilungs-Ticks können Sie ändern, indem Sie auf die Schaltfläche neben dem Text „Symbol" klicken. Dort vergeben Sie eine Linienbreite von „0,2". Die Einstellungen für die „Unterteilungs-Ticks" finden Sie im unteren Bereich des Fensters. Geben Sie hier an, dass Sie „10" Unterteilungen verwenden wollen.

14 Lösungen

Die Ticks sollen „8" Punkte groß sein und die Linienbreite (Symbolbreite) soll ebenfalls „0,2" betragen. Setzen Sie die Farbe auf schwarz. Im untersten Fensterbereich „Eigenschaften: Umrandung" setzen Sie die Umrandung auf „Einfache Umrandung" und ändern die Eigenschaften, indem Sie auf die Schaltfläche „Eigenschaften..." klicken und die Linienbreite auf „1" setzen.

Nach den Anpassungen im Register „Achsen" sollte Ihr Gradnetz aussehen wie in Abbildung 451.

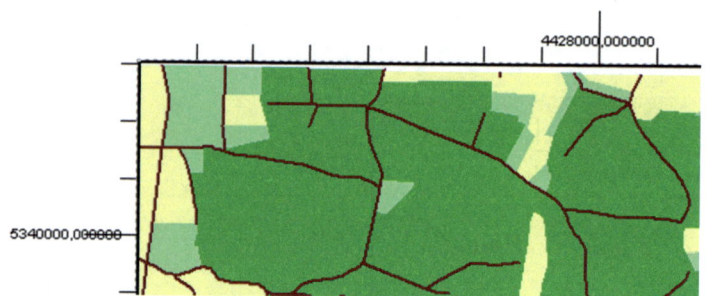

Abb. 451: Ergebnis (1) nach Anpassung im Register „Achsen"

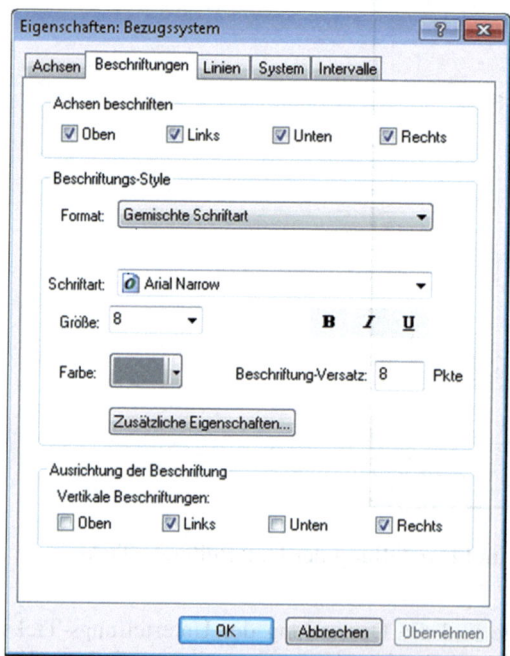

Abb. 452: Register „Beschriftungen" in den Eigenschaften – Bezugssystem

Wechseln Sie in das nächste Register, um die Beschriftungen anzupassen. Zuerst werden Sie die Beschriftungsrichtung an den Achsen einstellen. Setzen Sie bei „Ausrichtung der Beschriftung" Haken bei „Links" und „Rechts". Dadurch drehen Sie die entsprechenden Beschriftungen um 90°.

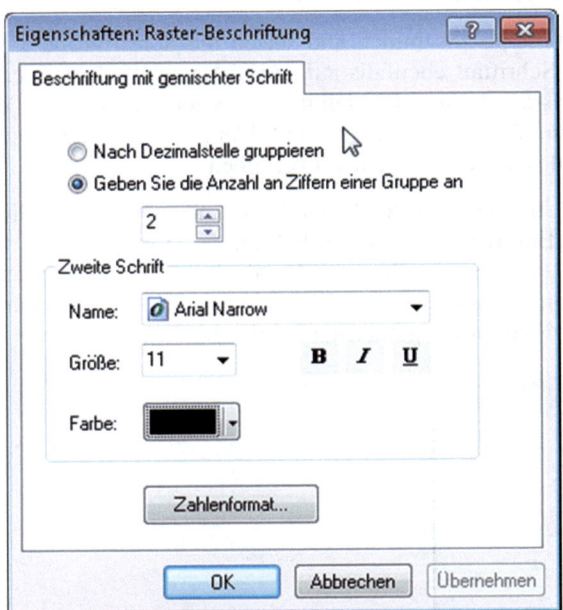

Abb. 453: Gitternetz-Beschriftungen – Dialogfenster „Zusätzliche Eigenschaften"

Abb. 454: Ergebnis (2) nach Anpassungen im Register „Beschriftungen"

Im Register „Beschriftungen" (siehe Abb. 452) ändern Sie im Bereich „Beschriftungs-Style" das Format auf „Gemischte Schriftart". Dadurch ist es möglich, die Beschriftung mit zwei verschiedenen Formatierungen anzuzeigen. Setzen die Schriftgröße auf „9,5" und die Schriftfarbe auf einen Grauton, wählen Sie als Schriftart „Arial Narrow". Den Beschriftung-Versatz (Abstand der Beschriftung zum Rahmen) geben Sie mit „8" Punkten an. Diese

Formatierungen gelten nun für Ihre gesamte Beschriftung. Nach unserer Vorgabe sollen aber nur die ersten beiden Ziffern in dieser Formatierung dargestellt werden, die restlichen Ziffern sollen größer und schwarz sein. Um die hierfür nötigen Einstellungen vorzunehmen, gelangen Sie über die Schaltfläche „Zusätzliche Eigenschaften…" in ein weiteres Menü, in dem Sie die Eigenschaften für die zweite Schriftart einstellen können.

Fassen Sie hier zwei Stellen zu einer Gruppe zusammen und setzen die Schriftgröße auf „11", die Farbe auf „schwarz" und die Schriftart ebenfalls auf „Arial Narrow". Bestätigen Sie mit „OK" und sehen Sie sich an, was durch diese Einstellungen passiert ist (Abb. 454): Die ersten beiden Ziffern werden nun in grauer Schrift und kleiner dargestellt, die restlichen sind durch größere Schrift und schwarze Farbe hervorgehoben.

Optisch stören noch die vielen Nullen. Um dies zu beheben, navigieren Sie abermals in die „Eigenschaften: Raster-Beschriftung". Ein Klick auf die Schaltfläche „Zahlenformat…" öffnet ein weiteres Dialogfenster. Dort setzen Sie im Bereich „Runden" die Dezimalstellen auf „0", markieren bei „Ausrichtung" die Option „Links. Mit zweimal „OK" übernehmen Sie die Einstellungen und beenden das Menü für die gemischte Schriftart.

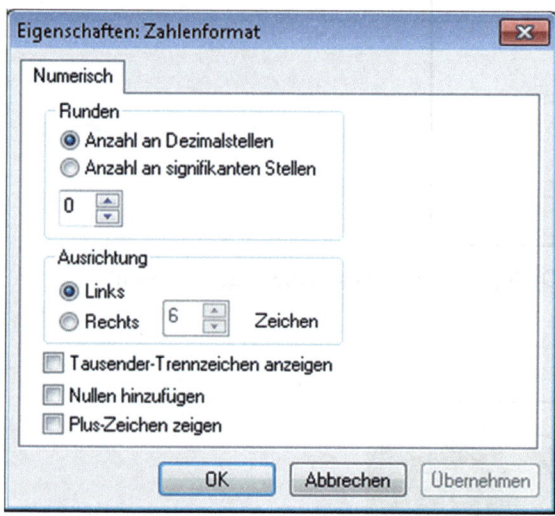

Abb. 455: Eigenschaften – Zahlenformat

Im Register „Intervalle" setzen Sie im Bereich „Intervall" die Einheit auf „Kilometer" und das X- und das Y-Achsenintervall jeweils auf „2".

Mit „OK" beenden Sie die Eigenschaften des Gitternetzes und mit einem weiteren „OK" übernehmen Sie die Einstellungen für den Kartenrahmen. Wenn Sie jetzt innerhalb des Layouts an die linke obere Ecke des Datenrahmens zoomen, sollte das Gitternetz aussehen wie in Abbildung 457.

14.8 Lösung zum Übungsblock 8

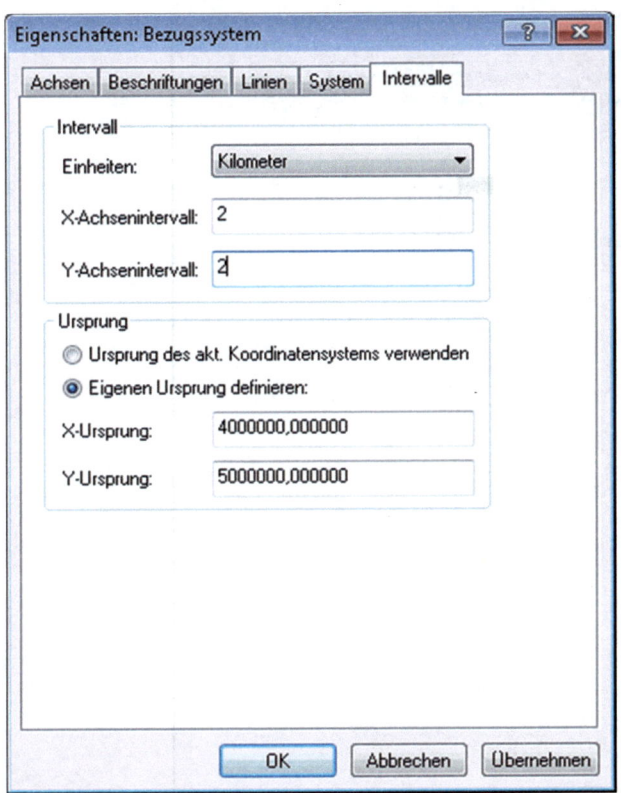

Abb. 456: Register „Intervalle" in Eigenschaften – Bezugssystem

Abb. 457: Ergebnis (3) nach letzten Anpassungen der Beschriftungen und Intervalle

Um das Gitternetz optisch endgültig abzurunden, wäre ein Rahmen um das Gitternetz wünschenswert. Der Rahmen des Datenrahmens überlappt sich momentan mit dem Rahmen des Gitternetzes. Deshalb werden wir dem Rahmen des Datenrahmens einen Versatz geben. Rufen Sie dazu das Register „Rahmen" der Datenrahmen-Eigenschaften auf.

14 Lösungen

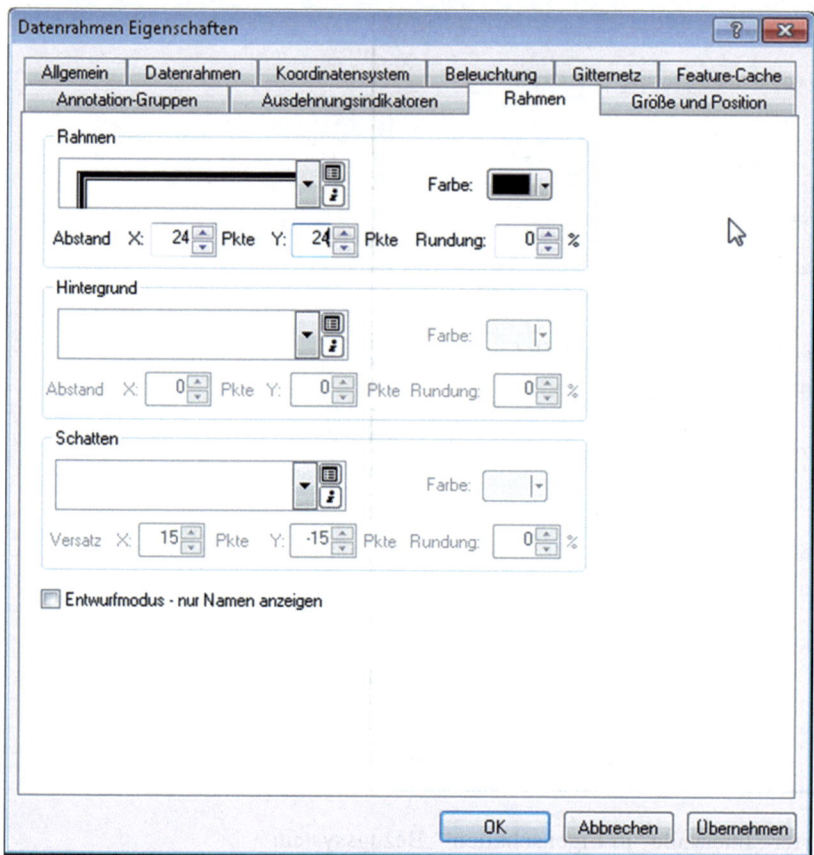

Abb. 458: Anpassen des Datenrahmen-Rahmens

Abb. 459: Ergebnis (4) nach Hinzufügen eines Rahmens

Wählen Sie über das Drop-down-Menü den Rahmen „Dreifach, Ctr-W" aus und tragen Sie ihm einen Abstand von jeweils „24" Punkten auf der X- und Y-Achse ein. Mit „OK" weisen Sie dem Datenrahmen die neuen Einstellungen zu und erhalten schließlich folgende Darstellung (Abb. 459).

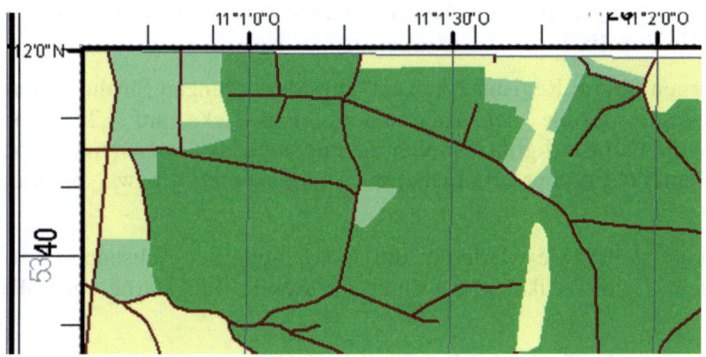

Abb. 460: Ergebnis (5) nach Hinzufügen eines Gradnetzes

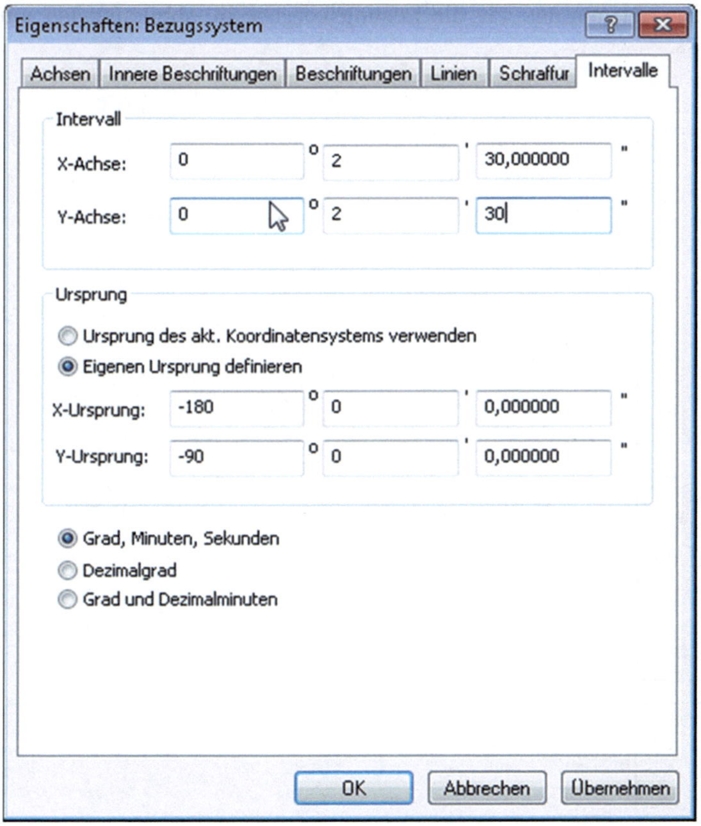

Abb. 461: Einstellungen für das Gradnetz im Register „Intervall"

14 Lösungen

Zum Schluss fügen wir noch das Gradnetz in Grad und Minuten hinzu. Dazu erstellen Sie abermals ein „Neues Gitternetz" (siehe Anfang des Kapitels). Wählen Sie jetzt „Gradnetz" aus und bestätigen Sie die jeweiligen Schritte des Assistenten mit „Weiter >", um das Grandnetz zu erstellen (siehe Abb. 460).

In den Eigenschaften entfernen Sie im Register „Achsen" die Markierungen für die Unterteilungs-Ticks und stellen die Größe der Hauptunterteilungs-Ticks auf „22", die Symbolbreite auf „0,2" und die Farbe auf grau. Wählen Sie nun noch als Liniensymbol eine gestrichelte Linie (im Beispiel: „Contour, Bathymetric, Supplementary" bzw. „Kontur, Bathymetrisch, Zusatz") aus.

Im Register „Beschriftungen" stellen Sie wiederum die Ausrichtung der Achsenbeschriftung für „Links" und „Rechts" auf vertikal und wählen als Beschriftungsfarbe ebenfalls grau.

Im Register „Intervalle" setzen Sie die Intervallgröße für die X- und Y-Achse auf „2" Minuten und „30" Sekunden (siehe Abb. 461). Bestätigen Sie mit „OK".

Sie haben nun erfolgreich ein Gitternetz und ein Gradnetz erstellt und deren Darstellung angepasst. Ihr Datenrahmen sieht nun aus wie die Lösungsvorgabe in Abbildung 447 am Anfang dieses Übungsblocks.

14.8.5 Legende

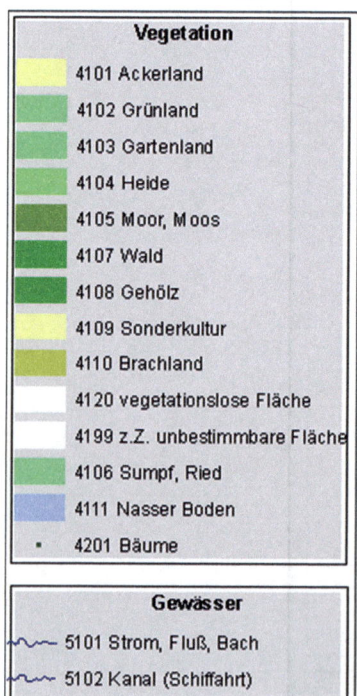

Abb. 462: Lösungsvorgabe für die Legende

14.8 Lösung zum Übungsblock 8

Ein wesentlicher Bestandteil des Kartenlayouts ist die Legende. Für die (automatische) Erstellung einer Legende stellt ArcMap einen „Legenden-Assistenten" bereit, der die bestehende Layer-Symbologie zur Erzeugung der Kartenlegende verwendet. Sie erreichen diesen Assistenten über *Hauptmenüleiste* ⇨ *„Einfügen"* ⇨ *„Legende..."*.

👍 **Tipp:** Wenn Sie keine weiteren Einstellungen wählen und die Legende von ArcMap mit den Standardwerten erstellen lassen, erhalten Sie eine vollständige Legende mit allen Signaturen. Sind in Ihrem Kartenprojekt allerdings mehrere Layer und Signaturen, wirkt diese Standardlegende schnell unübersichtlich. Wir empfehlen deshalb, die Legende Schritt für Schritt zu erstellen und Ihren Wünschen anzupassen.

Im ersten Dialogfenster des Assistenten (Abb. 463) können Sie zunächst die Layer Ihres Projekts auswählen, die in die Legende einbezogen werden sollen. Da die ATKIS-Daten sehr umfangreich sind, wählen wir für diesen Übungsblock nur alle Layer der Gruppen „Vegetation" und „Gewässer" aus. Diese werden in zwei getrennten Legenden erstellt, weswegen Sie zuerst nur einen der beiden Bereiche als Legendenelemente hinzufügen sollten.

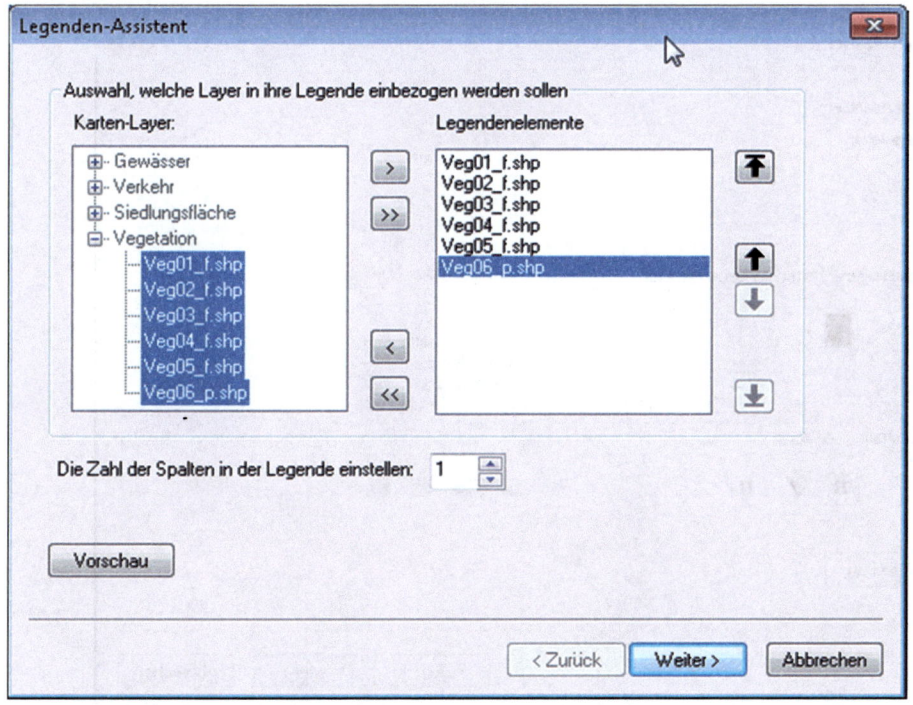

Abb. 463: Legenden-Assistent (1) – Auswählen der Layer

👍 **Tipp:** Achten Sie darauf, dass alle Layer, die Sie anzeigen wollen, die richtige Bezeichnung haben (ggf. im Inhaltsverzeichnis durch Rechtsklick auf den entsprechenden Layer ⇨ *„Eigenschaften"* ⇨ *Reiter „Allgemein"*). So ersparen Sie sich ein nachträgliches Anpassen der Kategoriennamen in der Legende. Außerdem wird die Reihenfolge der Layer im Inhaltsverzeichnis auch in die Legende übernommen, hier

14 Lösungen

können Sie sich ebenfalls bereits im Vorfeld Arbeitsschritte ersparen, wenn Sie eine sinnvolle Reihenfolge wählen.

Standardmäßig wählt ArcMap hier automatisch alle im Projekt angezeigten Layer aus. Sie können diese Auswahl nun anpassen. Kopieren Sie alle Kategorien in das Auswahlfenster „Legendenelemente", die Sie in der Legende anzeigen lassen wollen („>"), oder löschen Sie Layer, die nicht angezeigt werden sollen („<"). Mit „>>" bzw. „<<" kopieren bzw. löschen Sie alle anzuzeigenden Layer auf einmal. Wählen Sie zunächst alle Layer, die die Vegetation anzeigen.

Im darunterliegenden Feld können Sie die Anzahl der Spalten angeben, die Ihre Legende haben soll. Sollen sehr viele Layer-Symbole in der Legende wiedergegeben werden, so lässt sich die Legende auf mehrere Spalten aufteilen. In unserem Fall werden Sie mehrere Teil-Legenden erstellen, um eine thematische Gruppierung der einzelnen Einträge zu erleichtern. Belassen Sie die Anzahl der Spalten bei „1". Bestätigen Sie mit „Weiter >", um zum nächsten Fenster des Assistenten zu gelangen.

Abbildung 464 zeigt Schritt zwei des Legenden-Assistenten:

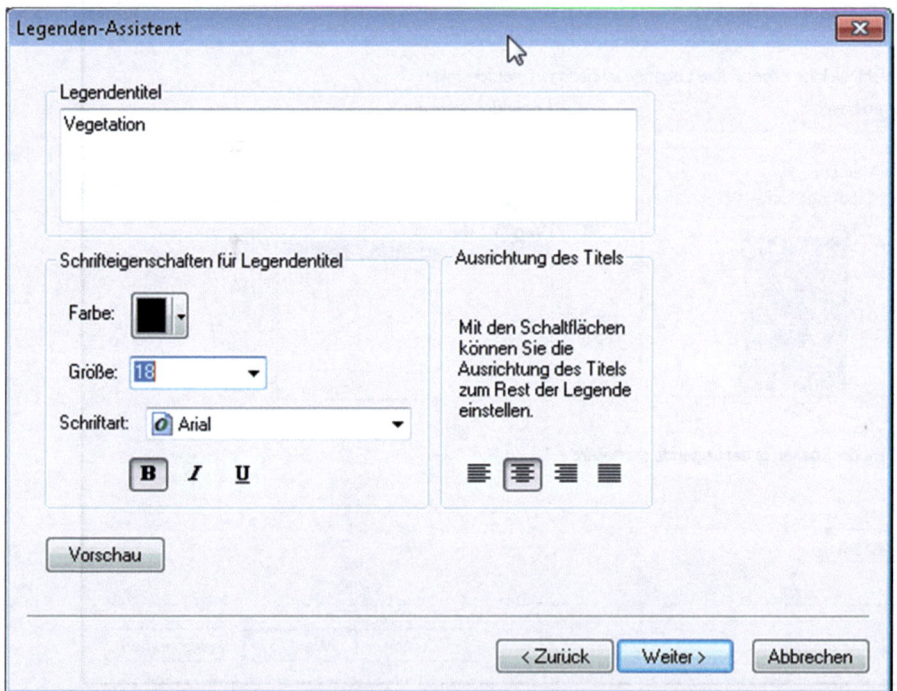

Abb. 464: Legenden-Assistent (2) – Darstellung des Legenden-Titels

Hier können Sie einen Legendentitel eingeben und diesen formatieren. Da wir die Legendeneinträge thematisch gruppieren wollen, bietet sich hier der Titel „Vegetation" an. Als Schriftgröße wählen Sie „18", dann zentrieren Sie den Schriftzug bei „Ausrichtung des Titels".

14.8 Lösung zum Übungsblock 8

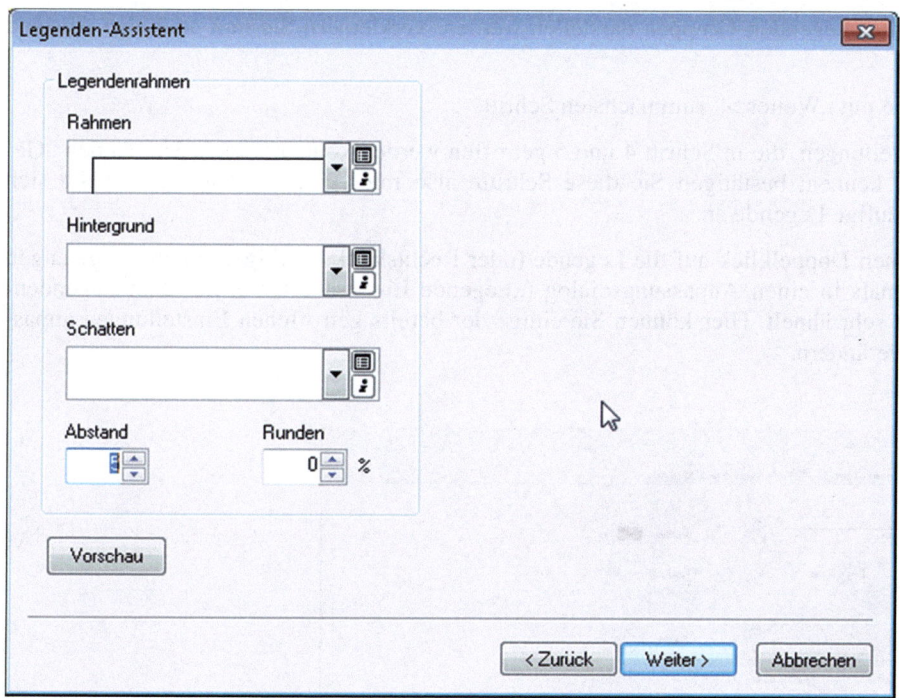

Abb. 465: Legenden-Assistent (3) – Rahmen und Hintergrundfarbe bestimmen

Abb. 466: Legende „Vegetation" nach den ersten Schritten

Mit „Weiter >" gelangen Sie zum nächsten Schritt, wo Sie einen Rahmen für die Legende festlegen und formatieren können (Abb. 465). Stellen Sie hier als Rahmen „1,0 Punkt" ein. Hintergrund und Schatten können Sie ebenfalls auf dem jeweiligen Drop-down-Menü auswählen, für unser Beispiel lassen wir diese beiden Felder allerdings unverändert. Da wir mehrere Legenden-Gruppen darstellen werden, verkleinern Sie nun noch den Abstand auf „5".

Gehen Sie mit „Weiter >" zum nächsten Schritt.

Die Einstellungen, die in Schritt 4 und 5 getroffen werden können, lernen Sie bei den „Gewässern" kennen; bestätigen Sie diese Schritte also mit „Weiter >" und sehen Sie sich Ihre vorläufige Legende an.

Durch einen Doppelklick auf die Legende (oder Rechtsklick ⇨ „Eigenschaften") gelangen Sie abermals in einen Anpassungsdialog („Legende Eigenschaften"), der dem Legenden-Assistent sehr ähnelt. Hier können Sie einige der bereits getroffenen Einstellungen anpassen und verändern.

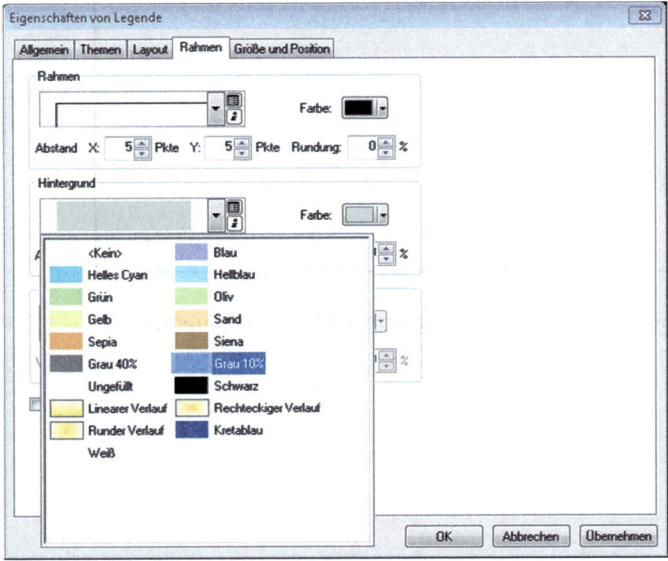

Abb. 467: Legende Eigenschaften – Hintergrundfarbe ändern

 Tipp: Auch in diesem Dialog können Sie wieder durch die Schaltfläche „Übernehmen" Ihre Änderungen direkt im ArcMap-Fenster betrachten, ohne vorher das Dialogfenster schließen zu müssen.

Wie Sie in der Beispiel-Legende in Abbildung 466 erkennen können, wird bei den Einträgen „4120 vegetationslose Fläche", „4199 z.Z. unbestimmbare Fläche" und „4111 Nasser Boden" keine Flächensignaturfarbe angezeigt. Verändern Sie zunächst in „Legende Eigenschaften" im Register „Rahmen" die Hintergrundfarbe, indem Sie hier ein helles Grau angeben (Abb. 370).

Wenn Sie nun auf „Übernehmen" klicken, sehen Sie, dass die beiden Flächen „4120 vegetationslose Fläche" und „4199 z.Z. unbestimmbare Fläche" tatsächlich in weißer Farbe angegeben sind, während „4111 Nasser Boden" keine Farbe zu haben scheint, und nun ebenfalls in Grau dargestellt wird. Für die beiden ersten Einträge ist die weiße Farbgebung durchaus sinnvoll, da die Vegetation nicht bestimmt werden kann. Für die Signatur „4111 Nasser Boden" allerdings bietet sich ein Blauton an. Ändern Sie also im Inhaltsverzeichnis von ArcMap die Farbe (durch Doppelklick in der „Symbolauswahl" unter „Veg05_f.shp") dieser Signatur. Sie werden sehen, dass ArcMap automatisch die Legende anpasst!

Um nun auch die Gewässer der Legende hinzuzufügen, rufen Sie erneut den Legenden-Assistenten auf. Wählen Sie die drei Gewässer-Layer, als Spaltenanzahlt belassen Sie die „1". Geben Sie im nächsten Schritt als Titel „Gewässer" ein und stellen Sie die Schriftgröße auf „18" und „zentriert". Auch im nächsten Fenster „Legendenrahmen" wählen Sie erneut Rahmenstärke „1,0 Punkt", „Grau 10%" als Hintergrundfarbe und Abstand „5". Klicken Sie auf „Weiter >", um zum 4. Schritt zu gelangen.

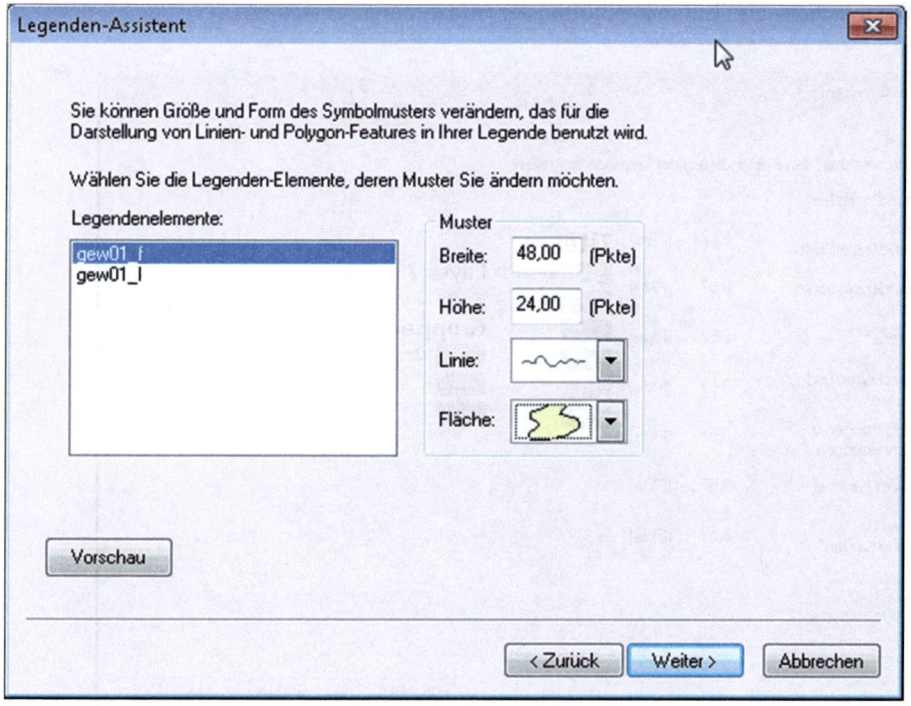

Abb. 468: Legenden-Assistent (4) – Form des Symbolmusters

In Schritt 4 (Abb. 468) der Legenden-Erstellung können Sie die gewünschte Darstellung von Flächen- und Liniensymbolen hinsichtlich ihrer Größe und Form festlegen.

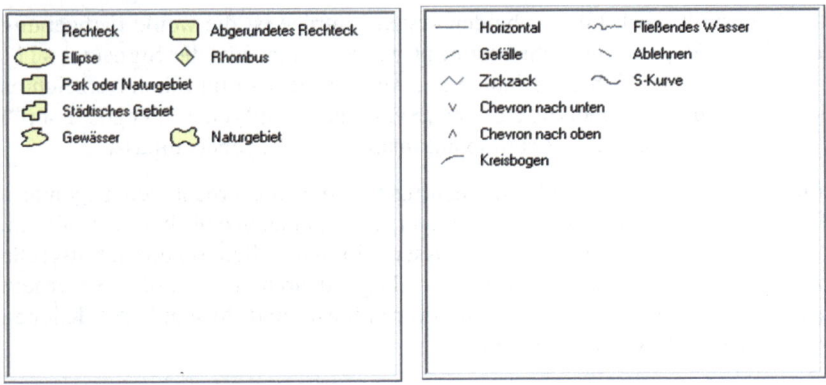

Abb. 469: Flächen- und Liniensymbolmuster im Legenden-Assistenten

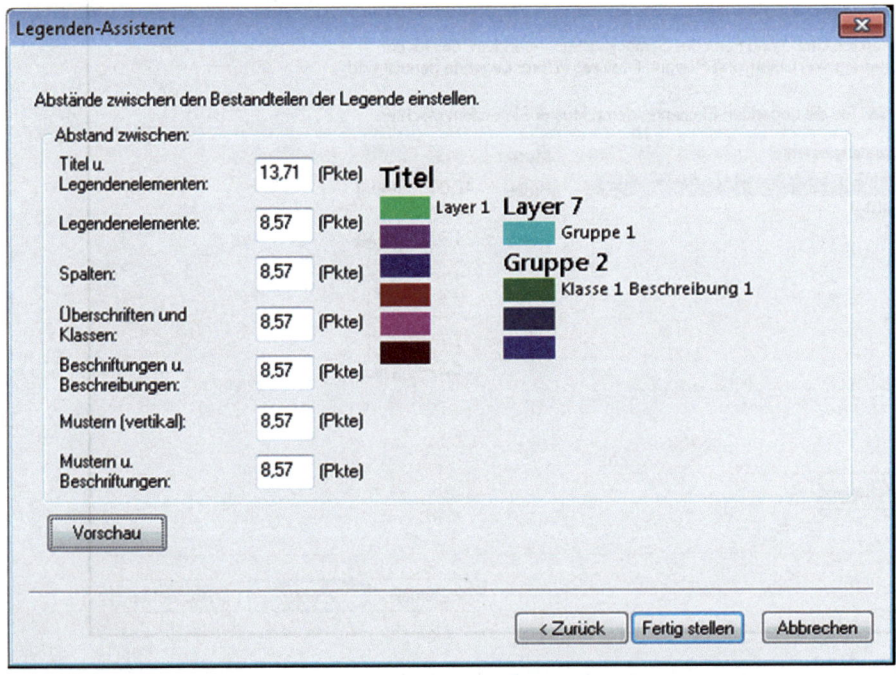

Abb. 470: Legenden-Assistent (5) – Abstände zwischen den Legendenelementen

Wählen Sie für den Layer „gew01_f", welcher die Gewässerflächen beinhaltet, als Form „Gewässer" (Sie erreichen die verschiedenen Flächensymbole über das Drop-down-Menü hinter „Fläche"). Für die Fließgewässer im Layer „gew01_l" wählen Sie „Fließendes Wasser". Belassen Sie die Breiten- und Höheneinstellungen im Legenden-Assistent, wie sie sind, und bestätigen Sie Ihre Einstellungen mit „Weiter >". Sie gelangen nun zum letzten Fenster des Assistenten.

In diesem Fenster haben Sie die Möglichkeit, die Platzierung der einzelnen Legendenelemente zu beeinflussen. Klicken Sie in die Textbox eines beliebigen Elements auf der linken Seite des Dialogfensters, und ArcMap verdeutlicht Ihnen mit einer roten Markierung („Abstand") im Vorschaufenster auf der rechten Seite, welchen Legendenbereich Sie mit dem jeweiligen Wert verändern können. Wir lassen hier alle Werte zunächst unverändert und klicken auf „Fertig stellen".

Die Legende wird nun entsprechend den vorgenommenen Einstellungen in das aktuelle Layout eingefügt.

Tipp: Sie können aus verschiedenen Legendenvorlagen eine Darstellung wählen. Wählen Sie dazu nach einem Rechtsklick auf den Legendenkörper ⇨ „*Eigenschaften...*" ⇨ *Register „Themen"* den bzw. die entsprechenden Layer aus und klicken auf „Style...". Hier können Sie eine Vorlage wählen, wie Ihre Legende angezeigt werden soll. Um die Layernamen als Untertitel anzuzeigen, wählen Sie z. B. eine Vorlage, in der auch der „Layer-Name" angezeigt wird. Eine Vorschau erhalten Sie nach Markieren der Vorlage im Vorschaubereich rechts oben.

Entspricht die automatisch erzeugte Legende grundsätzlich nicht Ihren Vorstellungen, so gibt es eine weitere Möglichkeit der individuellen Gestaltung: Sie können die gesamte Legende in eine Grafik umwandeln und die Gruppierung der einzelnen Elemente aufheben. In unserem Fall möchten wir die Breite der Legenden „Vegetation" und „Gewässer" aufeinander abstimmen, um eine bessere optische Wirkung zu erzielen. Wenn Sie nur die Breite der Legende „Gewässer" verändern, verkleinert sich automatisch auch der Text. Dieses Phänomen wollen wir umgehen, um die gleiche Textgröße in beiden Legenden beizubehalten.

Klicken Sie dazu zunächst mit der rechten Maustaste auf die Legende und wählen Sie im Kontextmenü den Befehl „Zu Grafik konvertieren". Aber Achtung: dieser Schritt lässt sich nicht rückgängig machen und die Legende ist danach nicht mehr dynamisch. Danach lässt sich – ebenfalls über das Kontextmenü – die Gruppierung der Grafikelemente aufheben. Die Gruppierung von Legenden erfolgt in mehreren Ebenen. Sie müssen also immer wieder diejenige Gruppe, die Sie auflösen möchten, markieren, und dann über das Kontextmenü die Gruppierung aufheben, um zu den einzelnen Bestandteilen zu gelangen.

In diesem Zustand können Sie die Legende bzw. ihre Bestandteile wie herkömmliche Grafiken mit den Werkzeugen der Werkzeugleisten „Zeichnen" und „Grafiken" bearbeiten. Beachten Sie hier allerdings, dass mit der Umwandlung einer Legende in eine Grafik auch ihre oben beschriebene dynamische Verknüpfung mit den entsprechenden Layern verloren geht!

Um also die „Gewässer" anzupassen, konvertieren Sie die Legende zu einer Grafik und heben die Gruppierungen so weit auf, bis Sie die Textbezeichnungen anpassen können. Doppelklicken Sie dann auf die längsten Textfragmente. Vergeben Sie hier statt „(Wasserwirtschaft)" zweimal das Kürzel „(WW)", um die entsprechende Breite zu erhalten.

Anschließend gruppieren Sie die Elemente Stück für Stück wieder (siehe Abb. 471). Dies ist nötig, um die Breite der ganzen Legende anzupassen, und nicht nur alle Elemente einzeln zu verändern. Passen Sie anschließend die Breite beider Legenden einander an. Um die Darstellung abzurunden, ziehen Sie mithilfe der Zeichnen-Werkzeugleiste einen Rahmen um beide Legendenelemente.

14 Lösungen

 Tipp: Die hier gezeigten Methoden zur Anpassung der Legende sind nur eine kleine Auswahl. Durch die Grafik- und Zeichnen-Werkzeugleisten stehen Ihnen eine Vielzahl von Möglichkeiten zur Verfügung, die Sie für Ihre späteren Projekte sicher vielfach verwenden werden.

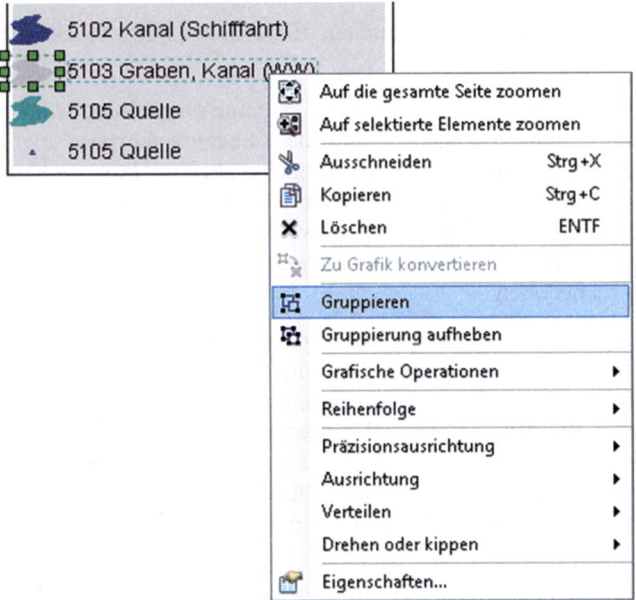

Abb. 471: Gruppieren der Elemente, um Größe der Legende anzupassen

14.8.6 Grafiken einbinden (z. B. Firmenlogo)

Bei Bedarf können Sie über die *Hauptmenüleiste* ➪ „*Einfügen*" ➪ „*Bild...*" auch Bilder zu Ihrem Layout hinzufügen (siehe Abb. 472).

Abb. 472: Einfügen des Firmenlogos „GI Geoinformatik"

Importierbar sind dabei alle Grafikobjekte (Fotos, Logos, …) in den gängigen Bildformaten JPEG, GIF, TIFF, EMF (Windows Metafile), BMP (Windows Bitmap) und PNG. Haben Sie ein Bild in Ihr Layout eingefügt, so gelangen Sie mit einem Doppelklick auf das Bild in das Dialogfenster „Eigenschaften von Bild", wo sich z. B. ein Rahmen oder ein Schatten für das Bild erzeugen lässt (Registerkarte „Rahmen"). Zudem erhalten Sie im Register

14.8 Lösung zum Übungsblock 8

„Bild" Auskunft über das Bildformat. Hier können Sie auch festlegen, ob das Bild als Teil des Kartendokuments gespeichert werden soll.

👉 **Tipp:** Aktivieren Sie in den Eigenschaften eines eingefügten Bilds im Register „Bild" die Option „Bild als Teil des Dokuments speichern", wenn Sie das Kartendokument weitergeben möchten und es Ihren Rechner oder das lokale Netzwerk „verlässt". Nur dann wird statt des Dateipfads das Bild selbst im Dokument gespeichert und ist auch beim Empfänger noch im Projekt vorhanden.

Neben dem Einfügen von Bildobjekten wird es manchmal nötig sein, auch Datentabellen oder andere Objekte in Ihr Kartenprojekt einzubinden.

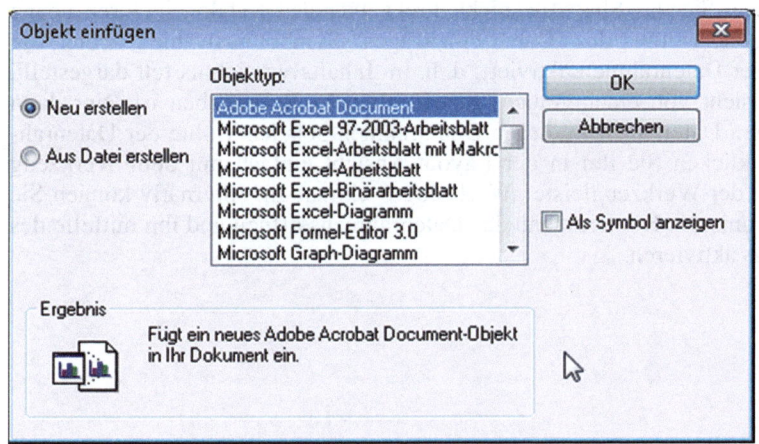

Abb. 473: Dialogfenster „Objekt einfügen"

Über *Hauptmenüleiste* ⇨ *„Einfügen"* ⇨ *„Objekt..."* können Sie auswählen, ob Sie ein neues Objekt erstellen wollen oder die Daten aus einer bereits bestehenden Datei übernehmen (siehe Abb. 473). Mit der Option „Verknüpfen" können Sie noch festlegen, ob die gewünschte Datei eingebettet oder verknüpft werden soll. Wird die Datei, z. B. eine Tabelle, verknüpft, so wirken sich Änderungen in der verknüpften Tabelle auf die Originaldatei aus. Wird sie lediglich eingebettet, so haben Änderungen in der eingebetteten Tabelle keine Auswirkung auf die Originaldatei.

Grundsätzlich lassen sich auf diese Weise unterschiedlichste Objekte aus anderen Programmen in das Layout einbinden (sog. OLE: **O**bject **L**inking and **E**mbedding). Die Besonderheit dieser Vorgehensweise besteht darin, dass eine funktionelle Verbindung zwischen dem Objekt und dem zugehörigen (Bearbeitungs-)Programm bestehen bleibt. Im Fall einer Excel-Tabelle bedeutet dies, dass sich bei einem Doppelklick auf die Tabelle im Layout automatisch das Tabellenkalkulationsprogramm Excel öffnet und Sie Änderungen an der Tabelle vornehmen können. Die Tabelle im Layout wird automatisch aktualisiert.

14.8.7 Anlegen einer Übersichtskarte

Als letztes Kartenelement wollen wir unserem Layout eine kleine Übersichtskarte hinzufügen, die einen Überblick über Bayern gibt, und dabei den aktuellen Kartenausschnitt farbig hervorhebt.

Dazu müssen wir in unser Übungsprojekt über die *Hauptmenüleiste* ➪ *„Einfügen"* ➪ *„Datenrahmen"* zunächst einen weiteren Datenrahmen einfügen. Benennen Sie diesen Datenrahmen im Inhaltsverzeichnis in „Übersichtskarte" um. Bringen Sie den neu eingefügten, noch leeren Datenrahmen in der Layout-Ansicht in eine passende Größe (etwa 15 × 15 cm) und platzieren Sie ihn in einen freien Bereich Ihres Layouts.

Laden Sie dann die Datei „Bayern.shp" aus Ihrem Ordner „Block_08" in den Datenrahmen „Übersichtskarte". Wenn Sie das Shapefile nicht direkt über den Katalog in Ihren neuen Datenrahmen ziehen, sondern über das „Daten hinzufügen"-Symbol auswählen, achten Sie dabei darauf, dass dieser Datenrahmen aktiviert, d. h. im Inhaltsverzeichnis fett dargestellt, und in der Layout-Ansicht von einer grauen, gestrichelten Linie umgeben ist. Nur dann werden die gewünschten Daten auch in diesen Datenrahmen geladen. Sollte der Datenrahmen nicht aktiv sein, klicken Sie ihn in der Layout-Ansicht einfach mit dem Werkzeug „Elemente auswählen" der Werkzeugleiste „Werkzeuge" einmal an. Alternativ können Sie auch im Inhaltsverzeichnis das Kontextmenü des Datenrahmens öffnen und ihn mithilfe des entsprechenden Befehls aktivieren.

Abb. 474: Aktivierter Datenrahmen mit Übersichtskarte „Bayern"

Um die Karte in Grau anzuzeigen, ändern Sie die Darstellung durch einen Doppelklick auf das Symbol im Inhaltsverzeichnis. Deaktivieren Sie hier den Rahmen (stellen Sie die Umrissstärke auf „0") und vergeben Sie einen hellen Grauton als Hintergrundfarbe.

Öffnen Sie dann – im Inhaltsverzeichnis oder im Layout-Fenster – das Kontextmenü des neuen Datenrahmens und wechseln Sie in die Registerkarte „Ausdehnungsindikatoren". Verschieben Sie hier mithilfe der Schaltfläche „>" den Datenrahmen „TK 7832 Türkenfeld" aus dem Fenster „Andere Datenrahmen:" in das Fenster „Ausdehnungsindikator für diese Datenrahmen anzeigen".

Klicken Sie dann auf die Schaltfläche „Rahmen...", wählen Sie als Rahmenstärke „1,5 Punkt" und als Hintergrundfarbe ein blasses Grün aus. Mit der Schaltfläche „Übernehmen" können Sie Ihre Änderungen direkt betrachten, ohne die „Datenrahmen Eigenschaften" verlassen zu müssen. Aktivieren Sie schließlich in der Registerkarte „Datenrahmen" bei

„Ausdehnung" die Option „Fester Maßstab" im Drop-down-Menü und legen Sie als Maßstab „1:3.000.000" fest. Bestätigen Sie alle Änderungen mit „OK", um in die Layout-Ansicht zurückzukehren.

Wie gewünscht, wird im neuen Datenrahmen in einer Bayern-Übersicht der aktuelle Kartenausschnitt unseres Datenrahmens „TK 7832 Türkenfeld" mit einem grünen Rechteck hervorgehoben (Abb. 476). Dieser Rahmen aktualisiert sich bei einer Änderung des Ausschnitts des Datenrahmens (etwa durch Zoomen oder Verschieben) automatisch!

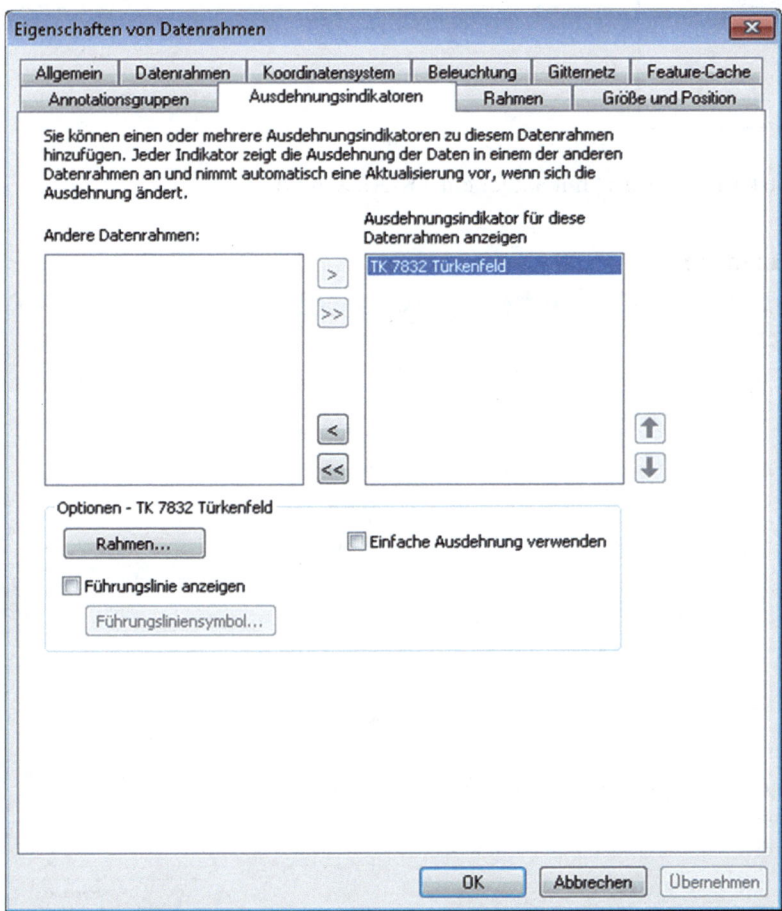

Abb. 475: Ausdehnungsindikatoren – Hauptkarte in Übersichtskarte anzeigen

14 Lösungen

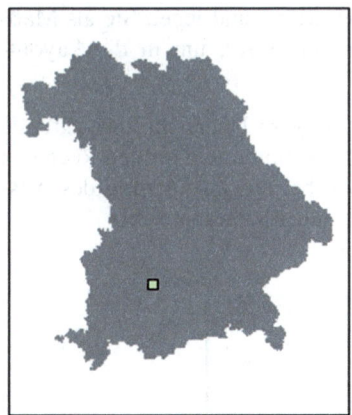

Abb. 476: Übersichtskarte „Bayern" mit aktuellem TK-Ausschnitt

14.8.8 Layout-Vorlagen

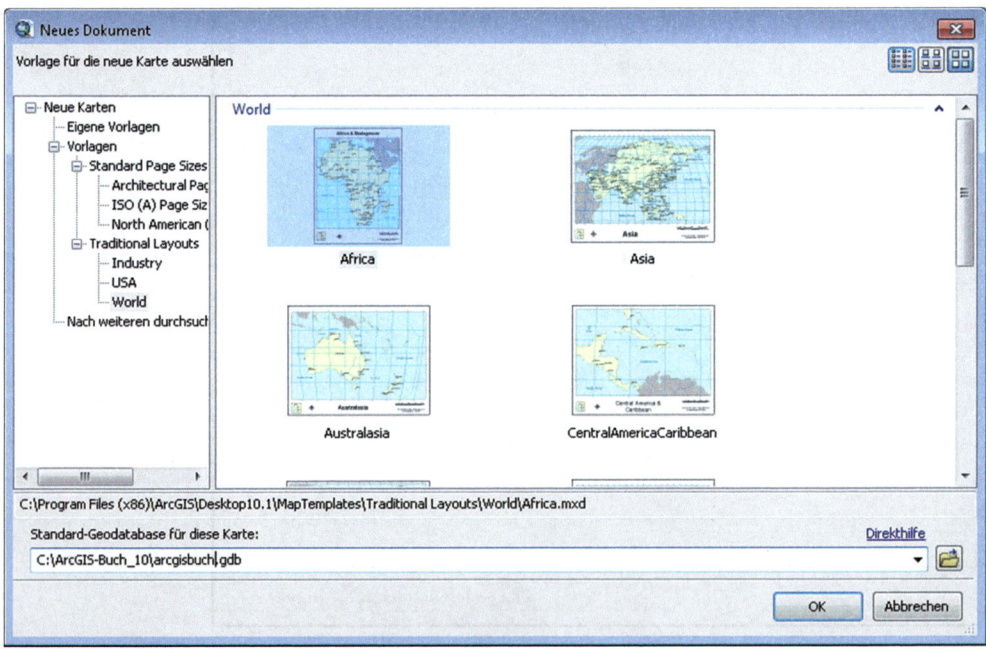

Abb. 477: Erstellen einer neuen Karte mit einer Vorlage

Neben den zahlreichen Werkzeugen und Funktionalitäten zur individuellen Erstellung eines Kartenlayouts stellt ArcMap eine Reihe fertiger Layout-Vorlagen zur Verfügung. Kartenvorlagen enthalten in der Regel ein vordefiniertes Seitenlayout, das bereits grundlegende

Kartenelemente wie Nordpfeil, Maßstab oder Platzhalter für Datenrahmen und Legende auf der virtuellen Seite anordnet.

Grundsätzlich gibt es zwei Möglichkeiten für den Einsatz von Vorlagen: Sie können ein neues Kartenprojekt mithilfe einer Vorlage anlegen und aufbauen oder das Layout eines bestehenden Projekts mit einer Vorlage umgestalten.

Standardmäßig wird beim Start von ArcMap ein Startdialog „ArcMap: Erste Schritte" angezeigt (einzustellen über *Hauptmenüleiste* ➪ *„Anpassen"* ➪ *„ArcMap Optionen..."* ➪ *Register „Allgemein"* ➪ *„Dialog ‚Erste Schritte' anzeigen"*). Hier können Sie festlegen, ob der Dialog beim Start eingeblendet werden soll.

In diesem Dialogfenster (Abb. 477) stehen mehrere thematisch gegliederte Registerkarten zur Verfügung, die jeweils wiederum mehrere Vorlagenentwürfe enthalten. Suchen Sie sich die entsprechende Vorlage aus und bestätigen Sie mit „Ok". ArcMap wechselt dann automatisch in die Layout-Ansicht, wo die ausgewählte Vorlage zur Weiterbearbeitung geladen ist. Im Inhaltsverzeichnis des Projekts werden Sie feststellen, dass hier automatisch auch mehrere Datenrahmen angelegt wurden, sofern dies in der Layout-Vorlage vorgesehen ist.

 Tipp: Haben Sie den Startdialog über die *Hauptmenüleiste* ➪ *„„Anpassen"* ➪ *„ArcMap Optionen..."* ➪ *Register „Allgemein"* deaktiviert, so erreichen Sie das entsprechende Dialogfenster zur Auswahl einer Vorlage auch über die *Hauptmenüleiste* ➪ *„Datei"* ➪ *„Neu..."* oder über das Werkzeug „Neu (Strg+N)" der Werkzeugleiste „Standard".

Wenn Sie ihr Projekt in ArcMap ohne Layout-Vorlage begonnen oder bereits fertiggestellt haben, können Sie auf dieses Projekt auch nachträglich noch eine Layout-Vorlage anwenden. Wechseln Sie dazu in die Layout-Ansicht ihres Projekts, um die Werkzeuge der Werkzeugleiste „Layout" zu aktivieren. Klicken Sie nun auf das Werkzeug „Layout ändern" in der Werkzeugleiste „Layout". ArcMap öffnet daraufhin das Dialogfenster „Vorlage auswählen", das in mehreren Registerkarten zahlreiche Vorlagen zur Auswahl stellt. Wenn in der ausgewählten Vorlage mehrere Datenrahmen vorgesehen oder in Ihrem Projekt mehrere Datenrahmen definiert sind, so öffnet sich nach Auswahl dieser Vorlage und Klick auf den Button „Weiter >" das Dialogfenster „Datenrahmen-Reihenfolge", wo Sie die gewünschte Zuordnung der Datenrahmen vornehmen können (Abb. 478).

Klicken Sie auf „Fertig stellen" und die ausgewählte Vorlage wird auf Ihr Projekt angewendet. Eigene Anpassungen und Ergänzungen sind mithilfe der oben beschriebenen Werkzeuge und Funktionalitäten natürlich auch hier noch möglich.

Zusätzlich zu den in ArcMap bereits enthaltenen Vorlagen können Sie jede von Ihnen selbst erstellte Karte als Vorlage abspeichern.

 Tipp: Eigene Vorlagen sollten Sie in festgelegten Ordnern auf dem Computer organisieren. Legen Sie diese Ordner im Installationsverzeichnis von ArcMap unter „\ArcGIS\Bin\Templates" an, wo auch die im Lieferumfang von ArcMap enthaltenen Vorlagen zu finden sind. Damit stehen Ihre selbst erstellten Vorlagen innerhalb eigener Registerkarten im Dialogfenster „Neu" zur Verfügung. Eine Registerkarte trägt dabei den Namen des von Ihnen neu erstellten Ordners.

Solche Vorlagen können auch – immer wieder benötigte – Daten (als Layer), besondere Symbole oder Styles, benutzerdefinierte Werkzeugleisten oder gar individuelle Makros enthalten. So können Sie zukünftig stets auf ein standardisiertes Layout-Schema zurückgreifen – ideal zum Erstellen normgerechter Karten (eine weitere Möglichkeit zum Erstellen mehrerer Karten mit gleichem Layout bieten Ihnen die „Kartenserien", die in Kapitel 14.8.10 näher erklärt werden).

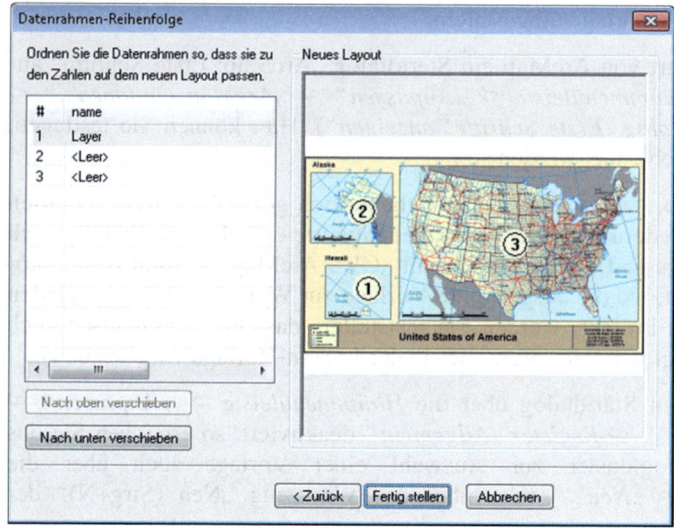

Abb. 478: Datenrahmen-Reihenfolge bei Übernehmen einer Layout-Vorlage

14.8.9 Export

Nach der Erstellung einer Karte möchten Sie diese gegebenenfalls aus einem Kartendokument in einen anderen Dateityp exportieren, um sie weitergeben oder im Internet veröffentlichen zu können. Je nachdem, wie Sie die Karte weiterverwenden möchten, können Sie Ihre Karten in zahlreiche standardisierte Dateiformate exportieren. Das sind u. a.:

- Rasterformate wie z. B. BMP, JPEG, TIFF, GIF und PNG
- Vektorformate wie z. B. PDF, SVG

Möchten Sie die in diesem Kapitel erstellte Karte in ein Austauschformat exportieren, das ein hochwertiges Druckergebnis ermöglicht, so ist hier das PDF-Format eine gute Wahl. Dieses Format wird häufig zur Verteilung von Dokumenten im Internet eingesetzt und ist dabei, sich als Standard-Austauschformat für hochwertige Druckerzeugnisse zu etablieren.

Wählen Sie zum Export der Karte in der *Hauptmenüleiste* ⇨ „*Datei*" ⇨ „*Karte exportieren...*". ArcMap öffnet daraufhin das Dialogfenster „Karte exportieren". Hier können Sie den Speicherort, den Dateinamen sowie das gewünschte Exportformat („Dateityp") festlegen. Mit einem Klick auf die Schaltfläche „Speichern" startet ArcMap den Exportvorgang, der nach kurzer Zeit abgeschlossen ist. Mehr zum Kartenexport lesen Sie in Kapitel 6.1.3.1.

14.8.10 Kartenserien und dynamische Texte

Kartenserien ermöglichen die automatisierte Erstellung vieler Karten mit gleichem Layout. Dynamische Texte ermöglichen es dem Benutzer, Platzhalter für sich ändernde Textbausteine zu platzieren. Beide Anwendungen erleichtern die Erstellung mehrerer Kartenprojekte mit gleichem Layout, aber unterschiedlichem Inhalt.

Die Basis hierzu bildet ein Index-Layer, der pro Feature eine Karte erzeugt. In unserem Beispiel ist der Index-Layer „BAY_TK25", welcher ausgewählte Blattschnitte beinhaltet; die Features sind die einzelnen Blattschnitte. Durch die Einstellungen, die mit den Kartenserien vorgenommen werden können, bleibt also das Layout stets gleich, nur der Kartenausschnitt ändert sich.

Um den Layer „BAY_TK25" sowohl als Index-Layer als auch in der Übersichtskarte zu verwenden, müssen die Daten in beide Datenrahmen geladen werden.

Beginnen wir mit der Übersichtskarte. Stellen Sie sicher, dass der Datenrahmen „Übersichtskarte" markiert ist, und laden Sie den Layer „BAY_TK25". Nun werden die Blattschnitte in der Übersichtskarte angezeigt. Um die Darstellung anzupassen, wählen Sie ein dunkles Grau als Hintergrundfarbe und schwarz als Rahmen (Stärke 0,4 Punkte). Ebenfalls in hellem Grün markiert ist immer noch der aktuelle Blattschnitt „Türkenfeld" (Abb. 476).

 Tipp: Achten Sie darauf, dass die Layer in der entsprechenden Reihenfolge im Inhaltsverzeichnis aufgeführt sind (BAY_TK25 vor Bayern), damit die Blattschnitte nicht vom Bayern-Layer überdeckt werden.

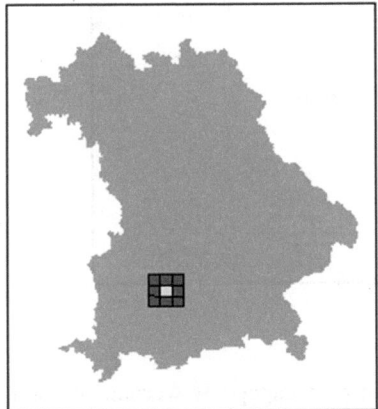

Abb. 479: Übersichtskarte mit Blattschnitten (Auswahl)

Laden Sie nun den Layer „BAY_TK25"auch in den Datenrahmen „TK 7832 Türkenfeld". Um Einstellungen der Kartenserien vorzunehmen, müssen Sie zuerst die gleichnamige Werkzeugleiste aktivieren (*Hauptmenüleiste* ⇨ *„Anpassen"* ⇨ *„Werkzeugleisten"*, siehe auch Kapitel 6.1.4.10). Über die Schaltfläche „Einrichten der Kartenserie" gelangen Sie in das Menü (Abb. 480).

Setzen Sie zunächst einen Haken in der Kontrollbox vor „Kartenserie aktivieren", um die Felder zur Eingabe freizuschalten. Stellen Sie als Datenrahmen „TK 7832 Türkenfeld" und als Layer „BAY_TK25" ein.

Im Reiter „Ausdehnung" können Sie Einstellungen zur Anpassung der Größe treffen. Wählen Sie hier „100%", um den Kartenrahmen mit dem jeweiligen Blattschnitt auszufüllen.

Nach Bestätigen mit „OK" können Sie über die Navigationspfeile in der Werkzeugleiste zwischen den einzelnen Blattschnitten hin- und herspringen (alle Blattschnitte außer „Türkenfeld" werden dabei leer bzw. in der ausgewählten Farbe des Layers angezeigt).

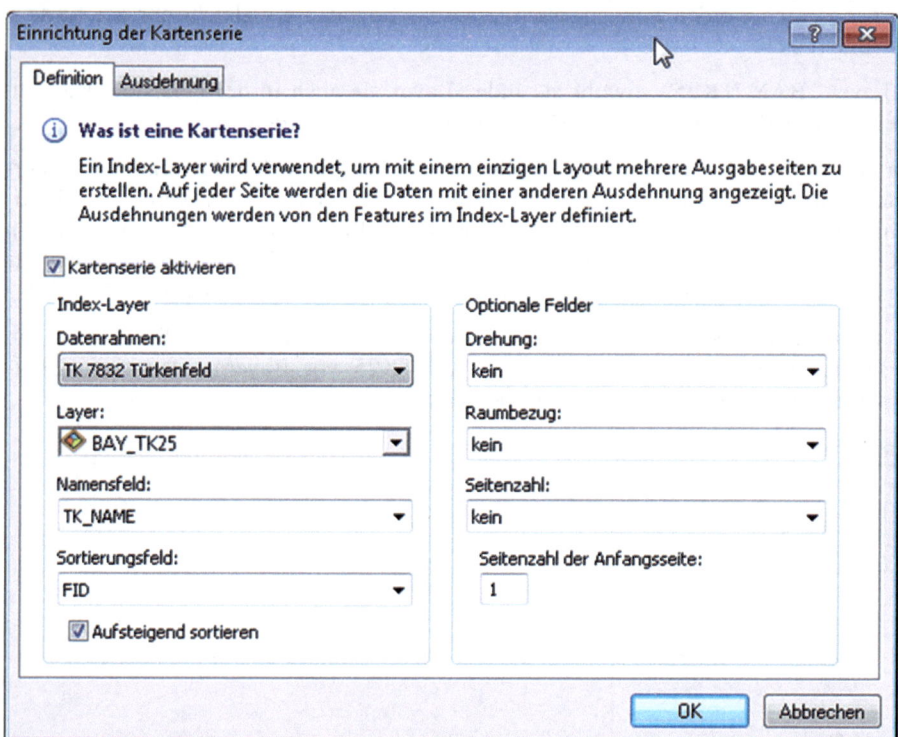

Abb. 480: Dialogfenster „Einrichtung der Kartenserie"

Damit die Beschriftungen nicht für jeden Blattschnitt einzeln angepasst werden müssen, vergeben wir für die Textfelder „Titel" und „Blattschnittnummer" dynamische Texte. Doppelklicken Sie dazu zunächst auf den Kartenuntertitel (hier: „7832 Türkenfeld"). In das Textfeld soll nun nicht mehr der statische Name des Blattschnitts eingefügt werden, sondern ein Code, der sich automatisch anpasst, sobald sich der Kartenausschnitt ändert. Um den jeweiligen Namen der Kartenserie anzuzeigen, geben Sie hier

```
<dyn type="page" property="name"/>
```

ein.

14.8 Lösung zum Übungsblock 8

Um die Blattschnittnummer dynamisch in das Kartenprojekt einzufügen, erstellen Sie ein neues Textfeld neben den eben erstellten dynamischen Kartentitel. In diesem Textfeld definieren Sie, dass ein Ausdruck aus der Attributtabelle des Index-Layers als Bezeichnung verwendet werden soll (in unserem Fall: „TK_NR").

```
<dyn type="page" property="TK_NR"/>
```

(Sie können den Code natürlich auch in das bereits bestehende Textfeld einfügen, siehe Abb. 481).

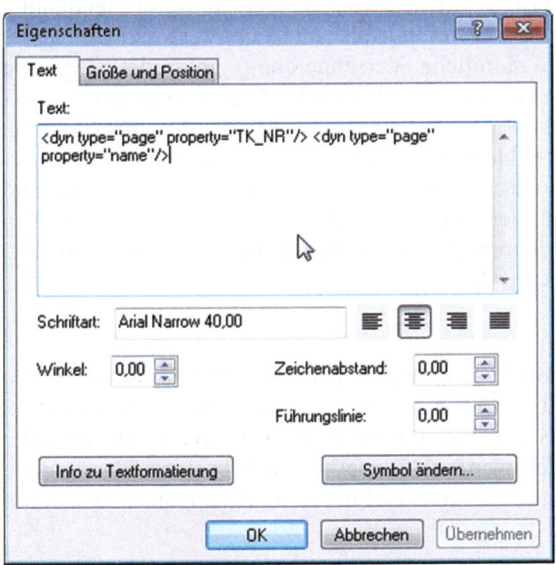

Abb. 481: Blattschnitt und Blattname in „dynamischem Text"

Nun steht die jeweilige vierstellige Nummer neben der Bezeichnung des Blattschnitts. Um hier nicht nur die Zahl, sondern auch die Erklärung anzuzeigen, können Sie vor den dynamischen Text noch „Blattschnitt Nr." als Text schreiben. Nun bleibt nur noch, mit der Grafik-Werkzeugleiste die eben erstellten Textfelder entsprechend auszurichten.

Die beiden genannten Beispiele sind auch als vordefinierte Textfelder über das Untermenü „Dynamischer Text" im Menü „Einfügen" verfügbar. Im Anhang finden Sie noch zahlreiche dynamische Texte, die nicht bereits als fertiger Baustein vorhanden sind.

Schalten Sie nun über die Pfeilsymbole der Kartenserien-Werkzeugleiste zwischen den Blattschnitten hin und her, Sie werden sehen, dass sich sowohl Titel als auch Position in der Übersichtskarte anpassen.

Standardmäßig ist sowohl bei den Druckeinstellungen als auch beim Export der Karte in ein anderes Format immer nur die aktuell angezeigte Karte ausgewählt. Wollen Sie alle Karten drucken bzw. ein PDF mit allen Karten erstellen, müssen Sie dies explizit auswählen: Beim Kartenexport unter *Hauptmenüleiste* ⇨ *„Datei"* ⇨ *„Karte exportieren"* ⇨ *Speichern als „pdf", Reiter „Seiten"* ⇨ *„Alle(x Seiten)"*, beim Drucken unter *Hauptmenüleiste* ⇨ *„Datei"* ⇨ *„Drucken"* ⇨ *Bereich „Kartenserie"* ⇨ *„Alle (x Seiten)"*.

14.9 Lösung zum Übungsblock 9: Werkzeugleisten Teil II – Topologie

Im 6. Übungsblock haben Sie sich mit der Neuerfassung von Geodaten innerhalb einer Geodatabase beschäftigt. Dazu wurden beispielhaft Nutzungsflächen (Polygone), Straßen (Linien) und Einzelsignaturen (Punkte) erfasst („digitalisiert").

Bei der Erfassung von Geodaten kann es – trotz korrekter Vorgehensweise und Zuhilfenahme der Fangumgebung – zu Lagefehlern kommen, die sich negativ auf die Datenqualität auswirken. Damit ist sowohl die korrekte Darstellung als auch die Verwendbarkeit der Daten zur weiteren Verarbeitung (z. B. räumliche Verschneidung) gefährdet. Typische Fehler sind z. B. die Überlappung zweier aneinander grenzender Polygone oder die unerwünschte freie Lage eines Linienendpunkts („Dangle"). Wie ArcGIS den Datenerfasser bei der Vermeidung und Korrektur solcher Fehler und damit bei der Erhaltung einer fehlerfreien, konsistenten und sauberen topologischen Struktur unterstützen kann, soll anhand dieser Lektion gezeigt werden. Von zentraler Bedeutung für die Topologiebearbeitung in ArcGIS ist die ArcMap-Werkzeugleiste „Topologie", deren Werkzeuge und Buttons bereits in Kapitel 6.1.4.18 ausführlich vorgestellt wurden.

14.9.1 Karten-Topologie

In der Lizenzstufe ArcGIS for Desktop Basic steht dem Nutzer zur Qualitätssicherung die sog. Karten-Topologie zur Verfügung. Eine Karten-Topologie kann während einer Editiersitzung in ArcMap auf einfache Features (Punkte, Linien, Polygone) von Shapefiles oder Geodatabase-Feature-Klassen angewendet werden. Shapefiles und Feature-Klassen, die einbezogen werden, müssen sich in demselben Verzeichnis bzw. derselben Geodatabase befinden.

Als Grundlage für diese Lektion verwenden Sie das Ergebnis von Übungsblock 6. Diese MXD wurde angepasst und befindet sich entsprechend bereits im Ordner „Block_ 09".

Öffnen Sie nun die „Topologie.mxd".

Zoomen Sie zu einer Stelle, an der zwei Polygone unterschiedlicher Nutzung aufeinandertreffen (der Bildausschnitt in Abbildung 482 ist in der Hauptmenüleiste unter „Lesezeichen" ⇨ „Karten-Topologie" abgespeichert). Es wird häufig vorkommen, dass Sie zwei Features, welche einander berühren, bearbeiten müssen. Über die Editierwerkzeuge, die Sie in Übungsblock 6 kennengelernt haben, können Sie für diese Aufgaben einfach die Stützpunkte der jeweiligen Flächen oder Linien verschieben. Ein Nachteil hierbei ist, dass Sie zwei Arbeitsschritte durchführen müssen, da Sie ja die Stützpunkte beider Features anpassen müssen. Zudem können bei einer solchen nachträglichen Editierung ungewollt Überlappungen oder Lücken zwischen den beiden beteiligten Polygonen entstehen. Zur Vermeidung dieser Problematik steht dem Datenerfasser in ArcGIS (auch unter ArcGIS for Desktop Basic) die bereits erwähnte „Karten-Topologie" zur Verfügung.

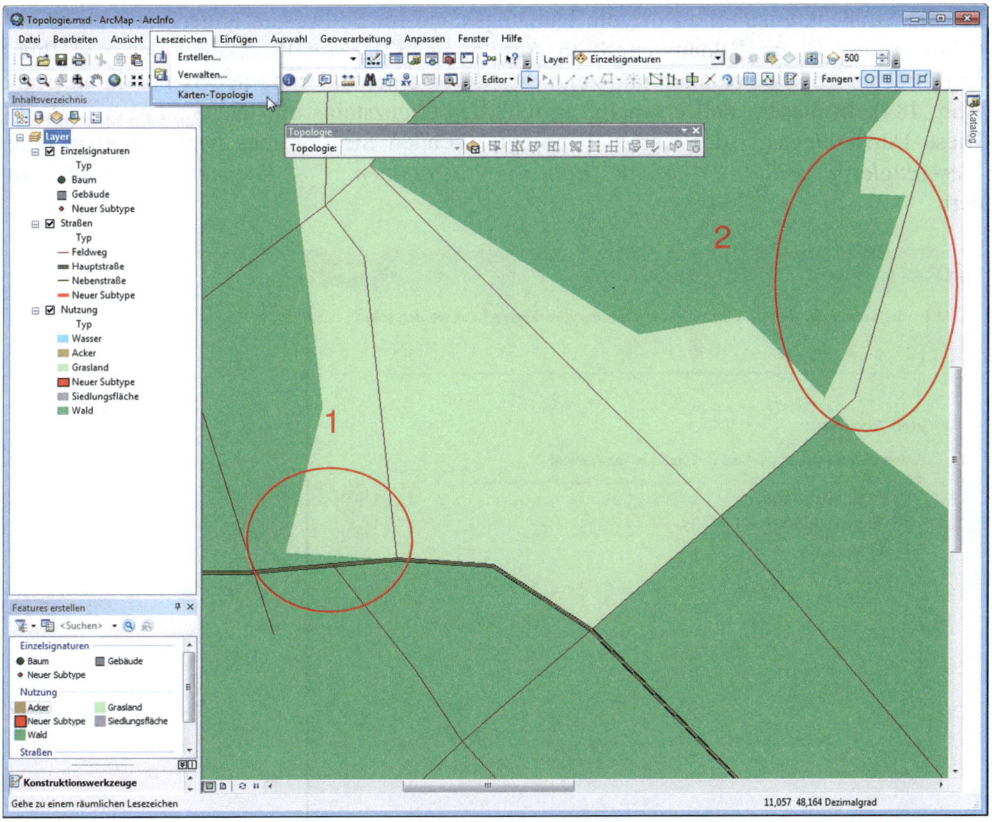

14.9 Lösung zum Übungsblock 9

Abb. 482: Bildausschnitt zu den Übungen zur Karten-Topologie

Die Flächen in Abbildung 482 sollen für diese Übung an die Verkehrswege angepasst werden.

Zur Verwendung der Karten-Topologie aktivieren Sie deswegen nun die Werkzeugleiste „Topologie" und starten Sie – falls noch nicht geschehen – mit der Werkzeugleiste „Editor" die Bearbeitung der Geodatabase, in der sich die bereits erfassten Flächen, Punkte und Linien befinden. Mit Klick auf den Button „Topologie auswählen" in der Werkzeugleiste „Topologie" öffnen Sie das Dialogfenster „Topologie auswählen" (siehe Abb. 483), in dem Sie bestimmen können, welche Feature-Klassen an der Karten-Topologie beteiligt sein sollen. In unserem Fall haken wir nur die Layer „Strassen" und „Nutzung" an. Die Cluster-Toleranz gibt die Entfernung an, ab welcher nahe beieinanderliegende Kanten und Stützpunkte verschiedener Features als topologisch koinzident (lagegleich) betrachtet werden. Wir belassen es bei dem voreingestellten Wert von 0,001 Metern (unter dem Bereich Optionen") und bestätigen mit „OK".

Aktivieren Sie nun in der Werkzeugleiste „Topologie" mit Mausklick das „Werkzeug ‚Topologiebearbeitung' ". Dieses Werkzeug erlaubt Ihnen, die jeweiligen Topologieknotenpunkte zu verschieben, anstatt jeden Stützpunkt einzeln verändern zu müssen. Klicken Sie auf die Straßenkreuzung, an die die Nutzungskante im Südwesten angepasst werden soll (Markierung „1" im Bildausschnitt in Abbildung 482). ArcGIS erkennt den von Ihnen angeklickten Topologieknoten und zeigt dies durch eine Änderung der Symbolik an (siehe Abb. 484). In diesem Fall erscheint anstelle des Grenzsteins ein magentafarbener Punkt. Diese Darstellungsart (der Karten-Topologie) können Sie übrigens nach Belieben unter *Werkzeugleiste „Editor"* ⇨ *Menü „Editor"* ⇨ *„Optionen..."* ⇨ *Register „Topologie"* ändern.

Abb. 483: Erstellen einer „Karten-Topologie": Gleichnamiges Dialogfenster

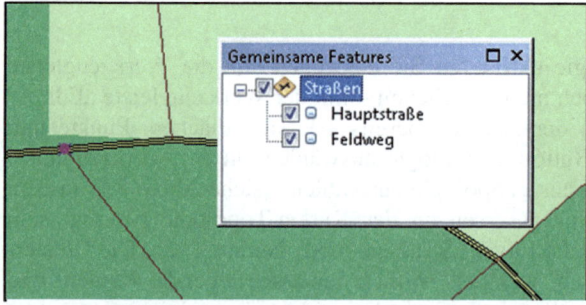

Abb. 484: Anzeige des ausgewählten Topologieknotenpunkts und beteiligte Features

Wenn Sie nun in der Werkzeugleiste „Topologie" auf den Button „Gemeinsame Features" klicken, werden in dem Dialogfenster „Gemeinsame Features" sämtliche Features aufgelistet, die vom aktuell ausgewählten Topologie-Element betroffen sind (siehe Abb. 484).

14.9 Lösung zum Übungsblock 9

Klicken Sie mit der Maus auf einzelne Einträge, um die entsprechenden Features kurz aufblinken zu lassen.

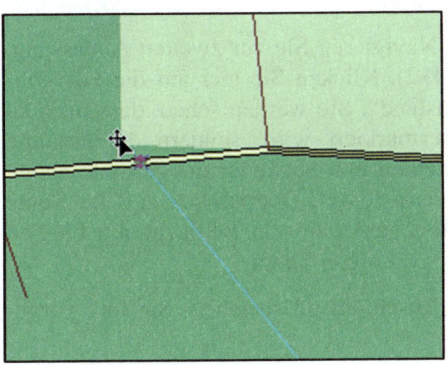 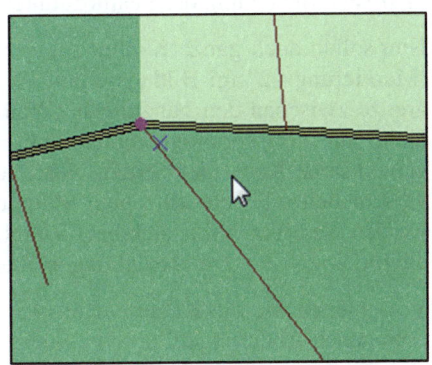

Abb. 485: Der Topologieknotenpunkt vor und nach dem Verschieben der zugehörigen Features

Schließen Sie anschließend das Dialogfenster wieder. Klicken Sie ein weiteres Mal mit dem Werkzeug „Topologiebearbeitung" auf das magentafarbene Topologie-Element und ziehen Sie es bei gedrückter Maustaste auf den Eckpunkt der beiden Nutzungsflächen. Beenden Sie das Verschieben durch Loslassen der Maustaste am Zielpunkt.

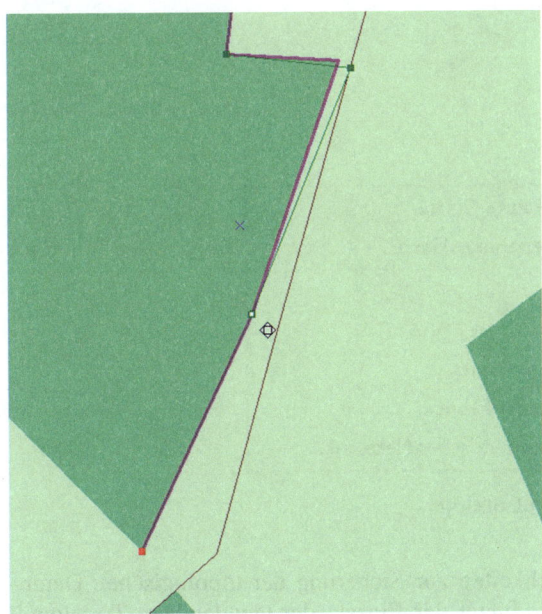

Abb. 486: Anpassung der Polygon-Kante an das Linien-Feature „Feldweg"

Das Ergebnis (siehe Abb. 485) ist eine saubere Verschiebung der Straßenkreuzung zum Eckpunkt der Nutzungsflächen. Durch den Einsatz der Karten-Topologie wurde dabei geometrische Beziehung der Features untereinander gewahrt.

Nun sollen auch ganze Kanten angepasst werden. Navigieren Sie zur zweiten Anpassung. (Markierung „2" im Bildausschnitt in Abbildung 482). Klicken Sie hier auf die Polygongrenze zwischen den Nutzungen „Wald" und „Grasland". Sie werden sehen, dass diesmal nicht nur der Topologieknotenpunkt in Magenta markiert wird, sondern die gesamte gemeinsame Kante der beiden Nutzflächen. Sie können nun entweder die gesamte Kante verschieben oder die einzelnen Stützpunkte verändern (durch Doppelklick auf die Kante werden die Stützpunkte sichtbar). Durch das Verschieben der einzelnen Stützpunkte bleiben die topologischen Lagebeziehungen aber nicht zwangsläufig erhalten.

Verschieben Sie die Kante auf das Linienfeature. Anschließend speichern Sie Ihre vorgenommenen Änderungen.

14.9.2 Geodatabase-Topologie (ab ArcGIS for Desktop Standard)

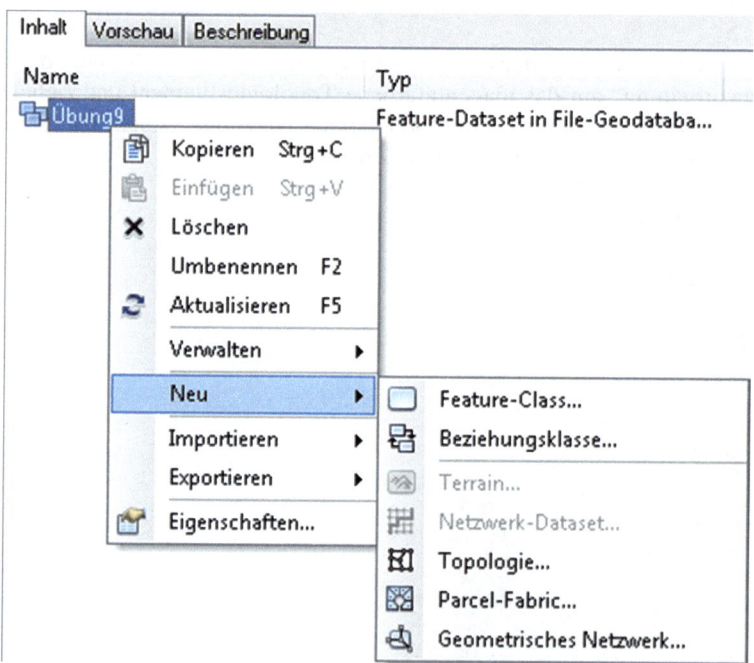

Abb. 487: Erstellen einer Topologie im ArcCatalog

Weitaus umfangreichere Möglichkeiten zur Sicherung der topologischen Datenqualität als die Karten-Topologie bietet der Einsatz der Geodatabase-Topologie, für deren Erstellung und Nutzung allerdings mindestens eine ArcGIS for Desktop Standard-Lizenz erforderlich ist. Nachteil der Geodatabase-Topologie ist, dass sie nicht auf Shapefiles angewendet werden kann.

14.9 Lösung zum Übungsblock 9

Die Geodatabase-Topologie wird in ArcCatalog oder im Katalog in einem Feature-Dataset erstellt und umfasst einen Satz von allgemeinen Regeln über die Beziehung zwischen den Feature-Klassen. Sie wird als Datenobjekt innerhalb des Datasets verwaltet und kann einer ArcMap-Sitzung als Layer hinzugefügt werden. Die Überprüfung der Topologieregeln findet in ArcCatalog statt, während die Korrektur der festgestellten Fehler in ArcMap vorgenommen werden muss.

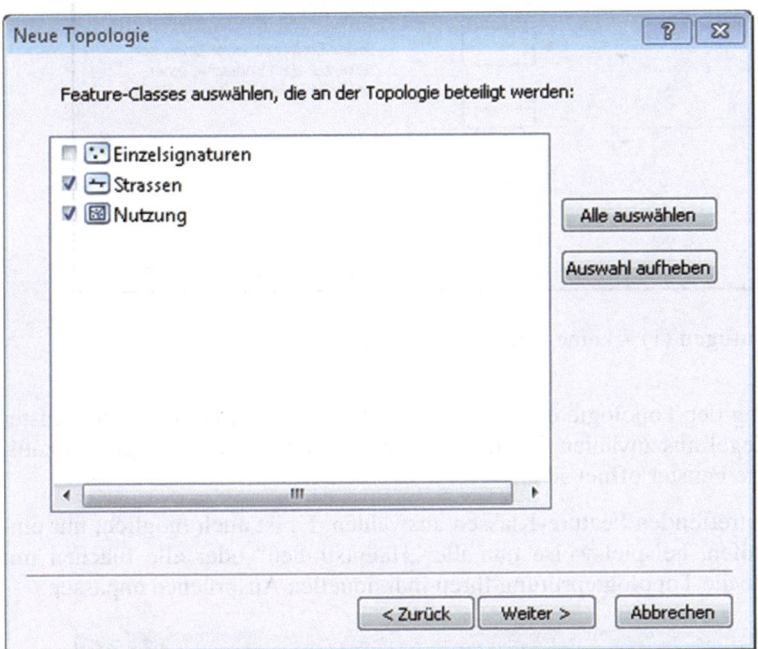

Abb. 488: Auswahl der beteiligten Feature-Klassen

Navigieren Sie wahlweise im ArcCatalog oder im Katalog in das Verzeichnis „Block_09". Dort finden Sie die Geodatabase „Uebung09" (diese Geodatabase ähnelt stark Ihrem Ergebnis aus dem Übungsblock 6, wurde jedoch angepasst). Rufen Sie dort in Ihrem Feature-Dataset „Übung9" mit der rechten Maustaste das Kontextmenü auf. Bewegen Sie den Mauszeiger auf den Eintrag „Neu" und klicken Sie im Untermenü auf „Topologie..." (siehe Abb. 487).

Im Dialogfenster klicken Sie auf „Weiter >". Sie können daraufhin einen Namen für Ihre Topologie eingeben. Belassen Sie die Cluster-Toleranz und bestätigen mit „Weiter >".

Im nächsten Schritt können Sie die Feature-Klassen angeben, die an der Topologieprüfung beteiligt sein sollen. In diesem Fall sollen Topologieregelen für die Feature-Klassen „Strassen" und „Nutzung" erstellt werden. Nach der Eingabe der Rangstufen (ist bei Beteiligung mehrerer Feature-Klassen relevant) können die Topologieregeln festgelegt werden. Zu den typischen Fehlern, die eine Topologieprüfung aufdeckt, gehören „Dangles", also freistehende Linienenden. Sie können für jede dieser Prüfungen eine eigene Topologie erstellen, gerade bei größeren Kartenprojekten ist dies auch sinnvoll. Im Fall

14 Lösungen

dieser Übung sollen jedoch Polygon- und Linien-Features in einer Topologieprüfung verarbeitet werden.

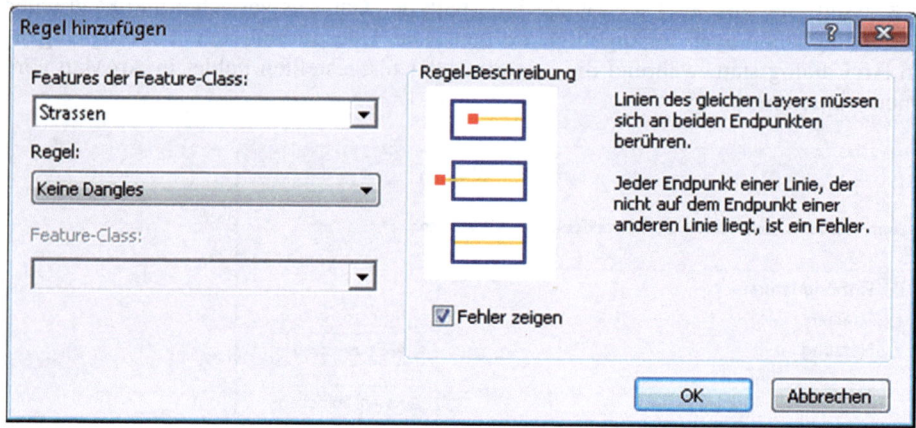

Abb. 489: Regel hinzufügen (1) – keine Dangles bei Linien

Die eigentliche Prüfung der Topologie erfolgt nach den Regeln, die Sie in diesem Fenster festlegen. Um eine Regel auszuwählen, klicken Sie auf die Schaltfläche „Regel hinzufügen". Das gleichnamige Fenster öffnet sich.

Sie können hier die betreffenden Feature-Klassen auswählen. Es ist auch möglich, nur einzelne Subtypes zu prüfen, beispielsweise nur alle „Hauptstraßen" oder alle Flächen mit „Wald". So können Sie die Topologieprüfung Ihren individuellen Ansprüchen anpassen.

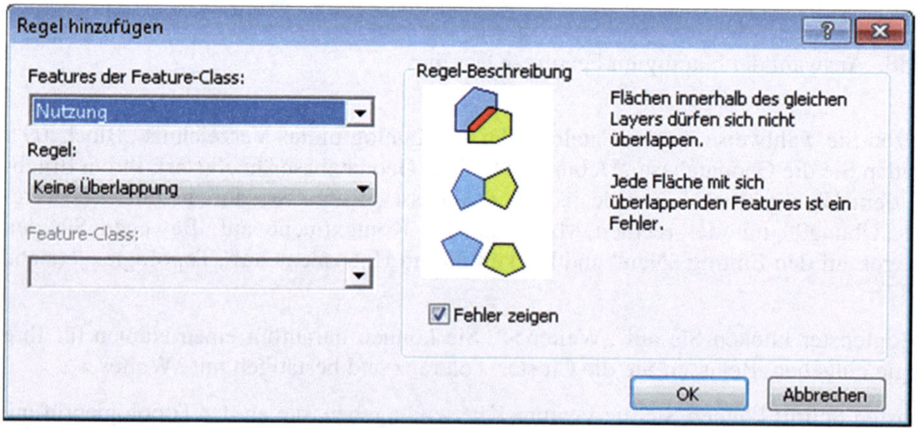

Abb. 490: Regel hinzufügen (2) – keine Überlappung der Polygone

Wählen Sie bei „Features der Feature-Class:" die „Strassen" aus. Im Drop-down-Menü der Regeln können Sie nun aus verschiedenen Einträgen wählen. Sobald Sie eine Regel angeklickt haben, erscheint im rechten Fensterbereich eine kurze Beschreibung der Regel in Bildern und Worten. Wählen Sie den Eintrag „Keine Dangles" aus und bestätigen Sie mit

„OK". Diese Regel wurde nun Ihrer Übersicht hinzugefügt. Fügen Sie nun noch die Regeln „Keine Überlappung" und „Keine Lücken", jeweils betreffend die Feature-Klasse „Nutzung", hinzu.

Haben Sie auch diese beiden Regeln übernommen, klicken Sie auf „Weiter >". Sie erhalten eine Zusammenfassung der zu erstellenden Topologie. Klicken Sie abschließend auf „Fertig stellen". Die Frage, ob die Topologie gleich überprüft werden soll, beantworten Sie mit „Ja".

Tipp: Sie können die von Ihnen ausgewählten Regeln in einer Datei speichern (Schaltfläche „Regeln speichern...") und später wieder laden. So ersparen Sie sich das erneute Auswählen einzelner Regeln und der zugehörigen Feature-Klassen, falls Sie die Topologieprüfung erneut durchführen müssen. Wollen Sie dieses Regel-Set auf ein anderes Projekt anwenden, müssen Sie den festgelegten Feature-Klassen neue Ziel-Klassen zuweisen, ein entsprechendes Dialogfenster öffnet sich automatisch.

14.9.3 Überprüfen der gefundenen Fehler (ab ArcGIS for Desktop Standard)

Zur Überprüfung müssen Sie die gerade erstellten Daten in ArcMap laden. Fügen Sie dem Datenrahmen die Topologie hinzu (aus der Geodatabase „Uebung09"). Die Frage, ob die beteiligten Feature-Klassen ebenfalls hinzugefügt werden sollen, beantworten wir mit „Nein" – diese sind ja bereits in Ihrer MXD geladen.

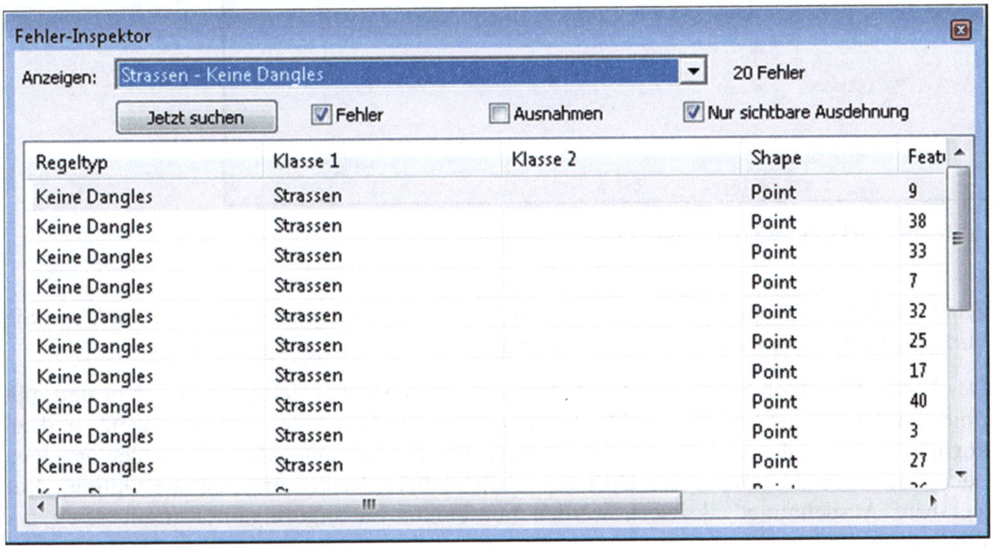

Abb. 491: Der „Fehler-Inspektor" – Regelverletzungen „Keine Dangles"

Im Datenrahmen sehen wir nun die Topologie aufgeschlüsselt nach Flächen-, Linien- und Punktfehlern. Starten Sie ggf. die Bearbeitung der Geodatabase und aktivieren Sie die Werkzeugleiste „Topologie".

Zuerst muss, ähnlich wie bei der Karten-Topologie, über die Schaltfläche „Topologie auswählen" die neu erstellte Geodatabase-Topologie aktiviert werden (siehe Abb. 492).

14 Lösungen

Anschließend werden einige Werkzeuge der Werkzeugleiste aktiv und können verwendet werden.

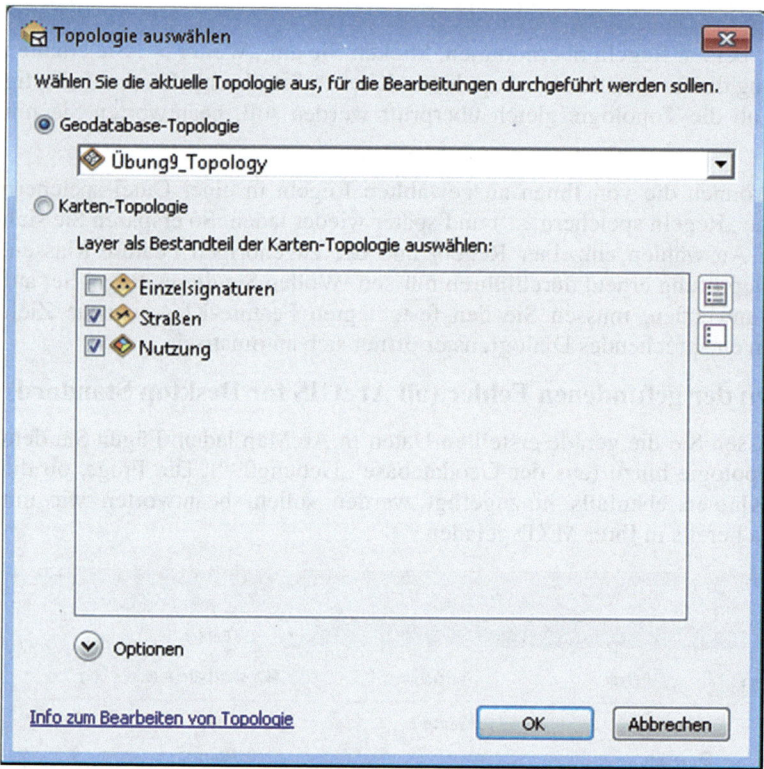

Abb. 492: Aktivieren der Geodatabase Topologie

 Zur Korrektur der Topologiefehler benutzen Sie am besten den „Fehler-Inspektor", den Sie mit dem Button „Fehler-Inspektor" in der Werkzeugleiste „Topologie" aufrufen.

Der Fehler-Inspektor liefert eine tabellarische Auflistung aller gefundenen Fehler und gibt Ihnen mittels Kontextmenü die Möglichkeit, diese nacheinander „abzuspringen" und zu korrigieren bzw. als Ausnahme zu definieren. Sie können entweder alle Fehler anzeigen oder eine Auswahl treffen (im Drop-down-Menü bei „Anzeigen:"). Ist die Option „Nur sichtbare Ausdehnung" aktiviert, werden nur Fehler im angezeigten Kartenbereich gefunden.

Tipp: Da in der Übungs-MXD „Topologie" nur ein Kartenausschnitt bearbeitet wurde, enden viele Straßen am Kartenrand in „Dangles" und Polygone haben „Lücken". Diese Topologiefehler können als Ausnahme markiert werden, um nicht mehr als Fehler angezeigt zu werden. Zur Übung suchen Sie einfach nur im gekennzeichneten Kartenbereich nach Fehlern, dadurch ist gewährleistet, dass diese „Fehler" am Rand der Bearbeitung nicht angezeigt werden. Für die folgenden Übungen ist es sinnvoll, ein Lesezeichen bei voller Ausdehnung des angegebenen Übungsbereichs zu setzen, zu dem Sie dann immer wieder leicht zurückkehren können.

14.9 Lösung zum Übungsblock 9

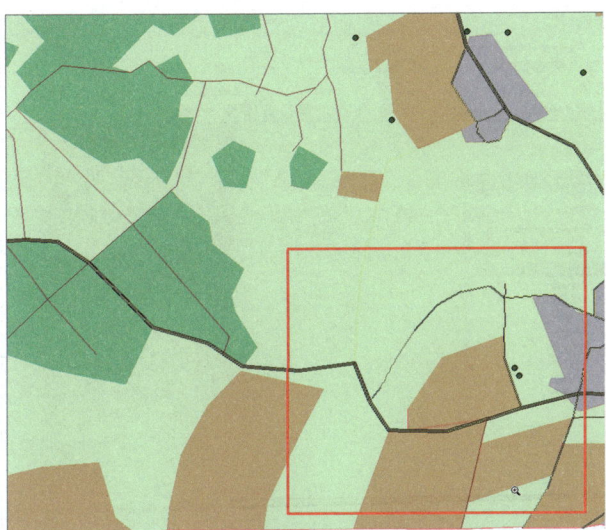

Abb. 493: Zoomen Sie auf das rote Rechteck

Exemplarisch sollen nun einige Fehler aus allen drei Regelverstößen behoben werden. Zoomen Sie in das rot markierte Rechteck (Abb. 493). Ziehen Sie dazu einen entsprechend großen Rahmen mit dem Zoom-Werkzeug „Vergrößern", sodass die Abgrenzung gerade noch sichtbar ist. In der Hauptmenüleiste unter „Lesezeichen" können Sie ein neues „Lesezeichen erstellen…". Wenn Sie zu einem späteren Zeitpunkt wieder zu dieser Ausdehnung zurückkehren möchten, klicken Sie abermals auf den Menüpunkt „Lesezeichen" und wählen Sie Ihr erstelltes Lesezeichen aus.

Suchen Sie nun mit dem Fehler-Inspektor nach Fehlern in dieser Ausdehnung.

Starten Sie mit den Fehlern „Keine Überschneidung" der Polygon-Features. Wählen Sie dazu entweder bei „Anzeige" im Fehler-Inspektor nur diese Regel aus oder lassen Sie sich alle Fehler anzeigen und scrollen Sie, bis Sie zu den Überlappungsfehlern gelangen. Rufen Sie das Kontextmenü des ersten Fehlers „Keine Überlappung" auf und lassen Sie ArcMap auf diesen Fehler zoomen. Der markierte Fehler wird in ArcMap schwarz umrandet, in dieser Fläche überschneiden sich also zwei Nutzungen. Beheben Sie nun den Fehler.

Im Kontextmenü des Fehlers haben sie dazu verschiedene Möglichkeiten. Durch „Subtrahieren" werden die sich überschneidenden Flächen voneinander abgezogen und die Schnittfläche bleibt leer. Durch Zusammenführen" weisen Sie die Schnittfläche einer der beiden ursprünglichen Flächen zu. Wenn Sie „Feature erstellen" wählen, speichern Sie die Schnittfläche als neue, eigenständige Fläche. Für unseren Fall wählen Sie „Zusammenführen". Es öffnet sich ein Fenster, in dem die beiden ursprünglichen Polygone angezeigt werden. Klicken Sie auf eines der Features im Dialogfenster und die entsprechende Fläche leuchtet in ArcMap grün auf. Markieren Sie diejenige Fläche, zu der Sie die Schnittfläche zuweisen wollen (Grasland), und bestätigen Sie mit „OK". Der Fehler verschwindet daraufhin aus Ihrem Fehler-Inspektor. Versuchen Sie, auf diese Weise alle Fehler dieses Fehlertyps in der Liste zu beheben.

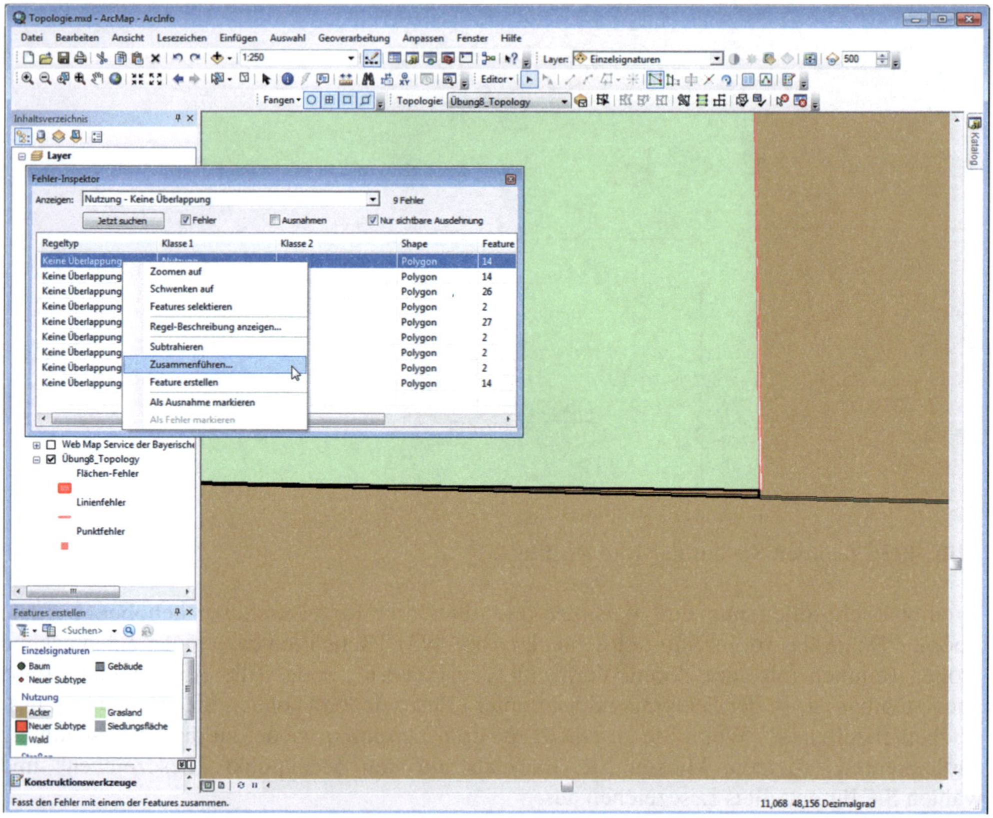

14 Lösungen

Abb. 494: Erster Fehler „Keine Überschneidung"

Die Vorgehensweise für den Topologiefehler „Keine Lücken" ist ähnlich, aber mit dem Unterschied, dass lediglich ein neues Feature erstellt werden kann. Andere Lösungsvorschläge werden nicht angeboten. Ggf. muss im Anschluss daran noch die neue Fläche mit einer bestehenden zusammengeführt werden.

Wenden Sie sich nun den Linien-Features zu. Zoomen Sie zum ersten Fehler „Keine Dangles" (ggf. müssen Sie erneut auf das rote Viereck zoomen und im Fehler-Navigator nach den entsprechenden Fehlern suchen). Sie haben nun die Möglichkeit, den Fehler zu beheben, indem Sie die Einträge „Fangen...", „Verlängern..." und „Kürzen..." aus dem Kontextmenü verwenden. Sie werden im Anschluss immer zur Angabe eines Entfernungswerts um den Fehler herum aufgefordert, bis zu dem nach einem verwendbaren Objekt gesucht wird, beispielsweise eine Linie, zu der verlängert werden kann, oder ein Endpunkt, auf den gesnappt werden kann (siehe Abb. 495).

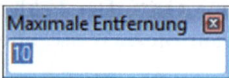

Abb. 495: Eingabe der Toleranzgrenze für „Fangen…", „Verlängern…" oder „Kürzen…"

Bestätigen Sie nach Angabe einer geeigneten Entfernung (plausibler Wert in unserem Fall: 10 Meter) mit der Eingabetaste (Enter), so wird die Korrektur – wenn möglich – automatisch durchgeführt, und der Fehler verschwindet aus der Liste.

Zoomen Sie anschließend wieder auf den Anfangsbildschirm bzw. auf Ihr erstelltes Lesezeichen und klicken Sie anschließend in der Werkzeugleiste „Topologie" auf den Button „Gesamte Topologie überprüfen" und bestätigen Sie mit „Ja". Dadurch wird die Topologieprüfung unter Berücksichtigung der von Ihnen getroffenen Änderungen wiederholt. Klicken Sie anschließend im Fehler-Inspektor ein weiteres Mal auf „Jetzt suchen". Bearbeiten Sie auf diese Weise alle „richtigen" Fehler, die Topologiefehler am Kartenrand können anschließend einfach als Ausnahme markiert werden. Dafür kann im „Fehler-Inspektor" auch mehr als ein Eintrag markiert werden. Dadurch brauchen Sie nicht jeden Eintrag einzeln als Ausnahme markieren.

14.10 Lösung zum Übungsblock 10: Diagramme und Berichte

14.10.1 Laden der Übungsdaten

Im Folgenden sollen Sie ein Diagramm erstellen. Als Grundlage dienen Daten zur Bevölkerung und zu Kriminalfällen in den Jahren 2003 und 2008 aus den einzelnen Bundesländern Deutschlands. Diese Daten sind in einer Excel-Tabelle im Ordner „Block_10" gespeichert.

Um ein Diagramm erstellen zu können, müssen Sie zunächst die Tabelle zu einem neuen oder bestehenden Projekt hinzufügen. Öffnen Sie also ein leeres Projekt in ArcMap und navigieren Sie im Katalog in den Ordner „Block_10". Erweitern Sie über das Plus-Symbol auf der linken Seite die Tabellendatei, sodass Sie die vorhandenen Tabellenblätter der Datei sehen können.

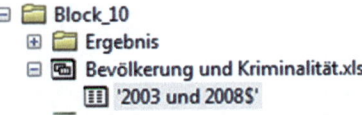

Abb. 496: Anzeige des Tabellenblatts innerhalb der Excel-Datei

Wählen Sie nun das Tabellenblatt „2003 und 2008$" aus und ziehen Sie die Datei in das zentrale Kartenfenster. Sie werden keine Veränderung bemerken, lediglich in der Ansicht „Nach Quelle auflisten" im Inhaltsverzeichnis ist nun die hinzugefügte Datei zu finden.

14.10.2 Erstellen eines Blasendiagramms

Klicken Sie nun unter *Hauptmenüleiste* ⇨ *„Ansicht"* ⇨ *„Diagramme"* ⇨ *„Diagramm erstellen..."*. Es öffnet sich nun der „Diagrammerstellungsassistent", in welchem Sie die wichtigsten Einstellungen vornehmen werden. Die Einstellungsmöglichkeiten richten sich nach der Art des zu erstellenden Diagramms. Für unsere Übungsaufgabe wählen Sie im Drop-down-Menü „Diagrammtyp" den Eintrag „Blase" (Abb. 497).

 Tipp: Als neue Diagrammform kann seit ArcGIS 10 ein Blasendiagramm ausgewählt werden. Ein Blasendiagramm bietet den Vorteil, drei Variablen in zwei Dimensionen darstellen zu können. Die X- und Y-Achse stellen dabei wie

14 Lösungen

gewohnt den linearen Verlauf zweier Variablen dar, die dritte Variable definiert den Radius der Blase.

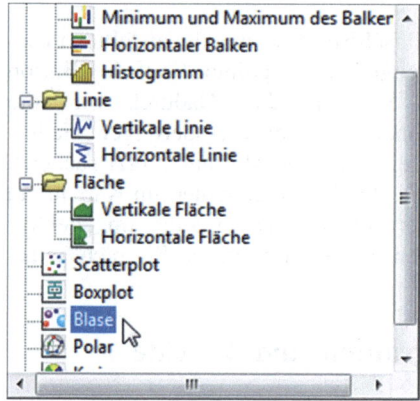

Abb. 497: Auswahl des Diagrammtyps „Blase"

Der „Diagrammerstellungsassistent" hat sich nun dieser Auswahl angepasst und sieht aus wie in Abbildung 498.

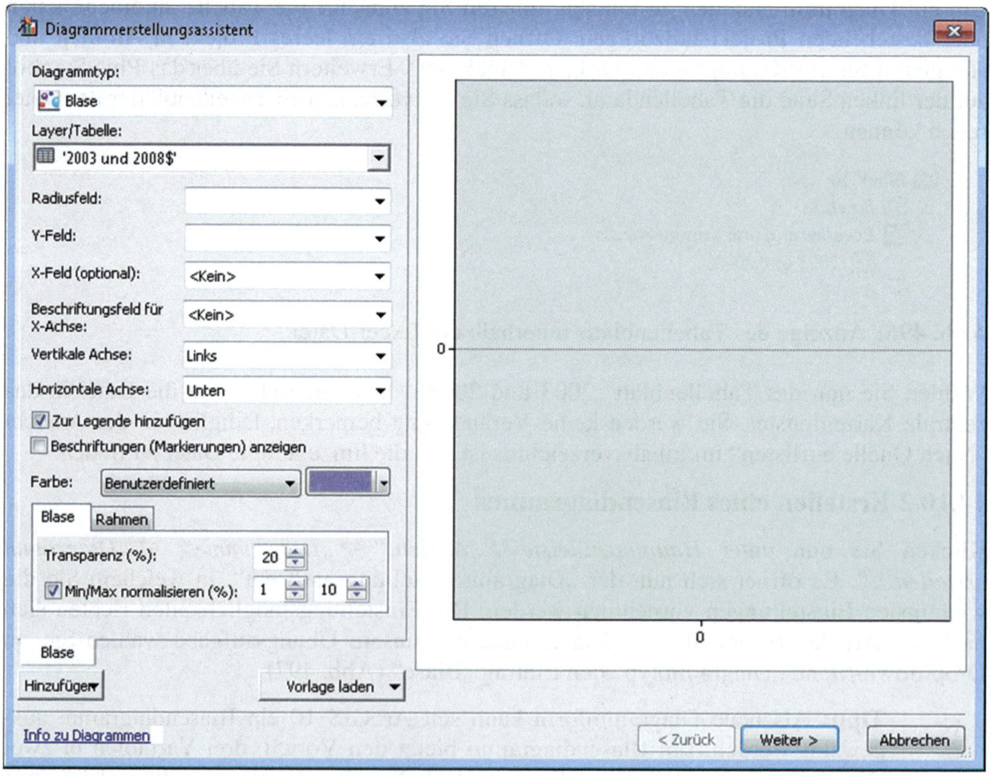

Abb. 498: Der „Diagrammerstellungsassistent" zum Diagrammtyp „Blase" (1)

712

Geben Sie – falls nicht bereits geschehen – unter „Layer/Tabelle:" das hinzugeladene Tabellenblatt an. Die Größe der Basen soll die absolute Anzahl an Kriminalfällen verdeutlichen, geben Sie hier im Drop-down-Menü also die Spalte „Kriminalfälle 2008" an. Auf den Achsen soll zudem verglichen werden, ob die Änderung der Bevölkerungszahl mit der Änderung der Kriminalfallanzahl korreliert. Dazu weisen Sie dem „Y-Feld:" die Daten der „Bevölkerungsveränderung 2003/2008" und dem „X-Feld (optional):" die „Kriminalfälle 2003/ 2008" zu. Wie Sie sehen können, wird auf der rechten Seite bereits eine kleine Vorschau angezeigt. Sie können nun weitere Einstellungen vornehmen. Um den Namen des jeweiligen Bundeslands als Blasenbeschriftung anzeigen zu lassen, setzen Sie den Haken bei „Beschriftungen (Markierungen) anzeigen" und wählen als „Beschriftungsfeld für X-Achse" den Eintrag „Land" aus. Deaktivieren Sie nun noch die Legende (Entfernen Sie den Haken bei „Zur Legende hinzufügen"). Die Vorschau zeigt Ihnen nun beschriftete Blasen (siehe Abb. 499). Belassen Sie die Einstellungen zu Farbe, Transparenz und Rahmen der einzelnen Blasen vorerst unverändert, diese können später noch verändert werden.

Klicken Sie nun auf „Weiter >" und geben Sie als Diagrammtitel „Bevölkerung und Kriminalität" ein. Weitere Einstellungen in diesem Fenster betreffen Position und Titel der Legende und der Achsen. Außerdem können sie das „Diagramm in 3D-Ansicht" auswählen (Anhaken), die Veränderung wird sofort in der Vorschau sichtbar. Schließen Sie den Dialog mit „Fertig stellen" ab. Ihr erstelltes Diagramm wir nun in ArcMap in einem separaten Fenster angezeigt und kann beliebig verschoben werden.

Nun sind weder die Achsen- noch die Blasenbeschriftungen optimal. Um nachträgliche Modifizierungen vorzunehmen, wählen Sie im Kontextmenü des Diagramms *„Erweiterte Eigenschaften..."* aus (durch die einfachen „Eigenschaften" gelangen Sie in das bereits bekannte Dialogfenster des Diagrammerstellungsassistenten). In den „Erweiterten Eigenschaften" können Sie eine Vielzahl von Veränderungen vornehmen; in diesem Übungsblock wird nur ein kleiner Teil davon behandelt. Seit ArcGIS 10.1 for Desktop sind die Begriffe übersetzt worden, weswegen hier die deutschen Ausdrücke verwendet werden.

Zuerst wollen wir die Beschriftungen anpassen. Wechseln Sie dazu im Inhaltsverzeichnis unter „Reihe" zum Eintrag „Blase" (siehe Abb. 500). Dort können Sie grundlegende Eigenschaften des Diagramms ändern. Im Register „Format" können Sie das Aussehen der Blasen beeinflussen. Wechseln Sie in das Register „Marker", um die Beschriftungen anzupassen.

14 Lösungen

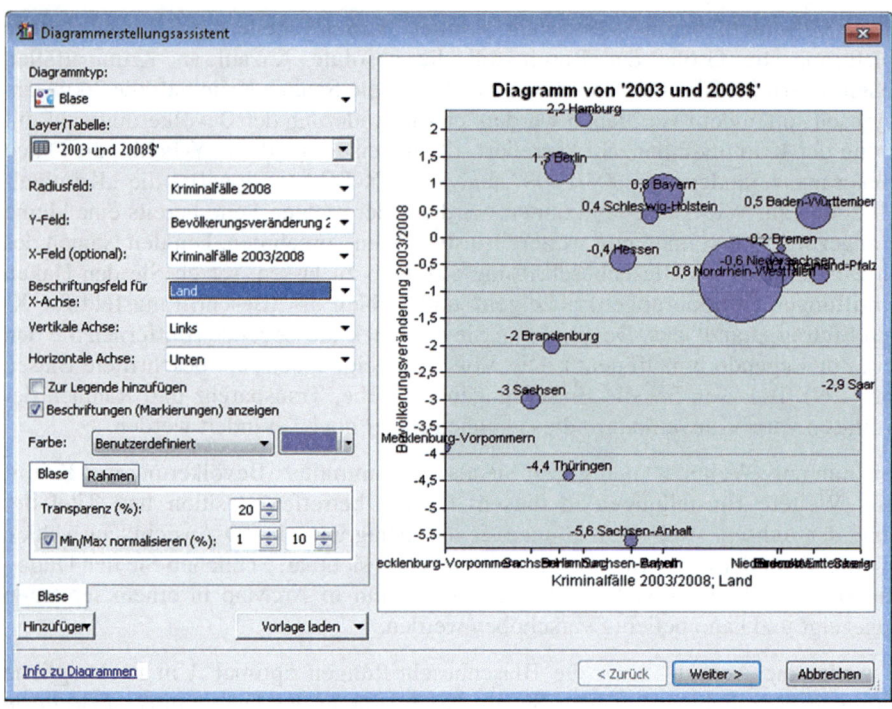

Abb. 499: Der „Diagrammerstellungsassistent" zum Diagrammtyp „Blase" (1) – ausgefüllt

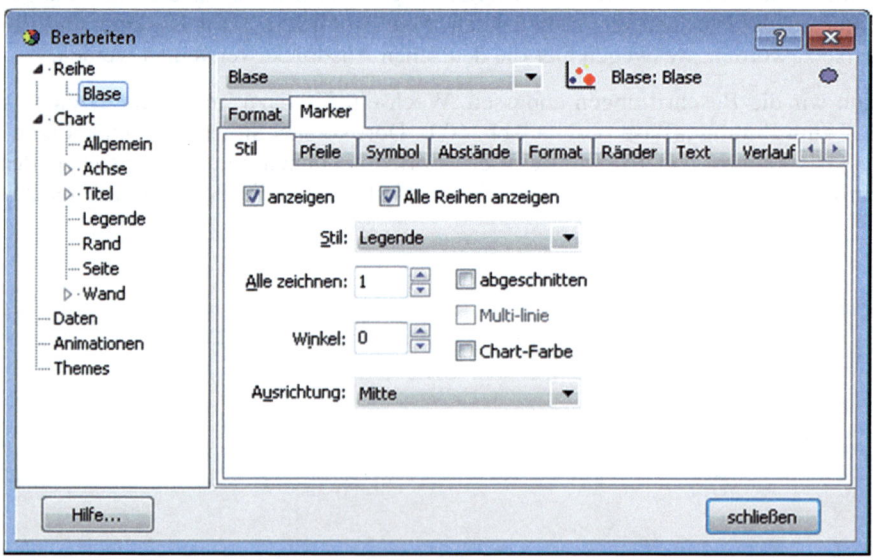

Abb. 500: Anpassen der Beschriftungen in „Blase" ⇨ „Marker" ⇨ „Stil"

14.10 Lösung zum Übungsblock 10

Achten Sie darauf, dass der Haken bei „anzeigen" gesetzt ist, sonst bleibt die Beschriftung unsichtbar (siehe Abb. 500). Im Drop-down-Menü bei „Stil" können Sie sehen, dass der Eintrag „Legende" ausgewählt ist. Da Sie bereits im Diagrammerstellungsassistent angegeben haben, dass die Daten zur Beschriftung aus der Spalte „Land" kommen sollen, können Sie hier im Drop-down-Menü nun einfach „Beschriftung" auswählen, um diesen Beschriftungsstyle zu aktivieren.

Abb. 501: Auswahl des Beschriftungsstyles „Beschriftung"

Passen Sie nun entsprechend die Achsenbeschriftungen an. Wechseln Sie im Inhaltsverzeichnis zum Punkt „Achse". Da die Y-Achse bereits richtig beschriftet ist (nur mit der Achsenbeschriftung und mit den Werten), muss nun noch die X-Achse angepasst werden. Wählen Sie deswegen „Untere Achse", um deren Eigenschaften zu verändern. Im Register „Beschriftung" finden Sie abermals ein Drop-down-Menü „Stil" (siehe Abb. 502).

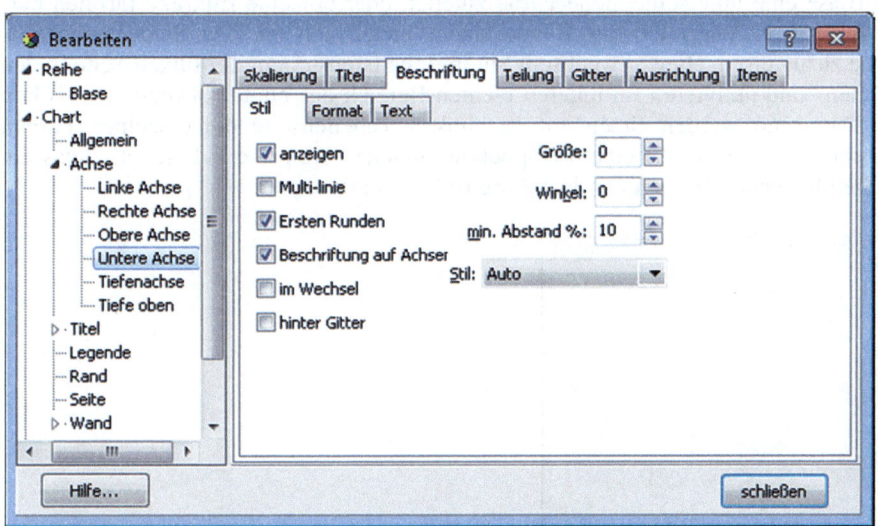

Abb. 502: Anpassen der Achsenbeschriftungen in „Achse" ⇨ „Untere Achse" ⇨ „Beschriftung"

14 Lösungen

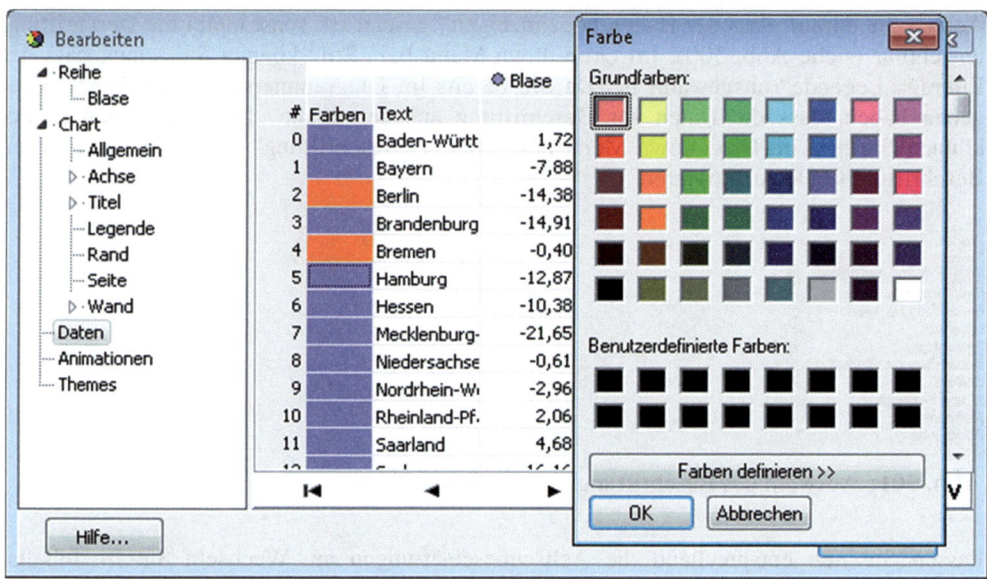

Abb. 503: Individuelle Farbauswahl für einzelne Werte

Wählen Sie hier im Drop-down-Menü den Eintrag „Wert". Sofern gewünscht, können Sie auch jeder Blase eine unterschiedliche Farbe zuteilen oder einzelne Einträge farblich hervorheben. Bei einem Vergleich der Bundesländer bietet sich an, den Stadtstaaten eine andere Farbe zuzuweisen. Hierfür wechseln Sie im Inhaltsfenster auf der linken Seite in den Eintrag „Daten" und aktivieren im unteren rechten Bereich das bunte Karomuster „Farben anzeigen". Daraufhin werden Ihnen auf der linken Tabellenseite die einzelnen Farben angezeigt (siehe Abb. 503). Mit einem Doppelklick können Sie diese individuell anpassen. Vergeben Sie für Berlin, Bremen und Hamburg rötliche Farbtöne.

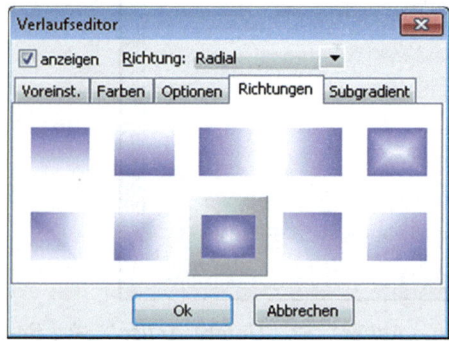

Abb. 504: Auswahl „Radial" im „Verlaufseditor"

14.10 Lösung zum Übungsblock 10

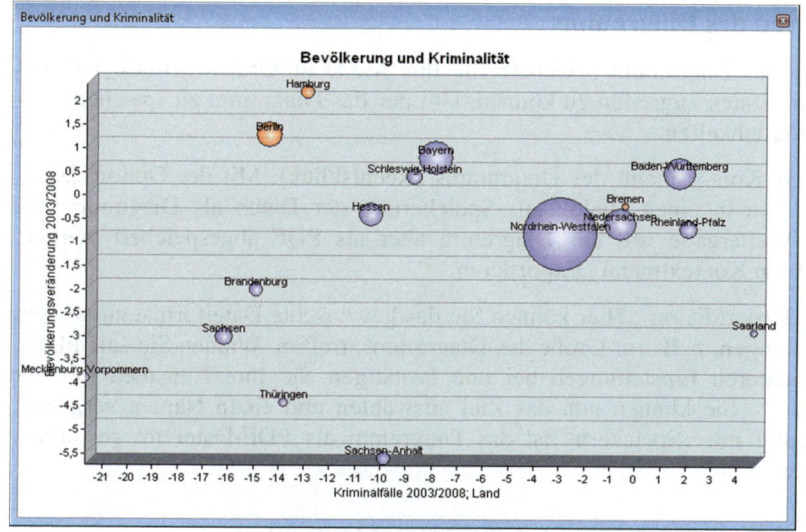

Abb. 505: Fertiges Blasendiagramm in ArcMap

 Tipp: Wenn Sie die Farben für jede Blase zufällige vergeben wollen, können Sie auch in den grundlegenden Diagrammeigenschaften unter „Reihe" ⇨ „Blase" ⇨ „Format" einfach den Eintrag „jede farbig" anhaken. Daraufhin vergibt ArcMap die Farben willkürlich.

Zuletzt sollen die Blasen noch in 3D dargestellt werden. Wechseln Sie dazu wieder in die grundlegenden Diagrammeigenschaften unter „Reihe" ⇨ „Blase". Dort im Register „Format" haben Sie die Möglichkeit, Schatten und Gradienten anzugeben. Klicken Sie auf die Schaltfläche „Verlauf…". Es öffnet sich der „Verlaufseditor" (siehe Abb. 504).

Wählen Sie hier im Register „Richtungen" die Form „Radial". Im Register „Farben" können Sie nun über die Schaltfläche „Beginn…" die Farbe für den Mittelpunkt der Blasen auswählen. Um eine möglichst reale dreidimensionale Kugel darzustellen, wählen Sie hier einen hellen Grau- oder Blauton aus oder belassen Sie die Startfarbe bei weiß. Schließen Sie dann den „Verlaufseditor" mit „OK" und kehren mit der Schaltfläche „schließen" zu ArcMap zurück. Ihr Diagramm sollten nun aussehen wie in Abbildung 505.

Dieses Diagramm ist nur ein Zwischenstand. Weitere Änderungsmöglichkeiten bestehen in der Anpassung des Diagrammhintergrunds, der Hilfslinien, der Gestaltung der Beschriftungen und der Blasen sowie die Generierung von Untertitel bzw. Textfeldern. Wir empfehlen, einfach weitere Optionen in den „Erweiterten Eigenschaften" auszuprobieren, und so das Ergebnis optimal Ihren Wünschen anzupassen.

Pro Kartenprojekt können Sie mehrere Diagramme und Typen von Diagrammen anlegen. Diese können dann mit dem Diagramm-Manager über *Hauptmenüleiste* ⇨ „*Ansicht*" ⇨ „*Diagramme*" ⇨ „*Diagramme verwalten…*" organisiert werden. Hier sehen Sie alle angelegten Diagramme, Typen und Namen und können diese auch wieder aufrufen.

14.10.3 Exportieren des Diagramms

Nach Fertigstellung des Diagramms speichern Sie Ihre MXD im Ordner „Block_10", um später erneut auf die Daten zugreifen zu können. Um nur das Diagramm zu speichern, haben Sie mehrere Möglichkeiten.

Öffnen Sie dazu das Kontextmenü des Diagramms (Rechtsklick). Mit der Option „Speichern..." gelangen Sie in einen Dialog zur Speicherung der Daten als Diagrammdatei (GRF-Datei). Zur Weitergabe soll das Diagramm aber als PDF abgespeichert werden. Wählen Sie deshalb im Kontextmenü „Exportieren...".

Es öffnet sich der „Exportdialog". Hier können Sie das gewünschte Dateiformat auswählen und weitere Einstellungen, z. B. zur Größe des Diagramms, treffen. Wählen Sie „als PDF", behalten Sie alle anderen Einstellungen bei und bestätigen Sie Ihre Eingaben mit der Schaltfläche „Save...". Sie können nun das Ziel auswählen und einen Namen vergeben. Nach der Bestätigung mit „Speichern" ist das Diagramm als PDF-Datei im gewählten Zielordner verfügbar.

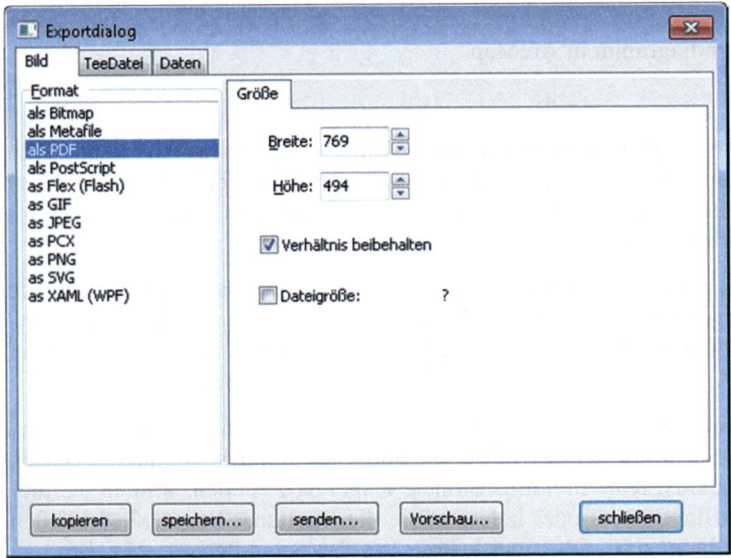

Abb. 506: Dialog zum Exportieren des Diagramms

14.10.4 Erstellen eines Berichts

Mit einem Bericht können Sie ebenfalls weitere Informationen zu Karteninhalten liefern. Diese Informationen, aus denen Sie Berichte generieren, können entweder bereits in der Attributtabelle in ArcMap vorliegen oder als externe Tabellen an Ihr Projekt angebunden werden. Mithilfe eines Berichts können Sie Informationen aus diesen Quellen selektieren, statistisch aufbereiten und dann tabellarisch präsentieren. Dabei können Sie aus verschiedenen Vorlagen wählen und diese mit zahllosen Werkzeugen Ihren persönlichen Vorstellungen anpassen.

14.10 Lösung zum Übungsblock 10

Grundlage dieser Teilübung ist die MXD „Berichte_Diagramme" in Ihrem Ordner „Block_10". Dieses Kartenprojekt zeigt die Bundesrepublik Deutschland nach Wahlkreisen. Die Daten im zugehörigen Shapefile „Bundestagswahl_09_05" beinhalten die Wahlergebnisse nach Parteien der Jahre 2009 und 2005. Im Kartenfenster werden Sie neben den Wahlkreisen auch kleine Kreisdiagramme sehen können, welche die Stimmenverteilung der Wahl 2009 zeigen. Alles in allem stecken in dieser MXD bereits viele Informationen. Zudem soll aber noch der prozentuale Stimmenanteil (in Zahlen) der einzelnen Wahlkreise in Form eines Berichts angehängt werden.

Um einen Bericht zu erstellen, klicken Sie in der *Hauptmenüleiste* ⇨ *„Ansicht"* ⇨ *„Berichte"* ⇨ *„Bericht erstellen..."*. Daraufhin öffnet sich der „Berichtsassistent", der Sie durch den Erstellungsprozess führen wird (siehe Abb. 507).

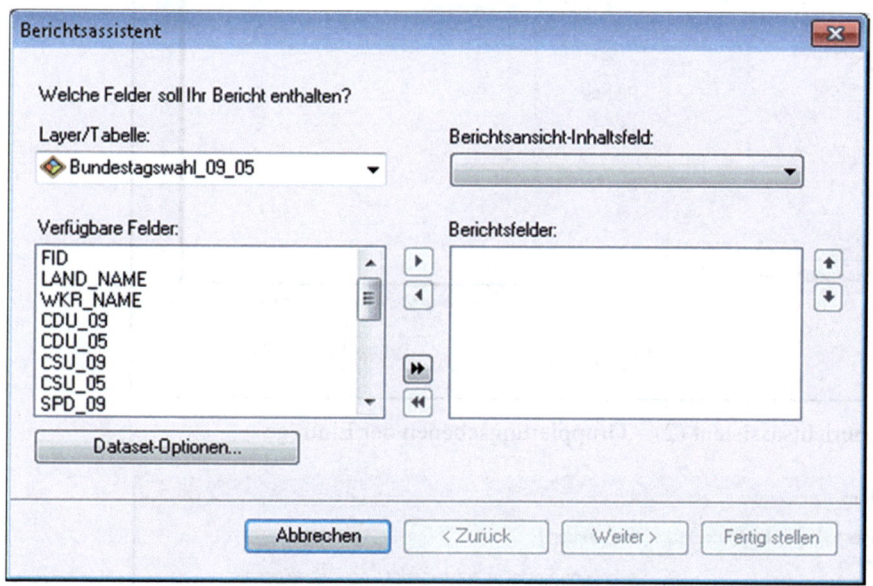

Abb. 507: Berichtsassistent (1) – Felderauswahl

Wenn Ihr ArcMap-Projekt mehrere Layer oder Tabellen enthält, können Sie über das Dropdown-Menü die gewünschte Datenquelle auswählen. Da für diese Übungsaufgabe nur ein Layer („Bundestagswahl_09_05") vorliegt, wird dieser automatisch ausgewählt. Die verfügbaren Felder richten sich nach den Daten der jeweiligen Quelle. Durch die Pfeilsymbole zwischen den beiden Auswahlfenstern können Sie bestimmen, welche dieser Felder in Ihren Bericht eingehen sollen. Um die Wahlergebnisse 2009 nach Bundesländern geordnet anzuzeigen, übernehmen Sie die Einträge, wie sie in Abbildung 508 stehen.

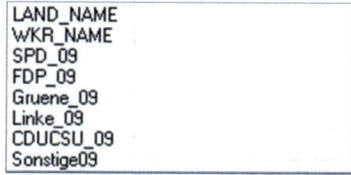

Abb. 508: In das Fenster „Berichtsfelder" übernommene Einträge

14 Lösungen

 Achten Sie auf die Reihenfolge der Einträge. Generell entspricht die Reihenfolge der Felder im Bericht der Reihenfolge der Felder in diesem Fenster. Sie können die Einträge mit den Pfeilsymbolen rechts neben dem Auswahlfenster beliebig verschieben. Im „Berichtsansicht-Inhaltsfeld" wählen Sie den Eintrag „LAND_NAME" aus. Wechseln Sie mit „Weiter >" zum nächsten Schritt des Berichtsassistenten.

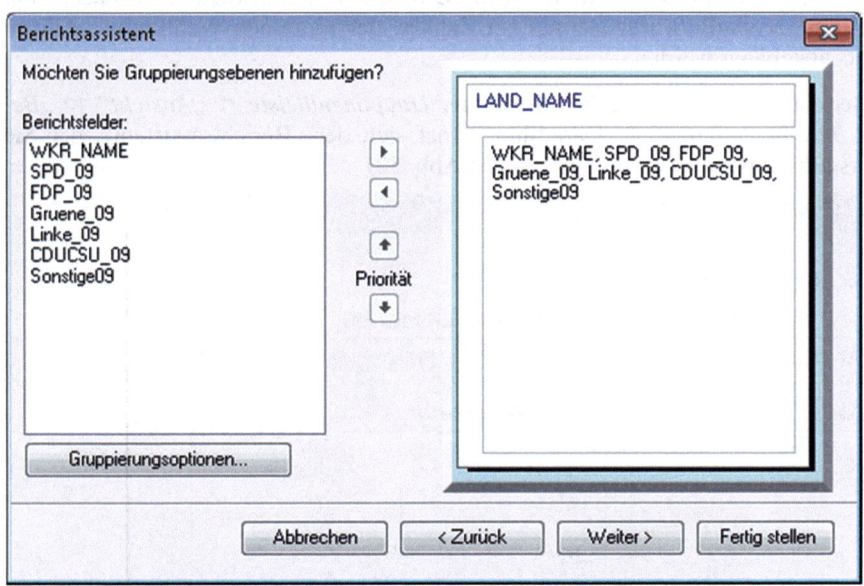

Abb. 509: Berichtsassistent (2) – Gruppierungsebenen der Einträge

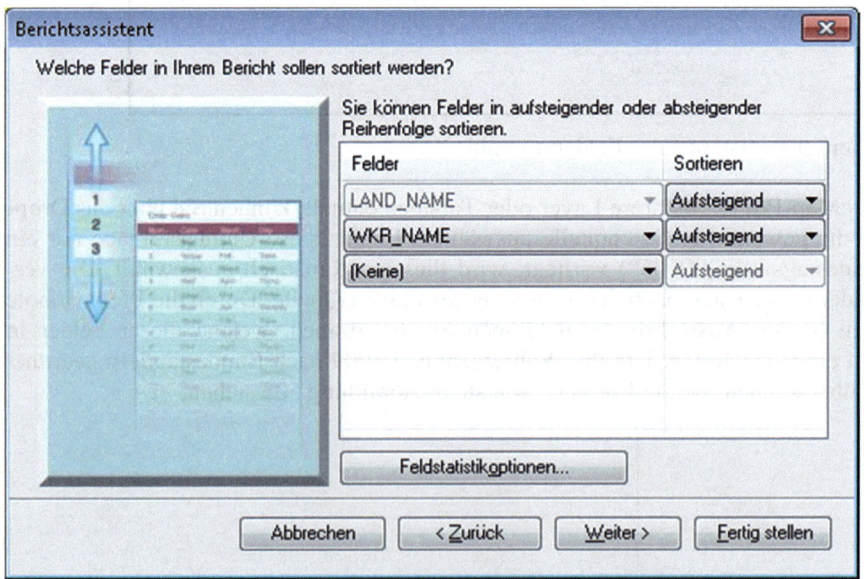

Abb. 510: Berichtsassistent (3) – Sortieren der Einträge

In diesem Dialogfenster (Abb. 509) können Sie Gruppierungseinstellungen treffen. Durch einen Doppelklick auf das gewünschte Feld (im Bereich „Berichtsfelder") können Sie dieses als Gruppierungsebene definieren. Eine sinnvolle Gruppierung für die Wahlergebnisse ist die Auflistung der Wahlkreise mit Ergebnissen nach Bundesländern. Doppelklicken Sie also auf „LAND_NAME" im Auswahlfeld, und Sie können in der Vorschau auf der rechten Seite des Fensters sofort erkennen, wie sich diese Änderung auf Ihren Bericht auswirken wird (siehe Abb. 509). Bestätigen Sie mit „Weiter >".

In nächsten Schritt des Berichtsassistenten können Sie wählen, ob Ihre Felder sortiert erscheinen sollen. Wenn Sie sich für eine sortierte Anzeige entscheiden, können Sie das Feld auswählen, nach dem die Einträge sortiert werden sollen, und Sie können angeben, ob die Sortierung „Aufsteigend" oder „Absteigend" erfolgen soll. Für diese Übung sind mehrere Varianten denkbar: Sie können die Wahlkreise nach Namen ordnen, um sich leichter zurechtzufinden. Die Wahlkreise werden dann nach dem jeweiligen Bundesland von A bis Z („Aufsteigend") dargestellt. Diese Option ist sinnvoll, wenn Sie später die Daten einzelner Wahlkreise schnell finden wollen (diese Variante ist in Abbildung 510 zu sehen). Wollen Sie auf einen Blick sehen, in welchen Wahlkreisen der Stimmanteil für eine bestimmte Partei besonders hoch ist, geben Sie als Feld den Namen der Partei an und lassen Sie sich die Ergebnisse „Absteigend" sortieren. Dann erscheinen die Wahlkreise mit dem höchsten Stimmanteil für die gewählte Partei ganz oben in Ihrem Bericht.

Ebenfalls in diesem Dialogfenster finden Sie die Schaltfäche „Feldstatistikoptionen...", mit deren Hilfe Sie einfache Auswertungen der Daten vornehmen können. Klicken Sie auf diese Schaltfläche und ein weiteres Dialogfenster öffnet sich (siehe Abb. 511).

Abb. 511: Die „Feldstatistikoptionen" der Berichte

Hier können Sie verschiedene Werte für einzelne Felder berechnen lassen. „Avg" (Average) berechnet den Durchschnitt aller Wahlergebnisse; haken Sie diese Option bei allen Parteien an. Ebenso können Sie sich den Maximalwert bzw. den Minimalwert („Max", „Min") einzelner Parteiergebnisse ausgeben lassen; für diese Übung wählen wir „Max".

Bestätigen Sie mit „OK" und wechseln Sie im Berichtsassistenten mit „Weiter >" zum nächsten Fenster.

In diesem Schritt des Assistenten können Sie Angaben zum Layout Ihres Berichts machen. Neben der Ausrichtung können Sie hier auch angeben, ob die Spaltenbreite angepasst werden soll, sodass der Bericht genau eine Seite breit ist. Belassen Sie alle Einstellungen und bestätigen Sie mit „Weiter >". Hier können Sie nun aus verschiedenen Style-Vorlagen das Design Ihres Berichts wählen. Im Vorschaufenster (links) wird Ihnen die markierte Vorlage mit Schriftgrößen, -farben und -arten angezeigt. Entscheiden Sie sich hier für einen Style Ihrer Wahl und klicken Sie auf „Weiter >". Sie gelangen zum letzten Dialogfenster des Berichtsassistenten.

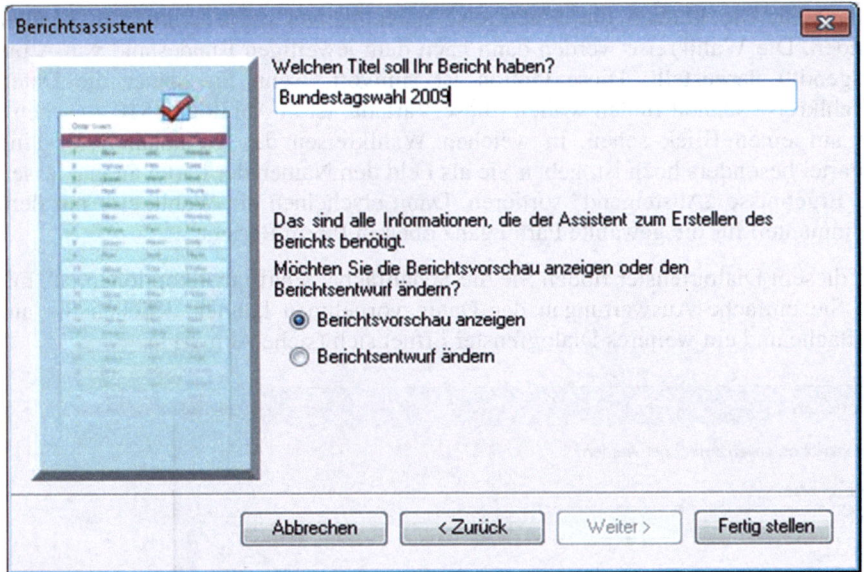

Abb. 512: Berichtsassistent (4) – Titelwahl

Hier können Sie Ihrem Bericht noch einen aussagekräftigen Titel zuweisen. Standardmäßig übernimmt ArcGIS hier den Namen der Datenquelle (hier: Shapefile „Bundestagswahl_09_05"). Da in den Bericht allerdings nur Daten aus dem Jahr 2009 übernommen wurden, passen Sie den Titel entsprechend an (siehe Abb. 512). Damit haben Sie alle benötigten Informationen eingegeben und der Bericht kann erstellt werden. Sie können sich entweder gleich eine Vorschau des Berichts anzeigen lassen, oder direkt in das Bearbeitungsfenster wechseln. Belassen Sie die Markierung bei „Berichtsvorschau anzeigen" und klicken Sie auf „Fertig stellen". Je nach ausgewähltem Style sieht Ihr Bericht nun ähnlich aus wie in Abbildung 513.

 Tipp: Sollten keine Punkte bzw. Kommas angezeigt werden, dann liegt das an den Regionseinstellungen von Windows. In Deutschland wird als Trennzeichen von Dezimalzahlen das Komma verwendet, im englischsprachigen Raum der Punkt. Aus diesem Grund werden abhängig von den Regionseinstellungen die Kommas (je nach Version) von der Berichtsfunktion nicht richtig interpretiert. Als Workaround können Sie die Regionseinstellungen auf „Deutsch (Schweiz)" umstellen, dann werden die Kommas wieder dargestellt (*Systemsteuerung* ⇨ *„Zeit, Sprache, Region"* ⇨ *„Region und Sprache"* ⇨ *„Format:"*). Das betrifft v. a. ArcGIS 10.

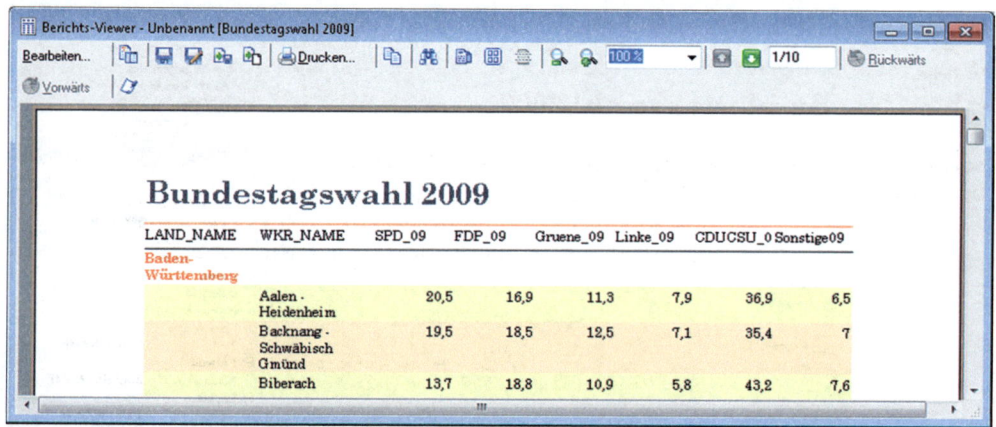

Abb. 513: Vorschau des erstellten Berichts

14.10.5 Anpassen des Berichts

Sie haben nun bereits einen Bericht erstellt. Diesen können Sie nun Ihren persönlichen Vorstellungen anpassen. Klicken Sie dazu auf die Schaltfläche „Bearbeiten..." links oben in Ihrem Vorschau-Fenster. Dadurch gelangen Sie in den Berichts-Designer (siehe Abb. 514). Hier können Sie eine Vielzahl von Einstellungen vornehmen, um das Design Ihren Vorlieben anzupassen. Im Folgenden werden einige davon erklärt.

Tipp: Der „Berichts-Designer" besteht aus verschiedenen Werkzeugleisten, Bearbeitungsbereichen und einem Bearbeitungsfenster, in dem der Berichtsinhalt dargestellt ist. Dieser Inhalt ist gegliedert in die verschiedenen Berichtsbereiche (beispielsweise „Berichtskopf", „Seitenfuß" etc.). In jedem dieser Bereiche können Textelemente oder Platzhalter stehen, die bestimmte Informationen aus der Datenquelle abrufen. Sie können einzelne Module und Elemente anpassen (z. B. Schriftgröße, Schriftfarbe) oder Einstellungen für das gesamte Dokument vornehmen (z. B. Änderung des Styles).

Grundlegende Eigenschaften, wie beispielsweise Einstellungen zu Seitenrändern, Druckereinstellungen oder Angaben zu den verwendeten Maßeinheiten finden Sie in den „Elementeigenschaften". Dafür müssen Sie im Inhaltsverzeichnis (rechts oben) den Eintrag „Bericht" anklicken. Alternativ können Sie die Schaltfläche „Berichtseinstellungen" aus der Werkzeugleiste auswählen.

14 Lösungen

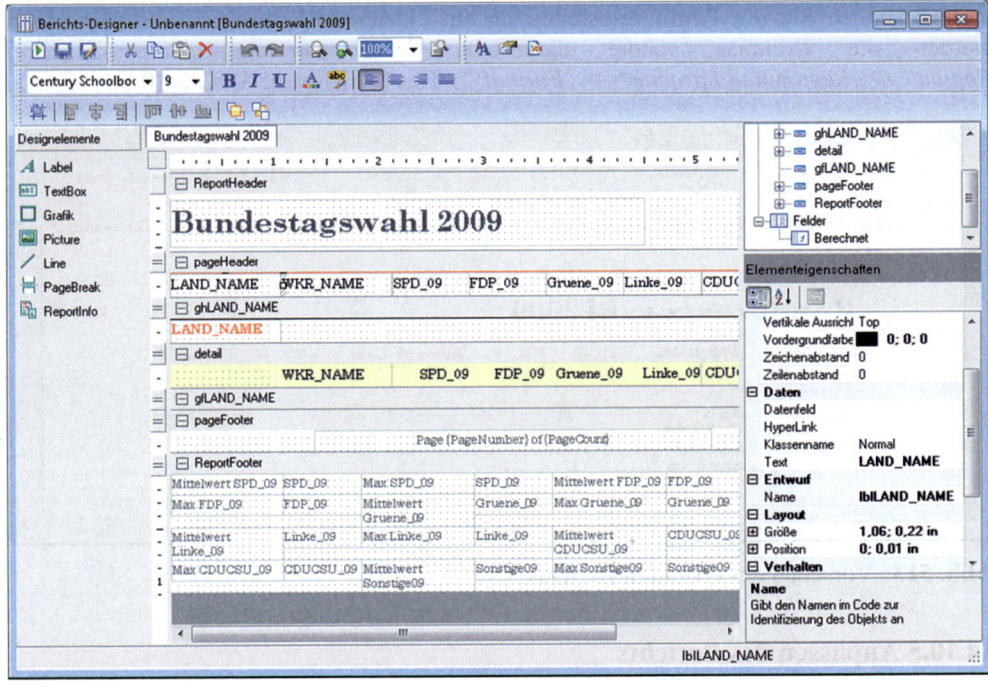

Abb. 514: Der „Berichts-Designer"

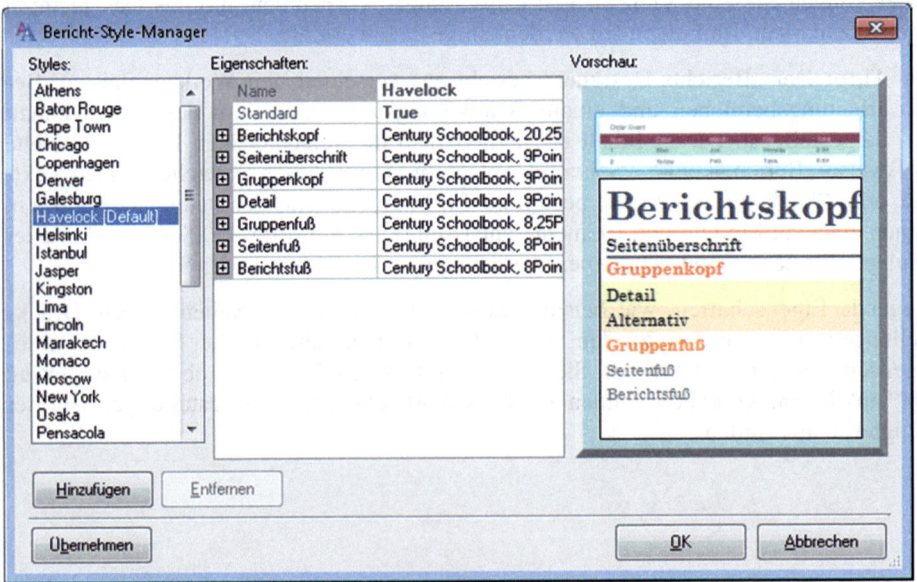

Abb. 515: Auswahl des Styles im „Berichts-Style-Manager"

14.10 Lösung zum Übungsblock 10

Neben vielen kleinen Änderungen können Sie auch nachträglich eine andere Stylevorlage auswählen und diese sofort anpassen. Klicken Sie dazu auf den Button „Style-Manger" in der obersten Werkzeugleiste. Der „Bericht-Style-Manager" öffnet sich (siehe Abb. 515).

Das Dialogfenster ist dreigeteilt. Ganz links können Sie aus den verschiedenen Style-Vorlagen wählen. Im mittleren Bereich wird Ihnen daraufhin genau angezeigt, wie die einzelnen Bereiche formatiert sind. Ganz rechts können Sie die Vorschau des gewählten Styles sehen. Sie werden nun Ihrem Bericht grundlegende Einstellungen zuweisen und als neuen Style definieren. Wählen Sie dazu „Havelock (Default)" aus und klicken Sie auf die Schaltfläche „Hinzufügen". Der Manager erstellt nun eine neue Style-Vorlage am Ende der Liste „Havelock1 (benutzerdefiniert)". Diese können Sie verändern.

Wählen Sie diesen neuen Style an und die Einträge im mittleren Fenster erscheinen nicht mehr in Grau, sondern in schwarz, und können von Ihnen angepasst werden.

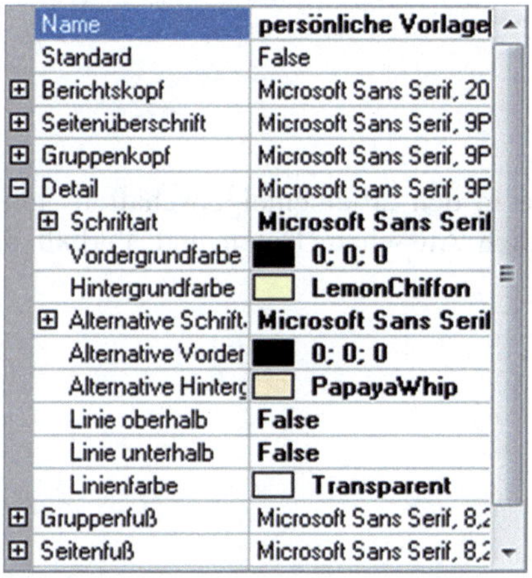

Abb. 516: Anpassen der Style-Eigenschaften

Vergeben Sie zunächst einen eigenen Namen. Doppelklicken Sie in das Feld „Name" und tippen Sie eine Bezeichnung Ihrer Wahl. Nun sollen noch die Hintergrundfarben der Detaileinträge verändert werden. Erweitern Sie den Eintrag „Detail" (mit dem Plus-Symbol), und wählen Sie über das Drop-down-Menü bei „Hintergrundfarbe" jeweils einen anderen Farbton aus. Sie haben innerhalb des Drop-down-Menüs die Wahl zwischen verschiedenen Farbskalen, die durch verschiedene Registerkarten repräsentiert werden. Beenden Sie schließlich den „Berichts-Style-Manager" mit „OK". Die Frage, ob Sie die Änderungen speichern wollen, bestätigen Sie ebenfalls mit „OK".

Alle Änderungen, die Sie im Berichts-Designer vornehmen, können Sie sich mit dem Icon „Bericht ausführen" oder durch Drücken der Taste „F5" in der Vorschau anzeigen lassen. Über die Schaltfläche „Bearbeiten…" kommen Sie dann wieder zum Berichts-Designer zurück.

Zurück im Berichts-Designer passen Sie nun die Beschriftungen an. Anstatt „Parteiname_09" soll nur noch der „Parteiname" im Seitenkopf (pageHeader) angezeigt werden. Diese Einträge müssen Sie einzeln für jede Partei anpassen. Klicken Sie entweder im

Hauptfenster auf das Textelement oder navigieren Sie über das Inhaltsverzeichnis rechts oben zu den Einträgen. Das jeweils markierte Element wird (wie in Abbildung 517 erkennbar) durch einen gestreiften Rahmen angezeigt.

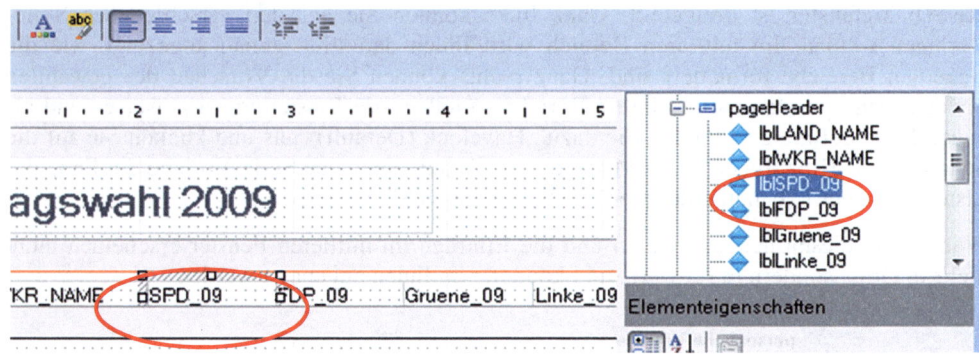

Abb. 517: Auswahl des Eintrags „SPD_09"

Da Sie nun ein Element markiert haben, können Sie in den „Elementeigenschaften" am rechten Bildschirmrand weitere Einstellungen bezüglich Aussehen, Daten und Verhalten vornehmen (siehe Abb. 518).

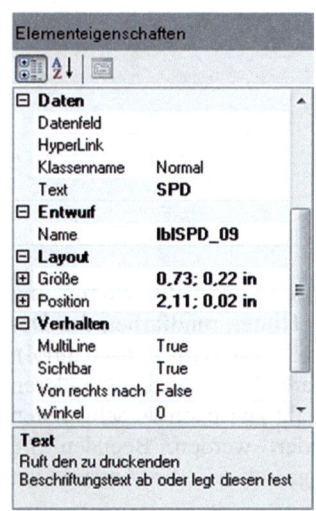

Abb. 518: Ändern des Texts in den „Elementeigenschaften"

Ändern Sie hier im Feld „Text" den Eintrag auf „SPD" ab. Wiederholen Sie diesen Vorgang für alle anderen Parteien, und passen Sie auch die Anzeige von „LAND_NAME" und „WKR_NAME" an.

 Tipp: Achten Sie darauf, dass Sie diese Einstellungen im Bereich „Seitenkopf" bzw. „pageHeader" vornehmen. Im „Detail"-Bereich gibt es diese Einträge auch, allerdings stehen diese für die jeweiligen Daten, die aus der Quelle angefordert werden. Verändern Sie hier die Bezeichnungen, können die entsprechenden Daten evtl. nicht mehr gefunden werden!

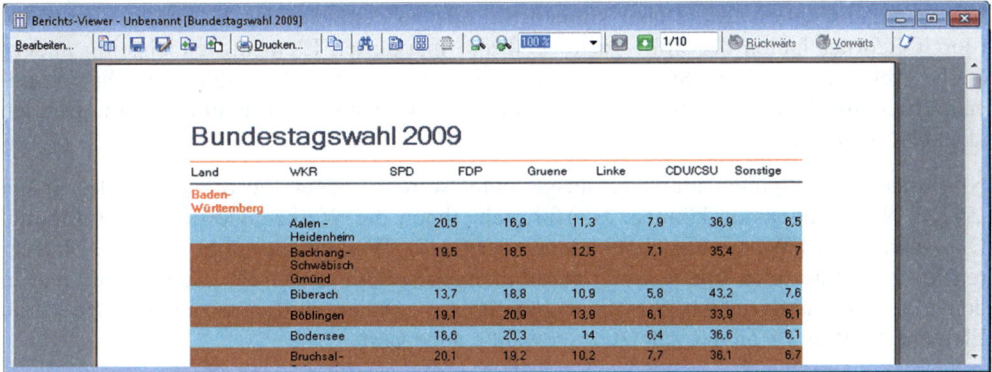

Abb. 519: Vorschau des Berichts nach den Änderungen

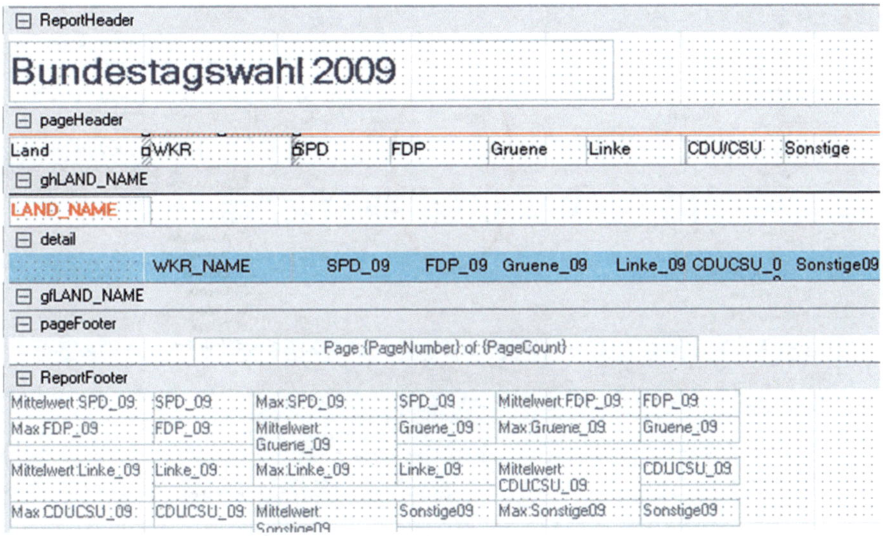

Abb. 520: Anpassen der Spaltenbreite

Die Vorschau Ihres Berichts sollte dann aussehen wie in Abbildung 519. Auffällig sind noch die Spaltenbreite und die Zeilenhöhe. Während die Spalte für die Wahlkreisnamen eher zu schmal ist, stehen die Wahlergebnisse weit auseinander. Erst am rechten Rand des Blatts kommt es wieder zu einer Anpassung und Stauchung der Breite (dies geschieht, da Sie bei der Erstellung des Berichts die Option gewählt haben, nach der die Spalten automatisch an die Seitenbreite angepasst werden). Die Zeilenhöhe erscheint auch etwas hoch. Wir wollen dies nun ändern.

14 Lösungen

Wieder im Berichts-Designer ändern Sie nun die Spaltenbreite der Parteien. Sie haben wiederum zwei Möglichkeiten: Entweder wählen Sie die Textbausteine im Hauptfenster aus und ändern die Größe durch Drag & Drop, oder Sie legen die gewünschte Größe in den Elementeigenschaften fest. Dabei können Sie alle zu verändernden Bausteine auswählen (durch Gedrückthalten der Shift-Taste) und alle markierten Elemente gleichzeitig ändern (siehe Abb. 520). Achten Sie dabei darauf, dass Sie sowohl die Breiten der Spaltenüberschriften im Bereich „Seitenkopf" als auch die Größen der Dateninhalte im Bereich „Details" anpassen.

Nun müssen die Spalten nur noch ausgerichtet werden, bevor Sie die Breite der Spalte „WKR_Name" anpassen können. Hierfür steht Ihnen die Werkzeugleiste zur Verfügung. Die Ausrichtungs-Werkzeuge ähneln denen der Grafik-Werkzeugleiste in ArcMap. Markieren Sie zwei Bausteine (die jeweilig zusammengehörigen Parteien im „Seitenkopf" und in den „Details") und richten Sie diese bündig aus. Dabei wird das zuerst ausgewählte Element der Position an das zuletzt ausgewählte angepasst.

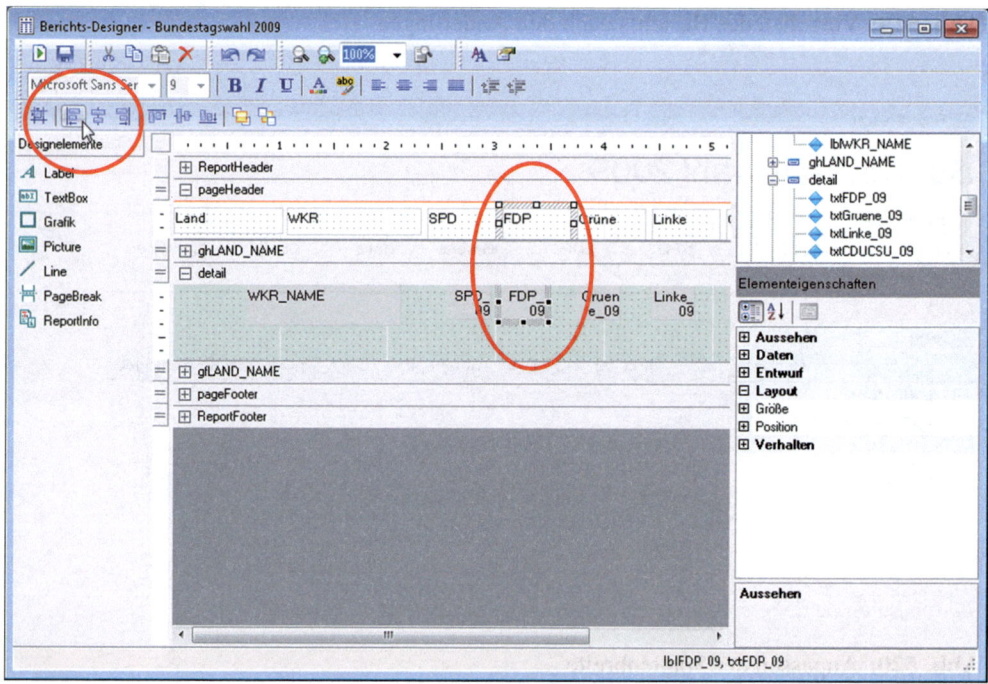

Abb. 521: Bündiges Ausrichten der einzelnen Textbausteine

Anschließend vergrößern Sie per Drag & Drop den Platzhalter „WKR_NAME" so weit wie möglich nach rechts.

Eine weitere Anpassung, die Sie hier vornehmen können, ist die Zeilenhöhe der Detail-Zeile. Wählen Sie dazu den Bereich „Detail" („detail") aus und vergeben in den „Elementeigenschaften unter „Layout" eine Höhe von „0,5". Wenn Sie anschließend in den Berichts-

14.10 Lösungen zum Übungsblock 10

Viewer wechseln, werden Sie sehen, dass Sie durch diese kleinen Änderungen das Aussehen Ihres Berichts bereits wesentlich verbessert haben.

Nun soll noch ein Firmenlogo als Designelement eingefügt werden. Klicken Sie dazu im linken Bildschirmrand auf „Picture". Bewegen Sie den Mauszeiger im „Berichtskopf" („ReportHeader") neben die Überschrift. Sie werden sehen, dass sich der Mauszeiger in ein Fadenkreuz verwandelt hat. Ziehen Sie ein Feld neben die Überschrift (Abb. 522).

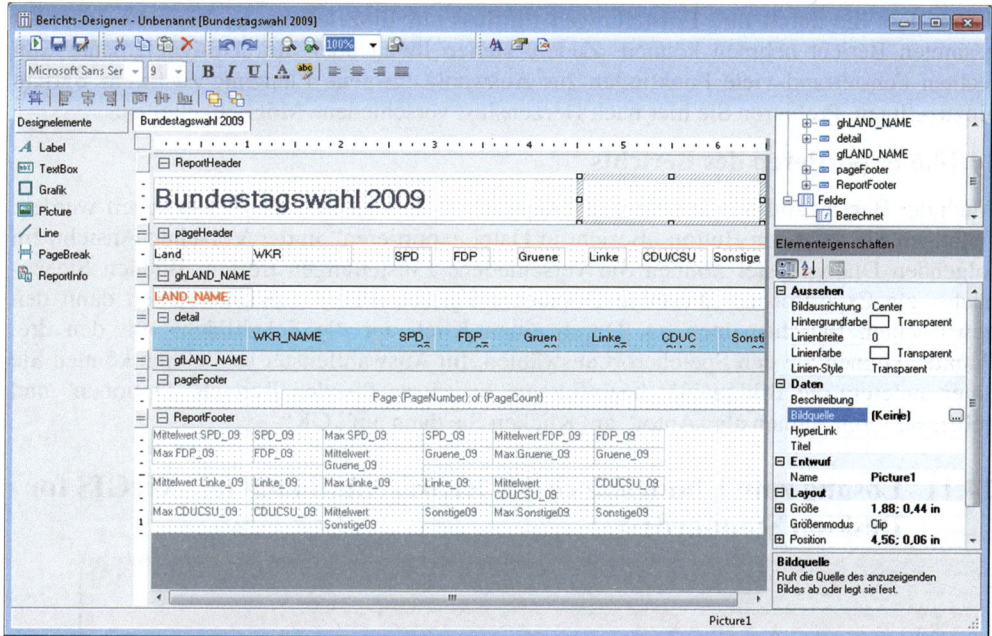

Abb. 522: Einfügen eines Bilds

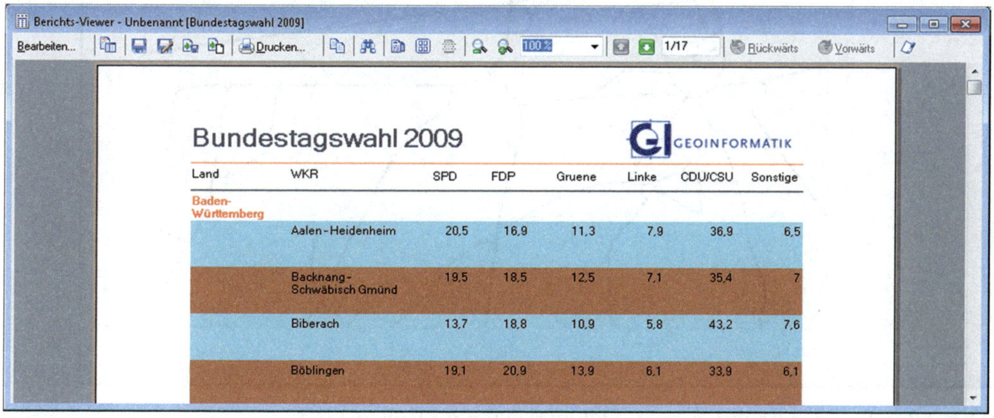

Abb. 523: Ergebnis der Anpassungen im Berichts-Designer

Wenn Sie dieses gerade neu gezogene Feld nun markieren, können Sie in den Elementeigenschaften unter „Daten" den Eintrag „Bildquelle" anwählen (siehe Abb. 522). Über die Schaltfläche mit den drei Punkten können Sie eine Grafik von Ihrem Rechner wählen, die Sie einfügen möchten. Wir wollen an dieser Stelle das Firmenlogo verwenden. Wählen Sie also „...", um eine Grafik auszuwählen. Wechseln Sie anschließend in den Berichts-Viewer. Ihr Bericht sollte nun aussehen wie in Abbildung 523.

Im Berichts-Designer stehen Ihnen viele weitere Optionen zur Verfügung. Erinnern Sie sich daran, dass Sie durch Ihre Einstellungen Einfluss auf Einzelelemente, Bereiche oder den gesamten Bericht nehmen können. Zudem stehen Ihnen über die „Designelemente" am rechten Fensterrand viele Funktionen zur Auswahl, um neue Elemente zu Ihrem Bericht hinzuzufügen. Probieren Sie hier nach Herzenslust verschiedene Möglichkeiten aus.

14.10.6 Exportieren des Berichts

Auch der Bericht soll nun zur Vereinfachung der Weitergabe als PDF gespeichert werden. Betätigen Sie dazu den Button „Bericht in Datei exportieren" in der Vorschau-Ansicht. Im folgenden Dialogfenster können Sie verschiedene Einstellungen treffen. Wählen Sie zunächst als Exportformat „Portable Document Format (PDF)" aus und geben dann den gewünschten Berichtsnamen an. Durch einen Klick auf die Schaltfläche mit den drei Punkten können Sie den Speicherort auswählen. Im Auswahlfenster schließlich können Sie unter anderem die Bildqualität beeinflussen. Erweitern Sie den Bereich „Optionen" und geben sie Ihren Namen als „Autor" an. Klicken Sie dann auf „OK".

14.11 Lösung zum Übungsblock 11: Repräsentationen (ab ArcGIS for Desktop Standard)

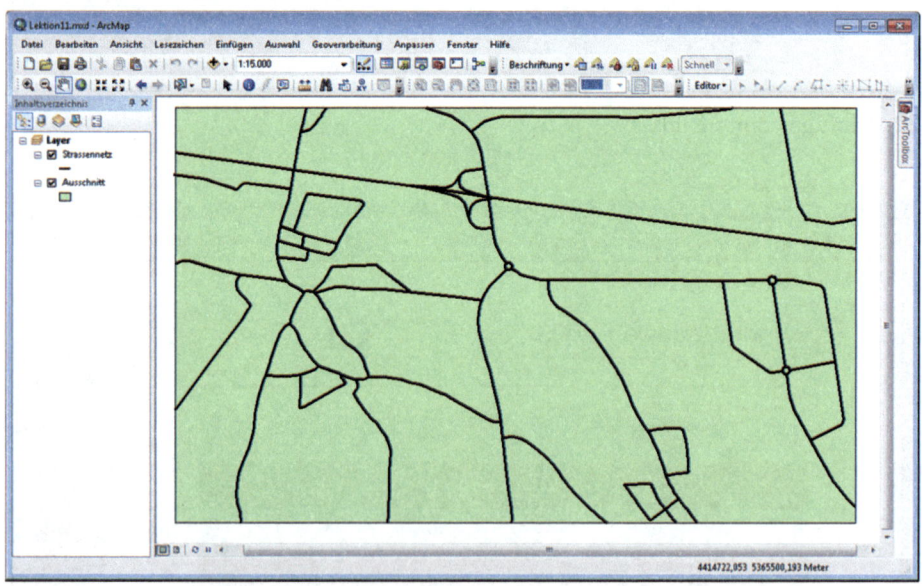

Abb. 524: Repräsentationen.mxd – Übungsdaten im Rohzustand

14.11 Lösung zum Übungsblock 11

Ziel dieser Übung ist es, die Technologie der Repräsentationen mit den verschiedenen Einstellungsmöglichkeiten anhand eines praxisnahen Anwendungsbeispiels aus dem Bereich der Stadtplan-Kartographie kennenzulernen. Wir zeigen Ihnen, wie Sie mithilfe der Repräsentationen ein und denselben Straßendatensatz für zwei verschiedene Maßstäbe unterschiedlich grafisch visualisieren können. Zudem besteht die Möglichkeit, für jede Repräsentation und somit für jeden Maßstab grafische und geometrische Änderungen vorzunehmen, ohne dabei den eigentlichen Straßendatensatz verändern zu müssen. Die Änderungen werden bei dieser Vorgehensweise innerhalb der Repräsentation gespeichert und vermeiden somit eine redundante Datenhaltung.

Es ist zu beachten, dass Sie zur Bearbeitung dieser Übung mindestens eine ArcEditor Lizenz benötigen.

14.11.1 Symbologie in Repräsentation konvertieren

Um Ihnen Nutzen und Vorteile der Repräsentationen zu verdeutlichen, legen wir basierend auf der Feature-Klasse „Strassennetz", zwei Repräsentationen an. Die eine Repräsentation enthält die Darstellungsregeln zur Visualisierung des Straßennetzes im gängigen Stadtplanmaßstab 1:20.000. Mithilfe der zweiten Repräsentation und entsprechenden Darstellungsregeln erstellen wir auf Basis des gleichen Straßendatensatzes eine Übersichtskarte der Straßen im Maßstab 1:70.000.

Im ersten Schritt muss die Symbologie der Feature-Klasse „Strassennetz" in eine Repräsentation konvertiert werden. Markieren Sie deshalb im Inhaltsverzeichnis die Feature-Klasse „Strassennetz" und öffnen anschließend durch Rechtsklick das dazugehörige Kontextmenü. Mithilfe der Schaltfläche „Symbologie in Repräsentation konvertieren" wird in der Geodatabase dieser Feature-Klasse eine Repräsentation angelegt, welche die Symbologie der Daten verwaltet. Nehmen Sie nun die Einstellungen entsprechend der nachfolgenden Abbildung in dem sich öffnenden Fenster zur Festlegung der Konvertierungsparameter vor:

Es ist zu beachten, dass die Konvertierung der Feature-Klasse nur erfolgen kann, wenn Sie sich nicht in einer Editiersitzung befinden!

14 Lösungen

Repräsentation für den Maßstab 1:20.000

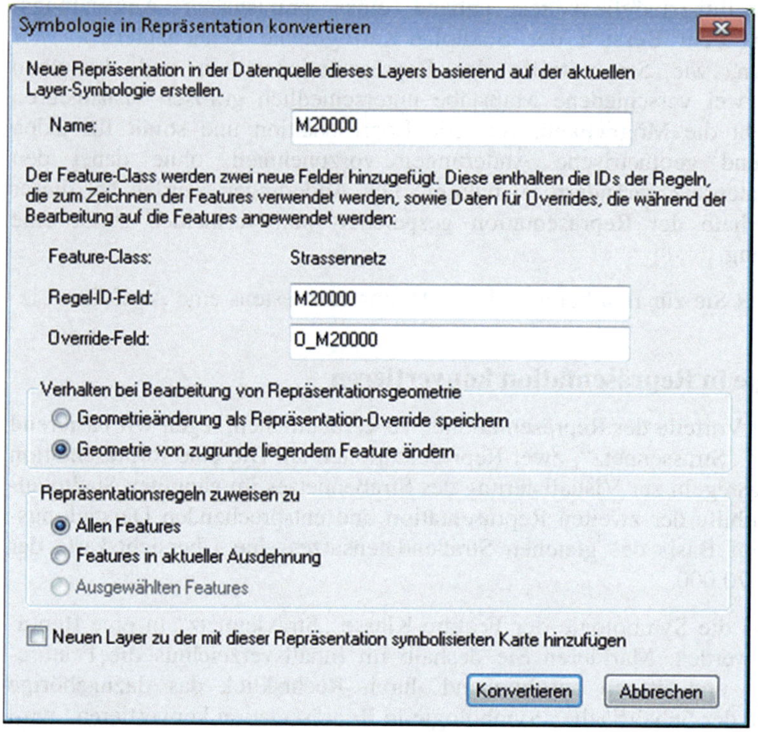

Abb. 525: Konvertierungsparameter für die Repräsentation im Maßstab 1:20.000

Bitte löschen Sie das Häkchen bei „Neuen Layer zu der mit dieser Repräsentation symbolisierten Karte hinzufügen" damit nicht für jede Repräsentation ein eigener Layer in Ihrem Verzeichnis angelegt wird. Klicken Sie anschließend auf „Konvertieren", um den Konvertierungsvorgang mit den definierten Einstellungen auszuführen.

Da wir für die Übersichtskarte eine zweite Repräsentation benötigen, welche die Darstellungsregeln für den Maßstab 1:70.000 verwaltet, führen wir den Konvertierungsvorgang im Kontextmenü der Feature-Klasse „Strassennetz" ein weiteres Mal aus. Nehmen Sie anschließend folgende Einstellungen vor:

Repräsentation für den Maßstab 1:70.000

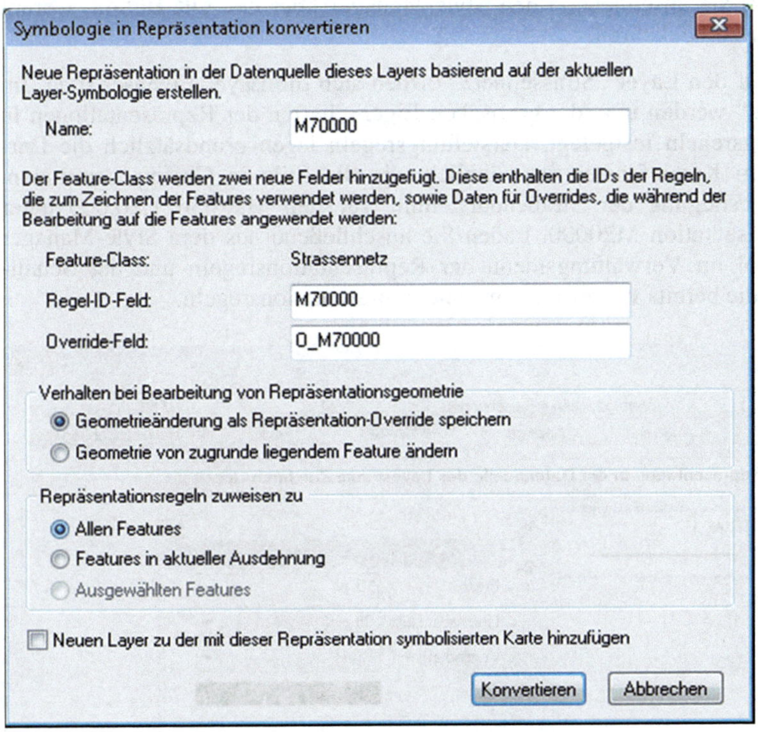

Abb. 526: Konvertierungsparameter für die Repräsentation im Maßstab 1:70.000

Anschließend auf „Konvertieren" klicken, um den Konvertierungsvorgang mit den definierten Einstellungen auszuführen.

Die Einstellungen bei „Verhalten bei Bearbeitung von Repräsentationsgeometrie" haben folgende Auswirkungen auf die weitere Bearbeitung:

Wenn Sie „Geometrie von zugrunde liegendem Feature ändern" wählen, werden alle geometrischen Änderungen, die Sie mithilfe der Werkzeugleiste „Repräsentationen" ausführen, auch in der Basisgeometrie geändert. Eine Alternative liefert die Einstellung „Geometrieänderung als Repräsentations-Override speichern". In diesem Fall werden alle geometrischen Änderungen, die in einer Repräsentation mit der Repräsentationen-Werkzeugleiste getätigt wurden, in der Geodatenbank als Override gespeichert und wirken sich nicht auf die Basisgeometrie aus. Diese Einstellung verwenden wir in dieser Übung für die maßstabsgebundene Ableitung der Übersichtskarte siehe „Grafische Änderung als Override speichern".

14.11.2 Visualisierung des Straßennetzes für den Maßstab 1:20.000 und 1:70.000

Zur Visualisierung der Straßendaten finden Sie im Übungsordner einen Übung11.style. Dieser Style enthält alle für diese Übung notwendigen Linienrepräsentationsregeln.

14 Lösungen

Importieren Sie den Style über das Menü Anpassen/Style-Manager/Styles.../Style zu Liste hinzufügen. Verlassen Sie anschließend den Style-Manager über den OK-Button, worauf Sie zum Kartenfenster zurückkehren.

Durch Doppelklick auf den Layer „Strassennetz" öffnen sich die Layer-Eigenschaften. Im Register „Symbologie" werden u. a. die grafischen Eigenschaften der Repräsentationen in Form von Darstellungsregeln festgelegt. Darstellungsregeln legen grundsätzlich die Darstellung der Daten im Kartenfenster fest, ähnlich wie die Stile in Grafikprogrammen. Markieren Sie zur Festlegung der Straßendarstellung für den Maßstab 1:20.000 unter Darstellung die Repräsentation M20000. Laden Sie anschließend aus dem Style-Manager über das Pfeil-Symbol im Verwaltungsmenü der Repräsentationsregeln und der Schaltfläche „Regel laden" die bereits vordefinierten Linienrepräsentationsregeln.

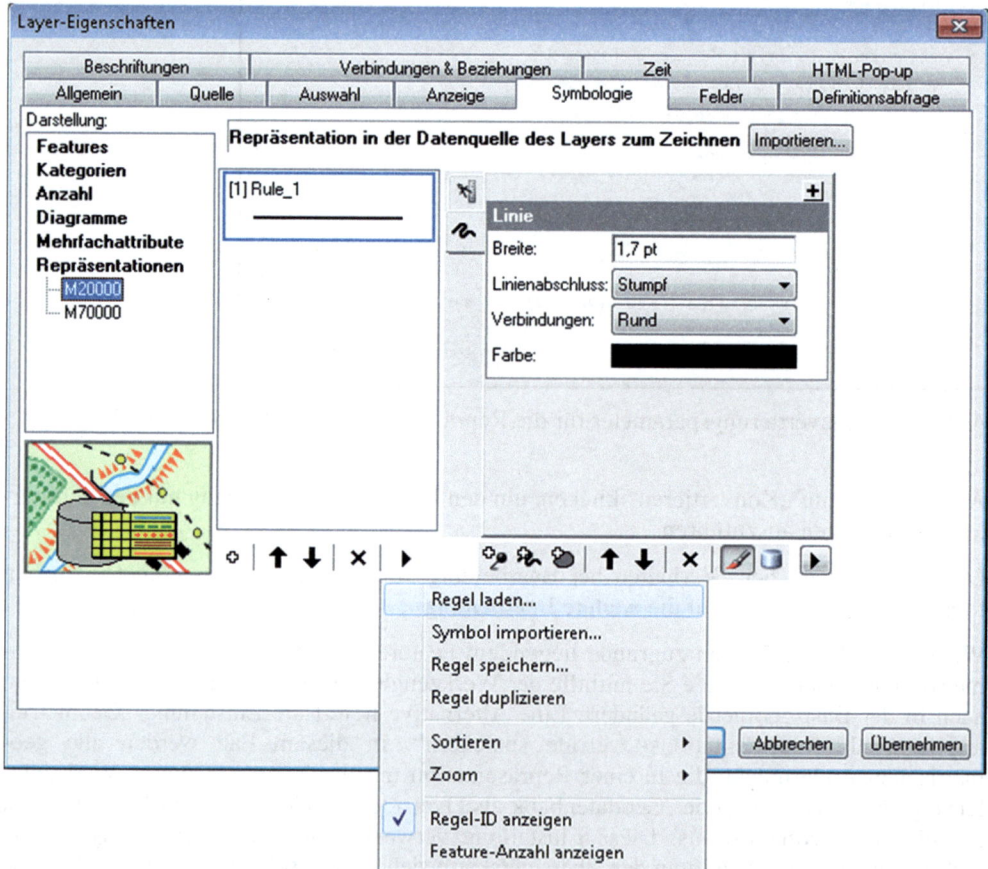

Abb. 527: Hinzuladen von Linienrepräsentationsregeln aus dem Style-Manager

Wählen Sie in folgender Reihenfolge die Repräsentationsregeln M20000 Autobahn, M20000 Autobahn Auffahrt, M20000 Hauptstraße, M20000 Hauptstraße Brücke und M20000 Nebenstraße, welche sich am Ende der Auswahlliste befinden, aus. Im Reiter

14.11 Lösung zum Übungsblock 11

„Symbologie" müssten daraufhin sechs Darstellungsregeln aufgelistet sein. Die erste Regel [1] Rule_1 wird von ArcGIS standardmäßig angelegt und kann für diese Übung mithilfe des Löschen-Buttons (x) im Verwaltungsmenü der Repräsentationsregeln entfernt werden.

Abb. 528: Verwaltungsmenü der Repräsentationsregeln

Ersetzten Sie die vordefinierten Regelnamen (Rule_2, Rule_3,…) durch den jeweiligen Namen der Straßenkategorie (siehe Abb. 529) und speichern Sie Ihre Änderungen mit „Übernehmen". Die daraufhin erscheinende Warnung weißt Sie darauf hin, dass Änderungen innerhalb einer Repräsentation direkt in der Geodatabase vorgenommen werden. Um fortzufahren, bestätigen Sie den Hinweis mit „OK". Da dieser Hinweis nach jeder Änderung erscheint, können Sie diesen durch Setzen des Häkchens bei „Warnung nicht mehr anzeigen" deaktivieren.

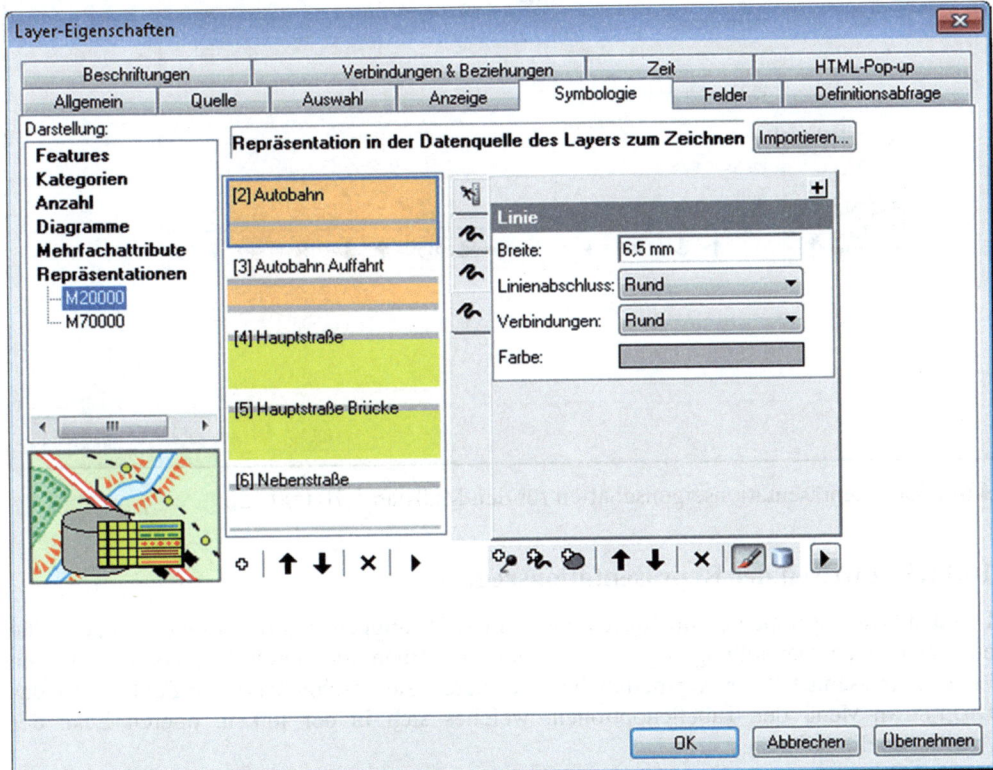

Abb. 529: Repräsentationseigenschaften für den Maßstab 1:20.000

Im nächsten Schritt definieren wir die Darstellungsregeln für den Maßstab 1:70.000. Wählen Sie dazu die zweite Repräsentation M70000 in der Darstellungsliste aus und laden anschließend die Linienrepräsentationsregeln, analog zur Vorgehensweise bei der Repräsentation M20000, in folgender Reihenfolge M70000 Autobahn, M70000 Autobahn Auffahrt, M70000 Hauptstraße, M70000 Hauptstraße Brücke, M70000 Nebenstraße über das Verwaltungsmenü der Repräsentationsregeln. Löschen Sie die [1] Rule_1 und ändern Sie die Namen der Darstellungsregeln entsprechend der Abbildung 530 um. Speichern Sie anschließend die getätigten Einstellungen mit „Übernehmen".

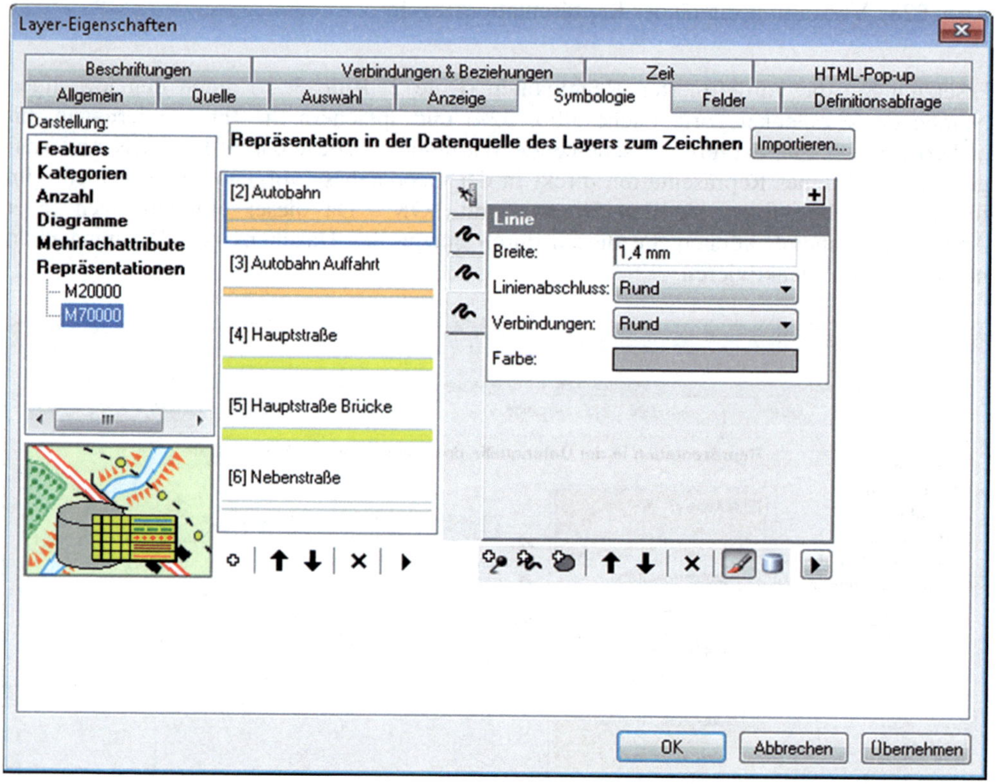

Abb. 530: Repräsentationseigenschaften für den Maßstab 1:70.000

14.11.3 Zuweisen der Repräsentationsregeln

Um den Straßensegmenten im Kartenfenster in Abhängigkeit von der Straßenkategorie die entsprechenden Darstellungsregeln zu zuweisen, öffnen Sie durch Rechtsklick auf den Layer „Strassennetz" die Attributtabelle. Aktivieren Sie anschließend alle Felder über das Drop-down-Menü der Tabellenoptionen, welches sich in der linken, oberen Ecke der Attributtabelle befindet.

Abb. 531: Tabellenoptionen innerhalb der Attributtabelle

14.11 Lösung zum Übungsblock 11

Dadurch werden die standardmäßig deaktivierten Override-Felder in der Attributtabelle sichtbar. Die Override-, wie auch die RuleID-Felder werden bei der Konvertierung der Symbologie in eine Repräsentation automatisch angelegt. Im Feld „RuleID" (wurde von uns in Abhängigkeit vom Visualisierungsmaßstab in M20000 und M70000 umbenannt) wird jeder Geometrie eine innerhalb der Repräsentation festgelegte Darstellungsregel zugewiesen. Im Feld „Override" können Ausnahmen von diesen Regeln gespeichert werden (siehe „Grafische Änderung als Override speichern"). Starten Sie nun über die Editor-Werkzeugleiste die Bearbeitung und markieren anschließend bei gehaltener Umschalt-Taste alle Straßensegmente der Kategorie „Autobahn". Sollte die Spalte „Kategorie" noch nicht alphabetisch sortiert sein, können Sie dies über die Funktion „Aufsteigend sortieren" im Kontextmenü des Kategorie-Felds aktivieren. Öffnen Sie nun durch Rechtsklick auf das Feld „M20000" das dazugehörige Kontextmenü und wählen Sie die Funktion „Feldberechnung…", um allen markierten Geometrien einer Straßenkategorie mithilfe von codierten Werte die entsprechende Repräsentationsregel zu zuweisen. Für die Autobahnen tragen Sie im Dialogfenster „Feldberechnung" den codierten Wert = „2" ein und klicken anschließend auf „OK".

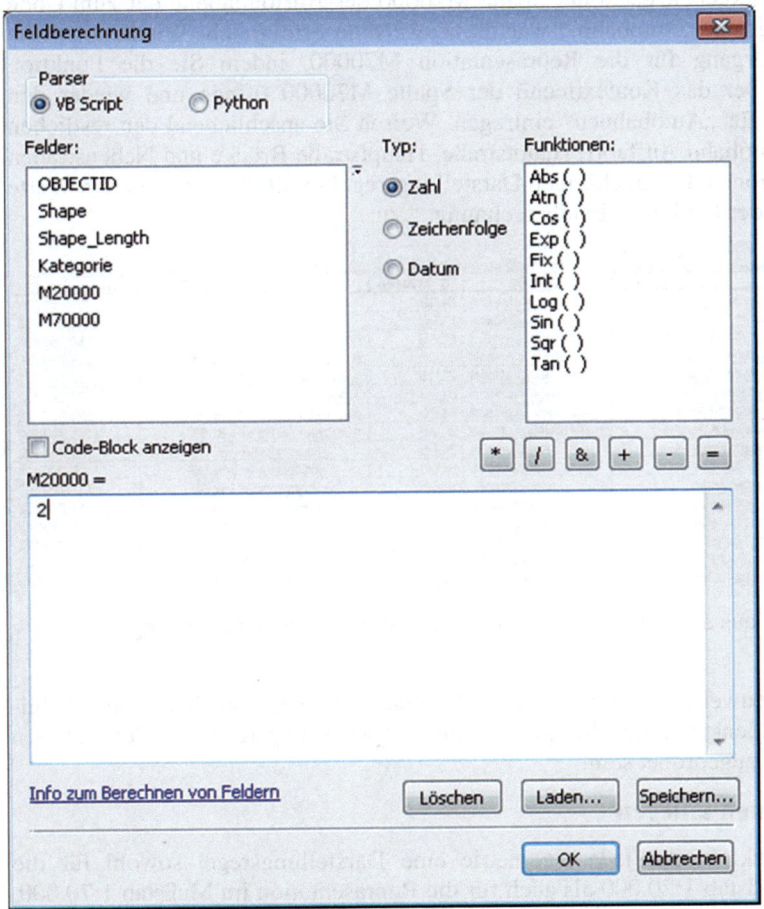

Abb. 532: Zuweisen der Repräsentationsregel „Autobahn" zu den markierte Geometrien

14 Lösungen

Verwaltet werden die codierten Werte der Straßen-Repräsentationsregeln zum einen im Reiter „Subtypes" unter „Domänen" in den Eigenschaften der Feature-Klasse (siehe Abb. 533) oder im Reiter „Symbologie" der Layer-Eigenschaften.

Codierte Werte:

Code	Beschreibung
2	Autobahn
3	Autobahn Auffahrt
4	Hauptstraße
5	Hauptstraße Brücke
6	Nebenstraße

Abb. 533: Speicherung der Repräsentationsregeln in der Geodatabase

Erscheint nach kurzer Rechenzeit in der Spalte M20000 der Attributtabelle der zum Code gehörte Beschreibungstext „Autobahn", war die Zuweisung erfolgreich. Wiederholen Sie diesen Zuweisungsvorgang für die Repräsentation M70000, indem Sie die Funktion „Feldberechnung.." über das Kontextmenü der Spalte M70000 öffnen und wieder den codierten Wert = „2" für „Autobahnen" eintragen. Weisen Sie anschließend den restlichen Straßenkategorien Autobahn Auffahrt, Hauptstraße, Hauptstraße Brücke und Nebenstraßen für beide Repräsentationen die zugehörigen Darstellungsregeln mithilfe der codierten Werte (siehe Abb. 533) und der Funktion „Feldberechnung.." zu.

OBJECTID*	Shape*	Kategorie	M20000	O_M20000	M70000	O_M70000	Shape_Length
5	Polylinie	Autobahn	Autobahn	BLOB	Autobahn	BLOB	120,602636
32	Polylinie	Autobahn	Autobahn	BLOB	Autobahn	BLOB	3342,343788
33	Polylinie	Autobahn Auffahrt	Autobahn Auffahrt	BLOB	Autobahn Auffahrt	BLOB	288,353425
34	Polylinie	Autobahn Auffahrt	Autobahn Auffahrt	BLOB	Autobahn Auffahrt	BLOB	196,068106
35	Polylinie	Autobahn Auffahrt	Autobahn Auffahrt	BLOB	Autobahn Auffahrt	BLOB	122,767703
36	Polylinie	Autobahn Auffahrt	Autobahn Auffahrt	BLOB	Autobahn Auffahrt	BLOB	277,802832
37	Polylinie	Autobahn Auffahrt	Autobahn Auffahrt	BLOB	Autobahn Auffahrt	BLOB	192,837172
38	Polylinie	Autobahn Auffahrt	Autobahn Auffahrt	BLOB	Autobahn Auffahrt	BLOB	145,747402
1	Polylinie	Hauptstraße	Hauptstraße	BLOB	Hauptstraße	BLOB	155,449862
2	Polylinie	Hauptstraße	Hauptstraße	BLOB	Hauptstraße	BLOB	7,566113
12	Polylinie	Hauptstraße	Hauptstraße	BLOB	Hauptstraße	BLOB	131,421257
21	Polylinie	Hauptstraße	Hauptstraße	BLOB	Hauptstraße	BLOB	19,830252
23	Polylinie	Hauptstraße	Hauptstraße	BLOB	Hauptstraße	BLOB	52,78549
24	Polylinie	Hauptstraße	Hauptstraße	BLOB	Hauptstraße	BLOB	140,214736
25	Polylinie	Hauptstraße	Hauptstraße	BLOB	Hauptstraße	BLOB	50,553149
39	Polylinie	Hauptstraße	Hauptstraße	BLOB	Hauptstraße	BLOB	1116,60339

Abb. 534: Ausschnitt aus der Attributtabelle nach erfolgreicher Regelzuweisung

Nach erfolgreicher Zuweisung sollte in der Attributtabelle, entsprechend der Abbildung 534, jeder Straßenkategorie die gleichnamige Darstellungsregel in den Spalten M20000 und M70000 zugeordnet sein.

14.11.4 Symbolebenen anlegen

Zum jetzigen Zeitpunkt besitzt jede Geometrie eine Darstellungsregel sowohl für die Repräsentation im Maßstab 1:20.000 als auch für die Repräsentation im Maßstab 1:70.000. Zur letztendlichen Visualisierung des Straßennetzes fehlt jedoch noch die hierarchische Anordnung der Straßenregeln, d. h. welche Straßenregeln sich im Kartenfenster oben und

14.11 Lösung zum Übungsblock 11

welche darunter befindet. Zur Festlegung dieser Symbolebenen markieren Sie eine der Repräsentationen in der Darstellungsliste des Reiters „Symbologie" in den Layer-Eigenschaften und öffnen dann das gleichnamige Dialogfenster, welches dem Pfeil im Verwaltungsmenü der Symbol-Layer hinterlegt ist.

Abb. 535: Öffnen der Symbolebenen über das Verwaltungsmenü der Symbol-Layer

Über die linke Schaltfläche im Symbolebenen-Fenster können Sie, je nachdem welche Ansicht aktiviert ist, in die Standard- oder in die erweiterte Ansicht umschalten. Um eine exakte Darstellungsreihenfolge durch die Eingabe von numerischen Werten zu erlangen, müssen Sie sich in der erweiterten Ansicht der Symbolebenen befinden. Durch das Setzen des Häkchens bei „Diesen Layer mit den unten angegebenen Symbolebenen darstellen" aktivieren Sie die Verwendung der Symbolebenen und können damit die Darstellungsreihenfolge durch die Eingabe numerischer Werte für jeden Symbol-Layer einzeln festlegen. Der Symbol-Layer -1- verwaltet die Kontur, der Symbol-Layer -2- die Füllung und der Symbol-Layer -3- die eventuell vorhandene Mittellinie der Straßenregeln. Ändern Sie die Symbolanordnung für die Repräsentationen M20000 und M70000 entsprechend der Abbildung 536 und bestätigen Sie Ihre Eingaben zunächst mit „OK" und anschließend mit „Übernehmen" im Reiter „Symbologie" der Layer-Eigenschaften. Im Kartenfenster können Sie nun sehen, dass die Straßenkonturen (-1-), die in den Symbolebenen die gleichen Werte besitzen auf einer Ebenen liegen und somit visuell verschmelzen. Das heißt, dass kein Übergang zwischen den einzelnen Liniensegmenten erkennbar ist. Die Brückenkontur, die als einzige Kontur in den Symbolebenen einen höheren Wert erhalten hat, liegt über der darunterliegenden Straße und ist somit eindeutig als Brücke erkennbar. Die Füllung einer Straße (-2-) liegt immer über der dazugehörigen Kontur und wird hierarchisch nach oben gezählt. Die „1" repräsentiert in den Symbolebenen dieser Übung somit die unterste und die „11" die oberste Ebene im Kartenfenster.

Alle Einstellungen und Zuweisungen zur Visualisierung des Straßennetzten für zwei verschiedene Maßstäbe sind abgeschlossen. Durch die Auswahl einer Repräsentation aus der Darstellungsliste innerhalb der Layer-Eigenschaften können Sie zwischen den Repräsentationen hin- und herschalten. Wählen Sie zunächst die Repräsentation M20000 aus und bestätigen Sie Ihre Wahl mit „OK", worauf Sie zum Kartenfenster zurückkehren. Die Straßen werden nun entsprechend den definierten Darstellungsregeln für den Maßstab 1:20.000 visualisiert. Öffnen Sie anschließend wieder die Layer-Eigenschaften durch Doppelklick auf den Layer „Strassennetz" und markieren unter Darstellung im Reiter

„Symbologie" die Repräsentation M70000. Bestätigen Sie Ihre Wahl mit „OK" damit Sie wieder ins Kartenfester zurückkehren. Bitte beachten Sie, dass in dieser MXD der Bezugsmaßstab 1:20.000 voreingestellt wurde. Bei der Auswahl der Repräsentation M70000 muss der Bezugsmaßstab im Menü „Ansicht" unter Eigenschaften-Datenrahmen auf 70.000 geändert werden, damit die maßstabsgebundene Straßensymbologie entsprechend dargestellt wird.

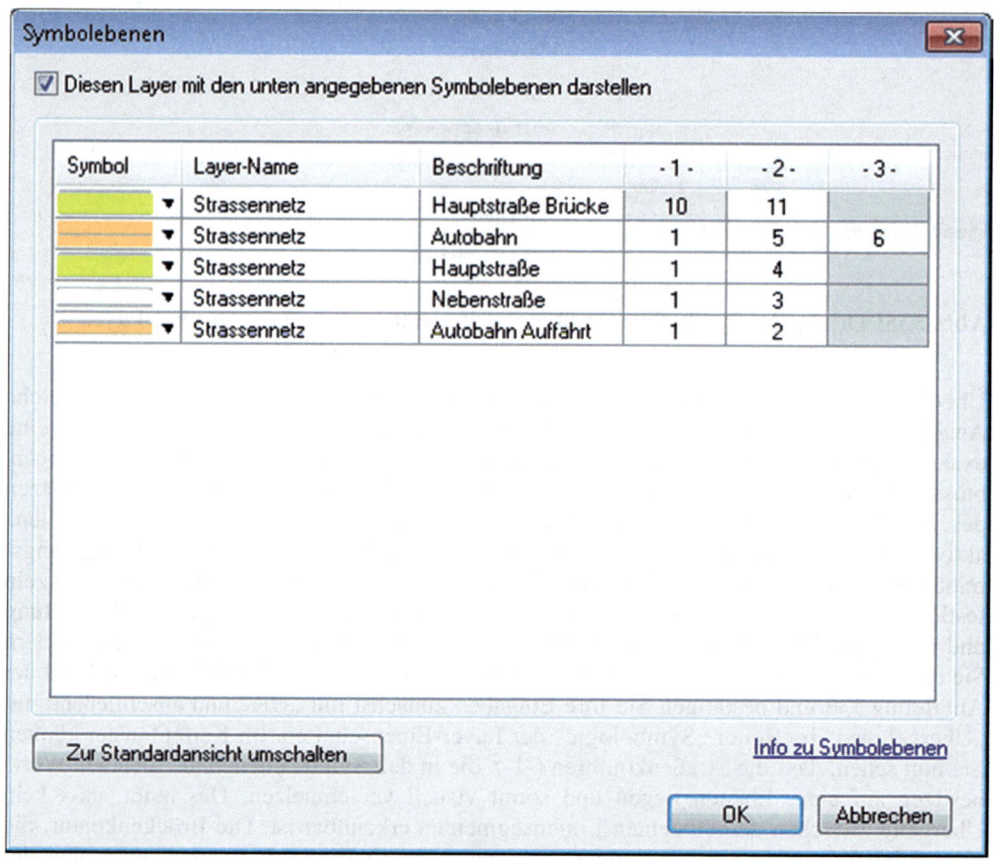

Abb. 536: Symbolebenen für die Maßstäbe 1:20.000 und 1:70.000

14.11.5 Grafische Änderung als Override speichern

Wie Sie bereits bei der Zuweisung der Darstellungsregeln in der Attributtabelle der Feature-Klasse „Strassennetz" sehen konnten, wird bei der Konvertierung der Symbologie in eine Repräsentation neben dem Feld „RuleID" auch ein Feld „Override" angelegt. In diesem Feld werden Ausnahmen von den eigentlichen Darstellungsregeln als BinaryLarge-Objekt (BLOB) gespeichert. In der Praxis wird diese Technologie angewendet, wenn beispielsweise eine Straße zwar der Kategorie „Nebenstraße" angehört, jedoch an einer Stelle viel schmaler ist als in der entsprechenden Regel definiert wurde. Anstatt für diese einzelne Situation eine neue Darstellungsregel anzulegen, nutzen wir die Möglichkeit der

14.11 Lösung zum Übungsblock 11

Overrides und definieren lediglich für die Breite der Straße eine Ausnahme. Laden Sie hierfür über das *Menü „Anpassen"* ⇨ *„Werkzeugleisten"* die Repräsentationen-Werkzeugleiste in das Übungsprojekt. Bitte beachten Sie, dass Sie sich zur Erstellung eines Overrides innerhalb einer Editiersitzung befinden müssen. Wählen Sie anschließend aus der Repräsentationen-Werkzeugleiste das Direktauswahl-Werkzeug aus und markieren ein beliebiges Straßensegment aus der Repräsentationen M20000. Über die Repräsentationseigenschaften getätigte grafische Änderungen werden immer als Override gespeichert und wirken sich lediglich auf die Symbologie der jeweiligen Repräsentation aus.

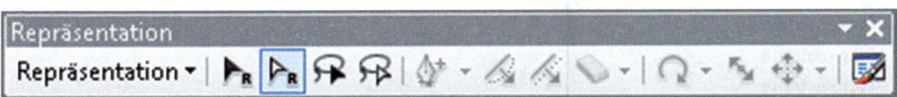

Abb. 537: Werkzeugleiste „Repräsentationen" mit aktiviertem Direktauswahlwerkzeug

Öffnen Sie nun über die Repräsentationen-Werkzeugleiste die Repräsentationseigenschaften und ändern im Register „Darstellung" die Straßenkontur (unterer Linien-Symbol-Layer) auf 2 mm und die Straßenfüllung auf 1,2 mm (oberer Linien-Symbol-Layer) (siehe Abb. 538). Sollte bei Ihnen eine andere Einheit als „mm" voreingestellt sein, können Sie dies im Verwaltungsmenü der Symbol-Layer (siehe Abb. 535) unter „Einheiten" ändern.

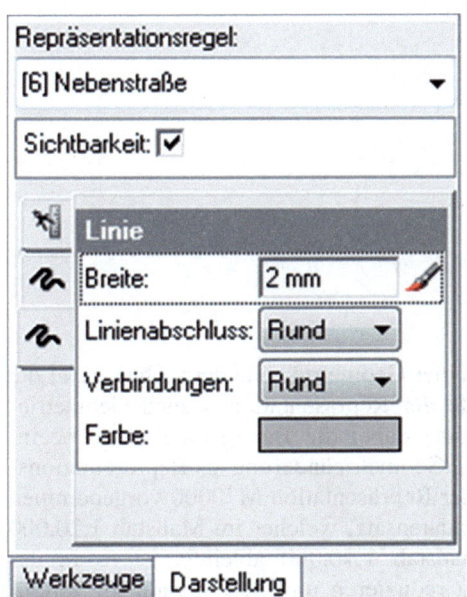 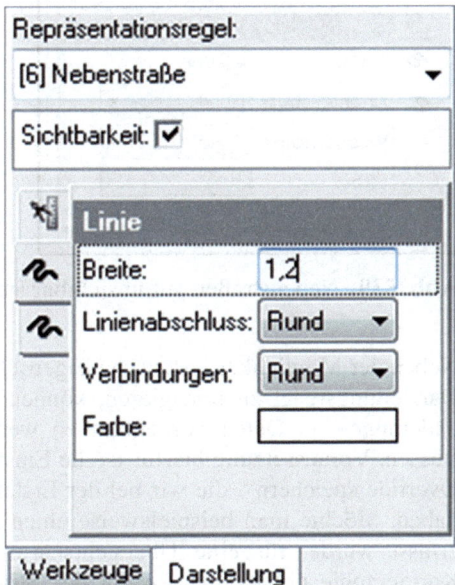

Abb. 538: Erstellung von Overrides in den Repräsentationseigenschaften

Das Pinselsymbol zeigt Ihnen, dass für die Eigenschaft „Breite" ein Override angewendet wurde. Durch Klick auf das Pinselsymbol kann der Override aufgehoben und die Eigenschaften des Straßensegments entsprechend der Darstellungsregel zurückgesetzt werden.

Bitte beachten Sie, dass bei der Verwendung vieler Ausnahmen in einem Kartenfenster mit einer Verlangsamung der Kartendarstellung zu rechnen ist.

14.11.6 Geometrische Änderung als Override speichern

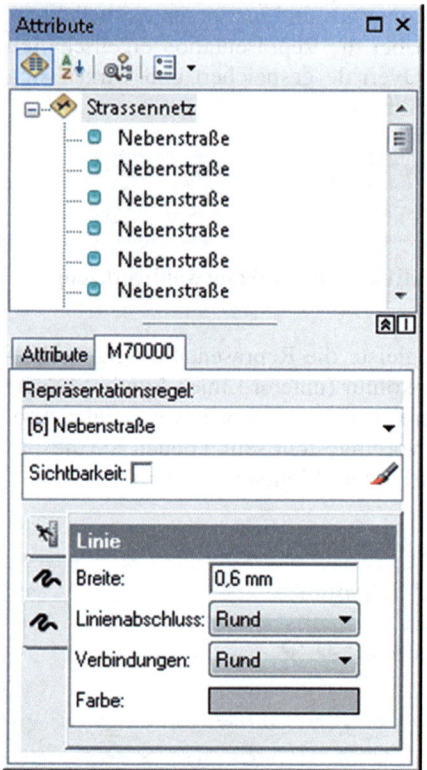

Abb. 539: Nebenstraßen auf unsichtbar stellen

Neben der Möglichkeit, grafische Eigenschaften einer Geometrie zu ändern, ohne dabei die Darstellungsregel zu korrigieren, können mithilfe der Repräsentationen auch Geometrieänderungen an Daten vorgenommen werden, ohne dabei die Basisgeometrie zu beeinflussen. Voraussetzung hierfür ist die Einstellung „Geometrieänderung als Repräsentations-Override speichern", die wir bei der Erstellung der Repräsentation M70000 vorgenommen haben. Möchte man beispielsweise einen Straßendatensatz, welcher im Maßstab 1:20.000 erfasst wurde, für eine Übersichtskarte im Maßstab 1:70.000 ableiten, ist es in der Kartographie üblich, die Anzahl der Straßen zu reduzieren und den Verlauf zu vereinfachen, um dadurch die Lesbarkeit zu verbessern. Aus diesem Grund reduzieren wir das Straßennetz der Repräsentation M70000, sodass lediglich die übergeordneten Straßenkategorien wie Autobahn, Autobahn Auffahrt und Hauptstraßen sichtbar sind. Öffnen Sie hierfür über das Kontextmenü des Layers „Strassennetz" die Attributtabelle und markieren Sie bei gedrückter Umschalt-Taste die Nebenstraßen. Um alle Straßensegmente gleichzeitig bearbeiten zu können, müssen Sie im Attributfenster der Editorwerkzeugleiste den Überordner „Strassennetz" markieren. Lösen Sie anschließend das Häkchen bei Sichtbarkeit im Register M70000 (siehe Abb. 539), worauf die Nebenstraßen im Kartenfenster ausgeblendet werden.

Diese Änderung ist nur für die Repräsentation M70000 gültig und wird in den Override-Feldern der Nebenstraßen gespeichert. Zur Verbesserung der Lesbarkeit vereinfachen wir anschließend den Verlauf einer Straße durch Stützpunktreduzierung. Markieren Sie zunächst mithilfe des Direktauswahlwerkzeuges aus der Repräsentationen-Werkzeugleiste ein Straßensegment und entfernen dann mit dem Werkzeug „Stützpunkt löschen", welches sich in einem Untermenü der Repräsentationen-Werkzeugleiste befindet, einzelne Stützpunkte an einer markanten Stelle im Straßennetz (siehe Abb. 541 und Abb. 542).

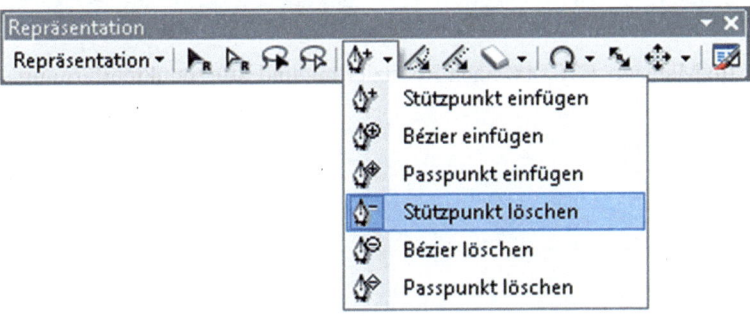

Abb. 540: Werkzeug zur Stützpunkt Entfernung

Wie sie anschließend im Kartenfenster sehen können, wurden die Änderung lediglich in der Repräsentation M70000 gespeichert und die Straßendaten im Maßstab 1:20.000 bleiben unbeeinflusst.

Abb. 541: Straßennetz im Maßstab 1:20.000

14 Lösungen

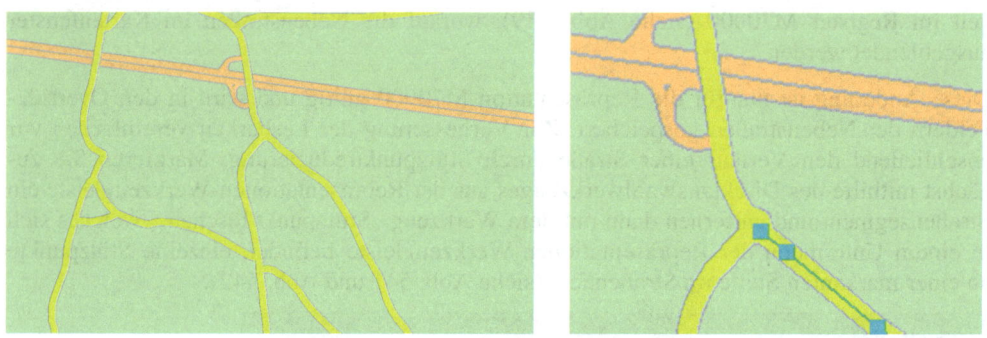

Abb. 542: Straßennetz im Maßstab 1:70.000 nach Reduzierung und Stützpunktentfernung

Anhang

A Übersicht nützlicher Tastaturkürzel (Shortcuts)

Nachfolgend finden Sie eine Zusammenstellung gängiger Shortcuts. Die Aneignung und Verwendung von Tastaturkürzeln kann das Arbeiten in ArcGIS erheblich vereinfachen. Besonders für regelmäßig benötigte Befehle und Werkzeuge empfiehlt es sich, sich entsprechende Shortcuts anzueignen. Sie können die bestehenden Tastaturkürzel auch Ihren Bedürfnissen entsprechend anpassen bzw. auch neue Shortcuts vergeben (vgl. Kapitel 6.1.3.1).

Häufig können Shortcuts auch für mehrere Werkzeuge genutzt werden. So können beispielsweise viele der Shortcuts für das „Skizzenwerkzeug" auch zum Editieren von Annotations genutzt werden. Globale Befehle, wie das „Einfügen einer Auswahl in die Zwischenablage", stehen in fast allen Fenstern zur Verfügung. Um die nachstehenden Tabellen jedoch in Grenzen zu halten, werden darin gleichbedeutende Tastenkürzel nur aufgeführt, sofern sie nicht bereits an anderer (früherer) Stelle beschrieben wurden.

Für ausführlichere Beschreibungen sei auf die ArcGIS Desktop Hilfe verwiesen. Beachten Sie jedoch, dass einige der dort beschriebenen Shortcuts auf anglo-amerikanischen Tastaturen bzw. deren Tastenbelegungen basieren und deshalb möglicherweise mit einer deutschen Tastatur nicht funktionieren. Außerdem können durch die deutschsprachige Oberfläche einige Shortcuts von den dortigen Beschreibungen abweichen.

Allgemein

Beschreibung	Shortcut	ArcGIS 9.3	ArcGIS 10	ArcGIS 10.1
Verhindern der automatischen Verankerung von Elementen beim Anpassen der Benutzeroberfläche	Strg + (Drag & Drop)	•	•	•

Menüeinträge in ArcMap

Beschreibung	Shortcut	ArcGIS 9.3	ArcGIS 10	ArcGIS 10.1
Datei ⇨ Neu...	Strg + N	•	•	•
Datei ⇨ Öffnen...	Strg + O	•	•	•
Datei ⇨ Speichern	Strg + S	•	•	•

Anhang

Beschreibung	Shortcut			
Datei ⇨ Beenden	Alt + F4	•	•	•
Bearbeiten ⇨ Rückgängig	Strg + Z	•	•	•
Bearbeiten ⇨ Wiederherstellen	Strg + Y	•	•	•
Bearbeiten ⇨ Ausschneiden	Strg + X	•	•	•
Bearbeiten ⇨ Kopieren	Strg + C	•	•	•
Bearbeiten ⇨ Einfügen	Strg + V	•	•	•
Bearbeiten ⇨ Löschen	Entf	•	•	•
Hilfe ⇨ ArcGIS Desktophilfe	F1	•	•	•
Navigieren durch das Hauptmenü (Abbruch mit Esc)	Alt + ↑ Alt + ↓ Alt + ← Alt + →	•	•	•

Kartenfenster und Navigation

Beschreibung	Shortcut	Arc GIS 9.3	Arc GIS 10	Arc GIS 10.1
Fokus für Shortcuts auf das Kartenfenster legen	Esc	•	•	•
Ansicht aktualisieren/Neu zeichnen	F5	•	•	•
Zeichnungsvorgang des Karten-Fensters unterbrechen/fortsetzen	F9	•	•	•
Hineinzoomen	Z oder: + oder: 🖱	•	•	•

A Übersicht nützlicher Tastaturkürzel

Herauszoomen	X oder: - oder: 🖱️	•	•	•
Schwenken	C oder: 🖱️ (ziehen bei gedrücktem Mausrad)	•	•	•
Kontinuierliches Zoomen	B + 🖱️	•	•	•
Kontinuierliches Schwenken	B + 🖱️	•	•	•
Feineres Zoomen	Strg + 🖱️	•	•	•
Schweifen	Q + 🖱️		•	•
Zentrieren auf …	✋ + 🖱️ oder: 🖱️ (Mausrad klicken)	•	•	•
Zentrieren und zoomen auf …	Strg + 🖱️ (Mausrad klicken)	•	•	•
Zoomen auf eine Box	Strg + 🖱️ (ziehen bei gedr. Mausrad)	•	•	•
Zwischen Zoomwerkzeugen wechseln (falls eines der Zoomwerkzeuge aktiv ist)	F6	•	•	•
Kartenausschnitt verschieben (ohne sonstige Auswahl)	↑ / ↓ / ← / →	•	•	•
Durch Kartenausschnitt „blättern"	Einfg / Entf / Pos1 / Ende	•	•	•

Beschreibung	Shortcut	ArcGIS 9.3	ArcGIS 10	ArcGIS 10.1
Zurück zur vorherigen Ausdehnung	,	•	•	•
Vor zur nächsten Ausdehnung	.	•	•	•
Volle Ausdehnung	Einfg	•	•	•
Auf einen Layer zoomen	Alt + 🖱 (auf Layername)	•	•	•

Inhaltsverzeichnis

Beschreibung	Shortcut	ArcGIS 9.3	ArcGIS 10	ArcGIS 10.1
Fokus für Shortcuts auf das Inhaltsverzeichnis setzen	F3	•	•	•
Durch das Inhaltsverzeichnis navigieren	↑ / ↓	•	•	•
Aufklappen bzw. zusammenklappen von Items	← / → oder: + / -	•	•	•
Alle Layer einer Hierarchiestufe anzeigen/ausschalten	Strg + 🖱 (auf Layer-Checkbox)	•	•	•
Verschieben von Layern oder Datenrahmen	🖱 (Drag & Drop)	•	•	•
Kopieren von Layern oder Datenrahmen	Strg + 🖱 (Drag & Drop)	•	•	•
Ausgewählten Layer zeichnen/nicht zeichnen		•	•	•
Alle Layers eines Datenrahmens anzeigen/nicht anzeigen (bei Gruppen-Layern nur enthaltene Einzellayer des ausgewählten Gruppen-Layers)	Strg +	•	•	•
Zwischen Datenrahmen wechseln	Strg + ⇥	•	•	•
Ausgewähltes Item umbenennen	F2	•	•	•

A Übersicht nützlicher Tastaturkürzel

Beschreibung	Shortcut	Arc GIS 9.3	Arc GIS 10	Arc GIS 10.1
Eigenschaften eines selektierten Layers/Datenrahmens aufrufen	F12 oder: ↵	•	•	•
Selektierten Datenrahmen aktivieren	F11 oder: 🖱 (auf Datenrahmen im Layout) oder: Alt + 🖱	•	•	•
Mehrere Layer/Datenrahmen selektieren	Strg + 🖱 (auf Layer/Datenrahmen)	•	•	•
Einen Layer anzeigen, alle anderen Layer ausschalten	Alt + 🖱 (auf Layer-Checkbox)	•	•	•
Kontextmenü eines Items öffnen	⇧ + F10 oder: 🖱 (auf Item)	•	•	•
Attributtabelle eines Layers/einer Tabelle öffnen	Strg + 🖱 2x (auf Layer/Tabelle)	•	•	•
Attributtabelle eines selektierten Layers oder einer selektierten Tabelle öffnen	Strg + T	•	•	•

749

Attributtabellen

Beschreibung	Shortcut	ArcGIS 9.3	ArcGIS 10	ArcGIS 10.1
Attributtabelle eines Layers oder einer Tabelle öffnen	Strg + 🖱 2x (auf Item im Inhaltsverz.)	●	●	●
Attributtabelle eines selektierten Layers oder einer selektierten Tabelle öffnen	Strg + ↵		●	●
Zwischen geöffneten Attributtabellen wechseln	Strg + Tab		●	●
Schriftgrad ändern	Strg + 🖱	●	●	●
Alle auswählen	Strg + A oder: ⇧ + graue linke obere Ecke	●	●	●
Komplette Auswahl aufheben	Strg + ⇧ + A			●
Auswahl umkehren	Strg + U oder: Strg + graue linke obere Ecke	●	●	●
Auswahl aufheben	Strg + ← oder: graue linke obere Ecke	●	●	●
Auf selektierte(s) Feature(s) zoomen	Strg + ⇧ + +	●	●	●
Auf selektierte(s) Feature(s) zoomen und aufblinken lassen	Strg + +	●	●	●
Attributtabelle drucken	Strg + P			●
Selektierte(s) Feature(s) „identifizieren"	Strg + I	●	●	●
Feature auswählen und darauf zoomen	🖱 2x (vor einen Datensatz)	●	●	●

A Übersicht nützlicher Tastaturkürzel

Beschreibung	Shortcut	Arc GIS 9.3	Arc GIS 10	Arc GIS 10.1
Feature auswählen und darauf schwenken	`Strg` + 🖱 2x (vor einen Datensatz)	•	•	•
Starten und Stoppen einer Editiersitzung	`Strg` + `E`			•
Navigieren in der Tabelle	↑ / ↓ ← / →	•	•	•
In die nächste Zelle springen	`Tab`	•	•	•
In die vorige Zelle springen	`⇧` + `Tab`	•	•	•
Eine Zelle nach unten springen	`↵`	•	•	•
Eine Zelle nach oben springen	`⇧` + `↵`	•	•	•
An den Zeilenanfang springen	`Pos1` oder: `Strg` + ←	•	•	•
An das Zeilenende springen	`Ende` oder: `Strg` + →	•	•	•
Ganz an den Tabellenanfang springen	`Strg` + `Pos1`	•	•	•
Ganz an das Tabellenende springen	`Strg` + `Ende`	•	•	•
Zum aktuellen Feature schwenken und aufblinken	`Strg` + `N`			•
An den Spaltenanfang springen	`Strg` + ↑	•	•	•
An das Spaltenende springen	`Strg` + ↓	•	•	•
Zu einem bestimmten Datensatz springen	`Strg` + `G`	•	•	•
Dialogfenster „Suchen und Ersetzen" öffnen	`Strg` + `F`	•	•	•
Sortieren	🖱 2x (auf Spaltenüberschrift)	•	•	•

Beschreibung	Shortcut	Arc GIS 9.3	Arc GIS 10	Arc GIS 10.1
Erweiterte Sortierung	Strg + ⇧ + S oder: ⇧ + 🖱 2x (auf Spaltenüberschrift)	•	•	•
Sortierung aufheben	Strg + ⇧ + U	•	•	•
Feld ausschalten	Strg + 🖱 2x (auf Spaltenüberschrift) oder: Strg + H (erst seit ArcGIS 9.3)	•	•	•
Feld verstecken	Strg + ⇧ + 🖱 2x (auf Spaltenüberschrift)	•	•	•
Standardspaltenbreite wiederherstellen	Strg + ⇧ + Z	•	•	•
Wechseln zwischen Feldnamen- bzw. Aliasnamen-Anzeige	Strg + ⇧ + N oder: Strg + 🖱 (auf Spaltenüberschrift)	•	•	•
Dialogfenster „Feldeigenschaften" eines Attributs öffnen	Strg + ⇧ + P oder: Alt + 🖱 2x (auf Spaltenüberschrift)	•	•	•
Dialogfenster „Feldberechnung..." öffnen (Spalte muss selektiert sein)	Strg + ⇧ + F	•	•	•
Dialogfenster „Geometrie berechnen..." öffnen (Spalte muss selektiert sein)	Strg + ⇧ + G	•	•	•
Editiersitzung starten	Strg + ⇧ + E	•	•	•
Eine Zelle editieren (während einer Editiersitzung). Erneutes Betätigen schließt Editierung ab.	F2	•	•	•

A Übersicht nützlicher Tastaturkürzel

Beschreibung	Shortcut	Arc GIS 9.3	Arc GIS 10	Arc GIS 10.1
Editierung der aktuellen Zelle löschen; Ursprungswert wiederherstellen (während einer Editiersitzung)	Esc	•	•	•
Editierung einer Zelle abschließen und eine Zelle nach unten springen (während einer Editiersitzung)	↵	•	•	•
Editierung einer Zelle abschließen, eine Zelle nach unten springen und diesen Datensatz selektieren (während einer Editiersitzung)	Strg + ↵	•	•	•
Editierung einer Zelle abschließen und eine Zelle nach rechts springen (während einer Editiersitzung)	⇥	•	•	•
Ausgewählte Datensätze löschen (während einer Editiersitzung)	Entf oder: Strg + D	•	•	•
Hervorgehobene Features im Modus „Selektierte Datensätze anzeigen" selektieren	Strg + ⇧ + R	•	•	•

Editierwerkzeuge

Beschreibung	Shortcut	Arc GIS 9.3	Arc GIS 10	Arc GIS 10.1
Editierwerkzeuge allgemein: • Knoten nahe dem Cursor von Features anzeigen	V	•	•	•
• Fangfunktion vorübergehend deaktivieren	[Leertaste]	•	•	•
• Dialogfenster "Eigenschaften: Editierskizze" öffnen	P		•	•
„Skizzenwerkzeug": • Parallele Linie zeichnen	Strg + P	•	•	•
• Senkrechte Linie zeichnen	Strg + E	•	•	•

Beschreibung	Shortcut	Arc GIS 9.3	Arc GIS 10	Arc GIS 10.1
• Linie mit bestimmtem Winkel zeichnen	Strg + A	•	•	•
• Linie mit bestimmter Länge zeichnen	Strg + L	•	•	•
• Linie mit bestimmtem Winkel und bestimmter Länge zeichnen	Strg + G	•	•	•
• Skizze zeichnen mit Koordinaten-eingabe	F6	•	•	•
• Skizze zeichnen mit Koordinaten-eingabe (relativ zum letzten Vertex)	Strg + D	•	•	•
• Skizze löschen	Strg + Entf	•	•	•
• Skizze fertigstellen	F2	•	•	•
• Teilskizze beenden, um Multipart-Feature zu erstellen	⇧ + 🖱 2x	•	•	•
• Segment mit bestimmtem Auslenk-winkel zu anderem Segment zeichnen	F7	•	•	•
• In Streamingmodus wechseln	F8	•	•	•
• Endpunkt fangen	Strg + F5	•	•	•
• Stützpunkt fangen	Strg + F6	•	•	•
• Mittelpunkt fangen	Strg + F7	•	•	•
• Kante fangen	Strg + F8	•	•	•
• Feld „Text für Annotation-Kons-truktor" der Werkzeugleiste „Annotation" aktivieren (schnellere Texteingabe!)	A		•	•
• Feld „Annotation-Symbole" der Werkzeugleiste „Annotation" aktivieren (schnellere Symbolauswahl)	S		•	•

Beschreibung	Shortcut	Arc GIS 9.3	Arc GIS 10	Arc GIS 10.1
• Öffnen des Dialogfensters „Entlang von Feature" während des Erstellens einer neuen Annotation mit der Konstruktionsmethode „Entlang von Feature"	O	•	•	•
• Ausgewählte Annotation um 180° drehen	L	•	•	•
• Annotation-Ausrichtung (senkrecht oder parallel) während des Erstellens einer neuen Annotation mit der Konstruktionsmethode „Entlang von Feature" wechseln	P	•	•	•
• Annotation während des Erstellens einer neuen Annotation mit der Konstruktionsmethode „Entlang von Feature" links bzw. rechts platzieren	⇆	•	•	•
Werkzeug „Editieren": • (Sich überlagernde) Features innerhalb der Auswahltoleranz abwechselnd selektieren	N	•	•	•
• Zwischen den Werkzeugen „Skizzenkonstruktion", „Editieren" und „Annotation editieren" wechseln	E	•	•	•
• Den Selektions-Anker (das "X") eines selektierten Features verschieben	Strg (Gedrückt halten und Maus auf das „X" ziehen)	•	•	•
Werkzeug „Annotation editieren": • „Freies Drehen" aktivieren/deaktivieren	R	•	•	•
• „Entlang von Feature"-Modus aktivieren/deaktivieren	F	•	•	

Beschreibung	Shortcut	Arc GIS 9.3	Arc GIS 10	Arc GIS 10.1
Werkzeug „Entfernung-Entfernung": • Dialogfenster zur Eingabe der Distanz öffnen	D oder: R	•	•	•
• Zwischen möglichen Punkten wechseln	⇥	•	•	•
Werkzeug „Richtung-Entfernung": • Dialogfenster zur Eingabe der Richtung öffnen	D oder: A	•	•	•
Werkzeug „Verfolgen": • Dialogfenster „Verfolgungs-Optionen" öffnen	O	•	•	•
Werkzeug „Drehen": • Zweiten Ankerpunkt setzen	S	•	•	•
• Eingabefenster zur Eingabe eines Winkels öffnen	A	•	•	•
Werkzeuge „Kreisbogen", „Tangente", „Endpunkt-Arc" und „Kreis": • Eingabefenster zur Eingabe eines Radius öffnen	R		•	•
Werkzeuge „Kreisbogen" und „Tangente": • Nach der Radius-Eingabe mögliche Kreisbögen anzeigen lassen	⇥		•	•
Werkzeug „Fillet": • Optionen des Werkzeugs aufrufen	O	•	•	•
Dialogfenster „Nicht platzierte Annotations": • Zu ausgewählter Annotation schwenken	P	•	•	•
• Auf selektierte Annotation zoomen	Z	•	•	•

Beschreibung	Shortcut	Arc GIS 9.3	Arc GIS 10	Arc GIS 10.1
• Ausgewählte Annotation platzieren		•	•	•

Topologie-Werkzeuge

Beschreibung	Shortcut	Arc GIS 9.2	Arc GIS 9.3	Arc GIS 10
Werkzeug „Topologiebearbeitung" • Knoten auswählen	N	•	•	•
• Kanten auswählen	E	•	•	•
• Splitten und Knoten verschieben	S	•	•	•
Dialogfenster „Fehler-Inspektor": • Auf ausgewählten Fehler zoomen	Z oder:	•	•	•
• Zu selektiertem Fehler schwenken	P	•	•	•
• Die Fehler verursachenden Elternelemente auswählen	F		•	•
• Eine Beschreibung der Topologieregel anzeigen	D		•	•
• Einen Fehler als Ausnahmeregelung markieren	X		•	•
• Eine Ausnahmeregelung als Fehler markieren	E		•	•

Werkzeugleiste „Repräsentation"

Beschreibung	Shortcut	Arc GIS 9.2	Arc GIS 9.3	Arc GIS 10
Zu Werkzeug „Selektieren" bzw. „Direktauswahl" wechseln	G		•	•
Zu Werkzeug „Lassoauswahl" bzw. „Lassodirektauswahl" wechseln	L		•	•
Zu Werkzeug „Stützpunkt einfügen" bzw. „Stützpunkt löschen" wechseln	I		•	•
Zu Werkzeug „Bezier einfügen" bzw. „Bezier löschen" wechseln	U		•	•
Zu Werkzeug „Passpunkt einfügen" bzw. „Passpunkt löschen" wechseln	Y		•	•
Werkzeug „Entzerren" aktivieren	W		•	•
Werkzeug „Parallel verschieben" aktivieren	P		•	•
Werkzeug „Radieren" aktivieren	E		•	•
Werkzeug „Maskieren" aktivieren	K		•	•
Zu Werkzeug „Drehen" wechseln und Dialogfenster zur Winkeleingabe öffnen	R		•	•
Zu Werkzeug „Ausrichten" wechseln und Dialogfenster zur Winkeleingabe öffnen	O		•	•
Werkzeug „Größe anpassen" aktivieren und zugehöriges Dialogfenster öffnen	S		•	•
Werkzeug „Verschieben" aktivieren und zugehöriges Dialogfenster öffnen	M		•	•
Werkzeug „Versatz" aktivieren und zugehöriges Dialogfenster öffnen	F		•	•

Werkzeug „Adressen-Locator"

Beschreibung	Shortcut	ArcGIS 9.2	ArcGIS 9.3	ArcGIS 10
Angezeigte Adresse kopieren (in Zwischenablage)	K		•	•
Grafikpunkt hinzufügen	P		•	•
Grafikpunkt hinzufügen und mit Adresse beschriften	L		•	•
Ein Banner mit der Adresse einfügen	O		•	•

ArcGIS Desktop Hilfe

Beschreibung	Shortcut	ArcGIS 9.2	ArcGIS 9.3	ArcGIS 10
Aktuelles Thema durchsuchen	Strg + F	•	•	•
Zwischen Hilfefenster und anderen geöffneten Fenstern wechseln	Alt + Tab	•	•	•
Im Hilfefenster zwischen Navigations- und Themen-Frame wechseln	F6	•	•	•
Links nacheinander nach unten bzw. nach oben „anspringen"	Tab / ⇧ + Tab	•	•	•
Zurückgehen zu zuvor angezeigtem Thema	Alt + ←	•	•	•
Vorwärts zu zuvor angezeigtem Thema	Alt + →	•	•	•
Thema ausdrucken	Strg + P	•	•	•
Menü „Optionen" aufrufen	Alt + O	•	•	•
Register „Inhalt" öffnen	Alt + I	•	•	•

Beschreibung	Shortcut	Arc GIS 9.2	Arc GIS 9.3	Arc GIS 10
Register „Index" öffnen	Alt + N	•	•	
Register „Favoriten" öffnen	Alt + F	•	•	•
Register „Suche" öffnen	Alt + S	•	•	•
Aktuelles Thema zu „Favoriten" hinzufügen (bei geöffnetem Register „Favoriten")	Alt + H	•	•	•
Selektierten Eintrag aus der Liste „Favoriten" entfernen (bei geöffnetem Register „Favoriten")	Alt + E	•	•	•
Im Navigations-Frame ausgewähltes Thema anzeigen	Alt + Z	•	•	

Eigene Tastaturkürzel festlegen

In Kapitel 6.1.3.1 wurde bereits auf die Möglichkeit hingewiesen, eigene Shortcuts zu erstellen. Sie finden die entsprechenden Einstellungen in ArcMap unter *Hauptmenüleiste* ⇨ *„Werkzeuge"* ⇨ *„Anpassen..."* ⇨ *Schaltfläche „Tastatur"*. Wählen Sie den gewünschten Befehl, für den Sie eine Tastenkombination festlegen möchten, aus dem rechten Auswahlfenster aus, nachdem Sie zuvor auf der linken Seite die entsprechende Kategorie (Werkzeugleiste) ausgewählt haben. Sollten für den gewählten Befehl bereits Shortcuts definiert sein, sehen Sie diese im Feld „Aktuelle Taste(n)". Es können auch mehrere Tastenkombinationen für einen Befehl vergeben werden. Jedoch kann eine bestimmte Tastenfolge immer nur eine bestimmte Funktion aufrufen. Um nun Ihre gewünschte Tastenfolge als Shortcut festzulegen, geben Sie diese im linken unteren Feld ein. Die Eingabe des Kürzels erfolgt durch Drücken der gewünschten Tastenkombination (und nicht etwa durch händisches Eintippen von „Strg", „Alt" etc.). Beachten Sie, dass bereits für andere Befehle definierte Shortcuts bei nochmaliger Zuweisung (für einen anderen Befehl) Ihre ehemalige Funktion verlieren. Sollte die Tastenkombination bereits vergeben sein, wird dies im unteren Fensterbereich angezeigt. Bevor Sie die Vergabe des Tastaturkürzels mit der Schaltfläche „Zuweisen" bestätigen, können Sie im Drop-down-Menü noch den Speicherort angeben: Sie können festlegen, ob die von Ihnen bewirkten Änderungen nur in diesem Kartendokument oder in der Normal.mxt-Vorlage (Standardeinstellung), und damit für alle Kartendokumente bzw. weiteren ArcMap-Sitzungen gespeichert werden sollen. Schließen Sie den Vorgang zur Festlegung eines neuen Tastaturkürzels mit „Zuweisen" ab. Ihre eingegebene Tasten-Kombination wird anschließend – sofern Sie für ArcMap interpretierbar ist – unter „Aktuelle Taste(n)" aufgeführt. Sie können nun weitere Shortcuts definieren oder das Dialogfenster mit der Schaltfläche „Schließen" beenden.

Auf ähnliche Art und Weise können Sie vergebene Shortcuts auch wieder löschen. Wählen Sie dazu zunächst – wie oben erklärt – den gewünschten Befehl und anschließend auch die Datei, aus der das Tastaturkürzel gelöscht werden soll, aus. Wählen Sie aus dem Feld „Aktuelle Taste(n)" den zu löschenden Shortcut aus und entfernen diesen mit der Schaltfläche „Entfernen". Außerdem können mit der Schaltfläche „Alles zurücksetzen" die ursprünglich vorhandenen Shortcuts wiederhergestellt werden.

B Arbeiten mit dynamischem Text

Die folgenden dynamischen Texte sind bereits als fertige Bausteine über *„Hauptmenüleiste"* ⇨ *„Einfügen"* ⇨ *„Dynamischer Text"* verfügbar und können direkt in das Kartenlayout eingefügt werden. Das Format für die Zeit- bzw. Datumsausgabe kann variiert werden. Die dafür benötigte Syntax wird in der zweiten und dritten Tabelle genauer beschrieben. In den unteren Tabellen ist eine Auswahl weiterer dynamischer Text-Formatierungen vorgestellt, die nicht bereits als fertige Bausteine über das Hauptmenü auswählbar sind.

Inhalt	Befehl	Ausgabe
Titel	<dyn type="document" property ="title">	Gibt den Kartennamen aus, der in den Dokumenteneigenschaften unter „Titel" eingetragen ist.
Aktuelles Datum	Datum: <dyn type="date" format ="""/>	Hier wird systemseitig das Format „short" (Beispiel: 6/4/2010) vorgegeben. Für individuelle Darstellungseinstellungen des Datums siehe nächste Tabelle.
Aktuelle Zeit	Zeit: <dyn type="time" format= """/>	Hier wird systemseitig das Format „HH:mm:ss" (Beispiel: 15:09:34) voreingestellt. Für individuelle Darstellungseinstellungen der Zeit bitte übernächste Tabelle beachten.
Benutzername	Benutzer: <dyn type="user" format=""""/>	Gibt den Namen des Benutzers aus, der das Kartendokument bearbeitet.
Autor	Autor: <dyn type=" docu-ment" property= "author"/>	Gibt den Namen aus, der in den Dokumenteneigenschaften unter „Autor" eingetragen ist.
Speicherdatum	Speicherdatum: <dyn type="document" property="date saved" dateFormat="short"/>	Dieser Wert ist im Kartendokument hinterlegt und wird jedes Mal automatisch aktualisiert, wenn die Karte gespeichert wird.
Dokumentname	Name: <dyn type="document" property="name"/>	Gibt den Namen der MXD aus. Bleibt leer, solange das Kartendokument nicht gespeichert wurde.
Dokumentpfad	Pfad: <dyn type="document" property="path"/>	Gibt den absoluten Pfad der MXD aus. Bleibt leer, solange das Kartendokument nicht gespeichert wurde.
Service-Layer Credits	Service Layer Credits: <dyn type="document" property="service layer credits" separator="\n"/>	Liefert die Quellenangaben von Service-Layern zurück.

Inhalt	Befehl	Ausgabe
Koordinatensystem		Gibt die komplette Information über das Koordinatensystem aus, welches in den Datenrahmen-Eigenschaften im Reiter „Koordinatensystem" eingetragen ist. Die Angabe des ganzen Tags für die Ausgabe des Koordinatensystems ist zu lang, kann aber in der ArcGIS 10 (oder höher) Desktop Hilfe eingesehen werden.
Datenrahmennamen	Name: <dyn type= "dataFrame" name= "Main Map" property= "name"/>	Gibt den Namen aus, der in den Datenrahmen-Eigenschaften im Reiter „Allgemein" unter „Name" hinterlegt ist.
Bezugsmaßstab	Bezugsmaßstab: 1: <dyn type= "dataFrame" name= "Main Map" property= "reference scale"/>	Gibt den Bezugsmaßstab aus, der in den Datenrahmen-Eigenschaften im Reiter „Allgemein" unter „Bezugsmaßstab" hinterlegt ist.
Datenrahmenzeit	Zeit des Datenrahmens: <dyn type="dataFrame" name="Main Map" property="time"/>	Der Zeitpunkt, an dem Daten mit Zeitaktivierung angezeigt werden. Es handelt sich demnach nicht um die aktuelle Zeit.
Seitenname der Kartenserie	<dyn type="page" property=" name"/>	Gibt den Namen der Kartenserie aus. Dieser wird aus dem Feld bezogen, welcher in dem Menü „Einrichtung der Kartenserie" als Namensfeld hinterlegt ist.
Seitenzahl der Kartenserie	Seite <dyn type="page" property ="page number"/>	Gibt die Seitenzahl der Kartenserie aus. Dieser Wert ist leer, wenn keine Kartenserie aktiviert ist.
Kartenserie mit Zähler	Seite <dyn type="page" property="page index"/> of <dyn type ="page" property="page count"/>	Gibt die Seitenzahl der Kartenserie aus und zusätzlich dazu die Gesamtzahl der Kartenausschnitte im Kartendokument.

Datums-Formatierung

Format	Beschreibung	Beispiel-Syntax	Beispiel-Ausgabe
short	Monat, Tag und Jahr ohne Angabe der 0 bei einstelligen Zahlen	<dyn type="date" format="short"/>	4/6/2009
long	Monat und Tag als Text mit Jahresangabe	<dyn type="date" format="long"/>	Dienstag, April 6, 2009
Monat	Monat als Text mit Jahresangabe	<dyn type="date" format="month"/>	April, 2009
d	Tag des Monats ohne 0 bei einstelligen Zahlen	<dyn type="date" format="d"/>	6
dd	Tag des Monats mit vorangestellter 0 bei einstelligen Zahlen	<dyn type="date" format="dd"/>	06
ddd	Wochentag als abgekürzter Text	<dyn type="date" format="ddd"/>	Do
dddd	Wochentag ausgeschrieben	<dyn type="date" format="dddd"/>	Donnerstag
M	Der Monat als Zahl ohne 0 bei einstelligen Zahlen	<dyn type="date" format="M"/>	4
MM	Der Monat als Zahl mit vorangestellter 0 bei einstelligen Zahlen	<dyn type="date" format="MM"/>	04
MMM	Monat als abgekürzter Text	<dyn type="date" format="MMM"/>	Apr
MMMM	Monat ausgeschrieben	<dyn type="date" format="MMMM"/>	April
y	Jahr mit den hinteren beiden Werten, aber ohne 0 bei Jahreszahlen kleiner 10	<dyn type="date" format="y"/>	9
yy	Jahr mit den hinteren beiden Werten, aber mit vorangestellter 0 bei Jahreszahlen kleiner 10	<dyn type="date" format="yy"/>	09
JJJJ oder yyyyy	Das Jahr wird je nach benutzem Kalender mit vier oder fünf Stellen ausgegeben.	<dyn type="date" formate="yyyy"/>	2009
gg	Perioden/Ära String	<dyn type="date" format="gg"/>	

Zeit Format

Format	Beschreibung	Beispiel-Syntax	Beispiel-Ausgabe
leer	Stunden, Minuten und Sekunden mit vorangestellter 0 bei einstelliger Stundenangabe	<dyn type="time" format=""/>	9:05:07
h	Stundenangabe ohne 0 bei einstelliger Stundenzahl; 12-Stunden-Zählung	<dyn type="time" format="h"/>	9
H	Stundenangabe ohne 0 bei einstelliger Stundenzahl; 24-Stunden-Zählung	<dyn type="time" format="H"/>	21
hh	Stundenangabe mit vorangestellter 0 bei einstelliger Stundenzahl; 12-Stunden-Zählung	<dyn type="time" format="hh"/>	09
HH	Stundenangabe mit vorangestellter 0 bei einstelliger Stundenzahl; 24-Stunden-Zählung	<dyn type="time" format="HH"/>	24
m	Minutenangabe ohne 0 bei einstelliger Minutenzahl	<dyn type="time" format="m"/>	5
mm	Minutenangabe mit vorangestellter 0 bei einstelliger Minutenzahl	<dyn type="time" format="mm"/>	05
s	Sekundenangabe ohne 0 bei einstelliger Sekundenzahl	<dyn type="time" format="s"/>	7
ss	Sekundenangabe mit vorangestellter 0 bei einstelliger Sekundenzahl	<dyn type="time" format="ss"/>	07
t	Angabe der Tageshälfte durch einen Buchstaben (z. B. A oder P)	<dyn type="time" format="t"/>	A
tt	Angabe der Tageshälte durch mehrere Buchstaben (z. B. AM oder PM)	<dyn type="time" format="tt"/>	AM

Generelle dynamische Texte

Beschreibung	Beispiel-Syntax
Computername	<dyn type="computer"/>

Dynamische Texte für das Kartendokument

Inhalt	Beispiel-Syntax	Ausgabe
Zusammenfassung	<dyn type="document" property ="summary">	Gibt die Zusammenfassung aus, die in den Dokumenteneigenschaften unter „Zusammenfassung" eingetragen ist.
Kategorie	<dyn type="document" property ="category"/>	Gibt die Kategorie aus, die in den Dokumenteneigenschaften unter „Kategorie" eingetragen ist.
Beschreibung	<dyn type="document" property ="description"/>	Gibt die Beschreibung aus, die in den Dokumenteneigenschaften unter „Beschreibung" eingetragen ist.
Schlagwörter (oder Tags)	<dyn type="document" property ="tags"/>	Gibt die Schlagwörter aus, die in den Dokumenteneigenschaften unter „Schlagwörter" eingetragen sind.
Hyperlink-Basis	<dyn type="document" property ="hyperlinkBase"/>	Gibt die Hyperlink-Basis aus, die in den Dokumenteneigenschaften unter „Hyperlink-Basis" steht.
Beteiligte	<dyn type="document" property ="credits"/>	Gibt die Credits aus, die in den Dokumenteneigenschaften unter „Credits" eingetragen sind.
Pfad	<dyn type="document" property ="path"/>	Gibt den absoluten Pfad der MXD mit Dokumentnamen aus.
Ordner	<dyn type="document" property ="ordner"/>	Gibt den absoluten Pfad der MXD ohne den Dokumentnamen aus.
Exportdatum	Exportdatum: <dyn type= "document" property="date exported" dateFormat="short"/>	Dieser Wert ist im Kartendokument hinterlegt und wird jedes Mal automatisch aktualisiert, wenn die Karte exportiert wird.
Druckdatum	Druckdatum: <dyn type="document" property="date printed" dateFormat="short"/>	Dieser Wert ist im Kartendokument hinterlegt und wird automatisch aktualisiert, wenn die Karte gedruckt wird.

Dynamischer Text des Datenrahmens

Die Referenz auf den gewünschten Datenrahmen erfolgt über den Eintrag im Feld „name", weswegen bei der Arbeit mit zwei oder mehr Datenrahmen darauf zu achten ist, dass diese unterschiedliche Namen haben

Inhalt	Beispiel-Syntax	Ausgabe
Beteiligte	<dyn type="dataFrame" name ="DataFrameName" property ="credits"/>	Gibt die Credits aus, die in den Datenrahmen-Eigenschaften im Reiter „Allgemein" unter „Credits" hinterlegt sind.
Beschreibung	<dyn type="dataFrame" name ="DataFrameName" property ="description"/>	Gibt die Beschreibung aus, die in den Datenrahmen-Eigenschaften im Reiter „Allgemein" unter „Beschreibung" hinterlegt ist.
Entfernungs-einheiten	<dyn type="dataFrame" name ="DataFrameName" property ="distance units"/>	Gibt die Einheit wieder, die in den Datenrahmen-Eigenschaften im Reiter "Allgemein" unter *"Einheiten"* ⇨ *"Anzeige"* eingestellt ist.
Karteneinheiten	<dyn type="dataFrame" name ="DataFrameName" property ="units"/>	Gibt die Einheit wieder, die in den Datenrahmen-Eigenschaften im Reiter "Allgemein" unter *"Einheiten"* ⇨ *"Karte"* eingestellt ist.
Drehung	<dyn type="dataFrame" name ="DataFrameName" property ="rotation"/>	Gibt die Rotation aus, die in den Datenrahmen-Eigenschaften im Reiter „Allgemein" unter „Rotation" hinterlegt ist.
Maßstab	<dyn type="dataFrame" name ="DataFrameName" property ="scale"/>	Gibt den Maßstab aus, der in den Datenrahmen-Eigenschaften im Reiter „Allgemein" unter „Maßstab" hinterlegt ist. Alternative Eingabe über „Hauptmenüleite" ⇨ „Einfügen" ⇨ „Maßstabstext".
Startzeit	<dyn type="dataFrame" name ="DataFrameName" property ="start time"/>	Gibt die Startzeit wieder, die im Time Slider definiert ist. Wenn dieses Feld leer ist, dann muss erst ein Time Slider über das Time Slider Fenster initialisiert werden.
Zeit	<dyn type="dataFrame" name="DataFrameName" property="time"/>	Gibt die aktuelle im Time Slider definierte Zeit des Datenrahmes wieder. Wenn dieses Feld leer ist, dann muss erst ein Time Slider über

Inhalt	Beispiel-Syntax	Ausgabe
Zeit (Fortsetzung)		das Time Slider Fenster initialisiert 🕒 werden.
Endzeit	<dyn type="dataFrame" name="DataFrameName" property="end time"/>	Gibt die Startzeit wieder, die im Time Slider definiert ist. Wenn dieses Feld leer ist, dann muss erst ein Time Slider über das Time Slider Fenster initialisiert 🕒 werden.

Dynamischer Text für das Koordinatensystem

Beschreibung	Beispiel-Syntax
Linke ober Ecke	<dyn type="dataFrame" name="DataFrameName" property="upperLeft" units="dms" decimalPlaces="4"/>
Oberer Mittelpunkt	<dyn type="dataFrame" name="DataFrameName" property="upperMid" units="ddm" decimalPlaces="2"/>
Obere rechts	<dyn type="dataFrame" name="DataFrameName" property="upperRight"/>
Linker Mittelpunkt	<dyn type="dataFrame" name="DataFrameName" property="midLeft"/>
Mittelpunkt	<dyn type="dataFrame" name="DataFrameName" property="center"/>
Rechter Mittelpunkt	<dyn type="dataFrame" name="DataFrameName" property="midRight"/>
Linke untere Ecke	<dyn type="dataFrame" name="DataFrameName" property="lowerLeft"/>
Unterer Mittelpunkt	<dyn type="dataFrame" name="DataFrameName" property="lowerMid"/>
Rechte untere Ecke	<dyn type="dataFrame" name="DataFrameName" property="lowerRight"/>
Projiziertes Koordinatensystem	<dyn type="dataFrame" name="Layers" property="spatialReference" srProperty=" pcs"/>
Geographisches Koordinatensystem	<dyn type="dataFrame" name="DataFrameName" property="spatialReference" srProperty=" gcs"/>
Datum	<dyn type="dataFrame" name="DataFrameName" property="spatialReference" srProperty="datum"/>

Beschreibung	Beispiel-Syntax
Projektion	<dyn type="dataFrame" name="DataFrameName" property ="spatialReference" srProperty="projection"/>
Bemerkung	<dyn type="dataFrame" name="DataFrameName" property ="spatialReference" srProperty="remarks"/>
Mittelmeridian	<dyn type="dataFrame" name="DataFrameName" property ="spatialReference" srProperty="centralMeridian" units="dms" decimalPlaces="2"/>
Breitengrad des Ursprungs	<dyn type="dataFrame" name="DataFrameName" property ="spatialReference" srProperty="latitudeOfOrigin" units="dms" decimalPlaces="2"/>
Längengrad des Ursprungs	<dyn type="dataFrame" name="DataFrameName" property ="spatialReference" srProperty="longitudeOfOrigin" units="dms" decimalPlaces="2"/>
Breitengrad des Mittelpunkts	<dyn type="dataFrame" name="DataFrameName" property ="spatialReference" srProperty="latitudeOfCenter" units="dms" decimalPlaces="2"/>
Längengrad des Mittelpunkts	<dyn type="dataFrame" name="DataFrameName" property ="spatialReference" srProperty="longitudeOfCenter" units="dms" decimalPlaces="2"/>
Geographische Breite des ersten Elements	<dyn type="dataFrame" name="DataFrameName" property ="spatialReference" srProperty="latitudeOf1st" units="dms" decimalPlaces="2"/>
Geographische Breite des zweiten Elements	<dyn type="dataFrame" name="DataFrameName" property ="spatialReference" srProperty="latitudeOf2nd" units="dms" decimalPlaces="2"/>
Geographische Länge des ersten Elements	<dyn type="dataFrame" name="DataFrameName" property ="spatialReference" srProperty="longitudeOf1st" units="dms" decimalPlaces="2"/
Geographische Länge des zweiten Elements	<dyn type="dataFrame" name="DataFrameName" property ="spatialReference" srProperty="longitudeOf2nd" units="dms" decimalPlaces="2"/>
Östlicher Versatz	<dyn type="dataFrame" name="DataFrameName" property ="spatialReference" srProperty="falseEasting" units="dms" decimalPlaces="2"/>
Nördlicher Versatz	<dyn type="dataFrame" name="DataFrameName" property ="spatialReference" srProperty="falseNorthing" units="dms"

Beschreibung	Beispiel-Syntax
	decimalPlaces="2"/>
Standardparallele 1	<dyn type="dataFrame" name="DataFrameName" property ="spatialReference" srProperty="standardParalell1" units="dms" decimalPlaces="2"/>
Standardparallele 2	<dyn type="dataFrame" name="DataFrameName" property ="spatialReference" srProperty="standardParalell2" units="dms" decimalPlaces="2"/>
Skalierungsfaktor	<dyn type="dataFrame" name="DataFrameName" property ="spatialReference" srProperty="scaleFactor" decimalPlaces="2"/>
Azimut	<dyn type="dataFrame" name="DataFrameName" property ="spatialReference" srProperty="azimuth" decimalPlaces="2"/>

Dynamische Texte für die Seite

Inhalt	Beispiel-Syntax	Ausgabe
Seitenindex	<dyn type="page" property ="index"/>	Der Seitenindex ignoriert die aktuelle Seitenzahl und gibt den Seitenindex aus. Wenn beispielsweise eine Kartenserie von 10 Seiten erstellt und mit der dritten Seite begonnen werden soll, gibt Seitenindex die Nummer 1 für die Seite 3 aus.
Seitenzahl	<dyn type="page" property ="count"/>	Gibt die Gesamtzahl der Kartenausschnitte einer Kartenserie an.
Benachbarte oder angrenzende Seite	<dyn type="page" property ="PageNumber_NW"/>	Diese Ausgabe basiert auf einem Feldnamen. In diesem Beispiel wird der Inhalt des Textfelds aus einem Feld names „Page Number_NW" bezogen.

C Vergleich der ArcGIS Werkzeuge in ArcGIS for Desktop Basic, ArcGIS for Desktop Standard und ArcGIS for Desktop Advanced

In der nachfolgenden Tabelle finden Sie eine Auflistung der in ArcGIS 9.3 enthaltenen Werkzeuge, aufgeschlüsselt nach den Lizenzstufen ArcGIS for Desktop Basic (B), ArcGIS for Desktop Standard (S) und ArcGIS for Desktop Advanced (A). Die nicht in der Tabelle aufgeführten Werkzeuge der ArcGIS Erweiterungen (3D Analyst, Data Interoperability, ArcGIS Geostatistical Analyst, Military Analyst, Military Overlay Editor, ArcGIS Network Analyst, ArcGIS Spatial Analyst und Tracking Analyst) stehen Ihnen in allen ArcGIS Lizenzstufen zur Verfügung, sofern Sie über die entsprechende Lizenz zur Benutzung der jeweiligen Erweiterung verfügen. Auf Coverage-Werkzeuge kann nur mit einer ArcGIS for Desktop Advanced Lizenz zugegriffen werden.

Toolbox	Toolset	Werkzeug	B	S	A
Analysis Tools	Extrahieren	Ausschneiden	●	●	●
		Selektieren	●	●	●
		Tabelle selektieren	●	●	●
		Teilen			●
	Overlay	Aktualisieren			●
		Radieren			●
		Symmetrische Differenz			●
		Vereinigen (Union)	●	●	●
		Verschneiden (Identity)			●
		Überschneiden (Intersect)	●	●	●
		Räumliche Verbindung	●	●	●
	Nachbarschafts-analyse (Proximity)	Benachbarte Polygone			●Neu
		Mehrfachring-Puffer	●	●	●
		Near			●
		Puffer	●	●	●
		Punktentfernung			●
		Thiessen-Polygone erstellen			●
		Near-Tabelle erstellen			●
	Statistiken	Häufigkeit (Frequency)			●

Toolbox	Toolset	Werkzeug	B	S	A
Analysis Tools (Fortsetzung)	Statistiken (Fortsetzung)	Schnittpunkt tabellarisch aufführen			●Neu
		Summenstatistik	●	●	●
Cartography Tools	Annotation	Gekachelte Beschriftung in Annotation	●	●	●
		Kachelschema des Kartenserver-Cache in Polygone	●	●	●
		Konturlinien-Annotation	●	●	●
	Generalisierung	Bebaute Flächen skizzieren			●Neu
		Doppellinien zu Mittelachsen zusammenfassen			●
		Gebäude vereinfachen			●
		Getrennte Fahrbahnen zusammenführen			●
		Kartographische Partition erstellen			●Neu
		Linie glätten		●	●
		Linie vereinfachen		●	●
		Polygon glätten		●	●
		Polygon vereinfachen			●
		Polygon aggregieren			●
		Punkte zusammenfassen			●
		Straßendetails reduzieren			●Neu
		Straßennetzwerk ausdünnen			●
	Gitter- und Gradnetze	Gitter- und Gradnetz-Layer erstellen		●	●
		Gitter- und Gradnetze löschen		●	●
	Grafikkonflikte	Gebäudekonflikte lösen			●
		Grafikkonflikt ermitteln			●
		Straßenkonflikte lösen			●

Toolbox	Toolset	Werkzeug	B	S	A
Cartography Tools (Fortsetzung)	Grafikkonflikte (Fortsetzung)	Versatz propagieren			•
	Kartenserie	Angrenzende Felder berechnen	•	•	•
		Indexgitter-Features	•	•	•
		Gitter-Konvergenzwinkel berechnen	•	•	•
		Index-Features der Streifenkarte	•	•	•
		Mittelmeridian und Parallelen berechnen	•	•	•
		UTM-Zone berechnen	•	•	•
	Kartographische Verfeinerung	Hauptwinkel von Polygon berechnen		•	•
		Linienenden berechnen		•	•
		Marker an Strich oder Füllung ausrichten			•
		Marker verteilen			•
		Repräsentationspasspunkt an Schnittpunkt festlegen			•
		Repräsentationspasspunkt nach Winkel festlegen			•
		Unterführung erstellen			•
		Überführung erstellen			•
	Maskierung	Maskierung für Feature-Umrisslinien			•
		Maskierung für sich schneidende Layer			•
		Sackgassen-Maskierung			•
	Repräsentationen	Feature nach Override auswählen		•	•
		Layer-Repräsentationen festlegen		•	•
		Override aktualisieren		•	•

Toolbox	Toolset	Werkzeug	B	S	A
Cartography Tools (Fortsetzung)	Repräsentationen (Fortsetzung)	Override entfernen		●	●
		Repräsentationen hinzufügen		●	●
		Repräsentationen löschen		●	●
		Repräsentationsregel berechnen		●	●
Conversion Tools	Von KML	KML in Layer	●	●	●
	Metadaten	Esri Metadatenkonverter	●	●	●
		Metadaten aktualisieren	●	●	●
		Metadaten exportieren	●	●	●
		Metadaten exportieren (mehrfach)	●	●	●
		Metadaten importieren	●	●	●
		Metadaten synchronisieren	●	●	●
		Metadaten überprüfen	●	●	●
		Metadaten überprüfen (mehrfach)	●	●	●
		Metadaten-Publisher	●	●	●
		Metadatenimport	●	●	●
		USGS-MP-Metadatenkonverter	●	●	●
		XML-Schema validieren	●	●	●
		XSLT-Transformation	●	●	●
	Von Raster	Raster in ASCII	●	●	●
		Raster in Float	●	●	●
		Raster in Polygon	●	●	●
		Raster in Polylinien	●	●	●
		Raster in Punkt	●	●	●
		Raster in Video	●	●	●
	Von WFS	WFS in Feature-Class	●	●	●

C Vergleich der ArcGIS Werkzeuge

Toolbox	Toolset	Werkzeug	B	S	A
Conversion Tools (Fortsetzung)	In CAD	CAD-Felder hinzufügen			●
		In CAD exportieren			●
	In Collada	Multipatch in Collada	●	●	●
	In Coverage	Aus E00 importieren	●Neu	●Neu	●Neu
		Feature-Class in Coverage			●
	In dBASE	Tabelle in dBASE (mehrfach)	●	●	●
	In Geodatabase	CAD in Geodatabase	●	●	●
		CAD-Annotation importieren	●	●	●
		Coverage-Annotation importieren	●	●	●
		Feature-Class in Feature-Class	●	●	●
		Feature-Class in Geodatabase (mehrfach)	●	●	●
		Raster in Geodatabase (mehrfach)	●	●	●
		Tabelle in Tabelle	●	●	●
		Tabelle zu Geodatabase (mehrfach)	●	●	●
	In KML	Karte in KML	●[5]	●[5]	●[5]
		Layer in KML	●[5]	●[5]	●[5]
	In Raster	ASCII in Raster	●	●	●
		DEM in Raster	●	●	●
		Feature in Raster	●	●	●
		Float in Raster	●	●	●
		LAS-Dataset in Raster	●[1]	●[1]	●Neu
		Polygon in Raster	●[1]	●[1]	●
		Polylinie in Raster	●[1]	●[1]	●
		Punkt in Raster	●[1]	●[1]	●
		Raster in anderes Format (mehrfach)	●	●	●

Toolbox	Toolset	Werkzeug	B	S	A
Conversion Tools (Fortsetzung)	In Shapefile	Feature-Class zu Shapefile (mehrfach)	•	•	•
	Von GPS	GPX in Features	•Neu	•Neu	•Neu
Data Interoperability Tools		Quick Export	•[6]	•[6]	•[6]
		Quick Import	•[6]	•[6]	•[6]
Data Management Tools	Allgemein	Anhängen	•	•	•
		Daten auswählen	•	•	•
		Datenbanksicht erstellen		•Neu	•Neu
		Identische finden			•
		Identische löschen			•
		Kopieren	•	•	•
		Löschen	•	•	•
		Sortieren			•
		Umbenennen	•	•	•
		Verzweigungen zusammenführen	•	•	•
		Wert berechnen	•[1]	•[1]	•
		Zusammenführen (Merge)	•	•	•
	Anlagen	Anlagen aktivieren		•Neu	•Neu
		Anlagen deaktivieren		•Neu	•Neu
		Anlagen entfernen		•Neu	•Neu
		Anlagen hinzufügen		•Neu	•Neu
		Anlagen-Zuordnungstabelle erstellen		•Neu	•Neu
	Beziehungsklassen	Beziehungsklasse erstellen		•	•
		Tabelle zu Beziehungsklasse		•	•
	Datenvergleich	Dateivergleich	•	•	•
		Feature-Vergleich	•	•	•
		Raster-Vergleich	•	•	•

Toolbox	Toolset	Werkzeug	B	S	A
Data Management Tools (Fortsetzung)	Datenvergleich (Fortsetzung)	Tabellenvergleich	●	●	●
		TIN-Vergleich	●	●	●
	Diagramm	Diagramm erstellen	●	●	●
		Diagramm speichern	●	●	●
	Domänen	Codierten Wert aus Domäne löschen	●	●	●
		Codierten Wert zu Domäne hinzufügen	●	●	●
		Domäne aus Feld entfernen	●	●	●
		Domäne erstellen	●	●	●
		Domäne zu Tabelle	●	●	●
		Domäne löschen	●	●	●
		Domäne mit codierten Werten sortieren	●Neu	●Neu	●Neu
		Domäne zu Feld zuweisen	●	●	●
		Tabelle in Domäne	●	●	●
		Wert für Bereichsdomäne festlegen	●	●	●
	Feature-Class	Annotation-Feature-Class aktualisieren	●	●	●
		Annotation-Feature-Class anhängen	●	●	●
		Feature-Class erstellen	●	●	●
		Integrieren	●	●	●
		Netz erstellen	●	●	●
		Nicht registrierte Feature-Class erstellen	●Neu	●Neu	●Neu
		Standardmäßige XY-Toleranz berechnen	●	●	●
		Standardmäßigen räumliches Indexgitter berechnen	●	●	●
		Zufällige Punkte erstellen	●[1]	●[1]	●

Toolbox	Toolset	Werkzeug	B	S	A
Data Management Tools (Fortsetzung)	Features	3D-Z-Werte anpassen	●	●	●
		Feature in Linie			●
		Feature in Polygon			●
		Feature in Punkt			●
		Feature-Envelope in Polygon			●
		Feature-Stützpunkte in Punkten			●
		Features kopieren	●	●	●
		Features löschen	●	●	●
		Geometrie reparieren	●	●	●
		Geometrie überprüfen	●	●	●
		Linie an Punkt teilen			●
		Linien an Stützpunkt teilen			●
		Minimale Begrenzungsgeometrie	●	●	●
		Mulitpart in Singlepart	●	●	●
		Peilungsentfernung in Linie	●	●	●
		Polygon in Linie			●
		Punkte in Linie	●	●	●
		Stückeln			●
		Tabelle in Ellipse	●	●	●
		Teilung der Linie aufheben			●
		XY in Linie	●	●	●
		XY-Koordinaten hinzufügen	●	●	●
	Felder	Editor-Tracking aktivieren	●Neu	●Neu	●Neu
		Editor-Tracking deaktivieren	●Neu	●Neu	●Neu
		Endzeit berechnen	●	●	●

C Vergleich der ArcGIS Werkzeuge

Toolbox	Toolset	Werkzeug	B	S	A
Data Management Tools (Fortsetzung)	Felder (Fortsetzung)	Feld berechnen	•	•	•
		Feld hinzufügen	•	•	•
		Feld löschen	•	•	•
		Felder umgruppieren	•	•	•
		Inkrementelles ID-Feld hinzufügen		•Neu	•Neu
		Standard dem Feld zuweisen	•	•	•
		Zeitfeld konvertieren	•	•	•
		Zeitzone konvertieren	•	•	•
	File-Geodatabase	File-Geodatabase wiederherstellen	•Neu	•Neu	•Neu
		File-Geodatabase-Daten dekomprimieren	•	•	•
		File-Geodatabase-Daten komprimieren	•	•	•
		Komprimieren (Personal-GDB)	•Neu	•Neu	•Neu
	Fotos	Fotos mit Geo-Tags in Punkte	•Neu	•Neu	•Neu
		Fotos nach Zeit und Zeilen zuordnen	•Neu	•Neu	•Neu
	Generalisierung	Entfernen (Eliminate)			•
		Polygon-Teil entfernen			•
		Zusammenführen (Dissolve)	•	•	•
	Geodatabase-Verwaltung	Berechtigung ändern		•	•
		Dataset aktualisieren	•Neu	•Neu	•Neu
		Dataset analysieren		•Neu	•Neu
		Enterprise-Geodatabase aktivieren		•Neu	•Neu
		Enterprise-Geodatabase erstellen		•Neu	•Neu
		Geodatabase aktualisieren	•[7]	•	•

Toolbox	Toolset	Werkzeug	B	S	A
Data Management Tools (Fortsetzung)	Geodatabase-Verwaltung (Fortsetzung)	In Geodatabase registrieren		•	•
		Indizes neu erstellen		•Neu	•Neu
		Komprimieren		•	•
		Raumbezug aktualisieren	•	•	•
		Rolle erstellen		•Neu	•Neu
		Speicherformat ändern		•	•
	Geometrisches Netzwerk	Fließrichtung festlegen		•Neu	•Neu
		Geometrisches Netzwerk festlegen		•Neu	•Neu
		Geometrisches Netzwerk verfolgen		•Neu	•Neu
		Kanten-Kanten-Konnektivitätsregel zu geometrischem Netzwerk hinzufügen		•Neu	•Neu
		Kanten-Knoten-Konnektivitätsregel zu geometrischem Netzwerk hinzufügen		•Neu	•Neu
		Konnektivitätsregel aus geometrischem Netzwerk entfernen		•Neu	•Neu
		Leere Feature-Class aus geometrischem Netzwerk entfernen		•Neu	•Neu
	Indizes	Attributindex entfernen	•	•	•
		Attributindex hinzufügen	•	•	•
		Räumlichen Index entfernen	•	•	•
		Räumlichen Index hinzufügen	•	•	•
	LAS-Dataset	Dateien aus LAS-Dataset entfernen	•[1]	•Neu	•Neu
		Dateien aus LAS-Dataset hinzufügen	•[1]	•Neu	•Neu

C Vergleich der ArcGIS Werkzeuge

Toolbox	Toolset	Werkzeug	B	S	A
Data Management Tools (Fortsetzung)	LAS-Dataset (Fortsetzung)	LAS-Dataset erstellen	•[1]	•Neu	•Neu
		LAS-Dataset-Statistiken	•[1]	•Neu	•Neu
		LAS-Punkt-Statistiken als Raster	•[1]	•Neu	•Neu
	Layer und Tabellensichten	Abfragetabelle erstellen	•	•	•
		Feature-Layer erstellen	•	•	•
		Image Server-Layer erstellen	•	•	•
		In Layer-Datei speichern	•	•	•
		LAS-Dataset-Layer erstellen	•Neu	•Neu	•Neu
		Layer lagebezogen auswählen	•	•	•
		Layer nach Attributen auswählen	•	•	•
		Mosaik-Layer erstellen	•	•	•
		Raster-Katalog-Layer erstellen	•	•	•
		Raster-Layer erstellen	•	•	•
		Symbologie aus Layer anwenden	•	•	•
		Tabellenansicht erstellen	•	•	•
		WCS Layer erstellen	•	•	•
		XY-Ereignis-Layer erstellen	•	•	•
	Paket	Ergebnis konsolidieren	•Neu	•Neu	•Neu
		Ergebnis packen	•Neu	•Neu	•Neu
		Karte konsolidieren	•	•	•
		Karte packen	•	•	•
		Kartenkachelpaket erstellen	•Neu	•Neu	•Neu
		Layer konsolidieren	•	•	•
		Layer packen	•	•	•

Toolbox	Toolset	Werkzeug	B	S	A
Data Management Tools (Fortsetzung)	Paket (Fortsetzung)	Locator konsolidieren	●Neu	●Neu	●Neu
		Locator packen	●Neu	●Neu	●Neu
		Paket extrahieren	●	●	●
		Paket freigeben	●	●	●
	Projektionen und Transformationen	Feature ⇨ Batch Projizierung	●	●	●
		Feature ⇨ Projizieren	●	●	●
		Raster ⇨ Drehen	●	●	●
		Raster ⇨ Entzerren	●	●	●
		Raster ⇨ Erneut skalieren	●	●	●
		Raster ⇨ Mit Datei entzerren	●Neu	●Neu	●Neu
		Raster ⇨ Raster projizieren	●	●	●
		Raster ⇨ Raster registrieren	●Neu	●Neu	●Neu
		Raster ⇨ Spiegeln	●	●	●
		Raster ⇨ Umdrehen	●	●	●
		Raster ⇨ Verschieben	●	●	●
		Benutzerdefinierte geographische Transformation erstellen	●	●	●
		Koordinatenschreibweise konvertieren		●	●
		Projektion definieren	●	●	●
		Raumbezug erstellen	●	●	●
	Raster*	Mosaik-Dataset ⇨ Ausschlussfläche erstellen		●	●
		Mosaik-Dataset ⇨ Bereiche der Zellengröße berechnen		●	●
		Mosaik-Dataset ⇨ Cache für Mosaik-Datraset-Elemente erstellen		●Neu	●Neu
		Mosaik-Dataset ⇨ Farbausgleich-Mosaik-Dataset		●	●

Toolbox	Toolset	Werkzeug	B	S	A
Data Management Tools (Fortsetzung)	Raster (Fortsetzung)	Mosaik-Dataset ⇨ Footprints erstellen		•	•
		Mosaik-Dataset ⇨ Geometrie in ein Mosaik-Dataset importieren		•	•
		Mosaik-Dataset ⇨ Grenze erstellen		•	•
		Mosaik-Dataset ⇨ Mosaik-Dataset analysieren		•Neu	•Neu
		Mosaik-Dataset ⇨ Mosaik-Dataset erstellen		•	•
		Mosaik-Dataset ⇨ Mosaik-Dataset löschen		•Neu	•Neu
		Mosaik-Dataset ⇨ Mosaik-Dataset synchronisieren		•	•
		Mosaik-Dataset ⇨ Mosaik-Dataset-Eigschenschaften festlegen		•Neu	•Neu
		Mosaik-Dataset ⇨ Mosaik-Dataset-Pfade exportieren		•Neu	•Neu
		Mosaik-Dataset ⇨ Mosaik-Dataset-Pfade reparieren		•Neu	•Neu
		Mosaik-Dataset ⇨ Mosaik-Dataset-Schema ändern		•Neu	•Neu
		Mosaik-Dataset ⇨ Nicht überprüften Bereich berechnen		•	•
		Mosaik-Dataset ⇨ NoData-Wert für Mosaik-Dataset definieren		•	•
		Mosaik-Dataset ⇨ Raster aus Mosaik-Dataset entfernen		•	•
		Mosaik-Dataset ⇨ Raster zu Mosaik-Dataset hinzufügen		•	•
		Mosaik-Dataset ⇨ Raster-Funktion bearbeiten		•Neu	•Neu

Toolbox	Toolset	Werkzeug	B	S	A
Data Management Tools (Fortsetzung)	Raster (Fortsetzung)	Mosaik-Dataset ⇨ Referenziertes Mosaik-Dataset erstellen		•	•
		Mosaik-Dataset ⇨ Seamlines erstellen		•	•
		Mosaik-Dataset ⇨ Übersichten definieren		•	•
		Mosaik-Dataset ⇨ Übersichten erstellen		•	•
		Raster-Dataset ⇨ Mosaik	•	•	•
		Raster-Dataset ⇨ Mosaik zu neuem Raster	•[1]	•[1]	•
		Raster-Dataset ⇨ Raster herunterladen	•Neu	•Neu	•Neu
		Raster-Dataset ⇨ Raster kopieren	•	•	•
		Raster-Dataset ⇨ Raster-Dataset erstellen	•	•	•
		Raster-Dataset ⇨ Rasterkatalog in Raster-Dataset	•	•	•
		Raster-Dataset ⇨ Workspace in Raster-Dataset	•	•	•
		Raster-Dataset ⇨ Zufälliges Raster erstellen	•	•	•
		Raster-Eigenschaften ⇨ Colormap hinzufügen	•	•	•
		Raster-Eigenschaften ⇨ Colormap löschen	•	•	•
		Raster-Eigenschaften ⇨ Pyramiden berechnen	•	•	•
		Raster-Eigenschaften ⇨ Pyramiden berechnen (Batch-Modus)	•	•	•
		Raster-Eigenschaften ⇨ Pyramiden und Statistiken berechnen	•	•	•

C Vergleich der ArcGIS Werkzeuge

Toolbox	Toolset	Werkzeug	B	S	A
Data Management Tools (Fortsetzung)	Raster (Fortsetzung)	Raster-Eigenschaften ⇨ Raster-Attributtabelle erstellen	•	•	•
		Raster-Eigenschaften ⇨ Raster-Attributtabelle löschen	•	•	•
		Raster-Eigenschaften ⇨ Raster-Eigenschaften abrufen	•	•	•
		Raster-Eigenschaften ⇨ Raster-Eigenschaften festlegen	•Neu	•Neu	•Neu
		Raster-Eigenschaften ⇨ Raster World-File exportieren	•	•	•
		Raster-Eigenschaften ⇨ Statistiken berechnen	•	•	•
		Raster-Eigenschaften ⇨ Statistiken berechnen (Batch-Modus)	•	•	•
		Raster-Eigenschaften ⇨ Zellenwert abfragen	•	•	•
		Raster-Katalog ⇨ Elemente des Raster-Katalogs kopieren	•	•	•
		Raster-Katalog ⇨ Elemente des Raster-Katalogs löschen	•	•	•
		Raster-Katalog ⇨ Raster-Katalog erstellen	•	•	•
		Raster-Katalog ⇨ Raster-Katalogpfade exportieren	•	•	•
		Raster-Katalog ⇨ Raster-Katalogpfade reparieren	•	•	•
		Raster-Katalog ⇨ Workspace in Raster-Katalog	•	•	•
		Raster-Verarbeitung ⇨ Ausschneiden	•	•	•

Toolbox	Toolset	Werkzeug	B	S	A
Data Management Tools (Fortsetzung)	Raster (Fortsetzung)	Raster-Verarbeitung ⇨ Bänder zusammensetzen	•	•	•
		Raster-Verarbeitung ⇨ Orthokorrigiertes Raster-Dataset erstellen	•	•	•
		Raster-Verarbeitung ⇨ Pan-Sharpened Raster-Dataset erstellen	•	•	•
		Raster-Verarbeitung ⇨ Raster in DTED	•	•	•
		Raster-Verarbeitung ⇨ Raster teilen	•	•	•
		Raster-Verarbeitung ⇨ Resampling	•	•	•
		Raster-Verarbeitung ⇨ Subdataset extrahieren	•	•	•
	Subtypes	Standard-Subtype festlegen		•	•
		Subtype entfernen		•	•
		Subtype hinzufügen		•	•
		Subtype-Feld festlegen		•	•
	Tabelle	Analysieren		•	•
		Anzahl erhalten	•	•	•
		Nicht registrierte Tabelle erstellen	•Neu	•Neu	•Neu
		Pivot- Tabellen			•
		Tabellen erstellen	•	•	•
		Tabelle kürzen	•Neu	•Neu	•Neu
		Zeilen kopieren	•	•	•
		Zeilen löschen	•	•	•
	Topologie	Cluster-Toleranz festlegen		•	•
		Feature-Class aus Topologie entfernen		•	•
		Feature-Class zu Topologie hinzufügen		•	•

Toolbox	Toolset	Werkzeug	B	S	A
Data Management Tools (Fortsetzung)	Topologie (Fortsetzung)	Regel aus Topologie entfernen		•	•
		Regel zu Topologie hinzufügen		•	•
		Topologie erstellen		•	•
		Topologie überprüfen		•	•
		Topologiefehler exportieren	•Neu	•Neu	•Neu
	Verbindungen	Feld verbinden			•
		Verbindungen entfernen	•	•	•
		Verbindungen hinzufügen	•	•	•
	Versionen	Als versioniert registrieren		•	•
		Registrierung als ‚versioniert' aufheben		•	•
		Version abgleichen		•	•
		Version erstellen		•	•
		Version löschen		•	•
		Version ändern		•	•
		Version abgleichen		•Neu	•Neu
		Versionierten Sicht erstellen		•Neu	•Neu
		Versionseigenschaften ändern		•	•
	Verteilte Geodatabase	Bestätigungsmeldungen exportieren		•	•
		Globale IDs hinzufügen		•	•
		Meldungen importieren		•	•
		Meldungen zu Datenänderungen exportieren		•	•
		Replikat erstellen		•	•
		Replikat von Server erstellen		•	•
		Replikat-Footprints erstellen		•	•

Toolbox	Toolset	Werkzeug	B	S	A
Data Management Tools (Fortsetzung)	Verteilte Geodatabase (Fortsetzung)	Replikatschema exportieren		•	•
		Replikatschema importieren		•	•
		Replikatschema vergleichen		•	•
		Unbestätigte Meldungen erneut exportieren		•	•
		XML-Workspace-Dokument exportieren	•Neu	•Neu	•Neu
		XML-Workspace-Dokument importieren	•Neu	•Neu	•Neu
		Änderungen synchronisieren		•	•
	Workspace	ArcInfo-Workspace erstellen			•
		ArcSDE-Verbindungsdatei erstellen			•
		Datenbankverbindung erstellen		•Neu	•Neu
		Feature-Dataset erstellen	•	•	•
		File-Geodatabase erstellen	•	•	•
		Ordner erstellen	•	•	•
		Personal-GDB erstellen	•	•	•
		Räumlichen Typ erstellen		•Neu	•Neu
		Workspace-Cache löschen	•Neu	•Neu	•Neu
Editing Tools		Fangen		•	•
		Generalisieren		•	•
		Linie kippen		•	•
		Linie kürzen		•	•
		Linie verlängern		•	•
		Punkt radieren		•	•
		Verdichten		•	•
Geocoding Tools		Adressen erneut abgleichen	•	•	•
		Adressen geokodieren	•	•	•

C Vergleich der ArcGIS Werkzeuge

Toolbox	Toolset	Werkzeug	B	S	A
Geocoding Tools (Fortsetzung)		Adressen standardisieren	●	●	●
		Adressen-Locator erneut erstellen	●	●	●
		Adressen-Locator erstellen	●	●	●
		Kombinierten Adressen-Locator erstellen	●	●	●
		Locator konsolidieren	●Neu	●Neu	●Neu
		Locator packen	●Neu	●Neu	●Neu
		Rückwärts-Geokodierung	●	●	●
Linear Referencing Tools		Features entlang von Routen lokalisieren	●	●	●
		Routen erstellen	●	●	●
		Routen kalibrieren	●	●	●
		Routenereignis-Layer erstellen	●	●	●
		Routenereignisse transformieren	●	●	●
		Routenereignisse zusammenführen	●	●	●
		Überlagerung von Routenereignissen	●	●	●
Multi-dimension Tools		Feature in NetCDF	●	●	●
		Nach Dimension auswählen	●	●	●
		NetCDF-Feature-Layer erstellen	●	●	●
		NetCDF-Raster-Layer erstellen	●	●	●
		NetCDF-Tabellensicht erstellen	●	●	●
		Raster in NetCDF	●	●	●
		Tabelle in NetCDF	●	●	●
Parcel Fabric Tools	Datenmigration	Topologie in Parcel-Fabric laden	●	●	●

789

Toolbox	Toolset	Werkzeug	B	S	A
Parcel Fabric Tools (Fortsetzung)	Layer und Tabellensichten	Parcel-Fabric-Layer erstellen	●	●	●
		Tabellenansicht für Parcel-Fabric erstellen	●	●	●
	Flurstücks-Features	Parcel-Fabric anhängen		●Neu	●Neu
		Parcel-Fabric kopieren		●Neu	●Neu
Server Tools	Caching	Cache-Kacheln für Globe Server verwalten	●	●	●
		Cache-Kacheln für Kartenserver verwalten	●	●	●
		Cache-Maßstäbe für Kartenserver verwalten	●	●	●
		Cache-Status für Kartenserver verwalten	●Neu	●Neu	●Neu
		Globe Server-Cache löschen	●	●	●
		Kachelschema für Kartenserver-Cache erstellen	●	●	●
		Kartenserver-Cache erstellen	●	●	●
		Kartenserver-Cache löschen	●	●	●
		Map Server-Cache exportieren	●	●	●
		Map Server-Cacher importieren	●	●	●
		Speicherformat des Map Server-Cache umwandeln	●	●	●
	Datenextraktion	Daten extrahieren	●	●	●
	Datenextraktion (Fortsetzung)	E-Mail mit ZIP-Dateianlage senden	●	●	●
		Task 'Daten extrahieren und E-Mail'	●	●	●
		Task 'Daten extrahieren'	●	●	●
	Drucken	Webkarte exportieren	●Neu	●Neu	●Neu
	Veröffentlichung	Beim Portal anmelden	●Neu	●Neu	●Neu
		Service bereitstellen	●Neu	●Neu	●Neu

Toolbox	Toolset	Werkzeug	B	S	A
Server Tools (Fortsetzung)	Veröffentlichung (Fortsetzung)	Service-Definition hochladen	●Neu	●Neu	●Neu
		Vom Portal abmelden	●Neu	●Neu	●Neu
Spatial Statistics Tools	Analysen von Mustern	Mittlerer nächster Nachbar	●	●	●
		Clustering von hohen/niedrigen Werten (Getis-Ord General G)	●	●	●
		Analyse eines räumlichen Clusters mit mehreren Entfernungen (Ripleys K Function)	●	●	●
		Inkrementelle räumlichen Autokorrelation	●Neu	●Neu	●Neu
		Räumliche Autokorrelation (Morans I)	●	●	●
	Cluster-Zuordnung	Cluster- und Ausreißeranalyse (Anselin Local Morans I)	●	●	●
		Gruppierungsanalyse	●Neu	●Neu	●Neu
		Hot Spot Analyse (Getis-Ord Gi*)	●	●	●
	Messen von geographischen Verteilungen	Zentrales Feature	●	●	●
		Richtungsverteilung (Standardabweichungsellipse)	●	●	●
		Linearer Richtungsmittelwert	●	●	●
		Mittelwert für Mittelpunkt	●	●	●
		Medianwert für Mittelpnkt	●	●	●
		Standardentfernung	●	●	●
	Modellierung von räumlichen Beziehungen	Räumliche Gewichtung des Netzwerks generieren	●2	●2	●2
		Räumliche Gewichtungsmatrix erstellen	●	●	●
		Regressionsanalyse	●Neu	●Neu	●Neu
		Geographisch gewichtete Regression	●3	●3	●3

Anhang

Toolbox	Toolset	Werkzeug	B	S	A
Spatial Statistics Tools (Fortsetzung)	Modellierung von räumlichen Beziehungen (Fortsetzung)	Kleinste Quadrate (Ordinary Least Squares)	•[4]	•[4]	•[4]
	Rendering	Cluster-Ausreißer-Analyse mit Rendering	•	•	•
		Ereignisse mit Rendering erfassen	•	•	•
		Anzahl Rendering	•	•	•
		Hot-Spot-Analyse mit Rendering	•	•	•
		ZScore Rendering	•	•	•
	Dienstprogramme	Fläche berechnen	•	•	•
		Entfernungsband anhand der Anzahl der Nachbarn berechnen	•	•	•
		Ereignisse erfassen	•	•	•
		Räumliche Gewichtungsmatrix in Tabelle konvertieren	•	•	•
		Feature-Attribut nach ASCII exportieren	•	•	•

[neu]) Neu in ArcGIS 10.1

[*]) Neue Unterteilung des Toolsets „Raster" in fünf weitere Toolsets in ArcGIS 10

[1]) Benötigt die Erweiterung ArcGIS Spatial Analyst oder 3D Analyst

[2]) Benötigt die Erweiterung ArcGIS Network Analyst

[3]) Benötigt die Erweiterung ArcGIS Geostatistical Analyst oder ArcGIS Spatial Analyst

[4]) Benötigt die Erweiterung ArcGIS Spatial Analyst

[5]) Benötigt in ArcGIS 9.2 die Erweiterung 3D Analyst; seit ArcGIS 9.3 auch ohne Erweiterung verfügbar

[6]) Benötigt die Erweiterung Data Interoperability

[7]) Benötigt mindestens eine ArcGIS for Desktop Standard Lizenz, wenn ArcSDE Geodatabases verändert werden sollen

D Vergleich der Datenbanksysteme in ArcGIS

Übersicht

Datenbanksystem	Kurzbeschreibung	Zugrunde liegendes DBMS
File-Geodatabase	• Ein schreibender Zugriff • Speichergröße unbegrenzt (1 TB pro Tabelle) • Keine Versionierung • Unabhängig vom Betriebssystem	Kein DBMS, Dateistruktur
Personal-Geodatabase	• Keine Mehrbenutzerumgebung • Max. Speichergröße: 2 GB (effektiv ca. 250-500 MB) • Keine Versionierung • Nur mit Microsoft Windows	Microsoft Access
ArcSDE für SQL Server Express mit ArcGIS for Desktop Standard oder Advanced, sowie ArcGIS Engine[1]	• 3 zeitgleiche Zugriffe, 1 schreibender Zugriff • Max. Speichergröße: 4 GB • Versionierung • Nur mit Microsoft Windows	Microsoft SQL Server Express 2005 Microsoft SQL Server Express 2008 Microsoft SQL Server Express 2008 R2
ArcSDE für SQL Server Express mit ArcGIS Server Workgroup[2]	• 10 zeitgleiche Zugriffe • Max. Speichergröße: 4 GB (Express 2005 und 2008) • Max. Speichergröße: 10 GB (Express 2008 R2) • Versionierung • Nur mit Microsoft Windows	
ArcSDE Enterprise	• Zeitgleiche Zugriffe unbegrenzt • Speichergröße unbegrenzt • Versionierung • Unabhängig vom Betriebssystem	Oracle, IBM DB2, IBM Informix, Microsoft SQL Server, PostgreSQL

Anhang

[1]) in ArcGIS 9.2: ArcSDE Personal

[2]) in ArcGIS 9.2: ArcSDE Workgroup

Zugriffsberechtigungen

Datenbanksystem	Zugriff mit…	ArcGIS for Desktop Basic	ArcEdior	ArcGIS for Desktop Advanced
File-Geodatabase	ArcObjects	Für Simple-Features lesender & schreibender, für Complex Features nur lesender Zugriff	Für alle Features lesender & schreibender Zugriff	Für alle Features lesender & schreibender Zugriff
Personal-Geodatabase	DB-Engine oder Microsoft Access			
ArcSDE für SQL Server Express	DB-Engine oder zugrunde liegendem DBMS	Für alle Features nur Leseberechtigung	Für alle Features lesender & schreibender Zugriff	
ArcSDE Enterprise	DB-Engine oder jeweiligem DBMS			

E Datentypen von Feature-Klassen und Tabellen in ArcGIS

Die folgende Tabelle bezieht sich auf die Erstellung von Feature-Klassen und Tabellen in ArcGIS. Bei ArcSDE Datenbanken können die Datentypen entsprechend dem zugrunde liegenden Datenbankmanagementsystem abweichen.

Datentyp	Beschreibung
Short Integer	Ganzzahlen mit Wertebereich von –32.768 bis 32.767 (2 bit)
Long Integer	Ganzzahlen mit Wertebereich von –2.147.483.648 bis 2.147.483.647 (4 bit)
Float (Single)	Gleitkommazahlen mit Wertebereich von ca. –3,4E38 bis 1,2E38 (4 bit)
Double	Gleitkommazahlen mit Wertebereich von ca. –2,2E308 bis 1,8E308 (8 bit)
Text	Abfolge alphanummerischer Zeichen
Datum	Datumsformat (mm/dd/yyyy hh:mm:ss, AM/PM)
BLOBs (Binary Large Objects)	Objekte aus Binärzeichen (vom DBMS nicht weiter strukturiert)
Object-ID (Feature-ID)	Eindeutige Identifikationsnummer jedes Datensatzes (Features) innerhalb einer Datenbank
Global-ID	Globale Identifikationsnummern innerhalb mehrerer Datenbanken
Type Raster	Speicherung von Rasterdaten in der Datenbank
Geometrie (Shape)	Geometrietyp (Punkt, Linie, Polygon, Multipoint, Multipatch)

Anhang

F Auflistung aller ArcCatalog Datei-Icons

Datenformat	Typ	Symbol
ArcCatalog	ArcCatalog	
	In ArcMap integrierter Katalog	
	Verbundene Ordner	
ArcCatalog-Ordner	Datenbankverbindung	
	Datenbankserver	
	GIS-Server	
	My Hosted Services	
	Koordinatensysteme	
	Toolboxes	
ArcGIS Projekt	ArcGlobe (3DD)	
	ArcMap (MXD)	
	Kartenpaket (MPK)	
	ArcReader (PMF)	
	ArcPublisher (PMF)	
	ArcScene (SXD)	
ArcGIS for Desktop Advanced Coverage	Feature-Dataset	
	Arc	
	Label, Point	
	Node	
	Polygon	
	Region	
	Route	
	Tic	
Raster-Dataset	Raster-Dataset	
Koordinatensystem	Koordinatensystem	

Datenformat	Typ	Symbol
CAD-Daten	Zeichnungs-Layer	
	CAD-Feature-Dataset	
	Annotation	
	Mulitpatch	
	Point	
	Polygon	
	Polyline	
Tabelle	Standardtabelle	
	ArcInfo	
	dBase	
Geodatabase	Geodatabase	
	Feature-Dataset	
	Raster-Katalog	
	Mosaik-Dataset	
	Annotation	
	Beziehungsklasse	
	Parcel Fabric	
	Bemaßung	
	Netzwerk Dataset	
	Geometrisches Netzwerk	
	Topologie	
	Point	
	Multipatch	
	Multipoint	
	Polyline	
	Polygon	
	Raster	
	Tabelle	

Datenformat	Typ	Symbol
Geodatabase (Fortsetzung)	Terrain	
Toolbox	Toolbox	
	Python-Toolbox	
	Toolset	
	Modell	
	Skript	
	Werkzeug	
	Werkzeug gesperrt	
Layerfile	Layer (unabhänig vom Typ)	
	Gruppen-Layer	
	Raster	
	Layer-Paket	
Shapefile	Point	
	Polyline	
	Polygon	
	Multipatch	
Database-Connections	Hinzufügen	
Adressen-Locator	Neuen Adressen-Locator erstellen	
GIS-Server	ArcGIS Server hinzufügen	
	ArcIMS Server hinzufügen	
	WMS-Server hinzufügen	
	WCS-Server hinzufügen	

G   Reservierte Begriffe in Python

Wort	Erläuterung
and	Logisches UND
as	Zuordnung einer Ausnahme
assert	Zum Testen von Ausdrücken
break	Unmittelbares Verlassen einer Schleife
class	Anfang einer Klassendefinition
continue	Unmittelbares Fortsetzen einer Schleife beim nächsten Durchlauf
def	Anfang einer Definition einer Funktion
del	Löschen eines Objekts
elif	Teilzweig einer bedingten Anweisung
else	Endzweig einer bedingten Anweisung
except	Teil einer Ausnahmebehandlung
exec	Ausführung von Programmcode
False	Logisches Falsch
finally	Teilzweig einer Ausnahmebehandlung
for	Anfang einer `for`-Schleife
from	Teil einer `import`-Anweisung
global	Verlegung einer Variablen in den globalen Namespace
if	Anfang einer bedingten Anweisung
import	Import eines Moduls mit seinen Funktionen
in	Prüfung auf Mitgliedschaft in Sequenz
is	Test auf Identität
lambda	Anonyme Funktion
None	Datentyp None
not	Logisches NICHT
or	Logisches ODER
pass	Platzhalter, führt nichts aus
print	Ausgabe
raise	Auslösen einer Ausnahmebehandlung
return	Verlassen einer Funktion, Rückgabe von Werten

Wort	Erläuterung
True	Logisches Wahr
try	Beginn einer Ausnahmebehandlung
while	Beginn einer while-Schleife

H Operatoren

Operator	Beschreibung
{ }	Erzeugung eines Dictionarys oder Sets
[ ]	Erzeugung einer Liste
( )	Erzeugung eines Tupels
" "	Erzeugung eines Zeichenkette
**	Potenzierung
~x	Bitweises NICHT
+x, -x	Positives bzw. negatives Vorzeichen
*, /, %	Multiplikation, Division, Divisionsrest (Modulo)
+, -	Addition, Subtraktion
<<, >>	Bitweise Verschiebung
&	Bitweises UND
^	Bitweises exklusives ODER
|	Bitweises ODER
<, <=, >, >=, !=, ==	Vergleichsoperatoren (kleiner, kleiner gleich, größer, größer gleich, ungleich, gleich)
is, is not	Test auf Identität
not x	Logisches NICHT
x and y	Logisches UND
x or y	Logisches ODER

I Escapesequenzen

Operator	Beschreibung
\newline	Erzeugung eines Dictionarys oder Sets
\\	Backslash
\'	Hochkomma
\"	Anführungszeichen
\b	Rückschritt (backslash)
\f	Seitenumbruch (form feed)
\n	Zeilenumbruch (line feed)
\N{name}	Unicode-Zeichen NAME
\t	Horizontaler Tabulator
\uxxxx	16-Bit-Unicode-Zeichen
\Uxxxxxxxx	32-Bit-Unicode-Zeichen
\v	Vertikaler Tabulator
\ooo	ASCII-Zeichen oktal
\xhh	ASCII-Zeichen hexadezimal

J Zusammenstellung einiger Links (Stand: August 2012)

GI Geoinformatik GmbH

- Autoren-Homepage:
  http://www.gi-geoinformatik.de
- Downloadverzeichnis der Übungsaufgaben für die Lektionen in Kapitel 10:
  www.gi-geoinformatik.de -> Praxishandbücher ArcGIS

Esri Deutschland und Esri USA

- Esri USA Homepage (englisch):
  http://www.esri.com/
- Esri Deutschland Homepage:
  http://esri.de
- Esri Deutschland Supportseiten:
  http://support.esri.de
- Fragen rund um den Download von ArcGIS 10:
  http://esri.de/products/arcgis/arcgis10/download-faq.html
- ArcGIS Desktop Hilfe Online (englisch):
  http://resources.arcgis.com/en/help/main/10.1/
- ArcGIS Online (deutsch):
  http://www.arcgis.com/about/
- ArcGIS Server Dienste als GIS Server in ArcCatalog oder im Katalog-Fenster:
  http://services.arcgisonline.com/arcgis/services
- ArcScripts (englisch):
  http://arcscripts.esri.com/
- ArcGIS Forum (englisch):
  http://forums.arcgis.com/
- Esri Customer Care Portal (deutsch):
  https://customers.esri.com/
- Esri Resource Centers (englisch):
  - Gateway: http://resources.arcgis.com/en/home
  - ArcGIS for Desktop: http://resources.arcgis.com/en/communities/desktop/
  - ArcGIS Server: http://resources.arcgis.com/en/communities/services/
  - Python for ArcGIS: http://resources.arcgis.com/en/communities/python/
  - ArcGIS Runtime SDK for Android:
    http://resources.arcgis.com/en/communities/runtime-android/
  - ArcGIS Explorer: http://resources.arcgis.com/content/arcgis-explorer/1200/about

Erweiterungen zu ArcGIS Desktop

- ET GeoWizard, ET GeoTools, ET Surface:
  http://www.ian-ko.com

J Zusammenstellung einiger Links

- Esri Shapefile to AutoCAD® DXF/DWG Converter:
  http://www.guthcad.com.au/cad2shape.htm
- MrSID Erweiterung für ArcGIS:
  http://www.ermapper.com

WMS-Dienste für Deutschland, Österreich und die Schweiz

- WMS Dienste Bayern
  Digitales Orthophoto 2m (BVV) auf geodaten.bayern.de
  http://geodaten.bayern.de/ogc/ogc_dop200_oa.cgi?
  http://www.geodaten.bayern.de/ogc/getogc.cgi?
- WMS Geodatenportal der österreichischen Länder:
  http://www.geoland.at/index.php?option=com_content&task=view&id=30&Itemid=71
- WMS-Dienst Geoinformationsplattform der Schweizerischen Eidgenossenschaft:
  http://www.geo.admin.ch/internet/geoportal/de/home/services/geoservices/display_services/services_wms.html
- WMS-Dienst Open Street Map (OSM):
  http://mapbender.wheregroup.com/cgi-bin/mapserv?map=/data/umn/osm/osm_basic.map&VERSION=1.1.1&REQUEST=GetCapabilities&SERVICE=WMS&

Geoportal Bayern

- http://geoportal.bayern.de/GeoportalBayern/inhalte/uebersichten/geodatendienste.html#47d38fd1ff6f1abc46600ca5d80549b3

Geoportal Bund

- http://geoportal.bkg.bund.de/nn_127074/DE/GeoImWeb/landesweit/landesweit__node.html?

OpenStreetMap

- Download der OpenStreetMap-Geometrien im Shape-Format:
  http://download.geofabrik.de/osm/

Allgemeines

- Aufbau von Geodateninfrastrukturen:
  http://www.gdi.bayern.de
- Leitfaden zur Datenqualität für Planungsbüros und Behörden:
  http://www.rundertischgis.de

Stichwortverzeichnis

3

3D Analyst 392, 527
    ArcGlobe 528
    ArcScene 527
3D-Gebäudemodell 23, 549
3D-Geländemodell 22
3D-Stadtmodelle 17
3D-Daten 396, 527

7

7-Parameter-Transformation 421

A

AAA .... *siehe Geobasisdaten*
Abfrage-Manager 324, 428
Abkürzungswörterbuch 371
Add-In 180, 492
    Entfernen 163
    Esri ArcGIS Add-In Installation
        Utility 164
    Hinzufügen 163
    Manager 163
Add-In-Manager 106, 164
Adressen-Inspektor 252
Adressen-Locator
    Erstellen 404
    Kombinierter Adressen-Locator 404
Adressen-Locator-Manager 251
Adresssuche 189
AdV 34
Advanced ArcMap Settings 124
AFIS .... *siehe Geobasisdaten*
Aktueller Workspace 87
ALB 548
ALK .... *siehe Geobasisdaten*
ALKIS .... *siehe Geobasisdaten*
Altlasten 10
Altlastenkataster 10
Amtliche Geodaten . *siehe Geobasisdaten*
Amtliches Festpunktinformationssystem
    551
Andock-Manager 99, 104, 125, 571

Animation 252
    Vorbeiflug 253
    Zeit-Layer-Animation 253
Anlagen-Manager 187, 194, 203, 383
    Anlagen erstellen 194
    Anlagen hinzufügen 194
    Anlagen speichern 195
Annotations 201, 376, 579
    Annotaion-Gruppen 395
    Annotation-Feature-Klasse 275, 378
    Annotation-Feature-Klasse erstellen
        376
    Annotation-Gruppen 304, 376
    Annotation-Konstruktion 211
    Annotations editieren 201
    ArcInfo Coverage 395
    Beschriftungen zu Annotation
        konvertieren 276, 376
    CAD-Annotation importieren 435
    CAD-Annotations 395
    Erstellen 376, 377
    Feature-bezogen 395
    Feature-bezogene Annotations 275,
        378
    Feature-Klassen-Annotations 376
    Formatierungsoptionen 211
    Geodatabase 395
    Geodatabase-Annotations 211, 376,
        378, 395
    Kartendokument-Annotations 227,
        306, 376, 395
    Konstruktion 211
    Konstruktionswerkzeug 211
    Konstruktor 211
    Nicht platzierbare Annotations 378
    Nicht platzierte Annotations 378
    SDE 395
    Speichern 377
    Text suchen 211
    Werkzeugleiste „Beschriftung" 377
    Werkzeugleiste „Editor" 211
    Werkzeugleiste „Zeichnen" 376

Stichwortverzeichnis

Anpassen 180
   Werkzeugleisten 84, 106, 163, 178, 180, 569
Anpassungsmodus 84, 106, 165
Ansicht
   Vor zur nächsten Ausdehnung 573
   Zurück zur vorherigen Ausdehnung 573
   Ansicht aktualisieren 148
Anwendungsbereiche 29–30
ArcCatalog 97–121, 555
   Anbindung externer Tabellen 121
   Annotation-Feature-Klasse erstellen 376
   Anpassen 106
   Ansicht 110
   ArcToolbox 425
   Benutzeroberfläche 98
   Beschreibung 116, 558
   Dateitypen hinzufügen 107, 500
   Datenfenster 115
   Datenverwaltung 117
   Erstellen von Daten ..... *siehe Erstellen von Daten*
   Hauptmenüleiste 99
   Inhalt 115
   Kataloginhaltsverzeichnis 109, 114
   Menü „Anpassen" 106
   Menü „Ansicht" 101
   Menü „Bearbeiten" 101
   Menü „Datei" 99
   Menü „Fenster" 109
   Menü „Geoverarbeitung" 102
   Menü „Hilfe" 109
   Menü „Wechseln zu" 102
   Metadaten 113
   Mit Ordner verbinden ... 100, 110, 114, 556
   Optionen 107, 425
   Ordnerverbindung trennen 100, 110
   Schwenken 112
   Statusleiste 101, 117
   Übersicht Datei-Icons 115
   Vorschau 116, 557
   Werkzeugleisten 106, 109–114, 557
   Zoomen 112
ArcEditor 5

ArcGIS
   Administrator Wizard 53
   Arbeiten mit einem Koordinatensystem? 94
   ArcGIS Produktfamilie 4
   ArcGIS Uninstall Utility 41
   Autorisierung 58
   Backup Medien 41
   Concurrent Use 42
   Data Interoperability Extension for Desktop 41
   Data Reviewer for Desktop 41
   Deautorisierung 65
   Deinstallation 57
   Deinstallation (vor ArcGIS 10.1 for Desktop) 43
   Deutsches Supplement 43
   Download 37, 40
   Grundlagen 73
   Installation 37, 43, 49
   License Server Administrator 67
   Lizenzierung 42
   Lizenz Manager 41, 47
   Silent-Installation 55
   Single Use 42
   Sprachpaket Deutsch 43
   Systemvoraussetzungen 43
   Uninstall Utility 45
   Was ist ArcGIS? 3
   Weitergabe von Projekten 94
   Workflow Manager for Desktop 41
ArcGIS Administrator 65, 69
ArcGIS Desktop 4, 5
ArcGIS Desktop Hilfe 177
ArcGIS Erweiterungen .... *siehe Erweiterungen*
ArcGIS Explorer Online 143, 144
ArcGIS for Smartphones und Tablets 526
ArcGIS for Windows Mobile and Windows Tablet 525
ArcGIS Mobile 6
ArcGIS Online 5, 95, 129, 135, 183
   Anmeldung 100
   Beispielkarte 143
   Beschreibung 141
   Gallery 144
   Geoverarbeitungspakete 141
   Gruppen 141

Routing-Service 190
ArcGIS Online Gallery 143
ArcGIS Publisher 128, 532
ArcGIS Server Development Kit 6
ArcGIS Server hinzufügen 133
ArcGIS Tutorial Data 42
ArcGISAppLauncher 278
ArcGlobe 528
Archäologie 29
Archivierung 410
ArcInfo 5
ArcMap 123, 565
   Abfrage Layer hinzufügen 136
   Als Layer-Datei speichern 278
   Anpassen 84, 163, 180, 569
   Anpassungsmodus 163, 165
   ArcToolbox 184
   Befehlszeilenfenster .... siehe Befehlszeilenfenster
   Benutzeroberfläche 123, 124
   Berichte .... siehe Berichte
   Beschriftung .... siehe Beschriftung
   Daten aus ArcGIS Online hinzufügen 183
   Daten hinzufügen ...... 182, siehe Daten hinzufügen
   Daten von ArcGIS Online hinzufügen 135
   Datenansicht 168
   Datenbankverbindung 136
   Datenquelle reparieren 140
   Diagramme .... siehe Diagramm
   Dokumenteigenschaften 140
   Drucken 182
   Dynamische Texte .. siehe Dynamische Texte
   Editieren .... siehe Editieren
   Eigenschaften des Kartendokuments 284
   Erweiterungen 163
   Grundkarte hinzufügen 135, 183
   Hauptmenüleiste 127
   Hilfe 177
   Home-Verzeichnis 283
   Inhaltsverzeichnis .... siehe Inhaltsverzeichnis
   Karte analysieren 140
   Karte exportieren 138

Kartendokument speichern 182
Kartenpaket erstellen 129
Kartenserien .... siehe Kartenserien
Katalog .... siehe Katalog
Lesezeichen .... siehe Lesezeichen
Lupe 171
Menü „Anpassen" 163
Menü „Ansicht" 145
Menü „Auswahl" 154
Menü „Bearbeiten" 144
Menü „Datei" 128
Menü „Fenster" 170
Menü „Geoverarbeitung" 156
Menü „Hilfe" 177
Menü „Lesezeichen" 148
Mit Ordner verbinden 284
ModelBuilder .... siehe ModelBuilder
Multipart-Feature trennen (Explode) 197, 217
Multipart-Feature zusammenführen 197
MXD speichern 573
Navigieren 572
Neues Kartendokument 181
Öffnen 181
Optionen 167, 342
PDF-Export 138
Relative Pfadnamen 140
Rückgängig 182
Seiten- und Druckereinrichtung 137
Standard-Geodatabase .... siehe Standard-Geodatabase
Startdialog .... siehe Startdialog
Starten 111, 565
Styles .... siehe Styles
Tablet 255
Topologie .... siehe Topologie
Umgebung 160
Viewer 171, 194
Vorlagen erstellen 123
Wechsel zwischen den Ansichten .. 664
Werkzeugleisten 178–266
XY-Daten hinzufügen 135
Zeitschieberegler .... siehe Zeitschieberegler
Zweiter Datenrahmen .... siehe Datenrahmen
ArcMap Advanced Settings 213, 236

ArcMap-Optionen 167
ArcObjects 42
ArcPad 6, 521, 523
   AXF-Reader 523
   FKS-Pad 10
   Werkzeugleiste „ArcPad Data Manager" 521
ArcPy 476
ArcReader 4, 42, 532
ArcScan 534
   Automatische Vektorisierung 536
   Interaktive Vektorisierung 539
   Lückentoleranz 538
   Raster-Bereinigung 535
   Suchradius 538
   Vektorisierungsverfolgung 539
ArcScene 527
ArcSDE 389
   Analysieren 409
   Archivierung 411
ArcSDE for Microsoft SQL Server 2008 R2 Express (Personal) 41
   Geodatabase-Historie 260
   Raster-Katalog 400
   Versionierung 200, 259, 410
ArcToolbox 97, 403, 409, 423
   Analysis Tools 427, 431, 445
   ArcPy 476
   Cartography Tools 432
   Data Management Tools 430, 436
   Einblenden 184, 424
   Einstellungen laden 426
   Einstellungen speichern 426
   Gesperrte Werkzeuge ausblenden .. 426
   Kartenserien 433
   Kontextmenü 425
   ModelBuilder .... *siehe ModelBuilder*
   Modell .... *siehe ModelBuilder*
   Parameter definieren 488
   Python 486
   Python-Toolbox 424
   Skript 424
   Skript-Eigenschaften 488
   Toolbox 424
   Toolbox erstellen 425
   Toolbox hinzufügen 425
   Toolset .... *siehe Toolset*
   Umgebungsvariablen 426

Werkzeug .... *siehe Werkzeuge*
Werkzeuge suchen 103, 424
ArcView 4
Assistent zur Puffer-Erzeugung 181
Assistenten anzeigen (falls vorhanden) 167
ATKIS .... *siehe Geobasisdaten*
Attribut-Domänen .... *siehe Domänen*
Attribute 636
   Bearbeiten 203
   Einfügen 204
   Feldeigenschaften 204
   Kopieren 204
   Raster-Dataset 401
Attribut-Index 119
Attributtabelle ... 379, 558, 648, 654, 655, 657
   Aktualisieren 655
   Aliasnamen 323, 383
   Alle Felder akttivieren 386
   Alles auswählen 385
   Anbinden von externen Tabellen .. 654, 655, 656
   Andock-Manager 380
   Anlagen-Manager .... *siehe Anlagen-Manager*
   Anordnen 380
   Anzeigeoptionen 384
   ArcCatalog 558
   Aufbau 379
   Aussehen 388
   Auswahl aufheben 385
   Auswahl umkehren 385
   Bericht 388
   Beziehung 656
   Cache neu laden 387, 655
   Darstellung 388
   Datentypen 657
   DBF-Format 379
   Diagramm erstellen 387
   Drucken 387
   Elemente 379
   Erweiterte Sortierung 648
   Exportieren 388
   Feld hinzufügen 386, 657, 658, 660
   Feld-Aliasnamen anzeigen 386
   Feldberechnung 383, 484, 659
   Feldeigenschaften 386, 625

Felder löschen 657, 658
Feldnamen 383
Feldsortierung 647
Feldstatistik 382
Geodatabase 391
Geometrie berechnen 383
In Beziehung stehende Tabelle 387
Nach Attributen auswählen 381
Öffnen 187, 225, 379
Optionen 380, 381, 385, 660, 736
Python 383
Schreibschutz 323, 383
Shapefile 379
Sortierung 648
Spalte hervorheben 323
Spalten deaktivieren 383
Spalten fixieren 383
Spalten sortieren 382
Spaltenbreite 386
Spaltenbreite anpassen 648
Spalteneigenschaften 204
Spalten-Eigenschaften 383
Spaltenfixierung aufheben 383, 648
Spaltenreihenfolge 323
Standard-Feldreihenfolge
  wiederherstellen 386
Standard-Spaltenbreite
  wiederherstellen 386, 648
Statistik 382
Structured Query Language (SQL) 385
Suchen und Ersetzen 385
Tabelle dem Layout hinzufügen 387
Tabellen anordnen 386
VB Script 383
Verbinden 654, 655, 656
Verbindungen und Beziehungen 386
Zeitfeld 329
Zugehörige Tabellen 381
Attriute
  Optionen 205
Auf selektierte Features zoomen 181,
  213, 569
Aufbau eines GIS-Projekts 91–94
Aus einem ArcGIS for Desktop Basic-
  Projekt importieren 181
Ausdehnungsindikatoren 303
Ausschneiden 103, 156, 427, 445
Auswahl 154, 275, 323, 649, 650, 663

Abfrage-Assistent 650
Alles auswählen 385
Anzeigeeinstellungen 205
Attribute 203
Auf Auswahl zoomen 381
Auf hervorgehobene zoomen 382
Auf selektierte Elemente zoomen .. 229
Auf selektierte Features schwenken
  155
Auf selektierte Features zoomen ... 154
Aufheben 381
Auswahl aufheben 381, 385
Auswahl hervorgehobener Aufheben
  381
Auswahl löschen 381
Auswahl mit dem Editierwerkzeug 200
Auswahl umkehren 381
Auswahloptionen 155
Auswahltoleranz 155
Drehen 203
Elemente auswählen 186
Exportieren 277
Feature löschen 267
Feature umformen 202
Feature-Auswahl aufheben ... 186, 267,
  381
Features nach Kreis auswählen 186
Features nach Lasso auswählen 186
Features selektieren 200, 649
Hervorgehobene löschen 382
Hervorheben 381
Interaktive Auswahlmethode 155
Lagebezogen auswählen 154, 662
Layer aus selektierten Features
  erstellen 275
Layerweise aufheben 267
Liniensegmente bearbeiten 213
Löschen 381
Markierte erneut auswählen 382
Nach Attributen auswählen ... 154, 381
Nach Auswahl auflisten 186, 267
Nach Grafik auswählen 154
Nach Linie auswählen 186
Nach Polygon auswählen 185
Nach Rechteck auswählen 644
Optionen 186, 205
Polygone teilen 203
Repräsentationen 245

SQL-Abfrageausdruck 651
Stützpunkte bearbeiten .... *siehe Stützpunkte bearbeiten*
Teilen 203
Umkehren 275, 381, 385
Wechsel der selektierten Features .. 200
Zu Grafik konvertieren 272
Automatisierte Liegenschaftskarte 548
Automatisiertes Liegenschaftsbuch ... 548
Autorisierung .... *siehe ArcGIS*
AUX-Datei .... *siehe Rasterdaten*
Auxiliary-Datei .... *siehe Rasterdaten*

B

Bänder zusammensetzen .... *siehe Bildanalyse*
Baumkataster 8
Befehle 179
Befehlszeilenfenster 161, 184, 465
Bemaßung 211
   Ausgerichtet 212
   Ausgerichtete Bemaßung 395
   Basislinienbemaßung 212
   Einfach ausgerichtet 212
   Frei ausgerichtet 212
   Frei linear 212
   Gedreht linear 212
   Kantenbemaßung 212
   Kettenbemaßung 212
   Linear 212
   Lineare Bemaßung 395
   Senkrechte Bemaßung 212
Berechnen
   siehe Feldberechnung 660
Berichte 711
   Anpassen 723
   Attributtabelle 388
   Ausführen 148
   Ausrichten 728
   Bericht ausführen 725
   Bericht-Designer 723
   Berichtsassistent 719
   Berichts-Designer 147
   Berichtsfelder 721
   Berichts-Viewer 147
   Elementeigenschaften 723
   Erstellen 147, 388, 718
   Exportieren 730

Feldstatistik 721
Laden 147
Layout 722
Logo 729
Spaltenbreite 727
Style-Manager 725
Vorschau 722
Berichts-Designer .... *siehe Berichte*
Berichts-Viewer .... *siehe Berichte*
Beschriftung 152, 169, 272, 304, 324, 377, 575, 579
   Abkürzungen 599
   Abkürzungsregeln 601
   Abkürzungsverzeichnis 241
   Abkürzungswörterbuch 371, 599
   Annotation-Gruppen 304
   Annotations erstellen 376
   Anpassen 582
   Ausdruck 326
   Ausrichtung 365
   Bannerbeschriftung 368
   Beschriftung anhalten 242
   Beschriftungen fixieren 241
   Beschriftungen zu Annotation konvertieren 272, 276
   Beschriftungsausdruck 327
   Beschriftungsdichte 583
   Beschriftungsfeld 326
   Beschriftungsklassen 326, 598
   Beschriftungs-Manager 241, 275, 325, 581, 598
   Beschriftungspriorität 603
   Beschriftungsstyles 363
   Beschriftunsposition 603
   Doppelte Beschriftungen 359
   Dynamische Texte .... *siehe Dynamische Texte*
   Features beschriften 275
   Features in diesem Layer beschriften 325
   Flächenlayer 359
   Gewichtungsreihenfolge 609
   Gitternetz 677
   Halo 581
   Klassen 587
   Konflikte 372
   Konflikterkennung 359, 378
   Label-Engine 241, 292

Label-Engines 356
Linienlayer 358
Maplex 169, 241
Maske.. 603
Maßstabsbereich 326, 589
Mehrere Layer beschriften 377
Methode 326
Nicht platzierte Beschriftungen
   anzeigen 242
Optionen 241
Parser 327
Platzierung 357, 358
Platzierungseigenschaften 583, 603
Platzierungsqualität 242
Punktlayer 358
Rangstufen der
   Beschriftungsgewichtung 241
Rangstufen der Beschriftungspriorität
   241
Routen 354
Schlüsselnummerierung 241, 371
Schlüsselnummern 606
Symbol-Klassen anfordern 588
Werkzeugleiste „Beschriftung" 377
Beschriftung anhalten 148
Beziehungen 205
   Abhängige Beziehungen 397
   Verbindungen und Beziehungen ...274, 328
Bézierkurven 202, 433
Bezugsmaßstab 271, 291, 309, 590
B-Grund .... *siehe Geobasisdaten*
Bildanalyse 171
   Ausschneiden 173
   Bänder zusammensetzen 173
   Colormap 173
   Differenz 173
   Entfernung 174
   Exportieren 173
   Filter 173
   Fläche 175
   Funktion 173
   Geschummertes Relief 173
   Höhe nach oben 175
   Höhe oben bis Schatten 176
   Höhe unten bis Schatten 176
   Interaktives Streckungswerkzeug ..172
   Maske 173

   Messergebnisse 176
   Messung 174
   Mosaik 173
   NDVI 173
   Optionen 171
   Orthokorrektur 173
   Pan-Sharpening 173
   Punkt 174
   Schwerpunkt 174
   Sensor Metadaten 176
   Verarbeitungswerkzeuge 173
Biotopkartierung 8
BMP 78
Bodenschutz 10

C

CAD-Zeichnungen 75, 281
   Attributunterstützung 348
   CAD zu Geodatabase 282, 435
   CAD-Annotation importieren 435
   CAD-Feature-Dataset 282
   Einpunkttransformation 350
   Exportieren 277, 435
   Kopieren 282
   Layer-Eigenschaften 348
   Transformationen 349
   Zeichnungs-Layer 349
   Zweipunkttransformation 350
CCITT .... *siehe Rasterdaten Komprimierung*
Clip 156, 427, 445
COGO 249
Colormap 173
Colormaps 83
Concurrent Use .... *siehe ArcGIS*
Coverage 74
Customer Care Portal 37, 38

D

Dangermond, Jack 35
Darstellung anhalten 148, 287
Darstellungsgeschwindigkeit 406
Data and Maps for ArcGIS 135, 141
Daten hinzufügen 135, 182, 271, 566, 615, 692
Datenansicht 287
Datenbankverbindung 136

Dateneigenschaften 118
Datenfenster 557
    ArcCatalog 557
Datenqualität 31
Datenquelle reparieren 140
Datenrahmen
    Aktiver Datenrahmen 289
    Annotation-Gruppen 304
    Ausdehnung 292
    Ausdehnungsindikatoren 303
    Ausdehnungs-Rechteck 303
    Beleuchtung 298
    Beschreibung 290
    Beschriftung 304
    Bezugsmaßstab 271, 291, 309, 590
    Daten hinzufügen .... *siehe Daten hinzufügen*
    Datenrahmen-Reihenfolge 695
    Drehen 236
    Drehung zurücksetzen 236
    Eigene Orte 236
    Eigenschaften 148, 273, 289
    Einheiten 290
    Feature-Cache 299
    Fester Maßstab 667, 693
    Gitternetz 298, 673
    Gradnetz 298, 673
    Größe und Position 300, 667
    Karteneinheiten 291
    Kartenserien 289
    Kontextmenü 270, 289
    Koordinatensystem 289, 290, 295
    Maßeinheiten 289
    Maßstab 289
    Name 289, 290
    Position und Größe 289
    Rahmen 302
    Rotation 292
    Rotationswinkel 236
    Transformation 295
    Zweiter Datenrahmen 289, 303, 692
Datentypen 396, 657
    Binary Large Object (BLOB) 658
    Datum 658
    Double 657
    Float 657
    Long Integer 657
    Numerische Datentypen 657

    Short Integer 657
    Text 658
Datentypen in ArcGIS 73
Definitionsabfrage 272, 323
Deutsches Hauptdreiecksnetz (DHDN) 418
DGM 22, 545
DGN 75
Diagramm 711
    Attributtabelle 387
    Diagrammerstellungsassistent 387, 712
    Diagramm-Manager 717
    Erstellen 146, 387, 711
    Erweiterte Eigenschaften 713
    Exportieren 718
    Laden 146
    Verwalten 146
    Zum Layout hinzufügen 146
Digitale Ortskarte Bayern (DOK) 548
Digitale Topographische Karte 546
Digitales Geländemodell 545
Digitales Landschaftsmodell 544
Digitales Orthophoto (DOP) 547
Digitalisieren 634
Dissolve 157, 439
DLM 544
Dokumenteneigenschaften 129
Domäne
    Domäne in Tabelle 437
    Tabelle in Domäne 438
Domänen 408
    Attribut-Domänen 408
    Bereichsdomäne 408
    Kodierte Werte 408
    Teilungsmethoden 408
    Vereinigungsmethoden 408
Doppelte Beschriftungen .... *siehe Beschriftung*
Download von ArcGIS 37
Drawing Interchange Files 75
Drehen
    Punktsignatur 642
Drucken 138
Druckereinstellung 665
Druckvorschau 138
DTK 546
DWG 75

Stichwortverzeichnis

DXF 75
Dynamische Texte 152, 697
   Titel 698

E

ECW 78
EDBS .... *siehe Geobasisdaten*
Editieren 619
   An Shape ausrichten 217
   Änderungen speichern 196
   Annotation editieren 201
   Anpassungsvorschau 199
   Attribute 199, 203, 636
   Auf alte Editierumgebung umstellen 213
   Ausgleichen und Beenden 638
   Ausschneiden 198
   Bearbeitung starten 196, 629, 701
   Bemaßung 211
   Bézierkurvensegment 202
   Bogensegment 202
   Drehen 203
   Editier-Fenster 199
   Editiersitzung 196, 275
   Editiersitzung speichern 196
   Eigenschaften
      Skizze 199, 206, 222
   Endpunkt-Kreisbogensegment 201, 202
   Erfassen von Linien 639
   Erfassen von Polygonen 634
   Erfassen von Punkten 641
   Erweiterte Bearbeitung 197
   Fangen .... 198, 214, 219, *siehe Fangen*
   Fangfunktion 198
   Fangtoleranz 200
   Feature erstellen 208
   Feature erweitern 222
   Feature umformen 202
   Feature-Konstruktion 220
   Features erstellen .. 199, 201, 206, 214, 630
   Features kopieren 216
   Features teilen ..... *siehe Features teilen*
   Features überprüfen 198
   Features zusammenführen .... *siehe Features zusammenführen*
   Feature-Vorlagen organisieren 632

Fehler-Inspektor 199
Fillet 216
Flurstückdetails 199
Flurstücks-Explorer 199
Gemeinsame Features 199
Generalisieren 218
Geodatabase-Annotations 211
Geodätisch konstruieren 217
Geometrie ersetzen 217
Gerades Segment 201
Glätten 218
Konstruktionswerkzeuge 209
Kontextmenü des Skizzenwerkzeugs 214
Kürzen 216
Linien teilen 645
Liniensegmente bearbeiten 213
Linienüberschneidung 216
Mittelpunkt 202
Multipart zu Singlepart 197
Multipart-Feature trennen (Explode) 217
Nicht platzierte Annotations 199
Optionen 199
Parallel kopieren 197
Parallele erzwingen 220
Passpunkte 199
Polygon automatisch schließen 637
Polygone teilen 203
Polygone teilen .. *siehe Polygone teilen*
Proportional strecken 222
Puffer 198
Punkt 202
Punkte konstruieren 197
Rechter Winkel 202
Repräsentationseigenschaften 199
Richtung-Strecke 202
Rückgängig 221
Schnittpunkt 202
Senkrechte erzwingen 221
Skizze fertig stellen 221, 222
Skizze löschen 215
Skizzenkonstruktionswerkzeuge ... 201
Skizzen-Stützpunkte ändern 221
Snapping 198
Speichern 201
Standardkonstruktionswerkzeug 209
Strecke-Strecke 202

Stichwortverzeichnis

Stützpunkt hinzufügen 221
Stützpunkt löschen 221
Stützpunkte bearbeiten 202, 206, 213, 221
Tangentenkurvensegment 202
Teilen 197, 203
Topologie 199
Überschneiden (Intersect) 198
Verfolgung 202
Verlängern 216
Verschieben 197
Verschiebetoleranz 199, 200
Verschmelzung 198
Vorlagen ...... 196, 632, *siehe Vorlagen*
Weitere Editierwerkzeuge 199
Werkzeug „Editieren" 200
Werkzeugleiste „Editor" 196
Zusammenführen 197
Editor-Tracking 120
Eigene Orte 236
Eigenschaften des Kartendokuments . 129
Eingabedatenparameter 449
Elementbeschreibung 286
Elemente
    Auswählen 145
    Drehen 229
    Grafik- und Textelemente 228
    Grafik-Werkzeuge 229
    Kartendokument-Annotations 228
    Kartenelemente 228
    Stützpunkte bearbeiten 230
Elemente auswählen 228
Energiewende 29
Epidemiologie 27
ERDAS IMAGINE 1, 78
Ergebnisse 160, 424, 437
Erstellen von Daten 118
    Felder hinzufügen 624
Erstellen von Geodaten 558, 622
Erweiterungen .... 527, *siehe ArcMap*
    ArcGIS 3D Analyst 527
    ArcGIS Geostatistical Analyst 540
    ArcGIS Publisher 532
    ArcGIS Spatial Analyst 529
    ArcScan 534
    GPS Analyst 519
    In ArcCatalog aktivieren 106
Esri Add-In .... *siehe Add-In*

Esri ArcGIS Add-In Installation Utility 164
Esri Customer Care Portal 37, 38
    Login 39
Esri Data & Maps 6
Esri Global Account 37
    Freischaltung 38
Esri GRID .... *siehe GRID*
Europäisches Terrestrisches Referenzsystem 1989 (ETRS89) .... *siehe Koordinatensystem*
European Terrestrial Reference Frame (ETRF) .... *siehe Koordinatensystem*
EU-Umgebungslärmrichtlinie 9
Export von Daten 121, 277, 634
    Attributtabelle 388, 652, 656
    aus einer Selektion 652
    Auswahl exportieren 277
    Berichte 730
    dBASE 652
    Diagramm 147, 718
    Export in Geodatabase 436
    Export in Shapefile 436
    Feature-Klasse 297
    Grafikformate 696
    Karte exportieren 138
    Kartendokument 634
    KML 140
    KML-Format 435
    Layer exportieren 277, 308
    Nach CAD exportieren 277, 435
    PDF- Dokumentsicherheit 139
    PDF-Export 138, 634, 696
    Raster 173
    Rasterdaten 339
Extrudieren 527

F

Facility Management 22
Fangen 198, 539, 638
    Aktivieren 219
    An Ende 220
    An Kante 220
    An Mittelpunkt 219
    An Punkt 220
    An Schnittpunkt 219
    An Skizze 219
    An Stützpunkt 220

Stichwortverzeichnis

An Tangenten.................................219
An Topologieknoten 219
Deaktivieren................................219
Fangen an Ende..........................641
Fangen an Kante 641
Fangen an Stützpunkt 641
Fangoptionen 198, 219, 639
Fangtoleranz 200, 639
Klassische Fangfunktion verwenden 219
Werkzeugleiste „Fangen" 218
Farb-Pipette 85, 181
Feature
    Animieren 252
    Anlagen..........*siehe Anlagen-Manager*
    Attribute....................................203
    Beschriften..................275, 325, *siehe Beschriftung*
    Bezeichnung 186
    Drehen 203
    Erstellen 201, 208, 214
    Feature umformen......................202
    Features zu Grafik konvertieren.....272
    Features zu Grafik umwandeln 276
    Feature-Templates organisieren.....276
    Identifizieren..............................186
    Kopieren 213
    Mittelpunkt 203
    Mulitpart in Singlepart................438
    Multipart-Feature.......................394
    Multipart-Feature erstellen 394
    Neuen Feature Typ definieren 275
    Polygone teilen 203
    Selektieren 200
    Stützpunkte bearbeiten................202
    Suchen 189
    Teilen 203
    Transparenz 314
Feature erweitern 222
Feature-Ausdehnung..........................119
Feature-Cache 235, 299
Feature-Dataset.................................391
    Ausdehnung 391
    Erstellung.........................559, 563
    Geometrietypen.........................391
    Mosaik-Dataset.........................401
    Raumbezug 391
Feature-Klasse 393

Aliasnamen......................................407
Als Layer-Datei speichern 278
Annotation-Feature-Klasse.... 275, 395
Bearbeitung starten 196
Bemaßungs-Feature-Klasse 395
Beziehungsklassen...........................397
    Erstellung 563, 622
Featue-Class zu Shapefile (mehrfach) 436
Feature-Class zu Geodatabase (mehrfach) 436
Feature-Klasse anhängen..................436
Geometrie reparieren 438
Komplexe Feature-Klasse 393
Multipatch-Feature-Klasse 394
Multipoint-Feature-Klasse...............394
M-Werte 243, 396
Repräsentationen erstellen.............. 245
Simple-Feature-Klasse 393
Standalone-Feature-Klasse 391
Subtypes ....*siehe Subtypes*
Transformation 421
Z-Werte 396
Feature-Klassen 559
    Domänen 408
Features teilen.................................644
Features zusammenführen 644
Feature-Vorlagen............... *siehe Vorlagen*
Feld
    Aliasname................................407
    Berechnen.........*siehe Feldberechnung*
    Hinzufügen 657
    Löschen 659
    Schreibschutz...........................383
Feldberechnung 383, 484, 659
Feldeigenschaften.............................625
Felder hinzufügen.............................624
Fester Maßstab ....*siehe Datenrahmen Fester Maßstab*
FGDC...6
File-Geodatabase ....*siehe Geodatabase*
FKS-Pad 10
Floating-Lizenz ....*siehe ArcGIS Lizenzierung*
Förderflächenkontrolle ....*siehe ArcPad*
Forstwirtschaft.................................. 10
Funktionen...................................... 171

G

Gauß-Krüger .... *siehe Koordinatensystem*
GDAL 77, 82
GDI 551
GDI-DE 33
Gelände-zu-Grid-Korrektur 200
Geobasisdaten 33, 543
   3D-Gebäudemodell LoD1 549
   AAA 33, 543
   AFIS 33, 543, 551
   ALK 548
   ALKIS 33
   ATKIS 33, 543
   DGM 545
   Digitales Orthophoto (DOP) 547
   DLM 544
   DTK 546
   Hauskoordinaten 548
   Hausumringe 548
   Level of Detail 549
   LoD 549
   Nutzungsbedingungen 552
   Ortskarte Bayern (DOK) 548
   Übernahme in GIS 14
Geodatabase 389, 558
   3D-Daten 396
   Adressen-Locator 404
   Aktualisieren 409, 437
   Aliasname 407
   Allgemein 74
   Annotation .... *siehe Annotations*
   Annotation-Feature-Klasse 395
   Archivierung 410
   ArcSDE 75, 259, 389, 390
   ArcToolbox 409
   Attributindizes 119, 406
   Attributtabelle 391
   Bemaßungs-Feature-Klasse 395
   Beziehungsklassen 397
   Dataset 389
   Dateigröße 390
   Datenbankabfrage 389
   Dekomprimieren 409
   Domänen .... *siehe Domänen*
   Domänenausdehnung 404
   Eigenschaften 404
   Elemente 391

Feature-Class zu Geodatabase
   (mehrfach) 436
Feature-Dataset ..... 559, *siehe Feature-*
   Dataset
Feature-Klasse 393, 559
Feature-Klassen 391
File-Geodatabase 389, 390
File-Geodatabase wiederherstellen 390
Genauigkeit 389, 404
Geometrie reparieren 438
Geometrisches Netzwerk 393
Indizes 406
Kompatibilität mit
   Vorgängerversionen 389
Komplexe Feature-Klasse 393
Komprimieren 409
Kontextmenü 389
Koordinatenbereich 404
Mehrbenutzerumgebung 389
Mehrbenutzerzugriff 390
Mosaik-Dataset 401
Multipatch-Feature-Klasse 394
Multipoint-Feature-Klasse 394
Netzwerk-Dataset 392
Parcel Fabric 393
Personal-Geodatabase 389, 390
Pyramiden 80
Raster-Dataset 400
Rasterdaten 391, 397
Raster-Katalog 400
Räumliche Ausdehnung 389
Räumliche Indizes 119, 311, 406
Reorganisieren 408
Repräsentationen 410
Routen 396
Simple-Feature-Klasse 393
Standalone-Feature-Klasse 391
Standard-Geodatabase 566
Subtypes .... *siehe Subtypes*
Tabellen 396
Terrain 391
Toleranz 405
Toolbox 403
Topologie 391, 392
Update 389
Upgrade auf neuere Version 405
Vektordaten 391
Versionierung 390, 410

XY-Koordinatensystem 406
Z-Werte 391, 396
Geodatabase-Historie 260
Geodatabase-Historien-Viewer 260
Geodatbase
    Datenmigration 405
Geodaten
    Änderung von Dateneigenschaften 118
    Barrierefrei 33
    Erstellung von Daten 118
    Koordinatensystem 560
    Kopieren 117
    Löschen 117
    Umbennenen 118
Geodateninfrastruktur 33, 551
GeoEye-1 79
GeoInfoDok 34
Geokodierung 135, 189
    Adressen geokodieren 252
    Adressen überprüfen/abgleichen 252
    Adressen-Inspektor 252
    Adressen-Locator-Manager 251
    Europe Geocode Service 189
Geologie 12
Geologische Karte 13
Geomarketing 21
Geometrie reparieren 438
Geometrisches Netzwerk 242, 393
Georeferenzierung 231, 610
    Aktualisieren 614
    Auf Anzeige einpassen 611
    Auf ausgewählten Link zoomen 232
    Autom. Registrierung 231
    Automatische Anpassung 612
    AUX-Datei 614
    Drehen 232
    Fangen 612
    Kontrollpunkte hinzufügen 232
    Link auswählen 231
    Link löschen 232, 612
    Link-Tabelle 232, 612
    Passpunkte hinzufügen 231, 611
    Rektifizierung 615
    RMS-Fehler 232, 613
    Skalieren 232
    Transformation 613
    Verschieben 232
    Viewer 232

Werkzeugleiste „Georeferenzierung"
    231, 610
World-Dateien 614
Geostatistical Analyst 540
Geoverarbeitung 104, 155
    Abfrage-Manager 428
    Anhängen 436
    ArcCatalog Hauptmenü 102
    Ausschneiden 103, 156, 427, 445
    Batch Projizierung 439
    CAD zu Geodatabase 435
    CAD-Annotation importieren 435
    Clip-Feature 427
    Dissolve-Typ 429
    Domäne zu Tabelle 437
    Ergebnisse 160, 424, 437
    Featue-Class zu Shapefile (mehrfach)
    436
    Feature-Class zu Geodatabase
        (mehrfach) 436
    Feature-Klasse anhängen 436
    Geodatabase aktualisieren 437
    Geometrie reparieren 438
    Geoverarbeitungspaket 104
    Geoverarbeitungs-Service 104, 161
    Gitter-Index Features 433
    Index-Features der Streifenkarte ... 434
    Karte in KML 435
    KML in Layer 434
    Layer in KML 435
    Lineare Einheit 428
    Linie vereinfachen 433
    Linien glätten 432
    Logische Operatoren 428
    ModelBuilder 105
    Multipart in Singlepart 438
    Multipart zu Singlepart 430
    Optionen .. 95, 105, 162, 277, 427, 485
    Polygon glätten 432
    Polygon vereinfachen 433
    Projektion definieren 439
    Puffer 102, 156, 428
    Pyramiden berechnen (Batch) 439
    Python-Fenster 161
    Selektieren 428
    Structured Query Language (SQL) 428
    Tabelle in Domäne 438

Überschneiden (Intersect) 103, 156, 431
Vereinigen (Union) 103, 156, 431
Verschneiden (Identity) 431
Zusammenführen 439
Zusammenführen (Dissolve).. 103, 157
Zusammenführen (merge) 437
Zusammenführen (Merge) 103, 157
Geoverarbeitungspaket 104
Geoverarbeitungs-Resource Center ... 463
Geoverarbeitungs-Service 104, 161
Geschwindigkeit erhöhen .. 235, 271, 341
Gesundheit 27
GI Mobil 523
GIF 78
GIS
    Anwendungsbereiche 29–30
    Der besondere Nutzen 30
    Enterprise GIS 7
    Entwicklung 34
GIS-Server 132
Gitter- und Gradnetz 298, 673
Gitternetz 298
    Achsen 675
    Ändern 675
    Anlegen 673
    Bamaßtes Gitternetz 298
    Beschriftung 677
    Eigenschaften 674
    Neues Gitternetz 299
    Rahmen 679
    Referenz-Gitternetz 298
Global Account 37
Google
    KML-Format 140
GPS 35
    Anzeigeoptionen 254
    GPS Analyst 519
    GPS-Positionsfenster 254
    GPS-Verbindung 520
    GPS-Verlauf 520
    Mobile Datenerfassung 519
    NMEA 520
    Protokoll 254
    Verbindung einrichten 254
    Verbindung simulieren 254
    Werkzeugleiste „GPS" 254, 520
GPS Analyst 519

Gradnetz 298, 682
    Ändern 682
    Anlegen 682
    Beschriftungen 682
Grafik 227
    Ausrichten 230
    Drehen und Kippen 231
    Features zu Grafik umwandeln 276
    Gruppieren 230
    In Features konvertieren 272
    Reihenfolge 230
    Verteilen und Angleichen 231
    Werzeugleiste „Grafiken" 230
Grafik-Text 229
GRID 78, 79, 82, 83
Grundkarten-Layer 271
Gruppen-Layer 271
    Als Layer-Paket speichern 280
    CAD-Zeichnungen 281
    Darstellung 280, 332
    Daten hinzufügen 271, 279
    Eigenschaften 332
    Entfernen 280
    Gruppierung aufheben 280
    Helligkeit 332
    Kontextmenü 273, 279
    Kontrast 332
    Kopieren 280
    Layer einfügen 280
    Mit Server synchronisieren 280
    Neuer Gruppen-Layer 279
    Reihenfolge 332
    Speichern 280
    Symbolebenen verwenden 280
    Transparenz 332

H

Hardwarebeschleunigung 168
Hauskoordinaten 548
Hausumringe 548
Helmert-Transformation 421
Hervorheben 381
    Auf hervorgehobene zoomen 382
    Auswahl hervorgehobener aufheben 381
    Hervorgehobene löschen 382
    Markierte erneut auswählen 382

Hilfe
    ArcGIS Desktop Hilfe 109, 177
HTML-Pop-up 188, 330
Hydrologie 13
Hyperlink 167, 188, 312
    Dynamischer Hyperlink 187, 312
    Feldbasierter Hyperlink 311
    Hinzufügen 312

I

Identifizieren 167, 186, 557, 611
Identity 431
Immobilienverwaltung .... *siehe Facility Management*
Industrie 28
Inhaltsverzeichnis 184, 557
    Andocken 266
    ArcCatalog 557
    ArcMap 568
    Einblenden 266
    Nach Auswahl auflisten .... *siehe Auswahl*
    Nach Darstellungsreihenfolge auflisten 267, 268
    Nach Quelle auflisten 267, 711
    Nach Sichtbarkeit auflisten 267
Inhaltverzeichnis 171
Inkrementelles Netzwerkladeprogramm 393
INSPIRE 33, 34, 107
Installation 43
Interaktives Streckungswerkzeug 172
Intersect 156, 431
InVeKoS .... *siehe ArcPad*
ISO-19115 .... *siehe Metadaten*
ISO-19139 .... *siehe Metadaten*
ISYBAU .... *siehe Kanalkataster*

J

JPEG 78, 82
JPEG2000 .... 78, 82

K

Kanalkataster 16
Karte analysieren 132, 140
Karte exportieren 138
Kartendokument-Annotations 306
Karteneinheiten 291
Kartenfenster
    Ansicht aktualisieren 287
    ArcMap 287, 568
    Bildlaufleiste 288
    Darstellung anhalten 287
    Datenansicht 287
    Layout-Ansicht 287
Kartenmaßstab .... *siehe Maßstab*
Kartenpaket 95, 129, 592
    Erstellen 129
    Veröffentlichen 130
Kartenpakets
    Karte analysieren 132
Kartenserien 292, 383, 697
    Aktualisieren 225
    Ausdehnung 698
    Datenrahmen 289
    Drucken 137
    Dynamischer Text 226
    Einrichten 225
    Export 699
    Gitter-Index-Features 433
    Index-Feature-Layer 225, 697
    Index-Features der Streifenkarte .. 225, 434
    Indexgitter-Feature 225
    Navigation 225
    Werkzeugleiste 225
Kartographie
    Anwendungsbereiche 25
Katalog 97, 184, 282, 555, 567, 578
    Annotation-Feature-Klasse erstellen 376
    Ansicht 284
    Anzeige 284
    ArcCatalog-Optionen 285
    Dateiendungen anzeigen 285
    Dateitypen hinzufügen *500*
    Eine Ebene aufwärts 283
    Elementbeschreibung 285
    Home-Verzeichnis 283
    Katalog-Fenster 282
    Kontextmenü 285
    Metadaten 285
    Metadaten-Style 285
    Mit Ordner verbinden 556
    MXD 283

Stichwortverzeichnis

Navigation 282
Optionen 285
Standard-Geodatabase ....*siehe Standard-Geodatabase*
Vorwärts zu <Ordnerpfad>............283
Zurück zu <Ordnerpfad>..............283
Kataloginhaltsverzeichnis..................557
Kataster................... *siehe Geobasisdaten*
Katastrophenschutz............................20
Klassifizierungsstatistik.....................318
KML..140
   Conversion Tools...........................434
   Export..435
   Karte in KML................................435
   KML in Layer................................434
   KMZ-Format .... *siehe KML*
   Layer in KML................................435
KMZ........................... *siehe KML*
Kommunaler GIS-Markt......................14
Komponenten-Kategorie-Manager 180
Konfigurationsschlüsselwort.............623
Konstruktionswerkzeuge 209
Kontinuierliches Zoomen und Schwenken....................................181
Koordinatensystem 94, 413, 652
   Abbildung......................................413
   Aktuelles Koordinatensystem........295
   Äquidistanz...................................414
   Äquivalenz....................................414
   Austria MGI..................................418
   Azimutale Abbildung....................414
   Batch Projizierung........................439
   Bessel-Ellipsoid............................415
   Bezugsmeridian............................417
   Bundesmeldenetzkoordinaten........418
   Datum 413, 418
   Deutsches Hauptdreiecksnetz (DHDN) 418
   Dreidimensionales Koordinatensystem 413
   Ellipsoid................................413, 415
   European Terrestrial Reference Frame (ETRF)..419
   Europpäisches Terrestrisches Referenzsystem (ETRS89) 419
   False Easting.................................418
   False Northing 418
   False-Easting 418

Favoriten...297
Festlegen................. 295, 560, 562, 609
Gauß-Krüger............................ 414, 560
Geodätisches Datum............... 413, 415
Geographisches Koordinatensystem 414
Geoid.. 413
Geozentrisches Koordinatensystem 413
Gnomonische Projektion 414
Hochwert 417, 418, 419
Horizontales Koordinatensystem... 413
Importieren...................................... 296
Kartennetzentwurf............................ 413
Konform 414
Konische Abbildung........................ 414
Lambert-Projektion.......................... 418
Längentreue 417, 419
Layer-Eigenschaften........................ 414
Meridianstreifen 417
Military Grid Reference System (MGRS)... 420
Mittelmeridian 417
Neu 296
Oblique Abbildung 414
Orthographische Projektion............ 414
Österreich 418
Polständige Abbildung 414
Potsdam-Datum............................... 418
Projektion 413
Projektion definieren 439
Projektionsfläche............................. 414
Projektionszentrum.......................... 414
Projiziertes Koordinatensystem...... 414
Rechtswert 417, 418, 419
Rotation 419, 420
Rotationsellipsoid 413
Schnittmeridian 419
Skalierung................................ 419, 421
Stereographische Projektion........... 414
Suchen 296
Transformation 295, 414, 420
Translation................................ 419, 420
Transversale Abbildung.................. 414
Unechte Abbildung.......................... 414
Universale Transverse Mercator (UTM) ..... *siehe Koordinatensystem*
UTMREF... 420

Vertikales Koordinatensystem 413
Winkeltreue 417
World Geodetic System 1984 (WGS 84) 416
Zuweisen 297, 419, 420
Zylindrische Abbildung 414

L

Label-Engines .... *siehe Beschriftung*
Land- und Forstwirtschaft 10
Landesforstverwaltung 11
Layer 574
   Abfrage-Manager 324
   Als Layer-Datei speichern 278
   Als Layer-Paket speichern 278
   Anzeige 309
   Attributtabelle öffnen 274, 322
   Auf Layer zoomen 274
   Aus selektierten Features erstellen. 275
   Auswahl 275, 309
   Beschreibung 307
   Beschriftung 272, 324, 377
   CAD-Layer 348
   Darstellungsreihenfolge 267
   Daten exportieren 277
   Datenbankabfrage 389
   Datenquelle reparieren 277, 308
   Definitionsabfrage 272, 323
   DIM-Ebene anpassen 235
   Effekte 234
   Eigenschaften 278
   Entfernen 273
   Export 277, 308
   Feature beschriften 325
   Feature-Templates organisieren 276
   Felder 321
   Gruppen-Layer ... *siehe Gruppen-Layer*
   Gruppieren 278, 332
   Helligkeit anpassen 234
   HTML-Pop-up .... *siehe HTML-Pop-up*
   Hyperlinks 311, 331
   Kontextmenü 273
   Kontextmenü mehrerer Layer 278
   Kontrast anpassen 234
   Koordinatensystem 308
   Layer ausblenden 235
   Layer nicht anzeigen 307
   Layer-Eigenschaften 187, 307, 574

Layer-Flackern 235
Layer-Maskierung 271
Layer-Paket 278
Löschen 576
Map-Tips 310, 322
Maßstabsbereich 274, 574
Name 307
Namen 204
Neuen Feature Typ definieren 275
Permanente Darstellung 277
Primäres Anzeigefeld 322
Quelle 267, 307, 308
Raster 332
Raster-Katalog 340
Reihenfolge 572
Relative Pfadnamen 308
Selektierbarkeit 267
Sichtbarkcit 267, 307
Speichern 129, 278
Symbolebenen 274
Tabelle 347
Temporärer Layer 277
Transparenz 310, 576, 633
Transparenz anpassen 235
Umbenennen 575, 578
Umprojizieren 309
Verbindungen und Beziehungen .. 274, 328
Zeit aktivieren 329
Layer-Eigenschaften 187, 204, 278, 307–356
   CAD-Layer 348–350
   Externe Tabellen 347
   Gruppen-Layer 332
   Raster 332–340
   Raster-Katalog 340–345
   Repräsentationen 734
   Routen 351–356
   Topologie 345–347
Layer-Paket .... *siehe Layer*
Layer-Reihenfolge 572
Layout 663
   Ändern 224
   Auf die gesamte Seite zoomen 222
   Datenrahmen fokussieren 223
   Elemente ausrichten 669
   Elemente auswählen 228
   Elemente gruppieren 672

Entwurfmodus ein/aus 223
Grafiken einbinden 690
Größe 665
Größe und Position 300, 669
Kartenserie .... *siehe Kartenserien*
Layout ändern 223
Legende .... *siehe Legende*
Maßstab 671
Maßstabstext 672
Mehrere Datenrahmen 223
Nordpfeil 670
Objekte einfügen 691
Originalgröße (100 %) 222
Quellennachweise 288
Rahmen 302
Schwenken 222
Seite einrichten 665
Seiten- und Druckeinrichtung 287, 665
Tabelle dem Layout hinzufügen 387
Text 670
Titel hinzufügen 668
Übersichtskarte 692
Übersichtskarte erstellen 224
Vergrößern 222
Verkleinern 222
Vor zur Ausdehnung 223
Voreingestellte Vergrößerung 223
Voreingestellte Verkleinerung 223
Vorlagen 694
Vorlagen speichern 695
Werkzeugleiste „Layout" 222
Zoomsteuerelement 223
Zurück zur Ausdehnung 223
Layout-Ansicht 169, 287, 692
Lebenszyklus 23
Legende
　Assistent 683
　Eigenschaften 686
　Einfügen 150
　Erstellen 683
　Hinzufügen 687
　Legendenelemente 684
　Platzierung 689
　Rahmen 685
　Symbol 687
　Titel 684
　Vorlagen 689
　Zu Grafik konvertieren 689

Lesezeichen 148, 709
　Erstellen 148
　Lesezeichen-Manager 149
　Verwalten 149
Level of Detail 549
License Server Administrator ... 42, 67
LiDAR 391
Liegenschaftskataster 14
Liegenschaftsverwaltung .... *siehe Facility Management*
Live-Modus .... *siehe Zeitschieberegler*
Lizenz Manager .... *siehe ArcGIS*
Locator 189
Locator packen 136
LoD 549
Logistik 20
Lupenfunktion 171
LZ77 .. *siehe Rasterdaten Komprimierung*

M

Maplex 241, 356, 597
　Abkürzungen 599
　Abkürzungsregeln 374, 601
　Abkürzungsverzeichnis 241
　Abkürzungswörterbuch . 371, 374, 599
　Ausrichtung 361, 365
　Bannerbeschriftung 368
　Benutzerdefinierte Zonen 362
　Beschriftung abkürzen 371
　Beschriftung stapeln 370
　Beschriftungsdichte 368
　Beschriftungsgewichtung 373
　Beschriftungsklassen 598
　Beschriftungsposition 361
　Beschriftungspriorität 603
　Beschriftungspuffer 369
　Beschriftungsstyles 363
　Beschriftungsversatz 361
　Beschriftunsposition 603
　Drehen nach Attribut 363
　Einpassungsmethode 370
　Gewichtungsreihenfolge 609
　Interne Zonen 605
　Konflikte 372
　Linien-Layer beschriften 363
　Linienverlauf 601
　Maske 603
　Methodenreihenfolge 372

Platzierungseigenschaften 361, 603
Platzierungsqualität 242
Polygon-Layer beschriften 366
Punkt-Layer beschriften 361
Schlüsselnummerierung . 241, 371, 374
Schlüsselnummern 606
Schriftgröße 370
Wörter dehnen 365
Zeichen dehnen 365
Maplex Label-Engine 360–376
Map-Tips 310
Marketing
   Geomarketing 21
   Stadtmarketing 21
Maßstab 183, 222
   Datenrahmen Eigenschaften 291
   Eigenschaften 574
   Fester Maßstab 292, 693
   Maßstabeinstellungen 183
   Maßstabformat 183
   Maßstabsbereich 274, 326, 590, 621
   Maßstabseigenschaften 672
   Maßstabsleisten 152, 291
   Maximaler Maßstab 274
   Minimaler Maßstab 274
   Standardmaßstäbe 183
Maßstabseigenschaften 574
Maßstabseinstellung 183
Merge 157, 437
Messen 188, 291
Metadaten 107, 113, 117, 169, 285
   Eigenschaften 113
   Exportieren 113
   INSPIRE 107, 285
   ISO-19115 108
   ISO-19139 108
   Toolbox 425
   Validieren 113
   XML 107
Microsoft Access 390
Microsoft Excel
   mit ArcGIS verwenden 107
Militär 28
Miniaturansicht mit Karte speichern .. 141
Mit Ordner verbinden .... *siehe ArcMap*
Mobile Datenerfassung ...... *siehe Mobiles GIS*
Mobiles GIS 6, 519

ArcGIS for Smartphones und Tablets 526
ArcGIS for Windows Mobile and Windows Tablet 525
ArcGIS Mobile 6
ArcPad 6, 521
GI Mobil 523
Global Positioning System (GPS) . 519
GPS-Verbindung 520
GPS-Verlauf 520
Logfile 520
pit-Mobil 525
Tablet PC 519
Werkzeugleiste „ArcPad Data Manager" 521
Werkzeugleiste „GPS" 520
ModelBuilder 105, 184, 424, 444
   Anpassen 450
   Anzeigeeigenschaften 450
   Anzeigefenster 445
   Ausführen 445, 447
   Ausführen eines Modells 449
   Ausführungsbereit 447
   Autolayout 451
   Automatisch anordnen 451
   Bearbeiten eines Modells 444
   Blauer Kreis 449
   Daten oder Werkzeuge hinzufügen 446
   Datenelement 449
   Diagrammeigenschaften 451
   Direkte Variablensetzung 451
   Eingabedatenparameter 449
   Erstellen eines Modells 445
   Export 444
   Feature-Set 453
   Filter 449
   Gelbes Rechteck 449
   Grüner Kreis 449
   In memory Workspace 459
   Integration von Skripten oder Modellen 459
   Iterationen 453, 454
   Listen 453
   Modell 444
   Modelleigenschaften 449
   Modellparameter 449
   Modellwerkzeug 453
   Modellwerkzeuge 457

Record-Set 453
Schleifen 453, 454
Speichern 445
Variablen 451
Variablentyp 453
Verbinden 446
Volle Ausdehnung 451
Vorbedingung 458
Werkzeugelement 449
Werteelement 449
Modell
   Eignungsmodellierung 531
   Entfernungsmodellierung 531
   Hydrologische Modellierung 531
   Oberflächenmodellierung 531, 542
   Prozessmodell 531
Modelleigenschaften 449
Modellierung räumlicher Prozesse 530
Modellparameter 449
Mosaik-Dataset 401
   Anpassen 402
   Bearbeiten 402
   Erstellen 402
   Image-Server 402
   Referenziertes Mosaik-Dataset 402
   Referenziertes Mosaik-Dataset
      erstellen 402
Mosaik-Datasets 108
MPK-Datei .... *siehe Kartenpaket*
MrSID 1, 78
Multipart in Singlepart 438
Multipart zu Singlepart 430
Multipart-Feature trennen (Explode) 197, 217
M-Werte .... 563, *siehe Routen*
MXD speichern .... *siehe ArcMap MXD speichern*

N

NAS .... 548, *siehe Geobasisdaten*
NAS-Reader 34
NATURA2000 .... 8, 31
Naturschutz 9
Navigieren .... *siehe ArcMap*
NAVTEQ 135
NDVI .... *siehe Bildanalyse*
Network Analyst 392
Netzwerkanalyse 257

NMEA 520
Nordpfeil 150
Normal.mxt 181
Normbasierte Austauschschnittstelle. 548
NSPIRE 285

O

OBJECTID 624
ODBC Verbindung 121
OGC 551
Open Geospatial Consortium 551
Optionen 179
Orthokorrektor .... *siehe Bildanalyse*

P

PackBits .... *siehe Rasterdaten Komprimierung*
Pan-Sharpening .... *siehe Bildanalyse*
Personal-Geodatabase .... *siehe Geodatabase*
Pixel-Inspektor 84, 181
PMF-Format 532
PNG 78
Polygone teilen 644
Projektion .... *siehe Koordinatensystem*
Projizieren 298
Proportional strecken 222
Provisioning File 62
Published Maps speichern 129
Puffer 102, 156, 428
Pyramiden 108, 439
Python 161, 459, 465
   Add-In 492
   Add-In erstellen 494
   Add-In Wizard 492
   ArcPy 475, 476
   ArcPy-Module 483
   ArcToolbox 476, 486
   Aufbau 461
   Bedingte Anweisung 472
   Befehlszeilenfenster .... *siehe Befehlszeilenfenster*
   Cursor 480
   Datentypen 464, 468
   Debugger 486, 497
   `Describe()` 480
   Dictionary 470

Dokumentation 460
Editoren 468
Encoding 462
env 475
Ergebnisse 476, 495
Erste Schritte 463
Escapesequenz 470
Fehlerbehandlung 495
Feldberechnung 484
Fenster 459
Fließkommazahlen 464
For-Schleife 473
Funktionsaufruf 460
Geoverarbeitung 476
Geoverarbeitungsoptionen 485
GetParameterAsText() 487
help() 476
Hilfe 489
IDLE (Python GUI) 460, 466
If 472
Import 462
In memory Workspace 477
InsertCursor() 481
Liste 470, 474
ListFeatureClasses() 482
ListFields() 482
Mapping-Modul 483
Methoden erstellen 465
Modul 460, 465
Parameter definieren 487
Parametereigenschaften 489
Pre-Logic Script Code 485
print 464
Python-Fenster 465
Python-Snippet 476
Python-Toolbox 492
Rechenoperationen 469
Schleifen 471
SearchCursor() 481
Skripte in der ArcToolbox 486
Skript-Eigenschaften 488
Spatial Analyst 531
SQL-Abfragen 477
String 469
Text 469
Try-except 463
Try-except-Block 497

Tupel 464
Umgebungsvariablen 475
UpdateCursor() 482
Validatoren 489
Variablendefinition 461, 464
While-Schleife 474
workspace 475
Python-Fenster 161, 184
Python-Toolbox 424, 492
   Aktualisieren 427
   Bearbeiten 427
   Editor 427
   Geoverarbeitungsoptionen 427
   Syntax überprüfen 427

Q

Quellennachweise 288
QuickBird 79

R

Raster-Dataset 400
   Attribute 401
   Colormaps 83
   Komprimierungsverfahren 400
   NoData-Werte 83
   Speichern 399, 401
Rasterdaten 76, 77
   AFR-Format 339
   Anzeige 335
   ArcToolbox 81, 83, 337, 403
   Attributtabelle 332
   Auf Raster-Auflösung zoomen .. 280
   Auflösung im Inhaltsverzeichnis
      anzeigen 335
   Ausdehnung 333
   AUX-Datei 81, 614
   Auxiliary-Datei 81
   Bildanalyse 171, 338
   Colormap 337
   Darstellungsqualität 337
   Datenkomprimierung 83
   Datenquelle 333
   Effekte 335
   Export 339
   Farb-Pipette 85
   Felder 332
   Funktionen 171, 338

Stichwortverzeichnis

Geodatabase 397
Georeferenzieren .... *siehe Georeferenzieren*
Helligkeit anpassen 335, 336
Informationen 333
Interaktives Streckungswerkzeug .. 172
Komprimierung 83
Komprimierungsverfahren 400
Kontextmenü 280
Kontrast anpassen 335, 336
Layer-Eigenschaften 332
Map-Tips 335
Mosaik-Dataset 401
Orthorektifizierung 337
OVR-Datei 80
Pixel-Inspektor 84
Pyramiden 80
Pyramiden berechnen (Batch) 439
Rasterauflösung 335
Raster-Auflösung 280
Raster-Informationen 333
Raster-Katalog ... *siehe Raster-Katalog*
Raster-Komprimierung 82
Raster-Produkt 79
Raster-Typen 79
Raumbezug 333
Resampling 280
Resampling-Methoden 80
Schlüsselmetadaten 339
Speichern 401
Statistik 82
Statistiken 333
Symbologie 337, 535
Temporäre Raster 338
Transparenz 335, 336
Verbindungen und Beziehungen 332
Raster-Katalog 400
   Anzeige 340
   ArcMap Optionen 342
   Darstellung 342
   Dodging-Ausgleich 344
   Farbabgleich 345
   Farbausgleich 344
   Farbkorrektur 343
   Gitterrahmen-Darstellung 341
   Nicht verwalteter Rasterkatalog ... 400
   Referenz-Zielbild 345
   Verwalteter Raster-Katalog 400

   Vorstreckung 343
Raster-Komprimierung 82
Raster-Produkt 79
Raster-Typen 79
   GeoEye-1 79
   QuickBird 79
Räumliche Anpassung 618
   Anpassen 618
   Anpassungsmethoden 233
   Attributübertragung 234
   Begrenzten Anpassungsbereich löschen 234
   Elemente auswählen 233
   Kantenanpassung 234
   Link verändern 233
   Link-Datei öffnen 618
   Link-Tabelle 234
   Mehrere Versatz-Links 233
   Neuer begrenzter Anpassungsbereich 234
   Neuer Identity-Link 233
   Neuer Versatz-Link 233
   Rubbersheet 233
   Transformation 233
Räumlicher Index 119, 311
Relative Pfadnamen 94, 140, 167, 308
Repräsentationen 120, 244, 410, 731
   Anlegen 245
   Anwendungsbereiche 25
   Auswahl 246
   Eigenschaften 741
   Erstellen 731
   Generalisierung 26
   Geometrieänderungen 742
   Optionen 246
   Override 740
   Overrides 245
   Regeln 735
   Regeln zuweisen 736
   Repräsentationseigenschaften ... 248
   Symbolebenen 738
   Symbologie in Repräsentation konvertieren 245, 276
   Symbologie konvertieren 731
   Werkzeugleiste „Repräsentationen" 244
Resampling 108
RMS-Fehler ...... *siehe Georeferenzierung*

Rotation 419, 420
Route suchen 190
   Als Barriere zu ‚Route suchen'
     hinzufügen 190
   Als Stopp zur ‚Route suchen'
     hinzufügen 190
   Barrieren 191
   Druckoptionen 192
   Druckvorschau 192
   Optionen 192
   Stopps 191
Routen 243
   Anzeigeoptionen 352
   Beschriften 354
   Darstellung 352
   Darstellung der Skalenstriche 354
   Endskalenstrichdefinition 352
   Endskalenstrichdefinition erstellen 355
   Endskalenstriche 352
   Geodatabase 396
   Hatch Class 352
   Hatches 352
   Layer-Eigenschaften 351
   Linien-Teil definieren 243
   Maßstabsbereich 352
   Messwertabweichungen 351
   M-Werte 243, 396
   Route erstellen 243
   Route kalibrieren 244
   Routenereignisse hinzufügen 136
   Routen-Locator 351
   Skalenstr.-Definition hinzufügen ... 354
   Skalenstrichdefinition verwalten ... 354
   Skalenstrichdefinitionen 352
   Skalenstriche (Hatches) 352
   Skalenstrich-Intervall 354
   Skalenstrichklasse 352
   Skalenstrichklasse hinzufügen 354
   Skalenstrichklasse löschen 354
   Skalenstrichplatzierung 354
   Skalenstrich-Styles importieren 354

S

Sachdaten 397
SAPOS 553
Scatterplotmatrix .... *siehe Diagramm*
Schlüsselnummerierung 371
Schnell-Schwenken-Modus 271
Schnell-Schwenk-Modus 168
Schwenken 185, 573, 640
Scratch-Workspace 87, 95
Seiten- und Druckeinrichtung 665
Seiten- und Druckereinrichtung 137
Selektieren .... *siehe Auswahl*
Selektieren (Tool) 428
Service veröffentlichen 130
Service-Definition 132
Service-Definitionsdatei speichern 130
Service-Editor 132
SHAPE 624
Shapefile 74, 98
   Attributtabelle 380
   Erstellung 562
   Featue-Class zu Shapefile (mehrfach)
    436
   FID 380
   Geometrie 380
   Geometrie reparieren 438
   Shape 380
Shortcut 179
Single Use .... *siehe ArcGIS*
Skalierung 419, 421
Skizze fertig stellen 222
Skizze löschen 215
Skizzen-Stützpunkte ändern 221
Skizzenwerkzeug 214
Skript 424
Snappen .... *siehe Fangen*
SoNAR 391
Spatial Analyst 529
Speichern
   Editiersitzung 646
   Gruppen-Layer 280
   Kartenpaket 129
   Layer 278, 591
   Layer-Paket 278, 280
   MXD 591, 646
   Relative Pfadnamen 592
SQL 385, 428, 649, 651, 659
Stadtmarketing 21
Standalone-Feature-Klasse 391
Standardbeschriftungseigenschaften . 169
Standard-Geodatabase . 95, 123, 183, 566
   Eigenschaften des Kartendokuments
    284
   Pfad ändern 284

Standard-Geodatabase definieren .. 285
Standardsymboleigenschaften 228
Startdialog 167, 565, 695
Statistik 155
Statistische Datenaufbereitung 29
Statusleiste 288
   Ein- und Ausblenden 288
Stützpunkt hinzufügen 221
Stützpunkt löschen 221
Stützpunkte bearbeiten 200, 202, 213, 221
Style-Manager 165, 503, 594
Styles 594
   Anlegen 166, 594
   Bearbeiten 167, 269, 595
   Einfügen 167
   Erstellen 166
   kopieren 167
   Style-Manager 166, 268, 594
   Style-Referenzen 166, 586
   Suchen 268
   Symboleigenschaften-Editor 594
Subtypes 407, 626
   Anlegen 626
   Datentypen 407
   Erstellen 626
   Standardwerte 407, 626
Suche
   Fenster Suche 184
   Geodaten 157, 184
   Indizierungs-/Suchoptionen 158
   Karte 157, 184
   Koordinatensystem 296
   Lineare Referenzierung 190
   Lokal 158
   MXD 157, 184
   Nach Werkzeugen suchen 103, 157, 160, 424
   Online 158
   Route .... *siehe Route suchen*
   Synonyme 160
   Werkzeug 157, 160, 184, 424
   Wildcards 158
Suche 145
Suchen 189
   Adressen 189
   Features 189
Symbolebenen 280, 314, 587

Symbol-Klassen anfordern 588
Symbologie 268, 312, 578
   Abgestufte Farben 318
   Abgestufte Symbole 320
   Diagramme 321
   Einträge entfernen 314
   Einzelsymbol 313
   Einzelwerte 314
   Einzelwerte, viele Felder 317
   Einzelwert-Liste 316
   Farbverlauf 314, 318
   Import 314
   Kategorien 584, 631
   Klassifizieren 318
   Klassifizierung 318
   Legende 314
   Mehrfachattribute 321
   Neue Überschrift 317
   Proportionale Symbole 320
   Punktdichte 321
   Punktsignaturen drehen 642
   Rasterdaten 337, 535
   Symbol bearbeiten 313, 314
   Symbolauswahl 313, 611
   Symbole skalieren 309
   Symbolebenen ..... *siehe Symbolebenen*
   Symbologie in Repräsentation konvertieren 276
   Symbolreihenfolge 316
   Transparenz 314
   Werte gruppieren 316
   Werte hinzufügen 315
   Zu Symbolen in einem Style anpassen 317
Synonyme 160
Systemvariablen 95
Systemvoraussetzungen 43

T

Tabellen
   Aliasnamen 407
   Anordnen 380, 386
   Attributtabelle .... *siehe Attributtabelle*
   Datentypen 396
   Domäne in Tabelle 437
   Kontextmenü 281
   Layer-Eigenschaften 347
   Optionen 380, 385

Sachdaten 397
Spaltenbreite 386
Tabelle in Domäne 438
Tabellen verbinden 652
    Verbindungen und Beziehungen ... 274, 328, 386
Tablet PC 255, 519
Tastenkombination 179
Tele Atlas 135
Telekommunikation 19
TEMP 95
Text 229
TIFF 1, 78, 82
TIN 75
TIN-Bearbeitung 261
Toleranz 120
Toolbox
    Eigene Toolbox 425
    Elementbeschreibung 425
    Kompatibilität 427
    Kontextmenü 426, 445
    Metadaten 425
    Modell hinzufügen 426
    Modell kopieren 426
    Parameter definieren 488
    Skript hinzufügen 426, 486
    Skript kopieren 426
    Skript-Eigenschaften 488
    Speichern 129
    Speichern unter 427
    System-Toolboxes 425
    Tool hinzufügen 426
    Tool kopieren 426
    Toolset 427
    Umbenennen 426
Toolset 424
Topologie 199, 237, 392, 700
    Anzeige 345
    Auswahl 345
    Auswählen 237, 707
    Cluster-Toleranz 237, 701
    Erstellen 705
    Fehler-Inspektor 240, 708
    Gemeinsame Features anzeigen 239, 702
    Geodatabase-Topologie . 237, 392, 704
    Kante ausrichten 239
    Kante umformen 239

Kante verändern 239
Karten-Topologie 237, 700
Keine Lücken 707
Keine Überlappung 707
Korrektur von Topologiefehlern 708
Layer-Eigenschaften 345
Linien an Schnittpunkten teilen 218
Polygone konstruieren 218
Polygone teilen 218
Prüfen 240
Sichtbare Ausdehnung 708
Symbologie 345
Topologiebearbeitung 238, 701, 703
Topologiefehler 240, 347
Topologiefehler reparieren 240
Topologieprpüfung 707
Topologieregeln 392, 706
Überprüfen 240
Verfolgungswerkzeug 238
Werkzeugleiste „Topologie" . 240, 392
Transforamtion
    Skalierung 421
Transformation 295, 414, 420, 617
    7-Parameter-Transformation 421
    Affine Transformation 613
    Anpassen 422, 613
    Coordinate Frame 421
    Datenrahmen 615
    Durchführen 421
    Helmert-Transformation 421
    Koordinatenrahmen 421
    Koordinatentransformation 419
    Polynomtransformation 613
    Positionsvektor 421
    Postion Vector 421
    Projektive Transformation 613
    Rotation 419, 420
    Skalierung 419
    Speichern 422
    Spline 613
    Transformationsgleichung 420
    Transformationsmethode 421
    Translation 419, 420
    Umformung 420
    Umrechnung 420
Translation 419, 420

U

Überschneiden 431
Überschneiden (Intersect) 156
Überschneiden (Intersect) 103
Übersichtsfenster 170
Übungsdaten 499
Umgebung 160
Umgebungseinstellungen 85–91
   Ausgabe-Koordinaten 88
   Coverage 88
   Felder 88
   Geodatabase 90
   Geodatabase (erweitert) 90
   Geostatistical Analysis 88
   Kartographie 88
   M-Werte 90
   Raster-Analyse 89
   Raster-Speicherung 89
   Terrain-Dataset 91
   TIN 91
   Verarbeitungsausdehnung 88
   Workspace 87
   XY-Auflösung und -Toleranz 89
   Zufallszahlen 88
   Z-Werte 90
Uninstall Utility .... *siehe ArcGIS Installation*
Union 156, 431
Universale Transverse Mercator (UTM) *siehe Koordinatensystem*
Utility Network Analyst 257

V

VBA 459
VBA-Editor 459
Vektordaten 73, 75
Ver- und Entsorgung 10
Verbindungen
   Verbindungen und Beziehungen ... 274, 328
Vereinigen 431
Vereinigen (Union) 156
Vereinigen (Union) 103
Verkehrslogistik 20
Verschiebetoleranz 199
Verschneiden 431
Versicherungswirtschaft 11

Versionierung 259, 410
   Abgleichen 259
   Aktualisieren 259
   Konflikte 260
   Neue Version erstellen 259
   Version ändern 259
   Versionsänderungen 260
   Versions-Manager 259
   Werkzeugleiste „Versionierung" .. 259
   Zurückschreiben 260
Viewer 171
Viewer 194
Vorhandenen Service überschreiben . 130
Vorlagen 207
   Erstellen 207
   Neue Vorlage aus Feature 210
   Oorganisieren 207
   Organisieren 211
   Standardwerkzeug 207
   Subtypes 208
   Suchen 207

W

Wasserwirtschaft 13
Web Feature Service 552
Web Map Service 551
Web Map Service (WMS) 34
Werkzeug 424
   Alle Beziehungen in der Verzweigung einblenden 205
   Anhängen 436
   Assistent zur Puffer-Erzeugung 181
   Auf selektierte Features zoomen ... 181
   Aus einem ArcGIS for Desktop Basic-Projekt importieren 181
   Ausschneiden 427
   Batch-Projizierung 439
   Beschreibung 179
   CAD in Geodatabase 435
   CAD-Annotation importieren 435
   Domäne in Tabelle 437
   Farb-Pipette 181
   Feature-Class in Geodatabase (mehrfach) 436
   Feature-Class in Shapefile (mehrfach) 436
   Geodatabase aktualisieren 437
   Geometrie reparieren 438

In CAD exportieren 435
Index-Features der Streifenkarte 434
Indexgitter-Features 433
Karte in KML 435
KML in Layer 434
Kontinuierliches Zoomen und
    Schwenken 181
Layer in KML 435
Linie glätten 432
Linie vereinfachen 433
Multipart in Singlepart 438, 439
Multipart-Feature trennen (Explode)
    197
Pixel-Inspektor 181
Polygon glätten 432
Polygon vereinfachen 433
Projektion definieren 439
Projizieren 298
Puffer 428
Pyramiden berechnen (Batch-Modus)
    439
    Selektieren 428
    Tabelle in 438
    Tabelle in Domäne 438
    Überschneiden (Intersect) 431
    Vereinigen 431
    Verschneiden (Identity) 431
    Zusammenführen (Dissolve) 439
    Zusammenführen (Merge) 437
Werkzeugleiste
    Anpassen 163, 178, 180, 262, 263
    Anzeigen 178
    Aus Datei hinzufügen 179
    Erstellen 179, 262
    Hinzufügen 262
    Schaltflächensymbol ändern 181
    Zurücksetzen 181
Werkzeugleisten
    Animation 194, 252
    Bearbeitung eines geometrischen
        Netzwerks 242
    Beschriftung 240
    COGO 197, 249
    Datenrahmen-Werkzeuge 236
    Editor 184, 196
    Effekte 234, 310, 335, 336, 633
    Erweiterte Bearbeitung 197, 216
    Fangen 198, 218, 638

Feature-Cache 235
Feature-Konstruktion 220, 636
Geodatabase-Historie 260
Geokodierung 251
Georeferenzierung 231
GPS 253
Grafiken 230
Kartenserie 225, 697
Layout 222, 568, 695
Raster zeichnen 535
Räumliche Anpassung 232
Repräsentation 244
Repräsentationen 741
Routenbearbeitung 243
Standard 103, 157, 181
Stützpunkte bearbeiten 221
Tablet 255
TIN-Bearbeitung 261
Topologie 237
Utility Network Analyst 257
Versionierung 259
Werkzeuge 185, 311, 568
Zeichen 227
Zeichnen 154
WFS 552
WGS84 .... *siehe Koordinatensysteme*
Wildcards 158
WLDG .... *siehe Geobasisdaten*
WMS 551
WMS-Server 572
    Einbinden 563
Workspace 87

X

XML
    Metadaten 107
XY-Koordinatensysteme 119

Z

Zeichnen 227
Zeit 329
    Berechnen 329
    Zeitschieberegler 329
    Zeitzone 329
Zeitschieberegler 193
    Live-Modus 194

Zoom
- Auf Auswahl zoomen 381
- Auf hervorgehobene zoomen 382
- Auf Layer zoomen 274, 575, 610
- Auf Raster-Auflösung zoomen 280
- Auf selektierte Elemente zoomen .. 229
- Auf selektierte Features zoomen.. *siehe Auf selektierte Features zoomen*
- Vergrößern 185
- Verkleinern 185
- Volle Ausdehnung 185, 573
- Vor zur nächsten Ausdehnung 185
- Voreingestellte Vergrößerung 185
- Voreingestellte Verkleinerung....... 185
- Zoomen, um sichtbar zu machen ... 274
- Zurück zur vorherigen Ausdehnung 185

Zu XY wechseln 145, 193, 620
Zusammenführen 437, 439
Zusammenführen (Dissolve) 103, 157
Zusammenführen (Merge) 103, 157
Z-Werte 396, 563

Autoren

Dr. Klaus Brand (Jg. 1961) verfolgt als Gründer und Gesellschafter der GI Geoinformatik GmbH seit 20 Jahren die Entwicklung der Esri GIS-Software. Die strategische Ausrichtung der Firma war immer eng mit der technologischen Entwicklung von ArcGIS verbunden. Durch die Möglichkeiten von ArcGIS 10.1 öffnen sich nun völlig neue Potenziale, GIS-Daten zu veröffentlichen, zu teilen oder mit Apps einer großen Nutzergruppe zugänglich zu machen. Gerne hat er im Unternehmen die Freiräume für das Autorenteam geschaffen, neben dem GIS-Tagesgeschäft das vorliegende Buch zu erstellen.

Dipl.-Geogr. Carolin von Groote-Bidlingmaier (Jg. 1980) hat das Geographiestudium mit einer Vertiefung im Bereich der Geoinformatik an der Universität Augsburg im Dezember 2009 abgeschlossen. Bei ihrer anschließenden Anstellung bei der GI Geoinformatik GmbH arbeitet sie an verschiedenen GIS-Projekten und im Bereich Python-Programmierung und Python-Schulungen. Seit Oktober 2010 promoviert sie zusätzlich im Bereich der Geoinformatik an der Universität Augsburg. Carolin von Groote-Bidlingmaier war federführend für die Erstellung der vorliegenden Neuauflage verantwortlich.

Petra Hutner (Jg. 1984) hat ihr Geographiestudium im Sommer 2011 mit einem Bachelor of Science abgeschlossen und spezialisiert sich nun in einem Masterstudiengang. Sie arbeitet seit 2009 als Werkstudentin für die GI Geoinformatik GmbH und ist gleichzeitig am Lehrstuhl für Ressourcenstrategie der Universität Augsburg als Ansprechpartnerin für ArcGIS angestellt. Sie wirkte aktiv bei der Konzeption und Ausarbeitung dieses Buchs mit.

Dipl.-Geogr. Peter Kaiser (Jg. 1968) arbeitet seit 1995 intensiv mit Esri-Software und ist seit 2001 als geschäftsführender Gesellschafter der GI Geoinformatik GmbH auch für den Geschäftsbereich Schulung und Support zuständig. Als Lehrbeauftragter der Universität Augsburg vermittelt er seit 2006 in zahlreichen Kursen Studierenden die Anwendung von ArcGIS. Die Ergebnisse seiner jahrelangen Erfahrung im Schulungsbereich und aus ArcGIS-Projekten sind in Form von Übungskapiteln und vielen wertvollen Tipps im vorliegenden Werk zusammengetragen.

Dipl.-Ing. Kartographie Isabella Peyker (Jg. 1981) arbeitet seit 2009 bei der GI Geoinformatik GmbH und hat ihren Schwerpunkt im Bereich des kartographischen Einsatzes von ArcGIS und der Optimierung von kartographischen Prozessen. Ihre Erfahrungen im Bereich kartographischer Gestaltung und dem Einsatz von kartographischen Repräsentationen hat sie in den entsprechenden Kapiteln und einer Übung eingebracht.

Dipl.-Geogr. Albert Strauß (Jg. 1972) arbeitet seit 2001 bei der GI Geoinformatik GmbH und ist verantwortlich für die Bereiche Kommunales GIS, Forstliches GIS sowie GIS-Datenmanagement. Neben der Leitung verschiedener GIS-Projekte ist er auch mit Kundensupport und Schulungen im Bereich ArcGIS und Mobile Lösungen betraut. Seit der ersten Ausgabe ist er Autor der ArcGIS-Handbücher und bringt seine Erfahrung aus der täglichen Arbeit mit dem System ein.

Gutschein

für die ArcGIS Desktop Evaluation Edition 10
mit deutscher Oberfläche in der aktuellen Programmversion

aus dem Buch „ArcGIS 10.1 und 10.0"
des Wichmann Verlags

Bitte senden Sie den Gutschein per Post oder Fax an die GI Geoinformatik GmbH. Sie erhalten dann in wenigen Tagen die DVD mit einer Laufzeit von 60 Tagen kostenlos per Post.

Per Post an:	GI Geoinformatik GmbH
Morellstraße 33
D-86159 Augsburg

oder als Fax an:	+49 (0) 8 21 / 2 58 69–40

Lieferadresse:
(Bitte deutlich ausfüllen)

Vorname / Nachname

Firma / Amt

Funktion / Abteilung

Straße, Nr.

PLZ / Ort

E-Mail
Sollten Sie aktuelle Informationen zu Produktneuheiten und Updates/Servicepacks von ArcGIS wünschen, tragen Sie bitte hier Ihre E-Mail-Adresse ein.